나 폴 레 옹

나폴레옹

야망과 운명

프랭크 매클린 | 조행복 옮김

교양인
GYOYANGIN

·
차
례
·

Napoleon

Napoleon

Napoleon

이 책은 감히 나폴레옹 전기의 최종판임을 주장하지 않는다. 마틴 길버트(Martin Gilbert)가 윈스턴 처칠에 관해 쓴 필생의 역작 같은 여러 권으로 된 일대기에 못 미칠뿐더러, 나폴레옹에 관한 완벽한 전기를 쓰는 일이 과연 가능한지 의문이다. 설사 가능하다고 해도 한 개인이 그토록 복잡한 삶의 무수히 많은 측면을 담은 사료를 완전히 지배할 수 있을지 모르겠다. 프랑스의 위대한 학자 프레데리크 마송(Frédéric Masson)이 일생을 황제를 연구하는 데 바친 뒤에 알아냈듯이, 나폴레옹은 알면 알수록 더 파악하기 어려운 수수께끼가 된다. 그래서 필자는 20년간 세계를 뒤흔들었던 이 비범한 거인에 관한 기존 지식을 명쾌하게 종합하는 온건한 과제를 맡았다.

유감스럽지만 필자는 상세한 주석을 빠짐없이 달고 인용문을 제시하는 여유를 누리기 어렵다고 판단했다. 나폴레옹의 경우에 명제 하나를 입증하려면 때로 10여 개 이상의 사료에 실려 있는 상충하는 증거들을 인용해야만 한다. 이 책은 이미 분량이 적지 않은데 연구 자료까지 본문에 넣게 되면 분량이 두 배로 늘어나게 된다. 그 대신에 '참고문헌'에서 이 책의 바탕이 된 수많은 자료를 장 별로 상세히 다루었다.

프랑스의 위대한 학자들, 특히 마송과 장 튈라르(Jean Tulard)의 저작에 큰 빚을 졌다. 영국 학자들 중에서는 나폴레옹을 군사 지휘관으로 분석한 데이비드 챈들러(David Chandler)의 독창적인 연구를 특별히 언급해야 한다. 이 책이 태어나는 데 도움을 준 많은 사람들에게 감사를 전한다. 케이프 출판사의 윌 설킨, 유언 캐머런, 토니 휘텀은 특별한 지원을 해주었으며, 패트릭 갈런드와 알렉산드라 바스테도가 베풀어준 후의에 크게 감사한다. 갈런드와 바스테도 덕분에 코르시카 섬에서 나폴레옹과 관련된 장소를 모두 방문할 수 있었다. 그 밖에도 필자가 기운을 잃어 가던 중대한 시기에 용기를 준 멜빈 브랙, 니젤라 로슨, 콜렛 보위, 그리고 스트래스클라이드 대학교의 머리 피톡 교수에게 감사한다. 그렇지만 가장 고마운 사람은 바로 필자의 삶에 특별한 의미가 있는 세 여성, 폴린, 루시, 줄리이다.

1장

어린 시절

코르시카의 유산

　나폴레옹 보나파르트는 1769년 8월 15일 코르시카의 아작시오*에서 태어났다. 나폴레옹 보나파르트의 생애가 어느 한 구석 빠진 곳 없이 온전히 전설이 되었다는 점을 생각할 때 이렇게 단조롭다 못해 진부하기까지 한 진술도 필요하다. 1819년 대주교 와틀리*는 《나폴레옹 보나파르트에 관한 역사적 의혹》에서 조롱하듯 나폴레옹은 결코 존재한 적이 없다고, 나폴레옹이란 프랑스 국민 전체를 일컫는 잘못 붙여진 이름으로 딱 맞는다고 넌지시 비추어 전설을 넘어 신화에 도전했다. 정신분석학자 카를 구스타프 융(Carl Gustav Jung)은 나폴레옹의 실체를 받아들이면서도 나폴레옹의 의미는 개인적인 것이 아니라 온전히 집단적인 것이라고 주장했다. 나폴레옹은 이성을 숭배하는 프랑스 대혁명 정신에 의해 억압되어 있다 솟구친, 프랑스인들의 깊은 무의식 속에 있는 야만적이고 비합리적인 힘들을 상징한다는 것이다.

　한 인간으로서 나폴레옹의 중요성을 인정하는 사람들도 나폴레옹

아작시오(Ajaccio) 코르시카어로는 아야추(Aiacciu), 이탈리아어로는 아자초(Ajaccio)이다.
와틀리(Richard Whateley, 1787~1863) 영국의 신학 저술가. 국교회의 더블린 대주교를 지냈다.

의 가계와 생일을 두고는 주장이 엇갈렸다. 어떤 사람들은 기이하게도 코르시카에서 태어난 나폴레옹을 코르시카인으로 인정하기를 주저했다. 이 사람들은 나폴레옹이 그리스인이나 카르타고인 혹은 브르타뉴인의 후손이라고 주장했다. 또 어떤 사람들은 나폴레옹이 보인 '오리엔트 콤플렉스'(이에 관해서는 나중에 더 얘기하겠다)라든가 9세기에 유럽을 침략한 아랍인들이 한때 코르시카도 정복한 사실을 들어 나폴레옹의 몸에 아랍인이나 베르베르인, 무어인의 피가 흐른다고 주장했다. 그래서 (이 견해에 따르면) 나폴레옹은 지나치게 미신에 의지했으며 유령, 섭리, 별자리 같은 것을 믿었고 기독교보다 이슬람교를 더 좋아했다는 것이다. 역사가이자 비평가인 이폴리트 텐(Hippolyte Adolphe Taine, 1828~1893)은 나폴레옹의 가계를 이탈리아의 콘도티에리(condottieri, 르네상스 때 이탈리아에 있었던 용병대장들)까지 추적했으며, 벤저민 디즈레일리(Benjamin Disraeli, 1804~1881)는 한때 아프리카의 셈족이 코르시카에 거주했다는 사실을 근거로 들어 나폴레옹이 유대인이라고 주장했다(나폴레옹이 말년에 유대인에 반감을 품었음을 고려할 때 이는 단지 반유대주의적 주장일 가능성이 높다). 잉글랜드의 왕들과 비잔티움 제국의 콤네노스 왕가와 팔라이올로고스 왕가*, 심지어 로마제국의 율리우스 가문까지도 나폴레옹의 선조 역할을 떠맡아야 했다. 나폴레옹의 조상으로 가장 합당하지 않은 후보에게 상을 준다면 철가면의 남자*가 받아야 할 것이고, 부모로서 추정될 가능성이 가장 낮은 후보는 행인과 염소 치는 소녀일 것이다. 이런 주장들은 나폴레옹을 비방하는 사람들이 하는 최악의 망언이다.

　　나폴레옹 옹호자들은 이와는 다른 차원에서 신화 만들기에 일조

콤네노스, 팔라이올로고스 왕가(Komnenos, Palaiologos) 비잔틴 제국의 그리스 귀족 가문. 왕을 여럿 배출했다.

철가면의 남자(L'Homme au Masque de Fer) 루이 14세 시대에 여러 감옥에 수감되었던 죄수. 검은 벨벳 천으로 만든 가면을 써 아무도 얼굴을 보지 못했기 때문에 정체에 대한 논란이 일었다.

프랑스 제1제정의 황제 나폴레옹 보나파르트. 그림은 장 오귀스트 도미니크 앵그르가 그린 〈황제좌에 앉은 나폴레옹〉

했다. 그들은 나폴레옹이 어머니의 자궁에 있을 때부터 전사였다고 주장한다. 만삭이었던 나폴레옹의 어머니가 '관목 숲의 사투'가 끝난 직후, 즉 프랑스군에 패해 퇴각하는 코르시카 군대와 함께 마키(maquis, 짙은 숲)를 빠져나오자마자 나폴레옹이 태어났기 때문이라는 것이다. 나폴레옹을 잘 알았고 외교관으로서 나폴레옹을 위해 일하기도 했던 프랑스 작가 샤토브리앙(François-René de Chateaubriand, 1768~1848)은 1768년 2월 5일이 나폴레옹의 진짜 생일이라고 주장했다. 이 설에 따르면 나폴레옹의 생일로 알려진 1769년 8월 15일에 태어난 사람은 그의 형 조제프이고, 나폴레옹은 장남이 된다.

있는 그대로의 사실은 세상을 놀라게 할 만한 것들이 아니다. 1764년 6월 2일 아작시오에서 법률을 공부하던 열여덟 살 학생 카를로(Carlo) 부오나파르테*는 같은 아작시오 사람인 열네 살 난 소녀 마리아 레티치아 라몰리노(Maria Letizia Ramolino)와 결혼했다. 나폴레옹의 부모 가문은 둘 다 제노바를 위해 일하던 이탈리아 용병의 후손으로서 16세기 초에 코르시카에 정착했다. 토스카나 출신인 보나파르트 가문은 1122년에 슈바벤 공작의 심복으로 일했다는 기록이 남아 있는 우고 부오나파르테(Ugo Buonaparte)까지 계보를 추적할 수 있다. 우고는 신성로마제국 황제를 헌신적으로 보좌한 용사로서 구엘프파(Guelph, 교황파)와 기벨린파(Ghibelline, 황제파)의 싸움에 참여했다. 피렌체의 권력 투쟁에서 패한 우고는 생애의 마지막을 항구 도시 사르차나에서 보냈다. 그 후 이곳에서 살던 우고의 후손 중 프란체스코(Francesco) 부오나파르테가 16세기에 코르시카로 이주했다.

보나파르트 가문에 전해 내려온 이야기는 어쨌든 이와 같다. 이들의 성(姓)은 우고가 신성로마제국과 연합했음을 뜻한다는 것이다. 문

부오나파르테(Buonaparte) 인명 표기에서 나폴레옹의 부모까지는 코르시카식으로 표기하되 이하 가문의 이름은 보나파르트로 한다. 나폴레옹과 그의 형제자매의 이름은 프랑스식으로 표기한다.

서의 신빙성에 이의를 제기할 수 없는 가장 오래된 기록을 보면 1616년 보나파르트 가문의 어느 법률가가 아작시오의 원로원 의원이었다. 18세기에도 보나파르트 가문에는 원로원에서 일하는 법률가가 여럿 있었다. 보나파르트 가문은 라몰리노 가문과 마찬가지로 코르시카의 귀족 일가였으나, 코르시카의 '귀족'은 차르가 통치하는 러시아의 '대공'만큼이나 흔했다는 사실을 기억해야 한다. 1746년 3월 27일에 태어난 카를로 부오나파르테는 피사 대학교에서 법률을 공부했으나 레티치아와 결혼하기 위해 학위를 받지 않고 공부를 그만두었다. 소설가들은 카를로와 레티치아의 연애를 첫눈에 반한 사랑으로 꾸미기 위해 이 사실에 집착했지만, 사실 이들의 혼인은 정략결혼이었고 라몰리노 집안에서 일부는 결혼에 반대하기도 했다.

라몰리노 가문은 저명한 콜라토 가문의 일파로서 14세기 이래로 롬바르디아 지역에서 기반을 확고히 다졌고, 코르시카에서는 250년이 넘도록 안정된 지위를 유지했다. 보나파르트 가문이 법률가 집안이었던 것과 달리 라몰리노 가문은 전통적으로 군인 집안이었다. 레티치아의 아버지는 토목공학에 전문 지식을 지닌 장교였는데, 그는 아작시오 수비대를 지휘했고 도로교량총감이라는 한직도 지냈다. 두 집안 모두 이탈리아 혈통의 유서 깊은 가문과 혼인하는 데 전문이라 할 수 있었으니 정략결혼이 특별한 일은 아니었다. 한 가지 특기할 점이 있다면 신랑의 아버지와 신부의 아버지가 둘 다 젊어서 죽었다는 사실이다. 법률가였던 카를로의 아버지는 카를로가 열네 살 때인 1760년에 사망했다. 이는 카를로가 결혼과 동시에 말레르바 거리의 집과 아작시오에서 가장 좋은 포도밭 두 곳, 약간의 초지와 경작지, 그리고 자신의 권리로 주장할 수 있는 다른 영지를 차지할 수 있었음을 뜻한다.

마리아 레티치아 라몰리노(1749년 말 혹은 1750년 초 출생)의 사정은 좀 더 복잡했다. 레티치아의 아버지는 레티치아가 다섯 살 때 죽었고, 어머니 안젤라 마리아는 아작시오에 주둔한 프랑스 군대의 스위스인 대위였던 프랑수아 페슈와 1757년에 재혼했다. 안젤라는 남편을 설득해 가톨릭으로 개종시켰는데, 그로 인해 바젤의 은행가였던 페슈의 아버지는 자식과 의절했다. 1763년 페슈와 레티치아의 어머니 사이에서 훗날 추기경에 오르는 조제프가 태어났다. 조제프는 나폴레옹보다 겨우 여섯 살 위였지만 나폴레옹에게는 외삼촌인 셈이다. 불운한 페슈가 1770년에 세상을 떠나자 레티치아에게 남겨진 재산은 12.5헥타르의 땅과 제분소, 빵 굽는 화덕이 전부였다.

카를로와 레티치아의 결혼은 철저히 경제적 여건을 고려한 정략결혼이었다. 심지어 카를로가 1764년 결혼 당시뿐 아니라 그 이후로도 교회에서 혼례를 올리지 않음으로써 위험을 분산시켰다는 설도 있는데, 충분히 개연성 있는 얘기이다. 코르시카 사람들이 특이하게도 가톨릭교회에 절충주의적 태도를 취했다는 것은 잘 알려진 사실이다. 코르시카 섬에서 법적 결혼이 가장의 합의와 지참금 약정서 서명과 첫날밤 치르기로 이루어지는 이유도 여기에 있다. 실제로는 카를로가 그저 종교 의식을 꺼렸을 뿐이고, 두 집안은 자존심을 지키고 체면을 살리고자 입을 다물었는지도 모른다.

역시 신화 만들기에는 부합하지 않는 얘기인데, 라몰리노 집안의 일부 사람들이 정치적인 이유, 즉 자신들은 섬의 지배자인 제노바를 지지했는데 보나파르트 가문은 파스콸레 파올리*가 이끄는 독립 운동을 지원했다는 이유로 두 사람의 결합에 반대했다는 주장은 사실이 아니다. 반대했던 사람들은 단지 혼인이 최선의 정략결혼인지 의심했기 때문에 주저한 것이 거의 확실하다. 정치 이데올로기로 보자

파스콸레 파올리(Filippo Antonio Pasquale di Paoli, 1725~1807) 아버지 지아친토 파올리가 이끌었던 저항 운동을 이어받아 제노바와 프랑스의 지배에 대항해 코르시카의 독립을 꾀했다. 1768년에 제노바가 동맹국인 프랑스에 코르시카를 넘기자 프랑스와 전쟁을 벌였으나 패해, 영국으로 망명했다. 그로부터 20년 만에 프랑스 혁명이 일어나자 코르시카로 돌아와 다시 독립 운동을 벌였다.

나폴레옹의 어머니 레티치아 라몰리노. 엄격한 규율을 강조한 레티치아는 어린 나폴레옹에게 두려움과 존경의 대상이었으며, 나폴레옹의 성격 형성에 아버지보다 훨씬 큰 영향을 끼쳤다.

면 보나파르트 가문이나 라몰리노 가문이나 악명 높은 기회주의자여서 어느 파당이 코르시카의 권력을 장악하든 권력자에게 복종해 왔기 때문이다.

카를로는 키가 훤칠한 젊은이였는데, 오똑한 콧날에 관능적인 입술과 복숭아씨 모양의 눈을 지닌 쾌락주의자이자 호색한이었다. 그는 교활하고 이기적이며 말과 행동이 거칠었는데 자신의 입으로 레티치아보다 포르치올리 집안의 소녀를 더 좋아했다고 밝혀 레티치아를 사랑해서 결혼한 것이 아님을 분명히 했다. 소설가들은 카를로가 레티치아의 미모에 반해 사랑에 빠졌다고 주장하지만, 전해지는 초상화에 등장하는 여성은 입은 너무 작고 코는 너무 긴 데다 얼굴은 아름답게 보이고 싶어 하는 사람치고는 지나치게 꾸밈이 없다. 레티치아는 실제로 키가 작았고(약 153센티미터) 숱이 많은 암갈색 머리카락에 손은 야위고 희었다. 레티치아가 크고 반짝이는 깊은 눈을 지녔다는 점은 누구나 동의하는 대목이다. 또한 그 시대 여자들이 대부분 그렇듯이 전혀 교육을 받지 않았고 가사일 외에는 특별한 재능도 없었다.

레티치아는 그 시대 여인으로서 꼭 갖춰야 할 필요조건을 충족시켰다. 즉 아이를 잘 낳았다. 그녀는 자식을 모두 열세 명 낳았는데, 그중 여덟이 살아남았다. 1765년에 낳은 나폴레옹이라는 이름의 첫 아이는 태어나자마자 죽었고, 거의 곧바로 임신을 해 여자아이를 낳았으나 이 아이도 바로 죽었다. 그다음 아이는 이상하게 터울이 2년 뜬다. 일설에 따르면 파올리가 제노바 영토인 카프라이아 섬을 공격하면서 교황을 달래고자 스무 살 난 카를로를 로마에 사절로 파견했다고 한다. (카프라이아 섬은 원래 교황이 제노바에 선물로 양도한 땅이다.) 그러나 가장 믿을 만한 증거에 따르면 카를로는 이탈리아에 머물며 파올리 신봉자로 변하고 있었다. 카를로는 로마에서 유부녀와 동거했던 것으로 보인다. 카를로는 돈이 떨어져 코르시카로 귀향했다고 말하지만, 좀 더 신뢰할 수 있는 전언을 빌리자면 어떤 처녀를 농락하고 도망쳤다. 카를로가 코르시카로 돌아오자마자 레티치아는 다시 임신했고, 1768년 7월 7일 남편에게 조제프(원래 이름은 주제페 Giuseppe)라는 건강한 아들을 낳아주었다.

나폴레옹의 배경에 관해 널리 퍼진 다른 신화는 나폴레옹이 가난 속에 태어났다는 것이다. 카를로와 레티치아가 혼인함으로써 형성된 재산은 꼼꼼히 계산되었던 듯한데, 레티치아의 결혼 지참금은 6,750 리브르였고 카를로의 자산은 약 7천 리브르로 평가되었다. 이 공동 자산으로 생기는 연간 소득은 약 670리브르, 오늘날의 가치로 환산하면 약 9천 파운드이다. 여기에 더해 카를로가 벌어들이는 수입이 있었다. 파스콸레 파올리는 글씨체가 유달리 단정하고 달필인 이 청년을 비서로 고용했다. 카를로는 소송대리인(procureur)으로도 활동했다. 레티치아는 집에 하인 두 명과 유모를 두고 살았다. 이 정도 형편을 가난하다고 보기에는 무리가 있다.

카를로와 레티치아를 괴롭힌 것은 가난이 아니라 상대적 박탈감이었다. 보나파르트 가문과 그들의 맞수였던 포초 디 보르고(Pozzo di Borgo) 가문은 아작시오에서 가장 부유한 축에 들었으나, 그들은 자신들이 아주 작은 연못 속의 큰 물고기에 지나지 않는다는 점을 인식하고 있었다. 바다 건너 프랑스 본토에 가면 자신들의 재산은 하잘것없으며 귀족입네 해보았자 놀림감밖에 되지 않을 터였다. 보나파르트 일가는 프랑스에서 가장 부유한 귀족만큼 부자가 되고 싶었으나 그럴 수 없었기에 대신 비참한 가난이라는 신화를 만들어 심리적으로 보상받으려 했다. 코르시카의 경제 상황과 귀족이라는 허식은 보나파르트 집안에 불리하게 작용했다. 포도밭과 소박한 물물 교환에 기반을 둔 소작 경제에서 잉여를 창출하기는 매우 어려웠으며, 따라서 이윤을 내거나 부를 축적할 가능성도 희박했다. 설사 그런 기회가 있다고 해도 귀족 지위를 열망했던 카를로 부오나파르테의 욕망이 방해가 되었다. 귀족에게 허용된 직업은 교회와 법조계, 군대 관련 직으로만 제한되었기 때문이다. 카를로가 얻은 소송대리인 같은 하급 법률직도 본질적으로 귀족이 선택할 수 있는 직업의 범위를 벗어난 것이었다.

나폴레옹은 종종 '코르시카인'이라는 말을 들었는데 그럴 때마다 격분했다. 나폴레옹은 자신에게 출생지는 아무런 의미가 없다고 주장했다. 그러나 인간이라면 누구나 유년 시절의 환경적, 지리적 영향은 부정한다고 해서 벗어날 수 있는 것이 아니다. 말년의 나폴레옹에게서 나타나는 불안정한 성격은 코르시카 섬의 혼란스럽고 무질서한 정치 상황에서 분명 어떤 영향을 받았을 것이다. 어머니, 아니 유모의 젖에 담겨 흡수되었을지도 모를 일이다. 코르시카에서 반평생을 산 영국 작가 도로시 캐링턴(Dorothy Carrington)은 이렇게 썼다. "나폴레옹이 태어나서 가장 먼저 들은 대화의 주제는 패배, 저항, 배신, 영웅적 행위, 고문, 처형, 음모였다. 이런 대화는 나폴레옹의 마음에 지울 수 없는 흔적을 남겼다."

1729년 이후 코르시카 독립 운동은 기세가 올라 제노바인 지배자들에게 맞섰다. 1755년 스물아홉 살 된 파스콸레 파올리가 코르시카 게릴라들을 지휘하면서 상황은 한층 더 심각하게 돌아갔다. 파올리 일파는 코르시카의 산악 지형(북서쪽에서 남동쪽으로 높은 화강암 봉우리들이 연이어 있으며, 아주 높은 봉우리들은 늘 눈으로 덮여 있다)의 이점을 살려 제노바인들을 해안 도시인 아작시오, 바스티아, 칼비로 내몰았다. 스스로 코르시카의 진정한 통치자라고 자부했던 파올리는 가장 시급한 문제를 해결하기 위해 일련의 토지 개혁을 단행함으로써 제노바인의 착취를 거부하고 관례로 내려온 토지 제도에 칼을 댔다. 토지를 두 범주로 나누는 초기 형태의 혼합 경제를 도입했는데, 저지대에는 공유지(piage)를 두어 초지와 곡물 재배지로 썼고, 고지대는 개인이 포도, 올리브, 밤나무 따위의 과실수를 심어 사사로이 경작할 수 있게 했다. 파올리의 권력 기반은 언제나 농민의 폭넓은 지지였다.

전 유럽이 파올리를 칭송했다. 장자크 루소(Jean-Jacques Rousseau, 1712~1778)는 자신이 《사회 계약론》에서 개괄해 제시한 정치적 실험에는 인구가 적은 코르시카가 적격이라고 보았다. "작은 것이 아름답다."라는 명제의 선구적 주창자였던 루소는 도시국가 코르시카에서 '일반 의지'를 이끌어낼 수 있다고 보았다. 루소가 보기에 코르시카는 이상적이었다. 전체 인구가 13만 명을 넘지 않았고, 섬의 도시들은 마을과 별반 다르지 않은 규모였다. 1770년 실시된 인구 조사에서 바스티아의 주민은 5,286명이었고, 아작시오의 주민은 3,907명이었다. 루소는 실제로 코르시카를 위한 헌법 초안을 마련하고는 이렇게 선언했다. "언젠가 이 작은 섬이 유럽을 깜짝 놀라게 하리라는 예감이 든다."

파올리를 찬양했던 또 다른 인물은 영국 시인 새뮤얼 존슨(Samuel Johnson, 1709~1784)의 전기 작가이자 그의 충실한 동료였던 제임스 보즈웰(James Boswell, 1740~1795)이다. 그는 직접 코르시카를 방문해 파올리를 만났다. 보즈웰이 《코르시카 이야기》(1768년)에서 코르시카의 가문들과 군사적 전통을 1745년 제임스 복위파(派) 반란* 이전 스코틀랜드의 하일랜드 주민들과 비교한 것은 유명하다. 그런 생각은 다른 사람들도 했는데, 한때 보니 프린스 찰리가 코르시카 왕 후보로 천거되기도 했다. 보즈웰은 파올리에게 지나치게 열광해서, 존슨이 보즈웰이 그 주제로 자신을 지루하게 했다고 비난할 정도였다.

　　그러나 파올리는 코르시카가 다시 국제 외교전의 볼모가 되었을 때 섬의 내륙을 완전히 장악하지도 못했고 개혁을 끝내지도 못했다. 1756년 7년 전쟁*이 발발하기 직전, 프랑스는 조약에 따라 칼비, 아작시오, 생플로랑(코르시카 이름은 산피우렌추San-Fiurenzu)에 군대를 투입했다. 프랑스는 전쟁이 터지자 군대를 철수시켰으나 1764년에 다시 파병했다. 나폴레옹이 태어나기 한 해 전인 1768년에 프랑스의 침략은 절정에 달했고, 제노바는 공식적으로 프랑스에 섬을 양도했다. 파올리파는 제노바와 싸운 결과가 루이 15세의 코르시카 종주권 획득이라는 사실을 깨닫고 격분했다. 파올리파는 반란을 일으켜 프

제임스 복위파(派) 반란 명예혁명으로 쫓겨난 제임스 2세를 복위시키려 결성된 파벌의 반란. '45년 반란'이라고 부르는 1745년 반란 때에는 제임스 2세의 후손인 제임스 에드워드(1688~1766)와 찰스 에드워드 스튜어트(1720~1788)가 스코틀랜드를 장악하고 영국 군대와 맞섰으나 패배했다. 아래 나오는 보니 프린스 찰리(Bonnie Prince Charlie)는 찰스의 별명이다.

7년 전쟁(1756~1763) 오스트리아 왕위 계승 전쟁 때 프로이센에게 잃은 슐레지엔을 되찾기 위해 오스트리아가 일으킨 전쟁. 유럽의 거의 모든 열강들이 참여했으며 유럽뿐 아니라 그들의 식민지가 있던 아메리카와 인도에서도 전쟁이 벌어졌다. 대체로 오스트리아-프랑스-작센-스웨덴-러시아가 동맹을 맺어 프로이센-하노버-영국-포르투갈의 연합에 맞섰다. 이 전쟁으로 프로이센은 독일의 주도권을 확보하였고, 영국은 북아메리카의 뉴프랑스(현재의 퀘벡, 온타리오)와 인도의 프랑스 영토를 빼앗아 대영제국의 기틀을 마련하였다. 훗날 윈스턴 처칠은 이 전쟁을 '18세기의 세계대전'이라 불렀다.

랑스에 맞서 소규모 전투에서 연승을 거두었다. 그러나 결정적으로 1769년 5월 8일 퐁트노보(Ponte Novo, 코르시카 이름은 폰테노부Ponte-Novu, 이탈리아식으로는 폰테누오보Ponte-Nuovo) 전투에서 패했고, 파올리는 탈출해 재앙을 모면했다. 카를로 부오나파르테와 열아홉 살 된 그의 아내 레티치아도 함께 피신했다. 레티치아는 임신 여섯 달째였는데 배 속에 든 아이가 바로 나폴레옹이었다.

나폴레옹에 관한 전설은 배 속의 정복자에게 이미 태아 시절에 퐁트노보 전투에 참여했다고 공을 돌린다. 실제로 일어난 일은 충분히 극적이다. 카를로와 레티치아는 다른 반란자들과 함께 산악 지대로 도주해 코르테로 향했다. 그러니 태내의 나폴레옹이 행군했다는 것은 말 그대로 사실이다. 파올리가 상황이 불가피함을 깨닫고 프랑스가 내건 항복 조건을 받아들이자 카를로와 레티치아는 다시 산길을 따라 아작시오로 돌아왔다. 레티치아는 조제프를 안은 채 갖은 고생을 하며 가파른 산길을 따라 걸었던 그때 일을 죽을 때까지 잊지 못했다.

아작시오로 돌아온 레티치아는 만삭이 되었다. 성모 승천 축일에 성당에서 미사를 드리고 있을 때 산통이 시작되었다. 다행히도 3층짜리 보나파르트 저택이 1분 거리에 있었고, 시누이 제트루데 파라비시니가 레티치아를 부축해 집으로 데리고 갔다. 어떤 이야기에서는 카테리나라는 심술궂은 하녀가 산파 역할을 맡아 《일리아스》와 《오디세이아》에 나오는 장면을 짜 넣은 양탄자 위에 갓 태어난 아기를 눕혔다고 한다. 아기는 깡마른 다리에 머리만 크고 허약했으나, 바닷가 공기와 선원의 아내로 젖이 많은 유모 카밀라 일라리 덕분에 위험한 유아기를 잘 넘겼다. 일설에 따르면 나폴레옹이 태어난 날 형식적 세례를 위해 성당에서 사제가 왔다고 한다. 그러나 역사는 나폴레옹이 1771년 7월 21일 아작시오의 성당에서 종조부 루치아노*에게 정식

루치아노 부오나파르테(Luciano Buonaparte, 1718~1791) 아작시오 교구 성당의 부주교와 참사회 의원을 역임했다.

으로 세례를 받았다고 기록하고 있다. 기록에 따르면 검사인 로렌초 주베카 디 칼비가 대부를 섰다. 어린 나폴레옹은 나폴레오네라는 세례명을 받았다. 특이한 이름이었기에 그 기원은 논쟁 속에 감추어졌는데, 충분히 그럴 만했다. 어떤 사람은 나폴레오네가 '사막의 사자'를 뜻하는 그리스어에서 유래한 이름이라고 주장했다. 이보다는 디오클레티아누스 황제 때 알렉산드리아에서 순교한 그리스 성인의 이름이라는 주장이 좀 더 그럴싸하지만 가장 가능성이 큰 설명은 단순하고 평범했다. 파올리 일파의 한 사람으로서 얼마 전에 죽은 레티치아의 삼촌이 있었는데, 나폴레오네라는 그의 이름을 이어받았다는 것이다.

나폴레옹의 어린 시절에 관해서는 확실한 증거가 거의 없다. 나폴레옹이 1773년에 수녀들이 운영하는 여학교에 들어갔으며 거기서 골칫거리였다고 전해지는데, 이는 꽤 설득력이 있는 이야기다. 얘기는 이렇다. 아이들이 오후 산책에 나설 때 나폴레옹은 자코미네타라는 소녀의 손을 잡고 걷기를 좋아했다. 나폴레옹은 용모가 단정하지 못했고 양말을 짧게 접어서 신곤 했다고 한다. 어느 익살스러운 사춘기 소년이 이행시를 썼다.

짧은 양말을 접어 신은 나폴레오네
자코미네타를 사랑한다네.

이 도발적 시구가 입 밖으로 나왔다면 그 다음 어떤 일이 벌어졌을지는 충분히 예상할 수 있다. 소년 나폴레옹은 틀림없이 주먹다짐으로 때 이른 평판을 얻었을 것이다.

나폴레옹이 일곱 살 즈음에 예수회 학교에 들어갔다는 사실은 확실하다. 나폴레옹은 그곳에서 읽기, 쓰기, 셈을 배웠고 라틴어와 고대사의 기초 지식을 습득했다. 그러나 의자의 쿠션 속을 뜯어내고 식물을 망가뜨리고 식탁에 흠집을 내는 등 계획적 파괴 행위로 분노를 표현하는 소년의 이야기는 훗날 나폴레옹을 비방하려는 자들이 조작해 퍼뜨린 것이다. 이는 성년기 나폴레옹에게서 확인된 성격적 특징을 아동기까지 거슬러 올라가 유추하려는 시도이다.

어린 시절에 관한 다음 세 가지 일화적 증거는 사실에 바탕을 둔 것으로 보인다. 노년의 레티치아와 조제프도 확인해주었다. 레티치아는 이렇게 회고했다. 아이들에게 놀이방 벽에 그림을 그리라고 물감을 주었을 때 다른 아이들은 모두 꼭두각시 인형을 그렸는데 나폴레옹만 병정을 그렸다. 조제프의 회상을 빌려보자. 학교에서 로마인과 카르타고인으로 편을 갈라 놀이를 할 때 선생님이 조제프는 로마 군인으로, 나폴레옹은 카르타고 군인으로 역할을 정했다. 이기는 편에 들고 싶었던 나폴레옹은 역할이 바뀔 때까지 선생님을 졸라 결국 로마 군인이 되었다. 이 얘기는 나폴레옹이 기회가 있을 때마다 형 조제프에 맞서 괴롭히고 늘 을러대고 위협했다는 전승과 일치하며, 확고한 사실에 근거를 둔 것으로 보인다. 형 조제프는 조용하고 온순했으나, 나폴레옹은 시끄럽고 공격적이었다.

마지막으로 나폴레옹이 아주 어릴 적부터 병적인 거짓말쟁이의 징후를 보였다는 레티치아의 증언이 있다. 레티치아는 나폴레옹에게 바른 대로 대라고 늘 잔소리를 했다고 한다. 이는 어머니와 어린 아들 사이에서 일어날 수 있는 일반적인 의지의 충돌이었는데, 레티치아는 그럴 때 자주 매질을 했다. 아버지 카를로는 아이들을 응석받이로 키웠으나 레티치아는 달랐다. 남성적인 성격에 본래 권력욕이 강한 레티치아는 무섭고 규율에 엄격했다. 사소한 잘못이라도 그냥 넘어가는 법 없이 처벌하는 엄한 감독이었던 그녀는 둘째 아들이 나쁜 행실을 보일 때마다 기다렸다는 듯이 정력적으로 다스렸다. 레티치아는 나폴레옹의 뺨을 때리고 주먹을 날리며 미사에 참례하도록 내보냈다. 과일을 훔치거나 교회에서 태도가 나쁘거나 또는 한 번 그런

적이 있듯 불구인 할머니를 놀리면 가차 없이 매를 들었다. 레티치아가 아들을 다스리는 방식에는 교활한 구석도 있었다. 여덟 살 된 나폴레옹이 성당에서 복사(服事)를 할 때의 일이다. 레티치아는 아들에게 제단에서 경건하지 못한 행동을 하면 벌을 주겠다고 했는데, 정작 문제가 생기자 행동이 재빠른 데다 예복을 갖춰 입은 나폴레옹에게 손을 대기가 어렵다는 사실을 알게 된다. 레티치아는 나폴레옹의 의심을 거두기 위해 잘못한 행동 때문에 매를 때리지는 않겠다고 말해 놓고는 나폴레옹이 예복을 벗자 채찍을 들었다.

나폴레옹은 채찍질을 당해도 울음을 터뜨리는 법이 없었지만, 그에게 어머니에 대한 진정한 사랑은 사라지고 두려움과 존경심만 남았다. 나폴레옹은 어머니의 독단적 원칙, 그리고 진실보다 외양을 중시하는 태도에 분개했다. 레티치아는 겉으로 드러나 보이는 것을 중요하게 여겨 맵시 있는 옷을 위해서라면 기꺼이 굶을 수 있다고 믿었다. 태생적으로 검소하고 인색했던 레티치아는 아이들이 밥을 굶은 채 잠들어도 대수롭지 않게 여겼다. 고생은 좋은 것이라고 생각했거니와 집 안에 가구를 들이고 외모를 치장하는 데 돈을 쓰는 것을 더 좋아했기 때문이다. 적어도 피상적으로는 어머니와 아들 사이의 도전과 응전이 좋은 결과를 낳았다. 나폴레옹은 그런 어머니에게서 규율의 가치를 배웠기 때문이다. 반면에 나폴레옹의 다른 형제자매들은 너무도 규율이 부족했다. 나폴레옹이 세인트헬레나에서 어머니에 대해 한 말은 완전한 진실은 아니지만 어쨌든 진실이다. "나는 어머니에게 매우 많은 것을 빚졌다. 어머니는 내게 자부심을 심어주었고 분별력을 가르쳤다."

그러나 나폴레옹의 미래는 아버지 카를로가 결정했다. 훗날 카를로는 자신이 파올리파 위원회의 핵심에 있었다고 주장했지만, 파올리는 언제나 카를로를 멀리 두었지 결코 측근 집단에 들이지 않았다. 파올리는 자기의 젊은 비서가 더도 덜도 아닌 정치적 기회주의자

라는 사실을 감지했을 것이다. 파올리와 가장 열성적인 지지자 340
명은 퐁트노보에서 패해 1769년 5월에 코르테로 퇴각한 뒤 계속해
서 바스티아로 나아갔다. 그리고 급기야 프랑스에 굴복하느니 코르
시카를 떠나기로 결정하고 영국으로 향하는 배에 올랐다. 의미심장
하게도 이때 카를로는 파올리 일행과 함께 떠나지 않았을 뿐만 아니
라 곧바로 새로운 주군인 프랑스에 운명을 걸었다. 1771년 2월 카를
로는 아작시오 법원의 배석판사에 임명되었다. 배석판사는 코르시카
전체를 통틀어 열한 명이었다. 동시에 일어난 일은 아니지만 같은 해
인 1771년 9월 13일 카를로는 당국으로부터 보나파르트 가문을 귀족
에 봉한다는 특허장을 받았다. 코르시카 귀족에게는 혜택이 그리 많
지 않았다. 봉건적 특권이나 세금 면제도 없었으며 다른 계급에게 특
별히 존경을 받지도 못했다. 그러나 보나파르트 가문은 귀족이 됨으
로써 장기적으로 중요한 이득을 얻는다.

　1770년대 카를로의 생애를 보면 그가 소송을 즐기고 코르시카를
통치한 프랑스인 장관에게 굽실댔던 두 측면이 특히 눈길을 끈다. 18
세기에는 일반적으로 오늘날 같은 사생활 개념이 존재하지 않았다.
카를로는 기꺼이 보나파르트 저택의 꼭대기층에 사촌들이 들어와 살
도록 했다. 그렇지만 카를로는 구정물을 자기네 세탁물에 쏟아 부은
것까지 참지는 않았고, 이 일로 소송을 제기했다. 이어 카를로는 미
텔리(Mitelli) 영지의 소유권을 주장하는 소장을 제출했다. 이 영지는
카를로의 고조모의 남자 형제인 파올로 오도네 소유의 땅인데, 물려
줄 자손이 없었던 파올로 오도네는 신앙심의 발로로 재산을 예수회
교단에 기증했다. 1767년에서 1769년까지 부르봉 왕실의 모든 왕국
과 식민지에서 예수회 교단이 탄압을 받자 카를로는 이 기회를 포착
했다. 새로운 지배자로 들어온 프랑스는 미텔리 영지를 수용해 국가
자산에 편입하려 했으나, 카를로는 그 땅을 돌려 달라는 소송을 제
기했다. 카를로는 질질 끌었던 이 법적 투쟁에 나머지 생애의 전부를

나폴레옹의 아버지 카를로 부오나파르테. 젊은 시절에 프랑스의 식민 지배에 맞서 코르시카 독립 운동에 참여했지만 결국 타협과 출세의 길을 택했고, 훗날 나폴레옹은 아버지의 기회주의적 면모를 경멸했다.

바쳤다. 딱히 그에게 돌아가야 하는 땅이라는 증거도 없었지만 그렇다고 그가 부적절하게 주장하는 것이라고 할 수도 없었다.

　카를로는 처가인 라몰리노 가문에도 법률적 시비의 총부리를 들이댔다. 레티치아의 혼전 재산 처분 계약의 일부인 지참금 규정 중에는 레티치아의 재산 평가액이 7천 리브르를 밑돌면 라몰리노 가문이 그 차액을 보상한다는 조항이 분명히 들어 있었다. 1775년 카를로는 레티치아의 조부인 일흔여덟 살의 조반니 라몰리노에게 법의 자구를 들이대며 소송 절차에 들어갔다. 카를로는 소송에서 이겼지만, 조반니는 응당 내놓아야 할 액수를 지불할 능력이 없었다. 노인의 보잘것없는 재산, 즉 좋은 총열 두 개, 나무 상자 두 개, 목제 단지 두 개,

세숫대야 한 개, 욕조 하나, 통 다섯 개, 저급한 총열 여섯 개 등이 아작시오의 시장에서 경매로 팔렸다. 이미 카를로의 사람됨과 행태에 질린 레티치아는 가난해진 조부가 공개적으로 창피를 당한 데 분명 크게 분노했을 것이다. 레티치아는 어쨌거나 '위신'과 외양을 중히 여기는 여인이 아니었던가.

얄궂게도 카를로가 소송을 즐겨 했던 탓에 레티치아는 카를로에게서 점점 멀어졌고 카를로의 보호자이자 후원자였던 마르뵈프 백작의 매력에 점점 빠져들었다. 기본적으로 프랑스의 코르시카 통치는 군사 총독과 민간인 지사가 바스티아의 고분고분한 최고위 원회(Conseil supérieur, 의장 한 명, 프랑스인 위원 여섯 명, 코르시카인 네 명)의 지원을 받아 수행했다. 군사 총독은 루이 15세의 총신으로서 마르뵈프 백작이었던 샤를 르네(Charles René, comte de Marbeuf, 1712~1786)가 1772년부터 1786년까지 맡았고, 지사는 1775년부터 1785년까지 부슈포른(Claude-François Bertrand de Boucheporn)이 맡았다. 브르타뉴의 유서 깊은 가문 출신인 마르뵈프 백작은 예순 살에 코르시카의 실질적 통치자로 임명되었다. 그는 계몽 사상의 영향을 받은 개혁가의 면모를 보였고 곡물의 윤작에 관심을 쏟았으며 마을, 군, 주, 중앙 정부의 엄격한 행정적 위계보다는 데카르트적 자비심을 전면에 내걸고 통치했다.

남성 수하들과 아첨꾼들, 그리고 미모의 여인들이 마르뵈프의 주변을 에워쌌다. 프랑스에서 정략결혼을 했던 마르뵈프는 코르시카의 총독으로 부임하면서 역시 편리하게 부인을 데려오지 않았다. 나이에 걸맞지 않게 정력이 왕성했던 마르뵈프는 처음에는 '코르시카의 클레오파트라' 마담 드 바르스네(Madame de Varsenes)를 정부로 두었다. 마르뵈프는 남성 수하들에게 선물을 후하게 내렸는데, 카를로는 주된 수혜자였다. 1777년 마르뵈프는 베르사유에서 코르시카를 대표할 귀족 대의원으로 카를로를 지목했고, 이로써 카를로는 2년간 코르시카를 떠나게 된다.

　그동안 마르뵈프는 레티치아에게 줄곧 관심을 보였다. 마르뵈프가 레티치아에게 마음을 빼앗겼다는 것은 널리 알려진 사실이지만, 마르뵈프는 마담 드 바르스네를 버린 1776년에 가서야 레티치아에게 애정 공세를 펼쳤다. 카를로가 베르사유에 머무는 동안 마르뵈프와 레티치아가 연인이 되었음을 암시하는 강력한 정황 증거가 있다. 공교롭게도 레티치아가 평소 카를로에게 성실하지 않았다는 설을 열렬히 지지하는 사람들은 마르뵈프가 나폴레옹의 아버지라는 가설을 입증하기 위해 두 사람이 밀통한 시기를 1768년까지 거슬러 올라가 잡으려 했지만, 마르뵈프는 절대로 나폴레옹의 아버지가 아니라고 단언할 수 있다. 레티치아가 나폴레옹을 임신한 시기인 1768년 11월경에 마르뵈프는 프랑스 부대와 함께 겨울 숙영지에 있었기에 레티치아와 접촉할 수 없었다. 한편 마르뵈프가 나폴레옹의 아버지라는 '허수아비 설'을 반박하는 사람들은 한 걸음 더 나아가 마르뵈프가 레티치아에게서 어떤 자식도 보지 않았다는 확인되지 않은 가설을 제기했다. 마르뵈프는 확실히 1775년에 태어난 셋째 아들 뤼시앵의 아버지가 아니며 장녀(생존한 딸 중 첫째) 마리 안(마리아 안나) 엘리자(1777년생)의 아버지도 아니다. 그러나 보나파르트 집안의 넷째 아들 루이는 마르뵈프의 아들일 가능성이 매우 높다. 날짜를 따져봐도 카를로보다는 마르뵈프가 아버지일 확률이 더 높다. 게다가 루이는 외모, 성격, 기질이 다른 형제자매와 사뭇 달랐으며 마르뵈프의 퉁명스럽고 성급한 성격을 닮았다. 많은 전기 작가들은 아무런 근거도 없이 마르뵈프와 레티치아의 관계가 정신적 연애였고 "그 여인은 카를로 외에는 관심을 두지 않았다."라고 주장한다. 그런 작가들은 개연성을 정면으로 부정하는 것이며, 스스로 인간 본성에 관해서 열등한 판관임을 드러낼 따름이다.

　마르뵈프는 매우 실제적이고 구체적인 방법으로 레티치아에게 보답했다. 카를로의 재정 상태가 위태롭다는 사실을 알고 있던 마르뵈 프는 카를로에게 가난한 프랑스 귀족 자제들에게 무상 교육을 제공하는 잘 알려지지 않은 절차를 알려주었다. 원칙적으로 조제프는 엑스의 신학교에서 사제 수업을 받을 수 있었으며, 나폴레옹은 군사학교에 들어갈 수 있었고, 장녀는 생시르의 마담 드 맹트농 학교에 입학할 수 있었다. 난관이 있었는데, 신청하는 부모가 귀족임과 빈곤함을 입증하는 증명서를 제출해야 했고, 무료 입학의 경쟁이 치열하여 프랑스 전역에서 600명만 선발된다는 것이었다. 조건이 까다로운데도 마르뵈프는 자신만만했다. 1778년 카를로가 여전히 코르시카밖에 머물 때, 마르뵈프는 보나파르트 집안이 가난하다는 점과 4대를 이어 귀족이었음을 증명하는 서류를 육군장관인 몽바레 공작에게 보내 조제프와 나폴레옹의 무료 입학을 간청했다. 몽바레 공작은 1778년 7월 19일에 나폴레옹은 브리엔의 군사학교에, 조제프는 엑스 신학교에 들여보내 주겠다고 답했다. 단, 조건이 몇 가지 있었다. 보나파르트 집안의 두 아들은 같은 분야에서 교육받을 수 없다는 점을 분명히 해야 했으며, 입학 시험에 합격해야 했고, 베르사유의 왕립 문장관에게서 새로운 귀족 증명서를 받는 최종 확인 절차를 거쳐야 했다. 육군부는 나폴레옹의 군사학교 입학 최종 승인을 1778년 12월 31일에야 결정했다.

마르뵈프는 다시 연줄을 동원했다. 보나파르트 형제는 코르시카에서 단편적인 교육을 받았을 뿐이라 예비 교육이 절실히 필요했는데, 마르뵈프는 나폴레옹과 조제프를 자신의 조카인 오텅 주교가 운영하는 학교에 보내면서 비용 지불을 보증했다. 카를로는 고마워 어쩔 줄 몰랐고 자신의 은인을 찬미하는 시를 써 보냈다. 그러나 마르뵈프가 레티치아와 관계를 끊어 이에 화답한 것 같지는 않다. 아홉 살된 나폴레옹이 오텅으로 떠날 준비를 하고 있을 무렵 집안 사정은 이렇게 매우 복잡했다. 나폴레옹의 성격이 본질적으로 '형성'된 이 9년간 그가 받은 영향은 어떤 것이었을까?

코르시카 시절의 유산은 나폴레옹의 성격에 내재한 냉정한 실용주의와 추상적 이론을 참지 못하는 면, 그리고 궁극적으로 모든 문제는 권력으로 해결된다는 확신 등을 어느 정도 설명해줄 것이다. 또한 회고록 작가들과 전기 작가들이 자주 지적했듯 성년기의 나폴레옹에게는 '원시적인' 구석도 있다. 정신분석가 브릴(A. A. Brill)은 이렇게 썼다. "나폴레옹이 야만성의 극치를 대표한다는 데는 의심할 여지가 없다." 나아가 브릴은 나폴레옹의 보편적 매력은 우리가 '문명' 사회에서는 알고는 인정할 수 없는 원시적 속성을 구현한 데 있다고 주장했다. 18세기 코르시카인의 삶이 보인 후진성과 원시성을 생각하면 이러한 주장이 그리 기이하지만은 않다. 당시 코르시카는 일상의 풍광과 냄새, 소리조차도 원시적이었다. 동시대를 묘사한 설명을 보면, 아작시오의 거리는 푸줏간 밖에서 도축된 짐승의 악취와 햇볕에 말리려고 널어놓은 짐승 가죽으로 가득했다. 숨이 막힐 듯 찌는 여름날에는 거리의 유독한 악취와 파리 떼, 그리고 극심한 식수 부족으로 고통이 더욱 심했다. 나폴레옹이 말년에 뜨거운 물에 몸을 담그는 데 탐닉했던 것이 물이 부족했던 어린 시절에 대한 보상이라고 하는 말은 믿을 만한 근거가 있는 셈이다.

코르시카가 지닌 원시적 면모의 또 다른 정수는, 섬을 여행하거나 방문했던 사람들이 주목한 바에 따르면, 피의 복수이다. 피의 복수는 일곱 세대까지 전해 내려갔고, 젊은 여인은 가문이 당한 해악을 잊지 않도록 사촌의 수를 지참금의 일부로 계산했으며, 씨족의 남자 구성원은 가문의 명예를 모욕한 행위에 복수할 때까지는 면도를 하지 않고 수염을 기른 채 살았다. 슈아죌 공작* 같은 구체제 정치인들은 이

슈아죌 공작(Étienne-François de Choiseul, 1719~1785) 프랑스의 군인이자 외교관이며 정치인. 외무장관을 두 번 지내면서 18세기 중반 프랑스의 세계 전략에 커다란 영향을 끼쳤다. 코르시카를 프랑스 왕령으로 편입하기도 했다.

러한 코르시카인의 행태를 몹시 싫어했다. 루소나 보즈웰, 혹은 코르시카의 다른 찬미자들은 코르시카인이 민첩하고 달변이며 매우 영리하고 고대 그리스의 도시국가 시민들만큼이나 정치에 관심이 많다고 칭찬했을는지도 모른다. 그러나 그런 칭찬과는 정반대로 다른 비평가들은 코르시카인이 거만하고 과민하며 오만하고 원한이 깊으며 용서할 줄 모르고 옹졸하며 복수심이 강하고 성을 내거나 말이나 행동을 모욕으로 받아들이는 데 놀랍도록 빠르다고 지적한다.

피의 복수(vendetta) 제도는 계급이나 지위 고하를 가리지 않았다. 오직 가문과 씨족을 구분할 뿐이었다. 나폴레옹은 언제나 사사로운 이유가 아니라 국가를 이유로 삼아 적을 죽였으므로 피의 복수 전통을 극복한 것이 확실하다. 실제로 나폴레옹은 사사로운 숙적들을 어리석을 만큼 관대히 다루었다는 비난을 받을 만하다. 그러나 코르시카에 있는 그의 적들에게는 나폴레옹이 보였던 관용이 없었다. 경쟁 가문인 포초 디 보르고는 나폴레옹의 무덤에 피의 복수를 하기까지 보나파르트 가문을 괴롭혔고, 그 이후로도 복수를 포기하지 않았다. 포초 디 보르고 가문은 나폴레옹의 다른 적들과 밀통했으며, 러시아 황제 알렉산드르를 조종했고, 세인트헬레나 섬을 가장 먼저 나폴레옹의 유배지로 제시했다.* 1870년에 루이 나폴레옹이 몰락하고 1879년 줄루 전쟁에서 황태자 나폴레옹 4세가 사망한 뒤에야 포초 디 보르고 가문은 복수의 칼을 거두었으며 최후의 승리를 기념해 라푼타(LaPunta) 성을 세웠다.

나폴레옹에 관해 말할 때 코르시카에서 받은 영향보다 훨씬 더 중요한 것이 가족이 끼친 영향이다. 나폴레옹이 형인 조제프와 경쟁하는 데 집착했고 절실하게 그를 밀어내고 싶어 했다는 사실은 아홉 살 때까지 남겨진 빈약한 기록은 물론이고 나폴레옹의 후기 생애에

* 당시 나폴레옹에 맞서 활동했던 사람은 포초 디 보르고 백작 카를로 안드레아(Carlo Andrea, 1764~1842)이다.

서도 매우 명백하게 드러난다. 황제 나폴레옹의 후기 정치사는 '조제프 콤플렉스'를 고려하지 않고는 때로 설명이 불가능할 정도다. 나폴레옹은 말년에 형이 부끄러움도 모른 채 욕망에 탐닉하도록 내버려두었다. 이 지점에서 우리는 나폴레옹이 유년기에 품었던 증오가 보상을 받았으며, 그가 지녔던 최초의 공격성은 다른 대상을 찾아 나섰을 것이라는 결론에 도달한다. 프로이트(Sigmund Freud)가 다음과 같은 말을 남긴 이유는 바로 이러한 점을 설명한다. "조제프를 밀어내고 그 자리를 빼앗고 조제프가 되는 것이 분명 어린 나폴레옹의 가장 강렬한 감정이었을 것이다. …… 수십만 명의 제3자가 이 작은 친구가 최초의 적의 몫으로 남겨둔 벌을 받아야 했다." 나폴레옹의 무의식 속에서 그는 1765년에 죽은 첫 번째 나폴레옹을 '대신한 아이'였고 조제프는 '대신한' 아이에게는 없는 분명한 정체성이 있고 부모에게 받는 애정에서도 확실한 중심을 차지한다고 생각되었기에 어린 시절 형을 향한 적개심은 더욱 커졌을 수도 있다.

나폴레옹은 아버지를 향해서는 현실의 인간 카를로에 대한 경멸과 우상화된 관념적 형태의 카를로가 결합된 것이 특징인 양가 감정을 보였다. 이러한 양면성의 궁극적 표현은 프랑스에서 두 번째로 위대한 황제가 되려는 나폴레옹의 열망에서 찾을 수 있다. 나폴레옹의 이상형이었던 첫 번째로 위대한 황제는 아버지의 이름과 같은 세례명(샤를)을 지닌 카롤루스(샤를마뉴) 대제였다. 나폴레옹은 사치와 쾌락에 탐닉하는 아버지를 혐오했으나 애국자이자 파올리 일파였던 아버지는 자랑스러워했고, 이 점을 의식하고 있었다. 그러나 나폴레옹의 초기 생애에서 카를로가 허수아비 같은 인물이었다는 것은 대체로 인정되는 사실이다. 부모 중에서 나폴레옹의 유년 시절에 실제로 중요한 영향력을 행사한 사람은 어머니였다.

나폴레옹에게서 보이는 특성 중 레티치아 탓으로 돌려진 몇 가지는 억측일 가능성이 크다. 빌헬름 라이히(Wilhelm Reich)는 엄청난 정력과 수동적 성향이 결합된 나폴레옹의 모습에서 그가 '남근 숭배-자아 도취' 성격을 지녔을 것이라고 추정했다. 그 성격은 학교는 수녀들로 넘치고 집에는 위압적인 레티치아가 있는 상황에서 '과도하게 여성화된' 조기 사회화의 결과였다. 그렇지만 수녀들이 운영하는 학교에 불과 몇 달 다녔던 경험이 나폴레옹의 성격 형성에 큰 영향을 끼쳤을 가능성은 없으며, 레티치아의 체벌을 가학-피학 성향의 기원으로 단정하는 것도 확실히 무리다. 그렇지만 반대 성(性)에 대한 무의식적 복수 열망이라는 일반적인 이론은 나폴레옹의 후기 생애를 볼 때 근거가 충분한 듯하다. 특히 나폴레옹은 언제나 여성을 명예라고는 조금도 모르는 존재, 한 입으로 두말하는 사기꾼이자 거짓말쟁이로 여겼다.

말년의 나폴레옹은 공개석상에서나 부하들에게 말할 때 늘 어머니에 대한 칭찬을 아끼지 않았다. 그렇지만 절친한 친구나 막역한 사람들과 있을 때는 어머니에 대해 좀 더 은밀한 감정을 토로했다. 레티치아가 돈에 몹시 인색했던 것은 카를로의 사치 때문이었다고 보는 게 합리적일 것이다. 그러나 성인 나폴레옹은, 분명 이러한 용어를 쓰지는 않았겠지만, 부모 모두 우열을 가리기 힘들 만큼 심한 신경증 환자로서 의심이 꼬리를 물었다고 느꼈다. 어린 나폴레옹은 아버지가 아작시오의 살롱에서 술을 마시거나 도박을 하는지 감시하라고 시킨 어머니가 미웠다. 나폴레옹은 어머니와 마르뵈프의 관계에 대해 더 심각한 의심도 품었지만 감히 맨 정신으로 발설하지는 못했다. 어쨌든 어머니에 대한 나폴레옹의 양가 감정은 레티치아에 대한 전반적인 집착의 일부라는 점을 분명히 해 두는 것이 중요하다. 그러므로 우리는 이미 언급한 다른 '콤플렉스'들에 '어머니에 대한 병적 애착'을 덧붙여도 무방할 것이다.

사람들은 모든 인간이 부모로부터 생물학적이고 심리적인 유산을 그대로 물려받는다는 결정론에 맞서지만, 이는 부질없는 짓이다. 성인 나폴레옹의 특징인 카리스마를 지닌 일벌레라는 흥미로운 역설은 잘 맞지 않는 짝이었던 부모의 매우 다르고 서로 밀어내는 성격이 만들어낸 결과임이 분명하다. 나폴레옹은 아버지에게서 배우의 자질과 매력적인 성격을 물려받은 듯하고, 어머니에게서는 자제력과 광적으로 일에 몰두하는 성향을 물려받은 것 같다. 나폴레옹이 브리엔에서 고아나 다름없이 지낼 때 그를 지켜주었던 것은 어머니에게서 물려받은 자질이었다.

2장

파리왕립군사학교

외로운 늑대, 루소의 후예

1778년 12월 15일 보나파르트 일가의 중요한 한 무리가 코르시카를 떠났다. 최종 목적지는 모두 달랐다. 카를로는 코르시카 삼부회의 귀족 대표로 재지명되어 베르사유로 향했다. 카를로는 어린 처남 조제프 페슈와 두 아들 나폴레옹, 조제프를 맡아 데리고 갔다. 페슈는 엑상프로방스 신학교에서 공부를 시작할 참이었고, 나폴레옹은 넉 달 동안 프랑스어를 배운 뒤 군사학교에 입학할 예정이었으며, 조제프도 오툉의 학교에 들어가 프랑스어를 배우고 사제 수업에 들어갈 터였다. 오툉 성당의 차부제(次副祭)에 임명된 레티치아의 사촌 바레즈 신부(Abbé Varèse)가 카를로 일행과 함께 프랑스로 건너왔다.

조제프는 회고록에서 프랑스로 가기 전 바다 건너 라스페치아를 거쳐 피렌체를 방문했다고 분명히 언급했지만 날짜를 보면 맞지 않는다. 조제프와 나폴레옹이 1779년 정월 초하루에 부르고뉴의 오툉에 있는 학교에 등록한 것이 틀림없기 때문이다. 카를로는 페슈를 엑스의 신학교에 내려주고 바레즈와 함께 계속 북쪽으로 가 오툉에 도착했다. 카를로는 두 아들이 학교 공부를 시작하고 3주가 지났을 때 육군장관 몽바레에게 나폴레옹이 티롱의 군사학교에 배정되었으나 원칙에 따라 귀족 지위에 관한 최종 절차가 해결될 때까지 기다려야 한다는 전언을 받았다. 그러나 1779년 3월 28일 몽바레는 카를로에게 나폴레옹이 샹파뉴의 브리엔에 있는 군사학교로 가게 되었다고 알려왔다. 카를로는 당시 베르사유에서 움직일 수 없었기에 오퇭 주교인 마르뵈프*에게 나폴레옹이 제대로 공부를 시작할 수 있도록 브리엔으로 데려가 달라고 부탁했다.

　학교의 공식 기록에 따르면 나폴레옹이 4월 23일에 브리엔에서 학업을 시작한 것으로 되어 있으나 실제로는 예상 밖의 사건 탓에 그날부터 학교를 다니지는 못했다. 니스에서 근무하던 샹포라는 대위가 오퇭에서 학교를 다니던 아들을 브리엔으로 데려가기 위해서 휴가를 얻어 오퇭에 왔다. 마르뵈프 주교는 샹포의 아들이 보나파르트와 같은 곳으로 간다는 사실을 알고 직접 여행하는 수고를 덜기 위해 샹포에게 나폴레옹도 같이 데리고 가 달라고 했다. 조제프는 동생과 헤어지던 때를 기록으로 남겼다. 자신은 눈이 시뻘게지도록 울었으나 나폴레옹은 단 한 방울의 눈물도 흘리지 않았다고 적었다. 4월 22일 샹포 가족은 나폴레옹을 데리고 투아지르데제르에 있는 가문의 성으로 가 3주간 휴가를 즐겼다. 그러나 브리엔의 학교 일정에 맞춘 마르뵈프 주교의 계획은 모든 경우의 수를 계산에 넣지 못했다. 3주간의 휴가를 마칠 무렵, 샹포의 아들 장바티스트가 심하게 앓는 바람에 브리엔으로 갈 수 없는 사태가 발생했다. 마르뵈프 주교는 주교대리 아메 신부(Abbé Hamey)를 보내 나폴레옹을 브리엔으로 데려가게 했다. 3주 전에도 그렇게 할 수 있었던 일이다.

　나폴레옹은 1779년 5월 15일에 브리엔에 도착했다. 원래 수도원이었던 브리엔의 군사 '콜레주'는 성이 우뚝 서 있는 언덕 발치에 자리 잡고 있다. 1730년부터 수도사 양성을 위한 학교로 사용되다가 1776년에 군사학교로 바뀌었다. 그해에 예산 문제로 운영할 수 없게 된

마르뵈프 이브알렉상드르 드 마르뵈프(Yves-Alexandre de Marbeuf, 1734~1799). 앞에 언급한 마르뵈프 백작의 조카이다.

파리의 왕립군사학교(École Royale Militaire)를 대신하기 위해 세운 열 개(나중에는 열두 개로 늘어난다) 학교의 하나였다. 학교는 여전히 수도사들이 운영했고 종교적 분위기가 지배했으나, 성 베네딕트 수도회 작은형제회는 가난하고 무지했다. 브리엔 학교는 자금이 부족해 일류 교사들을 고용할 수 없었기에 열 개 군사학교 중 최하위였다. 학생 수도 가장 적어(약 150명) 라플레슈(La Flèche, 거의 500명) 같은 일급 군사학교와는 큰 차이가 있었다. 학교의 목적은 귀족 자제들에게 군대에서 장교로 복무할 수 있는 능력을 배양하는 것이었지만, 교육은 마지막 학년에 배우는 요새 및 진지 구축술 강좌를 제외하면 군사 분야와 전혀 무관했으며, 18세기 신사가 받아야 할 기본적인 교육의 변종이라고 할 수 있었다. 가장 뛰어난 학생들은 포병 부대와 공병 부대 혹은 해군에 선발되었고, 중간급은 보병으로 선발되었다. 기병에도 들어갈 수 없을 만큼 우둔한 학생들은 불명예스럽게 집으로 돌아가야 했다.

나폴레옹은 샹파뉴의 광대한 평원에 자리 잡은 이 따분한 도시에서 5년을 보냈다. 나폴레옹은 종종 스파르타를 찬미하곤 했지만, 그곳에서 그는 마치 옛날의 스파르타인처럼 지내야 했다. 두 개의 복도 양쪽으로 한 변의 길이가 약 180센티미터인 정사각형 모양의 방 70개가 있었다. 비품이라고는 가죽 침대와 물통, 대야 하나가 전부였다. 학생은 밤 10시가 되면 방 안에 갇혔다. 이는 브리엔 학교에서 기승을 부렸던 동성애 관행을 억제하기 위한 조치였으나 별 소용이 없었다. 위급한 상황이 닥치면 학생은 하인이 잠자고 있는 복도와 연결되는 비상종을 쳐야 했다. 기상 신호는 오전 6시에 울렸다. 180석을 갖춘 식당에서 빵과 물, 과일로 아침을 먹고 난 후 수업이 시작되었다. 오전에는 라틴어와 역사, 수학, 지리, 제도(製圖), 독일어를 배웠다. 그 다음 두 시간 동안 제대로 된 점심 식사를 했다. 수프와 삶은 고기, 구운 고기, 샐러드, 후식이 전형적인 식단이었다. 오후 교습은 펜싱과 춤, 음악, 글씨 쓰기에 집중되었다. 아침 식사와 거의 동일했던 '차' 마시는 짧은 휴식 시간이 지나면 점심 식단의 판박이인 저녁 식사 시간이 다가왔다. 단조로운 음식은 축제일에나 바뀌었다. 어느 해 공현축일(公現祝日)에 나폴레옹은 닭고기와 콜리플라워, 비트 샐러드, 케이크, 밤, 갓 만든 신선한 후식을 먹었다고 적었다.

　복장 규칙은 엄격했다. 학생들은 붉은 깃에 흰 금속 단추를 단 푸른 상의를 착용했다. 짧은 바지는 푸른색이나 검정색이었으며, 외투는 겨울에만 입을 수 있었다. 하인은 절대 둘 수 없었다. 내복은 한 주일에 두 번 갈아입었지만, 담요는 아플 때를 제외하면 겨울에도 한 장밖에 허용되지 않았다. 열두 살까지는 머리를 짧게 깎아야 했지만, 그 이후로는 땋아 기를 수 있었다. 분을 바를 수 있는 날은 일요일과 성인의 축일뿐이었다. 다른 규율도 엄격했다. 부모가 사망하거나 중병에 걸리지 않으면 집에 갈 수 없었고, 부모의 방문도 막았으며, 실질적으로 휴일은 없었다. 한 해에 한 번 8월 21일에서 9월 8일에 걸친 짧은 휴식기에만 수업이 없었는데, 이 기간에는 낭만적인 느낌이라곤 조금도 풍기지 않는 샹파뉴의 시골로 긴 나들이를 했다. 브리엔은 평평한 농지인 데다 종종 홍수가 져 물에 잠겼다. 풍경의 단조로움을 깨뜨리는 것은 가난에 찌든 마을과 폐허가 된 농가, 연기가 오르는 오두막, 이엉을 얹은 헛간이 고작이었다.

　교사들은 역량이 부족했고 어떤 면에서는 완전히 무능했다. 군대에서 경력을 쌓고 각각 교장과 교감으로 부임한 베르통(Berton) 형제는 학교를 제대로 통제하지 않았으며 종교에 대해서도 무신경했다. 베르통 형제 중 동생인 장바티스트는 미사를 9분 내지 10분 만에 끝내버리곤 했다. 저속했지만 우쭐거렸고 강인했지만 무능했으며 냉소적이고 세속적인 게으름뱅이였던 베르통 형제는 군사학교보다는 서커스단을 운영하는 편이 훨씬 더 나았을 것이다. 1785년과 1787년의 공식 감사에서 교사진과 학생들 모두 게으르고 태평하다는 평가를 받았다. 1787년 감사 보고서에는 무질서가 극에 달했다고 기록되어 있다. 베르통 형제의 경력은 화려한 성공가도와는 거리가 멀었다. 비판자들은 인정하지 않지만 나폴레옹은 진정한 아량이 무엇인지 보여주는 인물이었는데, 훗날 교장이었던 루이 베르통을 말년의 가난에서 구해내고 교육 행정 분야에 한직을 하나 마련해준 일이 그 일례이다. 그러나 끝내 루이 베르통은 정신병으로 생을 마쳤다. 동생 장바티스트 베르통은 대혁명 이후 스스로 서원을 철회함으로써 미사 집전 시간 단축에서 기록을 경신했던 것이 우연이 아니었음을 입증했다.

교육 방식은 베르통 형제의 전반적인 태도만큼이나 실용적이었다. 라틴어 교육은 수사학의 모범이 아니라 도덕적 모범을 제시하는 데 목적이 있었으며, 논리학은 형이상학이나 아리스토텔레스적 토대를 제거한 채 주입했고, 독일어는 장래에 전쟁을 벌일 때를 대비해 가르쳤다. 역사, 지리, 수학은 지세 파악과 진지 구축술에 도움이 되기에 교육했다. 베르길리우스, 카이사르, 살루스티우스, 키케로, 호라티우스, 코르넬리우스 네포스 등 많은 고대 로마 작가들의 작품이 선정되었는데, 나폴레옹은 라틴어의 어미 변화를 정복하지 못했다(수학적 재능이 뛰어났는데도 그랬다는 사실이 기이하다). 나폴레옹이 가장 좋아한 고전 작가는 그리스어로 저술했던 플루타르코스였다. 나폴레옹은 카이사르 같은 고대의 군사 지도자를 연구하기를 가장 좋아했다. 카이사르 암살 이야기에서 학생들은 카이사르는 폭군이요 브루투스는 자유의 수호자라는 교훈을 끌어내야 했지만, 나폴레옹은 카이사르는 위인이요 브루투스는 배반자라고 보았다.

교사 스무 명이 여섯 학급을 가르쳤으나, 나폴레옹이 어느 정도 애착을 품고 기억하는 사람은 수학 과목 수석 교사인 파트로(Patrault) 신부와 프랑스어 수석 교사 뒤피(Dupy) 신부였다. 나폴레옹은 음악에 소질이 없어 노래할 때 음정을 맞추지 못했으며 춤과 펜싱, 예절 교육을 싫어했다. 나폴레옹은 이런 분야에서 구제불능이었지만, 고

대사 지식은 자랑할 만했으며 수학에 뛰어난 재능을 보였다. 나폴레옹은 지리학을 좋아했지만 실제 그의 지리 지식은 불확실했다. 가령 말년의 기록을 보면, 나폴레옹은 엘베 강과 에브로 강을 혼동했고 스몰렌스크와 살라망카를 혼동했다.* 나폴레옹은 철자법을 완벽하게 익히지 못했으며 프랑스어를 이탈리아어 강세로 말했다. 어떤 낱말들은 마치 이탈리아 음성학의 규칙을 따르는 것처럼 들릴 정도였다.

브리엔 학교에서는 기초 라틴어만 가르쳤을 뿐 그리스어는 가르치지 않았다. 나폴레옹은 고전 작품을 번역본으로 읽었다. 나폴레옹은 비록 독특한 방식으로 읽기는 했을지언정 닥치는 대로 가리지 않고 읽었으며, 곧 다른 아이들보다 뛰어난 학생으로 인정받았다. 매년 8월과 9월에는 외부인을 초청해 공개 수업을 진행했는데, 교회와 주의 고관들이 참석한 공개 수업에서 가장 똑똑한 학생들이 교사의 질문에 답변했다. 1780년 이후 나폴레옹은 매년 이 수업에서 상을 받았다. 1781년 나폴레옹은 수학 과목에서 오를레앙 공작이 수여하는 상을 받았으며, 1782년에는 수학과 고대사를 잘했고, 1783년에는 교사도 풀 수 없는 어려운 수학 문제의 답을 말했다. 나폴레옹은 그 정도로 명석한 학생이었지만 고등수학은 배우지 못했다. 이유는 간단했다. 브리엔에는 나폴레옹에게 고등수학을 가르칠 수 있는 수준의 교사가 없었기 때문이다.

브리엔 시절 나폴레옹은 학문적 성과가 대단했던 반면, 사회적 관계와 성격 형성 과정은 비참했다. 나폴레옹이 채 십 대에 들어서기도 전에 사람을 싫어하는 은둔자로 변한 데에는 세 가지 요인이 작용했다. 야만적 행위, 사회적 속물 근성, 종족적 편견이 그것이다. 나폴레옹을 덮친 야만적 행위의 주체는 동료 학생과 교사였다. 브리엔에서

---

* 엘베 강은 체코 공화국에서 독일을 거쳐 북해로 들어가고 에브로 강은 에스파냐 땅을 흘러 지중해로 들어간다. 스몰렌스크는 러시아에 있고 살라망카는 에스파냐에 있다.

는 체벌이 육신과 영혼을 좀먹는 것으로 간주되어 공식적으로는 불법이었지만, 그 규정은 준수가 아닌 위반으로써 더 크게 두드러졌다. 어느 저녁 식사 시간에 나폴레옹은 거친 갈색 옷을 걸치고 바보 모자를 쓴 채 무릎을 꿇고 밥을 먹는 벌을 받았다. 이 일로 나폴레옹은 히스테리를 일으키며 먹은 것을 다 토했다. 브리엔에서 나폴레옹의 진정한 지적 잠재력을 발견한 유일한 인물로서 키가 크고 얼굴이 붉었던 수학 교사 파트로 신부가 나서서 나폴레옹에게 체벌을 가한 교사를 책망했다.

초기에 나폴레옹과 다른 학생들 사이에 있었던 문제는 나폴레옹이 '님프'로 불리기를 거부한 것이었다. 학생들은 학교 내 미동(美童)을 '님프'라고 불렀는데, 그 호칭에는 동성애의 느낌이 물씬 배어 있었다. 폭행과 싸움은 피할 수 없었다. 창백한 피부와 민족성, 심지어 이름까지도 나폴레옹이 따돌림 당하는 데 일조했다. 나폴레옹의 교우들은 '나폴레오네'를 '라파이오네(la paille au nez, 코에 붙은 지푸라기)'로 바꾸어 불렀다. 나폴레옹은 생애 마지막 순간까지 그 치욕을 잊지 못했다. 나폴레옹이 태어나서 처음으로 얼음을 본 순간에도 왁자지껄한 웃음소리가 터져나왔다. 그가 자기 물통에 얼음이 들어 있는 것을 보고 "누가 내 물통에 유리를 집어넣었지?"라고 소리치자 야유하는 웃음이 이어졌다. 창피를 느낀 나폴레옹이 다른 학생들을 모욕하는 것으로 대응함으로써 다시 난투극이 벌어졌다. 그러나 나폴레옹은 이 일을 교사들에게 '고자질'하지 않았기에 학우들은 마지못해 그를 존경했다.

알력의 주된 원인은 나폴레옹의 지독한 코르시카 민족주의와 파올리 숭배였다. 나폴레옹의 반 친구들은 파올리를 조롱했던 데 반해 나폴레옹은 슈아죌에 대한 증오심을 표출했다. 급우들이 코르시카인은 패배한 민족이며 타고난 겁쟁이라고 조롱할 때, 나폴레옹은 코르시카인이 지구상에서 가장 용맹한 민족이며 4 대 1의 열세쯤은 쉽게 극복할 역량이 있지만 실제로 10 대 1로 열세였기에 승리하지 못했다고 맞섰다. 게다가 언젠가 나폴레옹은 코르시카의 독립을 이끌어 자신의 말을 입증하겠다고도 했다. 또한 교사 한 명에게 매우 의미심장하게 감정을 쏟아내기도 했다. "파올리는 위대한 인간입니다. 파올리는 조국을 사랑했습니다. 저는 파올리의 부관이었으나 코르시카가 프랑스에 통합되는 데 힘을 보탠 제 아버지를 절대 용서할 수 없습니다. 아버지는 자신의 운명을 좇아 파올리와 함께 패했어야 했습니다."

나폴레옹과 학우들 사이에는 조롱과 이에 맞선 조롱, 운동장의 싸움, 탈환전이 되풀이되었다. 1782년 코르시카에서 엘리 샤를 드 브라즐론*이라는 다른 학생이 입학해 구원이 될 수도 있었다. 그러나 브라즐론은 바스티아에 주둔했던 프랑스군 지휘관의 아들이었고, 나폴레옹에게 강한 반감을 지녔던 아이들은 이를 자신들에게 유리하게 왜곡했다. 코르시카인들이 제노바인을 프랑스인보다 더 싫어한다는 사실을 알고 있던 아이들은 브라즐론을 마치 제노바 사람인 양 꾸몄다. 이후의 사건은 예상대로 전개되었다. 나폴레옹은 그 소년을 덮쳐 머리카락을 한 움큼 뽑았고, 이는 또 다른 싸움을 유발했다. 그러나 전하는 바에 따르면 브라즐론은 나중에 나폴레옹과 짝패가 되어 교장을 괴롭히는 말썽을 피웠으며, 심지어 이 점에서 나폴레옹의 명성을 물려받기를 열망하기까지 했다. 결국 브라즐론은 1786년에 퇴학당했다. 두 사람 사이에는 틀림없이 일종의 신뢰가 형성되었을 것이다. 나폴레옹이 훗날 브라즐론을 장군에 임명했기 때문이다.

그 시대 사람으로 추정되는 인물이 브리엔 시절의 나폴레옹을 설명한 사례는 많지만, 그중 믿을 만한 것은 네 가지뿐이다. 그 네 가지 설명조차 종종 시간이 지난 뒤 과거를 돌아볼 때 발휘되는 '지혜'가

엘리 샤를 드 브라즐론(Élie Charles Balathier de Bragelonne, 1771~1830) 나폴레옹 제1제정 때의 장군. 코르시카와 이탈리아에서 근무했고 1811년 에스파냐의 타라고나 포위 공격과 1813년 작센 전투에 참여했다.

뒤섞이거나 가득 스며들어 있다. 이 시기를 두고 출처가 의심스러운 내용이 넘쳐나는 이유도 여기에 있다. 이를테면 나폴레옹이 부모에게 용돈을 달라고 간청했다든가 브르타뉴를 방문했다든가 하는 얘기가 그렇다. 나폴레옹이 세인트헬레나에서 쓴 회고록에서 학창 시절의 불행과 폭력, 외로움을 과장했다는 데에는 의심의 여지가 없다. 그러나 모든 증거는 나폴레옹이 사람들과 어울리지 못했으며 쉽게 친구를 사귀지 못했고 인기 없는 외로운 늑대 같았다는 피할 수 없는 결론에 꼭 들어맞는다. 신빙성이 가장 큰 두 가지 일화는 나폴레옹이 브리엔에서 습관처럼 드러냈던 두 가지 기분을 보여준다. 나폴레옹은 누가 건드리면 언제라도 폭력을 휘두를 수 있는 내성적이고 침묵에 잠긴 외톨이, 혹은 공격적인 두목이었다.

베르통 형제는 그것이 무엇인지 알고 정했는지 알 수 없는 '건강한 신체, 계몽된 정신, 정직한 마음'이라는 교훈의 실천으로서 전교생에게 실외 활동을 권했다. 나폴레옹을 포함해 네 명이 원예 활동을 선택했지만 나폴레옹은 재빨리 뇌물을 주어 다른 친구들을 포기하게 만들고 작은 정원을 독차지한 뒤 둘레에 '울타리'를 쳤다. 나폴레옹은 난투극을 피해 이 작은 요새 안으로 물러나 홀로 지내며 대수학 문제를 풀거나 좋아하는 책들, 이를테면 플루타르코스, 맥퍼슨이 발굴해 번역한 오이신*의 작품들, 삭스 원수*의 전쟁에 관한 이야기를 즐겨 읽었다. 성왕(聖王) 루이(루이 9세)의 축일에 다른 학생들은 불꽃놀이를 즐겼으나 나폴레옹은 코르시카에 대한 애국심을 시위하느라 홀로 떨어져 있었다. 그때 뜻지 않은 폭죽 상자에 불씨가 떨어져 폭발하자 당황한 소년들이 정원을 지나 우르르 도망치면서 나폴레옹의

오이신(Oisín) 영어로 오시안(Ossian). 아일랜드의 전사 시인. 스코틀랜드 시인 제임스 맥퍼슨(James Macpherson, 1736~1796)이 게일어로 쓰인 오이신의 시들을 발견해 출판함으로써 알려졌다.

삭스 원수(Maurice de Saxe, 1696~1750) 프랑스의 육군 원수. 전술(戰術)에 관한 역작 《나의 공상(Mes Rêveries)》을 남겼다.

울타리를 짓밟아 쓰러뜨렸다. 몹시 분노한 나폴레옹은 삽을 한 자루 들고 나타나 마구 휘둘러 보복했는데, 곧이어 피해 있다가 나온 학생들에게 몰매를 맞았다. 그들은 자신들이 화단을 짓밟은 것은 순전히 사고였음을 나폴레옹이 알아차리고 냉철하게 대처해야 했다고 생각했다. 그러나 나폴레옹은 프랑스의 침략자들에게 맞서 코르시카를 방어한다는 생각에 사로잡혀 있었던 것이고, 그 일은 그에게 큰 슬픔을 안겨준 모든 사건의 축소판이었다.

나폴레옹의 브리엔 생활을 상징적으로 보여주는 가장 유명한 사건은 고학년 때인 1783년에서 1784년으로 넘어가는 겨울에 일어났다. 폭설이 내린 어느 날, 열네 살이 된 나폴레옹은 지루해하던 친구들에게 마당에 쌓인 눈으로 성을 만들자고 제안했다. 곧 공성군과 방어군 두 패로 나뉘어 대규모 눈싸움이 벌어졌다. 눈싸움을 하자는 제안은 친구들 사이에서 대성공이었고 나폴레옹은 양편을 다 지휘했다. 그러나 소년들이 눈뭉치에 돌멩이를 박아 넣으면서 위험한 사태가 벌어졌다. 큰 부상이 이어졌다. 말할 필요도 없이 이 사건은 훗날 나폴레옹의 군사적 재능을 보여주는 어린 시절의 일화로 늘 인용되었다. 나폴레옹의 프로메테우스적 포부를 더 잘 보여주는 지표는 1782년 장학관 케랄리오에게 제시했던 의견이다. 근거가 확실한 이 발언에서 나폴레옹은 과학에 투신해 전기에 관한 일반 이론을 세우거나 뉴턴 이론을 대체할 우주 모형을 고안하고 싶다고 밝혔다.

1782년 나폴레옹은 해군에 입대하기로 결심했다. 나폴레옹은 이듬해에 파리의 해군 훈련소나 파리의 왕립군사학교로 갈 가능성이 있었으나, 케랄리오는 다른 곳으로 가기에는 아직 브리엔에서 보낸 시간이 짧다고 판단했다. 1783년 케랄리오는 나폴레옹의 해군 입대를 유보하는 결정을 했다. "(나폴레옹) 보나파르트, 1769년 8월 15일생. 신장 159센티미터. 특징: 건강이 양호하고 표정이 온화하며 온순하고 정직하며 신중하다. 품행이 양호하다. 수학 공부에 늘 열심이다.

역사와 지리에 매우 정통하다. 그림, 춤, 음악 등 모든 기예에 취약하다. 훌륭한 수병의 자질을 갖추었으며, 파리의 군사학교에 입소시킬 만하다."

나폴레옹의 운명을 결정한 것은 기운 집안 형편이었다. 카를로는 나폴레옹을 브리엔에 보낸 후 일이 잘 풀리지 않았다. 1779년 파리에 머물 때 오돈 영지를 돌려받거나 적어도 그 땅에 대한 보상을 받아내려 했으나 여의치 않았다. 카를로는 마르뵈프의 소개장을 들고 루이 16세를 알현했고, 루이 16세는 코르시카 총독이 탄원자를 후원한 데 감명을 받아 부차적 요구를 들어주었다. 뽕나무 식재에 보조금을 지급해준 것이었는데, 이로써 코르시카가 종국에는 비단 생산의 중심지가 되리라는 기대를 품었다. 그러나 카를로는 그 돈을 전부 탕진하고는 파리에서 생활비와 로비 활동에 썼다고 주장했다. 그는 회계장부에 이렇게 썼다. "파리에서 국왕에게 4천 프랑을 받고 정부로부터 천 크라운의 보수를 받았지만, 무일푼으로 돌아왔다."

그런 와중에 카를로의 식솔은 계속 늘어났다. 나폴레옹은 브리엔으로 떠날 때 이미 오남매 가운데 둘째였으나, 그 다음번에 아버지를 만났을 때는 동생이 둘이나 더 늘어났다(1780년에 태어난 마리 폴린과 1782년에 태어난 마리 카롤린). 카를로는 건강도 나빠졌고 체중도 줄었는데, 1785년에 카를로의 목숨을 앗아간 위암의 초기 징후였다. 1784년 마르뵈프가 후하게 베푸는 후원자 역할을 그만두면서 재원이 줄어든 이 시기에 카를로의 돈벌이까지 시원찮아진 것이다. 성적으로 남달리 왕성했던 마르뵈프는 열여덟 살 먹은 처녀와 결혼한 뒤 레티치아를 차츰 멀리했다. 카를로는 나폴레옹이 1783년에 진급하여 툴롱이나 파리로 갈 것을 염두에 두고 코르시카에서 뤼시앵을 데려와 나폴레옹이 빠져나간 사관후보생 자리에 넣으려 했다. 케랄리오의 보고서가 희망을 꺾었지만, 카를로는 어쨌든 여덟 살 된 뤼시앵을 받아들이도록 베르통 형제를 설득하려 브리엔을 방문하기로 결정했다.

마르뵈프가 후원자로서 카를로에게 마지막으로 베푼 호의는 엘리자를 파리의 생시르에 있는 수녀들이 운영하는 기숙학교에 입학시킨 것이다. 1784년 6월 21일 카를로는 한 번에 두 가지 일을 처리하려고 한 해 전부터 오퉁에서 조제프와 함께 지내던 뤼시앵과 함께 엘리자를 데리고 파리로 가는 길에 브리엔에 들렀다. 나폴레옹에게 전할 나쁜 소식은 집안 형편이 좋지 않다는 것 이외에도 세 가지가 더 있었다. 레티치아가 카롤린을 낳은 후 산욕열로 건강이 나빠졌고, 뤼시앵이 몇 달간 브리엔에 머물 예정이며, 조제프가 소명을 받지 않기로 결심해 신학 공부를 그만두게 되었다는 얘기였다.

나폴레옹은 침통하게 이제 아홉 살이 된 뤼시앵을 맡아 보호하기로 동의했다. 두 형제는 훗날 사이가 나쁘기로 유명했는데, 그 뿌리가 여기에 있었던 것 같다. 뤼시앵이 남긴 기록에 따르면 나폴레옹은 멍하니 생각에 잠겨 뒤로 물러났고 반가운 기색 없이 인사했으며 친절하지도 않았다. 뤼시앵은 형의 반응에 화가 많이 났던 것 같다. 나중에 황제에게 머리를 숙이는 데 강한 반감을 느낀 건 바로 그때 나폴레옹이 보여준 태도 때문이었다고 얘기하곤 했다.

나폴레옹은 1784년 6월 25일 고모부 니콜라 파라비시니*에게 보낸 편지에서 카를로의 방문을 상세히 기술했다. 이 편지는 나폴레옹이 쓴 것으로 믿을 만한 첫 번째 편지이다. 나폴레옹은 신학교를 떠나 포병에 지원하려는 조제프의 욕망에 격분했다. 그렇게 되면 악명 높은 병과 간 경쟁 때문에 해군에 입대하려는 자신의 희망이 필시 좌절될 것이기 때문이었다. 그러므로 나폴레옹에겐 조제프의 초상을 미화하지 않고 있는 그대로 그릴 만한 이유가 충분했다는 점을 알아야 하지만, 좀 더 분석해보면 나폴레옹이 형의 결점을 매우 날카롭게 간파하고 있었음을 알 수 있다. 성인이 된 뒤 나폴레옹이 보인 명철하

니콜라 파라비시니(Nicola Luigi Paravisini, 1739?~1813) 고모인 제트루데 파라비시니의 남편이며, 아작시오의 재무관을 지냈다.

고 냉정하며 실용적인 모습이 여기에서 기본적으로 드러난다. 나폴레옹은 조제프가 건강이 좋지 않으며 담력이 부족하다고, 군 생활의 현실을 경험한 적이 없으면서 수비대 생활의 사회적 측면만 생각한다고 지적했다. 마르뵈프 주교의 후원으로 조만간 주교 지위를 얻을 수 있었을 텐데 그런 직업을 포기했으니 얼마나 애석한 일인가! 수학에 소질이 없는 조제프가 무슨 수로 잘해낼 것인가? 조제프는 타고난 게으름뱅이는 아니라고 해도 공병이라는 확실하지도 않은 직업을 위해 5년을 보내야만 한다는 사실을 제대로 인식하고 있는가?

언제였는지는 분명하지 않으나 레티치아도 브리엔을 방문해 나폴레옹을 만났다. 나폴레옹은 수척하게 여윈 엄마의 모습에 적이 놀랐다. 부주의한 역사가들은 레티치아가 카를로와 동행한 것으로 다루지만 두 사람의 방문은 분명 별개였을 것이다. 그러나 정작 나폴레옹이 노심초사하며 기다린 방문은 9월 군사학교의 부장학관인 레노 데 몽이었다. 9월 22일 레노 데 몽은 나폴레옹을 심사하고 파리의 군사학교에 입학할 자격이 된다는 사실을 확인했다. 단 한 가지 남은 문제는 자리가 남아 있는지 여부였다. 나폴레옹은 자신이 파리의 왕립군사학교에 들어가기에는 고전 언어 지식이 부족하다고 생각했기 때문에 가능성을 높게 보지 않았다. 그런데 다행스럽게도 바로 그 중대한 시점에 육군장관이 수학에 특출한 재능을 보이는 후보생들의 특별 입학을 허가했다. 1784년 10월 초 나폴레옹은 세 명의 학우와 함께 파리의 왕립군사학교 학생으로 선정되었다는 소식을 들었다. 결국 뤼시앵이 브리엔에 들어갈 자리가 생겼다.

나폴레옹은 실제로 해군 장교가 되기 위해 영국 해군에 지원할 생각을 하기도 했을 만큼 해군에 강렬한 의지를 품었으나, 그 포부는 파리의 왕립군사학교에 들어가면서 끝났다. 이와 같이 불가능한 역사적 가정에 더해 한층 더 음울한 가능성도 생각해볼 수 있다. 1784년에 나폴레옹은 해군에 대한 열정을 지속적으로 표출하면서 당시 영국인 탐험가 제임스 쿡(James Cook, 1728~1779)과 경쟁하기 위해 태평양 탐험을 준비하던 프랑스의 위대한 해양 탐험가 라페루즈 백작(Jean François de Galaup, comte de La Pérouse, 1741~1788)과 함께 항해하고 싶다는 야심을 드러냈다. 프랑스의 해군 장교이자 탐험가였던 라페루즈 백작은 1785년에 항해에 나섰으나 3년 뒤 솔로몬 제도와 남서 태평양 뉴헤브리디스 제도 사이의 바니코로 섬에서 난파해 선원 대부분이 목숨을 잃었다. 파리의 행정적 결정이 없었다면 이 위대한 유럽인 정복자는 대양의 무덤 속에서 잊혔을 것이다.*

10월 17일 나폴레옹과 함께 역사에 이름을 남긴 세 명의 학우 몽타르비 드당피에르, 카스트리에 드보, 로지에 드벨쿠르는 한 수도사(베르통일 가능성이 높다)와 함께 배를 타고 브리엔을 떠나 퐁마리에서 센 강으로 들어가 19일 오후 4시에 파리 교외에 닿았다. 후보생들은 군사학교에 들어가기 전 땅거미가 질 때까지 자유 시간을 허락받았다. 나폴레옹은 부두 인근의 헌책방에서 동료인 카스트리에 드보에게 값을 치르게 하고 소설책 한 권을 샀다. 물론 어떤 책을 골랐는가가 중요한데, 가난한 에스파냐 소년이 고위 관직에 오르는 이야기인《질 블라스(Gil Blas)》였다. 그리고 나서 그들의 보호자 격인 수도사가 왕립군사학교에 들어가기 전에 생제르맹데프레 성당에서 기도를 드려야 한다고 고집했다.

가브리엘이라는 건축가가 13년 전에 지은 왕립군사학교는 코린토스 양식 기둥과 도리스 식 열주로 되어 있는 경탄할 만한 건물이었으며 샹드마르스 광장을 내려다보고 있어 일찍부터 파리의 절경으로 꼽혔다. 건물 내부에는 새기고 조각하고 칠하고 금박을 입힌 벽과 천

---

* 1791년 브뤼니 당트르카스토(Bruni d'Entrecasteaux) 소장이 라페루즈 백작이 파리에 보낸 상세한 항해 계획에 따라 탐험대를 추적해 1793년에 바니코로 섬에 도착해 여러 지점에서 연기 신호를 보았다고 판단했으나 섬을 둘러싼 암초 때문에 상륙하지 못했고, 항해에 참여했던 식물학자 자크 라비야르디에르(Jacques Labillardière)가 돌아온 뒤《라페루즈 수색 항해기》를 출판했다.

장, 문, 벽난로 장식뿐 아니라 지나치다 싶을 정도로 군사 영웅들의
조각상과 초상화가 많았다. 교실은 금장식을 곁들인 파란색 벽지에
다 창문과 출입문에는 커튼이 달려 있었다. 학생들은 도기 난로들로
난방을 하는 커다란 기숙사에서 잤다. 각자 작은 독방에 철제 침대
와 아마 침대보, 의자와 책꽂이, 백랍 주전자, 세숫대야를 받았다. 모
든 것이 풍족했다. 나폴레옹이 다니던 시절에는 후보생이 215명이었
는데 직원 수가 학생 수보다 많았다. 서른 명의 교수와 사서 한 명을
제외하고도 사제와 성당 관리인, 승마 교관, 조련사, 마부, 병기공,
의료진, 관리인, 구치소 간수, 수위, 점등인, 구두장이, 가발 제조공,
정원사, 주방 일꾼과 최소 150명에 이르는 하인이 있었다. 10월 22일
나폴레옹은 후보생 명부에 정식으로 이름을 올리고 화려한 청색 제
복과 흰색 장갑을 받았다. 제복의 깃은 붉은색이었으며 소맷동은 화
사한 노랑과 주홍으로 장식되었고 은색 술이 달렸다. 내복은 일 주
일에 세 번 갈아입었고, 제복은 4월과 10월에 바꿔주었다.

　나폴레옹은 군사학교의 호화로움에 큰 충격을 받았다. 훗날 권좌
에 올랐을 때 나폴레옹은 군사학교에 스파르타식 엄격함을 요구했
다. 나폴레옹은 세인트헬레나에서 라스 카즈 백작*에게 매일 맛있는
식사 세 끼를 먹고 저녁에는 후식을 고를 수 있었던 시절을 이야기하
며 이렇게 말했다. "우리는 마치 엄청난 부자 장교처럼 매일 훌륭한
음식을 먹고 근사한 대우를 받았다. 그 수준은 분명 대부분의 학생
가정이 지닌 부와 견주어 훨씬 더 높고 우리 대다수가 향후 누릴 부
의 수준을 크게 뛰어넘었을 것이다."

　나폴레옹의 기억은 선별적이었는데, 그곳의 일상이 매우 고되었기

라스 카즈 백작(Emmanuel-Augustin-Dieudonné-Joseph de Las Cases, 1766~1842) 대혁명이 발발
하자 망명했다가 통령정부 때 귀국해 나폴레옹 편에 섰다. 첫 번째 퇴위 때 영국으로 피
했다가 백일 천하 때 돌아와 로슈포르에서 세인트헬레나까지 황제를 수행했고 비서처럼
같이 지내며 유명한 《세인트헬레나 회상록(Mémorial de Sainte Hélène)》을 남겼다.

때문이다. 사관 후보생들은 오전 7시부터 오후 7시까지 휴식 시간을 제하고 하루 여덟 시간 공부했다. 각각의 수업은 두 시간씩 진행되었고 수강생은 스무 명에서 스물다섯 명이었으며, 교사 한 명과 조교 한 명이 한 수업을 담당했다. 따라서 수학, 지리, 역사, 프랑스어 문법, 요새 구축법, 제도, 펜싱, 춤의 여덟 교과목에 교관은 모두 열여섯 명이었다. 한 주의 전반 사흘은 수학, 지리, 역사, 프랑스어 문법을 배웠고, 후반 사흘은 나머지 네 과목을 배웠다. 그래서 한 과목당 수업 시간은 한 주에 여섯 시간이었다. 일요일과 축일에는 네 시간 동안 교실에서 편지를 쓰거나 책을 읽으며 보냈다. 수업 말고도 매일 훈련을 받았으며, 목요일과 일요일에는 사격 연습과 군사 훈련이 있었다. 규칙을 위반하면 가혹한 처벌을 받았는데, 구금시키고 때로 마실 물도 주지 않았다. 학생들이 가장 흔히 저지른 비행은 허락 없이 학교 건물 밖으로 나가거나(거의 허용된 적이 없다) 부모로부터 별도의 용돈을 받는 것이었다.

　나폴레옹의 학업 성취는 브리엔에서와 비슷했다. 수학에 뛰어났고 열심히 펜싱을 배웠으나, 제도와 춤 실력은 형편없었고 독일어는 아예 가망이 없었다. 훗날 극명하게 드러났지만 나폴레옹은 언어에는 전혀 재능이 없었다. 파리의 학교에서도 나폴레옹의 어지럽게 읽는 성향은 계속되었지만, 이제는 특히 루소와 몽테스키외를 좋아했다. 이번에도 신빙성이 의심스러운 학생 나폴레옹의 수많은 일화가 전해진다. 나폴레옹은 1785년 3월 기구 조종사 블랑샤르가 몽골피에 형제(조제프-미셸과 자크-에티엔) 덕분에 유명해진 열기구를 타고 공중으로 오르는 것을 보려고 샹드마르스 광장에 갔다는 일화가 있다. 얘기는 이렇다. 블랑샤르가 이륙 시간을 계속 늦추자 이에 화가 난 나폴레옹이 기구를 매어놓은 밧줄을 끊어버렸고, 물의를 일으킨 대가로 벌을 받았다는 것이다. 그러나 믿을 만한 기록에 따르면, 나폴레옹이 1785년 5월 15일에 파리 대주교로부터 견진성사를 받았고 같은 달 26일에 육군장관 세귀르 원수*가 사열한 열병식에 참여했다는 사실 이외에 다른 내용은 없다.

이 시기에 나폴레옹은 태어나서 처음으로 진정한 친구를 사귀었다. 알렉상드르 데마지스(Alexandre des Mazis)인데, 그는 스트라스부르의 군인 집안에서 태어난 열렬한 왕당파로서 나폴레옹보다 한 해 선배였으며 머스킷 소총 사격을 담당한 선임 사관 후보생이었다. 나폴레옹은 아버지가 사망했으며 가족이 궁핍한 처지에 몰렸다는 소식을 들었을 때 데마지스의 우정에 기대야 했다. 카를로는 지속적인 통증과 구토로 파리, 몽펠리에, 엑상프로방스로 의사의 진찰을 받으러 다녔지만 의사들도 암 앞에서는 무기력했다. 1785년 2월 24일 아버지가 사망하자 나폴레옹은 재정적으로 아무런 보살핌을 받지 못하게 되었다. 나폴레옹은 부주교인 종조부 루치아노에게 편지를 써 장교로 임관될 때까지 가족을 부양해 달라고 청하는 한편, 이삼 년 걸릴 공부를 몇 개월 안에 마칠 방안을 찾아 나섰다.

나폴레옹은 아버지의 죽음으로 인해 재정적으로 상당한 걱정을 떠안았지만, 많이 슬퍼하거나 비통해하지는 않았다. 나폴레옹은 아버지를 경멸했으며, 아버지가 자신의 힘으로 성취한 것은 하나도 없다고 생각했다. 나폴레옹이 느낀 감정은 무관심과 안도감이었다. 1802년 몽펠리에 시의회가 카를로를 추모하는 비석을 세우자고 제안했을 때 나폴레옹은 이러한 말로 제안을 거부했다. "잊으시오. 망자의 평안을 해치지 맙시다. 유해를 편히 쉬게 하시오. 나는 조부도 증조부도 잃었는데, 그렇다면 조부와 증조부를 위해서는 왜 아무것도 한 것이 없나요? 추모비를 세우자는 것은 너무 앞서 나간 얘기입니다." 한참 후에 나폴레옹은 아버지의 죽음이 다행스런 사건이었다고 말했다. 카를로가 정치적으로 명석하지 못한 기회주의자였으며 1789년

세귀르 원수 세귀르 후작 필리프 앙리(Philippe Henri, marquis de Ségur, 1724~1801). 1780년에서 1787년까지 육군장관을 지냈다.

이후 벌어진 위급한 사태에서 틀림없이 나폴레옹의 경력을 시작하기도 전에 망쳐버릴 큰 실수를 저질렀을 거라는 판단이었다. 그렇지만 나폴레옹은 특히 코르시카인으로서 '아버지'가 필요했고 그 욕구를 간단히 없앨 수는 없었다. 그 단계에서 나폴레옹은 파올리를 아버지 상(father image)으로 격상시킴으로써 문제를 '해결'했다.

나폴레옹은 이제 포병 장교라는 목표를 달성하기 위해 필사적으로 학업에 몰두했다. 포병과 정예 부대에 배치되려면 보통 두 단계를 거쳐야 했다. 우선 포병의 경전인 에티엔 베주*의 《수학 강의(Cours de Mathématiques)》 첫 권에 관한 시험을 치러야 했다. 그다음 포병학교에서 1년을 수료하고 베주의 다른 저작 세 권을 범위로 한 시험을 치러야 했다. 이 모든 과정에 합격한 후보생은 포병 소위로 임관된다. 특출한 재능을 지닌 생도들은 베주 책 네 권 전체를 범위로 한 번에 시험을 끝낸 뒤 곧바로 임관을 받고 연대로 배치될 수 있었다. 이러한 재능을 지닌 후보생은 한 해에 극소수에 불과했지만, 1785년에 나폴레옹 보나파르트가 거기에 들었다.

매년 여름 시험관이 군사학교를 방문해 포병과 지원자들을 심사했다. 1783년까지는 베주 자신이 직접 시험관을 맡았으나, 이후 피에르시몽 라플라스 후작*이 베주를 대신했다. 18세기의 진정한 천재 과학자였던 라플라스는 천문학을 전공한 뛰어난 수학자였다. 라플라스의 이론은 토성, 목성, 목성의 위성들의 운행을 해명했으며, 조류의 작용과 태양계 밖 먼 우주의 성운 등을 설명했다. 1785년 9월 라플라스는 수학의 실질적 응용뿐 아니라 고난도의 미분방정식과 대수 문제로 나폴레옹을 시험했다.

에티엔 베주(Étienne Bézout, 1730~1783) 프랑스의 수학자. 1779년에 유명한 《대수방정식 일반이론》을 출간했다.
피에르시몽(Pierre-Simon, marquis de Laplace, 1749~1827) 프랑스의 뉴턴이라 불리는 위대한 수학자이자 천문학자 겸 의사.

프랑스 전역의 학교와 콜레주에서 포병과에 들어온 후보생은 겨우 쉰여덟 명뿐이었다. 파리 왕립군사학교는 우세를 보였어야 하나 시험을 치른 열일곱 명의 후보생 중 네 명만이 쉰여덟 명의 합격자에 들었다. 나폴레옹은 42등이었고 데마지스는 56등이었으며, 나폴레옹과 원수처럼 경쟁했던 르 피카르 드 펠리포*는 41등이었다. 58명 중 42등은 출중했다고는 할 수 없는 성적이었으며, 이 사실은 나폴레옹이 유달리 뛰어난 학생이 아니었다는 생각이 끈질기게 지속되는 데 기여했다. 그렇지만 다른 학생들은 경우에 따라 나폴레옹보다 2년 이상 더 공부했다는 점을 기억해야만 한다.

1785년 9월 나폴레옹은 겨우 열여섯 살에 소위로 임관했다. 나폴레옹과 데마지스는 같은 연대에 배속되기를 희망했는데, 요청이 받아들여져 론 강 유역 발랑스의 라페르 연대에 발령받았다. 어떤 이들은 나폴레옹이 라페르 연대를 지원한 데에는 숨은 동기가 있다고 추측했다. 라페르 연대가 1769년 이래로 계속 코르시카에 주둔했다고 알려졌기 때문이다. 그러나 나폴레옹이 마키아벨리식 수법을 썼더라도 실망했을 것이다. 1785년에 코르시카에 잔류한 연대 병력은 겨우 스무 명뿐이었고 나머지는 프로방스에 주둔했기 때문이다.

나폴레옹의 학업은 끝났고 성격도 본질적인 면은 형성되었다. 1792년까지는 태도에 결정적인 변화가 안 보이며, 처음으로 진정한 권력의 맛을 본 1795년까지는 세계관에 근본적인 변화가 없었을 것이다. 나폴레옹은 입대했을 때 적어도 현대의 기준으로 본다면 충격적일 만큼 군 생활을 할 준비가 되어 있지 않았다. 나폴레옹은 전장

르 피카르 드 펠리포(Louis-Edmond Antoine Le Picard de Phélippeaux, 1767~1799) 1791년에 망명하여 앙기앵 공작 밑에서 싸우다 1795년에 폭동을 일으키기 위해 프랑스에 잠입해 1796년에 체포되었다가 탈출했다. 1799년에 아크레에서 나폴레옹에 맞서 싸우다 페스트로 사망했다.

에서 부딪칠 실제 상황이 어떤지 전혀 몰랐으며 특히 군대의 규정에는 무지했다. 마치 고전 교육을 받았을 뿐이나 인도를 통치하라고 파견된 19세기 영국 신사와도 같았다. 나폴레옹은 포병과 군인이 되는 법을 배워야 했다. 냉소적 비판자들은 왕립군사학교가 교양학부에 지나지 않는다고 주장했지만, 그렇다고 해도 나폴레옹은 입학할 때만큼이나 졸업할 때에도 대단히 원시적인 야만인이었다.

브리엔과 파리의 군사학교가 모토대로 사회적 평등을 장려할 목적으로 세워졌다면 두 학교는 나폴레옹의 경우에 쓰라린 실패를 한 셈이다. 다른 사관 후보생들은 다 부자인데 자신만 가난했기에, 나폴레옹은 한층 더 비참함을 느꼈고 더욱 냉소적인 인간이 되었다. 브리엔 학교가 민족과 문화의 평등을 진지하게 고려했다면, 나폴레옹이 코르시카 출신이라는 이유로 괴롭힘을 당하지는 않았을 것이다. 파리의 왕립군사학교는 공식적으로는 수업료를 내는 83명의 학생과 132명의 장학생 사이에 차별이 없다고 했지만 결국 조악한 '평준화'를 초래했을 뿐이다. 가난한 학생들이 자기 형편을 넘어서는 생활을 해야 할 압력을 받았기 때문이다. 나폴레옹은 점차 귀족을 증오하게 되었다. 나폴레옹이 보기에 귀족의 유일한 '장점'은 형편 좋은 집안에서 태어났다는 것뿐이었다. 나폴레옹은 귀족을 '국가의 불행…… 바보들…… 유전적 얼간이들'이라고 불렀으며, 귀족들이 재능은 100분의 1도 갖지 못한 경우에도 평민들을 멸시했기에 나폴레옹의 증오는 더욱 심해졌다. 실제로 구체제 상황에서 나폴레옹은 자신이 알고 있던 것보다 훨씬 더 운이 좋았다. 왜냐하면 수학에 뛰어난 재능을 지닌 학생들만 들어갈 수 있는 포병과는 육군에서도 재능에 문호를 개방한 유일한 병과였기 때문이다.

나폴레옹이 결국 가톨릭을 버린 것은 공식적인 가르침과는 반대로 노골적인 부정을 너그럽게 용서할 수 있는 그 조직 종교를 경멸했기 때문일 것이다. 확실히 나폴레옹은 브리엔 학교를 떠날 때쯤이

인민 주권론의 주창자이자 프랑스 혁명의 아버지 장자크 루소. 군사학교 시절부터 나폴레옹은 루소의 사상에 심취했다. 일찍이 루소는 코르시카를 유럽에서 유일하게 진정한 자유와 평등을 실현할 수 있는 이상적인 사회로 보았다.

면, 여전히 공개적으로는 형식을 준수해야 했지만 신앙심을 잃었다. 나폴레옹은 훗날 교회에서 멀어지게 된 이유를 세 가지로 설명했다. 첫째, 브리엔 학교는 교리를 기계적으로 암기할 것을 강압하는 위선을 보였다. 종종 진정한 신자인지 의심스러운 베르통 형제 같은 수도사들이 되풀이해 교리를 주입했다. 그 다음, 나폴레옹은 루소의 저작을 읽었다. 루소는 국가 이데올로기인 시민종교를 믿었으며 가톨릭이 시민과 사회의 중간에 차단막을 세운다고 혐오했다. 게다가 루소는 마키아벨리처럼 고대 로마와 스파르타의 옛 시민적 덕을 믿었으며, 그 연장선에서 기독교가 시대에 뒤떨어졌고 병사와 시민을 나약하게 만들었다고 판단했다. 마지막으로, 브리엔의 수도사들은 편협해서 고대 세계를 사랑하는 나폴레옹을 모욕했다. 수도사들은 고대 저술가들이 문체가 훌륭하고 우아하지만 이교도이기 때문에 지옥의 뜨거운 불에 고통을 당하고 있다고 가르쳤다. 그러한 생각은 청년 나폴레옹에게는 끔찍하리만큼 어리석게 들렸을 것이다. 나폴레옹이 가톨릭교회와 마찬가지로 원죄를 믿었다고 해도 인간의 본성에 관해

서는 철저한 비관론자였고 어떤 형태로든 구원을 믿지 않았다고 덧붙일 수 있을 것이다.

이 시기에 나폴레옹의 방향타가 된 인물은 여전히 루소였다. 루소의 매력을 확인하기는 어렵지 않다. 나폴레옹은 십 대 시절 광적인 코르시카 민족주의자였고, 루소는 코르시카가 유럽에서 진정한 자유와 평등이 실현될 수 있는 유일한 사회라고 칭찬했다. 나폴레옹은 코르시카를 마치 《사회 계약론》이 물리적 형태를 부여받은 듯이 스파르타적 단순함과 시민적 덕, 평등, 금욕적 생활이 지배하는 곳으로 보고 부패한 본토 프랑스와 대비했는데, 이러한 환상적 견해는 브리엔 시절 후기에 이미 카를로를 대신해 아버지 같은 존재가 된 파올리를 숭배하면서 더욱 강해졌다. 당대나 그 이후로 나폴레옹을 비판한 사람들은 나폴레옹이 프랑스의 돈으로 교육받았고 단지 프랑스 귀족의 후손으로 인정되었다는 이유로 브리엔 학교에 입학할 수 있었다는 점을 들어 나폴레옹의 프랑스 혐오증은 철저히 불합리하다고 주장했다. 파리 군사학교의 어느 선임 장교는 파올리와 코르시카에 대해 진저리나도록 듣고 결국 나폴레옹을 엄하게 꾸짖었다. "나폴레옹, 너는 국왕의 생도야. 이 점을 기억하고 코르시카에 대한 애정을 절제해야 한다. 코르시카도 어쨌든 프랑스의 일부이니까."

나폴레옹은 코르시카 하급 귀족이라고 멸시당하고 섬 민족주의로 다른 사람을 귀찮게 하는 자로 여겨졌기에, 학교 생활에 빗대어 보면, 자신이 모든 사람을 멀어지게 하는 이스마엘(아브라함이 하녀에게서 낳은 아들, 곧 미움받는 자)이라고 믿을 만한 이유가 충분했다. 나폴레옹은 친구를 사귀는 데 몹시 어려움을 겪었으며 사귄 친구들도 대부분 나폴레옹을 저버렸지만, 다른 한편 나폴레옹은 존재 자체만으로도 철천지원수를 만들어낸 듯했다. 브리엔에서 나폴레옹은 포블레드 부리엔(Louis Antoine Fauvelet de Bourrienne, 1769~1834)에게 끌렸다. 나중에 부리엔은 친구라고 소문난 두 사람이 얼음처럼 차가운 오브 강에서 목욕하는 목가적 그림을 남겼다. 부리엔의 군 경력은 실패였으나 1797년 나폴레옹은 부리엔을 부관에 임명했다. 나폴레옹이 받은 보답은 부리엔이 기회 있을 때마다 자신을 속였다는 사실을 깨달은 것이다. 부리엔은 사기꾼이었고 공금을 유용하고 횡령했으며 대규모 돈세탁에 가담했다. 나폴레옹은 부리엔을 매우 관대하게 대했으나 돌아온 것은 인색한 보상뿐이었다. 부리엔에 유령처럼 붙어 다니는 회고록은 순전히 상업적 목적에서 쓴 것인데, 나폴레옹에 대한 냉소적인 묘사가 많이 등장한다. 오늘날까지도 나폴레옹의 비판자들은 아무런 비판 없이 그 책을 나폴레옹에 대한 진정한 묘사로 받아들이고 있다.

브리엔에서 사귄 다른 친구는 파리 군사학교까지 나폴레옹과 함께 간 남작의 아들인 로지에 드벨쿠르이다. 로지에는 브리엔에서 동성애 패거리와 함께 농탕쳤으나, 나폴레옹은 그런 녀석들의 유혹에 굴복한다면 우정이 끝날 것이라고 경고했다. 로지에는 유혹에 저항했거나 아니면 나폴레옹에게 자신이 저항했음을 납득시킬 수 있었다. 그러나 로지에는 파리에서 겪은 한 유혹에 굴복했고 "동성애자임을 밝혔다." 정떨어진 코르시카인은 로지에에게 절교를 선언했고, 로지에는 분하고 정신이 혼란스러워 나폴레옹을 폭행했다. 로지에는 이 충돌에서 더 나쁜 결과를 떠안았는데, 학교 당국이 로지에의 기질을 잘 알고 있었기에 그는 나폴레옹을 계획적으로 폭행했다는 혐의를 받았다.

파리 군사학교에서 나폴레옹은 그를 평생토록 집요하게 따라다니게 될 '첫눈에 증오'를 품는 첫 번째 경험을 했다. 그 대상은 포병과 시험에서 41등으로 나폴레옹을 바로 앞지른 르 피카르 드 펠리포였다. 펠리포는 대혁명 후 망명했고 1798년 아크레(아코)에서 영국군에 들어가 나폴레옹에 맞서 싸웠다. 그러나 나폴레옹은 남성 경쟁자는 물론 젊은 여성도 귀찮게 하는 재능을 타고났다. 1785년 나폴레옹은 코르시카 사람이며 아버지의 오랜 친구였던 페르몽 부인을 이따금 방문했다. 페르몽 부인은 부유한 프랑스인 장교와 결혼해 세실(Cécile)과 로르(Laure) 두 딸을 두었다. 나폴레옹과 로르 사이에 적대 관계가 형성된 듯하다. 로르가 장교 장화를 신은 나폴레옹의 기다란 다리를 보고 소리 내어 웃고는 '장화 신은 고양이'라고 놀렸기 때문이다. 나폴레옹은 이 일을 농담으로 돌리려 했지만, 모욕을 당한 것만은 분명했다. 나폴레옹은 어쨌든 로르를 좋아하지 않았을 것이다. 로르는 여덟 살 때까지 남자아이처럼 옷을 입었고 당시로서는 남자에게나 어울릴 만큼 고집이 셌기 때문이다. 훗날 로르는 나폴레옹의 친구인 쥐노*와 결혼했고 보나파르트를 끊임없이 괴롭히는 근심의 진원이 되었다. 여자 부리엔이라고 부를 만한 로르는 돈을 위해서라면 무슨 일이든 하려 했으며 훗날 그런 능력을 바탕으로 신뢰할 수 없다는 점에서 부리엔의 회고록에 필적할 만한 열여덟 권짜리 회고록을 출판했다.

　나폴레옹은 고집이 세거나 귀에 거슬리는 말을 하는 여성이 보이는 성별적 모호함이나 '부자연스러운' 행동을 결코 참을 수 없었다. 그 바탕에는 어머니에 대한 양가 감정이 놓여 있었지만, 전해 내려오는 말이 길잡이가 될 수 있다면, 사관 후보생 시절의 나폴레옹은 이밖에도 여성을 경계하게 만든 경험을 많이 했다. 나폴레옹은 젊은 여인 두 명과 우연히 마주친 뒤 두 사람이 동성애자라는 사실을 알고 충격을 받았으며 쉽게 믿을 수 없었다고 한다. 사관 후보생 시절의 다른 이야기는 나이가 아주 많은 여인이 나폴레옹을 유혹하려 했던 일

장앙도슈 쥐노(Jean-Andoche Junot, 1771~1813) 파리에서 법률을 공부하다가 혁명이 발발하자 의용군에 입대하여 하사관이 되었다. 1793년 툴롱 포위 공격 때 나폴레옹을 처음 만나 참모가 되었다. 준장으로 진급하여 이집트 원정에 참여했으나 결투에서 부상을 입고 귀국했다. 브뤼메르 쿠데타에 합세한 뒤 잠시 포르투갈 대사로 갔다가 돌아와 아우스터리츠 전투에 참여했다. 이베리아 반도 전쟁에서 리스본을 점령하여 아브랑테스 공작 지위를 얻었고 포르투갈의 총독이 되었다. 러시아 원정에 참여한 뒤 1813년에 일리리아 총독이 되었으나 정신 이상으로 귀국한 뒤 자살했다.

을 전하고 있다. 그렇지만 열여섯 살 된 소위 보나파르트는 성적으로 여전히 소심했고 억눌린 상태였다. 전하는 바에 따르면 파리 군사학교에서 라페르 연대로 배속된 생도들 중 남쪽으로 내려가는 길에 리옹의 사창가에 들르지 않은 사람은 나폴레옹 한 명뿐이었다고 한다.

사회적 출신과 민족성에 불만을 품었고 동료와 교제하는 데 자신감이 부족했으며 여성을 두려워하고 의심했던 나폴레옹이 마치 타고난 외톨이인 듯 느끼는 데 다른 것은 필요하지 않았다. 그러나 어쨌든 나폴레옹은 다 성장했을 때에도 168센티미터의 단신이었다. 알프레트 아들러(Alfred Adler)는 이 사실이 전제 군주의 과잉보상에서 중요한 특징이라고 설명한다. 아들러는 나폴레옹을 비롯해 카이사르, 히틀러, 무솔리니, 스탈린, 프랑코 같은 대다수의 전제 군주들의 키가 작았다는 사실을 우리에게 알려주었다. 열여섯 살 된 나폴레옹의 삶의 경험들을 볼 때, 권위주의적 성격이 형성되고 있음을 보여준다고 말해도 과장은 아니다.

3장

혁명의 소용돌이
책에 미친 포병 장교

1785년 10월 28일 나폴레옹은 파리의 왕립군사학교를 떠났다. 나폴레옹은 남쪽으로 향해 발랑스의 라페르 연대에 합류하기 전에 생제르맹데프레에 있는 대수도원의 호화로운 거처에 머물고 있는 후원자 마르뵈프 주교를 방문했다. 마르뵈프는 발랑스에서 자신과 동등한 지위에 있는 성직자 자크 타르디봉에게 보내는 소개장을 써주었다. 나폴레옹은 비록 가톨릭과 관계는 끊었지만 세속적 이익을 위해서라면 언제라도 이용할 준비가 되어 있었다.

이틀 후 나폴레옹은 리옹 역참을 향해 남쪽으로 길을 떠났다. 퐁텐블로, 상스, 오툉, 샬롱쉬르손을 거쳐 11월 1일에 배로 갈아타고 사온 강을 따라 리옹을 향해 갔다. 그는 마지막으로 우편선을 타고 11월 3일에 발랑스에 도착했다. 라페르 연대의 화려한 제복(청색 바지, 청색 조끼, 붉은색 단을 대고 붉은색으로 테두리를 두른 주머니와 금색과 은색의 술 장식이 달린 감청색 상의)을 차려입은 나폴레옹은 마송 도트브리브(Masson d'Autevrive) 대위의 포격 중대에 배치되었다. 라페르의 주둔지에는 일곱 개의 포병 연대(연대는 다시 평사포대와 박격포대, 대호공병대로 나뉜다)에 열다섯 개의 공병 중대가 있었다. 라페르 연대는 정예 부대로 명성이 높았다. 정예 보병 연대처럼 일찍 기상해 열심히 일했고 완벽하게 훈련했다.

보나파르트 소위는 네 개 박격포 중대의 한 곳에서 네 번째로 높은 지위였다. 각 연대는 20개 중대가 있었는데, 평사포 중대가 열넷, 박격포 중대가 넷, 대호공병 중대가 둘이었다. 각 중대 병력은 70명이었으며, 대위 한 명이 부관 세 명을 데리고 지휘했다. 프랑스군 편제에서는 중대 다섯이 모여 여단(소령이 지휘한다)을 이루었고, 여단 둘이 대대를 이루었으며, 대대 둘이 연대를 이루었다. 나폴레옹은 10주간 기본 훈련을 받았는데, 일병으로 시작해 그 다음에는 상병으로 훈련을 받았고 마지막에는 하사관으로 훈련을 마쳤다. 나폴레옹은 훗날 이처럼 기초부터 가르치는 교육법에 찬사를 보냈으며, 소문이 자자했던 자신의 '친화력'을 그 훈련 덕으로 돌렸다.

1786년 1월 10일 나폴레옹은 장교 수습을 마쳤다. 나폴레옹의 임무는 그다지 번거롭지 않았다. 경계를 서고 병사들을 관리하고 수학, 포대 진지 구축, 화학, 물리학 강의를 듣는 것이었다. 자유 시간이 많았다. 나폴레옹이 남긴 많은 노트에서 나폴레옹이 어떻게 시간을 보냈는지 많은 것을 알 수 있다. 몽로슈콜롱브 산을 올랐고 스케이트를 탔으며 로망쉬르이제르와 투르농을 다녀왔다. 기록에 따르면 발랑스는 주민이 5천 명가량 되는 도시였는데, 성채가 웅장하며 크고 작은 수도원이 많기로 유명했는데 어울리지 않게 예쁜 여인들도 많았다. 이때부터 그의 노트에 여자의 이름이 언급된다. 1785년 12월 4일 나폴레옹은 축제에서 미옹데플라스(Mion-Deplaces)라는 여자와 춤을 추었다. 나폴레옹은 그레구아르 드 콜롱비에(Grégoire de Colombier) 부인과 부인의 딸 카롤린과 친하게 지냈다. 그런데 시골에서 카롤린과 함께 체리를 먹었다는 일화는 루소식의 환상을 흉내낸 것 같다(루소도 갈레라는 여자와 비슷한 경험을 했다).

나폴레옹에게 가장 큰 문제는 돈이었다. 나폴레옹의 연간 소득은 1,120리브르였는데 기본 급여가 800리브르, 정부의 상여금이 200리브르, 숙박 수당이 120리브르였다. 그러나 카를로가 사실상 무일푼으로 죽은 데다 레티치아가 더는 마르뵈프의 보호를 받지 못했기 때문에, 나폴레옹은 수입의 대부분을 코르시카로 보내 가난한 집안을 도와야 했다. 레티치아는 연간 고작 1,200리브르로 집안 살림을 꾸려야 했다. 레티치아는 집안의 악명 높은 구두쇠였던 루치아노 부주교로부터 아쉬운 대로 가욋돈을 받아 썼다. 사정이 이렇다 보니 나폴레옹은 초라한 숙소에서 지내야만 했다. 나폴레옹은 그랑뤼(Grand-Rue)와 크루아상 거리의 모퉁이에 자리 잡은 세르클 카페 2층에 시끄러운 방을 얻었다. 주인인 쉰 살 된 마드무아젤 부(Bou)가 빨래를 해주었으며, 방세는 8리브르 남짓이었다. 식사는 페롤레리 거리의 '트루아 피종'이라는 싸구려 카페에서 해결했다.

나폴레옹은 발랑스에서 작가 지망생의 경력을 쌓기 시작했다. 나폴레옹은 자신의 영웅인 루소를 공격하는 책을 논박하는 글을 썼다. 그리고 '예언자의 가면'이라는 제목으로 승승장구하다가 패배해 추종자들과 함께 자살하는 아랍인 예언자 이야기를 썼다. 이 이야기와 열여섯 살 소위의 비망록은 나폴레옹이 이슬람 세계에 지속적으로 매혹되어 있었다는 사실을 말해줄 뿐만 아니라 그 시기에 나폴레옹이 자살에 병적으로 몰두해 있었음을 생생하게 보여준다. 이 점을 얼마나 심각하게 받아들여야 할까? 한편으로는 당대에 유행했던 낭만주의적 태도로 이해할 수 있다. 삶에 염증을 느껴 우울증을 앓던 괴테의 베르테르가 그 시대 교육받은 청년들의 역할 모델이었기 때문이다. 그러나 다른 한편으로 나폴레옹이 자살을 숙고했다는 사실은 부분적으로는 그가 진정 염세적 세계관을 품었고 우울증이 시작되었음을 암시한다. 나폴레옹은 이렇게 썼다.

나는 늘 사람들에게서 홀로 떨어져 고독하게 꿈에 잠기며 나를 우울하게 만드는 그 모든 힘에 굴복한다. 어떤 광기가 나로 하여금 파멸을 열망하게 하는가? 이 세상에서 무엇을 해야 하는가라는 문제임이 틀림없다. …… 삶은 내게 짐이다. 아무런 기쁨도 느끼지 못하고 모든 것이 고통이기 때문이다. 삶은 내게 무거운 짐이다. 내가 함께 살아야 하고 필시 언제라도 함께 살아가야 할 사람들이 마치 달빛과 햇빛이 다르듯이 나와는 다른 길을 가기 때문이다. 그래서 나는 나로 하여금 존재를 인내할 수 있게 하는 유일한 삶의 방식을 추구할 수 없다. 모든 것이 다 혐오스러운 이유가 바로 여기에 있다.

발랑스에서 보낸 외견상 평화로웠던 생활은 1786년 8월 연대가 리옹에서 일어난 견직물 노동자들의 파업을 진압하라는 명령을 받으면서 끝났다. '주동자' 세 명이 교수형에 처해졌고, 파업에 가담했던 사람들은 충분히 겁을 먹었다. 종종 코르시카를 그리워했던 나폴레옹은 10월 1일부터 시작되는 휴가를 신청했다. 장교들은 넓은 프랑스 대륙 구석구석에서 근무했기에 휴가 기간 이외에 이동 시간으로 한 달간의 여유가 더 주어졌다. 그리하여 나폴레옹은 리옹의 군사 작전이 종료되자마자 9월 1일에 코르시카로 떠났다. 나폴레옹은 엑상프로방스의 페슈 삼촌과 뤼시앵을 방문했다. 페슈는 아직 신학 공부를 마치지 못한 상태였고, 뤼시앵은 사제가 되기 위해 브리엔을 떠나 엑상프로방스에 와 있었다. 1786년 9월 15일 나폴레옹은 섬을 떠난 지 거의 8년 만에 드디어 아작시오에 도착했다.

레티치아와 종조부 루치아노와 재회한 일은 각별히 기쁜 일이었지만, 가족에게 어두운 그림자를 드리운 돈 문제가 기쁨을 가렸다. 나폴레옹은 집에 도착했을 때 어머니 레티치아가 집안의 온갖 허드렛일을 손수 다 하고 있음을 보고 충격을 받았다. 나폴레옹은 형 조제프가 아버지의 희망에 따라 군인의 길을 포기하고 가업을 잇고자 법률 공부로 뜻을 돌렸다는 사실을 알게 되었다. 나폴레옹은 피사 대학교에서 법을 공부하고 있는 조제프에게 가문의 명예를 지키려면 어머니에게 고된 일을 시킬 수 없으니 믿을 만한 하인을 데려올 수 없겠느냐고 편지를 썼다. 몇 달 후 조제프는 집으로 돌아오면서 이탈리아인 하녀 사베리아와 동행했고, 사베리아는 40년간 레티치아를 섬겼다.

조제프 덕에 당시 나폴레옹이 어떤 책을 읽었는지 세세히 분석할 수 있다. 나폴레옹은 고대 저술가의 번역본을 많이 읽었다. 플루타르코스, 키케로, 리비우스, 코르넬리우스 네포스, 타키투스를 비롯하여 맥퍼슨의 오이신, 라신, 코르네유, 볼테르, 몽테뉴, 몽테스키외를 읽었으며, 루소와 레날 신부의 책을 특히 좋아했다. 그렇지만 모든 정황을 종합해볼 때 나폴레옹은 깊이 읽었다기보다는 다방면에 걸쳐 두루 읽었다고 해야 할 것이다. 나폴레옹은 루소를 피상적으로만 알았으며 볼테르에 대해서는 거의 무지했다. 몽테스키외를 잘 알지 못했고 디드로는 더 몰랐다. 가장 이해가 안 되는 것은 나폴레옹이 당시 4년 전에 출간된 피에르 라클로(Pierre Laclos, 1741~1803)의 《위험한 관계(Les Liaisons Dangereuses)》를 몰랐다는 사실이다. 이 책은 루소의 영향을 크게 받았다는 점과 저자인 라클로가 나폴레옹처럼 포병이었다는 점에서 빠뜨릴 수 없었을 텐데 말이다.

휴가 기간 동안 나폴레옹과 조제프는 긴밀히 협의했다. 형제는 나폴레옹을 매료시킨 모든 주제에 관하여 오랫동안 활발하게 토론했다. 조제프는 훗날 이렇게 말했다. "아! 나에게는 거룩한 황제도 결코 나폴레옹을 대신할 수 없다. 나는 나폴레옹을 너무도 사랑했다. 천국에서 만날 기회가 있다면 1786년에 알았던 나폴레옹을 다시 만나고 싶다." 그러나 형제의 머리 위에는 여전히 재정 문제의 그림자가 드리워져 있었다. 가장 골칫거리는 뽕나무 과수원 문제였다. 아버지 카를로는 프랑스 정부로부터 보조금을 받기로 하고 투자했으나, 정부가 경비를 절감하면서 보조금 지급을 보류했다. 따라서 계약 위반이 되어버린 것이다. 조제프는 피사로 돌아가 학업을 계속해야 했기에 이 문제는 나폴레옹이 해결해야 했다.

　1787년 4월 21일 나폴레옹은 라페르 연대 지휘관인 드 랑스 대령에게 말라리아를 앓고 있다는 진단서를 동봉해 휴가 연장을 요청하는 편지를 써 보냈다. 요청은 쉽사리 받아들여졌고, 나폴레옹은 1787년 12월까지 귀대 보고를 하면 된다는 통지를 받았다. 복무를 시작한 지 겨우 아홉 달 만에 휴가를 얻고 이어 결국에는 거의 2년 가까이 부대를 떠나 있었다는 사실은 구체제 군사 당국이 직업 장교에게 얼마나 관대했는지를 보여준다. 정부 부처 간에 서로 연락도 없었던 것 같다. 나폴레옹이 군무에 복귀할 수 없을 만큼 아프다면서 어떻게 파리까지 먼 거리를 여행해 카를로의 뽕나무 과수원 문제로 재무부 관료들에게 로비를 할 만한 건강은 유지했는지 누구도 문제 삼지 않았던 것으로 보이기 때문이다. 1789년 이전에는 그렇게 허술한 일 처리가 아주 흔했다. 어떤 대령은 한 해에 다섯 달만 연대에 복무하면 되었다고 한다.

　1787년 9월 나폴레옹은 코르시카를 떠나 재정 문제를 해결하는 임무에 착수했다. 11월 초 나폴레옹은 파리 포부르생토노레 거리의 셰르부르 호텔에 여장을 풀었다. 왕립군사학교 생활은 사실상 영내에 갇혀 지내는 것이어서 나폴레옹은 처음으로 프랑스의 수도를 제대로 알게 되었다. 나폴레옹은 할 수 있는 만큼 많은 극장을 돌아다니며 시간을 최대로 이용했는데, 특별히 이탈리아 오페라를 좋아했다. 재무장관을 알현할 기회는 무산되었고, 과수원 보조금은 한 푼도 얻어내지 못했다. 나폴레옹은 코르시카를 떠나오기 전에 다시 여섯 달의 휴가 연장을 신청했는데, 마치 보상이라도 되는 듯 신청이 받아들여졌다. 이번에는 코르시카 삼부회에 참석하고 싶다는 것이 이유였는데, 급여를 바라지 않았기에 쉽게 받아들여졌다.

　열여덟 살 나폴레옹이 파리에 잠시 머물 때 일어난 가장 중요한 사건은 동정을 잃은 일이다. 1787년 11월 22일 얼어붙을 듯 차가운 밤에 나폴레옹은 당시 사창가였던 팔레루아얄로 가서 매춘부를 한 명 골랐다. 루브르 궁과 튈르리 궁에 인접한 팔레루아얄은 한때 리슐리외 추기경과 오를레앙 공작 소유였다. 1776년 정원이 샤르트르 공작의 소유가 되었는데, 성적으로 자유로웠던 샤르트르 공작은 극장을 짓는 데 건축가 빅토르 루이(Victor Louis, 1731~1800)를 고용했다. 극장을 짓는 동안 정원과 나란히 나무로 미술관을 세웠다. '타타르인의 병영(camp des tartares)'이라고 알려진 이 미술관은 1784년 무렵에는 매춘과 절도로 악명을 떨치는 곳이 된다. 그곳은 샤르트르 공작의 사유재산이었으므로 경찰의 불시 단속에도 안전했다. 한편 팔레루아얄 내부 구역에서는 극장이 점차 형태를 갖추었고, 팔레루아얄은 넓은 의미에서 엘리트 문화와 대중문화를 가릴 것 없이 문화의 중심지가 되었다.

바로 이곳에서 나폴레옹은 처음으로 수줍게 매춘부에게 다가갔다. 나폴레옹이 접근한 여인은 자신의 경험과 무엇 때문에 그런 생활에 내몰렸는지 기꺼이 얘기할 뜻이 있었다. 여인의 영리함에 용기를 얻은 나폴레옹은 여인을 숙소로 데리고 갔다. 두 사람은 이야기를 나누었고, 정사도 나누었다. 나폴레옹은 그 여인이 가냘프고 여성스러웠으며 낭트 출신의 브르타뉴 사람인데, 어느 장교의 유혹에 넘어갔다고 적고 있다.

1788년 정월 초하루 나폴레옹은 아작시오로 돌아왔다. 가족의 재정 상태는 변화가 있었다면 더욱 나빠졌고, 레티치아는 여전히 자신에게만 의존하는 네 아이와 씨름하고 있었다. 1788년 당시 루이가 열 살, 폴린은 여덟 살, 카롤린은 여섯 살, 제롬은 네 살이었다. 그밖에도 엑상프로방스의 뤼시앵과 피사 대학교의 조제프에게 학비를 보내야 했다. 나폴레옹이 가계를 책임진 유일한 사람으로서 얼마나 빨리 가장으로 받아들여졌는지, 조제프가 나폴레옹의 판단에 따를 준비가 얼마나 잘 되어 있었는지 놀랄 정도이다. 그러나 나폴레옹은 1788년

6월 1일 아작시오를 떠날 때 조제프가 그토록 바라던 법학 박사 자격으로 귀향하는 것을 보는 기쁨을 누렸다.

라페르 연대는 이제 부르고뉴의 소도시 오손에 주둔하고 있었다. 나폴레옹은 다시 한 번 스파르타식 생활에 투신했다. 나폴레옹은 병영 인근 파비용 드 라 비유에서 감옥 독방처럼 작은 창문 하나에 침대와 탁자와 안락의자만 있는 간소한 방에서 지냈다. 이곳에서는 발랑스 주둔 때보다 할 일이 더 적었고, 열병식 참석도 일 주일에 한 번밖에 없었다. 이 시기 나폴레옹은 습작을 하기도 하고 역사와 코르시카, 포격 이론을 중심으로 마구잡이식 독서에 몰입하면서 진정한 일벌레가 되었다. 나폴레옹은 벌써 최소한의 수면으로 지내는 법을 터득하고 있었다. 나폴레옹은 새벽 4시에 일어났으며, 돈을 아끼려고 오후 3시에 한 끼니로 하루를 때웠고, 열여덟 시간을 책과 씨름한 뒤 밤 10시에 잠자리에 들었다.

고행자 같은 생활 방식은 나폴레옹의 건강에 중대한 영향을 끼쳤다. 나폴레옹은 부실한 식사와 과로, 차갑고 습한 기후로 인해 체력이 저하되면서 말라리아에 걸렸다. 병영에서 나폴레옹의 진정한 친구는 신의가 있는 데마지스와 가상디(Jean Jacques Basilien Gassendi) 대위뿐이었다. 나폴레옹은 문학가, 뛰어난 기하학자, 코르시카 찬미자라는 세 가지 점에서 가상디에게 끌렸다. 한번은 나폴레옹이 동료 장교인 벨리 드뷔시(Belly de Bussy)와 다투었다. 거의 결투로 이어질 뻔했으나 조정자가 개입하기도 했거니와 연대의 분란을 일으키지 않는 쪽으로 수습되었다. 나폴레옹이 때때로 선임 지휘관의 인내를 시험했던 것은 분명하다. 이유는 알려지지 않았으나 나폴레옹이 24시간 동안 구금된 적이 있었기 때문이다. 나폴레옹은 중대에 비치된 법률 서적 한 권만 들고 감방에 갇혀 있었는데, 그는 훗날 그 경험이 '나폴레옹 법전'을 편찬할 때 유익했다고 주장했다.

그렇지만 나폴레옹은 교관에게 인정받았던 측면도 있었다. 나폴레옹은 수학 교관인 롱바르(Lombard) 교수의 주목을 받았는데, 롱바르 교수는 오손 지역 전군 사령관인 장피에르 뒤테유 남작*에게 나폴레옹을 '주목할 만한 인물'로 언급했다. 나폴레옹은 발사체와 탄도학 지식에서 견줄 사람이 없었으며 제도 기술도 훌륭하게 연마했다. 나폴레옹을 포 이론가로 볼 때 중요한 영향을 끼친 사람으로 장군의 동생 장 뒤테유 드 보몽*이 있었다. 10년 전에 출간된 장 뒤테유의 교범은 전투 중 결정적 순간에 큰 대포로 집중 포격할 것을 강조했다. 나폴레옹은 자크 드 기베르(Jacques de Guibert, 1743~1790) 백작의 영향도 받았는데, 기베르의 책들은 군대의 성공은 속도가 결정하며 따라서 군대는 현지에서 식량을 조달해야 한다고 강조했다. 군사 전술가 피에르 부르세(Pierre Bourcet, 1700~1780)가 얼마 전에 출간한 책도 영향을 끼쳤는데, 부르세는 빠른 이동을 위해 사단들을 분리하고 전투 직전에 신속히 집결시킬 것을 권고했다.

나폴레옹은 매우 열심이었기에 오손에서 열다섯 달을 지내는 동안 포술과 역사와 철학에 관한 초고로 서른여섯 권의 비망록을 남겼다. 1788년 8월 나폴레옹은 출중한 능력을 인정받아 시범중대 지휘관에 임명되었고, 이때 보통 대포(cannon)에서 박격포탄(mortar shell)을 발사할 수 있는 방법을 고안했다. 작업에는 위험이 따랐지만 자신이 좋아하는 이론들을 시험해볼 좋은 기회가 되었다. 나폴레옹은 또 엄정한 규칙에 따라 선발해 구성한 연대포위원회에 소위로는 유일하게 참여했다. 8월 28일 나폴레옹은 페슈 삼촌에게 편지를 써서 열이 난다고 투덜거렸고 여러 대위를 제치고 자신이 위원회에 선발되어 상

장피에르 뒤테유 드 보몽(Jean-Pierre du Teil de Beaumont, 1722~1794) 포병 장군. 1759년에 설립된 오손 포병학교에서 나폴레옹에게 큰 영향을 끼친 인물이다. 1794년 2월에 반혁명 혐의자로 체포되어 사형당했다.
장 뒤테유 드 보몽(Jean du Teil de Beaumont, 1738~1820) 구체제에서 제1제정 때까지 활동한 군인. 대포 이용법을 제시한 이론가. 혁명을 지지했고, 라인 방면군과 알프스 방면군과 이탈리아 방면군의 포병 사령관을 지냈다.

당한 분노와 질시를 사게 되었다고 알렸다.

　장피에르 뒤테유는 초급 장교들을 시골로 보내 터를 얼마나 잘 잡고 지형의 약점을 탐지해내는지 시험하기를 좋아했다. 장군은 종종 장교들에게 상황 보고서를 작성해 특정 구릉지나 촌락을 어떻게 공격하거나 방어할 수 있는지 설명하라고 요구했다. 나폴레옹은 현장 작업에 열정적으로 임했고, 엄청난 독서 덕에 최고의 포병이 되었다. 호의적인 장피에르 뒤테유 장군 밑에서 고속 승진하는 데 한 가지 장애가 있었다면 그것은 열아홉 살 청년의 불안정한 건강 상태였다. 1788년 마지막 몇 달간 한 차례 더 열병을 길게 앓았는데, 이후 나폴레옹은 어머니에게 여러 차례 열이 올라 기력이 쇠했다는 내용의 편지를 보냈다. 나폴레옹은 18세기에 살았던 대대수 사람들과 마찬가지로 말라리아모기를 전혀 알지 못했기 때문에 말라리아를 인근 강에서 솟아난 '나쁜 기운' 탓으로 돌렸다. 1789년 3월 18일 나폴레옹은 같은 맥락에서 루치아노 부주교에 이렇게 써 보냈다. "저는 일 외에 달리 의지할 것이 없습니다. 저는 여드레에 한 번 옷을 갈아입습니다. 아픈 뒤로는 잠도 잠깐밖에 못 잡니다. 거짓말 같지만 10시에, 그것도 촌각을 아껴 잠에 들며 새벽 4시에 일어납니다. 밥은 오후 3시에 한 끼만 먹습니다. 그러는 편이 건강에 좋습니다."

　운명의 해였던 1789년 4월 초 장피에르 뒤테유는 인근의 도시 쇠르에서 식량 폭동이 일어났다는 보고를 받았다. 즉각 장교와 병사 100여 명이 소요를 진압하러 32킬로미터 떨어진 쇠르로 출발했는데, 여기에 나폴레옹도 끼어 있었다. 폭동자들은 군대가 현장에 도착하기 전에 흩어졌지만, 나폴레옹과 부대는 다른 봉기를 미연에 방지하기 위한 경고로서 두 달 동안 그곳에 머물렀다. 나폴레옹은 뒬라크 거리에 숙소를 정한 뒤 부르고뉴 지사에게 자신을 알리는 데 성공했다. 지사는 장교들에게 만찬을 베풀었으며 젊은 보나파르트에게 직접 베르됭 쉬르레두브까지 말을 타고 자신을 호위해 달라고 청했다.

5월 29일 나폴레옹은 오손으로 돌아왔고 얼마 후에 파올리에게 자신이 코르시카의 독립이 끝나는 바로 그 순간에 태어났다고 한탄하는, 유명한 편지를 썼다.

> 저는 조국이 소멸할 때 태어났습니다. 프랑스인 3만 명이 우리 해안에 쏟아져 들어와 자유의 왕좌를 피의 파도 속에 빠뜨렸습니다. 제 눈에 처음 들어온 광경은 바로 그처럼 불쾌한 것이었습니다. 죽어 가는 자들의 울부짖는 소리와 억압받는 자들의 신음 소리와 절망의 눈물이 갓 태어난 저의 요람을 에워쌌습니다. 장군님은 우리 섬을 떠났고 장군님과 함께 행복할 수 있다는 희망도 모조리 사라졌습니다. 항복의 대가는 노예 신세일 뿐입니다. 군인, 입법자, 징세관, 이 삼중의 멍에에 짓눌려 우리 동포는 멸시를 당하며 살고 있습니다.

나폴레옹은 수영을 좋아했지만, 1789년 여름에는 손 강에서 쥐가 나 거의 익사할 뻔했다. 나폴레옹은 미신에 사로잡힌 듯이 비극으로 끝났을 수도 있었던 자신의 경험을 그해 여름 파리에서 일어난 놀라운 사건과 연결했다. 7월 15일 나폴레옹은 몹시 흥분해 부주교 루치아노에게 '유례없이 깜짝 놀랄 만한 사건'이 벌어졌다고 편지로 알렸다. 프랑스를 휩쓴 혁명의 물결은 곧 오손에도 닥쳤고 라페르 연대도 그 영향에서 벗어나지 못했다. 7월 19일 현지 주민들이 반란을 일으켜 과세 대장을 불태우고 총괄징세청부업자의 사무실을 파괴했다. 라페르 연대 병사들은 인근에서 한가하게 대기했는데, 얼마 후 연대 내에서 폭동 분위기가 감지되었다. 병사들은 장피에르 뒤테유의 거처로 몰려가 위협적으로 돈을 요구했고 술을 퍼마셨으며 일부 장교들을 협박해 자신들과 함께 술을 마시고 파랑돌 춤(farandole, 프로방스 지방의 민속 춤)을 추게 했다. 결국 질서는 회복되었지만, 장피에르 뒤테유는 연대를 분할해 손 강 강둑을 따라 여러 지점에 배치하는 것이 최선이라고 판단했다. 8월 23일 국민과 국왕과 법에 충성을 맹세한 나폴레옹은 비록 이념적으로는 혁명에 공감했지만 장피에르 뒤테유의 명령에 복종할 것임을 명백히 밝혔고 반란자들을 향해 포를 겨누었다.

나폴레옹은 한동안 다시 휴가를 요청했고, 마침내 8월 21일에 휴가를 받았지만, 장피에르 뒤테유는 자신의 연대와 불화를 겪은 후로는 어떤 휴가도 허용하지 않으려 했다. 그러나 그러한 처벌 조치로는 분노만 더 키울 뿐이라고 판단한 지사가 장피에르 뒤테유의 결정을 뒤집었다. 나폴레옹은 10월 15일부터 휴가를 받았으나 보통 한 달이던 '장거리' 여행 시간을 계산해 9월 9일에 코르시카를 향해 출발했다. 뒤테유 남작이 멀리 리옹까지 나폴레옹과 동행했으며, 이후로는 나폴레옹 홀로 발랑스까지 간 뒤 선편으로 론 강 어귀에 닿았다. 나폴레옹은 마르세유에서 자신의 영웅이던 레날 신부를 방문한 뒤 1789년 9월 말에 아작시오에 도착했다.

나폴레옹은 이 휴가에서 코르시카 정치인이라는 경력, 비판자들의 말을 빌리자면 말썽을 일으키는 자의 생애를 시작했다. 나폴레옹은 코르시카의 새로운 총독인 바랭(Barrin) 자작이 겨우 여섯 개 대대를 휘하에 둔 소심하고 우유부단한 인물이라는 사실을 알고는 입장을 바꾸어 섬에서 우위를 차지한 혁명파와 손을 잡았다. 코르시카의 정치 상황은 개인의 이해와 계급 갈등이 씨족에 대한 충성심과 이데올로기 투쟁과 겹쳐 상당히 복잡한 양상을 띠었다. 1789년 초 상황은 꽤 분명했다. 그 유명한 베르사유의 삼부회에는 루소에게 코르시카를 위한 헌법을 써 달라고 요청했던 부타푸오코 백작*이 귀족 대표로 참석했고, 성직자 대표로는 페레티 델라 로카*, 제3신분 대표로는 콜

부타푸오코 백작(Mattéo Buttafuoco) 준장. 성왕 루이 기사단(Ordre Royal et Militaire de Saint-Louis) 소속 기사였다.
페레티 델라 로카(Peretti della Rocca) 알레리아(Aleria) 교구 부주교.

론나 체사리*와 크리스토프 살리체티*가 참석했다.

　그러나 1789년 프랑스 혁명의 발발은 코르시카에는 화약통에 성냥을 그어 댄 형국이었다. 왕당파는 사랭(Sarrin) 자작을 부관으로 둔 가포리(Gaffori) 장군 같은 선동가에게 곧 선수를 빼앗겼다. 코르시카는 대체로 혁명의 대의를 포용했고, 국민의회는 코르시카가 정복지(식민지)가 아니라 프랑스의 일부로서 프랑스의 다른 지역과 동일한 법에 의해 통치된다는 결의안을 채택했다. 1790년 2월 살리체티는 국민의회가 파올리를 사면하고 코르시카로 돌아올 수 있도록 하는 데 힘이 되었다.

　나폴레옹이 직업 정치인으로 변신하고 있던 조제프와 함께 삼류 '해결사'로 평판을 얻기 시작한 시대적 배경이 바로 이러했다. 나폴레옹은 1789년 11월 초 바스티아에 있었는데, 나폴레옹이 도착한 지 닷새 만에 민중 봉기가 일어났다는 사실은 우연의 일치라고 하기에는 석연치 않아 보였다. 1790년 처음 석 달 동안 나폴레옹은 조제프와 함께 새로운 코르시카 의회를 위해 활발히 선거 운동을 했으며, 4월 12일 두 사람은 오레사에서 아홉 시간 동안 새로운 의회의 모임에 참석했다. 1789년 12월 아작시오의 프랑스 주둔군 지휘관이 육군장관에게 다음과 같이 불평한 것도 당연했다. "이 젊은 장교는 왕립군사학교에서 교육을 받았습니다. 장교의 누이는 생시르에 있고 어머니는 정부로부터 수없이 많은 혜택을 받았습니다. 이 장교는 내내 분란을 선동하니 자신의 연대와 같이 있는 편이 훨씬 더 좋았을 것입니다."

　1790년 4월 16일 나폴레옹은 장피에르 뒤테유에게 자신이 빈혈을 앓고 있어 오레사에서 광천수로 치료해야 한다는 이유를 들어 휴가

콜론나 체사리(Pierre-Paul Colonna de Cesari Rocca, 1748~1829) 코르시카 삼부회의 귀족 대의원을 지냈고 국민공회 의원에 입후보하기도 했다.
크리스토프 살리체티(Antoine Christophe Saliceti, 1757~1809) 국민공회 의원일 때 산악파로서 루이 16세 처형에 찬성했다.

연장을 요청했다. 이 요청은 너무도 명백한 거짓이었기에 장피에르 뒤테유가 10월까지 넉 달 반의 유급 휴가를 연장해준 것은 놀라운 일이었다. 그렇지만 이때쯤이면 나폴레옹이 상관에게 일종의 찬미의 대상이 되었다는 점을 기억해야 한다. 나폴레옹이 관심을 둔 것은 오레사의 온천수가 아니라 정치 토론의 뜨거운 열기였다. 실제로 나폴레옹은 9월 9일부터 27일까지 조제프와 함께 날마다 파올리파의 '당 협의회'에 참석했다. 회의는 7월 17일 바스티아에 상륙해 나폴레옹을 만나 코르시카로 개선한, 백발이 성성한 예순여섯 살의 파올리가 지배했다.

오레사에서 열린 코르시카 의회는 점증하는 섬의 분할 움직임을 중단시키고(다른 모든 복잡한 문제와는 별도로 코르시카 내부에서 분리주의 운동이 존재했다) 바스티아를 수도로 정했다. 이제 코르시카 의회에서 부타푸오코파와 파올리파가 정면으로 충돌할 무대가 마련되었다. 이 전략 싸움에서 살리체티는 부타푸오코와 성직자 대표인 페레티에게 결정적 승리를 거두었다. 이제 코르시카에서는 제3신분과 파올리파가 주도권을 장악했다.

나폴레옹은 1790년 내내 사실상 코르시카의 정치인으로 살았다. 나폴레옹은 10월에 연대에 합류하려 했으나, 나폴레옹이 탄 배가 여러 차례 역풍을 만나 아작시오로 되돌아가고 말았다. 나폴레옹은 그 기간에 조제프를 아작시오 시의회 의원으로 당선시켰다. 보나파르트 가문의 적들이 조제프의 출생 증명서를 제출해 조제프가 의원이 되기에는 너무 어리다고 반대했는데도 나폴레옹은 성공을 거두었다. 나폴레옹은 시의회의 다수를 차지한 공화파의 지원을 받아 섬의 반동분자들에게 혹독한 조치를 취하자고 주장했다. 나폴레옹은 '인민의 복지가 최고의 법(salus populi suprema lex)'이라는 논거로 반동분자들을 공직에서 쫓아내는 것이 정당하다고 주장했다. 나폴레옹은 1791년 1월 섬을 떠날 때 아작시오 자코뱅 클럽의 창설 회원이자 길

코르시카 독립 운동의 지도자 파스콸레 파올리. 열렬한 코르시카 민족주의자였던 십대 시절에 나폴레옹은 파올리를 흠모했다.

잡이로서 파올리의 정적인 부타푸오코를 비난하는 연설문 작성을 위임받았다.

그달 말 나폴레옹은 어머니의 경제적 부담을 덜어주려고 열두 살된 동생 루이를 데리고 코르시카를 떠났다. 나폴레옹은 발랑스에서 며칠 보낸 뒤 1791년 2월 11일에 오손에 도착했다. 엄밀히 따지면 나폴레옹은 휴가 기간을 넘겼고 따라서 10월 말 이후 급여를 받지 못해야 했으나, 지중해에서 계속된 폭풍 때문에 그 기간 내내 항해가 불가능했다는 아작시오 시의회의 증명서를 가져왔다. 드 랑스 대령은 이를 받아들였고 육군장관의 고무인을 찍어 밀린 급여를 지급하라는 요청서를 제출했다.

오손에서 나폴레옹과 루이는 1784년 브리엔에서 나폴레옹과 뤼시앵 사이의 끔찍했던 관계를 대체로 되풀이한 듯했다. 열두 살짜리 루이는 나폴레옹의 방 옆에 붙은 작은 방에서 매트리스를 깔고 잤는데, 예상치 못한 형의 가난에 깜짝 놀랐다. 커튼도 없는 한 칸짜리 방에 가구라고는 침대 하나에 의자 두 개, 창가에 책과 신문으로 뒤덮인 탁자 한 개가 전부였다. 나폴레옹은 그 탁자에서 하루 열네 시간에서 열여섯 시간까지 일했다. 나폴레옹은 소년을 돌보기 위해 최선을 다했다. 싸구려였지만 영양가 있는 묽은 수프를 곁들여 끼니를 준비했으며, 초보적인 프랑스어와 지리와 수학을 가르쳤다. 그러나 형제는 기질과 감수성은 물론 지적 능력에서도 서로 맞지 않았다. 게다가 루이는 은혜를 몰랐다. 나폴레옹은 페슈에게 보낸 편지에서 루이가 사교적 매력이 있어 어느 부인의 사랑을 받았고 그 부인이 어머니처럼 루이를 돌보고자 했다고 적었으나, 정작 루이 자신은 큰형 조제프에게 보낸 편지에서 오손에서 그런 생활이 싫었고 집으로 돌아가고 싶었다고 밝혔다.

나폴레옹은 계속해서 장피에르 뒤테유와 연대장의 총애를 받았는지는 몰라도 새로이 자코뱅에 공감한 탓에 대체로 왕당파였던 장교들과 소원해진 듯하다. 한번은 신랄하게 논쟁을 벌인 뒤 몇몇 동료 장교들이 나폴레옹을 손 강에 내던지려 한 적도 있다. 이 일은 지휘관에게 보고되었으나, 지휘관도 이 혼란을 부추기는 데 깊이 연루되어 있었다. 나폴레옹은 중위로 '강제 진급'을 당해 6월 초에 발랑스의 제4포병연대로 전속되었는데, 필시 이 소란 때문이었을 것이다.

나폴레옹이 전근을 가게 된 다른 이유는 1791년 초 국민의회의 법령에 따라 시행된 포병대의 전면적 개편에 있었다. 국민의회는 과거의 충성을 제거하고 대신 새로운 정권에 대한 '합리적' 연대감을 키우기 위해 연대의 명칭을 폐지했다. 이제 연대는 숫자로 불렸다. 라페르 연대는 제1연대가 되었다. 나폴레옹이 새로 배치받은 제4연대는 이전에 '그르노블 연대'였다. 나폴레옹은 이번에도 대혁명의 '새로운' 합리적 이데올로기의 신봉자가 될 수 없었다. 나폴레옹은 정서적으로 라페르 연대에 강한 애착을 느껴 계속 그곳에 머물기를 청원하기도 했다. 그러나 명령은 승인되었고, 6월 14일 나폴레옹은 오손을 떠났다.

나폴레옹은 6월 16일에 발랑스에 도착했다. 다시 마드무아젤 부의 집에서 낡은 방을 썼다. 나폴레옹은 루이에게 천문학, 법학, 통계학, 영국 시, 메로빙 왕조 시대의 프랑크 왕국 역사, 라신과 코르네유, 루소의 저작을 소개해 또 다시 자신의 박식함으로 소년을 괴롭혔다. 그러나 나폴레옹은 이전처럼 은둔자로 남을 수는 없었다. 파리의 사태가 너무나 급박해 군대의 모든 장교들은 정치적으로 어느 편에 설지 결정해야 했다. 나폴레옹이 발랑스 연대에 합류하고 나흘이 지난 뒤, 루이 16세의 바렌 도주 사건이 일어났고, 이 불운한 사건으로 군주제는 몰락의 길에 접어들었다. 바렌의 혼란 탓에 군대의 모든 장교는 새 헌법과 국민의회에 새로이 맹세를 해야 했다. 내외의 모든 적들에 맞서 새 헌법을 수호하고 침략을 막아내며 국민의회의 법령으로 인정된 것이 아니면 어떤 명령도 따르지 않겠다고 맹세해야 했다. 모든 장교가 자필로 이런 내용의 서약서를 쓰고 서명해야 했다.

맹세는 군대에 분열을 초래했다. 예를 들면 훗날 나폴레옹의 장군 중에서도 가장 위대한 인물이었던 드제*는 새로운 정권에 운명을 걸었던 반면, 드제의 두 형제는 사임했다. 결국 왕당파 장교들이 무더기로 전역하여 장교직에 수천 개의 빈자리가 생겼다. 많은 장교들이 망명귀족에 합류해 국외로 탈출함으로써 사회적 이동이라는 혁명의 이상이 빛을 발했다. 제4연대에서도 32명의 장교가 맹세를 거부했으나 나폴레옹은 7월 6일에 서명했다. 나폴레옹은 대단히 정치적이고 지나치게 진지한 인물이라는 평판을 얻었다. 한번은 식사 때 전문적인 이야기를 삼가라는 규범을 어겨 무거운 벌금을 물기도 했다. 일부 동료 장교들은 거리낌 없이 정치적 견해를 드러내는 나폴레옹에게

앙투안 드제(Louis Charles Antoine Desaix, 1768~1800) 귀족 출신이었으나 혁명의 대의에 공감하여 군인의 길을 걸었고 1794년에 사단장에 올랐다. 주르당과 모로 밑에서 싸웠으나 이탈리아에서 나폴레옹을 만난 뒤 이집트 원정군에 배속되었다. 이집트에서 공을 세운 뒤 이탈리아로 돌아와 군단장이 되었다. 마렝고 전투에서 패배 직전의 프랑스군을 도와 승리를 이끌었으나 전사했다.

말을 건네지 않았으며, 어떤 장교들은 식사 때 나폴레옹의 옆자리를 피해 앉았다.

나폴레옹은 발랑스에서 자코뱅 단체인 '헌법의 벗'에 가입했다. 7월 3일 나폴레옹을 포함한 200명의 회원이 하루 종일 모임을 열었다. 그러나 나폴레옹은 여전히 여기 붙었다 저기 붙었다 하기를 반복했다. 8월 25일에 '트루아 피종'에서 루이 16세의 생일을 축하했기 때문이다.

나폴레옹은 이제 싫증이 났고 쉼 없이 움직였다. 미친 듯이 책을 읽어대는 대신 그르노블, 텡, 투르뉘로 나들이를 다녔다. 특별히 짚고 넘어갈 만한 방문이 있다. 나폴레옹은 포미에 성에 머물던 장피에르 뒤테유 장군을 방문해 부주교 루치아노가 위독하다는 핑계로 또다시 휴가를 받아냈다. 겉으로는 별다른 의도가 없는 방문처럼 보였지만, 그 뒤에는 마키아벨리적인 계책이 숨어 있었다. 1791년 8월 4일 국민의회는 병력이 부족하자 각 도(département)에서 의용군 부대(국민방위대)를 모집할 수 있도록 허가했다. 게다가 현역 장교가 정규군 계급을 유지한 채로 의용군 부대에서 지위를 보유할 수 있었다. 나폴레옹은 새로운 연대장 캉파뇰(Campagnol)에게 가족사를 핑계로 대고 휴가를 신청했으나 거절당했다. 나폴레옹이 6년간 근무하며 이미 32개월을 휴가로 보냈다는 것이 그 이유였던 것 같다. 야심 많은 청년 장교가 한 일은 간단했다. 연대장보다 상급자로서 이제는 포병대 감찰감이 된 장피에르 뒤테유를 찾아간 것이다.

보나파르트 형제가 코르시카로 출발했을 가능성이 높은데, 아작시오 시 당국의 증명서를 보면 나폴레옹이 9월에 섬에 도착했음을 알 수 있다. 그러나 역사가들은 10월 30일 연대의 열병식 참석자 명단에 나폴레옹이 등장한다는 점을 지적한다. 가장 그럴듯한 설명은 나폴레옹과 친한 몇몇 장교들이 나폴레옹이 군대의 관료기구에 휘말리지 않도록 보호했고, 필시 나폴레옹의 이름이 호명되었을 때 '예'라고 큰 소리로 대답했으리라는 것이다. 어쨌거나 나폴레옹과 루이는 10월 16일에 아작시오로 돌아와 부주교의 침대 곁에 앉았다.

조제프의 회고록에는 출처가 의심스러운 이야기가 담겨 있는데, 죽어가는 루치아노가 "나폴레옹, 너는 위대한 인물이 될 거다."라고 말하고는 조제프에게 나폴레옹을 존중하라고 명령했다는 것이다. 반면 나폴레옹은 훗날 루치아노의 임종 장면을 '야곱과 에서'의 이야기처럼 언급했다. 그러나 루치아노가 보나파르트 형제에게 남긴 돈에 관해서는 신화적인 것도 출처가 의심스러운 것도 없다. 구두쇠 노인은 침대 밑에 금화로 가득 찬 돈궤를 두고 자기 것이 아니라 교회 소유라고 주장했다고 하는데 상당한 돈을 남겼다. 1791년 말 나폴레옹과 조제프는 아작시오 교외에 집 한 채와 포도밭을 공동으로 소유했다. 게다가 나폴레옹은 1792년에 코르시카 의용군 대대의 부사령관이자 중령으로 선출되는 데 어림잡아 5천 프랑을 썼다고 계산했다. 이 일화는 권모술수에 능한 나폴레옹의 면모를 보여주므로 더 살펴볼 필요가 있다.

1791년 말 나폴레옹은 절망적인 가난에서 벗어나면서 코르시카 정치인이라는 실패한 경력의 마지막 국면에 들어섰다. 야심만만한 중위는 프랑스 혁명에서 전환기였던 이 시기에 어떤 정치적 견해를 지니고 있었나? 이를 밝히려면 나폴레옹이 1786년에서 1791년까지 마구 쏟아낸 많은 글을 검토해야 한다. 분명하게 드러난 사실은 두 가지 요인이 나폴레옹의 글쓰기를 자극했다는 것이다. 나폴레옹은 여전히 광적인 코르시카 민족주의자였고 오로지 이 측면에서만 숭배했던 파올리의 열성 지지자였다. 그리고 나폴레옹은 체계적이지 못한 폭넓은 독서에서 즉각적인 영감을 얻었다.

1786년에 쓴 《자살에 관하여(Sur le Suicide)》는 열렬한 파올리 지지자와 젊은 베르테르가 뒤섞인 나폴레옹을 보여준다. 글은 프랑스에 대한 증오와 나폴레옹을 둘러싼 물리적 환경, 간신히 억누른 성욕,

금지되었거나 누릴 수 없는 쾌락에 대한 열망, 명성을 향한 갈증, 젊은 나폴레옹을 늘 따라다니던 은밀하고 강렬한 욕망을 보여준다. 그때까지 나폴레옹은 고대 작가들의 책을 읽으면서 이와 같은 과장된 수사의 번지르르한 기법만 뽑아냈던 것 같다. "프랑스인들이여! 우리가 소중히 여기는 것을 모조리 빼앗고도 만족하지 못하는구나. 우리의 도덕까지 타락시키다니."

그 다음으로 중요한 나폴레옹의 저술은 1787년에 파리에서 쓴 《조국애에 관하여(Sur l'Amour de la Patrie)》이다. 이 저술에서 나폴레옹은 기본 개념인 조국애를 전적으로 고대와 코르시카 역사에서 실례를 들어 설명하고, 프랑스는 오만함과 도를 넘은 야심의 화신으로서만 다룬다. 여기서 짚고 넘어가야 할 가장 중요한 점은 이 글이 집필된 시기이다. 이 글은 나폴레옹이 팔레루아얄에서 브르타뉴 출신 매춘부에게 동정을 잃고 겨우 닷새가 지난 뒤에 쓰였다는 사실이다. 나폴레옹이 자신의 성욕에 죄의식을 느꼈음은 분명하다. 《조국애에 관하여》에서 그는 근대 여성을 공격하고 여성은 스파르타 여인을 본받아야 한다고 권한다. "그대, 남자의 마음을 자신의 마차 바퀴에 사슬로 묶는 자여, 장점이라고는 오로지 번쩍이는 겉모습에만 담아 둔 여인이여, 그대들의 승리를 여기에서(다시 말해 스파르타에서) 성찰하고 이제 더는 그대들이 아닌 모습을 부끄러워하라." 이 구절은 나폴레옹 내면의 심리적 발달을 알 수 있는 더없이 귀중한 실마리이다. 어머니 콤플렉스에 사로잡힌 나폴레옹은 매춘부와 만난 일이 큰 상처였음을 분명하게 깨달았다. 어머니와 자신의 유대를 위협했기 때문이다. 그러므로 무의식에서는 죽은 아들이 방패 위에 실려 집으로 돌아오는 것을 보고 흡족해하는 스파르타 여인이 나폴레옹을 임신한 채 숲속에서 도망치는 '스파르타 여인' 레티치아의 이상적 모습과 뒤섞인다.

그러나 나폴레옹에게 글쓰기를 자극한 요인은 보통은 표면에 좀더 가깝게, 다시 말해서 그가 막 탐독을 끝낸 책들에 있었다. 나폴레옹은 다방면에 걸쳐 독서했다. 예를 들면 알키비아데스(Alcibiades Cleiniou Scambonides, 기원전 450?~기원전 404)를 다룬 역사소설, 자연 속의 삶을 그린 베르나르댕 드 생피에르(Bernardin de Saint-Pierre, 1737~1814)의 소설 《인디언의 오두막》, 대중적인 심리학 책인 장 가스파르 라바테(Jean Gaspard Lavater, 1740~1801)의 《남성의 얼굴로 성격을 판단하는 법》, 뷔퐁(Georges-Louis Buffon, 1707~1788)의 《자연사》, 마리니(François Augier de Marigny, 1690~1762)의 《아랍인의 역사》, 볼테르의 《풍속론》, 롤랭(Charles Rollin, 1661~1741)의 《고대사(Histoire Ancienne)》, 라보의 프리드리히 대왕 전기*, 플라톤, 마키아벨리, 콕스의 스위스에 관한 책*을 읽었다. 나폴레옹은 들라크루아 신부(Nicolle de la Croix, 1704~1760)의 《지리학》을 정독하며 공책에 '세인트헬레나, 작은 섬'이라고 써넣었는데, 이는 모든 전기 작가가 언급하는 극적인 역설의 유명한 사례이다. 나폴레옹은 한때 존 배로(John Barrow, 1735~1774)의 《잉글랜드 역사》에 매료되어 이 책에 관한 기록을 100쪽이나 남겼다.* 일부 비판가들은 나폴레옹이 이류 작가들의 책만 지나치게 많이 읽었다고 말한다. 그런 작가들은 단순히 독자들을 18세기 방식에 내재한 일련의 모순에 빠뜨릴 뿐이며 세계와 역사적 사건들의 상을 왜곡한다는 것이다. 그렇지만 나폴레옹이 몽테스키외와 코르네유, 플루타르코스, 애덤 스미스 등 당대의 고전도 탐독했음을 기억해야 한다. 따라서 이런 주장을 과도하게 확대해서는 안 된다.

좀 더 흥미로운 것은 나폴레옹이 잡식성으로 읽은 책을 자신의 글쓰

라보의 프리드리히 대왕 전기 장샤를 라보(Jean-Charles Laveaux, 1749~1821)가 쓴 《프로이센 왕 프리드리히 2세의 생애(Vie de Frédéric II, roi de Prusse)》를 말하는 듯하다.
콕스의 스위스에 관한 책 윌리엄 콕스(William Coxe, 1747~1828)가 쓴 《스위스의 자연, 정치, 시민사회 개설》을 말하는 듯하다.
* 나폴레옹이 쓴 이 글은 1905년에 'Napoleon's Notes on English History made on the Eve of the French Revolution'이라는 제목으로 출간되었다.

기에 활용했다는 사실이다. 나폴레옹의 초기 단편 〈예언자의 가면〉은 마리니의 《아랍인의 역사》에서 많은 이야기를 끌어냈으며, 1683년의 잉글랜드를 무대로 한 유령 이야기 《에식스 백작》은 전적으로 배로의 《잉글랜드 역사》에 의존하고 있다. 나폴레옹이 1789년에 쓰기 시작한 '새로운 코르시카'라는 제목의 낭만적인 공포 소설은 상상 속 코르시카 역사를 탐구하다 영감을 얻어 썼는데, 코르시카 섬의 '결투 방식'을 지지한다는 의미를 강력하게 함축하고 있다. 이 소설은 겉으로 보기에는 사막으로 된 섬의 유토피아를 그린 공상적인 이야기이지만 실제로는 프랑스인들이 복수의 맹세 때문에 떼로 학살당하는 살인과 잔학 행위의 그랑기뇰* 목록이었다. 이야기는 8쪽에서 멈추었고 글의 서두는 골드윈의 어법*을 연상시키듯 불합리했는데, 비평가들은 나폴레옹이 어떻게 그렇게 처리했는지 의아하게 생각했다. 지진으로 시작해 절정으로 치달았던 것이다.

나폴레옹의 비소설 산문은 여러 점에서 훨씬 더 기묘하다. 1791년 1월 23일에 쓴 〈부타푸오코에게 보내는 편지(Lettres à Buttafuoco)〉는 나폴레옹이 생애의 그 단계에 매우 분명한 선전가였음을 드러낸다. 나폴레옹은 코르시카 태생의 준장(즉 부타푸오코)을 반역으로 고발한 뒤 효과는 약했지만 키케로나 데모스테네스의 모습을 확실하게 보여주었다.

오! 라메트, 오! 로베스피에르, 오! 페시옹, 오! 볼네, 오! 미라보, 오! 바르나브, 오! 바이, 오! 라파예트. 여기 감히 그대들 곁에 앉고 싶어 하는 자가 있습니다. 동포의 피로 흠뻑 젖어 온갖 범죄의 오명

그랑기뇰(Grand Guignol) 19세기 말 파리에서 유행한 살인이나 폭동 따위를 다룬 공포 연극.
골드윈의 어법 미국인 영화감독 새뮤얼 골드윈(Samuel Goldwin, 1879~1974)은 엉뚱한 말을 자주 썼는데, 이를 앞뒤가 맞지 않는 어법의 익살스러운 표현이란 뜻으로 Goldwynism이라 한다.

을 뒤집어쓴 자가 감히 민족의 대표를 자처하다니. 민족을 팔아먹은 자가.

파올리는 '과장된' 문체가 불쾌했는지 아니면 나폴레옹이 국민의회 좌파의 대표 인사들을 언급했기 때문인지 퉁명스럽게 조제프에게 이렇게 썼다. "그대 동생의 팸플릿을 받았소. 말을 줄이고 당파성도 덜 드러냈더라면 더욱 감동을 받았을 것이오."

1791년에는 더 중요한 글이 등장한다. 리옹아카데미가 1,200리브르(연봉에 해당하는 금액)의 상금을 내걸고 이런 질문을 던졌기 때문이다. "인간의 행복을 위해 인간에게 불어넣어야 할 가장 중요한 진실과 감정은 무엇인가?" 이 재능 있는 청년은 1791년 봄과 여름 내내 오손과 발랑스에서 한가로이 지내며 차분하게 글쓰기에 몰두했다. 나폴레옹은 상을 타지는 못했지만(리옹아카데미는 응모 원고 중 수준 높은 글이 없다고 발표했다), 42쪽에 달하는 나폴레옹의 논문은 스물두 번째 생일을 맞은 나폴레옹의 정치적 견해를 밝히는 데 매우 귀중한 자료이다.

도덕은 자유의 함수라는 나폴레옹의 기본 주장은 루소와 레날의 것이어서 진부했지만 뒤따를 내용의 논조를 결정했다. 직접 모방하지 않은 대목은 절충적이었다. 나폴레옹은 감정과 이성을 조화시키는 문제를 제기했으나 해결책을 내지는 못했다. 물론 루소조차도 그 난제를 풀지 못했으니 나폴레옹의 실패가 그리 놀라운 일은 아니다. 훗날 버트런드 러셀(Bertrand Russell, 1872~1970)이 장난치듯 언급했듯이, 바이런의 해적*은 제한 없는 자유를 누렸기에 루소가 불을 붙인 낭만주의 운동의 가장 극명한 화신이었지만, 루소의 이상 사회에서

바이런의 해적 바이런(George Gordon Byron, 1788~1824)이 1814년에 쓴 서사시 〈해적(The Corsair)〉을 말한다. 주인공 콘래드가 사회에서 쫓겨난 뒤 해적이 되어 겪는 모험을 그리고 있다.

실제 해적은 철창 속에 갇힌다.

나폴레옹의 소론은 네 가지 점에서 주목할 만하다. 널리 알려진 '자유의 사도들'이 진정한 폭군이며 이른바 폭군으로 불리는 자들이 진짜 애국자라는 역설적 주장, 성적 혼란을 엄격한 규범으로 '해결' 하자는 제안, 20세기에 쓰였다면 '유사 파시즘'이란 수식어를 얻었음 직한 사회적 묘책, 지속적인 프랑스 혐오증과 기독교는 현세의 종교가 아니며 따라서 사회 이론에 끼어들 여지가 없다는 반감이 그것이다. 나폴레옹에게 관대함이란 — 볼테르의 비극 《자이르(Zaïre)》에서 죽어 가는 영웅이 피의 복수를 부르짖는 대신 암살자를 용서할 때처럼 — 유약함이며, 진정한 영웅은 '동정심이 많은 자'가 아니라 필요라는 철칙을 인식한 정치인이다. 그렇기 때문에 카이사르는 위대한 인간이고 브루투스는 '야심만만한 미치광이'인 것이다.

나폴레옹은 불륜을 저지른 미혼 남성은 사회 전체에 알려 매도해야 한다고 통렬하게 비난했다. 이러한 비난은 성적인 관심 일반, 특히 간통이 나폴레옹이 감히 인정하지 못한 숨은 위협을 내포하고 있음을 강하게 암시한다. 이 점에서 나폴레옹의 논문은 《조국애에 관하여》에 나타난 생각의 연장이었다. 현대 파시즘의 특징인 자본주의 혐오와 전통적인 중세적 사회의 선호는 토지 소유권 문제를 관습적 권리보다 문서상 권리를 우선시하여 해결하는 데 대한 경멸에 명백하게 드러나 있다. "뭐라고? 그런 것들이 지주들의 권리 증서인가? 나의 권리 증서는 더 신성하고 논박의 여지가 없으며 더 포괄적이다! 그것은 나의 땀 속에 있으며 내 피와 섞여 순환하고 내 근육과 내 심장에 쓰여 있다. 내 생존에, 특히 내 행복에 없어서는 안 될 것이다."

논문을 관통하는 요지는 코르시카가 사회적 성취와 도덕적 성취의 결정체라는 루소식의 확신이었다. 학자들이 미묘한 차이를 두고 논쟁을 벌일 수 있겠지만, 그때까지 공공연했던 파올리에 대한 광적인 지지가 약간 퇴조하는 현상을 처음으로 확인할 수 있다. 나폴레옹이 리옹아카데미에 제출한 논문을 쓰던 기간에 그 위대한 인물에게 냉대를 당한 것이 한 가지 요인이었을지도 모른다. 1791년 3월 14일 나폴레옹은 파올리에게 자신이 쓴 코르시카 역사의 몇 장(章)을 보냈고 상상으로 쓴 역사가 더욱 확실한 근거를 갖출 수 있도록 몇 가지 문서를 볼 수 있게 도와 달라고 요청했다. 파올리가 그러한 문제에 관해 하는 말은 거의 명령에 가까웠기에 이는 꽤나 간단하게 베풀 수 있는 호의였다. 그러나 파올리는 청년의 요청을 거칠게 거절했고 나폴레옹의 계획 전체를 조롱하며 퉁명스럽게 답했다(4월 2일). "역사는 청년 시절에 쓸 수 있는 게 아니라네."

　청년 나폴레옹의 삶과 초기 저술을 통해 우리는 나폴레옹이 결코 조화롭게 통합할 수 없었던 자기 성격의 모순적 측면들을 알 수 있다. 가장 뚜렷한 것은 수학자와 낭만적 몽상가 사이의 모순이다. 나폴레옹은 과학에 헌신한 사람이었으며 논리적이고 수학적인 명료함으로 문제를 해결할 수 있다고 믿었다. 나폴레옹은 그래드그라인드* 처럼 강력하게 사실을 추구하는 욕망을 지녔다. 이를테면 나폴레옹은 초기에 쓴 노트에서 추기경 플뢰리가 1726년에서 1743년까지 발행한 4만 개의 봉인장*과 무함마드의 부인 열일곱 명, 오스만튀르크 술탄 술레이만 1세의 고기 소비량 따위의 목록을 작성했다. 백과사전적 지식과 정밀 과학(수학, 물리학 등)을 추구하는 열정은 심각한 비합리성이라는 반대 경향과 충돌했다. 나폴레옹은 세력이 커져 가는 낭만주의 운동의 사도로서 전쟁과 비극, 매우 위험한 모험에 관한 상상을 미친 듯이 자유롭게 만끽했다. 버트런드 러셀이 지적했듯이, 이와 같은 극도의 합리성과 극단적 불합리의 수렴은 루소의 가장 두드러진

그래드그라인드(Thomas Gradgrind) 찰스 디킨스의 소설 《어려운 시절》에 등장하는 악명 높은 교장. 엄정한 사실과 숫자에만 관심을 두는 사람을 가리킨다.
봉인장(Lettre de cachet) 프랑스 국왕과 장관 한 명이 서명하고 옥새를 찍은 문서로 국왕이 직접 내린 명령을 담고 있다.

면모일 것이다. 그리고 당시 루소는 나폴레옹에게 최고의 지적 스승이었다.

수학자나 과학자보다 낭만적 몽상가가 나폴레옹을 진정으로 더 깊이 대변했을 가능성이 있다. 수학자나 과학자가 과거의 나폴레옹이었다면, 낭만적 몽상가는 나폴레옹이 되고자 열망했던 존재였기 때문이다. 나폴레옹은 위기가 얼마나 중대하든 간에 겉으로 평온을 유지하고 싶어 했다. 고요함과 평정은 '수학적' 합리성의 지표로 여겨졌으나, 그 아래에는 이따금 격렬한 분노의 형태로 사납게 터져나오는 화산이 숨어 있다. 다만 나폴레옹이 지녔던 또 다른 특징, 즉 그의 연극배우 같은 측면이 이 같은 판단을 확신하지 못하게 방해한다. 다시 말하자면 나폴레옹은 특정한 목적을 달성하기 위해서, 혹은 단순히 효과를 관찰하기 위해 종종 거짓으로 분노를 토해냈다.

나폴레옹이 이처럼 모순되는 대립적 성격 사이를 오갔던 사실은 그의 모호한 정치적 페르소나를 설명한다. 나폴레옹은 프랑스 혁명의 반군주제와 반교권주의에 깊이 헌신했으나, 구체제의 위계적 질서에 본능적으로 끌렸다. 가혹한 비판자들은 나폴레옹이 1791년에 그토록 간절하게 휴가를 얻어 코르시카로 가려 했던 것은 그곳에서 직업적 전망이 더 밝다고 여겼기 때문이라고 했다. 당연히 이러한 평가에는 상당한 진실이 담겨 있다. 그러나 나폴레옹은 1791년 프랑스에서 자신을 괴롭히는 상반되는 정치적 충동에 무력감을 느꼈을 수도 있으며 따라서 궁지를 '벗어나기' 위해 코르시카로 탈출하려 했는지도 모른다.

코르시카 문화에 루소와 계몽 사상의 가치와 이데올로기를 덧입히는 것은 혼돈과 모순을 초래할 수밖에 없다. 어떤 이들은 보나파르트 일가로서 나폴레옹이 보이는 뻔뻔한 방종과, 근대성과 이성을 대변하려는 그의 자부심이 충돌하는 것을 지적하면서, 프랑스가 혁명의 이성 숭배에 기여하고 있는 상황에서 앞서 언급한 나폴레옹의 극심한 비합리성은 코르시카의 유산이라고 결론 짓는다. 그러나 나폴레옹의 사고와 행동에서 보이는 모순은 나폴레옹이 코르시카와 그곳에 관련된 모든 일을 부담스럽게 여기고 내버린 후로도 오래 지속되었다. 따라서 나폴레옹이 전통으로부터 물려받은 것, 즉 무정부 상태에 대한 혐오와 군중에 대한 두려움, 강한 가족 의식은 단순히 머리는 혁명과 함께 있지만 마음은 아직 구체제에 가 있음을 의미했을 수 있다. 나폴레옹이 대혁명의 인물이 되는 것을 막았던 가장 큰 장애물은 언제나 인간은 완전할 수 없다는 뿌리 깊은 비관론과 인간은 근본적으로 무가치하다는 확신이었다.

청년 나폴레옹에게서 마지막으로 생각해볼 측면은 분명하지 않은 성 정체성이다. 이 점에 관한 초기 기록은 매우 모호하다. 1789년 오손에서 나폴레옹은 부유한 목재상의 의붓딸인 마네스카 피예(Manesca Pillet)라는 여인에게 청혼했다. 부유한 부르주아 가문이 당시 장래가 유망하지 않았던 나폴레옹의 구애를 탐탁히 여길 가능성이 없었기 때문에, 만약 실제로 청혼했다면 나폴레옹은 퇴짜를 맞고 계속해서 자신을 완벽한 외톨이로 여길 수 있으리라는 의도에서, 적어도 무의식적으로는, 그렇게 했을지도 모른다.

전하는 바에 따르면 나폴레옹은 이 시기에 19살 연상인 코르시카의 조각가 주세페 체라키(Giuseppe Ceracchi, 1751?~1801)와 교분을 나누었다고 하는데, 이것이 또 다른 당혹스러운 관계였다. 몇몇 나폴레옹 연구자들, 특히 벨록(Hilaire Belloc, 1870~1953)은 두 사람 관계가 동성애로서 청년 보나파르트가 기본적으로 양성애 성향을 지녔다고 암시했다. 확실하게 알 수 있는 사실은 체라키가 나폴레옹이 유명해졌을 때 옛 친분을 되살리려 했으며 거절당하자 옛 친구에게 등을 돌렸고 결국 1801년에 음모에 연루되어 처형되었다는 것이다. 그러나 나폴레옹이 겪은 성적인 곤란은 다른 경로에 있을 수 있으며, 이는 태어난 섬과 관련이 있을 것이다. 큰 상처를 남긴 1792~1793년 코르

시카 무용담의 대단원에서 우리는 성인 나폴레옹이 탄생하는 중요한
심리적 계기를 목도하게 된다.

코르시카의 혁명가
움트는 야망

부주교 루치아노가 보나파르트 집안에 많은 유산을 남기고 세상을 떠날 즈음, 나폴레옹의 야망은 한 단계 올라섰다. 이미 조제프가 아작시오 집정부 의장을 맡으면서 보나파르트 가문은 진전하고 있었다. 구두쇠 루치아노가 남긴 금으로 가계가 든든해지자, 여전히 검은 옷을 즐겨 입는 멋쟁이 여인 레티치아는 집안 허드렛일을 내던지고 집과 아이들에게 돈을 쓰기 시작했다. 가족의 변화는 점차 복잡해졌다. 신경증 환자에다 버릇없는 열여섯 살 뤼시앵은 두 형들의 출중함에 분개했다. 나폴레옹이 떼어놓을 수 있어 기뻐했던 열세 살 루이는 잘생긴 어리광이였다. 루이는 여자들에게 인기가 많았으나 '가족들 중 튀는' 존재였다. 일곱 살짜리 제롬은 훗날 어른이 되었을 때 아무짝에도 쓸모없는 무능한 인간이었듯이 확실히 성가신 아이였다. 열네 살 엘리자는 집을 떠나 생시르에 있었고, 피부가 창백했던 아홉 살 카롤린은 음악에 약간 재능을 보인 조용한 아이였으며, 열한 살 된 폴린은 이미 보나파르트 집안에서 가장 인상적인 여인의 역할을 맡고 있었다. 폴린은 다감했으며 매력적이었고 유머가 넘쳤고 훗날 화려한 미인이 될 조짐을 보였다. 레티치아의 미모와 카를로의 쾌락 욕구를 물려받은 듯했다.

코르시카 정치에서 출세하려면 섬의 권력 구조를 치밀하게 분석할 수 있어야 했다. 세부적인 것을 좋아한 나폴레옹에게는 능숙한 분야였다. 1789년 프랑스 혁명이 발발했을 때 코르시카는 부타푸오코와 페레티가 군대의 지원에 의지해 이끌었던 왕당파와 민중의 강력한 지지를 받았던 파올리파 사이의 싸움으로 혼란스러웠다. 1790년과 1791년을 지나며 파올리파가 연거푸 승리를 거두었고, 왕당파는 파올리파의 대표인 장틸과 포초 디 보르고(둘 다 1790년 오레사 의회의 대의원이었다)가 국민의회에 참석하지 못하도록 방해하려다 완전히 패배했다. 그러나 왕당파가 결정적으로 패배한 직후 파올리파는 두 분파로 갈라졌다. 프랑스와 혁명의 원리에 충성하는 자들과 혁명 세력의 반교권주의와 재산권에 대한 태도를 불신하면서 코르시카의 독립을 갈망하는 자들로 분열했다. 파올리는 애초에 구체제에 반대해 혁명을 옹호했으나 점차 보수적으로 변모했다. 많은 지지자들이 좌파로 기울어 자코뱅 클럽에 들었는데도 파올리 자신은 반동으로 회귀했다. 파올리파의 분열 생식은 1791년 6월 바스티아에서 격렬한 종교 폭동을 낳았다. 유혈 충돌이 벌어졌고, 바스티아는 수도의 지위를 잃었다. 또한 파올리의 권위와 위신이 손상을 입고 파올리에게 반대하는 의회 내 야당이 등장한 것은 더욱 불길했다.

1791년 말 나폴레옹은 여전히 파올리를 신뢰했다. 이제 나폴레옹은 의용군 부대의 중대장으로서 섬의 군사력에서 중요한 인물로 올라서게 되자, 일시 휴가를 영구 휴가에 준하는 것으로 바꿀 전략을 세웠다. 그러나 1791년 12월 입법의회는 12월 25일부터 1792년 1월 10일 사이에 전국적인 인구 조사를 실시하기로 하고 정규군의 모든 장교에게 원대 복귀를 명령하는 법을 공포했다. 이로써 나폴레옹의 전략은 무산되었다. 나폴레옹에게는 다행스럽게도 코르시카의 부사령관인 안토니오 로시(Antonio Rossi) 장군이 이미 육군장관 나르본 백작(Louis Marie Jacques Amalric, comte de Narbonne-Lara, 1755~1813)에게 나폴레옹의 아작시오 의용군 부대 근무를 청원했던 터였고, 1792년 1월에 승낙의 답변이 도착했다. 로시는 제4연대 연대장 캉파뇰에게 편지를 보내 보나파르트 중위가 코르시카 의용군의 중대장이 되었다고 통지했다.

그러나 나폴레옹의 문제는 아직 끝나지 않았다. 1792년 2월에 입법의회가 의용군 부대의 모든 장교들에게 3월 말까지 자대 복귀를 명령하는 법령을 추가로 통과시켰던 것이다. 다만 중요한 의용군 부대의 소수 부대장들은 예외였다. 코르시카에서 그런 지위는 중령 둘뿐이었고, 이제 나폴레옹의 과제는 그 두 자리 중 하나를 차지하는 일이었다. 성공하지 못한다면 코르시카의 파산한 정치 해결사로 살게 될 판국이었다.

두 중령 지위는 선출직이었는데, 500명 남짓한 국민방위대원이 두 명의 후보에게 선호하는 순서대로 두 표를 던졌다. 나폴레옹은 우선 파올리의 지지를 얻어 자신과 쿠엔차(Quenza)가 유력한 후보가 되도록 했다. 두 사람은 거센 반대에 직면했는데, 특히 아작시오의 다른 대가문 후손인 장 페랄디(Jean Peraldi)와 포초 디 보르고가 강력히 반대했다. 나폴레옹은 부주교 루치아노가 남긴 유산의 많은 양을 뇌물로 쓰기 시작했다. 200명이 넘는 의용군 유권자들이 선거 전 두 주 동안 보나파르트 저택의 마당에서 무료로 숙박하면서 푸짐한 식사를 제공받았다. 그 다음 나폴레옹은 반대파를 위험에 빠뜨릴 방법들을 생각해냈다. 전하는 바에 따르면 나폴레옹은 실제로 결투를 신청해 포초 디 보르고를 제거하려 했으나 상대가 결투를 받아들이지 않았다고 한다. 분명한 사실은 나폴레옹이 뇌물을 썼을 뿐만 아니라 위협까지 했다는 점이다.

선거를 관리할 세 명의 위원이 임명되었다. 그중 모라티라는 위원이 투표 전날 밤(1792년 3월 31일)을 보나파르트 가문의 적이요 포초의 지지자로 잘 알려진 페랄디 집안에서 묵는 실수를 저질렀다. 나폴레옹 진영 사람들은 저녁때에 맞춰 페랄디의 집으로 가서 '불편부당함을 보장하기 위해' 모라티를 납치했다. 이튿날 산프란체스코 교회에서 선거가 실시되었다. 521명의 의용군이 참여해 자신들이 선호하는 후보를 적었으나, 포초 디 보르고는 투표하러 온 유권자들에게 보나파르트 가문의 파렴치한 행위를 장황하게 늘어놓았다. 포초 디 보르고는 애쓴 보람도 없이 연단에서 끌려 내려왔고 거의 칼을 맞을 뻔했다. 포초는 그때까지 나폴레옹의 경쟁자가 아니었지만 피의 복수 전통에 따라 끝없는 복수를 맹세했다고 한다. 포초 디 보르고는 훗날 확실하게 이 위협이 말에 그치지 않았음을 증명했다. 드디어 투표가 시작되었다. 쿠엔차가 제일 많이 표를 얻어 첫 번째로 중령에 선출되었고, 나폴레옹은 1위와 2위의 표로 422표를 얻어 안전하게 두 번째 지위를 확보했다. 나폴레옹은 스물세 살이 채 안 된 나이에 코르시카 의용군 대대의 중령이 되었다. 쿠엔차는 군사적 경험이 없었기에 실질적 사령관이 된 나폴레옹은 즉시 자신이 지휘하는 병력과 조직에 관해 세세한 일까지 기억하는 능력을 증명해 보였다.

코르시카의 왕당파는 정치적 의미에서는 완전히 패했지만 여전히 주요 요새에서 군대의 지지를 받고 있었다. 파올리와 코르시카의 중앙 행정부인 집정부는 코르시카 권력 장악의 마지막 단계는 왕당파 군대를 의용군 부대로 대체하는 것이라고 판단했다. 첫 번째 표적은 의심의 여지 없이 아작시오 성채였다. 로시 장군이 이의를 제기했으나 파올리가 지지하는 집정부의 권위에 눌렸다. 왕당파는 이에 대응해 성직자 카드를 내밀며 대다수가 군주제에 찬성하는 아작시오 주민 정서에 편승하려 했다. 이미 국민의회가 1790년 7월에 수도원과 수도회의 해산을 명령하는 법령(성직자 민사 기본법)을 공포했으나, 1792년 3월 아작시오 주민 협의회는 카푸친 작은형제회만은 예외로 해 달라고 청원했다. 코르시카 집정부는 법령을 되풀이 말하면서 아작시오 주민 협의회는 불법 단체이므로 아무런 권한도 없다고 덧붙였다.

1792년 코르시카 의용군 대대 중령이
된 23살의 나폴레옹.

이미 파리의 국민의회에 파견되었던 대표였고, 코르시카에서 파올
리에 맞선 반대파의 떠오르는 별이었던 앙투안 크리스토프 살리체티
가 교활한 술책으로 등장한 것이 바로 이 순간이었다. 큰 키에 얼굴
에는 마맛자국이 있는 나쁜 인상의 살리체티는 파올리가 아작시오의
왕당파 잔당과 은밀히 뜻을 같이하는 기회주의자라고 소문을 퍼뜨렸
다. 나폴레옹에게는 아작시오의 완고한 보수파와 해묵은 원한을 단
호하게 해결하라고 재촉했다. 이에 나폴레옹은 공화파 의용군 네 개
중대를 이끌고 아작시오로 진입했다. 그때 나폴레옹은 경건한 왕당
파인 아작시오의 도시민들과 농촌 출신인 자신의 병사들 사이에 존
재하는 적개심을 잘 알고 있었다.

1792년 4월 8일 부활절에 프랑스공화국에 대한 기본적인 충성 서
약을 거부했던 한 무리의 사제들이 공식적으로는 해산된 산프란체스
코수도회 수녀원에서 예배를 올리고 이튿날 종교 행진을 하겠다고
발표했다. 그렇지만 이는 사실상 정치 시위였다. 오후 5시에 나폴레

옹은 성당 주변에서 소요가 벌어졌다는 정보를 듣고 일개 소대를 이끌고 조사에 나섰다. 나폴레옹은 성당 밖에서 적대적인 군중을 발견했는데, 이미 그들에게 의용군 일개 소대가 무장 해제되고 머스킷 소총을 빼앗긴 것으로 밝혀졌다. 이 소식을 들은 나폴레옹은 무기 반환을 요구했고 격한 언쟁이 이어졌다. 갑자기 총성이 울렸고 의용군 부대의 초급 장교 로카 델라 세라가 쓰러져 죽었다. 나폴레옹과 부대원들은 서둘러 엄폐하며 뒷골목으로 빠져나가 본부로 돌아갔다.

나폴레옹의 출중한 재능까지는 말할 것도 없고 그다지 군사적 재능이 뛰어나지 않은 사람이라도 성채를 지배하는 것이 아작시오를 장악하는 열쇠라는 사실은 쉽게 알 수 있었다. 난관은 이 요새를 마이야르(Maillard) 대령이 400명의 보병 제42연대를 지휘하며 지키고 있다는 것과 지휘관과 부대원 모두 루이 16세에 충성을 바쳤다는 사실이었다. 나폴레옹은 마이야르 대령을 만나러 갔으나 예상대로 마이야르는 협조하지 않았다. 나폴레옹은 자신의 병사들이 분노한 시민들에게 포위되어 죽을 위험에 처해 있어 성채 안으로 피신해야 하며, 그럴 수 없다면 적어도 성채 안의 탄약을 이용할 수는 있게 해줘야 한다고 주장했다. 마이야르는 두 가지 논점을 모두 받아들이지 않았을 뿐만 아니라 쿠엔차와 나폴레옹에게 의용군 병력을 이끌고 시내 중심부에서 물러나 산프란체스코 수녀원으로 철수하라고 명령했다.

나폴레옹은 이에 맞서 친구인 해당 군(郡)의 감찰관으로부터 마이야르나 시 당국이 내린 모든 지시를 무시해도 좋다는 명령을 얻어냈다. 감찰관은 명령서와 함께 마이야르에게 의용군들을 보호할 의무가 있다는 문서를 첨부했다. 그러나 마이야르는 요지부동으로 시 당국의 명령만 따르려 했다. 몇몇 평자들은 이 사건에서 나폴레옹을 권모술수에 능한 인물로 묘사하려 했지만, 나폴레옹이 법에 따라 처신했다는 점은 명백하다.

나폴레옹과 쿠엔차는 철수를 거부하면서도 타협안을 제시했다. 마이야르가 의용군 부대가 산프란체스코 수녀원으로 물러나야 한다는 단서를 철회한다면, 시민들이 가장 싫어했던 국민방위대의 특정 인물들을 집으로 돌려보냄으로써 호의를 보이겠다는 제안이었다. 마이야르는 마지못해 제안을 수용했고, 나폴레옹은 은밀히 도시를 더 강하게 장악함으로써 뒤처리를 철저히 했다. 도시의 무장한 왕당파와 의용군 부대는 자신들이 점령한 주택들을 방어 진지로 만들어 한 차례 격렬한 시가전을 치를 준비를 했으며, 그동안 나폴레옹은 성채 내 병사들을 매수해 이반하게 하려 했으나 실패했다. 나폴레옹은 공세를 강화하고자 공화파 농민들에게 식량 봉쇄를 단행하도록 지시했다. 나폴레옹의 병사들은 가축을 죽이고 과수원을 파괴하고 식수 공급을 중단했다.

시 당국이 의용군 부대를 무력으로 쫓아내려고 마이야르에게 성채에서 대포를 내오게 하면서 갈등은 더 격화되었다. 나폴레옹은 강하게 맞서고 필요하면 병력을 증원하라는 코르시카 집정부의 서한을 제시했다. 아작시오 시 당국이 선거로 구성한 코르시카 정부에 도전하고 있으며, 따라서 임박한 전투에서 입을 모든 손해에 법적 책임을 져야 할 상황을 자초하고 있다는 사실은 분명했다. 아작시오의 성미 급한 자들은 결국 자신들이 깊은 수렁에 빠져들고 있음을 자각한 듯하다. 그들은 한 걸음 물러나 나폴레옹과 타협하는 데 동의했다. 그렇지만 마이야르는 이번에도 법을 지키고 있다고 주장하며 참여를 거부했다. 이제 코르시카 집정부와 아작시오 시 당국이 합의를 보았으므로, 이 '법'이 무엇인지 확인하기는 어렵다. 마이야르는 루이 16세의 권리 주장이 프랑스공화국의 권리 주장보다 위에 있다고 생각했지만, 법률을 엄격히 해석하면 마이야르의 행동은 반역이었다. 역사의 선례도 전부 마이야르에게 불리했다. 잉글랜드에서 스튜어트 왕가의 정통성도 찰스 1세의 처형과 이후 제임스 복위파 수십 명의 처형을 막지 못했기 때문이다.

4 장 코르시카의 혁명가

결국 이 소동을 해결하려고 코르시카 집정부에서 행정관 두 명을 파견했다. 두 행정관은 시 당국에서 분란을 일으킨 몇 사람을 체포했지만, 반항적이었던 마이야르는 성채로 돌아가 자신을 제거하려는 파올리와 집정부에 도전했다. 결국 이 사건으로 나폴레옹과 쿠엔차, 의용군들은 도덕적 승리를 얻었다. 나폴레옹은 남달리 용맹스럽고 정력적이며 지략이 뛰어남을 드러내 보였지만, 이 사건은 아작시오에 쓰라린 뒷맛을 남겼다. 이후로 아작시오에서 나폴레옹의 평판은 실추되었고, 포초 디 보르고는 중대한 복수의 발판을 마련했다.

화해가 이루어지자 나폴레옹은 코르테로 가서 파올리와 면담했다. 그러나 나폴레옹의 마음은 프랑스에 가 있었다. 자신의 연대에서 입지가 불안했기 때문이다. 1792년 1월 1일에 열린 열병식에서 연대의 기록은 다음과 같다. "보나파르트 중위는 결근 허가 기간이 만료되었는데도 코르시카에 있다." 확실히 나폴레옹은 결근의 이유가 합당한 자로 입법의회에 추천된 명단에서 제외되었다. 나폴레옹은 육군부의 초급 장교 명단에 자기 이름에 적혀 있는 대로 사실상 망명귀족으로 여겨졌기에, 문제를 해결하고 프랑스 군대의 지위를 유지하려면 파리로 가야만 했다. "직업을 포기. 1792년 2월 6일 후임자로 대체."

1792년 5월 초 어느 때인가 나폴레옹은 긴급한 사명을 띠고 코르시카를 떠나 파리로 갔다. 5월 28일 파리에 도착한 나폴레옹은 프랑스가 프로이센과 전쟁을 벌여 초기 전투에서 패배를 당했다는 사실을 알았다. 나폴레옹은 조제프에게 편지를 써서 국가 재정이 혼란에 빠지고 아시냐*의 가치가 절반으로 하락해 수도가 절박한 상태에 놓였다고 알렸다. 그때 옛 지인들을 만났던 것으로 보이는데, 모든 만남이 다 유쾌하지는 않았다. 나폴레옹은 루아얄 거리의 파트리오트

나
폴
레
옹
·
98

아시냐(assignat) 1790년에 국민의회가 몰수한 교회 재산을 담보로 발행한 지폐.

올랑데(Patriote Hollandais) 호텔 숙박부에 이름을 적으면서 오랜 적인 포초 디 보르고와 페랄디가 그곳에 묵고 있다는 사실을 알았다. 두 사람은 입법의회에 코르시카 대의원으로 참석하기 위해 파리에 와 있었다. 이튿날 나폴레옹은 또 다른 지인과 마주쳤다. 입법의회의 회의에 참석하러 갔다가 부리엔을 만난 것이다. 부리엔의 회고록에서 그 일을 언급한 대목만큼은 신뢰해도 좋을 것 같다.

유년 시절과 콜레주 시절까지 거슬러 올라가는 우리의 우정이 완벽히 되살아났다. …… 나폴레옹은 역경을 겪으며 울적했고 돈이 부족할 때가 많았다. 우리는 할 일도 전혀 없고 돈도 많지 않은 스물세 살의 젊은이처럼 시간을 보냈다. 나폴레옹은 나보다 훨씬 더 처지가 곤란했다. 우리는 매일 새로운 계획을 짰다. 우리는 이익이 남는 투기에 손을 대려 했다. 한번은 나폴레옹이 몽톨롱 거리에 건축 중인 집 여러 채를 빌려 곧바로 다시 임대하자고 했다. 그렇지만 지주의 요구가 터무니없었다. 모든 것이 실패했다.

6월 16일 나폴레옹은 생시르로 누이동생 엘리자를 만나러 갔다. 엘리자는 나폴레옹에게 혁명 정부가 약속한 법이 제정되어 수녀원에서 나가는 것이 가능해지면 곧바로 빼내 달라고 부탁했다. 6월 20일 나폴레옹은 팔레루아알 인근 생토노레 거리에서 부리엔과 함께 저녁 식사 자리를 마련했으나, 두 젊은이는 5천 명에서 6천 명가량 되는 성난 군중이 레알* 방향에서 센 강을 향해 진출하는 것을 보고 행렬을 따르기로 했다. 앙투안 상테르*가 조직한 거대한 군중 두 무리가 튈르

레알(Les Halles) 파리의 전통적인 중앙 시장.
앙투안 상테르(Antoine Joseph Santerre, 1752~1809) 프랑스 혁명 때 활동한 사업가이자 장군. 파리 국민방위대의 한 대대를 맡아 바스티유 습격에 참여했으며 샹드마르스 학살 후 체포 영장이 발부되어 피신했다가 튈르리 궁 습격을 지휘했다. 폐위된 루이 16세의 간수로 임명되어 처형 사실을 전달하고 형장까지 인도한 사람이다.

리 궁으로 향했다. 군중은 입법의회를 위협한 뒤 혁명가 〈사 이라(Ça ira)〉를 부르며 방비가 없는 궁전의 뜰로 몰려들었다. 사람들은 반구 천장의 방(Salon de l'Oeil de Boeuf)에서 시종 몇 명만 데리고 있는 루이 16세에게 달려갔다. 왕은 그날 오후 내내 굴욕을 당했으며 탈출할 수 없었기에 군중이 내뱉는 조롱과 욕설을 어쩔 수 없이 들어야 했다. 루이 16세는 결국 붉은 모자('가시 면류관')를 쓰고 파리 민중의 건강을 위해 축배를 들어야 했다. 입법의회의 대표자인 제롬 페시옹 (Jérôme Pétion, 1756~1794)이 어느 정도 마음이 풀어진 군중을 설득해 흩어지게 했을 때는 6시가 한참 지난 뒤였다. 군주제에 대한 모독으로 말하자면 이 사건은 지난해 국왕이 바렌 탈주에 실패한 뒤 파리로 귀환했던 일보다도 한층 더 가혹했으며, 이 사건이 루이 16세에게는 종말의 시작이었다는 점을 누구도 의심하지 않았다. 그러나 나폴레옹은 자신이 왕이었다면 군중을 해산하는 것쯤은 손쉬운 문제였으리라고 생각했다.

이 시기 내내 나폴레옹은 육군부에 서류와 진술서를 제출해 페랄디의 적대적인 반증에 맞서 자신이 분석한 아작시오 사건의 전말을 납득시키려 했다. 6월 21일 포병과 분과위원회는 나폴레옹이 4월 1일까지 코르시카에서 귀환하지 못한 이유로 제시한 것이 전적으로 만족스럽다고 인정했다. 분과위원회는 나폴레옹의 설명을 받아들이는 것은 범죄에 보상하는 것이라는 페랄디의 소청(이러한 견해는 현대의 일부 비판자들도 지지한다)을 기각했다. 페랄디의 견해에 따르면 코르시카에서 국왕의 군대에 맞서 폭동을 주도한 자가 그 일로 칭찬을 받고 나아가 오로지 정규군의 자기 본대에서 근무할 때만 정상적으로 얻을 수 있는 승진까지 확보한다는 것은 앞뒤가 바뀐 일이었다. 나폴레옹이 조작의 명수였든 아니면 단순히 행운아였든, 분과위원회에 자신이 진정한 혁명의 아들이라는 점을 납득시켰든 간에 결과는 마찬가지였다. 7월 10일 육군부는 나폴레옹에게 제4포병연대에 대위로 복직시킨다고 통지했다.

새로운 사령(辭令)은 1792년 2월 6일자로 소급해 적용되었다. 그래서 나폴레옹은 급여까지 소급해 받게 되었다. 육군부는 다시 억지를 부리지 말라고 경고하는 뜻에서 진급이 승인되자마자 본대로 귀환해야 한다고 통고했다. 한편 코르시카에서 페랄디와 포초 디 보르고가 보낸 몇 가지 작은 불만들은 법무부에서 다루기로 했다. 나폴레옹은 매우 기뻤다. 나폴레옹이나 나폴레옹의 적들이나 법무부란 곳이 불만이 사라져버리는 미궁이라는 점은 알고 있었다. 나폴레옹을 파리에 묶어 두는 유일한 방안은 육군장관 조제프 세르방*이 국왕을 대신해 이 결정을 정식으로 승인하는 것이었다. 나폴레옹은 승리했는데도 우울했다. 8월 7일 나폴레옹은 조제프에게 집안의 이익을 생각하면 코르시카로 돌아가야 하지만 연대에 복귀해야 할 것 같다고 편지를 보냈다.

그에 앞서 7월 23일에 나폴레옹은 뤼시앵에게 코르시카에 대한 청년기의 이상주의가 광범위한 냉소주의에 밀려나고 있음을 보여주는 편지를 써 보냈다. "윗자리에 있는 자들은 불쌍한 인간들이야. 네가 직접 본다면 그 사람들의 마음에 들려고 애쓸 필요가 없다는 점을 알게 될 거야. 아작시오의 역사를 너도 알지. 파리의 역사도 똑같아. 어쩌면 이곳 사람들이 조금 더 작고 더 비열하며 남을 더 잘 헐뜯고 흠잡기를 더 좋아할 거야."

8월 10일 장폴 마라(Jean-Paul Marat, 1743~1793)가 주도하여 국왕의 권력에 결정적 일격이 가해졌다. 혁명가들 중 당통(Georges Jacques Danton, 1759~1794)과 로베스피에르(Maximilien Robespierre, 1758~1794), 로시뇰(Jean Antoine Rossignol, 1759~1802), 상테르가 모두 그날의 처참한 사건에 연루되었다. 수천 명의 무장한 혁명가들이 경보

조제프 세르방(Joseph Marie Servan de Gerbey, 1741~1808) 1792년에 5월 9일에서 6월 12일까지, 8월 10일에서 10월 14일까지 두 차례 육군장관을 지냈다.

1792년 8월 10일 파리 봉기. 파리 시민 수만 명이 루이 16세가 머물던 튈르리 궁을 습격해 궁을 지키던 스위스근위대 병사들을 잔인하게 살해했다. 당시 파리에 머물던 나폴레옹은 봉기 현장을 목격하고 하층 계급을 두려워하게 되었다.

신호에 응해 센 강의 양안으로부터 튈르리 궁으로 모여들었다. 궁전은 약 2천 명의 병력이 지키고 있었는데, 절반은 스위스근위대였다. 이후 벌어진 일들은 프랑스 혁명에서 가장 끔찍한 사건에 속한다. 서로 모순되는 명령들에 혼란스러워하던 스위스근위대는 병력 수의 열세에 밀려 잔혹하게 학살당했다. 궁전 뜰에서 칼에 찔리고 돌과 곤봉, 총탄에 맞아 600명이 학살되었다. 여인들은 시신에서 옷을 벗겼고, 가장 잔인한 사람들은 시신을 거세하고 절단했다. 모든 일이 끝났을 때, 능멸당한 사망자들은 마차에 실려 석회 구덩이에 집단 매장되었다.

이 소름끼치는 대학살을 목격했던 나폴레옹은 나중에 조제프에게 어떤 전장의 살육전에서도 그와 같은 충격은 받지 못했다고 말했다. 세인트헬레나에서 라스 카즈 백작에게 했던 말은 인용해볼 만하다.

그때 나는 파리 마이(Mail) 구(區)의 빅투아르에 묵고 있었다. 경보를 듣고 튈르리 궁전이 공격을 받고 있다는 사실을 알자마자 카루셀로 달려가 그곳에서 가구점을 하고 있는 부리엔의 동생 포블레를 찾으려 했다. 바로 그 가게에서 그날의 모든 일을 쉽게 목격할 수 있었다. 나는 카루셀에 도착하기 전에 프티샹 거리에서 창끝에 사람 머리를 꽂아 들고 다니는 한 무리의 섬뜩한 남자들과 마주쳤다. 그들은 내가 말쑥하게 차려입은 신사의 모습인 것을 보고 다가오더니 "공화국 만세!"를 외치라고 요구했고, 쉽게 상상할 수 있듯이 나는 어려움 없이 그렇게 외쳤다. …… 군중은 궁으로 난입했고, 그들이 국왕과 함께 있는 상황에서 나는 과감하게 뜰 안으로 들어갔다. 쓰러져 죽어 있는 스위스근위대 병사들을 보니 그때까지 어느 전장에서도 깨달을 수 없었던 죽음의 의미가 떠올랐다. 좁은 공간이어서 시신의 숫자가 더 많아 보였기 때문이거나 그런 경험이 처음이었기 때문일 수도 있다. 나는 점잖게 차려입은 여인들이 스위스근위대 병사들의 시신에 몹시 추잡한 짓을 하는 것을 보았다.

어떤 사람들은 나폴레옹이 그날부터 군중을 증오하고 혐오했으며, 부르주아 공화국만이 무정부 세력과 하층민(canaille)의 무지한 충동을 억제할 수 있다는 확신을 품게 되었다고 말한다.

나폴레옹은 국왕이 단호하게 방어했다면 튈르리 궁을 지킬 수 있었을 것이라고 판단했으며, 자신이 책임을 맡고 있었다면 군중을 쫓아버릴 수 있었으리라고 생각했다. 나폴레옹은 군중이라는 히드라 머리를 한 괴물을 경멸했고, 그러한 감정은 날이 갈수록 강해졌다.

루이 16세는 운이 다했던 반면, 나폴레옹은 운이 트이기 시작했다. 8월 17일 새 정부는 새 법령을 공포해 모든 교단을 해산하고 자산을 몰수하고 매각하라고 명령했다. 이제 생시르 학교가 존재하지 않았으므로 엘리자는 코르시카로 떠나야 했으나, 지레 겁을 먹은 학교 관리들은 시 당국과 베르사유에서 명령서가 오기 전에는 엘리자를 보내줄 수 없다고 고집했다. 그래서 나폴레옹은 생시르 시장 오브룅(M. Aubrun)을 설득해 함께 학교로 갔다. 엘리자가 코르시카로 돌아가려면 반드시 오빠와 동행해야 한다는 진술서를 작성했다. 오브룅은 진술서를 복사한 다음 뒷면에 허가가 필요하다고 보증하는 자신의 진술서를 작성했다. 나폴레옹은 이 문서를 들고 베르사유로 가서 집정부에 여행 경비를 요청했다. 놀랍게도 집정부는 총액 352리브르를 지급하기로 결정했고[베르사유에서 아작시오에 이르는 거리를 1리그(약 5킬로미터)마다 1리브르로 계산했다], 나폴레옹에게 옷가지와 침구를 챙겨 누이를 데리고 떠날 수 있도록 허가했다.

그러므로 나폴레옹의 파리 여행은 완벽한 승리로 끝났다. 나폴레옹은 오명을 씻었고 승진했고 소급하여 급여를 받았으며 불가피했던 연대 복귀를 모면했고 이제 필요한 경비를 전부 얻은 채 코르시카로 돌아가고 있었다. 그 여행의 세세한 과정은 모르지만, 이럴 가능성은 충분하다. 나폴레옹은 9월 9일 육군장관이 그의 진급을 재가하자마자 파리를 떠나 리옹에서 배를 타고 발랑스로 간 뒤 거의 한 달을 마르세유에 머물렀다가 10월 10일경 툴롱에서 코르시카를 향해 출발하여 10월 15일 아작시오에 도착했을 것이다.

나폴레옹은 코르시카에 도착하자마자 자신의 의용군 대대에 복귀하려고 코르테로 향했다. 나폴레옹은 코르테에 당도한 직후 파올리와 면담했는데, 두 사람 다 결과에 불만이 많았다. 파올리는 이번에도 나폴레옹의 요청을 거부했는데, 이번에는 뤼시앵을 부관으로 써달라는 청이었다. 이 거절은 최근 선거에서 조제프가 포초 디 보르고 일당에게 패한 지 얼마 지나지 않았을 때의 일이었기에, 파올리가 그들 편으로 넘어갔다는 소문을 확인해주는 매우 명백한 증거였다. 파올리는 보나파르트 집안을 전혀 신경쓰지 않았으며, 조제프를 싫어했고, 청년 나폴레옹의 과도한 찬미에 짜증이 났다. 특히 파올리는 보나파르트 집안 전체를 정치적 기회주의자들로 생각했으며, 1769년 이후 카를로가 그토록 발 빠르게 변절해 프랑스 편으로 넘어간 일을 결코 용서하지 않았다. 이데올로기 측면에서는 파올리가 혁명 프랑스에 점차 환멸을 느끼는 데 반해 나폴레옹은 자코뱅주의를 품었기에 두 사람이 동지가 될 가능성은 없었다.

나폴레옹은 자존심에 상처를 입은 채 면담을 마쳤고 상처를 어루만지며 전체적 평가에 몰두했다. 나폴레옹은 코르시카로 돌아오려던 계획 전체가 실수였으며, 결국 제4포병연대에 미래를 걸어야 한다고 생각했다. 그것이 아니라면 경력을 포기하고 인도나 동양의 어느 곳으로 가서 용병 생활을 해야 했다. 확실히 나폴레옹은 1792년 마지막 몇 달을 코르테에서 보내면서 이례적으로 차분하고 평온했다. 적어도 12월 15일까지는 그랬다. 그날 나폴레옹은 사르데냐 원정을 계획하고 의용군 대대에서 200명의 병력을 이끌고 아작시오로 내려왔다. 나폴레옹은 잠시 코르테로 돌아갔다 온 일을 제외하면 1792년 성탄절부터 1793년 2월 18일까지 아작시오에 머물렀고, 뤼시앵의 기억에 따르면 바로 이 망각의 시절에 나폴레옹은 종종 어머니에게 인도에서 영국의 숙적 티푸 술탄*과 함께 일할 기회에 관해 얘기했다고 한다.

1793년 2월 프랑스 혁명은 극적인 전환을 맞았다. 혁명가들은 군사적 패배가 눈앞에 다가왔음을 알고 국민총동원령을 내려 프로이센과 오스트리아를 역습했다. 1792년 9월 20일 발미의 '테르모필라이'*에서 뒤무리에*는 프로이센에 결정적 패배를 안겼다. 그해 말 혁명 프랑스의 새로운 군대는 라인란트와 오스트리아령 네덜란드를 침공했는데, 이는 공식적으로는 혁명 이념을 '수출'하기 위한 것이었으나 실제로는 불안정한 아시냐의 가치를 유지할 전리품을 약탈하기 위한

티푸 술탄(Tipu Sultan) 파테 알리 티푸(Fateh Ali Tipu, 1750~1799). 1782년부터 사망할 때까지 인도 왕국 마이소르를 통치한 술탄. 영국과 세 차례 전쟁을 치렀고, 마지막 전투에서 전사했다.

침공이었다. 1793년 1월 21일은 혁명에서 중요한 날이었다. 루이 16세가 처형되고 당통이 프랑스의 '자연 국경'(바다, 알프스 산맥, 피레네 산맥, 라인 강) 정책을 발표한 날이기 때문이다. 혁명 집행부인 국민공회는 이러한 국민적 열망에 부응해 2월에 영국과 에스파냐에 전쟁을 선언했다.

프랑스의 사르데냐 원정 계획은 새로운 팽창 정책의 징후였다. 사르데냐는 지중해에서 전략적 중요성이 명확했고, 침공은 프랑스가 새로 획득한 힘을 과시하고 피렌체와 나폴리를 위협하기 위한 것이었다. 그밖에 사르데냐 섬의 곡물을 강탈해 남부 프랑스의 식량 부족을 해결하기 위한 것이었다. 트뤼게 제독*이 코르시카 의용군 대대들을 자기 부대에 통합하려고 대규모 정규군과 소함대를 이끌고 아작시오에 도착했다. 프랑스에서 건너오는 동안 육군 병사들과 해군 병사들 사이에는 알력이 있었고, 여기에 정규군과 코르시카 의용군 사이에는 첨예한 갈등과 악감정까지 더해졌다. 혁명 프랑스와 공공연히 관계를 끊기 직전이었던 파올리는 이 위험한 작전에 격렬하게 반대했지만, 드러내놓고 원정에 반대할 경우 트뤼게가 이끄는 정규

---

* 발미 전투는 프랑스 혁명의 생명을 연장한 결정적 전투였다. 프랑스의 옛 병사들과 의용군으로 구성된 혼성군이 파리로 진격하려는 프로이센과 오스트리아의 군대를 저지했다. 테르모필라이(Thermopylae) 전투는 기원전 480년 여름 페르시아의 두 번째 그리스 침공 중에 벌어졌다. 아테네 장군 테미스토클레스의 제안에 따라 약 7천 명의 그리스 연합군은 테르모필라이의 고갯길에서 페르시아 크세르크세스 1세의 대군에 맞섰다. 현지인 에피알테스가 배반해 페르시아에게 그리스 군대의 후방으로 이어지는 길을 알려주었다. 이 사실을 알게 된 스파르타 왕 레오니다스 1세는 스파르타인 300명, 테스피아이인 700명, 테바이인 400명, 기타 수백 명을 제외한 나머지 군대를 떠나보내고 페르시아에 대적했으나 거의 전멸했다. 테르모필라이 전투는 조국을 지키려는 시민의 애국심이 얼마나 큰 힘을 지녔는지를 전형적으로 보여주는 전투로 기억된다. 승패의 결과는 달랐지만 이 점에서 발미 전투를 테르모필라이 전투와 비교하고 있다.
샤를 프랑수아 뒤무리에(Charles François Dumouriez, 1739~1823) 프랑스 혁명 전쟁 시기의 프랑스 장군. 1792년 발미 전투에서 프랑수아 켈레르만과 함께 큰 승리를 거두었으나, 1793년 1월 네르빈덴 전투에서 패하자 오스트리아로 망명하였다.
로랑 트뤼게(Laurent Jean François Truguet, 1752~1839) 1795년에 제독으로 승진했고 총재정부 시절이던 1795년 11월부터 1797년 7월까지 해군부 장관을 지냈다. 사르데냐 원정을 준비하던 시기의 계급은 해군 소장이었던 것으로 보인다.

군이 나폴레옹의 의용군들과 합세해 자신을 쫓아낼 수도 있다는 점을 이해할 정도로 충분히 머리가 좋았다. 트뤼게가 이미 보나파르트 집안과 친분을 맺었을뿐더러 열여섯 살짜리 엘리자에게 정신을 빼앗겼다는 소문이 파다했기에 그럴 만한 정황은 더욱 분명했다. 결국 파올리는 코르시카에서 나폴레옹의 의용군들을 제거할 계획을 세우는 한편 트뤼게의 계획이 결국 실패하도록 확실한 조치를 취했다.

파올리는 트뤼게에게 정규군과 의용군 사이가 좋지 않으니 각기 다른 방면에서 공격하라고 권고했다. 트뤼게가 직접 칼리아리에서 본대로 공격하고, 코르시카와 사르데냐 사이 열한 개 섬으로 이루어진 부치나리 제도(마달레나 군도)에서 가장 큰 라마달레나 섬에 대해 양동 작전을 펼치라는 것이었다. 라마달레나 섬에는 요새가 두 군데 있었는데, 이 작전에서 파올리는 술책을 써서 조카인 콜론나 체사리를 대령으로 임명하는 데 성공했다. 이에 따라 (쿠엔차도 참여했던 터라) 나폴레옹은 세 번째 지위로 밀려났다. 나폴레옹은 보니파시오*에서 마지못해 포술 훈련을 실시한 뒤 1793년 2월 18일에 의용군 450명을 이끌고 출항했다. 라마달레나 섬을 공격하는 전력은 모두 600명(정규군 150명)에 대포 4문이었고, 수송선 열여섯 척에 나눠 탔으며, 코르벳함(경무장을 한 소형 선박) 한 척이 호위했다.

출발부터 원정에 불길한 징조가 나타났다. 강풍이 불어 선박들은 아작시오로 돌아와야 했으며, 2월 22일 저녁이 되서야 라마달레나와 그 옆에 붙은 산스테파노 섬 사이의 해협 서쪽 끝에 닻을 내렸다. 계획은 분명히 야간 기습이었는데, 체사리가 이를 번복했다. 나폴레옹은 이미 낙담했다. "우리는 유리한 시점을 놓쳤다. 전쟁에서는 시기가 전부 아닌가." 그렇지만 나폴레옹은 임무에 충실했다. 2월 23일 부대가 산스테파노 섬에 상륙해 교두보를 확보하고 섬의 요새를 점

보니파시오 코르시카 남단의 중요한 항구 코뮌.

령한 뒤, 나폴레옹은 대포 두 문과 박격포 한 문으로 라마달레나가 사거리 안에 들어오는 곳에 포진지를 구축했다. 2월 24일 포격이 시작되었고, 체사리는 이튿날 본대가 공격에 나설 것이라고 약속했다.

25일에 사악한 일이 벌어지고 있었다. 오늘날까지도 사건의 추이를 정확하게 추적하기는 쉽지 않다. 우선 코르벳함의 해군 병사들이 폭동을 일으켜 체사리가 작전 전체를 취소할 수밖에 없었던 것 같다. 체사리는 이러한 내용으로 쿠엔차에게 공문을 보냈다. 그러나 나폴레옹과 훗날의 여러 분석가들은 진짜 폭동은 없었으며 모든 일이 파올리와 체사리가 사전에 함께 꾸민 계략이라고 믿었다. 코르벳함이 작전이 취소되었다는 통신만 남긴 채 체사리와 함께 떠난 것은 분명하다. 이후 벌어진 일들에 대해 쿠엔차는 나폴레옹과 의논해 두 사람이 함께 가까스로 라마달레나 포격을 중단했다고 설명했다. 그러나 훗날 세인트헬레나에서 나폴레옹은 25일 쿠엔차가 자신에게는 한마디 상의도 없이 다시 포격함으로써 자신과 동료 포병들을 라마달레나 수비대의 출격에 위험스럽게 드러냈다고 비난했다. 한 가지 분명한 사실은 포격은 취소되었고 나폴레옹 소대는 진흙투성이 들판을 지나 승선 지점까지 1톤 무게의 대포를 인력으로 끌고 왔다는 것이다. 그렇지만 나폴레옹 소대의 수고는 허사였다. 산스테파노로는 병력을 태우고 갈 보트 한 척만 보내졌기 때문이다. 나폴레옹은 대포를 되가져갈 수 없었기에 화문을 막아 쓸 수 없게 만들어야 했다.

라마달레나 계획은 대실패였고, 나폴레옹은 격분해 거의 졸도할 지경이었다. 이 일로 나폴레옹은 전쟁에서 배신이 중대한 요소라는 강렬한 인상을 받았으며 양동 작전을 싫어하게 되었다. 어떤 이들은 이때 나폴레옹에게 생긴 양동 작전에 대한 혐오가 훗날 발상이 좋지 못했던 영국 침공 계획에서 무의식적으로 작용했다고 본다. 이 대실패는 곧바로 파올리와 나폴레옹의 영원한 결별을 뜻했다. 침착하지 못하고 야심이 크며 공격적이고 믿을 수 없다. 이는 모두 파올리가 보나파르트 집안에 붙여준 수식어였으나, 이제 나폴레옹이 정확히 똑같은 표현을 자신이 오랜 세월 숭배했던 코르시카의 '구세주'에게 돌려주었다.

2월 28일 나폴레옹은 보니파시오에 상륙해 자신뿐만 아니라 파리의 국민공회도 파올리를 의심하고 있다는 사실을 알게 되었다. 2월 5일에 국민공회가 코르시카 섬의 악화된 상황을 조사하기 위해 국민공회 의원 세 명을 파견했던 것이다. 대표단을 이끈 사람은 나폴레옹의 협력자인 크리스토프 살리체티였다. 그러나 나폴레옹은 나폴레옹대로 더욱 나쁜 처지에 몰렸다. 3월 초 보니파시오의 도리아 광장에서 누군가가 나폴레옹의 목숨을 노리고 공격했는데, 나폴레옹은 이번에도 파올리의 짓이라고 주장했다. 몇몇 해군 병사들은 나폴레옹을 귀족으로 인정하지 않고 린치를 가하고자 참여자를 모았으나 한 무리의 의용군 병사들이 도착하자 계획은 좌절되었다. 나폴레옹은 '해군 병사들'이 가면을 쓴 파올리파이며 라마달레나 근해 코르벳함에서 '폭동'을 일으킨 자들이라고 확신했다.

나폴레옹은 호랑이 굴로 들어가기로 결심했다. 나폴레옹은 파올리에게 로스티노 수녀원에서 면담하자고 요청했고, 이는 날카로운 대결로 이어졌다. 나폴레옹은 처음에는 부드러운 어조로 이야기했다. 코르시카에서 내전이 벌어지면 파올리파가 승리할 가능성이 높고 그렇게 되면 보나파르트 가문은 재산을 몰수당하고 가족이 빈곤에 빠지리라는 점을 인식하고 있었기 때문이다. 나폴레옹은 파올리에게 망명 생활을 청산하고 코르시카로 돌아올 수 있게 해준 혁명에 등을 돌리지 말고 민족의 이익을 장기적 안목에서 바라보라고 강력하게 설득했다. 파올리는 프랑스 혁명이 어떻게 부도덕해졌는지, 혁명 지도자들이 어떻게 코르시카의 독립이 아니라 굴종을 원했는지, 마라와 당통 같은 자들이 어떻게 서부 프랑스 주민에게 공공연한 반란을 일으킬 수밖에 없도록 만들었는지 울분을 토해냈다. 파올리는 특히 루이 16세의 처형에 넌더리가 났다고 말했는데, 그 일이 그에게 마지막 남은 인내심을 날려버렸던 것이다. 나폴레옹은 루이 16세가 다른 나라들과 작당해 음모를 꾸몄고 신성한 프랑스 땅에 외국 군대를 불러들였으므로 마땅히 죽어야 했다고 주장했다. 그 순간 파올리는 방에서 뛰쳐나갔다. 이후 두 사람은 다시는 얼굴을 마주하지 않았다.

1793년 4월 코르시카는 위기에 처했다. 살리체티는 파올리 정권을 무너뜨리고 코르시카의 일인자가 될 기회를 포착했다. 파올리가 1769년 이후 20년간 영국에서 망명 생활을 했기에 프랑스는 파올리를 친영국파라고 의심했는데, 살리체티는 이러한 상황을 이용해 '코르시카의 국부(國父)'를 겨냥한 가공할 선전전을 개시했다. 국민공회는 프랑스에 충성하는 것 같지만 사실상 세금도 내지 않고 전쟁에 나가 싸울 자원병도 보내지 않는 코르시카의 모호한 지위와 끝날 줄 모르는 무정부 상태가 짜증스러웠다. 살리체티는 전문을 보내 파올리가 코르시카의 우두머리로 앉아 있는 한 이러한 상황은 지속될 수밖에 없다고 넌지시 암시함으로써 일을 진척시켰다. 애초 살리체티의 목적은 파올리에 찬성하는 의용군 부대들을 해산하고 본토에서 건너온 정규군 부대로 대체하는 것이었으나, 살리체티와 국민공회가 파견한 두 의원 델셰(Joseph Étienne Delcher)와 라콩브 생미셸(Lacombe Saint-Michel)이 국민공회로부터 전권을 위임받았는데도 코르시카에서 효력을 지닌 것은 국민공회가 아니라 파올리의 영장이라는 장애가 도사리고 있었다. 그래서 살리체티와 두 의원은 산악지대의 요새에 숨어버린 적과 접촉하려 했으나 아무 성과 없이 두 달을 허비했다.

나폴레옹은 몰랐지만 위기를 심화시킨 주된 기폭제는 뤼시앵이었다. 3월 툴롱의 자코뱅 클럽에서 뤼시앵은 파올리를 조국을 영국에 팔아버리려는 반역자라고 비난했다. 여러 증거를 종합해볼 때 로스티노 수녀원에서 나폴레옹과 파올리가 만났을 때 이 비난 사건을 파올리는 알고 있었지만 나폴레옹은 알지 못했던 것 같다. 1793년 4월

7일 국민공회의 마라파는 (라마달레나의 큰 실패에서 돌아온 병사들이 파올리가 원정을 방해했다고 드러내놓고 말하고 다녔기에) 파올리를 파리로 소환해 뤼시앵을 비롯한 자들이 제기한 중대 혐의에 대해 답변을 듣기로 결정했고 출석하지 않을 경우 법의 보호를 박탈하기로 했다. 사실상 체포 영장이나 다름없었다. 4월 18일 국민공회는 이러한 취지의 공식 명령을 코르시카에 공포했고, 이에 나폴레옹은 쿠엔차에게 이 일로 코르시카에서 내전이 일어날 것이 분명하다고 써 보냈다.

그렇지만 파올리는 최상의 영리한 수를 썼다. 4월 26일 파올리는 국민공회에 정중하게 답변을 보내 '늙고 병들어' 유감스럽게도 파리로 갈 수 없다고 전했다. 이는 국민공회의 허세에 도전하는 복수였다. 국민공회는 여러 곳에서 인력이 필요한 상황이었기에 파올리파를 굴복시키기에 충분한 병력을 코르시카로 파견하기를 주저했다. 국민공회는 체포 명령을 취소하는 대신 본토에서 추가로 두 명의 의원(이번에는 파올리에게 우호적인 인물들)을 파견해 체면을 세웠다.

이러한 사태 변화에 초조해진 살리체티와 이미 섬에 들어와 있던 두 의원은 무기력한 동료들이 도착해 파올리와 적당히 화해하고 승리의 전리품을 넘겨주기 전에 나폴레옹과 공모해 군사적 해결을 도모하기로 했다. 나폴레옹이 처음 꺼낸 생각은 아작시오의 새로운 군사 지휘관인 콜론나 레카에게 뇌물을 줘 성채의 문을 여는 것이었으나, 레카는 이를 거부했다. 나폴레옹의 다음 계획은 상기네르 제도(Îles Sanguinaires)로 가 안전한 군사 항구를 세우는 것이었다. 그러나 임무를 이행하기 전에 나폴레옹은 아작시오를 떠날 경우 파올리파가 자신을 암살하려 한다는 경고를 받았다. 그래서 나폴레옹은 5월 2일까지 아작시오에 머물렀다.

한편 파올리는 코르테에서 회의를 소집해 프랑스와 그 협력자들의 침략에 맞서 코르시카를 지킬 방안을 마련하려 했다. 처음 내려진 결정의 하나는 보나파르트 가문을 쳐서 재산을 빼앗고 나폴레옹을 체포하는 것이었다. 이 사실을 알지 못한 나폴레옹은 파올리와 다시 만나려고 코르테를 향해 출발했다. 나폴레옹은 도중에 사촌인 아리기(Arrighi) 형제를 만나 뤼시앵이 조제프에게 보내는 편지를 파올리가 중간에 가로챘다는 말을 들었다. 이로써 국민공회가 뤼시앵의 고발에 따라 파올리의 법익을 박탈하는 명령을 내렸음이 분명해졌다. 놀랍게도 나폴레옹은 이런 정보에도 뜻을 굽히지 않고 아크라데비바리아(Acra de Vivaria)로 걸음을 옮겼고, 아리기 집안의 친척인 교구 사제의 집에 묵었다. 이튿날 나폴레옹은 여행을 계속했고, 포지올로 마을에서 다른 친척인 투솔리 집안에서 하룻밤을 묵었다.

5월 5일 나폴레옹은 코르사치에 있었는데, 몇몇 코르시카 대의원들에게 파올리가 소집한 코르테 회의에 참석하지 말라고 설득했다. 그러나 나폴레옹은 이미 적진에 들어와 있었다. 현지 실력자들이 나폴레옹의 숙적인 페랄디 집안 사람들이었기 때문이다. 마리우스 페랄디는 모렐리 형제의 지원을 확보해 나폴레옹을 감금했다. 나폴레옹으로서는 아직도 친구가 많았고 그중 몇몇의 지략이 뛰어났다는 사실이 다행이었다. 나폴레옹의 친구인 산토 리치와 비차보나가 교묘한 계책을 세웠고 모렐리 형제를 설득해 포로를 비차보나의 집으로 데려와 밥을 먹이도록 했다. 나폴레옹이 비차노바의 집에 도착하자 두 사람은 비밀 계단으로 나폴레옹을 빼내 대기하고 있던 말에 태웠다. 나폴레옹과 산토 리치는 아작시오로 길을 잡았고 5월 6일에 비밀리에 도착했다.

나폴레옹은 친구인 장 제롬 레비의 집에 숨어 있다가 사흘 뒤에 바다를 통해 마시나조로 갈 수 있었고, 그곳에서 육로로 바스티아로 갔다. 바스티아에서 나폴레옹은 조제프와 살리체티, 라콩브 생미셸을 비롯해 파올리에게 반대하는 주요 인물들과 재회했다. 보름 동안 음모를 꾸미고 준비한 400명이 생플로랑에서 대포 몇 문을 가지고 두 척의 배에 나눠 타고 왔다. 기묘하게도 출발 당일 파올리파가 아작시오의 보나파르트 저택을 약탈하고 농장을 파괴했다. 레티치아는 딸들과 함께 피신해 아작시오에서 만 건너편에 있는 카피텔로의 폐허가 된 탑 근처 관목 숲에 숨었고, 파올리파는 이들을 수색했다. 레티치아는 또다시 운명의 시험대에 올랐고 도망자가 되어야 했다.

한 주 뒤 불운한 원정대는 아작시오 만에 닻을 내렸으나 요새에서 쏜 대포 세례를 받았다. 아작시오에서는 고작 서른 명만 원정대의 기치 아래 모였으므로, 이튿날 쿠데타는 무산되었다. 한편 나폴레옹은 5월 29일에 프로벤찰레에 상륙해 피난민 신세가 된 가족을 만나 노를 젓는 대형 보트로 돛 세 개짜리 지벡 범선에 옮겨 태웠다. 보나파르트 가족은 그 범선을 타고 지랄다로 갔다. 레티치아는 다시 한 번 위험한 밤 여행을 한 뒤 칼비에서 다른 가족과 재회했던 일을 기억했다. 나폴레옹은 6월 3일에 수심에 잠긴 채 칼비에 도착했다. 칼비는 우호적인 사람들이 장악하고 있었지만 영국이 봉쇄한 상태였다. 여드레 후 보나파르트 가족 모두는 주베가 집안의 후의로 편히 지내다가 사실상 무일푼으로 툴롱을 향해 출발했다. 보나파르트 가족은 유명한 밀항 선주가 조종하는 연안용 선박을 타고 떠났기에 영국군에게 잡힐 위험이 있었다.

파올리의 완벽한 승리였다. 파올리파가 장악한 의회는 보나파르트 가족이 떠나던 바로 그날 승리를 확고히 하고자 보나파르트 가족이 '영원히 저주와 치욕 속에 살아야 할 반역자이자 조국의 적'이라고 선언했다. 파올리의 성공은 사회경제적 측면에서 말하자면 산악 지대 주민과 목축인, 농민이 항구와 도시의 대지주, 귀족, 부르주아에 승리를 거두었음을 뜻했다. 보나파르트 가족과 함께 망명한 자들은 대부분 상인이나 지주였다. 한 가지 역설은 '루소의 영향을 받은 혁명가' 나폴레옹이 사회 계급의 관점에서 보면 '반혁명 분자'인 파올리보다 더 '반동적'이었다는 사실이다. 프랑스는 코르시카에서 몇몇 도시와 촌락을 장악하고 있었으므로 여전히 불안정한 발판을 딛고 있었고,

국민공회 의원 라콩브 생미셸은 지원을 위해 코르시카에 머물렀다.

파올리의 승리는 오래 가지 않았다. 프랑스가 코르시카를 침공해 종래의 지위를 회복하려 할 것이 뻔했기에 이를 두려워한 파올리는 결국 영국을 불러들였다. 후드 제독*이 1만 2천 명의 병력을 이끌고 생플로랑에 상륙하자, 파올리는 자신의 병사 6천 명과 함께 영국군에 합세해 칼비와 바스티아의 프랑스군을 포위했다. 1794년 6월 파올리가 우두머리로 있는 코르시카 집정부는 코르시카가 프랑스에서 영구히 분리된다고 선언하고 영국 왕에게 왕위를 제안했다. 조지 3세는 제의를 받아들였으며 길버트 엘리엇*을 총독으로 파견했다. 파올리는 공식적으로는 은퇴했지만 여전히 코르시카의 권력을 원했으며 놀랄 일도 아니지만 곧 엘리엇과 치열하게 싸웠다. 간섭을 싫어하는 파올리의 기괴한 행동에 정나미가 떨어진 영국은 파올리가 은퇴 후 영국으로 가고 싶어 하는 것 같다고 널리 소문을 퍼뜨렸다. 파올리는 그럴 생각이 없었고, 프랑스가 여전히 무정부 상태에 있음을 보았으며, 프랑스와 영국과 동시에 전쟁을 벌이면 어떤 결과를 얻을지 생각해 보았다. 파올리는 영국의 제안을 수용했다. 따라서 보나파르트 가족에게 거둔 승리는 공연히 힘만 뺀 일이 되었다. 파올리에게 충성했던 포초 디 보르고는 코르시카를 떠나 외교관의 길을 걸었는데 결국 러시아 차르에 봉사하게 된다.

나폴레옹과 파올리의 관계가 폭력적으로 끊어진 이유는 무엇인가? 냉소적인 견해에 따르면, 야심 많은 청년에게 코르시카는 미래가 없었으며 또 파올리가 권력과 위신, 말하자면 이미 귀중한 것은 모두 움켜쥐었기 때문에 '화려한 포상'은 오로지 프랑스에서만 찾을 수 있음을 나폴레옹이 깨달았기 때문이었다. 판에 박힌 견해는 단순

후드 제독 후드 자작 1세 새뮤얼 후드(Samuel Hood, 1724~1816).
길버트 엘리엇(Gilbert Elliot-Murray-Kynynmond, 1751~1814) 스코틀랜드 출신 정치인, 외교관. 민토(Minto) 경으로도 알려져 있다. 1807년에서 1813년까지 인도 총독을 지냈다.

히 두 사람이 코르시카의 권력 투쟁에서 서로 다른 세력을 지지했고 그 결과 적으로 돌아섰다는 것이며, 여기에 파올리가 청년 나폴레옹을 개인적으로 싫어했다는 요인이 덧붙는다. 또 다른 견해에 따르면 나폴레옹은 자코뱅이 되었을 때 루소에 대한 확신을 잃었고 루소를 경멸하게 되었다고 한다. 그렇지만 코르시카를 스파르타의 단순함, 즉 시민적 덕과 사회적 평등, 영혼의 가난함과 숭고함을 지닌 사회로 보았던 나폴레옹의 초기 환상에 영감을 준 것은 바로 루소의 《사회계약론》이었다. 나폴레옹이 루소에 대한 확신을 잃을 때, 아마도 이에 기여한 요인일 텐데, 1790년대 초 코르시카는 극단적인 분파주의와 내분에 휩싸여 있었다. 나폴레옹은 이를 가까이서 훤히 목격했다. 역사가 프레데리크 마송은 이렇게 말했다. "프랑스가 나폴레옹을 코르시카 사람으로 만들었듯이, 코르시카는 나폴레옹을 프랑스인으로 만들었다."

그렇지만 1793년 2월과 3월의 우연한 상황만으로 나폴레옹이 파올리파에서 파올리의 적으로 돌아섰다거나 파올리가 보나파르트 집안에 보인 부정적 태도만으로 나폴레옹이 파올리에게 보여주었던 과장된 아첨의 태도가 사라졌다고는 말하기 어려울 것 같다. 카를 융은 '번개 같은 개종'은 좀체 없다고 경고했고 나아가 사울이 바울로로 바뀐 과정을 설명하기 위해 '에난티오드로미아'*라는 용어를 만들어 내기도 했다. 이 견해에 따르면 사울이 바울로로 바뀐 이유는 다마스쿠스로 가는 길에 빛을 보았기 때문이 아니라 조금씩 분명하게 밝아오던 과정이 빛을 봄으로써 구체화되었기 때문이다. 나폴레옹과 파올리의 관계 단절이 실제로 여러 해 동안 조금씩 분명한 형태를 띠게 되었다면, 우리는 한층 더 총체적인 의미가 담긴 질문을 던질 수 있다. 나폴레옹은 브루투스가 카이사르를 가리켜 말했듯이 그저 끝없는 야

에난티오드로미아(enantiodromia) 대극의 반전. 어떤 힘이 과도해지면 불가피하게 반대 작용을 낳게 되는 자연계에 존재하는 균형의 원리.

망을 품은 인물이었을까? 나폴레옹의 야망은 그 성격을 지배한, 불가결한 심리적 요인이었을까? 아니면 그 야망은 다른 요인들, 즉 파올리와 다투게 된 깊이 숨은 동인을 찾게 해줄 실마리를 제공할 수도 있는 다른 요인들로 환원되는 한층 더 복잡한 것의 표현이었을까?

열쇠는 겉으로 보기에는 중요하지 않은 두 차례의 발언에 있을지도 모른다. 나폴레옹은 가까운 친구에게 코르시카에서 지내던 시절에 언젠가 자신(나폴레옹)의 대모와 성교하는 파올리를 덮쳐 놀라게 했다는 비밀을 털어놓은 적이 있다. 그리고 1793년 7월에 쓴 파올리에게 반대하는 글 《보케르의 저녁 식사》에서 파올리의 가장 큰 실수는 외국 사람들을 끌어들여 조국을 공격한 것이라고 말했다. 1790년에 어떤 결과를 빚을지 아무런 생각도 없이 코르시카를 프랑스에 합병시킴으로써 코르시카가 독립할 기회를 사실상 잃어버렸다는 것이다. 그렇다면 우리는 나폴레옹이 다음 세 가지를 깊이 걱정했음을 합리적으로 추론할 수 있다. 간통, 코르시카를 프랑스에 병합하려던 시도, 침공당한 조국이라는 관념이 바로 그것이다.

조국에 대한 염려는 사실 어머니에 대한 걱정이라는 점은 수백 건의 신경증 환자 사례 연구에서 확인되듯이 심리 분석에서 흔한 것이고 우리는 어쨌든 레티치아에 대한 나폴레옹의 양가 감정을 알고 있으므로, 파올리에 대한 나폴레옹의 적대감이 무의식 차원에서는 어머니와 관계가 있다고 짐작하는 것이 타당할 듯하다. 그리고 나폴레옹이 파올리를 아버지를 대신할 사람으로 인정했고 이를 자각하고 있었으므로, 더 조사해봐야 할 것은 분명 심리학자들이 나폴레옹의 '아버지 상(paternal image)'이라고 부른 것이 어느 정도 깊었는가라는 문제일 것이다. 청년 나폴레옹의 마음에서 의미가 있던 아버지 상은 네 가지였던 것 같다. 파올리, 진짜 아버지 카를로, 루이 16세, 마르뵈프 백작의 이미지이다. 나폴레옹의 '아버지'는 특정 시점에 이 넷 중 한 사람의 이미지와 결합했을 것이다.

보나파르트 가족의 보호자로서 마르뵈프가 맡은 역할은 더 설명할 필요가 없다. 게다가 나폴레옹은 첫 번째 휴가를 받아 프랑스에서 돌아오자마자 자신의 삶에서 중요한 연장자 두 사람을 잃은 슬픔을 표현하며 마르뵈프와 카를로를 한몫으로 취급했다. 나폴레옹이 충성을 맹세한 국가의 아버지 루이 16세에게 어떻게 대응할지 태도가 불확실했다는 점도 앞서 언급했다. 나폴레옹은 바렌 도주 사건으로도 국왕에게서 멀어지지 않았으며, 1792년 파리에서 사나운 군중이 튈르리 궁에 두 차례 난입했을 때도 폭도에게 동료 의식을 느꼈다기보다는 국왕에게 공감했다. 나폴레옹이 카를로에 느꼈던 상반되는 감정은 루이 16세에 대한 불확실한 태도에 투영되었다. 나폴레옹은 한편으로는 모든 왕들에 반대해 대혁명 편에 섰으나, 다른 한편으로는 이 특정한 혁명가 집단에 반대해 이 특정한 왕을 지지했다. 나폴레옹이 루이 16세를 버린 것은 그가 외세를 불러들여 프랑스 땅을 침공하게 했다고 확신했을 때였다.

네 명의 아버지는 모두 나폴레옹의 마음속에서 배신자를 대표했다. 레티치아와 마르뵈프 백작이 연인이었든 아니든(정황 증거는 두 사람이 연인이었음을 강력하게 암시한다) 나폴레옹은 분명히 두 사람이 연인이었다고 생각했다. 이 트라우마는 나폴레옹 만년의 삶, 특히 성생활과 여성 혐오증을 설명해준다. 나폴레옹이 파올리가 자신의 대모와 함께 있는 것을 보고 표출한 증오는 실제 사건이 아니라 레티치아가 마르뵈프와 간통했음을 암시하는 기이하게 변형된 환상일지도 모른다. 나폴레옹의 '어머니 콤플렉스'는 누가 자신의 아버지인지 확신할 수 없는 신경증적 감정에 어느 정도 기인한다. 앞서 보았듯이 레티치아가 마르뵈프와 간통했다고 해도 나폴레옹과는 실제로 무관한데도 말이다. 나폴레옹은 분명히 카를로의 아들이기 때문이다. 중요한 것은 나폴레옹이 그 일이 자신과 관련 있다고 생각했다는 사실이며, 그러한 근심의 자취를 훗날 '나폴레옹 법전'의 뼈가 있는 조항에서 분명하게 찾아볼 수 있다. "친부 관계의 조사를 금한다."

《보케르의 저녁 식사》에 표현된 코르시카와 프랑스의 통합에 대한 지나친 걱정은("그는 코르시카가 프랑스에 통합되도록 도왔다.", "그는 외국 사람들을 데려와 조국을 침공했다.") 레티치아와 마르뵈프의 간통에 대한 근심과 그러한 사태가 벌어지도록 내버려둔 카를로에 대한 분노를 무의식적으로 표현한 것일 가능성이 매우 높다. 나폴레옹이 코르시카에서 파올리에게 패하고 느낀 의식적 분노가 아주 다른 문제에 관한 격노라는 무의식의 샘에 갇힌 것이다. 파올리는 아버지의 반열에 들었기에, 나폴레옹은 카를로와 마르뵈프에 대한 분노를 파올리에게 돌릴 수 있었다.

바로 이러한 가설로 코르시카 청년으로서 프랑스에 표출한 격한 분노, 브리엔의 정원 사건에서 자신의 '조국'을 침범한 학우들에 대한 광포한 감정 폭발, 전반적으로 극심한 프랑스 혐오증이 모두 설명된다. 그러나 이런 질문을 던질 수 있다. 왜 바로 이때 파올리에게 분노를 표출했을까? 이에 대한 답은 1793년 루이 16세의 처형 사건에 있다. 거의 확실하다. 카를로와 마르뵈프가 사라지면서 파올리에 대한 나폴레옹의 의식적인 숭배는 무의식적인 반감과 결합되었다. 루이 16세가 무대의 중심을 차지하면서 '아버지들의 죄악'이 한동안 흩어졌기 때문이다. 1792년 말 자코뱅 나폴레옹은 조국을 외국인의 손에 넘기는 사람들에 대한 분노를 믿음을 배반한 부르봉 왕실의 국왕에게 확실하게 돌렸다. 모든 부정적인 감정은 '하이드'에게 돌리고 모든 긍정적인 감정은 '지킬'에 유보되도록 사랑과 미움의 대상을 구분하는 것은 상반되는 감정이 병존하는 현상의 특징이다. 간단히 말하자면 1792년 말 루이 16세는 나중에 파올리의 머리 위에 떨어지게 될 불을 끌어들였다.

나폴레옹이 볼 때 루이 16세는 처형되어 속죄했다. 그렇지만 레티치아와 마르뵈프의 간통에서 기인하는 분노는 아직 해소되지 않았으므로 새로운 대상을 찾아야 했다. 그리고 나폴레옹은 바로 이 순간에 와서야 결정적이고도 명백하게 프랑스에 마음을 주었다(1793년 1월). 파올리와 관계를 단절한 것을 순전히 우발적이고 정치적인 사건으로 보는 사람들은 때로 나폴레옹이 관계 단절이 불가피해지기 전에 살리체티와 반(反)파올리파와 제휴했다는 사실을 간과한다. 어쨌든 일단 루이 16세가 죽자 나폴레옹이 무의식 차원에서 남아 있는 다른 한 인물로부터 벗어남으로써 나폴레옹 자신이 아버지가 될 수 있도록 했다는 설명이 가능하다. 상징적으로는 나폴레옹의 유아기 오이디푸스적 공상들이 어느 정도 충족되었다. 일찍이 그러한 공상들은 카를로가 레티치아의 몸을 아들에게는 주지 않았지만 다른 남자들에게 허락했다는 확신에 의해 악화되어 어머니 콤플렉스가 된 것이었다.

나폴레옹이 파올리와 불화하면서 재난에 빠졌음을, 다시 말해 보나파르트 가문을 부흥시킬 수 있다고 믿을 만한 합당한 이유도 찾지 못한 채 집안의 재산을 전부 잃어버렸음을 강조해야 한다. 합리성과 사욕 추구라는 관점에서 볼 때 1793년 초 나폴레옹이 파올리에게 대적한 것은 전혀 이해할 수 없다. 그러나 역사가들이 '나폴레옹, 찬성과 반대'라는 주제를 두고 그토록 격론을 벌인 한 가지 이유는 나폴레옹이 그토록 뛰어난 지성의 소유자이니 언제나 자신의 행동에 대한 충분한 이유가 있으리라 확신했기 때문이다. 나폴레옹 정신의 어두운 구석을 고찰해보면 꼭 그렇지도 않고 자기 파괴적인 심리적 충동이 보통 일정한 역할을 했으며 때로는 중대한 역할을 했다는 사실이 드러난다. 나폴레옹이 불가피한 필연성과 존재의 이유, '대안이 없다'를 내세우며 합리적 설명을 거부하는 무모한 모험에 뛰어든 것이 이번이 마지막은 아니었다.

1792년의 유럽

북해

덴

영국

런던

오스트리아령
네덜란드

하노

독

코블

파인츠

대서양

파리

센 강

루아르 강

스위스

프랑스

가론 강

리옹

사르데냐

파르마

툴루즈

마르세유

니스

포르투갈

에스파냐

지중해

코르시카

5장

첫 승리, 툴롱 탈환

스물네 살 자코뱅 장군

피난민 신세의 보나파르트 가족이 툴롱에 도착했을 때는 공포정치가 절정으로 치닫고 있었다. 보나파르트 가족은 '귀족'이었으므로 위험에 처할 수도 있었다. 그러나 뤼시앵은 이미 툴롱 자코뱅 클럽의 중요한 일원이었고 가족은 무일푼이었다. 레티치아와 세 딸은 안전을 위해 여권 직업란에 '재봉사'로 적었다. 그렇지만 툴롱은 자코뱅에게도 안전한 곳이 아니었다. 8월에 시민들이 공포정치에 반대해 후드 제독이 이끄는 영국군을 불러들였고, 뤼시앵은 동료 정치꾼들과 함께 피신해야 했다.

그러한 일은 툴롱만의 사례가 아니었다. 1793년 여름 프랑스의 전체 도(道) 중 3분의 2에서 내전의 불꽃이 튀었다. 자코뱅과 '산악파'에 의해 국민공회에서 축출된 지롱드파는 지방에서 반란을 일으켜 파리에 맞섰다. 리옹에서는 심상치 않은 봉기가 일어났으며, 툴롱과 마르세유의 변절자들이 리옹의 반란자들과 연계해 반혁명의 전망을 불러냈고, 프로방스가 자코뱅의 세력권에서 벗어났다.

레티치아는 처음에는 툴롱 인근의 작은 읍 라발레트에 묵었으나, 봉기가 발생하자 조제프가 마르세유에 방 두 개짜리 숙소를 잡아 피신시켰다. 레티치아는 무료급식소에 줄을 서서 수프를 얻었으며 나폴레옹이 주는 돈으로 근근이 생계를 꾸렸다. 나폴레옹은 니스의 연대에 복귀해 밀린 급여 3천 프랑을 받아냄으로써 또다시 솜씨를 보여주었다. 나폴레옹은 살리체티의 비공식 비서로서 추가로 자금을 마련하기도 했다. 살리체티는 이제 보나파르트 가족의 든든한 후원자가 되었다. 살리체티는 파리의 국민공회에 편지를 보내 나폴레옹이 혁명을 위해 모든 것을 희생했다고 주장하며 코르시카에서 빼앗긴 재산을 보상받아야 한다는 보나파르트 가족의 주장을 지지했다. 국민공회는 60만 프랑의 보상금을 주기로 가결했고, 보상 로비를 하려고 파리에 온 조제프에게 이 사실이 통지되었다. 그러나 결국 한 푼도 지급되지는 않았다.

나폴레옹은 원대 복귀했을 때 환대를 받았는데, 옛 친구인 장피에르 뒤테유 장군의 동생 장 뒤테유 드 보몽이 부대를 지휘하고 있었다는 사실도 한몫했다. 나폴레옹은 해안 포대의 지휘를 맡았다가 아비뇽으로 가서 이탈리아 방면군*이 쓸 화약을 지중해로 운반하는 수송대를 지휘하라는 명령을 받았다. 1793년 7~8월에 나폴레옹의 행적을 정확히 추적하기는 힘들다. 그러므로 7월 24일 자코뱅 장군 카르토*가 아비뇽을 습격했을 때 나폴레옹이 전투에 참여했는지는 분명하지 않은데, 참여하지 않았을 가능성이 높다.

나폴레옹은 7월 28일 타라송과 보케르를 지나 남쪽으로 내려가면서 중요한 글로는 마지막이었던 《보케르의 저녁 식사》를 썼다. 이 글은 소크라테스식 대화 형식을 취했는데, '육군 장교(나폴레옹이 분명하다)'와 마르세유의 어느 사업가가 주인공으로 나오며 몽펠리에 출신의 제조업자와 님(Nîmes)의 시민도 등장한다. 사업가는 프로방스

이탈리아 방면군(Armée d'Italie) 이탈리아 국경에 주둔하며 이탈리아에서 작전했던 프랑스 육군의 야전군. 16세기부터 다양한 형태로 존재했으나 프랑스 혁명 전쟁과 나폴레옹 전쟁 때 가장 크게 활약했다.

카르토(Jean Baptiste François Carteaux, 1751~1813) 화가이자 프랑스 혁명군의 장군. 1793년 나폴레옹이 툴롱을 공격할 때 무능했던 지휘관으로 널리 알려져 있다.

가 카르토와 싸울 권리가 있다고 옹호했고, 반면 장교는 남쪽 사람들이 프랑스를 내전으로 몰아갔다고 비난하며 프랑스가 외부의 적과 싸워야 하는 시기에 이는 정당하지 않다고 주장했다. 나폴레옹의 주요 논점은 지롱드파와 산악파는 각자 충성파 게임을 한 것이며 양자 사이의 갈등은 무익하고 두 파벌 모두에 진짜 적은 방데의 반란자들이라는 것이었다. 말할 필요도 없지만 육군 장교가 논쟁에서 승리했고, 사업가는 '감사'의 뜻으로 오래 머물며 장교에게 샴페인을 샀다. 자코뱅의 견해가 정당함을 주장하기 위해 쓴 선전 책자인 《보케르의 저녁 식사》는 파올리를 맹렬하게 공격한 대목으로 유명하다.

파올리도 주민을 속이고 진정한 자유의 친구들을 진압할 시간을 벌고자, 또 야심적인 범죄 음모에 동포들을 끌어들이기 위해 코르시카에 삼색기를 내걸었습니다. 파올리는 삼색기를 내걸었고, 공화국 선박들을 포격했고, 요새들에서 우리 군대를 내쫓았으며 남아 있던 자들의 무장을 해제했습니다. …… 파올리는 공화국의 통합에 협력했다는 이유로 부유한 집안들의 재산을 약탈하고 몰수했으며, 우리 군대에 잔류한 자들을 모조리 '민족의 적'으로 선언했습니다. 파올리는 이미 사르데냐 원정의 실패를 초래했으면서도 여전히 프랑스의 친구요 훌륭한 공화국 시민임을 자칭하는 경솔함을 보이고 있습니다.

《보케르의 저녁 식사》에서 천부적인 선전가로서 나폴레옹의 재능을 보았던 살리체티는 이 글을 출간하도록 강력하게 권유했고, 결국 팸플릿으로 출간되었다. 살리체티는 이 소책자를 파리의 새로운 12인 행정부, 즉 공안위원회의 지도자인 막시밀리앙 로베스피에르의 동생 오귀스탱*에게 보냈다. 오귀스탱은 글이 뛰어나다고 생각했고 얼마 후 나폴레옹을 만났을 때 책의 저자에게서도 똑같이 깊은 인상을 받았다. 문체와 구성과 명료함에서 초기에 쓴 문학 작품에 비해

코르시카 출신의 국민공회 의원이었던 크
리스토프 살리체티. 나폴레옹은 살리체티의
도움을 받아 툴롱 전투에 참여하였고 여기
서 무공을 세우면서 경력의 전환점을 맞게
된다.

큰 진전을 보인 이 글에서 나폴레옹은 당대의 정치 문제와 군사 문제
에 상당히 해박함을 보여주었다. 성년 나폴레옹이 분명하게 드러낸
관념들의 단초도 이 글에 등장한다. 프랑스 역사학자 장 튈라르(Jean
Tulard)는 이렇게 썼다. "나폴레옹의 모든 것은 《보케르의 저녁 식사》
에서 찾아볼 수 있다." 그리고 훗날 제1통령 나폴레옹이 경찰에 입수
할 수 있는 이 글의 모든 사본을 없애버리라고 명령한 것에서 알 수
있듯이 여기에는 지나치게 많은 내용이 담겨 있다.

　이처럼 정치 선전의 영역에 성공리에 진입함으로써 살리체티는 엄
청난 권력을 지닌 파견의원*이 되었고, 이후 그는 보나파르트 가족을
한층 더 가깝게 감싸 안았다. 살리체티는 먼저 조제프를 월급 6천 프

오귀스탱 로베스피에르(Augustin Bon Joseph de Robespierre, 1763~1794) 혁명이 발발했을 때
아라스에서 변호사로 일하고 있었다. 1791년에 파드칼레 도의 행정관에 임명되었으며,
1792년 9월에 국민공회 의원에 선출되어 형과 함께 산악파와 자코뱅에 가담했다. 1794년
에 이탈리아 방면군 파견의원으로서 나폴레옹의 출세에 큰 도움을 주었다. 테르미도르 9
일의 반동으로 희생되었다.

파견의원(Représentant en mission) 국민공회가 도와 군대에서 법과 질서를 유지하기 위해 임
명한 의원들. 징집을 감독할 권한을 지녔으며 지역의 군 지휘관을 감시했다.

랑을 받는 남부군 소속의 공화국 육군 부(副)위임관*에 임명했고, 그 다음 나폴레옹을 주시했다. 당시 나폴레옹은 몇 주 동안 이곳 저곳 여행을 했다. 8월 초에 아를에 머물다가 발랑스를 여행하고 9월 초에 오손으로 돌아왔다. 9월 중순이 되어서야 살리체티는 나폴레옹 가족 중 가장 귀한 인물에게 보상할 기회를 잡았다. 9월 15일 마르세유로 돌아온 나폴레옹은 이탈리아 방면군이 사용할 화약을 마르세유에서 니스로 운반하는 수송대의 지휘를 맡았다. 이 사실을 안 살리체티는 나폴레옹이 보세(Beausset)에서 멈추어 자신과 다른 파견의원이며 역시 보나파르트 가족의 후원자였던 가스파랭*에게 '경의를 표할' 기회를 마련했다. 살리체티는 청년 보나파르트를 툴롱 탈환 작전을 수행 중이던 카르토 장군에게 소개했고, 큰 부상을 당한 포병대 지휘관 도마르탱(Dommartin)의 후임자로 천거했다. 카르토는 주저했지만 살리체티가 파견의원으로서 지휘관이나 상관에 비해 상급의 임면권을 지녔기에 결국 임명은 이루어졌다.

1793년 8월 27일에서 28일로 넘어가는 밤 툴롱 주민들이 영국-에스파냐 함대를 불러들였을 때, 자코뱅은 잠재적으로 위급한 상황에 직면했다. 툴롱은 프랑스에서 가장 중요한 해군 조병창이었고 프랑스가 지중해를 통제하는 데 핵심적인 요충지였다. 이 일로 산악파의 신뢰성 문제가 제기되었다는 사실이 훨씬 더 중대했다. 툴롱 상실은 공화국의 이미지와 평판을 해쳤을 뿐만 아니라 시험적 사례로 여겨졌다. 툴롱을 탈환하지 못한다면 방데의 반란이 전면적인 내전으로 타오를 수 있었다. 혁명가들에게는 다행스럽게도 영국은 이미 병력의 대부분을 서인도제도에 투입했고, 툴롱에 상륙한 병력은 겨우 2천 명이

육군 위임관(commissaire des guerre) 구체제에서 프랑스 혁명을 거쳐 제1제정까지 육군의 행정과 회계, 병참을 담당했던 군인과 공무원을 가리킨다.
가스파랭(Thomas-Augustin de Gasparin, 1754~1793) 준장. 입법의회와 국민공회 의원으로 일했으며, 1793년 7월에 잠시 공안위원회 위원을 지내기도 했다.

었다. 오스트리아가 6천 명의 병력을 증원군으로 파견하겠다고 약속했지만 도착하지 않았고, 결국 장비가 부족한 7천 명의 나폴리 군대와 6천 명의 무기력한 에스파냐 군대가 방어의 주력을 맡아야 했다.

카르토 장군은 툴롱 탈환에 1만 2천 명을 배정받았고, 라푸아프 장군*이 지휘하는 이탈리아 방면군 5천 명이 합세했다. 두 지휘관은 그리 뛰어나지 않았으며, 이들이 펼친 작전이라는 것도 상상력이 결여된 졸작이었다. 라푸아프는 이에르(Hyères)에서 접근해 동쪽에서 툴롱을 봉쇄했고, 카르토는 서쪽에서 툴롱을 봉쇄했다. 두 장군은 곧 정력적인 청년 포병 장교와 충돌했다. 나폴레옹은 살리체티의 배서를 받아 파리의 공안위원회에 서한을 보내 두 장군의 무능을 비난했다. 파리에서 보내온 답변은 이미 유리한 위치를 차지한 나폴레옹의 손을 들어주었다. 10월 18일 나폴레옹은 소령으로 진급했다. 나폴레옹은 카르토에게 대포의 중요성을 인식시킬 수 없으며 자신은 할 일을 강행할 영향력을 지니지 못했다고 불평했다. 이 시기 나폴레옹이 쓴 모든 보고서들이 그렇듯이, 이 편지도 두 파견의원과 오귀스탱 로베스피에르의 배서를 받았다. 예상할 수 있듯이 나폴레옹의 불평은 결과적으로 유리한 상황을 만들어냈다. 살리체티와 가스파랭은 뒤테유 드 보몽 준장을 선택했다. 뒤테유가 늙고 병들었으며 어쨌거나 보나파르트 소령의 후원자였으므로, 나폴레옹은 툴롱 포위 공격 중에 포병대 문제에서 사실상 자유롭게 행동할 수 있었다.

나폴레옹은 코르시카에서 지낼 때 섬의 항구와 요새를 면밀히 연구했고, 국민공회에 보고서를 제출하기도 했다. 나폴레옹은 아작시오의 지형을 철저하게 조사했던 터라 툴롱과 아작시오의 지형이 놀

라푸아프 장군(Jean François Cornu de La Poype, 1758~1851) 구체제 때 일찍 입대해 혁명 전에 이미 준장이었고 1793년에 소장으로 진급했다. 총재정부 시절에는 물러나 있다가 브뤼메르 쿠데타 이후 이탈리아에서 근무했고 1802년에 생도밍그(아이티)로 파견되었고 돌아온 뒤 백일 천하 때까지 나폴레옹 편에서 싸웠다.

랍도록 유사한 데 큰 인상을 받았다. 그래서 나폴레옹은 툴롱의 약한 지점, 다시 말해서 내항과 외항 사이의 서쪽 곶이 내려다보이는 에기에트를 표적으로 정할 수 있었다. 적군은 에기에트를 점령당하면 내항과 외항 모두 지킬 수 없게 된다. 나폴레옹은 카르토에게 이렇게 썼다. "에기에트를 취하면 한 주 안에 툴롱을 차지할 것입니다." 그러나 두 파견의원의 지지를 받았는데도 나폴레옹은 카르토를 설득하기가 어려웠다. 카르토는 보병으로 정면을 공격하는 일차원적인 방법을 신뢰했다.

이 작전을 허락받았다면 나폴레옹은 곧바로 에기에트를 점령할 수 있었을 것이다. 그러나 영국군은 카르토가 망설인 덕분에 취약한 지점을 확인하고 방어 태세를 구축할 여유를 얻었다. 나폴레옹은 상당히 오랜 시간 동안 쉬어야 했다. 나폴레옹은 우선 멀리 앙티브와 모나코에서도 대포를 끌어와 포대의 무장을 최대한 강화했다. 나폴레옹은 36파운드 포 1문, 24파운드 포 4문, 12파운드 박격포 1문으로 포병 중대를 조직해 영국 해군이 거리를 유지하도록 했다. 영국군은 눈앞에 다가온 위협에 맞서 여러 차례 출격했고 완강하게 싸웠다. 동시에 나폴레옹은 살리체티와 가스파랭에게 카르토의 무능함을 계속 지적함으로써 정치 투쟁도 진행했다. 나폴레옹이 공식 지휘관을 험담하는 소문은 결국 카르토의 부인 귀에 들어갔다. 그녀는 나폴레옹을 제 마음대로 하도록 내버려 두라고 남편에게 충고했다. 젊은 소령이 실패할 경우 그를 멀리하면 그만이고, 성공을 거두면 그 공을 차지하면 그만이라는 계산이었다.

다행스럽게도 10월 23일 파견의원들의 부정적인 보고서가 결국 효력을 발해 카르토는 이탈리아 방면군 사령관으로 전출되었다. 또 다른 소심한 지휘관인 도페 장군(François Amédée Doppet, 1753~1799)은 전직 의사였는데, 전하는 바에 따르면 피를 제대로 쳐다볼 수 없을 만큼 소심했다고 한다. 그는 장군으로 부임한 지 3주가 못 되어 떠났다. 11월 17일 나폴레옹은 마침내 자신의 마음에 드는 뒤고미에 장군(Jacques François Dugommier, 1738~1794)을 지휘관으로 얻었다. 뒤고미에가 임명되기까지는 파리에서 복잡한 정치 공작이 필요했다. 살리체티는 라자르 카르노*라는 강력한 인물을 새로운 협력자로 얻었다. 공안위원회 위원인 카르노는 프랑스의 열네 개 군의 조직과 배치를 담당했다. 카르노는 나폴레옹이 낸 계획의 장점을 알아보았고, 자신 앞에 제시된 다른 열등한 계획들을 망설임 없이 버렸다. 뒤고미에는 육군장관에게 이렇게 써 보냈다. "실현 가능한 계획은 단 하나, 나폴레옹의 계획뿐입니다."

그러면서도 뒤고미에는 불가피함에 굴복하기 전에 넓은 전선에서 마지막 공격을 명령했다. 영국군이 출격해 격렬한 백병전이 벌어졌고, 양측에서 모두 수백 명의 사상자를 내고 50만 발의 탄약을 소모했다. 이 치열한 전투가 끝난 뒤, 뒤고미에는 나폴레옹의 계획을 승인하는 명령서에 서명했다.

에기에트 곶에는 프랑스인들이 '작은 지브롤터'라는 별칭을 붙였던 영국의 멀그레이브 요새가 우뚝 서 있었다. 12월 11일 나폴레옹은 강력한 포대를 모아 영국의 군함들에 포격을 퍼부어 포수들의 정확한 솜씨를 시위한 뒤 대포를 근사거리에 집결시켰다. 나폴레옹은 훗날 이렇게 썼다. "뜨겁게 달구어진 포탄을 지속적으로 공급받는 포대는 함대에 가공할 위협이었다." 나폴레옹은 기복이 심한 구릉지를 최대한 이용해 새로운 포병 중대를 구성한 뒤 대포 20문과 박격포 4문으로 요새 안으로 포탄을 퍼부으며 48시간 동안 지속될 포격전을 개시했다. 12월 16일 나폴레옹은 이와 같이 '저항군의 힘을 소진시키

라자르 카르노(Lazare Carnot, 1753~1823) 포병과 공병의 예비학교인 오퇭 콜레주에서 공부했고 스무 살 때 공병 부대의 소위로 임관했다. 혁명이 일어난 뒤 입법의회와 국민공회 의원에 선출되었고, 1793년 8월에는 공안위원회 의원이 되었다. 테르미도르 반동 때 로베스피에르에 반대했고 총재정부에서 총재를 지냈다. 브뤼메르 쿠데타 이후 잠시 육군장관 직에 있었고 나폴레옹이 황제에 오르자 은퇴했다.

'폭풍'이라는 별명으로 불렸던 장앙도슈 쥐노. 1793년 툴롱 탈환 작전에서 나폴레옹을 처음 만난 뒤 나폴레옹의 측근이 된다.

는' 작전을 수행하는 동안 거의 죽을 뻔했다. 포탄이 스치고 지나가 깜짝 놀랐던 것이다.

나폴레옹이 첫 번째 충성스러운 지지자를 만난 곳이 바로 툴롱이었다. 장앙도슈 쥐노는 당시 부르고뉴 출신의 젊은 하사관이었다. 나폴레옹이 글씨를 잘 쓰는 자원병을 구하자, 쥐노가 앞으로 나왔다. 나폴레옹은 쥐노의 글씨체와 기백에 이미 감명을 받았던 터였다. 나폴레옹이 받아쓸 글을 불러줄 때, 영국 군함에서 쏜 포탄이 가까운 곳에 떨어져 쥐노의 종이 위에 모래를 뿌렸다. 쥐노는 조금도 놀라지 않고 "잘됐군요. 덕분에 모래를 뿌리지 않아도 되겠어요."라고 말했다.* 이는 정확히 나폴레옹이 흡족해했던 유머였다. 나폴레옹은 즉시 쥐노를 개인 참모에 임명했다.

12월 17일 나폴레옹은 요새에서 쏟아내는 집중 포격을 사실상 중단시켰다고 판단하고 뒤고미에에게 마지막 공격을 하자고 요청했

---

* 당시에는 펜으로 글씨를 쓴 후 잉크가 번지지 않도록 잉크를 흡수하는 고운 모래를 뿌렸다.

다. 그날 저녁 폭우가 쏟아지고 구름이 낮게 깔리자 뒤고미에 장군
은 공격을 취소했다. 병사들이 일등 사수가 아님을 알고 있던 뒤고미
에가 날씨 때문에 머스킷 소총의 정확도가 떨어질 것을 염려했기 때
문이다. 그렇지만 이 일로 파견의원들은 뒤고미에의 마음이 다른 데
가 있는 것이 아닌지 의심했다. 파견의원들은 나폴레옹에게 직접 공
격을 지휘하지 않겠느냐고 떠보았으나, 나폴레옹은 즉각 뒤고미에를
설득해 필요한 것은 대포와 총검뿐이라고 주장하며 5천 명의 병력으
로 공격을 지휘하게 했다. 뒤고미에 부대는 폭우를 뚫고 많은 사상자
를 내며 전진했으나 필사적인 저항에 직면해 머뭇거렸다. 그러자 나
폴레옹이 2천 명의 병력을 추가로 투입했다. 나폴레옹은 타고 있던
말이 총탄에 맞았는데도 병사들을 이끌고 성벽으로 나아갔다. 프랑
스군은 여전히 사상자를 내면서도 나무를 날카롭게 깎아 만든 흉벽
을 떼 지어 기어올랐다. 두 시간 동안 격렬한 백병전이 이어졌다. 총
검과 사브르 검이 머스킷보다 훨씬 더 효율적이었다. 오전 3시쯤 전
투는 완전히 끝났고, 요새는 프랑스군 수중에 떨어졌다.

살리체티와 가스파랭은 전투가 끝난 후 도착해 정치적으로 '승인'
했다. 두 사람은 자신들이 총애하는 나폴레옹 소령이 왼쪽 무릎 바
로 위 허벅지 안쪽을 영국군 하사관의 총검에 찔려 부상당한 채 바
닥에 누워 있는 것을 보았다. 두 사람은 당황했지만 곧 괴저를 막으
려면 절단이 필요하겠다고 생각했다. 그러나 군의관이 와서 부상이
심각하지 않다는 다른 소견을 냈다. 그렇지만 이후 나폴레옹은 깊은
흉터를 지닌 채 살았다.

마지막 공격에서 더 큰 부상을 입은 사람은 나폴레옹의 만년에 거
대한 모습으로 등장하는 인물인 클로드 빅토르페랭*, 즉 훗날의 빅
토르 원수였다. 당시 스물아홉 살이었던 빅토르는 중령으로 나폴레
옹보다 계급이 높았으나, 툴롱 전투 이후 두 사람은 함께 준장으로
진급했다. 훗날 원수가 되는 다른 사람들 중에서 툴롱에서 명성을 얻

는 인물로는 당시 열아홉 살의 대위였던 오귀스트 마르몽*과 스물세 살의 초급 장교 루이 가브리엘 수셰*가 있다. 나폴레옹이 자신의 가장 친한 친구가 되는 제로 크리스토프 뒤로크*를 처음 만난 곳도 툴롱이었다. 뒤로크는 스물한 살이었다.

그러나 나폴레옹이 새로 알게 된 사람들이 모두 큰 인물은 아니었다. 한 사람은 곧 결혼으로 나폴레옹 가족이 되는데 어리석고 거만한 금발머리의 샤를 르클레르*였다.

나폴레옹이 에기에트에 관해 말한 예언은 곧 사실로 입증되었다. 18일 영국군이 툴롱을 포기하기로 결정했던 것이다. 스물아홉 살 된 영국 해군 윌리엄 시드니 스미스(William Sidney Smith)는 용감한 무공으로 기사 작위를 받았고 툴롱에서 후드 제독의 오른팔이었는데 후에 이렇게 말했다. 군대가 "악마에 사로잡혀 맹렬하게 바닷속으로 뛰어드는 돼지 떼처럼 바다로 몰려들었다." 후드와 스미스는 군수품

클로드 빅토르페랭(Claude Victor-Perrin, 1764~1841) 1781년에 사병으로 입대하여 10년을 복무한 뒤 제대했으나 곧 의용군에 입대하여 일 년이 못 되어 대대장이 되었다. 툴롱 포위 공격에서 용맹함을 입증한 뒤 준장으로 진급했고, 이탈리아 원정에서 잘 싸운 대가로 소장이 되었다. 마렝고 전투에서 중요한 역할을 수행했으며, 러시아 원정에 참여했다. 나폴레옹의 미움을 받아 지휘권을 잃은 후 왕정 복고 때 부르봉 왕실을 지지했다.

오귀스트 마르몽(Auguste Frédéric Louis Viesse de Marmont, 1774~1852) 혁명의 원리를 받아들인 아버지에 의해 포병이 되었다. 나폴레옹의 부관이 되어 이탈리아와 이집트에 동행했고, 브뤼메르 쿠데타에 참여했으며 마렝고 전투에서 포병대를 훌륭히 지휘했다. 1801년에 포병대 감찰감이 되었고 1804년에 레지옹 도뇌르 훈장을 받았다. 나폴레옹 전쟁의 여러 전투에 참여했으나 마지막 순간에 나폴레옹을 배반했다.

루이 가브리엘 수셰(Louis Gabriel Suchet, 1770~1826) 1792년에 의용군으로 입대하여 리옹의 국민방위대 기병대에서 복무하면서 뛰어난 능력을 보여 빠르게 진급했다. 1793년에 툴롱 포위 공격에 대대장으로 참여하여 영국의 장군 찰스 오하라(Charles O'Hara, 1740~1802)를 포로로 잡았다. 이탈리아에서 근무하며 준장과 소장으로 진급했다. 아우스터리츠와 예나 등지의 전투에서 명성을 드높였고, 아라곤 총독을 지냈다. 백일 천하 때에도 나폴레옹 편에서 싸웠다.

제로 크리스토프 뒤로크(Géraud Christophe Michel Duroc, 1772~1813) 1793년에 소위로 임관한 뒤 1796년에 나폴레옹의 부관이 되었고 이탈리아 전쟁에서 두각을 나타냈다. 이집트 원정에 참여했다가 아부키르에서 큰 부상을 당했다. 마렝고 전투, 아우스터리츠 전투에 참여했고, 1813년에 바우첸 전투에서 치명적인 부상을 입고 사망했다.

창고에 불을 지르고 쓸 수 없는 배는 모조리 파괴한 뒤 어둠을 틈타 서둘러 바다로 도주했다. 그날 저녁 9시 마침내 병기고를 날려버린 무시무시한 폭발은 나폴레옹의 낭만적 영혼에 깊은 인상을 남겼다. 프랑스군은 이튿날 툴롱에 진입했다.

툴롱 전투는 나폴레옹의 갓 피어난 군사적 재능이 가져온 위대한 승리였지만, 프랑스군이 도시에 진입한 뒤 저지른 무차별 학살로 빛을 잃었다. 툴롱이 영국군에게 넘어가면서 경악했던 공안 위원회는 그러한 경우에 흔했던 복수의 반응을 보였다. 12월 20일 집단 처형이 시작되었다. 해군 포대의 장교와 병사 200명이 처형되었고, 이튿날 추가로 200명의 '협력자'들이 처형되었다. 나중에 전해진 바에 따르면 조제프 푸셰*라는 자코뱅이 학살을 통한 구속(救贖)이라는 프랑코 장군의 악명 높은 20세기 신조를 선구적으로 설명했다. "우리는 많은 피를 흘리고 있다. 그렇지만 이는 어디까지나 인류를 위한 의무이다." 나폴레옹은 자신의 가장 위대한 순간이 피의 대학살로 더럽혀질까 봐 걱정했다. 그러나 충격으로 비틀거릴 뿐 달리 어쩔 수 없었기에 주변에서 벌어지는 일들에 눈을 감았다. 어쨌거나 알게 되면 불편했기 때문이다. 뒤고미에는 학살을 못 본 척했고, 즉시 인민의 적이라는 혐의를 받았다. 그러나 나폴레옹을 툴롱의 학살과 연결시키려는 흑색 선전은 무시되었다. 나폴레옹이 훗날 '주동자들'만 총살되었

샤를 르클레르(Charles Victor Emmanuel Leclerc, 1772~1802) 나폴레옹의 누이 동생인 폴린 보나파르트와 결혼한다. 1801년 나폴레옹의 명령에 따라 생도밍그(아이티)로 원정대를 이끌고 가 종신대통령으로 통치하던 투생 루베르튀르를 잡아 파리로 압송했으나 이후 일어난 반란 중에 황열병으로 사망했다.

조제프 푸셰(Joseph Fouché, 1759~1820) 낭트의 오라토리오 수도회 대학에서 공부했으나 반교권주의자로서 낭트의 자코뱅 클럽에 가입해 혁명에 적극 참여했다. 로베스피에르의 몰락을 공작했고, 치살피나 공화국과 헤이그에 대사로 나갔다가 1799년 7월에 파리로 돌아와 치안장관이 된다. 브뤼메르 쿠데타에서 활약하여 나폴레옹의 신임을 얻고 원로원 의원과 치안장관을 역임했으나 1814년에는 나폴레옹의 몰락이 임박했음을 눈치채고 일신상의 안위를 찾았다. 백일 천하 때 다시 나폴레옹에 합세했다가 최후의 몰락 이후 또 배반했다.

툴롱 전투의 나폴레옹(에두아르 드타유Edouard Detaille의 그림). 이 전투에서 나폴레옹은 탁월한 군사적 재능을 발휘해 승리를 이끌었고 공을 인정받아 25살의 젊은 나이에 준장으로 진급했다.

다고 한 주장이 헛소리라고 해도, 보나파르트가 직접 수백 명의 무고한 자들을 죽였다는 시드니 스미스의 주장 또한 거짓이다.

툴롱 전투는 나폴레옹의 경력에서 중요한 이정표였다. 나폴레옹은 툴롱 탈환을 언제나 낭만적인 향수로 회고했다. 툴롱에서 나폴레옹과 함께한 인물들은 누구든 후일에 승진과 보상을 받으리라 확신할 수 있었다. 심지어 카르토까지도 그러했다. 나폴레옹은 총재정부 시절과 제정기에 큰 인물로 서게 될 인사들을 이미 여럿 만났다. 뒤로크, 쥐노, 마르몽, 빅토르, 수셰가 그들인데, 이 점을 생각하면 흥미롭다. 나폴레옹이 누구나 아는 이름이 되기까지는 아직도 멀었지만 이제 그는 엘리트 집단에서 명성을 얻었다. 12월 22일 파견의원들은 서둘러 나폴레옹을 준장으로 진급시켰고, 공안위원회는 1794년 2월 16일에 이를 인준했다. 뒤테유는 육군부에 이렇게 보고했다. "보나파르트의 장점을 전하기에는 적당한 말이 부족합니다. 많은 지식과 그에 못지않은 지성, 크나큰 용기는 흔히 볼 수 없는 장교의 덕목을 미약하게 개략한 것에 불과합니다." 그렇지만 툴롱 탈환이 나폴레옹에게 빛나는 미래를 보장해주지는 않았다. 정치 상황은 여전히 매우 불안정했으며, 툴롱을 나폴레옹의 출세에 꼭 필요한 서막으로 만들기 위해 너무 많은 혁명가 장군들이 해고되거나 총살되고 기요틴에서 목숨을 잃었다.

나폴레옹은 부상에서 회복되어 그해 말까지 마르세유에 머물렀으며 이후 니스에 사령부를 둔 이탈리아 방면군 포병과를 지휘했다. 나폴레옹은 장군 연봉인 1만 5천 리브르(7년 전 라페르 연대에서 받은 연봉에서 열두 배 증가했다)로 어머니를 '샤토 살'에 모실 수 있었다. 앙티브 인근 시골에 있는 샤토 살은 야자와 유칼립투스, 함수초(미모사), 오렌지나무 과수원으로 둘러싸인 예쁜 저택이었다. 늘 현실적이고 실용적인 레티치아는 이제 돈이 충분했는데도 정원 가운데로 흐르는 시내에서 직접 빨래를 해 이웃사람들에게 깊은 인상을 남겼다.

나폴레옹은 이제 찬찬히 가족을 평가했다. 지금껏 나폴레옹의 사랑을 가장 많이 받은 동생은 책을 좋아하는 열다섯 살 된 루이였다. 나폴레옹은 이렇게 썼다. "루이는 딱 내가 좋아하는 성격을 지녔다. 마음씨가 따뜻하고 건강하며 재능이 많고 교제에 신중하고 친절하다." 뤼시앵과는 대체로 적대적이었다. 뤼시앵은 나폴레옹이 조제프에게 살리체티와 함께 일하는 한직을 구해주고 자신은 연봉 1200프랑이라는 작은 수입으로 생막시맹(St-Maximin, 뤼시앵은 이곳 혁명위원회 의장이기도 했다) 마을에서 병참부 창고지기로 썩게 내버려둔 데 화가 났다. 뤼시앵은 한편으로는 홧김에 또 독립성을 보여주기 위해 레티치아와 상의하지도 않고 문맹에 무일푼이었던 여관 주인의 딸과 결혼했다. 귀족인 체하는 것은 그 정도로 끝내자고 뤼시앵은 말했던 것 같다. 보나파르트 가족에게 드리운 다른 어두운 그림자는 나폴레옹이 아꼈던 폴린이었다. 열네 살에 이미 아름다움에 성적 매력을 함께 갖춘 (흔한 조합이 아니었다) 매우 예쁜 아가씨였던 폴린은 뭇 남성의 마음을 사로잡고 달갑지 않은 주목을 끌고 있었다. 툴롱에서 공을 세워 초급장교로 승진한 쥐노는 샤토 살로 장군을 수행했다가 그녀에게 홀딱 반했다.

나폴레옹을 제외하고 가족 중에 유일하게 성공한 사람은 조제프인 듯하다. 마르세유에는 비단과 비누, 직물 장사로 부자가 된 프랑수아 클라리(François Clary)라는 상인이 있었는데 왕당파에 공감한 자였다. 1793년의 혼란한 시기에 클라리는 줄을 잘못 서서 패자를 지원했고, 마르세유가 정부군에 함락되자 자코뱅의 선동가 스타니슬라스 프레롱(Louis-Marie Stanislas Fréron, 1754~1802)의 표적이 되었다. 클라리의 아들 한 명은 투옥되었고 나머지 아들들은 총살을 피하기 위해 자결했다. 슬픔과 근심에 싸인 프랑수아 클라리는 한탄하며 지내다 죽었다. 클라리의 미망인은 살리체티에게 가서 아들 에티엔의 석방을 청원하고 가족이 뒤집어쓴 '반혁명의 주구'라는 저주를 벗기고자 했다. 살리체티의 집에서 클라리의 미망인은 조제프를 꾀어 저녁 식사에 초대했다. 조제프는 클라리의 집에서 스물두 살 된 장녀 쥘리를 만났고 아버지의 유언이 이행되면 쥘리가 8만 프랑의 유산을 받는다는 사실을 알고 즉시 클라리 가족에게서 왕당파의 혐의를 완전히 벗겨주는 증명서를 발행했다. 쥘리는 감사의 뜻에서 조제프의 아내가 되기로 동의했고, 결혼식은 1794년 8월로 예정되었다.

나폴레옹은 새로운 지위가 인준되기를 기다리는 동안 잠시 마르세유와 툴롱 사이의 해안 요새 감독관으로 근무한 뒤 충성스러운 쥐노와 함께 니스로 옮겨 이탈리아 방면군 포병 사령관에 취임했다. 나폴레옹은 1794년 7월 중순까지 니스에서 서쪽으로는 앙티브와 프레쥐까지 동쪽으로는 산레모와 빈티밀리아까지 통근하면서 정력적으로 새로운 군사 조직에서 일하며 전력을 점검했다. 이탈리아 방면군은 2년간 오스트리아에 맞서 싸운 뒤 피에몬테와 무익한 전쟁을 치르다가 교착 상태에 빠졌다. 피에몬테가 부단히 무장을 개선하고 병력을 증강하고 장비를 보충한 데다 제노바에서 활동한 영국 해군의 지원을 받았기 때문이다. 나폴레옹은 오넬리아 점령 전략을 세우기 시작했다. 1794년 4월 9일 오넬리아가 무너지자 나폴레옹의 명성은 하늘을 찔렀으며, 나폴레옹은 총괄 전략에 관해 총체적인 보고서를 작성하라는 요청을 받았다.

나폴레옹은 기베르와 부르세의 저술에 입각해 이탈리아 방면군이 아르장티에르와 탕드, 생베르나르 고갯길을 장악해 마리팀 알프스(프랑스 동남부와 이탈리아 서북부에 걸쳐 있는 알프스 산맥의 일부)의 분수령을 넘어 전진하는 전략을 세웠다. 나폴레옹은 만일 프랑스가 피에몬테에서 공격한다면 오스트리아는 자국 영토를 보호하기 위해 참전할 수밖에 없을 것이기에 라인 강가의 오스트리아 진지가 약해져 프랑스군이 강력한 일격을 가할 수 있을 것이라고 주장했다. 이 작전은 보나파르트의 보고서를 직접 파리로 가져간 오귀스탱 로베스피에르의 전폭적 지지를 받았다. 나폴레옹의 전략이 수용될 가능성은 높았다. 이탈리아 방면군의 새로운 총사령관 뒤메르비옹 장군 (Pierre Jadart Dumerbion, 1737~1797)은 모든 결정을 파견의원들에게 맡겼으며, 파견의원인 살리체티와 오귀스탱 로베스피에르는 군사적 문제에 관해 나폴레옹의 펜 끝에서 나오는 것이라면 무엇이든 승낙했기 때문이다.

나폴레옹의 계획을 막는 한 가지 장애는 파리의 카르노였다. 카르노는 에스파냐가 격파하기에는 너무도 강한 상대라는 나폴레옹의 명백한 충고(얄궂게도 나폴레옹은 훗날 스스로 이 충고를 무시한다)에 반대해 에스파냐를 침공해야 한다고 주장했다. 카르노는 피에몬테에서 공격을 감행해서는 안 된다고 완강하게 고집했다. 몇몇 역사가는 로베스피에르 형제가 이탈리아 침공을 열렬히 옹호했던 까닭에 카르노가 등을 돌려 두 사람의 운명을 결정했다고 주장하기도 했다.

로베스피에르 형제와 자코뱅 지도자들을 기요틴으로 보낸 1794년 7월 27일(테르미도르 9일)의 그 유명한 '테르미도르의 반동'으로 프랑스 혁명은 이름만 남긴 채 사실상 끝나버렸다. 파리에서는 좌파가 3년간 지배한 뒤 우파에게 권력이 넘어갔다. 나폴레옹은 헌신적인 자코뱅이자 오귀스탱 로베스피에르의 친구였으므로 위험에 처했다. 간혹 나폴레옹이 파리에서 뛰어난 군사 전문가로 인식되었고 바로 테르미도르 그 달에 장군으로 승진해 혁명에 충성을 맹세했기 때문에 이데올로기 관점에서 볼 때 실제로 치명적인 위험에 빠지지 않았다는 견해도 있었다. 넓은 의미에서 이러한 주장이 진실일 수도 있지만, 불운하게도 나폴레옹은 테르미도르에 비밀 임무를 띠고 제노바로 파견됨으로써 의심을 받을 만한 처지에 놓였다.

이 방문에 실제로 큰 비밀은 없었다. 나폴레옹은 파견의원인 리코르(Ricord)의 위임에 따라 피에몬테에서 오스트리아에 반격한다는 총체적 계획의 일환으로 제노바로 갔다. 그러나 불운하게도 나폴레옹이 떠나기 직전 살리체티와 사이가 틀어졌다. 이유는 분명하지 않은데, 두 사람이 니스에서 한 여인의 사랑을 두고 경쟁했다는 소문이 무성했다. 살리체티는 자신은 보나파르트 가족을 위해 최선을 다했는데도 나폴레옹이 연애 싸움에서 양보하지 않자 화가 난 데다 테르미도르 반동 이후 자신의 목숨도 구해야 했기에 앞장서서 포병 사령관을 비난했다. 살리체티는 나폴레옹이 로베스피에르 형제에게 비밀 지령을 받고 제노바로 갔다고 주장했다. 위급한 때를 대비해 적과 함께 계책을 꾸미고 권력을 잃을 경우 실행에 옮기려 한다는 주장이었다. 살리체티는 8월 6일 공안위원회에 서한을 보내 나폴레옹이 제

1794년 7월 27일, 막시밀리앙 로베스피에르가 국민공회 의원들에게 체포되면서 공포정치가 막을 내렸다.('테르미도르 반동') 로베스피에르의 동생 오귀스탱과 친분이 있었고 그 자신이 자코뱅이었던 나폴레옹도 이 사태로 위기를 맞았다.

노바 은행 계좌에 프랑스의 금을 예치하고 있다고 고발했다.

고발 내용은 터무니없었지만, 테르미도르 반동 이후 과대망상이 판치는 불안정한 분위기에서 사람들은 무엇이든 가능하다고 믿었다. 8월 10일 나폴레옹은 니스의 빌프랑슈 거리에 있는 저택에 가택연금 되었다가 나중에 앙티브의 포르카르 감옥에 수감되었거나 아니면 니스의 로랑티 백작(Comte de Laurenti) 집에서 가택연금 상태에 있었던 것으로 보인다. 믿을 수 없는 일이지만 기록이 뒤죽박죽이어서 증거는 이 두 가지 모두를 가능하게 한다. 사람들은 어떤 견해를 지지하는가에 따라 반대 견해를 지지하는 문서들이 '위조'되었다고 주장한다. 나폴레옹의 문서가 탈취되어 조사를 위해 살리체티에게 보내졌다. 뤼시앵 보나파르트도 공범으로 체포되었는데, 형제가 보인 상이한 태도는 교훈적이다. 뤼시앵은 자신의 가치를 떨어뜨리고 자비를 구하며 굴복한 반면, 나폴레옹은 공화국에 봉사한 일과 툴롱에서 세운 공적을 상세히 열거하며 당당하게 항변했다. 나폴레옹은 구금되어 있는 동안 마유부아 원수(marquis de Maillebois, Jean-Baptiste François Desmarets, 1682~1762)의 1745년 피에몬테 전투에 관한 글을 읽고 글도 쓰면서 낙관주의자의 면모를 보였다. 그러나 마음속에서는 운이 다했다고 생각하고 쥐노와 탈출을 모의했다.

8월 20일 살리체티와 동료 파견의원들은 돌연 나폴레옹의 문서를 조사하고 그의 상세한 설명을 들어본 결과 나폴레옹은 전혀 혐의가 없다고 선언했다. 살리체티가 태도를 바꾼 이유는 테르미도르파가 피의 희생을 크게 원하지 않으며 자신도 위험에서 벗어났다는 사실을 깨달았기 때문이다. 살리체티의 생각에 나폴레옹을 처형하는 일은 핵심에서 벗어난 방종이었다. 여전히 나폴레옹의 군사적 재능을 이용해 정치적 이익을 얻을 수 있었기 때문이다. 살리체티는 이탈리아 방면군이 성공을 거두려면 나폴레옹이 계속 전선에 있어야 한다고 강력히 주장하며 신망을 쌓았다. 한편 뒤메르비옹 장군은 살리체티가 마음을 바꾸기 전부터 파견의원들과 육군장관에게 보나파르트 같은 재능 있는 장교를 내칠 여유가 없다고 말해 왔다.

나폴레옹은 군에 복귀하자마자, 이번에는 영국-피에몬테 연합군이 프랑스가 장악한 이탈리아의 사보나(Savona)를 공격할 조짐이 보인다는 주장과 더불어 피에몬테 공격 계획에 관한 보고서를 제출하려 했다. 테르미도르 반동 이후 확실하게 권력을 장악했던 카르노는 이전보다 한층 더 노골적으로 나폴레옹의 의견을 거부했다. 뒤메르비옹 장군이 제1차 데고 전투(1794년 9월)에서 승리했는데도 카르노는 흔들리지 않았다. 그렇지만 뒤메르비옹은 파리로 특사를 파견해 이탈리아에서 전면 공세를 펼치자고 간청했으며, 1794년의 군사적 업적은 전적으로 나폴레옹 덕분이었다는 내용으로 서한을 보냈다. "내게 성공을 가져다준 것은 포병 지휘관의 능력이었습니다." 카르노가 가장 하고 싶었던 일은 코르시카 원정의 희망을 유지하는 것이었다.

결국 1794년 12월부터 1795년 2월까지 나폴레옹은 니스와 마르세유, 툴롱에 머물면서 자신은 결코 참여하지 않을 원정을 준비했다.

　1794년 보나파르트 가족과 나폴레옹의 신변에 몇 가지 중요한 변화가 있었다. 8월에 조제프는 쥘리 클라리와 혼인했으나 나폴레옹은 당시 제노바에 있었던 까닭에 결혼식에 참석하지 못했다. 조제프가 돈을 보고 결혼하여 지위를 확보했다면, 동생들 중에서는 고집불통 뤼시앵보다 루이가 훨씬 더 잘 지냈던 것 같다. 나폴레옹은 루이를 자신의 참모로 임명했다. 청년 루이는 알프스에서 피에몬테 군대에 맞선 전투에 참가한 뒤 생트로페의 해안 포병대에 배치되었다. 나폴레옹은 오랫동안 거의 감금에 가까운 생활을 보낸 뒤 성적 욕망을 재발견했다. 나폴레옹은 코르시카에서 탈출한 직후에 그랬듯이 이번에는 툴롱의 매음굴에서 한 매춘부를 만났다. 나폴레옹은 그곳에서 옴에 걸렸다고 불평했는데, 증거는 확실하지는 않지만 긁적거려 피부가 상했고 결국 습진이 생겼던 것으로 보인다.
　나폴레옹은 체포되기 직전 니스에서 로랑티 백작의 딸 에밀리와 연애했다. 정황상 매우 뜨거운 연애였던 것 같다. 1794년 9월 21일 나폴레옹은 파견의원인 튀로 드 리니에르*라는 인물과 알게 되었는데, 매력적이고 쾌활한 그의 부인과 열렬하게 연애를 해 그녀를 정부로 만들었을 가능성도 있다. 나폴레옹은 1794년이나 1795년에 확실히 리니에르 부인과 정사를 나누었으며, 심지어 둘 사이에 아이가 태어났다는 소문도 돌았다. 나폴레옹은 훗날 자신이 정복한 여인 중 한 명으로 리니에르 부인을 꼽았으며, 단지 부인에게 잘 보이려고 이탈리아 전선에서 적군 진지에 무익한 공격을 가해 병사들을 희생시켰다고 고백했다. 기록상으로 증거가 불충분한 이 '불륜 사건'에는 환

튀로 드 리니에르(Louis Marie Turreau de Lignières, 1756~1816) 수만 명이 학살된 방데 반란에서 이른바 '지옥 부대'를 지휘한 장군으로 유명하다.

상 요소가 있는 듯하지만, 프레데리크 마송은 실제 사실과 관계가 있다고 인정한다. 진정한 환상은 필시 정신분석가 어니스트 존스(Ernest Jones)가 제시했듯이, 분명한 실제 사건이었던 불륜이 아니라 병사들의 희생이었을 것이다. 리니에르 부인과의 사건을 정신분석학적으로 해석하면 나폴레옹이 진위가 불확실한 그 사고를 설명하는 말("몇 명이 전장에 버려졌다.")은 자신과 놀아난 바람난 아내를 둔 남편들을 지칭할 수 있다. 그러므로 나폴레옹의 고백은 '가벼운' 범죄를 저지른 죄가 있음을 인정하는 사르트르식 계책이었는지도 모른다. 나폴레옹의 혼란스러운 마음속에서 병사들의 희생은 간통이라는 '죄'보다는 가벼웠을 것이다. 이에 대해서는 늘 강렬한 감정을 품고 있었으니 말이다.

1794년 나폴레옹은 자코뱅주의를 비롯해 과격한 정치 이념들과 관계를 끊었다. 테르미도르 반동으로 지주와 유산자들은 혁명의 진정한 수혜자로 안착했으며 상퀼로트나 다른 소외된 집단의 요구에 영합하는 일은 없을 것이었다. 카르노와 그 동료들이 이렇게 강경 노선을 취하고 여기에 기근, 흉작, 실업, 물가 인상이 겹쳐(로베스피에르의 몰락 이후 아시냐의 가치가 하락하고 군인들에게 급여 지급이 안 돼 신병이 충원되지 못했다.) 옛 혁명가들이 다시 거리로 뛰쳐나왔다. 혁명력 3년 제르미날 12일(1795년 4월 1일) 군중은 국민공회를 습격했고 국민방위대가 이를 해산했다. 군중은 프레리알 1일(1795년 5월 20일) 다시 습격을 시도했고, 이번에도 국민방위대에 의해 해산되었다. 그렇지만 혁명적 군중은 심장을 잃었다. 다시 말해 이러한 시위는 1789년 이후 일어났던 앞선 봉기들의 열정과 조직력이 없었으며 구체제의 식량 폭동에 가까웠다. 가차 없이 진압된 이 거리 폭동들은 혁명적 군중의 마지막 함성이었으며, 이런 시위는 나폴레옹 시대가 끝난 후에야 다시 볼 수 있게 된다.

테르미도르파가 재산을 보호했다면 이는 특히 새로운 재산이었다.

이는 테르미도르파, 즉 부당 이득 취득자와 매점매석꾼, 암거래 상인, 군수품이나 가치가 하락하고 있는 아시냐 투기꾼들이 대혁명의 진정한 수혜자임을 뜻했다. 특히 새로운 계급은 전매품을 대규모로 매점했거나 완곡하게 표현해서 '국유재산'이라고 불렀던 것들, 다시 말해서 몰수된 교회 토지나 망명귀족 소유였던 부동산을 구매한 자들이었다. 부르주아와 부유한 농민이 동맹한 테르미도르 반동의 정치 행위 속에서 나폴레옹은 귀중한 교훈을 얻었다. 나폴레옹은 테르미도르 정부가 국왕을 시해한 사람들로 가득하다는 사실 말고도 그들의 경제적 이해관계를 볼 때 구체제 복귀는 불가능하다는 점을 확실하게 인식했다. 다시 말하자면 일종의 왕이 되려는 자는 부르봉 왕실과의 경쟁을 두려워할 필요가 없다는 이야기다.

일부 비판자들은 나폴레옹이 옛 친구인 로베스피에르 형제를 쉽게 버린 일을 가장 냉소적인 형태의 현실정치(realpolitik)라고 본다. 나폴레옹은 체포되기 직전인 1794년 8월 7일 편지에서 처형된 지도자와 거리를 두었으며, 이러한 설명은 종종 재앙을 면하기 위한 이중적인 발언으로 비난받았다. "나는 내가 사랑했고 순수하다고 믿었던 동생 로베스피에르(오귀스탱 로베스피에르)의 몰락에 다소 마음이 흔들렸습니다. 그러나 그가 독재자가 되기를 꿈꾸었다면 그가 내 형제였더라도 내 손으로 직접 찔러 죽였을 것입니다."

그렇지만 로베스피에르 형제를 버린 일에는 단순한 사리추구를 넘는 무엇이 담겨 있었을지도 모른다. 나폴레옹과 '짙푸른 바다처럼 청렴한 사람' 막시밀리앙 로베스피에르는 깊숙이 들여다보면 어울릴 것 같지 않은 동료였다. 겉으로는 몇 가지 닮은 점이 있는 것도 사실이다. 두 사람 다 어린 시절을 힘들게 보냈고, 자부심이 강하고 냉정했으며, 낭만적인 몽상가였다. 그러나 로베스피에르가 완전한 평등이 지배하고 가난이 없으며 도덕과 루소의 일반 의지가 승리하는 이상향을 진정으로 꿈꾸었다면, 나폴레옹은 그러한 이상에는 그저 말

뿐인 찬사를 보냈을 뿐이다. 나폴레옹은 가슴속 깊은 곳에서는 구체제와 구체제의 위계제와 질서에 찬동했다. 나폴레옹은 자기 개인의 실력으로 권력을 얻은 사람이었으며, 평등주의자가 아니었다. 나폴레옹이 1789년 이전 세계와 싸웠던 이유는 자신의 재능이 출생이나 상속 재산을 뛰어넘는 최고의 가치로 환영받지 못했기 때문이다. 테르미도르 반동은 일종의 조야한 기업가적 엘리트 사회를 열어놓았다. 그런 사회에서는 최고로 간악하고 교활하며 부패하고 술수에 능한 자들이 옛 귀족이나 새로운 미래의 평등주의자들보다 환영받았다.

나폴레옹이 로베스피에르와 자코뱅주의에서 카르노와 테르미도르파로 쉽게 말을 갈아탈 수 있었던 데는 다른 깊은 심리적 요인도 있었다. 로베스피에르 사상의 핵심은 루소였지만, 나폴레옹은 1794년 7월 27일이 되기 오래 전에 이미 루소에게서 등을 돌렸다. 이유는 분명했다. 루소는 나폴레옹의 마음속에서 코르시카와 파올리와 연결되어 있었다. 나폴레옹이 조국과 아버지와 같은 인물에 대한 혐오감이 숨은 동굴에서 뿜어져 나오도록 내버려 두자, 다음으로 떠날 인물이 루소라는 점은 명백했다. 나폴레옹의 생애에서 흔히 있는 일이었지만, 한 번 더 극적인 사건(이 경우 로베스피에르의 몰락)이 이미 나폴레옹의 마음속에서 진행 중이던 과정을 구체화한 것이다.

6장

파리의 수호자

조제핀과 어머니 콤플렉스

 나폴레옹이 그의 삶에서 어머니를 제외하고 첫 번째로 중요한 여성을 만난 때가 정확히 언제인지는 분명하지 않다. 조제프가 쥘리 클라리와 결혼할 때 나폴레옹은 데지레라고 알려진 쥘리의 열여섯 살난 여동생 베르나르딘 외제니 클라리에게 깊은 관심을 갖고 있었다. 두 여성은 모두 갈색 머리였으며, 그때 데지레는 몸집이 자그마했는데 사춘기 소녀의 통통함이 아직 남아 있는 다소 볼품없는 외모를 지니고 있었다. 그러나 데지레는 성격이 온화하고 인정이 많았으며 마음씨가 착했다. 지중해의 햇살과 같은 미소를 지녔으며 반짝이는 커다란 갈색 눈은 약간 튀어나와 있었다. 초상화를 보면 데지레는 아름답다기보다는 성적 매력을 풍겼다.

 나폴레옹이 처음에 데지레에게 끌린 이유는 쉽게 설명할 수 있지만, 1794년 12월 이전이었다면 데지레는 나폴레옹이 연모한 순위에서에밀리 드 로랑티에게 밀렸을 것이다. 나폴레옹은 에밀리의 아버지에게 딸과 혼인하겠다고 청한 적이 있는데, 분명 거절당할 줄 알았기에나폴레옹의 태도는 미온적이었다. 1795년의 사건들에서 명백히 알 수있듯이, 나폴레옹은 다른 사람들이 자신의 사회적 지위를 어떻게 인식하는지 알아보려고 시큰둥한 청혼으로 '시험'하기를 좋아했다. 그러나 조제프가 사실은 데지레와 결혼하기를 원했으나 나폴레옹이 착실한 사람은 변덕쟁이와 결혼하고 변덕쟁이는 착실한 사람과 결혼해야 한다며 조제프를 '협박'했다는 엉뚱한 얘기는 무시해도 좋다. 다만 나폴레옹의 말은 조제프는 쥘리와, 나폴레옹은 데지레와 짝을 이루어야 한다는 뜻이었다. 조제프는 금전 문제를 해결하기 위해 편의적으로 정략결혼을 택했을 뿐, 보나파르트 집안과 클라리 집안 사이에 다른 결합 유인은 없었다.

나폴레옹이 이탈리아 전선에서 데지레에게 보낸 첫 번째 편지에서 (나폴레옹은 데지레를 늘 외제니라고 불렀다) 알 수 있듯이, 1794년 9월에 나폴레옹이 데지레에게서 느꼈던 감정은 그리 특별하지 않았다. "친애하는 외제니, 그대만의 무한한 사랑스러움과 쾌활함, 솔직함에 나는 호감을 품었습니다. 그러나 나는 너무 바빠 이 좋은 감정이 내 영혼을 찢고 들어와 깊은 상처를 남겨야 한다고는 생각하지 않습니다." 이 글을 보면 첫눈에 반했다고는 할 수 없다. 이 시기 나폴레옹이 데지레에게 보낸 편지들에 가장 잘 어울리는 표현을 고르자면 '생색내다'쯤 될 것이다. 나폴레옹은 어떤 책을 읽어야 할지, 어떻게 하면 피아노 연주 실력을 향상시킬 수 있을지(음계, 음조, 음정에 관한 나폴레옹의 기술적 조언은 엉터리였다.), 남들이 인정한 음악적 재능을 어떻게 계발할 것인지, 행동거지와 예법을 어떻게 다듬을 것인지 충고했다. 놀랄 일도 아니지만 데지레는 나폴레옹의 낭만적이지 못한 말투를 비난했고, 나폴레옹은 데지레의 결점을 열거하는 답장을 보냈다.

그렇지만 1794년 12월 이후 코르시카 원정을 준비하던 시기에 데지레의 집을 여러 번 방문하면서 나폴레옹의 열정은 뚜렷하게 타올랐다. 편지의 어조가 변했다. "늘 그대 생각뿐이오. 사랑하는 외제니, 나는 당신의 사랑을 의심한 적이 없다오. 당신은 어떻게 내가 당신에 대한 사랑을 멈출 것이라고 생각할 수 있소?" 연애는 불타올랐고, 1795년 4월 21일 나폴레옹과 데지레는 약혼하기에 이르렀다. 클라리

데지레 클라리. 나폴레옹과 약혼했다가 파혼당하지만, 훗날 스웨덴 국왕이 되는 베르나도트와 결혼하여 스웨덴 왕비가 된다.

부인이 둘의 결합을 반대했다는 얘기가 있으나, 그 단계에서 그런 징후는 없었다. 조제프가 클라리 집안에 보나파르트는 한 명으로 충분하다고 반대했으리라는 추정도 가능하지만 딱히 그런 정황도 없다. 데지레가 상당한 지참금을 가져올 예정이었으므로(어떤 이는 10만 프랑에 달한다고 추산한다), 두 사람의 결혼은 실리적인 나폴레옹에게 납득할 만한 것이었다.

이후 벌어진 사건들로 미루어보면 4월 21일에서 파리로 떠난 5월 7일 사이 어느 때인가 나폴레옹은 데지레와 동침했던 것 같다. 훗날 세인트헬레나에서 나폴레옹이 죄의식에 사로잡힌 채 이 사실을 밝혔을 때, 그 고백은 '추잡한 노인'의 환상쯤으로 무시되었다. 그러나 나폴레옹의 발언을 이런 식으로 해석하면 나폴레옹의 심리 상태에 관해서는 놀랍도록 피상적인 견해밖에 얻을 수 없다. 소녀의 순결을 빼앗고 결혼하지 않는 것은 나폴레옹의 구식 신사도에 어긋났으며(경험 있는 여인의 경우와 매우 달랐다), 이 일에 대한 죄의식은 내내 나폴레옹을 따라다녔다. 나폴레옹은 자신이 왜 데지레와 결혼하지 않았는지 의식 차원에서는 전혀 해명하지 못했으며, 기억 속에서 마치 그리워하듯 계속해서 데지레를 생각했다. 두 사람의 관계와 최종적인 파국의 내막을 알 수 있게 해주는 몇 가지 중요한 실마리를 나폴레옹이 데지레와 연애하던 중에 쓴 소설 《클리송과 외제니》에서 찾아볼 수 있다.

소설에서 '외제니'가 데지레(나폴레옹은 외제니가 성적 함의를 지닌 데지레보다 더 세련되며 기품 있다고 생각했다)이고, 나폴레옹이 '클리송'이라는 것은 명백하다. 나폴레옹은 남녀 영웅을 이렇게 묘사했다.

클리송은 전쟁을 위해 태어났다. 클리송은 아직 어린아이였을 때부터 모든 위대한 명장들의 생애를 알았다. 클리송은 같은 또래의 다른 소년들이 학교에 다니거나 계집아이들의 뒤꽁무니를 쫓아다닐 때 군사 전술에 몰두했다. 무기를 들 만큼 성장하자, 클리송이 가는 곳마다 화려한 전투가 뒤따랐다. 클리송은 연이어 승리했고, 그의 이름은 주민을 보호하는 군인들뿐만 아니라 주민들 사이에서도 유명해졌다. …… 외제니는 열여섯 살이었다. 외제니는 성격이 온화하고 친절하고 쾌활했으며, 보통 키에 눈이 예뻤다. 외제니는 추하지는 않았지만 미인도 아니었다. 친절함과 사랑스러움, 쾌활함과 상냥함이 외제니 성격의 본질이었다.

이 소설에서 클리송은 낭만적 영웅이다. 그는 어린 나이에 군대에서 높은 지위에 오른 외톨이이며, 비상식적인 질투와 소문에 희생된다. 클리송은 리옹 인근의 시골에서 아멜리에와 외제니 자매를 만난다. 클리송은 아멜리에와 대수롭지 않은 불장난을 벌이다가 외제니와 사랑에 빠진다. 이후 클리송은 명예를 거부하고 오직 외제니를 향한 사랑만을 위해 산다. 몇 해가 흐르고 두 사람은 아이들을 낳는다. 소설은 이런 식으로 전개되는데, 분명 나폴레옹은 자신과 데지레의 연애를 다루고 있다. "매일 밤 외제니는 연인의 어깨나 팔을 베고 잔다. …… 클리송은 외제니와 함께 새로운 생활을 하며 남자들의 비행에 확실하게 복수했다. 남자들의 비행은 클리송의 마음속에서 마치 꿈처럼 사라졌기 때문이다."

클리송이 군대에 소환되면서 그들의 완벽한 목가적 생활은 종말을 고한다. 클리송은 몇 해 동안 떠나 있었지만 날마다 외제니의 편지를 받는다. 전투 중에 부상을 입은 클리송은 오른팔 격인 베르빌을 보내 외제니를 위로하게 한다. 베르빌과 외제니는 사랑에 빠지고, 이 소식을 들은 클리송은 전장에서 죽기로 결심한다. 전투가 시작되기 전인 오전 2시 클리송은 외제니에게 작별의 편지를 쓴다.

살아 있는 것을 슬퍼하면서도 더 살기를 간절히 바라는 불행한 남자들이 얼마나 많은지! 오직 나만이 생을 마감하기를 원하오. 내게 그런 생각을 하도록 만든 사람은 외제니 당신이오. …… 안녕, 내 삶을 지배했던 이여! 안녕, 행복했던 시절의 동반자여! 그대 품에서 나는 지고의 행복을 맛보았소. 내 삶은 메말랐고, 좋은 일도 모두 사라졌소. 이제 남은 것이라곤 싫증과 권태뿐이오. 나는 스물여섯 살에 명성이라는 덧없는 쾌락을 다 누렸으나 그대의 사랑을 받으며 산다는 것이 얼마나 즐거운 일인지를 알았소. 그 기억에 마음이 쓰리오. 부디 행복하게 오래 살고 불행한 클리송은 잊기 바라오! 아들들에게 키스해주오. 부디 성장해 아버지가 지녔던 열정은 품지 말기를! 그렇게 되면 영광과 승리를 얻은 다른 남자들에게 희생된 아버지를 닮게 될 테니.

여인의 배신이라는 주제가 나폴레옹의 무의식 속에 무엇이 숨어 있었는지 암시한다. 이는 어머니를 향한 나폴레옹의 가슴 깊은 곳의 양가 감정에 관해 우리가 알고 있는 바와 일치하며, 그녀가 자신의 남편을 배신했다는 확신과도 일치한다. 여기에서 이미 데지레와 나폴레옹의 연애 사건에 재앙을 가져온 씨앗이 뿌려졌다. 나폴레옹은 데지레와 결혼을 하면 마음의 고통, 그리고 그의 여성관으로 볼 때 사실상 배신을 초래할 것이 거의 확실한 힘든 사랑에 자신을 완전히 드러내게 된다고 암시한다. 나폴레옹이 데지레를 취할 때 그녀가 처녀였다는 바로 그 사실이 역설적이게도 데지레에게서 가장 위험한 것으로 여겨진다.

그 연애가 자연스럽게 진전될 기회는 나폴레옹이 갑자기 방데의 왕당파 반혁명 세력과 싸우고 있던 서부군*에 합류하라는 명령을 받으면서 사라졌다. 보병 부대 지휘관으로 전출된 것은 사실상 좌천이었고, 나폴레옹은 파리로 가서 이 조치에 항의하기로 결심했다. 나폴레옹은 마르몽과 쥐노와 함께 사륜 역마차에 타고 아비뇽과 몽틀리마르, 발랑스, 리옹을 거쳐 손 강을 따라 부르고뉴의 마르몽 가족의 집에 닿았다. 역마차가 떠났을 때 데지레는 이렇게 썼다. "당신은 이미 반 시간 전에 떠났더군요. …… 당신이 영원히 믿음을 지키리라는 생각만이……." 여기에서 편지는 눈물로 얼룩진 채 끝났다.

나폴레옹이 비록 성적으로는 데지레에게 깊이 빠졌을 수도 있지만 진정한 의미에서 사랑하지는 않았다는 것이 그가 파리에 도착하기도 전에 명백해졌다. 나폴레옹은 마르몽의 집에서 빅토린 드 샤스트네(Victorine de Chastenay)라는 멋진 젊은 여성을 만났는데, 빅토린은 스스로 증언했듯이 만난 순간부터 나폴레옹의 마력에 사로잡혔다. 저녁 식사 자리에서 빅토린은 연가를 한 곡 불렀고 나폴레옹에게 자신의 발음이 정확한지 물었다. 나폴레옹은 꽤나 촌스럽게 '아니오'

서부군(Armée de l'Ouest) 프랑스 혁명군의 일부로서 1793년 8월 1일 브레스트 해안군(Armée descôtes de Brest)과 라로셸 해안군(Armée des côtes de La Rochelle), 마양스 방면군(마인츠 방면군, Armée de Mayence)이 통합되어 설립되었으며 방데 반란 진압 임무를 맡았다.

라고 답했고, 그밖에는 무뚝뚝하게 외마디로만 말을 건넸다. 그러나 빅토린은 머리가 기름기로 번들거리는 매우 창백하고 야윈 장군에게 마음을 완전히 빼앗겨 나폴레옹에게 감동을 주려고 노력했다. 빅토린의 노력은 저녁 식사를 같이 한 다음날 나폴레옹과 단 둘이 네 시간을 보냈으니 확실히 성공했다. 나폴레옹은 그 시간에 문학 평론가를 자처했다. 나폴레옹은 켈트족의 전설적인 시인인 오이신을 좋아하고, 연극의 행복한 결말을 싫어하며, 셰익스피어의 희곡이 애처롭도록 재미없다는 생각이 든다고 말했다. 두 사람의 만남이 성적인 결합으로 끝났는지는 알 수 없으나, 빅토린이 나폴레옹의 관심을 끌려고 했다는 것만은 분명하다.

나폴레옹 일행은 샹롱과 샤티용쉬르센, 스뮈르를 경유해 5월 25일 파리에 도착했다. 다시 수도를 찾은 나폴레옹은 육군부로 가서 포병대 장군에서 좌천된 데 항의했다. 격한 대담이 이어진 후 나폴레옹은 보직을 맡지 못한 장군으로 예비자 명부에 이름을 올린 것 같다. 육군장관은 포병 쪽은 정원이 꽉 찼으며 나폴레옹은 마지막으로 승진했으므로 방데에서 보병 여단을 지휘하는 수밖에 달리 방도가 없다는 말만 되풀이했다. 나폴레옹은 그와 같은 긴급한 상황에서 늘 그랬듯이 3주간의 휴가를 요청해 시간을 벌었다. 그동안 영향력 있는 친구들에게 부탁해 위기를 벗어날 의도였다. 나폴레옹은 자신이 희생되었다는 증거를 수집했고 육군장관을 비롯한 많은 정치인들이 실제로 복무하지도 않으면서 준장의 지위를 차지하고 급여를 받고 있음을 알아냈다.

휴가 기간이 끝난 후에도 대기 상태가 해결되지 않자 나폴레옹은 급여를 절반밖에 받지 못했으며, 닳아 해진 군복에 장갑도 없이 진흙 투성이 장화를 신고 싸구려 호텔에 머물면서 조제프가 보내준 얼마 안 되는 돈으로 간신히 생활을 꾸렸다. 나폴레옹은 너무나 쪼들려 식사하러 밖에 나갈 때면 용돈이 얼마나 적은지 감추기 위해 음식값 치를 돈을 종이 쪼가리로 둘러쌌다고 한다. 나폴레옹은 루이를 보살필 수 없게 되자 샬롱의 포병학교에 겨우 자리를 마련해주었다. 훗날 아브랑테스 공작부인이 되는 로르 페르몽*이 묘사했듯이, 낙담하고 환멸에 빠진 나폴레옹은 초라한 모습이었다.

당시 나폴레옹의 모습은 매우 흉했고 외모에 조금도 신경 쓰지 못했다. 머리도 빗지 않고 분도 바르지 않아 불쾌감을 줄 정도였다. 트랑킬리테 호텔의 안뜰에 들어와 어색하고도 불규칙한 발걸음으로 그곳을 가로지르던 나폴레옹의 모습이 지금도 떠오른다. 나폴레옹은 몹시 더러운 둥근 모자를 눈 바로 위까지 눌러썼는데, 그 아래에서 프록코트 위로 사냥개 스패니얼의 귀처럼 머리털이 무겁게 늘어졌다. …… 야윈 데다 안색이 창백해 전체적으로 환자 같은 느낌이 들었다.

당시 나폴레옹을 묘사하는 다른 글들은 나폴레옹의 작은 키와 움푹 팬 잿빛 눈을 언급한다. 이는 우울하고 격렬한 느낌을 주었고 순식간에 매력적이거나 무서운 인상으로 바뀔 수 있었다. 어떤 이들은 나폴레옹의 유별나게 섬세한 외모나 '스패니얼의 귀'처럼 자른 머리, 다시 말해서 귀 밑에서 직각으로 잘려 어깨까지 늘어진 머리에 주목했던 반면, 어떤 이들은 입술 선의 독특한 매력과 보나파르트 집안에서 누구도 지니지 못한 매우 건장한 체구를 언급했다. 그러나 침울한 분위기가 지배했다는 데에는 모두 동의했다.

나폴레옹은 1795년 여름, 파리에서 보낸 이 우울한 시기에 분명 자살을 진지하게 고려했다. 한번은 오스만튀르크 제국의 술탄과 함께

로르 마르탱 드 페르몽(Laure Martin de Permond, 1784~1838) 장앙도슈 쥐노의 부인. 《나폴레옹 1세와 대혁명, 총재정부, 제국, 왕정 복고에 관한 역사적 회고(Mémoires historiques sur Napoléon Ier, la Révolution, le Directoire, l'Empire et la Restauration)》 이외에 몇 권의 책을 남겼다.

일을 해볼까 생각한 적이 있었다. 물론 사랑하는 형 조제프가 키오스 섬에서 프랑스 영사로 근무한다는 데 동의한다는 가정이 늘 뒤따랐지만 말이다. 나폴레옹은 실제로 육군장관에게 오스만튀르크 제국 복무를 허락해 달라는 신청서를 정식으로 제출했으나, 육군부 사무원의 무능력 탓에 신청이 즉각 처리되지 못했다. 6월에 조제프에게 보낸 편지에는 그의 우울과 형에 대한 감정이 뒤섞여 흐른다.

형에게 무슨 일이 일어나든 간에, 나보다 더 다정한 친구는 없다는 점을 기억해줘. 나는 형을 소중히 여기며 형의 행복을 진심으로 바라는 사람이니까. 삶은 점점 희미해지는 꿈일 뿐이야. 형이 만일 떠나야 하거나 잠시 그렇게 해야 한다고 생각하면, 내게 형의 모습을 그린 작은 그림을 하나 보내줘. 우리는 오랫동안 함께 지냈고 무척 가까웠지. 그래서 심장이 하나가 된 것 같아. 나의 마음이 얼마나 완벽하게 형에게 가 있는지 다른 누구보다도 형이 잘 알지.

이 시기 나폴레옹이 쓴 편지는 수취인이 조제프든 데지레든 똑같이 암담하고 우울하다. 조제프에게 보낸 편지는 삶에는 아무런 의미가 없으니 기꺼이 죽음을 맞이하겠다는 감정과 지나친 냉소와 돈에 대한 강박 사이를 오간다. 돈에 대한 강박은 파리에서 나폴레옹 주변을 둘러싼 급전을 빌려주는 투기꾼과 일확천금을 꿈꾸는 수상쩍은 인물들, 벼락부자들, 출세를 위해 물불을 가리지 않는 자들, 신흥부자들 때문에 더욱 심해졌다. "이 세계에서 할 수 있는 일은 단 한 가지, 더 많은 돈을 벌고 더 많은 권력을 획득하는 것뿐이다. 나머지는 전부 쓸데없다." 1795년의 나폴레옹에 관해서는 레뮈자 백작 부인(Claire Élisabeth de Vergennes, comtesse de Rémusat, 1780~1821)에게 들을 것이 많다. 레뮈자 부인의 주장에 따르면, 나폴레옹은 운이 좋을 때는 대담하고 기략이 풍부했지만, 운이 쇠할 때는 소심하고 신중했으며 자신감이 없었다. 조제프가 보낸 소식은 조금도 위로가 되지 않았다. 생막시맹에서 여전히 궁핍하게 지내던 뤼시앵이 테르미도르 반동 이후 꼭 한 해가 지났을 때 자코뱅으로 체포되었다가 보름 만에 석방되었다는 소식이었다.

나폴레옹은 데지레에게 보낸 편지에서 자신은 '낭만적인 영혼'이며 얼음같이 차가운 가슴과 머리, 기괴한 마음, 우울한 성향이 있다고 썼다. 이는 데지레가 듣고 싶어 한 말이라고는 할 수 없다. 당시 데지레의 편지를 보면 자신은 나폴레옹에게 어울리는 사람이 되기 위해서라면 무엇이든 할 수 있으며, 나폴레옹이 사람의 정신을 빼앗는 파리의 쾌락주의적 분위기 속에서 마르세유의 즐거웠던 기억을 모조리 잊을까 두렵다며 끊임없이 편지를 썼으니 말이다. 나폴레옹은 어찌나 데지레에게 무관심했던지 아흐레나 지난 뒤에야 우체국에 가서 눈물로 얼룩진 편지들을 찾아갔다. 그러나 순식간에 달아올랐다가 금방 식어버리는 것은 나폴레옹의 전형적인 모습이었다. 6월 24일 나폴레옹은 자신의 초상화를 제작해 데지레에게 보내기로 했다. 7월 데지레가 가족과 함께 제노바에 있을 때, 나폴레옹은 조제프에게 데지레가 전혀 연락하지 않으며 살아 있는지 죽었는지도 모르겠다고 불평했으며 왜 데지레 소식을 전하지 않느냐고 투덜댔다.

프랑스 수도의 우월한 시각으로 보자면 데지레는 이제 하찮은 존재였을 것이다. 아니, 그보다는 나폴레옹이 금전적으로 더 윤택해지거나 정치적으로 더 유리한 결혼을 할 가능성을 모색하면서 만약의 경우에 대비해 냉소적으로 들고 있던 패라고 할 수 있다. 나폴레옹은 분명 가능성을 타진해 선택 가능한 여인들을 찾아다녔다. 나폴레옹은 로르 페르몽의 과부 어머니에게 여러 차례 청혼했을지도 모르며, 그랬다면 아브랑테스 공작부인이 말한 것처럼 당연히 멸시를 받으며 거절당했을 것이다. 그렇지만 나폴레옹이 예순 살 된 마드무아젤 몽탕시에에게 청혼했다는 얘기는 명백히 흑색 선전으로 보인다. 그밖에 나폴레옹이 정략결혼을 염두에 두고 눈여겨보았을 가능성이 있는 여인들로는 부샤르디 부인과 레스파다 부인을 들 수 있다.

서른 살 된 그레이스 달림플*도 한동안 나폴레옹의 시야에 머물렀다. 훗날 엘리엇 부인이 되는 그레이스 달림플은 웨일스 공의 사생아를 낳았으며 공포정치 기간에는 프랑스에서 수감 생활을 해 두 가지 의미에서 모험가였다. 두 사람은 튈르리 궁을 함께 산책하다가 결코 마음이 맞을 사이가 아니라고 확신했다. 한때 잉글랜드인을 찬양했던 나폴레옹은 이제 영국인을 파올리의 반역과 연결지었고 새로운 전향자의 광적인 영국 혐오증을 드러냈다. 나폴레옹은 그레이스에게 땅이 갈라져 모든 잉글랜드인들을 집어삼키면 좋겠다고 말했다. 그레이스는 자신의 면전에서 그런 말을 하는 것은 전혀 적절하지 않다고 응수했다. 나폴레옹은 스코틀랜드인이라면 누구나 잉글랜드보다 프랑스를 더 사랑하지 않느냐고 항변했으나, 그레이스는 자신의 마음은 스코틀랜드보다 잉글랜드에 가 있다고 서둘러 납득시켰다.

1795년 여름의 끔찍한 시절에 나폴레옹이 각별히 생각했던 여인은 분명 테레자 탈리앵(Thérésa Tallien, 1773~1835)이었다. 나폴레옹이 어떻게 테레자의 삶에 끼어들었는지는 분명하지 않다. 쥐노는 자신과 마르몽이 파리에서 나폴레옹의 동창인 부리엔과 우연히 만났다고 회상한다. 세 사람은 파리를 배회하면서 유력자의 집을 찾아다니며 보나파르트의 다르타냥을 위해 궁핍한 삼총사 놀이를 했다. 한 집이 이들에게 문을 열어주었는데 파리에서 권력자로 다섯 손가락 안에 드는 폴 바라스(Paul François Jean Nicolas, vicomte de Barras, 1755~1829)의 집이었다. 이유는 몇 가지가 있었겠지만, 바라스가 툴롱의 파견의원을 지냈으므로 그때의 나폴레옹을 기억했기 때문일 가능성이 높다. 바라스는 '라 쇼미에르(La Chaumière)'에서 모인 유명한

그레이스 달림플 엘리엇(Grace Dalrymple Elliott, 1754~1823) 프랑스에 거주하며 혁명을 경험한 스코틀랜드인 고급 창부. 사후에 자서전격인 《내가 겪은 혁명》이 출간되었다.

살롱 모임의 일원이었다. 오두막처럼 꾸민 우아한 집이었던 라 쇼미에르는 로베스피에르 타도의 기획자요 테르미도르파 국민공회 의장인 장랑베르 탈리앵*이 살았던 곳이다.

그렇지만 그 집에서 더 중요한 사람은 탈리앵의 새 아내 테레자 카바뤼(Thérésia Cabarrus)였다. 영향력 있는 '쇼미에르' 살롱에서는 바라스와 스타니슬라스 프레롱, 금융에 특출한 재능을 지녔던 젊은 가브리엘 우브라르(Gabriel Ouvrard), 조제프 셰니에(Joseph Chénier, 공포정치 시기에 형인 앙드레André를 단두대로 보내는 데 공모했다고 한다), 미국 공사 제임스 먼로(James Monroe), 제르맨 드 스탈*, 당대의 소문난 여성들인 포르튀네 아멜랭(Fortunée Hamelin)과 쥘리에트 레카미에(Juliette Récamier), 로즈 드 보아르네(Rose de Beauharnais)를 볼 수 있었다. 살롱은 유력자와 미인, 특히 젊은이들이 중심인 모임이었다. 우브라르는 스물여덟이었고, 탈리앵은 스물일곱이었으며, 마흔 살의 바라스와 프레롱은 나이가 많은 축에 들었다.

테르미도르파의 사교계에서 단연 출중한 미모를 자랑했던 '라 카바뤼'는 갓 스물두 살이었지만 이미 화려한 경력으로 평생의 모험을 다 끝낸 터였다. 카바뤼는 스물한 살 때 결혼하고 곧 이혼했으며 공포정치 시대에 간신히 단두대를 피했다. 쾌락을 사랑하고 아이를 좋아하기도 했던 카바뤼는 바라스와 은행가 우브라르를 포함해 수많은 연인이 있었으며 시메 공작부인으로 생을 마친다. 나폴레옹은 카바뤼를 보자마자 그녀의 매력에 흠뻑 빠졌으나 곧 역겨움을 느꼈다. 매혹적인 아름다움과 남성을 지배하는 힘에 끌렸으나 상대를 가리지

장랑베르 탈리앵(Jean-Lambert Tallien, 1767~1820) 국민공회에 센에우아즈 도 대의원으로 참여했으며, 공포정치 시기에 보르도로 파견되어 무자비하게 지롱드파를 숙청하고 식량을 징발했다. 로베스피에르로부터 소환을 통고받고 다른 이들과 테르미도르 반동을 기도하여 성공했다.

제르맨 드 스탈(Anne Louise Germaine de Staël-Holstein, 1766~1817) 루이 16세 때 재무장관 자크 네케르의 딸로서 스탈 부인으로 불렸다. 열렬한 자유사상가였으며, 프랑스 낭만주의의 선구이다.

않는 난잡한 생활과 잘난 체하는 데 질렸던 것이다. 나폴레옹이 카바뤼에게 청혼했다가 퇴짜를 맞았다는 얘기는 터무니없다. 그때 나폴레옹은 무명이었던 반면, 테레자는 테르미도르파의 엘리트 누구든 고를 수 있는 인물이었고 실제로도 그렇게 했다.

테레자 탈리앵은 관능과 욕구 충족으로 넘어간 새로운 쾌락주의적 파리의 상징이었다. 파리는 나폴레옹이 1792년에 마지막으로 보았던 억압된 혁명가 사회와는 다른 세상이었다. 테르미도르의 반동으로 로베스피에르의 엄격함에 억눌렸던 쾌락의 원리가 강물처럼 터져 흘렀다. 이 점에서 새로운 사회는 크롬웰의 금욕적 통치 이후 잉글랜드의 왕정 복고 시절이나 1848년 혁명 이후 제2제정의 사치와 풍요를 닮았다. 극장은 전례 없이 번성했으며, 과시적 소비가 시대의 슬로건이 되어 여자들은 몸치장에 재산을 허비했고 남자들은 마차와 고급 포도주를 사들이거나 노름으로 탕진했다. 호색가들은 새로이 몰입할 영역을 발견했다. 구식 저녁 식사 시간은 점점 더 늦은 시각으로 미뤄졌고 대신 새로운 식사 관습이 생겨났는데, 테르미도르 시기는 점심을 발명했다는 공로를 인정받기도 했다. 말할 필요도 없지만, 상류층에서 누린 이 모든 과시적인 호사는 파리 빈민가의 처참한 가난과 궁핍과 현저히 대비되었다. 보통 사람들이 보기에 5년간의 대혁명은 무위로 돌아간 듯했다.

특히 새로운 체제는 성에 '관대한 사회'였기에 여성의 역할이 강조되었다. 7월 나폴레옹은 조제프에게 이렇게 편지를 보냈다. "파리 어디에서나 아름다운 여자들을 볼 수 있어. 지구상에서 오로지 이곳에서만 여자들이 정부를 장악하고 있는 것 같고, 남자들은 여자에게 홀딱 빠져 사랑을 나누는 것 말고는 아무런 생각도 하지 못해. …… 파리에 와서 여섯 달만 지내면 여자들은 자신이 당연히 누려야 할 권리가 무엇인지, 자신의 힘이 얼마나 센지 알 수 있을 거야. 오직 이곳에서만 여자들은 그런 영향력을 가질 만하지."

데지레도 이 편지를 읽었음에 틀림없다. 데지레는 걷잡을 수 없는 분노로 자제력을 잃고 다음과 같은 내용의 편지를 써 보냈다. "조제프의 친구인 의원 한 분이 도착했군요. 이분은 파리에서는 누구나 끝간 데 없이 즐긴다고 말하더군요. 저는 당신이 그곳의 떠들썩한 쾌락 때문에 마르세유의 평화로운 시골에서 누린 즐거움을 잊는 일이 없기를, 탈리앵 부인과 불로뉴 숲을 산책했다고 해서 당신의 어린 연인 외제니와 함께 강가를 걷던 추억을 잊는 일이 없기를 바랍니다." 나폴레옹은 최근에 탈리앵 부인과 저녁 식사를 함께 했을 때 부인의 안색이 나빴다는 내용의 답장을 보내 데지레를 안심시켰다. 데지레가 스물두 살 된 꽃처럼 피어오르는 미인에 관한 이 빤한 거짓말을 믿었을 리는 없지만, 이후 나폴레옹이 보낸 편지의 한 구절에서 사랑에 빠진 남자가 토로한 감정이라고는 볼 수 없는 대목을 놓치지는 않았다. "나의 소중한 외제니, 당신은 젊어요. 당신의 감정은 약해지다 사라질 거요. 그 다음엔 자신의 변화된 모습을 발견하겠지. 시간이 흐르면 다 그렇게 되기 마련이라오. …… 나는 당신이 지난 번 편지에 쓴 영원한 사랑의 약속을 받아들일 수 없소. 대신 언제나 솔직하겠다고 약속하오. 당신이 나를 더는 사랑하지 않게 되면, 내게 말하겠다고 맹세하시오. 나도 똑같이 맹세하리다."

나폴레옹의 새로운 후원자인 바라스 백작은 테르미도르 이후 시기와 총재정부를 대표하는 인물이다. 프로방스 출신의 전직 직업군인 바라스는 주색을 탐했으며 1789년에 파산한 경험이 있었고 자코뱅의 전력을 지닌(1793년에 국왕을 처형한 자들 중 한 사람이다) 변절자였다. 테르미도르 체제의 그다지 높지 않은 수준을 잣대로 삼더라도 매우 불쾌한 인간이었던 바라스는 부패하고 비도덕적이었으며 냉소적이고 쉽게 매수되었으며 빈정거리는 기회주의자였다. 남을 속이기 일쑤인 타짜꾼이었던 바라스는 아름답게 꾸민 매음굴이나 다를 것 없는 도박장을 운영했다. 그곳은 남을 속여 한몫 챙기려는 자들과 밤의 여인들로 넘쳐났다.

나폴레옹은 탈리앵의 살롱에서 바라스에게 후원을 받던 이 시기만큼 기회주의자로 지낸 적이 없다. 과거 자코뱅의 선동가이며 로베스피에르 형제의 친구였던 자가 테르미도르파의 가장 반동적인 인물로서 '짙푸른 바다처럼 청렴한 사람'을 몰락시킬 음모를 꾸몄던 자의 집에서 정찬을 들었다. 나폴레옹은 이미 이념이란 바보들에게나 어울리는 것이며 야심을 품은 자라면 권력을 좇아야 한다는 교훈을 배운 뒤였다. 그리고 나폴레옹은 탈리앵 부인에게 어떤 사사로운 감정을 품었든 간에 이들 부부를 독차지하려 했으며 탈리앵 부인의 주목을 끌고 매혹해서 무엇인가를 얻어내려 했다. 나폴레옹은 현역군 명부에 오르지 않은 장교로서 새 제복을 받을 자격이 없었으므로 탈리앵 부인의 파티에 실밥이 풀어진 낡은 군복을 입고 참석할 수밖에 없었지만, 테레자는 나폴레옹이 겪은 고생을 동정하듯 경청했고 영향력을 행사해 나폴레옹에게 새 제복이 보급되도록 했다.

은행가 가브리엘 우브라르는 쇼미에르 방문객 중에서 나폴레옹이 가장 하찮은 인물이었다고 회상했다. 언제나 모든 일에서 첫째가 되기를 원했던 청년이 얼마나 초조했으면 말석을 마다하지 않았겠는가! 나폴레옹은 자신이 툴롱에서 공훈을 세웠다고 해도 파리에서는 지방 사투리를 쓰는 별 볼일 없는 장교 대접을 받고 있다는 사실을 점점 더 분명하게 깨달았다. 파리 사람의 표준 발음은 테르미도르파의 표지가 되어 가고 있었으나, 나폴레옹은 자신도 모르는 사이 상스러운 대중의 말투에 자코뱅의 흔적을 지니고 있었다. 나폴레옹은 '시민(citoyen) 보나파르트'에 걸맞게 자동적으로 상스러운 말이 튀어나오는 탓에 라 쇼미에르의 세련된 예절에 적응하기가 어려웠다. 그러나 라 쇼미에르에서는 제르맨 드 스탈의 고상한 시구와 함께 닫힌 문 뒤에서는 노골적이고 난잡한 성생활이 공존했다.

나폴레옹은 스탈 부인의 가까운 친구인 쥘리에트 레카미에를 특히 싫어했다. 아마 레카미에가 처녀인 데다 성관계를 혐오한다는 사실이 알려졌기 때문일 것이다. 반면 나폴레옹이 볼 때 성욕이 여성의 타고난 속성이었다. 다행히 그저 한번 도전해볼 심산으로 웃통을 벗은 채 샹젤리제를 거닐었다는 열아홉 살 크레올 미인 포르튀네 아멜랭도 레카미에가 얌전한 척 뽐낸다고 미워해 나폴레옹과 공동전선을 폈다. 그녀는 훗날 나폴레옹의 찬미자이자 가까운 친구가 되었다. 나폴레옹은 아멜랭과 테레자의 후원을 받게 되자 데지레에게 보낸 편지에서 이제 왕당파 여인들을 사모하게 되었다고 섣부르게 속마음을 드러냈다. 데지레와 처음 만났을 때 나폴레옹은 열렬한 자코뱅이었다. "옛 연애 이야기에 나오듯 아름답고 학자들만큼이나 박식한······ 이 들뜬 여성들은 한 가지 공통점을 지녔소. 놀랍도록 용기와 명예를 사랑한다는 거요. ······ 이 여성들은 대부분 맹렬한 왕당파로서 지체 높은 자들을 자신들의 대의에 끌어들이려 애쓰며 즐거움을 찾는다오."

1795년 8월 17일 사건이 터졌다. 나폴레옹에게 서부군에 합류하지 않으면 군인의 경력이 끝나게 될 것이라는 긴급 명령이 떨어졌다. 나폴레옹은 절망에 빠져 어찌할 바를 몰랐다. 명령을 따르면 포병 사령관의 지위에서 흔해빠진 보병 부대 지휘관으로 강등되어 언제 끝날지도 모르는 데다 영예나 승진은 기대할 수도 없는 방데 전쟁에 참가해야 했다. 그리고 1793년에 알자스에서 오스트리아 군대를 몰아낸 공화국의 영웅 라자르 오슈* 밑에서 근무할 가능성이 매우 높았다. 영리한 나폴레옹은 자신보다 한 살 많은 야심만만한 오슈와 같은 자리와 같은 목표를 두고 경쟁해야 하며 오슈 밑에서 일하면 결

라자르 오슈(Louis Lazare Hoche, 1768~1797) 빈농 집안에서 태어나 사병으로 군인 생활을 시작했다. 1793년 3월 네르빈던 전투에 부관으로 참가했는데 이 전투에서 패한 뒤 샤를 뒤무리에 장군이 오스트리아로 탈주하자 반역 혐의로 체포되었으나 곧 무죄 판결을 받고 풀려났다. 같은 해 됭케르크 방어전에서 전공을 세워 준장으로 승진했다. 1797년에 잠시 육군장관을 맡기도 했다.

국 총살 집행반 앞에서 생을 마감하리라는 점을 알아차렸다. 자유분방한 정치적 음모가이자 부끄러움을 모르는 모험가였던 나폴레옹은 오슈의 명망을 질시했고 규율에 엄격하다고 평판이 난 오슈가 아주 사소한 명령 불복종도 용서하지 않으리라는 것을 알고 있었기에 자신이 방데에서 끝장날 것이라고 생각했다. 오슈는 몇 년은 고사하고 단 하루도 휴가를 허락하지 않을 사람이었는데, 나폴레옹 자신도 황제가 된 후에는 휴가에 대해 마찬가지로 엄격한 태도를 견지했다.

나폴레옹은 불가피한 일을 피하고자 최선을 다했다. 나폴레옹은 먼저 이전의 속임수를 다시 써 병가를 신청했으나, 육군부가 진단서를 써준 의사의 자격을 문제 삼음으로써 나폴레옹의 비장의 카드는 효과를 보지 못했다. 나폴레옹은 최후의 희망인 바라스에게 필사적으로 간청했다. 바라스는 젊은 탄원자를 각별히 아꼈을 뿐만 아니라 테레자 탈리앵의 영향력에 움직여 공안위원회 측량국에 나폴레옹의 자리를 마련해주었다. 이는 준장의 지위를 보장하는 높은 자리였지만, 나폴레옹이 조제프에게 카르노를 '대신했다'고 자랑했던 것만큼 높지는 않았다. 실제로 측량국은 네 명의 장군이 관리했다. 측량국은 1792년에 카르노가 일종의 참모부로 설립했고 가장 명석하고 뛰어난 군사 두뇌들의 집단으로 기대를 모았다.

바라스가 자신의 피보호자를 돕기 위해 신속히 움직인 데 더해 사건의 흐름이 나폴레옹에게 유리하게 바뀌었다. 6월 29일 오스트리아 군의 반격에 켈레르만(François Christophe de Kellermann, 1735~1820) 장군이 패주했고 프랑스가 1794년에 얻은 모든 승리가 물거품이 되었다. 켈레르만은 니스가 위험에 처했다고 주장하며 도움을 청했다. 정부는 바라스가 나폴레옹을 천거할 때 이미 이탈리아에서 싸운 경험이 있는 인물들을 물색하고 있었다. 라인 방면군과 피레네 방면군*의 병력을 이탈리아 전선으로 돌려야 한다고 주장한 나폴레옹의 첫 번째 보고서는 단지 1794년의 주장을 되풀이했을 뿐이다. 이탈리아 전선에서는 셰레르*가 켈레르만으로부터 지휘권을 넘겨받았다.

얄궂게도 나폴레옹이 임명되던 바로 그날, 오스만튀르크 제국으로 가려던 나폴레옹의 오래된 계획이 활기를 되찾았다. 육군부에서는 어정거리는 관료들을 가려내 외무위원회로 명단을 보냈고, 외무위원회는 나폴레옹에게 군사 사절단을 이끌고 오스만제국의 술탄에게 가겠다는 제안이 승인되었다고 통지했다. 그러나 여전히 난관은 있었다. 나폴레옹이 공안위원회에 오스만튀르크 제국 파견을 신청했다는 사실을 보고하지 않았던 것이다. 공안위원회는 방금 파격적인 조치를 취해 나폴레옹에게 유망한 직책을 맡겼는데 이처럼 새로운 요구를 꺼내는 데 불쾌해하며 그의 제안을 거절했다.

공안위원회가 몇 주 뒤에도 이러한 뜻밖의 사건을 염두에 두었기 때문일 수도 있고 아니면 단순히 공안위원회 인사 이동 탓일 수도 있지만, 나폴레옹은 9월 15일에 현역 장군 명부에서 이름이 삭제되었다는 통지를 받았다. 나폴레옹이 방데 전쟁에 참가하기를 거부했다는 것이 근거였지만, 이는 전혀 이치에 맞지 않았다. 그 주장이 타당하려면 우선 나폴레옹이 측량국에 자리를 얻는 일이 없어야 했다. 나폴레옹은 최악의 처지에 몰렸고, 3주 동안 돈에 쪼들려 극심한 고통을 당했다.

모든 야망이 허사가 되리라 예측한 나폴레옹은 데지레와 관계를 복원하기로 결심했다. 데지레는 앞서 냉정한 편지들을 받은 터라(그중 한 편지에서 나폴레옹은 이렇게 썼다. "다른 누군가를 사랑하게 되거든 당신의 감정을 받아들여야 하오.") 흥분된 어조로 자신을 파리의 사교

라인 방면군과 피레네 방면군(Armée du Rhin, Armée des Pyrénées) 프랑스 혁명군의 편제. 피레네 방면군은 1793년 4월 30일에 동부 피레네 방면군(Armée des Pyrénées orientales)과 서부 피레네 방면군(Armée des Pyrénées occidentales)으로 나뉜다.

셰레르(Barthélemy Louis Joseph Schérer, 1747~1804) 오스트리아와 네덜란드 군대에서 복무하다가 1792년에 프랑스군 대위가 되어 발미 전투에 부관으로 참여했다. 상브르뫼즈 방면군의 한 사단을 지휘했고 동부 피레네 방면군과 이탈리아 방면군 사령관을 지냈으며 라자르 오슈에 뒤이어 육군장관을 역임했다.

계에 소개하겠다는 따뜻하고 열정적인 편지를 받고는 틀림없이 깜짝 놀랐을 것이다. 나폴레옹은 이렇게 덧붙였다. "사랑하는 외제니, 서두릅시다. 시간은 흐르고 우리도 곧 노년기에 접어들 테니 말이오." 그러나 그것으로 끝이었다. 그 사이에 나폴레옹의 삶은 예기치 않게 다시 성공의 길로 들어섰고 데지레가 더는 필요하지 않았기 때문이다. 겉으로 드러난 나폴레옹의 행위로만 판단하자면 데지레를 대하는 나폴레옹의 방식은 비열해 보인다. 오스만튀르크 제국 근무를 신청하면서 동시에 열일곱 살 소녀에게 파리의 상류 사회에 소개해주겠다고 말하는 것을 보면 감추기를 좋아하고 부도덕하며 불성실하고 냉정하고 야심만만한 인물임을 확인할 수 있다.

나폴레옹이 9월 말에 직업적으로 큰 불행에 직면했다면, 후원자인 바라스는 목숨 자체가 위험한 한층 더 중대한 상황에 몰렸다. 1795년 6월 21일 새 헌법에 따라 다섯 명의 '총재(Directeur)'가 행정권을 장악했고 입법권은 500명으로 구성된 하원('오백인회')과 '원로들'의 상원('원로원')에 부여되었다. 그러나 이른바 '3분의 2법'*이라는 1795년 8월 22일과 30일 법령은 새 의회 의원의 3분의 2는 지난 국민공회에서 선출해야 한다고 규정했다. 그 의도는 새로운 재산가들을 보호하고 왕당파의 권좌 복귀를 방지하려는 것이었다.

방데미에르 11일(1795년 10월 3일) 파리의 7개 구가 왕당파인 르 펠르티에의 지휘로 반란을 선포했다. 파리 수비대 지휘관인 므누 장군(Jacques-François de Menou, 1750~1810)이 반란자들에게 찬성한다고 밝혔다. 수도의 국민방위대에서 왕당파 편으로 기울 수 있는 병사들이 2만 명은 되었다. 파리는 공포정치와 상퀼로트의 반란을 경험했고 이제 왕당파의 테러와 궁극의 역설, 즉 당시 정부에 맞선 우파의 반혁명에 직면했다. 특징을 말하자면 극단적인 왕당파와 국민방위대의

3분의 2법(Décret des deux tiers) 혁명력 3년 프뤽티도르 5일(1795년 8월 22일) 국민공회가 왕당파의 위협에 맞서 의원 과반수의 재선과 공화주의 제도의 존속을 위해 통과시킨 법.

불만 세력이 어울리지 않는 동맹을 맺고 '새로운' 재산가들을 위협한 것이다.

파리 봉기에 뒤이은 48시간 동안 나폴레옹의 정확한 움직임과 동기에 관해 상당한 논쟁이 있었다. 바라스와 나폴레옹은 각기 자신들의 회고록에서 상황을 무척 상이하게 묘사해 증거를 크게 왜곡했다. 어떤 평자는 나폴레옹이 왕당파와 놀아났다는 견해를 흑색 선전으로 치부했다. 나폴레옹은 쥐노에게 이렇게 말했다고 한다. "파리 시민들(반란자들)이 나를 우두머리로 언급하면, 나는 두 시간 안에 튈르리궁으로 쳐들어갈 수 있도록 할 것이고, 우리는 그곳에서 가련한 의원들을 내쫓아야 해." 이 말은 아브랑테스 공작부인 로르가 전한 이야기이므로 철저히 무시해도 된다. 그러나 나폴레옹은 세인트헬레나에서 베르트랑 장군에게 자신은 어느 편에 서야 할지 결정하지 못했으며 바라스가 사람을 보내 자신을 찾았을 때 자신은 왕당파로 기울고 있었다고 말했다. 바라스는 회고록에서 분란이 일어났을 때 즉시 나폴레옹을 떠올리고 사람을 보내 찾았으나 나폴레옹은 숙소나 카페, 평소 가던 곳에 없었다고 주장해 소문에 불을 지폈다. 이로부터 추정하자면 나폴레옹이 상대편과 협상하고 있었다는 결론이 나온다. 그러나 나폴레옹이 '행방불명' 중에 수잔이라는 금발머리 여인과 함께 침대에 있었다는 다른 얘기도 전한다. 바라스에 따르면 그는 나폴레옹의 표리부동함을 간파했으나 3분 안에 받아들인다는 조건으로 나폴레옹에게 포병 부대 지휘권을 제안하는 계략을 썼다. 나폴레옹은 이 제안을 수용했고, 이에 바라스는 나폴레옹을 튈르리 궁의 공안위원회 회의 장소로 데려가 그 자리에서 명령서에 서명을 받았고, 나폴레옹은 군대의 계급을 완벽하게 되찾았다.

오직 역사가만이 무성한 소문과 빈정거림의 덤불을 헤쳐 나갈 수 있으며, 공식적으로 바라스 밑에서 부사령관에 임명되었다는 나폴레옹의 과장된 주장을 피해 실제로 일어났던 일에 집중할 수 있다. 방데미에르 12일(10월 4일) 내내 동원을 알리는 경보가 쉬지 않고 울렸다. 테르미도르파 사람들은 공황 상태에서 바라스만 쳐다보았다. 바라스는 우선 감옥에서 수백 명의 자코뱅을 석방하고 다수의 한가한 장교들을 고용했다. 그 다음 나폴레옹에게 전갈을 보냈고, 나폴레옹은 즉시 결심했는지 아니면 시간을 두고 판단한 뒤였는지는 확실하지 않으나 호출에 응하기로 했다. 나폴레옹은 서둘러 인원을 헤아렸다. 나폴레옹은 국민공회에 병력이 6만 명에서 7만 명가량이라고 알린 서류상의 수치를 무시하고 바라스가 쓸 수 있는 실제 병력이 기껏해야 5천 명에서 6천 명임을 확인했다. 게다가 탄약도 적었고 대포도 없었다. 이들이 대적한 왕당파는 2만 명으로 잘 무장한 채 튈르리 궁을 향해 이동하고 있었고 포위망은 계속 좁혀지고 있었다. 탁월한 조치가 필요한 시기였다.

나폴레옹은 1792년 8월 10일에 관찰한 것을 토대로 삼아 다가올 교전의 열쇠는 대포라는 사실을 깨닫고 제21기마추격병연대의 대대장에게 파리 교외 사블롱 평원의 기지에 있는 국민방위대의 대포를 징발하라고 명령했다. 때는 10월 4일 한밤중이었다. 그 명령을 받은 대대장은 앞으로 나폴레옹에게 중요한 운명적 인물이 된다. 스물여덟 살인 그는 이미 파란만장한 경험을 한 로트 도(道) 출신의 조아생 뮈라*였다. 큰 코에 키가 크고 억센 남부 사투리를 쓰는 뮈라는 가스코뉴 사람답게 승부에 대해 거만한 태도를 지닌 기병 지휘관이었다. 늘 지성보다는 용기가 뛰어났으나, 이 경우에는 잘 참았다. 뮈라가 260명의 병력을 이끌고 사블롱 기지에 갔을 때, 같은 목적을 띤 국민방위대의 1개 중대가 동시에 도착했다. 뮈라는 방해한다면 궤멸될 것이라고 퉁명스럽게 말했고, 상대편은 이러한 위협에 물러섰다.

조아생 뮈라(Joachim Murat, 1767~1815) 무학으로 기병대에 입대했으며, 1795년 10월 왕당파의 반란을 진압하는 데 큰 공을 세운 뒤 나폴레옹의 최측근이 되었다. 나폴레옹의 막내 여동생 카롤린과 결혼했다. 1808년에서 1815년까지 나폴리 왕을 지냈다.

167

뮈라는 이어 말과 수레를 징발해 튈르리 궁으로 대포 40문을 견인해 갔다.

나폴레옹과 바라스는 튈르리 궁 주변으로 4천 명의 병력을 배치해 차단선을 쳤다. 나폴레옹의 전략은 반란자들이 궁의 창 밑에 집결해 방어군을 치지 못하도록 대포를 써서 막는 것이었다. 나폴레옹은 생토노레 거리를 남김없이 파괴할 수 있도록 주포의 발사를 준비하고 기다렸다. 운이 좋았다. 국민방위대 병사들은 무기력했고 왕당파의 군 지휘관 다니캉(Louis Michel Auguste Thévenet, 1764~1848. 별명이 다니캉Danican이었다.)은 무능했다. 전날 하루 종일 비가 억수같이 퍼부었고 왕당파는 비가 그치기를 기다린 뒤 학살극에 나서기로 했다. 국민방위대가 동트자마자 공격했다면, 나폴레옹은 포대를 준비해 제대로 조준할 여유가 없었을 것이다.

10월 5일 오후 4시 45분쯤 마침내 튈르리 궁에 대한 공격이 시작되었다. 반란자들은 혁명기의 시가전에서 그때까지 볼 수 없었던 살인적인 포화 속으로 무턱대고 돌진했다. 공격군은 큰 손실을 입고 생로슈 거리로 밀려나 같은 이름의 교회에 집결했다. 그중 가장 대담한 자들이 교회 지붕 위로 기어 올라가 굴뚝 뒤와 뾰족탑에서 저격수의 자세를 취했다. 이보다 더 나폴레옹의 마음에 흡족한 일은 없었다. 나폴레옹은 교회 앞에서 산탄을 장전한 8파운드 포 두 문의 포열을 직접 지휘하고 있었기 때문이다. 나폴레옹은 대포를 더 많이 불러와 맹렬하게 일제사격을 퍼부었고 반란자들은 떼로 쓰러졌다. 나폴레옹은 훗날 이 전투를 완곡하게 '포도탄 세례'라고 불렀다. 이와 동시에 나폴레옹은 센 강을 내려다보는 곳에도 대포를 배치해 반란자들이 강 좌안에서 도하해 동료들을 지원하지 못하도록 막았다. 오후 6시쯤 이들도 목표를 달성하지 못하고 패주했으며, 예정된 공격의 두 '뿔'이 모두 철수했다. 그날 밤 다시 비가 억수같이 쏟아져 시가전이 벌어진 곳곳에 엉긴 핏자국을 씻어냈다. 생로슈 교회 안에는 시신이

1795년 10월 5일(방데미에르 13일), 나폴레옹이 국민공회를 향해 반기를 든 왕당파 반란군에 맞서 파리 생로슈 교회 앞에서 포격전을 벌이고 있다. 반란을 진압한 나폴레옹은 영웅으로 떠올랐고 파리의 치안을 담당하는 사령관으로 임명되었다.

400구 있었으며, 거리에도 1천 구가 넘는 시체가 널려 있었다.

이튿날 바라스와 측근들은 반란자들이 탈출할 수 있도록 파리의 여러 성문을 열었다. 바라스는 나폴레옹이 그날의 영웅이므로 소장으로 진급해야 마땅하다고 정부에 보고했으나, 총재정부의 바라스 동료들은 아직 무명인 보나파르트 장군이 승리에 어떤 기여를 했는지 의심스럽다는 견해를 보였다. 한 주 뒤 바라스는 국내군* 사령관 직에서 사퇴하고 나폴레옹을 후임자로 천거했다. 바라스는 동료들에게 이렇게 말했다고 한다. "이 사람을 승진시켜라. 그러지 않으면 그는 당신들의 도움 없이 스스로 승진할 것이다." 반대가 심했고 특히 카르노가 크게 반대했는데도, 나폴레옹은 새로운 사령관으로 임명되었다. 나폴레옹은 연봉으로 4만 8천 프랑을 받게 되었으며 경찰과 정보부를 지배함은 물론 사실상 파리 사령관의 지위를 얻게 되었다.

스물여섯 살에 나폴레옹은 부유해졌으며 유명 인사가 되었다. 나

국내군(Armée de l'Intérieur) 프랑스 혁명군의 야전군. 1792년 9월 4일에 창설되어 1793년 4월 30일에 라로셸 해안군으로 개칭되었다가 1796년 9월 22일에 해산되었다.

폴레옹은 행복에 도취해 조제프에게 공직과 특권으로 집안을 부유하게 만들겠다는 내용의 편지를 보냈다. 나폴레옹은 즉각 그 일에 착수했다. 어머니에게 6만 프랑을 보냈고, 마르세유의 초라한 다락방에서 여동생들과 함께 지내던 어머니의 거처를 그 도시에서 가장 인기 높은 구역에 있는 호화 주택으로 옮겼다. 조제프는 이탈리아 영사가 되었으며 돈을 받아 제노바의 사략선에 투자했고, 뤼시앵은 네덜란드에 있는 북부군(Armée du Nord)의 위임관에 임명되었다. 루이는 제4 포병연대의 초급 장교로 승진했고 나폴레옹 참모부에 서기 겸 부관으로 합류했다. 열한 살 된 제롬은 파리 인근의 비용이 많이 드는 아일랜드 학교로 옮겼고, 브리엔 시절을 잊지 않았던 나폴레옹은 제롬을 멋대로 하도록 내버려 두면서 용돈을 마구 쥐어줬다. 보나파르트 가족에게 재정 문제의 두뇌인 페슈는 잠시 사제직을 버리고 돈이 되는 이탈리아 방면군의 위임관 직을 얻었다.

나폴레옹은 클라리 부인에게 분명 자신의 측근인 스타니슬라스 프레롱을 소개하려는 목적에서 거만한 태도가 엿보이는 전갈을 보내 자신의 새로운 지위를 알렸으나, 데지레에게는 한 통의 편지도 보내지 않았다. 11월 15일 나폴레옹은 조제프에게 편지를 써 부자가 된 자신의 새로운 지위를 한껏 즐겼다.

방금 형에게 줄 40만 프랑을 받았어. 페슈가 형의 계좌로 입금할 거야. 가족을 이곳(파리)으로 데려오려고 해. 형과 형수, 데지레에 관해 더 많은 소식을 전해줘. 안녕 나의 좋은 친구, 나는 언제나 형과 함께할 거야. 한 가지 걱정은 형이 우리와 떨어져 너무 먼 곳에 있다는 거야. 형수가 임신하지만 않았어도 이곳 파리에 와서 함께 지내자고 설득했을 텐데.

나폴레옹은 툴롱 전투 이후 처음으로 명백하게 승자 편에 섰으며,

새로운 지위를 마음껏 누렸다. 나폴레옹의 편지들은 이제 자신이 행운의 별자리에서 태어났다는 확신을 내보였다. 나폴레옹은 즉시 마레(Marais)의 음침한 구역을 벗어나 호사스러운 새 집으로 이사했다. 나폴레옹은 불과 며칠 전까지만 해도 극도로 곤궁한 처지에 놓여 있었지만, 이제 멋진 마차를 타고 파리를 질주했으며 오페라 극장의 전용 관람석에 손님들을 초대했고 방돔 광장의 사령부에서 화려한 파티를 열었다. 나폴레옹은 방데미에르 반란 이전에는 대중에게 널리 알려지지 않은 인물이었는지는 몰라도 이제는 귀에 익은 이름이었다. 10월 11일 국민공회 회의에서 프레롱이 했던 과도한 찬사는 나폴레옹의 유명세를 증명했다. 불쾌한 인간인 프레롱이 빼어난 미모의 열다섯 살 폴린 보나파르트를 향해 욕망의 침을 흘리며 그녀와 결혼하려는 숨은 동기를 지녔다고 하더라도 말이다.

나폴레옹은 국내군 총사령관으로서 국내의 치안과 언제 터질지 모를 폭탄과도 같은 파리의 평온을 책임졌다. 경제 위기의 기세가 누그러질 기미가 보이지 않았으므로, 나폴레옹은 우선 불만분자들의 진원으로 가장 가능성이 높은 곳을 타격했다. 다시 말해 자코뱅의 중추인 팡테옹 클럽을 폐쇄했다. 4만 명을 동원할 수 있었던 나폴레옹은 병력을 여럿으로 나누어 시위하듯 곳곳에 배치함으로써 말썽의 소지가 있는 곳들을 엄중히 단속했다. 늘 그랬듯이 절박한 문제는 파리의 빵 공급이었다. 흰 밀가루로 만든 진짜 빵을 적당한 값에 구매하는 일은 프롤레타리아에게 지난 몇 년간 지속되어 온 초미의 관심사였다. 출처가 의심스럽기는 하지만, 나폴레옹은 식량 폭동을 일으키려는 무리가 자신이 지휘하는 소대를 에워싸 위험한 상황이 연출되었다는 무용담을 즐겨 얘기했다. 뚱뚱한 한 여인이 병사들에게 야유를 퍼붓고 가난한 사람들이 굶어죽는 동안 군인들만 살쪘다고 큰소리로 외쳐 군중을 부추겼다. 당시 극도로 야윈 나폴레옹은 이렇게 외쳤다. "선량한 여인이여, 나를 잘 보시오. 우리 둘 중 누가 더 살쪘소?" 두 사람의 외모는 너무나도 대조적이었다. 한바탕 웃음소리와 함께 팽팽한 긴장 상태가 해소되었다.

1795년 10월은 나폴레옹의 생애에서 중요한 전환점이었다. 나폴레옹이 방데미에르 승리 직후 로즈 드 보아르네와 열렬히 연애한 끝에 결혼을 한 것이다. 방데미에르 승리와 연애, 이 두 사건은 몇몇 경솔한 전기 작가들의 해석에서 볼 수 있듯 동시에 일어난 사건이 아니라 원인과 결과로 보아야 한다. 흔히 전하는 이야기에 따르면 방데미에르 13일 이후 나폴레옹은 파리 시민에게 무기를 반납하라는 포고령을 내렸다. 로즈 드 보아르네의 열네 살 된 아들 외젠은 나폴레옹을 찾아가 부친이 물려준 의식용 검을 소장해도 되는지 물었다. 나폴레옹은 이를 허락했고, 로즈가 고마움을 표하려고 나폴레옹을 방문했는데 이것이 연애 사건의 시작이었다.

이는 명백히 전설 같은 이야기다. 로즈 드 보아르네는 테레자 탈리앵과 아주 절친한 친구 사이였다. 나폴레옹은 라 쇼미에르에서 여러 차례 로즈를 보았을 테지만 그때 나폴레옹은 하찮은 인물이었기에 로즈의 관심을 끌지 못했을 것이다. 방데미에르 이후 나폴레옹은 떠오르는 별이 되었다. 외젠이 연관된 이야기는 훗날 양측의 체면을 살리기 위해 지어냈다고 보아야 할 것이다. 로즈는 젊은 장군의 환심을 사려 했다는 사실을 감추고 싶었고, 보나파르트는 자신이 바라스의 부하였으며 두 사람의 연결을 제안한 자가 바라스였다는 역사적 사실을 고쳐 쓰기를 원했다. 속이 빤히 들여다보이는 검 얘기를 무시한다면, 나폴레옹이 10월 15일에 샹트렌 거리에 있는 로즈 집을 처음으로 방문했다는 사실만 남는다.

역사와 전설에 조제핀으로 알려진 로즈 드 보아르네는 어떤 사람이었는가? 로즈 드 보아르네는 1763년 6월 23일 프랑스의 서인도제도 식민지 마르티니크에서 태어났고 마리 조제프 로즈라는 세례명을 받았다. 로즈의 아버지는 힘들게 생활을 꾸려 나가던 농장주 조제프

타셰르 드 라 파제리(Joseph Tascher de la Pagerie)였다. 로즈는 열여섯 살 때 제임스 복위파 스코틀랜드인 망명자의 아들과 사랑하는 관계였으면서도 숙모의 주선으로 프랑스로 건너가 알렉상드르 드 보아르네(Alexandre de Beauharnais)와 혼인했다. 숙모는 신랑 아버지의 정부였다. 로즈의 결혼 생활은 몹시 불안정했다. 그들 부부는 처음 4년간 겨우 넉 달 정도 함께 지냈는데, 그때 임신하여 1781년에 아들 외젠이 태어났다. 로즈가 둘째 아이인 딸 오르탕스를 임신했을 때, 알렉상드르는 마르티니크를 방문한다면서 이전 정부였던 로르드 롱프레와 함께 떠났다. 질투가 심한 로르는 알렉상드르의 마음에 로즈에 대한 편견을 심어주었고, 마르티니크에 도착한 즉시 파제리 집안의 노예들에게 뇌물을 주고 위협해 로즈가 프랑스로 떠나기 전에 성적으로 문란했다는 소문을 내게 했다. 알렉상드르는 로즈에게 신랄한 편지를 써 보내 오르탕스가 자기 자식이 아니라고 선언했다. 알렉상드르는 프랑스로 돌아온 뒤 외젠을 유괴했으나 결국 돌려보내야 했다.

이후 별거 기간에 로즈는 변했다. 그 시기에 관능적이고 쾌락적이며 상대를 가리지 않고 사랑을 나누는 여인의 면모를 처음으로 드러냈기 때문이다. 1788년 로즈는 오르탕스를 데리고 대서양을 건너 마르티니크로 여행했는데, 이에 대해서는 확실한 자료가 없다. 어떤 이는 말하기를 로즈가 승선했을 때 확실히 혼외의 아이를 임신하고 있었다고 한다. 만약 배에서 유산했다면 이후 로즈가 불임이 된 것이 설명될 수 있다. 어쨌든 로즈는 마르티니크에 2년 동안 머물렀다. 1790년 로즈는 파리로 돌아왔고 여전히 별거 중이었지만 알렉상드르 드 보아르네와 적당한 관계를 유지했다.

대혁명 중에 과두제에 대한 지지를 접은 알렉상드르 드 보아르네는 계속 왼쪽으로 기울어 결국 산악파의 일원이 되었다. 그러나 알렉상드르는 자코뱅의 탐욕스러운 인간들이 서로 물어뜯는 공포정치의 집단 광기에 사로잡혔다. 알렉상드르는 로베스피에르와 생쥐스트와 충돌했다가 1794년 4월에 악명 높은 레카름 감옥에 투옥되었다. 로즈는 알렉상드르의 석방을 청원하다가 같은 운명에 처했다. 곧 죽을 자들이 단두대를 조롱하느라 미친 듯이 짝짓기를 해 거대한 사창가라는 소문이 났던 레카름에서 알렉상드르 드 보아르네는 델핀 드 퀴스틴(Delphine de Custine)과 정사를 나누고 있었다. 1790년에 파리로 돌아온 뒤로는 되는 대로 편하게 관계를 맺었던 로즈는 오슈 장군을 연인으로 선택했다. 감옥에서는 지옥에 떨어진 자들 사이에 놀라운 동지애가 생겨났다. 간수들은 담당 수감자들을 감옥 안에 안전하게 감금한 뒤로는 안에서 무슨 일이 일어나든 아무런 관심도 두지 않았다. 그 결과는 저주받은 자들의 사교 클럽과 끝없는 난교의 결합이었다. 로즈가 감옥에서 사귄 친구에는 그레이스 달림플과 테레자 탈리앵도 포함된다.

알렉상드르 드 보아르네는 1794년 7월 22일 끌려 나가 처형되었다. 로베스피에르가 테르미도르의 반동으로 몰락하기 꼭 닷새 전이었다. 쿠데타가 일어나고 열흘이 지난 뒤 로즈는 자유의 몸이 되었다. 테레자 탈리앵과 라 쇼미에르에 밀착한 로즈는 바라스의 정부가 되었고, 절망적인 금전적 상황과는 전혀 어울리지 않는 사치스러운 생활을 했다. 이러한 특징은 파산한 농장주 가족들이 노예들을 위압하기 위해 소비에 탐닉했던 마르티니크의 문화적 유산이었던 것 같다.

로즈는 타고난 경박함을 제쳐 둔다면(책이라곤 단 한 권도 읽지 않고 오로지 옷에만 돈을 썼다) 성욕으로 당대인들에게 깊은 인상을 남겼다. 로즈는 감옥에서 나왔을 때 오슈가 단두대에서 죽지 않았음을 알고 다시 관계를 재개하려 했다. 오슈는 로즈가 침대에서 굉장했으며 그 여인을 원한다는 점도 인정했지만 만족을 모르는 욕정에 넌더리가 났다고 밝혔다. 오슈는 이런 말로 로즈를 무시했다. "그러한 정사는 감옥에서는 허용될지 몰라도 밖에서는 결코 아니오. …… 매춘부를 정부로 둘 수는 있어도 절대로 아내로 삼을 수는 없지." 후일에 바라스가 남긴 증언에 따르면(그때쯤이면 바라스는 나폴레옹과 조제핀을 모두 증오했고 악의에 찬 소문을 마구 쏟아내고 있었다는 사실을 되새길 필요가 있다) 오슈는 로즈와 관계를 재개할 의향이 있었으나 음란한 로즈가 반 아커라는 알자스 출신의 건장한 하인 품에 안겨 있는 장면을 목격하고 그만두었다고 한다. 그러나 냉소적인 난봉꾼인 바라스는 비공식적 정부들을 맞을 때는 여인의 배경을 개의치 않았으며 로즈를 기꺼이 새로운 정부 명단에 추가했다.

로즈와 열 살 연하의 테레자 탈리앵이 나눈 우정은 널리 알려져 있다. 두 사람은 친밀한 관계를 보여주려는 의도로 종종 똑같은 옷을 입었다. 두 사람 다 관대하고 자비로웠으며, 어린 나이에 어울리지 않는 남자와 결혼했고, 똑같이 공포정치 때 투옥되어 단두대에 목이 잘릴 뻔했다. 성적 관점에서 볼 때 가장 흥미로운 점은 두 사람 다 바라스의 정부였다는 사실이다. 바라스는 자신의 회고록에서 두 여인의 매력을 훌륭하게 비교했다. 바라스의 주장에 따르면 테레자는 진정한 정열의 여인이었던 반면, 로즈는 침실에서 희열을 가장하고 속으로는 돈을 헤아리는 계산기 같았다. 그러나 다른 이들의 회고록은 정반대 내용을 적고 있다. 일치된 견해는 로즈(조제핀)가 진실로 대단한 성 충동을 지닌 여자 색정광이었으며 바라스의 증언은 믿을 수 없다는 것이다. (그러나 이 문제의 글은 바라스를 처형한 인물이 썼다는 주장도 있다.)

1795년 10월에 나폴레옹이 몰두했던 서른두 살의 여인은 이랬다. 실제로 예쁘지 않았고 한창때를 지났으며 용모가 두드러지지 않았고 이는 많이 썩어 검은색으로 변해('정향' 같다고 묘사되었다.) 이를 드러내지 않고 웃는 연습을 했을 정도였던 로즈 드 보아르네는 미인이라기보다 매력 있는 여성이었을 따름이었다. 어떤 설명은 로즈를 남북전쟁 이전 남부의 미인처럼 묘사하기도 한다. 비단결처럼 고운 밤색

조제핀 보나파르트, 1795년 10월, 나폴레옹은 여섯 살 연상인 로즈 드 보
아르네와 사랑에 빠져 결혼한다. 나폴레옹은 로즈를 '조제핀'이라 불렀다.

머리칼에 긴 속눈썹이 드리운 짙푸른 눈동자는 보는 이를 빨아들일
듯했다는 것이다. 로즈는 성적 매력이 드러나도록 연습했다. 상냥한
미소와 우아한 걸음걸이, 감미로움을 전달하기 위한 허스키하고 느
릿느릿한 목소리는 그러한 노력의 결과였다. 로즈는 우아하게 옷을
차려입고 보석과 꽃으로 장식해 좋은 피부색을 최대한 이용했다.

　나폴레옹과 로즈의 연애는 처음에는 장난 같았다. 10월 28일 로즈
는 나폴레옹에게 이렇게 편지를 보냈다. "당신은 당신을 사랑하는
여자친구를 이제는 보러 오지 않는군요. 당신은 나빠요. 이 여인은
깊은 애정으로 당신을 사모하는데 말이에요. 내일 우리 집에 와서 저
녁 식사 같이 해요. 꼭 당신을 만나 당신의 관심은 무엇인지 얘기를
나누어야겠어요." 나폴레옹은 즉시 답장을 보냈다. "그대 편지의 말

투가 왜 그런지 이해할 수 없군요. 청컨대 나만큼 당신의 호의를 간절히 바라고 그 점을 입증하고 싶어 하는 사람은 없다는 것을 믿어주오. 근무만 아니라면 내가 직접 가서 마음을 전했을 것이오."

나폴레옹은 10월 29일부터 다섯 달 동안 밤마다 조제핀과 함께 지냈다. 두 사람은 처음 며칠 동안은 저녁 식사만 같이 했지만 11월 초에 동침으로 연애를 완성했다. 두 사람이 처음 사랑을 나눈 다음날 아침부터 나폴레옹은 로즈를 내내 '조제핀'으로 부르며 이렇게 편지를 썼다. "아침 7시. 나는 온통 당신 생각으로 잠에서 깼소. …… 지난밤의 황홀했던 기억에 나의 오감은 아직도 쉬지 못하오. …… 누구도 견줄 수 없는 사랑스러운 조제핀, 당신의 입술과 당신의 가슴에서 일어난 불길이 나를 태워버렸소. …… 천 번의 키스를 보내오. 그렇지만 내게는 당신의 키스를 보내지 마시오. 내 피를 불사를 테니."

조제핀은 매우 냉소적이고 계산적으로 나폴레옹을 유혹하는 데 착수했다. 조제핀은 강력한 보호자와 돈이 필요했고, 보나파르트 장군은 두 관점에서 모두 적합한 인물로 보였다. 바라스가 조제핀에게 싫증을 느끼기 시작해 조제핀을 나폴레옹에게 떠넘기는 것이 기발한 해법이라고 생각했다는 징후가 있다. 그렇게 되면 두 피보호자는 서로 간에는 섹스로 결합하고 바라스에게는 감사하는 마음으로 묶일 것이기 때문이다. 그러나 결정을 내린 이는 조제핀이었고, 결정의 요인은 조제핀의 이전 연인이었던 라자르 오슈였던 것으로 보인다.

오슈는 방데의 반란을 진압한 뒤 파리로 돌아와 계획 중이던 아일랜드 침공(1796년에 거의 성공할 뻔했다)을 지휘할 참이었다. 아내가 있는 로렌으로 돌아갈 뜻이 없었던 오슈는 파리에 머물렀고 지난해에 조제핀에게 난폭하게 소리 지른 일을 후회하고 있었다. 오슈는 조제핀을 권력자인 바라스와 공유하기를 마다하지 않았으나 자기 밑에서 근무하기를 거부한 바로 그 장군이 이제는 상관이 되었을 뿐만 아니라 조제핀의 연인으로서 샹트렌 거리에 자리를 잡고 있다는 사실을 알고 크게 분노했다. 조제핀은 기꺼이 오슈를 되찾으려 했던 것으로 보이나, 두 가지가 이를 방해했다. 첫째, 조제핀은 오슈에게 최고 지휘권을 얻도록 갖은 수단을 다 써 영향력을 행사하겠다고 말함으로써 부정한 처신을 했다. 그러나 자부심이 강했던 오슈는 여인의 간계가 아니라 자신의 능력으로 원하는 바를 성취하려 했다. 둘째, 오슈의 아내가 딸을 출산했다는 소식이 왔다. 1796년 1월 3일 오슈는 마지못해 파리를 떠났다. 오슈는 나중에 조제핀을 다시 얻지 못한 이유를 괴로운 마음으로 합리화했고 친구에게 이런 편지를 보냈다. "보나파르트 부인에게 내 편지를 돌려 달라고 요청했어. 내가 그 여인에게 보낸 연애편지를 그 남편이 보기를 원하지 않거든. …… 나는 그 여인을 경멸하네."

조제핀은 바라스 부인이 될 가능성이 조금도 없다는 사실이 확실해지자마자 나폴레옹과 결혼하는 것이 최선이라고 판단했다. 그러나 두 사람의 관계에는 초기에 몇 가지 사소한 문제가 있었다. 분명한 사실은 두 사람 다 상대방이 부자라고 생각했다는 점이다. 조제핀은 보나파르트에게 자신의 사정이 어떤지 말하지 말라고 바라스에게 간청했다. 결혼 전에 뜻밖의 사고가 한 번 있었다. 나폴레옹이 조제핀의 변호사를 방문해 마르티니크에 있다는 조제핀의 엄청난 재산에 관해 물은 것이다. 당황하고 분노한 조제핀은 무섭게 책망했고, 이에 나폴레옹은 재산을 노리고 혼인하려는 것이 아니라고 서둘러 조제핀을 안심시키면서 굴복했다. "내가 오로지 사람 하나만 보고 당신을 사랑한 것이 아니라고 생각했군요."

조제핀의 여러 친구들은 나폴레옹이 조제핀의 취향이 아니라고 생각했다. 두 사람의 개성은 서로 충돌했다. 조제핀은 게을렀지만 나폴레옹은 격렬하고 열정적이었다. 나폴레옹은 '대대로 내려온 재산'이 없었기에 충분히 많은 돈을 가진 재산가가 아니었고, 부양해야 할 식구가 많았으며, 운명의 수레바퀴가 한 번 더 방향을 튼다면 결국 무일푼이 될 수도 있었다. 조제핀의 변호사인 라귀도(Ragudeau)는 조제핀에게 흐르는 모래 위에 앉아 있다고 경고했다. "외투와 검 한 자루밖에 가진 것 없는 젊은이와 결혼할 만큼 바보였소?" 조제핀의 다른 친구들은 보나파르트가 신체적으로 매력이 없다는 점과 함께 가장 명확한 반대의 이유로 조제핀이 나폴레옹을 사랑하지 않았고 사랑하고 있지도 않다고 지적했다.

조제핀은 주변 사람들이 반대하는 이유들을 진지하게 숙고했지만 그럼에도 조제핀에게 나폴레옹은 그 모든 결점을 상쇄하고도 남는 강력한 장점이 있었다. 조제핀의 매력은 빠르게 사라져 가고 있었으며, 영향력 있는 찬미자는 조만간 공급이 끊길 터였다. 바라스는 결코 지배할 수 없었고 오슈는 지배했어도 아주 잠시 동안이었지만 나폴레옹은 확실하게 지배했다고 느꼈다. 그밖에 보나파르트는 훌륭한 계부가 될 소질을 지녔고, 특히 외젠에게는 존경할 수 있는 남성 후견인이 필요했다. 모든 아이들이 의무적으로 직업 훈련을 받아야 했던 공포정치 시절에 외젠은 어느 목수의 도제로 들어갔다. 이후 외젠은 방데에서 오슈의 전령으로 한 해를 보내면서 끔찍한 잔학 행위들을 목격했다. 조제핀은 자기 아들이 인생의 어두운 이면을 너무 일찍 너무 많이 목격했다고 생각하고 앞으로는 나폴레옹의 보호를 받기를 바랐다. 조제핀의 딸 오르탕스가 계부가 될 사람을 좋아하지 않는 것은 사실이나 시간이 흐르면 해결될 문제였다. 조제핀이 오르탕스의 감정을 옳게 진단했는지는 논의의 여지가 있다. 오르탕스는 회고록에서 나폴레옹의 지성에 질리고 그 에너지에 지쳤다고 적고 있다. 오르탕스는 1796년 1월 21일 뤽상부르 궁에서 바라스와 함께 저녁 식사를 했던 일을 회상했다. 오르탕스는 어머니와 보나파르트 사이에 앉았고, 나폴레옹은 조제핀에게 취해 정신이 나간 사람처럼 보였다. 오르탕스에게는 정서적으로 힘든 경험이었다.

1796년 2월 7일 나폴레옹과 조제핀의 결혼 발표가 있었고, 3월 9일 나폴레옹이 신부를 세 시간 기다리게 한 후 결혼식이 거행되었다. 조제핀 쪽에서는 바라스, 탈리앵, 조제핀의 변호사가 증인으로 나섰고, 나폴레옹 쪽 증인은 열여덟 살 된 르마루아(Le Marois) 대위가 맡았다. 나폴레옹은 스물여섯 살이었고 조제핀은 서른세 살을 바라보고 있었지만, 두 사람은 똑같이 스물여덟 살로 신고했다. 결혼 증명서에 따르면 조제핀은 1767년생이고 나폴레옹은 1768년생이다.

　다소 탐욕스러웠던 이 결혼식에서 거짓된 모습은 이뿐만이 아니었다. 조제핀은 이혼이 쉽도록 냉소적으로 민사결혼을 선택했다. 그렇지만 부부가 법적으로 과연 결혼을 했는지 의혹이 일기도 했다. 시장은 참석하지 않았다. 아마도 결혼식이 지나치게 늦은 시각에 시작되었기 때문일 것이다. 대신 시장의 보좌관이 예식을 주재했는데 그에겐 그럴 법률적 권한이 없었다. 게다가 르마루아는 미성년자였으므로 법적으로 증인이 될 수 없었다. 마지막으로, 조제핀은 결혼식 전날 밤까지도 계속해서 바라스와 정사를 나누어 앞으로 어떤 사태가 닥칠지 예고했다. 신혼여행은 전혀 상서롭지 못했다. 먼저 조제핀은 자기 개 포르튀네를 침대에서 같이 재워야 한다고 고집했는데, 개가 나폴레옹을 물었다(두 사람이 섹스 중이었는지 아닌지는 기록에 없다). 나폴레옹은 여느 때처럼 열의 없이 교합을 수행했다. 너무 빨리 끝나서 조루에 가까웠다고 한다. 조제핀은 '신속한' 성교에 실망해 가까운 친구들에게 나폴레옹은 '아무짝에도 쓸모없는 놈'이라고 말했다.

　바라스의 '결혼식 참석'은 한 주 전에 공식적으로 발표되었다. 나폴레옹이 이탈리아 방면군 총사령관에 임명되었던 것이다. 일이 그렇게 된 배경에는 오스트리아에 승리를 거두려면 이탈리아를 공격해야 한다는 나폴레옹의 강박관념이 있었다. 나폴레옹은 국내군 사령관으로 있으면서 이탈리아 전선의 전쟁 수행을 끊임없이 비판해 총재정부를 괴롭혔다. 파리의 나폴레옹과 니스의 셰레르 사이에는 암암리에 권력 투쟁이 벌어졌다. 셰레르는 나폴레옹의 비난에 점점 더 흥분했고 어린 친구의 경탄할 만한 계획은 터무니없는 망상이라고 총 재정부에 불평했다. 셰레르는 자신을 지지하지 않으면 사임하겠다고 위협하여 몇 차례 원하는 바를 얻어냈으나 결국 무리하게 처신했고, 총재정부는 1796년 3월 2일자로 그의 사임을 받아들였다. 그러나 나폴레옹이 셰레르를 대신해 이탈리아 방면군 사령관에 임명되자, 파리의 언론이 적대적인 반응을 보였다. 바라스가 진정으로 재능 있는 장군들을 두려워해 총신 한 명에게 상을 내렸다는 얘기였다. 재능 있는 장군들이란 오슈와 모로*, 마르소*, 피슈그뤼*였다.

조제핀과 결혼하기로 결심한 뒤 나폴레옹의 첫 번째 과제는 데지레와 파혼하는 것이었다. 결혼해야겠다고 생각하자마자 나폴레옹은 데지레에게서 멀어지기 시작했다. 1795년 11월에 조제프에게 보낸 편지의 결말은 이러한 정황을 잘 보여준다. 나폴레옹은 데지레에게 그저 안부를 전하라고 할 뿐이었고 '외제니'라는 애칭도 쓰지 않았다. 1796년 1월 나폴레옹은 마음을 확실히 정하고는 데지레에게 즉시 가족의 동의를 구하지 못한다면 파혼할 수밖에 없다고 통고했다. 이는 교활한 술책이었다. 나폴레옹은 클라리 부인이 딸이 아직 어린 나이라는 점을 들어 결혼에 반대하며 미성년을 벗어날 때까지 결혼 동의를 유보하리라는 사실을 아주 잘 알고 있었기 때문이다. 데지레가 그다음에 들은 소식은 사랑하는 사람이 다른 여자와 결혼했다는 발표였다. 데지레가 비통함에 젖어 나폴레옹에게 보낸 편지에 담긴 진심

장 모로(Jean Victor Marie Moreau, 1763~1813) 이탈리아 방면군과 라인 방면군 사령관을 지냈다. 브뤼메르 18일 쿠데타에서 나폴레옹의 권력 장악을 도왔으나 나중에 경쟁자가 되어 미국으로 쫓겨났다.

프랑수아 마르소(François Séverin Marceau-Desgraviers, 1769~1796) 방데 반란 진압에 참여한 후 빠르게 승진했다. 1796년 모로의 독일 침공 때 심각한 부상을 입고 사망했다.

피슈그뤼(Jean-Charles Pichegru, 1761~1804) 북부군, 상브르뫼즈 방면군, 라인 방면군 사령관을 지냈다. 루이 18세를 왕으로 옹립하려는 음모를 꾸몄다가 혐의를 받자 퇴역했고, 1797년 이른바 프뤽티도르 18일의 쿠데타 때 체포되어 프랑스령 기아나로 유배되었다. 이듬해 런던으로 탈출한 뒤 1803년에 파리로 돌아와 제1통령에 반대하는 왕당파의 봉기를 지휘했다가 체포되었고 감옥에서 교살된 채 발견되었다.

은 의심할 수 없다.

당신은 나를 무척 불행하게 만들었지만, 나는 너무 연약해 당신을 용서합니다. 당신은 결혼했군요! 가여운 데지레는 이제 더는 당신을 사랑하거나 생각해서는 안 되나요? …… 내 마음이 얼마나 확고부동한지 당신이 알고 있으리라는 것만이 유일한 위안이에요. …… 내게는 죽음만이 희망입니다. 이제 더는 당신에게 내 삶을 바칠 수 없으니 삶은 내게 고통일 뿐이에요. …… 당신이 결혼하다니! 그 생각을 떨칠 수 없어요. 그 생각만 하면 죽을 것만 같아요. 난 결코 다른 이의 사람은 될 수 없어요. …… 곧 당신의 아내가 되어 세상에서 가장 행복한 여인이 되기를 바랐는데. …… 그렇지만 당신이 매우 기쁘고 축복받는 결혼 생활을 하기를 기원해요. 당신이 선택한 여인이 내가 당신을 행복하게 만들고 싶었던 만큼 당신을 행복하게 해주고 당신에게 합당한 행복한 생활을 누릴 수 있게 해주기를. 당신은 지금 행복하겠지만 가엾은 외제니를 아주 잊지는 말아줘요. 그리고 외제니의 운명에 미안해하기를.

도대체 무슨 생각으로 나폴레옹은 여섯 살 연상에다 아름다움이 퇴색해 가는 무일푼의 크레올과 결혼했을까? 진부한 것부터 병리적인 것까지 여러 답변이 있을 수 있다. 가장 단순하게는 나폴레옹이 지배 엘리트의 주요 여성과 결혼해 그 사회에 닻을 내렸다고 주장할 수 있다. 어떤 이들은 한층 더 멀리 나아가 바라스가 이탈리아 방면군의 최고 지휘권을 주는 대가로 조제핀과 결혼하라고 강요했다고 말한다. 그러나 이 견해는 나폴레옹이 조제핀과 만나기 전에 바라스와 아무런 관계도 맺지 않았다는 잘못된 생각에 근거를 두고 있다. 사실 나폴레옹은 로즈 드 보아르네가 삶에 중요한 인물로 끼어들기 오래 전부터 지속적으로 바라스의 총애를 받았다.

다른 견해는 나폴레옹이 순진하게도 조제핀을 실제보다 더 높은 신분으로 생각하고 귀족과 결혼했다고 착각했다는 것이다. 조제프에 게 보낸 편지에서 나폴레옹이 쇼미에르 그룹을 '파리에서 가장 저명한 상류 사회'라고 기술한 것은 사실이며, 이러한 견해에 동의한다면 나폴레옹은 왕당파와 귀족 사회에 입장했다고 상상한 셈이므로 속물 근성의 희생자가 되고 만다. 마르몽은 이 설명이 옳다고 보았으며 회 고록에 이렇게 기록했다. "나폴레옹은 당시 거의 확실히 그 어느 때 보다도 큰 도약을 이루었다고 믿었다. 카이사르 집안의 딸과 결혼했 다고 느꼈기 때문이다."

이런 견해는 모두 두 사람의 결합을 정략결혼으로 보는데, 실제는 결코 그렇지 않았다. 훗날 세인트헬레나에서 나폴레옹은 결혼했을 당시에 자신이 조제핀에게 완전히 빠져 있었음을 인식하면서 그곳에 서 자신의 삶 모두를 다시 썼듯이 결혼에 관한 이야기도 다시 쓰려 했다. 새로 쓴 이야기에서 그는 그 결혼이 국가적 이유에 관련되었 다고 암시했다. 나폴레옹은 한 차례 자발적이었고 계획적이지 못했 던 행동 때문에 자신을 증오했는지도 모른다. 정략결혼이라는 주장 을 결정적으로 논박하는 것은 나폴레옹이 성적으로 조제핀에게 취해 있었다는 사실이다. 그 증거는 차고 넘친다. 나폴레옹이 조제핀의 신 체적 매력을 평가한 여러 표현 중 하나를 들어보자. "그 여인은 세상 에서 가장 예쁘고 작은 음부를 가졌다. 마르티니크의 트루아질레*가 그 안에 있다." 게다가 조제핀은 성적으로 불안정하고 여성 혐오증이 있는 남자에게 호소력이 있을 만한 여인의 전형이었다. 조제핀은 도 발적이지 않았으며 덤벙댔고 전통적 의미에서 여성스러웠다. 조제핀 은 사치스러웠으며 의복과 화장품에 집착했고 돈을 마구 써댔다. 조 제핀은 어린 소녀 같은 목소리로 말했고, 빤한 거짓말을 했으며, 마

트루아질레(Les Trois-îlets) 프랑스의 해외 도(道)인 마르티니크의 한 코뮌. 조제핀의 출생지 이다.

음대로 눈물을 터뜨릴 수 있었다. 나폴레옹의 평가가 흥미롭다. "그 여자는 자신을 완벽하게 통제한다. 나는 조제핀을 정말로 사랑하지만 조금도 존경하지 않는다."

그러나 이 어울리지 않는 한 쌍을 연구하는 사람들과 이 있을 법하지 않은 결혼을 분석한 사람들은 방데미에르 이후 나폴레옹이 파리의 거의 모든 여인을 얻을 수 있었다는 사실을 종종 간과하거나 망각한다. 그렇다면 왜 조제핀이었나? 어째서 평범한 외모에 아름다움이 꺼져 가는 여인을 선택했는가? 어떤 이들은 나폴레옹이 성적 경험이 적었고, 따라서 잠자리 기술에 정통한 연상의 여인이 다독거릴 필요가 있었다고 추론했다. 때로 나폴레옹 자신의 말이 인용되기도 한다. "나는 여인의 매력에 무감각하지 않지만 그렇다고 여자들의 손에 망가지지는 않았다. 나는 여자와 함께 있을 때면 수줍어했다. 보나파르트 부인이 내게 자신감을 심어준 첫 번째 여자였다." 이 말은 성적 자신감 부족을 언급하는 것으로 해석할 수도 있지만, 나폴레옹이 사교적 매력과 임기응변에서 모성의 감정과 훈련이 필요한 남자였음을 더 강력히 암시한다. 이 이론에 따르면 나폴레옹은 성적으로 풋내기였어야 하지만, 그 점은 분명하지 않다.

보나파르트 가족은 한마음으로 조제핀을 싫어했다. 뤼시앵은 조제핀을 경멸하듯 '늙어 가는 크레올'이라고 불렀고, 특히 아들이 데지레와 결혼하기를 바랐던 레티치아는 조제핀을 초지일관 증오했다. 전통적인 견해에 따르면 레티치아는 조제핀이 자신보다 더 높은 신분인 데 격노해 원한을 품었고, 며느리에게 우호적으로 보낸 편지(어떤 이는 나폴레옹이 불러준 대로 쓴 것이라고 한다)는 복수심에 불타는 분노를 감추고 있었다. 아주 날카로운 평자들은 이 이야기에서 레티치아가 전혀 다른 의미로 중요하다는 점을 간파했다. 도로시 캐링턴은 이렇게 썼다. "나폴레옹이 레티치아가 개탄해 마지않았던 인물의 성격을 두루 갖춘 조제핀과 결혼한 것은 자신을 속인 존경하는 어머니를 겨냥한 복수의 걸작이었나?"

조제핀에게는 그녀를 대충 아는 평자들에게 일격을 가할 두 가지 측면이 있다. 나이 먹은 여인이었고, 습관적으로 부정을 저질렀다는 사실이다. 나폴레옹이 레티치아에게 '콤플렉스'를 지녔다는 점을 받아들인다면, 카를 융이 '어머니 콤플렉스'에 관해 했던 말을 주목할 필요가 있다. "젊은 남자가 거의 어머니뻘인 여성을 사랑한다면, 이는 언제나 어머니 콤플렉스와 관계가 있다. 그러한 결합은 때로 여러 해 동안 매우 효과적인데, 완전히 성숙하지 않은 예술적 인간인 경우에 특히 큰 성과를 기대할 수 있다. 그러한 경우 여성은 대체로 생물학적 본능의 힘에 의존한다. 여인은 알을 부화하고 있다. 아들이자 연인인 남자는 여인으로부터 한편으로는 성적 관심과 다른 한편으로는 모성적인 관심을 받아 이익을 취한다. 그러므로 그러한 관계는 모든 점에서 무한정 만족스러울 수 있으나, 아주 자연스러운 관계는 아니므로 세월이 흐르면 분명 한계에 이른다. 예술적 인간도 어른이 되면 아버지가 되고자 하는 욕구와 보통 성인 남자가 되려는 욕구가 원래의 아들 태도를 압도하게 된다. 그런 시점에 도달하면, 관계는 더 유지하기 힘들다."

융의 공식은 결코 나폴레옹과 조제핀 관계의 모든 측면을 다 설명하지 못한다. 조제핀은 남편보다 겨우 여섯 살 더 많았고, 나폴레옹이 천재였다고 해도 '예술적 인간'은 아니었으며, 관계에 종지부를 찍은 것도 실상 나폴레옹의 '성숙'이 아니었다. 그렇지만 융은 우리에게 중요한 통찰을 전해준다. 꽤나 나이 든 여성과의 관계는 남성의 무의식 속에 어머니가 숨어 있음을 보여준다는 것이다. 프로이트는 나폴레옹이 로즈 드 보아르네를 조제핀으로 개명하자고 고집했던 이유가 형 조제프에게 '콤플렉스'가 있었기 때문이라고 주장했다. 그러나 이 경우에 깊이 숨은 동력은 조제프보다는 레티치아에 대한 나폴레옹의 무의식적 감정에 있다고 짐작하는 것이 더 그럴듯하다.

나폴레옹이 너무 순진해 조제핀의 파란만장한 과거를 전혀 몰랐고, 그래서 조제핀이 처음으로 남편을 속이고 부정을 저질렀을 때 깜짝 놀랐다는 주장이 간혹 있었다. 나폴레옹이 '순진'했다는 주장은 전혀 설득력이 없다. 나폴레옹은 언제나 예외적으로 정보에 밝았고 권력을 장악하자마자 한 무리의 밀정과 비밀 첩보원을 썼다. 물론 나폴레옹은 아내의 간통으로 자부심과 명예에 상처를 입으면 분노로 대응했지만, 이는 무의식 차원에서는 예상하고 있던 바였다. 레티치아를 향한 나폴레옹의 양가적 감정, 즉 어머니를 사랑하는 마음과 어머니가 아버지에게 충실하지 않았다는 확신은 무의식 속에서는 충돌 없이 공존할 수 있었지만, 의식 차원에서는 다른 여인들에게 옮겨가야 했다. 나폴레옹이 훗날 자신의 궁정을 가졌을 때 보여준 오만하고 무례한 행태는 이로써 설명된다. 그러나 다른 무엇보다도 나폴레옹은 얼핏 보아서는 레티치아와 완전히 다르지만 본질적으로는 같은 종류의 여인을 찾아야 했다.

나폴레옹은 나이가 많고 성적으로 문란한 여인을 아내로 맞이해 독특한 어머니 콤플렉스에 사로잡혔음을 증명했다. 나폴레옹은 자신의 분열된 감정의 대상인 어머니를 사랑했지만 존경하지는 않았으며, 그 주된 이유는 어머니의 부정이었다. 나폴레옹이 데지레가 아닌 조제핀을 선택한 데에는 분명 이런 사실이 뿌리 깊이 숨어 있다. 데지레는 나폴레옹이 파리에 머물며 오랫동안 자신과 떨어져 있는 동안에도 거의 신앙에 가깝게 나폴레옹에게 충실했던 어린 소녀였으므로 필요한 속성을 갖추지 못했다. 반면 부정한 '어머니'인 조제핀은 나폴레옹의 무의식에 깊이 감추어진 충동을 모조리 충족시켰다.

7장

제1차 이탈리아 전쟁

무적의 야전 사령관

　오스트리아에 맞선 1796년의 대전략은 라자르 카르노의 아이디어였지만 실은 다른 여러 사람들, 특히 나폴레옹의 생각에 많이 기댄 것이었다. 프랑스는 켈레르만이 지휘하는 2만 명 규모의 알프스 방면군*과 프로방스와 바르 도(道)에 주둔한 예비군 1만 5천 명을 포함해 모두 24만 명을 전장에 투입할 수 있었다. 프랑스는 세 방향에서 공세를 펼쳤는데, 당시 니더라인(Niederrhein)에서 주르당*이 지휘하던 7만 병력은 마인 강 유역을 따라 공격해 마인츠 요새를 포위한 뒤 프랑켄으로 진격하고 모로가 지휘하는 7만 병력은 슈바벤과 도나우 강 유역으로 진격할 계획이었으며, 나폴레옹이 지휘하는 부대는 포 강 유역에서 오스트리아군과 교전을 벌일 예정이었다. 이탈리아 전쟁은 부차적인 전쟁으로 예정되었지만, 카르노의 구상에는 예기치 않게 성공을 거둔다면 아디제 강 유역을 따라 트렌토와 티롤로 올라가 그

알프스 방면군(Armée des Alpes) 프랑스 혁명군의 야전군. 1792년에서 1797년까지, 1799년 7월에서 8월 사이에 존재했다.
장바티스트 주르당(Jean-Baptiste Jourdan, 1762~1833) 프랑스 혁명 전쟁과 나폴레옹 전쟁에서 활약한 장군. 1814년에 돌아온 왕정 정부를 지지했다가 백일 천하에 나폴레옹과 함께했으나 워털루 전투 이후 다시 부르봉 왕실에 굴복하고 백작이 되었다. 정치적으로는 왕당파에 반대하여 1830년 혁명을 지지했다.

곳에서 모로의 부대와 합류해 최후의 일격을 가한다는 계획이 포함되어 있었다.

나폴레옹은 결혼식을 치르고 이틀 만에 쥐노와 함께 파리를 떠나 3월 20일에서 21일로 넘어가는 밤에 마르세유에 도착했다. 두 사람은 가는 도중에 카르노가 오스트리아와 대결하는 큰 전쟁에서 의중에 품은 세 가지 계획을 토의했다. 국외에서 모험을 기도함으로써 국내에서 증가하는 불안을 해소하고, 혁명을 공고히 하고 혁명 원리를 전파하며, 가장 중요하게는 군대에 현지에서 식량을 약탈로 조달하게 해 사실상 군비를 전가함으로써 국고 유출을 막는 것이었다. 나폴레옹은 이탈리아 전쟁을 엄청난 전리품 획득 사업으로 변질시켰다는 비난을 받았지만, 그 단초는 총재정부의 거대한 전략에 이미 암암리에 포함되어 있었다.

나폴레옹은 마르세유에서 어머니를 방문했다. 어머니는 나폴레옹에게 열여섯 살 된 아리따운 여동생 폴린 보나파르트가 이제는 부모의 통제를 벗어나 뭇 남성들에게 매력으로 영향력을 행사하고 있다고 전했다. 나폴레옹은 스타니슬라스 프레롱을 대리인으로 삼아 남쪽의 해결되지 않은 문제, 특히 데지레와 얽힌 일을 매듭지으려 했으나 재앙 같은 역풍을 맞는다. 매독에 걸린 이름난 바람둥이였던 프레롱은 관능적인 폴린에게 흠뻑 빠졌고, 폴린 또한 프레롱에게 빠졌다. 나폴레옹이 마흔 살 먹은 이 남자의 불쾌한 과거를 아직 모르고 있었다면 조제핀이 깨우쳐주었을 것이다. 믿을 수 없는 인간이라는 사실이 가장 나빴다. 프레롱은 로베스피에르의 수하로 있었으나 테르미도르 반동 이후 바라스의 피보호자로 변신하는 데 성공한 기회주의자였다. 그러나 프레롱이 폴린에게 성병을 옮길 수도 있다는 점과 폴린이 결국 파리에서 가장 난잡한 인간과 결혼할 수도 있다는 점은 용납할 수 없었다. 당시 나폴레옹은 바라스를 제치고 프레롱을 건드릴 힘이 없었으므로, 레티치아에게 이러저러한 핑계로 만류하면서 차후 지시를 기다리라고 일렀다.

3월 24일 나폴레옹은 툴롱에 있었는데, 훗날 자신의 해군장관이 되는 드니 데크레(Denis Decrès, 1761~1820)를 만나 깊은 인상을 심어주었다. 이튿날 나폴레옹은 앙티브에서 마흔세 살 된 참모장 루이 베르티에*와 협의했다. 미국 독립 전쟁과 방데에서 싸운 역전의 용사였던 베르티에는 엄청나게 정력적이고 명석한 인물이었다. 베르티에는 뛰어난 조직자였으며 냉정하고 신속한 일 처리의 대가였다. 나폴레옹은 베르티에의 자질을 직감했다. 적어도 사람을 외모로 판단하지 않았던 나폴레옹은 베르티에의 험악한 인상과 세련되지 못한 행동, 말더듬증, 강박에 사로잡힌 듯 손톱을 물어뜯는 습관은 무시하고 뛰어난 행정 능력에 주목했다. 나폴레옹이 보기에 이런 능력은 베르티에에게 야전 지휘관이 되려는 야심이 없었기에 더 가치가 높았다.

나폴레옹이 경쟁자들을 위압하고 자신의 의지에 복종시킬 능력을 지니고 있는지를 확인해줄 궁극의 시험이 3월 27일 니스에서 있었다. 그날 나폴레옹은 세 명의 주요 장군, 즉 세뤼리에*와 오주로*, 마세나*를 만났다. 쉰세 살인 세뤼리에는 키가 컸고 입술에 흉터가 있었으며

루이 베르티에(Louis Alexandre Berthier, 1753~1815) 방데 전쟁에서 전공을 세운 뒤 이탈리아 방면군에서 사단장과 참모장을 지냈다. 나폴레옹의 이집트 원정에 참여했으며 브뤼메르 쿠데타를 지원했고 마렝고 전투에서 예비군 사령관을 맡았다. 나폴레옹 전쟁 중 여러 곳에서 나폴레옹과 동행했으나, 제국이 몰락한 후 루이 18세의 파리 입성에 동행했고, 나폴레옹이 엘바 섬에서 탈출하자 밤베르크로 은거하여 그곳에서 사망했다.

장마티외 세뤼리에(Jean-Mathieu-Philibert Sérurier, 1742~1819) 7년 전쟁에 참전했으며 코르시카에서 파스콸레 파올리와 싸웠다. 혁명 중에 소령에서 소장까지 진급했다. 켈레르만과 셰레르 밑에서 싸웠으며, 나폴레옹 밑에서 만토바 공성에 참여했다. 베네치아와 루카 총독을 지냈고, 브뤼메르 쿠데타를 지원했다. 제1제정에서 성공가도를 달렸으나 부르봉 왕실의 복위에 찬성했고, 백일 천하에 다시 나폴레옹에 합세했다.

샤를 프랑수아 오주로(Charles Pierre François Augereau, 1757~1816) 열일곱 살에 입대했으나 싸움에서 장교를 죽인 뒤 도주하여 러시아와 프로이센, 나폴리 군대에서 복무했다. 혁명 후 귀국하여 방데 전쟁에서 공을 세웠고 소장으로 진급한 뒤 이탈리아 방면군으로 전속하여 나폴레옹 밑에서 싸웠다. 브뤼메르 쿠데타에서 별다른 역할을 하지 않았지만 제1제정 때 프랑스 원수가 되었다. 루이 18세의 복고왕정을 지지했다가 나폴레옹이 돌아오자 다시 편을 바꾸었다.

공화주의 성향이 강했던 샤를 피에르 프랑수아 오주로. 1796~1797년 나폴레옹의 1차 이탈리아 전쟁 동안 카스틸리오네 전투와 아르콜레 전투에서 크게 활약한다.

규율에 엄격한 인물로서 7년 전쟁과 1770년에 코르시카에서 싸웠다. 세뤼리에는 랑(Laon)에 있는 왕실의 말 사육장에서 두더지 잡는 일을 하는 집안에서 태어났으나 행실은 귀족 같았다. 전하는 말로는 대혁명 후 새로운 부대에 들어갈 때마다 생사의 고비를 겪었던 까닭에 그렇게 멋을 부리고 독재관 같은 분위기를 풍겼다고 한다. 세뤼리에는 베르티에나 오주로보다 정력에서는 뒤졌지만 훨씬 더 진실한 인간이었다.

서른여덟 살의 오주로는 파리 빈민가 석공의 아들이었고 경력이 파란만장했다. 오주로는 바로 그해에 총재정부가 처형한 최초의 진정한 공산주의자 그라쿠스 바뵈프*를 열렬히 찬미한 진정 불가사의한 인물이었다. 오주로는 열일곱 살 때 군대에서 탈영한 뒤 떠돌이 모험

장앙드레 마세나(Jean-André Masséna, 1758~1817) 군사사가들이 역사상 가장 위대한 야전군 사령관의 한 명으로 꼽으며, 당대의 장군들 중에서는 나폴레옹 다음가는 반열에 올라 있다.

그라쿠스 바뵈프 프랑수아노엘 바뵈프(François-Noël Babeuf, 1760~1797). 로마의 개혁가 그라쿠스 형제를 기려 흔히 그라쿠스 바뵈프(Gracchus Babeuf)로 부른다. 이른바 '평등주의자들의 음모' 사건으로 체포되어 처형되었다.

역사상 손꼽히는 위대한 야전 지휘관 중 한 명인 장앙드레 마세나. 나폴레옹에게 '승리를 부르는 자'라는 영광스러운 호칭으로 불린다.

생활을 했다. 오주로의 (신뢰할 수 없거나 증명할 수 없는) 말에 따르면 이스탄불에서 여러 차례 시계를 팔았고, 춤 교습을 받았으며, 러시아 군대에서 근무했고, 그리스 소녀와 눈이 맞아 리스본으로 도망갔다. 프랑스 혁명이 그를 만들었다. 오주로는 방데에서 '독일인 군단(Légion germanique)'을 지휘했으며, 1795년에 피레네 방면군을 이끌고 싸워 에스파냐 군대에 눈부신 승리를 거두었다. 교육을 받지 못한 평범한 지성의 소유자였던 오주로는 매우 호전적이었고, 우울한 성향이 있어 전투가 끝난 저녁이면 승패와 상관없이 침울하게 생각에 잠기곤 했다. 부대원들에게 인기가 많았고 키가 크고 말이 많고 입이 걸었으며 매우 큼직한 매부리코를 지녔다. 드제는 이런 오주로를 기억에 남도록 묘사했다. "멋진 거인이다. 잘생긴 얼굴에 코가 컸고 여러 나라에서 일한 군인으로서 필적할 자가 없으며 늘 자기 자랑을 입에 달고 살았다."

서른여덟 살의 마세나는 셋 중 가장 위대한 장군으로서 이후 차원 높은 군사적 재능을 보여준다. 가무잡잡하고 말랐으며 말이 없었고 열정적 쾌락주의자로 여자 뒤꽁무니를 쫓아다니기에 바빴던 마세나는 선실 심부름꾼 소년으로 시작해 하사관에 올랐고 밀수에도 손을 댔다. 마세나는 인상이 독수리 같았고 지세를 살피는 독수리의 눈을 지녔다는 말이 전해지지만, 나폴레옹이 가장 높이 평가한 그의 자질은 지칠 줄 모르는 정력이었다. 침착하고 용감한 불굴의 용사였던 마세나는 거의 하루 온종일 말 위에서 시간을 보낸 것 같다. 그 무엇도 마세나의 용기를 꺾지 못했다. 마세나는 크게 패했을 때도 다음 날마치 승자인 듯 의기양양하게 임무에 나섰다.

세뤼리에, 오주로, 마세나는 모든 기록에서 강인한 인물로 묘사되어 있다. 보통의 스물여섯 살짜리라면 감히 자기가 더 우월하다고 주장할 생각은 못 했을 것이다. 게다가 이 세 장군들은 신참이 그저 바라스의 총애를 받는 소년 장군일 뿐이라고 여기고 멸시하는 경향이 있었다. 마세나와 오주로는 각자 자신이 지휘권을 행사해야 한다고 생각했으며 나폴레옹의 이탈리아 전쟁 계획을 비웃었다. 마세나는 능숙한 음모가만이 그러한 계획을 내놓을 수 있을 것이라고 말했지만, 말씨가 퉁명스러운 오주로는 '어리석다'는 모멸적인 형용사를 썼다.

회의가 끝났을 때 나폴레옹은 세 사람을 전부 자기편으로 만들었다. 전하는 이야기는 실제 일어났던 일을 곡해하고 보나파르트를 스벤갈리* 같은 힘을 지닌 인물로 만들었지만, 그때 이후로 이들 세 장군이 나폴레옹을 새로운 존경심으로 바라보았던 것은 분명하다. 마세나는 나폴레옹이 장군 모자를 썼을 때 키가 두 자(尺)쯤 자란 것 같았다고 말했으며, 오주로는 이렇게 말했다고 한다. "그 작은 놈이 정말로 무서웠다!" 확실한 것은 나폴레옹이 카르노의 전략이 지닌 약점에 대한 장군들의 우려를 불식시키려 노력했다는 사실이다. 프랑스의 세 주력 부대가 서로 너무 멀리 떨어져 작전을 수행하고 있

스벤갈리(Svengali) 조르주 뒤 모리에(George du Maurier)의 소설 《트릴비(Trilby)》에 나오는 사악한 최면술사. 일반적으로 나쁜 의도로 다른 사람을 속여 원하는 바를 얻는 자를 가리킨다.

고, 따라서 공세의 어느 한 축에서 기세가 약해지면 오스트리아가 간단히 한 전선에서 다른 전선으로 병력을 이동시키리라는 점을 파악하는 데 뛰어난 통찰력은 필요 없었다. 총재정부는 어리석게도 주르당과 모로, 보나파르트가 경쟁하지 않고 기꺼이 서로 협력하리라고 추정해 세 군대의 이동을 조정할 최고사령관을 지명하지 않았고, 이탈리아 방면군과 다른 두 군대 사이에 놓인 알프스 산맥은 특별한 장애가 되지 않는다고 추정함으로써 실수를 더욱 복잡하게 만들었다.

나폴레옹이 사령부에서 확인한 군대는 잘 먹지도 못하고 급여도받지 못해 사기가 떨어진 3만 7천 명의 병력이었다. 나폴레옹은 이병력으로 니스와 제노바 사이에 있는 여섯 고개를 넘어 5만 2천 명의오스트리아군을 쓸어버려야 했다. 다행히도 나폴레옹은 코르시카의옛 친구 살리체티가 곁에 있었다. 살리체티는 제노바에서 자금을 빌려 이탈리아 방면군의 가장 긴급한 보급 문제를 해결하려 했다. 그랬는데도 나폴레옹은 3월 28일에 총재정부에 이렇게 보고했다. "일개대대가 군화도 급여도 받지 못했다는 이유로 폭동을 일으켰습니다." 그리고 한 주 뒤에 다시 이렇게 써 보냈다. "군대는 엄청난 궁핍에 시달리고 있습니다. …… 고통이 기강을 해이하게 만들었으며, 기강 없이는 승리도 있을 수 없습니다." 나폴레옹이 당시 부대에 선언했다고 전하는 유명한 말은 전거가 분명하지 않다. 그것은 세인트헬레나에서 쓰였으며, 실제로 나폴레옹이 말했을 수 있는 것이나 말해야만했던 것을 실질적으로 대표한다. 또한 그 말은 선전의 귀재이며 이미자신의 전설을 만드는 데 공을 들이기 시작했던 나폴레옹을 보여주기도 한다.

병사들이여, 그대들은 헐벗었고 잘 먹지도 못한다. 정부는 그대들에게 크게 빚졌지만 아무것도 줄 수 없다. 그대들이 바위로 뒤덮인이 산속에서 보여준 인내와 용기는 칭송받아 마땅하다. 그러나 인내와 용기가 그대들에게 영광을 가져다주지는 않으며, 어떤 명예도 따르지 않는다. 나는 제군을 이끌고 세계에서 가장 비옥한 평원으로 들어가고자 한다. 그대들은 풍요로운 시골과 대도시들을 지배하게 될 것이다. 그곳에서 명예와 영광과 재산을 얻을 것이다. 이탈리아 방면군 병사들이여, 용기와 확고한 신념이 부족한가?

나폴레옹은 오스트리아군과 그 동맹군인 피에몬테군을 갈라놓아야 이탈리아를 침공할 수 있는 최선의 기회를 얻을 수 있다는 점을 즉각 간파했다. 나폴레옹은 정보원들로부터 두 나라 사령관 사이에 냉기가 흐르며 동맹군이 세 지점에 흩어져 있고, 오스트리아군 사령관 볼리외(Johann Peter Beaulieu de Marconnay, 1725~1819)는 프랑스의 주요 공격이 리비에라 해안을 향할 것으로 짐작하고 있다는 사실을 확인했다. 그리하여 당시 국지적으로는 병력의 우세를 확보했던 나폴레옹은 산악 지대에서 오스트리아군의 우익과 맞붙고 전쟁에 지친 피에몬테군을 쳐부수기로 결정했다. 4월 12일 나폴레옹은 몬테노테(Montenotte)에서 첫 승리를 거머쥐었다. 마세나를 능숙하게 부렸으며, 다수의 전초병들을 내보내는 동시에 혼합대형*으로 공격해 적군 3천 명에게 사상을 입혔다. 뒤이어 밀레시모(Millesimo)에서 사르데냐인과 싸워 승리를 거두었고(4월 13일), 데고(Dego)에서 오스트리아군을 무찔렀다(4월 14일). 나폴레옹은 동맹군을 둘로 분리시킨 뒤 피에몬테군을 상대해 산미켈레(San Michele)와 체바(Ceva), 몬도비(Mondovi)에서 세 차례 전투를 벌여 격파했다(4월 19~23일). 4월 23일 피에몬테군 사령관 콜리가 강화를 청했다. 나폴레옹은 열흘이 못되

혼합대형(Ordre Mixte) 프랑스 혁명군이 처음 썼고 훗날 나폴레옹의 그랑다르메(大軍)가 이용해 큰 효과를 거둔 전술 대형. 고참병 1개 대대와 신병 2개 대대로 구성된다. 고참병 대대가 횡대형으로 포진하고 양쪽에 신병 대대가 종대형으로 포진해 화력과 기동성을 동시에 확보하고 필요한 경우 쉽게 방진을 만들어 방어 능력을 키웠다.

어 산악 지대의 주요 고갯길을 장악했고 우월한 적군을 신속한 기동력으로 조금씩 파괴했다.

"한니발은 단지 알프스 산맥을 넘었을 뿐이지만 우리는 측면을 돌아 뒤로 빠졌다."라는 말은 필시 세인트헬레나에서 덧붙여진 것이겠지만, 당시 나폴레옹은 의심의 여지 없이 진정한 희열을 느꼈을 것이다. 나폴레옹은 감정이 복받친 서한을 비공식적으로 자신의 부관 역할을 수행하던 조제프 편에 총재정부로 보냈다. 나폴레옹은 4월 28일에 케라스코(Cherasco) 휴전을 체결해 산악 지대의 요새들과 롬바르디아로 이어지는 도로들을 장악한 뒤 이렇게 썼다. "내일 나는 볼리외를 향해 진격해 포 강 너머로 쫓아버리고 직접 뒤따라 롬바르디아를 전부 빼앗을 것입니다. 한 달 안에 티롤 지방의 산들에 올라 라인 방면군과 접선하고 공동으로 바이에른을 침공할 수 있기를 바랍니다." 언제나 선전의 이점을 잊지 않았던 나폴레옹은 병사들에게 자신의 업적을 전형적인 방식으로 과장한 성명서를 발표했다(이번에는 실제였다). "병사들이여! 그대들은 보름 만에 여섯 차례 승리를 거두었고 군기 21개와 대포 55문을 노획했으며 여러 요새를 빼앗았고 피에몬테에서 가장 풍요로운 지역을 점령했다. 그대들은 1만 5천 명의 포로를 잡았으며 1만 명이 넘는 적군을 죽이거나 부상자로 만들었다."

이 국면에서는 여전히 현실과 선전이 우열을 다투었다. 4월 24일 나폴레옹은 총재정부에 이렇게 써 보냈다. "굶주린 병사들이 인간으로서는 차마 할 수 없는 잔학한 행위를 저지르고 있습니다. 체바와 몬도비를 점령하면 이를 바로잡을 수단을 얻을지도 모릅니다. 본보기 삼아 엄한 징계를 내릴 작정입니다. 질서를 회복할 생각이지만 그렇게 하지 못한다면 이 산적 떼의 지휘권을 포기하겠습니다." 그러나 나폴레옹은 그 전날 바라스에게 은밀히 자신이 이미 여섯 차례의 전투를 승리로 이끌었으며 21개의 적 군기를 빼앗아 조제프 편에 파리로 보낸다고 자랑하는 아첨의 편지를 보냈다.

나폴레옹의 다음 과제는 오스트리아군이 비교적 안전한 곳인 포 강의 반대편 강둑으로 철수하지 못하도록 막는 것이었다. 프랑스군은 산악 지대에서 내려와 롬바르디아 평원으로 진출했다. 오스트리아군은 파비아 인근 포 강 좌안에 참호를 파고 대기했다. 나폴레옹은 다시 신속한 기동전을 펼쳤다. 세뤼리에와 마세나의 사단을 대동하고 약 100킬로미터에 이르는 길을 따라 행군해 피아첸차에서 적군이 보는 가운데 모범적인 방식으로 강을 건넜다. 그날의 영웅은 900명의 병력을 이끌고 강을 건너 반대편 강둑에 교두보를 설치한 스물여섯 살의 장 란* 대령이었다. 나폴레옹은 장 란을 데고에서 처음 주목했다.

나폴레옹은 이제 볼리외의 주력 부대를 측면으로 돌아 밀라노를 향해 진격했다. 밀라노로 가는 길을 막고 있는 부대는 1만 2천 명 규모의 오스트리아군이었는데, 아다(Adda) 강가의 로디(Lodi)에 진을 치고 있었다. 유속이 빠른 강물을 걸어서 건너면 큰 희생을 치러야 했기에, 나폴레옹은 오스트리아군이 굳건히 지키고 있는 로디의 교량을 공격하기로 결정했다. 길이 약 180미터에 폭은 3.6미터인 이 다리는 공격하는 부대가 좁은 살육장으로 들어갈 수밖에 없는 구조였기에 나폴레옹의 장군들은 그렇게 좁은 전선에서 포병 부대를 공격하는 것은 자살 행위나 다름없다고 조언했다. 그러나 나폴레옹은 단호하게 다리를 기습하기로 했다. 나폴레옹은 먼저 4천 명의 공격 부대를 달랬다가 계획된 기습을 수행할 담력이 부족하다고 위협하기를 반복하면서 병사들의 마음을 움직였고, 그런 후에 넓은 만곡부로 기병대를 보내 도강이 가능한 여울을 찾게 했다. 기병대는 강을 건너

장 란(Jean Lannes, 1769~1809) 의용군 출신이며, 1796년에 이탈리아 방면군에 배속된 뒤 고속으로 진급했다. 이집트 원정에 동행했으며 브뤼메르 쿠데타에 참여했고 마렝고 전투의 선봉에 섰다. 1809년 아스페른-에슬링 전투에서 부상을 입고 사망했다. 나폴레옹 휘하 장군 중 가장 대담하고 유능한 축에 들었으며, 사사롭게는 황제의 친구로서 나폴레옹을 '너(tu)'로 불러도 좋다는 허락을 받은 자였다.

배후에서 오스트리아군을 공격할 계획이었다.

5월 10일 오후 6시 나폴레옹은 프랑스군과 사보이아군으로 구성된 공격 부대를 다리로 진입시켰다. 예상 가능한 일이었지만 공격 부대는 오스트리아군의 집중 포격을 받아 많은 사상자를 냈다. 란과 마세나는 병사들이 쓰러지는 광경을 보고 정예 척탄병을 한 무리 이끌고 다리 건너편 공격에 나섰다. 반대편 강둑에서 약 45미터 떨어진 지점까지 접근했다가 적의 직사 포화를 피하기 위해 강물로 뛰어들었다. 그러자 오스트리아군 기병대가 출격하여 뭍으로 올라오는 정예 척탄병들을 다시 강 속으로 몰아넣었다. 완전히 패배한 듯했던 바로 그 순간, 터무니없이 짧은 시간에 적당한 여울을 찾아 강을 건너 우회한 프랑스군 기병대가 오스트리아군의 측면을 휩쓸었다. 기병대가 적의 대포를 무용지물로 만들자, 나폴레옹의 부대는 두꺼운 널빤지로 이어진 긴 다리로 밀려들었다. 땅거미가 지면서 오스트리아군은 뿔뿔이 흩어져 도주했다. 오스트리아군은 패주하면서 대포 16문과 사상자 335명, 1,700명에 달하는 포로를 남겼다. 그렇지만 프랑스군도 승리에 비싼 대가를 치렀다. 다리와 강에서 죽은 병사가 200명에 이르렀다.*

나폴레옹은 볼리외에게 결정적 패배를 안기지는 못했지만(이러한 사실은 보나파르티즘의 신비한 힘과 승리주의가 모호하게 감추는 부분이다) 로디 전투는 나폴레옹에게 심리적 돌파구가 되었다. 나폴레옹은 그러한 무훈을 세움으로써 자신의 성공을 확신했다. 나폴레옹은 훗날 이렇게 썼다. "로디 전투가 끝난 저녁에야 비로소 나는 내가 뛰어난 인간임을 깨달았고 그때까지는 공상적인 꿈으로만 간직해 오던 위대한 일을 실행에 옮겨보겠다는 야망을 품게 되었다. …… 로디 전투 후 나는 스스로를 그저 그런 장군의 한 명으로 보지 않고 한

---

* 로디 전투에서 프랑스군의 사상자 수는 정확히 알려지지 않았다. 약 200명이라는 주장부터 2천 명에 이른다는 주장까지 있다.

1796년 5월 10일 나폴레옹이 이끄는 프랑스군이 로디 다리를 사이에 두고 오스트리아군과 전투를 벌여
적군을 패퇴시켰다(로디 전투). 루이프랑수아 르죈이 그린 이 그림에서 왼쪽 아래에 포병들을 지휘하는
나폴레옹이 보인다.

국민의 운명을 좌우할 소명을 받은 인물로 여겼다. 정치라는 무대에
서 결정적인 배우가 될 수 있다는 생각이 머리를 스쳤다." 나폴레옹
의 부대도 일곱 차례 완벽하게 승리를 거두고 나자 자신들을 이끄는
장군이 승리를 부르는 자라고 믿게 되었다. 나폴레옹이 '꼬마 하사관
(le petit caporal)'이라는 애칭을 처음 얻은 때가 바로 이 시기였다. 나
폴레옹의 어느 부대는 자신들의 지휘관이 사병에서 시작해 매번 승
리를 거둘 때마다 진급해 '진짜' 장군이 되기까지 시간이 얼마나 걸
리는지 보기로 결정했다. 하지만 공격진의 선두에 서서 다리로 진입
하는 나폴레옹의 이미지는 만들어진 것이다. 나폴레옹은 용기가 부
족한 사람은 아니었지만, 이때는 포대를 지휘했다. 프랑스군이 다리
를 진입하기 전에 양측 군대는 강을 사이에 두고 맹렬한 포격전을 벌
였고, 당시 나폴레옹은 포화 속에서 직접 포병대를 지휘했다고 한다.

5월 15일 나폴레옹은 밀라노로 개선했다. 마르몽은 나폴레옹이 이
렇게 말했다고 기억했다. "자, 마르몽. 파리에서는 뭐라고 할 것 같

나? 이 정도면 그들이 만족할까? 그들은 아직 아무것도 보지 못했어. 이 시대에 나보다 더 원대한 구상을 품은 사람은 없으니, 내가 모범이 되어 길을 보여주어야 해." 그러나 비록 비공식적 언급이었지만, 파리의 총재정부는 나폴레옹이 일곱 차례의 승리 이후 지나치게 강해졌다고 보았다. 총재정부는 나폴레옹에게 이탈리아 방면군 지휘권을 둘로 분할한다고 통고했다. 켈레르만이 롬바르디아에서 지휘하고 보나파르트는 남쪽으로 진군해 제노바와 리보르노, 로마, 나폴리를 확보하라는 것이었다. 나폴레옹은 교묘한 반어법으로 은근히 협박하며 사임하겠다고 답했다. "켈레르만은 나만큼이나 군대를 잘 지휘할 것입니다. 그러나 이탈리아에서 켈레르만과 나를 하나로 묶는다면 두 사람 다 잃게 될 것입니다. 나는 스스로 유럽 제일의 장군이라고 믿는 자와 함께 기꺼운 마음으로 일할 수 없습니다. 게다가 내 생각에는 서툰 장군 한 명이 뛰어난 장군 두 명보다 낫습니다. 전쟁은 통치와 마찬가지로 요령의 문제입니다." 총재정부는 한발 물러서면서 지휘권 분할 문제는 더 거론하지 않겠다고 통고했다. 그렇지만 조만간 북쪽의 티롤로 들어갈 생각은 하지 않아야 하며 먼저 교황에게 자기 위치를 깨닫게 해야 한다고 덧붙였다. (나폴레옹은 "삼중관을 쓴 자칭 보편교회의 수장을 흔들어" 놓아야 했다.)

나폴레옹은 밀라노에서 보낸 한 주 동안 야누스의 얼굴을 보여준 것으로 유명하다. 한편으로는 이탈리아 통일의 사도로 처신하면서 다른 한편으로는 16세기 이래로 롬바르디아에서 가장 노골적이고 체계적이었던 약탈을 지휘했다. 나폴레옹은 우선 옛 귀족 정부를 부르주아 자유주의자들의 새로운 정권으로 대체했다. 파르마 공작과 모데나 공작은 즉시 강화를 청했고, 나폴레옹은 무거운 세금을 물리면서 요청을 받아들였다. 5월 17일 나폴레옹은 밀라노에서 열광적 환영을 받은 데 힘입어 총재정부에 서한을 보내 북부 이탈리아에 공화국을 수립하라고 촉구했고, 이어 밀라노 주민에게 자유를 허락한다는 포고문을 발표했다. 훗날의 언급에서 나폴레옹은 이탈리아는 통일국가가 되기 전에 전쟁의 도가니를 빠져나와야 했다고 주장했다. "숙련된 주물공들이 소구경 포 여러 문을 48파운드 포 한 문으로 바꾸려면 먼저 용광로에 집어넣어 녹인 다음 다시 융합해야 하듯이, 작은 나라들도 오스트리아나 프랑스 같은 나라로 통합되려면 기본적인 단위 국가로 축소되어 지난 시절의 기억과 권리 주장을 내버리고 통합의 순간을 준비해야 한다."

그러나 나폴레옹의 가혹한 금전적 강탈과 몰수는 이러한 외견상의 이상주의를 배반했다. 끔찍한 사태가 닥치리라는 것은 프랑스군이 산악 지대에서 롬바르디아 평원으로 진출하기 전부터 벌써 분명했다. 보나파르트는 몬도비에서 8천 명분의 날고기와 포도주 4천 병을 징발했고, 아퀴에서는 도시의 모든 장화를 헐값에 징발했다. 그러나 나폴레옹의 군대가 정작 제멋대로 날뛴 곳은 밀라노였다. 약탈 잔치가 벌어졌고 프랑스 장군들은 짐마차에 귀중한 미술품들을 실어 파리로 보냈다. 나폴레옹을 옹호하는 사람들은 나폴레옹은 단지 부패하고 타락한 총재정부의 요청에 응했을 뿐이라고 주장하지만, 나폴레옹의 편지에 나타난 정황은 이와 달랐다. 5월 9일, 로디 전투 전에 나폴레옹은 총재정부에 다음과 같이 써 보냈다. "파리로 보내기에 적합하다고 판단되는 아름다운 작품의 선별과 수송을 책임질 명망 있는 예술가 몇 명을 보내줄 것을 거듭 요청합니다."

밀라노에서 나폴레옹은 곧 인기를 잃었다. 군대의 누적된 미지급 급여를 지급하기 위해 경화 200만 리브르를 거두어들였기 때문이다. 반면에 병사들이 현금으로 급여를 받은 것은 1793년 이후로 처음이었기에 나폴레옹은 사병들 사이에서 큰 신망을 얻었다. 몇 년씩 쌓인 급여 체불은 보통 무용지물인 아시냐로 변제되었다. 이 정도는 '현지에서 조달하라'는 원칙에서 정당성을 찾을 수 있겠지만, 나폴레옹은 한 걸음 더 나아가 밀라노와 파르마, 모데나, 그밖에 롬바르디아의 다른 도시들에서 총재정부의 돈궤를 채울 잉여자금을 뽑아냈다. 5월 22일 나폴레옹은 제노바에 금화와 은화로 8백만 프랑이 처분을 기다리고 있다고 총재정부에 보고했으며, 7월에는 총재정부를 위해 강탈한 자금이 6천만 프랑에 이르렀다. 한 가지 명백한 결과는 권력 균형에 변화가 왔다는 사실이었다. 나폴레옹은 이제 우위를 차지했으며, 총재정부도 생존하려면 다섯 명의 총재가 가장 성공적인 장군의 비위를 건드리지 않아야 했다. 파견의원들은 새롭게 군 위임관*이라는 약한 의미의 명칭을 얻고도 지위가 강등되었으며 1796년 말이면 완전히 무력해진다.

공인으로서 나폴레옹이 이제 거의 로마 황제의 간담을 서늘하게 할 만한 공적을 세운 승리하는 군단사령관의 지위에 올랐다면 개인으로서 나폴레옹은 몹시 고통스러웠다. 나폴레옹은 조제핀에게 3월 8일부터 7월 13일에 재회할 때까지 127일 동안 적어도 하루에 한 번은 편지를 보냈다. 편지들은 격렬하고 통절했다. 절망적이면서 친절하고 우울했으며, 때로는 장황하고 종잡을 수 없기도 했고 성적 갈망과 좌절로 가득 차 있었다. 나폴레옹은 3월 30일 위대한 군사적 성공을 거두기 전에 이렇게 썼다. "홀로 내 마음을 차지하고 있는 사랑스러운 조제핀, 나는 이 많은 일에 몰두하고 부대의 선두에 서 있으면서도 그대만을 생각한다오." 4월 23일 열흘간 전투를 치른 끝에 마음이 가벼워진 나폴레옹은 이렇게 써 보냈다. "어서 내게 오시오! …… 그대는 올 계획이오, 그렇지 않소? 그대는 여기, 내 옆에, 내 마음속에, 나의 품안으로 와서 내 마음에 입 맞출 거요." 같은 시기에 쓴 다른 편지에는 나폴레옹의 근심이 무엇 때문인지 분명하게 드러나 있다. 조제핀은 나폴레옹에게 편지를 쓰지 않았고, 나폴레옹과 함께 있을 뜻이 없음이 명백했다. "아! 오늘 저녁에 그대 편지를 받지

군 위임관(commissaires aux armées) 총재정부가 혁명력 4년 브뤼메르 22일(1795년 11월 13일)에 종전의 파견의원을 대신하여 신설한 직책.

못한다면, 난 절망에 빠질 거요. 내 생각을 좀 해주오. 그렇지 않거든 나를 사랑하지 않는다고 말해서 나를 경멸하시오. 그런다면 어느 정도 마음의 평화를 찾을 거요."

나폴레옹은 조제핀을 이탈리아로 데려오기 위해서, 그리고 무엇이 조제핀을 붙들어 두고 있는지 알아보기 위해 세 명의 중요한 특사를 보냈다. 첫 번째는 조제프로 4월 24일 총재정부에 보내는 서한들과 조제핀을 위한 소개장을 들려 파견했다. 조제프와 여성형의 같은 이름을 지닌 조제핀이 만났으나 얘기가 잘되지는 않았다. 장남 보나파르트는 뤼시앵만큼이나 '시들어 가는 크레올'에게서 아무런 인상도 받지 못했다. 그 다음으로 4월 25일에 나폴레옹은 충성스러운 쥐노를 노획한 적군의 군기들을 들려 파리로 보내면서 리비에라를 거쳐 우회하라고 지시했다. 쥐노는 조제핀에게 남편과 합류하라는 명백한 명령을 전달했다. 마지막으로 4월 26일에 나폴레옹은 뮈라한테 카르노와 바라스에게 보내는 서한을 맡겨 피에몬테와 몽스니를 거쳐 가라고 보내면서 조제핀의 남쪽 여행을 위한 상세한 여정을 일렀다.

두 사람은 5월 6일에 파리에 도착했으나, 뮈라가 먼저 샹트렌 거리에 닿았다. 나폴레옹의 편지는 흥분에 찬 장광설이었다. "…… 그대의 입술과 가슴에 키스를 보내오. …… 나밖에 다른 이는 없어요, 그렇지요? …… 당신의 젖가슴에 키스를 보내오. 뮈라가 부럽군! …… 작은 손!" 몇 시간 뒤 쥐노가 나폴레옹이 정신을 못 차리고 쓴 다른 전갈을 들고 도착했다. "당신은 쥐노와 함께 돌아와야 하오. 듣고 있소? 내 사랑. 쥐노가 당신을 만나 당신의 성역을 에워싼 공기를 호흡할 거요. 필시 그대는 쥐노의 볼에 입 맞추는 당신만의 호의를 베풀겠지요. …… 당신의 가슴에 키스를, 조금 더 아래에 한 번 더, 훨씬 더 아래쪽에 많은 키스를 보내오." 마지막 말은 펜에 지나치게 많은 힘을 주어 써서 종이가 얇게 뜯겼다.

조제핀은 이탈리아로 갈 의사가 없었다. 나폴레옹이 떠난 직후 조제핀은 이폴리트 샤를(Louis-Hippolyte-Joseph Charles, 1773~1837)을 새 연인으로 삼았다. 샤를은 키가 겨우 159센티미터밖에 되지 않는 경기병 연대의 초급 장교였는데, 유명한 도박꾼이었으며 난봉꾼에 독주를 즐기는 방탕한 자였다. 조제핀이 볼 때 샤를에게는 두 가지 귀중한 자산이 있었다. 그것은 나폴레옹은 전혀 할 수 없는 일이었는데, 자신을 웃게 만들 수 있었고 빨리 끝내지 않고 자신에게 절정을 느끼게 해줄 수 있는 기술이 있었다.

조제핀은 쥐노에게 파리를 떠날 수 없다고 퉁명스럽게 말했다. 그래서 쥐노는 다른 명령을 기다리며 파리에 머물렀다. 조제핀이 뮈라를 다룬 방식은 더 교활했다. 뮈라가 자신에게 끌렸음을 알아차린 조제핀은 뮈라를 샴페인을 곁들인 아침 식사에 초대한 뒤 샹젤리제에서 함께 시간을 보내며 점심 식사와 저녁 식사도 함께 했다. 뮈라는 훗날 장교 식당에서 조제핀과 성관계를 가졌다고 자랑하고 여러 정황 증거를 제시했다. 조제핀의 전기를 쓴 작가들은 보통 조제핀이 이폴리트 샤를과 연애 중이었다는 사실을 들어 이 점을 의심하지만, 조제핀은 어느 모로 보나 색정광이었기에 뮈라의 말이 완전히 불가능한 것은 아니다. 어쨌든 조제핀은 뮈라를 충분히 설득했고 뮈라는 조제핀이 임신해서 여행할 수 없다고 나폴레옹에게 편지를 보냈다. 나폴레옹은 이 불미스러운 에피소드의 진실을 안 뒤로는 뮈라를 결코 완전히 신뢰하지 않았다.

그동안 나폴레옹의 격정에 찬 편지는 홍수를 이루었다. 조제핀은 대개 편지 봉투를 뜯는 수고조차 하지 않았다. 조제핀은 보나파르트 장군의 부인으로서 사회적 이익을 누렸지만, 적어도 조제핀의 마음속에서 그 관계는 순전히 정략결혼이었다. 극적인 역설을 좋아하는 사람들이라면 샤를과 조제핀의 불륜이 절정으로 치달았을 때 도착한 이 편지를 즐길지도 모르겠다. "당신이 애인을 두는 것을 내가 결코 견딜 수 없다는 사실을 당신은 아주 잘 알고 있소. 당신은 그 점을 명심해야 하오. …… 당신의 두 눈, 입술, 혀, 그곳에 천 번의 키스를 보내오." 조제핀은 그 서한을 정교한 속임수로 보았다. 극작가 앙투안 아르노(Antoine-Vincent Arnault, 1766~1834)는 조제핀이 나폴레옹의 편지 하나를 읽었다고 기록했다. 질투와 의심으로 가득 찬 그 편지는 이렇게 끝을 맺는다. "만일 그 일이 사실이라면 오셀로의 단검을 두려워해야 할 거요!" 조제핀은 그저 웃고는 흉내 낼 수 없는 크레올 억양으로 이렇게 말했다. "웃겨, 보나파르트!"

나폴레옹은 피에몬테에 평화가 정착되기를 기다리며 5월 21일까지 밀라노에 머물렀다. 그러나 나폴레옹이 볼리외에 대적하기 위해 동쪽으로 한 번 더 이동하자마자 밀라노와 파비아에서 폭동이 일어났다. 최악의 소식이었다. 나폴레옹이 이탈리아에서 영토를 점령할 때마다 군대 일부를 남겨 두어야 한다는 의미였기 때문이다. 준엄한 질책이 필요했다. 나폴레옹은 파비아를 공격해 잔인하게 도시를 탈환했고 부대원들의 피비린내 나는 약탈을 방치해 응징했다. 나폴레옹은 3백 명의 수비대를 전부 죽여 가혹한 처벌 본능을 처음으로 드러냈는데, 결국 이 본능은 협박의 뜻을 담아 야만적 약탈을 허용함으로써 어느 정도 달랠 수 있었다. 나폴레옹은 파비아를 처리한 뒤 5월 30일에 보르게토에서 다시 승리를 거두어 베네치아 공화국 영토에 발을 들여놓았다. 파비아의 교훈은 밀라노 시민들에게 전달되었다. 나폴레옹이 다시 밀라노를 포위해 들어오자, 밀라노 시민들은 즉시 사절을 보내 복종의 뜻을 전했다.

나폴레옹은 다음으로 만토바 점령에 나섰고, 만토바의 성문은 6월 4일에 열렸다. 나폴레옹은 밀라노로 돌아오기 직전에 발레요 마을에 머물다가 오스트리아군 정찰대에 사로잡힐 뻔했다(6월 1일). 장화 한 짝만 신은 채 정원 담을 여러 개 넘어 도망쳐 나왔다. 나폴레옹은 이 일로 호위병이 필요하다는 교훈을 얻었고, 바로 이 사건이 일어난 날부터 '정찰대'가 만들어졌다. 정예 부대요 친위대라고 할 수 있는 이

집단은 나중에 숫자가 크게 늘어 제국근위대(Garde Impériale)로 확대된다. 그러나 늦잡아도 6월 초에는 만토바 요새를 제외한 롬바르디아 평원 전체를 나폴레옹이 장악했다고 생각할 수 있었다.

6월 7일 밀라노로 돌아온 나폴레옹은 조제핀이 오지 않았다는 사실을 알고는 몹시 실망했다. 대신 조제핀이 보낸 '편지 한 토막'이 기다리고 있었다. 아파서 의사 세 명의 간호를 받고 있다는 내용이었다. 절망한 나폴레옹은 천 개의 단검에 심장이 찢어진다고 편지를 보냈다. "내 감정은 조금도 가라앉지 않소. 그대의 편지를 읽는 순간부터 이루 말할 수 없는 흥분에 빠졌소. …… 내 마음 가득한 불타는 사랑에 정신이 이상해진 것 같소." 나폴레옹은 조제프에게 이렇게 썼다. "형은 조제핀이 내가 처음으로 흠모한 여인이라는 사실을 알지. …… 난 조제핀을 미친 듯이 사랑해. 조제핀 없이는 더 견딜 수 없어." 그때 나폴레옹은 뮈라로부터 소식을 듣고는 기분이 상했다. 늘 미신에 사로잡혀 있던 나폴레옹은 뮈라가 파리에 도착하던 날 명백한 우연의 일치였을 뿐인데도 몸에 지니고 다니던 조제핀 모형에서 유리조각이 깨져 나간 사건 때문에 몹시 심란해했다. 마르몽에 따르면 나폴레옹은 유리가 깨질 때 얼굴이 창백해진 채 이렇게 말했다. "마르몽, 내 아내가 매우 아프거나 부정을 저지르고 있어."

나폴레옹은 조제핀으로부터 더 편지가 없고 조제핀이 파리에 묶여 있는 이유가 무엇인지 알아낼 수 없자 총재정부에 사사로운 고민을 제기하기로 결심했다. 6월 11일 나폴레옹은 바라스에게 편지를 보냈다. "나는 모든 여자를 증오합니다. 난 절망에 빠져 있습니다. 내 아내는 이곳으로 오지 않았고, 틀림없이 연인이 생겨 파리에 붙들려 있을 것입니다." 나흘 뒤 나폴레옹은 조제핀에게 편지를 보냈다. "식욕도 없고 잠도 못 자며 의욕도 떨어지고 친구도 만나지 않으며 명예나 조국도 생각하지 않고 오직 당신 생각뿐이오. 이 세상의 다른 것들은 마치 전부 사라진 듯 내겐 아무런 의미가 없소." 나폴레옹이 조제핀에게 역정을 내는 투로 쓴 편지는 얼마 되지 않는데, 바라스에게 보낸 편지에서 드러낸 여성에 대한 혐오 표현이 그중 하나이다. 편지에서 나폴레옹은 애견 포르튀네를 포함해 다른 것들을 남편보다 더 사랑한다고 조제핀을 힐난했다. 개를 좋아하는 조제핀의 태도에 대한 평가는 확실히 옳다.

나폴레옹은 바라스에게 보낸 편지에서 조제핀을 겨냥한 것이 분명한 공격적 언사를 쏟아냈고 뒤이어 조제핀이 아프니 닷새 안에 파리로 돌아가겠다고 썼다. 총재정부의 다섯 총재는 마음이 산란한 나폴레옹이 정말로 자신의 아내를 데려가기 위해 패배를 모르는 군대를 이끌고 파리로 돌아와 정치적 문제를 해결하려 할까 점점 더 두려웠기에 조제핀에게 남편이 있는 곳으로 가라고 최대한의 압력을 가했다. 카르노는 조제핀이 함께 있으면 보나파르트가 마음을 빼앗겨 승리를 거두지 못할까 봐 총재정부가 조제핀을 파리에 머물게 했으나 이제 밀라노를 장악했으니 조제핀의 이탈리아 여행에 반대하지 않는다고 얘기를 꾸며 편지를 보냈다. 총재정부가 조제핀과 공모해 간통을 숨긴 방식은 우스꽝스러운 연극을 연상시킨다. 치정 때문에 정권이나 왕조가 흔들린 적이 적지 않으나, 확실히 이처럼 간접적이고 복잡하게 뒤얽힌 희극적인 방식은 아니었다.

당대의 증언에 따르면 총재들은 흐느끼는 조제핀을 밀라노행 마차에 억지로 집어넣은 형국이었다. 조제핀의 친구 앙투안 아르노는 이렇게 적었다. "조제핀은 마치 이탈리아에 주권자로 군림하러 가는 것이 아니라 고문실로 끌려가듯이 슬퍼했다." 마차 여섯 대로 이루어진 다소 별스러운 호송대는 길을 빙빙 돌아 남쪽으로 내려갔다. 첫번째 마차에는 조제핀이 퍼그 종의 애견 포르튀네와 쥐노, 조제프, 이폴리트 샤를과 함께 탔다. 조제프는 파리에서 권력의 중심지에서 시간을 보내며 권력자들을 새로이 친구로 삼았고 대사로 나가려고 로비를 벌였으며 파리 근교에 각종 부동산을 엄청 늘렸다. 샤를은 빅토르 에마뉘엘 르클레르 대령의 부관 직위에 복귀하는 중이었다. 르클레르는 보나파르트가 툴롱에서 '발굴한' 인물인데, 나폴레옹의 보살핌에 아름다운 폴린을 유혹하는 것으로 되갚았다.

조제핀은 남행길을 최대한 오래 끌었다. 밤에는 용케도 샤를과 같은 침실에 들곤 했다. 언제나 병적으로 자기 중심적 인간인 조제프는 파리에서 임질에 걸린 후로 오랫동안 고생했는데 이 시기에 새로운 소설 쓰기에 몰두해 있었다. 충성스러운 쥐노만이 나폴레옹의 관심사를 제대로 살폈으나, 조제핀은 쥐노를 심하게 희롱하는 것으로 문제를 해결했다. 때로는 샤를이 보는 앞에서도 그랬는데, 매우 저급한 그 경기병 장교는 냉소적으로 이를 즐겼다. 조제핀과 샤를이 하루에도 여러 차례 정사를 나누며 18일 동안 여행한 끝에 7월 초 조제핀 일행은 밀라노에 도착했고 나폴레옹은 매우 안도했다. 앞서 나폴레옹이 조제핀에게 보낸 편지나 조제핀 얘기를 쓴 편지는 모두 자살에 이를 만큼 강한 절망으로 가득했다.

밀라노에서 나폴레옹은 호화로운 세르벨로니 궁전에서 지냈다. 나폴레옹은 지난 넉 달 동안 해소하지 못한 열정을 48시간 동안 풀었다. 쥐노는 나폴레옹에게 조제핀과 샤를의 불륜 관계를 얘기했는데, 자신의 상관이 그 자리에서 샤를을 총으로 쏘아 죽이는 대신 공무를 맡겨 이탈리아 북부의 브레시아로 떠나보내는 것을 보고 깜짝 놀랐다. 나중에 가서야 나폴레옹은 샤를을 면직시키고 짐을 꾸려 파리로 돌아가도록 했다. 이 또한 나폴레옹이 의식적으로든 무의식적으로든 조제핀의 습관적인 부정을 실제로는 좋아했다는 정황 증거가 된다. 나폴레옹이 끔찍하게 싫어했던 것은 조제핀의 부정 자체가 아니라 그것을 보여주는 명백한 증거였다. 증거가 있으면 바람난 부인을 둔 남편이라는 조롱과 멸시를 당해야 했기 때문이다.

나폴레옹은 조제핀에 관하여 마음이 편해지자 군사적으로 긴급한 문제에 주의를 돌릴 수 있었다. 만토바 요새만 계속 저항하고 있었으므로 이론상으로 상황은 괜찮았지만 잠재적인 위험이 가득했다. 오스트리아는 반격을 개시하려고 이미 전선에 증원군을 교체하고 있었다. 반면 프랑스의 병참선은 너무 길어 측면에 적대적이고 불만을 품은 도시들이 늘어서 있었다. 나폴레옹은 정복지의 일부를 계속 통제하기 위해 상당한 병력을 남겨 둔 채 오스트리아의 구조 노력을 꺾고 만토바를 점령해야 하는 것이 주된 문제가 되리라는 점을 분명하게 인식했다. 나폴레옹은 다른 전선에서 모로와 주르당이 아무런 소식도 전하지 않자 초조해졌다. 두 사람이 곧 공세를 개시하지 않는다면 오스트리아가 이탈리아에 병력을 쏟아부을 수 있었다. 6월 8일 나폴레옹은 급하게 파리 측량국의 앙리 클라르크 장군에게 편지를 보냈다. "내가 보기에 가을에 패배를 피할 방법은 한 가지뿐입니다. 남부 이탈리아로 진격해야 하는 일이 없도록 일을 처리하는 것입니다. 우리가 얻은 정보를 종합하면 오스트리아 황제는 이탈리아 전선으로 많은 병력을 보내고 있습니다. 우리는 라인 강 전선에서 소식이 오기를 마음 졸이며 기다리고 있습니다."

나폴레옹은 피렌체, 로마, 나폴리의 자원을 손에 넣으라는 총재정부의 압력에 만토바 공성을 끝내기 전에 서둘러 남부 원정을 감행하기로 결정했다. 나폴레옹은 두 개 사단을 남쪽으로 보내 볼로냐와 페라라와 토스카나를 점령하게 했다. 오주로는 볼로냐 인근에서 교황령 군대를 격파한 뒤 피우스 6세와 협상을 개시했다. 나폴레옹은 총재정부에는 '성직자의 파렴치한 행위'에 관해 마치 고대 그리스의 웅변가 데모스테네스가 마케도니아의 왕 필리포스를 공격하듯 맹렬히 비난을 퍼붓는 동시에 마테이 추기경*에게는 교황을 대단히 존경

마테이 추기경(Alessandro Mattei, 1744~1820) 로마의 귀족 가문인 마테이 가문 출신으로 나폴레옹 시절 교황령의 외교 정책에서 중요한 역할을 수행한 인물이다. 1777년에 페라라 대주교가 된 뒤 1779년에 추기경에 임명되었다. 1817년부터 죽을 때까지 성베드로 대성당의 수석 사제로 있었다.

한다고 은밀히 편지를 보내 표리부동한 책략을 썼다. 교황은 곧 휴전협정에 서명함으로써 안코나(Ancona) 점령을 인정하고 바티칸 미술관에서 탈취당한 미술품을 포함해 막대한 배상금을 물기로 동의했다. 토스카나는 이러한 이탈에 직면해 항복했고, 피렌체와 페라라는 성문을 열었으며, 프랑스 군대는 리보르노를 점령해(6월 29일) 영국 해군에게서 소중한 기지를 빼앗았다.

　조제핀이 도착한 이후 나폴레옹의 생활은 밀라노에서 아내와 급하게 만나고 일촉즉발의 정치적 위기나 군사적 위기를 처리하느라 돌진하기를 오갔던 까닭에 조현병 환자의 삶과도 같았다. 조제핀이 도착하기 직전, 나폴레옹은 토르토나와 피아첸차, 파르마, 레조(레조에밀리아), 모데나를 방문했다. 이후 볼로냐에도 갔으며, 피렌체에서는 대공으로부터 융숭한 대접을 받았다. 나폴레옹은 가능하면 그날그날의 만토바 공성은 세뤼리에한테 맡겼다. 밀라노에서 나폴레옹은 군사령부를 세르벨로니 궁전에서 도시 외곽 몸벨로에 있는 빌라 크리벨리로 옮겼다. 전하는 바에 따르면 그곳에는 나폴레옹이 정원에 세운 거대한 천막 안에 장교와 행정관, 도급업자, 로비스트가 엄청나게 많이 모여 혼잡했다고 한다. 나폴레옹은 세르벨로니 궁전을 실제로 전혀 좋아하지 않았지만 조제핀과 그곳에서 시간을 보냈다. 나폴레옹은 조제핀의 영향을 받아 남들이 보는 앞에서 식사를 하거나 붉은 제복을 입은 창기병 3백 명의 호위를 받으며 행진하는 등 마치 황제라도 된 듯 허세를 부리기 시작했다.
　조제핀은 황후 같은 생활을 즐겼지만 밀라노 시민들은 처음에는 조제핀을 받아들이기 어려워했으며 조제핀의 수행원들이 보인 포악한 태도를 역겨워했다. 조제핀의 시녀이자 베르티에의 정부라는 두 역할을 담당한 비스콘티 후작부인은 특별히 화를 돋우었다. 그러나 조제핀 무리의 태평한 향락 생활을 흉내 내는 것이 곧 세련된 취향이 되었다. 밀라노의 새로운 엘리트는 조제핀을 따라 관능주의에 빠져들 때에도, 조제핀이 남편을 설득해 약탈을 중단시킬 것이라고 믿고 선물 공세를 퍼부었다.

나폴레옹은 밀라노를 떠나 있을 때 조제핀과 떨어져 있다는 사실에 애가 탔다. 구애의 편지가 다시 시작되었는데, 예전과 마찬가지로 열정으로 가득했다. 나폴레옹은 가르다 호수에서 세뤼리에와 논의 중이던 7월 18일에 이렇게 썼다. "조제핀, 나는 달빛이 은은하게 비치는 호숫가 옆 베르길리우스의 마을*에 와 있소. 단 일 초도 당신 생각을 하지 않을 때가 없소." 부부 간의 정절에 대한 여러 번의 훈계와 정욕의 부정한 쾌락을 혐오스럽게 표현한 것으로 보아(필시 의도적으로 과장했을 것이다) 나폴레옹은 분명 조제핀을 의심하고 있었다. 장교들이 창부들과 사귀다가 성병에 걸렸을 때 나폴레옹은 이렇게 썼다. "이런, 여자들이란! 도덕은 어디 갔나! 내 형 조제프에게 부디 정숙한 남편이 되라고 말해주시오."

7월 말 두 사람은 브레시아에서 재회했다. 나폴레옹은 "세상에서 가장 다정한 연인이 그대를 기다리오."라고 썼다. 브레시아는 이폴리트 샤를의 주둔지였고, 조제핀이 난봉꾼 경기병 장교 때문에 다른 곳이 아닌 브레시아에서 나폴레옹을 만나기로 동의했다는 추정이 가능하다. 그러나 나폴레옹이 계획한 전원의 휴식은 새로운 오스트리아 군대가 브레너(브렌네로) 고개를 넘어 갑자기 밀어닥치는 바람에 짧게 끝났다. 나폴레옹은 조제핀을 쥐노와 용기병들과 함께 우회로를 통해 밀라노로 돌려보냈다. 조제핀은 나폴레옹이 오스트리아군에 승리했다는 소식을 듣자 브레시아로 안전하게 갈 수 있었으므로 서둘러 돌아왔다. 나폴레옹의 사령부는 겨우 40킬로미터 떨어져 있었고, 나폴레옹은 조제핀에게 돌아오라고 애절하게 간청했다. 조제핀은 피

베르길리우스의 마을 고대 로마의 시인 베르길리우스(Publius Vergilius Maro, 기원전 70~기원전 19)의 고향이 만토바의 비르질리오(Virgilio)이다.

곤하다는 평계를 대고 이폴리트 샤를과 밤을 보냈다.

나폴레옹이 오스트리아의 반격이 진행 중이라는 확실한 소식을 들은 날은 7월 29일이었다. 그때부터 1797년 2월까지 포위된 만토바와 다른 세 요새 페스키에라와 베로나와 리보르노를 둘러싼 대규모 전투가 벌어졌다. 네 요새는 가르다 호수 남단에서 사각형을 이루는 유명한 성채였으며 브레너 고개와 알프스 산맥에서 롬바르디아 평원으로 이어지는 출입구를 지켰다. 만토바는 매우 혹독한 싸움 끝에 얻었기에 나폴레옹의 전기에서 상징적인 중요성을 얻었지만, 나폴레옹의 관심은 만토바 자체보다는 티롤로 이어지는 길을 장악하는 데 있었다.

오스트리아의 새로운 군대는 다고베르트 부름저 백작*이 지휘했다. 부름저 백작은 라인 지방에서 2만 5천 명의 병력을 이끌고 볼리외 부대를 보강하기 위해 파견되었다. 두 군대는 트렌토에서 만나 5만 명으로 늘었고 세 개의 진으로 만토바를 향해 진격했다. 우익은 키에사를 거쳤고, 중군은 아디제 강 유역과 가르다 호수 사이의 몬테발도로 모였으며, 좌익은 아디제 강 유역을 따라 진군했다. 오스트리아군은 초기에 작은 성공을 거두어 일시적으로 나폴레옹을 낙담하게 만들었고, 7월 31일에는 로나토(로나토델가르다)를 차지했다. 그러나 부름저는 세 개의 진을 통합하는 대신 만토바를 구원하는 데 집중하는 큰 실수를 저질렀다(부름저는 만토바 함락이 임박했다고 생각했으나 이는 그릇된 판단이었다). 그 덕에 나폴레옹은 자신이 애용하는 '중앙 배치' 전략을 마음껏 쓸 수 있었다. 이 전략은 병력 수에서 열세인 군대가 둘로 나뉜 우월한 군대의 사이로 들어가 차례로 격파하는 것이었

다고베르트 부름저(Dagobert Siegmund Graf von Wurmser, 1724~1797) 스트라스부르에서 프랑스 신민으로 태어나 7년 전쟁에서 기병 장교로 복무했으나 이후 오스트리아로 넘어갔다. 바이에른 왕위 계승 전쟁과 프랑스 혁명 전쟁에서 싸웠으며, 1797년 2월에 만토바 방어를 지휘하다 패한 후 이듬해 건강이 악화되어 사망했다.

다. 8월 3일 나폴레옹은 로나토에서 적군에게 막대한 손실을 입히고 내몰았다. 오스트리아군의 우익 3개 사단과 중군의 일부는 항복해야 했다. 부름저는 뒤늦게 우익을 보강하려고 이동했으나 좌익이 당도하기 전에 카스틸리오네(카스틸리오네델레스티비에레)에서 나폴레옹과 대적해야 했다(8월 5일). 나폴레옹은 오주로와 합류해 거칠고 잔인한 전투를 벌여 카스틸리오네에서 오스트리아 중군을 궤멸했으며(8월 5일), 동시에 적군의 좌익에게도 패주를 안겼다. 나폴레옹은 부름저의 큰 실수 덕에 카스틸리오네에서 2만 7천 명 대 2만 1천 명으로 우세한 상태로 싸울 수 있었다. 이날 저녁 부름저는 티롤로 후퇴했다.

가르다 호수 지역에서는 한 주 동안 격렬한 전투가 벌어졌다. 프랑스군은 8월 12일에 '소탕' 작전을 마칠 때까지 적군 2만 5천 명에게 사상을 입히고 1만 5천 명을 포로로 잡았으며 군기 아홉 개와 대포 70문을 노획했다. 프랑스 측에서는 부상자 5천 명, 전사자 600명, 포로 1,400명이었다. 한편 부름저의 진격 때문에 나폴레옹은 만토바 포위를 중단할 수밖에 없었고, 그 과정에서 중포(重砲) 전부를 포함해 179문의 대포를 잃었다. 이제 만토바를 위해 할 일이 없었던 부름저는 새로운 2개 여단을 도시에 남겨둔 채 상처를 치료하기 위해 트렌토로 돌아갔다. 나폴레옹은 공성을 재개했으나 대포가 없었기 때문에 봉쇄가 이전처럼 효과적이지 못했다. 승리 소식을 들은 총재정부는 모로가 라인 지역에서 유사한 결과를 얻었다고 오해하고 나폴레옹에게 부름저를 추적해 모로와 합세하라고 명령했다. 이는 앞서 총재정부가 거부했던 작전이었다.

나폴레옹은 총재정부의 명령을 무시했다. 나폴레옹이 모로와 협력하기를 원했다고 하더라도, 두 지휘관 사이에 의사를 전달할 암호가 없었기에 그런 구상은 비현실적이었다. 게다가 나폴레옹의 병사들은 지쳤고 따라서 휴식과 재충전이 필요했으며, 만토바를 배후에 둔 채 브레너 고개로 나아갈 수는 없었다. 훨씬 더 중대한 문제는 나폴레옹이 이탈리아를 평정하지 않고 떠날 수 없었다는 사실이다. 부름저와 충돌한 것은 나폴레옹에게 정치적으로 중요했다. 처음에는 프랑스가 패했다는 소문이 돌았고, 그래서 나폴레옹에게 반대하는 이탈리아 내부의 적들이 정체를 드러냈던 것이다. 충성의 유형은 매우 분명했다. 밀라노, 롬바르디아, 파르마, 볼로냐, 페라라, 레조는 나폴레옹과 맺은 신의를 지켰지만, 모데나, 크레모나, 파비아, 교황령은 가면을 벗어던지고 오스트리아에 우호적인 태도를 드러냈다.

나폴레옹은 이 모든 점을 염두에 두고 조심스럽게 일을 진행했다. 나폴레옹과 부름저는 일종의 두뇌 게임을 벌였다. 나폴레옹은 먼저 3만 3천 명의 병력으로 부름저와 맞섰다. 나폴레옹은 로베레토에서 승리한 뒤 트렌토를 점령했으나, 부름저는 브렌타 강 유역을 따라 남쪽의 만토바를 향해 나폴레옹의 의표를 찔렀다. 그렇게 하면 나폴레옹이 아디제 강 유역을 따라 내려와 만토바를 위협하는 새로운 군대에 맞설 수밖에 없으리라는 계산이었다. 그러나 나폴레옹은 부름저가 내놓은 비장의 카드에 마지막 수를 썼다. 나폴레옹은 가던 길을 되돌아가는 대신 트렌토 북쪽의 골짜기를 봉쇄하고 부름저가 선택한 길을 따라 남쪽으로 오스트리아군을 추적했다. 위험했지만 계산된 작전이었다. 나폴레옹은 부름저의 부대가 식량을 충분히 남겨놓고 갔을지 알 수 없는 상황에서 현지 식량 조달을 바랐다. 나폴레옹은 또 부름저가 돌아서서 자신의 부대와 교전하든지 아니면 아드리아해로 퇴각하든지 둘 중에 선택해야 하는 처지에 놓임으로써 만토바를 구하지 못할 것으로 보았다.

나폴레옹은 9월 8일에 바사노(바사노델그라파)에서 오스트리아군과 맞붙어 다시 패배를 안겼다. 왼쪽에서는 오주로가, 오른쪽에서는 마세나가 훌륭하게 지원했다. 그런데 나폴레옹에게 곤혹스러운 일이 벌어졌다. 예상과 달리 부름저는 트리에스테나 아드리아해로 방향을 틀지 않고 만토바를 향해 진군을 계속했다. 나폴레옹의 추격을 벗어난 부름저는 9월 12일에 만토바를 둘러싸고 공격하던 전선을 깨뜨리고 도시로 진입해 총 2만 3천 명의 병력을 모아 방어에 나섰다. 추적군이 공성군에 합류하면서 도시 근교에서 격렬한 전투가 벌어졌고, 이후 오스트리아군은 구 도시 안에 갇혔다. 부름저가 도착해 요새를 난공불락으로 만들 것 같았지만, 실제로는 입이 너무 많이 늘어 만토바의 식량 공급에 큰 부담이 되었다. 1796년 성탄절 즈음에는 방어군은 말까지 잡아먹었고 하루 150명씩 영양실조와 질병으로 사망했다.

나폴레옹이 부름저를 만토바 안에 밀어 넣고 봉쇄하자마자 독일 전선에서 나쁜 소식이 전해졌다. 8월 24일 카를 대공*이 주르당을 격파했고, 모로는 오스트리아군에 막혀 후퇴했는데, 10월 초에는 라인 강 서안까지 밀렸다. 나폴레옹은 늘 모로의 1796년 독일 전쟁이 자신이 이탈리아에서 피했던 모든 실수를 교과서처럼 보여주는 사례라고 생각했다. 모로는 측면을 방비하지 않은 채 부대를 분할했는데, 그 결과 세 부대가 여섯 방면에서 측면 공격에 취약했다. 게다가 모로는 필립스부르크와 만하임의 거대한 두 요새를 봉쇄하지도 않고 배후에 남겨 두었다. 보나파르트는 만토바에서 같은 실수를 저지를 생각이 없었다. 그러나 나폴레옹 부대의 위치는 곤란을 초래할 가능성을 안고 있었다. 나폴레옹은 오스트리아군의 기습 공격을 막기 위해 북쪽 고개들을 지키면서 만토바를 계속 압박해야 했고, 동시에 이탈리아에서 일어날지도 모를 내부의 반란을 주시해야 했다. (총재정부가 공식적으로 자금을 뽑아낸 데다 병사들의 사사로운 약탈과 강탈이 겹쳐 반란이 일어날 가능성이 매우 높았다.) 게다가 모로의 퇴각으로 오스트리아군이 분명히 이탈리아 전선에 대규모 병력을 투입할 때였다.

9월 중순 나폴레옹은 밀라노로 돌아가 조제핀과 즐겁게 지내고 있었다. 조제핀을 수행해 이탈리아로 온 금융업자 앙투안 아멜랭

카를 대공(Karl von Österreich-Teschen, 1771~1847) 황제 레오폴트 2세의 아들이자 황제 프란츠 2세의 동생으로 나폴레옹의 가장 강력한 적수의 한 명이다.

(Antoine Hamelin)은 나폴레옹이 아내에게서 손을 뗀 적이 없다고 전한다. 나폴레옹은 종종 다른 사람이 보는 앞에서도 조제핀을 격렬하고도 거칠게 애무했고, 당혹스러웠던 아멜랭은 창밖을 내다보는 척했다. 조제핀은 파리의 친구들에게 보낸 편지에서 남편을 헐뜯거나 남편에게 싫증났다고 주장할 때를 제외하면 나폴레옹을 거의 언급하지 않았다. 조제핀은 바라스에게 보낸 편지에서 보나파르트의 이름을 실력 행사용으로 이용했다. 조제핀은 아이들이 그리웠고, 파리가 주는 즐거움과 바라스를 움직여 취할 수 있는 이득을 열망했던 반면, 이탈리아에서 받는 이목은 위안이 되지 않았다.

한편 나폴레옹은 제국의 총독 역할을 인상적으로 수행했다. 보나파르트 가족은 여전히 소원했던 뤼시앵만 빼고 나폴레옹을 찾아 몸벨로에 도착했다. 카롤린과 제롬은 방학을 이용해 밀라노로 왔고, 일가에서 가장 저명한 인물인 페슈는 군수품 수송과 보급을 맡고 있었다. 나폴레옹은 뤼시앵이 몹시 못마땅했다. 8월에는 실제로 카르노에게 뤼시앵에 관해 한탄하며 북부군 전선으로 보내 '말썽 피우기'를 끝내는 것이 어떻겠느냐고 제안했다. 반면 총애했던 루이는 카르노에게 천거했는데, 육군장관은 루이에게 깊은 인상을 받아 대위로 진급시켰다.

정치적 전선을 보자면, 나폴레옹은 제노바에 프랑스군의 주둔을 받아들이게 했고, 오스트리아에 우호적인 모데나를 점령했으며, 베네치아를 위협했다. 10월 10일 나폴리와 조약을 체결했으나 교황령이 술책을 써 3만 명의 나폴리 시민을 전장으로 내보내 프랑스군에 대적하게 함으로써 조약은 꽃을 피우지 못했다. 한편 나폴레옹은 확실한 기득권을 버리고 북부 이탈리아에 공화국을 세울 계획을 진척시키려 했다. 나폴레옹은 세 개의 임시 '공화국'을 세웠는데, 밀라노를 편입한 치살피나 공화국과 모데나와 레조를 결합한 치스파다나 공화국, 볼로냐와 페라라를 통합한 트란스파다나 공화국이다*. 그러나 나폴레옹의 시선은 늘 브레너 고개에 머물렀다. 독일에서 모로가 매우 비참하게 패했으므로 곧 닥치고야 말 오스트리아의 공세를 기다렸던 것이다.

11월 오스트리아가 군사 행동을 개시했다. 두 개 군대가 이탈리아를 습격했는데, 요제프 알빈치*가 지휘하는 2만 8천 명 병력은 비첸차를 거쳐 베네치아 평원을 지나 베로나로 향했고, 다비도비치*가 지휘하는 1만 8천 명 규모의 다른 군대는 아디제 강 유역으로 진출했다. 오스트리아군의 전략은 알빈치의 군대가 만토바를 공격하는 척하는 동안 다비도비치가 트렌토를 점령하는 것이었다. 나폴레옹은 이 공격에 대응해 알빈치를 공격하면서 보부아 장군(Claude-Henri Belgrand de Vaubois, 1748~1839)에게 다비도비치를 맡게 하려 했다. 불행히도 보부아는 트렌토 외곽에서 처절하게 패해 혼란 속에 퇴각해야 했다. 나폴레옹도 베로나에서 내쫓겨 큰 위험에 처했다. 나폴레옹의 군대는 뿔뿔이 흩어졌으며, 부상자 명단에 이름을 올린 병사가 1만 4천 명이나 되어 알빈치에 대적할 실제 병력은 1만 명에 불과했다. 알빈치 부대와 다비도비치 부대가 합세하고 뷔름저가 만토바에서 성 밖으로 출격해 이들과 연합한다면, 프랑스군에게는 희망이 없었다.

이탈리아 전쟁의 전 기간 중 이때가 나폴레옹에게 가장 암울한 시기였다. 나폴레옹이 총재정부에 증원 부대를 요청했지만 겨우 열두 개 대대만 내려왔을 뿐이었다. 육군부는 독일 전선의 무능한 모로에게 자원을 투입하기로 결정했고, 모로가 실패하자 먼저 알빈치가 자유롭게 되었다. 이탈리아 방면군의 사기는 바닥으로 내려앉았다. 얼

---

* 트란스파다나 공화국(Repubblica Transpadana)은 1796년 5월에 포 강 남쪽에, 치스파다나 공화국(Repubblica Cispadana)은 1796년 10월에 포 강 북쪽에 각각 세워졌다. 1797년 7월에 두 공화국이 통합되어 치살피나 공화국(Repubblica Cisalpina)이 되었다.
요제프 알빈치(Joseph Alvinczi von Borberek, 1735~1810) 오스트리아 제국의 육군원수. 트란실바니아 태생으로 마자르어 이름은 알빈치 요제프(Alvinczi József)이다.
다비도비치(Pavle Davidović, 1737~1814) 황제 레오폴트 1세 때 오스만튀르크 제국에서 오스트리아 제국으로 이민한 세르비아 가문 출신의 장군.

마나 많은 수고를 하고 얼마나 많은 승리를 거두었던 간에 여전히 북부군은 자신들의 기대를 저버릴 것이고, 그 결과 점점 더 많은 오스트리아의 증원군이 투입되리라는 것이 널리 퍼진 생각이었다. 병력에서 열세였고 사기가 저하된 바로 이런 상황에서 나폴레옹과 부대는 11월 12일 베로나 외곽 칼디에로에서 알빈치 군대에게 결정적인 패배를 당했다. 다음날 나폴레옹은 낙담해 총재정부에 편지를 보냈다.

아마도 이탈리아를 곧 잃을 것 같습니다. 기대했던 지원은 전혀 도착하지 않았습니다. 불가피하게 만토바 공성을 포기해야 합니다. 한 주만 있으면 우리 것이 될 수도 있었을 텐데. …… 며칠 안으로 마지막 노력을 해보려 합니다. 운명이 우리에게 미소를 짓는다면 만토바와 더불어 이탈리아도 점령하게 될 것입니다.

나폴레옹은 알빈치가 마침내 명백한 사실을 깨닫고 부름저와 다비도비치 군대와 효과적으로 연합하기 전에 그 군대에 집중하기로 결정했다. 나폴레옹은 대담하게 측면으로 나아가 베로나 남쪽에서 아디제 강을 건너 배후에서 알빈치 군대를 공격하기로 했다. 불행히도 나폴레옹은 아르콜레 마을과 다리를 지키는 강력한 크로아티아인 분견대와 충돌했다. 크로아티아인 부대와 프랑스 군대는 각기 증원군을 요청했고, 다리 주변의 습지와 개천과 제방에서 사흘간 맹렬한 전투가 벌어졌다.

아르콜레 전투(11월 15일~17일)는 로디 전투의 재판으로 프랑스군은 방비가 잘된 진지를 정면에서 공격하다 똑같이 끔찍한 손실을 입었다. 그러나 이번에 나폴레옹은 병사들을 이끌고 필사적으로 다리를 건너려 했다. 나폴레옹은 아르콜레의 사투를 이렇게 묘사했다.

나는 직접 마지막 시도를 해보기로 했다. 깃발을 움켜쥐고 다리로 돌진해 그곳에 꽂았다. 종진의 부대를 지휘해 다리 중간쯤 도달했을 때 적군 총구에서 섬광을 내뿜으며 총탄이 날아왔고, 1개 사단이 나타나 우리의 공격을 좌절시켰다. 진두에 섰던 척탄병들은 후미가 끊어진 사실을 알고는 머뭇거렸지만, 급히 도주하면서도 자신들의 장군을 지켰다. 병사들은 내 팔과 옷을 잡고 죽은 자들과 죽어가는 자들, 연무 사이를 헤집고 질질 끌고 갔다. 나는 갑자기 늪에 빠졌고 적군이 주위를 에워싼 가운데 절반쯤 가라앉았다. 척탄병들은 자신들의 장군이 위험에 빠졌음을 알았고, "병사들이여, 전진하여 장군을 구출하라!"라는 외침이 들렸다. 용감한 병사들은 즉시 뒤로 돌아 적군에게 달려들어 다리 너머로 밀어냈다. 나는 구출되었다.

신화 창조자 나폴레옹의 설명은 어쨌든 그러했다. 루이는 자기 형이 삼색기를 들고 선두에서 돌격을 이끌었으나 습지를 지나 다리로 이어지는 방죽 길을 따라 뛰어가다가 넘어지는 바람에 도랑에 빠졌고 자신이 건져주지 않았더라면 익사했을 것이라고 주장했다. 나폴레옹의 부관인 폴란드인 장교 수우코프스키(Józef Sułkowski, 1773~1798)의 설명이 좀 더 진실에 가깝다. 수우코프스키의 묘사에 따르면 나폴레옹은 다리 위에 깃발을 세운 뒤 두려워하는 병사들을 호되게 꾸짖었다. 이는 나폴레옹이 11월 19일에 총재정부에 올린 보고로 증명된다. 보고에서 나폴레옹은 아무렇지도 않다는 듯 이렇게 인정했다. "우리는 정면 공격으로 마을을 점령한다는 계획을 포기해야 했습니다." 실제로 일어났던 일은 이랬다. 나폴레옹은 하류로 한참 더 내려간 알바레도에서 아디제 강에 배다리를 설치한 뒤 단단한 땅을 넘어 배후에서 오스트리아군을 공격할 수 있었다. 알빈치는 군수품과 증원 부대에 있어서 보나파르트 부대보다 우세했는데도 퇴각했다. 나폴레옹은 알빈치보다 운이 좋았으며 담력도 더 좋았다. 알빈

아르콜레 전투에서 깃발을 들고 앞장서는 나폴레옹. 나폴레옹의 활약을 낭만적으로 미화한 이 그림은 1801년 앙투안장 그로가 그린 것이다. 1796년 11월 15~17일에 벌어진 이 전투에서 나폴레옹은 오스트리아군을 힘겹게 물리쳤다.

치가 훌륭한 장군이었다면 습지에 빠진 프랑스군에게 결정적 패배를 안겼을 것이다. 그러나 결말은 확실히 나폴레옹에게 유리하게 돌아 갔다. 알빈치는 프랑스군 4,500명에게 사상을 입히면서 7천 명을 잃었고, 다비도비치와 합세할 수 없었다.

그런 뒤에 나폴레옹은 다비도비치로 눈을 돌렸다. 다비도비치는 매 회전에서 보부아를 쳐부쉈다. 그러나 다비도비치는 11월 17일이 되어서야 본격적으로 전투에 임했다. 만일 다비도비치가 이틀 일찍 움직였더라면, 나폴레옹은 다시 혹독한 패배를 당했을 것이다. 실상은 어떠했는가 하면, 다비도비치 자신도 승리한 나폴레옹 군대에 거의 포위될 뻔했다. 론코(Ronco all'Adige) 인근에서 프랑스가 다시 사흘 동안 성공을 거두었는데, 다비도비치는 이때 많은 병력을 잃었다. 다비도비치와 알빈치 모두 북쪽으로 퇴각했고, 오스트리아는 만토바를 구하는 데 다시 실패했다. 프랑스군은 알빈치가 접근할 때 밀라노 문으로 베로나를 버리고 떠났으나 사흘 만에 승리한 뒤 베네치아 문으로 다시 입성했다.

나폴레옹은 아르콜레 전투에서 아슬아슬하게 이겼다. 나폴레옹은 아르콜레 주변의 습지에 빠지는 중대한 실수를 범했고, 알바레도 건널목을 훨씬 더 일찍 발견했어야만 했다. 알빈치가 늪에서 나폴레옹의 목숨을 거두었을 수도 있었고, 다비도비치가 좀 더 일찍 나폴레옹을 타격했을 수도 있었다. 루이 보나파르트는 프랑스군의 사기가 바닥으로 떨어졌다고 전했다. "부대는 이제 예전 같지 않으며, 이구동성으로 강화를 요구하고 있다." 보나파르트 찬미자들도 아르콜레 전투가 박빙의 승부였다고 인정한다. 뛰어난 군사 이론가 카를 폰 클라우제비츠*는 나폴레옹이 우수한 전술과 더 큰 담력, 숙달된 전략적 방어, 그리고 궁극적으로는 우월한 정신 덕에 승리했다고 평가했다.

클라우제비츠(Carl Philipp Gottlieb von Clausewitz, 1780~1831) 프로이센의 군인, 군사 이론가. 전쟁의 도덕적, 정치적 측면을 중요시했다.

그러나 결정적 요인은 나폴레옹의 배짱이었다. 알빈치는 기싸움에서 먼저 눈을 감았던 것이다. 나폴레옹은 포위에 실패하고 결정적 승리를 얻지 못했을망정 다방면의 능력으로 오스트리아 정부를 압박해, 급기야 오스트리아는 11월 말에 강화를 청하기 시작했다. 그러나 오스트리아가 만토바에 다시 식량을 보급하겠다고 고집해 회담은 결렬되었다.

나폴레옹은 최근의 승리에 도취해 조제핀에게 편지를 보냈다. 그러나 이틀 후 나폴레옹의 생각은 성적인 쪽으로 돌아갔다. "당신이 옷을 벗을 때 그곳에 있다면 얼마나 행복할까, 작고 단단한 하얀 젖가슴, 사랑스러운 얼굴, 스카프로 묶은 크레올식 머리. 내가 짧은 시간 그곳, 그 작고 검은 숲에 머물렀던 때를 결코 잊지 못한다는 것을 그대는 알고 있소. …… 거기에 천 번의 키스를 보내오. 그 속으로 들어갈 순간을 마음 졸이며 기다리고 있다오."

엿새 뒤인 11월 27일 나폴레옹은 '검은 숲'과 다시 만나기를 갈망하며 세르벨로니 궁전에 도착했다. 그러나 조제핀은 남편이 군사 활동에 몰두했다는 핑계로 제노바로 가서 이폴리트 샤를의 품에 안겨 위안을 얻었다. 나폴레옹은 조제핀이 없다는 사실에 충격을 받아 그자리에서 거의 실신할 뻔했다. 그날 늦게 나폴레옹은 온욕을 마치고 나오다가 간질 발작 비슷한 것을 경험했다. 나폴레옹은 아흐레 동안 조제핀이 돌아오기를 기다리며 편지를 세 통 보냈다. 편지는 격분과 욕망 사이에서 흔들렸다. "당신을 보기 위해, 당신을 품에 안고자 모든 것을 버리고 왔소. …… 이루 말할 수 없는 고통을 느낀다오. 당신이 파티의 계획을 바꾸거나 오로지 당신만을 위해 사는 한 남자의 행복에 관심을 갖기를 바라지 않소. 난 그럴 만한 가치가 없소. …… 당신에게 내가 사랑한 만큼 나를 사랑해 달라고 간청한다면 내가 나쁜 인간이오. …… 난 왜 레이스가 금처럼 무거울 거라 생각해야 하는 거요? …… 오, 조제핀, 조제핀!"

12월 7일 조제핀은 마침내 제노바에서 돌아왔고 사흘 뒤 세르벨로니 궁전에서 대규모 무도회를 열었다. 그러나 이때쯤 나폴레옹은 정치적인 문제들을 처리해야 했다. 드디어 옛 친구이자 총재정부의 군위임관인 살리체티와 결별할 때가 왔다. 살리체티와 동료 가로*는 교회 한 곳을 너무나 자주 약탈했고 대담하게도 장물을 공공연히 거리에 내다 팔았다. 나폴레옹이 강력히 단속하자, 살리체티는 파리로 악의적인 서한을 보내 보나파르트의 과도한 야심과 5월에 고압적인 자세로 피에몬테와 일방적 강화를 체결한 일, 켈레르만과 공동으로 지휘권을 행사하지 못하겠다고 거부한 일을 강조했다. 다소 놀란 총재정부는 앙리 클라크 장군*을 특사로 이탈리아에 파견해 현지 상황을 소상히 보고하게 했다.

처음 만났을 때는 나폴레옹과 클라크의 관계가 우호적이지 않았다. 클라크는 11월 29일에 밀라노에 도착했다. 조제핀이 제노바에 있다는 깜짝 놀랄 만한 사실이 드러난 다음날이었다. 나폴레옹은 기분이 몹시 상한 상태였고, 클라크는 나폴레옹이 열이 올라 여위고 수척해 보였으며 필시 아르콜레의 습지에 빠졌기 때문일 것이라고 보고했다. 나폴레옹은 퉁명스럽게 자신은 오스트리아와 휴전하는 데 반대한다고 말했다. 클라크는 받아쳤다. "그것이 바로 총재정부의 의도이니, 얘기는 끝났소." 그러나 클라크는 사흘 동안 세세한 조사를 마친 뒤 방침을 바꿔 나폴레옹이 옳다고 인정했다. 12월 7일 조제핀이 도착했을 때, 클라크는 바라스와 카르노에게 이처럼 매우 호의적인 보고서를 쓸 준비가 되어 있었다.

피에르앙셀름 가로(Pierre-Anselme Garrau, 1762~1819) 변호사로 지내다 혁명이 일어나자 국민방위대에 입대했고 입법의회와 국민공회에서 지롱드 도 대의원을 지냈다. 라자르 카르노와 돈독하게 지내 나폴레옹 보나파르트의 이탈리아 방면군에 군 위임관으로 임명되었다.
앙리 클라크(Henri-Jacques-Guillaume Clarke, 1765~1818) 아일랜드 혈통의 프랑스 정치인이자 장군. 1807년에 나폴레옹에 의해 육군장관에 임명되었으나, 왕정 복고 후 두 차례 육군장관을 지냈다.

여기서는 누구나 나폴레옹을 천재로 존경합니다. …… 그 사람은 이탈리아에서 두려움과 사랑과 존경의 대상입니다. 나는 나폴레옹이 공화국에 애착을 갖고 있으며 자신이 얻은 명성을 유지하는 것 말고는 다른 야심이 없다고 믿습니다. …… 보나파르트 장군에게 결점이 없지는 않습니다. …… 때때로 가혹하고 참을성이 없으며 무뚝뚝하거나 오만합니다. 나폴레옹은 종종 어려운 일들을 너무 조급하게 요구합니다. 정부의 군 위임관들을 충분히 존중하지 않습니다. 내가 이 일로 비난하자, 나폴레옹은 행실이 나쁘고 무능력해 누구에게나 멸시를 받는 자들을 달리 대우할 수는 없었다고 답했습니다. …… 살리체티는 군대에서 최고로 파렴치한 악한으로 통하며 가로는 역량이 부족합니다. 두 사람 다 이탈리아 방면군에는 어울리지 않습니다.

총재들은 불안을 떨칠 수는 없었지만 보나파르트에게 계속 혐의를 둘 수는 없는 노릇이었다. 총재들은 나폴레옹을 전폭적으로 지지하겠다고 약속했다. 그리고 사실상 이탈리아에서 자유롭게 행동할 수 있는 권한(carte blanche)을 부여했다. 이는 심리적으로 굉장히 중요했는데, 왜냐하면 1797년 1월 오스트리아가 프랑스로부터 이탈리아 반도를 빼앗으려는 마지막 노력을 기울였기 때문이다. 오스트리아에서 전국에 걸쳐 신병 모집 운동이 벌어진 결과 알빈치는 7만 병력을 전장에 투입할 수 있었다. 총재정부가 증원군을 보내겠다는 약속을 마침내 이행한 것은 나폴레옹에게 다행이었다. 나폴레옹은 부대를 다섯 사단으로 개편해(훗날의 군단corps 제도의 기원) 각각 마세나, 오주로, 레*, 세뤼리에, 주베르* 장군에게 지휘를 맡겼다.

이 싸움에서 승리의 주역은 1796년에 보부아를 대신한 바르텔르미

루이 레(Louis Emmanuel Rey, 1768~1846) 1792년에 장교가 되어 알프스 방면군에서 4년을 복무한 뒤 1796년에 여단장으로 진급하고 이탈리아 방면군으로 배속되었다. 1813년 에스파냐의 산세바스티안 방어를 지휘한 것으로 유명하다.

주베르였다. 주베르는 키가 크고 말랐으며 체질이 약했으나 일부러 고생을 자초해 강인해진 인물로서 용맹하고 주의 깊고 적극적이어서 마세나를 완벽하게 보완할 수 있었다. 1797년 1월 알빈치가 공세를 개시했을 때 나폴레옹이 가장 많이 의지한 인물이 마세나와 주베르, 이 두 사람이었다. 알빈치는 아디제 강과 가르다 호수 사이의 리볼리를 겨냥했고, 양동작전으로 바사노와 파도바를 공격하는 척했다.

나폴레옹은 적의 주력이 어디를 향하는지 확인하려고 베로나에서 기다렸다. 주베르의 사단이 리볼리에서 심한 압박을 받고 있어서 나폴레옹은 1월 13일에 보충 공격을 무시하고 리볼리에 병력을 집중하기로 결정했다. 나폴레옹은 1월 14일 오전 1시에 리볼리에 도착해 새벽녘에 공격에 나섰다. 나폴레옹은 먼저 완강한 저항에 직면해 측면이 포위될 뻔했으나, 더할 나위 없이 알맞은 시점에 으뜸 패를 꺼냈다. 마세나는 환한 달빛 아래 눈과 얼음으로 덮인 땅을 질척거리며 약 25킬로미터를 주파해 동틀 무렵 리볼리 고원에 닿았다. 이 전투에는 몸을 녹초로 만드는 야간 행군이 몇 차례 있었는데, 마세나는 이로써 그중 하나를 완벽하게 수행한 셈이었다. 알빈치는 비록 자신의 보병 부대와 기병 부대가 분리되기는 했지만 주베르의 측면을 포위하는 데 거의 성공했다. 그러나 마세나가 도착함으로써 상황이 바뀌었다. 오스트리아군은 두 개의 언덕에서 적의 측면을 치려다 맹공을 받았으며, 이어 마세나가 오스트리아군의 중앙을 돌파했다. 주베르의 병사들은 앞서 빼앗긴 땅을 회복하려 반격했다. 그러나 오스트리아군은 단 한 뼘의 땅도 쉽사리 내주지 않았으며, 나폴레옹은 그날 타고 있던 말 여러 마리를 잃었다.

바르텔르미 주베르(Barthélemy Catherine Joubert, 1769~1799) 1784년에 입대하여 프랑스 혁명 전쟁 중 빠르게 진급했다. 나폴레옹은 주베르의 재능을 알아보고 점점 더 중요한 임무를 맡겼다. 밀레시모 전투, 로디 전투, 카스틸리오네 전투, 리볼리 전투에 참여했고, 1799년 노비 전투에서 사망했다.

1월 14일 땅거미가 질 무렵 나폴레옹과 마세나는 만토바를 구하려는 오스트리아의 다른 군대를 차단하기 위해 전투 현장을 떠났다. 리볼리에서 주베르는 이튿날 다시 승리를 거두었다. 이틀간 발생한 사상자는 오스트리아군이 1만 4천 명이고 프랑스군이 2,180명이었다. 한편 마세나 사단은 경이롭게도 다시 약 48킬로미터를 행군했다. 이는 오주로를 떨쳐버린 뒤 세뤼리에와 만토바를 포위하고 있는 프랑스군에 밀어닥치고 있던 프로베라* 장군을 뒤쫓으려는 작전이었다. 1월 16일 프랑스군은 라파보리타에서 프로베라를 완벽하게 무찔러 7천 명을 포로로 잡고 대포 22문을 노획했다. 만토바와 그 수비대는 굶어 죽을 지경에 이르자 강화 협상을 청했다. 보나파르트는 부대 앞에서 마세나를 '승리를 부르는 자'로 치켜세웠다. 닷새 만에 4만 8천 명에 달하던 오스트리아의 공격 병력은 패해 도망치는 1만 3천 명의 오합지졸로 줄어들었다.

　부름저는 나폴레옹과 협상하고자 부관을 보내 만토바에는 아직도 열두 달치 식량이 남아 있다고 주장하며 좋은 조건을 확보하려고 애썼다. 나폴레옹은 특유의 농담으로 위장하며 협상을 주저했다. 오스트리아군 사절은 나폴레옹이 마침내 자리에 앉아 부름저가 제시한 초안 여백에 조건을 적었을 때에야 그 사람이 어떤 인물인지를 깨달았다. 관대한 조건에 넘어간 사절은 무심결에 겨우 사흘 치밖에 식량이 남아 있지 않다는 비밀을 누설했다. 승리한 나폴레옹은 도량이 넓었을지는 모르겠지만 부름저를 어떤 점에서도 자신의 적수로는 인정할 수 없었고, 따라서 오스트리아군 사령관이 와서 세뤼리에와 항복 협정에 서명할 때 자리를 비웠다. 2월 2일 만토바는 프랑스군에게 성문을 열었다.

조반니 마르케세 디 프로베라(Giovanni Marchese di Provera, 1736~1804) 프랑스 혁명 전쟁에서 오스트리아군으로 복무했다. 1796년 나폴레옹 보나파르트와 대결한 세 차례 전투에서 중요한 역할을 수행했다.

이제 브레너 고개와 티롤 산맥을 넘어 오스트리아를 침공하는 데에는 아무런 군사적 장애물도 없었다. 그러나 총재정부는 나폴레옹이 오스트리아군에 최후의 일격을 가하기 전에 교황과 셈을 치러야 했다고 주장했다. 교황은 오스트리아의 군사력이 더 우세하다고 판단하고 프랑스와는 조약을 체결하지 않았다. 2월 초 나폴레옹은 군대를 이끌고 교황령을 급습해 볼로냐와 파엔차, 포를리, 리미니, 마체라타, 안코나를 연이어 정복했다. 안코나에서 나폴레옹은 이미 자신의 정치 계획에 내재한 비합리적 측면의 매우 두드러진 특징이 될 '오리엔트 콤플렉스'의 징후를 뚜렷이 드러냈다. 2월 10일 나폴레옹은 총재정부에 이렇게 써 보냈다. "안코나는 아드리아해에서 베네치아 다음으로 중요한 항구입니다. 어떤 관점에서 보더라도 안코나는 이스탄불로 가는 데 필수적입니다. 스물네 시간이면 누구나 마케도니아에 도달할 수 있습니다." 날카로운 통찰력이 없더라도 나폴레옹이 이 편지를 쓸 때 마케도니아의 위대한 영웅 알렉산드로스 대왕을 떠올렸으리라는 점을 간파할 수 있다.

2월 10일 나폴레옹이 안코나에 도착했을 때, 피우스 6세는 타협할 준비가 되어 있었다. 톨렌티노 조약(1797년 2월 19일)에 따라 교황은 볼로냐와 페라라와 로마냐를 양도하고 배상금 3천만 리라를 지불했다. 루이 라레벨리에르* 같은 총재정부의 선동적 무신론자는 피우스 6세의 퇴위를 원했지만, 나폴레옹은 조약의 조건을 수용했다. 나폴레옹은 교황의 폐위가 프랑스에 이익이 되지 않을 것이라고 여겼고, 따라서 총재정부에 그렇게 주장했다. 교황의 지위는 중부 이탈리아를 안정시키는 요인이고 교황이 제거되면 그에 따른 권력의 공백을 당시 프랑스에 로마보다 한층 더 기분 나쁜 적이었던 나폴리인들이

루이 라레벨리에르(Louis Marie de La Révellière-Lépeaux, 1753~1824) 1789년 삼부회 대표로 정치에 입문해 공안위원회 위원과 의회 의장을 지냈고, 총재정부 시기 내내 총재를 지냈다. 기독교에 매우 적대적이었다.

메우게 되리라는 설명이었다. 나폴레옹은 교황을 너무 심하게 몰아세울 경우 이탈리아에서 제2의 방데 반란이나 종교 전쟁이 촉발될 수 있다는 개연성 있는 결론을 마음에 두기도 했다. 그렇게 되면 오스트리아 침공은 무기한 연기할 수밖에 없었다.

총재정부는 라인 지역의 실패와 보나파르트가 이탈리아에서 거둔 눈부신 승리가 현격히 대조를 이루자 이탈리아의 약점에 집중해 오스트리아에 다가가기로 결정했다. 총재정부는 앞서 독일에서 작전을 벌였던 베르나도트 장군*과 델마스 장군*이 이끄는 사단을 나폴레옹에게 보내 병력을 8만 명으로 증강했다.

나폴레옹의 일생에서 가장 교활하고 지독한 철천지원수는 세 명이었는데, 장바티스트 베르나도트가 그중 한 사람이었다. 베르나도트의 근본 문제는 평범한 연대장에 어울리는 인물이었으나 스스로 천재라고 생각한다는 데 있었다. 키가 크고 깔끔하게 옷을 입었으며 허영심 많고 말재주를 타고나 '가스코나드'*라는 낱말에 새로운 의미를 부여한 베르나도트는 포(Pau)에서 태어나 열일곱 살에 입대했으며 혁명기의 급격한 진급의 파고를 타고 사병에서 출발해 지위를 높여나갔다. 베르나도트는 과격한 자코뱅 원리에 서약했으나 병적인 자기 중심적 성향을 숨기고 있던 기회주의자요 모험가였으며, 1794년에 서른한 살의 나이로 장군이 되었다. 절친한 동료였던 생쥐스트가 단두대에서 죽음을 맞았던 바로 그해였다.

장바티스트 베르나도트(Jean-Baptiste Jules Bernadotte, 1763~1844) 나폴레옹의 약혼자였던 데지레 클라리와 결혼했다. 육군장관을 맡아 뛰어난 능력을 보여주었고, 나폴레옹의 쿠데타에 협력하지 않았으나 통령정부를 받아들였으며 프랑스 원수로 임명되었다. 1810년에 스웨덴 왕위를 제안받아 왕세자가 되었고 1818년 칼 14세 요한으로 즉위했다.
앙투안 델마스(Antoine Guillaume Delmas, 1767~1813) 열한 살에 투렌 연대에 입대하여 군 생활을 시작했다. 1796년에 모로 휘하에서 라인 방면군의 사단을 지휘하다 이탈리아 방면군으로 배속되었다. 1813년에 라이프치히에서 부상을 입고 사망했다.
가스코나드(gasconnade) 프랑스어로 '허풍' 혹은 '자랑'을 뜻하는 말. 베르나도트의 고향이 가스코뉴 지방이다.

베르나도트는 1796년 라인 강 군사 작전에서 독일 대학도시 알트도르프의 성원들이 자기 부대원들이 자행하는 강간과 약탈에 항의했던 장바티스트 베르나도트. 야심만만한 자코뱅이었던 베르나도트는 나폴레옹을 경쟁자로 여겼다.

베르나도트는 1796년 라인 강 군사 작전에서 독일 대학도시 알트도르프의 성원들이 자기 부대원들이 자행하는 강간과 약탈에 항의하자 대학을 남김없이 불태우겠다고 협박했다. 성미 급하기로 유명했던 베르나도트는 자신의 참모장과 결투한 적도 있었고 알트도르프 사건이 파리의 신문에 보도되자 총재정부에 자신을 불쾌하게 한 책임자를 투옥하라고 요청했다. 총재정부가 이에 반대하자 베르나도트는 자신의 명예가 실추되었으며 친구이자 동료였던 자코뱅 장군 클레베르(Jean Baptiste Kléber, 1753~1800)의 조언이 아니었다면 지휘권을 내던졌을 것이라고 노발대발했다. 베르나도트는 이탈리아 땅에 발을 내딛자마자 나폴레옹에게는 없어서는 안 될 중요한 참모장이었던 베르티에와 불화를 겪었다. 베르나도트가 베르티에에게 결투를 신청하는 구실로 삼곤 했던 하찮은 핑계를 보면 아무것도 없는 곳에서 분란을 일으키던 베르나도트의 능력을 충분히 짐작할 수 있다. 베르티에는 모든 장군에게 '님(monsieur)' 자를 붙였지만, 자코뱅 반항아 베르나도트는 단 한 가지 적절한 인사 방식은 '시민(citoyen)'이라고 주장했다. 나폴레옹은 이 찻잔 속의 태풍을 진정시켜야 했다.

예상할 수 있는 일이었지만 나폴레옹과 베르나도트의 첫 만남은 전혀 유쾌하지 않았다. 베르나도트는 아무런 근거도 없이 자신이 보나파르트보다 군사적 재능이 더 뛰어나다고 생각했다. 베르나도트는 나폴레옹이 앞서 오주로와 마세나를 대할 때처럼 위압적으로 나오자 심술이 나서 친구들에게 이렇게 투덜댔다. "저기서 스물예닐곱쯤 되어 보이나 쉰 살처럼 보이기를 원하는 남자를 봤다. 공화국에 전혀 좋은 징조가 아니다." 3월 10일 나폴레옹은 베르나도트에게 우익의 선봉에서 공격을 개시하라고 명령했다. 가스코뉴인 장군은 탈리아멘토 강과 이손초 강을 건넜으나 오스트리아의 요새 그라디스카 디손초(Gradisca d'Isonzo, 그라디스 암 존티히Gradis am Sontig)를 점령하는 임무를 띠고 파견되자 불평을 해댔다. 베르나도트는 이처럼 선임 장교들에게 대놓고 신세한탄을 했는데, 그의 편집증이 잘 드러나 있다. "빤히 보이는군. 보나파르트는 나를 시기해서 망신 주려고 하는 거야. 달리 방도가 없으니 머리가 터질 지경이야. 그라디스카를 봉쇄하면 습격하지 않았다고 비난을 받을 테고, 요새를 습격하면 봉쇄하는 데서 그쳐야 한다는 말을 들을 거야."

나폴레옹의 공세는 대성공이었다. 나폴레옹은 곧 닥칠지 모를 오스트리아의 공격에 대비해 매우 세심하게 예방책을 세운 뒤 브레너 고개로 주베르를 보내고, 자신은 탈리아멘토 강가에서 카를 대공 부대를 간단히 물리친 뒤 3월 29일에 클라겐푸르트를 점령했다. 그런데 라인 지역에서 동조 기동을 벌이기로 했던 모로는 움직일 기색이 없었다. 나폴레옹은 이탈리아 방면군과 그 사령관의 수상한 충성을 두려워했던 총재정부가 모로에게 절대 움직이지 말라는 비밀 지령을 보냈다고 의심했다. 나폴레옹은 지원을 받지 않고는 빈을 점령할 희망이 없음을 깨닫고 허세를 부리기로 결정했다. 나폴레옹은 빈에서 꼬박 120킬로미터 떨어진 레오벤까지 멀리 진격한 뒤 휴전을 제안했다. 오스트리아는 닷새간의 교전 중단에 동의했지만 나폴레옹은 오지도 가지도 못 한 채 모로의 의도를 캐내려 했다.

혼란스러웠던 나폴레옹은 총재정부의 동기가 의심스러웠기에 한 번 더 도박을 하기로 했다. 나폴레옹은 실제로 오스트리아에 완전한 평화협정을 제안하고 4월 18일까지 말미를 주었다. 이는 매우 위험한 게임이었다. 오스트리아가 나폴레옹의 제안을 거절하고 모로가 공세를 시작하지 않는다면, 나폴레옹의 허세가 드러나 볼 만한 광경이 펼쳐질 것이기 때문이었다. 그러나 강화 조건은 매우 관대했다. 이에 따르면 오스트리아는 프랑스에 벨기에를 이양하고, 라인 강 좌안과 이오니아 제도의 점령을 허용하며, 밀라노와 볼로냐, 모데나로 구성된 보나파르트의 새로운 치살피나 공화국을 승인하는 대신 이스트리아와 달마치야, 프리울리의 영토를 보유함으로써 이탈리아에서 거점을 유지할 수 있었다.

휴전 제안이 만료되기 하루 전, 오스트리아는 가장 훌륭한 장군인 카를 대공의 강권에 따라 패배를 인정했다. 4월 18일 레오벤에서 예비 강화조약이 체결되었다. 그때 나폴레옹은 이틀 전에 모로가 마침내 라인 강을 건넜다는 사실을 알고 격노했다. 나폴레옹은 나중에 마음이 가라앉은 뒤 이렇게 썼다. "나는 뱅테욍(vingt-et-un, 블랙잭)을 하고 있었는데 20에서 멈췄다." 그러나 그때 나폴레옹은 총재정부의 처신을 계산된 속임수로 여기고 분노했다.

나폴레옹은 오스트리아가 레오벤 조약을 수용할 수 있도록 합스부르크제국이 베네치아 공화국을 집어삼켜도 좋다고 약속하는 비밀 조항을 회유책으로 포함시켰다. 나폴레옹이 이탈리아의 주인이었으므로, 가장 고귀한 공화국*을 선물로 포장해 넘기는 것은 전적으로 나폴레옹에게 달려 있었다. 나폴레옹은 1797년에 베네치아를 처리할 때 마키아벨리식의 교활함을 가장 잘 드러냈다. 나폴레옹은 실제로는 오스트리아에 이로웠던 이른바 베네치아의 중립에 오랫동안 분노했고 베네치아의 과두 지배자들이 프랑스 혁명과 혁명 원리를 몹시 싫어한다는 사실을 잘 알고 있었다. 나폴레옹은 총재정부와 협의하는 것이 쓸데없는 짓이라는 점도 깨달았다. 총재들은 기껏해야 얼버무릴 테고 최악의 경우에는 자신에 맞서 적극적으로 음모를 꾸밀 것이라 생각했던 것이다. 반면 베네치아를 직접 공격하면 이탈리아 방면군은 장기간의 포위 공격에 휘말릴 수도 있었다. 베네치아 공화국은 바다를 통해 쉽게 증원군과 식량을 받을 수 있었고, 베네치아가 어느 정도 방어를 지속한다면 이미 정복된 이탈리아의 다른 나라들이 침략군 프랑스에 저항해도 되지 않겠느냐는 위험한 발상을 할 수도 있기 때문이었다.

나폴레옹에게는 다행스럽게도 베네치아인들은 나폴레옹의 손에 놀아났다. 나폴레옹이 클라겐푸르트에서 멈췄을 때, 프랑스군이 군사적으로 저지당했다는 헛소문이 이탈리아에 돌았다. 베로나에서는 주민들이 들고 일어나 프랑스 주둔군을 학살했다. 이 사건에서 베네치아의 도제*와 각료들이 베로나 시민을 열렬히 격려했다. 그러나 베로나 주민들은 오스트리아가 프랑스의 강화 조건을 수용했다는 소식을 듣고는 용기를 잃고 항복했다. 나폴레옹은 충성스러운 쥐노를 베네치아로 보내 상원 앞에서 우레와 같은 목소리로 근엄하게 서한을 낭독하게 했다. 베네치아의 과두 지배자들은 베로나를 지원한 것이 너무 성급했음을 깨달았으나 이미 때는 너무 늦었다.

공포에 사로잡힌 도제 루도비코 마닌(Ludovico Manin, 1725~1802)은 로비와 뇌물로 파리의 총재들을 회유해 공연히 베네치아를 긁어

가장 고귀한 공화국 베네치아 공화국의 공식 명칭이 '가장 고귀한 공화국 베네치아'였다. 이탈리아어로 'Serenissima Repubblica di Venezia', 베네토어로 'Serenìsima Repùblica de Vèneta'. 관습상 '가장 고귀한'이라는 말은 통치권을 의미하고, '가장 고귀한 공화국'은 공화국의 주권을 강조하는 말이다. 도시 국가였던 베네치아 공화국은 7세기 후반부터 1797년까지 존재했다.
도제(Doge) 베네치아 공화국의 정부 수반. 선출직이자 종신직이었는데, 과두 지배 체제의 공화정에서 도제는 권력이 미약한 편이었다.

부스럼을 만들지 않도록 명령하게 하려고 있는 힘을 다했다. 그러나 보나파르트는 이러한 대응을 예견하고 기술적 문제를 핑계로 들어 베네치아에 관한 총재정부의 지시를 무시할 수 있었다. 5월 3일 나폴레옹은 물로 에워싸인 공화국으로 군대를 들여보냈다. 사기가 꺾인 과두 지배자들은 오스트리아로부터 지원군을 받을 가능성이 없자 사임하고 '민주'파에 권력을 넘기고 프랑스군을 도시 안으로 들였다. 프랑스의 이탈리아 약탈은 이탈리아 방면군의 탐욕스러운 기준으로 보더라도 새로운 수준에 올랐다. 도시에서 약탈해 파리로 보낸 무수히 많은 보물 중에는 아르세날레*의 보물들과 산마르코 대성당의 사자상과 네 마리 청동마상이 들어 있었다.

나폴레옹이 베네치아에 가한 복수의 마지막 장면은 5월 26일에 시작되었다. 나폴레옹은 부대를 파견해 이오니아 제도의 섬 케팔로니아*와 케르키라*와 자킨토스*를 점령하게 했다. 저항은 없었다. 나폴레옹은 지휘관에게 겉으로는 베네치아의 권위를 존중하되 실질적으로는 통제권을 장악하라고 명령했다. 나폴레옹은 한 번 더 냉소적 선전의 귀재임을 입증했다. "주민들이 독립하고 싶어 하면(다시 말해서 베네치아의 지배에서 벗어나는 것) 그런 성향을 장려해야 하며, 성명서를 발표할 때 그리스, 스파르타, 아테네를 언급하는 것을 잊어서는 안 된다." 나폴레옹이 8월 초가 되어서야 총재정부에 섬들의 점령 사실을 통고한 것은 그의 독립성과 고압적인 자세를 전형적으로 보여준다.

1797년 6월 나폴레옹은 밀라노로 돌아왔다. 이번에는 집무실과 가족을 세르벨로니 궁전에서 도시 외곽에 있는 몸벨로의 바로크 양식

아르세날레(Arsenale) 조선소이자 해군 공창으로 쓰였던 건물.
케팔로니아(Kefalonia) 이탈리아어로는 체팔로니아(Cefalonia)이다.
케르키라(Kerkyra) 이탈리아어로는 코르푸(Corfu)이다.
자킨토스(Zakynthos) 이탈리아어로는 찬테(Zante)이다.

궁전으로 옮겼다. 12월부터 이폴리트 샤를을 만날 수 없었던 조제핀은 나폴레옹에게 건강 때문에 파리로 돌아가야겠다고 말했다. 그러나 원인 불명의 질병은 조제핀이 그해 여름 기병 샤를이 대담하게도 몸벨로의 의장대에 참여하리라는 말을 듣자마자 씻은 듯 나았다. 조제핀은 이후 파리로 돌아간다는 말은 더 하지 않았다.

샤를은 빅토르 에마뉘엘 르클레르 장군의 부관이었다. 퐁트와즈의 부유한 방앗간 주인의 아들이었던 르클레르는 툴롱 포위 공격에 참여했다는 사실만으로도 자동적으로 보나파르트의 마음에 들었음을 의미하는 툴롱 일파의 한 명이었다. 나폴레옹이 밀라노로 돌아와 가장 먼저 한 일은 가족의 추문으로 번질 수 있는 사건을 적발한 것이었다. 나폴레옹은 어느 날 몸벨로 궁전을 거닐다 르클레르가 성적 에너지가 과도했던 여동생 폴린과 애정 행각을 벌이는 장면을 우연히 목격했다. 폴린은 이미 우화 속에 나오는 음탕한 매력을 지닌 대단한 미인이었다. 나폴레옹은 두 사람이 즉시 결혼해야 한다고 주장했고, 공교롭게도 두 쌍의 합동 결혼식을 준비하게 되었다. 심술궂고 부루퉁한 얼굴에 남자 같았던 마리아 안나 보나파르트는 '엘리자'라고도 불렸는데 가족이 모두 참석한 가운데 코르시카의 지극히 어리석은 귀족 파스콸레 바치오키(Pasquale Bacciochi)와 결혼했다. 6월 14일 나폴레옹은 산프란체스코 예배당에서 합동결혼식을 주재했다. 나폴레옹은 폴린의 지칠 줄 모르는 성욕 문제를 해결했다고 생각했고, 실제로 그러했다.

6월 14일 밀라노에서 거행된 가족의 합동 결혼식에서 보나파르트 가족 전체가 처음으로 조제핀과 대면했다. 예측 가능한 일이었지만 지극히 사랑하거나 지극히 미워하거나 둘 중 하나였다. 그들은 나폴레옹이 아내의 연애 사건과 낭비(이는 '자기들의' 돈을 쓰는 것이었다.)에 왜 그토록 너그러운지 이해할 수 없었다. 조제핀과 폴린은 서로 상대를 각별히 증오했다. 폴린이 이폴리트 샤를의 마음을 빼앗아

가문의 복수를 하려 했기 때문이다. 냉소적인 경기병은 폴린의 매력을 견뎌낸 유일한 남성으로 이름을 남겼다. 레티치아도 조제핀을 몹시 싫어했지만, 악감정은 그 다음 달에 누리게 되는 승리로 누그러졌다. 프랑스는 마침내 코르시카에서 영국을 몰아냈고, 파올리파의 열성분자들을 모조리 제거했다. 레티치아는 총재정부로부터 10만 프랑의 보상금을 받아 아작시오로 금의환향했다. 그리고 곧 보나파르트 저택을 되찾아 다시 꾸미기 시작했다. 드디어 레티치아는 자산가가 되었으며, 둘째 아들은 지금은 아니더라도 잠재적으로는 프랑스에서 가장 강력한 인물이 되었다.

8장

전쟁 천재

개선장군, 학술원 회원이 되다

군사사가들은 1796년에서 1797년까지 이어진 나폴레옹의 이탈리아 전쟁을 두고 늘 최고의 찬사를 보낸다. 당대인들도 마찬가지로 열광했다. 1797년 10월 총재정부는 이탈리아 방면군에게 다음과 같은 글귀를 새긴 깃발을 증정했다. "이탈리아 방면군이 15만 명을 포로로 잡고 적군의 깃발 170기, 대포와 곡사포 540문, 배다리 수송차 5량, 대포 64문을 장착한 전열함 9척, 프리깃함 12척, 갤리선 18척을 노획했으며 미켈란젤로와 구에르치노, 티치아노, 파올로 베로네세, 코레조 알바노, 라파엘로, 아니발레 카라치의 작품들을 파리로 보냈다." 특히 도드라지게 쓴 내용은 이탈리아 방면군이 67번의 작전을 치렀고 18차례의 격렬한 전투에서 승리한 사실을 일일이 열거한 대목이다. 18번의 전투는 다음과 같았다. 몬테노테, 밀레시모, 몬도비, 로디, 보르게토, 로나토, 카스틸리오네, 로베레토, 바사노, 생조르주, 폰타나비바, 칼디에로, 아르콜레, 리볼리, 라파보리타, 탈리아멘토, 타르니스, 노이마르크트.

나폴레옹이 그렇게 많은 전투에서 그토록 쉽게 승리한 요인은 무엇인가? 행운이나 군사적 재능이 중요한 역할을 했을까? 프랑스 혁명군이 오스트리아군과는 전혀 다른 종류의 군대였을까? 나폴레옹의 전술이나 전략이 혁신적이었기 때문일까? 나폴레옹은 자신의 승리를 이용해 이탈리아 연방의 예비 형태를 수립하려 한 정치적 몽상가였나, 아니면 단지 미화된 약탈자였나? 그리고 나폴레옹을 총재정부의 두려움과 질시와 증오의 대상으로 만든 것은 정확히 무엇이었을까? 총재정부의 행태는 나폴레옹이 이미 프랑스의 최고 권력자라는 사실을 암암리에 인정했다.

나폴레옹이 거둔 놀라운 군사적 성공의 중요한 요인으로 네 가지를 꼽을 수 있다. 기술, 프랑스 혁명의 영향, 병사들의 우월한 사기, 전술가이자 전략가로서 타고난 재능이 그것이다. 프랑스는 7년 전쟁에서 참패한 뒤로 최신 군사 기술을 모조리 습득하는 데 온 힘을 쏟았다. 가장 고무적인 결과는 장바티스트 드 그리보발(Jean-Baptiste Vaquette de Gribeauval, 1715~1789)이 1763년에 처음으로 근대화를 시작한 포술 부문에서 나타났다. 더 가벼워진 포신과 포가 덕분에 12파운드와 24파운드의 야전포를 생산할 수 있었다. 이런 구경의 대포는 그때까지 공성포로만 가능했던 화기였다.

그리보발의 새로운 포술은 1825년까지 기술적으로 선두에 있었으나, 1792년 발미 전투는 포술 발전에 새로운 자극을 주었다. 포격전의 규모나 큰 대포의 운용 면에서 그 어느 전투보다 큰 진전을 이루었기 때문이다. 1793년에는 전쟁의 뜨거운 열기로 대포가 대량으로 생산되었고(그해에만 7천 문), 가스파르 몽주(Gaspard Monge) 같은 과학자들의 노력으로 프랑스는 기술적 측면에서 확실히 가장 앞서 있었다. 그러므로 비결은 준비되어 있었고, 재능이 뛰어난 포병이 이용하기만 하면 되는 일이었다. 뒤테유와 기베르의 가르침을 학습한 청년 나폴레옹은 이 특별한 역사적 순간에 완벽하게 적합한 인물이었다.

프랑스가 큰 대포에서 우세를 보였다면 보병 부대의 화력에서는 크게 뛰어나지 않았다. 전장의 주된 화기는 여전히 강선이 없는 전장식 수발총이었다. 표준 제품은 1777년형 샤를빌 머스킷이었는데(1840

년까지 사용되었다) 69구경에 길이는 (총검이 장착되지 않았을 때) 127센티미터였다. 이 총은 약 230미터를 넘는 사거리 밖의 밀집한 부대에는 무용지물이었고, 저격수라도 사람을 식별하려면 약 90미터 정도의 시계가 필요했다. 전장이 종종 짙은 연기로 앞을 볼 수 없었던 이유는 샤를빌 머스킷의 조잡함 때문이었다. 모든 병사는 탄약포 50개, 분말 장약, 예비 부싯돌 세 개를 지니고 전투에 임했으나, 프랑스군이 쓴 조악한 검은 화약은 총열을 너무 많이 막아 50발을 쏜 뒤에는 청소를 해주어야 했다. 부싯돌도 12발을 쏜 뒤에는 바꾸어야 했다. 머스킷은 평균 여섯 발에 한 번씩 불발했으며, 이 때문에 전투 중 병사들이 이따금 이중으로 장전하는 일도 있었다.

이 시기 화기 발사의 조잡함은 강조할 필요가 있다. 장전 과정은 꼴사납고 복잡해 시간을 잡아먹는 일이었다. 보통 보병은 탄대에서 종이 탄약포*를 하나 꺼내 탄알이 들어 있는 끝 부분을 물어뜯어 탄을 입에 물고 머스킷의 격발용 화약 접시(pan)를 연 다음 화약을 일부 붓고 닫는다. 한 손으로 머스킷의 총구가 위로 가게 잡고 개머리판을 땅에 세운다. 다음으로 남은 화약을 총구에 쏟아붓고 그 위에 머스킷의 탄알을 뱉어낸 뒤 종이를 접어 마개 삼아 밀어 넣고 밀대로 탄알과 종이마개를 총신 끝의 약실까지 밀어 넣는다. 마지막으로 조준하고 발사한다. 발사 과정을 단순히 이야기한 것만으로도 얼마나 많은 오류가 발생할 수 있는지 알 수 있다. 병사들은 불발을 눈치채지 못하고 이중으로 장전하거나 방아쇠를 당기기 전에 밀대를 빼는 것을 잊기도 했다. 가장 흔한 실수는 서툰 병사나 꾀를 부리는 병사가 격발로 인한 반동으로 어깨가 다치는 것을 피하기 위해 화약을 땅바닥에 흘리는 것이었다.

머스킷이 조잡한 데다 프랑스군의 사격술이 전반적으로 형편없었

_____

종이 탄약포(paper cartridge) 탄알과 화약, 그리고 때로 불발을 막기 위한 윤활제가 들어 있었다.

음을 생각하면, 나폴레옹이 전투를 승리로 이끈 열쇠가 포병대에 있다고 한 이유를 쉽게 이해할 수 있다. 숙련된 사수라면 분당 다섯 발을 발사할 수 있었지만, 보통은 한두 발에 그쳤다. 느렸을 뿐만 아니라 정확하지도 못했다. 약 205미터의 사거리에서 예상 명중률은 겨우 25퍼센트였으며, 약 137미터에서 40퍼센트, 약 68미터까지 가까워져도 고작 60퍼센트에 그쳤다. 프랑스 보병 부대에서는 머스킷 사격 훈련을 경시했기에 병사들은 대체로 훌륭한 사수가 아니었다. 한편으로는 탄약을 아끼고 다른 한편으로는 총열 파열로 인한 사상을 피하기 위함이었지만, 가장 큰 이유는 사격으로 적군을 죽이는 일은 포병대의 업무라는 교조적인 믿음 때문이었다. 보병이란 모름지기 날붙이를 들고 '떼 지어 돌격'해야 했다. 그렇게 하더라도 총검에 쓰러져 죽는 이는 거의 없었다. 총검의 효과란 실제적이기보다는 심리적인 것이어서, 죽음이 아니라 공포를 불러왔다. 반면 약 45미터 이내(백안 白眼)의 사거리에서는 1777년형 머스킷도 치명적이어서 많은 사상자를 낼 수 있었다.

개인 화기로 말하자면 나폴레옹은 강선을 새긴 카빈총을 선호했다. 상대적으로 가벼운 소구경 화기인 이 소총은 저격병과 1등 사수, 척후병, 특별병(Voltigeur), 하사관 등에게 지급되었다. 때때로 연대 병력과 맞먹는 숫자의 이 전초전 병사들이 구름처럼 몰려들어 적을 쉴 새 없이 공격하면 뒤이어 종대로 늘어선 주력 부대가 착검한 채 접근했다. 공격군 주력 부대의 사기가 낮으면 정예 척탄병 중대가 후위에 배치되어 나머지 병사들의 돌격을 재촉했다. 사기가 좋다면 엘리트 부대는 우익을 이끌고 전투에 나섰다.

나폴레옹은 기술의 이점을 극대화하고 보병 부대와 머스킷의 약점을 최소화하는 방식으로 전투를 계획했다. 먼저 커다란 대포로 통렬한 포격을 가해 적군에게 큰 손실을 입혀 저항을 무력화하려 했다. 그렇게 탄막이 전진할 동안 저격병들과 특별병들이 탄막의 엄호를 받아 머스킷의 사거리 안으로 들어가 장교들을 겨누어 쏘고 혼란을 일으키고자 했다. 다음 단계는 기병과 보병의 공격을 신중하게 통합한 일련의 공격이었다. 기병대는 적 기병대를 해치운 뒤 적 보병부대에 방진을 형성하도록 압박한다. 그러면 프랑스군 보병이 바짝 접근해 방진 안의 적군이 다시 횡대형의 전열을 이루지 못하도록 방해한다. 방진은 대체로 기병의 돌격은 잘 견뎠지만 보병의 공격에는 매우 취약했다. 정사각형이나 직사각형의 진형을 이룬 병사들은 제한된 방향으로만 사격할 수 있었기에, 종대를 이루어 전진하는 프랑스군은 괴멸적인 사격과 치명적인 인명 손실을 당하지 않고도 적군에게 근접할 수 있었다. 횡대로 포진한 적군과 교전할 경우에는 그런 상황을 피할 수 없었다. 보병이 적진에 틈을 벌리는 것이 마지막 단계다. 기마포병대가 간극을 더 넓히면 기병대가 전진해 돌파한다. 포병대의 엄호나 기병의 호위 없이 보병에 의존하는 오스트리아식 전술은 거듭 나폴레옹에게 이로웠고 밀집 포대와 고도로 숙련된 명사수의 조합 앞에서 무용지물이었다.

게다가 프랑스의 이탈리아 방면군은 병사 수에서는 열세였지만 객관적으로 우수한 기술을 보유했고, 재능이 뛰어난 지휘관이라면 이를 이용해 결정적 기회를 만들 수 있었다. 그렇지만 나폴레옹은 새로운 기술을 탐구하는 데에는 상상력이 부족했다. 나폴레옹은 당통의 기구 비행이 대표적 상징이었던 혁명 문화에서 성장했는데도 군사용 관측 기구(observation balloon)의 활용에 무관심했고, 풀턴*의 잠수함과 기선처럼 군사적으로 '획기적인 도약'의 잠재력을 지닌 발명품에도 관심을 두지 않았다. 이 일은 수수께끼다. 나폴레옹은 자신이 과학에 관심이 있음을 자랑스럽게 여겼을뿐더러 몽주와 라플라스, 샤

로버트 풀턴(Robert Fulton, 1765~1815) 상업적으로 성공한 최초의 기선을 개발한 미국인 기술자이자 발명가. 1800년에 나폴레옹의 의뢰를 받아 최초의 실용적 잠수함인 노틸러스 호를 설계했다.

프탈* 같은 과학자들과 가깝게 지냈기 때문이다. 몇몇 역사가들은 나폴레옹이 당대 기술의 한계를 인식했다고 주장했으며, 사실 철도 시대를 여는 야금술의 기술적 진전과 기선, 후장식 라이플 소총은 1815년 이후에 나타난 현상이다.

이탈리아 전쟁에서 나폴레옹이 성공할 수 있었던 두 번째 중요한 요인은 대혁명의 정신에 고취된 비교적 동질적인 군대와 함께했다는 사실이다. 반면 오스트리아군은 여러 언어를 쓰는 사람들이었고 (오스트리아인은 물론 세르비아인, 크로아티아인, 헝가리인으로 구성되었다.) 서류 업무와 과도한 관료주의로 행정이 더뎠으며, 여전히 구체제의 냉혹한 계급 제도에 사로잡혀 있었다. 반면 프랑스군은 대혁명 덕에 새로운 전술과 조직의 등장이 가능해졌고, 새로운 인적 자원과 인재들이 공급되었으며, 시민군은 긍정적인 이상과 상징과 이념으로 무장하고 있었다. 클라우제비츠와 조르주 소렐* 같은 이론가들에게 늘 동의할 필요는 없으며, 시민군이 나폴레옹이 이탈리아에서 성공하기 위한 충분조건이라는 주장도 꼭 맞는 것은 아니다. 그러나 적어도 시민군은 필요조건이기는 했다. 마음속으로 자신들이 인정한 국가적 사업에 참여하고 있다고 느끼는 시민들의 군역은 소렐이 말하는 이른바 '지성을 지닌 총검'*이라는 강한 동기를 지닌 군대를 형성했다.

대혁명은 '재능에 걸맞은 출세(La carriére est ouverte aux talents)'를 보장함으로써 구체제였다면 눈에 띄지 않은 채 얼굴만 붉히고 있었

장앙투안 샤프탈(Jean-Antoine Chaptal, 1756~1832) 프랑스의 화학자이자 정치가. 몽펠리에 대학교에서 화학을 가르쳤고 프랑스 최초로 황산을 제조하는 공장을 설립했다. 브뤼메르 쿠데타 이후 뤼시앵 보나파르트의 뒤를 이어 내무장관이 되었고, 백일 천하에 국무장관이 되었다가 부르봉 왕실이 복귀한 뒤 은퇴했다.
조르주 소렐(Georges Eugène Sorel, 1847~1922) 프랑스의 철학자이자 혁명적 생디칼리슴 이론가. 폭력을 옹호한 인물로 알려져 있다.
지성을 지닌 총검 조르주 소렐은 시민군 병사들을 '지성을 지닌 총검(un bayonet intelligent)'이라고 불렀다. 지적인 병력은 프랑스 혁명을 대표했다. 공격적이고 정치 의식을 지닌 프랑스 혁명군 병사들은 공화국의 모범적인 시민으로 장려되었다.

을 재능이 뛰어난 자들에게 문을 열어주었다. 이러한 현상은 특히 군대에서 두드러졌다. 대혁명이 없었다면 나폴레옹도 혜성처럼 등장할 수 없었을 터이며 란과 뮈라, 다부, 마세나, 오주로 같은 마음에 드는 장군들을 곁에 두지도 못했을 것이다. 프랑스에서는 무수히 많은 꽃이 만발했던 반면, 적들은 여전히 사회적 이동이 힘든 구체제에서 돌처럼 굳어 있었다. "모든 병사는 배낭 속에 원수의 지휘봉을 넣고 다닌다"라는 나폴레옹의 금언은 정작 그 발언이 나왔을 때는 이미 출세의 기회가 모조리 봉쇄되었기에 시대에 맞지 않았지만 총재정부 시기에는 아직 의미가 있었다.

그러나 나폴레옹이 선전용으로 쓸 때를 제외하고는 이 요인을 무시하고 혁명의 에토스를 신속히 순수하게 군사적인 에토스로 대체한 것은 엄청난 모순이 아닐 수 없다. 나폴레옹의 군대에서는 단체 정신(esprit de corps)이 시민으로서의 덕과 애국심의 덕을 대신해 이데올로기적 접착제가 되었다. 제정 시기에 이르면 그 과정은 완료되나, 1796~1797년의 나폴레옹 군대는 이미 1793~1794년 국민총동원령(levée en masse)에 따라 소집된 시민군과는 무척 거리가 멀었다. 전리품을 얻으려는 탐욕이 혁명을 수출하려는 열의를 대체한 것은 이점을 극명하게 보여주는 지표이다.

여기에 사기 문제가 따른다. 나폴레옹은 어떻게 부대를 자신에게 결속시켜 그 엄청난 고생을 감내하게 할 수 있었을까? 이 점에서는 나폴레옹 군대의 규율을 강조할 필요가 있다. 왜냐하면 나폴레옹이 이탈리아에서 이용했던 혼합 대형에서 보듯이 종대에서 횡대로 전환하면서 대형의 뒤틀림을 방지하려면 정밀한 협조가 필요했다. 이론상 횡대는 완전한 직선이었다. 횡대는 우세한 화력을 제공했고, 종대는 우세한 기동성과 압박하는 힘과 타격력을 제공했다. 나폴레옹의 지시는 단순해 보였지만, 이를 이행하려면 언제나 고도로 훈련된 부대의 능력이 전제되어야 했다.

나폴레옹의 군사적 금언들은 최고도의 열의와 헌신을 보여줄 수 있는 군대를 전제로 한다. 탁상공론처럼 들리는 것도 엄밀하게 검토하면 모든 부대가 정예 부대여야 한다는 조건을 요구하는 것으로 판명된다. 예를 들어보자. "첫 번째 진지에서 밀려나면 후방으로 충분히 떨어진 지점에 종대형의 부대를 재집결해 적이 선수를 치지 못하도록 예방해야 한다. 종대형 부대들이 재집결하기 전에 각각 공격을 받는다면 그것이 최악의 불운이기 때문이다." 이 명령에 함축된 뜻은 이 말로 명백해진다. "군대는 매일 어느 순간이라도 전투 태세를 갖추고 있어야 한다. …… 군대는 낮이나 밤이나 어느 때라도 할 수 있는 모든 저항을 보여줄 준비를 갖추어야 한다."

나폴레옹은 전 군단이 자신의 원칙에 헌신하도록 만들기 위해 병사들의 마음과 정신을 얻어야 했다. 나폴레옹이 그렇게 할 수 있었던 이유는 매우 많다. 우선 나폴레옹은 적과 맞서 거의 연속적으로 승리를 거두는 업적을 쌓았다. 하나가 잘되면 만사가 잘되는 법이며, 불패의 부대에 속했다는 생각에 사기는 거의 기하급수적으로 진작되었다. 나폴레옹은 부대원들의 불만을 원천적으로 봉쇄했다. 병사들을 잘 입히고 장비를 잘 보급했으며 정화로 급여를 지급했고 약탈을 눈감아주었다. 전투에서 승리한다는 것은 구체제였다면 외교에 앞서 대체로 의미 없이 벌어지는 서곡일 뿐이었겠지만, 이제 전투의 승리는 정말로 부자가 될 기회가 왔음을 뜻했다.

그러나 정작 나폴레옹의 탁월함은 인간의 심리를 이해했다는 데 있다. 나폴레옹은 인간이란 근본적으로 돈에 좌우되지만 이를 인정하기는 몹시 싫어해, 부정한 이득을 신비롭게 포장하고 모호하게 가려주는 지도자를 추종한다는 사실을 깨달았다. 최상의 각본은 부의 추구가 신을 섬기고자 하는 열망으로 합리화될 수 있는 콩키스타도르*의 사례이다. 나폴레옹은 그런 식으로 종교를 이용할 수는 없었지만 영광과 불멸, 후세의 평가를 활용했다. 서훈 검이나 나아가 레지옹 도뇌르* 제도도 그런 맥락에서 나온 것이다. "사람은 하루에 푼돈 몇푼 받거나 작은 훈장을 얻기 위해 목숨을 바치지는 않는다. 정신에 말을 걸어 자극을 주어야 한다."

이탈리아 전쟁에서 나폴레옹은 인간 심리를 진정으로 이해하게 되었다. 나폴레옹은 인간이란 마음과 정신이 움직이면서도 주머니에 보상이 돌아오기를 원한다는 점을 실감했다. 나폴레옹이 여러 해가 지난 후 원수 직위를 설치했을 때 공작과 대공, 심지어 군주까지 최고로 공들인 직함과 여러 '특전'을 결합하려고 애쓴 이유도 여기에 있다. 그리고 노병들의 약탈을 눈감아주면서 아첨의 말로 구슬리기를 즐겼던 것도 이 때문이다. 세세한 것까지 놓치지 않는 놀라운 기억력의 소유자인 나폴레옹은 무명의 사병들 이름까지 기억해 감사의 말로써 중요한 인물처럼 느끼게 할 수 있었다. 병사들은 실제로 열병식에서 자신들의 귀를 잡아당기는 나폴레옹의 습관을 좋아했다. 약속을 지킬 수 있는 장군이기 때문이었다.

병사들은 보상을 주고 자신들을 이해하며 이름까지 기억해주는 지휘관을 위해 못할 것이 없었다. 나폴레옹이 거둔 승리의 일부는 사기가 충천한 매우 헌신적인 군대가 있었기에 가능했다. 리볼리 전투 중 마세나 사단은 1월 13일에 베로나에서 싸웠고, 밤새 행군해 14일 이른 시각에 리볼리에 도착해 하루 종일 오스트리아군에 맞서 싸웠으며, 15일에 하루 밤낮을 꼬박 행군해 만토바로 향했고, 16일 라파보리타 전투에서 영웅적인 수비를 완수했다. 마세나 사단은 120시간 동안 세 차례 전투를 벌이며 약 87킬로미터를 행군했다.

그렇지만 이탈리아 작전에서 거둔 승리의 공은 모두 전략가이자

___

콩키스타도르(Conquistador) 유럽인들이 아메리카에 진출한 16세기 이후 19세기까지 에스파냐가 아메리카의 대부분을 장악하는 데 기여한 군인, 탐험가, 모험가들을 말한다.
레지옹 도뇌르(Ordre de la Légion d'Honneur) 나폴레옹이 제1통령 시절인 1802년 5월 19일에 창시한 서훈. 특별한 공적을 표창하는 대부분의 훈장과 달리, 영예로운 삶을 산 인물에게 수여되는 성격이 강하다. 프랑스 최고 권위의 훈장이다.

전술가, 군사 사상가로서 나폴레옹이 지녔던 뛰어난 재능에 돌아가야 한다. 나폴레옹은 인명만 희생할 뿐 명쾌한 결과를 가져다주지 못하는 정면 공격을 피하고 측면을 포위하는 공격을 좋아했다. 나폴레옹이 즐겨 쓰던 말이다. "전투의 승리는 적을 우회해 측면을 공격함으로써 얻는다." 포위 형태의 전투는 전략과 전술을 구분하는 오래된 관행을 일부 깨뜨렸다. 한참 전에 미리 계획되었으면서도 상황에 맞게 변경되었기 때문이다. 나폴레옹이 좋아했던 전투 계획(이른바 배후 기동)에서 성공할 수 있었던 열쇠는 부대를 군단 체제로 재편한 것이었다. 각 군단은 개별적으로 기병대와 포병대를 갖추고 48시간 이상 독자적으로 작전을 수행할 수 있었기에 사실상 축소판 군이 되었는데, 이 군단은 최대 세 배 규모의 적군과 맞설 수 있어야 했다.

나폴레옹은 적군과 마주쳤을 때 적군에서 가장 가까운 군단에 저지하라고 명령했고, 종종 병력의 열세 탓에 적군의 전면적인 공격을 초래했다. 그동안 나머지 부대는 사전에 계획된 순간에 적군의 측면과 배후를 치기 위한 강행군에 들어갔다. 이 방법으로 철저한 승리를 거두려면 완벽한 시간 선택과 상호 협조가 필수적이었으며, '저지하는' 군단은 심각한 손실을 입을 수밖에 없었기 때문에 엄청난 용기와 끈기가 필요했다. 적은 '저지하는' 부대를 돌파하는 데 성공해도 본대와 떨어지거나 적지에서 고립될 수 있었다.

그러나 저지하는 임무를 맡은 군단은 보통 24시간까지 버티고 싸울 필요는 없었다. 나폴레옹이 나머지 여러 군단들을 다양한 시점에 전투에 참여하도록 조정해 두었기 때문이다. 적군은 당황스럽게도 점점 더 많은 프랑스군과 맞서 싸우고 있음을 알게 되고, 프랑스의 증원군이 전투 현장에 도착하기 전에 승리를 쟁취하기 위해 예비 부대를 투입하곤 했다. 한편 기병대의 장막에 가려 보이지 않던 주력 부대는 적군의 측면이나 배후의 약한 지점으로 포위 기동을 펼쳤다. 나폴레옹은 늘 아군의 자연스러운 퇴각선에서 가장 가까운 적군

리볼리 전투(1797년 1월 14~15일)의 나폴레옹. 탁월한 군사 전략가이자 전술가, 병사들에게 믿음을 주는 지휘관으로서 나폴레옹의 능력이 유감없이 발휘된 전투였다.

의 측면을 포위하려 했으나, 그렇게 하려면 매우 신중하게 때를 선택해야 한다는 점을 인식하고 있었다. "최적의 기회를 잡아야 한다. 행운은 여성이기 때문에 오늘 기회를 놓치면 내일 다시 오겠거니 기대해서는 안 된다." 최후의 포위 임무를 맡은 부대의 지휘권을 늘 가장 신뢰하는 장군에게 주었던 이유가 바로 여기에 있다. 모든 것은 정확한 시각에 정확한 장소에 도착하는 데 달렸기 때문이다.

이는 실제로 나폴레옹이 정확히 적군 사령관이 마지막 예비 부대를 투입하는 시점에 전투의 연무를 뚫고 나가야 했음을 의미했다. 포위 부대의 지휘관은 때 이른 공격으로 존재가 탄로 나는 사태를 막으려면 병사들을 끈에 묶인 그레이하운드처럼 제어해야 했다. 포위 부대에 보내는 신호는 미리 계획한 대로 몇몇 대포에서 일제사격으로 탄막을 펼치거나 지형을 활용할 수 있다면 부관이 직접 전갈을 가져감으로써 이루어졌다. 최후의 일격은 정면 공격과 후방 공격의 조합이었다. 포위 부대가 출현하면 적군 지휘관은 나폴레옹이 정면 공격을 가할 순간에 새로운 공격에 대항하고자 전선(前線)에서 병력을 빼거나 퇴각을 선택해야 했는데 퇴각은 공격군의 면전에서 지극히 위험한 일이었다. 나폴레옹은 약해진 적군 전선의 '중심점'에 최후의 정면 공격을 가해 적군을 둘로 갈라놓기를 좋아했다.

수학자 나폴레옹은 군사 전술의 이러한 측면에 매력을 느꼈다. 나폴레옹은 시계를 들고 전투 시간을 조절하기를 좋아했으며 사건의 전개를 기다리는 동안에는 그답지 않게 인내심을 보여주었다. 나폴레옹은 이렇게 말했다. "교전에는 최소의 기동이 결정적으로 승리를 가져오는 순간이 있다. 배를 뒤집는 것은 물 한 방울이다." 나폴레옹은 마치 체스를 두듯 다양한 형태의 기병 공격과 보병 공격을 좋아했다. 마지막 공격에서는 기병대의 돌격으로 적군의 방진을 깨뜨려 종대로 진격하는 보병 부대의 취약함을 보완했다. 일단 적진에 균열이 생기면 나폴레옹 부대는 혼란에 빠진 적진으로 신속히 치고 들어갔다. 승리의 마지막 단계에서 기병대가 자신들만의 공격에 착수해 패배한 적군을 가차 없이 추적하고 패주로 몰아갔다.

그러나 나폴레옹이 애호했던 포위 전략이 늘 가능하지는 않았다. 지리적인 이유나 병참 문제로 쓸 수 없을 때도 있었고 적군이 기동을 예상하고 대비한 경우도 있었다. 그런 경우 나폴레옹은 '중앙 배치' 전략을 즐겨 채택했다. 이는 적군의 두 부분 사이에 자신의 군대를 끼워 넣어 상대를 조금씩 격파해 나가는 전술이다. 적을 각개 격파하는 것은 전장이 구릉이나 강, 기타 자연 지형으로 분할되어 있는 경우에 특히 더 적합했다. 나폴레옹은 국지적인 병력의 우세로 전체적인 수의 열세를 극복하며 거듭 승리를 거두었다. 나폴레옹은 적군의 두 개 내지 세 개 부대의 '중심점', 즉 약한 고리를 찾아내는 데 특별한 재능이 있었다. 나폴레옹은 그 다음 병력을 집결해 중심점으로 밀고 들어가 둘로 갈라진 적군의 사이에 섰다. 힘에 밀려 갈라져, 전문 용어로 말하자면 외선에서 작전하게 된 적군은 당연히 불리한 위치에 놓이게 된다.

나폴레옹은 적군의 어느 부대와 대결할지 결정한 뒤 병력의 3분의 2를 선택된 희생양을 겨냥해 배치하고 나머지 3분의 1로는 다른 부대를 저지하며 보통 전면 공격의 서막인 듯한 공세를 펼쳤다. 첫 번째 적군 부대를 격파한 뒤에는 승리를 거둔 부대의 절반을 파견해 두 번째 적군 부대를 상대하도록 하고 나머지 절반으로는 패배한 적군의 잔당을 추적하게 했다. 이 전략에는 두 가지 난관이 숨어 있다. 한 가지 명백한 장애는 나폴레옹이 동시에 두 곳에 존재할 수 없으므로 능숙하지 못한 장군이 보나파르트가 직접 감독할 수 없는 작전을 망쳐버릴 수 있다는 점이었다. 다른 난관은 더욱 심각했는데 전략 자체에 내재한 문제였다. 나폴레옹은 승리한 군대의 절반을 두 번째 적군 부대를 상대하도록 돌려야 했기에 패배한 적을 추적해 진정으로 결정적 승리를 기록할 자원이 없었다. 이런 이유로 '중앙 배치'는 전략으로서는 늘 칸나이 방식의 포위라는 화려한 꿈에 다음가는 차선책이었다.

이탈리아 전쟁에서는 나폴레옹이 이후 결코 버리지 않은 몇 가지 군사적 원칙이 발전되었다. 이 원칙들은 다음과 같이 요약할 수 있다. 늘 부대의 통신선을 유지해야 한다. 군대는 부차적인 일에 정신을 빼앗기지 말고 분명한 일차 목표를 지녀야 한다. 목표는 언제나 적의 수도나 요새 도시가 아니라 적군이어야 한다. 결코 수세에 머물지 말고 늘 공격하라. 포병대의 중요성을 늘 기억해 병력 1천 명당 큰 대포 4문으로 전투에 임하는 것이 이상적임을 명심하라. 전쟁에서 정신적 요인이 물질적 요인보다 3 대 1의 비율로 중요하다. 나폴레옹은 특히 병력의 집중과 속도, 시간 요인의 중요성과 측면 포위라는 지극히 중요한 원칙을 강조했다.

이러한 각각의 발상들은 상호 보완 관계에 있었다. 대응 속도는 병력의 집결을 가능하게 하는 동시에 적군의 사기를 저하시킬 수 있었다. 나폴레옹이 즐겨 썼던 계책의 하나는 패주하듯 흩어져 적의 추격을 유인한 다음 곧바로 콘서티나(아코디언 모양의 6각형 손풍금)처럼 신속히 집결해 여전히 길게 산개해 있는 적을 습격하는 것이었다. 전략의 성공에는 속도가 열쇠였으며 면밀한 조사와 실행 가능한 최단노선을 사전에 선택해야 했다. 나폴레옹은 이렇게 썼다. "전략은 시간과 공간을 이용하는 기술이다. …… 공간은 되찾을 수 있지만 시간은 결코 그럴 수 없다." 일단 적과 부딪치면 측면으로 집결하는 것이 중요했다. 부대는 언제나 적군의 가장 취약하게 노출된 측면으로 나아가려 분투해야 했다. 이는 대규모 병력으로 전면적인 포위에 나서는 것이나 본대에서 떨어져 독립적으로 작전을 펼치는 군단의 측면 기동을 의미했다.

나폴레옹의 군사적 재능은 꼭 집어 말하기 어려우나 몇 가지 범주는 그 재능을 설명하는 데 도움이 된다. 나폴레옹은 성실한 수학적 계획자였고 속임수의 귀재였으며 지극히 뛰어난 임기응변 능력을 타고났고 공간과 지리에 관한 상상력이 놀라웠으며 사실과 세세한 내용을 놀라울 정도로 잘 기억했다. 나폴레옹은 세심한 계획과 모의 전쟁 연습을 신뢰했는데, 그 목적은 우연의 요소를 최대한 반영하는 것이었다. 나폴레옹은 논리와 확률을 이용해 적군이 취할 수 있는 방법을 대부분 무산시켰으며 자신이 원하는 전투 시점을 정확히 뽑아냈다. 나폴레옹은 신중하게 승산을 따져 아군과 적군의 기동이 어떤 결과를 낼지 알았다. 나폴레옹은 뛰어난 지능과 백과사전 같은 기억력을 타고난 덕에 가능한 결말과 생각할 수 있는 군사적 변화를 며칠, 몇 달, 심지어 몇 년까지 앞서 예상할 수 있었다. 레뮈자 부인이 전하는 바에 따르면 나폴레옹은 이렇게 말했다. "군사학은 우선 모든 가능성을 정확히 계산하고 그런 다음 계산에 따라 우연에 거의 수학적으로 정확한 자리를 부여하는 것이다. 이 점에서 자신을 속여서는 안

된다. 소수점 이하의 차이가 모든 것을 바꿀 수도 있기 때문이다. 이와 같은 우연과 과학의 배분은 천재의 머리를 지닌 자가 아니면 습득할 수 없다. 우연이든 위험이든 가능성이든 무엇이라 부르든 간에 보통 사람에게는 불가사의한 일이 우수한 인간들에게는 현실이 된다."

나폴레옹은 또 기본적으로 밀정과 첩보원, 정보원의 연락망을 활용한 속임수의 대가였다. 나폴레옹은 적과 대면하면 곧바로 적의 밀정들을 현혹시켜 자신의 병력에 관해 그릇된 판단을 내리도록 했는데, 이것이 그의 전술의 핵심이었다. 이를테면 한곳에 사단 하나를 배치하고 마지막 순간에 다른 곳에 여단 하나를 전개하고 기병대로 두터운 장막을 쳐 집결한 보병을 감추었다. 나폴레옹의 고도로 유동적인 군단 체제는 전열을 유연하게 세울 수 있었는데, 이때의 목표는 언제나 적을 감쪽같이 속이는 것이었다. 나폴레옹은 자신이 정확히 어디에 병력을 집중해 치명적인 일격을 가할지 적이 결코 알 수 없도록 매우 넓은 전선에 병력을 분산해 배치하기를 좋아했다. 때로는 100킬로미터가 넘기도 했다. 대적하는 장군은 모든 가능성에 대비하고자 병력을 분산할 가능성이 컸는데 이는 돌이킬 수 없는 결과를 가져왔다. 먹잇감들이 포착되면 전선은 좁아지는 경향이 있었지만, 나폴레옹은 적의 선제 공격을 예방하기 위해 종종 전선을 좁혔다가 다시 넓혀서 적을 어리둥절하게 했다. 즐겨 쓰던 계책은 이를테면 일요일에 적군으로부터 이틀 행군 거리에 부대를 주둔시켜 화요일에 교전이 이루어지리라고 추정하게 만드는 것이었다. 그런 다음 야간에 행군해 이를 눈치채지 못한 적군을 월요일에 습격했다.

그러나 일이 잘못되었을 경우에도 나폴레옹은 여간해서 흔들리지 않았다. 임시변통에 탁월한 재능을 지녔기 때문이다. 나폴레옹의 금언 중 하나는 언제나 질문에 답할 수 있어야 한다는 것이었다. 적이 예상치 못하게 좌우 측면에 나타나면 어떻게 할 것인가? 미리 모든 가능성을 수학적으로 계산한 덕에 비록 무리가 따르더라도 임기응변은 용이했다. 예를 들면 지휘관은 어느 때에라도 보병과 기병을 동시에 마음대로 쓸 수 있어야 했으며, 1열을 넘는 횡대형으로 작전을 펼치거나 적이 보는 가운데나 적과 가까운 곳에서 종대형을 결합하지만 않으면 최악의 위험은 예방할 수 있었다. "공격 전날 밤에는 지대를 파견해서는 안 된다. 한밤에 상황이 변할 수 있기 때문이다. 적군이 퇴각할 수도 있고 대규모 증원군이 도착할 수도 있는데, 후자의 경우 적은 입장이 바뀌어 공세적으로 나올 수 있고 아군은 때 이른 작전으로 파멸할 수 있다."

또한 나폴레옹은 모든 관측점의 강점과 약점을 상세하게 파악하는 등 땅과 전장의 지형에 관해 거의 초자연적인 안목을 지니고 있었다. 나폴레옹은 모형 지도를 보면서 잠재적 전장의 세세한 내용을 생생하게 떠올리고 적군이 전장에서 어떻게 작전을 전개할지 훤히 내다볼 수 있었다. 특히 나폴레옹은 산이나 강 같은 지형 때문에 전체적인 수의 우세가 효력을 잃는 곳으로 적군을 유도하는 것을 좋아했다. 나폴레옹이 '중앙 배치' 전략을 자주 쓸 수 있었던 이유는 오로지 지형을 보는 안목이 있었기 때문이다. 나폴레옹은 숲이나 구릉 같은 자연 지형 뒤에 병력 일부를 숨겼다가 풀어놓아 적군을 당황하게 만드는 전술도 활용했다.

그러나 나폴레옹은 그토록 군사적 재능이 뛰어났는데도 알렉산드로스나 한니발, 티무르와 같은 부류의 지휘관은 아니었다. 나폴레옹의 체스 실력은 완전무결과는 거리가 멀었다. 나폴레옹은 마치 자신의 능력을 극한까지 시험하거나 운이 어디까지 갈지 확인하려고 미신적으로 운을 과신하는 것처럼 보일 때가 있었다. 어떤 것들은 일부러 우연에 맡기기로 결정했는데, 그런 면모에는 고집불통의 괴물이 엿보였다. 수학적 경향과 병행해 어느 정도 경험적 실용주의도 존재했는데, 이는 다음과 같은 진술에 요약되어 있다. "전술과 부대의 전개, 공병과 포병 장교의 지식은 기하학과 마찬가지로 논문에서 배울 수 있겠지만, 고등 분야의 전쟁 기술 지식은 경험으로써만, 인류의 역사와 위대한 지도자들의 전투의 역사를 연구함으로써만 얻을 수 있다. 문법책만 보고 《일리아스》 같은 책이나 코르네유의 비극을 쓸 수 있겠는가?"

나폴레옹의 군사적 재능은 본질적으로 이론적이라기보다는 실용적이었다. 나폴레옹이 장군들(나중에는 원수들)을 무지한 존재로 만들기 위해 전략과 전술에 관한 생각을 기록으로 남기지 않았다는 얘기가 있지만, 실상을 말하자면 나폴레옹은 그 정도의 혁신가가 아니었다. 나폴레옹은 초기에는 대부분의 아이디어를 책에서 얻었으며 자신의 방법을 크게 바꾸지 않았다. 나폴레옹은 스스로 군사 이론가를 자처하지 않았다. "나는 예순 번의 전투를 치렀고 처음부터 몰랐던 것은 배운 적이 없다."라는 그의 말은 때로 사람들의 눈살을 찌푸리게 만들었지만, 자신을 조롱감으로 만드는 냉소주의를 차치한다면 매우 현실적이다. 명백한 난관은 적이 나폴레옹의 방법을 배우고 대응책을 고안해내리라는 점이었다.

군사적 관점에서 보면, 이탈리아 전쟁에 관해서는 두 가지 진술이 정당해 보인다. 나폴레옹은 탁월한 재능이 있었지만 운도 좋았다. 나폴레옹은 맨땅에 군사 기구를 건설할 필요가 없었고 잠재적 능력이 뛰어난 군대를 물려받았으며 그 다음에 평범한 장군들과 싸웠다. 나폴레옹은 성공 가능성이 낮은데도 도박을 한 경우가 많았는데, 특히 아르콜레에서는 프랑스군이 습지에 갇힐 뻔했고 그렇게 되는 것이 당연한 상황이었다. 나폴레옹이 대적한 사람들, 즉 볼리외와 부름저와 알빈치는 나폴레옹처럼 승리의 의지에 불타지 않았다. 그들은 18세기 장군들로서 본질적으로 아마추어가 직업 군인에 맞선 셈이었다. 그러나 보나파르트파의 승리를 행운이라는 요소만으로 설명하는 것은 지나친 확대 해석이다. 성공 요인으로 나폴레옹의 의지력을 소홀히 여겨서는 안 된다. 나폴레옹은 단 하루도 전술적 공세를 포기한 적이 없으며 끊임없는 기동과 기습으로 최대한의 병력을 전장에 투입하려 죽을힘을 다했다. 나폴레옹은 오스트리아군을 각개 격파하는 데 거듭 성공했다.

나폴레옹이 이탈리아에서 언제나 운명적으로 행운의 여신의 총애를 받았다고 착각하게 된 데에는 다른 요인들이 있었다. 대혁명의 능력주의 사회가 풀어놓은 재능의 과잉과 짧게 머물렀다 사라진 사회 이동의 기회는 나폴레옹에게 이롭게 작용했다. 군대는 현지에서 물자를 조달해야 한다는 나폴레옹의 생각도 마찬가지다. 나폴레옹 군대는 식량을 사흘치 이상 갖고 다닌 적이 없지만, 오스트리아군은 늘 아흐레치를 준비했다. 1793~1796년의 군대 규모로 볼 때 능력이 평범한 위임관이 식량을 공급하기란 불가능했으므로, 비록 총재정부가 파산하지 않고도 이탈리아 전쟁의 비용을 댈 수는 있었다고 해도 나폴레옹 군대는 불가피하게 현지에서 기식해야 했다. 나폴레옹 군대는 장기간 점령하며 징발하고 약탈하면서 민간인들의 격렬한 반발을 초래하곤 했으며, 그때마다 대개 끔찍한 잔학 행위가 벌어졌다. 나폴레옹은 1796~1797년에 이탈리아에서 이러한 반응을 유발하지 않았다는 점에서도 운이 좋았다.

이탈리아 전쟁에 관해 꼭 언급해야 할 두 번째 단서는 나폴레옹이 자신의 처방을 실행하는 데 성공하지 못했다는 사실이다. 나폴레옹은 적군을 전멸하지도 못했고 계속 저항하려는 적군의 의지를 약화하지도 못했다. 이는 부분적으로는 만토바에 집착했기 때문인데, 이 또한 자신의 원칙에 위배되는 것이었다. 나폴레옹은 1796~1797년에 만토바 공성을 최후의 목표로 삼는 것과 적군 부대를 수색해 궤멸하는 것 사이에서 동요했다. 나폴레옹은 오스트리아의 의지를 꺾지도 못했다. 1800년에 오스트리아가 이탈리아에서 전투를 재개했던 것이다.

스탕달*은 이탈리아 전쟁이 나폴레옹 최고의 업적이며 나폴레옹 생애의 가장 위대한 시기는 베네치아 점령으로 끝났다고 주장했는데, 이런 주장을 하는 이들이 적지 않다. 그러나 나폴레옹이 이탈리아에서 보낸 시기는 정복지에서 빼앗은 막대한 양의 현금과 물자를 고려하지 않고는 제대로 설명할 수 없다. 나폴레옹은 전쟁 비용을 알아서 충당하고 남는 것은 파리로 보내라는 총재정부의 명령에 따라 움직였다. 그것은 사실이다. 총재들은 나폴레옹이 빈번히 자신들을 무시했는데도 이를 묵인했는데, 한 가지 이유는 나폴레옹이 수백만 프랑이라는 단물을 보냈기 때문이다. 그러나 나폴레옹은 파리로 보낸 것 말고도 이탈리아에서 많은 잉여를 뽑아냈는데 착취라는 말이 딱 어울렸다. 나폴레옹은 자신의 몫만 받는다면 오주로와 마세나 같은 악명 높은 축재자들의 횡령과 유용도 못 본 척했다. 아멜랭이 몰수된 몇몇 광산에 관하여 전하는 믿을 만한 이야기는 보나파르트 체제가 어떻게 작동했는지 보여준다. 나폴레옹은 100만 프랑을 얻었으며 심복들은 그 건으로 각기 적당한 액수를 챙겼다. 베르티에는 10만 프랑을 얻었고 뮈라와 베르나도트는 각각 5만 프랑을 얻었다. 나폴레옹을 성인으로 추앙하며 전기를 쓴 작가들은 나폴레옹이 군 위임관 살리체티와 가로를 횡령 행위 때문에 가혹하게 다루었다고 지적하지만, 이는 요점을 놓친 것이다. 나폴레옹의 의도는 군 위임관들의 신뢰도를 떨어뜨리는 것이었고, 그 결과 나폴레옹은 실질적인 통제를 받지 않게 되었다.

이탈리아의 귀중한 미술품을 약탈한 것은 나폴레옹이 거둔 승리의 가장 추악한 면모였다. 정복당하거나 조약을 체결한 국민들은 모두 귀중한 그림이나 조각, 기타 예술품으로 배상금을 지불해야 했다. 파르마 공작은 안토니오 코레조의 〈새벽〉을 토해내야 했고, 교황은 그림과 조상과 화병 100점을 빼앗겼으며, 베네치아는 '구시대 거장들'* 의 대단한 걸작들 일부를 포기했고, 도처에서 같은 일이 되풀이되었

스탕달(Stendhal, 1783~1842) 프랑스의 소설가로서 본명은 마리 앙리 베일이다. 《나폴레옹의 생애(Vie de Napoléon)》를 썼다.

다. 조르조네와 만테냐, 라파엘로, 레오나르도 다빈치, 프라 필리포 리피, 안드레아 델 사르토 등 여러 화가의 작품들이 공식적인 전리품이나 오주로와 마세나 같은 이들의 사사로운 강탈 대상이 되어 프랑스로 넘어갔다.

나폴레옹을 옹호하는 사람들은 나폴레옹이 총재정부의 명령에 따라 미술품들을 본국으로 보냈으며 '부패한 귀족'의 문화 유물을 몰수하는 것은 대혁명 시기의 표준 관행이었다고 주장한다. 1796년 5월 7일 카르노가 이러한 취지로 내린 지령이 종종 인용되는데, 이 지령에 따르면 나폴레옹은 '자유의 지배를 강화하고 아름답게 꾸미기 위해' 미술품들을 보내라는 명령을 받았다. 그러나 나폴레옹과 휘하 장군들은 단지 돈과 귀중한 미술품을 보낸 데에서 그치지 않았다. 약탈품을 대부분 자신들을 위해 남겨 두었던 것이다. 이탈리아에서 빼앗은 돈과 미술품 중 총재정부로 흘러들어간 것은 5분의 1밖에 되지 않는다고 추정하는 사람도 있다. 거두어들인 5천만 프랑 중 나폴레옹이 챙긴 몫은 가장 적게 추산해도 300만 프랑에 달한다. 계산에 포함되지 않은 것만 해도 수천만 프랑이며, 나폴레옹과 보나파르트 가족, 총신들, 장군들이 놀랄 만큼 사욕을 채웠다고 단정할 수 있다. 나폴레옹은 유능하지만 야심 많은 장군들을 자신의 대의에 결속시키는 최선의 방법은 한없는 부라는 관념에 찬동하는 것이라고 늘 생각했다. 보나파르트의 별을 따르는 지휘관이라면 결국에는 크로이소스*의 부를 획득하리라는 것이었다.

나폴레옹은 터무니없게도 자신은 이탈리아에서 병사들의 급여를 빼면 아무것도 가져오지 않았다고 주장했고, 전기 작가들과 역사가

구시대 거장들(Old Masters) 18세기 이전 유럽의 솜씨 좋은 화가들이나 그 작품을 일컫는 말. 이탈리아 화가로는 레오나르도 다빈치, 미켈란젤로, 티치아노 베첼리오, 산드로 보티첼리, 라파엘로를 꼽을 수 있다.

크로이소스(Kroisos, 기원전 595~기원전 547?) 리디아의 왕. 엄청난 부자로 유명했다.

들조차 이 빤한 거짓말을 곧이곧대로 받아들인다. 오직 정황 증거만
이 나폴레옹의 주장이 명백한 거짓임을 보여준다. 나폴레옹은 형 조
제프와 공모해 로마에서 엄청난 양의 보물을 강탈했고, 조제프는 그
보물들로 파리의 빅투아르 거리에서 그리 멀지 않은 곳에 궁전 같은
집을 지었다. 조제프는 아내의 돈으로 사들인 척했으나 클라리 집안
에 그만 한 돈이 없다는 사실은 누구나 알고 있었다. 나머지 가족들
도 상당한 몫을 받았다. 레티치아는 아작시오에 있는 저택을 개축하
고 꾸미기에 충분한 돈을 받았고, 카롤린과 제롬은 비용이 많이 드는
학교에 들어갔으며, 폴린과 엘리자는 지참금을 후하게 받았다. 나폴
레옹은 이전에 임대해 썼던 빅투아르 거리의 주택을 구입했으며, 벨
기에에 넓은 토지를 확보했고, 이집트에 있을 때인 1798년에 조제프
를 시켜 조제핀을 위해 어마어마한 규모의 시골 주택을 사들였다. 파
리에서 10킬로미터도 채 떨어지지 않은 센 강변의 말메종에 있던 이
저택은 주변에 약 120만 제곱미터의 땅이 딸려 있었으며 가격은 33
만 5천 프랑이었다. 나폴레옹은 조제프를 가족 은행가로 활용했다.
오직 나폴레옹의 형만이 이탈리아에서 약탈한 보물이 저축되어 있는
모든 비밀 계정을 알고 있었다. 나폴레옹을 옹호하는 이들은 나폴레
옹의 이탈리아 공화주의 실험으로 관심을 돌리기를 좋아하지만, 그
점에서도 기록은 보나파르트를 대혁명의 해방자로 보는 논거를 입
증하는 데 필요한 만큼 분명하지 않다. 나폴레옹은 표면상 이탈리
아를 약탈할 뿐만 아니라 대혁명의 가치와 이상을 이탈리아로 수출
하기로 되어 있었으나, 총재정부는 그 정책의 정치적 측면에 관해서
는 늘 유동적이었다. 총재정부의 단 한 가지 진짜 이념적 목적은 오
만한 교황의 콧대를 꺾으려는 욕구였고, 이후 이탈리아를 공화국으
로 만드는 계획은 거의 관심 밖이었다. 그렇게 되면 오스트리아와 정
복지를 교환하기가 더욱 어려워질 것이기 때문이었다. 프랑스는 군사
활동이 잘못되었을 경우 오스트리아와 서둘러 강화를 맺고 빠져나와

야 했는데, 나폴레옹은 이탈리아인들에게 그런 탈출을 방해할 수 있는 구속력 있는 약속은 절대 하지 말라는 엄중한 명령을 받았다.

그렇지만 나폴레옹은 자신만의 생각을 갖고 있었다. 나폴레옹의 군대는 보급을 받아야 했고 병참 조직은 보호를 받아야 했으며, 겉으로는 굴복했으나 내심은 편치 않았던 이탈리아 도시국가들과 적군 사이에 끼어 있었기에 잠재적으로 위험했다. 나폴레옹은 오스트리아 편인 보수적이고 귀족적인 정파의 반발을 자극하지 않으면서도 프랑스에 우호적인 분파를 장려하는 어려운 균형 잡기를 수행해야 했다. 나폴레옹 생각에 평형을 유지하는 최선의 방법은 이탈리아인들을 이탈리아 연방 건설의 새로운 계획에 참여시키는 것이었다. 이탈리아에서 군사적 승리를 확보했을 때를 가정한 계획의 궁극적인 실체를 곰곰이 따져볼 때가 된 것이다.

나폴레옹은 1796년 5월에 작업을 시작했다. 먼저 롬바르디아에 있는 오스트리아의 통치기구를 폐지하고 상원과 프랑스 군정장관의 지휘를 받는 여러 시의회를 포함하는 새 헌법을 제정했다. 나폴레옹은 총재정부에 이렇게 써 보냈다. "밀라노는 자유를 간절히 바라고 있습니다. 회원이 800명인 모임이 있는데 전부 사업가 아니면 변호사입니다." 나폴레옹은 롬바르디아 실험 후 1796년 10월 치스파다나 공화국 창설을 관장했다. 모데나와 페라라, 레조, 볼로냐를 통합한 치스파다나 공화국은 12월에 선거로 구성된 의회가 승인했다. 오스트리아가 최종적으로 패배하고 교황이 항복하여 1797년 2월 19일 톨렌티노 조약을 체결해 볼로냐와 페라라와 로마냐를 양도함으로써 치스파다나 공화국은 현실이 되었다.

1796년 말 나폴레옹은 총재정부에 치스파다나 공화국에 대한 구상을 설명하면서 정치적 마키아벨리즘의 대가임을 다시 한 번 입증했다. "치스파다나 공화국은 세 분파로 분열되어 있습니다. 이전 정부에 우호적인 자들과 독립적이지만 매우 귀족적인 헌법의 지지자들, 그리고 프랑스 헌법과 순수한 민주주의의 열성적 지지자들이 그것입니다. 나는 첫 번째 분파는 억압하고 두 번째는 지지하며 세 번째는 적당히 억누를 것입니다. 왜냐하면 두 번째 파벌은 부유한 지주와 사제들로서 프랑스를 지지하는 분파가 반드시 끌어들여야 할 인민 대중의 지지를 결국 얻어낼 것이기 때문입니다." 나폴레옹이 이탈리아에서 로마 가톨릭교회가 관련되었을 경우에는 매우 신중하게 행동했다는 증거가 많다. 1797년 2월 반교권주의자들이 로마로 들어가 교황을 폐위하지 못했다고 질책하자, 나폴레옹은 이에 답하면서 3천만 프랑의 배상금을 물고 볼로냐, 페라라, 로마냐까지 잃었으니 교황령은 안락사한 것이나 다름없다고 설명했다. 그러나 나폴레옹은 바로 같은 시간에 교황에게 바티칸이 세속 권력으로서 곧 붕괴하기를 바라지 않는다는 점을 분명히 밝힌 따뜻한 편지를 보냈다.

나폴레옹이 가톨릭교회에 지나치게 너그러웠던 것은 아닌지 의심을 받았던 적도 있었다. 치스파다나 공화국의 선거 결과 교회의 영향력이 여전히 강했기 때문이다. 1797년 5월 1일 나폴레옹은 실망스러운 투표 결과를 총재정부에 알렸다. "사제들은 모든 유권자에게 영향력을 행사했습니다. 마을에서 명단을 불러주고 선거를 통제했습니다. …… 나는 주민들의 관습을 깨뜨리지 않으면서 여론을 계몽하고 사제의 영향력을 줄이기 위한 조치를 취할 것입니다."

이즈음이면 나폴레옹과 총재정부가 이탈리아 정책을 둘러싸고 긴장 관계에 있다는 징후가 명백하게 드러났다. 총재들은 이탈리아가 너무도 뒤처진 나라이기에 공화국으로 만들기가 어려우며 그러한 시도는 오스트리아를 영원히 적대국으로 만들 수 있다고 판단했다. 그러나 나폴레옹은 공화주의 정신과 자신의 대의에 대한 헌신에 깊은 인상을 받은 것 같았고 오스트리아를 경멸했다. 나폴레옹은 이 싸움에서 승리했으며 롬바르디아 정부(트란스파다나 공화국)와 치스파다나 공화국을 통합해 더 큰 치살피나 공화국을 만드는 데 착수했다. 1797년 7월이면 나폴레옹이 정복한 이탈리아 영토는 대부분 새로운 치살피나 공화국으로 통합되었고, 다섯 명의 총재와 원로원과 하원의 양원제 입법부를 갖춘 프랑스식의 정교한 헌법이 제정되었다. 나폴레옹은 제노바에도 간섭할 필요가 있었는데, 1797년 5월에 제노바에서 프랑스에 찬성하는 민주주의자들이 살해된 사건이 일어나 좋은 핑계가 되었다. 나폴레옹은 열두 명의 원로와 도제 한 명, 선거로 구성되는 양원을 갖춘 리구리아 공화국을 수립했다.

그러나 이탈리아 국가들을 통합해 연방국가로 만들려는 나폴레옹의 바람은 늘 총재들과의 권력 투쟁이 어떤 결과를 낳느냐에 달려 있었다. 나폴레옹은 일 자체에 관해서는 냉소적이었다. 1797년 10월 나폴레옹은 탈레랑*에게 이렇게 썼다. "당신은 이탈리아인을 모릅니다. 이탈리아인들은 프랑스인 4만 명의 목숨을 바칠 만한 가치가 없습니다. 나는 이탈리아에 온 후로 자유와 평등을 사랑하는 이 민족으로부터 어떠한 도움도 받지 못했으며 받았다 해도 하찮은 정도였습니다. 진실을 말하자면 이렇습니다. 성명서나 책자로 말하기에 좋은 것은 전부 낭만적인 소설입니다."

8월에도 나폴레옹은 총재들과 만나 자신의 의견을 전달했다. 그는 총재들과 의견을 나누고 방침을 변경했으며 케르키라와 자킨토스, 케팔로니아가 이탈리아 전체보다도 프랑스의 국익에 더 중요하다고 주장했다. 이탈리아는 이미 고갈되어 이익을 취할 것이 없었던 반면 이 섬들은 지중해 교역로와 동방 교역로의 중심지여서 지속적으로 부를 창출할 수 있으리라고 판단했던 것 같다. 나폴레옹의 냉소적 견해는 1798년 이탈리아에서 공화국 실험이 사실상 하룻밤 만에 실패

샤를 모리스 탈레랑(Charles Maurice de Talleyrand-Périgord, 1754~1838) 루이 16세 때부터 루이 필리프 정권 때까지 활동한 프랑스의 외교관. 유럽 외교사에서 가장 영향력 있는 인물의 하나로 평가된다. 나폴레옹 밑에서 주로 외무장관으로 일했다.

로 돌아가면서 입증되었다.

1797년에 이탈리아에 대한 나폴레옹의 태도가 낙관에서 냉소적 패배주의로 변한 것은 분명 오스트리아와 여섯 달 동안 길고 복잡한 협상을 치른 결과였다. 나폴레옹과 총재정부는 협상에서 오스트리아를 압박해 최종 조약에 서명하도록 하는 것보다 프랑스 내의 권력 투쟁에서 승리하는 데 몰두했던 것 같다. 다섯 명의 총재는 저마다 승리를 거둔 장군을 의심할 만한 이유가 충분했으며, 게다가 총재정부는 놀랍도록 복잡한 정치적 분쟁으로 분열되었다. 다섯 명의 총재 중 바라스는 어떤 대가를 치르더라도 평화를 얻고자 했으나, 유일하게 자코뱅 출신이라고 할 수 있는 뢰벨*은 1789년의 정신을 전파하는 혁명 정책을 지속하기를 바랐다. 아무도 보나파르트와 의견이 일치하지 않았다. 바라스는 나폴레옹이 오스트리아와 협상을 벌일 때 지나치게 강경했다고 생각했고, 뢰벨은 이탈리아에서 얻은 영토를 포기하고 대신 라인 강의 '자연' 국경을 확보하기를 원했다.

그러나 이러한 갈등 위에 한층 더 위협적인 사태가 벌어지고 있었다. 1797년 5월 프랑스는 의회의 선거가 보여주듯이 급격하게 보수적으로 기울었다. 총재정부를 무너뜨리고 극단적인 민주-공산주의 체제를 세우려 계획했던 '그라쿠스 바뵈프'의 처형에 뒤이어 이런 우경화가 견고해졌다. '새로운 우파'의 기수는 두 명이었는데, 그중 한 사람인 프랑수아 바르텔르미*는 총재정부에 입각했고, 샤를 피슈그뤼 장군은 오백인회 의장으로서 공공연히 왕정 복고를 위한 음모를 꾸

장프랑수아 뢰벨(Jean-François Reubell, 1747~1807) 대혁명 시기의 정치인. 테르미도르 반동에 참여한 후 오백인회와 원로원 의원을 거쳤고 1799년 5월까지 총재를 역임했다. 브뤼메르 쿠데타 이후 은퇴했다.
프랑수아 바르텔르미(François, marquis de Barthélemy, 1747~1830) 대혁명 시기의 외교관이자 정치인. 1797년 5월에 총재정부의 일원이 되었으나 9월 17일 오주로 장군의 반왕당파 쿠데타 이후 프랑스령 기아나로 유배되었다가 나폴레옹의 쿠데타 이후 돌아와 원로원 의원이 되었다. 1814년에 나폴레옹을 버리고 루이 18세의 헌법 선언 작성에 참여했으며 백일천하 후 후작 작위를 받았다.

떴다. 파리에서는 우파 반동의 징후들이 감지되었다. 교회들이 다시 문을 열었고, 삼색기는 보기 힘들어졌으며, '시민' 호칭은 상대를 비꼴 때만 쓰였다. 이탈리아 방면군의 장애인들과 부상당한 용사들은 귀국했을 때 '국왕 만세!'를 외치지 않으면 모욕을 당하거나 더 험한 일까지 당했다.

　나폴레옹은 국내에서 일어나는 사건들을 면밀히 주시했다. 파리에는 주된 권력 집단이 셋 있었다. 하나는 확고한 공화파로서 총재정부 내의 다수파(바라스, 뢰벨, 라레벨리에르) 편에 섰다. 다른 하나는 철두철미한 왕당파로서 피슈그뤼와 바르텔르미가 이끌었고, 나머지는 클리시 클럽*을 중심으로 모인 '회색분자'들의 도당으로서 라자르 카르노가 지휘했다. 나폴레옹을 특별히 격앙시킨 자들은 바로 이 마지막 집단이었다. 나폴레옹은 왕당파는 이해했지만 중간에서 형세를 관망하는 기회주의자들은 경멸했다. "클리시 도당은 자신들이 현명하고 온건하며 훌륭한 프랑스인이라고 주장한다. 그자들은 공화파인가? 아니다. 왕당파인가? 아니다. 그렇다면 1791년 헌법에 찬성했는가? 아니다. 1793년 헌법은? 더욱 아니다. 1795년 헌법에는 혹시 찬성했는가? 찬성하기도 하고 반대하기도 했다. 그렇다면 이자들의 정체는 무엇인가? 자신들도 모른다. 어떤 것에는 '그러나'라고, 또 다른 것에는 '만일'이라는 단서를 붙여 동의했을 것이다." 그러나 나폴레옹은 다섯 명의 총재 중에서 카르노와 바르텔르미가 가장 위험한 인물이라고 생각했다. 카르노는 테르미도르파를 증오했고 대혁명의 모든 유혈 참사를 1793년의 사람들 탓으로 돌리는 테르미도르파의 집요한 선전에 분개했기 때문이며, 바르텔르미는 피슈그뤼의 얼굴이었기 때문이다. 나폴레옹은 피슈그뤼가 멍크 장군* 역할을 맡아 부르봉 왕

─────────────

클리시 클럽(Club de Clichy) 1794년 로베스피에르의 몰락 이후 결성된 정치 결사. 처음에는 국민공회의 면직된 의원들로 공포정치 시기에 투옥됐던 자들이 대다수였다. 총재정부 시대에 우파에서 정치적으로 중요한 역할을 수행했다.

실의 복위를 도모하려 한다고 의심했다.

총재들은 각자 보나파르트에게 다양한 불만을 품었다. 이른바 '베네치아 약탈'은 여전히 근심의 진원이었다. 뒤몰라르*는 오백인회 연단에서 이탈리아 방면군 총사령관이 총재정부와 의회의 허락도 없이, 심지어 협의도 하지 않고 베네치아와 제노바에 개입했다고 비난했다. 새로 공직에 진출한 자들은 나폴레옹의 이탈리아 약탈을 비난했다. 이유는 당연히 약탈품을 나누기에는 너무 늦었기 때문이다. 레오벤에서 오스트리아에 '헌법에 맞지 않는' 조건을 제시한 일도 들추어졌으며, 곧 평화가 오리라는 전망은 조롱당했다. 파리의 언론들은 대부분 보나파르트에 반대했으며 나폴레옹의 베네치아 정책이 초래한 '불명예'를 끈질기게 되풀이했다. 일부 신문은 다소 지나치게 베로나에서 프랑스군이 학살되었다는 사실을 부인하기도 했다.

왕정이 회복되면 유럽에 평화가 지속되리라는 견해가 또 하나의 동기였다. 이러한 주장에는 어느 정도 근거가 있었다. 영국에서 전쟁 피로증이 감지되었기 때문이다. 프랑스를 두려워한 선동가였던 피트*까지도 조건을 논의할 준비가 되어 있었으며 맘즈버리 경(Lord Malmesbury)을 파리로 보내 프랑스의 새로운 외무장관 탈레랑과 협상하게 했다. 전쟁은 영국이 바라던 대로 흘러가지 않았다. 프랑스는 1796년에 아일랜드를 침공해 거의 성공할 뻔했으나 폭풍이 일어 좌

조지 멍크(George Monck, 1608~1670) 영국의 군인. 청교도혁명 초기에 왕당파를 지휘하여 싸웠으나 포로가 된 후 의회파로 전향하였다. 1654년 크롬웰에게 신임을 받아 스코틀랜드 통치자로 임명되었다. 크롬웰 사후에 왕당파가 다수인 새로운 의회를 소집해 찰스 2세를 왕위에 앉혀 왕정 복고의 길을 열었다.

클로드 뒤몰라르(Claude Sébastien Bourguignon-Dumolard, 1760~1829) 대혁명 시기의 정치인. 1793년에는 연방주의자로 체포되었다가 석방되기도 했으며, 총재정부에서 치안장관을 지냈으나 브뤼메르 18일의 쿠데타 이후 제1통령이 해임했다. 통령정부에서 파리 형사법원 판사를 역임했다.

윌리엄 피트(William Pitt, the Younger, 1759~1806) 1783년에 스물네 살의 나이로 최연소 총리가 되어 1801년까지 지내다가 1804년에 다시 총리가 되어 1806년에 죽을 때까지 재임했다. 아버지 윌리엄 피트(William Pitt, the Elder)도 총리를 지냈다.

절을 겪었다. 에스파냐가 같은 해 프랑스 편으로 넘어가 영국 해군은 지중해에서 철수해야 했으며, 국내에서는 재정 위기에 처했고 스핏헤드와 노어에서 일어난 해군 폭동은 전반적인 사회 불안의 전조가 될 수도 있었다. 두 곳은 전통적으로 영국의 제1 방어선에서도 심장부였다. 피트는 나폴레옹이 이탈리아에서 보여준 행태가 협상의 난관이었음을 명백히 해 왕당파의 선전을 이롭게 했다.

나폴레옹은 반격에 쓸 유력한 무기가 세 가지 있었다. 우선 나폴레옹은 자신만의 신문과 고분고분한 선전 기관들을 보유하고 있었다. 나폴레옹의 신문 〈이탈리아 방면군 통신, 애국자〉와 〈이탈리아 방면군이 본 프랑스〉는 이탈리아 방면군 병사들에게 무료로 배포되었고 프랑스로도 몰래 반입되어 무료로 널리 배포되었다. 〈이탈리아 방면군 통신〉은 자코뱅 출신으로서 바뵈프의 음모에 가담했던 인물이 편집했는데, 이탈리아 방면군 내부의 비밀 자코뱅들을 겨냥하여 프랑스 내 우파가 어떻게 혁명을 배반하고 있는지 강조했다. 반면 〈이탈리아 방면군이 본 프랑스〉는 온건한 여론을 표적으로 삼아 나폴레옹이 지도자이자 마술사로서 지닌 자질들을 강조했다. 이탈리아 전쟁의 실제 업적은 열 배로 과장되어 나폴레옹의 모든 잘못은 적군을 파멸로 유인하기 위한 '의도적 실수'로 포장되기에 이르렀다. 나폴레옹의 전설은 세인트헬레나가 아니라 이탈리아에서 탄생했다는 말은 적절했다.

보나파르트의 신문은 뒤몰라르와 말레 뒤팽*처럼 기왕에 알려진 나폴레옹의 적들을 피트에게 고용된 영국의 첩자로 묘사하기를 좋아했다. 우파가 프랑스의 권력으로 부상하는 듯했던 1797년 5월에 나폴레옹은 이탈리아에서 모은 전리품으로 파리에서 신문을 하나 더 창간했다. 신문의 이름은 〈보나파르트와 고결한 자들의 신문〉이었

말레 뒤팽(Jacques Mallet du Pan, 1749~1800) 위그노 집안 출신의 언론인. 혁명에 반대하는 책자를 다수 출간했으며, 나폴레옹과 총재정부를 맹렬히 공격하다가 1797년에 망명했다.

다. 나폴레옹은 자신의 밀정들이 왕당파의 첩보원 중 가장 중요한 인물인 당트레그 백작(Comte d'Antraigues, 1753~1812)의 편지를 가로챘다는 비밀을 감추었다. 편지에는 피슈그뤼와 프랑스의 다른 우파 인사들이 연루된 내용이 담겨 있었다. 나폴레옹은 총재정부에 공식 항의 서한을 보내 자신이 공화국을 위해 세운 위대한 업적을 시기하는 자들로부터 박해를 받고 있다고 불평하는 데 만족했다. 나폴레옹은 뒤몰라르를 망명귀족들의 허수아비라고 비난하고 편지에 단도를 동봉해 오백인회가 자신의 심장에 칼을 겨누고 있음을 상징적으로 표현했다.

우파에 보복할 때 쓸 두 번째 중요한 무기는 바라스와 맺은 동맹이었다. 나폴레옹은 미국 주재 대사에서 막 돌아온 샤를 모리스 드 탈레랑을 중재인으로 썼다. 교활한 책략가로서 그 이름이 훗날 표리부동의 대명사로 쓰이게 되는 탈레랑은 귀국하자마자 신속히 정치 상황을 파악하고 나폴레옹이 중요 인물이라는 사실을 알아냈다. 망명에서 막 돌아온 제르맨 드 스탈 부인(혼외정사로 추방되었다)도 이 모임의 일원이었고 바라스-보나파르트 동맹을 위해 열심히 일했다. 스탈 부인은 이탈리아로 그곳 사령관을 과도하게 칭찬하는 편지들을 보내기까지 했는데, '무례'한 편지로 나폴레옹을 멀어지게 했을 뿐이었다.

나폴레옹은 표면상으로는 한때 은인이었던 사람과 적극적으로 동맹을 시도했다. 나폴레옹은 조제핀이 옛 연인 바라스에게 편지를 보내 남편도 같은 마음이라고 강조했을 때 이를 묵인했다. 바라스는 파리에서 돈 되는 부동산 투자에 관여하고 있던 조제프 보나파르트를 총재정부의 마드리드 사절에 임명해 화답했다. 그러나 이처럼 겉으로는 부드럽게 접촉이 이루어졌어도 나폴레옹은 바라스를 위해 더러운 일을 하려고 서두르지 않았다. 나폴레옹이 바라스의 적들을 제거하기 위해 지나치게 빨리 움직였다면 파리로 돌아온 즉시 온건한 총재들이 너무도 잘 자리 잡고 있음을 보았을 것인데, 이는 이미 분에 넘치게 커진 나폴레옹의 정치적 야심에 들어맞지 않았다. 진실은 이렇다. 나폴레옹은 바라스와 뢰벨과 라레벨리에르를 카르노와 바르텔르미보다 아주 조금 덜 혐오했을 뿐이다. 나폴레옹은 다섯 총재를 '나란히 자리를 잡고 앉아 여인과 아이들과 하인들의 방해를 받는 다섯 개의 작은 도시 법정'이라고 말했다. 나폴레옹은 총재들이 조심성이 없다고 생각했고 식탁의 대화에서 종종 그러한 분별없음을 화제로 삼았다. 즐겨 들었던 사례는 총재들이 도량형을 개혁해 십진제로 하려는 시도였다. 나폴레옹은 곤혹스러워하는 동료들에게 자신이 수학자로서 더 잘 알고 있다고 말하기를 좋아했다. 이를테면 숫자 10은 인수가 5와 2 둘뿐인 데 반해 '복잡한' 숫자인 12는 2와 3, 4, 6으로 인수가 넷이라는 사실에서 알 수 있듯이, 복잡한 숫자가 인간이 지닌 상상력의 심오한 구조에 더 잘 맞는다고 했다.

나폴레옹은 그해 여름 몸벨로에서 미요 드 멜리토*와 나눈 대화에서 다섯 총재를 전부 노골적으로 경멸했다. "내가 이탈리아에서 카르노와 바라스 따위를 위해 승리했다고 믿으시오? …… 나는 공화파의 토대를 부수려 하지만, 옛 왕조가 아니라 나 자신의 이익을 원하오. …… 친애하는 미요, 나는 권력의 맛을 보았고 권력을 포기할 생각이 없소. 주인이 될 수 없다면 프랑스를 떠나기로 결심했소. 그렇지만 지금은 열매가 아직 익지 않았으니 너무 이르오. …… 평화는 지금 당장은 내게 이롭지 않소. …… 이 권력을 포기해야만 할 거요. 평화조약의 체결을 다른 사람에게 넘긴다면 여론에서는 그자가 내가 승리를 거두어 얻은 지위보다 더 높은 자리를 차지하게 될 거요."

우파에 대적할 때 나폴레옹이 쓴 세 번째 무기는 가장 알기 쉬운 무기로서 바로 승리한 이탈리아 방면군이었다. 나폴레옹은 이제 병

미요 드 멜리토(André-François Miot de Mélito, 1762~1841) 외무장관, 대사, 국가참사원 위원을 지냈다.

사들의 열렬한 충성을 받았는데, 급여의 절반을 현금으로 지급하고 약탈을 허용했기 때문이었다. 또한 나폴레옹이 '전승 군대'의 수장이기도 했고 병사들이 나폴레옹의 선전에 세뇌되었기 때문이기도 했다. 나폴레옹은 총재정부의 수뇌들에 관해 프랑스 인민에게 호소할 수 있었을 뿐만 아니라 옛 로마의 군단사령관처럼 필요한 경우 군대를 이끌고 자국 수도를 타격할 수도 있었다. 나폴레옹은 8만 명의 영웅들이 '왕당파 음모자들과 겁쟁이 변호사들, 야비한 수다쟁이들'에 맞서 헌법을 수호할 기회를 기다리고 있음을 거듭 언급했다. 7월 14일 이탈리아 방면군은 이와 같이 불길한 선언을 들었다. "프랑스와 우리 사이에는 산이 가로막고 있다. 그러나 헌법을 떠받들고 자유를 지키며 정부와 공화파를 보호할 필요가 있다면 그대들은 독수리처럼 빠르게 산을 넘을 것이다."

총재정부의 좌파와 우파가 권력 투쟁을 하기로 결심하기까지는 터무니없이 많은 시간이 걸렸다. 부분적으로는 바라스와 탈레랑이 카르노와 바르텔르미에게 원한을 갚는 데 나폴레옹을 '검'으로 쓸 것인지 망설였기 때문이다. 1797년 중반에 쓸 수 있던 다른 후보는 베르나도트와 오슈 두 사람뿐이었다. 베르나도트는 극단적인 자코뱅주의 견해를 지녔다고 소문이 나 곧 후보에서 탈락했으나, 바라스는 오랫동안 라자르 오슈를 어려운 일을 처리하는 수하로 총애했다. 바라스의 계획은 군사 쿠데타를 준비하는 차원에서 오슈를 육군장관으로 세우는 것이었으나 계획이 의회에 새어나갔고, 오슈는 일시적으로 왕당파 신문들의 주요 표적이 되었다. 이 국면에서 오슈에게 일어난 일은 좋게 말해도 '엉망이 되었다'고 표현할 수 있다. 명예와 위신을 중시하며 살았던 오슈는 자신의 명예가 악의에 찬 공격을 받는 것을 참을 수 없었고 심한 압박을 받았다. 아직 서른 살이 안 된 오슈는 갑자기 일흔 살 노인처럼 활력을 잃었고 의심스러운 정황에서 사망함으로써 모든 것을 끝냈다. 어떤 이들은 우울증, 신경쇠약, 절망이 오슈의 가슴을 찢어놓았다고 했고, 다른 이들은 결핵에 쓰러졌다고 주장했으며, 또 다른 이들은 알 수 없는 사람들이나 정파에 독살되었다는 사라지지 않는 헛소문에 동의했다.

바라스는 살아남으려면 이제 보나파르트에게 의지하는 길밖에 다른 선택이 없었다. 나폴레옹은 운명의 역전으로 위험한 경쟁자가 제거되자 기뻐했고 오주로를 파리로 보내 명백한 의사를 전달했다. "왕당파가 두려우면 이탈리아 방면군을 요청하십시오. 신속히 달려가 올빼미당*과 왕당파, 영국인들을 모조리 제거하겠습니다." 이 조치의 탁월함은 나폴레옹이 바라스의 '검' 역할을 받아들여 총재들과 다른 장군들의 동맹을 예방했고 동시에 직접적 소란에서 벗어나 파리의 민중 봉기를 또 진압했다는 말을 듣지 않았다는 데 있다.

오주로는 보나파르트의 분노를 표현하는 효율적인 무기였음이 입증되었다. 오주로는 프뤽티도르 17일에서 18일(9월 3일에서 4일)로 넘어가는 밤에 바라스와 뢰벨, 라레벨리에르와 협조해 튈르리 궁을 군대로 포위하고 의회를 강요해 바르텔르미와 카르노를 체포하라는 명령을 내리게 했으며 최근 선거 결과를 무효로 만들었다. 카르노는 잠옷 차림으로 정원을 가로질러 탈출해 망명했지만, 바르텔르미와 피슈그뤼는 체포되었다. 63명의 우파 요주의 인물들이 법의 보호를 박탈당하고 철창에 갇혀 기아나의 유형지로 유배되었다. 그곳에서 돌아온 사람은 거의 없다. 망명귀족과 왕당파(그리고 내친 김에 극단적인 자코뱅 당원들)를 겨냥한 가혹한 새 법률은 공포정치의 귀환이 임박했음을 보여주었다. 오주로는 이 모든 일의 핑계로 당트레그와 피슈그뤼 사이에 오간 편지를 도시의 곳곳에 붙였다. 나폴레옹이 최후의 수단으로 남겨 두었던 이 편지가 유죄를 증명했다.

올빼미당(Chouans) 1794년부터 1800년까지 서부 프랑스 12개 도에서 대혁명과 제1공화국에 반대해 반란을 일으킨 왕당파. 명칭은 지도자인 장 코트로(Jean Cottereau)의 별명 장 슈앙(Jean Chouan)에서 유래한다.

총재정부가 엄청나게 부패했다는 신화는 나폴레옹이 신문을 통한 선전에 통달하면서 시작된다. 물론 다섯 명의 총재 모두가 부패했고 돈에 움직였으며 무능했다. 그러나 탐욕의 관점에서 볼 때 이탈리아의 프랑스 장군들, 즉 보나파르트 일파에 비할 바는 아니었다. 더군다나 나폴레옹에는 견줄 수 없었다는 점을 분명히 해야 한다. 총재들이 저지른 최악의 잘못은 나폴레옹에게 이탈리아에서 자유롭게 행동할 수 있는 백지 위임장을 주고 나폴레옹이 거의 절대적인 권력을 이용해 프랑스 국내 정치에 개입했을 때 제지하려는 노력을 전혀 기울이지 않았다는 데 있다. 그러나 나폴레옹의 이탈리아 정책에 대한 오백인회 내부의 반대가 명백히 왕당파의 짓이었다는 것, 즉 헌법의 파괴가 목적인 왕정주의자들의 술책이라는 점은 나폴레옹의 반대자들도 인정해야 한다. 그러한 사정을 감안하면 프뤽티도르에 보나파르트가 대리인을 내세워 폭정을 했다는 비난은 부당하다.

프뤽티도르의 쿠데타는 왕당파를 파괴했으며 나폴레옹과 바라스파 사이에 잠복해 있던 긴장을 고조시켰다. 다행스럽게도 오스트리아는 그 사건의 두 번째 의미를 알아채지 못한 것 같았고 파리에서 우파가 승리하는 데 모든 희망을 걸었다. 그해 여름 협상이 지연되고 오스트리아가 어정쩡한 상태를 지속한 것은 바로 이러한 맥락에서 보아야 한다. 그해 여름 밀라노 회담에서 한껏 멋을 부리고 나타난 오스트리아 전권대사 갈로 후작은 어물쩍대며 딴청을 피웠는데 거의 희가극 수준이었다. 나폴레옹은 프랑스에서 왕당파를 완전히 궤멸하기 전에는 조약 체결을 원하지 않았기 때문에 장단을 맞춰주었다. 그 결과 몸벨로의 여름은 여유롭고 감각적이었다. 보나파르트 측근들 여러 명이 그 여름을 생애에서 가장 행복했던 순간으로 기억했다. 조제핀은 남편이 넓은 땅에 동물원을 세워 자신의 동물에 대한 사랑을 충족시켜주었기에 득의양양했다. 그러나 나폴레옹은 모든 동물에게 다 즐거움을 허용하지는 않았다. 조제핀의 친구로서 시인이자 극작가였던 앙투안 아르노는 조제핀의 애완견 포르튀네가 요리사가 기르던 개에게 물려 죽었을 때 장군이 얼마나 기뻐했는지 기억했다. 조제핀은 그 죄인을 몸벨로의 정원에 들이지 말라고 명령했지만, 나폴레옹은 요리사와 개 둘 다 복귀시켰다. 나폴레옹은 이렇게 말했다. "그자를 데려오라. 새로 온 개도 없애줄지 모르니."

8월 지지부진한 회담은 베네치아 인근의 파세리아노로 장소를 옮겨 계속되었다. 나폴레옹은 마조레 호수를 한 바퀴 돈 뒤 8월 22일에 그곳을 떠났다. 조제핀은 밀라노에 머물 핑계를 찾았고 이폴리트 샤를과 아흐레 동안 즐거운 시간을 보냈다. 이폴리트 샤를이 휴가를 떠난 뒤 조제핀은 생색내듯 남편과 합류했다. 나폴레옹은 프뤽티도르 이후 신속히 움직여 오스트리아와 총재정부와의 문제를 해결하고자 했다. 탈레랑은 나폴레옹에게 비밀 서한을 보내 바라스와 뢰벨이 조약에 관한 나폴레옹의 생각에 반대하고 특히 베네치아를 양도하는 데에는 결코 동의하지 않을 것이니 빨리 조치를 취해야 한다고 경고했다. 한편 오주로는 자신이 누구 덕분에 존재하는지 망각한 채 프뤽티도르의 진짜 기획자로 자처하며 지도자를 비판하기 시작했다. 나폴레옹은 총재정부에 감동이 넘치는 서한을 보내 베네치아에 관한 자신의 제안이 수용되지 않으면 평화는 없을 것이라고 강조함으로써 고르디우스의 매듭을 잘랐다. 총재들은 그 제안을 받아들이거나 나폴레옹을 다른 사람으로 대체하거나 둘 중 하나를 선택해야 했다.

나의 사의를 받아들이고 다른 사람을 내 자리에 앉히기를 청합니다. 정부가 이처럼 전혀 기대하지 않았던 매우 불쾌한 배은망덕의 태도를 보이니 지구상의 어떤 권력이 강요하더라도 나는 더 복무할 수 없습니다. 건강 때문에…… 휴식과 마음의 평온이 필요합니다. 나의 영혼도 수많은 보통 시민과 만나 활력을 얻어야 합니다. 한동안 나는 엄청난 권력을 위임받았으며, 명예를 믿지 않고 나의 명예를 공격하는 자들이 무엇이라 말하든 간에 언제나 조국의 이익을 위해 권력을 사용했습니다. 깨끗한 양심과 후세가 받을 찬사가 나의 보상입니다.

이 편지는 9월 23일에 썼다. 총재정부는 이레 뒤에 편지를 받았다. 바라스와 뢰벨은 어쩔 수 없는 상황에 놓였다. 두 사람의 처지는 아직 '검' 없이 지낼 수 있을 만큼 안전하지 않았으며, 다른 모든 후보들은 배제해야 했다. 주르당과 모로는 축출된 왕당파에 공감했다는 혐의를 받았고, 허영심 많은 오주로는 날마다 잘난 척 큰소리로 떠들었으며, 베르나도트는 극단적 자코뱅주의에 찬동한 듯해 배제되었다. 바라스와 뢰벨은 나폴레옹의 요구에 응하는 수밖에 달리 방도가 없었다. 두 사람은 나폴레옹의 최후통첩을 받은 다음날 사실상 나폴레옹에게 조약 체결의 전권을 부여했다.

　프뤽티도르 쿠데타의 영향이 잦아들면서 이미 사기가 꺾인 오스트리아와 협상을 단행해야 할 때가 왔다. 오스트리아의 새로운 전권대사 루트비히 코벤츨*은 외교적 지연 술책에서 전임자보다 훨씬 더 원숙한 기술을 보였다. 원안의 조항들을 거듭 꼬치꼬치 따졌으며 무언가(필시 영국의 새로운 움직임이었으리라) 벌어지기를 바라며 온갖 수단을 동원해 회담을 질질 끌려 했다. 나폴레옹은 지연 전술에 평정을 잃었다. 코벤츨이 정직하지 못하게도 오스트리아 황제에게는 라인 지방 국가들의 운명을 마음대로 처리할 권한이 없다고 주장하자, 나폴레옹은 폭발했다. "그대의 황제는 누구에게나 강간당하는 데 익숙해진 늙은 하녀에 불과하다!" 나폴레옹은 코벤츨이 러시아 차르 예카테리나 2세에게 선물로 받은 값비싼 찻잔 한 벌을 집어들어 바닥

루트비히 코벤츨(Johann Ludwig Joseph Graf von Cobenzl, 1753~1809) 오스트리아의 외교관, 정치인. 1800년에 외무장관이 되어 1801년에 뤼네빌 조약에 서명하고 나폴레옹의 황제 지위를 인정했다. 1805년 오스트리아가 제3차 대프랑스 동맹 전쟁에 참여해 아우스터리츠에서 패한 뒤 해임되었다.

에 내동댕이쳤다. "그대의 왕국도 바로 이런 꼴을 당할 것이다."

코벤츨은 나폴레옹의 폭발에 흔들린 데다 정부로부터 프랑스에는 보나파르트에 대적할 권력이 없다는 조언을 들은 뒤 조약에 서명했다. 10월 17일 캄포포르미오 조약이 체결되었다. 오스트리아는 벨기에를 양도했고 볼로냐와 모데나, 페라라, 로마냐 지방을 포함한 치살피나 공화국을 승인했다. 오스트리아는 베네치아와 이스트리아, 달마치야를 받는 대신 프랑스는 이오니아해의 섬들을 계속 보유했다. 오스트리아는 비밀조항으로 라슈타트에서 개최될 회담에서 라인 강 좌안에 대한 프랑스의 영유권을 지지하기로 합의했다.

프랑스 내 현명한 인사들은 이 조약이 보나파르트파 신문이 설명하는 화려한 승리가 결코 아님을 간파했다. '자연 국경'이라는 원래의 전쟁 목적은 새로운 이탈리아를 위한 나폴레옹의 돈키호테 같은 몽상으로 희화화되었으며, 베네치아를 파괴한 일은 널리 프랑스의 명예에 오명을 남겼다. 가장 나쁜 일은 오스트리아가 이탈리아에 근거지를 계속 보유함으로써 장래에 갈등을 유발할 수밖에 없다는 점, 그리고 전체적으로는 이탈리아에서 그토록 많은 패배를 당한 제국이 놀랍도록 쉽게 벗어났다는 사실이다. 정치적으로 역시 떠오르는 별이었던 에마뉘엘 시에예스*에게 동의하는 사람들이 많았다. "나는 총재정부가 오스트리아에 강화 조건을 받아 적게 해야 했다고 믿었으나, 지금은 오히려 오스트리아가 프랑스에 조건을 강요했음을 본다. 이 평화조약은 강화가 아니라 새로운 전쟁을 부르는 소리다."

총재들은 네 시간 동안 열렬한 토의를 벌인 뒤 캄포포르미오 조약을 재가하는 데 합의했다. 총재들은 나폴레옹에게 맞서기를 원했지만, 나폴레옹은 군사력을 지녔고 총재들의 자원은 불확실했다. 게다

───────────────
에마뉘엘 시에예스(Emmanuel Joseph Sieyès, 1748~1836) 대혁명과 통령정부, 제1제정 시기에 활동한 프랑스의 성직자, 헌법 이론가. 1789년에 발표한 《제3신분이란 무엇인가?》는 대혁명의 선언서가 되었다. 나폴레옹의 브뤼메르 18일 쿠데타를 부추긴 인물이다.

가 전쟁에 지친 프랑스에 큰 안도의 물결이 휩쓸고 지나갔고 여론은 너무도 강력히 평화와 보나파르트 쪽으로 기울어 총재정부는 감히 반대하지 못했다. 이제 가장 큰 두려움은 코르시카의 괴물이 곧 파리로 돌아온다는 것이었다. 총재들은 이를 앞질러 방해하고자 이탈리아의 사령관이 두 가지 서훈을 새로이 받았다고 선언했다. 나폴레옹은 동시에 라슈타트 회의의 전권대사와 영국 방면군* 사령관에 임명되었다. 영국 해협 항구들에 모여 들었던 이 부대는 나중에 침공군이 된다.

나폴레옹은 훈장을 받고 자랑스러워했지만 총재들에게는 아무런 환상도 품지 않았다. 11월 19일 토리노에서 나폴레옹은 미요 드 멜리토에게 이렇게 고백했다. "총재정부에 앉아 있는 파리의 법률가들은 통치가 무엇인지 전혀 이해하지 못하오. 그자들은 속이 비열한 자들이오. …… 난 우리가 오랫동안 친구로 남을지 의심스럽소. 그자들은 나를 시기하고 있으며, 나는 이제 복종할 수 없소. 나는 명령의 단맛을 보았고 포기하는 방법을 알고 싶지 않소." 나폴레옹은 권력의 욕구에 따라 이미 왼손이 하는 일을 오른손이 모르게 하고 있었다. 한 달 전 나폴레옹은 밀라노에서 탈레랑에게 편지를 보내 너무 지쳐서 안장에도 간신히 올라갈 지경이며 2년 정도 휴식하며 건강을 회복해야 한다고 전했다.

1797년 11월 16일 나폴레옹은 밀라노를 떠나 북쪽으로 이동해 스위스를 거쳐 라슈타트 회의에 참석하러 갔다. 나폴레옹은 샹베리, 제네바, 베른을 지나 라슈타트에 도착했으나 총재정부가 영국 침공 계획에 관해 파리에서 긴급히 협의하기를 원한다는 통지를 받았다. 나폴레옹은 나흘간 지체한 뒤 11월 30일에 48시간 안에 출발하겠다고 전갈을 보냈다. 나폴레옹은 아내 없이 혼자 여행했다. 조제핀이 홀로

영국 방면군(Armée d'Angleterre) 대프랑스 동맹에 맞서 싸우기 위해 이탈리아 방면군과 라인 방면군, 마양스(마인츠) 방면군에서 병력을 차출해 창설된 군대.

떨어져 이폴리트 샤를과 시간을 보낼 기회를 포착했기 때문이다. 조제핀은 로마를 보고 싶다는 핑계를 댔고, 나폴레옹은 이곳저곳 돌아다니는 조제프를 시켜 거의 제왕다운 환영회를 마련해 두었다. 조제프는 당시 총재정부의 교황령 특사였다. 그러나 11월 16일에 나폴레옹이 토리노를 향해 떠나자마자 조제핀은 '마음을 바꾸었다.' 조제핀은 마르몽을 대동한 채 베네치아로 갔고 10만 명이 넘는 구경꾼들이 몰려 마치 왕처럼 환대를 받았다. 보나파르트 부인을 잘 아는 자라면 누구나 놀라지 않았겠지만, 아주 우연히 이폴리트 샤를도 베네치아에 있었다.

그렇지만 조제핀은 이제 살얼음 위에서 썰매를 지치듯 위험했다. 라슈타트에서는 밀정들이 나폴레옹에게 무슨 일이 일어나고 있는지 알렸다. 샤를이 총살집행반에 처형되리라는 소문이 돌았다. 사실 나폴레옹은 샤를에게 즉시 파리로 출두해 명령을 기다리라고 짤막하게 지시했다. 그러나 영리한 조제핀은 그리 쉽게 주저앉지 않았다. 조제핀은 알프스의 길가 여관에서 이러한 명령을 전달하던 급사(다름 아닌 조제핀의 옛 친구 베르티에 장군이었다.)를 가로막는 데 성공했고, 샤를이 파리에서 집안일을 돌볼 수 있도록 석 달간의 휴가를 얻었다고 명령서를 고쳐 썼다. 그런 뒤에 조제핀은 달팽이처럼 느릿느릿 남부 프랑스를 가로질러 이동했고, 샤를은 경계를 늦추지 않은 채 밀라노에서 리옹까지 역마 여러 마리가 지쳐 쓰러지도록 달려 조제핀을 뒤쫓았다. 샤를은 12월 28일 느베르에서 마침내 조제핀을 따라잡았다. 두 사람은 파리로 최대한 천천히 이동하며 밤낮으로 닷새 동안 사랑을 나누었고, 조제핀은 1798년 1월 2일이 되어서야 파리에 도착했다.

조제핀은 한 달을 연착했다. 나폴레옹은 신분을 숨기고 동부 프랑스를 지나 12월 5일 오후 5시에 파리에 도착한 뒤로 샹트렌 거리에서 날마다 조제핀을 기다렸다. 나폴레옹은 수도로 돌아오자마자 탈레랑을 만나는 것을 첫 번째 일로 삼았다. 앞서 보나파르트와 탈레랑이 만났을 때 두 사람은 마음이 잘 맞았다. 외무부 응접실에서 이루어진 두 사람의 첫 만남은 나서기 좋아하는 제르맨 드 스탈만 아니었다면 엉망이 되지 않았을 것이다. 나폴레옹은 그때 스탈 부인을 무시하고 탈레랑의 다른 손님인 부갱빌 제독에게 집중했다. 태평양을 항해한 유명 인사였던 부갱빌은 1767년에 타히티에서 쓴 보고서로 '고귀한 야만(noble savage)' 숭배를 부추기는 데 크게 기여한 인물이다. 나폴레옹과 탈레랑은 오랜 시간 논의를 한 후에야 명목상 상관인 총재들을 만나러 갔다. 바라스와 라레벨리에르는 나폴레옹을 따뜻하게 영접했으며 뢰벨은 그보다는 냉랭했지만 그래도 우호적으로 맞이했으나 새로이 총재가 된 두 사람 메를랭*과 프랑수아 드 뇌프샤토*는 냉랭하게 침묵했다.

나폴레옹은 이제 마치 조지 워싱턴과 킹킨나투스*를 뒤섞어놓은 듯 시민 병사의 이상으로서 병적으로 흥분된 영웅 숭배의 진원이 되었다. 12월 11일 저녁 모임에서 나폴레옹은 재치가 번득이는 박식한 사람이었다. 시에예스와는 형이상학을 토론했고, 시인인 마리조제프 세니에와는 시를 논했으며, 옛 스승 라플라스와는 수학을 이야기했다. 그러나 나폴레옹이 어지러운 싸움에 초연할수록 나폴레옹을 잠깐이라도 보려는 파리 사람들의 열망은 더욱 강렬해졌다. 샹트렌 거리에 있는 나폴레옹 집은 적절한 위치에 경비실을 배치해 사람들의 출입을 통제했다. 나폴레옹은 자신의 성채에서 조제핀이 없는 상황과

필리프앙투안 메를랭(Philippe-Antoine Merlin de Douai, 1754~1838) 삼부회에 제3신분 대표로 선출되어 정치에 입문했다. 테니스장의 선서에 자유와 평등의 원리가 포함되도록 애쓴 사람의 하나이다. 국민공회 의장과 공안위원회 위원, 총재정부의 법무장관을 역임했으며 프뤽티도르 쿠데타 이후 총재가 되었다.

프랑수아 드 뇌프샤토(Nicolas-Louis François de Neufchâteau, 1750~1828) 정치인이면서 시인이자 과학자였다. 총재정부의 내무장관을 지냈으며 라자르 카르노를 대신해 총재가 되었다.

킹킨나투스(Lucius Quinctius Cincinnatus, 기원전 519~기원전 430?) 고대 로마의 귀족이자 정치인. 작은 땅에서 농사를 짓다가 독재관에 부름을 받은 후 적을 물리치는 과업을 완수하자마자 사임했다는 일화는 시민적 덕과 겸양, 지도력의 모범으로 언급된다.

실내장식업자이자 목수인 조르주 자코브가 조제핀의 요청에 따라 집을 고치고 제시한 계산서에 분노를 토하고 있었다. 나폴레옹은 세인트헬레나에서도 자코브가 주문 제작으로 납품한 응접실 가구 하나 값으로 제시한 13만 프랑의 계산서에 감정을 억눌러야 했다.

나폴레옹은 뤽상부르에서 마치 로마 시대와 같이 개선식을 즐겼다. 탈레랑이 환호하는 군중에게 나폴레옹을 소개했고, 나폴레옹은 군대를 이끌고 영국 해협을 건너라는 바라스의 간곡한 권유에 응답해 짧게 연설을 했으나 확실한 언질은 주지 않았다. 그런 후 나폴레옹은 영국 침공을 계획하는 중대한 일에 착수했다. 나폴레옹이 이탈리아로 떠난 뒤 이 전선에서는 많은 일이 있었다. 1796년 12월 오슈가 지휘하는 1만 5천 명 규모의 침공군이 아일랜드 혁명 지도자 울프 톤(Theobald Wolfe Tone, 1763~1798)을 데리고 45척의 배에 올라타 밴트리 만을 향해 출발했다. 함대는 영국 해군을 피해 뭍에 닿았으나 오슈가 탄 프리깃함만 도착하지 못했다. 육군 지휘관인 그루시 장군*(훗날 나폴레옹의 네메시스가 된다)은 오슈가 도착하기 전에는 군대를 상륙시키지 않기로 하는 치명적인 결정을 내렸다. 침공군 함대는 닻을 내리고 아무런 작전도 하지 않다가 사흘 뒤에 엄청난 폭풍을 만나 황급히 프랑스로 돌아왔다. 두 달 후 오슈가 웨일스에서 다시 침공을 시도해 기결수 부대를 펨브룩 해안에 상륙시켰으나 테이트의 '검은 군단'*은 사흘 뒤 항복했고 오슈의 명성은 다시 타격을 받았다. 오슈가 이 두 차례의 큰 실수 때문에 헤어날 수 없는 우울증에 빠졌다고 주장하는 이들도 있다.

에마뉘엘 그루시(Emmanuel de Grouchy, 1766~1847) 1779년에 포병으로 입대한 뒤 기병을 거쳐 근위대에 들어갔다. 귀족 출신이면서도 혁명 원리를 지지했고 방데 전쟁에서 활약했다. 브뤼메르 18일의 쿠데타에 반대했지만 제1통령에 선택되어 이후 군사적으로나 정치적으로 중요한 역할을 수행했다. 나폴레옹 전쟁의 여러 전투에 참여했으며, 워털루에서 보인 행적은 늘 논란거리였다.
검은 군단(La Légion Noire) 오슈가 아일랜드와 영국 침공을 위해 창설한 부대. 아일랜드계 미국인인 윌리엄 테이트(William Tate)가 여단장을 맡았다.

1797년 12월 21일 나폴레옹은 해군부에서 차분하게 중대한 계획에 착수했다. 나폴레옹은 통합아일랜드협회의 수장으로서 열두 달 전 밴트리 만의 큰 폭풍에서 구사일생으로 살아난 울프 톤과 긴밀히 협의했다. 톤은 영국 정치와 영국 지리에 대한 나폴레옹의 이해력에 감명을 받지 못했고, 코르시카인이 아일랜드 인구를 200만 명 이하로 생각하는 것 같다고 조롱하듯 전했다. 이틀 후에도 톤은 여전히 새로이 침공을 맡은 지휘관이 통합아일랜드협회에 길조일지 흉조일지 확신하지 못했다. 톤은 나폴레옹이 쌀쌀하고 냉담했으며 말도 없었고 지루해 보였으며 정중함과 극도의 친절함의 가면 뒤에 아일랜드 문제에 대한 무관심을 숨기고 있는 듯했다고 평했다.

그러나 나폴레옹의 침공 계획은 서류상에서는 정교하고 화려했다. 1만 명을 태울 수 있는, 특별히 설계한 포함 60척을 건조하라는 명령이 내려졌고, 추가로 1만 4,750명의 병력이 250척의 어선을 타고 영국 해협을 건널 예정이었다. 포함과 어선 모두 매우 넓은 범위에 배치되었다. 옹플뢰르와 디에프, 캉, 페캉, 생발레리, 루앙, 르아브르, 칼레, 불로뉴, 앙블르퇴즈, 에타플, 됭케르크가 전부 출항 지점이었다. 그리고 이제 프랑스는 네덜란드를 동맹국으로 삼았기에 안트베르펀과 오스텐더도 쓸 수 있었다. 특히 스웨덴 기술자 무스케윈이 설계한 포함이 큰 기대를 받았다. 무스케윈이 그러한 선박을 사용하면 영국 해군의 측면을 돌아 뒤를 공격할 수 있다고 오랫동안 주장했기 때문이다. 이물에 24파운드 포를 장착하고 고물에는 야포를 장착한 이 포함은 나폴레옹의 침공 계획에서 관심의 초점이 되었다. 1798년 1월 해군장관은 나폴레옹에게 이렇게 써 보냈다. "르아브르 소함대가 무스케윈의 선박으로서 새로 건조된 크고 작은 포함들과 현지의 어선으로 2만 5,800명의 상륙 병력을 수송할 수 있음을 기쁜 마음으로 전합니다."

군사적 준비가 만족스럽게 진행되는 동안, 나폴레옹은 계속 구원자라는 이미지를 키워 갔다. 나폴레옹은 순식간에 권력을 장악할 수 있음을 알고 있었다. 빼앗아 놓은 당트레그의 편지가 유죄 증거가 되어 대부분의 총재정부 지도자들에게 오명을 씌우고 그들의 신뢰를 해칠 수 있었기에 이는 더욱 쉬운 일이었다. 그러나 나폴레옹은 자신이 벌인 전투의 특징이 된, 시기를 맞추는 재능을 이용해 아직 때가 무르익지 않았다고 판단했다. 한편 나폴레옹은 엄청난 인기의 덕을 보았다. 노래며 시, 그림까지도 나폴레옹이 이탈리아에서 시작한 선전 이미지를 강화했다. 나폴레옹이 이탈리아에서 거둔 업적을 토대로 쓴 희곡 〈로디의 다리〉는 극장에서 대성공을 거두었고, 나폴레옹이 거주했던 샹트렌 거리는 승리의 거리(빅투아르 거리Rue de la Victoire)로 개칭되었다. 그러나 나폴레옹은 조심스럽게 움직였다. 오슈의 사례에서 보듯 명성의 거품은 하룻밤 만에 걷힐 수 있으며 변덕스러운 여론에서는 잠시라도 경계를 게을리하면 변화가 촉발된다는 점을 알고 있었기 때문이다.

그래서 나폴레옹은 바쁜 생활을 끝내고 사욕 없이 학문과 지식을 추구하는 데 몰두하기를 바라는 공화파의 영웅처럼 처신하며 자신의 공적이 빛나도록 했다. 나폴레옹은 공식 환영회에 참석해도 내내 말없이 무표정하게 앉아 있었고, 극장에 가도 관리인들의 축하 공연 제의를 전부 거절한 채 격식을 차리지 않고 전용석에 앉았으며, 고상하고 조용한 만찬을 베풀었다. 나폴레옹은 카르노가 떠나 자리가 빈 프랑스학술원*의 회원이 되었는데, 1797년 성탄절에 취임해 상징적 효과를 냈다. 나폴레옹이 학술원의 제1분과(과학원)로 들어간 것은 '이데올로그'들과 지식층의 지지를 얻어내려는 영리한 마키아벨리즘이었다. 이후 나폴레옹은 학술원 무리 속에서 자주 눈에 띄었으며

프랑스학술원(Institut de France) 1795년 10월 25일에 기존의 학회들을 통합해 창설된 학술 단체. 최종적으로 다섯 개로 개편되었다. 한림원, 금석학·문학원, 과학원, 정신과학·정치학원, 미술원. 프랑스 최고의 학술 기관이다.

1798년의 나폴레옹. 자크루이 다비드의 미완성 그림.

모임에 열심히 참여했고 라플라스와 역시 위대한 수학자였던 조제프 라그랑주(Joseph-Louis Lagrange) 사이에 앉았다.

　다음으로 나폴레옹은 다섯 총재를 막후에서 지배하고 성가신 경쟁자들을 제거하는 데 집중했다. 오주로가 제멋대로 행동하는 데 짜증 난 나폴레옹은 중요한 직책인 라인 방면군 사령관직에서 오주로를 해임하고 피레네 방면군 지휘권을 맡겨 오지에 처박아버렸다. 나폴레옹은 총재들이 베르나도트를 이탈리아 방면군 사령관에 임명하려 한다는 소식을 듣자 베르나도트는 '너무 유능한 외교관이어서' 단순한 지휘관으로 쓰기에 아깝다며 총재정부의 오스트리아 특사로 빈에 파견하도록 했다.

한편 나폴레옹은 뤽상부르 궁전에서 열리는 총재정부 회의에 날마다 참석해 겉으로는 라슈타트에서 라인 지방의 미래를 두고 계속된 협상과 영국 습격 계획에 힘을 쏟는 듯했으나 실제로는 총재들을 꺾어 자신의 강철 같은 의지에 복종시키려 했다. 바라스는 초연했으나, 나머지 네 사람은 곧 더할 수 없이 비겁하게 나폴레옹의 비위를 맞추었다. 이들은 나폴레옹에게 대중이 보나파르트를 어떻게 생각하는지에 관한 비밀경찰의 보고서를 보여주었다. 아첨으로 가득한 보고서는 나폴레옹을 위해 임시로 꾸며낸 것이었다. 총재들이 첩보원들을 시켜 가르시 카페에서 젊은 귀족 선동가 두 사람을 암살했을 때, 나폴레옹은 자신과 무관한 일임을 주장하며 그것을 살인이라고 했다. 깜짝 놀란 총재들은 나폴레옹에게 대리인을 보내 자신들의 행위가 본보기 테러로서 정당하다고 주장했다.

1798년 1월 루이 16세 처형 5주년을 기념하는 축제가 준비되었다. 나폴레옹은 일신상의 이유로 또 정치적 이유로 논란의 소지가 있는 행사에 연루되기를 원하지 않았지만, 총재들은 참석하지 않으면 자신들을 냉대하는 것으로 해석하겠다고 나폴레옹을 압박했다. 나폴레옹은 1월 20일 의식에 학술원 대표단 일원으로 개인 자격으로 참석하겠다고 동의함으로써 문제를 해결했다. 어쨌든 이 사건으로 총재들은 곤경에 빠졌다. 나폴레옹이 생쉴피스 교회에 들어설 때 환호가 울려 퍼졌기 때문이다. "이탈리아 방면군 장군 만세!"

1798년 1월 27일이면 나폴레옹은 뤽상부르에서 날마다 저녁 만찬까지 이어지는 숨 막힐 듯 지루한 일과를 충분히 경험했다. 나폴레옹은 바라스에게 차후의 일은 자신이 총재에 임명되는 것이며 이후 두 명의 총재가 새로이 쿠데타를 일으킬 것이라고 말했다. 농담 삼아 한 말이면서도 진지했다. 이러한 제안에 바라스가 냉담한 반응을 보이자 화가 난 나폴레옹은 시위라도 하듯 이후 뤽상부르 회의에 모습을 드러내지 않았다. 나폴레옹은 총재들이 왕당파와 극단적 자코뱅처럼 잠재적으로 살인 성향을 지니고 있으며 다섯 명 중 누구도 자신을 좋아할 이유가 없음을 늘 잊지 않았기에 암살 기도를 막기 위해 신중하게 예방책을 세웠다. 뢰벨은 보나파르트가 공식 행사에 자신의 접시와 나이프, 포크를 가져왔고 개인 포도주 감별사를 대동했으며 한동안은 삶은 달걀만 먹고 지내려 했다고 회상했다. 나폴레옹도 날마다 체포될까 두렵다고 시인했으며 마구간에는 늘 말에 안장을 얹어 대기시켰고 낮 동안에는 결코 박차를 떼어놓지 않았다.

나폴레옹은 이처럼 긴박한 분위기에서 조제핀 때문에 걱정할 여유가 없었으나, 조제핀은 이 시기에 바라스에게 계속 절절한 편지를 보내 조용히 조종한 일 말고도 나폴레옹의 어깨를 더욱 무겁게 했다. 나폴레옹은 조제핀이 1798년 초가 되어서야 파리에 도착했다는 사실에 상당히 당황했다. 성탄절에 엄청나게 호화롭게 애국적 승리주의를 표방하는 대규모 무도회가 계획되었는데, 명목상으로는 귀향하는 영웅의 아내를 환영하기 위한 것이었다. 조제핀이 나타나지 않자 무도회는 취소되었고 12월 28일로 새롭게 날짜가 정해졌다. 그날에도 조제핀이 모습을 보이지 않자 마지막으로 1월 3일로 무도회가 연기되었다. 시들어 가는 미모의 크레올은 탈레랑이 사회를 본 호화로운 저녁 모임에 때맞춰 도착했다.

나폴레옹의 여성 혐오증은 12월 10일 연설 중에 날씬한 쥘리에트 레카미에*가 나타나 자신에게서 이목을 거둬 갔을 때 이미 표면화되었다. 나폴레옹이 그 사건에서 보인 얼음같이 차가운 분노는 확실히 부분적으로는 조제핀을 향한 감정의 '전이'였다. 자신을 당황스럽게 만든 조제핀에 대한 분노는 제르맨 드 스탈에게도 투사되었다. 나폴

쥘리에트 레카미에(Jeanne-Françoise Julie Adélaïde Bernard Récamier, 1777~1849) 19세기 초 문학·정치 살롱의 지도자였던 여성. 파리에 있던 레카미에의 살롱은 통령정부 때부터 7월 왕정 때까지 문인과 정치인들의 주요 휴식처였다. 왕당파와 베르나도트와 모로처럼 정부에 다소 불만을 품었던 자들이 자주 찾았다.

레옹은 이미 스탈을 분수를 모르고 나서며 참견하기 좋아하는 여권주의자로 여겨 몹시 싫어했다. 스탈은 미모와 두뇌가 뛰어나다는 주장이 있으나 이는 나폴레옹이 보기에 터무니없는 과대평가였다. 무도회는 그르넬 거리의 거대한 갈리페 호텔에서 열렸는데, 오만한 스탈 부인은 거대한 계단 밑에 숨어 정복자를 습격할 생각이었다. 그곳에서 스탈 부인은 진한 농담이라도 기대하듯 나폴레옹의 여성에 대한 태도에 관해 속사포처럼 질문을 쏟아냈다. 나폴레옹은 처음에는 무시하려 했으나 제르맨이 눈치 없이 밀어붙이자 더 단호한 조치를 취하기로 결정했다. 스탈 부인이 물었다. "어떤 여인을 가장 사랑하고 존경하나요?" 나폴레옹은 냉랭하게 대답했다. "물론 내 아내요." "그러면 생존한 사람과 죽은 사람을 통틀어 어떤 여인을 가장 존경하나요?" 나폴레옹은 스탈 부인을 빠르게 밀치고 지나가며 말했다. "누구든 아이를 가장 많이 낳은 여자." 스탈 부인은 망연자실해 입을 다물지 못했다.

조제핀은 한동안 빅투아르 거리에서 연 작은 만찬에서 충실한 아내 역할을 수행했다. 조제핀은 늘 바라스로 이어지는 통로라는 유용한 역할을 했다. 그러다가 조제핀은 또다시 방종한 사생활로 대가를 치를 뻔했다. 먼저 조제핀이 오슈에게 보냈으나 답장을 받지 못한 연애편지로 발생한 위기가 있었다. 편지는 무척이나 불경했다. 조제핀은 이폴리트 샤를에게 도와 달라고 애원했으며, 샤를은 오슈의 열아홉 살 된 조카이자 상속녀의 후견인인 루슬랭 드 생탈비옹의 협조를 얻었다. 루슬랭은 유죄의 증거인 편지를 회수하는 데 성공했지만, 조제핀은 배은망덕해 루슬랭의 끝없는 적의를 샀다.

다음 위기는 더욱 심각했던 것으로 샤를이 직접 연관되었다. 나폴레옹은 밀정들과 형 조제프를 포함한 여러 사람들을 만난 결과 조제핀이 보댕의 소유인 포부르생토노레 거리의 어느 집에서 샤를과 다시 만나고 있다는 사실을 알았다. 그때 샤를은 전역한 상태였으나

작가이자 자유주의 사상가였던 제르
맨 드 스탈. 나폴레옹과 스탈은 정치적
으로 불화했으며, 나폴레옹은 스탈을
"분수를 모르고 나서는 여권주의자"로
여겨 싫어했다고 한다.

군 경험을 살려 리옹의 루이 보댕이라는 사람의 수상한 상점에서 수
수료를 받고 일하면서 중개인으로 이익을 취하고 있었다. 보댕은 군
대에 군수품과 식량 납품하는 일을 전문으로 했는데, 늘 모조품이나
표준 미달인 제품을 공급했다. 샤를은 육군부 내에 적절한 연줄이 있
어 수지맞는 계약을 맺을 수 있었고 관련된 주요 인사들에게 여러 차
례 뇌물을 건넸다. 조제핀도 핵심 연결고리였기 때문에 보댕으로부
터 소개비를 받았고, 게다가 이탈리아에서 약탈한 다이아몬드를 보
댕-샤를의 연락망을 통해 프랑스로 밀수했다. 이는 남편에게서 받은
'공식적인' 약탈품과는 완전히 구분되는 거래의 일부였다. 조제핀과
샤를이 동업자가 되어 마지막으로 꾸민 책략은 보댕을 통해 이탈리
아 방면군 전체에 보급품을 공급하는 큰 이익이 남는 계약이었다.
　　나폴레옹은 사람들을 만나 무슨 일이 일어나고 있는지 통지받아
알아낸 사실들을 갖고 조제핀과 대면했다. 이탈리아에서 나폴레옹
이 샤를의 목숨을 살려준 후 남편에게 충실하겠다고 약속했으면서도

다시 연인을 만나고 있었을까? 알려진 대로 공금을 착복했을까? 조제핀은 빌고 변명하고 감언이설로 속이려 했으며 흐느끼고 가련하게 애원하다 결국 실신했다. 조제핀은 깨어난 뒤 더 크게 흥분해 모든 것을 부인하며 자살하겠다고 위협했고 정히 못 믿겠으면 이혼하자고 했다. 나폴레옹은 감명을 받은 척했다. 일부 전기 작가들은 나폴레옹이 진실로 조제핀을 믿었다고 생각하지만 이는 지나치게 순진한 해석이다. 나폴레옹이 조제핀에게 원한 것은 외적인 복종과 존경, 존중이었고, 가장 두려워했던 것은 그의 명성에 해가 될 공개적인 추문이었다. 나폴레옹은 실제로 부패한 보댕의 회사가 군대에 물품을 보급한 일 때문에 추문이 일어나는 것을 더욱 염려했지만, 이 점에서도 조제핀은 바라스의 협력을 얻는 데 성공해 행적을 지우고 기록을 훼손했다. 나폴레옹과 극적으로 담판을 지은 다음날인 3월 19일에 조제핀이 샤를에게 보낸 편지는 이를 웅변으로 보여준다. "보댕에게 나를 모른다고, 이탈리아 방면군의 계약은 나를 통해 따낸 것이 아니라고 말하라고 해줘요."

총재정부와 조제핀에게 환멸을 느낀 나폴레옹은 1798년 2월 8일 영국해협의 항구들을 시찰하러 두 주간 여정에 올라 노르망디와 피카르디, 파드칼레, 벨기에를 거쳐 항구에서 항구로 잠행했는데 불로뉴와 칼레, 됭케르크를 주로 살폈다. 벨기에 여정은 니우포르트와 오스텐더, 안트베르펀, 헨트, 브뤼셀로 이어졌다. 나폴레옹은 안트베르펀에서 항만 시설을 개축하는 거대한 계획을 구상했고 실제로 몇 년 후에 실행에 옮겼다. 그러나 플리싱언에서 운하를 통해 됭케르크와 오스텐더로 포함을 옮겨 공해상에서 영국의 공격을 피한다는 생각은 얼마 후 영국 특공대의 습격으로 좌절되었다. 1,200명의 영국군 타격대가 브뤼허 운하의 보와 포함 여러 척을 파괴했다. 한 가지 긍정적인 성과는 나폴레옹이 영국을 침공하는 출발점으로 칼레보다는 불로뉴가 더 낫다고 판단함으로써 프랑스의 영국 침공군을 맡았던 전임 지휘관들의 뒤를 따랐다는 사실이다.

　모든 항구에서 침공 준비가 순조롭게 진행되었지만 나폴레옹의 눈에 차지는 않았다. 나폴레옹은 조종하기 어려운 자신의 소함대들이 영국 해군의 공격을 견뎌낼 수 있을지 확신하지 못했다. 마음 한구석에는 영국 침공은 해상에서 승리를 거둔 뒤에나 가능하다는 프랑스 군대의 전통적인 사고방식이 여전히 남아 있었던 것이다. 나폴레옹의 생각에 작은 배들로 야음을 틈타 영국 해협을 건너는 것은 밤이 긴 겨울에나 할 수 있는 일이었다. 해협을 건너는 데는 최소한 여덟 시간이 필요하다고 추산했기 때문이다. 봄이라면 그런 작전은 실행할 수 없으며, 1798년 4월까지 모든 준비가 완료되지 않을 것이므로 영국을 습격할 가능성은 배제된 듯했다.

　2월 23일 나폴레옹은 생캉탱, 두에, 라페르를 거쳐 파리로 돌아왔고 사흘 뒤 총재들에게 장문의 편지를 보내 자신이 왜 영국 침공을 비현실적이라고 생각하는지 이유를 제시했다. "우리는 아무리 열심히 노력해도 몇 년 안에 해군의 우위를 확보할 수 없을 것입니다. 바다의 주인이 되지 않고 영국 침공을 감행한다면, 이는 역사상 가장 대담하고 어려운 작전이 될 것이며 겨울의 긴 밤이 필요할 것입니다. 4월이 지난 후라면 어떤 시도도 가능하지 않을 것입니다." 나폴레옹은 대신 패배를 인정하고 영국과 평화협정을 체결하거나 하노버를 공격하자고 제안했다. 하노버 공격은 유럽에서 너무 일찍 전쟁을 촉발할 수도 있지만 적어도 자신이 다른 계제에 바라스와 그 동료들에 관해 분석했던 것과 조화를 이루었다. 두고 했던 분석과 일치했다. "총재정부는 내부의 약점이 지배하고 있다. 총재정부가 존속하려면 다른 정부들이 평화를 원하듯이 영원한 전쟁 상태가 필요하다."

　다음 날 총재정부에서 험악한 회의가 열렸다. 다섯 명의 총재는 보나파르트가 실상 영국 습격 추진을 거부하고 있음을 파악하지 못했던 것 같다. 총재들은 나폴레옹에게 조건이 무엇인지 물었다. 나폴레옹이 스스로 무리한 요구라고 생각했던 바를 답변으로 내놓자 총재들은 이를 들어주겠다고 동의했다. 실망한 나폴레옹은 부하인 카파렐리 뒤팔가(Caffarelli du Falga) 장군을 대리로 임명해 실질적인 침공 사령관으로 삼자고 제안했으나, 뢰벨이 다른 후보를 추천해 이에 반대했고, 그 후보는 보나파르트가 시키는 대로 할 인물이 아니었다. 그 순간 나폴레옹은 평정을 잃고 소리쳤다. "하고 싶은 대로 하시오. 그렇지만 영국 습격은 무엇이든 내가 지휘하오." 나폴레옹이 총재들이 만족하지 못하면 사임하겠다고 위협하자 똑같이 격앙된 뢰벨이 마치 연극을 하듯 여봐란 듯한 태도로 응대했다. "여기 펜이 있소. 총재정부는 그대의 서명을 기다리오." 그때 파리의 거리에서 곧 유혈극이 벌어질 수도 있음을 깨달은 바라스가 자신의 입장을 충분히 신중하게 고려하지도 않고 끼어들어 풍파를 가라앉혔다. 나폴레옹은 총재들에게 자신의 추후 생각을 서면으로 전달하기로 약속했다.

나폴레옹이 2월 23일자 편지에서 밝히지 않은 것은 자신의 미래가 영국 습격을 배제한다는 사실이었다. 영국 습격은 지독히도 승산이 없는 말에 판돈을 거는 정치적 도박꾼에게나 어울릴 모험이었고, 보나파르트는 그런 모험을 하기에는 너무도 안정된 자리를 차지하고 있었다. 나폴레옹은 그때까지 실패를 맛본 적이 없었고 영국해협에서 실패할 뜻이 없었다. 그러나 자신의 별이 수평선 아래로 떨어지는 것을 막는 방법은 무엇인가? 프랑스에서 불안정한 정치적 긴장이 석 달간 지속된 후 나폴레옹을 휘감았던 광채는 서서히 흐려졌다. 나폴레옹은 쿠데타를 도모해 프랑스의 절대적 통치자가 되든지 야전에서 새로이 명성을 얻어야만 했다. 나폴레옹은 이 점을 염두에 두고 총재들에게 편지를 보내 다른 계획을 밝혔다. 나폴레옹은 자신의 영웅인 율리우스 카이사르를 모방해 정복자로서 영국에 발을 들이지 못한다면, 동양에서 영광을 얻어 자신의 또 다른 영웅인 알렉산드로스 대왕과 경쟁할 생각이었다. 나폴레옹의 생각은 이제 점점 더 이집트를 향했다.

9장

이집트 원정
알렉산드로스를 따라

　나폴레옹이 이집트에서 구체적 모험에 관심을 둔 것은, 오리엔트에 열광했다는 것과 어울리지 않는데, 1797년부터였다고 할 수 있다. 그해 7월 미국에서 막 돌아와 곧 총재정부의 외무장관이 되는 탈레랑은 파리 과학예술원에서 '새로운 식민지 획득의 이점'에 관해 강연했다. 탈레랑은 이집트가 생도밍그(아이티)와 서인도제도 속령보다 프랑스에 더 가깝고 영국 해군이나 신흥 강국인 미국에 그다지 취약하지 않으므로 이상적인 식민지라고 주장했다. 그러면서 18세기 프랑스의 위대한 정치가 슈아죌 공작이 오스만제국으로부터 이집트를 사들이고자 했음을 지적했다. 그런 생각을 탈레랑만 한 것은 아니다. 한때 프랑스의 카이로 영사였던 마가용(François-Louis Magallon)은 그것이 인도로 가는 확실한 길이라고 강조했으며, 역사가 볼네(comte de Volney)도 《튀르크 전쟁에 대한 고찰》(1788)에서 그런 생각을 내비쳤다. 탈레랑이 이 연설을 하고 15일 후에 외무장관에 임명된 것은 우연의 일치가 아닐 것이다.
　탈레랑에게 고무되었는지는 알 수 없지만 나폴레옹은 1797년 8월 16일에 몸벨로에서 총재들에게 다음과 같이 서한을 보냈다. "영국을 영원히 파괴하려면 이집트를 점령해야만 한다고 느낄 날이 멀지 않았습니다. 거대한 오스만제국 군대가 멸망할 시간이 다가오니 레반트*에서 우리의 교역에 관해 미리 생각해보아야만 합니다." 나폴레옹과 탈레랑은 곧 적어도 이론적 수준에서는 그 계획에 깊이 몰두했다. 9월 13일 나폴레옹은 외무장관에게 편지를 보내 프랑스는 이집트를 정복하기에 앞서 몰타를 침공해야 한다고 제안했다. 몰타 섬의 10만 명에 이르는 주민은 세습 통치자인 성 요한네스 기사단(구호 기사단)을 싫어했고, 기사단의 공식적인 군사적 성격은 허울뿐이어서 기사단장을 쉽게 매수할 수 있었다. 나폴레옹은 비밀 첩자를 섬에 파견해 기사단이 몰락의 마지막 단계에 들어섰음을 이미 알고 있었다. 프랑스 혁명으로 봉건적 세금과 성직록이 폐지되고 교회 재산이 몰수됨으로써 기사단은 뜻하지 않게 사망 선고를 받은 셈이었다. 게다가 기사들은 대부분 프랑스인이었다. 오직 영국인만이 성직록을 받을 수 있는 상황에서 프랑스인 기사들이 프랑스 본토에서 건너온 군대에 실제로 대적할 것인가?

나폴레옹은 1798년 2월 24일 총재정부에서 논쟁을 벌인 뒤에 물러나 보고서를 작성했다. 이집트 원정의 이점을 강조하고 필요한 병력과 물자를 제시했다. 총재들은 나폴레옹이 계획한 원정대 규모가 크고 특히 유럽 전선에서 군사 자원을 빼낸다는 점 때문에 망설였으나, 나폴레옹에게서 꼭 벗어나고 싶었기에 3월 5일에 그 모험에 동의했다. 총재들이 격렬하게 반대했다는 얘기가 많지만 이는 거짓이다. 즉시 비밀리에 준비가 시작되었다. 그동안 나폴레옹은 마치 사생활로 침잠하려는 것처럼 여봐란듯이 날마다 과학원에 출석했다. 또 추가 위장 수단으로 영국 침공을 맡은 지휘관을 크게 떠벌리며 교체했다.

나폴레옹이 이집트로 가려 한 동기에는 합리적인 것과 비합리적

레반트(Levant) 그리스, 시리아, 이집트를 포함하는 동부 지중해 연안 지역의 역사적인 지명. 좁은 뜻으로는 이슬람교도가 살고 있는 지중해 동쪽의 이슬람교 국가를 가리키기도 한다. 레반트는 이탈리아어로 '태양이 떠오르는 땅'이라는 뜻이다.

인 것이 기이하게 뒤섞여 있었다. 편의주의와 냉철한 계산이 '오리엔트 콤플렉스'와 나란히 갔다. 나폴레옹이 보고서에 쓴 의견 몇 가지는 어떻게 실행에 옮길 수 있을지는 명확하지 않았지만 총재정부에는 매우 매력적으로 보였다. 가장 큰 관심을 끈 생각은 노예 없는 식민지를 세워 생도밍그와 서인도제도의 설탕 재배 섬들을 대체하자는 계획이었다. 그렇게 된다면 프랑스는 아프리카와 시리아, 아라비아의 주요 산물을 얻을 것이고 프랑스 공산품을 판매할 거대한 시장이 생길 터였다.

단기적으로는, 비록 확실하지 않은 요소들을 너무 많이 끌어들였지만, 군사적 논증에 설득력이 있었다. 만일 이집트를 완벽하게 정복한다면, 마이소르의 티푸 술탄과 마라타 동맹*을 강화하고 궁극적으로 인도에서 영국인들을 축출할 발판을 마련할 수 있었다. 만일 수에즈에 운하를 건설할 수 있다면 희망봉을 우회하는 효력이 사라지고 영국의 해군력이 무력해질 것이다. 이집트를 정복하면 즉각적 결과로 프랑스는 오스만튀르크 제국과 맞설 때 이집트를 협상 재료로 쓸 수 있게 된다. 영국 총리 피트가 인도에 대한 위협에 압박을 받아 평화를 추구한 것은 확실하다. 이집트 침공은 특히 영국 습격보다 더 쉽고 비용도 적게 들었다.

이러한 논점들에는 찬성과 반대가 있을 수 있었고, 전부 실현 가능한 범위에 들었다. 그러나 나폴레옹의 일부 발언은 오리엔트에 대한 과도한 집착을 보여준다. 그 점에서 여러 동기는 합리적인 틀로 통합되지 못했다. 나폴레옹은 플루타르코스와 마리니, 레날 신부의 책을 읽어 알렉산드로스 대왕과 티무르를 모방하려는 열망을 키웠다. 나폴레옹은 늘 튀르크인 제국에 관심이 있었다. 나폴레옹이 초기에 오스만제국 정부를 위해 일하고자 갈망했던 일을 몰랐다 해도 부리엔

마라타(Marátha) 동맹 18세기 무굴 제국의 압력으로 인도 서부 마하라슈트라의 시바지 왕국이 붕괴된 후 형성된 동맹.

에게 했던 많은 여담으로 나폴레옹의 오리엔트 인식에 담긴 공상적인 측면에 깜짝 놀라게 된다. "우리는 동쪽으로 가야 해. 위대한 영광은 모두 그곳에서 얻었지." 나폴레옹은 탈레랑과 이집트 모험에 담긴 모든 의미를 긴 시간 논의하고 이틀이 지난 후인 1798년 1월 29일 부리엔에게 이렇게 말했다. "난 여기 머물기 싫어. 할 일이 없거든. …… 여기서는 모든 일이 끝났지만 나에게는 영광이 여전히 모자라. 이 자그마한 유럽이 충분하게 제공하지 않으니 난 동쪽으로 가야 해."

　1798년 초 나폴레옹의 '오리엔트 콤플렉스'는 그 자신의 객관적인 사익 추구와 완벽하게 일치했다. 파리에서 석 달이 지난 뒤, 나폴레옹은 더는 누구에게나 매력적인 인물은 아니었다. 끊임없는 계기가 필요하다고 확신한 나폴레옹은 파리에서 쿠데타를 일으키거나 다른 곳에서 모험을 해야 한다는 점을 알았다. 영국을 침공한다면 패할 수 있지만 이집트로 간다면 반드시 승리하리라고 믿었다. 실제로 영국 해군은 큰 위험이었지만 영국은 1796년 리보르노의 상실과 오슈의 침공 시도 이후 지중해에서 함대를 철수했다. 영국 해협을 건너 침공하고자 하는 열기가 유지된다면, 영국 해군은 지중해 밖에서 오래 머물 것이다.

　나폴레옹은 3월 5일부터 두 달 동안 실행 가능한 원정을 준비하기 위해 동분서주했다. 군대의 행선지에 관해 비밀을 유지하면서 필요한 자금과 병력, 선박을 모아야 했다. 비밀이 밝혀질 경우, 이집트 정복이라는 발상을 프랑스 국민에게 '납득'시킬 수단도 찾아야 했다. 또 자신이 옳은 일을 하고 있으며 자기가 자리를 비움으로써 적과 정적에게 이용당하지 않을 것이라는 확신도 가져야 했다. 프랑스는 심리적으로 아직 총재정부의 몰락을 맞이할 준비가 되지 않았으며, 다섯 총재에게는 스스로 목을 맬 밧줄을 충분히 주어야 했다. 반면 나폴레옹은 이집트에서 일이 잘못되거나 국외에서 너무 오래 머물면 돌아왔을 때 이미 과거의 사람이 되어버리고 여전히 베르나도트나 새로운 오슈의 시대, 심지어 여전히 바라스의 시대라는 사실을 발견할 수도 있었다. 1798년 3월에서 5월까지 나폴레옹은 큰 판돈을 건 도박사처럼 행동했다. 원정 준비에 비밀이 많았던 것도 이 때문이다.

인력, 자금, 물자가 가장 중요한 문제였다. 나폴레옹이 최종적으로 인도 진격에 필요하다고 본 병력은 원래 6만 명이었다. 프랑스군 3만 명에다 이집트에서 3만 명을 충원하여 구성할 예정이었는데, 말 1만 마리와 낙타 5만 마리로 병력과 더불어 60일치 식량과 6일치 식수를 같이 수송해야 했다. 나폴레옹은 여기에 더해 야포 150문과 2배수의 탄약을 실은 포병대 행렬과 함께 넉 달이면 인더스 강에 도착할 것으로 계산했다. 인더스 강을 언급한 것은 알렉산드로스 대왕과 관련이 있으므로 암시하는 바가 있다. 그러나 나폴레옹은 탈레랑의 설득에 따라 총재들이 놀라지 않도록 이집트 원정만을 위해 별도의 계산을 내놓았다. 그리하여 나폴레옹은 병력 2만 5천 명과 이미 준비된 툴롱 함대를 요구해 영국을 습격할 경우보다 비용을 크게 낮추었고, 총재들은 이의 없이 요구를 수용했다.

다음으로 나폴레옹은 군사 인재들을 끌어모았다. 서른 살 된 루이 샤를 앙투안 드제는 나폴레옹이 1년 전에 라슈타트에서 만난 군사 영웅이었다. 청년이었을 때 '망명귀족'이 되기를 거부한 귀족이었던 드제는 얼굴에 사브르 검에 베인 흉터가 있는 추남이었는데, 여자를 무척이나 밝혔다. 드제는 1796년 모로가 이끈 슈바르츠발트 전투에서 명성을 얻었으며, 이듬해 오스트리아군에 맞서 켈리 요새를 두 달간 지켜냈다. 소인배였다면 한 주 만에 항복했을 곳이었다. 드제와 나폴레옹은 드물게 친밀했고, 우연은 아니었을 테지만 나폴레옹 편에서 싸운 군사적 인재 중 가장 뛰어난 인물이었다. 반면 마흔다섯 살의 장바티스트 클레베르는 나폴레옹을 전혀 좋아하지 않았지만 야전에서는 더할 수 없이 귀중한 인물이었다. 클레베르의 경력에는 1794년부터 1796년까지 방데 전쟁과 플레뤼스와 알텐키르헨에서 거둔 승리가 포함된다.

그밖에 나폴레옹은 후일 소설가 알렉상드르 뒤마의 아버지가 되는 뒤마 장군(Thomas-Alexandre Dumas Davy de la Pailleterie)을 기병대장으로 삼았으며 외다리 루이 카파렐리 뒤팔가 장군을 공병대장으로 삼았다. 믿음직한 루이 베르티에가 참모장을 맡고 장앙도슈 쥐노가 제1부관으로 일했다. 딜리에르(Louis Baraguey d'Hilliers), 므누(Jacques-François de Menou, baron de Boussay), 봉(Louis André Bon), 레니에(Jean Louis Ebénézer Reynier) 등 다른 장군들은 대부분 '새로운 인물'이었다. 나폴레옹이 다른 전선에서도 전쟁이 임박한 시기에 이렇게 많은 인재들을 거느릴 수 있었던 것은 행운이었지만, 한편으로 드제와 클레베르를 포기하여 그들이 영국 습격에 집중할 수 있게 하자는 나폴레옹의 제안을 총재정부가 거절함으로써 나폴레옹을 이롭게 했다.

자금은 특별한 문제였다. 탈레랑과 나폴레옹이 총재들에게 이집트 원정을 제안하면서 단독으로 비용을 조달하겠다는 조건을 내놓았기 때문이다. 다시 말해 나폴레옹은 원정 출발 전에 900만 프랑을 조달해야 했다. 나폴레옹은 총재들에게 국외로 사람을 보내 자금을 뽑아낼 수 있도록 허용해 달라고 요청했고, 그 결과 주베르와 베르티에, 브륀(Guillaume Marie Anne Brune)이 각각 네덜란드, 로마, 스위스로 자금 마련을 위해 파견되었다. 이 약탈 원정은 나폴레옹이 그때까지 허가한 것 중 가장 노골적이었다. 스위스에서 무자비한 약탈로 1400만 프랑을 모은 브륀은 약탈의 대명사가 되었다. 브륀은 총재정부가 자신을 이탈리아에 배속시키자 대담하게도 약탈에 든 '비용'을 뽑기 위해 20만 프랑을 추가로 징발했다. 남쪽으로 내려가는 도중 브륀의 마차 바닥이 장화에 감춰놓은 훔친 금의 무게로 내려앉았다. 브륀은 이탈리아에서 일종의 허가받은 해적질을 1807년에 불명예를 안을 때까지 계속했다.

잔혹한 방법으로 원정 자금을 모은 후 다음 문제에 부딪쳤다. 나폴레옹은 프랑스 국민에게 자신들의 영웅이 가치 있고 국가의 위신을 드높이며 영광스러운 모험에 착수한다는 점을 설득해야 했다. 나폴레옹의 계략은 원정을 과학적 발견의 아우라로 감싸는 것이었다. 그래서 정확히 어디로 간다는 말도 없이 저명한 과학자 수십 명을 선발해 열대 지방의 모험 여정에 대동했다. 미지의 세계로 들어가고 있었음을 생각하면 석학들이 나폴레옹의 요구를 거절하지 않은 것이 놀랍다. 물론 학술원에서 나폴레옹이 차지한 역할과 지위에 설득당했을 것이다. 만약 영국이 나폴레옹의 이집트 함대를 중간에 차단해 침몰시켰다면, 프랑스 지식인 상당수가 바다 밑에 가라앉았을 것이다.

나폴레옹의 초청을 받아들인 명사들은 다음과 같다. 매우 뛰어난 수학자요 물리학자로서 도형기하학을 창안한 가스파르 몽주, 마찬가지로 훌륭한 수학자인 장바티스트 푸리에(Jean-Baptiste Joseph Fourier), 초창기의 위대한 화학자 클로드 루이 베르톨레(Claude Louis Berthollet), 박물학자 조프루아 생틸레르(Étienne Geoffroy Saint-Hilaire), 발명가이자 기구 조종 전문가 니콜라 콩테(Nicolas-Jacques Conté), 돌로미티케 산맥의 이름이 된 광물학자 돌로미외(Dieudonné Dolomieu), 이집트를 여행해 수에즈 운하라는 발상의 씨앗을 뿌리고 이를 아들 페르디낭에게 전해준 마티외 드 레셉스(Mathieu Maximilien Prosper Comte de Lesseps), 조각가 비방 드농(Dominique Vivant, Baron de Denon) 등이다. 또한 천문학자와 토목기사, 지리학자, 제도사, 인쇄공, 화약 전문가, 시인, 화가, 음악가, 고고학자, 동양학자, 언어학자를 망라해 많은 사람이 포함되었다. 모두 150명이 넘는 학술원의 저명한 회원들이 보나파르트의 부름에 응답했다.

나폴레옹은 선전 재능을 훌륭하게 펼쳐 보였다고 할 수 있다. 이러한 '이데올로그'들을 포함한 덕에 이집트 원정의 진짜 동기들을 가릴 수 있었던 것이다. 문명화라는 사명에 전념하고 있다는 주장에 많은 사람이 바보가 되었으며, 그 신화는 오늘날까지도 지속된다. 순수하게 지식을 더하고 미개한 지역에 서구 문명의 빛을 전해주고자 새로운 세계를 찾아나서는 일은 그 모험적 사업에 그럴듯한 이념적 합리화를 제공했다. 그런 사업은 언제나 절반은 빈틈없는 마키아벨리즘의 술책이요 절반은 낭만적인 공상이었다. 나폴레옹의 두 모습, 즉 잔인하고 냉소적이며 철저한 실용주의자와 몽상가이자 공상가가 그렇게 꼭 들어맞은 경우는 드물었다. 나폴레옹과 동행한 과학자들과 지식인들이 덧붙여준 이념적 위장으로 이집트 원정은 동기 부여의 걸작이 되었다.

마지막으로 나폴레옹은 목적지를 비밀에 부쳐야 했다. 이 일은 영국해협에 계속 부대가 집결해 있다는 틀림없는 사실이 도움이 되었다. 이 부대는 결국 웜베르의 아일랜드 원정*에 쓰이게 된다. 리보르노에 있던 영국 첩보원만이 나폴레옹 부대의 진짜 행선지를 정확히 추측했으나, 영국 해군본부는 이를 믿지 않고 묵살했다. 나폴레옹을 도운 다른 요인은 이집트를 향해 출발할 때 아일랜드에서 큰 반란이 일어나 영국의 주의를 분산시킨 일이었다. 나폴레옹이 저지른 중대한 오판은 영국 해군이 지중해에 다시 들어오지 않으리라고 추정한 것이었다. 이는 거의 치명적이었다. 전쟁광이자 프랑스를 지독히도 싫어하는 윌리엄 피트는 어떤 직감에 따라 넬슨*에게 강력한 해군 소

웜베르의 아일랜드 원정 웜베르 장군(Jean Joseph Amable Humbert, 1755~1823)이 아일랜드 반란을 지원하기 위해 그해 8월에 아일랜드를 침공했으나 실패했다.

허레이쇼 넬슨(Viscount Horatio Nelson, 1758~1805) 영국의 해군 제독. 1770년에 해군에 입대했으며 미국 독립 전쟁에 참전했다. 프랑스 혁명 전쟁 때에는 1794년 코르시카에 영국군이 상륙했을 때 공을 세웠으며 전투 중 부상으로 오른쪽 눈의 시력을 잃었다. 1798년 8월 1일부터 2일까지 프랑스군의 이집트 상륙을 막기 위해 나일 강 입구 아부키르 만에서 벌인 전투에서 프랑스 함대를 격침시켜 '나일 강의 넬슨 남작'이라는 칭호를 받았다. 1803년부터 2년간 프랑스 함대를 툴롱에 봉쇄하여 나폴레옹의 영국 침공을 막았다. 1805년 10월 21일부터 벌어진 트라팔가르 해전에서 프랑스-에스파냐 함대를 격파하였다. 총탄을 맞은 상태로 전투를 지휘했으며 승전을 확인한 뒤 사망했다.

함대를 맡겨 지중해로 파견했다.(직감이 아니라면 오른팔인 헨리 던더스 Henry Dundas의 예레미야 애가였나?) 분명 지브롤터 해협의 출구를 봉쇄하는 것이 목적이었을 것이다.

역설적이게도 이집트 원정을 무산시킬 뻔한 것은 영국 해군이 아니라 유럽의 육상에서 벌어진 사건들이었다. 나폴레옹은 술책을 써서 베르나도트를 특사로 임명해 빈으로 보내자고 제안했는데 바라던 대로 허영심 강한 가스코뉴인에게 치욕을 안기는 데 성공했으나, 이는 부메랑이 되어 나폴레옹 자신도 자리를 위협받았다. 4월 22일 나폴레옹은 이집트 원정의 위험한 항해를 엄호할 툴롱 함대를 지휘하는 브뤼에스 제독(François-Paul Brueys d'Aigalliers)에게 편지를 보내 이튿날 툴롱으로 떠나겠다고 알렸다. 그때 갑자기 총재정부로부터 나폴레옹이 라슈타트로 돌아가야 한다는 긴급한 전갈이 왔다. '베르나도트 사건'에 대해 오스트리아 황제에게 배상을 요구하라는 것이었다. 빈 대사로 안착한 극단적인 자코뱅 베르나도트는 '관저' 꼭대기에 삼색기를 내걸었다. 빈 시민들은 이를 모욕으로 받아들였고, 외교관 면책권을 비웃으며 관저로 침입해 삼색기를 찢고 베르나도트를 모욕했다.

총재들은 본능적으로 전쟁을 선포해 대응했으나, 나폴레옹은 베르나도트의 어리석은 행위 때문에 전쟁을 재개하는 일은 없어야 한다고 강력하게 충고했다. 나폴레옹은 오스트리아가 사죄하는 것으로 만족한다고 밝혔으며, 게다가 프랑스군은 로마, 스위스, 네덜란드, 영국해협의 항구들로 지나치게 넓게 분산되어 있어 오스트리아와 맞서 싸울 수가 없었다. 총재들은 나폴레옹이 전속력으로 라슈타트로 가야 한다는 반응을 보였다. 나폴레옹은 캄포포르미오와 라슈타트에 관여하는 것은 지난해에 끝났으므로 가지 않겠다고 총재들에게 솔직하게 털어놓았다.

이렇게 또 다른 교착에 빠진 나폴레옹은 파리로 돌아온 뒤 처음으로 성가신 총재들을 제거하는 유일한 방법으로 권력 장악을 진지하게 고려했다. 나폴레옹은 브뤼에스에게 편지를 보낸 바로 그날 총재정부의 특사가 도착하기 직전에 이집트에 얼마나 머물 예정이냐고 묻는 부리엔에게 이렇게 말했다. "사정에 따라 몇 달 아니면 몇 년. 그자들은 내가 여기 있는 것을 원하지 않아. 일을 바로잡으려면 그자들을 무너뜨리고 스스로 왕이 되어야 하겠지만 아직은 때가 아니야." 거의 틀림없이 바라스는 보나파르트의 속내를 직감했다. 총재정부에서 살벌한 회의가 길게 이어지고 나흘이 지난 4월 27일 총재정부가 나폴레옹을 라슈타트로 보내지 않기로 결정했으며 자유롭게 툴롱으로 떠나도 된다고 알렸기 때문이다. 그랬는데도 아르노 같은 친구들은 나폴레옹에게 파리에 남아 권력을 잡으라고 끝까지 설득했다. 나폴레옹은 거부했다. 파리를 떠나기 전날 나폴레옹은 아르노에게 이렇게 말했다. "파리 시민들은 불평은 하지만 행동에 나서지는 않을 거야. 내가 말에 올라타면 아무도 나를 따르지 않을걸. 우리는 내일 떠난다."

나폴레옹은 5월 4일 파리를 떠나 남쪽으로 빨리 이동해 샬롱을 거쳐 리옹으로 간 다음 보트를 타고 론 강을 따라 내려가 8일에 엑상프로방스에 도착했다. 이튿날 나폴레옹은 툴롱에서 브뤼에스 제독과 협의하면서 그곳에 집결한 함대를 자랑스럽게 내려다보았다. 원래 4월 12일에 내려졌던 총재들의 공식 명령이 재확인되었다. 명령은 보나파르트에게 몰타와 이집트를 점령하고 중동에서 영국군을 몰아내며, 수에즈 운하를 건설하고 이집트에서 이스탄불로 매년 공물을 보내 오스만튀르크 제국과 우호 관계를 확립하라고 지시했다. 당시 이집트는 오스만튀르크 제국의 명목상 속령이었지만 실제로는 오스만튀르크 제국 정부의 주권을 인정하지 않는 맘루크(Mamlūk)라는 군사 엘리트들이 수백 년 동안 지배하고 있었다. 총재들은 오스만제국을 향한 이중 전략에 동의했는데, 이에 따르면 나폴레옹이 이집트를 점령하는 동안 탈레랑이 이스탄불로 사절단을 이끌고 가서 프랑스의 이집트 원정은 결코 오스만튀르크 제국을 겨냥한 것이 아니고 실제로 제국의 이익에 도움이 된다고 설명할 예정이었다.

10주 동안 미친 듯이 준비를 한 뒤 이탈리아와 로마, 코르시카, 스위스, 북부 프랑스의 군대에서 21개 여단이 파견되었다. 그렇지만 병력 대부분은 이탈리아 방면군의 경험 많은 병사들이었다. 나폴레옹은 속임수를 써서 총재정부가 합의해준 인원을 크게 넘겼다. 정부에 요구했던 2만 5천 명이 아니라 3만 8천 명이 툴롱과 마르세유, 제노바, 아작시오, 치비타베키아의 다섯 항구에 집결해 수송선 400척에 올라타고 출항할 준비를 마쳤다. 야포 60문, 공성포 40문, 100일치 휴대식량과 40일치 식수가 준비되었다. 나폴레옹은 낙타를 주요 운송수단으로 쓸 생각이었으므로 말은 1,200마리만 준비했다. 브뤼에스와 기함 '로리앙(L'Orient)'을 포함한 13척의 전열함이 호위를 맡았다. 비밀을 유지하기 위해 함대가 출발한 뒤 닷새 동안은 마르세유와 툴롱에서 종류를 불문하고 모든 화물의 출항을 금지하기로 브뤼에스와 합의했다.

조제핀은 툴롱까지 남편과 동행했고, 언뜻 보기에는 이집트까지 동행할 의지가 단호했다. 조제핀이 그렇게 하지 못한 이유는 때로 교활한 술책 탓으로 돌려지나, 사건 추이를 볼 때 조제핀이 뒤에 남은 것은 우연임이 분명하다. 나폴레옹은 넬슨과 영국 해군을 만날까 두려웠고, 따라서 조제핀과 협의해 일단 시칠리아 해안을 안전하게 통과한 뒤에 급사를 보내 고속 선박에 태우기로 했다. 그런데 나폴레옹은 겨우 나흘 떨어져 있다가 조제핀이 너무 그리워 미리 합의한 대로 프리깃함 포몬호를 나폴리로 보내 태워 오라고 했다.

조제핀이 그동안 로렌의 플롱비에르에서 온천욕을 하러 북쪽으로 올라갔다는 사실 때문에 몇몇 전기 작가들은 조제핀이 이집트로 갈 생각이 없었다고 의심했다. 그러나 이보다 더 그럴듯한 설명은 조제핀이 사업상의 약속이나 시간 엄수, 일의 세세한 조정에서 일처리가 미숙했다는 사실이다. 어떻게 설명하든 간에 6월 20일 조제핀과 여자 친구 두 명은 건물 2층에서 거리를 내다보다가 딛고 있던 발코니가 주저앉아 크게 다쳤다. 조제핀은 처음에는 신체 일부가 마비되고 심각한 내상을 입은 듯했다. 조제핀은 로렌에서 오래 요양한 뒤에야 회복했다.

한편 이집트 원정 함대는 역풍 때문에 보름간 출발이 지연되었다가 5월 19일 마침내 툴롱을 출발했다. 아무도 몰랐지만 프랑스 함대는 실제로 매우 위험한 상황에 처해 있었다. 프랑스가 거짓 정보를 많이 흘렸지만 영국 해군의 첩보는 일류였기 때문이다. 피트는 넬슨에게 지중해로 다시 진입하라고 명령했고, 세인트 빈센트 제독(John Jervis, 1st Earl of Saint Vincent)은 툴롱을 감시하는 넬슨을 지원하려고 카디스 함대에서 프리깃함 3척을 파견했다. 넬슨은 바람이 잦아들어 프랑스 함대가 머물러 있던 5월 17일에 실제로 툴롱 근해에 있었지만, 이틀 후 프랑스 함대가 출발하면서 허를 찔렸다. 프랑스 함대는 코르시카 동쪽 해안을 지난 뒤로는 순풍을 받아 항해할 수 있었지만, 넬슨은 좀 더 서쪽 항로를 택해 추적에 나섰다가 강풍 속으로 들어가 큰 손실을 입었고 수리를 하느라 사르데냐로 들어가야 했다.

반면 놀랍도록 운이 좋았던 프랑스 함대는 5월 21일에 제노바 소함대와 합류했고 이틀 후에는 아작시오에서 출발한 소함대와 만났다. 치비타베키아에서 출발한 선박들과는 6월 9일에야 몰타에서 만났다. 항해 초반에 과학자들과 지식인들을 한편으로 육군과 해군의 병사들을 다른 한편으로 하는 두 집단 사이에 감정이 격해졌다. 군인들이 학자들을 깔보고 경멸했던 것이다. 잘못은 나폴레옹에게 있었다. 양쪽에 동시에 속했던 나폴레옹은 불화가 왜 생기는지 보지 못했고 양쪽의 불평을 견디지 못했다. 나폴레옹은 이집트학술원을 세울 작정이었으므로 자신이 탄 배의 갑판을 일종의 떠다니는 대학교로 바꾸었고, 그곳에서 매일 다양한 주제로 세미나를 열었다.

　나폴레옹의 참모장 쥐노가 훗날 주인의 총애를 잃게 만들 자질을 처음으로 드러낸 것이 바로 이때였다. 나폴레옹보다 두 살 어려 스물일곱 살이었던 쥐노는 이미 염세적 냉소주의의 징후를 보였는데, 거의 허무주의에 가까웠다. 하지만 언제나 그렇지는 않았다. 1793년 툴롱 함락 후 아버지가 의심스러운 듯 "이 무명의 보나파르트 장군은 누구냐?"라고 묻자, 쥐노는 이렇게 대답했다. "조물주도 아낄 만한 사람으로, 몇백 년 만에 한 번 나올까 말까 한 인물입니다."

　쥐노는 나폴레옹 영웅 숭배를 그친 적은 없지만 보상이라도 받아내려는 듯 거의 모든 사람들과 다른 모든 일에 대해 지독하게 빈정거렸고 속물처럼 굴었다. 나폴레옹이 장교들이 참석하기를 바랐던 첫 번째 선상 '세미나' 시간에 쥐노는 잠들어 시끄럽게 코를 골았고 사람들이 깨워 일어나서도 뉘우치지 않았다. "장군, 전부 장군께서 뒤죽박죽 만들어놓은 학회의 잘못입니다. 장군을 포함해 모두가 졸게 만듭니다." 쥐노는 틈만 나면 로리앙호에 승선한 학자들을 놀렸다. 경박하게 촐싹거리기 일쑤인 그가 한번은 란(Lannes)을 란(l'âne, 당나귀, 바보)이라고 부르며 장난을 쳤다. 쥐노는 이렇게 말했다. "장군, 란은 어째서 학회 회원이 되지 않았습니까? 이름만으로도 틀림없이 가능했을 텐데요." 이제 나폴레옹은 쥐노 때문에 짜증스러웠다. 어쨌든 지난 3월에 조제핀이 등장한 무대는 쥐노의 잘못이었다. 조제핀이 하녀 루이즈 콩푸앵을 여자 희롱하기를 일삼는 쥐노와 함께 잤다고 해고했고, 콩푸앵은 이에 보복하려고 나폴레옹에게 이폴리트 샤를과 보댕 회사, 조제핀의 부정에 관해 털어놓았던 것이다.

　6월 9일 프랑스 함대가 몰타에 도착했다. 몰타는 이론상으로는 난공불락의 장애물이었다. 도시 발레타는 성벽 두께가 3미터에 달했고 대포 1,500문과 성 요한네스 기사단 300명이 지키고 있었다. 그러나 사기가 떨어진 데다 나폴레옹의 비밀 첩자들이 뿌린 금이 제 역할을 했다. 프랑스 출신 기사 200명은 프로이센인 홈페슈*가 프랑스인 기사단장 드 로앙(Emmanuel de Rohan-Polduc, 1725~1797)을 승계한 데 분개했으며 동족에 맞서지 않겠다는 뜻을 분명히 했다. 패배주의자 홈페슈는 자신을 겨냥한 안팎의 반대가 엄청난 것을 보고 겨우 하루 저항하는 척하다가 항복했다. 16세기에 오스만튀르크 제국의 정예 부대에 꼬박 한 해 동안 맞서 몰타를 지킨 바로 그 기사단이었다.

프랑스는 겨우 사망자를 3명 내고 거대한 해군 기지와 막대한 보물을 확보했다. 나폴레옹은 닷새 동안 회오리바람처럼 섬을 휩쓸었다. 성 요한네스 기사단을 해체하고, 기사단장과 기사들을 추방하고, 노예제와 봉건적 특권을 폐지하고, 교육과 수도원을 개혁하고, 기독교도와 유대인과 무슬림의 평등한 권리를 규정했다. 가장 중요한 일은 기사단과 여러 수도원의 자산을 빼앗은 것이다. 나폴레옹은 보부아 장군과 3천 명의 수비대를 남기고 항해에 오르면서 공식적인 징수금으로 700만 프랑을 거두었고 그외에도 부정한 약탈품으로 수백만 프랑을 더 챙겼다.

한편 넬슨은 교묘히 잘 빠져나가는 먹잇감을 계속 수색했다. 6월 7일에 증원군을 받아 전열함 13척을 거느린 넬슨은 15일에 해군본부에 서한을 보내 프랑스 함대가 시칠리아를 지나간다면 그 행선지는 분명 알렉산드리아일 것이라고 전했다. 넬슨은 사흘 뒤 적군이 몰타로 향하고 있다는 소식을 들었다. 넬슨은 발레타에서 불시에 프랑스군을 습격할 준비가 되어 있었지만 나폴레옹이 6월 16일에 항해에 나섰다는 소식을 21일에야 들었다. 넬슨은 프랑스군이 엿새 앞섰으므로 알렉산드리아 근해에 정박했을 때 습격해야 한다고 계산하고 전속력으로 알렉산드리아를 향해 움직였다. 그러나 프랑스 함대는 다른 길을 택했다. 크레타 섬으로 간 뒤 알렉산드리아로 남진했던 것

홈페슈(Ferdinand von Hompesch zu Bolheim, 1744~1805) 제71대 기사단장. 독일인으로는 처음으로 기사단장에 선출되었다.

이다. 실제로 6월 22일에서 23일로 넘어가는 밤에 두 나라 함대는 어둠 속에서 서로 지나쳤다. 닷새 후 넬슨은 알렉산드리아에 도착했지만 프랑스군의 자취를 발견하지 못하고 북진해 오스만튀르크 제국의 해안을 따라 프랑스 함대를 수색했다. 넬슨은 하디 대령(Sir Thomas Masterman Hardy, 1769~1839)만 두고 갔는데, 하디는 알렉산드리아 근해에서 마음 졸이며 안달하다가 나폴레옹의 전위대가 도착하기 꼭 이틀 전에 떠났다.

프랑스 함대는 알렉산드리아 항해 후반부에 높은 파도와 식량 부족에 시달렸다. 일부 부대는 비스킷과 소금기 있는 물로 버텨야 했다. 게다가 넬슨과 영국 해군과 마주칠지 모른다는 두려움으로 마음을 놓을 수 없었고, 그래서 밤이면 등불을 모두 껐다. "소설이란 객실 담당 종업원한테나 어울린다"는 보나파르트의 금언은 이 항해에서 비롯된 것이다. 부리엔과 뒤로크, 베르티에가 모두 소설을 읽고 있는 것을 보고 나폴레옹이 한 말이다. 베르티에가 《젊은 베르테르의 슬픔》을 선택했다는 사실도 지도자의 조롱을 누그러뜨리지 못했다.

6월 30일 이집트 해안선이 식별되었다. 이튿날 나폴레옹은 알렉산드리아에서 13킬로미터 떨어진 마라부 해변을 상륙 지점으로 선택했다. 해안으로 밀려드는 파도가 높은 모래 해변에 병력을 상륙시키는 것은 위험했지만, 알렉산드리아를 정면으로 공격하는 것보다는 훨씬 덜 위험했다. 나폴레옹은 5천 명을 상륙시킨 뒤 전 병력이 상륙하기를 기다리지 않고(이는 7월 3일에야 완료된다) 알렉산드리아 외곽으로 밀고 들어갔다. 7월 2일 므누가 도시 외곽의 삼각 요새를 점령했고 동시에 클레베르와 봉이 폼페이 문과 로제타 문을 장악했다. 오전 8시부터 정오까지 격렬한 전투가 벌어졌다. 갈증에 쫓긴 프랑스군이 사상자를 300명 내면서 조금씩 아랍인의 방어를 깨뜨렸다. 나폴레옹은 오전 내내 고대 질그릇 조각 더미 위에 앉아 전투의 전개를 지켜보았고 이따금 채찍으로 사금파리 파편을 때렸다.

알렉산드리아는 약탈당하지 않았다. 나폴레옹이 이슬람은 존중받아야 하며 약탈을 금지한다고 엄중히 명령했기 때문이다. 이 일로 병사들의 사기는 더 떨어졌다. 이어진 행군에서 상황은 위기로 치달았다. 나폴레옹은 클레베르에게 수비대를 맡겨 알렉산드리아에 남겨두고 7월 7일에 주력 부대를 이끌고 남진했다. 드제가 이미 7월 2일에 선봉대를 이끌고 출발해 정찰하며 한참 앞서가고 있었다. 드제의 병사들은 사막과 더럽고 불결한 마을, 적대적인 베두인족과 충돌하며 72시간 동안 악몽을 경험했다. 아랍인들은 우물을 일부러 오염시켰다. 더군다나 신기루와 안염으로 고생한 드제 부대는 거의 해체될 지경에 이르렀으며, 많은 병사들이 미쳐 갔다. 7월 10일 드제의 선봉대가 나일 강에 닿았다. 목이 타던 병사들은 강으로 몸을 던졌다. 많은 병사들이 이곳에서 과도하게 갈증을 채우다가 사망했다. 나폴레옹이 연중 가장 나쁜 시기를 고른 것이 분명해졌다. 계절이나 기후를 고려하지 않는 것은 군사 지휘관 나폴레옹의 아킬레스건이었다.

2만 5천 명에 이르는 나폴레옹의 주력 부대도 보름 동안 사막을 행군하며 절망의 구렁텅이에 빠졌다. 식수 부족과 적대적인 베두인족의 출현이 날마다 되풀이되었고, 이질과 전갈, 뱀, 검은 파리 떼가 상황을 더욱 악화시켰다. 병참부는 무능했으며 개인용 수통은 애초에 준비되지 않았다. 그 결과 참혹한 장면이 펼쳐졌다. 사막에서 한 사단이 두 우물 사이에 멈추자 목마른 병사들이 물을 마시러 몰려들다가 압사했으며 우물이 마른 것을 발견한 다른 병사들은 서로에게 총을 겨누었다. 어느 목격자는 이렇게 썼다. "우리 병사들은 사막에서 물과 식량이 부족해 죽어 갔다. 강렬한 열기 때문에 약탈품은 포기해야 했다. 고통에 지친 병사들은 제 머리에 총을 겨누어 목숨을 끊었다." 육군의 보급 책임자였던 프랑수아 베르누아예(François Bernoyer)는 아내에게 이렇게 써 보냈다. "우리 정부가 선전포고도 없이, 선전포고의 합당한 이유도 없이 파병해 술탄의 영토를 침공하면서 무엇을 기대했는지 알아내려 했소. 우리는 머리를 쓰라는 말을 들었소. 보나파르트는 무적의 군대로 얻은 승리와 천재적 재능 때문에 프랑스에서 너무도 강력한 인물이오. 나폴레옹은 권력의 지렛대를 움직이는 자들에게는 골칫거리이자 장애물이오. 이 원정에 다른 이유는 없소."

명백한 폭동에 직면한 나폴레옹은 가장 신뢰할 수 없는 4개 사단을 다마누르에 집결시킨 뒤 부당하게도 지휘관들을 거세게 비난했다. 필요한 것은 신속한 승리와 약간의 약탈이었다. 7월 10일 프랑스군은 다마누르의 전초전에서 승리했다. 7월 13일 슈브라키트에서 양쪽의 나일 강 함대가 격렬한 전투를 벌여 프랑스가 승리했다. 육상에서는 육군이 맘루크 기병대의 돌격을 막아내려고 방진을 구성했으나 맘루크 기병대는 충돌을 피하고자 다른 길로 벗어났다. 군대가 여전히 공공연한 폭동의 열기로 동요하는 상황에서 나폴레옹은 병사들을 바르단으로 거세게 몰아갔다(7월 18일 도착).

7월 21일 프랑스군은 카이로에 매우 가깝게 다가섰다. 엠바베에서 프랑스군은 24킬로미터 밖에서 뜨거운 열기 속에 가물거리는 피라미드들을 볼 수 있었다. 이제 맘루크 지휘관 무라드 베이*와 이브라힘 베이(Ibrahim Bey)가 맞서 싸울 준비를 하고 있음이 분명했다. 나폴레옹은 2만 5천 명 병력을 직사각형 방진들로 포진시킨 뒤 전투 전 연설로 간곡히 호소했다. 연설에 포함된 유명한 말은 아마도 거의 진심이었을 것이다. 나폴레옹은 피라미드를 가리키며 이렇게 말했다. "병사들이여, 저기 저 유적에서 4천 년의 세월이 그대들을 내려다보고 있음을 기억하라."

전투 무대가 준비되었다. 이 전투는 적절하지 않게 '피라미드 전투'라는 이름을 얻었으나(피라미드는 다소 멀리 떨어져 있었다) 기자 전

무라드 베이(Murad Bey, 1750~1801) 그루지야(조지아) 출신의 맘루크 족장으로 이브라힘 베이와 이집트를 공동으로 통치했다.

투라고 부르는 것이 더 타당하다. 나폴레옹은 대체로 적군과 같은 수의 병력으로 맞섰으나 기술이 훨씬 더 뛰어났기에 더할 나위 없이 확신에 차 있었다. 나폴레옹은 거대한 수박밭에 병사들을 배치해 굶주림과 갈증을 해소할 수 있게 했다. 나폴레옹은 병사들의 사기가 충분히 회복되었다고 판단하자마자 부대 전체에 오른쪽으로 이동하라고 명령해 맘루크 군대 숙영지의 대포 사거리 밖으로 물러나게 했다. 맘루크 지휘관 무라드 베이가 프랑스군의 기동을 포착하고 기병대를 출격시켜 막으라고 명령했다. 이는 나폴레옹이 바라던 바였다. 우익의 드제와 레니에가 그럴 경우에 적군 기병대와 보병 부대 사이로 치고 들어가라는 명령을 받았기 때문이다.

그날 오후 3시 30분 맘루크 기병대는 프랑스군 방진을 향해 전력으로 돌격했지만 기병대를 지원하는 병력이 없었다. 6열로 방진을 이룬 프랑스군은 맘루크들이 45미터 앞까지 다가온 뒤에야 발포를 시작했다. 일제사격은 치명적이었다. 돌격하던 기병대는 멈칫했고 곧 학살극이 펼쳐졌다. 맘루크 병사들은 더할 나위 없이 용맹하게 싸웠지만 잔뜩 약이 올라 있는 호저를 향해 돌격한 꼴이 되었다. 프랑스군 방진을 꼬박 한 시간 공격했지만 모두 허사였다. 프랑스군 보병이 발사한 총탄이 너무 강해 맘루크들의 길게 늘어진 제복에 불이 붙었고, 기병들은 조금도 흐트러지지 않은 프랑스군 방진에서 겨우 몇 미터 떨어진 땅바닥에 쓰러져 고통으로 몸부림치거나 불에 타 죽었다. 격퇴당한 기병들은 보병들이 이미 드제와 레니에의 강한 압박을 받고 있던 순간에 숙영지로 후퇴해 혼란을 부채질했다.

봉과 므누가 지휘하는 2개 사단은 혼란을 이용해 숙영지로 진격했다. 설상가상 다수의 맘루크들이 혼비백산해 방향을 잃고 잘못된 길로 도피하는 바람에 승리한 프랑스의 중군과 숙영지를 공격하는 좌익과 우익 사이로 들어가 퇴로가 막혔다. 맘루크들은 총체적인 공포에 빠졌고 수천 명의 이집트 보병들이 나일 강에 빠져 익사했다. 프

1798년 7월 21일 나폴레옹의 프랑스군이 이집트 맘루크 군대를 상대로 대승을 거둔 '피라미드 전투'. 그림은 앙투안장 그로가 1810년에 그린 것이다.

랑스는 완벽한 승리를 얻었지만, 그때나 이후에나 성과를 과장했다. 두 시간 동안 프랑스군이 사망자 29명에 부상자 260명이라는 손실을 입은 반면 맘루크는 1만 명의 사망자(동맹군 포함)를 냈다는 것은 사실이다. 그러나 무라드 베이는 전장에서 기병 2,500명을 이끌고 무사히 탈출했으며, 대다수 보병은 배를 찾아 나일 강 반대편 강둑으로 건너갔다. 그러므로 피라미드 전투는 큰 승리였지만 어느 역사가가 설명했듯이 "백 년 후 키치너가 옴두르만에서 거둔 승리*만큼 완벽한 대학살"은 아니었다.

이 전투의 중요한 의미는 프랑스군의 사기를 바꾼 방식에 있다. 승리 자체로 사기가 진작되기도 했지만, 이집트에는 약탈할 보물이 이탈리아만큼은 있다는 생각 때문에 사기가 더욱 높아졌다. 맘루크들

옴두르만 전투 1898년 영국 장군 허버트 키치너(Herbert Kitchener, 1850~1916)가 수단의 마흐디파 전사들과 벌인 전투에서 맥심 기관총으로 2만 명을 전멸시킨 사건을 가리킨다.

은 전통적인 방식으로 보석과 귀금속으로 화려하게 장식한 채 전투에 임했고, 이렇게 귀중한 장신구들을 매단 시신 수천 구가 나일 강에 떠다니며 썩고 있었다. 게다가 예기치 않게 패해 절망한 맘루크들이 보물선 60척을 나일 강에서 불태우려 했으나, 저장된 물품은 대체로 무사했다. 승리한 병사들은 한 주 동안 죽은 맘루크 시체들을 건져 포상을 확보하며 보냈다. 군대는 이후에도 이집트에서 가혹한 생활을 하며 불평과 불만을 표출했지만, 1798년 7월 들어서 3주 동안처럼 사기 문제가 위기에 처한 적은 없었다.

나폴레옹은 얼떨떨한 이집트인들이 패배의 충격에서 벗어나기 전에 카이로를 점령하고자 신속히 움직였다. 7월 24일 나폴레옹은 카이로에 입성해 맘루크의 시대가 끝났으며 카이로의 행정은 9명의 원로(셰이크Sheikhs 혹은 파샤Pasha)가 프랑스인 행정관을 고문으로 삼아 주재한다고 선언했다. 나폴레옹은 알렉산드리아에서 발표했던 성명서를 모조리 되풀이해 공포했는데, 자신은 이집트에 무슬림의 친구로서 왔다고 선언하고 교황과 맞서 싸운 일과 몰타에서 성 요한네스 기사단을 해체한 것을 증거로 내세웠다. 나폴레옹은 이집트가 완전히 정복될 날에 대비해 나라가 수도와 마찬가지 방식으로 운영될 것이라고 선언했다. 14개 주는 이집트인 9명으로 구성된 위원회와 1명의 프랑스인 고문이 통치하게 될 터였다. 나폴레옹은 전체를 총괄하는 통치자로서 이집트인 명사 189명으로 구성된 의회의 조력을 받을 것이었다.

카이로에서 나폴레옹은 골치 아픈 재앙을 두 가지 안고 있었는데, 하나는 공적인 것이고 하나는 사적인 것이었다. 공적 재앙은 아부키르에서 함대를 잃은 일이었다. 넬슨은 그리스 근해에 있을 때 마침내 프랑스 함대의 이동에 관한 확실한 소식을 듣고 7월 31일에 알렉산드리아로 진로를 정했다. 이튿날 넬슨은 아부키르 만에서 브뤼에스의 전열함 13척과 마주쳐 거의 전멸시켰다. 브뤼에스가 불타는 갑판

위에 서 있던 기함 로리앙호는 자정 즈음에 폭발했으며 겨우 2척만 대학살을 면했다. 아부키르 전투는 넬슨이 그때까지 거둔 승리 중 가장 큰 승리였는데, 브뤼에스가 어리석게도 측면을 만과 여울 사이에 방어도 없이 노출시키는 바람에 일어난 일이었다. 넬슨은 좁은 틈 사이로 군함들을 보내 프랑스군을 양쪽에서 협공했다.

나폴레옹이 브뤼에스에게 부정확한 명령을 내려 이 재앙에 직접적인 책임이 있다는 주장이 때때로 제기되었다. 프랑스군 제독은 보나파르트의 명령을 따르느라 닻을 내리고 정박했다고 주장했다. 나폴레옹은 브뤼에스에게 알렉산드리아 항구로 진입하거나 그럴 수 없을 때는 그리스 서해안의 케르키라(코르푸) 섬으로 가라고 명령했다는 주장을 굽히지 않았다. 가장 확실한 증거에 따르면 나폴레옹이 모호하게 명령을 내린 것으로 보인다. 스스로 인정했듯이 카이로에 있던 나폴레옹이 브뤼에스가 큰 위험에 처했다는 소식을 갑자기 들었기 때문이다. 그래서 나폴레옹은 부관 쥘리앙을 보내 명료한 명령을 전달하게 했으나, 쥘리앙은 알렉산드리아에 도착하기 전에 아랍인들에게 살해되었다.

그렇지만 나폴레옹의 명령이 브뤼에스를 구속한 것처럼 보인다고 해도, 그것만으로는 브뤼에스가 포열을 아부키르 섬에 배치함으로써 (아니면 섬 근처 바다에 수상 포대를 설치함으로써) 좌현을 방비 없이 열어 둔 책임에서 벗어날 수는 없다. 브뤼에스는 어쨌든 프랑스 해군의 제독이며 문제를 스스로 해결해 틈을 메우든가, 알렉산드리아 항구 안에 정박하든가, 최소한 그리스 쪽으로 떨어져 있어야 했다. 훌륭한 제독이라면 의미 없는 명령은 무시하고 주도권을 행사한다. 넬슨은 늘 그렇게 했다. 엄호하는 해안 포대의 사거리 밖으로 나가 해안과 군함들 사이에 틈을 만드는 일은 무능한 해군만이 할 것이다. 넬슨의 함장들은 그 틈으로 치고 들어올 수 있었다.

이 사건은 전반적인 문제를 불러일으킬 수도 있다. 비판자들은 나폴레옹이 내린 명료하지 않은 명령을 물고 늘어져 잘못은 부하들이 아니라 나폴레옹에게 있다고 말한다. 그러나 부하들은 그러한 명령들을 자신들에게 유리하게 해석하거나 심지어 어기는 것이 자신들의 목적에 부합할 때는 자주 위반했다. 얼마나 자주 그랬는지 놀라울 정도이다. 그보다는 드물었지만 부하가 명령을 무시해 결국 나폴레옹에게 해를 끼치는 일도 있었다. 브뤼에스는 빌뇌브*와 베르나도트, 그루시 등 상상력이 부족하거나 자기 잇속만 차리는 지휘관들 중 한 사람일 뿐이었다.

진실이 무엇이든 나일 강 전투는 프랑스군에게 큰 재앙이었으며 나폴레옹도 그렇게 인식했다. 그렇지만 나폴레옹은 태연하게 해야 할 일을 하는 듯 처신하려 했다. 프랑스군은 이제 이집트에 고립되었다. 하지만 알렉산드로스에서 코르테스까지 모든 위대한 정복자는 준비된 함대 없이도 훨씬 더 큰 승리를 얻지 않았던가? 그렇지만 나폴레옹은 속으로 나일 강 전투가 중대한 패배이며 비참한 정치적 결과를 낳을 수 있음을 알았다. 나폴레옹은 옳았다. 오스만튀르크 제국이 즉시 회담을 중단하고 프랑스의 적들과 전면적 동맹을 준비했으며, 1799년 2월에 결성된 제2차 대프랑스 동맹에는 영국과 오스트리아, 러시아는 물론 오스만튀르크 제국과 나폴리, 포르투갈도 참여하게 된다.

나폴레옹은 해전 패배의 책임에서는 벗어날 수 있었지만, 이폴리트 샤를에게 아내를 빼앗긴 일이 공공연히 밝혀졌을 때는 창피를 면할 수 없었다. 나일 강 전투 이틀 전 쥐노는 조제핀과 이폴리트 샤를의 불륜에 관해 자신이 알고 있는 것을 모조리 (사실상 모든 것을 알았

피에르 빌뇌브(Pierre Charles Silvestre de Villeneuve, 1763~1806) 1778년에 프랑스 해군에 입대했다. 귀족 출신이었지만 혁명의 대의에 공감하여 계속 복무했고 여러 전투를 치른 뒤 1796년에 소장으로 진급했다. 이집트 원정에 참여했으며, 1804년에 중장으로 진급했고 1805년 트라팔가르 전투에서 넬슨과 콜링우드 제독에게 패했다. 포로가 되었다가 석방되어 귀국했으나 자살했다.

다) 상관에게 폭로하기로 작심했다. 쥐노는 조제핀이 플롱비에르에서 요양하고 돌아온 일을 상세히 설명하는 편지들을 제시했는데, 조제핀과 샤를이 연인임이 분명한 정황 증거들이 가득했다. 쥐노는 부리엔과 베르티에의 면전에서 편지를 내놓았다. 나폴레옹은 창백해졌고 다른 두 사람에게 마땅히 알고 있어야 할 일을 말하지 않았다고 꾸짖었다.

이 장면은 늘 잘못 해석되었고, 쥐노가 이후 총애를 잃어 나쁜 소식을 전하는 사람에게 화풀이한다는 '전령 사살(shoot the messenger)'의 희생양이 되었다는 주장이 나왔다. 쥐노가 이 사건의 결과로 총애를 잃은 것은 사실이지만, 나폴레옹에게 그때까지 몰랐던 일을 얘기했기 때문에 그런 것은 아니다. 나폴레옹은 도처에 밀정을 두고 있었으며, 3월에 조제프에게서 같은 내용의 정보를 전달받았고, 조제핀도 이미 자백했다. 쥐노의 행동이 용서받을 수 없었던 이유는 그런 사실을 공개했다는 것, 다시 말해 다른 사람 앞에서 얘기했다는 데 있다. 이는 나폴레옹이 마조히즘적 공상을 만족시킬 수는 없더라도 행동을 해야 했음을 뜻한다. 부리엔이 전하는 과장된 행동은 그래서 나온 것이다. "이혼, 그래 이혼이야. 나는 세상을 떠들썩하게 만들 공개적인 이혼을 원해! 파리의 웃음거리는 되고 싶지 않아. 조제프에게 편지를 보내 이혼을 발표하라고 할 테다. …… 난 그 여인을 무척이나 사랑해. 쥐노의 말이 사실이 아니라면 뭐라도 주겠어."

쥐노의 유명한 실수에 대한 그릇된 설명은 나폴레옹의 성격 분석으로까지 이어진다. 그 결과 우리는 이 사건을 나폴레옹의 생애에서 전환점으로 보아야만 할 것처럼 느낀다. 이러한 견해에 따르면 이 사건 이후 나폴레옹은 이상주의자에서 냉소적인 야심가로 바뀌었고, 이집트에서 폭군 기질이 처음으로 나타났다. 그러나 나폴레옹은 늘 이상주의적인 동시에 냉소적인 야심가였으므로 이런 주장은 설득력이 없다. 나폴레옹을 단호하게 비판하는 사람들은 1792년 코르시카의 부활절 사건에서 폭군 기질이 명백히 드러났다고 주장한다.

그렇다고 하더라도 나폴레옹이 쥐노의 경솔한 비밀 누설에 대응한 방식은 수수께끼이다. 나폴레옹은 카이로에서 나일 강 전투 전 여전히 두세 달 안에 프랑스로 돌아갈 것으로 예상하고 있을 때 조제프에게 이렇게 써 보냈다.

베일은 찢겨 나갔어. …… 사람의 마음이 어떤 한 사람에 대해 그처럼 상반되는 감정으로 찢긴다는 것은 슬픈 일이야. …… 내가 돌아갈 때를 대비해 시골에, 파리 근처 아니면 부르고뉴에 거처를 준비해줘. 겨울 동안 그곳에서 갇혀 지내고 싶어. 난 혼자 지내야 해. 위대함에 지쳤고, 모든 감정은 말라버렸어. 이제 영광에는 관심 없어. 스물아홉 살에 모든 것을 다 소진했어. 내게 남은 것이라곤 완전히 이기적인 인간이 되는 길뿐이야.

조제프는 3월에 나폴레옹에게 관련 사실을 모조리 밝혔으므로 동생이 왜 이집트에서 뒤늦게 그런 마음으로 편지를 썼는지 틀림없이 의아하게 생각했을 것이다. 조제프는 돈줄을 더 꽉 죄고 조제핀으로 하여금 막대한 선불금에 대해 후회하도록 만들어 보복했다. 조제핀은 조제프가 투기 자금을 마련하려고 자신의 수당을 빼돌렸다고 주장해 되받아쳤다.

나폴레옹이 이 편지를 쓰기 전날(7월 24일), 어머니의 사랑과 나폴레옹에 대한 강한 애착 사이에서 상처를 받은 열일곱 살의 외젠 드 보아르네는 조제핀에게 편지를 보내 나폴레옹이 샤를에 관해 모든 것을 알고 있다고 경고했다. 외젠은 확신이라기보다는 어머니에 대한 애정 때문이었겠지만 자신은 모든 이야기가 근거 없는 헛소문이라고 믿는다고 덧붙였다. 나일 강 전투 직후 지중해에서 영국군 순양함이 두 편지를 가로챘다. 선전의 국면을 전환하여 선전의 귀재를 역습할 황금 같은 기회가 찾아왔다. 두 편지는 11월 24일자 런던의 〈모닝 크로니클〉에 실렸다. 그달 말 두 편지는 프랑스 신문에도 인쇄되었고 나폴레옹은 파리에서 웃음거리가 되었다.

카이로의 나폴레옹은 맘루크의 군사적 위협을 없애는 데 착수했다. 나폴레옹의 군대는 이브라힘 베이를 추격해 8월 11일 살랄리에에서 대패를 안겼으나, 이집트 장악은 여전히 어려웠다. 나폴레옹은 변경 수비대가 수없이 학살당한 후에 불가피하게 추가로 수색 섬멸 작전을 폈다. 무라드 베이를 추적해 잡는 임무는 총명한 드제에게 돌아갔다. 드제는 이미 이집트에 잘 정착해 여러 언어를 쓰는 여인들을 아내로 맞았다. 1798년 8월 25일 드제는 원정을 떠났는데, 이는 몇 달간 지속된 훌륭한 군사적 업적으로만 보자면 나폴레옹의 위업을 능가하지는 못할지라도 그에 견줄 만했다. 드제는 보통 3천 명 병력으로 병력의 큰 열세를 딛고 맘루크 군대를 거듭 무찔렀다. 주요 전투는 엘라쿤(1798년 10월 7일)과 삼후드(1799년 1월 22일), 아브누드(1799년 3월 8일)에서 벌어졌다.

그동안 나폴레옹은 카이로에서 이집트학술원 설립이라는 야망을 실현했다. 4개 분과는 수학, 물리학, 정치경제, 문학예술이었다. 그때까지 장군들과 사병들에게 조롱만 받아 어려운 시간을 보낸 과학자들과 학자들이 마침내 본래 역할을 찾았다. 교전 직전이면 병사들은 변함없이 "당나귀와 과학자를 방진 중심에"라고 외치며 왁자지껄 웃어댔다. 그러나 이제 학자들은 가치를 입증했고 나폴레옹 군대의 순전히 군사적인 업적이 잊힌 뒤로도 오랫동안 메아리칠 중요한 일들을 이루어냈다. 과학자들은 카이로의 행정 책임을 맡은 9명의 현지 지도자들과 병원 건설(민간병원과 군병원), 하수관, 가로등, 관개 체계, 방앗간용 풍차, 우편 제도, 역마 사업, 선페스트(bubonic plague) 퇴치를 위한 검역소, 기타 여러 사업을 감독했다.

학자들의 책과 도구는 나일 강 전투의 혼란 속에서 대부분 잃었기에, 기구 부대(balloon corps)의 우두머리인 콩테가 필요한 것을 만들기 위한 작업장을 건설했다. 나폴레옹과 이집트학술원 원장인 몽주는 도서관과 실험실 건설, 인쇄기 설치(나중에 신문 두 종을 출간했다), 이집트의 지리 측량 개시, 피라미드의 복잡한 수학적 연구를 감독했다. 학술원에서 기념할 만한 날은 1799년 7월 회원들이 로제타석을 두고 토론한 날이었다. 로제타석은 드제의 원정에 동행한 회원들이 상(上)이집트에서 가져왔다. 그날 나폴레옹의 주요 이집트 학자가 읽은 발표문 덕에 훗날 프랑스의 뛰어난 언어학자 장프랑수아 샹폴리옹(Jean-François Champollion, 1790~1832)이 영감을 얻어 겉보기에 불가해한 상형문자를 해독할 수 있었다. 나폴레옹은 몸소 학자들을 이끌고 옛 수에즈 운하를 조사하고 새로운 운하를 건설할 계획을 수립했다. 이집트학술원 회원들은 놀라운 활력으로 대단히 많은 분야를 다루어 그 연구를 제대로 처리하려면 권위 있는 책 여러 권이 필요했다. 그 책들은 20년 넘는 기간에 걸쳐 출간되었으며, 마지막 책은 1828년에야 나왔다.

나폴레옹은 정치 전선에서는 이슬람교의 열정을 지닌 자들이 자신의 정권을 합법적인 것으로 인식하도록 함으로써 이집트에 대한 지배력을 강화하려 했다. 나폴레옹은 알아자르 사원*의 무프티(이슬람 율법학자)들에게 접근해 무슬림은 나폴레옹 정권에 찬성해도 종교적 윤리를 위반하는 것이 아니라는 파트와(fatwa, 종교적 견해)의 선언을 얻어내려 했다. 무프티들은 처음에는 나폴레옹과 프랑스군에게 이슬람으로 개종하거나 최소한 할례를 받고 술을 금하라고 제안했다. 예상할 수 있는 일이었지만 그런 조건은 지나치게 무리한 요구로 받아들여졌다. 어려운 협상이 이어졌고 마침내 타협이 이루어졌다. 무프

알아자르(Al-Azhar) 사원 970년에서 972년까지 세워진 아랍 문학과 수니파 학습의 중심지로서 일종의 신학대학이다. 학위를 수여하는 대학교로는 세계에서 두 번째로 오래된 곳이다.

티들은 프랑스군이 종교 예배에 일절 개입하지 않는다는 약속의 대가로 프랑스는 이슬람의 동맹이며 할례와 절대 금주에 관한 통상의 규범 준수를 면제받는다는 성명서를 발표했다. 성명서는 메카의 추인을 받았다.

이로써 나폴레옹은 큰 승리를 거두었다. 이는 낮게 평가되곤 했지만 이 승리가 없었더라면 나폴레옹은 자신에게 완전히 적대적인 나라를 제압할 수 없었을 것이다. 그런데 프랑스의 지원이 부족한 까닭에 승리의 효과는 심하게 손상되었다. 나폴레옹은 총재정부에 서한을 보내 탈레랑이 화친 임무를 띠고 속히 이스탄불로 출발해야 한다고 끊임없이 말했지만, 탈레랑은 자신만의 이중 게임을 벌이고 있었고 화친 임무 따위는 수행할 의사가 없다는 사실이 곧 명백해졌다. 나일 강 전투 이후 튀르크인들의 감정이 들끓는 상황을 고려할 때, 프랑스는 중대한 양보를 할 준비가 된 최고위급 외교 사절단을 파견해야만 튀르크인들이 영국 진영으로 넘어가는 것을 막을 수 있었을 것이다. 프랑스가 '올리브 가지를 내미는'(평화를 제안하는) 시도를 전혀 하지 않자, 오스만제국 정부는 예견된 일이었지만 9월 9일 프랑스에 전쟁을 선포했고, 술탄은 프랑스에 성전을 선포하는 페르만(칙명)을 선포했다.

나일 강 전투의 장기적인 영향은 이집트에서 나폴레옹의 지위를 계속해서 잠식했다. 이제 오스만튀르크 제국이 적국이 되어 이교도에 맞선 성전의 불길을 일으키려 할 뿐만 아니라, 브륀 일당이 유럽에서 약탈한 금괴 대부분이 로리앙호와 함께 바다에 가라앉은 탓에 나폴레옹은 나날의 행정 비용을 대기 위해 세금을 올리고 자금 대부를 강요해야 했다. 그리하여 나폴레옹 군대가 약탈로 뽑아낼 수 있기를 바랐던 액수가 크게 줄었다. 그리고 징세에 대한 분노는 이스탄불이 설파하는 성전에 기름을 부었다.

그 분노는 10월 21일 카이로에서 발생한 대규모 봉기로 표출되었

나폴레옹의 이집트 침략과 약탈에 분노한 무슬림들이 1798년 10월 21일 카이로에서 무장 봉기를 일으켰다. 훗날 게랭이 그린 이 선전용 그림(1808년)에서는 나폴레옹이 반란자들을 관대하게 대하는 모습이지만, 실제로 나폴레옹은 주모자들을 즉시 처형했다.

는데, 이는 프랑스의 이집트 장악이 얼마나 불안정한지를 극적으로 증명했다. 알아자르 대학의 광적인 무슬림들은 영생불멸이라는 꿈에 힘을 얻어 프랑스군을 기습했다. 나폴레옹은 프랑스인 250명이 학살당한 후에야 진압할 수 있는 병력을 끌어올 수 있었다. 나폴레옹은 이틀 동안 맹렬하고도 필사적으로 싸운 후 승기를 잡았다. 프랑스군은 총 300명이 사망했고 아랍인은 약 2천 명이 사망했다. 프랑스군 사상자 중에는 뒤퓌 장군과 나폴레옹이 총애하던 부관 수우코프스키도 있었다. 훗날 게랭(Pierre-Narcisse Guérin)이 그린 선전용 그림과는 달리 나폴레옹은 반란 주모자들을 용서하지 않고 즉시 처형했다. 나폴레옹이 한 일은 나라 전체가 자신에게 반기를 들지 않도록 알아자르 사원을 불태우려는 욕구를 참아낸 것이었는데, 이는 순전히 신중을 기하려는 조치였다. 그러나 이러한 정치적 판단은 군대의 불만을 자아냈다. 병사들은 카이로를 불태워 보복하기를 원했다.

　이집트에서 나폴레옹의 지위는 불안정했다. 이집트에 고립되어 외부 세계의 소식을 전혀 듣지 못했던 까닭에 그 불안정함은 스스로 느끼는 것보다도 훨씬 더 심했다. 나폴레옹은 단지 몇 달만 프랑스를 떠나 있을 생각이었지만 이제는 어정쩡한 상태에 놓여 얼마나 빨리 증원군을 받을 수 있을지, 과연 증원군이 오기나 할지 알지 못했다. 얼마 전 카이로에서 발생한 반란은 주민들의 정서가 얼마나 불안정한지 보여주었으며, 나폴레옹은 넬슨의 해전 승리가 튀르크인들이 전쟁을 선포하는 원인이 되었음을 직관으로 깨달았다. 나폴레옹으로서는 총재정부가 이미 사실상 자신을 단념하고 유럽 내 중대한 위기에 힘을 집중하고 있다는 사실을 알 턱이 없었다. 이탈리아의 새로운 연방국들은 오스트리아의 새로운 공격으로 사상누각처럼 무너졌다. 아일랜드 주민의 반란은 프랑스와 함께 움직이는 데 실패했고 창피스러운 결말을 맞았다. 윔베르는 결국 상륙해 몇 번 작은 승리를 이끌었으나 끝내 항복할 수밖에 없었다. 11월 4일 탈레랑은 나폴레옹에게 편지를 보내 자신은 아무런 도움도 받지 못하고 있으며 혼자 힘으로 잘 해나가려면 전권을 위임받아야 한다고 전했다. 그러나 이 편지는 이듬해 3월 25일에야 배달된다.

1798년의 마지막 두 달은 보나파르트에게는 유럽으로부터 우울한 소식이 들려오지 않았더라도 고된 시기였다. 영국군의 봉쇄는 빈틈이 없었으며, 사병들의 사기는 바닥으로 가라앉고 있었다. 전투와 자살, 질병으로 병력은 이미 가파르게 줄었으며, 게다가 10월 말이면 육군의 15퍼센트가 환자였다. 12월 카이로와 알렉산드리아, 다미에타에서 선페스트가 발생해 하루 평균 17명을 희생시키며 2천 명의 사망자를 냈다. 장교들 사이에서도 사기가 저하된 것은 놀랄 일이 아니었다. 므누와 클레베르, 뒤마, 심지어는 베르티에까지도 사표를 제출했으나 모두 거부되었다.

나폴레옹이 품었던 명예와 전쟁에 대한 꿈은 사랑과 여인의 매력에 대한 꿈에 자리를 내주었다. 나폴레옹은 5월에 조제핀에게 작별을 고한 뒤로 성생활을 거의 하지 않았다. 제나브 엘 베크리라는 족장의 열한 살 된 딸이 처녀 전리품으로 바쳐졌으나 나폴레옹에게 그 경험은 만족스럽지 못했으며, 이는 앞서 슬쩍 언급했던 나폴레옹의 성적 인물평과 일치한다. 나폴레옹은 경험 많은 여인들을 좋아했고, 게다가 처녀성을 빼앗는 것은 언짢게도 데지레를 연상시켰다. 하필 조제프에게 보낸 편지에서 데지레 일을 처리하면서 실수한 것 같다고 인정했을 때였다.

나폴레옹이 이집트에서 "한 번이면 철학자, 두 번이면 성도착자"라는 볼테르의 말에 따라 생애에 단 한 번 동성애를 허용했다는 소문이 끊이지 않았다. 전하는 바에 따르면 나폴레옹이 카이사르와 알렉산드로스 같은 위대한 정복자는 모두 '금지된 열매'를 맛보았다는 얘기 때문에 실험에 동의했다고 한다. 그러나 그 전승이 우연한 동성애가 성공적이지 못했음도 전하고 있어 흥미롭다. 이는 리처드 버튼*이 《아리비안 나이트》를 번역하며 덧붙인 글에서 널리 퍼뜨린 나폴레옹의 양성애라는 설이 실로 설득력이 없음을 분명히 보여준다. 나폴레옹의 심리적 기질에 양성애의 자취가 뚜렷이 존재한다는 것은 사실이지만, 그렇다고 나폴레옹이 적극적인 의미에서 양성애자였다는 말은 아니다. 무의식의 추동이야 어떠했든 간에, 의식하는 인간 나폴레옹은 성적 일탈을 싫어했다. 사드 후작*을 처벌한 것도 그런 이유 때문이었다. 반면 나폴레옹은 여성을 빼앗긴 군대에서 동성애 관행이 널리 퍼졌음을 알지 못했을 수도 있다.

이는 이집트 원정과 밀접히 연관된 고려사항이었다. 왜냐하면 장교

리처드 버튼(Sir Richard Francis Burton, 1821~1890) 영국의 탐험가, 번역가, 작가, 동양학자, 외교관. 아시아와 아프리카를 여행했으며, 여러 언어와 문화에 대한 방대한 지식을 지녔다.
사드 후작(Donatien Alphonse François, Marquis de Sade, 1740~1814) 프랑스의 귀족, 혁명가, 작가. 여러 종류의 글을 썼는데, 성애 소설에서 철학적 담론과 포르노그래피를 결합하고 기괴한 성적 환상을 묘사했다. 나폴레옹은 사드 후작이 익명으로 쓴 《쥐스틴》과 《쥘리에트》의 저자를 잡아들이라고 명령했고, 사드는 체포되어 재판 없이 구금되었다.

와 사병이 아내나 정부, 여자 친구를 데리고 오는 것을 분명하게 금지했기 때문이다. 많은 군인이 그러한 규정을 무시하고 자신의 여자를 남장시켜 툴롱에서 배에 태웠다. 무사히 출항해 바다에 오르면 많은 병사가 위장한 여성으로 드러나 남녀 양성 군대가 출현했다. 그런 식으로 이집트에 온 여자 중에 카르카손 출신의 푸른 눈에 금발인 스무 살짜리 폴린 푸레스(Pauline Fourès)가 있었다. 보는 눈이 없는 자들은 푸레스 부부를 이상적인 한 쌍이라고 판단했지만, 폴린은 11월 30일 나폴레옹을 만났을 때 나폴레옹의 정부가 되는 데 아무런 이의가 없음을 곧 분명히 했다.

그러나 처음에는 쥐노가 실수의 대가임을 다시 보여준 예상 밖의 사고가 있었다. 나폴레옹은 카이로의 공원에서 폴린을 처음 만나 눈짓과 몸짓으로 자신이 그녀를 원한다는 것을 드러낸 뒤 임무를 날조해 푸레스 중위를 멀리 파견했고, 이어 쥐노를 사랑의 대사로 삼아 폴린에게 보냈다. 저속한 호색한 쥐노는 나폴레옹의 제안을 조잡하게 표현함으로써 임무를 망쳤다. 폴린은 모욕을 당했지만 품위를 지키며 언제나 남편에게 충실하겠다고 답변했다.

결과를 보고받은 나폴레옹은 쥐노에게 몹시 분노했다. 나폴레옹은 명백한 연상 작용으로 조제핀과 이폴리트 샤를의 관계에 관하여 저지른 분별없는 짓과 성적인 문제에 관해 총체적으로 무감각한 이 사례를 연결했다. 나폴레옹이 서로 연관된 두 사건을 잊지 않은 것은 분명해 보인다. 6년 후 오랜 친구들에게 원수 사령장을 수여할 때 쥐노의 이름은 없었기 때문이다. 나폴레옹은 제안을 되풀이하는 일을 충실한 뒤로크에 맡겼다. 나폴레옹은 뒤로크를 보내며 쥐노의 행태에 대해 사과했을 뿐만 아니라 귀금속과 다이아몬드가 박힌 이집트 팔찌를 선물로 보냈다.

두 주 동안 날마다 다른 선물을 들고 찾아갔다는 얘기는 의심스럽지만, 뒤로크는 임무를 잘 수행했다. 별로 웃기지도 않은 희극 오페라를 구실로 삼아 폴린을 12월 19일 카이로의 사령관 뒤퓌 장군의 정찬에 초대했다. 커피가 나오는 중에 나폴레옹이 갑자기 방에 나타났고 '우연히' 폴린의 드레스에 커피를 쏟았다. 나폴레옹은 '얼룩을 지우러' 폴린과 함께 방을 떠나 뒤퓌의 개인 스위트룸으로 들어갔다. 두 사람은 두 시간이 지난 후에야 다시 모습을 드러냈다. 어쨌든 얘기는 이렇다. 나폴레옹이 숙녀를 침실로 끌어들이는 데 쓴 전략은 위대한 정복자의 행동이라기보다 1940년대의 천박한 사내가 보여주는 계략과 비슷하지만, 커피 잔에 관련된 상세한 정황은 진실처럼 들린다. 폴린이 나폴레옹의 제안에 굴복하기까지 뜸을 들였기에 여성 혐오자였던 보나파르트가 느낀 적대감이 숨어 있다가 그런 식으로 표출되었을 수도 있다. 여성을 정말로 좋아하지 않는 남자들이 즐겨 쓰는 공격 방법이 여성의 미모나 의복의 아름다움을 해치려 하는 것임은 잘 알려져 있다.

폴린은 어느 모로 보나 아주 예뻤고 섹스에 능숙했다. 나폴레옹의 다음 과제는 거추장스러운 폴린의 남편을 제거하는 것이었다. 나폴레옹은 폴린의 남편에게 급송 문서를 맡겨 파리로 보냈지만, 쉽지 않은 인물이었던 푸레스는 아내를 데려가고 싶어 했고 긴급 명령을 받고서야 홀로 떠났다. 쥐노한테서 그 얘기를 들은 로르 아브랑테스는 폴린이 남편과 작별하며 "한 눈으로는 눈물을 흘리고, 한 눈으로는 웃었"으며, 남편과 침실에 들어 작별 섹스를 한 뒤 곧장 나폴레옹의 숙소로 가서 밤을 보냈다고 기록했다.

위대한 지도자가 폴린의 매력에 끌린 것은 분명하다. 몰타의 빌뇌브 제독에게 푸레스를 파리로 데려갈 군함을 제공하라고 명령했기 때문이다. 푸레스 부인과 즐기는 것은 분명 군함 한 척을 희생할 가치가 있었다. 그러나 이제 역사가 되풀이되는 사례가 나타났다. 처음에는 희극으로, 두 번째는 소극(笑劇)으로. 쥐노가 조제핀의 부정과 폴린과의 밀회에 다 관련되었듯이, 영국도 두 경우에 똑같이 한몫 거들어 보나파르트의 삶을 힘들게 만들었다. 문서 송달선 르샤쇠르함은 알렉산드리아를 떠나자마자 영국 해군의 라이언함에 나포되었다 (12월 29일). 카이로에 훌륭한 첩보망을 두고 있던 영국은 이미 나폴레옹과 새로운 정부에 관한 소문을 입수했고 찬물을 끼얹을 기회를 잡았다. 라이언함 함장은 푸레스에게서 전쟁이 지속되는 동안 영국에 해가 가도록 행동하지 않겠다는 맹세를 받은 후 푸레스를 알렉산드리아 인근 해변에 내려놓았다.

알렉산드리아에 도착한 푸레스는 해안 지역 사령관인 마르몽이 그곳에 남아 다음 명령을 기다리라고 간곡히 말렸는데도 카이로로 가겠다고 고집을 부렸다. 마르몽은 해로운 추문이 벌어질 것을 예견했지만 자신의 의견에 확신이 없어 나약하게도 푸레스 중위가 가도록 내버려 두었다. 푸레스는 한 주 뒤 카이로에 도착하자마자 전우들한테서 폴린이 공공연히 보나파르트와 함께 지낸다는 말을 들었다. 푸레스는 관저에 갑자기 나타나 목욕 중인 폴린을 발견하고는 피가 나도록 심하게 매질했다. 비명 소리를 들은 하인들이 몰려와 푸레스를 내쳤다. 나폴레옹은 군사법정에 명령해 푸레스가 부적절한 행동을 했으니 면직시키라고 하고, 폴린에게는 이혼하라고 재촉했다. 폴린은 동의했다. 푸레스는 잔인함으로 폴린의 마음 밑바닥에 남은 마지막 애정을 파괴했던 것이다.

이후 폴린은 어디에서나 나폴레옹의 팔에 안겨 있었다. 병사들은 폴린을 '클레오파트라'라고 불렀는데, 이는 폴린이 지도자에게 끼친 영향이 오로지 성적인 것이었음을 암시했다. 흔히 그렇듯이 불륜의 연애는 처음 타올랐던 정열의 불꽃이 꺼지자 점차 사그라졌다. 결국 나폴레옹은 폴린에게 싫증이 났고 1799년 8월에 프랑스로 돌아갈 때 폴린을 데려가지 않았다. 폴린은 클레베르 장군의 정부가 되었고, 심술쟁이 보나파르트는 그 일에 화가 났다. 폴린은 곧 만족하지 못하고 프랑스로 돌아가기를 갈망했으며, 클레베르는 마지못해 폴린이 로제타와 북부 해안으로 떠나도록 허용했고, 폴린은 그곳에서 프랑스로 갈 배를 기다리는 동안 여자와 관련된 일에서는 늘 기회를 엿보는 탐욕스러운 쥐노에게 굴복했다. 폴린은 마르세유의 격리 병원에 얼마간 억류되어 있다가 결국 파리에 도착했다. 나중에 나폴레옹은 폴린에게 연금을 주고 앙리 드 로슈프(Henri de Rauchoup) 백작과 결혼시켰다. 나폴레옹은 과거의 정부들에게 언제나 감상적인 경향을 보였다.

한편 조제핀은 배신에 또 다른 배신을 덧붙였다. 바라스에 따르면 조제핀은 남편이 이집트에서 살해당했다는 잘못된 보고를 받자 큰 웃음을 터트리며 기뻐 날뛰었고, 바라스에게 "그 잔인한 이기주의자"가 죽어 얼마나 기쁜지 얘기했다. 조제핀은 부재하는 남편과 이혼하고 이폴리트 샤를과 결혼할 생각까지 했다. 총재정부의 새로운 의장 루이 고이에(Louis-Jérôme Gohier)는 조제핀의 연인이 되고 싶어 조제핀의 그런 야심을 부추겼다고 한다. 그러나 샤를과 바라스 모두 그 생각에 반대했다. 1798년 사랑이 예기치 않게 한 바퀴 돌아 또 다른 사건이 우울하게 전개되었다. 데지레가 다름 아닌 나폴레옹의 불구대천의 원수 장 베르나도트를 남편으로 맞이한 것이다.

폴린 푸레스와 나눈 즐거운 한때는 1799년 2월 10일 나폴레옹이 카이로를 떠나 시리아로 가면서 갑자기 끝나버렸다. 나폴레옹은 튀르크인들이 두 갈래 길로 공격을 준비하고 있다는 첩보를 입수했다. 나폴레옹의 옛 적 윌리엄 시드니 스미스 제독이 이끄는 일명 로도스군이 에게해를 건너고 있었고, 별개로 다마스쿠스군이 팔레스타인과 시나이를 지나 동부 이집트로 진격했다. 나폴레옹은 이집트를 통제할 병력만 약간 남긴 뒤 팔레스타인으로 진격해 아크레 요새를 공격해 다마스쿠스군을 무찌른 다음 되돌아 로도스군과 대적하려 했다.

나폴레옹은 시리아 침공에 보병 1만 3천 명과 기병 900명, 대포 약 50문을 투입했고, 카이로에는 수비대 5천 명만 남겼다. 건조한 시나이 사막을 가로지르는 행군은 겨울이라 해도 사람을 녹초로 만들었으며, 군대는 살아남기 위해 끌고 가던 노새와 낙타를 많이 죽여야 했다. 레몬과 올리브 나무가 자라는 가자 평야로 들어가면서 상황은 나아졌지만, 엘아리시 요새에서 예상 밖의 거센 저항을 만난 것은 실망스러운 일이었다. 방어군이 여러 차례 정면 공격을 격퇴한 뒤, 2월 19일 나폴레옹은 정식 공성을 시작해 항복을 강요했다. 뜻하지 않았던 공성의 결과와 더불어, 나폴레옹은 엘아리시에서 열하루를 지체했다고 계산했다. 열하루는 나폴레옹으로서는 감당할 수 없는 시간이었으며 전쟁 전체의 결과에 영향을 끼친 것으로 판명되었다.

엘아리시의 실패는 분명 나폴레옹이 두 주 후 야파(Jaffa)에서 역겨운 학살을 명령한 요인이 되었을 것이다. 가자는 2월 25일에 함락되었으며, 프랑스군은 3월 3일이면 야파의 문 앞에 도달했다. 격렬한 전투 끝에 내성으로 피신한 3천 명의 병사들은 항복하면 목숨은 살려주겠다는 프랑스군 장교의 약속을 받아들였다. 그러나 나폴레옹은 도시를 점령하자 가자에서 포로로 잡은 1,400명을 포함해 모두 처형하라고 명령했다. 이 대학살은 어떤 기준으로 보더라도 전쟁 범죄였으며, 처형 방식의 잔혹함에서 새로운 차원에 도달했다. 나폴레옹은 처음에는 총살을 명했으나 곧 탄알과 화약을 아끼고자 병사들에게 착검을 명해 수천 명을 죽이거나 익사시켰다. 잔학 행위라면 질리도록 본 비정한 고참병들까지 대학살에 구역질을 했다. 공포에 떠는 여인들과 아이들은 차라리 상어에게 운명을 맡기려 했는데 병사들이 이들을 죽이러 바다로 달려갔다는 상당히 근거 있는 말이 전한다.

이 끔찍한 학살은 이후 나폴레옹의 머리에서 떠나지 않은 여러 사건 중 하나였다. 나폴레옹이 죄의식을 느꼈기 때문이 아니라(나폴레옹은 죄의식을 느끼지 않았다) 피치 못할 일이었다는 주장을 내놓지 못할 경우 후대에 모진 평가를 받을 것임을 알았기 때문이다. 나폴레옹과 나폴레옹 지지자들은 여러 변명을 내놓았다. 일부는 허울뿐이었으며 몇 가지는 어느 정도 특별한 효력을 보였지만 수긍이 가는 것은 전혀 없었다. 부관들이 튀르크인의 항복을 수용할 권한이 없었다는 주장은 궤변이다. 야파를 방어하던 병사들이 휴전 제안을 위해 백기를 들고 다가간 프랑스의 전령을 살해했으며 진작에 아크레의 잔혹한 튀르크인 사령관 제자르(Ahmed al-Jazzar) 파샤가 프랑스군 포로는 누구든 참수하겠다고 선언했기 때문에 피장파장이었다는 반박도 마찬가지다. 나폴레옹이 스스로 천명한 대로 문명을 전파하려고 이집트에 왔다면, 이러한 답변은 실로 나폴레옹이 할 수 없는 것이다. 더 강력한 변명은 군대의 식량이 충분치 않아 알아서 살아남으라고 포로들을 석방할 수밖에 없었고 그로써 명예라고는 알지 못하는 자들이 아크레를 강화할 위험을 무릅썼다는 것이다. 가석방된 가자의 포로 대부분이 다시 싸우러 야파로 달려갔다는 사실을 알고 나폴레옹이 특별히 격노했음은 잘 알려져 있다.

나폴레옹은 진실로 군사적 목적은 모든 수단의 정당성을 확보해준다고 생각했을 것이다. 그리고 나폴레옹은 더할 나위 없이 잔혹했을 수도 있고, 적들에게 자신의 무서운 성질을 보여주는 확실한 증거를 제시하고 싶었을 수도 있다. 아니면 아랍인들과 튀르크인들은 법도 없는 하등 종족이며 따라서 그들에게 가해진 잔학 행위는 유럽의 두 나라가 전투를 벌이는 상황에서 볼 수 있는 진짜 전쟁 범죄가 아니라고 생각했는지도 모른다. 나폴레옹 전쟁에서 잔학 행위 문제는 복잡한 문제이지만, 나폴레옹이 제일 먼저 그 섬뜩한 길에 발을 들여놓았다는 점은 인정해야만 한다. 반면 튀르크인들이 적을 위협하려고 습관적으로 대량학살을 이용했으며 어떤 전쟁 규칙도 인정하지 않았다는 점과, 영국이 훗날 에스파냐에서 그랬듯이 자신들을 초대한 주인이자 동맹자들이 프랑스군 포로에게 가공할 잔학 행위를 하지 못하도록 아무런 설득 노력을 하지 않은 것도 사실이다.

야파의 대학살은 하늘에 복수를 호소하는 범죄였고 하늘이 이에

그로가 그린 〈야파의 페스트 환자들을 찾은 나폴레옹〉(1804년).

응답하기라도 한 것처럼, 프랑스군은 즉시 역병의 일격을 받아 야파에서 한 주를 머물러야 했다. 사기는 갑자기 가라앉았고, 나폴레옹은 마술사이자 영감을 받은 지도자의 역할을 보여주어야 한다고 결심했다. 나폴레옹은 자신의 생애에서 가장 어두운 일화에 뒤이어 선페스트에 걸린 병사들이 누워 죽어 가는 병원을 방문하는 용기를 시위했다(3월 11일). 나폴레옹은 꺼져 가는 생명들에게 두려움 없이 손을 댔으며 시신을 들어내는 일을 도왔다. 질병과 의사에 대해서는 늘 버나드 쇼(George Bernard Shaw)와 같은 태도를 지녔던 나폴레옹은 의지력이 전부이며 정신이 올바르면 병을 이겨낼 수 있다고 말하며 망연자실한 장교들을 안심시켰다. 이는 나폴레옹을 주제로 삼은 도상에서 가장 위대한 순간에 속한다. 그로(Antoine-Jean Gros)의 그림 〈야파의 페스트 환자들을 찾은 나폴레옹〉은 지도자를 그리스도 같은 모습으로 묘사하고 있다. 그러나 나폴레옹의 용기는 군의 사기에 제대로 영향을 끼쳤다. 300명의 환자를 남겨 두기는 했지만 나폴레옹은 다시 아크레로 진격할 수 있었다.

시리아 전투에서는 운명의 여신들이 미소를 짓지 않았다. 엘아리시와 야파에서 지체해 사실상 성공적 결말이 불가능해졌기 때문이다. 나폴레옹은 3월 15일 이전에 아크레에 도착했다면 (나폴레옹 군대는 3월 17일에 아크레 인근 카르멜 산에 도착했다) 그저 도시 안으로 걸어 들어가기만 하면 되었을 것이다. 그러나 그동안 두 가지 사건이 벌어졌다. 3월 15일 시드니 스미스가 영국 해군의 전함 티그레함과 테세우스함을 이끌고 아크레 앞바다에 때맞춰 나타나 도시를 소개하려는 제자르 파샤를 막아섰다. 스미스는 툴롱에서 나폴레옹과 맞선 적이 있었으나, 이번에는 훨씬 더 기이하게도 망명한 공병장교로서 한때 파리 군사학교에서 나폴레옹의 급우였던 펠리포를 데리고 왔다. 스미스는 즉시 몇 개 중대를 상륙시켰고, 펠리포는 아크레에 철저한 방어 태세를 구축했다.

그렇더라도 영국 해군이 또다시 우열의 차이를 뒤집지 않았더라면 나폴레옹이 여전히 우세했을 것이다. 프랑스군은 공성포 대부분을 탑재한 나폴레옹의 소함대를 카르멜 산 근해에서 영국 해군에 빼앗겼고, 그 결과 아크레를 공격할 때 자국 대포의 포격을 받았다. 나폴레옹은 적당한 공성포만 있었다면 아크레를 날려버릴 수 있었겠지만, 포가 없었기에 더디게 대호나 굴을 파거나 잘 대비된 진지들을 큰 희생을 치르며 정면으로 공격해야 했다. 스미스는 등대에서 잠복하던 비밀 요원들을 잘 이용하고 테세우스함과 티그레함의 일제 사격 지원을 받아 프랑스군 참호를 집중 포격했다. 아크레는 지속적으로 새로운 보급품을 받았으며, 반면 프랑스군 전선에서는 부상자가 계속 늘어났다. 이교도의 목을 가져올 때마다 제자르 파샤가 큰 상금을 내린다는 소식으로 사기는 더욱 떨어졌다.

4월 첫 주 다마스쿠스군이 접근하고 있다는 소식에 작전이 일시 중단되었다. 일단 교전이 시작되자 프랑스가 초기 전투에서 모두 승리했다. 4월 8일 병력 수에서 열세였던 쥐노는 나사렛 인근에서 벌어진 기병대의 전초전에서 승리했고, 클레베르는 4월 11일 가나안에서 벌어진 한층 더 중요한 전투에서 1,500명 병력으로 튀르크인 6천 명에게 참패를 안겼다. 또 다른 교전에서 용감한 기병 지휘관 조아생 뮈라는 요르단 강 너머 갈릴리 호수로 건너가 튀르크인 5천 명을 무찔렀다.

이처럼 손쉬운 성공에 대담해진 클레베르는 4월 16일 아침 6시 겨우 2천 병력을 이끌고 총 2만 5천 명 규모의 다마스쿠스군을 기습했다.* 놀라운 일도 아니지만 공격은 실패로 돌아갔고 프랑스군은 곧 타보르 산 아래의 절망적인 진지에 몰려 탄약이 떨어져 가는 진퇴양난에 빠졌다. 클레베르 부대는 방진을 펼쳤고 죽더라도 적에게 최대한 타격을 가할 준비를 했다. 오후 4시쯤 아크레에서 행군을 강행한 나폴레옹이 갑자기 나타났다. 나폴레옹 부대의 대포가 쏟아내는 강렬한 엄호 사격과 선봉 방진에서 내뿜는 일제 조준 사격에 오스만제국 병사들은 당황했다. 튀르크인들은 2천 명밖에 안 되는 프랑스군이 무엇을 할 수 있는지 보았고 이제 두 군대 사이에 사로잡혔다는 생각에 몸서리쳤다. 퇴각은 패주로 이어졌고, 다마스쿠스군의 위협은 곧 사라졌다. 하루 종일 싸운 클레베르의 부대는 열 시간 동안 전투를 벌이면서 놀랍게도 사망자 2명과 부상자 60명밖에 내지 않았다.

다마스쿠스군에게 모든 것이 불리하게 돌아갔다면, 아크레에서는 모든 일이 여전히 프랑스군에게 잘못되어 가고 있었다. 4월 1일 프랑스군 공병들이 도시를 지키는 '망령들의 탑' 밑에서 커다란 지뢰를 폭파했을 때, 석축 부분은 예상을 완전히 빗나가 부서지지 않았고 따라서 필요한 파열구도 확보되지 않았다. 나폴레옹은 정면 공격을 펼치다 파열하는 유탄에 거의 죽을 뻔했으나 호위대의 신속한 행동 덕분에 살아났다. 식량과 필수 물자가 부족하고 탄약과 포탄도 부족했다. 나폴레옹은 나머지 공성포가 야파에 안전하게 도착하고 큰 대포

---

* 클레베르는 원래 새벽 2시에 잠든 다마스쿠스군을 기습할 계획이었으나 적 진지에 도착하기까지 시간이 너무 오래 걸렸다. 지형 파악에 실패한 탓이었다.

를 아크레에 돌릴 수 있었을 때도 여전히 도시를 점령할 수 없었다. 그때 다시 역병이 도져 4월 말까지 새로운 환자가 270명 발생했다.

나폴레옹은 타보르 산에서 돌아오자마자 연달아 필사적인 정면 공격을 명령했다. 5월 상순에 전투는 약해졌다가 다시 맹렬하게 타올랐다. 5월 8일 란은 심각한 부상을 입으면서 방어선을 깨고 요새 안으로 진입했으나 한층 더 강력한 2차 방어선에 마주쳤다. 나폴레옹의 장군 한 사람이(충동을 억누르지 못하는 인간인 쥐노였을 가능성이 높다) 안에는 튀르크인들이 있고 밖에는 유럽인들이 있는데, 유럽인들이 유럽식으로 방어하는 요새를 튀르크식으로 공격하고 있다고 말했다. 마지못해 나폴레옹은 바다를 통해 매일 로도스 섬의 새로운 병력이 쏟아져 들어와 꾸준히 강화되는 요새를 점령하기란 불가능하다고 판단했다. 공성을 거둘 수밖에는 없었다. 63일간의 포위와 여덟 차례의 큰 희생을 치른 전면 공격은 허사가 되고 말았다.

이는 보나파르트의 군사 경력에서 처음으로 나타난 중대한 실패였다. 프랑스군은 그때까지 석 달 동안 싸우면서 1만 3천 병력 중 4,500명의 사상자(전사자 2천 명)를 냈다. 아크레 밖에서 봉과 카파렐리, 도마르탱, 랑보(François Rambaud) 네 명의 장군이 죽었다. 나폴레옹이 아크레에서 실패한 이유는 운이 나빴기 때문이기도 하지만 계산 착오에도 원인이 있었다. 우선 나폴레옹은 24파운드 포의 절반을 영국 해군에게 빼앗겼고, 다른 대포들도 적절히 갖추지 못했다. 나폴레옹은 24파운드 포 1문마다 200발, 박격포에는 300발을 주었지만, 실제로 필요한 양은 24파운드 포탄은 5배, 박격포탄은 2배였다. 특히 나폴레옹은 아크레가 전투 없이 항복하리라고 예측했다. 나폴레옹이 엘아리시와 야파에서 지체하지 않았더라면 상황은 틀림없이 그렇게 전개되었을 것이다. 게다가 대체로 신뢰할 만한 인물인 프랑수아 베르누아예를 믿는다면, 보나파르트의 장군들 중 몇몇은 나폴레옹이 아크레에서 승리할 경우 페르시아와 인도로 진격하리라 걱정하여 아크레의 함락을 막으려고 적극적으로 공모했다. 주요 인물은 도마르탱이었다. 위신에 일격을 당해 격노한 나폴레옹은 선전 기구를 작동해 타보르 산에서 거둔 빛나는 승리를 강조함으로써 패배를 덮으려 했다. 그러나 나폴레옹은 마지막 공격에서 실패한 제69연대를 공개적으로 모욕하고 상스러운 말로 매도하면서 분노를 표출했다. 나폴레옹은 제69연대가 패배를 만회할 때까지 그 존재를 인정하지 않겠다고 선언했다.

이제 나폴레옹은 대담해진 적이 사막을 가로질러 추적하지는 않을까 걱정하며(정확히 실제로 일어난 바와 같다) 위험한 퇴각을 준비했다. 한 가지 특별한 문제는 2,300명이 부상자나 환자라는 사실이었다. 나폴레옹이 이들을 데려가려 한다면, 이미 힘을 크게 빼앗긴 부대는 추적자들을 벗어날 수 있을 만큼 빠르게 행군하지 못할 것이며, 그 결과로 매일 후미가 공격을 받아 실전 병력이 조금씩 잠식되는 것이 당연했다. 반면 환자와 부상병들을 버려 두고 간다면 튀르크인들의 손에 참수되거나 사지가 절단될 터였다.

나폴레옹은 의무 참모장 데주네트 박사(René-Nicolas Dufriche Desgenettes)에게 가장 중한 환자들은 아편으로 안락사시키자는 단순한 해결책을 제안했다. 데주네트는 이를 거부했으나 역병에 걸린 서른 명의 희생자에게 아편제를 주어 실험했고 몇몇 사례에서 유익한 결과를 보기도 했다. 부대는 어쩔 수 없이 남은 환자들을 야파로 일일이 운반했고, 그동안 나폴레옹은 5월 20일까지 공성포 포탄을 모조리 소모하며 아크레를 계속 포격해 엄호했다. 그렇게 한 뒤 나폴레옹은 큰 대포의 화구를 막아 쓸 수 없게 만들고 겨우 야포 40문만 끌고 떠났다.

프랑스군은 야파에서 나흘을 머물렀는데 환자와 부상자에 관한 최종 결정을 더는 미룰 수 없었다. 특히 나폴레옹이 3월 11일에 역병 환자들을 위문하려고 찾아간 병원의 환자들이 비전투원의 수를 늘렸다는 단순한 사실 때문이었다. 모든 군 병원을 비우려는 필사적인 노력이 무위로 돌아가자 3단계 전략이 채택되었다. 가망이 없는 경우에는 안락사시켰고, 병세가 호전되고 있으나 옮기는 것은 무리인 경우는 튀르크인의 자비에 내맡겼으며, 걸을 수 있는 부상자와 회복기 환자들은 말과 노새에 태웠다. 물론 나폴레옹은 안락사 때문에 많은 비판을 받았지만, 이는 튀르크인을 학살한 경우와는 달랐으며, 나폴레옹에게 다른 현실적 대안이 있었는지 찾기 어렵다. 특히 다가오는 오스만제국 군대는 버려진 프랑스 병사들에게 상상할 수 있는 최악의 행태를 보였다.

프랑스군은 사기가 저하된 채 우울하게 가자로 되돌아갔으나(5월 30일에 도착했다), 진짜 악몽은 시나이 사막을 건너야 했던 그다음의 나흘이었다. 시나이 사막은 기온이 높을 때는 섭씨 54도까지 올라갔다. 이 무더위에 식량과 식수는 부족하고, 부상자는 긴 행렬을 이루고, 사상자는 늘어만 갔다. 오스만제국 기병들이 쉴 새 없이 후미를 공격하는 상황에서 프랑스군은 극심한 고통을 겪었으며 곧 공공연한 폭동이 일어날 것 같았다. 6월 3일 녹초가 된 생존자들은 정처 없이 걷다 마침내 카티아에 입성해 음식과 물을 충분히 공급받았다. 시리아 전투는 몇 가지 점에서 1812년을 예시하는 축소판이었으며 나폴레옹은 이 전투에서 아무것도 달성하지 못했다. 혹시 성과가 있었다면 오스만제국이 아크레에 증원군을 보내느라 알렉산드리아 상륙이 지연되었을 수는 있겠다. 사상자 수는 끔찍했으며, 보나파르트의 대단한 선전 기관들까지도 저주받은 전쟁을 빛나는 성공으로 띄우기는 무척이나 힘들었다.

나폴레옹은 6월 14일 카이로에 재입성하며 대담하게도 승리를 꾸며냈다. 나폴레옹이 실제로 축하해야 했던 단 한 가지 일은 드제가 상(上)이집트에서 거둔 매우 엄청난 군사적 승리였다. 드제는 겉보기에 시시포스처럼 끝없는 평정 임무에 매였지만(각 정복지는 드제가 이

이집트 원정 시기의 샤를 앙투안 드제 장군. 나폴레옹과 다른 장군들이 고전하는 동안 드제는 상(上)이집트에서 홀로 놀라운 전공을 세웠다.

동하자마자 다시 반란을 일으켰고 무라드 베이는 아라비아로부터 계속 증원군을 받았다.) 냉혹한 소모전에서 고삐를 늦추지 않았다. 드제는 세 차례의 큰 전투를 승리로 이끌었다. 1798년 10월 7일 엘라쿤에서, 1799년 1월 22일 삼후드에서, 3월 8일에는 아브누드에서 승리했다. 결국 무라드와 맘루크 병사들은 지속된 전투에 지쳐 무너졌다. 드제의 전투는 나폴레옹이 시리아에서 막 벗어날 때 승리로 끝났다. 프랑스 장군 벨리아르*는 5월 29일 홍해의 항구 코세이르를 점령해 적대적인 2개 군대 사이로 밀고 들어가 무라드가 시리아의 동맹군과 합세하지 못하게 막았다.

그러나 나폴레옹은 고립되어 있고 프랑스에서 증원군이 파견될 가

오귀스탱 벨리아르(Augustin Daniel Belliard, 1769~1832) 1792년경에 장교가 되어 뒤무리에와 오슈 밑에서 싸웠고 장군이 되었다. 이집트 원정에 참여하여 상이집트의 총독이 되었다. 나폴레옹 전쟁의 여러 전투에 참여했으며 크라온 전투에서 큰 부상을 입었다. 워털루 전투에서 모젤 방면군 사령관을 맡았다가 루이 18세에 항복했다.

망도 없는 상황에서 드제의 끝없는 수고의 이야기와 자신이 없는 동안 나일 삼각주에서 두 차례 대규모 반란이 일어났다는 말을 듣고는 이집트를 정복할 수 없다는 생각에 틀림없이 큰 충격을 받았을 것이다. 한 차례의 반란은 족장 엘하지무스타파(El-Hadj-Mustafa)가 이끈 것이었고, 다른 하나는 어느 광신자가 이끈 한층 더 심한 폭동이었는데 그자는 자신이 꾸란의 천사 엘모디라고, 다른 견해에 따르면 마흐디*, 즉 약속된 자라고 주장했다. 드제 장군은 라누세로 가서 엘모디 군대를 격파한 뒤 마흐디를 포함해 '주모자' 1,500명을 처형했다. 그러나 성공적이었던 프랑스의 이 모든 군사 활동에는 나폴레옹이 감당하기 어려운 병력의 손실이 따랐으며, 나폴레옹 부대는 계속해서 고립적으로 학살당하고 매복 공격을 당했다.

그래서 나폴레옹은 카이로로 돌아온 즉시 프랑스로 돌아갈 방법이 무엇인지 진지하게 고민했다. 통상적 해석에 따르면 나폴레옹은 시드니 스미스가 명백한 심리전의 일환으로 프랑스 군함들이 1798~1799년에 총재정부가 비참한 패배를 당했다는 소식을 담은 신문들을 배달하도록 방치한 이후에야 이집트를 떠나기로 결정했다. 사실 프랑스의 몇몇 첩자들은 이집트로 새로운 소식을 가져왔고, 만일 나폴레옹이 꼬박 한 해 동안 진정으로 아무런 정보도 없이 지냈다면 이는 실로 놀랄 일이다. 어쨌거나 조제프부터 바라스까지 너무도 많은 사람의 이익이 보나파르트의 완벽한 정보 입수에 달려 있었다.

그러나 나폴레옹은 먼저 이집트를 평정해야 했다. 나폴레옹은 내부의 반대를 잠재우고자 카이로의 엘리트 32명에게 반역 혐의를 씌워 전시 재판을 준비했고 죄목을 날조하여 유죄를 선고한 뒤 6월 19일에서 22일까지 처형했다. 나폴레옹의 선전 조직이 작업에 들어가 나폴레옹이 도처에서 거둔 성공을 과장했고 로도스군이 감히 알렉산드

마흐디(Mahdi) 이슬람 종말론에서 부활의 날 이전 몇 년 동안 지구에 머문다고 예언된 구세주.

리아에 상륙한다면 처절한 응징을 가하겠다고 위협했다. 나폴레옹은 병사들의 사기를 북돋우려고 선페스트는 죽기를 바란 자들만 걸렸으며 그 병을 두려워할 이유가 전혀 없다고 주장했다. 그러나 나폴레옹이 데주네트 박사에게 선페스트는 전염병이 아니라고 공개 선언하도록 강요하자, 데주네트는 그렇게 빤한 거짓말에 공모할 수는 없다고 항의했다. 그러자 나폴레옹의 분노가 폭발해 두 사람 사이에 격렬한 언쟁이 벌어졌다. 화난 나폴레옹은 박사를 비난했다. "당신은 언제나 당신의 원칙만 지키지. 당신네 선생들, 박사들, 의사들, 화학자들, 당신네 무리는 다 똑같아. 당신의 귀중한 원칙은 하나도 희생하지 않은 채 군대 전체를, 아니 사회 전체를 죽게 만들 거야!"

나폴레옹이 오랫동안 기다린 일격이 7월 11일에 떨어졌다. 시드니 스미스의 함대가 아부키르 만으로 들어오는 오스만제국의 상륙선을 호위해 1만 5천 병력을 내려놓은 것이다. 마르몽이 지휘하던 아부키르의 프랑스군 수비대는 7월 18일까지 용감하게 저항해 나폴레옹에게 연로한 사령관 무스타파 파샤를 칠 기회를 주었다. 그러나 나폴레옹은 아부키르 수비대의 희생에 조금도 감사할 줄 몰랐다. 나폴레옹은 아부키르 도시를 완전히 파괴하고 성채를 요새로 만들라고 주장했는데, 마르몽은 이를 수행하지 못했다. 마르몽을 포함한 방어군 1,300명과 성채 안에서 싸우던 정예병 100명이 시간을 벌지 못하고 마침내 항복했을 때, 나폴레옹은 불성실과 비겁함에 치를 떨기만 했다.

나폴레옹은 란과 봉의 군단과 함께 카이로를 떠나 북쪽으로 강행군에 나섰고, 상이집트의 드제를 긴급히 호출했다. 보나파르트의 가장 큰 걱정은 북쪽에서 교전할 때 시리아에서 오스만제국의 새로운 군대가 카이로로 진격하는 것이었다. 그러나 오스만제국이 계획한 협공 작전은 무라드 베이의 무능함으로 틀어졌다. 무라드는 말 수천 마리를 끌고 와 오스만제국 병사들을 태우고 알렉산드리아로 진격해 큰 대포들을 빼내기로 되어 있었다. 그러나 무라드는 피라미드까지 가서는 뮈라의 추격을 받아 사막으로 내쫓겨 굴욕을 당했다.

나폴레옹은 6천 명의 병력을 이끌고 알렉산드리아에 도착했는데, 클레베르가 이끄는 1만 명 규모의 다른 프랑스군 군단이 도착하려면 보름이 걸린다는 사실을 잘 알고 있었다. 나폴레옹은 튀르크인들이 아직 기병대를 상륙시키거나 큰 대포를 내려놓지 않았음을 알고 자신이 데리고 있던 기병대 1천 명으로 기습을 펼치기로 결정했다. 이 작전은 위험했지만 가능하기는 했다. 적군이 좌우익을 고지대에 주둔시켜 중앙에 약점을 노출했기 때문이다. 함락시켜야 할 튀르크 군대의 참호는 3열이 연이어 있었고, 나폴레옹의 의도는 우선 적군을 제2 방어선으로 몰아낸 뒤 적이 떠난 제1 방어선으로 신속하게 곡사포와 대포를 끌고 와 적을 제압하는 것이었다.

2 대 1로 병력에서 열세였던 프랑스군은 기적을 연출했다. 뮈라의 기병대는 좌익에서 란의 지원을 받고, 우익에서 데스탱(Destaing)의 지원을 받아 적의 중군으로 돌진해 오스만제국 군대를 둘로 갈랐다. 기율이 부족한 예니체리*는 프랑스군 지휘관들을 찾느라 방어선을 떠남으로써 프랑스군의 손에 놀아났다. 튀르크 병사들은 제1 방어선을 포기하고 제2선으로 서둘러 퇴각했지만, 뮈라의 기병대는 두 방어선 사이에서 오스만제국 군대의 우익을 바다로 밀어냈고 좌익은 마디에 호수로 몰아댔다. 그동안 좌우익의 란과 데스탱은 고지대를 점령하고 신속히 돌진했다. 이때 공포에 사로잡힌 튀르크인 수천 명이 익사한 것으로 추산된다.

손쉬운 승리에 한껏 고무된 나폴레옹은 판돈을 늘렸다. 제3 방어선도 빼앗을 수 있다고 생각한 것인데 이는 도박이었다. 적군 지휘관 무스타파 파샤는 란이 왼쪽을 돌 것처럼 보이자 참호에서 5천 명

예니체리(Yeniçeri) 오스만튀르크 제국 술탄의 친위대인 정예 보병 부대. 14세기에 무라트 1세가 창설했고 1826년 마무트 2세가 폐지했다.

을 출격시켰다. 짧지만 잔혹한 전투가 벌어져, 뮈라와 무스타파는 말에 탄 채 서로 싸웠으며 뮈라가 뺨에 상처를 입었다. 그때 나폴레옹이 분투하는 란의 부대를 보강해야 하는 적절한 순간에 예비 부대를 투입해 적기를 놓치지 않는 재능을 보여주었다. 적의 측면을 포위하는 기동은 완성되었고, 란은 성채의 후방에 있었다. 데스탱이 돌격해 들어가자, 방어하던 튀르크인 병사들은 완전히 낙담해 두려움에 떨었다. 대부분 무질서하게 도주했고, 3천 명이 바다로 내몰렸다. 무스타파와 1,500명의 예니체리 예비 병력은 포위되어 포로가 되었다. 오후 4시쯤 오스만제국 군대에서 전투에 임할 수 있는 자들로 전장에 남은 병력은 4천 명뿐이었다. 이들은 아부키르 도시와 성채에 방책을 치고 버텼다. 한 주 전에 그들이 그토록 힘들게 싸워 빼앗은 곳이었다. 나폴레옹은 이곳저곳에서 싸워 손실을 입고 싶지 않아 중포를 불러 마지막 학살을 준비했다.

전투는 프랑스군의 두드러진 승리로서, 나폴레옹이 교과서적으로 적군을 괴멸한 많지 않은 사례 중 하나였다. 나폴레옹은 전사자 220명에 부상자 750명을 내며 규모가 두세 배 큰 적을 무찔렀고, 오스만제국 전사자는 적어도 5천 명은 되었다. 아크레에서 초라한 성과를 보여 공개 모욕을 당하고 시나이 사막을 지나 퇴각하는 환자들을 호송하는 임무나 맡을 처지에 놓였던 제69연대는 필사적으로 완강히 싸웠고 명예를 완전히 되찾았다. 무스타파의 방어 진지를 확신을 갖고 선정하고 싸움터의 선택에 관해 조언했던 시드니 스미스는 운 좋게도 탈출해 자신의 범선으로 돌아갔다.

카이로에 돌아온 나폴레옹은 이제 여유롭게 떠날 준비를 할 수 있었다. 나폴레옹은 일찍이 6월 21일에 강톰 제독(Honoré Joseph Antoine Ganteaume)에게 프리깃함 라뮈롱함과 라카리에르함으로 유럽으로 출항할 준비를 하라고 요청할 때 떠날 것을 강력히 암시했다. 나폴레옹은 총재정부에 압력을 가해 자신을 불러들이게 하려고 6월

29일에 파리로 급송 문서를 보내 5,344명을 잃었음을 인정하면서 증원군 6천 명을 요청했다. 나폴레옹은 증원군이 오지 않으리라는 것을 잘 알고 있었다. 프랑스의 정치가 상황이 무르익었음을 뜻하는지 아닌지 나폴레옹은 알지 못했으며, 나폴레옹이 사실상 지중해 전체를 여행하는 격이었으므로 영국 해군에 차단당할 수 있는 큰 위험이 도사리고 있었다. 그러나 되도록 빨리 이집트에서 나오지 않으면 미래를 보장할 수 없었다.

8월 11일 카이로에 새로운 신문 다발이 도착해 유럽의 재난이 어느 정도였는지 확실하게 드러났다. 최악의 상황이 마침내 널리 알려졌다. 프랑스는 영국, 오스트리아, 러시아, 오스만제국, 나폴리의 동맹과 대결했고, 러시아는 유럽 도처에 나타났으며, 영국과 러시아 연합군이 네덜란드를 침공했고, 오스트리아와 러시아 연합군은 스위스를 장악했으며, 오스만제국과 러시아 연합 함대가 케르키라를 점령했고, 오스트리아와 러시아의 또 다른 연합군이 북부 이탈리아를 휩쓸어 보나파르트가 그곳에서 이룬 성과를 몇 주 만에 완전히 망쳐버렸다. 프랑스 경제는 붕괴 직전이라는 얘기가 들렸고, 군주제를 지지하는 정서가 드높았다.

나폴레옹은 이 모든 사태를 벌써 알고 있었지만 장군들을 골리려고 신중하게 연극을 연출하듯이 유럽에서 일어난 재앙의 규모를 자세히 얘기했다. 프랑스는 라인 강에서 오스트리아와 대면했고, 북부 이탈리아에서는 오스트리아와 러시아에 맞섰으며, 남부 이탈리아에서는 나폴리와 시칠리아와 대결했고, 오스트리아는 라인 강의 슈토카흐와 이탈리아의 마냐노와 카사노에서 승리했으며, 1만 8천 명의 영국군과 1만 8천 명의 러시아군이 네덜란드를 지배했고, 나폴리는 로마로, 러시아는 토리노로, 오스트리아는 밀라노로 진입했고, 게다가 영국 해군은 여전히 지중해의 주인이었다. 나폴레옹은 총재들을 강력히 비난했다. "설마 사실인가? …… 가여운 프랑스! …… 그 천

치들이 도대체 무슨 짓을 한 거야?" 나폴레옹은 모인 사람들에게 함께 머물고 싶지만 선택의 여지가 없다고 말했다. 이미 5월 26일에 총재들이 나폴레옹에게 급전을 보내 필요하다고 판단되면 철수해도 좋다고 허락한 것은 다행이었다. 나폴레옹은 이 귀중한 문서 덕에 훗날 허둥지둥 달아나기로 한 결정에 대해 핑계를 댈 수 있었다. 그렇지만 이는 초라한 변명이었다.

나폴레옹이 장군들에게 하지 않은 말은 파리에서 시에예스가 쿠데타를 공작하며 주베르 장군을 '검'으로 끌어들였다는 유력한 소문 때문에 마음이 크게 불안하다는 사실이었다. 8월 17일 강톰 제독은 지도자에게 영국과 오스만제국의 연합 함대가 이집트 해역을 떠났다고 알렸다. 이는 나폴레옹이 기다리던 기회였다. 8월 17일 나폴레옹은 카이로를 출발해 해안으로 향했고 엿새 후 라뮈롱함을 타고 출항했다. 나폴레옹은 소수의 총애하는 수하들과 가장 신뢰하는 군사들만 데리고 떠났다. 학자 중에서는 몽주와 베르톨레에게만 동행을 허락했다. 장군 중에서는 베르티에와 란, 뮈라만 같이 여행했다. 마르몽과 베시에르(Jean-Baptiste Bessières, 1768~1813), 뒤로크, 외젠 드 보아르네, 부리엔, 새로 얻은 맘루크 하인 루스탐*, 호위대 200명이 소수의 총신에 속했다.

이집트 지휘권은 클레베르가 맡았다. 클레베르는 훗날 자신은 상황이 다 결정된 상태에서 지휘권을 받았고 보나파르트가 가버린 후에야 그 사실을 알았다고 주장했다. 클레베르는 끓어오르는 분노를 집어삼키며 병사들에게 나폴레옹이 남기고 간 짧은 성명서를 읽어주었다. "특별한 상황에 처한 까닭에 나는 조국과 영광 그리고 복종을 위해 적진을 뚫고 유럽으로 돌아가기로 결정했다." 나폴레옹은 드제

루스탐(Roustam Raza, 1782?~1845) 그루지야의 트빌리시 태생이나 열세 살에 납치되어 카이로에 노예로 팔려갔는데, 1798년에 카이로의 셰이크가 나폴레옹에게 바쳤다. 1814년까지 나폴레옹의 경호원으로 일했다.

를 11월에 프랑스로 돌려보내라는 명령을 포함해 클레베르에게 지시를 내리면서 이집트 군대를 증원하기 위해 모든 일을 다 하겠다고 공언했다. "브레스트 소함대가 툴롱에 도착하고 에스파냐 소함대가 카르타헤나에 도착했으니 그대와 내가 정확한 목록을 갖고 있는 머스킷과 사브르, 권총, 탄약을 이집트로 보내는 데는 아무런 문제가 없다. 더불어 두 작전에서 잃은 병력을 보충할 신병도 충분히 보낼 수 있다. …… 그대는 이집트 점령이 프랑스에 얼마나 중요한지 잘 알고 있을 것이다." 나폴레옹은 또 1800년 5월까지 증원군이 도착하지 않거나 역병으로 군대가 크게 붕괴할 경우에는 이집트에서 물러나더라도 오스만제국과 평화협상을 체결할 수 있는 권한을 클레베르에게 부여했다. 그렇지만 나폴레옹이 보기에 가능성이 가장 높은 결말은 이집트의 미래가 유럽의 총괄적인 평화조약에 포함되는 것이었다.

나폴레옹은 이집트 원정이 실패한 운동이라는 사실을 잘 알면서도 이집트의 프랑스군을 파멸에 내맡겼을까? 클레베르는 확실히 그렇다고 생각했다. 클레베르는 나폴레옹의 명령서를 읽은 뒤 동료 장교들에게 이렇게 말했다. "나폴레옹은 바지에 똥만 잔뜩 싸놓은 채 우리를 떠났다. 우리는 유럽으로 돌아가 나폴레옹의 얼굴에 그 똥을 문질러줄 것이다." 절차상으로 보자면 나폴레옹은 자신의 권한 내에서 행동했다. 총재정부가 서한을 보내 군대와 함께든 아니든 귀국해도 좋다고 허용했기 때문이다. 그리고 비록 매번 상륙에 실패했지만 나폴레옹이 강톰 제독에게 증원군 5천 명을 붙여 여러 차례 이집트로 보냈음을 지적해야만 한다. 나폴레옹이 이집트에서 많은 것을 이룰 가능성이 없었고 유럽에서 더 절실히 필요했다는 사실은 이 논거와는 무관하다. 그런 사정은 나폴레옹이 프랑스를 떠나던 1798년 5월에도 이미 현실이었기 때문이다. 명예로운 장군이라면 자신의 병사들과 함께 머물러 설사 함께 항복하는 일이 있더라도 결연히 기회를 노려야 마땅하다. 그러나 나폴레옹은 도덕 원칙에 따라 움직이지 않았고 자신에게 이롭지 않다면 명예 따위 관념은 멸시했다. 1799년 8월의 상황에서 이집트에 자신의 병사들과 함께 남아 있을 인간은 훗날의 황제가 될 인물이 아니었다.

이집트 원정의 결말은 확실하게 말할 수 있다. 나폴레옹이 떠나자마자 클레베르는 명령을 무시하고 시드니 스미스와 접촉해 프랑스와 오스만제국 사이의 중재자 역할을 하려 했다. 클레베르는 1800년 1월 13일 엘아리시 조약을 체결해 40일 안에 카이로를 떠나 알렉산드리아로 간다는 데 동의했다. 그곳에서 클레베르와 프랑스군은 프랑스로 안전하게 귀국하는 것을 보장받을 것이었다. 그러나 영국의 강경론자 피트 총리는 무조건 항복 이외에 어떤 조건도 용납하지 않았다. 2년이 흐르고 많은 전투를 더 치른 후에야 사막의 유혈극은 끝이 났다. 이 시기에 인간의 생명에 무관심했던 이는 나폴레옹만이 아니었다. 클레베르는 1800년 3월 20일 헬리오폴리스에서 침공해 들어오는 오스만제국 군대에 맞서 겨우 1만 명의 병력으로 눈부신 승리를 거두었다. 그해 12월 클레베르는 어느 광적인 무슬림의 손에 암살되었고, 이집트에서 이슬람교로 개종한 유일한 프랑스인인 흐리멍텅한 므누 장군이 뒤를 이었다.

동양으로 가는 자국의 교역로 주변에 프랑스의 영구 식민지가 들어설 수도 있는 상황에 직면한 영국 정부는 1800년 10월 애버크롬비 장군*을 보내 이집트를 다시 정복하기로 결정했다. 찬성이 가까스로 과반수를 넘겼다. 1801년 3월 아부키르 만 상륙은 격렬한 싸움이었지만 결국 성공했다. 두 주 후 아부키르에서 야간 전투가 벌어졌고, 비록 애버크롬비가 전사하긴 했지만 영국이 승리했다. 프랑스 장군 벨리아르는 비겁하게도 6월에 카이로 주둔군 1만 명을 포기했고, 므누는 전투를 오래 끌다가 남은 병력 7,300명과 함께 9월에 알렉산드

랠프 애버크롬비(Ralph Abercromby, 1734~1801) 7년 전쟁과 나폴레옹 전쟁에서 활약한 영국군 중장. 아부키르 상륙은 영국 육군 역사에서 가장 대담하고도 뛰어난 업적으로 꼽힌다.

리아에서 항복했다. 강톰은 다시 프랑스의 구출 원정대를 이끌고 알렉산드리아에서 640킬로미터 떨어진 리비아의 데르나에 도착했으나 되돌아가야 했다. 항복한 자들과 그 식객들이 10월에 프랑스에 도착했는데, 그중에는 폴린 푸레스도 있었다. 폴린은 배에서 내릴 때 뒤로크를 만났다. 뒤로크는 폴린이 나폴레옹을 만나지 못하게 막았지만 시골 저택을 선물로 주어 물러나게 했다.

나폴레옹은 이집트에서 열네 달을 머물며 무엇을 이루었나? 프랑스의 직접적인 이익의 관점에서 볼 때는 아무것도 이루지 못했다. 대부분이 정예병이었던 약 4만 명의 군대는 유럽의 전장에서 더욱 잘 쓸 수 있었지만 맘루크들과 튀르크인들에 맞서 궁극적으로 헛된 전투를 끝없이 치르면서 점차 줄어들었다. 나폴레옹은 몰타를 표적으로 삼아 러시아를 지중해 안으로 불러들였고 이집트를 공격함으로써 영국 해군을 다시 레반트의 바다로 끌어들였다. 전통적으로 서로 적이었던 오스만제국과 러시아가 단 한 번 공동 대의로 뭉친 것은 오로지 나폴레옹의 모험적인 이집트 원정 때문이었다고 해도 과언이 아니다.

나폴레옹이 아크레의 성벽 밑에서 실패하지 않았다 해도, 최종 결과가 어떠했을지는 알기 어렵다. 티푸 술탄과 마이소르 왕국과 합세한다는 생각은 1799년 봄 해리스 장군(George Harris)과 웰즐리 형제*가 지금의 세링가파탐(스리랑가파트남)에서 티푸 술탄에게 대승을 거둠으로써 치명타를 입었다. 이 전투에서 티푸가 전사했던 것이다. 프랑스는 이집트 원정에서 전투와 역병으로 큰 손실을 보았고, 이는 이탈리아의 경우와는 달리 쌓아놓은 약탈품으로도 만회하지 못했다. 약탈품을 프랑스로 실어 보낼 방법이 없었기 때문이다. 특권을 지닌 몇몇 장교들은 프랑스에서 누리지 못한 성적 자유를 만끽했다. 프랑스의 이집트 체류 3년은 이집트의 역사와 문화에 대한 유럽의 지적 흥미가 싹텄다는 점에서 오직 장기적이고 간접적으로만 이득이 되었다.

이집트 원정은 나폴레옹에게는 다른 문제였다. 나폴레옹의 선전 조직이 군사 활동의 세세한 내용을 검토했을 때쯤, 나폴레옹은 이집트에서 거둔 군사적 업적이 미화되어 신적인 존재로 올라섰다. 나폴레옹 자신은 이집트에서 성공했으며, 나폴레옹의 식사가 병사들의 식사와는 비교할 수 없이 질이 좋았다고 인정하더라도 나폴레옹이 역병에 걸리지 않은 것은 분명 의미가 있다. 나폴레옹의 건강은 실상 1798~1799년보다 조금도 더 좋지 않았다. 나폴레옹이 한동안 떨쳐버린 질환들은 유럽으로 돌아오면서 다시 찾아왔다. 나폴레옹은 아랍 세계의 풍광과 소리, 냄새를 사랑했으며 아랍인의 문화와 셰이크(부족장)와 펠라힌(fellahin, 중동과 북아프리카 지역의 농업 노동자. 펠라 fellah의 복수형)의 풍습에 본능적으로 공감했다. 나폴레옹은 레뮈자 부인에게 자신은 알렉산드로스 대왕을 모방해 동양 의복을 입기를 좋아했고 동양은 자신의 감수성을 독특하게 자극했다고 말했다.

이집트에서 나는 넌더리나는 문명의 장애물들로부터 벗어나 있었다. 내 가슴은 꿈으로 가득했다. 나는 종교를 세우는 내 모습을, 동방으로 행군하며 코끼리에 올라타고 머리에는 터번을 두르고 손에는 나의 욕구에 적합하도록 만든 새로운 쿠란을 들고 있는 나의 모습을 보았다. 나는 내 사업에서 두 세계의 경험을 결합해 모든 역사의 현장을 내게 이롭도록 이용하고 인도에서 영국이 누리는 권력을 공격했을 것이다. …… 이집트에서 보낸 시간은 내 생애에서 가장 즐거운 시절이었다. 가장 이상적이었기 때문이다.

---

* 리처드 웰즐리(Richard Wellesley, 1760~1842)와 아서 웰즐리(Arthur Wellesley, 1769~1852) 형제를 말한다. 동생인 아서 웰즐리가 바로 훗날 제1대 웰링턴 공작이 되는 인물이다. 웰링턴은 이베리아 반도 전쟁(1808~1814)에서 프랑스를 패퇴시키는 데 결정적 역할을 했고, 1815년 워털루 전투에서 프로이센의 블뤼허 원수와 힘을 합쳐 나폴레옹 군대를 물리쳤다. 이 공로로 웰링턴은 영국의 총리가 된다.

나폴레옹이 이슬람 문화에 편안함을 느꼈다는 사실은 강조할 만하다. 나폴레옹은 아랍인의 사고방식을 지극히 잘 이해했다. 베두인족이 프랑스에 우호적이던 촌락을 습격해 펠라 한 명을 살해했을 때, 나폴레옹은 기병 300명과 낙타병 200명을 보내 범죄자들을 체포해 처벌했다. 나폴레옹의 분노를 목격하고 그 명령을 들었던 셰이크 엘 모디는 웃으면서 이렇게 말했다. "이 펠라가 당신 사촌이오? 그래서 이자의 죽음에 당신이 그토록 크게 분노하는 거요?" 보나파르트는 대답했다. "그렇소. 내가 통솔하는 자들은 모두 내 자식이오." 셰이크가 말했다. "타이브(좋군). 마치 예언자 무함마드의 말 같소."

형제 콤플렉스를 지닌 나폴레옹이 이집트에서 한껏 즐긴 이유가 이집트가 성서적 의미에서 요셉의 땅이기 때문이라는 프로이트의 기발한 생각은 무시할 수 있다. 그러나 나폴레옹이 진정한 '오리엔트 콤플렉스'를 지녔다는 사실은 부정하기 힘들다. 그렇지만 이는 순전히 낭만적 환상이라는 점을 이해해야만 한다. 몇몇 부주의한 전기 작가들은 나폴레옹이 이집트 원정에서, 말하자면 그 땅에서 동양의 전제주의를 흡수했으며 야파의 대학살과 카이로의 사법 살인, 환자들을 아편으로 죽이려 한 계획, 프랑스로 귀환하는 과정에서 꾸민 수상하고 교활한 핑계에 분명히 나타나는 '새로운' 나폴레옹은 이것으로 설명할 수 있다고 추정했다. 그러나 이집트에서 돌아온 자가 이집트로 떠난 자와 다른 인간이라는 생각은 보나파르트를 오해한 것이다. 나폴레옹은 일찍이 이탈리아에서 첫 승리를 거둘 때부터 최고 권력을 차지하려는 열망을 품었을 것이다. 이집트에서 한 경험은 권력욕에 아무런 영향도 끼치지 않았지만, 나폴레옹은 동방에서 돌아오면서 권력을 획득하는 방법에 관해서는 훨씬 더 똑똑해져 있었다.

10장

브뤼메르 18일의 쿠데타
권력의 정점을 향하여

라뮈롱함은 1799년 8월 23일 달 없는 밤에 프리깃함 한 척의 호위를 받으며 출항했다. 두 척의 배는 처음에는 북아프리카 해안에 바짝 붙어 항해했고 먼 거리에서 두 차례 영국 범선을 지나쳤다. 그중 한 번은 나폴레옹이 사막을 건너 다른 출항지로 갈 생각으로 상륙 준비를 할 만큼 크게 놀랐으나, 영국 해군 군함들은 마지막 순간에 멀어져 갔다. 항해하는 내내 날씨가 나빴는데, 라뮈롱함은 9월 30일 역풍을 만나 아작시오 만으로 밀려 들어갔다. 나폴레옹은 이때를 마지막으로 태어난 섬을 다시 찾지 않는다. 나폴레옹은 어머니가 많은 돈을 들여 치장한 가족의 집에서 며칠 밤을 보냈다. 그러나 나폴레옹은 내내 근심에 싸여 애를 태웠다. 나폴레옹은 파리에서 최신 소식이 들어오자 절망적인 말을 내뱉었다. "너무 늦게 도착하겠군."

10월 6일 라뮈롱함은 다시 항해에 올랐으나 날씨의 장벽에 다시 가로막혔다. 그리고 7일 최악의 폭풍이 잦아들자마자 키스 경(Sir George Keith Elphinstone)이 지휘하는 영국 군함들이 다시 관측되었다. 나폴레옹은 함장에게 프레쥐스로 향하라고 명령했고, 10월 9일 그곳의 생라파엘 만에 도착했다. 나폴레옹이 영국 해군의 방해를 받지 않은 것은 확실히 행운이었다. 나폴레옹이 47일간 지중해를 위험스럽게 항해해 귀환할 때도 영국 함대의 감시를 빠져나갔다는 사실이 알려지자 영국 대중은 분노를 참을 수 없었다. 런던의 어느 만평은 넬슨이 에마 해밀턴*과 희롱하는 동안 라뮈롱함이 넬슨의 다리 사이로 지나가는 장면을 그렸다.

나폴레옹은 다른 의미에서도 운이 좋았다. 아부키르의 대승 소식이 파리에 전해지고 겨우 나흘이 지난 뒤에 프랑스에 도착한 것이다. 총재정부는 불만 가득한 퇴역 군인들이 나폴레옹의 깃발 아래 엄청나게 몰려들 것을 두려워해 동쪽에서 프랑스의 지중해 항구로 들어오는 모든 입항에 적용되는 엄격한 검역 규정을 감히 나폴레옹에게는 강요하지 못했다. 하물며 보나파르트가 이집트에 군대를 버렸다고 이의를 제기할 수 있겠는가? 9일 저녁 6시 나폴레옹은 파리를 향한 7일간의 여정에 올랐다. 나폴레옹은 내심 총재정부가 자신이 프랑스에 있다는 사실조차 모를 때 수도에 도착하기를 희망했지만, 헛된 바람이었다. 나폴레옹은 역마를 바꿔 타며 서둘러 엑상프로방스와 아비뇽, 발랑스, 리옹, 샬롱, 느베르를 지나 10월 16일 아침에 파리에 도착했다. 나폴레옹은 떠들썩한 환영을 받고 기뻤다. 특히 아비뇽에서는 사람들이 나폴레옹을 구원자로 여겼다.

얼핏 보면 이집트로 갔다가 총재정부가 신임을 잃었을 때 돌아온 나폴레옹의 도박은 성공한 듯했다. 아부키르의 소식이 프랑스에 전해지기 전까지 나폴레옹은 선전전에서 패배한 것처럼 보였다. 나폴레옹의 적들은 나일 강 전투와 '천사' 엘모디의 반란, 잔학 행위에 관한 영국의 역정보를 효과적으로 선전했다. 특히 나폴레옹이 이집트에서 얼마나 많은 승리를 거두었든 간에 유럽의 전체 맥락에서 그러한 승리는 별다른 영향을 끼치지 못했다는 사실이 분명해졌다. 아부키르의 깜짝 놀랄 만한 소식이 그 모든 것을 극복했지만, 나폴레옹의

에마 해밀턴(Emma, Lady Hamilton, 1761~1815) 넬슨의 정부로 알려진 여인.

처지는 바라던 것만큼 좋지는 않았다. 가장 중요한 문제는 나폴레옹이 귀국할 때쯤이면 프랑스의 군사적 지위가 안정을 찾았다는 사실이었다.

카이로에서 나폴레옹은 프랑스의 재앙을 상세히 열거했다. 1799년 동맹국들은 마침내 다툼을 접고 프랑스에 맞서 새로운 동맹을 결성했다. 수보로프 장군*이 지휘하는 러시아 군대가 북부 이탈리아 전장에서 싸우던 오스트리아에 합세해 보나파르트가 이룬 모든 성과를 빠르게 망쳐버렸다. 동맹국들은 치살피나 공화국을 쳐부순 뒤 토리노를 점령했고 프랑스군은 1798년 2월에 점령했던 로마를 포기할 수밖에 없었다. 그런 뒤에 수보로프는 프랑스 장군 셰레르, 모로, 마크도날(Étienne MacDonald, 1765~1840)을 연이어 격파했고, 그동안 영국은 나폴리를 다시 점령했다. 1799년 6월 말이면 프랑스는 제노바와 리구리아해에 붙은 좁고 긴 땅을 제외한 이탈리아의 모든 점령지를 빼앗겼다. 한편 독일에서는 카를 대공이 주르당을 연파하고 독일과 이탈리아 사이의 고갯길 여러 개를 열었다. 네덜란드에서는 요크 공이 지휘하는 영국-러시아 연합군이 군사적으로 주도권을 장악했다.

나폴레옹이 이집트를 떠날 때 상황은 이러했다. 나폴레옹이 파리에 도착했을 때 군사적 운명은 급격히 역전되었다. 재앙에 직면한 총재들은 잇따라 실수를 저질렀지만, 대프랑스 동맹국들이 이를 덮어주었다. 먼저 1799년 6월에 총재정부는 징병법을 제정했지만 결과는 대상자들의 전면적인 기피였다. 그 다음 총재들은 라인 지방에서 심한 압박을 받고 있는 주르당 군대에서 상당수 병력을 빼내 징병 기피자들을 체포하게 해 사태를 더욱 악화시켰고, 뒤이어 셰레르에게 쓸모 있는 모든 병력을 나폴리로 돌리라고 강요해 이탈리아 상실을 기

알렉산드르 수보로프(Aleksandr Vasilevich Suvorov, 1729~1800) 러시아 제국의 네 번째이자 마지막 대원수. 역사상 패배를 경험하지 않은 장군의 하나로 꼽히며 《승리의 과학》이라는 교범을 남겼다.

정사실로 만들었다.

그렇지만 동맹국들은 유럽의 전략적 요충지인 스위스를 향해 진격하기 전에 도나우 강과 포 강 유역에서 대항 세력을 몰아낼 것을 끝까지 고집함으로써 터무니없는 실수를 저질렀다. 그때 오스트리아 장관 투구트(Johann Thugut)는 납득할 수 없는 이유로 카를 대공을 스위스에서 네덜란드로, 수보로프를 이탈리아에서 스위스로 보내는 지휘관 교체를 결정했다. 이 일로 군사 활동이 지체되자 프랑스는 이를 이용했다. 9월 마세나는 제2차 취리히 전투에서 승리했다(5월 제1차 전투에서는 카를 대공에게 패했다). 러시아군은 수보로프 장군이 자리를 옮기던 중에 패주했다. 동맹국들이 군사적으로 저지당한 것보다 더욱 중요했던 일은 패배로 야기된 의심과 상호 비난이었다. 오스트리아와 러시아는 서로 거세게 비난했고, 결국 러시아는 1800년 1월 동맹에서 이탈했다.

네 장군*은 혼동과 분란을 이용해 라인 지역에서 오스트리아군을 격파했다. 네덜란드에서는 기욤 브륀 장군이 영국-러시아 연합군의 모험에 창피스러운 결말을 떠넘겼고 10월에 눈부신 승리를 거두어 요크 공에게 영원한 불명예를 안겼다. 영국군은 타고 떠날 배를 찾느라 허둥댔다. 그 결과 10월 16일 나폴레옹이 파리에 도착했을 때 당면한 군사적 위기는 지나갔고 쿠데타 핑계도 사라졌다. 특히 브륀과 마세나가 거둔 승리 때문에 보나파르트의 선전 조직은 나폴레옹을 공화국에 절실히 필요한 '검'으로 포장하기가 매우 어려워졌다. 나폴레옹은 네와 브륀과 마세나가 새로이 군사 영웅이 되고 변덕스러운 여론이 자신에게서 등을 돌릴 것 같았기에 신속히 움직일 필요가 있었다. 반면 쿠데타를 일으킬 명백한 필요성이 없었기 때문에 극도로

미셀 네(Michel Ney, 1769~1815) 프랑스 혁명 전쟁과 나폴레옹 전쟁에서 싸웠던 지휘관. 나폴레옹이 '용감한 자 중에서도 가장 용감한 자(le Brave des Braves)'라는 별명을 붙여주었다.

신중히 움직여야 했다.

　나폴레옹은 다음 조치를 궁리하는 동안 당장 결정해야 할 일이 있었다. 조제핀을 어떻게 할 것인가? 형제들과 만났을 때 조제프와 뤼시앵은 조제핀이 이폴리트 샤를과 상습적으로 간통한 이야기를 확인해주었다. 두 사람은 1798년 말부터 다시 관계를 맺었다. 샤를은 말메종에 한 번에 몇 주씩 머무르다 방문객이 올 때만 자리를 비웠다. 샤를과 조제핀은 부패의 본보기이기도 했다. 조제핀은 루이 보댕으로부터 군대 납품 계약을 따게 해준 대가로 수임료를 받았을 뿐 아니라 다른 군납업자 콩파니 플라샤에게서도 50만 프랑이라는 적지 않은 사례비를 챙겼다. 10월 16일 나폴레옹이 빅투아르 거리에 있는 집에 도착했을 때 조제핀은 없었다. 예상할 수 있는 일이었다. 나폴레옹은 격노했고 법석을 더 떨 필요 없이 이혼하기로 결심했다. 은행가 장피에르 콜로(Jean-Pierre Collot)가 그 일을 국가 이성의 맥락에서 생각해야 한다고 설명하고 나서야 나폴레옹은 진정했다. 콜로는 나폴레옹이 부정한 아내를 둔 사실이 널리 알려지면 위신이 손상될 것이라고 주장했다. 최선의 길은 최고 권력을 장악할 때까지 기다렸다가 일탈한 아내를 처리하는 것이었다.

　조제핀의 배신이 어느 정도였는지 온전히 알았다면 나폴레옹은 훨씬 더 크게 분노했을 것이다. 조제핀은 바라스에게 나폴레옹이 이집트에서 보내는 편지는 이상하지 않으면 웃긴다면서, 나폴레옹에게는 마음 없는 편지를 보내고 샤를에게는 열정적이고 음탕한 편지를 보내겠다고 말했다. 바라스에 따르면 조제핀은 말이 경솔하기로 악명이 높았다. 조제핀은 남편을 두고 가히 투사(投射)의 걸작이라 할 만한 말을 했다. "그 사람은 자기 자신 이외에 누구도 사랑한 적이 없어요. 지금까지 지구에 살았던 사람들 중 가장 철저하고 잔인한 이기주의자예요. 자기 이익과 야심밖에는 아무것도 모르는 인간이죠."

　나폴레옹은 이렇게 암울한 기운을 알지 못한 채 창피를 주는 것으로 만족했다. 나폴레옹은 가족들이 로셰르 거리로 옮기라고 강력히 재촉했는데도 그대로 머물렀고 문을 잠가 조제핀이 못 들어오게 했다. 나폴레옹은 조제핀의 거대한 옷장을 들어내 수위실로 치웠고 수위에게는 조제핀을 집 안에 들이지 말라고 지시했다. 나폴레옹은 조제핀이 연인과 함께 있다고 추정했다. 그러나 진실은 더 기이했다. 아들 외젠이 보낸 편지와, 일종의 사업상 관계를 발전시키고 있던 푸셰의 내밀한 충고에 깜짝 놀란 조제핀은 조제프와 뤼시앵이 도착해 진실을 말하기 전에 자신의 설명을 믿기를 희망하며 남편을 맞으러 서둘러 남쪽으로 떠났다. 그러나 부르고뉴 거리의 어디에서 남편을 만날 것으로 기대하며 리옹에 도착했을 때 조제핀은 나폴레옹이 부르보네를 경유하는 다른 길을 잡아 이미 북쪽으로 떠난 사실을 알았다. 조제핀은 방향을 돌려 파리로 향했다. 막판에 짙은 안개를 헤치며 피곤한 여정 끝에 딸 오르탕스와 함께 도착했을 때는 나폴레옹이 빅투아르 거리에 닿은 지 48시간 뒤였다.

시간은 밤 11시였다. 수위는 조제핀에게 집 안에 들이지 말라는 명령을 받았다고 말했으나, 조제핀은 눈물 섞인 호소와 협박을 오가며 남편이 있는 집 현관 앞에 이르렀다(설명은 여러 가지로 다양하다). 나폴레옹이 들어오지 못하게 하자 조제핀은 현관 밖 좁은 계단 끝에 앉아 버티면서 나무 문지방 틈으로 측은하게 변명을 늘어놓았다. 외젠과 오르탕스도 도착해 간절하게 애원하며 어머니의 가슴이 찢어졌다는 말과 함께 조제핀을 변호했다. 마침내 나폴레옹은 조제핀을 받아들였다. 처음에는 분노가 폭발하고 호된 질책이 이어졌다가 잠시 감정을 식히는 시간이 찾아왔고 그다음은 섹스의 서막이었다. 이튿날 아침 뤼시앵은 나폴레옹과 조제핀이 침대 안에서 행복한 표정으로 미소 짓는 모습을 발견했다. 보나파르트 가족은 모두 이 예기치 않은 결과에 분개했지만, 레티치아마저도 감히 아무런 말을 못 했다. 그렇지만 부부 사이의 힘의 균형은 결정적으로 바뀌었고, 이때부터 나폴레옹은 정신적으로 우위를 차지했다.

이 밀월 기간에 조제핀은 나폴레옹에게 옛 연인 데지레 클라리에 관한 소식을 전했다. 나폴레옹은 데지레를 뒤포 장군(Léonard Duphot)과 결혼시킬 생각이었으나, 뒤포는 1797년 말 로마에서 암살당해 프랑스가 그 불멸의 도시를 점령하는 계기가 되었다. 1798년 8월 17일 데지레는 베르나도트와 결혼했다. 명백하게 단지 결혼하고 싶은 마음 때문이었지 그 가스코뉴인에게 한눈에 반한 것은 아니었다. 그 결혼은 위험한 정치적 경쟁자를 제압하거나 흡수하려는 보나파르트 가문의 계획이었다. 조제프와 뤼시앵 부부가 결혼식에 참석했고, 데지레는 이제 언니 쥘리(조제프의 아내)에게 베르나도트 집안의 모든 정보를, 누가 방문했는지, 무슨 얘기가 오갔는지, 나폴레옹에 대한 태도는 어떤지 정기적으로 전달했다. 조제핀은 분명 데지레의 환심을 사려고 애썼으나 데지레는 조제핀을 매우 싫어했고, 보나파르트 집안에서 나폴레옹의 아내를 유일하게 귀여워하는 쥘리 앞에서 조제핀을 흉내 내어 조롱하곤 했다.

보나파르트 집안의 확대가족의 역학 관계는 점차 복잡해졌다. 변함없는 것은 나폴레옹 가족의 모든 여성, 즉 레티치아, 폴린, 특히 엘리자가 조제핀에게 느끼는 증오였다. 데지레의 혐오감은 단순한 시기로 더 쉽게 설명할 수 있다. 데지레가 여전히 나폴레옹에게 취해 있었으며 조제핀을 내쫓고 다시 나폴레옹을 차지하려는 꿈을 꾸었다는 증거도 있다. 데지레는 1799년에 아이를 낳자 나폴레옹에게 아이의 대부가 되어 달라고 청했다. 청에 담긴 의미는 분명했다. 데지레는 임신할 수 있었지만 조제핀은 그럴 수 없었다. 나폴레옹은 아이의 이름을 자신이 좋아하는 맥퍼슨의 서사시의 주인공 오이신을 따라 오스카로 지을 것을 요구했고, 데지레는 당연히 받아들였다. 데지레는 베르나도트 무리의 과격한 자코뱅파와 보나파르트 일파 사이의 중요한 연결고리였다. 데지레는 남편을 감시하는 밀정 노릇까지 하면서 나폴레옹의 야심을 지원했다. 베르나도트는 데지레에 흠뻑 빠져 알고도 모른 척했다. 그러나 데지레는 성적 질투의 중심이기도 했다. 나폴레옹은 베르나도트 같은 적이 '나의' 외제니와 결혼한 것에 분개했으며, 베르나도트는 나폴레옹이 아내의 처녀성을 빼앗았다는 사실에 씨근거렸다.

나폴레옹은 불구대천의 원수를 만드는 재주가 있었는데, 최악의 숙적이 장 베르나도트였다. 키가 크고 홀쭉하고 핏기 없는 얼굴에 커다란 매부리코를 지닌 베르나도트는 무어인 혈통이라는 소문이 있었지만 나폴레옹의 여러 부하들처럼 사실 가스코뉴 사람이었다. 정력적이고 무자비하고 거짓말을 잘하고 믿을 수 없는 인간이었던 베르나도트는 자코뱅주의를 신봉한다고 공언했는데 그의 정치 '교육'은 하사관 식당에서 이루어진 것이었다. 동료 가스코뉴인 뮈라가 계속해서 강한 사투리를 쓴 것과 달리 베르나도트는 말씨를 다듬었고 거친 태생을 감추려고 얼마간 노력을 기울였다. 베르나도트는 더할 나위 없이 자기 중심적인 사람으로서 정치적 신념이란 언제나 출세를 위한 가면이었을 뿐이다. 베르나도트는 많은 이들의 미움을 받았는데 이는 당연했다. 프레데리크 마송은 베르나도트를 이렇게 묘사했다. "자코뱅과 교사 중에서 가장 참기 어려운 자, 가스코뉴인의 명민함이라고는 조금도 갖지 못한 베아른(Bearn, 가스코뉴 지방의 한 지역) 사람, 자신에 관한 말을 재치 있게 받아넘기지 못하는 자, 그렇지만 치밀한 타산 속에 속내를 숨기고 있는 자, 스탈 부인을 제일가는 공론가라는 이유로 여인 중 최고라고 존중한 자, 신혼여행 기간을 어린 아내에게 문서를 받아 적게 하면서 보낸 자."

신경질적이며 편집증이 있는 허풍쟁이 베르나도트는 언제나 자신의 능력을 넘어서는 야망을 품었다. 1798년 오스트리아에 대사로 가 있던 두 달간의 임기는 큰 실패였는데 1799년 7월 육군장관이 되어 보여준 두 달간의 어처구니없는 활동과 잘 어울린다. 총재정부의 떠오르는 별이었던 시에예스는 육군부에서 베르나도트의 음모와 허영에 들뜬 기괴한 짓을 점차 참을 수 없게 되었다. 상황을 결정지은 마지막 지푸라기 하나는 브륀이 승리를 거둔 후에 나타났다. 베르나도트는 어느 가스코뉴 사람에게 육군부 책상머리에 앉아 있느니 차라리 병사로 전장에 나가겠다는 취지의 말을 했다. 시에예스는 돌연 베르나도트를 해임했는데, 베르나도트는 신문에 '사직서'를 누출해 마지막 말을 하는 데 성공했다. 그 글에서 베르나도트는 빈정대듯이 "내가 제출하지도 않은 사직서를 받아준 것에" 시에예스에게 감사를 표했다.

베르나도트가 나폴레옹을 증오했다는 얘기는 전설처럼 전해지는데 이것은 논의의 여지 없이 확실하다. 나폴레옹이 전혀 예상치 않게 프랑스에 도착했을 때, 베르나도트는 총재정부에 나폴레옹을 체포해 군사재판에 회부하라고 제안했다. 이집트에서 군대를 탈영하고 검역 규정을 회피한 혐의를 적용하라는 것이었다. 나폴레옹 밑에 있던 장군들 중 빅투아르 거리로 찾아가 이집트에서 무사히 귀환한 것을 축하하지 않은 사람은 베르나도트밖에 없었다. 베르나도트는 나폴레옹이 이집트에 군대를 남겨 두고 온 이유를 설명할 때까지 장군들이 나폴레옹을 위해 마련한 공식 만찬에 찬성하지 않았다. 나폴레옹이 검역을 거치지 않아 역병을 들여왔을 수 있으므로 역병에 걸린 장군과는 함께 식사할 뜻이 없다고 덧붙였다.

그러나 베르나도트는 나폴레옹이 파리에 도착한 뒤 총재정부의 허약한 지위를 평가하기 위해 피하거나 제압해야 할 한 무리의 위험한 정적 중 한 명이었을 뿐이다. 나폴레옹에게는 다행스럽게도 나머지 정적 중 베르나도트처럼 야망이 과도한 자는 거의 없었다. 시에예스는 총재정부를 뒤엎을 자신만의 계획에 이미 돌입했지만 '검'이 필요했다. 시에예스는 먼저 주베르를 선택했으나 주베르는 이탈리아에서 죽었다. 두 번째 선택은 마크도날이었는데 참여하기를 거부했고, 호엔린덴의 승자인 모로도 마찬가지였다. 모로는 나폴레옹이 프랑스에 들어왔다는 소식이 알려진 10월 14일 시에예스에게 주저한 이유를 설명했다. "저기 그대의 사람이 있소. 그는 당신의 쿠데타를 나보다 더 잘해낼 것이오."

그렇지만 나폴레옹은 1799년 10월 최고 권력을 얻고자 노력하는 중에 굉장히 복잡한 상황에 직면했다. 유일하게 확실한 것은 총재정부가 경제적 이유로 신임을 잃었다는 사실이었다. 총재정부를 지탱한 힘은 군대였고, 그 결과 부패의 협력 관계가 확립되었다. 군 장교들과 위임관들은 제 주머니를 채우려고 약탈과 징발의 권리를 요구했고, 총재정부는 군대의 요구에 굴복할 수밖에 없었거니와 정부로서도 은행가와 군납업자, 기타 채권자들에게 진 빚을 갚고 세수를 거두려면 전리품이 필요했다. 그러나 인플레이션이 총재들의 위치를 흔들었다. 1794년 금화 1프랑은 지폐 75프랑의 가치였는데, 1798년이 되면 금화 1프랑에 지폐 8만 프랑으로 환율이 급등했다.

총재정부는 해결할 수 없는 재정 상황을 물려받았다. 국가는 사실상 파산했고, 신용은 붕괴되었으며, 가치 없는 아시냐는 회수되었다. 전쟁 비용을 마련할 수단이라곤 과세밖에 남지 않은 상황에서 총재들은 단호하게 움직여 상당한 개혁을 시행하고 세제를 개선하기도 했다. 그러나 인플레이션을 피할 방법은 없었으며, 절실한 화폐 수요는 왜 군대와 정부가 서로 협력해 정복지에서 강제로 수입을 빼냈는지 설명해준다. 한편 정부는 지속적으로 적의 목록을 늘렸다. 총재들은 이미 반교권주의로 가톨릭교회와 소원해졌고 보수주의로 자코뱅과 불화했는데, 부자들에게 강제로 세금 1천만 프랑을 부과해 특권층의 신망도 잃었다. 그렇다고 도시 빈민, 즉 상퀼로트의 지원을 기대할 수도 없었다. 버터와 치즈는 이미 사치품이 되었고, 설탕은 아주 조금씩 배급되었으며, 기본 생필품은 가격이 엄청나게 뛰었다. 커피 250그램은 210프랑, 초 한 상자는 625프랑, 나무 2세제곱미터는 7,300프랑이었다. 많은 집들이 천장에 설탕 한 덩어리를 매달아놓고 커피 한 잔에 2~3초 담갔다 빼는 처지로 내몰렸다.

　총재정부의 부패는 믿기 어려울 정도였고, 정부를 향한 증오도 그에 비례했다. 네 명의 도적을 주인공으로 한 가극 〈소굴〉이 상연된 첫날, 어느 익살스러운 청중이 소리쳤다. "네 명뿐이야? 다섯 번째 놈은 어디 갔어?" 극장 전체가 웃음으로 뒤집어지고, 배우들은 청중에게 박수를 보냈다. 그 시절의 다른 많은 이야기들도 총재들이 지독하게 인기가 없었음을 증언한다. 라루아 거리에서 향수를 팔던 행상인은 부채를 팔아 부자가 되었다고 한다. 그 부채에는 다섯 개의 촛불이 그려져 있었는데, 가운데 촛불이 나머지 네 개보다 컸으며 뒷면에는 이런 글귀가 적혀 있었다. "네 개는 없애라. 절약해야만 한다." 불어만 가는 총재정부의 피보호자들과 식객에 관한 다른 이야기는 '50만회의'에 편지를 보냈다는 어느 가스코뉴인과 관련되었다. 그 가스코뉴인은 쓸데없이 0을 세 개나 더 추가했다고 비난을 받자 실제 숫자보다 더 많이 추가할 수는 없었다고 답변했다. 나폴레옹이 아부키르에서 승리했다는 소식이 파리에 전해졌을 때는 총재정부의 적들이 작은 창과 상추, 쥐가 그려진 펜던트를 걸고 다녔다. 그 수수께끼 그림은 빨리 읽으면 "혁명력 7년이 그자들을 죽이리라(랑 세트 레 튀에라, L'An Sept les tuera)."였다.*

　그러나 총재정부가 무능력하게 어느 사회 세력도 만족시키지 못하여 운이 다한 것처럼 보였다고 해도, 무엇이 총재정부를 대신할 수 있었을까? 현상 유지 지지자들을 제외하면 총재들이 기반을 상실할 경우 권력을 두고 경쟁할 주요 집단은 3개였다. 아마도 가장 강력한 집단은 군주제 지지자들이었을 것이다. 군주제주의자들은 방데미에

---

* 작은 창은 프랑스어로 랑세트(lancette), 상추는 레튀에(laitue), 쥐는 라(rat)인데, 이 세 단어를 연달아 발음하면 위 문장과 비슷한 발음이 나는 것을 이용한 풍자이다.

르와 프뤽티도르에 권력을 장악하려다 아슬아슬하게 실패했다. 남부
와 서부에서 유달리 강력했던 왕당파는 구체제로 복귀하기를 바라는
아르투아 백작*을 지지하는 극단적 왕정주의자들과 입헌군주제를
옹호하는 자들로 분열하여 내분을 겪음으로써 기회를 날렸다. 일부
는 부르봉 왕실의 복귀가 불가피하다고 보았지만, 그 가능성이 현실
이 되면 부르주아와 농민, 상인, 사업가, 군납업자, 그밖의 모든 부
당 이득자까지 너무 많은 사람들이 무엇인가를 잃어야 한다는 난관
이 있었다. 중간계급 중에서 몰수 재산(완곡한 표현으로는 '국유재산')
을 매입할 수 없는 자들은 연금 생활자와 자유직 종사자처럼 자본이
없는 사람들뿐이었다.

좌파에는 지방에서 선거를 통해 의회에 진출한 강력한 세력으로서
프티부르주아와 숙련공, 소상점주의 지지를 받은 신자코뱅파가 있
었다. 이들은 이론상으로는 여전히 자코뱅인 격렬한 뤼시앵 보나파
르트가 의장으로 선출된 오백인회에서 큰 영향력을 행사했지만 원로
원에서는 대표성이 없었다. 신자코뱅파는 그라쿠스 바뵈프의 실패를
보며 극단주의를 지지하는 유권자가 없다는 사실을 깨닫고 민주주
의 확대, 총재 책임과 지역 자치 확대 같은 온건한 정책을 채택했다.
1799년에 볼모법을 통과시켜 망명귀족의 친척들에게 프랑스 내에서
자행된 범죄의 책임을 물은 자들이 자코뱅이었다. 총재들이 부자들
에게 국채 매입을 강요한 것도 자코뱅의 고집 때문이었다. 자코뱅의
약점은 이들이 특수한 이해 관계자들의 동맹에 불과하다는 점에 있
었다. 자코뱅은 1799년 9월 베르겐과 취리히 전투에서 승리를 거둔
후 비상 권력과 공안위원회의 매력이 약해지면서 권력이 기울었다.
치안장관 푸셰가 그때까지 총재정부의 걱정거리였던 자코뱅 클럽인
'헌법의 벗 협회'를 쉽게 폐쇄할 수 있었던 것이 시대의 징후였다.

아르투아 백작 본명은 샤를 필리프이다. 루이 16세와 루이 18세의 동생으로서 1824년 샤를
10세(Charles X, 1757~1836)로 즉위한다.

세 번째 집단은 테르미도르파였다. 테르미도르파는 혁명을 '있는 그대로' 끝내 국유재산 매각의 수혜자로 남기를 원했다. 이들은 자코뱅의 진정한 사회 혁명도, 군주제 복귀도 원치 않았다. 테르미도르파는 본질적으로 1794년에 로베스피에르가 몰락한 때부터 권력을 잡고 있던 혁명기 의회들의 노련한 의원들로서 이제는 정권의 겉모습만 바꾸기를 원했다. 그렇게 되면 총재정부의 이미지 때문에 명예를 더럽히는 일 없이도 경제적 이득은 계속 보유할 수 있었다. 테르미도르파는 오로지 일련의 불법 행위로 권력을 장악한 자들이었는데, 그중에서도 왕당파를 겨냥한 3분의 2법과 자코뱅을 겨냥한 플로레알 쿠데타*가 특히 중요했다. 테르미도르파의 특징은 권력을 지키기 위해 당파 내의 가장 약한 자들을 가차 없이 희생시키는 것이었다. 근본적으로 이들은 당시 워싱턴과 제퍼슨이 이끄는 미국과 상당히 비슷한, 부자의 이익에 헌신하는 공화국을 원했다.

왕당파 운동의 거물들은 망명 중이었고 자코뱅파 인물들은 베르나도트, 주르당, 오주로 같은 장군들이었기 때문에, 나폴레옹은 1799년 10월 16일에서 11월 9일에 이르는 결정적 기간에 테르미도르파와 다섯 총재를 가장 주목했다. 총재 중 물랭 장군(Jean-François-Auguste Moulin)과 로제 뒤코(Pierre Roger Ducos)는 중요하지 않은 인물로서 보잘것없는 존재였다. 세 명의 주요 인물은 바라스, 시에예스, 고이에였다. 바라스는 여전히 표면적으로 핵심 인물이고 조제핀을 통해 아직도 보나파르트와 연결되어 있지만 변덕이 심하고 은밀히 왕당파에 찬성하는 자로 드러났다. 고이에와 부하 물랭은 현상 유지를 지지했지만, 고이에가 육체적으로 조제핀에게 끌렸기 때문에 권력 투쟁이 벌어지면 나폴레옹이 고이에를 제압할 가능성은 분명히 존재했다.

플로레알 쿠데타(Loi du 22 floréal an VI) 1798년 5월 11일 통과된 법으로 무혈 쿠데타라고 할 수 있다. 이 법으로 오백인회 좌파 의원 106명이 쫓겨났다.

총재정부에서 가장 위험한 인물은 마흔한 살의 에마뉘엘 조제프 시에예스였는데, 나폴레옹이 이집트에 있는 동안 총재정부에서 바라스의 최고 지위를 서서히 빼앗았다. 시에예스는 당통을 배신했으며 뒤이어 로베스피에르도 배신했고, 공포정치 시기에 무슨 일을 했느냐는 질문에 이렇게 대답했다. "살아남았다." 이 잔인하고 냉소적인 인간은 바라스를 정조준했고 그 목적을 이루고자 탈레랑, 푸셰, 뤼시앵 보나파르트를 포함한 음모자들로 느슨한 동맹을 구축했다. 성질 급한 뤼시앵은 과거 파올리를 고발해 보나파르트 가족을 재앙으로 이끌 뻔했던 적이 있었는데 이번에도 깊이 생각하지 않고 움직여 일을 그르칠 뻔했다. 뤼시앵은 먼저 바라스가 나폴레옹과 군대의 핵심 정예 부대를 제거하려고 일부러 '아라비아의 사막'으로 보냈다고 소문을 퍼뜨렸다. 뤼시앵은 의도를 감추려고 탈레랑과 바라스를 공동 책임자로 묶어버렸다. 바라스는 무례한 애송이를 어떻게 처리해야 할지 알고 있었다. 바라스는 뤼시앵이 불법적으로 연령이 미달인 신병들을 모집했다는 것을 오백인회에 안건으로 올렸다. 뤼시앵은 아직 축출되지는 않았지만 체면을 세우려고 바라스를 고발한 것에서 발을 빼면서 계속 허세를 부려야 했다. 그 결과 뤼시앵은 어리석게도 함께 음모를 꾸민 탈레랑만이 자신의 형과 그 부대를 사지로 몰아넣었다고 비난하게 되었다.

8월에 시에예스는 일이 계획대로 진행된다고 확신했는데, 여기에는 그럴 만한 이유가 있었다. 1789년 국민의회 의원, 1797년 프뤽티도르 쿠데타의 주역이자, 1798년 베를린 외교 사절단의 노장 시에예스는 혁명력 3년의 1795년 헌법에 오랫동안 반대했다. 시에예스는 앞잡이 로제 뒤코의 지원을 받아 1795년 헌법에 대한 증오를 키워 갔으며 줄기차게 그 헌법을 파괴하고자 했다. 헌법을 수정하려면 9년의 대기 기간이 필요했으므로, 시에예스가 목적을 달성할 유일한 방법은 쿠데타뿐이었다.

1799년 5월 총재정부의 5인 총재 중 한 명이 된 시에예스. 그는 군사 영웅 나폴레옹을 자신의 '검'으로 쓰는 쿠데타를 계획했으나 정작 나폴레옹의 야심과 능력을 잘못 판단했다.

　10월 16일에 나폴레옹이 파리에 도착하면서 이데올로기, 정책, 인물들이 어지럽게 뒤섞인 상황에 새로운 불확실성 요인이 추가되었다. 필시 조제핀 때문이겠지만 고이에는 16일에 나폴레옹을 성심껏 영접하고 베르나도트가 제안한 군법회의를 거부했다. 그러나 이튿날 총재정부의 전체 회의에서 분위기는 확실히 싸늘했다. 둥근 모자를 쓰고 올리브색 프록코트를 입고 허리에는 튀르크의 언월도를 차고 나타난 나폴레옹은 알아채지 못한 척하면서 자신은 총재정부 편이라고 안심시켰다. 그러나 회의 직후 나폴레옹은 빅투아르 거리의 자기 집에서 자신을 한편으로 끌어들이려는 적대적인 두 집단의 음모가들로부터 성가신 괴롭힘을 당했다. 10월 19일과 20일에 나폴레옹은 방문객들에게 몹시 시달렸다. 24시간 동안 방문한 엘리트로는 탈레랑과 뢰데레*, 레노, 마레(Hugues-Bernard Maret, 1763~1839), 브뤼(Étienne Eustache Bruix, 1759~1805), 불레 드 라 뫼르트*, 브뤼에스가 있었다. 나폴레옹은 막 화해한 조제핀에게만 관심이 있는 척했다. 탈레랑과 브뤼에스, 뢰데레가 저녁 식사 후 빅투아르 거리를 방문했을 때 두 사람은 트릭트랙(여럿이 하는 주사위 놀이)을 하고 있었다.

나폴레옹이 1799년 10월 후반부 보름 동안 마음을 숨긴 것은 영리한 행동이었다. 나폴레옹은 학술원 업무에만 관심 있는 척하는 이전 책략을 다시 썼으며, 동시에 주요 총재들을 잘 살폈다. 나폴레옹은 먼저 총재가 되려는 의도에서 고이에에게 제안했다. 고이에는 매우 친절했으며 시에예스가 나폴레옹을 사살하자고 제안한 대화를 전하면서 마흔 살로 정해진 총재의 연령 하한선 규정을 피할 방법이 없다고 유감을 표했다. 그다음에 나폴레옹은 조제핀의 영향으로 바라스에게 마음이 기울었다. 바라스는 이 위험한 침입자를 제거하고 싶었으므로 나폴레옹에게 다시 전장으로 나가라고 제안했다. 나폴레옹은 건강 때문에 파리에 머물러야겠다고 침착하게 대답했다. 언쟁이 지속되었고, 10월 30일 어느 만찬에서 바라스는 나폴레옹에게 당장 돌아가 이탈리아 방면군을 지휘해야 한다고 권함으로써 공개적으로 나폴레옹을 모욕했다. 나폴레옹은 분위기를 떠보는 짓은 그만두기로 결심했다. 11월 4일 나폴레옹은 바라스에게 총재정부를 바꾸려는 쿠데타가 일어나면 어떻게 대처하겠냐고 퉁명스럽게 물었다. 바라스는 그런 생각을 결코 용납지 않겠다고 말했다. 결국 나폴레옹에게는 진정 싫어하는 인간인 시에예스에게 운명을 던지는 길밖에 달리 선택의 여지가 없었다.

한편 나폴레옹은 위험한 독불장군 베르나도트를 무시하려 했다. 이 가스코뉴인은 빅투아르 거리로 와서 특유의 정나미 떨어지는 태

피에르 뢰데레(Pierre Louis Roederer, 1754~1835) 혁명 전에 애덤 스미스의 찬미자가 되어 내국관세의 폐지를 주장하는 논문과 삼부회의 대표성에 관한 소책자를 썼다. 삼부회와 제헌의회 대표를 지냈다. 보나파르트의 브뤼메르 쿠데타에 참여했으며 통령정부에서 원로원 의원을 지냈으며, 조제프 보나파르트의 나폴리 왕국에서 재무장관을 지냈다.
불레 드 라 뫼르트(Boulay de la Meurthe, 1761~1840) 혁명이 일어났을 때 변호사였다. 혁명의 대의를 지지했으나 온건한 노선을 따랐으며 공포정치 시절에는 도피했다. 오백인회의 의원이었고 총재정부를 무너뜨리는 데 적극 기여하여 새로운 헌법의 초안을 마련할 헌법위원회의 의장을 맡았다.

도로 나폴레옹이 사사로운 목적을 위해 총재정부의 부패를 과장한다면서 이렇게 덧붙였다. "나는 공화국을 단념하지 않을 것이며 공화국이 안팎의 적들을 격퇴하리라고 확신하오." 베르나도트는 '안'이라는 말을 내뱉을 때 나폴레옹을 응시했다. 당황한 조제핀이 재빨리 주제를 바꾸었다. 며칠 후 나폴레옹은 다시 시도했다. 나폴레옹과 조제핀이 시살핀 거리의 베르나도트 집을 방문해 만찬을 나눈 뒤 두 가족이 몽트퐁텐에 있는 조제프의 별장으로 말을 달렸다. 그곳 정원에서 나폴레옹과 베르나도트는 한 번 더 격렬하게 언쟁을 벌였다.

이제 쿠데타의 상세한 계획이 진행되었다. 나폴레옹은 라빅투아르 거리에서 시에예스와 로제 뒤코와 수없이 만났다. 모의에 가담한 푸셰는 경찰이 방해하지 못하도록 확실하게 조치했다. 나폴레옹, 시에예스, 탈레랑, 푸셰, 뒤코만 음모의 모든 내용을 알고, 나머지 사람들은 '필요한' 정보만 들었다. 전직 성직자 시에예스와 푸셰와 탈레랑은 자코뱅이자 병적으로 기회주의적이고 자기 중심적인 베르나도트는 신뢰할 수 없으므로 몰아내야 한다는 데 나폴레옹과 의견을 같이했으나, 막판까지 바라스를 같은 편으로 끌어들이기 위해 노력을 기울였다. 쿠데타 준비에서 중요했던 날은 11월 6일이다. 시에예스와 나폴레옹은 마침내 극심한 차이를 수습하고 쿠데타 이후 위원회를 수립해 새로운 헌법을 제정한다는 데 합의했다. 의회에서도 무력 시위의 도움을 받아 총재정부에 타격을 입힐 예정이었다. 한편 조제프, 탈레랑, 푸셰는 6일 하루를 바라스를 회유하느라 헛되이 써버렸다. 실망스러운 하루는 그날 저녁 승리의 사원(이전의 생쉴피스 교회)에서 열린 기부 만찬으로 사실상 어처구니없이 끝났다. 나폴레옹과 모로가 주빈이었으나, 나폴레옹은 마지못해 참석했고 자기가 먹을 음식으로 약간의 빵과 배 한 개, 포도주 한 병을 가져와 아무도 믿지 않는다는 점을 분명히 했다. 베르나도트, 주르당, 오주로 등 자코뱅 장군들은 참석을 거부함으로써 소극을 완성했다.

거사 날짜가 11월 7일로 잡혔지만, 마지막 순간에 핵심 음모자 몇 명이 겁을 먹었다. 나폴레옹은 그들이 마음을 정할 수 있도록 24시간 여유를 주었고, 쿠데타 날짜는 나폴레옹이 금요일에 관한 미신을 믿은 까닭에 토요일인 11월 9일로 연기되었다. 7일에 나폴레옹은 자코뱅파의 의심을 가라앉히려고 탈레랑, 볼네, 뢰데레를 데리고 베르나도트의 집에서 자코뱅파의 다른 거두 주르당과 모로와 식사를 함께 들었다.

브뤼메르 17일(1799년 11월 8일) 저녁 마침내 모든 준비가 완료되었다. 보나파르트는 헌법 개정을 강행하는 대가로 시에예스로부터 임시 통령(consul) 자리를 약속받았다. 나폴레옹과 조제핀은 법무부에서 시에예스의 충복 중 한 명인 장자크 캉바세레스*와 함께 일찍 식사를 했다. 캉바세레스는 저명한 법학자요 프리메이슨 단장이었고 파리의 동성애자 연락망의 중심 인물이었다. 캉바세레스는 베르나도트를 염려했으나, 나폴레옹은 무력하게 만들 방법을 찾았다고 안심시켰다. 집으로 돌아온 나폴레옹은 신중하게 이튿날을 준비했다. 나폴레옹의 목적은 물리력을 동원해 총재들을 사임하도록 하는 것이었다. 그런 다음 오백인회와 원로원의 두 의회가 새로운 헌법을 공포해야 했다. 이와 동시에 적이 될 수 있는 모든 세력을 제압해야 했다. 그러나 나폴레옹과 시에예스의 목적이 이미 엇갈렸다는 점을 분명히 하는 것이 중요하다. 시에예스는 무력 시위의 지원을 받아 거의 평화적인 권력 이양을 예상했지만, 나폴레옹은 군대에 한층 더 중요한 역할을 부여할 생각이었다.

나폴레옹은 이튿날을 위한 계획을 세심하게 짜느라 앞 주에 잡아 놓았던 저녁 모임에 나갈 여유가 없었다. 바라스와 만날 작정이었는

장자크 캉바세레스(Jean-Jacques-Régis de Cambacérès, 1753~1824) 총재정부 말기인 1799년에 법무장관이 되었고 나폴레옹의 브뤼메르 쿠데타를 지원했다. 흔히 '나폴레옹 법전'이라고 부르는 새로운 민법의 초안을 작성했다.

데, 바라스를 속이는 동시에 망설이는 자들에게 바라스가 같은 편이라고 납득시키려는 조치였다. 오후 11시 나폴레옹은 부리엔을 바라스에게 보내 '두통' 때문에 갈 수 없다고 전했다. 부리엔에 따르면 바로 그때 바라스는 무슨 일이 닥칠지 처음으로 알아차렸다. 바라스는 이렇게 답했다고 한다. "내가 속았다는 것을 아네. 보나파르트는 오지 않을걸세. 이제 끝이지. 그렇더라도 그는 나에게 모든 것을 빚지고 있지." 바라스는 적어도 고이에보다는 통찰력이 있었다. 고이에는 브뤼메르 18일 아침까지도 아무런 의심을 하지 않았다. 나폴레옹과 푸셰는 고이에를 몹시 얕보았기에 정교하게 허튼수작을 부렸다. 어느 오후 보나파르트 부부와 고이에가 차를 마시고 있는데 푸셰가 들어왔다. 푸셰는 공모자들의 회의를 막 끝내고 온 길이었는데, 사방에서 음모 소문이 돌아 피곤하다며 장광설을 늘어놓았다. 고이에는 소문에는 일말의 진실도 없다고 조제핀에게 장담했다. 만일 그렇지 않다면 치안장관이 숙녀를 앞에 두고 그토록 무서운 정보를 되풀이하지는 않으리라는 얘기였다.

11월 9일(브뤼메르 18일) 나폴레옹은 새벽 5시에 일어나 쿠데타 실행에 들어갔다. 언제나 미신에 사로잡혀 있던 나폴레옹은 아직 어둑어둑한 하늘에서 자신의 '행운의 별'이 어디 있는지 찾았다. 안심한 나폴레옹은 서둘러 옷을 입으며 휘파람으로 당대의 인기 있는 민요를 흥얼거렸다. "내겐 눈길 한 번 주지 않는군요, 마리네트." 그런 다음 과반수가 시에예스 지지자인 원로원의 모든 의원에게 회장을 돌려 나라에 위급한 문제가 있으니 오전 7시에 튈르리 궁 긴급 회의에 참석하라고 알렸다. 오전 6시 계획대로 세바스티아니 대령(Horace François Bastien Sébastiani)이 지휘하는 용기병 400명이 최종 명령을 받아 튈르리 궁으로 향했다. 딸그락거리는 말발굽 소리에 잠옷 차림 시민들이 덧문을 열고 눈을 비비며 창밖을 내다보았다. 푸셰의 밀정 한 사람이 그때 사람들이 수군거린 말을 적어 두었다.

"그러니까 오늘이 쓰레기를 치우는 날인가?"

"아마도 그럴 거야!"

"그렇다면 오늘밤 왕이 나오겠군."

"제발 입 좀 다물어."

"들은 얘기를 그대로 할 뿐이야. 바라스가 프로방스 백작을 청해 왕위에 앉힌다던데……."

"입 닥치라고! 겨우 왕이나 다시 보자고 혁명을 했던 게 아니야. 우리에게 필요한 것은 훌륭한 공화주의자야. 진정으로 품위 있고 청렴한 그런 사람. …… 보나파르트 장군이 돼지 다섯 마리를 치워버리기로 결심했겠지."

오전 6시 30분 긴급 소집에 응한 장군들인 뮈라, 란, 베르디에, 모로, 마크도날이 나폴레옹의 집에 속속 도착했다. 잠시 후 조제프가 베르나도트를 대동하고 나타났다. 베르나도트는 장군들 중 혼자 제복을 입지 않았다. 나폴레옹이 베르나도트에게 왜 사복을 입었냐고 냉랭하게 묻자 이 가스코뉴인은 근무 시간이 아닐 때는 늘 그렇게 입는다고 답했다. 나폴레옹이 말했다. "곧 근무 시간이 될 거요." 그러나 베르나도트는 이리저리 오가며 공화국에 해를 끼치는 일은 하지 않을 것이며 흔들리지 않겠다고 맹세했다. 나폴레옹이 베르나도트에게서 얻은 최선의 답은 그날 일이 진행되는 동안 중립을 지키겠다는 약속이었다. 베르나도트가 그날 약속을 확실하게 지키도록 미행하는 임무는 조제프에게 떨어졌다.

빅투아르 거리에 소집된 자들 중에는 파리의 군사 총독 프랑수아 르페브르 장군(François Joseph Lefebvre)도 있었다. 나폴레옹은 자기를 도와 공화국을 구하자고 요청했다. 르페브르는 그저 바라스가 한편인지 물었고, 그렇다는 (거짓) 답변을 듣자 지원을 약속했다. 나폴레옹의 다음 계획은 고이에를 호출한 뒤 사건에 개입하지 못하도록 억류하는 것이었다. 나폴레옹은 조제핀에게 연애편지처럼 꾸며 편지를 보내게 해 고이에를 아침 8시 식사에 초대했다. 이전에는 보나파르트 부부의 조찬 초대가 언제나 10시였기 때문에, 우둔한 고이에도 수상쩍게 생각하고 아내를 대신 보냈다. 고이에의 아내가 도착하자 나폴레옹은 분노해 남편을 불러오라고 요구했고, 갑절로 놀란 고이에 부인은 남편에게 전갈을 보내 절대로 초대에 응하지 말라고 경고했다.

한편 원로원은 튈르리 궁에서 오전 7시부터 회의에 들어갔다. 시에예스는 과반수의 지지자들을 이용해 의원들을 공포로 몰아넣고 자코뱅파의 음모에 희생되는 일이 없도록 의회를 파리 외곽 생클루 성으로 옮기는 법안에 찬성하게 했다. 헌법에 따라 상하 양원 입법부의 자리를 결정하는 것은 상원인 원로원이었다. 4개 조항의 법령으로 입법부는 생클루 성으로 옮기기로 했고, 회기는 브뤼메르 19일 정오까지 정회되었다. 두 입법부의 기능은 그때까지 정지되었다. 셋째와 넷째 조항에서 '보나파르트 장군'은 법령 발효의 책임을 위임받았고 정식으로 원로원에 소환되어 충성을 맹세해야 했다.

오전 8시 30분 나폴레옹은 말에 올라 (베르나도트를 제외한) 모든 군사 인재들의 수행을 받으며 튈르리 궁으로 향했다. 나폴레옹은 성큼성큼 원로원으로 들어가, 정작 공화국을 뒤엎고 있으면서도 공화국을 지키겠다고 엄숙히 맹세했다. 베르티에, 마르몽, 르페브르 장군들이 "선서합니다."라고 일제히 외치는 소리가 울려 퍼지면서, 일부 의원들은 눈치채지 못한 불길한 군사적 차원이 새롭게 열렸다. 나폴레옹은 법령을 받아들여 파리 지역에 주둔한 모든 군대의 총사령관이 되자마자 곧장 총재정부의 호위대 지휘권까지 포함하도록 법령을 바꾸었다. 그런 뒤에 부대 앞에서 총재정부가 군대의 영웅적 희생을 어떻게 배신했는지 실제와 소문을 곁들여 분노를 일깨우는 연설을 했다. 이미 나폴레옹은 진짜 군사 쿠데타라는 관점에서 사고하고 있었으며 시에예스를 처리할 때를 기다리고 있었다.

오전 11시 원로원이 법령을 포고했다는 소식이 오백인회에 전해졌다. 항의가 조금 있었지만 생클루 궁으로 이전한다는 생각에 실제로 저항하는 이는 없었다. 한편 고이에와 장 물랭은 시에예스와 로제 뒤코가 뤽상부르 궁에 없다는 사실을 알고 튈르리 궁으로 향했다. 나폴레옹은 두 사람에게 바라스가 총재직을 사임했고(사실이 아니었다) 시에예스와 뒤코도 따랐으며(사실이었다) 그래서 이제 총재정부는 존재하지 않는다고 알렸다. 그러나 두 사람은 나폴레옹이 사임을 요구하자 거부했다. 고이에는 그뿐 아니라 나폴레옹에게 파리의 전군 지휘권을 부여한 원로원의 법령이 합법적인지 따져 물었다. 두 총재가 적의 구심점이 될 잠재력을 지녔기에 나폴레옹은 두 사람을 뤽상부르 궁까지 호위한 뒤 가택에 연금했다. 모로 장군은 초병을 붙여 사람 출입을 막으라고 명령했으며, 고이에는 그날 밤 아내와 함께 잘 수 없었다고 주장할 정도로 감시가 철저했다.

한편 탈레랑은 바라스를 상대했다. 탈레랑과 브뤼 제독은 11시가 지난 직후 바라스의 집에 도착해 다른 네 총재가 사퇴했다고 (역시 거짓으로) 알렸다. 보나파르트가 행동에 나선 이유는 공화국이 더없는 위험에 빠졌기 때문임을 확실하게 전달했다. 그런 상황에서 분명 바라스는 사임에 반대할 뜻이 없었다. 바라스는 말없이 서명했고 "기쁜 마음으로 보통 시민으로 돌아간다."라는 짧은 글을 덧붙였다. 바라스는 그로스부아의 시골 저택으로 출발했다. 오전에 벌어진 사건은 돈이라면 마다 않는 탈레랑에게 눈부신 승리였다. 나폴레옹은 필요하면 바라스에게 뇌물로 주라며 탈레랑에게 200만 프랑을 주었다. 바라스가 다툼 없이 굴복하자, 탈레랑은 기뻐하며 그 돈을 착복했다. 바라스의 무기력함은 놀라운 일이었으며, 바라스가 보나파르트와 조제핀의 배반에 충격을 받아 일시적으로 '의식의 분열'을 겪고 마비 상태에 가까운 증상을 보였다는 견해도 있다.

일반적으로 폭발성이 강했던 파리 주민은 그 시간에 아무런 움직임도 보이지 않았다. 공모자들의 완벽한 승리처럼 보이는 상황에서 밤이 찾아왔다. 보나파르트는 도시를 군사적으로 완전히 장악했다. 그러나 나폴레옹도 시에예스도 싸움에서 승리했다고 확신하지 못했고, 쿠데타를 이틀에 걸쳐 연장하기로 한 계획은 적들에게 기력을 회복하고 재집결할 시간을 허용함으로써 음모자들 편에서는 엄청난 실수였다. 나폴레옹은 부리엔에게 말했다. "오늘은 크게 나쁘지 않았지만 내일은 다를 거야." 나폴레옹은 베개 밑에 실탄을 장전한 권총 두 자루를 두고 잤다. 부리엔은 이튿날 아침 단두대가 서 있는 혁명 광장(콩코르드 광장)으로 말을 달리며 어느 친구에게 말했다. "내일 우리는 뤽상부르 궁에서 잠들거나 아니면 이곳에서 죽을 것이네." 시에예스도 다음 날의 사건들이 결코 쉽지 않으리라고 염려했다. 주된 위험은 세 가지였다. 첫째, 고이에와 물랭이 피신하거나 자신들이 사임하지 않았다는 말을 퍼뜨릴 수 있다. 둘째, 군대의 과격한 공화주의자들이 쿠데타에 우호적으로 나오지 않을 수 있다. 세 번째가 가장 심각했는데, 음모자들 중 누구도 합법적인 권력 이양을 위해 입법부를 어떻게 설득할지 충분히 생각해보지 않았다.

브뤼메르 19일의 드라마는 생클루 성에서 빠르게 전개되었다. 나폴레옹은 뮈라 장군이 지휘하는 6천 명의 병력으로 궁을 포위하고 세바스티아니의 용기병으로 군사력을 보강했다. 무력 시위는 부분적으로는 의원을 보호하는 임무를 맡은 성내의 위병들을 위압하려는 조치였다. 의원들은 예정된 정오 회의에 참석하러 일찍 도착해 혼란스러운 광경을 보았다. 업자들과 일꾼들이 1790년에 루이 16세 가족이 며칠간 마지막으로 즐거운 시간을 보낸 뒤로 아무도 살지 않았던 궁을 양원 입법부의 의사당으로 바꾸느라 북새통이었기 때문이다. 천장에 미냐르(Pierre Mignard)가 그린 루이 14세가 있는 커다란 집회장 아폴론 관은 원로원이 차지했고, 오백인회는 오랑주리 관으로 배치가 이루어졌다. 그러나 공사가 지체되어 원로원과 오백인회 의원들은 자유롭게 이야기를 나누었다. 이는 정확히 시에예스가 양원을 별도 공간으로 분리해 의견 교환이 어렵도록 만듦으로써 피하고 싶었던 상황이었다. 이제 공화국이 무슨 심각한 위험에 처했는지 믿지 못하게 된 의원들 사이에 분노가 고조되면서, 성을 에워싼 뮈라 휘하의 6천 병사들 중에서도 이에 맞먹는 반대의 분노가 솟구쳤다. 병사들은 의원들이 확실하게 들을 수 있도록 큰 소리로 불만을 토로했고 의회의 '법률가와 연설가'들에게 그 책임을 돌렸다.

원로원 회의는 한 시간 늦은 오후 1시에 시작했다. 회의가 시작되자마자 시에예스의 앞잡이들과 전날 일부러 소집하지 않은 의원들 사이에 격론이 벌어졌다. 의사 일정 문제와 신랄한 논쟁으로 회의가 무한정 길어지는 동안 나폴레옹은 다른 방에서 근심스럽게 기다렸다. 총재 사퇴에 반발해 새로운 총재정부를 구성하자는 제안이 나오자, 나폴레옹은 더는 참을 수 없었다. 나폴레옹은 회의장으로 박차고 들어가 토론을 중단시키고(그 자체가 불법이었다) 붉은 코트를 입은 의원들에게 열변을 토했다. 의원들은 나폴레옹에게 공모자들의 이름을 대라고 고함쳤다. "이름을 대시오. 이름을!" 다른 의원들은 이렇게 소리쳤다. "카이사르, 크롬웰, 폭군!" 당황한 나폴레옹은 병사들이 원로원이 아니라 자신에게 복종할 것이라며 자신의 군사적 위용을 아느냐는 듯 으름장을 놓았다. 이때 나폴레옹이 감정을 드러낸 표현의 하나는 이렇다. "전쟁의 신과 행운의 신이 나와 함께한다는 것을 기억하십시오." 별다른 감동을 느끼지 못한 부리엔은 이렇게 기록했다. "나폴레옹은 '이것이 내가 여러분에게 할 수 있는 말의 전부요.'라는 말을 되풀이할 뿐 아무 말도 하지 않았다. …… 나는 이 지껄임이 의원들에게 악영향을 끼치고 있음을 알아챘고, 보나파르트는 더욱 당황했다. 나는 보나파르트의 외투자락을 잡아끌며 낮은 목소리로 속삭였다. '장군, 여기서 나가세요. 당신은 지금 자신이 무슨 말을 하고 있는지 모릅니다.'"

나폴레옹은 회의장에서 나와 더 나쁜 소식을 들었다. 탈레랑과 푸셰가, 두 의회가 나폴레옹에게 적대적인 태도를 보이며 자코뱅 장군인 주르당과 오주로가 성 밖에서 뮈라의 병사들에게 쿠데타에 관여하지 말도록 설득하고 있다는 얘기가 파리에 널리 퍼졌다고 경고했다. 나폴레옹은 원로원과 충돌한 일로 마음이 크게 상했으며 더 관여하는 것은 분별없는 짓이지만 다른 도리가 없었다. 나폴레옹은 결연히 오랑주리 관으로 향했다.

때는 오후 4시였다. 나폴레옹은 좌우에 거구의 척탄병을 거느린 채 오백인회가 격론을 벌이는 회의장으로 들어갔다. 음모자들은 여기서도 확실히 소수파였고, 바라스의 사임이 적법했는가에 관해 곤란한 질문들이 나오고 있었다. 나폴레옹이 나타나자 회의장이 술렁거렸다. 나폴레옹은 한 번 더 제복을 완전히 갖춰 입고 불법적으로 등장했으며, 열려진 문틈으로는 병사들이 보였다. 매서운 분노의 붉은 안개가 의원들에게 강림한 것 같았다. 의원들은 의석으로 올라가 의자를 내던지고 세 사람을 잡으려고 필사적으로 달려들었다. "나가라!", "죽여라, 죽여라." 외치는 소리에 뒤이어 결국 보나파르트의 공권 박탈을 요구하는 불길한 외침이 들렸다. "법의 보호를 박탈하라!" 의원들은 척탄병들을 잡아 두들겨 패기 시작했으며, 나폴레옹도 붙잡아 쥐처럼 흔들었다.

뮈라와 르페브르, 몇몇 병사들이 구출하러 급히 달려왔고, 당황하고 피 흘리는 보나파르트 장군을 뒷걸음질 치며 힘들게 방에서 빼냈다. 외침은 멈추지 않았다. "법의 보호를 박탈하라!" 나폴레옹 얼굴에 묻은 피에 관해서는 논란이 있다. 어떤 이들은 나폴레옹이 긴장할 때면 얼굴의 여드름을 긁는 버릇이 있었다고 하는데, 피를 흘린 것이 이 때문이라는 것이다. 어쨌거나 나폴레옹은 얼떨떨한 상태에서 시에예스와 다른 주모자들과 만났을 때 이를 최대한 이용했고 간신히 암살을 모면했다고 주장했다. 의원들이 무장하지 않은 것을 아는 시에예스는 이 말을 믿지 않았다.

사태는 이제 위기로 치달았다. 순수한 의회 쿠데타의 가능성은 이제 사라졌다. 무력이 필요했으며, 문제는 성을 지키며 공식적으로는 의회에 충성을 다해야 할 호위대가 나폴레옹의 공권을 박탈하라는 외침에 호응할 것인가 여부였다. 고르디우스의 매듭을 자른 자는 뤼시앵 보나파르트였다. 뤼시앵은 오백인회 의장이라는 직책을 내던지고 밖으로 내달려 말에 올라탄 뒤 호위대에게 임무를 수행하라고 간곡히 호소했다. 오랑주리 관에서 영국의 돈을 받는 암살자 칼잡이들이 막 보나파르트 장군을 암살하려 했으니, 호위병들이 들어가 반역자들을 몰아내야 한다는 것이었다.

잠시 망설임의 순간이 있었다. 몇몇 의원들은 여전히 창문에 달라붙어 보나파르트의 공권 박탈을 요구했다. 그때 북소리가 진격을 알렸다. 호위대는 오후 내내 자신들의 처지를 숙고했다. 결정적인 요인은 호위대의 확신이었다. 호위대는 나폴레옹과 그 협력자들을 따르지 않으면 나폴레옹이 성 밖에서 군침을 흘리고 있는 뮈라의 성난 기병들을 풀어놓을 테고 그러면 자신들도 1792년 8월 10일 튈르리 궁의 불운한 스위스근위대와 똑같은 운명에 처할 것이라고 굳게 믿었다. 호위대 지휘관은 의원들에게 서둘러 회의장 밖으로 나오라고 명령했다. 의원들이 거부하자 지휘관은 병사들에게 의원들을 모조리 쫓아내라고 명령했다. 호위대는 떼를 지어 전진했다. 훈련이 아닌 것을 본 의원들은 공포에 사로잡혀 앞다투어 창문 밖으로 뛰어내려 오랑주리 관 정원으로 나왔다. 이튿날 붉은 의원 제복 수백 벌이 나뭇가지에 걸려 있거나 땅바닥을 뒤덮고 있었다.

땅거미가 내리는 오후 5시, 짙은 안개가 두꺼운 층을 이루어 궁 주변을 휘감았다. 그날 두 번째로 경탄할 만한 침착함을 보여준 뤼시앵은 배회하는 오백인회 의원들을 붙잡아 의결 정족수를 만들었다. 일부는 포도주 파는 현지 술집에서 잡아 왔으며, 나머지는 덤불숲에 웅

1799년 11월 10일(브뤼메르 19일) 생클루 성에서 벌어진 오백인회 의원들과 나폴레옹의 충돌(프랑수아 부쇼가 1840년에 그린 그림의 일부). 나폴레옹은 군대를 대기시킨 상태에서 헌법 개정을 요구했으나 의원들은 거세게 반발했다.

크리고 있는 것을 잡아 왔다. 이튿날 새벽 2시, 오백인회 의원과 남아 있던 원로원 의원을 합해 쉰 명의 의원들은 총재정부를 공식적으로 청산하고 임시 통령 세 명, 즉 나폴레옹과 시에예스, 뒤코에게 충성을 맹세했다. 입법부는 산회했으며, 두 위원회가 6주 안에 새 헌법을 마련하는 임무를 떠맡았다. 오후 11시, 나폴레옹은 근거 없는 영국 첩자들의 암살 기도를 강조하며 그날의 사건에 관해 자신의 견해를 밝히는 성명서를 발표했다.

나폴레옹이 브뤼메르 18일의 쿠데타에 성공할 수 있었던 이유는 무엇인가? 첫째, 나폴레옹은 무척이나 능란한 정치인으로서 이이제이(以夷制夷)의 능력을 갖추었으며 거짓을 말하는 가장 훌륭한 방법은 진실을 말하되 온전히 다 말하지 않는 것임을 알고 있었다. 나폴레옹은 코르시카에서 일찍이 쓰라린 경험을 한 덕에 뒤처진 무리에서 헤어나려면 당리당략을 초월한 것처럼 보이고 어떤 당파의 신세도 지지 않는 것처럼 보이며 난투극에서 벗어난 것처럼 보이고 마지 못해 권력을 취하는 듯 처신해야 한다는 점을 배웠다. 나폴레옹은 경 쟁자들과는 전혀 다른 방식의 선전, 이미지, 신화 만들기의 중요성을 이해했다. 플뢰뤼스 전투(1794년 6월 26일)의 승자 주르당, 가이스베 르크 전투(1793년 12월 26일)의 승자 오슈, 취리히 전투(1799년 6월과 9 월)의 승자 마세나보다 나폴레옹이 더 인기가 많았다. 이는 나폴레옹 이 이탈리아 전쟁을 영웅적이고 서사적인 전설의 재료로 바꾸고 실 상 군사적 실패였던 이집트의 모험을 눈부신 승리로 제시하는 방법 을 알고 있었기 때문에 가능했다.

특히 나폴레옹은 운이 좋았다. 말을 타고 외출하다 낙마해 뇌진탕 을 일으킨 10월 30일의 불길한 징조를 무시한다면, 나폴레옹은 자신 의 운을 믿었고 신념에 확신을 가졌다. 쿠데타라는 위험한 상황에서 는 자신감이 성공의 절반이다. 객관적으로 나폴레옹은 정확히 알맞 은 때에 등장했다. 이미 혁명을 충분히 겪은 프랑스 국민은 평화와 혁명의 축소를 원했다. 민주주의를 토대로 삼아 지방 분권을 시도한 자코뱅의 실험은 프랑스를 외부 위협에 더 약하게 만든 것처럼 보였 다. 라파예트와 뒤무리에, 피슈그뤼 등 잠재적으로 반란자가 될 만한 자들은 모두 너무 일찍, 너무 과도하게 당리당략과 타협했다. 나폴레 옹은 특히 가장 중요한 세력인 부르주아가 일인 통치를 심사숙고하 던 바로 그 순간에 행동에 나섰다. 나폴레옹은 도시 빈민과 식량 폭 동을 일으키는 자들을 거칠게 다룰 의사가 있음을 보여주었고, 그 덕 에 이제 대혁명이 공동체주의라는 자식들을 게걸스럽게 삼켜버린 상 황에서 주요 계급이 된 부르주아의 사랑을 받았다.

정치인 나폴레옹의 뛰어난 능력은 특히 권력의 뿌리에 대한 그의 분석에서 분명하게 드러났다. 나폴레옹은 안정의 열쇠는 국유재산 매각으로 이익을 본 자들의 권력을 공고히 하는 데 있음을 깨달았다. 그리고 두 경쟁 집단의 어느 한쪽을 지원하는 결과가 어떠할지 분명히 알고 있었다. 다시 말해 자코뱅에 운명을 던지면 끝없는 대외 전쟁에 휘말릴 것이고, 왕당파를 지지하면 피비린내 나는 내전이 벌어질 것이었다. 나폴레옹은 대중의 분위기를 기민하게 읽어냈다. 큰 두려움의 대상인 혁명의 베헤모스* 파리의 군중은 손가락 하나 까딱하지 않았고, 지방의 자코뱅들이 소란을 피우기는 했지만 인민은 내전에 맞서기에는 너무도 지쳐 있었다.

브뤼메르 18일의 쿠데타는 실제로 이중적 사건이었다. 어떤 기준에서 보면 쿠데타는 단순히 불가피한 결과를 인정한 것으로, 즉 총재정부에서 권력을 장악한 일파를 확인해준 것으로 보였다. 그 권력자들은 한층 더 교활한 신테르미도르파 일파로서 부르주아와 국유재산 매각으로 혜택을 본 자들의 이해관계를 대변했다. 나폴레옹은 자코뱅파와 왕당파에게서 국민적 대표성을 박탈함으로써 그저 부르주아 혁명을 통합하는 것으로 보였으며, 변화가 아니라 연속성을 대표한 것처럼 비쳤다. 실제로 브뤼메르 18일은 1789년 이래 사유재산이라는 개념을 최고의 가치로 분명하게 채택한 첫 번째 쿠데타였다. 그때까지 사유재산은 역사적 필연성이라는 항목 속에 포함되어 거의 일괄적으로 처리될 수 있었다.

그러나 다른 차원에서 보면 브뤼메르 18일은 궁극적으로 나폴레옹의 황제권 장악으로 이어지는 도관이었다. 이런 차원에서 보면 쿠데타는 실패작이었다. 음모는 대중의 무관심과 군대의 결단력 덕에 성공했던 것이다. 쿠데타는 시에예스의 '구조적' 폭동이자 나폴레옹의 사적인 권력 추구라는 이중적 면모를 지녔다. 처음에는 정치적 속임수를 통한 의회 권력 이양으로 계획된 것이 결국에는 총검의 끝에서 달성된 이유가 바로 여기에 있다. 나폴레옹은 의식적으로 시에예스와 전혀 합의하지 않은 방식으로 군대를 끌어들였다. 나폴레옹은 무

베헤모스(Behemoth) 구약성서 욥기 40장에 나오는 거수(巨獸).

의식적으로 특히 브뤼메르 19일에 전장과 다른 무대에서 늘 그랬듯이 아슬아슬하게 모험을 했다. 성공적인 결과가 나오면 자신의 권력과 위신이 배가되도록 하기 위한 것이었다. 겉보기에 바보같이 서투르게 원로원과 오백인회에 간섭한 것 같은 행동은 실제로 나폴레옹의 의식 깊이 숨겨진 충동의 발현이었다. 의식적인 광기 속에 무의식적인 방법이 숨어 있었던 것이다.

브뤼메르 18일의 뚜렷한 결과 몇 가지는 언급할 만한 가치가 있다. 베르나도트는 패자였고 푸셰, 탈레랑, 뮈라, 뤼시앵은 눈부신 승자였다. 조제프는 11월 9일 총재정부가 와해되는 동안 베르나도트를 파리 근교로 데리고 나가 점심을 같이해 힘을 쓰지 못하게 했다. 이튿날 베르나도트는 마네주의 자코뱅 협회에 그다지 열의가 없는 전갈을 보내 보나파르트에게 맞서라고 촉구했으나, 생클루 성 밖에서 (헛된) 준비 작업을 했던 이는 주르당과 오주로였다. 훗날 베르나도트가 브뤼메르 19일 저녁에 당황해 (소년 옷을 입은) 데지레와 함께 변장한 채 도피했고 쇠아르 숲에서 사흘을 숨어 지냈다는 이야기가 퍼졌지만, 출처는 확실하지 않다. 이 이야기는 거짓임이 분명하지만 베르나도트가 받은 굴욕을 상징적으로 표현한다. 뤼시앵의 회고록에 따르면 베르나도트는 나중에 좀 더 단호히 처신하지 못한 것을 쓰라리게 자책했다고 한다. 뤼시앵은 베르나도트의 어리석음이 부분적으로는 의지가 박약한 탓이고 또 한편으로는 데지레와 쥘리 때문에 어쩔 수 없이 보나파르트 집안과 연결되었기 때문이라고 설명했다. 나폴레옹은 언제나 그랬듯이 데지레를 위해 베르나도트의 불충을 용서했다. 그리고 조제프가 쥘리 클라리와 결혼했기 때문에 베르나도트도 어쨌거나 '가족'이었다. 1800년 초 나폴레옹은 베르나도트를 원로원 의원으로 임명해 후하게 봉급을 주었고 서부군 지휘를 맡겼다.

베르나도트의 운이 (비록 일시적이지만) 내리막길을 걸었다면, 동료 가스코뉴인 뮈라는 승승장구해 나폴레옹의 누이 카롤린을 넘볼 정도였다. 이제 서른두 살이 된 뮈라는 멋진 인물이 되었다. 숱이 많은 새까만 곱슬머리에 검푸른 눈, 잘생긴 용모에 음탕한 호색한의 입술이 단 한 가지 결점이었던 뮈라는 기병대의 우상이었다. 뮈라는 보통 전선의 맨 앞에서 병사들과 함께 돌격했으며 병사들의 사랑과 존경을 받았다. 자코뱅의 전력을 지닌 속물이며 억센 가스코뉴 사투리를 썼던 뮈라는 나폴레옹의 최측근 중에서 지적으로 한참 떨어지는 축에 속했다. 나폴레옹은 여인숙 주인의 아들이라고 또 포목상 점원이었다고 뮈라를 멸시했으며 카롤린을 달라는 요청을 거세게 거부했다. 그러나 조제프가 나폴레옹을 설득해 결국 1800년 1월 18일 뤽상부르 궁에서 결혼식이 열렸다. 루이를 제외한 보나파르트 가족 전체가(베르나도트도 포함된다) 참석했으며, 조제프는 뮈라를 비밀 투자에 끌어들여 적절한 결혼 선물을 주었다.

돈이라면 사람이든 원칙이든 기꺼이 희생할 수 있는 인간이었던 탈레랑은 브뤼메르 쿠데타에서 200만 프랑을 챙겼다. 몇몇 학자들은 바라스가 11월 19일에 아무런 움직임을 보이지 않은 것이 이해할 수 없다며 따라서 탈레랑이 적어도 뇌물의 일부(50만 프랑이라는 숫자가 거론된다)는 건넸을 것이라고 주장했다. 그러나 탈레랑이 부당한 이득을 온전히 삼킨 것이 명백한 사실로 보인다. 다른 종류의 이중성은 조제프 푸셰가 보여주었다. 푸셰는 브뤼메르 19일 황혼이 질 때까지 사태가 어떤 결말을 맞을지 주시하며 기다렸다. 푸셰는 파리의 성문들을 닫고 확실한 승자가 드러날 때까지 열지 않았다. 쿠데타가 실패하면 나폴레옹과 시에예스를 반역죄로 체포할 생각이었던 것이다. 그런데 뤼시앵 보나파르트가 음모를 확실하게 성공시켰으며 노골적인 군사력 사용에 합법이라는 외투를 입혀주었다. 그날 불레 드 라 뫼르트나 다농(Danon) 같은 하잘것없는 인간들이 오백인회를 주재했다면 나폴레옹은 틀림없이 법의 보호를 박탈당했을 것이다.

브뤼메르 18일 쿠데타의 비용을 어떻게 마련했는지는 여전히 확

뤼시앵 보나파르트. 브뤼메르 쿠데타 당시 오백인회 의장이었던 뤼시앵
은 음모를 성공시키는 데 큰 역할을 했으며, 나폴레옹이 제1통령이 되어
권력을 장악한 뒤 내무장관에 임명되었다.

실치 않다. 소득 신고에 관한 총재정부의 엄격한 법률에 의해 소외된
부유한 상인들은 분명 자금을 보조했고, 은행가 콜로가 50만 프랑을
내놓았다는 사실은 알려져 있다. 많은 돈을 기부한 자들이 누구인지
는 나폴레옹이 제1통령이 된 후 몇몇 사람들에게 부여한 특혜 계약에
서 실마리를 얻을 수 있다. 그러나 은행가들은 전반적으로 우호적이
기는 했어도 약속을 하기 전에 사태가 어떻게 진행되는지 보려고 기
다렸다. 어쨌거나 큰 액수를 빌려주려면 새 정권이 합법적이며 폭넓
은 지지를 받는다는 설득력 있는 증명이 필요했다.

　나폴레옹은 여러 가지로 비난받을 수 있지만, 브뤼메르 18일의 쿠
데타로 자유를 압살했다는 생각은 정말로 터무니없다. 프랑스의 위
대한 역사가 방달(Albert Vandal, 1853~1910)은 이렇게 말했다. "보나

파르트가 자유의 기초를 세우지 않았다고 비난할 수는 있어도 자유를 무너뜨렸다고 비난할 수는 없다. 나폴레옹이 프랑스로 돌아왔을 때 어디에서도 자유를 발견하지 못했다는 훌륭한 이유가 있었기 때문이다." 브뤼메르 18일에 스탈 부인이 선전의 귀재를 능가했다는 사실은 역사상 더없이 기이한 일이다. 스탈 부인은 나폴레옹이 프랑스에 백화제방 같은 완벽한 자유를 들여올 유례없는 기회를 얻었다고 주장했다. 나폴레옹이 '민주적이지 않다'는 당대의 비판은 극도로 조심스럽게 받아들여야 한다. 스탈 부인과 그 무리는 20세기 사람들이 이해하는 민주주의를 원하지 않았으며(그 집단의 요구는 좋게 보면 엘리트 지식인의 헤게모니요 나쁘게 보면 부르주아 중 일부 교양 있는 자들의 헤게모니였다), 자코뱅파조차 '민주주의적 독재'를 원했다. 스탈 부인이 단지 자신을 여자로 보지 않았다는 이유로 나폴레옹을 혹독하게 비판했다고 말한다면 이는 부당한 중상이다. 그러나 스탈 부인의 전체적인 비판에 대해 말할 수 있는 것은, 나폴레옹이 루소가 구체제 때 누리지 못한 자유를 허용하지 않았기 때문에 지독한 비난을 받았다는 사실이다.

브뤼메르 쿠데타 이후 나폴레옹은 자신의 권력을 제한하는 것들을 없애고자 계략을 꾸미고 약속을 어겼다. 브뤼메르 20일 나폴레옹과 조제핀은 빅투아르 거리의 저택을 영원히 떠났다. 그 후로 조제핀은 말메종의 환상적인 집에 머물렀다. 나폴레옹은 대부분의 시간을 뤽상부르 궁의 집무실에서 보내며 시에예스와 뒤코를 제거할 궁리를 했다. 두 사람은 나폴레옹과 나란히 임시 통령으로 지명된 상태였다. 그러나 나폴레옹은 친구들에게 보상할 수 있어서 기뻤고, 쿠데타 이후 새로운 직책 임명은 나폴레옹파 색깔을 강하게 띠었다. 푸셰는 치안장관으로 재신임을 받았고, 탈레랑은 외무부를 맡았으며, 캉바세레스는 법무장관직을 받았다. 베르티에는 육군장관이 되었으며, 르페브르는 중장으로 진급했고, 뮈라는 통령근위대 지휘권을 얻었다. 군대 지휘권도 모두 보나파르트파가 장악했다. 마세나는 이탈리아 방면군 사령관, 모로는 라인 방면군 사령관, 마크도날은 예비부대를 맡았다.

이후 5주 동안 헌법제정위원회가 뤽상부르 궁에 모였다. 탁월한 헌법 전문가로 평판이 높은 시에예스는 의회 통치를 신뢰했는데*, 이는 보나파르트의 의도에 적합하지 않았다. 나폴레옹은 먼저 침울한 표정으로 법률적 논쟁을 듣고 있다가 스트레스를 받았다는 전형적인 몸짓으로 의자의 팔걸이를 주머니칼로 난도질했다. 시에예스가 제안한 헌법에 나폴레옹이 반대하면서 긴장이 고조되었다. 12월 1일 회의는 유난히 격렬했다. 탈레랑이 주재한 비공식 3인 회의였다. 시에예스는 몹시 격앙해 나폴레옹에게 물었다. "그러면 왕이 되고 싶은 건가?" 시에예스는 절망해서 회의장을 떠났으며, 나폴레옹도 똑같이 흥분해 시에예스가 은퇴해 시골에 틀어박혀야만 한 주 안에 새 헌법이 인준되도록 하겠다고 뢰데레에게 말했다. 이튿날 나폴레옹은 원하는 바를 얻었다. 나폴레옹과 시에예스는 탈레랑과 뢰데레, 불레가 보는 앞에서 조용하고 품위 있게 토론을 했다. 뢰데레는 토론이 마치 정치학에 관한 학문 심포지움 같았다고 묘사했다. 회의가 끝날 무렵 시에예스는 임시 통령 사직서를 제출했다.

나폴레옹은 선전 조직으로 하여금 파리 시민들에게 자신의 관대함을 알리도록 확실하게 조치했다. 나폴레옹은 국민이 자기편이라고 확신하고 시에예스를 겨냥해 지구전을 벌이기 시작했다. 나폴레옹은 뤽상부르 궁에서 열하루 연속 헌법제정위원들과 저녁 회의를 하고 시에예스파의 반대를 약화시켰다. 회의를 늦은 밤까지 끌어 순전히

---

* 시에예스는 새 헌법 초안에서 권력 분립을 염두에 둔 과두제를 구상했다. 최고 행정권은 '대선거관(Grand-électeur)'과 두 명의 통령(Consul)이 나누어 가지도록 되어 있었다. 원로원에서 임명하고 면직할 수 있는 대선거관은 막대한 세비를 받을 것이며 두 명의 통령을 지명할 수 있었으나 실권은 없었다. 두 명의 통령은 각각 내무와 외무 행정을 책임질 것이었다.

몸을 지치게 만드는 방법으로 적을 무찌르려 했던 것이다. 서른 살 된 나폴레옹은 이 싸움을 완전히 지배했다. 나폴레옹은 신체적인 매력을 지녔고 당당했으며, 지치지 않고 여러 시간 세세한 문제에 집중할 수 있었으며, 간결한 상식적 견해와 비범한 지성으로 모든 사람에게 깊은 인상을 남겼다.

나폴레옹의 권력을 공고히 다진 내부 쿠데타는 12월 12일에 찾아왔다. 나폴레옹은 헌법은 모름지기 짧고 모호해야 한다는 자신의 유명한 원칙에 따라 모호함의 극치인 헌법 문서를 제시했다. 나폴레옹은 겉으로는 시에예스의 원리를 따랐지만 실제로는 자신의 야심에 유리하도록 헌법 초안을 손질해 행정권을 가진 제1통령(임기 10년)에 조언할 권한이 있는 통령 2인을 세우고 제1통령을 '견제'하는 4개의 의회를 두자고 제안했다. 4개의 의회는 30명에서 40명으로 구성되는 국가참사원(Conseil d'État), 100명으로 구성되는 호민원(Tribunat), 60명의 원로원(Sénat conservateur), 300명의 입법원(Corps législatif)이었다. 목적은 견제와 균형의 미로를 이용해 입법 권력을 마비시켜 제1통령이 사실상 아무런 방해도 받지 않고 권력을 무제한 행사하도록 하는 것이었다. 장관들은 통령들에 책임을 져야 했고 이론적으로는 각각 강력한 인물이지만 나폴레옹은 이미 각개격파를 계산에 넣었다. 이를테면 탈레랑의 야심과 푸셰의 야심을 충돌시키거나 뤼시앵을 내무장관에 앉혀 치안장관 푸셰와 대립시키는 것이었다. 국가참사원에서 2명의 감찰관을 뽑아 각 장관을 '감시'하게 하자는 '측면 공격' 제안으로 장관들의 권력은 더욱 약해졌다.

12월 12일 나폴레옹은 헌법제정위원 50명을 소환해 자신의 헌법 초안을 채택하도록 했다. 통령 3명은 비밀투표로 선출하기로 되어 있었지만, 나폴레옹은 영리하게 '아량'을 과시하면서 시에예스가 통령을 지명해야 한다고 제안했다. 시에예스는 나폴레옹을 10년간 제1통령에 임명한다는 데 찬성했으며 나폴레옹을 보좌할 제2통령과 제3통령으로 캉바세레스와 샤를 르브룅(Charles-François Lebrun, 1739~1824)을 선택했다. 이는 일종의 균형 잡기로 보였다. 캉바세레스는 한때 공안위원회 위원이었으므로 자코뱅파의 환심을 사기 위한 양보였으며, 르브룅은 군주제주의자들에 대한 양보였다. 투표는 환호로써 거행되었다.

이제 남은 장애물은 국민투표뿐이었는데, 나폴레옹은 이를 자기 개인의 신임을 묻는 투표로 바꾸자고 고집했다. 국민투표는 제안된 헌법에 대한 찬반 여부만을 답할 수 있는 특별한 일이었다. 투표는 비밀투표가 아니었으며, 투표권은 재산 자격에 따라 부여되어 브뤼메르 쿠데타의 수혜자들에게 이로웠고, 투표가 전국에서 동시에 실시되지 않았음을 고려할 때 상당한 위협이 가해졌다. 투표 결과는 찬성 301만 1,007표, 반대 1,562표로 나폴레옹의 압도적 승리처럼 보였다. 파리의 개표 결과를 보면 찬성 1만 2,440표, 반대 10표였다. 흥미로운 점은 코르시카에서 반대표가 많았다는 사실이다. 그러나 900만 명이 넘는 유권자 중 엄청난 숫자가 기권했다. 내무부의 뤼시앵은 각 도의 수치를 '반올림' 처리해 결과를 조작했고, 나아가 유권자 명부에 오르지 못한 군 병사들로 50만 표를 추가했다. 이유인즉 군인들은 나폴레옹에게 '분명히 찬성'하기 때문이라는 것이었다. 실제로는 유권자의 6분의 1(대략 150만 명)만이 헌법에 찬성표를 던졌다.

이제 나폴레옹은 명목상으로는 아니지만 실제로 독재권을 장악했다. 프랑스 국민은 평화와 안정이 자리 잡고 불확실성을 끝내기를 절실히 원했기에 일인 통치에 동의했다. 영국의 지원을 받는 왕당파의 저항은 만성적인 강도 행위로 퇴락했다. 가톨릭교회는 분리되어 혁명에 반대하는 사제들은 인민의 적으로 지목되고 혁명에 찬성하는 성직자들은 신자들로부터 배반자라는 낙인이 찍혔다. 부정한 군납업자들은 재산을 불렸지만 군대의 장비는 형편없었다. 총재정부는 자코뱅주의에 상처를 입혔지만 완전히 파괴하지는 못했으며, 1789년 이래 그토록 많은 피를 흘렸는데도 자유, 평등, 우애에 거세게 반대한 것으로 보였다. 권위, 위계, 질서에 헌신하는 현실주의자요 조정자인 한 남자가 뚜렷한 목적을 갖고 말에 올라탄 채 등장했을 때 전반적인 안도감이 손에 잡힐 듯 다가왔다. 프랑스 국민, 달리 말하자면 국민의 상당수는 나폴레옹의 확실한 일 처리에 감명을 받았으며 나폴레옹이 헌법의 미묘한 뜻을 무시해도 개의치 않았다. 역사적 필연이 나폴레옹을 보낸 것 같았다. 나폴레옹의 재능이 계속 힘을 유지하려면 끝없는 전쟁이 필요하다는 것과 나폴레옹에게 건 모든 희망이 덧없다는 사실은 아직 아무도 깨닫지 못했다.

11장

제2차 이탈리아 전쟁
종신 통령에 오르다

1800년 새해 첫날, 프랑스와 나폴레옹에겐 평화가 절실했다. 나라 곳곳이 전쟁으로 피폐해졌으며, 서부 프랑스에서는 방데의 불꽃이 아직도 거세게 타올랐다. 끈질기게 평화를 방해하는 장애물은 나폴레옹에게 광적으로 적개심을 보인 오스트리아의 투구트 남작이었고, 벨기에와 네덜란드가 프랑스의 수중에 있는 상황에서 영국의 피트 총리도 비타협적으로 프랑스와 평화협정 체결하기를 거부했다. 이론 상 프랑스와 마주한 영국의 남쪽 해안은 가팔라서 공격하기 어려웠으나, 동쪽 해안은 평탄한 데다 바람까지도 방어하기에 불리했다. 영국이 떨칠 수 없는 두려움은 적이 라인 강과 스헬더 강, 마스 강 삼각주에서 대규모 함대를 집결해 순식간에 북해를 건널 수 있다는 점이었다. 영국은 특히 스헬더 강 삼각주에 공포증이 있었다. 안트베르펜 항구는 해안에서 내륙으로 들어가 있어 해안 봉쇄선을 관측할 수 없기 때문이었다.

이러한 두려움은 얼마나 합리적이었을까? 실제로 오스트리아는 이탈리아의 대부분을 다시 점령했으므로 나폴레옹이 결정한 캄포포르미오 조약의 조건으로 돌아가리라고 기대할 수 없었다. 그러나 저지대 국가에 대한 영국의 집착은 거의 불합리했다. 18세기 내내 프랑스는 벨기에와 네덜란드의 항구들을 차지했건 차지하지 못했건 영국을 침공할 능력이 없음을 거듭 증명했기 때문이다. 게다가 '자연 국경'(동쪽으로는 라인 강을 뜻했다)이라는 프랑스 혁명의 이데올로기는 오늘날 아일랜드공화국 헌법에 들어 있는 '통일 아일랜드(united Ireland)'라는 문구와 마찬가지로 신념의 문제였고 1789년 이후 프랑스의 모든 헌법에 안착했다. 불가항력과 요지부동이 대결하는 꼴이었다. 프랑스가 '자연 국경'을 포기하든가 영국이 벨기에에 대한 전통적인 관심을 버리든가 둘 중 하나는 필요했다. 나폴레옹이 프랑스를 이끌고 피트가 영국을 이끄는 상황에서 전망은 밝지 않았다.

투구트와 피트의 비타협적 태도는 보나파르트의 선전에는 선물이었다. 프랑스 신문들이 두 나라의 완강한 적개심을 강조해 선전하는 동안 나폴레옹은 탈레랑을 대리인으로 내세워 적절한 조치를 모두 취했다. 1799년 성탄절에 탈레랑은 영국에 평화를 타진했는데, 그렌빌 경(William Wyndham Grenville)은 이를 즉각 거부했다. 나폴레옹은 1800년 2월 16일 이에 대한 대응으로 프랑스가 아일랜드에 상륙할 수 있을지 탈레랑과 논의했다. 이는 총재정부의 1798년 전략으로 복귀하는 것처럼 보였지만 실행에 옮길 뜻이 없는 즉각적인 되치기로서 영국에 무엇인가 보여주어야 한다는 욕망에 불과했다. 그러나 오만한 오스트리아와 믿을 수 없는 영국에 대한 프랑스 여론을 자극해 악화시키려는 계략은 큰 성공을 거두었다. 1800년 4월이면 전쟁에 지친 프랑스 국민도 오랜 적에게 확고한 태도를 취하라고 강력히 요구했다.

나폴레옹은 브뤼메르 18일에서 1800년 5월까지 군대를 개편하는 데 시간을 바쳤다. 기한까지 확실하게 급여를 지급하고 장비를 보급하고 신병을 충원하도록 했다. 이런 군사적인 준비의 표적이 영국이 아니라 오스트리아라는 사실은 누가 보더라도 분명했다. 4월 나폴레옹은 베르티에를 예비군(Armée de Réserve) 사령관에 임명했고 독일에 망명해 있던 카르노를 감언이설로 데려와 육군장관을 맡겼다. 나폴레옹은 은행가 가브리엘 우브라르를 '반역 혐의'로 투옥해 결국 '대부'를 받아내는 간단한 방법으로 필요한 전쟁 비용을 마련했다. 나폴레옹은 슈바르츠발트와 도나우 강 유역에서 크라이 장군(Paul Freiherr Kray)의 10만 병력을 격파하는 동시에 북부 이탈리아에서 멜라스(Michael von Melas)와 9만 명 가까운 오스트리아의 또 다른 군대를 무찌른다는 전략적 공세를 준비했다. 전체적인 목적은 두 군대의 파괴와 빈 점령이었다.

나폴레옹은 먼저 독일에서 주요 전투를 치를 생각이었으나, 이 의도는 제1통령의 명령을 수용하지 않은 모로의 비타협적 태도로 인해 실패했다. 모로는 확실히 자신이 헌법상으로는 보나파르트와 지위가 동등하다고 생각했고, 어쨌거나 나폴레옹을 벼락출세한 코르시카인이라고 무시했다. 나폴레옹은 모로의 불복종에 분노했지만, 나폴레옹의 권력 기반은 큰 인기를 끌고 있는 장군을 고발할 만큼 확고하지는 않았다. 모로가 불만을 품은 자들의 구심 역할을 할 수 있었기 때문이다. 끓어오르는 화를 억누른 나폴레옹은 3월 15일 모로에게 통령직의 근심과 야전 지휘관의 즐거움을 비교하며 입에 발린 말로 편지를 보내 아첨했다. "지금의 나는 자유와 행복을 잃은 마네킹과 같다오. …… 그대의 행복한 운명이 부럽소."

이제 나폴레옹은 이탈리아를 주요한 전장으로 만들어 모로의 역할이 부차적인 것으로 떨어지도록 계획을 변경해야 했다. 나폴레옹은 예비군을 양동작전의 수단으로 이용하기로 했다. 모로의 병참선을 엄호하는 것처럼 예비군을 스위스로 이동시켰다가 알프스의 고갯길을 통해 이탈리아로 남행시키려 한 것이다. 그리하여 나폴레옹은 모로에게 4월 중순에 크라이를 공격해 울름으로 밀어내라고 명령했다. 모로가 크라이를 더는 개입할 수 없는 지점까지 밀어내면, 예비군의 절반은 이탈리아를 향하고 나머지 절반은 스위스를 관통하는 병참선을 확보하기 위해 남을 예정이었다. 모로는 일개 사단을 떼어놓으라는 지시도 받았다. 이 부대는 스위스의 프랑스군으로 보강되어 취리히에서 베르가모까지 310킬로미터를 강행군해 포 강에서 오스트리아군의 배후를 습격하게 된다. 오스트리아군이 정면에서 프랑스군의 본진과 대결하는 순간이었다.

가장 성공적인 군사 전략은 가장 단순하며 가장 경제적이다. 나폴레옹은 1800년 오스트리아 전쟁에서 쓸데없이 복잡한 생각을 한 탓에 스스로 문제를 만들어내고 있었다. 군사사가들은 제2차 이탈리아 전쟁에서 나폴레옹이 저지른 전략상의 주된 실수를 여섯 가지 확인했다. 첫째, 새로운 이탈리아 전략은 두 개의 별도 작전선이 필요했지만 원래의 독일 전략은 하나로 족했다. 둘째, 포 강에서 승리해도 프랑스의 전쟁 목적이 충족되지는 않을 것이었다. 오히려 끝없는 전투의 연속으로 1796년의 판박이가 될 수밖에 없었다. 셋째, 우선 모로가 크라이에게 결정적인 패배를 안길 가능성이 없었다. 넷째, 격파하기로 선택한 오스트리아군이 적의 본진이 아니었다. 다섯째, 성공은 모로가 바로 정확한 시점에 르쿠르브(Claude Jacques Lecourbe)의 부대를 투입해 완벽하게 협조하는가에 달려 있었다. 여섯째가 가장 중요한 실수인데, 오스트리아군은 순전히 대응만 할 것이고 자체 전략은 없을 것이라고 가정한 것이다. 그러나 오스트리아군은 두 가지 점에서 나폴레옹을 놀라게 했다. 마세나가 지휘하는 제노바의 허약한 프랑스군을 불시에 공격했고, 놀랍게도 이탈리아를 자신들의 주된 작전 지역으로 삼기로 결정한 것이다.

오스트리아군은 초기에 눈부신 성공을 거두었다. 제노바에서 마세나를 포위해 우익(수세)과 좌익(술트Nicolas Soult)으로부터 차단했고, 4월 셋째 주에는 영국 해군의 지원을 받아 제노바를 빈틈없이 봉쇄했다. 제1통령이 도착할 때까지 마세나가 기적적으로 버티지 못한다면 나폴레옹의 전략은 무용지물이 되고 말 처지에 놓였다. 그러나 그

국면에서 나폴레옹은 알프스의 어느 고갯길을 지날지 결정하지 못한 상태였다. 그랑생베르나르(그란산베르나르도) 고개*인가, 생플롱(셈피오네) 고개*인가, 생고타르(산고타르도)*인가?

어느 지역에서도 상황은 프랑스군에게 유리하지 않았다. 베르티에를 임명한 것은 잘못으로 판명되어, 나폴레옹은 사실상 예비군 지휘까지 떠맡아야 했다. 나폴레옹은 그랑생베르나르 고갯길이 막히지 않도록 다른 고갯길들로 작은 분견대를 보냄으로써 힘의 집중이라는 자신의 원칙을 부득이 어길 수밖에 없었다. 정체만이 유일한 문제가 아니었다. 알프스 고갯길들은 5월 말은 되어야 뚜렷하게 드러나기에, 병사들은 눈과 얼음, 눈사태와 싸워야 했다. 모로도 독일에서 봄 전투를 시작하기까지 터무니없이 긴 시간을 지체했다. 그리고 모로는 오스트리아군을 울름까지 몰아낸 뒤에도 여전히 르쿠르브를 보내기를 주저했다. 점점 더 불안해진 나폴레옹은 마세나에게 6월 4일까지 버텨야 한다는 전갈을 보냈다.

나폴레옹이 재앙과도 같은 출발에서 벗어나는 데는 두 가지가 보탬이 되었다. 용감한 마세나가 수비대의 식량 배급량을 절반으로 줄이면서 6월 4일까지 제노바를 사수했다. 그리고 자신이 완전히 지배하고 있다고 확신한 오스트리아 장군 멜라스는 프랑스군이 알프스를 넘어 공격하리라고 예상하지 못했다. 논리적으로는 일단 제노바가 함락되면 프로방스가 오스트리아의 공격을 받을 것이고 따라서 멜라스는 프랑스군이 그곳에 집결하리라고 예측했다. 그러나 나폴레옹은 예상과 달리 움직였다. 5월 6일에 파리를 떠난 나폴레옹은 남행길에 올라 아발롱과 오손(옛날에 주둔했던 곳에서 두 시간을 보냈다), 샹

그랑생베르나르 고개 알프 발레산(알피 페닌네)을 북동쪽에서 남서쪽으로 넘어가는 고개. 최고 고도가 2,694미터이다.
생플롱 고개 스위스의 알프스를 넘는 고개. 최고 고도는 2,008미터이다.
생고타르 고개 스위스의 티치노 주에서 우리 주로 넘어가는 고갯길. 최고 높이는 2,106미터이다.

파놀, 루스, 생세르귀, 니옹을 거쳐 5월 9일에 제네바에 도착했다.

나폴레옹은 제네바에서 닷새를 머물며 5만 병력을 모은 뒤 로잔으로 갔다가 알프스 기슭의 마르티니빌에 도착했다. 위대한 지휘관 드제가 이집트에서 돌아왔다는 반가운 소식이 들려왔다. 나폴레옹은 드제에게 전속력으로 군대에 합류하라고 명령했다. 이어 5월 15일에 영웅적인 그랑생베르나르 고갯길 넘기가 시작되었다. 란이 이끄는 프랑스군 선봉대와 오스트리아군 사이에 치열한 전투가 벌어졌지만, 멜라스는 정보를 적절하게 분석하지 못했고 프랑스군 본대가 이동한다는 사실을 깨닫지 못했다. 5월 18일 나폴레옹은 고개 발치의 시토 수도회 수도원에 병영을 차렸다.

전쟁은 한 번 더 재앙으로 다가갔다. 프랑스군 선봉대가 고개로 가는 중에 오스트리아군이 강력히 사수하는 바르드(바르) 요새에서 포위될 위험에 처했다. 이집트 엘아리시의 망령이 다시 모습을 드러내고 있었다. 나폴레옹은 만일의 경우를 대비하지 못한 자신의 계획을 탓하는 대신 란과 란의 야전 지휘관들의 역량이 부족하다고 부리엔에게 불평했다. 5월 19일 나폴레옹은 비서에게 말했다. "이 수도원에 싫증났어. 어쨌거나 그 바보들은 바르드 요새를 결코 점령하지 못할 거야. 내가 직접 가야겠어." 이튿날 나폴레옹은 노새 등에 올라타고 위험한 고갯길 넘기에 나섰으며 내리막길에서는 미끄러지고 구르기를 반복했다. 나폴레옹은 바르드 요새 너머로 대포를 가져가려고 요새 인근 길에 밀짚을 깔고 똥을 뿌린 뒤 야음을 틈타(5월 24~26일) 4파운드 포 두 문과 8파운드 포 두 문, 곡사포 두 문을 소리 없이 끌게 했다. 그러나 훗날 화려한 선전으로 과장된 나폴레옹의 업적은 엄청난 희생을 치르고 얻은 대가였다. 그림에는 나폴레옹이 눈과 얼음으로 뒤덮인 알프스를 넘는 또 다른 한니발로 그려졌으며, 다비드(Jacques-Louis David)가 그린 유명한 그림은 키 작은 노새가 아니라 뒷다리로 곧추선 말에 걸터앉은 모습을 보여준다. 그러나 진실을 그

1800년 5월 나폴레옹은 2차 이탈리아 전쟁에서 군대를 이끌고 눈이 쌓인 알프스를 넘었다. 그림은 1850년 폴 들라로슈(Paul Delaroche)의 작품. 자크루이 다비드의 작품에 등장하는 백마를 타고 알프스를 넘는 용맹한 나폴레옹의 모습은 선전용으로 세심하게 연출된 것이었고 실제로는 노새를 탔다고 한다.

대로 말하자면 그랑생베르나르 고갯길에서 너무 많은 장비를 잃어버려 정작 이탈리아에 들어갈 때는 1796년의 부실한 무장 상태나 다름없었다.

5월 24일 포 강 유역에는 프랑스군 4만 명이 있었다. 2만 6천 명이 더 오기로 되어 있었는데, 이들이 도착하면 프랑스군은 제노바에 있는 1만 8천 명의 마세나 부대와 더불어 이탈리아에서 오스트리아군과 사실상 대등한 전력을 보유하게 될 것이었다. 나폴레옹은 아오스타에서 뒤로크와 부리엔이 함께 있는 가운데 조제프에게 편지를 보냈다. "우리는 벼락처럼 엄습했고, 적은 우리를 예상하지 못했으며 아직도 믿지 못하는 것처럼 보여요." 그런 자만 때문에 이튿날에는 하마터면 파멸을 맞을 뻔했다. 오스트리아군 정찰대가 나폴레옹을 기습해 항복을 요구한 것이다. 다행스럽게도 호위대가 때맞춰 나타났고, 결국 항복해야 했던 것은 오스트리아군이었다.

5월 26일 나폴레옹은 야간 행군으로 바르드 요새를 지나 대포를 끌고 이브레아로 이동한 뒤 베르첼리, 노바라, 투르비코를 거쳐 서둘러 밀라노 점령에 나섰고 6월 2일에 성내로 진입했다. 밀라노 시민의 감동스러운 자발적 환영을 받은 나폴레옹은 멜라스와 대결할 교전에 대비해 한 주 동안 병력을 증강했다. 6월 5일 바르드 요새가 함락되었으며 따라서 필요한 대포를 곧 증강할 수 있으리라는 좋은 소식이 전해졌다. 한편 나폴레옹 군대는 파비아와 피아첸차를 점령하러 뻗어나갔다. 그런 뒤 패배할 경우 후퇴 지점으로 정해놓은 스트라델라에 집결할 예정이었다. 뮈라는 피아첸차를 점령하던 중에 멜라스가 보낸 급전을 가로채 6월 5일에 제노바의 마세나가 항복했다는 사실을 알았다.

나폴레옹이 밀라노에 도착했을 때, 멜라스는 예상대로 병참선을 확보하려고 되돌아 나와 나폴레옹과 대결하려 했다. 나폴레옹은 이로써 그곳에서 제노바의 마세나를 구출했기를 희망했지만, 뮈라가 전한 제노바 항복 소식은 곧 나폴레옹의 잘못된 생각을 바로잡아주었다. 나폴레옹은 마세나를 지원하러 행군하는 대신 밀라노에서 지체했다는 비판을 받았다. 이는 나폴레옹의 전략을 오해한 것이다. 그렇지만 제1통령은 제노바가 함락되었다는 소식을 들었을 때 화를 낸 것에 대해서는 비판을 받을 만하다. 사실 마세나는 나폴레옹이 명령한 것보다 하루를 더 버텨 기대를 충족시키고도 남았다. 멜라스는 제노바 함락이 임박했다고 확신하고 밀라노를 향해 되돌아갔다. 용감한 마세나는 상관에게 복종하느라 6월 2일에 협상을 시작했고 더없이 소중한 사흘 동안 오스트리아군을 붙들어 두었다.

오스트리아가 제노바를 점령한 것은 나폴레옹에게 두 가지 이유에서 근심거리였다. 첫째, 나폴레옹은 무의식 속에서 언제나 아크레의 망령에 사로잡혀 있었기 때문에 오스트리아가 제노바를 난공불락의 요새로 바꿀지도 모른다는 두려움을 품었다. 그런 두려움은 터무니없지 않았다. 제노바가 오스트리아군 손아귀에 떨어지자마자 영국 해군이 도시에 물품을 공급했기 때문이다. 둘째, 영국이 보급품을 보내고 증원군을 파견했으니 나폴레옹은 멜라스가 만토바 병참선을 다시 열려면 자신과 대결해야 한다는 것을 확실히 알면서도 스트라델라에서 더 기다릴 수 없었다. 나폴레옹이 오스트리아군 쪽으로 가야 했다.

나폴레옹은 멜라스를 찾아 나섰으나 오스트리아군은 교묘히 빠져나갔다. 6월 9일 란과 빅토르가 몬테벨로 델라 바탈리아에서 오스트리아군 선봉대와 교전해 승리했으나, 그 직후 멜라스는 다시 자취를 감추었다. 나폴레옹은 멜라스가 요새로 바뀐 제노바로 안전하게 돌아가기 전에 차단하려고 안간힘을 썼지만, 멜라스를 찾겠다고 군대를 분할해 별개의 분견대를 내보내기로 한 결정은 치명적이었다. 사태가 유리하게 전개될 유일한 가능성은 6월 11일 나폴레옹의 강한 오른팔인 드제가 도착하면서 찾아왔다.

바로 그때 나폴레옹은 실수투성이 작전에서 마지막 잘못을 저질 렀다. 멜라스가 맞서 싸우지 않고 내내 제노바로 퇴각하리라고 확신 한 나폴레옹은 드제와 라푸아프에게 지휘를 맡겨 2개 사단을 내보내 도망치는 멜라스를 찾게 했다. 반면 멜라스는 제노바에서 봉쇄당하 면 미래를 보장할 수 없다고 확신하고 돌아서서 추격자들을 공격하 기로 결정했다. 6월 14일 멜라스는 보르미다 강가에 군대를 집결한 뒤 병력 수에서 크게 열세로 바뀐 나폴레옹 주력 부대를 발견하고 과 감하게 공격했다. 나폴레옹은 마렝고의 농가 주변에서(나폴레옹은 여 러 농가에서 싸울 운명이었는데 이 집도 그중 하나였다) 2만 4천 명의 병 력으로 병력 수에서 월등히 우세하고 대포에서도 압도적으로 우세한 오스트리아군에 맞서 싸웠다. 나폴레옹은 처음에는 속임수가 아닌지 의심했지만, 사태의 본질이 뚜렷이 드러나고 자신이 패배 직전에 몰 렸다는 사실을 깨닫자 필사적으로 전갈을 보내 드제와 라푸아프를 호출했다. 드제가 불어난 강물 때문에 발이 묶여 있었던 것은 천운이 었다. 전령은 오후 1시에 드제를 발견했다. 그러나 라푸아프는 이미 멀리 나아가 오후 6시에야 연락이 닿았으며 따라서 전투에 참여하지 못했다.

마렝고 주변에서 전투가 소용돌이칠 때 특히 통령근위대 800명이 영웅적 노력을 기울였는데도 오후 이른 시각에 프랑스군은 전면적으 로 퇴각 중이었다. 오후 3시까지 나폴레옹은 위험한 처지에 몰렸다. 나폴레옹은 병력을 한 명도 남김없이 전투에 투입했는데도 산줄리 아노 마을로 밀려났다. 오스트리아군이 부대를 재편해 추격에 나서 는 동안 프랑스군은 싸우면서 퇴각했는데 이는 공간을 시간으로 바 꾸는 고전적인 전략이었다. 오후 3시 드제는 급히 말을 달려 자신의 사단이 가까이 왔다고 알렸다. 나폴레옹은 한 시간 뒤에 반격에 나섰 다. 나폴레옹은 탄약 마차의 폭발 시간에 맞춰 기병대를 돌격시켰는 데, 이 작전은 시간 맞추기의 걸작이었으며 완벽하게 성공했다. 오스트리아군의 우익은 피해서 도망쳤고, 프랑스군이 갑자기 출현해 승리를 거두었다. 열두 시간 계속 전투를 벌여 승리한 오후 9시, 그날의 영웅 드제는 가슴에 치명상을 입었다. 보통은 냉소적이던 나폴레옹도 친구의 죽음을 깊이 애도했다. 나폴레옹은 동료 통령들에게 보낸 편지에 이렇게 썼다. "이 일에 대해서는 더 할 말이 없소. 내가 그 누구보다 사랑하고 존경한 사람이 죽어 더할 나위 없이 깊은 고뇌에 빠져 있다오."

밤 10시 패배한 오스트리아군은 보르미다 강을 건너 썰물처럼 빠져나갔다. 오스트리아군은 마렝고에서 6천 명이 전사하고 8천 명이 포로가 되었으며 40문의 대포를 빼앗겼다. 마렝고 전투는 나폴레옹에게 큰 승리였으나 공식 선전에 묘사된 것만큼 멋진 승리는 아니었다. 실제로 나폴레옹은 연속된 실패를 경험한 뒤 역사를 다시 썼다. 나폴레옹은 멜라스에게 속아 넘어갔으며, 자신의 군사적 원칙을 거슬러 드제와 라푸아프를 파견했고, 제노바에 관한 멜라스의 의도를 잘못 간파했으며, 총체적으로는 전쟁이 절정에 이른 시점에 병력 수에서 열세인 부대를 파멸로 내몰았다. 나폴레옹도 알았듯이 진정한 승리는 드제의 것이었다. 전투 직후 발행된 공보에서 나폴레옹은 드제의 역할을 부정할 정도로 어리석지는 않았지만 표리부동하게도 드제의 복귀가 미리 계획된 것이었다고 주장했다. 나중에 세인트헬레나에서 나폴레옹은 드제를 극본에서 완전히 제거하려 했다. 란과 함께 드제는 반대쪽 길을 취한 것으로 얘기되었다. 나폴레옹은 처음에는 몬테벨로에서 드제가 세운 공을 인정하지 않았으나 나중에 가서 드제를 몬테벨로 공작으로 세워 넌지시 인정했다.

그러나 제2차 이탈리아 전쟁을 평가할 때 나폴레옹이 비범한 재능을 입증한 영역이 있음을 빠뜨려서는 안 된다. 이를테면 세세한 부분을 볼 줄 아는 눈이라든가 알프스 산맥을 성공리에 넘은 실행 능력 따위 말이다. 제노바에서 마세나를 지원하지 않은 것은 냉정해 보이지만, 나폴레옹은 1796년에 부름저가 만토바에서 저지른 잘못을 되풀이하고 싶지 않았다고 정당화했다. 나폴레옹에게는 언제나 적을 궤멸하는 일이 친구를 구원하는 일보다 중요해 보였기 때문이다. 게다가 나폴레옹은 모로가 지체하고 협력을 거부하고 나폴레옹이 요청한 병력을 주어 르쿠르브를 파견하지 않았기에 마렝고에서 계획보다 4만 명이 적은 병력으로 싸워야 했다. 비판자들은 이 사실을 무시한다. 마세나도 부대를 셋으로 나누고 무의미하게 술트와 수셰에게 좌우익을 맡겨 분산시킨 잘못이 있다.

마렝고 전투의 승리는 칸나이 전투 같은 섬멸전이 아니었으며, 오스트리아군이 싸움을 멈추어야 할 합당한 이유도 없었다. 그러나 멜라스는 낙담했고 즉각 휴전을 청했다. 알레산드리아 조약에서 오스트리아는 티치노 동쪽으로 군대를 전부 철수하고 피에몬테와 롬바르디아, 리구리아에 남은 병력과 밀라노를 넘겨주기로 약속했다. 나폴레옹은 마렝고에서 패배했다면 군사적 재앙까지는 아니어도 정치적으로는 파국을 맞았을 것이다. 마렝고의 승리가 없었다면 종신 통령이 될 수 없었을 테고 결국 황제도 될 수 없었을 것이다.

나폴레옹은 자신이 어떤 정치적 위험을 감수하고 있는지 매우 잘알았다. 나폴레옹은 5월 초 은밀하게 파리를 떠났다. 자신의 부재가 불가피하게 초래할 음모를 줄이려는 목적이었다. 아니나 다를까 두달 동안 파리는 쿠데타의 열기에 다시 사로잡혔다. 자코뱅파와 왕당파, 테르미도르파, 시에예스 일파가 전부 두드러졌다. 한두 정파가 대안으로 제시한 통령으로는 베르나도트와 카르노와 라파예트를 꼽을 수 있다. 무인도에 홀로 남겨져도 음모를 꾸밀 사람인 푸셰도 전면에 부각되었는데, 때로 대립 관계에 있는 음모들에 동시에 참여하기도 했다. 마렝고 전투 소식이 파리에 도달하자마자 모든 음모와 권력 쟁탈전은 급류 같은 도취감에 쓸려 사라졌다. 평화를 갈망하는 파리 시민들은 집단 광기에 취한 것 같았다. 창문을 밝히고 불꽃을 쏘아 올리며 총을 쏘아대고 거대한 군중 시위를 벌여 제1통령을 지지했다. 캉바세레스는 이를 "9년 만에 처음으로 나타난 대중의 자발적 축하"라고 기억했다.

제2차 이탈리아 전쟁은 1796~1797년의 질질 끈 첫 번째 전쟁과는 대조적으로 몇 주 만에 끝났다. 그것 말고도 다른 차이가 있다. 조제핀은 여느 때처럼 답장을 보내는 수고를 하지 않았지만 나폴레옹은 여전히 조제핀에게 정기적으로 편지를 썼다. 그러나 4년 전에 두드러졌던 그리워하는 마음과 성적 동경은 이제 보이지 않았다. 나폴레옹은 군대의 여인들과 군 주둔지를 따라다니는 자들에게 프랑스로 돌아가라고 명령했다. "그대들이 따라야 할 본보기가 있다. 보나파르트 부인은 파리에 머물고 있다." 누군가는 이 명령이 반어법이 아닌가 의심한다.

나폴레옹은 6월 17일에 밀라노에 도착해 한 주를 머물렀다. 조제핀에게 보내는 편지에 '열흘 안에 당신 품에 안기고 싶다'고 쓰기는 했지만, 이제 그런 감정은 순전히 형식이었다. 실제는 어땠는가 하면 나폴레옹은 밀라노에서 오페라 가수 그라치니 부인을 정부로 삼았다. 나폴레옹은 이 여자에게 취한 나머지 파리로 데려가겠다고 고집을 부렸고 토리노와 몽스니, 리옹, 디종, 느무르를 지나는 귀국 여정에서 농탕질을 쳤다. 7월 2일 파리에 도착한 나폴레옹은 그라치니 부인을 코마르탱 거리 762번지 어느 집에 두고 밤마다 커다란 외투로 몸을 감추고 들렀다. 그라치니는 2만 프랑의 용돈을 받았고 최고의 사교 모임에 빠지지 않고 참석했다. 이 연애는 그라치니가 피에르 로드라는 젊은 바이올린 연주자를 동시에 만나면서 끝났다. 푸셰한테서 정보를 입수한 나폴레옹은 그라치니 부인과 로드에게 딱 한 주의 시간 여유를 주고 파리에서 내쫓았다.

나폴레옹은 1800년의 나머지 시간 동안 대체로 오스트리아와의 길게 늘어진 평화협상에 집중했다. 오스트리아는 두 전선에서 패했지만 1797년에 그랬듯이 평화회담을 교묘하게 지연시켰다. 피트는 오스트리아를 계속 전쟁에 잡아 두려고 새로운 지원 조약에 서명했고, 이로 인해 오스트리아의 전권대사들은 영국과 조약으로 약속했기 때문에 1801년 2월 이전에는 단독으로 강화를 체결할 수 없다고 호소했다. 격앙된 나폴레옹은 전투를 재개했으며 몇 차례 승리를 거두었다. 뒤퐁(Pierre-Antoine Dupont de l'Étang, 1765~1840)은 포촐로에서 (12월 25일), 마크도날은 알프스에서 성공했으며, 이탈리아에서는 뮈라가 교황령에서 나폴리인들을 몰아냈고, 다른 프랑스 군대는 토스카나를 점령했다. 나폴레옹에게는 화가 날 일이지만 가장 큰 성공은 모로가 거두었다. 12월 3일 모로는 호엔린덴에서 오스트리아 대공 요한(Johann von Österreich, 1782~1859)에게 눈부신 승리를 거두어 빈으로 이어지는 길을 열었다. 1801년 2월 오스트리아는 뤼네빌 조약에 동의해 사실상 캄포포르미오 조약을 다시 확인했다. 이제 이탈리아에서 오스트리아는 베네치아만 보유했고, 나폴리 왕이 복위할 예정이었으며, 파르마 공작은 치살피나 공화국에 병합된 자신의 작은 공국을 포기하는 대가로 토스카나를 차지했다. 오스트리아는 라인 강을 프랑스와 오스트리아 제국의 국경으로 인정해야 했고 프랑스 위성국가들의 존재를 인정해야 했다. 치살피나 공화국뿐 아니라 바타비아 공화국(네덜란드)과 스위스도 위성국가에 포함되었다.

그 결과 영국은 홀로 싸우게 되었다. 환멸을 느낀 러시아의 차르 파벨 1세(Pavel I Petrovich)가 전쟁에서 이탈했기 때문이다. 영국은 비록 단독으로 싸우더라도 막강한 적이었다. 1800년 9월 영국은 몰타를 다시 점령하고 이듬해에 이집트를 되찾았다. 1800년에는 인도에서 벌인 전쟁을 승리로 끝냈고, 오리엔트에서 프랑스와 네덜란드의 식민지를 점령했으며, 대규모 밀수를 통해 에스파냐의 남아메리카 제국을 비집고 들어갔다. 나폴레옹의 초기 대응은 러시아에 동맹을 제안한 것이었다. 차르는 영국 해군이 제멋대로 정한 수색권에 거세게 반대했으며, 이제 유럽 평화를 위협하는 진정한 위험 요소는 영국이라고 결론지었다. 나폴레옹은 프랑스 제국의 혼돈을 제거하고 질서와 안정을 가져왔지만, 영국은 프랑스를 억누르고 세계 제국을 얻기 위해 단호하게 외교의 도가니를 휘젓고 있다고 본 것이다.

그리하여 파벨 1세는 두 가지 과감한 조치를 취했다. 1800년 12월 러시아와 스웨덴, 덴마크, 프로이센으로 중립국가연맹을 결성하고 영국의 교역에 맞서 발트해를 봉쇄했다. 영국은 1801년 4월 2일 코펜하겐을 포격해 대응했고(넬슨이 두각을 나타내 유명해진 전투이다) 사실상 연맹을 파괴했다. 파벨 1세의 두 번째 노력은 좀 더 흥미롭다. 차르는 나폴레옹에게 동맹을 제안했는데, 그 목적은 오스만제국 해체, 그리고 끝내는 인도에서 영국의 지위를 무너뜨리는 것이었다. 이는 정확히 '오리엔트 콤플렉스'를 지닌 나폴레옹의 마음을 움직이는 제안이었다. 실제로 파벨 1세는 마세나가 수보로프에게 승리를 거둔 데 감명을 받아 원정대 지휘관으로 마세나를 원했다. 계획은 프랑스군 3만 5천 명이 인도 진격 채비를 마친 러시아군 3만 5천 명과 볼가 강에서 합류하는 것이었다. 차르는 죽음 직전에 카자크인 선봉대 2만 명에게 히바와 부하라로 진격하라고 명령했다.

그러나 그때는 영국이 목적을 위해 예사로 암살자를 쓰던 시절이었다. 영국은 먼저 이집트를 손쉽게 정복하기 위해 이슬람 광신도를 시켜 이집트에서 유능한 장군 클레베르를 살해하게 했고(1800년 12월), 그 다음 위험 인물인 러시아의 파벨 1세에 주목했다. 1801년 3월, 차르는 영국 첩자들한테서 뇌물을 받은 장교들에 의해 침실에서 교살되었다. 든든한 협력자를 빼앗긴 나폴레옹은 다른 해안 국가들과 조약을 체결해 영국의 제해권을 잠식하려 했으나 성과는 없었다. 에스파냐와는 조약을 체결해 군함 6척을 얻었고 더 큰 소득으로 북아메리카의 거대한 루이지애나도 얻었다. 나폴리 왕은 엘바 섬을 프랑스에 이양하고 영국 선박에 항구를 닫았다. 프랑스는 미국, 알제, 튀니스, 트리폴리와 중요한 해군 협정을 체결했다.

1801년 영국과 프랑스 모두 절실히 평화를 원했다. 런던 정부는 미쳐버린 왕(조지 3세)은 말할 것도 없고 1798년 아일랜드 사건의 맹렬한 후폭풍과 국내 폭동, 인플레이션, 1799~1800년의 흉작을 처리해야 했다. 호전적인 피트가 물러나면서(1801년 3월) 평화를 가로막는 주요 인적 장애가 사라졌다. 그 뒤를 이은 애딩턴*은 즉각 평화협상을 타진했다. 영국이 몰타에서 나가고 프랑스는 나폴리에서 철수한다는 조건의 평화협정 초안을 두고 협상이 이루어졌다. 영국이 이집트 재정복을 위한 군사 활동을 벌이고 있다는 사실이 문제를 복잡하게 만들었지만, 이집트를 프랑스에 되돌려준다는 임시 합의가 이루어졌다. 이집트에서 므누가 패배했다는 소식을 들은 나폴레옹은 그 소식이 아직 영국으로 새어 나가지 않았음을 깨닫고 이집트가 협상 요인이 되기 전에 서둘러 조약을 해치우라고 협상자들에게 명령했다. 그래서 1801년 10월 1일(예비 조약)과 1802년 3월 27일에 아미앵 평화조약이 체결되었다.

아미앵에서 나폴레옹을 대신해 공식 협상에 나선 것은 형 조제프와 탈레랑이었는데, 두 사람 사이에는 특별한 협정이 싹텄다. 1800년 조제프는 가격 상승을 예상하고 국채에 투자했는데 예상이 빗나가 엄청난 손실을 보았다. 묶인 자금의 규모가 너무나 막대해 나폴레옹조차 구제자금을 지원할 수 없었는데, 교활한 탈레랑이 교묘하게 정부의 감채기금을 끌어들이는 '사기'를 제안해 조제프를 구원했다. 그러나 조제프는 협상자로서는 순진해 영국이 진심으로 영속적 평화를 원한다고 확신했다.

사실 양국은 단순히 시간을 벌었을 뿐이고 전쟁을 재개하기 전에 숨 돌릴 여유가 필요했을 따름이었다. 영국은 지친 데다 대륙의 동

헨리 애딩턴(Henry Addington, 1757~1844) 영국 정치가. 하원의장과 총리를 역임했다.

맹이 붕괴하고 오스트리아와 러시아가 이탈한 데 낙담했기에 당분간 프랑스가 라인란트와 벨기에를 보유하도록 내버려 둘 생각이었다. 영국 내 여론은 평화를 원했고, 엘리트 계층은 인구의 15퍼센트가 빈곤층인 나라에서 민심 이반이 고조되는 것을 염려했다. 그렇더라도 트리니다드와 실론을 제외한 거의 모든 정복 식민지를 포기하는 것은 영국 지도부에 너무도 쓰라린 일이었다. 피트는 영국의 재정이 빠르게 회복해 앞으로 전쟁을 벌일 튼튼한 토대가 마련될 것이며, 평화에 실망하는 견해들이 나타나 여론이 수용할 만한 교전이 다시 시작되리라는 생각으로 자위했다. 그러나 일부의 추정대로 영국이 아미앵 조약을 체결함으로써 진정 유럽 대륙을 가망 없는 목표라고 판단하고 포기했으며 유럽 밖의 지위에만 노력을 집중했다는 생각은 큰 오해이다.

나폴레옹에게도 평화는 늘 일시적 휴전으로서 국내에서 지위를 강화하고 독일과 이탈리아를 더욱 강력히 지배하며 전체적으로 시간을 벌어주는 기회일 뿐이었다. 프랑스 여론이 가장 중요한 고려사항이었다. 아미앵 평화조약은 특히 보르도 같은 대서양 연안 도시들에서 환영받았다. 그쪽 도시들이 영국 해군의 봉쇄로 파멸했기 때문이다. 경제 세력과 사회 세력을 고려하면 나폴레옹은 자기 집에서 결코 완전한 주인이 아니었다. 이는 나폴레옹이 역사를 만들었지만 자신이 직접 선택한 환경에서 만든 것은 아니라는 중요한 총체적 진실의 일면이다. 나폴레옹은 세인트헬레나에서 이렇게 말했다. "나는 수많은 계획을 고안했지만, 어느 하나도 자유롭게 실행한 적은 없었다. 언제나 매우 강한 손으로 키를 잡고 있었지만 파도는 훨씬 더 강력했다. 진실로 나는 마음대로 한 적이 없었다. 나는 언제나 상황의 지배를 받았다."

나폴레옹이 상황을 지배한 주인이었는지 상황의 지배를 받은 꼭두각시였는지에 관한 논쟁은 나폴레옹의 외교 정책과 나폴레옹의 목적이라는 많이 논의된 문제의 핵심으로 이어진다. 나폴레옹은 어쨌거나 영국과 대결하는 전 지구적 싸움이나 오스트리아에 맞선 유럽의 싸움을 포기할 수 있었는가? 아니면 자신이 제한적으로만 지배한 힘들의 구속을 받았는가? 한 가지 견해는 이렇다. 뤼네빌 평화조약은 기회를 낭비했으며, 나폴레옹은 오스트리아와 영구 평화협정을 체결해 네 나라의 동맹 결성을 미연에 방지해야 했다는 것이다. 이 논지에 따르면 영국과는 결코 화해할 수가 없었다. 세계 제국 영국의 경제적 요구는 유럽에서 간섭적인 '분할 통치' 정책을 주문했기 때문이다. 프랑스의 경제적 항복이 아니라면 영국은 아무것도 받아들일 수 없었다.

　오스트리아와 영구 평화협정을 체결한다면 프랑스는 이탈리아에서 오스트리아에 행동의 자유를 허용하고 라인 강 동쪽의 독일이 오스트리아 세력권임을 인정해야 했다. '자연 국경' 원칙에 따르면 라인란트의 포기는 분명 의제에 오를 문제가 아닌 듯했지만, 그 정책을 본질적으로 받아들일 수 없는 것은 아니었다. 흔히 '자연 국경'은 나폴레옹이 내던질 수 없는 혁명의 유산이었다고 말하지만, 나폴레옹은 1800년에 그 유산의 다른 많은 부분을 버렸으며 해가 바뀌면서 점점 더 많은 혁명의 유산에서 벗어났다. 오스트리아와 영구 협정을 체결하지 못하도록 방해하는 진정한 장애물은 네 가지였다. 첫째, 나폴레옹은 이탈리아에서 명성과 영예를 얻었고, 이탈리아를 자신의 개인적인 식민지로 여겼다. 둘째, 나폴레옹이 '오리엔트 콤플렉스'를 지녔다는 사실은 조만간 오스트리아와 충돌하게 될 지역에서 불가피하게 음모를 꾸밀 수밖에 없음을 뜻했다. 셋째, 나폴레옹은 무척이나 자만해 러시아와 프로이센을 동맹국으로 만들 수만 있다면 영국과 오스트리아 둘 다 격파할 수 있다고 생각했다. 넷째, 가장 중요한 장애물은 전쟁이 나폴레옹의 존재 이유였다는 사실이다.

　그러므로 이렇게 보면 유럽의 평화를 저해하는 진정한 장애물은 나폴레옹 자신이었다. 알다시피 소렐은 한층 더 지나치게 나폴레옹을 옹호했다. 영국이 그러했고, 오스트리아가 그러했고, 프랑스 혁명이 그러했고, 심지어 프랑스 역사도 그러했으니, 그런 상황에 처한 나폴레옹이 어떻게 달리 처신할 수 있었겠냐는 것이다. 소렐은 이렇게 썼다. "나폴레옹의 천재성을 그토록 가볍게 처리하는 공론가들은 나폴레옹이 세상에 많은 것을 전해주었는데도 그 모든 것을 뛰어넘는 더 놀라운 천재성을 드러내기를 요구한다. 나폴레옹은 자신을 변화시켜야 했을 뿐만 아니라 사물의 본질을 수정하고 다른 유럽에서 다른 인간이 되었어야 했다는 것이다."

나폴레옹이 상황의 산물이요 역사적 필연의 창조물이라는 생각은 영국과 프랑스의 전 지구적 패권 투쟁이라는 맥락에 잘 들어맞는다. 이 싸움은 이따금 휴지기가 있었지만 1688년 이래 계속 사납게 휘몰아쳤다. 나폴레옹이 프랑스의 패권을 장악했던 15년 동안 영국과 프랑스는 아일랜드, 인도, 남아메리카, 서아프리카, 모리셔스, 말레이시아, 실론(스리랑카), 플라카(말라카), 생도밍그(아이티), 희망봉, 인도네시아, 필리핀에서 야만적 전쟁을 벌였다. 인도양에서 해전을 벌였고, 생도밍그에서는 흑인 노예들로 구성된 군대가 대결했으며, 그 기간 내내 미국과의 관계는 힘들게 요동쳤다. 이 싸움은 나폴레옹이 없었더라도 분명 계속되었을 것이다. 거기까지는 역사적 필연이었다. 그러나 이 주장은 유럽에는 들어맞지 않는다. 유럽에서 나폴레옹 전쟁은 주요하게 세 가지 성격을 띠었기 때문이다. 첫째는 나폴레옹이 처음 내세운 전제를 인정한다면 지극히 합리적인 군사 활동으로 1805년부터 1809년까지 오스트리아, 프로이센, 러시아와 충돌한 전쟁이다. 둘째는 1808년 이후 에스파냐에서 벌인 전쟁처럼 우연한 실수로 시작한 분쟁이다. 셋째는 1798~1799년의 이집트 원정처럼 '오리엔트 콤플렉스'나 동방 제국이라는 모호한 꿈 때문에 벌인 불합리한 전쟁이다. 1812년의 원정도 여기에 포함될 수 있겠다. 나폴레옹은 완전히 자유롭지도 않았고 완전히 구속당하지도 않았다. 나폴레옹은 여러 곳에서 상황의 희생양이었지만, 다른 많은 곳에서 스스로 상황을 만들어냈다.

보상 관념을 받아들인다면 '오리엔트 콤플렉스'를 보여주는 증거들이 더 많이 나타난다. 러시아인들과 함께 인도로 진격한다는 꿈이 그토록 잔인하게 꺾인 1801~1803년의 평화로운 시절에 서반구에 제국을 세운다는 생각을 잠시나마 검토한 것은 의미가 매우 크다. 1801년에 에스파냐로부터 루이지애나를 매입한 것은 이 새로운 뜻을 보여주는 한 가지 표지였고, 생도밍그*로 원정대를 파견하기로 한 재앙 같은 결정은 또 다른 표지였다.

아이티 섬(히스파니올라 섬)은 1790년대 초 이래로 끊임없는 전쟁의 무대였다. 1791년에 프랑스령 생도밍그에서 흑인 노예들의 대반란이 일어났다. 프랑스군과 흑인 노예들의 싸움이 이어졌고, 반란을 일으킨 노예들 중에는 에스파냐 정부와 손을 잡은 이들도 있었다. 흑인 반란 세력도 이해관계에 따라 여러 갈래로 나뉘었다. 1793년에는 근처 자메이카 섬에 주둔 중이던 영국군이 섬에 상륙해 혼란을 더했다. 생도밍그를 탐내던 영국을 끌어들인 것은 프랑스인 농장주들이었다. 그러던 중 1794년 2월에 프랑스 본토에서 국민공회가 생도밍그에서 공식적으로 노예제를 철폐한다고 선언했고, 이 소식이 전해지자 생도밍그의 흑인 노예들은 프랑스에 충성을 맹세하고 영국군과 맹렬히 싸웠다. 영국군은 끈질긴 흑인 반란군뿐 아니라 풍토병과도 싸워야 했다. 어떤 추산에 따르면 영국군은 1798년에 섬을 떠날 때까지 5년간 주둔하면서 5만 명의 사망자를 냈고 공포의 '옐로우잭(황열병)'으로 5만 명이 영구히 노동 능력을 상실했다고 한다. 이 시기에 강력한

생도밍그 17세기에 프랑스가 에스파냐로부터 양도받아 아이티 섬 서쪽에 세운 프랑스령 식민지를 '생도밍그'라고 불렀다. 생도밍그는 섬 전체 면적의 3분의 1 정도였다. 섬 면적의 3분의 2는 에스파냐 식민지였으며 '산토도밍고'라 불렀다.

지도력을 발휘하면서 흑인들의 지도자로 떠오른 인물이 바로 '흑인 나폴레옹' 투생 루베르튀르*였다. 프랑스의 백인 나폴레옹은 처음에는 투생 루베르튀르를 애지중지하는 아들처럼 대우했다. 나폴레옹은 브뤼메르 쿠데타 이후 성명서를 발표해 투생을 크게 찬미했다. "기억하라, 용감한 흑인들이여. 오직 프랑스만이 그대들의 자유와 평등한 권리를 인정한다."

1799년 섬에서는 북쪽의 투생과 남쪽의 리고* 사이에 권력 투쟁이 벌어졌다. 내전이 급박한 양상을 보이자, 나폴레옹은 투생을 지지하여 그를 총사령관에 임명하고 리고를 프랑스로 소환했다. 1800년과 1801년 내내 생도밍그는 나폴레옹의 뜻대로 움직이는 듯했다. 그러나 투생은 점점 더 독립적으로 행동했고 프랑스의 명령을 무시하기 시작했다. 나폴레옹으로서는 무력을 써서 투생을 제거하거나 완전한 독립을 향한 움직임을 묵인하거나 둘 중 하나를 선택해야 했다. 나폴레옹은 두 가지 대안을 놓고 망설였다. 먼저 생도밍그에 독립을 허용하면 그곳의 프랑스 농장주들은 파산할 수밖에 없었다. 반면 서인도제도 전체에서 프랑스의 상업적 이익은 영향을 받지 않을 것이며, 원정대 파견은 비용이 많이 들 것이고, 서반구의 3만 명에 이르는 흑인 군대가 미국의 주의를 분산시켜 루이지애나와 캐나다에 대한 나폴레옹의 계획에 간섭하고 싶은 생각을 빼앗을 가능성도 있었다. 물론 이런 추론은 투생이 친절하게도 자신의 군대를 이런 식으로 쓴다는 전제가 있어야 했다.

투생 루베르튀르(Toussaint l'Ouverture, 1743~1803) 아이티의 독립 운동가이자 흑인 해방 지도자. 노예 해방 전쟁을 지도하였고 사령관으로서 프랑스군, 영국군과 싸웠다. 1799년 아이티가 내란 상태에 빠지자 혁명적 통일 정부를 수립하고 스스로 총독이 되어 섬을 지배하였다. 그러나 1802년 나폴레옹이 보낸 진압군에 체포되어 프랑스로 이송되어 프랑스령 포르드주에서 감금당한 채 사망하였다. '검은 자코뱅'으로 불리기도 한다.

앙드레 리고(André Rigaud, 1761~1811) 부유한 백인 농장주와 노예 여성 사이에서 태어난 아이티혁명의 지도자. 1793년에서 1798년까지 남부와 서부에서 영국군의 침입을 저지하는 데 중요한 역할을 했다.

그러나 그러한 고려 사항들은 모두 탁상공론이 되었다. 투생이 어리석게도 일방적으로 독립을 선언하고 새로운 생도밍그 헌법의 사본을 프랑스에 보내 기정사실화함으로써 사태를 신뢰의 문제로 만들어버렸기 때문이다. 설상가상으로 투생은 후계자들을 지명할 권리를 요구했는데, 데살린*과 크리스토프* 같은 프랑스를 혐오하는 선동가들이 후계자가 될 가능성이 높았다. 이는 프랑스의 명예를 공공연히 모욕하는 일이어서 나폴레옹은 용서할 수 없었다. 그래서 나폴레옹은 1801년 12월 매제 르클레르(폴린의 남편)에게 2만 5천 병력의 지휘권을 맡겨 생도밍그로 보냈고 원정대와 함께 가장 유능한 제독 루이 드 라투슈트레빌(Louis-René de Latouche-Tréville) 휘하의 로슈포르 소함대를 파견했다. 원정대를 보내면서 나폴레옹은 법령을 발해 생도밍그와 과들루프, 카옌의 흑인들은 자유를 얻겠지만 마르티니크와 일드프랑스(모리셔스), 일부르봉(레위니옹)에는 노예를 존속시키겠다고 밝혔다. 나폴레옹은 1801년 플로레알* 28일의 특이한 법령은 아미앵 조약으로 영국으로부터 막 획득한 마르티니크가 아직 불안정해 노예제를 폐지하기 어렵기 때문이라고 설명했다.

프랑스가 생도밍그에 그토록 강력한 원정대를 파견한 것에 영국이 깜짝 놀라 전쟁을 재개하려는 의지를 다졌다는 얘기가 있다. 사실을 말하자면 영국은 프랑스의 노력에 반대하기는커녕 은밀히 찬성했다. 흑인 자코뱅의 선례가 자메이카의 자국 농장으로 확산될까 두려웠기

데살린(Jean-Jacques Dessalines, 1758~1806) 아이티 혁명의 지도자. 에스파냐와 영국에 대항할 때는 프랑스군으로 싸웠으나 이후 프랑스에 맞서 반란을 일으켰고, 투생 루베르튀르의 부관으로 여러 전투에 참여했다. 1804년 1월 1일 '생도밍그'를 '성스러운 대지'라는 뜻을 지닌 '아이티'로 이름을 바꾸고 독립국 아이티의 초대 통치자가 되었다. 그리고 스스로 황제에 올라 1804년부터 1806년까지 자크 1세로 통치했다.

크리스토프(Henri Christophe, 1767~1820) 아이티 혁명의 지도자. 1807년 2월 17일 북부에 별도로 수립된 아이티 국가(État d'Haïti)의 대통령으로 선출되었고, 1811년 3월 26일 아이티 국왕 앙리 1세로 선포되었다.

플로레알 프랑스 혁명력의 꽃달. 여덟 번째 달로 태양력 4월 20일에서 5월 19일까지이다.

'검은 나폴레옹'이라는 별명으로 불렸
던 생도밍그(아이티) 해방 투쟁의 영웅
투생 루베르튀르.

때문이다. 빅토리아 시대의 영국 역사가들은 피트와 나폴레옹의 투
쟁을 자유와 폭정의 투쟁으로 그리기를 좋아했지만, 두 사람 다 냉소
적으로 경제적 이익에 관심을 두었으며, 영국의 '구세주' 허레이쇼 넬
슨조차 노예제를 지지했다.

　르클레르는 남편으로서 부족한 인물이었듯이 군사 지휘관으로서
도 부족했다. 르클레르는 자신의 최고 패 두 가지를 내버렸다. 1798
년 아일랜드에서 경이로운 성과를 달성한 휘하의 가장 유능한 장군
윔베르를 미워해 생도밍그에서 그에게 한직을 주었고, 그리하여 윔
베르는 재능을 발휘하지 못했다. 그리고 그는 흑인들과 싸울 때 섬의
물라토(백인과 흑인 사이의 혼혈인)와 협력하고 그들의 힘을 빌리라는
나폴레옹의 명백한 지시를 무시했다. 르클레르는 흑인보다 물라토를
더 혐오하는 크레올의 영향을 받아 명령을 어겼다.

　그 결과 2년간의 전쟁은 악몽이었다. 투생은 프랑스군의 속임수에
넘어가 사로잡혀 프랑스로 이송되어 차가운 지하 감옥에 갇혔다가
몇 달 만에 죽었다. 나폴레옹이 예견했듯이 크리스토프와 데살린은
투쟁을 이어 갔고, 이들은 싸움이 전면적으로 재개된 1803년 5월 16

일 이후 영국 해군의 강력한 지원을 받았다. 그동안 프랑스군은 맹위를 떨친 황열병으로 점차 수가 줄어들었다. 1801년 생도밍그에 상륙한 2만 5천 명 중 1803년 영국에 항복할 때까지 살아남은 사람은 겨우 3천 명이었다. 르클레르도 사망자에 포함되었다.

서반구에 제국을 세우겠다는 나폴레옹의 짧은 꿈은 생도밍그의 습지와 강어귀에서 허망하게 사라졌다. 1803년 전면전이 재발했을 때, 나폴레옹은 아메리카에서는 자신의 처지가 절망적이며 루이지애나를 유지할 수 없다고 결론 내렸다. 나폴레옹은 토머스 제퍼슨 대통령과 협상을 시작했지만, 헌법상 제퍼슨이 새로운 땅을 구입할 권한이 명료하지 못했다. 그러나 제퍼슨은 강하게 밀어붙였고, 나폴레옹은 매각으로 자금을 확보해서 기뻤다. 나폴레옹은 뤼시앵과 조제프의 격렬한 항의를 물리치고 8천만 프랑에 루이지애나를 미국에 매각했다. 나폴레옹은 진정으로 서반구에 마음을 둔 적이 없었다. 유럽에서 전쟁이 일어나자마자 그 지역을 포기한 것은 의미심장하다. 그렇지만 나폴레옹은 생도밍그의 군사적 모험이 어떤 결과를 낳을지 심사숙고하는 데 실패함으로써 인내하며 신중히 계산하지 못하는 모습을 처음 보여주었다. 이는 향후 치명적 결점으로 판명된다.

12장

절대 권력자

나폴레옹 법전을 만들다

나폴레옹은 제1통령으로서 원로원 앞에서 연설한 첫날부터 새로운 시대를 염두에 두고 있음을 분명히 했다. 현명한 관찰자는 작은 암시라도 깊은 의미를 함축하고 있다면 그로부터 많은 것을 추론할 수 있을 것이다. 튈르리 궁에서 뤽상부르 궁으로 이어지는 거리에 병사들이 2열로 도열했다. 여덟 마리 말이 끄는 마차가 제1통령을 태우고 왔다. 그 뒤로 마차 여섯 대가 제2통령과 제3통령, 장관들, 전군을 대표하는 장군들과 부관들, 감찰감들을 태우고 왔다. 원로원 계단의 발치에서 의원 열 명이 경의를 표하며 나폴레옹을 영접했다.

나폴레옹은 이미 황제에 준하는 차림을 갖출 작정이었고, 조제핀도 그런 생각에 열중했다. 나폴레옹은 조제핀이 제1통령 부인이 되었으므로 성적으로 조신하게 행동할 것을 요구했고 아무 여자나 만나는 것을 허용하지 않았다. 이는 조제핀이 오랜 친구들을 더는 만날 수 없음을 뜻했다. 말메종의 직원들은 부리엔이 서명한 통행증이 없는 사람은 누구도 들이지 말라는 엄한 지시를 받았다.

그러나 조제핀의 난잡한 성생활은 어느 정도 제어했을지 몰라도 심한 낭비벽은 어떻게 할 도리가 없었다. 조제핀은 미심쩍은 군납업자들한테서 받은 다양한 수뢰금과 남편이 넉넉하게 준 용돈으로 신들린 것처럼 돈을 써댔다. 조제핀은 한 해에 드레스 900벌(마리 앙투아네트가 가장 사치스러울 때도 170벌이었다)과 장갑 1천 켤레를 구입했다. 나폴레옹이 조제핀의 자금 상황을 조사하라고 명령했을 때, 부리엔은 한 달에만 모자 38개의 청구서와 깃털 장식 180프랑의 청구서, 향수 800프랑의 청구서를 찾아냈다. 구제할 수 없이 낭비하는 조제핀은 정기적으로 새로운 보석을 사들였고, 나폴레옹이 한마디 하면 몇 년 전부터 갖고 있던 것이라고 둘러댔다. 그런 경우에 나폴레옹은 조제핀의 말을 믿었다.

부리엔은 조제핀이 진 빚이 모두 120만 프랑이라는 사실을 알아냈는데, 조제핀은 절반만 인정했다. 조제핀은 남편이 진실을 알면 그 분노를 감당할 수 없다면서 부리엔에게 도움을 청했다. 나폴레옹은 60만 프랑으로 줄인 액수로 보고를 받았고 예상대로 격노했다. 나폴레옹은 위신을 지키기 위해 금액을 지불했다. 그때 부리엔은 여러 상인들에게 절반만 받으라고 설득했다. 그러면서 만약 상인들이 소송을 제기해 일이 널리 알려지면 나폴레옹은 직책에서 물러날 수밖에 없고 그러면 한 푼도 못 받을 수 있다고 지적했다. 모자 제조업자들과 장신구 상인들은 마지못해 동의했다.

아내의 사치에 속을 태우던 나폴레옹은 조제핀을 설득해 말메종에서 조용히 지내게 하려 했다. 나폴레옹은 조제핀에게 그곳에서 손님들을 후하게 대접하라고 권유했다. 조제핀은 언제나 유능한 여주인으로서 매력적이고 친절했으며 이름과 얼굴을 놀랍도록 잘 기억했다. 말메종은 나폴레옹이 새로 얻은 지위의 상징이었다. 나폴레옹은 브뤼메르 쿠데타 직후인 1799년 11월 21일 빅투아르 거리에서 그곳으로 이사했다. 석 달 후인 1800년 2월 19일 나폴레옹은 뤽상부르 궁에서 튈르리 궁으로 공관을 옮겨 준공화주의적 외양에서 황제와 유사한 외양으로 바뀌는 이행을 한층 더 명확히 했으며, 튈르리 궁에서 루이 14세가 마지막으로 누웠던 침대에서 첫 밤을 보냈다.

이튿날 루이 16세의 동생으로서 훗날 루이 18세가 되는 루이 스타니슬라스 사비에르(Louis Stanislas Xavier de France, 1755~1824)로부터 편지 한 통이 도착했다. 심리학자 카를 융은 뜻밖의 기이한 사건들을 두고 '동시성(sinchronicity)'이라는 용어를 만들었는데, 이는 그중 하나였다. 루이는 당대의 많은 프랑스인들처럼 나폴레옹의 통령정부는 부르봉 왕실이 필연적으로 귀환하기까지 잠깐 동안 공백을 메우는 임시정부라고 추정했다. 요컨대 나폴레옹이 군주제 회복을 위해 길을 평탄하게 만든 멍크 장군 같다고 판단한 것이다. 루이는 거만한 태도로 이렇게 썼다. "내게 왕위를 돌려주는 데 꽤나 뜸을 들이는군요. 그러다가는 기회를 놓칠 위험이 있소. 내가 없다면 당신은 프랑스를 행복하게 만들 수 없고, 반면 그대 없이 나는 프랑스를 위해 아무것도 할 수 없소. 그러니 서두르시오. 그리고 어떤 지위와 명예가 그대와 그대의 친구들을 만족시킬 수 있을지 알려주시오."

나폴레옹의 즉각적인 답변은 지독히 간결했다. "그대의 편지를 받았소. 친절한 말씀에 감사드리오. 프랑스로 돌아오려는 희망을 품고 있다면 버리시오. 그러려면 시신 10만 구를 밟고 넘어야 할 것이오. 프랑스의 평화와 행복을 위해 사사로운 이익을 희생하시오. 역사가 잊지 않을 것이오. 그대 가족의 불운에 마음이 아프지 않은 것은 아니오. 은퇴한 뒤 편안하고 조용히 지낼 수 있도록 기꺼이 할 수 있는 일을 하겠소." 3년 후 나폴레옹은 루이에게 현실을 직시하고 프랑스 왕위 요구를 포기하라고 권했다. 자신의 운을 믿는 부르봉 왕가 사람은 완고하게 거부했다.

나폴레옹이 1800년에 부르봉 왕실을 복위시킬 작정이었다는 견해는 기이하다. 나폴레옹은 방데 반란을 단호하게 진압함으로써 자신의 의중을 확실하게 알렸기 때문이다. 방데의 반란은 부르봉 왕실의 군주제를 지지하는 군사력이었으며, 나폴레옹은 제1통령으로 추인되자마자 반란자들을 가혹하게 다루었다. 나폴레옹은 반란자들의 제안을 모조리 거부하면서 굴복할 때만 평화가 올 것이라고 선언했다. 나폴레옹은 브륀을 위시해 최고 장군 몇 명을 보내 일련의 군사적 승리를 거두었다. 방데의 지도자 중 중요한 인물인 프로테 백작(Marie Pierre Louis de Frotté, 1766~1800)은 안전한 통행을 제안받았다고 생각하고 반란 지도자 6명과 함께 항복했다. 이들은 즉시 처형되었는데, 프로테 백작이 어느 성명서에서 제1통령을 직접 모욕했던 것이 그 이유로 보인다. 그러나 나폴레옹에게 직접 책임이 있지는 않다. 나중에 나폴레옹은 이렇게 말했다. "나는 그런 명령을 내리지 않았다. 그렇지만 명령이 이행된 것에 분노했다고는 할 수 없다." 방데의 반란자들은 이러한 배반에 낙담하고 군사적 실패에 당황하고 영국에 쓰라린 배신감을 느끼며 휴전협정에 서명했다. 반란자들은 영국이 자원을 공급하지 않아 서부 프랑스의 반란이 심각한 위협이 되지 못했다고 비난했다.

이후 1800년의 나머지 기간 동안 나폴레옹에 반대하는 왕당파의 저항은 모반과 암살 계획의 형태를 띠었다. 앙리오 장군의 한 부관이 말메종으로 가는 길에 나폴레옹을 암살하려 한 계획이 있었지만 실패했다. 1800년 10월 10일에는 '단도 음모'가 있었다. 오페라 극장의 칸막이 관람석에 앉아 있는 나폴레옹을 단도로 찔러 죽이려 한 계획이었다. 그러나 계획을 실행에 옮기기 전에 주모자들(화가 토피노르브룅François Topino-Lebrun, 조각가 체라키Giuseppe Ceracchi, 부관참모 아레나Joseph Antoine Aréna)이 체포되어 처형당했다. 가장 중대한 암살 기도는 1800년 12월의 '폭탄' 사건이었다.

1800년 성탄절 전야 나폴레옹과 조제핀, 조제핀의 가족은 카롤린 뮈라와 함께 오페라 극장에서 하이든의 〈천지창조〉 서막을 관람하기로 했다. 나폴레옹과 장군 세 명이 같은 마차를 타고 앞서고, 조제핀과 딸 오르탕스, 카롤린 뮈라가 그 뒤를 따랐다. 왕당파 몇 명이 '시한폭탄'을 급조해 (실제로는 화약통에 폭탄을 매달아 수레에 숨기고 그

1800년 12월 24일에 일어난 생니케즈 거리의 암살 미수 사건을 묘사한 그림. 폭탄을 설치한 수레로 나폴레옹을 암살하려던 왕당파의 음모는 실패했다.

수레를 길가에 세워 두었다) 나폴레옹 일행이 생니케즈 거리를 따라 마차를 타고 내려올 때 폭발하도록 정확히 시간을 맞추어 놓았다. 계획은 잘 세웠지만 두 가지가 일을 망쳤다. 마차 두 대가 바짝 붙어 갈 것으로 생각했으나, 조제핀이 마지막 순간에 캐시미어 숄을 바꾸기로 결심하면서 여자들이 탄 마차가 지체했다. 그러는 동안 나폴레옹이 탄 마차의 술 취한 마부는 급히 내달렸다. 두 마차 사이는 벌어졌고, 나폴레옹이 탄 마차가 수레 옆을 지나간 직후에 장치가 폭발해 두 마차는 피해를 입지 않고 대신 구경꾼 52명과 통령의 호위대 몇 사람이 죽거나 사지가 잘렸다. 나폴레옹은 아무 일도 없었다는 듯 오페라 극장으로 계속 갔다.

　　제1통령이 두려워해야 할 음모는 왕당파의 음모만이 아니었다. 자코뱅파도 적극적이었는데, 특히 군대에서는 베르나도트, 모로, 오주로, 르쿠르브, 델마스, 시몽 같은 장군들의 지지에 의지할 수 있었다. 그러나 나폴레옹은 늘 밀정들로부터 자코뱅파의 모의에 관해 정보를 들었으며 의견을 달리하는 장군들은 무조건 먼 외국의 분쟁 지역으로 보내버렸다. 베르나도트만 예외였다. 베르나도트는 조제프의 동서이자 데지레의 남편으로서 노골적인 불충이나 심지어 반역의 기미가 보여도 시종일관 처벌을 면했다. 자코뱅의 사정은 곤란했다. 언론 검열 때문에 공세적으로 선전한다는 것은 공상에 가까웠으며, 나폴레옹은 왕당파보다 자코뱅파를 더 혐오했기에 처형과 유배를 마다하지 않았고 기꺼이 편지를 뜯어보고 공작원을 심어놓았다. 나폴레옹이 입법부의 반대에 직면한 적이 있었는지는 모르겠으나 그런 경우가 있었다면 즐겨 쓰는 말로 위협했을 것이다. "그렇다면 내가 자코뱅에 권력을 넘기기를 원하는가?"

자코뱅파가 쥔 한 가지 패는 기분 나쁜 인물인 치안장관 푸셰가 은밀히 자신들의 편에 가담했다는 사실이다. 계획적으로 일구이언을 일삼았던 푸셰는(어느 정도였는가 하면 나폴레옹이 조제핀을 감시하라고 하자 몰래 조제핀을 자신의 첩자로 삼아 제1통령의 집에서 벌어지는 일들을 보고받았다) 정치적 동지들을 덮어 감추고자 나폴레옹의 주의가 왕당파로 쏠리도록 만들었다.

그러나 '시한폭탄' 사건의 결말을 보면 나폴레옹은 여우보다 더 교활했음을 한 번 더 증명했다. 나폴레옹은 이 사건을 기회로 삼아 좌익 반대파를 일소하기로 결심했으며, 동료들이 주저하는데도 특단의 조치를 밀어붙였다. 공화주의자로 알려진 인사 130명에게 '테러리스트'라는 딱지를 붙이고 법적 절차를 거치지 않은 채 법의 보호를 박탈했다. 그 후 이들은 구금되거나 기아나와 악마의 섬*으로 추방당해 서서히 죽어갔다. 몹시 분노한 푸셰는 불과 며칠 만에 '폭탄' 사건을 저지른 범죄자들은 공화파가 아니라 왕당파라는 부정할 수 없는 증거를 나폴레옹 앞에 내놓았다. 나폴레옹은 새로운 죄수들의 처형을

악마의 섬(Île du Diable) 프랑스령 기아나 해안에서 11킬로미터 떨어진 살뤼 군도의 3개 섬 중 북쪽 끝에 자리한 가장 작은 섬.

허가했으나 추방된 자코뱅들은 석방하지 않았다. 나폴레옹의 교활함은 긴급법령 문구에서 분명하게 드러난다. 자코뱅 130명을 비난하는 긴급법령은 성탄절 전야의 음모가 아니라 국가의 안위를 언급했다.

1800년 내내 나폴레옹은 우파로 기우는 척하다가 곧 좌파로 기우는 척해 양자를 반목하게 함으로써 정치적 난관을 벗어나는 데 귀재임을 입증했다. 나폴레옹은 왕당파에 찬성하지 않는다는 점을 보이려고 루이 18세에게 보낸 서신을 자코뱅에 유출하고는 자코뱅을 제거해 우파를 안심시켰다. 나폴레옹은 마렝고 전투 이후 벌어진 상황 덕에 이전 지지자였던 테르미도르파 잔당까지 버릴 수 있었다. 마렝고 전투가 처음에는 파리에 패배로 전해졌기에 시에예스와 바라스의 무리는 속내를 환히 드러냈고, 그래서 나폴레옹은 파리로 돌아왔을 때 그 무리를 제압할 수 있었다. 더 중요한 것은 그 일로 일반 국민이 나폴레옹과 나머지 브뤼메르 쿠데타 세력을 별개의 존재로 생각하게 되었다는 점이다. 그리하여 나폴레옹은 당시 브뤼메르 쿠데타 세력이 받은 냉대를 완전히 피했을 뿐만 아니라 분파 싸움에서 벗어난 국민적 조종자로 등장할 수 있었다.

'시한폭탄 사건' 이전에도 제1통령을 가장 크게 위협한 것은 언제나 우파였기에 나폴레옹은 우파의 전통 지지층인 가톨릭교회를 접수해 허를 찌르기로 결심했다. 이 또한 마렝고 전투의 승리로 얻은 기회였다. 마렝고 전투는 군사적으로는 몰라도 정치적으로는 보나파르트가 거둔 결정적인 전투로 꼽을 만하다. 1799년 11월 나폴레옹이 권력을 잡았을 때, 프랑스 가톨릭교회는 위험한 처지에 놓여 있었다. 교회는 10년 내내 공격을 받았는데, 처음에는 교회와 구체제가 같다고 본 혁명가들이, 나중에는 총재정부의 어줍잖은 개혁가들이 공격했다. 주교단은 대부분 망명했고 조직 전체가 반혁명 세력이었다. 교회 재산 몰수와 민사결혼 제도로 성직자들은 대체로 돌이킬 수 없을 정도로 소외되었고, 1789년 이후의 정권에 협력한 사제들도 망명 주교들의 지시를 따라야 했다. 총재정부 시절에는 시민사회도 없었고 개인과 국가 사이에 어떤 제도도 없었다. 그러므로 가톨릭교회는 법률적으로 개별 사제들의 집합체로서만 존재했고, 그 때문에 당연히 사제의 지위는 약해졌다. 로마에 있었지만 사실상 총재정부의 포로였던 교황 피우스 6세는 죽어 가고 있었다. 교회는 손을 쓸 수 없는 위기에 도달한 듯했다.

그러나 나폴레옹은 자신의 지지 기반에서 큰 부분인 농민층에서 가톨릭교회가 여전히 막강한 세력임을 알고 있었다. 나폴레옹은 가톨릭교회와 협정을 체결하면 사제 4만 명이 자신의 정권을 지지할 것이라고 보고 사제단에서 잠재적으로 중요한 권위의 원천을 발견했다. 나폴레옹은 또 자신을 망명귀족과 중간계급들과 밀접히 연결할 수 있는 반혁명적 요소를 제거하는 것이 단기적으로 이롭다는 것도 알아차렸다. 나폴레옹은 방데 반란의 재발 방지를 보장하고 루이 18세의 기반을 흔들 필요가 있었다. 특히 나폴레옹은 재산의 불평등이 없는 사회는 존재할 수 없다고 생각했다. 오로지 교회만이 사회적 불평등을 정당하다고 인정할 수 있었다. 세속 사회가 불평등의 정당성을 옹호하려고 해봤자 혁명만 촉발할 것이기 때문이었다.

종교 문제를 처리하는 방법은 두 가지였다. 나폴레옹은 교회와 국가의 분리를 허용해 가톨릭교회가 사실상 회복되도록 함으로써 문제가 저절로 풀리도록 할 수 있었다. 아니면 교황과 적극적으로 정식 협정을 체결하기 위해 애쓸 수도 있었다. 기질로 보나 정치적 이유로 보나 나폴레옹은 언제라도 후자의 해결책을 선택할 가능성이 높았다. 나폴레옹은 국민 생활의 모든 면에 자신의 권위를 새겨 넣기를 좋아했고, 만일 가톨릭교회가 회복된다면 그 공은 자신이 차지해야 했다. 그러므로 기독교 자체에 대한 애정이라곤 조금도 없는 이 사람이 교황과 협정을 체결하도록 강행한 것은 역설이다.

마렝고 전투 후 나폴레옹은 오래 끈 교황 선출회의 끝에 1800년 3월

14일 새 교황으로 뽑힌 피우스 7세(Pius VII, 1742~1823, 재위 1800~1823)에게 즉각 교섭을 제안했다. 제1통령은 6월 18일 밀라노 성당에서 테데움 미사를 올리고 한 주 뒤 베르실리아에서 마르티니아나 추기경에게 교황과 협정을 맺고 싶다는 의사를 통지했다. 이 소식은 로마로 전달되었고, 피우스 7세는 즉시 회담 원칙을 수용했다. 11월 파리에서 코린토스 대주교 스피나(Giuseppe Spina, 1756~1828)와 방데 반란의 일원이었으나 개심한 베르니에(Étienne-Alexandre Bernier, 1762~1806)가 양측 책임자로서 상세한 교섭을 시작했다. 세련된 외교관이었던 베르니에는 탈레랑의 지시를 받았다. 탈레랑은 환속한 사제라서 직접 협상에 나설 수 없었다.

당시 프랑스 가톨릭교회에는 일찍부터 혁명과 화해한 입헌파와 브뤼메르 쿠데타 이후 나폴레옹과 타협한 개혁적 선서 거부파, 그리고 완고한 교황권 지상주의자라는 세 분파가 존재했다. 이 세 집단은 나폴레옹의 세력 내부에 반영되었다. 나폴레옹처럼 생각한 자들이 있었고, 가톨릭교회를 국교로 삼으려던 퐁탄(Jean-Pierre Louis de Fontanes)과 포르탈리스(Jean-Étienne-Marie Portalis)처럼 교회에 공감하는 자들이 있었으며, 맹렬한 반교권주의자로서 가톨릭교회와 화해하려는 모든 계획을 혐오하는 푸셰가 이끄는 자코뱅파가 숨어 있었다. 이런 어지러운 상황 때문에 놀랄 만한 임시 수렴 현상이 나타났다. 독실한 가톨릭교도와 반교권주의 분파가 똑같이 로마와 조약 체결에 반대하고 단순히 교회와 국가를 실질적으로 분리할 것을 원한 것이다. 독실한 신도들은 그런 식으로 종교가 부활하리라고 생각한 반면, 반교권주의자들은 종교가 결실을 맺지 못하고 종말을 고하리라고 생각했다. 한편 '입헌파'는 나폴레옹이 자기들 편이라고 생각했지만, 나폴레옹은 마음속으로 교황권 지상주의자들의 권위주의적 경향을 더 좋아했다. 나폴레옹은 성직자민사기본법으로 도입된 입헌교회와 선거의 '민주주의'가 암암리에 침투할까 봐 의심의 눈길로 바라보았다.

베르니에는 협상에 탁월한 선택이었음을 입증했다. 합의를 방해하는 주된 장애물은 세 가지였다. 첫째는 주교 임명에 관한 것이었다. 누가 주교 임명권을 가져야 하는가? 도망한 자나 전임 교황의 강압으로 사임한 자들은 어떻게 할 것인가? 둘째는 가톨릭이 프랑스의 국교가 되어야 한다는 피우스 7세의 바람이었다. 셋째는 당연하게도 혁명기에 몰수된 교회 재산에 관련된 문제였다. 여덟 달 동안 이어진 협상은 때로 치열했다. 나폴레옹은 가톨릭을 국교로 삼는다는 생각에 공감하는 척했으나 교황에게는 여론이 어떤 형태로든 구체제로 복귀하는 것을 용납하지 않을 것이라고 말했다. 국유재산 매각으로 이득을 본 자들이 나폴레옹 정권의 버팀목이었기에, 나폴레옹은 교황의 경제적 요구는 들어줄 수 없지만 응분의 보상으로 모든 성직자에게 급여를 주고 국가 공무원으로 대우하겠다고 제안했다. 주교단에 관한 매우 훌륭한 타협은 돈이라면 사족을 못 쓰는 탈레랑이 자기처럼 성직자 출신 기혼자가 불리하다는 점을 간파했을 때 거의 무산될 뻔했다. 탈레랑은 음모를 꾸며 '신경에 거슬리는' 조항들을 도려내는 데 성공했다.

협상이 길어져 1801년으로 넘어가면서 양쪽의 태도는 완고해졌다. '시한폭탄' 사건 이후 가톨릭교회와 협정을 맺으려는 나폴레옹의 욕구는 한층 더 강렬해졌으며, 나폴레옹은 교황의 시간 벌기 전술에 점차 인내심을 잃었다. 어느 순간 나폴레옹은 피우스 7세가 따라오지 않는다면 로마를 군사적으로 점령하겠다고 위협했다. 한편 교황은 스피나가 이미 너무 많이 양보했다고 보고 교황청 국무장관 콘살비(Ercole Consalvi)를 파리로 보내 회담하도록 했다. 제안된 조약은 두 차례 막판 위기로 깨질 뻔했다. 콘살비는 당시 혁명의 성직자민사기본법을 받아들여 분립한 주교들로부터 선서 철회를 얻어내려 노력했다. 나폴레옹은 격분했고, 그 정도까지 회담을 끌어오느라 자신이

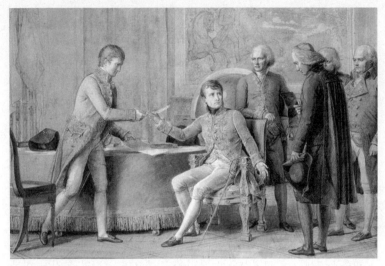

1801년 7월 15일 정교협약에 서명하는 나폴레옹.

공화파와 자코뱅파, 군대의 반대를 얼마나 극복해야 했는지 아느냐고 교황령 대표단을 거세게 책망했다. 결국 협정 초안을 두고 합의가 이루어졌지만, 베르니에는 합의되지 않은 조문에 서명하라는 것이냐며 콘살비에게 경고했다.

콘살비는 격하게 항의했다. 나폴레옹은 그렇게 명백한 사기에 걸린 데 화가 나 조약 초안을 불속에 내던졌고 아홉 번째 안을 서둘러 구술한 뒤 그때 그곳에서 아무런 트집 없이 서명해야 한다고 주장했다. 콘살비는 거부했고 보나파르트의 위협에 도전했다. 나폴레옹은 한 걸음 물러난 듯했고 1801년 7월 15일 자정에 정교협약이 체결되었다. 나폴레옹은 타협적인 서문에서 로마가톨릭교를 프랑스 국민 대부분의 종교로 인정했다. 뒤이은 세세한 조항에는 프랑스 정부와 교황청이 함께 주교구를 구획하며, 제1통령이 주교를 임명하고 교황이 이를 인준하고 서임하며, 성직자는 정부에 충성을 맹세한 대가로 교회가 기부를 받아 누릴 수 있는 급부금과 별도로 국록을 받는다고 규정되었다.

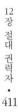

교황은 정교협약을 큰 승리로 여겼다. 교황은 1801년 8월 15일에 조약을 재가했으며, 교서 〈탐 물타(Tam Multa)〉를 발해 교황권 지상주의 주교들에게 주교구를 재조직하는 동안 사임하라고 명령했다. 대부분이 지시를 따랐지만, 프랑스 서부에서는 몇몇 반란자들이 군주주의적이고 종파적인 반(反)정교협약 교회를 설립했다. 새로운 주교구 구획은 빠르게 합의에 도달했고, 주교들은 타협의 정신으로 임명되었다. 12명은 입헌파 출신이고, 16명은 선서 거부파였으며, 베르니에를 포함한 32명은 신임 주교였다. 고지식한 교황은 나폴레옹이 이제는 추기경이 된 외삼촌 페슈를 바티칸 대사로 임명한 것을 긍정적인 신호로 받아들였다.

피우스 7세는 정교협약으로 분열을 피했으며 교회의 통일이 회복되고 교회 재정이 튼튼한 기반을 얻었다고 보았다. 프랑스 교회에 교황의 영향력이 미치지 못하도록 하려던 대혁명의 시도는 명백히 실패했으며, 교황은 기존 주교들을 모두 해임하라는 권유를 받은 터라 더 간섭할 수 있는 선례를 얻었다. 가톨릭은 국가교회로부터 이름을 제외하고는 모든 점에서 이익을 보았다. 재정 이익이 생겼고, 분열이 종식되었으며, 교육에서 특권적 역할을 확보했다. 특히 교황은 계몽 사상과 대혁명의 충격으로 가톨릭이 붕괴 직전에 이르렀다고 느끼긴 했지만 10년 동안 혁명의 반교권주의에 난타당한 상황에서 나폴레옹은 하늘이 내린 선물 같았다.

나폴레옹은 농민을 달래고 왕당파 저항의 심장부를 도려내는 목적을 대체로 달성한 데 만족했다. 나폴레옹은 콘살비의 용감한 지연 작전에 감정이 상했지만 정교협약의 원안에 이른바 '기본 조항'을 못질해 박았다. 이 조항들에 따라 프랑스 정부의 허가 없이는 교서나 주교 서신, 여타 고위 성직자의 통신문 발표가 금지되었다. 그밖에 다른 조항들은 승인되지 않은 종교회의나 불필요한 교황 사절을 금지하고, 성직자에게 프랑스 예복을 입을 것을 규정하고, 모든 종교

활동에 동일한 교리문답서를 쓰라고 명했다. 나폴레옹은 정교협약으로 가톨릭이 이름만 빼면 사실상 국교가 되었다는 뜬소문을 논박하고자 내무장관 샤프탈에게 신교 목사에게 국록을 지급하는 '기본 조항'을 추가로 작성하라고 명령했다. 기본 조항들은 나폴레옹이 진정한 타협에는 전혀 관심이 없었다는 점과 사실상 피우스 7세를 속였음을 분명히 보여준다. 그러한 사고방식은 향후 교황과 나폴레옹의 관계에는 나쁜 징조였다.

종교에 무관심했으나 종교가 사회적 조정자 역할을 한다는 것을 인식했던 사람에게 정교협약은 순전히 정치적인 행위였다. 정교협약은 이후 8년 동안 왕당파의 반대를 성공리에 무력화했다. 왕당파 조제프 드 메스트르(Joseph de Maistre)가 이렇게 쓸 정도였다. "내 아버지가 내일 나의 이름을 더럽히려 한다면 나는 기꺼이 아버지의 죽음을 바랄 것이다. 바로 똑같은 이유에서 그리고 똑같은 방식으로 나는 교황의 죽음을 진심으로 원한다." 왕당파의 분노는 나폴레옹이 아니라 피우스 7세를 향했다. 그러나 제1통령은 반대쪽의 결연한 저항에 직면해야 했다. 정교협약은 공화주의 정서에는 몹시 불쾌한 일로 비쳤다. 국가참사원은 정교협약의 공포를 침묵으로 맞이했으며, 호민원은 협약을 조롱했고, 입법원은 여봐란듯이 무신론자를 의장으로 선출했으며, 원로원은 협약에 반대했던 주요 '입헌파' 인사를 신입의원으로 뽑았다. 군대의 분노는 한층 더 격렬했다. 나폴레옹이 이런 반대의 파고를 타고 넘을 수 있었던 것은 정교협약이 보통 사람들, 특히 농민층에서 엄청난 인기를 끌었기 때문이다. 농민은 이제 옛 교회를 돌려받았지만 그 교회는 봉건적 특권을 빼앗긴 교회였다.

온갖 잡다한 과격파는 정교협약이 실수라고 생각했다. 찰스 제임스 폭스*는 아미앵 조약 체결 후 나폴레옹에게 충고하면서 성직자의

찰스 제임스 폭스(Charles James Fox, 1749~1806) 영국의 초대 외무장관(1782, 1806), 국무장관(1783). 38년간 의원을 역임하며 피트의 정적으로 유명했다.

결혼을 끝까지 고집하지 않았다고 책망했다. 나폴레옹은 이렇게 대답했다. "나는 진정으로 평정하기를 원했고 지금도 원하고 있소. 신학적 분화구들은 기름이 아니라 물로 꺼야 하오. 아우크스부르크의 신앙 고백*을 나의 제국에 받아들이는 것이 더 어렵다는 사실을 알아야만 했소." 자코뱅과 자코뱅에 찬동하는 후대 역사가들은 정교협약이 대혁명을 마지막으로 배신한 것이라고 보았다. 이 견해에 따르면 1789년부터 1794년까지 그렇게 많은 사건이 벌어졌는데도 프랑스가 절대주의의 권리 주장을 떨쳐내지 못한 것은 가톨릭교회가 과거에 지녔던 힘이 부당하게 압박했기 때문이며, 이 점에서 나폴레옹은 두 전제국가가 체결한 조약으로 가톨릭교회와 제휴한 것이다. 몇몇 역사가들은 정교협약이 근본적으로 '프랑스에 어울리지 않으며' 나폴레옹이 조약을 체결함으로써 자신이 이탈리아인의 감수성을 지닌 인간임을, 종교에 관한 태도에서 진정한 콘스탄티누스 대제임을 드러냈다고 추정하기도 했다.

교회의 전면적인 예배 재개가 "오명(종교)을 씻어내라!"는 볼테르의 목표를 고수하는 자코뱅을 자극한 것은 분명하다. 1802년 4월 18일 부활절에 정교협약을 축하하기 위해 노트르담 성당에서 올린 장엄한 테데움 미사는 한바탕 소극으로 변질되었다. 나폴레옹은 모든 장군에게 참석해 단합을 과시하라고 명령했으나, 그 생각은 역효과를 낳았다. 한쪽 무릎을 언제 꿇어야 하는지 아는 사람은 나폴레옹의 측근에서 두 사람뿐이었다. 즉, 전직 주교 탈레랑과 이전에 오라토리오 수도회 사제였던 푸셰뿐이었다. 나머지는 마음대로 일어났다 앉았다 했다. 축성 중에 성체를 거양할 때 선임 장교들은 팔을 내밀어 응대했으나, 미사 내내 란과 오주로가 시끄럽게 떠들고 웃는 소리가 들

아우크스부르크 신앙 고백(Augsburg Confession) 루터교의 신앙고백이며, 마르틴 루터의 사상에 기반을 둔 기독교 신앙 고백문이다. 1530년 6월 25일 아우크스부르크에서 열린 독일 제국의회에서, 독일의 신교도가 황제 카를 5세 앞에서 이 신앙 고백서를 낭독하였다.

렸다. 미사가 끝나고 나폴레옹은 한 장군에게(세평에 따르면 델마스라고 한다) 미사가 어떠했느냐고 물었다. 그 장군이 대답했다. "수도사들의 훌륭한 무언극 같았습니다. 한 가지 빠진 것이 있다면 지금 장군께서 다시 세우고 있는 것을 무너뜨리기 위해 죽어 간 수백만 명의 사람들입니다."

정교협약으로 나폴레옹은 왕당파의 위협을 좀 더 편하게 생각할 수 있었다. 강해진 자신감의 첫째 징후는 망명귀족의 귀국을 허락한 법으로 나타났다. 1802년 사면령이 발표되어 실제로 프랑스에 맞서 무기를 들었던 자들을 제외하고는 대혁명을 피해 달아난 모든 망명자의 귀환이 허용되었다. 이미 '국유재산'으로 매각된 부동산의 반환이 없으리라는 점은 반드시 유념해야만 했다. 약 4만 명, 즉 망명자의 40퍼센트가 이 기회를 이용해 나폴레옹의 우경화를 한층 더 명백하게 했다. 조제핀은 숨어 있는 왕당파였으며 공식적인 국가의 적들과 서신을 주고받기까지 했다. 나폴레옹은 조제핀을 즐겁게 해주고 원하는 것을 들어주었지만, 푸셰에게 일거수일투족을 감시하라고 했다. 그리하여 악순환이 성립되었다. 푸셰는 나폴레옹에게 조제핀에 관해 보고했고, 조제핀은 치안장관에게 남편에 관해 보고했다.

이때쯤이면 보나파르트는 일이 자신에게 유리하게 돌아간다고 점점 더 확신하게 되었다. 심지어 한두 해 전이라면 낙관적으로 생각할 이유가 없는 분야에서도 자신감을 가졌다. 나폴레옹은 총재정부로부터 처참한 재정을 물려받았고, 정치 당파들보다 경제를 지배하기가 더 어려웠다. 나폴레옹이 제1통령이 되었을 때 경제는 휘청거렸다. 국고에 남은 돈은 16만 7천 프랑뿐이라고 널리 알려졌다. 노상강도와 산적 행위가 기승을 부렸는데 특히 남부와 서부에서 심했고, 공업과 상업, 금융이 무너졌으며, 파리에는 거지가 득시글거려 무료 급식소가 세워졌다. 또 해군이 사라지고 육군의 탈영 속도는 전염병 같았다. 그런데도 나폴레옹은 다시 한 해 꼬박 전쟁을 수행할 재원을 찾아야 했다.

　나폴레옹은 자신의 행운을 더는 효력을 발할 수 없을 정도로 과신하기까지는 언제나 운명의 총아였다. 일찍이 그런 경우가 한 번 있었다. 클레베르가 '보나파르트 장군'과 그 모든 과업을 거세게 공격하는 혹독한 서한이 이집트에서 도착했을 때였다. 총재정부 앞으로 온 그 서한은 총재정부가 사라진 후에 파리에 당도했고 냉소를 머금은 제1통령의 손에 들어왔다. 나폴레옹은 편향된 항변과 함께 편지를 공개했다. 마렝고에서도 나폴레옹은 운이 좋았고, 전투 이후의 사건 전개에서는 한층 더 운이 좋았다. 우선 정교협약을 위한 협상이 개시되었다. 그 다음 빵 가격이 극적으로 내려갔고, 많은 사람들은 어떤 의미에서는 나폴레옹의 군사적 승리로 가격이 하락했다고 믿었다. 동시에 은행가들은 국민투표 결과와 마렝고의 승리를 보고 나폴레옹의 권력이 오래 갈 것으로 믿고 지갑을 열었다. 제1통령은 재무장관 고댕(Martin-Michel-Charles Gaudin)에게 이렇게 말할 수 있었다. "좋은 날이 오고 있소."

　나폴레옹은 새로 얻은 인기에 자신감이 넘쳐 25상팀 세(稅)를 추가로 부과했다. 총재정부 시절이었다면 국민들이 거리로 쏟아져 나왔겠지만 이제는 오히려 나폴레옹에게 박수를 보냈다. 1801년이면 경제는 완연히 회복세에 접어들었다. 나폴레옹이 운이 좋았던 반면 총재정부의 치세는 오랜 경제 침체기와 일치한 것은 사실이다. 그러나 나폴레옹은 성공을 바라며 열심히 일했고, 성공할 수 있었던 것은 오로지 부르주아의 완벽한 신뢰를 확보한 덕분이었다. 1800년에서 1802년까지 나폴레옹의 성공적인 경제 조치로 몇 가지를 꼽을 수 있다. 중앙 정부가 수취하는 직접세 덕에 1802년이면 예산이 균형을 찾았으며, 감채기금으로 국채를 매입해 국가 채무를 줄였고, 경기 순환이 초래하는 최악의 영향을 대출과 할인, 약속어음 따위로 완화하고자 프랑스은행을 설립했으며, 새로운 화폐를 주조하고 정부의 임차료를 현금으로 지불했다.

나폴레옹의 경제 정책은 국가 개입의 전형이었다. 프랑스은행은 국채를 관리했고 지폐 발행도 독점했다. 따라서 통화를 개혁하고 아무런 가치 없는 아시냐를 폐지할 수 있었다. 국유재산을 추가로 매각하고 제2차 이탈리아 전쟁에서 약탈해 마련한 자금 덕에 더 무거운 과세는 피할 수 있었다. 보나파르트의 국가 개입 정책은 농업과 공업의 급속한 발전으로 이어졌다. 양모 생산은 400퍼센트 증가했다. 곡물 가격은 최대한 엄격하게 통제된 덕에 시장 가격보다 낮게 유지되었다. 불완전하지만 초보적인 건강보험도 실험했고, 구빈원도 근대화했다. 그렇지만 노동조합은 '자코뱅'의 제도로서 억압당했다. 모든 노동자는 노동 허가증을 지녀야 했고 위반하면 구금되었다.

그러나 이러한 복지 정책의 이면을 들여다보면 나폴레옹은 언제나 보통 사람들을 두려워했다. 식량 폭동자들과 마주했던 경험을 잊지 않은 나폴레옹은 빵 가격에는 일종의 강박관념이 있었다. 아미앵 조약이 체결될 즈음 갑자기 가격이 치솟았고, 실업 증가는 초기의 번영이 일시적이었다는 경고 역할을 했다. 나폴레옹은 한동안 식량이 크게 부족한 중대한 경제 위기에 직면했다. 나폴레옹은 흉작과 기근에 관한 신문 보도를 금지하라고 명령한 뒤 경제를 자극하기 위해 국가 권력을 노골적으로 이용했다. 나폴레옹은 어느 금융지주회사에 특혜를 주었는데, 이 회사는 유럽 항구들에 있는 빵을 모조리 구매해 파리를 뒤덮으라는 지시를 받았다. 가격은 곧 빵 한 덩어리에 위험 수준인 18수 아래로 급락했다. 기근과 군중 봉기는 피할 수 있었다. 다음으로 나폴레옹은 제조업자들에게 더 많은 인력을 채용한다는 조건으로 무이자로 자금을 대여해 경기를 부양하려 했다. 은행들이 추가로 설립되어 여러 산업에 자금을 공급했다. 이런 정책은 효과가 있었고, 나폴레옹은 경제 정책에서 화려한 성공을 거두어 마렝고 전투와 아미앵 평화조약에 이어 또 한 번 승리를 확보했다.

경제 정책에서 드러난 중앙집권화 경향은 공공행정에서 한층 더 두드러졌다. 그 분야에서 나폴레옹은 피라미드 꼭대기에 있었다. 각 도의 도지사 98명은 나폴레옹의 말을 따라 군수 420명에게 명령을 전달했고, 군수는 다시 3만 명의 시장과 시의회를 관리했다. 도지사는 마치 구체제의 지사처럼 나라를 운영했다. 1802년의 법령에 따라 모든 도는 중등학교를, 모든 코뮌(시, 읍)은 초등학교를 설치해야 했다. 큰 도시에서는 리세(lycée, 대학 진학자를 위한 중등학교)가 문을 열었다. 교과 과정은 엄격히 관리되었으며 독재 체제의 특징이 그렇듯이 인문학에 반대하는 경향을 보였다. 수학과 과학은 강조했으나, 교양과목은 금지하거나 제한적으로 가르쳤다. 근대사는 가르치지 않았으며, 그 대신 샤를마뉴 대제 통치기를 집중적으로 가르쳤다. '인민민주주의'의 정반대였던 나폴레옹 체제는 레닌의 '민주적 중앙집권제'의 훌륭한 선구였지만 최고로 권위주의적인 체제였다.

나폴레옹이 최고 권력을 장악하는 과정에서 가장 힘들었던 분야는 입법부와의 관계였다. 60명의 원로원은 충성했으나, 300명의 입법원은 눈엣가시 같았으며, 100명의 호민원은 특히 성가셨다. 그들은 정교협약에 반대하고 나중에 나폴레옹 법전에도 반대했다. 그러나 나폴레옹에게는 강력한 반격 무기가 여럿 있었다. 나폴레옹은 1803년에 원로원 의원 수를 100명으로 늘리고 호민원과 입법원 의원 수를 절반으로 줄여 응수했다. 나폴레옹은 세 가지 주요 방책으로 입법부의 방해를 피해 갔다. 원로원 결의(senatus consultum)를 이용해 호민원과 입법원을 우회했으며, 국가참사원이 공포한 결정(arrêt)을 이용했고, 최종 억제책으로 국민투표를 썼다.

반대를 무력화하는 다른 수단으로는 장관들을 서로 반목하게 하거나 장관들과 국가참사원을 반목하게 하거나 부서를 세분화하고 같은 기능을 가진 부서를 또 만드는 것이 있었다. 평범한 인물을 장관으로 임명하는 것도 명백히 또 다른 책략이었다. 나폴레옹은 나중에는 노년 세대보다는 충성심으로 자신에게 묶인 젊은 세대를 즐겨 임명했다. 그리고 호민원과 입법원 의원은 매년 5분의 1이 교체되었으므로, 나폴레옹은 제2통령인 캉바세레스를 이용해 적들을 제거했다. 원로원은 정식 절차인 추첨을 하는 대신 자리를 지키고 앉아 있을 300명을 지명했고 헌법을 위배하면서까지 새 의원 24명을 임명했다. 입법부에서 제거된 자들은 시에예스와 스탈 부인의 친구들이었는데, 그들은 자신들이 탁월한 지적 능력을 지녔으니 구태여 적절한 권력 기반을 구축할 필요는 없다고 엄청나게 잘못 생각한 이데올로그들이었다.

나폴레옹은 각각의 반대자나 잠재적인 적에게 무자비했다. 시골 별장에서 지내는 시에예스는 늘 감시당했다. 그로스부아에 유배된 바라스는 나폴레옹에게 도움을 간청했으나 어리석게도 배은망덕하다고 비난해 호소력을 떨어뜨렸다. 나폴레옹은 경찰을 보내 바라스의 거처를 프랑스 국경 너머로 옮기도록 확실하게 조치했다. 그리고 1802년에 라파예트가 통령 권한을 변경하는 데 반대하자 군대의 진급자 명단에서 라파예트의 아들과 모든 인척의 이름을 즉시 빼버렸다. 나폴레옹이 가장 싫어한 적은 스탈 부인이었다. 모로와 베르나도트가 자주 찾았던 스탈 부인의 살롱은 정치적 반대파의 진원이었다. 제르맨 드 스탈이 제1통령을 은유적으로 비판한 내용을 담은《델핀(Delphine)》을 발표하자, 나폴레옹은 스탈 부인을 파리에서 내쫓았고 200킬로미터 이내로 접근하지 못하게 했다. 가족들도 나폴레옹이 원하는 대로 처신하지 않으면 무자비함을 피할 길이 없었다. 1800년 11월 나폴레옹은 뤼시앵을 내무장관에서 해임하고 샤프탈로 대체했으며 마드리드 대사로 내보냈다. 뤼시앵의 잘못은 눈치 없음이었다. 그해 4월 8일 뤼시앵은 튈르리 궁에서 푸셰와 꼴사납게 고함을 지르며 다투었다. 푸셰가 명백하게 좌파에 찬동하는 상황에서 나폴레옹은 당장은 자코뱅에 대한 적의를 감추는 경향을 보였는데, 뤼시앵은 형이 권력을 공고히 하기 전에 강경 노선을 주장함으로써 나폴레옹의 전략을 거의 망칠 뻔했다.

나폴레옹은 1802년까지 외부의 적들과 강화를 맺었고, 방데의 반란을 진압했으며 가톨릭교회와 협정을 체결했고, 망명귀족을 교묘하게 회유하면서도 몰수한 재산은 조금도 돌려주지 않았다. 나폴레옹 지지자들은 나폴레옹의 위대한 업적을 인정할 만하다고 보았다. 1802년 5월 6일 호민원에서 제1통령 임기를 종신으로 하자는 법안이 발의되었다. 그러나 보통은 유순했던 원로원이 이번에는 푸셰와 자코뱅의 부추김을 받아 10년 임기의 제1통령을 조기에 선출할 것만 제안했다. 캉바세레스는 국민투표로 문제를 해결하자고 제안했다. 나폴레옹은 국민투표 문안이 10년 임기 재선의 조기 선거가 아니라 종신 통령을 언급해야 한다고 주장했다. 이렇게 질문해야 한다는 것이었다. "나폴레옹 보나파르트가 종신 통령이 되어야 하는가?" 새로운 호칭은 중요했다(그때까지 나폴레옹은 '보나파르트 장군'이나 '시민 보나파르트'였다). 나폴레옹은 그때 이후로 일반적으로 보나파르트가 아닌 나폴레옹으로 알려졌다고 한다.

종신 통령에 관한 국민투표는 찬성 360만 표, 반대 8374표로 결과가 나왔다. 1802년 8월 2일 원로원은 투표 결과를 비준했다. 당연하게도 투표에는 부정 행위가 있었으나, 결과는 제1통령의 인기를 합당하게 반영했을 개연성이 있다. 어쨌거나 나폴레옹은 경제 번영과 아미앵 평화조약을 가져왔고 종교 문제를 해결했으며 망명귀족과 타협했기 때문이다. 왕당파, 온건파, 부르주아가 나폴레옹 주위로 떼 지어 몰려들었으나, '반대'표 대부분이 군대에서 나왔다는 점에서 불길한 저류가 흘렀다. 자코뱅주의가 만연한 부대에서는 위협이 일상이었다. 어느 병사는 회고록에 이렇게 적었다. "장군들 중 한 명이 병사들을 소집해 말했다. '동지들, 이것은 보나파르트 장군을 종신 통령으로 지명하는 문제이다. 제군이 나름의 견해를 품는 것은 자유다.

그렇지만 경고하건대 종신 통령에 찬성표를 던지지 않는 첫 번째 병사는 연대 앞에서 총살될 것이다.'"

1802년 8월 원로원의 인준으로 나폴레옹의 권력은 더욱 강해졌다. 나폴레옹은 이제 강화와 동맹을 결정하고 다른 통령을 임명하며 후임자를 임명할 수 있고 사면권을 지녔다. 원로원은 입법원이나 호민원을 해산할 권한을 받았는데, 이는 명백한 보상이었다. 그렇지만 나폴레옹은 이제 새로운 의원들을 마구 집어넣을 수 있는 무제한의 권력을 지녔기에 언제든지 원하는 대로 원로원을 굴복시킬 수 있었다. 나폴레옹은 원로원 의원들에게 다른 공직을 겸임할 수 있도록 허락했고(이전에는 금지되었다) 세습재산권(주택과 2만~2만 5천 프랑의 소득과 토지)을 수여할 권한까지 지녔다. 나폴레옹이 조제프에게 털어놓은 바에 따르면, 원로원에 관한 나폴레옹의 생각은 이러했다. "원로원은 강력한 통령에 맞서 싸울 힘이 없는 늙고 지친 무리가 될 운명을 타고났다."

제1통령 정부 시절의 불후의 업적은 '나폴레옹 법전'이다. 이 법전 덕에 나폴레옹은 자신이 카이사르, 알렉산드로스, 한니발 같은 위대한 장군일 뿐만 아니라 리쿠르고스*, 함무라비, 솔론 같은 고대의 유명한 인물들처럼 위대한 입법자도 될 수 있다고 생각했다. 나폴레옹은 1800년부터 4년 동안 회의를 소집해 민법전의 철저한 개정을 감독하게 했다. 나폴레옹은 우선 두 개의 독립적인 법률개혁위원회를 지명한 뒤 두 위원회를 통합해 캉바세레스의 지휘를 받게 했다. 그런 다음 합동위원회의 제안을 국가참사원 사법위원회가 심의한 뒤 제1통령에게 보내 최종 승인을 받게 할 예정이었다. 나폴레옹은 법전을 토의한 백아홉 번의 회의 중 쉰일곱 번 참석했다. 철저하고도 무

리쿠르고스(Lycourgos) 고대 그리스 시대 스파르타의 전설적인 입법자.

척 고된 이 회의는 종종 새벽 4시까지 이어졌다. 제1통령은 명석함과 지식과 깊은 통찰력으로 모두를 놀라게 했다. 또 사전 준비를 철저히 했으며 캉바세레스가 준 수많은 두꺼운 책들을 탐독했다. 나폴레옹은 의심을 품은 자들에게도 무엇이든 할 수 있는 사람이라는 인상을 주기 시작했다. 나폴레옹에게는 우선 군사적 재능이 있었으며, 그 다음으로 외교적 기술이 있었으며, 행정 능력과 입법자의 용맹함이 있었다.

민법전의 새로운 조항들은 1802년부터 공포되어 1804년에 마지막 조항이 공포되었다. 이후 상법(1807), 형사소송법(1808), 형법(1810)이 뒤를 이었다. 나폴레옹이 민법전을 편찬한 의도가 무엇인지 많은 논쟁이 있었으나, 나폴레옹은 개인과 국가 사이의 중간 영역에 여러 제도가 있는 시민사회를 창조하기를 진정으로 원했다고 밝혔다. 나폴레옹의 주장에 따르면 그런 시민사회가 필요한 이유는 대혁명이 과도한 개인주의 정신을 들여왔기 때문이었다. 나폴레옹은 국가참사원에서 유명한 선언을 했는데, 대혁명이 프랑스 국민을 수많은 모래 알갱이로 바꾸어버렸기 때문에 "프랑스 땅에 커다란 화강암 덩이 몇 개를 던져놓아 공공 정신에 방향을 제시하는 것"이 자신의 과제라는 얘기였다.

법전의 핵심은 절충주의와, 나폴레옹 권력의 보루인 새로운 부르주아의 이익이라는 명백한 의도였다. 본질적으로 옛 법과 새 법의 타협이자 1789년 이전 방식과 대혁명의 새로운 환경과 개념들 사이의 타협이었던 법전은 관습법과 성문법을 혼합했으며 법률 개념과 철학적 개념이 뒤섞이고 때로 두 세계에서 최악인 개념들이 드러나기도 했다. 특히 호민원은 여러 초안들이 성급히 준비되고 오래 숙고한 것이 아님을 발견하고 너무 많은 혁명 원칙들이 구체제의 원칙에 밀려났다고 판단했다. 법전의 의도는 부유한 재산가들에게 혜택을 주는 것이었고 무산자와는 아무런 상관이 없었다. 철학적으로 볼 때 나폴

1802년 제1통령 시기의 나폴레옹 보나파르트(앙투안장 그로의 그림).

레옹 법전은 봉건제를 근절하고 부르주아의 특권을 떠받들기 위해 만들어졌다. 논리상 재산을 사회에 앞서는 절대적이고 초월적인 권리로 보았던 것이다.

나폴레옹 법전이 진보적이라는 말도 때로 나오지만, 그러한 견해는 여러 조항을 면밀히 검토하면 살아남지 못한다. 무산자는 거의 아무런 권리도 없는 것으로 판명되었다. 나폴레옹 법전은 노동의 자유를 천명했지만 노동자의 권리는 전혀 보호하지 않았다. 노동분쟁이 일었을 때 고용주의 말은 절대적인 진실로 받아들여져야 했다. 나폴레옹은 어떠한 경우에도 공공연하게 노동자에 반대하는 태도를 취했다. 1803년과 1804년의 법령으로 모든 프롤레타리아를 경찰이 감시하게 했으며, 신분증을 휴대하도록 의무화했고, 노동조합과 파업을 금지하고 이를 어기면 구금했으며, 경찰국장에게 임금 분쟁을 임의로 해결하도록 했다. 놀랍게도 나폴레옹은 성공하던 시절에는 노동자에 반대하는 인물로 인식되지 않았다. 노동자들은 낮은 식량 가격 정책 때문에(나폴레옹은 식량 가격을 낮게 유지하려고 빵 판매자와 정육점 주인을 엄격히 통제했다) 또 산업이 회복되어 임금이 상승했기 때문에 나폴레옹을 지지했다. 나폴레옹이 야전에서 거둔 승리는 노동자 계급의 맹목적 애국주의를 불러일으켰고, 그래서 프롤레타리아는 언제나 자유주의적 반대파의 비판보다는 보나파르트의 선전을 경청했다.

그러나 나폴레옹 법전의 가장 반동적 측면은 여성을 대하는 방식이었다. 1794년까지 페미니즘과 여성의 권리는 평온한 시절을 보냈다. 1792년 9월 혁명가들은 합의 이혼을 허용하는 법을 제정했고, 이는 1790년대 나머지 기간 동안 프랑스의 부부 세 쌍 중 한 쌍이 이혼하는 놀랍지도 않은 결과를 낳았다. 총재정부는 1791년에서 1794년 사이에 제정된 진보적 법률들을 파기하려 했으나, 페미니즘 열망에 치명타를 날린 것은 나폴레옹 법전이었다. 그 뿌리에는 제1통령의 심각한 여성 혐오증이 자리 잡고 있었다. 여성 해방에 늘 적대적이었던 나폴레옹은 이렇게 말했다. "오늘날 여성에겐 근신이 필요하다. 여성은 가고 싶은 곳에 가고 하고 싶은 것을 한다. 여성에게 주도권을 주는 것은 프랑스답지 않다. 여성은 이미 너무 많이 가졌다." 나폴레옹이 매우 좋아하는 제임스 맥퍼슨의 오이신 작품들을 가장 혹독하게 비판한 사람이 새뮤얼 존슨인데, 존슨이 '여성 문제'에 관해서는 나폴레옹과 생각이 일치한다는 사실은 흥미롭다. "자연이 여성에게 너무 많은 힘을 주었기에 법은 현명하게도 힘을 주지 않았다."

나폴레옹 법전의 반여성 정서가 어느 정도였는지 강조할 필요가 있다. 나폴레옹 법전은 양쪽 부모가 동의하는 경우 합의 이혼을 보류했다. 혼외정사는 229~230조에 차별적으로 규정되었다. 남자는 단순한 간통으로도 이혼을 청구할 수 있지만, 여성은 내연의 처가 집으로 들어왔을 때만 청구할 수 있었다. 308~309조에 간통한 아내는 최고 2년 징역형을 받게 했고, 남편이 다시 데려오기로 동의할 때만 석방했다. 반면 간통한 남편은 벌금형에 그쳤다. 376~377조는 아버지가 단순하게 요청하기만 해도 반항하는 자녀를 구금할 수 있게 했는데, 이로써 가부장제가 실질적으로 강화되었다. 213조에서 217조에 이르는 악명 높은 조항들은 아내의 복종이라는 법률적 의무를 되살렸는데, 이 조항들은 268조, 776조와 결합해 여성이 돈을 다룰 권리를 크게 제한했다. 예외는 여성이 등록된 상인일 때뿐이었다. 마지막으로 남편을 살해한 여성은 법적 변호를 받을 수 없지만, 아내를 살해한 남편은 여러 차례 탄원할 수 있었다.

나폴레옹 법전은 많은 칭송을 받았지만, 나폴레옹 개인의 목적을 냉소적으로 합리화한 것일 뿐 다른 것으로 보기 어렵다. 몇몇 경우에는 교활하게도 미래를 내다보기까지 했다. 나폴레옹 법전이 그 시기의 과도적 사회를 최종적인 것으로 확정하려 했기 때문에 빠르게 구식이 되었다는 비판은 객쩍은 얘기다. 1787년의 미국 헌법에 대해서도 똑같은 말을 할 수 있지만, 두 문서는 최고의 융통성을 증명해 보였다. 조금 더 타당한 비판은 나폴레옹 법전이 말하는 자유와 평등이 대체로 허튼소리라는 것이다. 나폴레옹 법전은 우파 이론가들의 책 속에 가장 오래된 묘안을 넌지시 박아 넣었다. 법 앞의 평등이라는 관념은 어떤 의미에서는 진정한 평등이었다. 나폴레옹 법전이 특권 폐지를 말할 때 그것은 언제나 봉건적 특권을 뜻했다는 사실에 주목해야 한다. 나폴레옹은 상층 부르주아를 구속하는 족쇄를 모두 깨뜨리고자 했으나 매우 단호하게 특권의 편에 섰다. 나폴레옹은 특권의 유일한 형태는 부의 불평등이 아니라 봉건적 권리와 성직록이라는 평계를 댐으로써 특권 종식이라는 대혁명의 요구를 어지럽혔다.

충분히 얘기되었듯이 개인주의의 '유해(遺骸)'는 손쉽게 나폴레옹 법전에서 살아남았다. 나폴레옹이 보물처럼 아낀 법률 제도는 시민 사회를 창조하는 데 완전히 실패했고, 나폴레옹이 그저 편의 때문에 자신에게 결속된 특별한 이익집단들의 사슬을 만들어내려 했을 뿐 진정으로 시민사회를 창조할 생각은 전혀 없었다고 생각할 만한 합당한 근거가 있다. 나폴레옹은 부자의 이익이라는 원칙과 재능에 기회를 준다는 원칙이 충돌하자 미련 없이 능력주의에 등을 돌렸다. 나폴레옹의 기본 견해는 부자인 인재만 신뢰한다는 것이었다. 훗날 제국 귀족이 창설되고 허수아비 관료들 없이는 나라를 지배할 수 없다는 냉소적 주장이 제기되면서 평등이 죽어 누워 있는 관에는 추가로 못이 박혔다.

몇몇 역사가는 나폴레옹이 자기 이름을 딴 법전을 고안한 이유가 장래의 정복을 예상하고 그 토대의 일환으로 삼으려던 것이었다고 주장했다. 어쨌거나 중앙집권과 획일화는 지역적 관습과 민족적 관습을 분쇄하는 유용한 도구가 될 터였다. 나폴레옹 법전의 가장 중요한 목적은 나폴레옹 개인에게는 구체제의 비효율을 합리화된 중앙집권적 관료제로 대체함으로써 군대와 자금을 모으는 것이었다. 유럽 다른 지역에서는 나폴레옹의 권력과 그 수하들의 권력을 확고히 하는 데 나폴레옹 법전을 쓸 수 있었다. 봉건적 특권을 파괴하는 목적은 상속인 없는 모든 재산을 수하 통치자들의 처분에 맡기려는 것이었다. 나폴레옹 법전의 내실 없음은 훗날 밝혀지지만, 1802~1804년에도 나폴레옹은 이탈리아의 통치에서 법전이 얼마나 가치가 없는지를 드러냈다. 이탈리아에 있는 폐위된 군주들과 망명귀족들, 성직자의 재산은 마르지 않는 자금줄이었으나, 그 수입은 종종 나폴레옹 법전이 불법으로 규정한 십일조나 봉건적 이익의 형태를 띠었다. 돈과 법전이 충돌하면, 나폴레옹은 자신의 '걸작'을 무시하고 돈을 챙겼다.

1804년이면 나폴레옹은 프랑스를 완벽하게 장악했다. 나폴레옹의 권력은 농민과 상층 부르주아, 즉 '명사들'의 지지라는 사회적 기반 위에 서 있었다. 보통 단일한 사회경제적 계급이 한 정권의 권력 기반을 이루지만, 나폴레옹 시대는 이행기였기에 몰락하는 계급(귀족)은 너무 약해 지배력이 없었고 상승하는 계급(부르주아)도 아직 충분한 힘을 지니지 못했다. 나폴레옹은 말하자면 농민과 부르주아의 계급을 뛰어넘는 동맹으로 세력을 얻었던 것이다. 그 동맹의 궁극적인 토대는 국유재산 매각이었다. 나폴레옹은 대혁명의 사람이 아니었지만, 나폴레옹의 독재 정치를 가능하게 만든 것은 혁명이 초래한 경제적 격변이었다.

1794년까지 프랑스는 봉건제의 멍에를 벗어던졌고, 북부와 동부에서 농민의 3분의 1 이상이 몰수된 부동산을 획득해 토지 소유욕을 충분히 만족시켰다. 망명자, 귀족, 성직자에게서 강탈한 '국유' 재산을 사들인 사람은 농민이 압도적으로 많았다. 어느 조사에 따르면 1789년에서 1799년 사이에 그런 토지의 70퍼센트 이상이 농민에게 넘어갔고, 10퍼센트는 중개인과 상인, 10퍼센트는 법률가, 7~8퍼센트는 이전에 귀족이었던 사람과 돌아온 망명귀족에게 돌아갔다. 나폴레옹 시대의 주된 수혜자는 상층 농민(자기 땅을 소유하고 다른 이를 고용해 경작하는 농민)이었다. 상층 농민은 기근이 닥쳤을 때는 특히 1801년의 자본 투자와 토지 생산성 덕에 더 부유해졌고 전쟁 중일 때는 보나파르트의 승리에 뒤이은 판로 증가로 이익을 보았다.

하층 농민, 즉 농업 프롤레타리아(땅을 소유하지 못했고 다른 농민을 위해 날품팔이로 일하는 농민)는 징병법 시행 이후(1798년 9월 5일법) 농업 인력이 부족해지자 이득을 보았다. 1798년에서 1815년 사이에 농업 노동자의 임금은 20퍼센트 상승해, 일부는 따로 떨어진 밭 같은 작은 면적의 국유재산을 매입해 중간층 농민이 되어 자기 땅을 경작했다. 날품팔이 농업 노동자들은 징병으로 말미암아 자신들이 희소성, 즉 힘을 보유하게 된 상황을 의식하면서 상층 농민의 속을 태웠다. 특히 그때까지는 고분고분했던 농업 프롤레타리아가 자신들의 하인을, 다시 말해 소몰이꾼, 양치기, 마부 등 일종의 '하위 프롤레타리아'를 얻으면서 그런 현상이 더욱 심해졌다. 상층 농민의 압력을 받은 나폴레옹은 하인과 계절 노동자, 수확 노동자의 조합이나 결사를 금지해 과도한 임금 상승을 막을 수밖에 없었다.

그렇지만 나폴레옹 시대의 가장 큰 수혜자는 부유한 엘리트, 즉 상층 부르주아였다. 상층 부르주아는 1789년부터 1815년까지 계속 운이 좋았다. 구체제의 큰 상인과 은행가도 나폴레옹 제국의 재산가였다. 그다음으로 경제적 운이 좋고 여전히 잘나간 자들은 정치와 행정에 종사하는 중간층 부르주아와 테르미도르 반동 이후에 나타난 새로운 종류의 기업가들, 국유재산과 식민지 농산물, 아시냐, 군수품에 투자했던 자들이었다. 이런 사람들은 종종 눈에 띄는 성공이나 혼인을 통해 상층 부르주아로 상승했다. 나폴레옹 시대에 지위보다는 돈이 두드러진 가치인 진정한 부르주아 사회의 토대가 놓였다. 물론 나중에 분명해지듯이 몇 가지 점에서 나폴레옹 체제가 맘몬*에게만

맘몬 신약성서 누가복음 16장 13절과 마태복음 6장 24절에 나오는 의인화된 부(富)의 신.

헌신하는 사회의 발전에 장애로 작용하기는 했다.

나폴레옹의 사회 체제와 행정 제도의 핵심은 이른바 '명사들'의 지배였다. 이들은 한마디로 각 도에서 세금을 가장 많이 내는 사람들이었다. 명사의 전형은 부동산에서 얻는 수입이 연간 5천 프랑을 넘는 지주, 금리 생활자, 법률가였다. 금융가, 상인, 제조업자가 식민지 농산물에서 얻은 이익이나 유럽 대륙에 새로운 판로가 생겨 호황을 맞이한 공업에서 얻은 이익을 토지에 투자함으로써 명사 대열에 합류했다. 자신이 속한 도에서 세금을 가장 많이 내는 600명 안에 드는 사람은 주요 도시의 선거인단에 포함되거나 원로원 의원이나 입법원 의원으로 지명될 기회를 얻었다. 토지세 납부 액수가 명사를 결정하는 유일한 요인이었는데, 명사는 종종 어쨌든 많은 급여를 받는 공무원들 중에 나왔다. 공직자가 후한 급여를 받는 상황에서 부동산으로 5천 프랑이라는 마법의 액수에 도달하는 데는 많은 노력이 필요하지 않았다. 국가참사원장은 연봉 2만 5천 프랑에 급여 이외의 특전을 받았으며, 파리 지사는 3만 프랑, 지방 도지사는 8천 프랑에서 2만 4천 프랑 사이, 토목감독관은 1만 2천 프랑, 도 의장은 6천 프랑의 연봉을 받았다. 하급 공무원조차 궁극적으로 이름을 떨칠 기회가 있었다. 도의원은 4500프랑, 일반 검사나 공증인은 3500프랑, 서기는 3천 프랑의 연봉을 받았다.

1800년에서 1804년 사이 정권의 견고함이 나폴레옹에게 황제가 되려는 야심을 불러일으켰다는 것은 의심의 여지가 없으나, 제1통령에 오른 그 순간부터 명백한 조짐이 있었다. 나폴레옹은 마르스 광장이나 카루젤 광장에서 열병식이나 요란한 행진을 즐겼는데 그럴 때는 화려한 붉은색 제복을 입고 행사를 주재했다. 비공식적 사치 금지법은 통령근위대까지 효력을 미쳐 근위대 기병들은 모두 노란색 제복을 입었다. 구체제에서 했던 것과 똑같이 튈르리 궁에서는 만찬회가 열리고 오페라 극장에서는 무도회가 열렸다. 1801년 나폴레옹은 비단으로 된 짧은 바지를 입고 삼각모를 쓰는 남성 궁중복을 다시 도입했으며, 조제핀과 오르탕스에게 흰색 여성복 패션을 개척하라고 권했다. 게다가 조제핀은 프랑스의 최고 귀족 가문들에서 선별한 시녀 한 무리를 제공받았다. 나폴레옹이 황제처럼 처신하는 경향은 종신 통령에 임명된 뒤 더욱 확연해졌다. 1802년 나폴레옹은 이탈리아 공화국(1802년에 치살피나 공화국이 이탈리아 공화국으로 바뀌었다) 대통령이자 헬베티아 공화국 호민관으로 선포되었다. 1803년에는 나폴레옹의 초상을 담은 주화가 주조되었으며, 나폴레옹의 생일(8월 15일)이 공휴일이 되었고, 나폴레옹이 지닌 검의 자루는 루이 16세의 다이아몬드로 장식되었다.

그러나 나폴레옹은 영리한 정치가로서 자신이 하는 일을 위장하고 가리기를 좋아했다. 가장 완벽한 신비화는 1802년 5월 19일에 제정된 레지옹 도뇌르 훈장이었다. 나폴레옹은 자신의 황제 같은 처신과 명사들과 상층 부르주아를 확실하게 지배하고 있는 상황의 효과를 줄이고자 재능과 업적을 기초로 한 대등한 엘리트 집단을 받아들이는 것처럼 보임으로써 능력주의라는 대혁명의 이상에 여전히 헌신하는 척 애썼다. 레지옹 도뇌르는 슈발리에(Chevalier), 오피시에(Officier), 코망되르(Commandeur), 그랑 오피시에(Grand Officier)의 네 등급으로 나뉠 예정이었고, 최고 훈장은 그랑크루아(Grand-croix)였다. 원래 열여섯 등급에 각각 480명의 수훈자를 두기로 고안되어, 1808년까지 레지옹 도뇌르 회원은 2만 275명이었다(이 형식은 로마 군단에서 따온 것이다).

나폴레옹의 서훈 제도는 대성공을 거두었고, 가늘고 긴 붉은색 리본 위에 부착된 친숙한 흰색 에나멜 십자가를 두고 극심한 경쟁이 벌어졌다. 돌아온 망명귀족들은 레지옹 도뇌르에서 새로운 귀족의 조짐을 보고 이를 몹시 싫어하고 경멸했다. 망명귀족뿐만이 아니었다. 명사들로 가득한 입법부는 어리석게도 불평등의 원칙에 어긋난다며 레지옹 도뇌르에 반대했다. 명사들은 부와 재산의 극심한 불평등의 수혜자들인데 레지옹 도뇌르는 이를 깨뜨리는 것이었다. 가장 중요한 불평등인 경제적 불평등은 전혀 불편하게 느끼지 않으면서 종족과 성, 지위, 명예의 불평등에, 심지어 지성의 불평등에도 반대하는 것이 여러 사회의 변함없는 특징이다. 당시에는 거의 없었지만 좀 더 유효한 비판은 서훈 제도가 압도적으로 군사적 업적을 보상하는 데만 쓰였다는 사실이다. 약탈과 노략질로 이미 잘 지내는 장군들이 훈장을 받았던 것이다. 서훈 제도가 제대로 기능을 수행하려면 사회로부터 아직 영예나 화려한 상을 받지 못한 사람들이 보상을 받아야 한다. 나폴레옹은 이러한 주장이 타당하다고 여기게 되었고, 나중에 다른 형태의 공적 명성을 갖지 못한 배우 같은 사람들에게 레지옹 도뇌르를 수여하지 못한 것을 후회했다.

레지옹 도뇌르 제도는 냉소적인 나폴레옹을 가장 잘 보여준다. 나폴레옹은 인간을 평범함과 진부함으로 움직이는 비루한 존재로 보았고 이런 견해를 열렬히 지지했다. "인간을 움직이는 것은 광대의 지팡이이다.", '빵과 서커스', '분할 통치', '당근과 채찍'은 모두 나폴레옹이 사회를 통제한 방식에 관해 근본적 진실을 표현한다. 나폴레옹은 모든 계급과 사회 집단을 반목하게 만들었고 계층 간 분열과 계층 내부의 분열을 공작했다. 특히 도시 프롤레타리아와 프티부르주아, 성직자가 나폴레옹의 마키아벨리즘에 희생되었으나, 고분고분하지 않았던 법률가, 장군, 금융가도 본질적으로 똑같이 취급당했다.

어떤 점에서도 나폴레옹을 프랑스 혁명과 그 원리의 상속자로 볼 수 없다는 점은 앞에 기술한 내용으로 매우 명확할 것이다. 1793~1794년의 과격한 국면은 말할 것도 없고 혁명 초기인 1789~1793년의 사회적, 정치적 경향을 무시한다면 나폴레옹을 대혁명의 사람으로 볼 수도 있다. 나폴레옹과 대혁명의 원리가 조화를 이룬다고 주장하는 사람들은, 프랑스를 거의 파산 지경으로 몰아갔던

1775~1783년의 미국 전쟁의 유산 때문에 루이 16세는 무너지기 쉬운 사회 구조에 함부로 손을 댈 수밖에 없었는데 대혁명은 진정 그 이전의 상태로 돌아가려는 것이었다는 어리석은 주장에 이르게 된다. 이 견해에 따르면 대혁명은 순전히 경제적이고 행정적인 변화였을 뿐이고, 자코뱅주의는 그저 대혁명이 길을 잘못 들어 나타난 것이었다. 따라서 평등과 우애, 나머지 모든 것은 허풍이었다. 또 다른 유력한 견해는 프랑스 역사가 사회 질서를 끝없이 추구하는 역사라고 본다. 그래서 절대주의와 전제정치로 한 번씩 방점을 찍었다는 것이다. 이 논지는 명백히 나폴레옹은 프랑스 역사 고유의 생성물이지만 대혁명은 탈선이라는 의미를 담고 있다.

그러나 대혁명에 관한, 따라서 나폴레옹에 관한 이런 해석은 터무니없으며 테르미도르파가 1789년의 원리를 철회하면서 내세운 변명을 현대적으로 그럴듯하게 설명한 것일 뿐이다. 테르미도르파는 그런 원리가 존재했다는 사실을 부인했다. 몇몇 역사가들이 나폴레옹을 대혁명의 사람으로 내세우면서 제시한 주요 논조는, 나폴레옹이 의도하지는 않았지만 군대의 승리로써 대혁명의 신조와 이념을 전파했다는 것이다. 몇몇 역사가는 훗날 에스파냐의 종교재판을 공격하고 이탈리아에서 봉건 제도를 무너뜨린 것을 두고 나폴레옹이 이탈리아 통일의 선구자인 동시에 최초의 유럽 통합 주창자였다는 주장까지 내놓는다. 그러나 나폴레옹은 단순히 봉건 제도를 폐지했을 뿐 진정한 평등으로 안내하지는 않았다는 점을 다시 강조해야 한다. 그렇다면 실제 일어난 일은 무엇인가? 나폴레옹의 승리로 프랑스 국민은 우월 의식을 가졌고, 그래서 정복지에 '시민의 자유' 같은 대혁명의 이상을 전파했다. 마치 '미개한' 아프리카의 비기독교인에게 복음을 전파한 빅토리아 시대 말기의 선교사들처럼 말이다.

나폴레옹 자신은 언제나 절친한 친구들에게 자신의 태도를 명료하게 밝혔다. 나폴레옹은 자코뱅이 자유보다 평등을 더 높이 평가했기 때문에 일찍부터 자코뱅의 환상에서 깨어났다고 말했다. 나폴레옹은 자코뱅보다 옛 귀족을 더 좋아했고, 프랑스를 벗어나면 대혁명의 가장 기본적인 권리들조차 거의 도입하려 하지 않았다. 프랑스 밖의 정복지에서는 일관되게 귀족들이 행정직을 차지했으며, 그래서 근본적인 농업 개혁이 불가능했고 이는 프랑스 밖의 농민들이 언제나 나폴레옹에게 냉담했음을 의미한다. 나폴레옹의 사도들은 나폴레옹이 프랑스 밖의 교육 수준이 낮아서 귀족을 애호했다고 말하지만, 진실을 말하자면 '재능에 걸맞은 출세'란 나폴레옹에게 대체로 의미 없는 선전 구호였다. 나폴레옹이 언젠가 몰레*에게 명쾌히 밝혔듯이, 1789년의 이념은 "단지 불평분자와 야심가, 이데올로그들이 손에 쥔 무기"였을 뿐이었다.

루이마티외 몰레(Louis-Mathieu Molé, 1781~1855) 나폴레옹 밑에서 국가참사원 의원, 법무장관을 지냈으며 루이 필리프 정권에서 총리를 두 차례 지냈다.

13장

나폴레옹의 내면 세계
합리성과 비합리성 사이

평화로운 시기(1801~1803)에 관광객과 여행자들이 파리로 몰려들었다. 파리는 1945년 이후 그랬듯이 호기심 많은 사람들에게 일종의 메카가 되었다. 프랑스 것에 대한 억눌린 요구는 영국인 여행자들의 유별난 특징이었는데, 이는 1792년 이래로 사실상 프랑스행이 금지되었기 때문이다. 그 시절 파리는 우아함과 유행을 결정짓는 주체로 여겨졌다. 여성들의 자유로운 섹슈얼리티와 가슴과 어깨가 드러나고 몸에 달라붙는 도발적 의상이 특별한 주목을 받았다. 이 시기의 예절과 도덕에 나타난 새로운 현상으로는 '늦은(오후 7시)' 만찬이라는 관념, 격식을 차린 식사 좌석표의 '야만스러운' 스타일, 식당의 차림표 도입을 들 수 있다. 나폴레옹은 종교를 합법화하려고 정교협약에 서명했을 수 있지만, 전쟁과 전쟁 사이 2년 동안 진짜 신은 확연히 드러난 소비였다. 그리고 소비는 다시 파리의 금 세공사와 보석 세공사, 여성용 모자 제조업자가 감당할 수 없을 정도로 많은 일거리를 만들어냈다.

평화로운 2년 동안 나폴레옹은 거의 대부분 파리에 머물며 국사에 전념했다. 1802년 1월 이집트에서 귀환한 부대를 사열하러 리옹을 아주 잠시 방문했고, 같은 해 10월 29일 노르망디 시찰에 나서 2주간 번개처럼 에브뢰, 루앙, 옹플뢰르, 르아브르, 디에프, 보베를 둘러보았다. 나폴레옹은 캉바세레스에게 가는 곳 어디서나 열광적인 환영을 받았다고 말했는데, 종신 통령에 관한 국민투표에서 압도적인 승리를 거둔 지 두 달이 지났을 때이므로 이 말을 의심할 이유는 없다. 1802년에 있었던 다른 중요한 사건은 생클루 성으로 옮긴 일이다. 나폴레옹은 튈르리 궁의 공식 집무실과 말메종에 있는 조제핀의 '작은 트리아농' 사이를 통근하느라 짜증이 났고, 종신 통령이 되자 새로운 지위의 위엄에 더 잘 어울리는 공관이 필요하다고 생각했다. 베르사유 궁은 구체제를 연상시켰고, 생클루 성은 튈르리 궁에서 말을 달리면 곧 닿을 거리였기에 조건이 맞았다.

생클루 성으로 이사한 것은 물론 황제가 되려는 야심의 또 다른 표현이었고, 제1통령이 로마 공화정 시대의 검약과 간소함, 금욕주의라는 자질을 열망해야 한다고 생각한 사람들은 몹시 후회했다. 나폴레옹은 그 대신 성을 분수와 폭포, 프레스코화로 장식하는 데 수백만 프랑을 허비했다. 통령근위대 병사들은 궁 안뜰에서 찬란한 쇼를 보여주었으나, 황제처럼 보이려 한 호사스러운 인상은 내부의 거대한 대리석 계단 때문에 효과가 반감되었다. 안에는 다비드가 그린 선전의 걸작 〈그랑생베르나르 고개로 알프스를 넘는 나폴레옹〉이 걸려 있었다.

나폴레옹이 생클루로 이사할 때 영국과 프랑스의 관계는 내리막길을 걸었고, 그 결과 두 나라는 1803년 중반 다시 전쟁에 돌입했다. 1802년 12월 나폴레옹은 아미앵 조약의 규정대로 타란토에서 군대를 철수했으나, 영국은 뻔뻔스럽게 조약을 위반하며 몰타에 계속 주둔했다. 게다가 영국은 마찬가지로 아미앵 조약에 규정된 알렉산드리아 철군도 이행하지 않았다. 영국 정부는 프랑스 대사로 휘트워스 경(Charles Whitworth, 1752~1825)을 보냈는데, 오만하게 거들먹거리는 과두제 지지자였던 휘트워스는 나폴레옹을 천하게 태어나 벼락출세한 코르시카인으로 여긴다는 것을 숨기지 않았다. 동시에 영국 언론은 제1통령을 겨냥해 무례한 비방전을 시작했다. 무엇인가 긴급하게 해야 할 순간이었다.

1803년에 교전이 재개된 책임은 보통 보나파르트 측 책임으로 돌려지지만, 실상은 다르다. 피트가 이끌고 '세 윌리엄' 중 다른 두 사람, 즉 피트의 사촌 그렌빌과 윈덤(William Windham, 1750~1810)을 포함하는 영국의 매파가 정권에서 물러났지만 기본적으로 호전적인 영국 외교 정책에는 의미 있는 변화가 없었다. 매파는 너무도 강력해서 새 총리 애딩턴은 아미앵 조약 반대자로 알려진 휘트워스를 파리 주재 대사로 임명해 그들을 달래야 했다. 휘트워스는 나폴레옹에 대한 적의가 각별했고, 보나파르트는 이를 되갚았다. 계급에 기반을 둔 이데올로기적 상호 적대감은 개인적이고 본능적 차원에서 강화되었다. 나폴레옹이 키가 180센티미터인 휘트워스가 파리에 있다는 사실에 분개했음을 보여주는 정황 증거는 많다.

1803년 2월 21일 나폴레옹은 휘트워스를 소환해 질책했다. 나폴레옹은 휘트워스에게 아미앵 조약이 두 나라를 친선 관계로 이끌지 못하고 "경계와 의혹의 지속과 증가"만 초래한 데 매우 실망했다고 말했다. 휘트워스는 몰타와 알렉산드리아에서 철수하지 않는 이유가 무엇이냐는 질문을 받고는 피에몬테와 스위스의 상황을 언급했다. 프랑스는 피에몬테에서 영토를 병합했으며, 스위스에서는 새로운 헌법을 강요했다. 이 두 사례에서 나폴레옹의 행태가 영국의 최종적 전쟁 선포에 구실이 되었다는 주장이 종종 제기되었으므로, 실제로 무슨 일이 있었는지 확실하게 할 필요가 있다.

피에몬테에서 나폴레옹은 망명한 극단적 가톨릭교도 카를로 에마누엘레 4세*에게 귀국해서 다시 왕위에 오를 것을 요청했다. 북부 이

카를로 에마누엘레 4세(Carlo Emanuele IV, 1751~1819) 사르데냐-피에몬테 왕. 재위 1796~1802년.

탈리아에 안정을 보장하기 위함이었다. 카를로 에마누엘레 4세는 거절했고, 나폴레옹은 프랑스와 치살피나 공화국 사이에 위험한 틈새를 남기고 싶지 않았기에 피에몬테를 병합했다. 이는 피에몬테 공화당 대다수가 환영한 조치였다. 1802년 나폴레옹은 연방주의 노선에 따라 스위스 헌법을 개정하고, '중재법'*으로 양국 관계를 조절했다. 피에몬테에서 그랬듯이 반동적인 귀족 도당과 결탁한 영국은 또 분개했다. 영국은 스위스 귀족들의 분란을 조장하기 위해 윈덤에게 돈을 주어 파견하기도 했다.

이러한 두 가지 처사가 참을 수 없는 '도발'이었다는 주장이 빈번히 되풀이되었는데, 이에 대한 반론으로 세 가지가 적절해 보인다. 먼저, 스위스와 이탈리아는 영국이 아니라 오스트리아 세력권이었다. 만일 나폴레옹이 그 지역에서 보인 처사가 걱정의 원인이었다면, 대응에 나서야 할 나라는 아미앵 조약이 아니라 뤼네빌 조약 가맹국이었다. 둘째, 바로 그런 이유 때문에 아미앵 조약은 스위스나 이탈리아에 관한 협정을 담지 않았으며 그곳의 일에 관해서는 아무런 언급도 없었다. 나폴레옹의 이와 같은 말은 옳다. "이 모든 일은 조약에 언급되지 않는다. 조약에는 타란토와 몰타 두 지명만 나온다. 나는 몰타에서 철군했고 그대의 나라는 몰타에서 철군하지 않고 있다." 셋째, 영국이 바로 얼마 전에(1801년) 논의의 여지 없이 명백하게 아일랜드인의 의사에 반해 아일랜드를 연합왕국에 병합해놓고는 대다수 의사에 반한다는 추정 아래 나폴레옹이 스위스에 헌법을 강요했다고 말하는 것은 전혀 합당하지 않았다.

중재법(Acte de médiation) 1798년 프랑스의 침공으로 옛 스위스연방은 해체되고 대신 헬베티아 공화국이 들어섰다. 1802년 여름 아미앵 조약에 따라 프랑스군이 철수한 뒤 농촌에서 반란이 일어나 공화국이 무너졌다. 나폴레옹의 중재로 스위스의 여러 주 대표들이 파리에 모여 공식적으로 헬베티아 공화국 해체를 확인했다. 1803년 2월 19일에 제정된 중재법은 프랑스의 영향을 받는 새로운 연방의 틀을 만들려는 조치였다. 전문에서 나폴레옹은 스위스의 정체로는 연방이 당연하다고 선언했고 자신의 중재자 역할을 설명했다.

나폴레옹은 또 영국 신문들이 자신을 폭군이자 괴물로 묘사한 비열한 선전 만화를 싣고 있다고 문제를 제기했다. 〈모닝포스트 (Morning Post)〉는 나폴레옹을 "어떤 것으로도 분류할 수 없는 존재, 절반은 아프리카인, 절반은 유럽인, 지중해의 물라토"라고 묘사했다. 만화에서 나폴레옹은 보통 코가 엄청나게 큰 피그미족으로 묘사되었다. 다른 기관지들은 조제핀을 매춘부로 그렸으며, 보나파르트가 조제핀의 딸 오르탕스와 잔다고 주장했다. 나폴레옹의 책망에 휘트워스는 언론 자유는 영국의 전통적인 자유의 일부이며 정부는 개입할 수 없다는 정직하지 않은 주장을 내놓았다. 휘트워스는 1795년의 억압적인 '두 법(Two Acts)'으로 신문에서 프랑스에 찬성하는 견해를 모조리 침묵하게 만들었던 피트의 앞잡이였으니 말이다. 휘트워스는 프랑스 국민의 10분의 9가 제1통령에 반대한다는 전보를 런던으로 보냈다는 사실도 인정하지 않았다. 전혀 근거 없는 주장이었다.

나폴레옹은 휘트워스가 말을 듣지 않자 오스만튀르크 제국과 근동에 파견되었다 막 돌아온 세바스티아니 대령을 시켜 만일 영국이 조약의 의무를 존중하지 않는다면 프랑스는 이집트를 다시 정복할 수밖에 없다는 경고를 〈르 모니퇴르〉에 싣게 했다. 완고한 영국에 압력을 가하려던 나폴레옹의 이 시도는 큰 실수였다. 이 때문에 영국 정부가 제1통령을 무모하게 무력으로 위협하는 자로 표현되도록 내버려 둔 것이다. 1803년 초 냉정한 관찰자라면 누구라도 영국이 다시 전쟁을 벌일 생각이라는 것을 매우 분명하게 알 수 있었다. 조지 3세는 1803년 3월 즉위 연설에서 국민들에게 전시 체제를 갖추라고 선언했고 프랑스 침략군이 프랑스와 네덜란드의 항구들에서 출항 준비를 하고 있다고 거짓 주장을 펼쳤다. 휘트워스조차 터무니없는 얘기라는 것을 인정하지 않을 수 없었다.

3월 13일 나폴레옹은 튈르리 궁에서 열린 외교사절 환영회에서 마침내 인내심을 잃었다. 나폴레옹은 조지 3세의 즉위 연설을 두고 휘트워스에게 고함치고 폭언을 퍼부으며 영국이 또 다른 10년간의 전쟁을 원하는 것이 분명해졌다고 말했다. 그런 뒤 러시아와 에스파냐 대사를 향해 낼 수 있는 가장 큰 목소리로 말했다. "영국은 전쟁을 원하오. 그러나 영국이 먼저 칼을 든다면 나는 결코 칼집에 칼을 넣지 않을 것이오. 영국은 조약을 존중하지 않소." 나폴레옹은 화가 난 채 연회장을 뛰쳐나갔다. 나폴레옹은 자기도 모르는 사이에 영국에 이익이 되는 짓을 하고 있었다. 3월 그렌빌은 심복 버킹엄 후작(보나파르트를 '코르시카 폐하'라고 불렀던 사람)에게 나폴레옹이 체면을 구기는 일을 받아들일 수 없기에 전쟁에 돌입할 것이라고 말했다. 냉소적인 그렌빌은 휘트워스에게 4월 3일에 탈레랑과 조제프와 다음번 협상을 벌일 때 두 사람을 매수해 영국 정부의 희망이 충족되었다고 생각하도록 만들어야 한다고 지시했다.

나폴레옹은 휘트워스에게 분노를 토해내고 이틀이 지난 후 국가참사원에서 연설하면서 영국이 기어코 프랑스를 모욕하려 한다고 설명했다. 영국이 몰타를 계속 점령하는 상황을 프랑스가 인정한다면, 영국은 다음으로 됭케르크 항구를 요구할 것이며, 그 후에도 계속 새로운 요구를 내세우리라는 얘기였다. 국가참사원은 나폴레옹을 지지했다. 나폴레옹은 일종의 양보로서 영국이 몰타에서 철군하면 지중해에서 크레타나 케르키라에 기지를 두어도 좋다고 제안했다. 그러자 휘트워스는 정부의 지령에 따라 판돈을 올려 영국이 몰타를 10년간 지배해야 하며 프랑스는 스위스와 네덜란드에서 손을 떼야 한다고 응답했다. 휘트워스는 탈레랑에게 그것이 최후통첩이라는 점을 거리낌 없이 인정했지만 터무니없는 요구를 문서로 남기는 것은 거부했다. 영국과 다시 전쟁을 벌이는 것은 큰 실수라고 생각했던 탈레랑도 그 제안을 근대 외교사 최초의 구두 최후통첩이라고 설명했다.

예상대로 나폴레옹은 그 요구를 거부했고, 휘트워스는 자신의 여권을 요구했다. 나폴레옹은 그때 분쟁을 원하지 않았기에 충돌을 피하려는 노력에서 마지막 제안을 내놓았다. 영국군이 3년간 몰타에 주둔한 뒤 러시아가 섬을 점령한다는 것이었다. 휘트워스는 본국 정부가 전쟁 준비를 마쳤기에 당연하게도 제안을 거부했고, 애초의 요구에 몰타를 10년간 보유한다는 새로운 조건을 추가했다.

5월 11일 나폴레옹은 생클루에서 한 차례 더 국가참사원 회의를 열고 지루한 연설을 했다. 나폴레옹은 영국의 마지막 조건이 몰타를 10년간 점령하고 추가로 람페두사 섬을 영구히 소유한다는 것이라고 말했다. 반면 프랑스는 한 달 안에 네덜란드에서 철수해야 했다. 지극히 우둔한 반전론자라도 나폴레옹이 옳다는 사실을 알 수 있었다. 영국은 끝없이 새로운 조건을 들고 나올 것이었다. 나폴레옹의 이런 말은 옳았다. "제1통령이 영국과 그런 누더기 평화조약에 서명할 만큼 겁쟁이라면 국민이 내칠 것이다." 국가참사원은 열띤 분위기에서 아미앵 조약의 최초 조건을 고수하기로 결정했다.

그랬는데도 나폴레옹은 마지막 순간까지 평화를 위해 노력했다. 나폴레옹은 휘트워스에게 프랑스가 타란토를 다시 점령할 수 있다면 영국이 몰타를 10년간 지배해도 좋다고 말했다. 이는 아미앵 조약의 가장 곤란한 조항들을 철회하면서 체면을 세우는 방편이었다. 휘트워스는 애딩턴에게 제안을 전달했고, 애딩턴은 정직하지 못하게도 영국이 나폴리 왕에게 다해야 할 의무가 있음을 이유로 들어 제안을 거절했다. 그러나 나폴리 왕은 사실상 영국의 명령을 따르지 않을 도리가 없었다.

그래서 전쟁이 터졌다. 1803년 5월 16일 조지 3세는 프랑스 선박 나포 허가장을 인가했고, 이틀 후 전쟁 상태로 들어섰다. 유럽의 정치인 중 공정한 자라면 누구나 영국에 책임이 있다는 데 동의했다. 폭스는 애딩턴이 피트의 전쟁 도발 놀이에 말려들었다고 비난했고, 위대한 노예제 반대 투사 윌리엄 윌버포스(William Wilberforce, 1759~1833)는 몰타를 보유하면 공적 신뢰를 잃는 대가를 치러야 할 것이라고 단언했다. 이는 어떤 국가도 잃어서는 안 되는 것이었다. 나폴레옹은 전쟁 재개가 생각보다 2년 일찍 찾아왔으므로 대담하게 맞서려 했다. 나폴레옹은 누이 엘리자의 시종 제롬 루케시니에게 이렇게 말했다. "나는 가장 힘든 일을 해보려 한다. 그렇지만 그로부터 가장 풍요로운 결실을 얻을 생각이다. 사흘 동안 안개가 끼고 행운만 조금 따라준다면 나는 런던과 영국 의회, 영국 은행의 주인이 될 수 있을 것이다."

그래서 마침내 1815년에 가서야 끝날 전쟁이 시작되었다. 그러므로 전쟁 책임을 분명히 하고 1803년의 전쟁 재개가 어떻게 나폴레옹의 숨은 계획에 적합했는지 알아보는 것이 결정적으로 중요하다. 탈레랑에서 네덜란드 역사가 피터르 헤일(Pieter Geyl)까지 아주 많은 사람들이 1803년의 전쟁 재개가 나폴레옹에게는 종말의 시작이었다고 추정했다. 그렇지만 이에 대해서는 면밀한 검토가 필요하다. 특히 살펴야 할 문제는 이렇다. 1803년에 영국은 왜 그토록 절실하게 전쟁을 원했는가? 그런데도 어째서 그토록 자주 보나파르트에게 전쟁 책임이 돌아갔는가?

1803년의 전쟁 발발에 관한 몇 가지 설명은 처음부터 배제할 수 있다. 예를 들어 프랑스 역사가 코켈은 나폴레옹이 의식적으로 전쟁을 하는 쪽으로 방향을 정했고 그럼으로써 제위를 얻으려 했다고 주장했다. 이런 주장은 모든 점에서 타당성이 없다. 제국을 향한 동력은 국제 무대가 아니라 프랑스 내부에서 일어나는 사건에 있었으며, 이미 증명되었듯이 나폴레옹은 거듭 전쟁을 피하려 노력했다. 피터르 헤일은 프랑스가 아미앵에서 좋은 타협을 얻어냈고 영국은 이미 나폴레옹에 관해서는 의도한 만큼 성공을 거두었다고 주장했다. 이런 논지에 따르면 영국은 벌써 나폴레옹을 대륙의 큰 권력자로 인정한 것이며, 나폴레옹은 스위스에 개입하고 피에몬테를 병합하며 이탈리아에 간섭하고 네덜란드에 병력을 주둔시켜 영국에 '감사의 뜻'을 표했다. 나폴레옹은 그렇게 함으로써 국가의 적들을 만들었다. 적들은 영국이 우선 바보 같고 너무 관대하며 아미앵 평화조약은 위험하고 굴욕적이라고 생각하게 되었다. 나폴레옹은 아미앵 조약의 문구는 준수했지만 그 정신은 지키지 않았다고 한다. 다른 영국 옹호자들은 사실상 애딩턴의 '무력 위협' 논지로 돌아갔고 제1통령이 영국과 전쟁을 할 수밖에 없다면 유럽 전체를 정복해 보복할 것이라고 주장함으로써 〈르 모니퇴르〉에 개설된 세바스티아니의 생각이 영국을 위협하려는 시도였다고 단언했다.

그밖의 다른 이들은 동양과 서양에서 제국을 건설하려는 나폴레옹의 명백한 야심에 영국 정부가 크게 놀랐다고 주장한다. 그 야심이란 영국이 나름의 냉소적인 이유로 은밀히 승인했던 생도밍그 원정이 아니라 카리브해에서 뉴올리언스, 생도밍그를 거쳐 카옌에 이르는 삼각 세력권이 탄생할 전망이었다. 세바스티아니가 넌지시 비추었던 오리엔트를 향한 야심이 그곳에 있었다. 마지막으로 나폴레옹이 영국 상품의 대륙 시장 진입을 봉쇄하지 않았어야 했다는 주장이 있다. 상업국가로서는 참을 수 없는 조치였기 때문이라는 얘기다. '도발' 논지가 들어맞는 곳이 있다면, 그것은 나폴레옹이 상업 조약을 거부하고 경제와 금융에서 영국을 차별하는 조치를 시행했다는 사실이다.

1803년에 전쟁이 발발한 책임을 나폴레옹에게 돌리려는 이 모든 시도의 문제점은 영국의 국가적 이익은 '당연'하며 프랑스의 국가적 이익은 당연하지 않다고 추정하는 실수를 저지르고 있다는 점이다. '자연 국경'은 수용할 수 없는데 벨기에를 영국에 우호적인 자들이 장악하고 있는 상황은 어째서 자연스러운 질서인가? 영국이 유럽의 세력 균형을 고집하는 것은 정당한데 프랑스가 나머지 세계에서 세력 균형과 식민지 교역을 주장하는 것은 어째서 정당하지 않은가? 나폴레옹이 피에몬테와 스위스에 내린 조치가 도발이라면, 영국이 몰타와 알렉산드리아에서 철군하기를 거부하고 퐁디셰리와 인도의 다른 위요지를 프랑스의 지배에 반환하지 않은 것은 도발이 아니란 말인가? 나폴레옹과 여러 사람이 여러 차례 지적했듯이 앞의 경우는 오스트리아에 관련된 문제였고 아미앵 조약에는 언급되지 않았지만, 뒤의 경우는 아미앵 조약의 문안에 명백하게 언급되어 있으며 프랑스와 영국 이외의 어느 나라도 상관할 문제가 아니었다.

그러므로 이론적으로는 영국이 경제적인 동기와 국민적 노이로제(나폴레옹의 동기와 의도에 관한 불합리한 걱정)가 뒤섞인 복합적인 이유로 1803년 전쟁에 돌입했다는 것이 냉정한 결론일 수밖에 없다. 프랑스가 루이지애나를 매각하고 생도밍그에서 철수함으로써 영국이 서반구에서 느낀다는 위협은 공허해졌고, 애딩턴이 휘트워스의 허튼소리가 아니라 자신의 밀정이 보낸 조언을 들었다면 프랑스 해군장관 드니 데크레 제독이 보나파르트가 인도를 목표 삼아 준비하자고 제안한 원정을 어떤 것이든 중단시키고자 최선을 다했으며 제1통령이 좋아한 계획, 즉 인도와 이집트를 동시에 공격하는 것에 각별히 부정적이었다는 사실을 알았을 것이다.

반면 영국의 전쟁 결정은 1803년의 단기적 상황보다 장기적 상황으로 판단할 때 조금 더 합리적으로 이해할 수 있다. 나폴레옹은 확실히 평화주의자가 아니었으며, 장기적으로는 명백히 유럽에서 더 팽창하고 영국과 끝장을 보겠다는 계획을 세우고 있었다. 그러나 1939년 히틀러에게 그랬듯이 1803년 나폴레옹에게도 전쟁은 너무 일찍 찾아왔다. 나폴레옹은 영국 해군에 도전할 만한 해군력을 증강하지 못했다. 전열함 202척에 프리깃 277척인 영국 해군의 막강한 힘 앞에 내던져질 프랑스의 전력은 겨우 전열함 39척에 프리깃 35척이었다. 나폴레옹은 내정을 공고히 통합하는 과제도 마치지 못했다. 영국은 실제로 제시된 위선적인 이유와는 반대로 최종적인 자기 이익이라는 관점에서 보면 옳은 선택을 했다. 나폴레옹이 자신에게 맞는 시간과 환경을 선택해 싸울 준비가 되기 전에 습격한 것이다. 영

나폴레옹의 형 조제프 보나파르트.
1809년경 에스파냐 왕으로 있던 시기
의 모습이다.

국 정부의 문제는 전쟁이 꽤 오래 지속될 것이며 조만간 홀로 감당해
야 할 가능성이 있다는 점이었다. 프랑스에서 나폴레옹의 우경화는
1792년의 경우처럼 이데올로기적 반혁명 십자군을 위한 열정이 없었
음을, 실로 기회도 없었음을 뜻했다. 다른 강국들은 전쟁을 원하지 않
았거나, 전쟁이 자국의 이익에 도움이 된다고 생각하지 않았다. 그리
고 딴 생각이 있는 영국의 속이 빤히 들여다보이는 '변명들'에 공감하
지도 않았다.

나폴레옹은 외교 정책과 국내 정책과 씨름하면서도 늘 제멋대로
행동하는 형제자매들과 파렴치한 인척들로 이루어진 대가족과 여타
식객들의 소망을 떠받들거나 채워줘야 했다. 여러 점에서 가장 덜 귀
찮은 인물은 조제프였다. 조제프는 탈레랑과 협력해 행복하게 지냈
으며 부동산 투자로 부유하게 지내는 데 만족했다. 조제프는 자신이
중요하다는 생각으로 충만했고, 나폴레옹은 이를 조장했다. 나폴레
옹이 어릴 때 조제프를 밀어내고 그 자리를 대신 차지해 사실상 조제

프가 되고 싶어 했던 점을 생각하면 조제프에게 애정 어린 감정을 느꼈다는 사실은 놀랍다. 어릴 적의 증오는 우스꽝스럽게도 애정으로 변형되며 따라서 다른 방향의 공격으로 보상을 요구한다고 추정한 프로이트가 아마도 옳은 것 같다. "수십만 명의 제3자가 이 작은 친구가 최초의 적의 몫으로 남겨 둔 벌을 받아야 했다."

나폴레옹은 조제프를 존경했는지는 몰라도 뤼시앵은 결코 좋아하지 않았다. 이유는 명백히 동생의 비상식적인 질투 때문이었다. 음모 꾸미기를 좋아한 삼류 정치인 뤼시앵은 단명한 내무장관으로서 우울한 실패자였고, 특히 1800년에 《카이사르, 크롬웰, 보나파르트 비교》라는 책을 출간해 보나파르트 가문을 황제 가문으로 세우자고 주장함으로써 나폴레옹을 분노케 했다. 무심결에 비밀을 누설한 격이었다. 그랬는데도 나폴레옹이 1800년 말에 뤼시앵을 해임했을 때, 어머니 레티치아가 개입해 뤼시앵이 에스파냐 주재 대사라는 유리한 직책을 얻도록 조처했다. 마드리드에서 뤼시앵은 자국의 이익을 증진하려는 에스파냐와 포르투갈로부터 엄청난 뇌물을 받아 유명세를 치렀다. 1801년 말 뤼시앵은 싫증이 나자 즉흥적으로 나폴레옹이나 그 누구의 허락도 받지 않은 채 대사직을 내던지고 파리로 돌아왔다.

막대한 재산에 독일인 정부(일명 산타크루스 후작 부인)를 끼고 돌아온 뤼시앵은 파리에서 부동산을 사들였으며 부정하게 얻은 소득을 영국과 미국에 투자했다. 근시안적이고 머리가 나쁜 뤼시앵은 살던 곳의 '타운하우스', 즉 생도미니크 거리의 호텔 드브리엔에서는 친숙한 인물로서 키가 크고 가무잡잡했으며 보나파르트 집안 여자들에게는 늘 인기가 많았다. 뤼시앵은 들을 의사가 있는 사람이라면 누구에게나 나폴레옹이 배은망덕한 인간이며 브뤼메르 18일의 쿠데타는 완전히 자기 작품이라고 얘기했다. 뤼시앵은 특히 조제핀을 매우 싫어했으나, 조제핀의 협력자이자 뤼시앵을 경멸하는 푸셰가 제1통령에게 뤼시앵의 탐욕스러운 사업과 폭발적인 반감을 상세히 흘렸기에 이 특별한 싸움에서 조제핀에게 뒤졌다.

　나폴레옹은 뤼시앵을 멀리하고 루이에게는 아량을 베풀었다. 루이가 얼빠진 인간같이 습관적으로 허튼소리를 해댔는데도 나폴레옹은 루이를 가장 좋아했다. 어떤 식으로든 자신에게 도전하지 않는 사람이 가장 편안했기 때문일 것이다. 루이는 신경증을 앓는 몽상가였으며 게으른 건달이었고, 건강이 안 좋다는 핑계로 평생 휴가를 받았고 늘 작가를 꿈꾸거나 터무니없는 공상에 빠져 살았다. 염세적이고 정신적으로 불안했던 루이는 질투 발작과 편집증적 망상에 시달렸다. 이를 뤼시앵이 앓았던 원인 불명의 신체적 질병과 연결하려는 시도가 있었다. 아마도 임질이었을 텐데, 임질이 몸을 불구로 만드는 류머티즘 발작을 일으켰기 때문이다. 그렇지만 정확히 그런 질병 때문이라는 증거는 없다. 다만 루이가 몸을 움직이는 데서 곤란을 겪었고 언어 장애와 척추만곡증이 있었다는 점은 확실하다.

　나폴레옹 가문의 무용담에서 가장 기괴한 사건은 1802년 1월 4일 루이와 조제핀의 딸 오르탕스가 혼인한 일이다. 밀라노 대주교이자 교황 사절인 카프라라 추기경*이 혼인미사를 집전했고 뮈라와 카롤린에게 2년 전에 잊고 빠뜨렸던 혼인 축복도 내렸다. 본능이 억눌린 동성애자인 루이를 제단 앞에 세우기는 매우 힘들었다. 제1통령이 먼저 결혼을 제안했을 때, 루이는 당황했고 도망치려 했으나, 나폴레옹이 고집을 꺾지 않았다. 오르탕스가 보나파르트 가문의 이 흐리멍덩한 아들과 혼인하기를 주저했다는 사실도 도움이 되지 않았다. 오르탕스는 나폴레옹의 충직한 부관 크리스토프 뒤로크와 결혼하고 싶어 했다. 나폴레옹은 여느 때처럼 냉정하게 이 문제를 처리했다. 나폴레옹은 뒤로크에게 툴롱의 한직을 받아들이고 다시는 궁으로 돌아오지 않는다면 오르탕스와 결혼해도 좋다고 말했다. 뒤로크는 자신

카프라라 추기경(Giovanni Battista Caprara, 1733~1810) 이탈리아 정치가. 피우스 7세의 사절로 1801년에 정교협약을 체결했다.

1802년 1월 나폴레옹은 자신의 동생 루이 보나파르트와 조제핀의 딸 오르탕스 드 보아르네를 결혼시켰다.

의 '명예'에 대한 모욕을 결연히 거부했고, 그래서 어쩔 수 없이 오르탕스를 거절해야 했다. 한편 남편을 장악하는 힘이 약해질까 걱정스러웠던 조제핀은 자신을 위해 왕가 사람과 혼인하라고 오르탕스에게 잔소리를 퍼부었다.

그 결과 빅투아르 거리에서 한바탕 소극 같은 결혼식이 거행되었다. 혼인 당사자는 부루퉁한 루이와, 울면서 밤을 새워 눈물로 얼룩진 오르탕스였다. 조제프와 뤼시앵은 누이 엘리자의 충동질에 조제핀이 또다시 승리를 거둔 데 씩씩거렸으나, 신혼여행에서 일어난 사건들 때문에 몹시 즐거웠다. 루이는 신부에게 무정하게도 이미 알려진 조제핀의 연인들을 빼놓지 않고 열거했고, 만일 그런 점에서 단한 번이라도 어머니를 흉내 낸다면 그 즉시 내버리겠다고 경고했다. 뤼시앵은 오르탕스가 어머니와 같은 지붕 아래에서 첫날밤을 보내지 못하게 했고 오르탕스가 나폴레옹의 연인이라는 소문을 퍼뜨렸다. 그러면서 오르탕스는 추문의 대상이 되었다. 이 소문은 영국이 열심히 화제로 삼았는데, 오르탕스가 임신했을 때는 아이가 제1통령의 자식이라는 소문도 퍼졌다.

형제들 중 네 번째인 나폴레옹의 '뱅자맹'*은 지극히 쓸모없는 제롬이었다. 1802년에 열일곱 살이었던 건강한 얼굴의 제롬은 못된 개구쟁이의 전형으로서 검은 곱슬머리와 자라목, 지독하게 입이 작은 불쾌한 성격의 인간이었다. 또한 씀씀이가 헤펐는데 제1통령이 분별없는 소비의 결과인 청구서들을 정리했다. 나폴레옹은 제롬을 해군으로 만들고자 강톰 제독에게 딸려 바다로 내보냈지만, 제롬은 카리브해에서 뻐기다가 높은 지위에 전혀 걸맞지 않는 무능력을 선보여 동료 장교들의 반감만 샀다. 제롬은 뤼시앵처럼 자기 마음에 들지 않으면 나폴레옹의 명령도 무시했다. 제롬은 왕조 간 혼인을 준비 중이며 변치 않을 관계를 맺으려면 미리 형의 허락을 구해야 한다는 조언을 거듭 들었는데도 미국에서 부유한 선주의 딸 베치 패터슨(Betsy Patterson)과 함께 지냈고 1803년 성탄절 전야에 결혼했다. 나폴레옹은 격노해 만일 '제롬 보나파르트 부인'이 프랑스 땅에 발을 내디디려 한다면 배에 태워 미국으로 돌려보내라는 명령을 내렸다.

나폴레옹은 종종 자기 형제들이 모두 무용지물이라고 쓰라린 말을 내뱉었고, 아버지에게 봉사하는 것만을 유일한 목적으로 알았던 네 명의 유능한 아들을 둔 칭기즈 칸이 부럽다고 한탄하곤 했는데, 이는 당연했다. 그렇지만 가족에게 이러한 태도를 취하는 나폴레옹은 진정 코르시카의 자식이다. 나폴레옹에게 형제들을 끌어줄 마음이 없었다고 해도 어머니 레티치아가 등에처럼 꼭 달라붙어, 누군가를 능력에 따라 승진시킬 때마다 가족의 '명예'를 위해 자기 자식 중 한 명도 똑같이 출세를 시켜 균형을 이루어야 한다고 항의했다. 레티치아는 이제 오십 줄에 접어들었고 치아를 여러 개 잃었지만 여전히 미모를 유지했다. 레티치아는 변화된 환경에 적응하기를 거부했

뱅자맹 구약성서에 나오는 야곱의 아들 베냐민을 가리키는 듯하다. 야곱은 두 번째 부인 라헬에게서 요셉과 베냐민을 낳았다.

고 이탈리아어로 말했으며 프랑스어는 지독한 사투리로만 간신히 말할 수 있었다. 레티치아의 유일한 관심은 가족과 투자였다. 레티치아의 간섭이 거기서 그쳤다면 나폴레옹은 분명 견딜 수 있었겠지만, 레티치아는 조제핀을 겨냥한 앙갚음을 멈추지 않았고 자신이 낳은 아이들처럼 욕심을 놓지 않았다. 나폴레옹은 레티치아에게 로마로 가서 페슈 추기경을 만나보고 교황을 알현하라고 제안했으나, 진짜 목적은 어머니에게서 벗어나는 것이었다.

나폴레옹과 세 여동생 사이는 전혀 순조롭지 않았다. 탈레랑이 "예쁜 여인의 몸에 크롬웰의 머리"를 지녔다고 묘사한 카롤린은 나폴레옹 덕에 모든 것을 얻었으면서도 오빠를 배신했으며 자신과 남편 뮈라의 야심을 실현하기 위해 늘 책략과 음모를 꾸몄다. 1800년 말 나폴레옹은 마렝고 전투에서 보여준 큰 공헌에 보상해 뮈라를 정예 정찰대(일종의 친위대) 수장으로 임명했고, 그로써 조제프의 수하이자 그 직책을 노렸던 베르나도트를 실망시켰다.

베르나도트는 그때 우연히 나폴레옹의 호의를 잃을 뻔했다. 베르나도트는 1802년에 서부군에 고별 연설을 하면서 은연중에 제1통령을 비판했고, 불만을 품은 다른 자코뱅들과 줄곧 음모를 꾸몄다. 화가 치민 나폴레옹은 베르나도트가 태도를 바꾸지 않는다면 총살하겠다고 위협했으나, 신뢰할 수 없는 가스코뉴인은 쥘리 클라리와 데지레 클라리의 눈물 덕에 한 번 더 목숨을 구했다. 베르나도트는 1803년에 미국 대사에 임명되었으나 뤼시앵의 전철을 밟아 루이지애나 매각이 합의되었을 때 허락도 없이 파리로 돌아왔다. 이 일로 베르나도트는 한 해 더 물러나 있다가 1804년에 하노버 총독이자 총사령관이 되었다. 베르나도트는 독일에서 편히 지내며 부패한 지사 미쇼(Michaux)가 횡령한 공금을 한몫 챙겼다.

한편 돈에 욕심이 많은 뮈라는 곧 이탈리아 총사령관이 되어 대단한 전통에 따라 약탈을 자행했다. 뮈라와 카롤린은 나폴레옹의 정치

나폴레옹의 여동생 카롤린과 남편 조아생 뮈라. 기병대의 우상이었던 뮈라는 카롤린과 결혼하면서 나폴레옹 확대가족의 일원이 되었다.

적 야망과 질시를 뛰어넘어 결합했지만, 두 사람은 밀라노에서 왕족처럼 살면서 각자 상습적으로 부정을 저질렀다. 카롤린은 신중하게, 뮈라는 그보다는 공공연히. 카롤린을 추동한 힘은 언제나 섹스가 아니라 권력이었다. 이는 냉소적인 엘리자의 경우도 마찬가지였다. 가족 중에서 용모가 보잘것없었던 엘리자는 더 나은 구혼자가 없었기에 지위가 낮은 코르시카인 장교 파르콸레 바치오키와 결혼할 수밖에 없었다. 레뮈자 부인은 엘리자에 관해 다음과 같이 냉혹하게 썼다. "팔과 다리는 몸에 대충 들러붙은 물건처럼 보였다. …… 최고로 불쾌한 종합이었다." 엘리자는 가족 내 분란이 일 때는 언제나 뤼시앵 편에 섰고, 뤼시앵이 1800년에서 1801년까지 마드리드에 돈 벌러 대사로 나갈 때는 남편을 따라갔다. 문학을 좋아했던 엘리자는 이후 모르파 거리의 자기 집에서 살롱을 운영했다. 화가 다비드와 앙투안장 그로가 그곳을 자주 찾은 방문객이었다. 엘리자는 친구인 샤토브리앙을 위해 나폴레옹을 귀찮게 했으며 연극을 무대에 올리고, 여성 문인들을 위한 모임을 이끌었다. 마누라에게 쥐여 살던 바치오키는 어느 도시의 수비대 지휘관 지위를 얻었고 사실상 엘리자의 삶에서 축출되었다. 엘리자와 카롤린은 카를 융이 '권력에 취한 악마'라고 불렀던 유형의 고전적 사례였다.

그러나 섹슈얼리티는 여자 색정광과 음탕함의 본보기였던 셋째 폴린이 의기양양하게 대표했다. 강한 이탈리아어 억양에 고질적으로 경박했던 폴린은 정신 능력을 잃어버린 듯 얼빠진 상태로 멍하게 행동했다. 폴린은 의복과 점술가에게 엄청난 돈을 허비했으며, 폴린이 튈르리 궁에 나타나기라도 하면 나폴레옹은 곤혹스러웠다. 폴린은 기분에 취하면 조제핀에게 무례하게 혀를 내미는 짓도 서슴지 않았다. 폴린은 은밀히 연인들을 만났으며, 그 성욕은 만족을 몰랐다. 폴린과 즐겼던 어느 호색한은 이렇게 말했다. "폴린은 상상할 수 없을 정도로 음탕한 여자이며 가장 탐나는 매춘부이다." 폴린의 초기 일탈 중에는 훗날의 마크도날 원수와 72시간 동안 마라톤 섹스를 즐긴 일도 있다. 폴린은 이를 위해 정성들여 음식과 음료를 준비해 두었다.

폴린의 남편 르클레르가 군대 지휘권을 받아 생도밍그의 투생 루베르튀르를 물리치러 떠났을 때, 폴린은 상심했다. 코메디프랑세즈의 배우인 최근의 연인 피에르 라퐁과 작별해야 했기 때문이다. 폴린은 원치 않는 타향살이를 축하하기 위해 떠나기 전에 연인 5명과 침대에서 뒹굴며 난교 파티를 벌였다. 폴린은 생도밍그로 가는 항해 중에 다른 연인 3명이 동행한다는 사실을 확인했다. 첫 번째 애인이었던 스타니슬라스 프레롱과 1798년 아일랜드의 영웅이었던 웜베르 장군, 부아예 장군이었는데, 생도밍그에서 폴린의 침대를 쓴 사람들은 이들만이 아니었다. 폴린은 1802년 12월에 배에 올랐고 생도밍그에서 담력을 과시했으며 장난삼아 주술에도 손을 댔다. 르클레르가 황열병으로 사망하자 폴린은 프랑스로 돌아왔다(1803년 정초에 도착했다). 폴린은 40만 프랑을 주고 포부르생토노레 거리의 드 샤로스트 호텔을 구입했고 곧 문란한 생활로 돌아가 여러 면에서 나폴레옹을 당혹스럽게 만들었다.

폴린의 이력은 임질을 치료하느라(치료는 성공이었다) 잠시 중단되었다. 그런 뒤 1803년에 나폴레옹은 너무도 기괴해 역사가들을 곤란하게 한 결정을 내렸다. 나폴레옹은 르클레르가 대단찮은 사람인데도 매제를 위해 열흘간의 애도 기간을 선포했다. 나폴레옹은 나중에 이 결정이 선전 활동에서 큰 실수였음을 인정했고 조제핀의 어설픈 충고 탓이었다고 책임을 돌렸다. 폴린은 체면을 차려야 한다는 오빠의 간곡한 권유를 뿌리치고 1803년 8월에 재혼해 애도 기간을 한바탕의 소극으로 바꾸어버렸다. 교황 사절 카프라라가 혼인식을 주재했다. 새로운 남편은 이탈리아에서 가장 부유한 사람이었던 카밀로 보르게세(Camillo Filippo Ludovico Borghese)였다. 단정하고 기품 있으며 체구가 자그마한 스물여덟 살의 보르게세는 가족의 운명을 구하기 위해 공화주의 원리를 받아들였으나 루이 16세 시절 이후 처음으로 튈르리 궁에 궁중복 차림으로 나타나 속내를 드러냈다.

늘 조제핀을 미워했던 폴린은 초록색 우단 드레스에 보르게세가 모아놓은 다이아몬드(유럽에서 가장 아름다운 것들)를 전부 걸치고 생클루 성을 방문해 새로 얻은 재산으로 조제핀을 조롱했다. 폴린의 경솔한 처신은 이 정도에서 그치지 않았다. 폴린은 새 남편이 침대에서 가망이 없다는 것을 알았고(페슈 추기경에게 보르게세와 결혼하느니 차라리 2만 프랑에 르클레르의 미망인으로 남아 있을걸 그랬다고 말했다) 사실상 동성애 성향을 억누르고 있었기에 다시 거리낌 없이 성적 모험을 즐겼다. 폴린이 거둔 가장 유명한 위업은 1804년 피렌체 방문이었다. 폴린은 건강이 나쁘다는 핑계로 미술가 카노바*에게 자신을 나신의 비너스로 그려 달라고 의뢰했다. 폴린은 훗날 어떤 이가 카노바의

카노바(Antonio Canova, 1757~1822) 이탈리아 조각가. 누드를 섬세하게 표현한 조각품으로 유명하다. 나폴레옹의 대리석 조각상도 제작했다.

나폴레옹의 여동생 폴린 보나파르트. 폴린은 끊임없는 스캔들과 엄청난 사치로 나폴레옹을 곤혹스럽게 했다.

작업실에서 옷을 벗고 자세를 취했느냐고 묻자 이렇게 대답했다. "벗지 않을 이유가 있나요? 작업실에는 정말로 좋은 난로가 있었어요." 이에 분개한 보르게세는 폴린을 자신의 저택에 감금했으나, 폴린은 더 많은 연인을 몰래 끌어들였다. 마음이 괴로운 보르게세는 나폴레옹에게 호소할 수밖에 없었고, 나폴레옹은 폴린에게 남편 없이는 튈르리 궁에 발을 들여놓지 못할 것이라고 경고했다.

통령 시절 말기의 나폴레옹은 쾌락주의자 같은 가족들과 만나면서 삼투작용이라도 일으킨 것처럼 섹스에 더 많은 관심을 둔 듯했다. 실제로 1802년에서 1804년 사이에는 병적인 열망이나 음란증을 보여주는 증거가 있다. 필시 조제핀을 향한 욕정이 식었기 때문이겠지만, 나폴레옹은 주의가 점점 더 산만해졌다. 이 무렵 제1통령 부부가 같은 방에서 자지 않고 각방을 썼다는 것은 분명하다. 1802년 6월 나폴레옹은 젊은 여배우 루이즈 롤랑도(Louise Rolandeau)와 정사를 벌였다. 이는 일시적인 '바람'이 아니었다. 나폴레옹은 같은 해 11월부터 마르게리트 조르주(Marguerite George)라는 다른 여배우와 더 지속적인 관계를 가졌다. 조각 같은 몸매를 가진 이 비극 배우와 이전에 연인 관계였던 사람 중에는 뤼시앵과 폴란드의 사피에호비에(Sapiehowie) 백작도 있었다. 제1통령은 조르주와 더불어 자신이 좋아하는 저속한 익살과 유치한 농담, 실제 있었던 우스갯소리, 전반적으로 난폭한 놀이에 흠뻑 빠질 수 있었다. 나폴레옹과 조르주의 불륜은 곧 누구나 아는 사실이 되었다. 조르주는 테아트르 프랑세(Théâtre Français) 극장에서 〈시나(Cinna)〉를 공연할 때 이런 대사를 읊었다. "나는 시나를 유혹해 넘어오게 만든다면 더 많은 사람을 유혹할 것이다." 순간 청중은 웃음을 터뜨리며 일제히 일어나 제1통령이 앉은 칸막이 관람석을 향해 박수갈채를 보냈다. 남편과 함께 관람석에 앉아 있던 조제핀은 불쾌한 표정이 역력했다.

이때쯤이면 조제핀은 남편의 부정에 익숙해져 있었다. 조제핀의 감정은 질투와 무관심 사이를 오갔다. 어느 날 밤 조제핀은 나폴레옹 방에서 불륜 현장을 덮치기로 작심하고 남편 방으로 이어지는 좁은 계단을 올라갔으나, 충직한 경호원 루스탐이 자신을 암살범으로 오인하고 어둠 속에서 갑자기 나타날지도 모른다는 생각에 겁을 집어먹고 돌아섰다. 그러나 다른 날 밤 조제핀은 싫든 좋든 사랑의 보금자리에 있게 되었다. 조르주의 날카로운 비명소리가 생클루 성에 울려 퍼졌다. 조제핀과 통령의 시종들이 급히 위층으로 올라갔을 때 나폴레옹은 간질 같은 발작을 일으키고 있었고, 거의 벌거벗은 '조르지나'(조제핀이 붙인 이름)는 연인이 죽었다고 생각하고 살인죄를 쓸까 봐 겁에 질려 있었다. 나폴레옹은 정신을 차려 상황을 파악하고는 격노했다. 주위 사람들이 다시 발작을 일으킨 줄로 알 정도였다.

이 수치스러운 사건 이후 조르주의 매력이 줄어들어, 나폴레옹은 한동안 조르주를 멀리했다. 그러나 나폴레옹은 언제나 자신의 여인들에게 관대했으며, 1803년에 영국 습격 준비를 감독하려고 불로뉴로 떠날 때 조르주의 치맛자락에 4만 프랑을 던져주었다. 그 무렵 나폴레옹은 마드무아젤 뒤셰누아로 알려진 또 다른 여배우 카트린 조제핀 라팽(Catherine Josephine Raffin)에게 흥미가 있었다. 이번 연애 사건도 역시 짧았다. 두 사람 관계는 나폴레옹이 라팽을 모욕하면서 끝났다. 나랏일로 분주했던 나폴레옹은 시종 콩스탕을 시켜 라팽에게 서재 옆방에서 기다리라고 했다. 한 시간 뒤 라팽이 문을 두드렸고, 나폴레옹은 콩스탕을 시켜 라팽에게 옷을 벗고 기다리라고 전했다. 라팽은 그렇게 했고 한 시간 동안 벌벌 떨다가 다시 서재 문을 두드렸다. 나폴레옹은 기분이 상해 라팽에게 집으로 돌아가라고 고함을 질렀고, 그래서 불필요한 적을 한 명 더 만들었다.

제1통령의 '환대를 받은' 마지막 여배우는 내무장관 샤프탈의 정부 마드무아젤 부르주앵이었다. 다른 사람에게 모욕 주기를 즐겼던 나폴레옹은 샤프탈과 비밀리에 회의를 하던 중에 부르주앵을 데려오게 일을 꾸몄다. 그래서 쓸데없이 불구대천의 원수를 한 명 더 만들었다. 그러나 이 불륜 관계도 오래가지 않았다. 나폴레옹은 여자가 상스러운 농담 하는 것을 좋아하지 않았는데 부르주앵이 그런 취미가 있었기 때문이다. 1804년 말 이 관계도 끝났다. 부르주앵은 고급 창부로 성공해 유명해졌는데, 이는 그녀의 위대한 정복이라 부를 만했다. 부르주앵은 차르 알렉산드르 1세의 정부였고 1812년에는 베스트팔렌 왕이 된 제롬의 정부이기도 했다.

그러나 나폴레옹은 여자를 밝혀 쫓아다니기는 했어도 여성에 대해 기본적으로 경멸적이고 야비하기까지 한 태도를 지녔다. 나폴레옹은 여자란 기분 날 때 쓰라고 존재한다는 정복자의 관점을 지녔으며, 반대에 부딪치면 짜증을 냈다. 나폴레옹을 처음 만났을 때 열한 살이었던 로르 페르몽은 장앙도슈 쥐노와 결혼했다. 쥐노는 초기에는 보나파르트의 총애를 받았으나 이집트에서 경솔한 처신을 한 뒤 다시는 총애를 받지 못한 인물이었다. 1803년 쥐노 부부는 말메종에 머물게 되었고, 제1통령은 어쨌거나 로르가 육체적으로 매력적이라는 사실을 깨달았다. 나폴레옹은 쥐노를 심부름 보냈다.

이어진 결과는 기괴했다. 어느 날 새벽 5시, 나폴레옹은 통고도 없이 로르의 침실로 들어가 침대 곁에 앉았다. 나폴레옹은 오전 서신을 읽은 뒤 로르를 한 번 꼬집고는 반응을 기다리지 않고 나가버렸다. 다음 날 새벽 같은 일이 반복되자 로르는 문을 잠갔고 하녀에게 아무도 들이지 말라고 엄중히 지시했다. 이튿날 아침 로르의 방문에서 덜거덕거리는 소리가 들리더니 문밖에서 나폴레옹과 로르의 하녀가 활발한 대화를 나누는 소리가 났다. 로르의 하녀는 주인의 명령을 되풀이해 말했다. 집요한 제1통령을 쫓아버렸다고 생각한 로르는 침대로 돌아갔으나 몇 분 지나지 않아 나폴레옹이 다시 침대 곁으로 왔다. 나폴레옹이 비밀 열쇠로 방으로 들어오는 다른 문을 열었던 것이다.

로르 쥐노가 지독한 거짓말쟁이였기에 우리는 로르에게 유리한 이 이야기가 실제로는 제1통령과 간통하고 이를 감추려는 연막이라고 의심하는 경향이 있다. 그러나 이튿날 쥐노가 말메종으로 돌아와 상식을 벗어난 주인의 처신을 증명할 수 있었다. 나폴레옹은 쥐노에게 밤새도록 파리에 머물지 말라고 명령했으나, 로르가 남편을 설득해 함께 있었다. 이튿날 아침 나폴레옹은 여느 때처럼 나타났고 쥐노가 아내와 함께 침대에 있는 것을 보고, 놀라고 화가 났다. 쥐노는 최대한 품위를 유지하며 나폴레옹에게 자기 아내의 침실로 난입한 것이 무슨 뜻이냐고 물었다. 나폴레옹은 처음에는 쥐노에게 명령 불복종으로 처벌받을 수 있음을 일깨우며 호통을 쳤으나, 결국 분노를 누그러뜨리고 비난받아야 할 사람은 요부 로르라는 취지로 말했다. 이후로 나폴레옹이 로르를 유혹하려 했다는 기록은 없지만, 나폴레옹은 쥐노가 이집트에서 거느린 비공식적 처첩들에 관해 로르에게 상세히 폭로해 복수했다.

나폴레옹이 여성을 대하는 태도의 바탕에는 강한 여성 혐오증이 도사리고 있다. 그런 여성 혐오증이 어릴 적 어머니와 함께한 경험에서 비롯되었다는 것은 거의 확실하며 조제핀의 부정으로 더 악화되었다는 데에도 의심의 여지가 없다. 나폴레옹은 여자와 동침하기를 좋아했지만 여성의 가치와 포부는 경멸했으며, 성적 신경증 환자의 면모를 행동으로 보여주었다. 보통 남자라면 여성의 신체적 아름다움에 진정으로 감탄할 때, 양육자이자 위로를 주는 사람이라는 여성의 역할을 인정할 때, 기사도나 보호 본능 같은 감정을 감상적으로 느낄 때 이성에 대한 성적 욕망이 솟아난다. 나폴레옹에게는 욕정밖에 없었고, 다른 자질 대신 공격성과 분노만 존재했다. 그런 남자들은 여성의 머리카락을 자르거나 고운 옷에 잉크를 뿌리는 등 '더러운 짓'을 하기를 좋아한다. 나폴레옹은 '뜻하지 않게' 여인의 옷에 커피를 쏟는 속임수를 자주 되풀이했다. 훗날 정부가 된 엘레오노르 드뉘엘(Eléonore Denuelle)도 이 방법의 희생자였다.

이러한 신경증적 공격성의 다른 사례도 있다. 나폴레옹은 마르게리트 조르주를 처음 만났을 때 조르주가 쓰고 있던 베일을 찢어 바닥에 내던지고 짓밟았다. 나폴레옹은 여자들이 동의할 만한 말은 거의 하지 않고 늘 무례하고 경솔했으며 심술궂고 노골적이었다. 나폴레옹이 내뱉은 모욕적인 말을 들어보자. "참으로 못생겼군!" "옷이 어쩜 그리 더러운가?" "당신은 드레스를 전혀 바꿔 입지 않나? 그 옷을 입고 있는 것만 적어도 스무 번은 봤네." 나폴레옹은 젊은 여성들에게 사생활에 관해 적절하지 않은 질문을 던지는 데 선수였다. 언젠가는 떠나라고 명령했는데도 말을 듣지 않는 병영 주변의 매춘부들에게 검댕을 묻혀 시장에 두 시간 동안 세워놓으라고 지시했다. 부리엔은 나폴레옹이 뚱뚱한 여자나 제르맨 드 스탈 같은 여성 작가를 특히 혐오했다고 전한다. 그밖에 자주 인용되는 발언도 같은 맥락에 있다. "부인, 그자들이 내게 말하기를 부인이 추하다고 하더군요. 그 사람들은 분명 과장하지는 않았군요." "다시 한 번 그 역겨운 드레스를 입고 오면 못 들어올 줄 아시오."

나폴레옹이 여성의 가장 아름다운 부분을 뒤태라고 칭찬했다는 얘기가 있는데, 이 때문에 어떤 평자들은 나폴레옹이 억눌린 동성애자라고 짐작했다. 이런 견해를 뒷받침할 만한 증거는 충분하지 않지만, 사람들이 섹슈얼리티를 선명하고도 신속하게 드러낼 생각이 약한 시대였으니 나폴레옹에게 어느 정도 양성애의 의사가 숨어 있다고 인정할 수 있을 것이다. 나폴레옹은 남자 중의 남자로서 남성 단체를 더 좋아했고(군인에게 자연스럽지 않은 특성이 아니다), 어떤 형태든 '정상'에서 벗어난 행위는 참지 않았다. 나폴레옹은 마치 연병장에 있는 것처럼 춤을 질서정연하게 시작할 것을 명령했고, 비록 자신에게는 성적인 자유를 누릴 권리를 남겨 두었지만 궁정을 엄격히 유지함으로써 공적으로는 금욕적인 페르소나를 보였다. 퐁텐블로 공원의 유명한 밀회 장소에서 난교 파티가 벌어지고 있다는 이야기를 들었을 때는 몹시 분노했다. 나폴레옹은 여기저기 심어놓은 밀정들을 통해 중요한 직책을 가진 병사나 궁정 신하의 아내가 부정을 저질렀다는 사실을 알게 되면 언제나 남편에게 알리고 아내를 말리지 못하면 부부를 함께 추방하겠다고 위협했다.

나폴레옹의 강한 여성 혐오증에 관해서는 무리한 설이 여럿 제기되었다. 나폴레옹이 '거세 콤플렉스'를 지녔다는 얘기도 있고, '신체기관의 열등함'(나폴레옹의 경우 남근)이 군사적 과잉 보상으로 이어졌다는 얘기도 있다. 도무지 근거를 찾을 수 없기는 하지만 나폴레옹의 생식기가 비정상적으로 작았으며 그래서 여성에게 분노하고 높은 야망('남성의 항의')을 품었다는 주장도 있다. 하지만 조제핀이 그런 비난을 하지 않았다는 사실이 중요하다. 조제핀의 불만은 남편이 너무 빨리 끝내며 조루증이 있다는 것이었다. 나폴레옹이 이성애자가 아니라는 말에도 근거는 없다. 나폴레옹의 정신에서 찾을 수 있는 것은 완전한 의미의 양성애가 아니라 일종의 사디즘이나 공격성으로 변형된 섹슈얼리티이다.

나폴레옹은 남녀를 가리지 않고 치고 때리고 머리카락을 잡아당기고 귀를 꼬집고 코를 비틀기를 좋아했다. 말채찍으로 하인들을 얼굴에서 어깨로 갈기는 일이 다반사였다. 언젠가는 베르티에 원수의 목을 잡고 돌로 된 벽에 머리를 사정없이 박았다. 나폴레옹은 마음에 들지 않는 통계를 제출했다는 이유로 몰레 장관의 생식기를 발로 걸어차기도 했다. 궁정의 관찰자들이 전하는 바에 따르면 멋진 여인들이 나폴레옹의 기괴한 짓에 눈물을 흘렸고, 장군들이 모욕을 당했고, 병사들이 코피를 터뜨렸다. 나폴레옹의 사디즘 충동은 필요하다면 어린이나 동물, 특히 조제핀이 아끼는 동물들을 겨냥하기도 했다. 말메종에서 조제핀의 애완 백조들과 다른 들새들에게 총질을 하고 식물을 뿌리째 뽑아 조제핀이 몹시 슬퍼한 적도 있었다. 한번은 조제핀이 번식기 동물에게 총을 쏘아서는 안 된다고 항의하자 나폴레옹은 냉혹하고도 공공연히 이렇게 말했다. "말메종에서는 모든 것이 새끼를 많이 낳는 것 같소. 부인만 빼고." 부리엔의 이야기를 들어보면 나폴레옹의 공격성 밑에는 성적인 토대가 있었다는 점이 분명해진다. 1793년 툴롱 공성 때 어느 젊은 여자가 보나파르트에게 다가와 예감이 좋지 않아 남편이 꼭 죽을 것만 같으니 죄송하지만 남편을 공격에서 빼 달라고 청했다. 나폴레옹은 요청을 거절했으며, 나중에 부리엔 부인에게 젊은 여자의 직감이 맞았다고 비웃듯이 말했다. 그 여자의 남편은 폭탄에 생식기가 잘려 죽었다.

나폴레옹의 잔인성은 나폴레옹이 비록 재치가 있고 그래서 사람들을 비웃을 수는 있어도 사람들과 함께 웃을 수 있는 진정한 유머나 부조리의 감각은 완전히 결여되어 있음을 뜻한다. 제2통령이자 훗날 대법관이 되는 캉바세레스는 동성애자로 잘 알려져 있었다. 어느 날 아침 캉바세레스는 각의에 지각하고는 여자에게 붙들려 있다가 늦었다고 핑계를 댔다. 나폴레옹은 이렇게 말해 모든 사람을 웃게 만들었다. "다음번에도 여자가 붙들거든 이렇게 말하시오. '당신의 모자와 지팡이를 들고 가요, 신사 양반. 각료회의가 나를 기다리고 있소.'"

언젠가는 한 이탈리아 여성이 재치에서 나폴레옹보다 한 수 위임을 보여주며 나폴레옹의 모욕적인 언사에 보복했다. 그 여성은 궁에서 열린 무도회에 참석했는데 곧이어 나폴레옹은 조상의 땅인 이탈리아를 공격하기로 작정했다. 나폴레옹은 이렇게 말했다. "이탈리아인은 하나같이 춤을 못 추는군(Tutti gli Italiani danzano si male)." 여인은 재치 있게 응수했다. "대부분은 그렇지만 전부는 아니지요(논 투티, 마 부오나 파르테Non tutti, ma buona parte)."

나폴레옹은 남자들에게는 마법 같은 매력을 발휘했다고 하지만, 그 때문에 여성들은 나폴레옹에게 냉랭해진 것 같다. 확실히 여성들에게는 나폴레옹 개인의 카리스마가 아니라 권력이 최음제였다. 그리고 나폴레옹은 유혹하려는 목적이 아니라면 여성에게 달콤한 말을 한 적이 없지만 남자들에게는 감언이설을 일삼고 교묘한 말로 환심을 샀다. 나폴레옹은 진정한 매력의 가장 귀중한 속성, 다시 말해 상대방이 자신만이 중요하다고 느끼도록 하는 능력을 지녔다. 나폴레옹은 다른 남자들을 흔들어 자신의 의도를 따르도록 만드는 데 놀라운 재능을 보였다. 나폴레옹이 마렝고에서 병사들에게 연설할 때 목소리에 담긴 음악적 선율은 일개 군단의 가치가 있었다고 한다. 연극과 배우들을 좋아했던 나폴레옹은 연극과 연출에 고도로 감각이 발달해 있었다. 나폴레옹은 특히 유능한 조종자였다. 나폴레옹의 독백이다. "어떤 사람이 필요하다면 나는 그자의 똥구멍에라도 입을 맞출 준비가 되어 있다."

그러나 자신의 매력으로 혜택을 받은 남자들은 선을 넘으면 그에 맞먹는 분노에 대비해야 했다. 그런 경우 나폴레옹은 불경스럽게 신의 이름을 들먹이며 욕설을 퍼붓고 머리에서 어깨로 말채찍을 휘갈기고 심지어 배를 걸어차기도 했다. 꼼짝도 않고 깜박이지도 않는 고정된 시선은 희생자의 마음을 불안하게 만드는 바실리스크(쳐다보는 것만으로도 사람을 죽일 수 있다는 전설의 괴물) 효과를 냈다. 종종 나폴레옹의 비교 대상이 되는 히틀러와 독일 국방군(Wehrmacht)의 경우처럼, 나폴레옹과 그의 장군들과 원수들 사이의 관계도 마찬가지였다. 화산이 폭발하고 나폴레옹이 완전히 솟구치면, 누구도 감히 나폴레옹에게 반대하지 못했다. 관찰자들이 전하는 바에 따르면 태풍은 무시무시했다. 커다란 회색 눈은 표범처럼 맹렬하게 이글거렸지만, 나폴레옹의 분노는 매우 빠르게 가라앉곤 했다. 나폴레옹의 울화는 관객을 염두에 둔 행동이었다는 주장이 때로 있었고, 나폴레옹이 원하는 순간에 효과를 보려고 분노를 연출할 수 있었다는 것은 사실이다. 그러나 외설스러운 욕설을 마구 토해낼 때 같은 격한 분노는 진정한 감정을 담은 경우가 더 많았다.

　나폴레옹은 더없이 무자비할 수 있었다. 나폴레옹은 1793년에 툴롱의 광장에서 왕당파를 풀 베듯 쓰러뜨렸으며, 1795년 방데미에르에 파리 왕당파의 심장을 도려냈고, 1799년 시리아의 해변에서 튀르크인 포로 5천 명을 도륙했으며, 시드니 스미스로부터 적당한 조건을 얻어낼 수 있었는데도 명성에 해가 될까 봐 야파에서 부대원들에게 독약을 먹였다. 세인트헬레나에서 구르고*에게 한 말의 진의를 의심할 이유는 없다. "난 내게 쓸모 있는 자들에게만 관심이 있다. 그것도 그자들이 쓸모 있는 동안에만." 그렇지만 나폴레옹은 이따금씩만 잔인했으며 원한을 품지 않았고 감상적이었다. 나폴레옹의 감수성은 히틀러나 스탈린의 감수성과는 몇 광년 떨어져 있으며, 실로 나폴레옹은 때때로 충분히 무자비하지 못했다는 비난을 받을 수도 있다. 나폴레옹이 쓸모없는 가족들에게 은혜를 베풀고, 배반자 베르나도트와 한 입으로 두말하는 탈레랑, 반역을 꾀한 푸셰를 거듭 용서한 일은 가장 두드러진 사례일 뿐이다. 나폴레옹은 구식 전제군주의 기질

가스파르 구르고(Gaspar, Baron Gourgaud, 1783~1852) 나폴레옹 전쟁에서 활약한 군인. 아우스터리츠 전투, 러시아 원정, 라이프치히 전투, 워털루 전투에 참여했다. 나폴레옹과 함께 세인트헬레나로 갔다.

은 지녔어도 현대의 전체주의적 독재자의 기질은 지니지 않았다.

나폴레옹에게는 스탈린처럼 굳센 농민의 인내심, 다시 말해 오랜 소모전을 승리로 이끌 냉혹하고 무자비한 능력이 없었다. 나폴레옹의 성격은 낭만적 의지주의와 큰 제스처, 참을성 부족에서 트로츠키와 더 가깝다. 잘 알려진 나폴레옹의 욱하는 성미는 순전히 조급함과 좌절, 편협함의 결과인 경우가 많았다. 왼쪽에 두어야 할 것을 오른쪽에 두거나 세면용품을 제자리에 두지 않은 하인들에게는 화가 미쳤다. 나폴레옹은 꽉 죄는 옷은 언제라도 찢어발겨 불에 던지고 그런 옷을 내놓거나 입힌 자는 두들겨 팼다. 나폴레옹은 밤에 종종 옷을 여기저기 내던지고는 스스로 옷을 벗는 잡일을 하게 한 '벌'로 가장 가까이 있는 사람을 폭행했다. 때때로 나폴레옹은 게임을 했는데, 옷 한 가지를 벗을 때 '나라'라고 외치고 또 다른 옷을 벗으며 '성(城)'이라고 외치고 그런 식으로 도, 왕국, 공화국 따위를 외쳤다.

나폴레옹은 늘 음식을 급히 먹어 때로는 복통을 일으키거나 구토를 하기도 했는데, 이 경우도 그러한 조급함의 결과로 설명된다. 나폴레옹의 식습관은 언제나 경악할 만한 일로 귀결되었다. 나폴레옹과 함께 식사하는 이들은 20분 이상 앉아 있을 수 없었다. 나폴레옹이 디저트를 먹자마자 자리에서 일어났기 때문이다. 나폴레옹은 적게, 빨리, 자주 먹는 것을 좋아했으며 낮이든 밤이든 좋아하는 음식이 늘 준비되어 있기를 바랐다. 뒤로크는 나폴레옹이 좋아하는 통닭구이가 언제나 손닿는 곳에 있도록 조치했고 닭이 떨어지지 않도록 꼼꼼하게 재고를 확인했다. 보나파르트가 좋아한 다른 음식은 양파를 곁들여 튀긴 감자였다. 나폴레옹은 포도주를 조금 마셨고 언제나 한 가지만 마셨다. 좋아한 술은 샹베르탱이었다. 나폴레옹은 말 한마디 하지 않고 초고속으로 음식을 먹어치웠고, 때로는 연이어 나오는 요리들을 순서를 거꾸로 해 먹었으며 심지어 긴박한 문제가 머릿속에 있는 듯 손으로 집어 먹기도 했다. 나폴레옹은 집에서는 조제편과 함께 먹거나 뒤로크와 베르티에, 콜랭쿠르(Armand-Augustin-Louis de Caulaincourt, 1773~1827) 같은 총신들과 함께 먹었으며, 야전에서는 말에 탄 채로 간단한 점심을 들거나 부대를 방문했을 때는 지휘관과 함께 식사했다. 저녁 시간은 보통 6시로 정해져 있었지만 나폴레옹은 자주 9시나 10시, 심지어 자정에야 저녁 식사를 했다.

보나파르트의 다른 기묘한 버릇은 겨울이든 여름이든 난로를 지펴 놓아야 한다고 고집한 것이었다. 늘 추위에 불평을 늘어놓는 나폴레옹은 말하는 중에도 불타는 장작을 발로 차곤 했다. 온욕은 또 다른 필수조건이었다. 물이 하도 뜨거워 참모들은 과연 이 물에 누가 들어 갈 수 있을지 의아해했다. 나폴레옹은 고양이 공포증에 가까울 정도로 고양이를 싫어했고, 후각이 매우 민감해 전장에서 불에 타고 썩어 가는 시체들의 악취 때문에 큰 괴로움을 겪었다. 또 다른 강박관념은 열린 문에 대한 공포였다. 나폴레옹의 방에 들어오는 사람은 누구나 겨우 비집고 지나갈 만큼만 문을 연 뒤 손잡이를 잡고 문을 꽉 닫아야 했다. 때로는 방에서 나갈 때까지 등 뒤로 두 손을 뻗어 문을 누르고 있어야 했다.

이처럼 신경증 비슷한 증상들은 지나친 스트레스를 받은 생명체의 반응이었던 것으로 보인다. 나폴레옹의 하루 일과를 세밀히 조사해 보면, 나폴레옹이 육체와 정신의 힘을 극한까지 혹사했다는 사실을 의심할 수 없다. 적들은 나폴레옹의 자만심과 인간에 대한 경멸, 신경쇠약, 신경과민, 우유부단을 말하는데, 나폴레옹에게 이 모든 성질이 있는 것은 맞다. 그러나 나폴레옹은 이러한 단점들을 보완하는 비상한 기억력과 명철한 지성, 무서울 정도로 방대한 지식을 갖추고 있었다. 특히 나폴레옹은 역사적으로 손꼽히는 대단한 일벌레였고 대체로 하루 열여덟 시간을 일했다.

보통 일과는 오전 6시 아침식사로 시작했다. 이어 뒤로크가 가져다준 신문과 경찰 보고서를 빠르게 정독하고 그날 하루의 일을 개

제1통령 나폴레옹(1803년).

관한 뒤 중요한 관리나 외국의 방문자들과 면담한다. 그다음 집무에 들어가 진정한 하루 일과를 시작한다. 나폴레옹은 책상 앞에 앉아 문서를 면밀히 검토할 때 여백에 간단한 메모를 갈겨쓰거나 비서에게 해결책을 구술하고 주목할 가치가 없다고 판단되는 서류는 바닥에 내팽개쳤다. 구술과 면담이 더 이어진 뒤, 오전 10시가 되면 새로운 서류와 급송 문서들이 서명을 기다리고(밑에 휘갈겨 쓴 'N'은 유명하다), 처리하기 어려운 문서는 하룻밤 자고 난 뒤 생각해보려고 제쳐놓았다. 평화로운 일과일 때는 국가참사원, 각의, 기타 행정기구의 회의에 참석했다. 저녁 식사는 공식적으로 오후 6시로 맞춰져 있었지만, 7시나 되어야 시작되는 경우가 잦았으며 5시로 당겨지기도 했다.

전시의 일과도 정오까지는 동일했다. 그 이후에는 보통 말에 올라타 단위 부대나 군단 사령부를 방문했다. 나폴레옹은 군대를 결코 소홀히 여기지 않았으며 나폴레옹 전설을 구축하고 유지하는 데 서민적 면모가 극히 중요하다는 점을 생생히 깨닫고 있었다. 나폴레옹이 사병들을 대할 때 보여준 그 유명한 '서민적 면모'는 연극이었으나 효과는 매우 좋았다. 나폴레옹은 격려할 줄 알았고 질책을 하되 다음번엔 더 잘하겠다는 결의를 낳게 하는 법도 알았다. 장교들을 다룰 때는 한층 더 교묘하게 처신했다. 나폴레옹은 장교들로 하여금 추측하게 하고 마음을 졸이게 하며 자신에게 미소나 농담이 올지 아니면 무서운 분노가 떨어질지(나폴레옹은 탁월한 배우로서 원하는 대로 격한 분노를 끌어낼 수 있었다) 알지 못하게 만들면 확실하게 효과를 볼 수 있다고 믿었다. 또 즉각적인 실행을 요하는 명령을 갑자기 내림으로써 장교들을 불안하게 만들기를 좋아했다. 나폴레옹은 늑장이나 발뺌, 변명을 참지 못했다.

군 시찰을 마치고 사령부로 돌아오면 최신 전황 정보를 읽고, 추가로 명령서에 서명하고, 면담하며, 서신을 구술했다. 나폴레옹은 저녁 9시쯤 잠자리에 들어 충성스러운 루스탐이 문 밖에서 지키는 동안 네댓 시간 취침하기를 좋아했다. 그러나 나폴레옹은 아무 때나 일어나 부관이나 비서를 호출했는데, 만일 이들이 가까이에 대기하지 않았으면 결과는 가혹했다. 특히 제국 후기에 참모들이 신경쇠약을 앓았다는 얘기가 많이 전해 온다. 그렇지만 엄격한 시간표는 결코 존재하지 않았다. 나폴레옹은 때로 저녁 식사 후 어슬렁거리거나 사서가 추천한 최신 도서를 대강 훑어보곤 했다. 아무리 늦어도 자정에는 잠자리에 들었던 나폴레옹은 오전 3시를 넘겨 일어난 적이 없다. 저녁 8시나 9시쯤 잠이 들면 자정에 일어났다. 그래서 가장 긴급한 국사를 숙고한 뒤 널리 알려진 대로 열탕으로 목욕을 하고 오전 5시부터 다시 한 시간을 잤다.

그토록 몸을 혹사했으니 얼굴이 좋아 보일 때가 드물었다는 것이 조금도 놀랍지 않다. 나폴레옹의 안색이 나빴다는 언급은 자주 보인다. 1800년 5월 그랑생베르나르 고개를 넘을 때 나폴레옹을 인도한 노새몰이꾼은 나폴레옹 눈의 흰자위가 레몬처럼 노랗고 얼굴도 같은 색이었다고 말했다. 1802년에 튈르리 궁에서 군대를 사열하는 나폴레옹을 본 영국 여행자는 나폴레옹 낯빛이 짙은 노란색이었다고 전했다. 나폴레옹은 1803년 8월 브뤼셀에서 기침을 하다가 피를 토했으며, '깊이 자리 잡은 체액'을 뽑아내려고 가슴에 고약을 붙였다. 훗날의 의학적 관찰자들은 좌골신경통과 주혈흡충증(住血吸蟲症), 방광결석, 성병 따위로 다양한 진단을 시도했으나, 이는 대체로 단순한 과로 탓이었을 가능성이 매우 높다.

우리는 독재자들에게 강한 반감을 느끼기 때문에 때로 독재자들의 지적 능력을 낮게 평가한다. 나폴레옹이 행한 것을 이루려면 과도하리만큼 뛰어난 지성을 타고나야만 가능하다는 점을 강조해야만 한다. 역사가 가브리엘 아노토(Gabriel Hanotaux)는 "죽을 수밖에 없는 운명을 타고난 인간이 받은 가장 풍부한 천부의 재능"에 관해 말했다. 그렇게 힘든 방식을 유지하면서 국내의 정치와 외교, 군사적 문제를 강철처럼 확고히 장악했다는 것은 나폴레옹이 엄청난 능력을 지녔음을 증명한다. 나폴레옹은 명료하고 수학적이고 간결하고 경제적이며 명쾌한 지성이라는 뛰어난 재능과, 각 연대의 정확한 숫자와 정확한 위치, 장교들의 이름과 장비의 세세한 내역을 기억하는 환상적인 능력을 함께 갖추었다. 나폴레옹은 또한 얼굴을 완벽하게 기억했다. 그러나 나폴레옹을 자기 파멸의 씨앗을 안은 사람이라고 보는 상투적인 시각에는 상당한 진실이 담겨 있기 때문에, 이 굉장한 두뇌의 결함도 지적해야만 한다.

나폴레옹 비판자들은 일의 세세한 내용과 사람 얼굴을 기억하는 능력이 그다지 인상적이지 않으며, 이 또한 보나파르트 신화의 한 부분으로 연출된 것이라고 주장한다. 나폴레옹이 군대의 모든 병사들의 이름과 배경을 알지 못했다는 것은 분명 사실이다. 이는 어느 누구도 할 수 없는 일이다. 반면 나폴레옹은 일일이 다 기억하는 척했으며 열병식을 사열하기 전에 참모들에게 병사 여러 명을 지적하게 했고 그래서 병사들의 이름과 이력을 기억할 수 있었다. 이 정도는 가볍게 용서할 만한 거짓 진술로 보이며, 어쨌거나 나폴레옹의 지능과 인간 심리에 대한 통찰력의 정도를 말해준다.

나폴레옹의 지적 구조에서 찾을 수 있는 한층 더 중대한 결점은 조바심, 지루함을 참지 못하는 성격, 상상력을 위해 이성을 희생하는 모습, 정책을 임시변통으로 대처하고 단순한 해법을 버리고 더 복잡한 해결책을 취하려는 (무의식적?) 욕망이었다. 조바심은 여러 형태로 표현되었다. 나폴레옹은 잠시도 가만히 있지 않았다. 조끼를 뒤져 냄새를 맡거나 시계를 끄집어내고 손톱을 다듬으며 벌떡 일어나 늘 타오르는 난로에 자갈을 던져 넣거나 타다 만 나무를 발로 차곤 했다. 나폴레옹은 화가 나면 가구를 박살냈고, 화가 나지 않았을 때도 종종 자기로 만든 진기한 조상들을 만지작거리다가 팔과 다리를 부러뜨렸으며, 그런 뒤에 손상을 슬퍼하는 조제핀 같은 사람들을 조롱했다. 나폴레옹은 지시를 내릴 때면 오른쪽 어깨를 썰룩거리고 코트 소맷부리가 손에 잡힐 때까지 계속해서 오른팔을 비틀었다. 부리엔은 나폴레옹이 종종, 특히 무엇인가에 열중했을 때 무심결에 오른쪽 어깨를 으쓱하는 동시에 입을 왼쪽에서 오른쪽으로 삐죽였다고 전했다.

연구자들은 흔히 나폴레옹의 기행과 기벽에 의학적 원인이나 심리적 원인이 있을지도 모른다고 추측했다. 이 방면의 연구는 나폴레옹과 의료진의 긴장된 관계에 근거를 둔 것은 아니다. 보나파르트 가족은 전체적으로 우울증 성향을 보였지만, 나폴레옹은 의학에 대해 버나드 쇼와 같은 태도를 보였으며 모든 의사를 돌팔이나 사기꾼으로 여겼다. 나폴레옹은 여러 의사와 오랜 관계를 유지했지만, 결코 누구도 좋아하지 않았다. 나폴레옹은 외과의사 라레(Dominique Jean Larrey)를 꽤 존중했지만(가장 오래 일한 사람은 1796년부터 1814년까지 시중을 든 이반 박사였다) 좋아하지는 않았는데, 이유는 자신이 싫어하는 특성 세 가지 때문이었다. 라레는 내성적이고, 아첨꾼에다 구두쇠였다. 라레는 만년의 나폴레옹을 지킨 의사 앙토마르시(François Carlo Antommarchi)처럼 나폴레옹의 건강 문제는 늘 간에서 비롯된다고 생각했다.

나폴레옹의 의학적 자료에서 가장 분명하게 드러나는 특징은 발작을 앓았다는 사실이다. 마르게리트 조르주와 함께 침대에 있을 때 일으킨 발작이 가장 극적인 사례였는데, 나폴레옹은 조르주가 공포에 휩싸여 이 사실을 널리 알림으로써 자신을 조롱과 경멸의 대상으로 만든 일을 결코 용서하지 않았다. 나폴레옹이 가벼운 발작을 앓았는지, 율리우스 카이사르처럼 완전한 발작을 앓았는지를 두고 의학적 견해가 갈린다. 어떤 이들은 발작이 뇌하수체 이상의 결과라거나, (나폴레옹이 비뇨기 질환으로 고생했음을 염두에 두고) 성병의 증상이라고 주장한다. 그러나 다른 설에 따르면 일시적인 의식 상실은 심차단(心遮斷)의 결과이다. 이는 1분에 40회라는 비정상적으로 낮은 맥박을 설명해줄 수 있다.

나폴레옹을 늘 괴롭힌 다른 신체 증상은 신경피부염이나 건선으로 불리는 피부병이었다. 나폴레옹은 이 피부병이 1793년 툴롱에서 감염된 밀대를 만져서 생겼다고 믿었지만, 현대의 견해는 환경의 영향이나 호르몬 이상, 심신증(心身症)에 원인을 돌리는 경향이 있다. 브뤼메르에 병사들을 그토록 흥분시킨 나폴레옹 얼굴의 피는 암살 기도의 결과가 아니라 얼굴에 난 뾰루지를 스스로 떼어내서 흐른 것이다. 나폴레옹의 시종 콩스탕은 자기 주인이 종종 그런 식으로 상처를 냈다고 전한다. 나폴레옹은 툴롱에서 입은 상처를 뜯어 피를 흘리곤 해 허벅지에도 흉터가 있었다.

이반은 나폴레옹이 온욕을 자주 해서 없애려 했던 신경성 기침과 배뇨 곤란을 고려해 (비록 현대 용어를 쓰지는 않았지만) 환자의 문제들은 대체로 심인성이라고 결론 내렸다. 현대의 정신분석가들은 나폴레옹의 성적인 인격을 들어 나폴레옹이 스트레스에 취약한 인간이었다고 보았다. 아들러는 나폴레옹이 전투에 임하기 전에 긴장을 덜려고 자위를 했다는 사실을 중시했다. 에리히 프롬(Erich Fromm)은 나폴레옹의 신경질적 흥분이 무의식에 잠재된 파괴 욕망의 징후라고 보았다. 빌헬름 라이히는 흉터와 상처의 딱지, 뾰루지를 긁어 '피를 흘리는' 의식을 진정한 오르가즘을 느끼지 못한 데서 오는 긴장과 연관 지었고, 이를 이미 알려진 문제인 조루증과 연결했다.

거의 병적이었던 인내심 부족은 장기적인 결과를 고려하지 않고 눈앞의 승산만 계산하는 경향으로 나타났다. 나폴레옹은 부관들에게 자신의 의지를 실행에 옮길 적절한 자원도 주지 않은 채 즉각적인 결과를 요구했다. 국가참사원 회의 때는 지루함을 감추지 못해 종종 생각에 잠기곤 했다. 말을 할 때에도 생각하며 혼자 중얼거리는 듯이 보일 때가 많았다. 비밀스럽고, 아무도 믿지 않으며, 편지를 쓸 때 정직하지 않고, 어떤 사건들에 관해서는 자신에게도 진실을 인정하지 않은 나폴레옹은 때로 깊은 침묵에 빠져 주변 사람들을 두렵게 했다. 주변 사람들은 나폴레옹의 환상을 깨뜨릴까 두려웠다. 오직 탈레랑만 비슷하게 멍한 상태였던 것 같고, 두 사람이 함께 국가참사원에 있을 때면 역사를 거슬러 올라가 얼음처럼 차가운 루이 13세와 냉정한 리슐리외 사이의 협력 관계가 연상되었다.

나폴레옹 안에서 지성인 나폴레옹은 늘 예술가 지망생과 다투었다. 나폴레옹은 언젠가 뢰데레와 함께 튈르리 궁을 걷고 있었다. 뢰데레는 궁전이 부르봉 왕실의 슬픈 운명을 떠오르게 해 음침하다고 말했다. 나폴레옹이 대답했다. "그래, 맞아. 그렇지만 영광도 그렇지." 이러한 시적 통찰력은(샤토브리앙은 이를 두고 나폴레옹을 '행동하는 시인'이라고 불렸다) 자신과 운명의 관계에 대해 스스로 설명한 것에서 보이는 감수성과 크게 다르지 않다. "나는 대중 속에서 갑자기 솟아났다. 나는 고독을 느꼈다. 그래서 구원받기 위해 깊은 바다 속으로 닻을 내리고 있었다." 세인트헬레나에 있을 때 한 유명한 말도 물론 빼놓을 수 없다. "어쨌거나 내 인생은 소설 같지 않은가!"

나폴레옹은 역사를 만드는 순간에도 자신이 역사 속에서 어떤 위치를 차지하는지 늘 의식했다. 사람들이 나폴레옹을 '그저' 배우일 뿐이라고 말하게 된 데에는 나폴레옹이 보여준 연극적이고 배우 같은 처신만큼이나 이러한 의식도 큰 역할을 했다. 나폴레옹과 조제핀이 튈르리 궁에 들어간 첫날 나폴레옹이 한 말이 전형이다. "빨리 가세, 꼬마 크레올. 가서 그대 주인들의 침대에 눕게나." 그러나 좀 더 진실한 평가를 내린다면 나폴레옹의 이성은 언제나 상상력의 하인이었다고 말할 수 있겠다. 사실을 일일이 기억하는 나폴레옹의 놀라운 능력은 위대한 교향악단 지휘자가 건조한 악보로 '마술'을 부리듯이 상상력에 의해 변환되었다. 나폴레옹은 스티븐슨* 같은 예술가가 '브라우니(Brownies)'로 언급한 것과 같은 무의식 과정을 '자정 이후의 마음'이라고 지칭했다. 나폴레옹은 종종 콜리지*나 아인슈타인에 비교할 만한 직관으로 한밤중에 깨어나곤 했다.

나폴레옹은 예술가 지망생이었고 자신의 삶을 소설로 보았기에 삶에서 벌어지는 그 어떤 일에도 놀라지 않았다. 사람들은 종종 무명의 코르시카인이 어떻게 순조롭게 제위에 오를 수 있었는지 의아하게 생각한다. 그러나 그러한 사람이 황제의 옷을 입게 된 과정은 전기의 또 다른 한 장(章)이 될 것이다. 이 말은 확실히 나폴레옹 자신의 변

로버트 스티븐슨(Robert Louis Balfour Stevenson, 1850~1894) 스코틀랜드 소설가, 시인, 수필가. 《보물섬》, 《지킬 박사와 하이드 씨》 등을 썼다.

새뮤얼 콜리지(Samuel Taylor Coleridge, 1772~1834) 영국의 시인, 문학평론가, 철학자. 영국 낭만주의 운동의 선구자이며 이른바 호반 시인(Lake Poets)에 속한다. 독일의 관념 철학을 영국에 소개하기도 했다.

명에 숨겨진 의미이다. "내가 야심가라는 얘기가 있지만, 이는 잘못된 생각이다. 다시 말해 적어도 나의 포부는 나라는 인간 전체와 뗄 수 없는 관계로 온전히 결합되어 있다." 어떤 이들은 나폴레옹이 유례없는 '이중적 인간'이었다고, 즉 시간과 공간 속에 산 인간이요 '다른 자아'가 놀라운 일을 매우 많이 하는 것을 목격하는 사람이었다고, 바꾸어 말하자면 자신의 운명과 대등하게 살았다고 추정했다. 일부 작가들은 역사적 예수와 신적인 존재 예수에서 유추해 역사적 보나파르트와 전설적인 나폴레옹을 별개 존재로 구분했다. 나폴레옹의 글씨체를 연구한 필적학자들은 과도한 조급함과 글씨체의 일치 문제, 두뇌와 손의 불일치를 밝혀냄으로써 젊은 보나파르트 장군과 중년 나폴레옹 황제의 필적이 사실상 다른 두 사람의 필적임을 증명했다.

그때그때 상황에 맞추어 정책을 수립하는 경향은 나폴레옹이 군사적으로는 물론 정치적으로도 사건에 반응하는 실용주의자였음을 의미한다. 나폴레옹은 청사진을 만들지 않았고 포괄적인 목적을 세우지도 않았으며 따라서 자신은 완전히 환경의 희생양이라고 주장했다. 그는 탁월하고 독창적인 자신의 정신이 평화 시기의 행정에서 결코 만족을 얻을 수 없음을 알지 못했다. 신은 완벽해지기 위해 인간을 창조할 필요가 있었다는 교부들의 추측처럼 나폴레옹의 위대한 지성은 만족을 위해 전쟁을 필요로 했다는 말에는 의미가 있다. 예상과는 달리, 단기주의(short-terminism)는 가능성의 기술이 아니라 위험스럽게 살아가는 의사실존주의적 생활 양식을 의미했다!

그러나 즉흥적으로 대처하고 단기적 해결책을 선택하는 성향에 조급함과 지루함이 결합하면 달리 납득할 수 없는 여러 가지가 설명된다. 그토록 뛰어난 재능을 지닌 사람의 생애에 그렇게 많은 실수와 실행에 옮길 수 없는 계획, 잘못된 출발이 보인다는 것은 놀라운 일이다. 나폴레옹은 훌륭한 의사 결정자였지만 동시에 매우 많은 결정을 잊어버렸던 것 같다. 나폴레옹은 당혹스러울 정도로 많은 계획을 채택했다 버렸는데, 결정할 당시에는 전부 프랑스의 미래에 꼭 필요하다고 선언한 것들이었다. 우선 나폴레옹은 서반구에 제국을 세울 꿈을 꾸었다가 갑자기 포기했으며 루이지애나를 미국에 팔아버렸다. 또 가톨릭교회와 영원한 평화를 유지하고자 정교협약을 체결했으나 곧 교황령과 장기전에 돌입했다. 1803년부터 1805년까지는 십여 가지 상이한 영국 침공 계획으로 분주했으나 트라팔가르 해전 직후 그런 생각은 전혀 한 적 없다는 듯 내버렸다. 어느 한 목표에 집중하지 못하고 임기응변으로 대응하는 이런 성향이 총체적 세계상에 통합되지 않은 동인, 이를테면 '오리엔트 콤플렉스' 같은 것에 쉽게 굴복했던 현상을 설명해준다. 이 때문에 정신적이고 심리적인 과부하가 전체적으로 증폭되어 결국 나폴레옹의 힘을 소진했다.

조르주 소렐처럼 보나파르트를 순전히 역사적 필연의 산물로 본 사람들에게는 오로지 인간의 합리적인 측면에만 집중했다는 비판이 가능하다. 나폴레옹이 일원적 상태를 유지했다는 견해는 고전적 감각의 결과물이다. 그런 의미에서 보자면 나폴레옹은 계몽사상가들의 후예로서 모든 지식을 소유하고 싶어 한 정신적인 인간이다. 그러나 프로메테우스 같은 에너지, 자발성, 숙명론과 미신, 슬픔과 우울증, 위험을 무릅쓴 모험, 오이신에 대한 사랑, 화려하고 신비로운 동양에 대한 동경, 이 모든 것은 소렐이 무시한 낭만주의적 상상의 소산이다. 나폴레옹 내면에는 인간 본성에 관한 냉소와 인간의 동기에 대한 비관적 평가가 인간 본성을 변화시키고 얼빠진 세상을 지배하려는 대립적인 열망과 공존한다. 그러한 열망은 결국 플루타르코스와 코르네유*의 영웅들이 성취했다고 여겨지는 것이었다.

역사가들은 언제나 나폴레옹을 프랑스의 축소판으로 본 정치가이

코르네유(Pierre Corneille, 1606~1684) 몰리에르와 라신과 더불어 17세기 프랑스의 3대 극작가이다. 또 프랑스 비극의 창시자로 불리는데, 작품에서 시나와 폼페이우스, 엘 시드 캄페아도르 등 역사적 인물을 다루었다.

자 역사가인 티에르(Louis-Adolphe Thiers, 1797~1877) 같은 사람들과, 나폴레옹의 성격과 생애를 이해하는 열쇠는 나폴레옹을 국외자로 보는 데 있다고 생각한 사람들로 나뉘었다. 나폴레옹이 뿌리도 없고 어떤 계급에도 속하지 않았다는 것은 분명한 사실이다. 귀족도 아니고 평민도 아니었던 나폴레옹은 초기에는 왕에게도 혁명에도 봉사할 뜻이 없었기에 양쪽과 다 맞섰다. 나폴레옹은 이데올로기에서 자유로웠으므로 리슐리외의 왕조적 충성심이나 공화주의자들의 시민적 덕(virtu)에도 속박되지 않았다. 그러나 나폴레옹이 영락한 자(déclassé)였다면 그는 뿌리가 뽑힌 자(déraciné)이기도 했다. 나폴레옹은 청춘의 말년에 프랑스인이 되었으며, 마음속에는 낭만주의적이고 이상적인 프랑스 관념을 지녔지만 실제로는 그 반대로 프랑스의 전통과 이익에 진정으로 공감한 적이 없었다. 이러한 견해에 따르면 나폴레옹은 프랑스를 이해했지만 프랑스인은 아니었다. 나폴레옹은 한때 프랑스 정신을 충분히 빨아들여 국민들이 자신들의 이익이 나폴레옹의 이익과 같다고 생각할 정도였지만 때로는 초연할 정도로 '타자'로 남았다. 애국심이라곤 털끝만큼도 없었다. 어느 냉소적인 평자는, 나폴레옹은 기수가 말을 사랑하듯 프랑스를 사랑했다고 말했다. 숙맥이 아니고선 말을 소중하게 돌보는 행위를 말을 위한 것이라고 생각하지는 않을 것이다. 그래서 이폴리트 텐과 키네(Edgar Quinet, 1803~1875) 같은 역사가들은 나폴레옹을 가장 순수한 코르시카인이라고 보았으며, 이는 다시 체사레 보르자 같은 르네상스 시대의 이탈리아인을 의미한다고 해석했다. 보나파르트는 프랑스를 점령하고 대혁명의 전통을 거짓으로 자신과 일치시킨 용병 대장이라는 얘기다.

나폴레옹 생애의 이 단계에 이르면, 나폴레옹이 코르시카에서 흡수한 것과 코르시카가 나폴레옹에게 끼친 장기적 영향을 더 잘 평가할 수 있을 것이다. 낭만주의적 자기 중심주의(자신을 세상의 중심에 두며 개인적 위대함 이외에 다른 동기는 없다)는 무법 사회가 조장하고 확대한 성격으로 볼 수 있다. 무법 사회에는 족장들과 씨족들의 격렬한 투쟁을 누그러뜨릴 시민사회나 공동 이익 같은 개념이 없기 때문이다. 혁명 후 프랑스의 혼란으로 코르시카를 확대 복제한 듯한 독특한 위기 국면이 도래했고, 바로 이것이 이 특별한 인간에게 유일무이한 역사적 기회를 주었다.

나폴레옹을 순전히 계몽사상과 계몽철학자들의 창조물이라고 강조하는 사람들은 분명 보나파르트의 부조리에 관해 설명해야 할 것이 많다. 나폴레옹의 부조리는 낭만주의적인 상상의 역할과 나아가 통합되지 않은 '콤플렉스들'까지 뛰어넘어 뿌리 깊은 코르시카의 미신으로 이어진다. 나폴레옹은 이신론자였지만 부주의한 전능자의 그늘 아래 악마들이 숨어 있다고 믿었다. 나폴레옹은 코르시카의 관행이었던 미신 의식을 모조리 이용했다. 결정적 전투 순간이나 감정이 격해졌을 때는 관목 숲의 코르시카 농민들이 나쁜 소식을 들었을 때처럼 팔을 크게 휘두르며 십자가를 긋곤 했다. 징조나 불길한 예감, 숫자로 보는 점을 믿었던 나폴레옹은 금요일과 숫자 13을 싫어했으나 어떤 날, 특히 3월 20일과 6월 14일은 자신에게 행운을 가져온다고 생각했다. 어떤 일을 금요일에 시작할 수밖에 없을 때는 출발이 나쁘다는 생각에 우울했다. 나폴레옹은 혜성이 지상의 사건들과 조화롭게 움직인다고 생각했다. 그 조화는 미리 정해진 것이었다.

코르시카식 '불길한 눈' 관념에 따라 양육된 나폴레옹은 어떤 사람들은 불운을 타고났으며 이러한 행운의 결핍을 주변 사람들에게 퍼뜨린다고 생각했다. 나폴레옹이 장군들에게 늘 던지던 유명한 질문은 여기서 비롯했다. "그자는 운이 좋은가?" 조제핀의 쓸모와 매력이 사라진 한참 뒤에도 나폴레옹이 결혼을 유지한 이유 중 하나는 조제핀이 자신에게 행운을 가져다준다고 생각했기 때문이었다. 조제핀과 나폴레옹의 미신을 연결하는 이야기는 수없이 많다. 1796~1797년의 이탈리아 전쟁 중에 나폴레옹은 늘 조제핀의 모형을 지니고 다녔는데, 그것이 떨어져 깨졌을 때 망연자실해 마르몽(우연히도 훗날 '불운한' 장군의 전형이 되는 사람이다)에게 이는 조제핀이 아프거나 부정을 저질렀다는 뜻이라고 말했다. 또 언젠가는 뤼시앵과 말다툼을 벌이다가 실수로 탁자 위에 놓인 조제핀의 초상화를 쳐서 떨어뜨려 유리가 깨졌다. 나폴레옹은 즉시 미신적 공포로 얼굴이 창백해졌다.

그러나 과학적으로 해명할 수 없는 일이나 초자연적인 사건에 대한 나폴레옹의 변치 않는 믿음에서 가장 기괴한 측면은 아마도 두 '친구'에게 보인 애정이 아닐까 싶다. 하나는 영혼이고, 다른 하나는 별이다. 많은 사람들이 행운의 별을 믿는다고 주장하지만, 나폴레옹은 말 그대로 신뢰했으며 종종 밤하늘에서 자신이 좋아하는 별을 찾았다. 정교협약이 실패로 돌아가고 나폴레옹이 교황 피우스 7세를 심하게 대우하자, 외삼촌인 페슈 추기경이 항의했다. 나폴레옹은 추기경에게 한 걸음 물러나 하늘을 올려다보라고 요구했다. 나폴레옹이 물었다. "뭐가 보입니까?" 페슈가 대답했다. "아무것도 안 보이오." "그런 경우에는 침묵해야 할 때라는 걸 아세요. 나는 나의 별을 봅니다. 그 별이 나를 인도합니다. 당신의 유약하고 불완전한 재능으로 나의 우월한 감각에 맞서지 마세요."

그러나 행운의 별이 친숙한 영혼이나 유령과 더불어 빛을 잃을 때에도, 나폴레옹은 '작은 붉은 인간'을 불렀다. 전설에 따르면 나폴레옹은 피라미드 전투 직전에 마귀와 10년 계약을 맺었고, 협정은 1809년에 갱신되었다고 한다. 그 영혼은 나폴레옹이 인간 우애의 시대나 보편공화국의 시대를 열 경우 조언하고 보호할 것을 약속했다. 만일 나폴레옹이 약속을 어기면, 붉은 인간은 세 차례 정식으로 경고한 뒤 나폴레옹을 적의 손에 넘기기로 되어 있었다. 전설에 따르면 붉은 인간은 1804년 대관식 때, 1812년 모스크바에, 1814년 퐁텐블로에 나타났다. 다른 전설에서는 나폴레옹에게 러시아 침공을 중단하라고 조언했고 워털루 전투 전날 모습을 드러냈다. 큰 압박감을 느끼는 사람들이 자신의 무의식을 밖으로 표출하는 것은 드문 일이 아니다. 말하자면 카를 융이 친밀한 필레몬*을 외면화한 것과 같다. 그러니 나폴레옹이 자신의 붉은 인간과 대화했다는 것은 전혀 불가능한 일은 아니었다. 그러한 허깨비를 믿는 성향은 코르시카인의 전형적인 특징이다. 물론 붉은 인간 이야기는 심리학적으로 나폴레옹을 짓누르던 엄청난 죄의식을 가리킨다.

미신은 현저했던 '오리엔트 콤플렉스'와 연결할 수도 있는데, 증거도 많다. 나폴레옹은 늘 이집트를 '잃어버린 영토'로 동경했으며 레뮈자 부인에게 1798년에서 1799년이 생애 최고 순간이었다고 말했다. "나는 아시아로 들어가고 있었소. …… 코끼리에 올라타고 머리에 터번을 두른 채 영국이 인도에서 차지한 힘을 공격했지." 나폴레옹은 세인트헬레나에서 카이로에 입성하던 장면을 회상했다. "나는 발 아래 땅이 질주하는 것을 느꼈다. 마치 하늘을 날 듯이."

나폴레옹에 관해 쓴 다른 작가들은 나폴레옹의 조상이 이탈리아인이며 따라서 나폴레옹의 성격을 해명할 열쇠는 코르시카나 동양이 아니라 이탈리아에서 찾아야 한다고 강조한다. 나폴레옹이 체사레 보르자와 비슷하다고 했던 자들은 성년기의 정치 사상으로 보면 나폴레옹이 보르자의 찬미자인 마키아벨리를 가장 많이 닮았다고 덧붙인다. 나폴레옹이 초기의 우상이었던 루소를 포기했다는 데에는 모두가 동의하며, 일부는 나폴레옹이 나중에 명사들에서 옛 귀족으로 지지를 변경함으로써 정치 이론의 관점에서는 루소에서 몽테스키외를 거쳐 마키아벨리로 옮겨 갔다고 추정한다. 역사가 에드가 키네는 나폴레옹이 유례없는 이탈리아인이며 조상들로부터 기벨린파(황제파)의 전통을 물려받았고 샤를마뉴 대제가 아니라 콘스탄티누스와

필레몬(Philemon) 카를 융을 인도했다는 현명한 영혼. 날개 달린 초로의 남자 형상이다.

테오도시우스를 진정한 우상으로 여겼다고 생각했다. 키네는 이렇게 썼다. "나폴레옹이 미래를 꿈꿀 때, 그 미래는 언제나 중세의 황제파 사상가들이 상상했던 대로 새로운 유스티니아누스나 테오도시우스의 복종적 세계였다. 그런 관념 속에서 근대의 자유는 시대 착오로 보인다. 아니 그보다 더 나쁘게, 나폴레옹에게는 오로지 인민의 변덕, 자신의 권력을 빼앗을 올가미로밖에 보이지 않을 것이다."

분명한 것은 나폴레옹이 황제의 권력에 좀 더 가까이 다가가면서 로마 제국에 한층 강하게 이끌렸다는 사실이다. 초기에 나폴레옹의 큰 관심을 끈 것은 로마 공화국과 공화국의 영웅들과 작가들(브루투스, 카토 가문, 그라쿠스 형제, 리비우스, 플루타르코스)이었지만, 나폴레옹은 역사가 되풀이된다고 믿게 되었다. 1917년 이후 볼셰비키가 프랑스 혁명을 돌아보고 여러 점에서 자신들의 경험과 유사한 점을 발견했듯이, 나폴레옹도 로마 공화국 말기의 혼란을 되돌아보고 역사가 순환하는 것을 보았다. 폼페이우스와 카이사르의 싸움은 강력한 한 사람 아우구스투스의 통치로 막을 내렸다. 같은 방식으로 역사적 필연은 로베스피에르와 당통의 투쟁이 논리적으로 독재자 한 명의 통치로 끝을 보아야만 한다고 암시하는 듯했다. 그러니 이제 나폴레옹에게 들러붙은 자들은 카이사르와 타키투스, 율리우스-클라우디우스 황실의 황제들이었다.

나폴레옹은 로마를 방문한 적이 없는데, 실제로 보면 책에서 읽고 상상한 영원의 도시에 견줄 수 없으리라는 생각이 들었기 때문일 것이다. 어떤 장소를 늘 마음에 두고 있으면서도 방문하지 못하는 것은 정신분석에서 '콤플렉스'의 전형적 징후이다. 1804년경 '로마 콤플렉스'가 나폴레옹의 의식과 무의식의 다른 흐름 속으로 들어갔다는 사실을 확인하는 것은 황홀한 경험이다. 영국은 이제 반드시 파괴해야 할 새로운 카르타고였고, 러시아는 상상 속의 제국에 이웃한 강력한 군사 강국으로서 정복하거나 회유해야 할 파르티아였다. 더욱이 정교협약의 상대자인 교황은 로마의 진정한 군주(황제)이자 황제가 되려는 나폴레옹의 야심을 가로막고 비난하는 장애물이었다. 이러한 야망이 결실을 맺으면서, 나폴레옹 안에서 합리성과 비합리성 사이, 고전주의와 낭만주의 사이, 가능한 것을 운용하는 기술과 환상의 영역 사이의 틈은 돌이킬 수 없을 만큼 벌어졌다.

14장

황제 즉위

스스로 제관을 쓰다

1803년 후반기 나폴레옹은 3년간 파리에 묶인 시절을 뒤로하고 한 번 더 여행에 나섰다. 6월 25일 나폴레옹은 두 달에 걸쳐 북부 지역을 폭넓게 여행했다. 나폴레옹은 먼저 다가오는 영국과의 싸움에서 중요해질 북부 프랑스 도시들, 즉 아미앵, 아브빌, 불로뉴, 칼레, 됭케르크, 릴을 순회했다. 그런 다음 국경 너머 벨기에로 들어가 니우포르트, 오스텐더, 브뤼허, 헨트, 안트베르펀을 거쳐 7월 21일에 브뤼셀에 도착했다. 나폴레옹은 브뤼셀에서 열흘간 체류한 뒤 마스트리흐트와 리에주, 나뮈르, 메지에르, 스당, 랭스를 지나는 여유로운 여정으로 생클루로 돌아갔다. 나폴레옹은 8월 11일에 생클루 성에 도착했다. 나폴레옹은 늦여름과 가을 내내 영국 습격에 몰두해 있었던 듯하고, 가족에게 런던탑에 프랑스 국기를 꽂을 일에 대해 흥분해서 말했다. 그때까지 영국 해협 도하를 훌륭하게 처리할 수 있다고 낙관했던 나폴레옹은 11월 3일에서 17일까지 불로뉴를 장기간 방문했다.

터무니없이 영국 해협과 영국 해군을 뛰어넘을 수 있다고 과신한 나폴레옹은 1803년 11월 자신의 독재에 반대하는 중대한 음모를 암시하는 사건으로 미몽에서 깨어났다. 1803년 가을 파리에서 올빼미 당원 여러 명이 체포되어 군사재판에서 사형을 선고받았다. 이들 중한 사람이 죽기 전에 진술을 하도록 허락해 달라고 요청해서는 나폴레옹을 겨냥한 광범위한 음모를 폭로했다. 그러자 형을 선고받은 다른 가담자들도 침묵을 깨고 입을 열었다. 그 결과 가장 최근에 꾸며진 음모의 주모자가 호엔린덴의 영웅인 모로 장군과 브리엔에서 나폴레옹의 후견인이었던 피슈그뤼 장군이라는 사실이 밝혀졌다. 피슈그뤼는 1797년 프뤽티도르 쿠데타 이후 유배당했으나 이후 몰래 귀국해 있었다. 음모는 제1통령의 암살과 부르봉 왕실의 복위를 목적으로 삼았다.

1804년 1월 29일에 영국의 밀정 쿠르송이라는 사람이 체포되면서 예기치 않은 사태가 한 번 더 일어났다. 그자는 자기 목숨을 부지하려고 음모를 상세히 털어놓았다. 피슈그뤼, 모로와 올빼미당 지도자 카두달(Georges Cadoudal, 1771~1804)이 삼두체제를 수립해 부르봉 왕실의 복위를 준비한다는 것이었다. 피슈그뤼와 카두달은 이미 파리에 있는 것으로 알려졌다. 푸셰의 부관 피에르프랑수아 레알(Pierre-François Réal)이 나폴레옹에게 진지하면서도 만족스러운 듯이 말했다. "사건은 절반의 절반 정도만 드러났을 뿐입니다." 레알과 비밀경찰은 쿠르송의 정보 덕에 2급 음모자 여럿을 체포할 수 있었고 이들을 고문해 부르봉 왕실의 왕족 한 명이 음모에 깊이 관여했다는 추가 정보를 밝혀냈다. 음모자들은 그 왕족의 이름을 대지는 않았으나, 푸셰와 탈레랑은 나폴레옹에게 정보원에 따르면 젊은 앙기앵 공작 루이 드 부르봉콩데(Louis de Bourbon-Condé)가 유력하다고 말했다. 앙기앵 공작은 당시 프랑스 국경에서 라인 강을 건너면 나오는 에텐하임에 있었다. 앙기앵 공작은 영국의 다른 밀정에게 메모를 보내 영국에 봉사할 의지가 확고하다고 전하며 프랑스 국민을 자신의 '가장 잔인한 적'이라고 불러 운명의 인질이 되었다. 푸셰가 입수한 편지 사본에는 앙기앵 공작이 라인 강가에서 2년 동안 프랑스 병사들을 매수했다는 주장이 담겨 있었다.

나폴레옹은 아주 오랫동안 눈엣가시 같았던 모로를 어떻게든 체포하고 싶었다. 그렇지만 여론의 흐름이 두려웠다. 호엔린덴의 승리자는 아직도 대중의 영웅이었기 때문이다. 경찰이 피슈그뤼를 데려오고 음모의 심각함을 반박할 수 없게 되자, 나폴레옹은 다음 조치를 궁리했다. 앙기앵 공작이 프랑스 국경에서 매우 가까운 곳에 있으니 간단하게 납치하면 어떻겠냐고 제안한 사람은 냉소적인 탈레랑이었다. 1804년 3월 20일 밤 프랑스의 체포조가 부르봉 가문의 공작을 붙잡아 프랑스로 데려왔다. 이는 당시 존재하던 국제법의 규범에 비추어 보면 가장 초보적인 법에도 저촉되는 일이었음을 강조할 필요가 있다. 앙기앵 공작은 전쟁 포로도 민간인 범죄자도 아니었고, 범죄를 기도하지도 않았으며 프랑스가 범죄인 인도를 정식으로 요청한 것도 아니었다. 납치는 순전히 해적 행위였다.

3월 20일 밤 뱅센 성에서 헌병대 대위 피에르 도탕쿠르(Pierre d' Autancourt)가 푸셰의 부관 피에르 프랑수아 레알의 감독을 받으며 포로를 신문했다. 명령 계통은 제1통령에게서 파리의 군사 총독인 뮈라로, 그 다음 레알로 이어진 것으로 보였으나, 그런 명료한 계통은 훗날 모든 사건 당사자들이 실질적인 의사 결정권자가 아니라고 부인하여 불분명해졌다. 신문과 뒤이은 군사위원회 즉결심리로도 납치의 정당성을 입증할 증거는 전혀 드러나지 않았다. 앙기앵 공작은 윌랭 장군(Pierre-Augustin Hulin)과 대령 다섯 명에 대위 한 명으로 구성된 군사법정에서 여섯 가지 죄목으로 기소되었지만, 법정은 실상 날조 재판이나 다름없었다. 죄목 여섯 가지는 이러했다. 프랑스 국민에 맞서 무기를 들었으며, 영국을 위해 일했고, 영국 첩자들에게 은신처를 제공하고 프랑스에서 간첩 활동을 수행할 수단을 제공했으며, 프랑스 국경에서 망명자들의 부대를 지휘했고, 스트라스부르 지역에서 반란을 조장하려 했으며, 제1통령의 목숨을 노린 음모의 주모자 중 한 사람이라는 것이었다.

앙기앵 공작은 다른 망명귀족들처럼 프랑스의 현 정권에 대한 적대감을 숨기지 않았고, 반혁명 '십자군'에 합류했으며, 그렇게 하지 않았더라면 자신을 결코 존중할 수 없었을 것이다. 그러나 앙기앵 공작은 나폴레옹 암살 음모에 가담했다는 혐의는 완강히 부인했고 피슈그뤼를 만난 적도 없다고 말했으며 마지막으로 나폴레옹과 직접 면담하게 해 달라고 요청했다. 면담은 거부당했다. 군사법정은 매우 짧은 심리 끝에 앙기앵 공작에게 사형을 선고했다. 법정이 아무런 법률적 자격도 갖추지 못했다는 사실은 한 번 더 강조할 필요가 있다. 법정은 어떤 규정에도 구속받지 않는 임시 기구였으며, 피고들은 기소의 죄목에서 일반적인 사실 이외에는 혐의의 정확한 성격에 대해 듣지 못했다. 증인 소환도 없었고, 변호도 허용되지 않았으며, 1798년 법에 보장된 항소나 재심의 가능성도 없었다. 앙기앵 공작은 3월 21일 오전 3시 뱅센 성 마당으로 끌려나가 총살집행반에 의해 처형되었다.

두 달 후 다른 음모자들도 처리되었다. 이들의 재판은 5월 25일에 시작되었지만 곧바로 피슈그뤼는 감방에서 '목을 매 자살'한 채 발견되었다. 6월 25일 올빼미당원 12명이 주모자로 처형되었다. 음모자들 중 귀족은 모두 사면을 받았으며 모로는 국외 추방되었다. 베르나도트가 모든 계획에 관여했으며 또다시 데지레 덕에 용서를 받았다는 사실은 덧붙일 필요도 없다. 확실히 존재했던 음모는 시작부터 아수라장이었다. 공모자들은 계획에 서툴렀으며 여론을 고려하지 않았다. 사실 그때는 실업률과 빵 가격이 낮았기 때문에 정권에 대한 큰 불만은 없었다. 모로는 어리석게도 나폴레옹의 계략에 빠진 꼴이 되었다. 모로가 추방되면서 군대는 모조리 나폴레옹의 차지가 되었다.

앙기앵 공작 처형은 당시에는 프랑스에서 거의 잡음을 일으키지 않았지만, 보나파르트 집안 여성들이 분명하게 깨달았듯이 나폴레옹의 이름에 지울 수 없는 오점을 남겼으며 이후로도 내내 명예를 훼손

1804년 6월 25일, 나폴레옹 암살 음모의 주모자로 체포된 왕당파 올빼미당 12명이 단두대에서 처형당하는 모습.

했다. 조제핀이 부르봉 왕실의 젊은이에게 자비를 베풀라고 간청했지만, 나폴레옹은 오만하게 이를 여자의 유약함으로 치부했다. 레티치아는 나폴레옹에게 앙기앵 공작을 처형한 책임이 피에 굶주린 코르시카인의 야만성 탓으로 돌아갈 것이고 따라서 평판이 나빠질 것이라고 퉁명스럽게 말했다. 사건의 진실은 카두달과 피슈그뤼가 앙기앵 공작의 이름을 판 것으로 보인다. 공작은 정권에 불구대천의 원수이기는 했어도 나폴레옹 암살 음모에 결코 연루되지 않았던 것 같다.

　적들과 훗날의 비판자들의 견해에 따르면, 나폴레옹은 중요하지도 않은 적을 불필요하게 잔인하게 살해해 군주 살해자 무리에 합류했다. 그렇다면 나폴레옹의 동기는 무엇이었고, 그 결과 나폴레옹의 도덕 수준은 어떤 평가를 받았나? 나폴레옹은 그런 악평에 대체로 결연하게 대처하려 했고 세인트헬레나에서도 여전히 뉘우치지 않았다. 1804년 3월 27일 나폴레옹은 원로원 지도자 중 한 사람인 르쿠퇼드 캉틀뢰(Jean-Barthélemy Le Couteulx de Canteleu)에게 이렇게 말했다. "우리가 처한 환경은 기사도나 자비를 허용하지 않았소. 만일 우리가 습관적으로 국사를 이렇게 처리한다면, 국민이 우리를 철부지라고 해도 할 말이 없을 것이오." 17년 후 나폴레옹은 세인트헬레나에서 마지막 유언을 하면서 프랑스 국민의 안전과 이익, 명예가 걸려 있었기 때문에 전혀 후회하지 않는다고 말했다.

그러나 나폴레옹이, 아마 조제핀의 간청을 듣고 난 후일 텐데, 후세 사람들이 그 사건을 어떻게 인식할지 깨달았고 따라서 마키아벨리적 수법으로 '알리바이'를 준비했다는 증거가 있다. 나폴레옹은 한편으로 부관 르네 사바리(Anne Jean Marie René Savary) 편에 뮈라에게 급신을 보내 그날 밤 모든 일을 해치우라고 명령했고, 동시에 레알에게는 앙기앵 공작을 더 붙잡고 추가로 신문하라는 메모를 작성해 보냈다. 이 서한은 3월 20일 오후 5시에 작성되었으나 오후 10시가 되어서야 보내졌다. 급사가 도착했을 때 레알은 자고 있었고 '집행 유예' 서한을 개봉했을 때는 이미 너무 늦었다. 이는 셰익스피어의 《리처드 3세》에 나오는 유명한 시나리오였다.

그러나 불쌍한 그 인간은 그대의 첫 번째 명령에 죽었고,
날개 달린 헤르메스가 그 소식을 전했다.
어느 꾸물거리는 절름발이가 취소 명령을 전달했지만,
너무 지체하여 이미 땅에 묻힌 것을 보았지.

나폴레옹이 납치와 살인의 궁극적인 책임을 피할 수는 없지만 이 경우에는 심복들이 이상할 정도로 서투르게 일을 처리했다. 나폴레옹은 훗날 자신은 주저했는데 뮈라가 부르봉 왕실의 반혁명이 임박했다며 하루 종일 당황했다고 주장했다. 그리고 비록 나중에 본인이 부인하기는 했지만 암살(앙기앵 공작의 처형에 더 적절한 낱말은 없다)에는 탈레랑이 깊이 연루되었다. 탈레랑의 조언에 따라 체포조가 파견되었기 때문이다. 특히 푸셰의 사악한 재능이 돋보였다. 푸셰의 목적

은 제1통령에게 자신의 경찰력이 꼭 필요하며 새로운 권한과 새로운 자금을 받아야 한다는 점을 보여주는 것이었다. 새로운 공포 정치에서 자신이 유능한 로베스피에르가 될 수 있다는 뜻이었다. 사바리도 처형이 신속히 이루어지도록 공모했고 군사법원장 퀼랭(Kulin) 장군이 요청한 24시간 형집행유예를 무시했다.

비판자들은 나폴레옹이 황제 자리에 좀 더 쉽게 오르려고 앙기앵 공작 사건을 이용했다고 비난한다. 톨스토이도 《전쟁과 평화》에서 나폴레옹이 앙기앵 공작을 처리한 방식에 병적인 요소가 있다고 단언했다. 톨스토이의 얘기는 제1통령과 앙기앵 공작이 한때 마드무아젤 조르주의 애정을 공유했으며 앙기앵 공작이 조르주를 보려고 남몰래 빈번히 파리로 여행했다는 것이다. 이에 따르면 앙기앵 공작은 언젠가 조르주의 내실에서 나폴레옹이 발작 후 실신해 누워 있는 장면을 목격했고 무기력한 상태의 나폴레옹을 죽일 수 있었다. 앙기앵 공작의 죽음은 아량을 베푼 데 대한 감사 표시였던 것이다.

그러나 이러한 주장에는 약점이 있다. 나폴레옹은 진짜 카두달/피슈그뤼 음모에서 황제에 오르는 데 필요한 것을 얻었기 때문에 굳이 앙기앵 공작의 죽음이 필요하지는 않았다. 스스로 말했듯이 나폴레옹이 신념이 확고한 군주 살해자였다면 기회는 전에도 많았고 앞으로도 더 많을 것이었다. 부르봉 왕실 사람들을 죽이려 들었다면, 루이 18세와 인척들인 릴 백작, 아르투아 백작을 손쉽게 암살할 수 있었고, 1808년에 에스파냐의 페르난도와 돈 카를로스가 발랑세에 있을 때에도 마찬가지였다.* 나폴레옹은 몇 년 동안 '청부살인자'들이 찾아와 정적들을 제거하는 대가로 200만 프랑을 요구했으나 원칙에 따라 늘 제안을 거절했다고 주장했다. 이 주장의 어떤 부분은 타당성

* 1808년 5월 6일 나폴레옹 때문에 퇴위한 에스파냐 왕 페르난도 7세와 동생 몰리나 백작 카를로스를 말한다. 1808년부터 1814년까지 6년간 발랑세 성에 억류되었다. 부르봉 왕실 출신으로는 처음으로 에스파냐 왕이 된 펠리페 5세의 증손자들이다.

이 있다고 해도 될 듯하다. 나폴레옹은 군주 살해자의 큰 무리에 들지는 않았다. 나폴레옹은 다윗처럼 사울 집안을 무너뜨리지 않았고, 카이사르처럼 로마 공화정을 뒤엎지 않았으며, 크롬웰처럼 스튜어트 가문의 왕을 처형하지 않았고, 1793년의 사람들처럼 부르봉 왕실의 군주를 처형하지 않았다. 확실히 나폴레옹은 어떤 의미에서도 군주 살해자나 부르봉 왕실 사람들의 머리가죽 수집가가 아니었으며, 오해에서 비롯된 '국가적 이유'로 앙기앵 공작을 처형했다. 음모가 있었고 단호한 반격을 요하는 영국의 술책이 있었지만, 나폴레옹이 앙기앵 공작을 죽인 것은 실제로 이러한 합리적 목적과는 무관했다. 그러나, 누구나 그런 말을 하듯이, 나폴레옹은 결코 악행을 저지르지 않았다고 확신했으며, 이렇게 선언했다. "알고 보면 나도 나쁜 인간은 아니다."

그렇지만 나폴레옹이 앙기앵 공작 처형에 실제로 연루되었는지와 무관하게 피슈그뤼/카두달 음모를 이용해 황제가 되었다는 사실은 부정할 수 없다. 나폴레옹이 대대로 세습되는 왕조를 세운다면 그 후로 나폴레옹을 죽이려는 왕당파의 시도는 무의미한 짓이 될 것이다. 게다가 망명 중인 왕당파는 보나파르트가 공작에게 보인 무자비한 행태에 진짜로 겁에 질렸다. 정교협약이 우파에게 위로를 주었다면, 1804년 3월의 사건들은 나폴레옹이 부르봉 왕실의 야망에 유약하게 대처한다고 의심했던 과격한 공화주의자들을 침묵하게 만들었다. 이일로 명사들과 테르미도르파도(전부 국유재산 매각으로 유복해진 자들) 나폴레옹이 있어야 자신들의 재산과 변영이 보장된다는 점을 확인했다. 이제 나폴레옹도 군주 살해자 무리에 합류하지 않았는가? 자코뱅파에서는 나폴레옹이 영국의 멍크 장군처럼 왕을 복위시키는 역할만 할 것이라는 얘기가 오갔으나, 나폴레옹은 황제가 됨으로써 그런 소문이 틀렸음을 결정적으로 입증했다. 나폴레옹은 자코뱅파와 부르주아 모두 1789년으로 되돌아가는 일은 없으며 따라서 자신들의 이익도 안전하다고 확신하게 만들었다. 혁명으로 생긴 이익은 돌이킬 수 없었다. 불운한 카두달조차 나폴레옹만 이롭게 해주었다는 사실을 깨달았다. 카두달은 우울하게 말했다. "나는 왕을 세우려 했지만 대신 황제를 세우고 말았다."

1804년 5월 음모에 대한 세간의 분노에 뒤이어 원로원이 나폴레옹을 프랑스 국민의 세습 황제로 삼자고 제안했다. 5월 4일 필요한 인준 절차가 진행되었고, 열흘 후 142개조의 새로운 헌법이 공포되었는데, 헌법에 따르면 보나파르트가 후계자를 황제로 지명할 수 있었다. 공개적으로 반대한 사람은 카르노가 유일했지만, 나폴레옹 신봉자와 이른바 지지자 중에서도 다수가 의심을 표명했다. 열렬한 공화주의자 쥐노는 그 소식을 듣고 눈물을 흘렸다고 한다. 반대파의 반응은 더 쉽게 예상할 수 있었다. 아메리카에서 왕과 맞서 싸웠던 라파예트는 이제 조국에서 황제를 보게 되었으며, 제르맨 드 스탈은 비난하듯 이렇게 말했다. "모든 군주보다 더 높이 오른 자가 기꺼이 낮은 곳으로 내려와 또다른 왕이 되려 하다니!" 이보다 더 잘 알려진 환멸은 나폴레옹을 급진적 인물로 보았던 외국인들에게서 나왔다. 바이런은 몹시 실망했으며, 베토벤은 애초에 나폴레옹에게 헌정했던 교향곡 〈영웅〉 악보에서 그 이름을 갈기갈기 찢어버렸다. 다른 이들은 나폴레옹이 형제들에게 새로운 왕좌를 찾아주려고 할 것이니 유럽에 끝없는 전쟁이 이어지리라고 예견했다. 부르봉 왕실의 숙적인 푸셰만 열렬히 지지했던 것으로 보인다. 늘 서로 다투던 형제자매로 말하자면, 나폴레옹은 황제로 선포된 날(5월 19일) 저녁 식사에서 이렇게 신랄하게 내뱉었다. "누이들의 얘기를 듣는다면 당신들은 내가 이만큼 이룬 것이 아버지가 누이들에게 남긴 유산 덕이라고 생각할 것이다."

세 번째 국민투표가 실시되었다. 이번에는 나폴레옹을 황제로 추인하기 위한 투표였다. 1804년 11월 6일 결과가 발표되었다. 찬성 357만 2329표, 반대 2569표였다. 나폴레옹은 이제 원한다면 조카나

종손 중에서 양자를 들여 후계자로 임명할 수 있었지만, 아들이 없는 탓에 우선 조제프를 법정 후계자로 세우고 그다음 순번에 루이를 지명했다. 뤼시앵과 제롬은 당시 눈 밖에 나 있었다. 조제프와 루이는 제국의 대공('prince français')이 되어 연간 100만 프랑의 급여를 받고 '품위 유지비'로 연간 약 30만 프랑을 더 받았다. 5월 18일에는 조제프와 루이의 아내에게 '전하' 호칭을 부여한다고 선언했다. 예상할 수 있는 일이듯이, 이 조치는 보나파르트의 누이들에 대한 모욕으로 해석되었다. 엘리자와 카롤린은 직함을 얻지 못한 데 격노해 실쭉거리며 울분을 토해냈다. 카롤린이 우스꽝스러운 희가극처럼 큰 소동을 벌여 발작을 일으키고 실신한 뒤에야 나폴레옹은 측은한 마음에 누이들에게도 남자 형제들에 맞먹는 직함('princess française')을 하사했다. 어머니 레티치아도 직함을 원했으나 '황제 폐하의 모후(Madame Mère de Sa Majesté l'Empereur)'라는 호칭에 분노해 대관식에 불참했다.

이제 황제를 괴롭히는 눈엣가시는 다른 무엇보다도 소란스러운 보나파르트 가족이라는 사실이 분명했다. 뤼시앵과 제롬이 황제의 총애를 잃은 이유는 본질적으로 두 사람이 형의 동의를 받지 않고 결혼했다는 데 있었다. 나폴레옹은 뤼시앵에게 에트루리아(파르마와 토스카나)의 미망인 왕비와 왕실 간 혼인을 제안했지만, 뤼시앵은 그럴 생각이 전혀 없었다. 뤼시앵은 트리어(트레브)의 원로원 의원직을 얻어 2만 5천 프랑의 급여를 받았고 모젤 강가에 극장과 미술관이 딸린 포펠스도르프 성도 받았다. 뤼시앵은 이후 돈을 물 쓰듯 쓰고 빚더미에 올라앉았으며 미술관을 플랑드르의 옛 거장들의 작품으로 가득 채웠다. 그러나 뤼시앵은 통령 계승권을 잃을까 봐 돈을 훨씬 더 많이 벌 수 있는 원로원 출납관직을 거절했다.

1803년 10월 26일 뤼시앵은 나폴레옹과 협의 없이 파산한 투기꾼의 미망인 알렉산드린 주베르튀옹(Alexandrine Joubertuon) 부인과 결혼했다. 나폴레옹은 이 주제넘은 반항에 분노가 폭발했고 레티치아를 자기편으로 끌어들여 뤼시앵을 호되게 질책하려 했다. 그러나 레티치아는 늘 애지중지하던 아들 편을 들었고, 제1통령과 어머니 사이에는 냉기가 흘렀다. 황제 즉위식 때 '모후'라는 공식 호칭이 부여된 배경에는 다른 이유도 많았지만 이 일도 중요한 이유다. 모후는 나폴레옹이 조제핀과 결혼할 때 가족과 상의하지 않았으므로 형제자매에게도 같은 원칙을 적용해야 한다고 말해 모욕에 상처를 더했다. 형제 간 분란은 욕설이 오가는 싸움으로 이어졌고, 그 뒤 뤼시앵은 사납게 뛰쳐나가 은밀히 이탈리아와 스위스를 돌아다녔다. 뤼시앵은 조제프에게 나폴레옹을 증오하며 결코 용서하지 않겠다고 말했다. 형제 간의 언쟁을 화려하게 전하는 이야기에 따르면, 나폴레옹은 뤼시앵을 '매춘부'와 결혼했다고 신랄하게 비난했는데, 이에 뤼시앵은 효과적으로 응수했다고 한다. "내 매춘부는 최소한 예쁘기라도 하지!" 나폴레옹이 오르탕스 드 보아르네와 동침했으며 루이의 아들은 실제로 나폴레옹의 자식이라는 소문을 가장 주도면밀하게 퍼뜨린 자도 뤼시앵이었다.

　반면 제롬은 한층 더 놀라운 방식으로 나폴레옹의 화를 돋우었다. 전쟁이 다시 터졌을 때, 제롬은 서인도제도의 군함에서 탈영해 미국으로 건너갔다. 그곳에서 앞서 설명한 대로 볼티모어의 미인이며 부유한 선주의 딸인 베치 패터슨과 결혼했다. 남편과 임신한 아내는 곧 네덜란드행 배에 올랐는데, 그 사이 제국이 선포되었고 '패터슨이라는 이름을 가진 여인'은 프랑스 땅이나 동맹국(네덜란드 같은 속국의 완곡한 표현)의 땅에 발을 들일 수 없다는 사실을 알게 되었다. 유약한 제롬은 아내냐, 권력과 재산이냐 하는 선택의 갈림길에서 후자를 선택했다. 제롬은 왕국을 주겠다는 약속에 넘어가 프랑스에 '파리 종교재판소' 설립을 허용하는 정교협약의 복잡한 조항에 의거해 결혼을 무효로 한다는 데 동의했다. 불운한 베치 패터슨은 영국으로 피해 아들을 낳았고 선전의 전리품으로 환대를 받았다(보나파르트 가족을 신뢰했던 사람들에게 일어난 일의 본보기였다).

그러나 보나파르트 가족의 가장 골치 아픈 측면은 조제핀을 증오하고 자신들과 관계없는 일에 끊임없이 참견한 것이었다. 보나파르트 형제들은 뛰어난 형이 자신들을 가난과 미천한 신분에서 구해내 상상도 못 할 부와 권력을 안겨준 데 감사해도 모자랄 판에, 이를 자신들이 응당 받아야 할 것으로 여기고 이전에는 좋지 못한 환경 때문에 왜곡되었던 자연의 질서가 이제는 회복되었다는 식으로 생각하는 듯했다. 조제핀을 향한 그칠 줄 모르는 적의는 실상 역효과만 냈다(조제핀은 푸셰와 위험한 동맹을 맺어 보복했다). 나폴레옹을 조금씩 자극해 결국 조제핀이 황후가 되리라는 공식 선언을 하게 했기 때문이다(나폴레옹이 오랫동안 깊이 숙고했던 문제였다). 가족들이 자신에게 감히 조제핀을 이래라저래라 하는 데 화가 난 것도 조제핀을 황후로 선언하기로 결심하게 된 동기였다. 다른 이유는 보통은 나폴레옹과 연결하기 어려운 속성이지만 그저 인간적인 체면 때문이었다. 나폴레옹은 뢰데레에게 이렇게 말했다. "내 아내는 좋은 여자다. …… 다이아몬드와 좋은 옷으로 즐겁게 황후 역할을 수행할 것이다. 나는 조제핀을 결코 맹목적으로 사랑하지 않았다. 내가 조제핀을 황후로 삼는다면, 그것은 정의감에서 내린 결정이다. 나는 각별히 정의로운 사람이다. 내가 황제가 되는 대신 감옥에 내던져졌다면 조제핀은 나의 불행을 함께 했을 것이다. 조제핀이 나와 함께 고귀함을 공유하는 것은 옳다. …… 국민은 조제핀과 외젠, 오르탕스를 선망한다."

조제핀이 실제로 황후 자리에 오를 것인지 아닌지에 관해서는 다른 망설임도 있었다. 문제는 황후가 '감히' 나폴레옹의 수많은 애인들을 질투하는 소동을 벌였다는 점이었다. 이때쯤이면 누구나 나폴레옹에게 아내와 딸, 애인을 강제로 떠안기고 있었다. 나폴레옹이 하룻밤을 함께 보낸 여자에게 2만 프랑이라는 달콤한 대가를 지불했다는 사실은 잘 알려져 있다. 어떤 여자들은 나폴레옹이 성욕이 강하고 만족을 모른다는 애기를 듣고는 나폴레옹의 측근들과 난교와 변태 행위를 했다. 나폴레옹이 그런 말을 듣고 음탕한 유혹에 현혹되어 제안을 해 오기를 바랐던 것이다. 이들은 나폴레옹을 오해했다. 나폴레옹은 성적으로 외향적이지 않았으며, 자신이 직접 명령한 경우가 아니면 여인들의 '분방한' 관계를 좋아하지 않았다.

그랬는데도 정부는 넘쳐났다. 1804년 나폴레옹은 라인란트 여행 중에 엘리자베트 드 보데라는 조제핀의 시녀와 잠시 정사를 나누었다. 조제핀은 그 특수한 관계에 상처를 낼 수 있었지만 파리에서는 힘이 부족했다. 나폴레옹은 한동안 파리의 벤 거리에 '사랑의 보금자리'를 차려 즐겁게 간통하고 남의 여자를 품었다. 그러다가 특별한 사건으로 욕정 해소 전략을 재고하게 되었다. 어느 날 나폴레옹이 외진 밀회 장소 밖에서 눈에 미끄러지다가 초병의 눈에 비친 얄궂은 시선을 알아차렸고 소중한 그랑다르메(Grande Armée) 앞에서 웃음거리가 되고 있음을 깨달았다. 이후 나폴레옹은 상대를 궁정 내 정부들로 국한하기로 결정했다.

생클루 성에서 부정을 가로막는 장애는 조제핀과 너무 가까워 편안하지 않다는 점이었다. 좀 더 심각한 장기적 모험은 궁에 연달아 폭풍 같은 소동을 일으켰다. 나폴레옹이 조제핀을 계속 총애하는 것을 비상식적으로 시샘한 뮈라 부부는 조제핀 대신 황제의 애정을 차지할 만한 여자를 찾는 데 몰두했다. 한동안은 아델 뒤샤텔이 그 답인 듯했다. 중년의 국유지 관리국장의 아내였던 뒤샤텔 부인은 스무 살 된 미인으로 별거인지 이혼인지는 확실하지 않으나 홀로 지냈다. 나폴레옹은 미끼를 물었고, 뮈라는 아델과 미친 듯이 사랑에 빠진 척해 이 일을 은폐했다. 그러나 조제핀을 속일 수는 없었다. 황제와 황후 사이에 쫓고 쫓기는 실랑이가 시작되었다. 조제핀은 밀정으로부터(푸셰일 가능성이 높다) 불륜에 관한 정보를 입수했고 궁 안에서 남편을 계속 감시하려 했으나, 나폴레옹은 맨발로 정부의 방에 기어 들어가 아내보다 한 수 위임을 증명했다.

조제핀은 남편이 어느 파티에서 아델 뒤샤텔에게 특별히 주목하는 것을 눈치채고 이튿날 두 사람 가까이에 있었던 쥐노 부인(로르 아브랑테스)을 불러 둘 사이에 무슨 일이 있었는지 알아내려 했다. 로르 쥐노는 아델과 황제가 최근에 함께 침실에 들었으며 나폴레옹이 마치 청년 장교처럼 불타올랐다고 주장했다. 나폴레옹이 오자 이야기는 짧게 끝났고, 나폴레옹을 본 쥐노 부인은 황급히 떠나갔다. 조제핀은 방문객이 말한 내용을 되풀이했고, 엄청난 말싸움이 벌어졌다. 나폴레옹은 자신은 황제이며 누구도 자신에게 이래라저래라 할 수 없고 자신은 누구의 명령도 받지 않는다는 말로 싸움을 끝냈다. 그런 뒤에 접시 여러 장을 박살내고 물병 하나를 깨뜨리고 식탁보를 찢어버리고는 뛰쳐나갔다.

그러나 조제핀은 그리 쉽게 결심이 흔들릴 여자가 아니었다. 조제핀은 아델 뒤샤텔을 주시했다. 어느 날 밤 생클루 성에서 조제핀은 뒤샤텔이 응접실에서 나오는 장면을 보았고 황제가 없는 것도 확인했다. 조제핀은 방을 떠난 뒤 반 시간 후에 몹시 흥분한 상태로 돌아와 클레르 드 레뮈자에게 본 것을 말했다. 조제핀은 나폴레옹의 침실로 이어지는 전용 계단으로 올라갔는데 안에서 아델의 목소리가 들렸다. 조제핀은 안으로 들어가겠다고 요구했고 나폴레옹이 마침내 문을 열었다. 안에는 옷을 벗은 채 일을 벌이려는 나폴레옹과 뒤샤텔이 있었다. 결말은 그때까지 있었던 어떤 질투의 현장보다도 더 난폭했다. 나폴레옹은 응접실로 박차고 들어왔고 손님들은 모두 공포에 질려 파리로 피신했다. 격분한 나폴레옹은 먼저 가구를 때려 부쉈고 아이도 낳지 못하는 주제에 질투심만 많은 여자한테 감시당하는 데 질렸다며 조제핀에게 당장 생클루 성을 떠나라고 말했다. 이야기는 파리에 널리 퍼졌다. 어떤 익살꾼은 황제가 황후 침실에 있는 중국 화병을 부수느라 영국 원정을 게을리 했다고 말했다.

조제핀은 몹시 당황했고 과도하게 반응했는데, 그것이 오히려 두 사람의 관계에 새로운 활력을 주었는지도 모른다. 뒤샤텔과의 불륜은 1803년 말부터 1806년 초까지 이어졌지만(아델은 종종 여러 사람의 정부 노릇을 동시에 하기도 했다), 뒤샤텔은 결코 나폴레옹이 좋아하는 유형이 아니었다. 뒤샤텔은 매력 있고 영리하며 요부 역할을 완벽하게 수행할 수 있었지만 본래 성격은 차갑고 오만했으며 차츰 무서운 야심을 드러냈다. 레뮈자 부인을 신뢰할 수 있다면, 사건은 나폴레옹이 결국 조제핀으로부터 아델 뒤샤텔을 떼어버릴 방법에 관해 조언을 듣는 단계까지 이른다. 조제핀의 성격은 결코 원한을 품지 않는다는 것이 좋은 점이었다. 조제핀은 일단 경쟁자를 두려워할 일이 없다는 확신이 들자 분노를 가라앉혔고 심지어 아델을 고용해 성에 머무르게 했다. 뒤샤텔은 계속 나폴레옹에게 충성했다. 심지어는 호시절의 친구들이 다 떠날 때도 충성을 버리지 않았다. 나폴레옹은 과연 나폴레옹답게 뒤샤텔의 충성을 냉대와 모욕으로 갚았으며, 공개리에 관계를 끊고, 다시는 말을 걸지 않았다. 요컨대 나폴레옹은 전형적인 '나쁜 놈'처럼 행동했다.

그러나 그동안 단기적으로는 조제핀이 큰 망신을 당했다. 조제핀은 사태를 지나치게 멀리 끌고 왔다는 사실을 너무 늦게 깨달았다. 조제핀은 나폴레옹이 오르탕스의 말을 잘 들어준다는 사실을 이용해 오르탕스에게 자신을 위해 좋게 말해 달라고 애원했으나, 오르탕스는 루이가 형 일에 절대로 개입하지 말라고 했다는 이유로 손을 뗐다. 외젠 드 보아르네도 황제의 진노에 맞서기를 거부했다. 외젠은 나폴레옹이 자신에게 이혼을 심각히 고려하고 있다고 말했을 때도 계부로부터 공국과 재산을 받는 대신 어머니와 함께 망명할 것을 선택했다. 제롬이 보인 행동과는 도덕적으로 판이한 행동이었다. 나폴레옹이 조제핀을 다시 용서하기로 마음을 바꾼 데는 조제핀의 몰락이 임박했다고 짐작하고 흡족해한 보나파르트 가족의 자만심이 한몫했던 것 같다. 나폴레옹은 한 번 더 곰곰이 생각한 끝에 뢰데레에게 조제핀을 황후로 삼겠다는 의사를 밝혔다. 나폴레옹은 특유의 화려한 신파조 말로 선언했다. "그래, 조제핀은 황후가 될 거야. 병사 2천 명을 잃더라도 그렇게 해야 해!"

그렇게 나폴레옹은 대관식을 위한 마지막 준비를 마쳤다. 나폴레옹으로서는 교황이 로마에서 건너와 식을 주재하는 것이 중요했다. 그래야 왕당파와 농민에게 정교협약이 유효하며 제국이 가톨릭 국가가 되리라는 점을 납득시킬 뿐만 아니라 샤를마뉴 대제와 신성로마 제국을 연상시킬 것이기 때문이었다. 이 시기 나폴레옹의 서한은 교황이 참석해야 할 필요성과 교황이 도착했을 때 준수해야 할 의전에 관한 말로 가득했다. 피우스 7세는 신중했으며 찬찬히 속내를 살핀 뒤에야 초청에 응했다. 마침내 프랑스 주재 교황청 대사 카프라라가 새 황제가 내놓을 새로운 종교적 양보로 이익을 얻을 수 있다고 교황을 설득했지만, 카프라라는 나폴레옹을 맹종하는 자로서 교황이 아니라 보나파르트로부터 역할을 받았다는 사실을 알아야 한다. 그래서 교황은 유명한 여행을 하게 되었다. 교황은 11월 25일 퐁텐블로에 도착해 나폴레옹을 만났으며, 두 사람은 사흘 동안 연회를 즐긴 뒤 파리로 떠났다.

나폴레옹의 여인들은 마지막 순간까지도 애를 태웠다. 11월 17일 황제가 누이들에게 황후의 행렬을 수행해야 한다고 말하자 소동이 벌어졌다. 그리고 조제핀은 가톨릭교회에서 제대로 결혼하지 않는다면 결코 교황의 손에 대관을 받을 수 없다고 결정했다. 이는 실상 이혼을 더 어렵게 하려는 계략임이 분명했다. 여느 때처럼 냉소적이었던 나폴레옹은 언제든 편리할 때 조제핀과 이혼하려고 마음먹고 있었기에 자신의 결혼을 '정식' 결혼으로 만들 종교 의식을 치러야 한다는 생각에도 아무런 방해를 받지 않았다. 그래서 12월 1일 자정 무렵 황제의 서재에 차려진 제단 앞에서 로마에서 피우스 7세와 함께 온 추기경 페슈가 간략한 혼인식을 주재했다. 조제핀은 만족했으나, 엄밀한 법률적 의미에서 조제핀의 지위가 이전보다 더 견고해지지는 않았다. 혼례식에 증인들이 없었고 교구 사제가 참석하지 않았기 때문이다. 그날은 나폴레옹에게 훨씬 더 중요했다. 원로원의 결의 (senatus consultum)로 황위 계승의 적법성과 후사 없이 죽을 경우를 대비한 형제들의 계승권이 확립되었기 때문이다.

대관식은 1804년 12월 2일에 거행되었다. 눈이 내린 뒤 비가 이어져 거리는 진창으로 변했다. 통로를 따라 병사들이 3열로 도열했고, 그 뒤로 군중이 몰려들었지만 열광보다는 호기심에 가득했다. 오전 9시 먼저 교황이 튈르리 궁에서 4개 용기병 대대의 호위를 받으며 출발했고 이어 추기경들과 잡다한 성직자들로 가득 찬 마차 여섯 대가 뒤따랐다. 군중의 반응은 반반으로 갈렸다. 경건한 자들은 무릎을 꿇고 성호를 그었으며, 자코뱅 동조자들은 무례하게도 모자도 벗지 않았다. 이어 속인들의 마차가 왔다. 암살의 공포 때문에 무서운 속도로 내달린 행렬은 뮈라가 이끌었고, 장관들과 국가참사원 의원들, 외교사절단, 부루퉁한 보나파르트 자매들이 뒤를 이었다.

나폴레옹은 아주 늦게 출발했다. 황후의 시녀들은 오전 6시부터 준비를 마치고 대기했지만, 황제는 느긋하게 단장을 했다. 나폴레옹은 오전 10시 튈르리 궁을 나서기 전에 조제프의 팔을 잡고 거울에 비친 두 사람을 가리키며 말했다. "형! 아버지가 우리를 볼 수 있었더라면!" 그런 뒤 황제 부부는 일곱 개의 널찍한 창문이 있고 왕관을 쓴 독수리 네 마리가 지붕에 달려 있고 유리와 금박으로 치장된 화려한 마차를 타고 노트르담 성당을 향해 출발했다.

비용을 절감하려 했지만 할 수 있는 사치는 다했다. 새 제국의 상징이 별과 벌과 월계수 잎의 돋을새김이었기에 황제는 벌의 모티프를 두드러지게 표현하기로 했다. 나폴레옹은 자줏빛 우단 코트에 흰색과 금색의 비단띠를 두르고 금빛 벌들을 수놓은 짧은 자주색 망토를 걸쳤으며, 타조 깃털과 많은 다이아몬드로 장식한 펄럭이는 17세기 모자를 챙을 위로 접어 써서 마무리했다. 조제핀은 벌을 수놓은 흰색 공단 드레스를 입고 자줏빛 우단으로 된 궁중복 망토를 걸쳤다. 조제핀은 관과 목걸이, 귀걸이, 띠에 장식된 다이아몬드로 번쩍거렸다. 신하들은 전부 금과 은으로 수놓은 자주색 외투를 입었다. 나폴레옹은 노트르담 성당으로 들어가기 직전에 담비 털로 안을 덧대고 자신의 모티프인 황금색 벌들을 수놓은 커다란 자주색 우단 외투를 걸쳤다. 나폴레옹은 머리에 황금 월계관을 써서 마치 로마의 주화에 새겨진 황제의 초상처럼 보였다. 나폴레옹은 대부분의 성공한 독재자들처럼 그림 이미지와 상징, 도상학의 중요성을 의식하고 있었다. 그러나 작은 키는 다채로운 장식에 어울리지 않았다. 어느 익살꾼은 황제가 카드의 다이아몬드 킹을 닮았다고 말했다.

나폴레옹의 마차가 노트르담에 도착한 바로 그 순간에 구름 속에 가려졌던 해가 모습을 드러냈다. 늘 조짐과 징조에 민감했던 나폴레옹은 이것이 길조라고 주장했다. 나폴레옹과 조제핀이 마차에서 내릴 때 축포 소리와 종소리가 울려 퍼졌다. 두 사람은 터무니없이 지체한 뒤 성당으로 들어갔는데, 둘 다 차양을 받쳐 썼고 뒤로 행렬이 따랐다. 피우스 7세는 싸늘한 성당에서 몇 시간을 참고 기다린 뒤에야 미사를 집전했다. 교황은 496년 클로비스 1세 이래로 프랑스의 군주라면 누구나 거쳐야 했던 유서 깊은 전통에 따라 나폴레옹의 머리와 팔, 손에 기름을 부었다. 그다음 나폴레옹이 제단에서 제관을 들어 머리에 썼고, 이어 조제핀에게 씌웠다. 조제핀은 눈물을 터뜨렸다. 스스로 제관을 쓴 것은 나폴레옹이 보인 행태 중에서 가장 유명한 축에 드는데 큰 오해를 받아 왔다. 전하는 이야기에 따르면 이 행동이 그 자리에서 즉흥적으로 나왔다거나 교황을 의도적으로 무시한 것이라고 하지만 그렇지 않다. 나폴레옹은 사전에 교황과 오랫동안 의전

1804년 12월 2일에 노트르담 성당에서 거행된 나폴레옹의 황제 대관식(다비드와 조르주 루제가 그린 그림의 일부). 이날 나폴레옹은 스스로 황제의 관을 쓴 뒤 이어 직접 조제핀에게 황후의 관을 씌웠다.

문제를 논의했고 이를 주의 깊게 되풀이해 연습했다. 직접 관을 씌워 조제핀의 눈물을 자아낸 일은 좀 더 문제가 된다. 그런 행태는 변덕이나 사랑, 정치적 계략으로 다양하게 해석될 수 있기 때문이다.

미사는 교황이 "황제에게 영원한 축복이 내리기를(Vivat imperator in aeternum)"이라고 읊조리며 절정에 달했다. 미사를 마친 교황은 수석 사제들에게 황제 선서의 집행을 맡겨놓고 떠났다. 황제 선서는 종교 의식과 균형을 맞추고 이전에 혁명가였던 자들의 양심의 가책을 풀어주기 위한 조치였다. 대관식의 그 어느 것도 웃음이나 조롱을 유발하지 않도록, 농담이나 풍자, 상스러운 만화의 소재가 되지 않도록 세심하게 주의를 기울였다. 그러나 나폴레옹의 최상의 계획은 한 번 더 가족 때문에 엉망이 될 뻔했다. 대관식 진행 중 제단에서 조제핀의 행렬을 수행하기로 되어 있던 시누이들 사이에 소란이 일었다. 폴린과 카롤린에게 잘못이 있었고, 나폴레옹이 모질게 경고의 말을 한 후에야 두 사람은 싸움을 멈추었다.

선서 문구는 흥미로웠다. 나폴레옹 지지자들을 고무하는 주제와 혁명 원리를 찬양하는 주제가 혼합되었기 때문이다(실제는 매우 다르게 펼쳐진다).

나는 공화국의 영토를 보존하고, 정교협약 규정과 종교의 자유를 존중하고 지키며, 평등권과 정치적 자유와 시민의 자유, 국유재산 매각의 철회 불가성을 존중하고 지키고, 오로지 법률에 의거해서만 세금을 징수하고 신설하며, 레지옹 도뇌르 제도를 유지하고, 오직 프랑스 국민의 행복과 영광을 위해 통치할 것을 선서한다.

틀에 박힌 문구와 모호한 원칙들에 대한 위선적인 존중을 무시한다면, 견고하게 남는 이념은 하나뿐이다. 국유재산 매각이 신성불가침이라는 점이다. 법을 벗어나 세금을 걷지 않겠다는 조항은 나폴레옹이 곧 법이었으므로 아무런 의미도 없었다. 나폴레옹이 주역이었던 정권의 부르주아적 성격을 이 선서 문구만큼 명백하게 드러내는 것은 없다.

날씨가 쌀쌀한 오후 3시가 조금 못 되어 황제 일행은 튈르리 궁으로 출발했고 어둠이 내린 후에 횃불에 의지해 도착했다. 나폴레옹은 행복감에 도취했으며, 황후에게 저녁 식사 때 관을 파티 모자처럼 쓰고 있으라고 고집을 부렸다. 폴린과 카롤린이 심술을 부렸는데도 대관식은 완벽한 성공으로 끝났다. 나폴레옹은 피우스 7세가 집전하도록 해 '카노사의 굴욕'을 역전시켰으며 교황을 우스꽝스럽게 만들었다. 피우스 7세는 속아 넘어갔다는 사실을 쓰라리게 깨달았다. 종교적 특권이라는 대가는 없었던 것이다. 피터르 헤일은 신랄하게 논평했다. "교황이 결코 축성이나 하자고 로마를 떠났을 리 없다."

그때까지 나폴레옹은 연속된 잠재적 난관들을 교묘하게 피해 왔다. 다시 말해서 농민과 부르주아, 도시 프롤레타리아, 프티 부르주아, 가톨릭교회, 자코뱅파, 왕당파를 제멋대로 굴게 두거나 백지위임장, '빵과 서커스', 협박, 공포를 통해 침묵하게 만들었다. 이제 강력한 기득권을 지닌 집단으로 남은 것은 단 하나 군대였다. 황제 지위가 선포되었을 때, 나폴레옹의 머릿속에 문득 장군들을 끌어들일 기발한 계책이 떠올랐다. 나폴레옹은 오래된 직함인 프랑스 원수(Maréchal de France)를 되살려 중요한 군사 지휘관들을 빠짐없이 제국 원수(Maréchal d'Empire)로 삼고자 했다. 나폴레옹은 5월 19일 원로원의 결의로 열여덟 명을 원수에 임명했고, 훗날 여덟 명을 추가했다. 원수들은 나폴레옹의 직권으로 원로원 의원을 겸직했으며 원로원에서 군대의 이해관계를 대변하기로 되어 있었다.

열여덟 명 중 몇 명은 명백히 가족이라는 이유로 임명되었다. 뮈라는 카롤린과 결혼했고 은혜를 모르는 베르나도트는 데지레의 남편이었기 때문에 원수의 지휘봉(bâton)을 받았다. 그리고 나폴레옹이 사사로이 총애하는 자들도 있었다. 이들은 툴롱 포위 공격 이후로 나폴레옹과 한편이 되었거나 1796~1797년에 이탈리아에서 나폴레옹과 함께 싸운 자들로서 베르티에, 마세나, 오주로, 브륀, 란, 베시에르였다. 이 사람들은 엘리트 중의 엘리트로 자처했다. 말하자면 첫 번째 사도들인 셈이다. 그러나 오늘날 내각제의 총리가 당의 단합을 유지하고 미묘한 차이를 드러내는 당내 이견들의 균형을 잡기 위해 사사롭게는 싫어하는 자들도 내각에 임명해야 하듯이, 나폴레옹도 군 내부의 모든 파벌을 만족시켜야 했다.

라인 강 전역의 용사들은 언제나 자신들이 가장 강력한 적에 맞서 최고로 치열한 전투를 치렀다는 주장을 고수했다. 뒤무리에, 켈레르만, 모로, 피슈그뤼, 클레베르와 함께 복무했던 자들은 모두 이탈리아 방면군을 경멸했으며 자신들만이 우수한 적장들에 맞서 싸우는 시험을 거쳤다고 생각했다. 그래서 나폴레옹은 자신과 함께 싸운 경험이 없지만 군대에서 전반적으로 신망이 두터운 자들을 물리치지 못하고 원수로 진급시켜야 했다. 주르당, 술트, 모르티에*, 네, 다부(Louis-Nicolas Davout, 1770~1823), 르페브르가 여기에 속했다. 나폴레옹은 새로운 진급으로 감정이 상한 군대가 없도록 피레네 방면군에서 몽세*와 페리뇽*을 진급시켰고, 덤으로 마지막 남은 두 개의 지휘봉을 '옛 군대'의 대표자인 세뤼리에와 켈레르만에게 주었다.

사회적 출신은 다양하지만 약탈자와 명예만 쫓는 자가 압도적으로 많은 제국 원수는 나폴레옹의 최대 실수, 또는 가장 천재적인 마키아벨리즘으로 해석되었다. 주된 목적은 각개격파였다. 다시 말해 군대가 단합해 정치적 쿠데타를 기도하지 못하도록 여러 파벌을 서로 대적하게 하는 것이었다. 나폴레옹은 기민하게도 훈장과 직함, 재산을 주고 그들의 아내들을 공작부인으로 만들어주면 이데올로기 때문에 그런 특권을 포기할 사람은 없을 것이라고 계산했다. 나폴레옹은 또한 금전적으로 이미 엄청난 특권을 지닌 자들에게 최고의 명예를 주는 것은 현명하지 못한 처사라는 점을 이해했다. 그 이후로 어떤 통치자나 통치 계급도 이 점은 깨닫지 못했다. 황제는 원수들을 오늘날의 백만장자들처럼 서로 동등하게 만들어놓고 궁정 서열에서

에두아르 모르티에(Édouard Adolphe Casimir Joseph Mortier, 1768~1835) 1791년에 소위로 육군에 입대하여 1799년에 준장과 소장으로 연이어 진급했다. 그랑다르메 군단장으로 울름 전투, 프리틀란트 전투, 콜베르크(코워브셰그) 포위 공격에 참여했다. 1814년까지 나폴레옹 밑에서 싸웠고 백일 천하에 나폴레옹에 합류했으나 워털루 전투 때에는 좌골신경통으로 불참했다. 루이 필립 밑에서 상트페테르부르크 대사와 육군장관을 지냈다.

봉아드리앙 몽세(Bon-Adrien Jeannot de Moncey, 1754~1842) 1778년에 입대했다. 혁명에 가담하여 에스파냐 국경의 전투에서 두각을 나타내 서부 피레네 방면군 사령관에 올랐다. 러시아 침공에 참여하기를 거부하여 1813년까지는 그랑다르메의 전역에 참가하지 못했으나 1814년에는 파리를 지키기 위해 마지막까지 싸웠다.

카트린도미니크 페리뇽(Catherine-Dominique de Pérignon, 1754~1818) 혁명을 지지하여 입법의회 의원을 지냈으나 곧 군인의 길을 걸었다. 1793년부터 1795년까지 동부 피레네 방면군 사령관을 맡았으며, 1796년에 오백인회 의원에 선출되었고 총재정부에서 에스파냐 대사를 지냈다. 제1제정에서 원로원 의원, 백작이 되었으며 파르마공국의 총독을 지냈으나 왕정 복고 때 루이 18세를 지지했다.

는 황제와 황후, 황실 가족, 제국의 고관들과 장관들 다음으로 다섯 번째 자리를 주었다. 원수들은 공식 호칭이 '각하(Monseigneur)'였기에 나폴레옹을 황제로 인정하고 '폐하(Sire)'라고 부를 때에만 합당한 존경을 받을 수 있었다.

나폴레옹은 '고관들'이 확실하게 제국을 받아들이도록 하고 군 지도부를 새로운 민간 귀족 제도에 통합한다는 목적을 쉽게 달성했다. 나폴레옹이 승진시킨 자들은 매우 다양한 무리였다. 몇몇은 실력을 갖춘 엘리트였지만, 대부분은 순전히 정치적인 이유로 지명한 자들이었다. 원수들이 전장에서 전반적으로 무기력했던 이유도 부분적으로는 여기에 있다. 원수들은 평균 나이가 마흔네 살로 꽤나 젊은 축이었다. 나폴레옹의 정예병들은 1933년 히틀러의 돌격대(Sturmabteilung)나 1922년 무솔리니의 검은 셔츠단(camicie nere)처럼 주로 청년들이었다. 서른네 살의 다부를 원수에 임명하자 사람들이 놀랐으나, 다부가 훗날 최초의 원수 집단에서 가장 능력이 뛰어난 자임을 스스로 입증했듯이 나폴레옹은 자신이 무슨 일을 하고 있는지 알고 있었다.

원수들은 그 시절의 '스톡옵션을 받은 부자들'이었다. 원수들은 각각 프랑스 땅에서 나오는 물자, 제국 후반기에는 정복지에서 뽑아낸 재원으로 소득을 얻었다. 어떤 점에서 보면 원수 직책은 부정한 돈벌이 수단이요, 원수들은 마피아 단원에 다름없었다. 보나파르트의 고위 장군들 중 최소한 240명이 서로 친척이었으므로 친족 관계만으로 볼 때 마피아 단원이라는 얘기는 전혀 과장이 아니었다. 예를 들면 베르티에는 훗날 뇌샤텔바그람 공이 되어 연간 125만 4천 프랑에 값하는 '기부재산'을 받았다. 네는 나중에 엘힝겐 공작과 모스크바 공의 직함을 받았는데 여덟 차례 상금으로 102만 8천 프랑을 받았고, 마세나는 곧 리볼리 공작과 에슬링 공이 되는데 다섯 번 상금을 받아 연간 소득이 63만 8,375프랑이었다. 다부는 여섯 차례 받은 기부재산으로 연간 91만 프랑을 벌어들였고, 란은 32만 8천 프랑의 소득을 올려 상대적으로 보면 가난했다. 그러나 큰 돈을 얻으려면 전장에서 나폴레옹의 눈에 들어야만 했다는 점을 강조해야만 한다. 이를테면 브륀과 주르당은 서클의 바깥쪽에 있어 하사금을 전혀 받지 못했다.

상급 지휘관을 점차 가신으로 격하시킨 포상 제도에서 원수들은 빙산의 일각이었다. 나폴레옹은 전부 합해서 공작 23명, 백작 193명, 남작 648명, 기사 117명을 세웠고 824명의 장군에게 1,261번 포상하면서 1600만 프랑이 넘는 돈을 지출했다. 후원 제도의 주된 수혜자는 군인들이었다. 민간인은 캉바세레스 같은 최고위층 귀족이라도 연간 최대 45만 프랑밖에 받지 못했기 때문이다. 고댕은 가에타 공작이었는데도 겨우 12만 5천 프랑을 받았다. 이 정도가 고위급 민간인 귀족의 표준이었다. 바사노 공작인 마레는 연봉이 11만 8천 프랑이었고, 마사 공작인 레니에의 연봉은 15만 프랑이었다.

군인들은 정복지에서 약탈로 더 많은 재산을 모을 수 있다는 점에서 큰 이익을 얻었다. 원수들을 둘로 나누자면 가장 중요한 구분은 이탈리아 방면군에 속했던 자들인가 라인 방면군 용사들인가가 아니라 다부와 베시에르, 모르티에(그리고 훗날의 수세) 같은 정직하고 청렴한 자들인가 아니면 마세나와 술트, 브륀, 오주로(그리고 훗날의 빅토르) 같은 약탈자들인가 하는 구분이었다. 나폴레옹은 밀정들로부터 보고를 받아 약탈자들의 행태를 전부 알고 있었으며, 보통은 이를 눈감아주었지만 이따금은 자신이 여전히 주인임을 보여주고자 약탈한 것을 토해내게 했다. 나폴레옹은 돈에 좌우되는 원수들을 즐기는 듯 경멸했고, 세인트헬레나에서 한번은 수행자들을 란과 네를 열렬히 칭찬했다는 이유로 꾸짖었다. "란을 그렇게 보는 것은 바보짓이야. 란과 네는 둘 다 자기에게 이익이 된다면 칼로 그대들의 복부를 벨 자들이지. 그렇지만 전장에서는 아무짝에도 쓸데가 없는 자들이라고."

나폴레옹은 거들먹거리며 뽐내고 다니는 자들도 용맹하기만 하다면 애호했다. 대체로는 싫어했던 오주로에 대한 태도가 이를 증명한다. 란과 네는 여러 원수들과 마찬가지로 용감하고 대담했지만 진정한 전략적 재능이나 군사적 재능은 갖추지 못했다. 최초의 열여덟 명 중에서 다부와 마세나만 일급 군사지휘관이었고, 나중에 추가된 여덟 명 중에서는 수셰만 두 사람과 엇비슷했다. 이는 부분적으로는 나폴레옹의 잘못이다. 원수를 정치적인 이유로 임명했을 뿐만 아니라 독립적인 정신을 격려하지도 않았고 세심한 전략과 전술을 가르치지도 않았기 때문이다. 황제가 늘 절대적인 복종을 요구했기에, 원수들은 개인적인 주도성을 발휘해야 할 때는 형편없었고 점차 게을러졌으며 의욕을 잃어버렸다.

그랬는데도 원수들은 자신들이 아무런 이유도 없이 막대한 재산을 받았다는 암시에 가장 크게 분노했다. 르페브르는 언젠가 자신의 부와 지위를 부러워하는 사람에게 이렇게 말했다. "안마당으로 나오시오. 서른 걸음 떨어진 곳에서 당신에게 스무 발을 쏘겠소. 한 발도 맞히지 못하면 집과 그 안의 모든 것은 당신 것이오." 남자가 제안을 거절하자 르페브르는 이렇게 말했다. "나는 이것을 얻기까지 이보다 훨씬 더 가까운 거리에서 수천 발의 총격을 받았소." 정직하고 격식을 차리는 우디노*는 1809년에 원수가 되었으나 훨씬 전부터 군사적으로 중요한 인물이었는데 1800년에서 1814년 사이에 이베리아 반도 전쟁(이후 '반도 전쟁')을 제외하면 주요 전투에 빼놓지 않고 참전했으며 스물세 차례에 걸쳐 서른여섯 군데에 부상을 입었다.

니콜라 우디노(Nicolas Charles Oudinot, 1767~1847) 농부이자 증류주 제조업자의 아들로 태어나 군에 입대했으나 귀족이 아니었기에 진급하지 못하고 하사관으로 전역했다. 혁명 후 의용군 부대의 중령으로 선발되어 보주 지방에서 공을 세워 1793년에 정규군으로 전속했다. 독일 국경에서 싸우다가 1799년 스위스 전역에 사단장으로, 마세나의 참모장으로 참전했고 취리히 전투에서 공을 세웠다. 아우스터리츠, 바그람, 뤼첸, 라이프치히 등 나폴레옹 전쟁의 여러 전투에 참여했으나 1814년 나폴레옹이 퇴위한 뒤 새 정권에 참여했으며 백일 천하에도 나폴레옹에게 돌아가지 않았다.

나폴레옹이 제국 원수로 임명한 루이 니콜라 다부(왼쪽)와 미셸 네. 다부는 뛰어난 군사적 재능과 보기 드물게 강직한 성품을 지닌 인물이었다. 네는 훗날 러시아 원정에서 나폴레옹에게 '용감한 자 중에 가장 용감한 자'라고 불린다.

　언제나 '분할 통치'의 옹호자였던 나폴레옹은 원수들이 서로 대적하도록 적극적인 노력을 기울였다. 음모와 시기의 사슬은 간단한 애기만 들어도 추론할 수 있다. 우디노와 늘 가까웠던 다부는 베르나도트와 뮈라를 혐오했다. 란과 뮈라는 오랫동안 서로 반목했다. 뮈라와 네는 가장 인기가 없는 자들로서 원수들 중에 친구도 없었으므로, 두 사람이 견원지간이란 말은 덧붙일 필요도 없다. 우디노는 마세나가 그랬듯이 네에게 특별한 적의를 품었다. 네는 실로 타인에게 단번에 원한을 품게 하고 화나게 하는 재주를 지닌 것 같았다. 네는 먼저 나폴레옹의 시야 안으로 들어갔다. 1802년에 나폴레옹이 네를 오르탕스의 친한 친구 아글라에 오귀르(Aglae Augure)의 적당한 배우자로 선택한 것이다. 네는 결혼하고 나자 아내를 제1통령의 침대에 들여보내 진정한 권력자가 되고자 했다. 계획이 뜻대로 되지 않자 네는 보나파르트에게 불만을 품었다. 그 코르시카인이 자신을 오쟁이 진 남편으로 만드는 데 동의하지 않았기 때문이다.
　알기 쉽게 말하자면 네는 독불장군이었던 원수들 중에서도 가장 까다로운 사람이었다. 가장 훌륭한 사람은 상(上)이집트에서 드제와 함께 빛나는 전과를 올린 다부였다. 드제와 다부는 가까운 친구였으며, 나폴레옹이 드제를 진심으로 좋아했기에 다부는 이 연줄과 클레베르에 대한 혐오, 뛰어난 군사적 재능으로 나폴레옹의 호감을 얻었다. 진정한 전쟁 용사요 사교 생활이라곤 거의 할 여유가 없었던 다부는 금전 문제에서 양심적이고 정직했으며 훗날 부리엔이 함부르크에서 벌인 밀수 행위를 폭로해 그와 철천지원수가 되었다. 다부는 집중력이 뛰어난 엄격한 감독자로서 나폴레옹 다음으로는 누구에게도 뒤지지 않아 바보들을 기꺼이 내버려 두는 일이 없었고 겉으로만 하는 척하는 엉터리들을 알아보는 눈이 뛰어났다. 다부는 뮈라를 경멸했으며 베르나도트를 제대로 간파했고(베르나도트와는 잊을 수 없는 싸움을 했다) 돈이라면 사족을 못 쓰는 브륀과 오래도록 대립했다.

란은 친구인 오주로처럼 정력적인 인물로서 나폴레옹에게 엄청난 총애를 받았다. 나폴레옹은 란과 뮈라 사이의 혹독한 증오를 은밀히 즐겼다. 란은 대단한 허풍쟁이였지만 군사적 재능이라고는 눈곱만큼도 없는 마르몽보다는 진실했다. 마르몽은 오로지 나폴레옹의 후원에 힘입어 출세했는데도 은혜를 배신으로 갚았다. 반대로 모르티에는 눈에 띄게 충성했다. 키가 190센티미터나 되는 모르티에는 원수들 중 유일하게 영어를 할 줄 알았고, 1803년에 하노버를 효과적으로 점령해 나폴레옹의 마음에 들었다. 모르티에는 특이하게도 황제와도 잘 지내고 황제의 숙적 베르나도트와도 잘 지냈다. 반면 몽세는 나폴레옹 밑에서 일한 적이 없을뿐더러 쫓겨난 모로와 처형당한 피슈그뤼와도 친밀했다. 몽세의 임명은 정치적 제스처나 균형 잡기의 가장 분명한 사례였으며 앙기앵 공작 사건 직후였기에 황제로서는 재빨리 조처한 것이었다. 그러나 균형 잡기로서 더욱 인상적이었던 조치는 양측에서 공히 성실한 사람을, 즉 총신 중에서는 다부를, 라인 방면군 파벌 중에서는 주르당을 승진시킨 일이었다.

원수들 중에서 나폴레옹과 사적으로 가장 가까운 자는 일찍이 1796년 6월에 보나파르트의 호위대인 '정찰대'(훗날 제국근위대의 핵심)의 수장으로 뽑혔던 베시에르였다. 베시에르는 1801년에 뮈라와 한편에 서서 란과는 불구대천의 원수가 되었다. 란은 통령근위대 사령관이었고 따라서 근위대와 정찰대가 통합되어 신설된 기구의 수장으로 가장 적합했다. 그러나 란이 1801년에 근위대 예산을 3만 프랑이나 더 썼다고 베시에르가 나폴레옹에게 폭로하자 제1통령은 란을 포르투갈 대사로 쫓아버리고 대신 베시에르를 임명했다. 베시에르의 아내 아델 라페리에르는 나폴레옹과 조제핀이 둘 다 좋아했기에, 근위대 사령관은 아무런 해도 입지 않았다. 그러나 베시에르에게는 군사적 능력을 전혀 갖추지 못한 하잘것없는 사람이라는 소문이 끊이지 않았고, 분노한 란은 그런 소문을 더욱 부추겼다.

　나폴레옹의 군사적 위업에서 큰 역할을 하게 될 원수들은 뮈라와 란, 네, 다부, 마세나, 베르나도트, 베르티에, 술트로 대체로 일찍부터 나폴레옹과 연합한 자들이었다. 베시에르는 근위대를 감독했고, 켈레르만과 르페브르는 보나파르트의 생애에서 중요한 역할을 하지 않았으며, 페리뇽과 세리뤼에는 나폴레옹의 관점에서는 언제나 정치적 균형추일 뿐이었고, 반면 브륀과 주르당, 오주로는 군사적으로 중요한 인물이었으나 차츰 그런 위치를 잃었다. 몽세와 모르티에는 말년을 나폴레옹과 떨어져 반도 전쟁을 치르며 보냈다. 정치적 고려에서 임명한 것보다 더욱 당혹스러운 일은 확실한 후보 몇 명이 임명되지 않았다는 사실이다. 우정의 법칙에 따르면 쥐노는 분명 승진해야 했으나 지나치게 자주 경솔한 발언을 쏟아냈다. 수셰는 결국 1811년에 원수가 되고 지휘관들 중 가장 훌륭하다는 인정을 받지만, 이때는 황제에게 낮은 평가를 받았다. 수셰는 쥘리와 데지레의 조카와 결혼해 가족에 준하는 자격이 있었지만 그의 경력에는 두 가지 사고가 있었다. 1800년 제2차 이탈리아 전쟁 중에 영향력이 큰 마세나와 사이

제국 원수 장 란과 베시에르. 란과 베시에르는 사이가 좋지 않았는데 나폴레옹은 장군들 간의 적대 관계를 적절히 이용하여 '분할 통치'하는 기법을 썼다.

가 틀어졌고, 1798년에는 이집트에 함께 가자는 나폴레옹의 제안을 거절했는데 이것이 더욱 심각했다.

원수직 창설은 나폴레옹의 새로운 귀족 제도 구축에서 전부는 아니지만 가장 중요한 국면이었다. 대관식 다음 날 전날의 행복감이 퇴조해 기분이 우울한 황제는 해군장관 데크레에게 말했다. "너무 늦었어. 위대한 일은 남은 것이 없어. …… 알렉산드로스를 봐. 오리엔트를 정복하고 여러 민족에게 제우스의 아들로 선포되자 오리엔트 전체가 그것을 믿었지. …… 아리스토텔레스와 아테네의 몇몇 공론가들만 빼고. 나는 어떤가, 내가 지금 당장 스스로 영원한 창조주의 아들이라고 선언한다면. …… 입이 건 아낙 중에 내가 지나갈 때 야유하지 않을 사람은 없어."

알렉산드로스 대왕은 나폴레옹의 마음속에 여러 방식으로 나타났다. 나폴레옹이 한편으로는 명사들과 귀국한 망명귀족들을 융합하고 한편으로는 가족과 유럽의 다른 군주들을 결혼시켜 새로운 귀족을 일으킴으로써 마케도니아의 위대한 정복자를 모방하려 했다. 알렉산

드로스가 마케도니아인 병사들과 페르시아 여자들의 집단 결혼을 명령한 일은 유명하다. 프랑스에 군주제 형태의 정권이 다시 등장하면서 동시에 귀족도 어느 정도는 형성되었다. 1806년 3월 법령으로 나폴레옹의 가족은 황실 가족만을 위한 직함을 얻었고, 1808년 3월에는 자작과 후작을 제외한 과거의 작위들이 회복되었다. 원로원 의원과 국가참사원 의원, 입법부 의장들, 대주교는 자동으로 백작이 되었고, 선거인단 의장과 최고법원 판사, 감사관, 몇몇 대도시 시장은 '남작' 작위를 받았다. 1814년이면 공작 31명, 백작 450명, 남작 1,500명에 남작과 비슷한 수의 기사가 존재했다.

새로운 제국 귀족은 군인과 공직자, 명사들로 충원되었고 군인이 가장 많았다. 작위는 군사적 봉사나 문관 근무에 대한 보상이었지만, 작위에 수반된 부수입은 매우 다양했다. 제국 귀족은 봉건적 특권이 없고 세금을 납부해야 했으며 국법 적용을 면제받지 않았다. 일부 작위는 부수적인 소득이나 재산이 따르지 않으나, 직책에 덧붙은 부수입은 어쨌거나 국고에서 지불되었으므로 제국 재정의 건전성에 의존했다. 그러므로 제국이 잘 되어야 귀족들에게도 좋았다. 작위는 개인의 것이지만, 일부 작위에는 세습재산(majorat)이 부여되었고 그런 경우 작위와 세습재산 둘 다 양도할 수 있었다. 세습재산의 양은 특정 작위에 따라 달랐으며 저당권이 설정되지 않은 부동산이나 프랑스은행의 주식, 공채의 형태로 주어질 수 있었다. 그렇지만 원로원 의원에게 준 세습재산권(senatorerie)은 즉각 이름만 빼고는 사실상 봉건제로 복귀하는 것이 아닌가 하는 두려움을 불러일으켰고 당연히 기뻐해야 할 수혜자들에게도 인기가 없었다. 몇몇 의원들이 널리 흩어진 땅에서 수입이 들어오는 탓에 징수가 어렵다는 사실을 알고는 실망했던 것이다.

나폴레옹은 프랑스 내의 모든 권력과 부는 제국 정부로부터 나오거나 제국 정부의 선물이어야 한다는 점을 단호히 했다. 나폴레옹은 명사들을 제멋대로 하도록 내버려 두면 몰래 사실상 강력한 귀족 집단이 될지도 모른다고 걱정했기에 새로운 귀족 제도로 명사들의 주의를 흩뜨리고자 했다. 새로운 귀족 제도는 정치적 자유 상실에 대한 보상으로 일종의 뇌물이었으며 나폴레옹은 명사들이 이를 수용하리라고 보았다. 나폴레옹은 선동하듯 선언했다. "국가귀족 제도는 평등 관념에 위배되지 않으며, 사회 질서 유지에 필요하다." 특권의 세습이 사회적 평등과 능력주의에 나쁘게 작용하지 않는다는 나폴레옹의 생각은 혁명 원리가 얼마나 타락했는지 보여줄 뿐이다. 나폴레옹은 수많은 자코뱅파 전력자들에게 세습귀족이 평등이라는 혁명 이념과 충돌하는지 물었더니 모두 아니라고 답했다고 주장했다. 이 자코뱅들이 베르나도트 같은 부류였으리라고 추정할 수밖에 없다. 베르나도트는 여전히 과격한 공화주의 원칙을 토로하면서도 이때쯤이면 여물통에 주둥이를 단단히 처박고 있었다.

새로운 귀족 사회를 만들어낸다는 나폴레옹의 목적은 처음부터 결함이 있었다. 나폴레옹은 실력을 갖춘 엘리트층을 끌어들여 봉건제를 파괴하려 했는데, 세습재산을 주지 않고 상속을 금지했다면 이런 의도가 더욱 강한 설득력을 발휘했을 것이다. 어쨌든 귀족 제도가 창설되자 농민은 봉건제가 다시 돌아온다고 두려워했다. 프랑스와 유럽 다른 나라들의 이데올로기 차이를 줄이려는 시도 또한 비참한 실패로 돌아갔다. 나폴레옹 가족과 구체제 왕조들 사이의 통혼은 협박을 당한 유럽 왕가들이 수용할 수는 있었지만, 이들은 근본적으로 보나파르트를 증오하고 경멸했다. 스탕달은 황제에 관해 이렇게 말했다. "나폴레옹은 벼락출세한 사람이라면 누구에게나 있는 결점을 지녔다. 자신이 과거에 속했던 계급의 견해를 너무 굳세게 견지하고 있는 것이다."

혁명의 수혜자와 구체제 귀족들의 화해라는 나폴레옹의 세 번째 목적에는 인간의 본성에 대한 지나친 낙관론이 담겨 있었다. 평소 그토록 냉소적이고 회의적이던 사람으로서는 놀랄 정도의 맹점이었다. 두 귀족사회는 서로 멸시의 시선으로 바라보았다. 이는 통혼으로도 진정될 수 없었던 바, 국유재산 문제 때문에 두 집단은 화해할 수 없는 의견 차이로 분열했다. 명사들과 브뤼메르파 부르주아는 말하자면 부정한 수단으로 귀족주의 원리를 재도입하는 데 분개했다. 금융과 재정 엘리트는 능력만으로 거둔 성취를 자랑스러워했는데 새로운 귀족 제도로 지위가 하락했다고 느꼈다. 한편 소상점주와 프티 부르주아는 정치적 자유를 박탈당했는데도 아무런 보상을 받지 못했다. 1807년경 명사들은 여전히 나폴레옹이 전쟁에서 지면 왕당파가 복귀할 것이라 염려했고 그래서 나폴레옹에게 집착했다. 명사들은 제국으로부터 얻은 이득을 공고히 할 시간이 필요했기에, 나폴레옹을 버릴 생각을 하기 전까지는 새로운 정권 체제에서 이익을 유지하려 했다. 그러나 황제와 명사들 사이에 깊은 사랑은 없었다.

보나파르트와 귀국한 왕당파 사이의 애정은 이만도 못했다. 돌아온 왕당파는 작위를 받아들이긴 했으나 황제가 스스로 망해서 자신들의 때가 오기만을 기다렸다. 마지막으로 평민에서 귀족으로 진정으로 출세한 자들이 최고로 배은망덕한 인간들이었다. 이들은 은혜를 베푼 자의 후의에 감사하기는커녕 늘 돈을 챙기고 약탈할 기회만 찾았다. 약탈하는 원수들과 미천한 사회적 출신 사이에는 명백한 상관 관계가 있다. 카스틸리오네 공작 오주로는 보병 출신이었고, 리볼리 공작 마세나는 행상인이었으며, 몬테벨로 공작 란은 한때 염색공의 조수였고, 단치히 공작 네는 제분업자와 세탁부의 아들이었다. 나폴레옹은 구체제의 직함을 동경하는 동시에 빈민 출신을 귀족으로 출세시켰는데 그 사이에 근본적 모순이 존재한다는 사실을 전혀 이해하지 못했다.

그렇지만 나폴레옹이 새로운 귀족 제도의 망을 통해 명사들을 제국에 결속시킨 방식은 한 가지 명백한 결과를 가져왔다. 나폴레옹은 점차 자신의 권력을 여전히 방해하는 통령정부부터 이어진 헌법적 장치 없이 지낼 수 있게 되었다. 실상 나폴레옹은 통치 기구를 부차적인 기관으로 축소시켰다. 내각은 역할이 축소되어 단순한 행정부로 전락했다. 따라서 장관들의 문서는 전부 황제의 책상을 거쳤다. 의회는 통령정부에서는 행정부를 견제하는 균형추였으나 점차 축소되었다. 성가신 호민원은 1807년에 폐지되었으며, 원로원은 황제의 결정을 그대로 승인했다. 하원(입법원)은 후보 선출 책임을 맡은 선거인단의 참석률이 크게 떨어져 빠른 속도로 한바탕의 소극으로 변질되었다. 실상은 이미 확정된 결과에 선거인들이 기분이 상했던 것이다. 국가참사원은 통령정부에서 중요했으나 영향력을 거의 상실했다. 나폴레옹은 국가참사원 회의에 이따금씩만 참석했으며 의원들의 말을 듣지 않고 결정을 내렸다. 때로는 사소한 문제들에서 의원들의 뜻에 굴복해 환심을 사기도 했다.

언제나 분할 통치의 신봉자였던 나폴레옹은 프랑스를 더 많은 단위로 분할해 행정을 복잡하게 만들고 권력을 더욱 단단히 중앙에 집중하면서도 권력을 위임하는 척했다. 지역 의회는 점차 제거되고 아롱디스망(arrondissement, 구 또는 군)을 토대로 하는 '집행부(Direction général)'가 중요해졌다. 그러나 나폴레옹의 중앙집권 정책에서 핵심은 통치위원회였다. 통치위원회는 일종의 내각으로서 매주 월요일과 목요일, 토요일에 모여 오랜 시간(때로는 오전 9시부터 오후 7시까지) 특정한 문제, 예를 들면 해군의 상황이나 군대 예산, 도로와 교량 상황 따위를 심사했다. 통치위원회에는 국가참사원 의원들과 각 부서의 수장, 직무 전문가들이 소환되었다. 모두 의견을 제시하라는 권유를 받았지만 결정은 황제가 홀로 내렸다. 명사들은 통치위원회를 싫어했다. 위원회가 지방 정부를 무시했기 때문이다. 이를테면 파리 시예산은 명사들이 지배한 파리 시의회가 검토하기도 전에 통치위원회가 결정했다.

다른 기관들은 모두 훨씬 더 실질적인 권한과 영향력을 잃었다. 매주 수요일 모였던 각의는 곧 단순한 잡담 장소로 변했다. 나폴레옹이 전문가의 조언을 구한 적이 있다면, 이는 이론적으로나 헌법적으로 다른 견해를 들어야 할 의무가 있을 때에도 원로원의 결의(sanatus consultum) 초안을 수정하려는 교활한 책략이었지 문제의 실질적인 본질을 논의하기 위한 것이 아니었다. 나폴레옹은 하찮고 사소한 문제들에 관해서도 권한을 위임하는 것이 불가능하다고 생각했고 고집스럽게 직접 결정을 내렸다. 모든 일에 관여하려는 나폴레옹의 고집 때문에 통치 기구는 거의 붕괴 직전에 이르렀다. 간접적인 증거는 1813년 라이프치히 전투 때 나타났다. 나폴레옹은 목숨을 걸고 싸우는 중에도 생말로 행정관들의 비용을 승인해 달라는 긴급한 요청을 받았다.

제국의 귀족 제도에 잠복된 불만은 한동안은 명사들 사이에서 표명되지 않았다. 초기의 문제는 나폴레옹이 가문의 총애하는 남녀를 영향력 있는 자리에 앉히거나 왕조 간 결혼을 성사시키면서 다른 친족들이 이를 질시해 더 많은 특권을 떠들썩하게 요구한 일이었다. 이러한 광기는 나폴레옹이 이탈리아에서 개선 행진을 하던 1805년 4월 초에서 7월 중순까지 14주 동안 명백하게 드러났다.

나폴레옹은 이탈리아의 왕이자 황제로 즉위하려는 계획의 첫 단계로 퐁텐블로를 출발해 트루아와 마콩, 부르를 거쳐 리옹으로 남진했다. 리옹에서 한 주를 체류한 뒤 샹베리와 모단을 거쳐 토리노에 도착한 나폴레옹은 두 주를 머문 뒤 5월 8일 밀라노에 입성해 승리를 축하했다. 두 번째 대관식이 거행된 후, 나폴레옹은 스물세 살짜리 양아들 외젠 드 보아르네를 이탈리아 부왕(副王, viceroi)으로 임명했다. 이 일로 특별히 분개한 자들은 이탈리아를 좌우할 권력자가 되려는 목표를 세우고 있던 뮈라 부부였다. 이 욕심 많은 부부의 탐욕은 타협을 몰랐다. 1805년 정초 나폴레옹은 카롤린에게 20만 프랑의

황제 나폴레옹(1805년, 안드레아 아피아니의 그림).

선물을 주었고, 카롤린의 둘째 딸이 태어났을 때는 엘리제 궁과 함께
100만 프랑을 더 주어 그곳의 임차권을 모조리 매입할 수 있게 했다.
카롤린은 게다가 왕실 비용 수급자 명부에 올라 연간 24만 프랑의
수당을 받았고, 뮈라의 공식 소득도 70만 프랑에 달했다. 뮈라 부부
는 토지와 투자액을 합쳐 제국 첫 해에 150만 프랑의 수입을 올렸다.
그러나 두 사람은 여전히 만족하지 못했고, 위험하고 지칠 줄 모르는
모사꾼인 카롤린은 황제에 대한 영향력을 확대하기로 마음먹었다.

제국과 제국의 영향력은 보나파르트 가문과 보아르네 가문의 오
랜 반목을 새로운 정점으로 끌어올렸다. 황제는 조제핀에게 공공연

히 적의를 드러내는 시끄러운 엘리자를 제거하기 위해 1805년 3월 엘리자를 루카-피옴비노 공국의 세습 여군주로 삼았다. 그렇지만 이 일은 자매들의 노여움을 사 새로운 질투를 낳았을 뿐이고, 카롤린도 폴린 보르게세를 몹시 싫어했기에 일은 더욱 복잡해졌다. 여동생들을 처리하느라 쩔쩔매던 나폴레옹은 어머니를 한편으로 만들기로 결심하고 모후에게 자존심을 세워줄 만한 것들을 새로 수여했다. 나폴레옹은 어머니에게 일꾼들을 넉넉하게 제공했다. 코스브리사크 공작을 시종장으로 삼고 시종 200명을 주었으며, 주교 1명과 대리 지도 신부 2명으로 고해신부를 삼고, 남작 1명을 비서로 주고, 시녀 9명을 주고, 루이 16세를 섬겼던 시동 1명을 마부로 주었다. 레티치아는 터무니없게도 궁을 유지하는 데 드는 비용에 불평을 터뜨렸다. 나폴레옹은 레티치아가 병적으로 인색하다는 사실을 알기에 뤼시앵한테서 오텔 드 브리엔을 사들여 파리의 거처로 삼도록 해 어머니에게 풍족한 자금을 주었다. 레티치아는 교외의 거처로 그랑트리아농*의 한 칸을 소유하고 있었으며, 그랑트리아농에서 흠을 발견하자 트루아 인근 퐁쉬르센의 거대한 17세기 성을 차지했고 가구를 들이고 치장하는 비용은 모두 나폴레옹에게 떠넘겼다.

모후는 또한 코르시카에서 사실상 나폴레옹의 총독이었다. 섬에서는 레티치아의 허락 없이는 어떤 일도 가능하지 않았다. 전설적인 구두쇠였던 레티치아는 기이하게도 왕실의 자선을 담당하고 있었다. 레티치아는 여전히 가족을 쇠몽둥이로 다스리려 했지만, 결국 황제의 후한 선물에 넘어가 뤼시앵에게 아내를 포기하도록 하려는 나폴레옹의 싸움에 합세했다. 나폴레옹은 제롬과 베치 패터슨을 헤어지게 했듯이 뤼시앵 부부도 떼어놓기를 원했지만 반항적인 뤼시앵은 굴복하지 않았다. 어머니의 압력도 뤼시앵을 흔들지 못했다. 한편 레

그랑트리아농(Grand Trianon) 루이 14세의 요청에 따라 베르사유 궁의 북서쪽 끝에 세워진 은신처.

티치아는 계속해서 조제핀을 공격했지만 효과는 없었다. 황후는 남편을 염탐하지 않고 남편의 밀통에 관해 법석을 떨지 않을 때에는 이상하리만큼 흥청망청 옷을 사대고 원예에 빠져 위안을 찾았다. 조제핀은 말메종의 정원을 진정한 식물의 낙원으로 탈바꿈시켰고, 1805년 3월 루이와 오르탕스의 둘째 아들 세례식에 참석해 자신이 여전히 무시할 수 없는 유력자임을 입증했다. 이 아이는 일찍이 왕세자의 세례에 이용되었던 의식에서 페슈 추기경의 주재로 나폴레옹이라는 세례명을 받았는데 루이와 오르탕스의 사랑 없는 불행한 결혼에서 표면상 유일하게 즐거운 신호였다.

보나파르트 자매들 중 나폴레옹과 가장 친밀한 이는 폴린이었다. 폴린은 나폴레옹이 인정할 만한 부류의 여인이었다. 폴린은 순전히 쾌락을 위해 살아가는 관능주의자로서 옷이나 파티, 무도회, 연인 같은 것들에서 즐거움을 찾았다. 폴린이 대단한 미인이었으며 엉뚱한 기행으로 가십 신문에 부단히 소재를 제공했다는 데에는 이의가 없다. 폴린은 네로의 아내 메살리나처럼 우유로 목욕했는데, 파울이라는 거구의 흑인 노예가 욕조에 우유를 쏟아붓고 폴린을 옮겼다고 한다(소문에 따르면 파울은 아프리카에서 '왕'이었다고 한다). 폴린은 같은 이름을 쓰는 남성과 허물없이 지내는 데 대해 충고를 듣자 그 자리에서 이렇게 대답했다. "니그로는 남자가 아니야."

폴린의 뚱뚱한 남편은 곧 제국근위대 기마척탄병연대 연대장으로 떠났기에 폴린이 향락과 추문으로 가득한 생활을 하는 데 장애물은 없었다. 폴린은 모성이 부족해서 르클레르에게서 얻은 유일한 아들 데르미드 루이가 여덟 살의 나이로 삶을 마감할 때 곁을 지키지 않았고, 그래서 황실 가족의 이미지를 걱정해 눈물로 밤을 지새우며 아들 곁을 지킨 여인이라는 거짓 선전으로 피해를 벌충해야 했다. 폴린은 1805년에서 1807년까지 보통 베르사유의 프티트리아농*에서 주요 연인인(유일한 연인은 아니었다) 오귀스트 드 포르뱅 백작의 품에 안겨 지냈다. 재산을 잃은 귀족이었던 포르뱅은 영국 역사가 기번(Edward Gibbon)이 말했듯이 '거대한 물건'으로 호감을 샀다.

폴린의 성적 기행이 이와 같았기에 보나파르트파의 선전이 무색하게도 사건은 필연적이었고 폴린의 이름은 오빠의 이름과 연결되었다. 1814~1815년에 루이 18세의 치안장관을 지내는 뵈뇨(Jacques Claude Beugnot)는 나폴레옹과 폴린이 근친상간 관계였다는, 제정 때 떠돌던 소문을 널리 퍼뜨렸다. 1806년에 조제핀이 프랑스 학자 콩스탕 볼네에게 무심결에 그런 비난의 말을 내뱉으면서 소문이 퍼진 것으로 추정된다. 이런 주장이 거짓이라는 것은 확실하다. 정황 증거로 보면 얘기는 완전히 와전되었다. 동침한 여인이라면 누구에게나 아낌없이 돈을 쓰는 것이 나폴레옹의 특성이었다(찬미자들은 나폴레옹이 관대했기 때문이라고 말하고, 적들은 나폴레옹이 모든 여자를 매춘부로 보았기 때문이라고 했다). 그러나 1815년 1월에 나폴레옹은 폴린이 빚진 커튼 값 62프랑의 지불을 거절했다.

그렇지만 중상모략 같은 소문에는 약간의 시적 정의가 있었다. 나폴레옹이 중년에 가까워지면서 폴린의 여성 음란증에 필적할 만한 남성 음란증 징후를 명백하게 드러냈기 때문이다. 뮈라 부부는 젊고 아름다운 여인들을 데려오는 뚜쟁이 역할을 해서 나폴레옹을 어느 정도 편하게 해주었다. 이제 카롤린은 조제프와 맺은 동맹이 바라는 성과를 내지 못한다고 결론 내렸다. 그래서 카롤린은 처음에는 주저했던 뮈라를 설득해 황제한테 아첨을 해서 기존 아첨꾼들을 물리치라고 했다. 뮈라 부부는 황제와 측근들을 위해 사치스러운 파티를 마련했고 황제의 불문율을 엄격하게 준수했다. 매우 민감한 더듬이를 지닌 조제핀은 아직 이유는 몰랐지만 자신을 겨냥한 뮈라 부부의 새로운 영향력을 모호하게나마 직관적으로 알아챘다.

프티트리아농(Petit Trianon) 그랑트리아농 정원 안에 있는 훨씬 더 작은 성으로 루이 15세 치세인 1762년에서 1768년 사이에 건축되었다.

황제는 서른여섯 번째 생일이 다가오면서 성적인 의미로 말하자면 무르익은 과일이 되었다. 나폴레옹은 점점 더 공공연히 불륜을 저질렀고, 그 결과 조제핀과는 더욱 혹독하게 싸웠다. 1805년 4월 나폴레옹은 두 번째 대관식을 치르러 밀라노로 가는 도중에 토리노에서 약 10킬로미터 떨어진 카스텔로디스투피니에서 이름이 알려지지 않은 여성과 잠시 즐거운 시간을 보냈다. 그러나 다음번 간통은 황후를 모욕하기 위한 계산된 행동에 가까웠다. 스무 살짜리 금발 처녀 아나 로슈 드 라코스트는 조제핀의 시녀로서 책을 읽어주는 일을 맡고 있었다. 그러나 나폴레옹은 사나운 폭풍우 같은 이 연애사건에서 마음대로 하지는 못했다. 라코스트가 동시에 한 명 이상의 연인을 사귀는 능력을 입증했기 때문이다.

나폴레옹은 라코스트가 시종장 테오도르 드 티아르의 정부였다는 소문을 듣고는 자신과 새로이 정복한 여인 사이를 방해할 것이 없음을 확인하기 위해 할 수 있는 일을 다했다. 나폴레옹은 라코스트의 방 주변에 호위병들을 배치한 뒤 라코스트와 티아르의 애정 행각을 현장에서 발견하고는 망연자실했다. 화가 치민 나폴레옹은 티아르와 치욕스러운 언쟁을 벌인 후 티아르는 바티칸으로 임무를 맡겨 보내고 이어 라코스트에게 값비싼 보석을 선물해 충성을 얻었다. 티아르 사건으로 여전히 자존심이 상한 황제는 적개심의 일부를 조제핀에게 돌린 것으로 보인다. 나폴레옹이 궁에서 라코스트에게 반지를 주어 공개리에 아내를 욕보여 큰 소동이 벌어졌다는 얘기가 있기 때문이다. 조제핀이 다른 계제에 화가 나 소동을 벌이고 라코스트를 추방하라고 요구하자, 나폴레옹은 조제핀이 공식 환영회에서 자신의 정부를 받아들인다면 의전 구약에 따라 공식 활동 영역이 황후의 침실로 제한된 여자(즉 조제핀)에게 전례 없는 특권을 주겠다고 동의했다. 그러나 조제핀은 라코스트를 제거하기 위해 쓰라린 고통을 감내했다.

나폴레옹은 여전히 티아르에게 원한을 품었고 사건 직후 이탈리아에서 티아르에게 반격할 수단을 발견했다. 밀라노에서 한 달을 머문 나폴레옹은 브레시아와 베로나, 만토바, 볼로냐에서 3주를 체류한 뒤 1805년 6월 30일에서 7월 6일까지 한 주일을 제노바에서 휴식했다. 어느 날 탈레랑이 카를로타 가차니라는 무용수의 딸을 극구 칭찬하며 티아르가 현재 그 여자의 애인이라고 말했다. 나폴레옹은 티아르의 이름이 거론되자 분노에 휩싸여 화병 하나를 내동댕이치고는 냉정하게 생각에 잠겼다. 나폴레옹은 제노바에서 토리노와 리옹, 로안, 물랭, 느베르, 몽타르지를 거쳐 퐁텐블로로 돌아갈 생각이었다. 험난한 여정이 될 것이었으며, 카를로타 가차니를 새로운 정부로 데려가는 것보다 더 교묘한 일석이조는 없었다. 나폴레옹은 즉시 가차니를 라코스트 대신 조제핀의 낭독자로 임명했다. 탈레랑은 가차니가 프랑스어를 하지 못하므로 별다른 효과가 없으리라고 지적했지만, 궁정의 어느 재치 있는 자가 이탈리아어는 사랑의 언어이므로 가차니가 조제핀에게 필요한 것은 모두 알 거라고 말해 황제를 도왔다.

신이 난 나폴레옹은 티아르를 소환한 뒤 다시 오랜 시간이 걸리는 임무를 맡겨 즉시 떠나라고 명령했다. 티아르가 침울해 보이자 나폴레옹이 힐난했다. "누구라도 그대가 망신을 당했다고 생각할 거야. 필시 이유가 있겠지." 이후 나폴레옹은 티아르가 다시는 가차니 곁에 가지 못하도록 확실히 조치했다. 불운한 시종장은 먼저 오스트리아에서, 다음 달마치야에서 일했으며 결국에는 1806년에서 1807년까지 장기간의 군사 원정에 황제를 수행해야 했다. 생클루 성으로 돌아온 조제핀은 나폴레옹의 유명한 구석방에서 가차니와 남편의 불륜 현장을 급습하려 했으나, 이번에는 황제의 시종 콩스탕이 단호하게 길을 막았다.

뮈라 부부가 으뜸 패를 내놓은 것은 나폴레옹이 이탈리아에서 돌아와 가차니와 밀회를 즐기던 때였다. 두 사람은 황제에게 키가 크고 날씬하며 눈이 까맣고 가무잡잡한 엘레오노르 드뉘엘 드 라플라뉴를 소개했다. 열여덟 살의 미인 드뉘엘은 남편이 수감 중인 '생과부'였다. 그리 명석하지는 않지만 예쁘게 생긴 드뉘엘은 나폴레옹의 정부 가운데 중요한 인물이 된다. 드뉘엘은 부정한 협잡꾼 부모 밑에서 태어났고 뮈라 부부의 개인 비서로 길을 뚫었다. 뮈라가 드뉘엘을 강간했다는 엉터리 얘기가 훗날 조작되었으나, 진실을 말하자면 드뉘엘은 매우 자발적으로 뮈라의 연인이 되었다. 냉소적인 카롤린은 그런 사실에도 태연했으나, 드뉘엘이 조제핀에게 진정한 위협이 될 가능성을 엿보았다.

뮈라 부부는 계책을 실행에 옮겼다. 우선 위폐 제조 혐의로 복역 중인 남편 장 프랑수아 오노레 르벨을 매수해야 했다. 뮈라 부부는 르벨에게 아내와 이혼하는 데 동의한다면 즉시 석방될 것이라고 말했으나, 르벨은 완강하게 버텼다. 르벨은 이어 뮈라 부부의 앞잡이인 비굴한 판사 앞에 끌려갔는데, 판사는 르벨에게 이혼에 동의하지 않으면 기아나로 유배될 것이라고 말했다. 르벨은 뮈라 부부의 태도에서 두 사람이 진심이며 결코 멈추지 않으리라고 확신했다. 르벨은 이혼에 합의했으나(1806년 4월에 허가되었다) 후에 작은 책자로 사건을 공개해 보복했다.

나폴레옹은 탐욕스럽게 드뉘엘과 정사에 몰두했다. 드뉘엘은 매일 골방을 찾았고, 매번 만남 뒤에는 뮈라에게 돌아가 한 차례 섹스를 나누고 황제에 대한 염증을 토로했다. 드뉘엘은 나폴레옹이 정확히 매일 두 시간을 자신과 보내는 것을 알고 한번은 황제가 자신을 애무할 때 발로 방 안 시계의 분침을 30분 돌려놓았다. 잠시 후 시간이 되었음을 알아본 나폴레옹이 서둘러 애무를 끝내고 일어나 옷을 입고 떠났다. 나폴레옹은 드뉘엘의 이중성을 눈치채지 못했고 크게 만족한 나머지 빅투아르 거리에 집을 마련해주었다. 1806년 12월 드뉘엘은 아들을 낳았는데, 황제는 처음에는 자신의 아이로 인정했으나 나불거리는 입들과 푸셰의 밀정들이 정보를 흘렸다. 나폴레옹은 이론상 자신이 아버지일 가능성을 받아들이면서도 드뉘엘을 임신시킨 자가 뭐라라고 의심했다. 카롤린은 단지 조금 지나치게 영리했다. 그때쯤이면 오르탕스와 조제핀만이 아니라 다른 보나파르트 가족들도 드뉘엘이 표리부동하게 뮈라와도 관계를 맺고 있다는 사실을 알았다. 이들은 카롤린의 파렴치한 계획에 분노해 힘을 합해 드뉘엘이 황제의 사랑을 받지 못하도록 쫓아냈다. 그러나 그 덕에 조제핀이 배우자로 돌아오는 것이 가능해졌다.

나폴레옹은 조제핀의 조카 스테파니 드 보아르네에 대한 열정을 고상하게 순화시킬 수밖에 없었을 때 마침내 욕정 추구와 왕조 간 결혼의 야심을 일치시키는 데 성공했다. 황제가 스테파니에 대한 성적 욕망을 숨기지 못하자 궁정에는 매우 곤혹스러운 분위기가 조성되었고, 카롤린 뮈라가 격분했다. 조제핀까지도 조카의 방 밖에서 얼쩡거리는 남편의 모습을 보고 깜짝 놀랐으며 남편이 스테파니에게 궁정을 자유롭게 돌아다녀도 좋다고 허용했음을 깨달았다. 황후는 나폴레옹에게 스테파니를 정식으로 입양했으므로 스테파니와 섹스하는 것은 일종의 근친상간이며 적들은 틀림없이 그렇게 해석할 것이라고 말했다. 스테파니는 조제핀으로부터 행실에 대해 심한 말을 들은 후 나폴레옹이 마련한 바덴 공 카를 루트비히*와 왕조 간 결혼을 마지못해 받아들였으나, 처음에는 나폴레옹이 자신에게 오리라는 헛된 희망에서 합방을 거부했다. 나폴레옹은 내키지 않았지만 육욕의 본능을 억누르며 스테파니에게 자신에게 기대할 것이 없으니 바덴 공의 훌륭한 부인이 되어야 한다고 털어놓았다. 나폴레옹은 스테파니에게 싫은 결혼을 받아들이도록 브라이스가우 영지를 내렸으며 지참금으로 150만 프랑에 값하는 목걸이를 선물하고 혼수로 엄청난

바덴 공 카를 루트비히(Karl Ludwig Friedrich, 1786~1818) 1811년 6월 10일부터 죽을 때까지 바덴을 통치했다.

액수를 지불했다. 나폴레옹에게 엘레노르 드뉘엘은 손에 넣을 수 없는 스테파니의 대용물이었다는 증거가 있다.

카를 루트비히가 러시아 황후의 남동생이었으므로, 나폴레옹은 '딸'의 결혼으로 구체제의 왕조들과 유대를 더욱 돈독히 했다. 그러나 이 결합으로 보나파르트 가족이 소란스러워졌다. 특히 카롤린과 레티치아가 입에 거품을 물었다. 나폴레옹은 두 사람을 달래려고 또 막대한 금액을 하사했다. 어떻게 보면 외젠 드 보아르네와 바이에른 공주의 결혼이 보나파르트 가족을 더욱 성나게 했다. 나폴레옹이 세인트헬레나에서 구르고에게 한 이야기에 따르면, 바이에른 군주는 딸 아우구스타가 왕조 간의 정략결혼으로 헐값에 팔아버리기에는 너무 예쁘다고 생각했고 자신의 뜻을 입증하기 위해 딸을 베일을 씌워 프랑스 황제에게 데리고 왔다. 바이에른 왕이 베일을 걷어 올려 딸의 얼굴을 내보이자 나폴레옹은 당황해 어쩔 줄 몰랐고, 바이에른 왕은 나폴레옹이 한눈에 반했다고 이해했다. 양쪽이 오해를 거두었을 때, 나폴레옹은 아우구스타를 잘생기고 지적인 청년 외젠에게 소개했다. 아우구스타는 즉시 외젠을 좋아하게 되었고 아버지에게 결혼하고 싶은 생각이 간절하다고 말했다. 결혼식은 1806년 1월 14일에 거행되었다.

나폴레옹 궁정의 전반적으로 느슨한 도덕성을(나폴레옹 스스로 만든 분위기로 외부 세계에 제시된 공식적 모습과는 매우 큰 차이를 보인다) 생각하면 황실이 곧 유럽의 여러 수도에서 놀림감이 되었다는 사실은 놀랍지 않다. '코르시카인'을 벼락출세한 자로 경멸하는 독일 귀족들은 황제가 신분을 숨겼으나 독특한 몸짓과 표정으로 바로 정체가 드러난 가장무도회들을 이야기하며 키득거렸다. 술트와 마세나 같은 부정축재자들이 푸셰와 탈레랑 같은 표리부동의 귀재들과 어울리며, 베르나도트 같은 불평분자들이 폴린 보르게세 같은 여자 색정광과 정답게 지내고, 황제가 여인들과 관계하면서 색욕과 모욕을 오가는 궁정은 결코 철학자-왕의 본부가 될 수 없었다. 황실의 전체적인 양식에 밴 분위기는 건축 양식이든 여흥이든 저속함과 허식, 과시적 소비, 구체제의 시시한 짓과 무절제를 시비조로 흉내 내는 것이었다. 호화로운 새 의식들이 궁정에 도입되는 방식에, 그리고 나폴레옹이 비록 자신은 매우 서투른 사수였고 말메종에 터를 잡은 조제핀의 백조들을 쏘아 맞추는 데 애를 먹었지만 그것이 '멋'이라는 믿음에서 칭찬했던 사냥과 사격, 낚시의 에토스에는 무엇인가 애처로운 요소가 있었다. 어느 평자는 나폴레옹의 궁정을 아마추어 극단의 공연 전날 밤 리허설에서 기대할 수 있는 화려한 무질서 양식이라고 묘사했다. 나폴레옹 1세가 나중에 후손 나폴레옹 3세와 그 '사육제 제국'이 도달했던 수준으로 영락하지 않도록 막은 것은 단 하나 비상한 군사적 재능이었다. 이제 나폴레옹은 그 천재적 재능 덕에 유럽의 주인이 된다.

아우스터리츠 전투

가장 완벽한 승리

나폴레옹은 1803년 5월에 전쟁이 발발한 때부터 2년 넘게 이따금씩 영국 침공이라는 생각에 사로잡혔다. 나폴레옹의 마음은 행복감과 낙관론, 암담한 절망과 패배주의 사이를 오락가락했다. 이 시기 잦은 여행은 편히 쉬지 못하는 정신을 짐작하게 해준다. 나폴레옹은 영국 해협 항구들에 꾸준히 병력을 증강하고 물자를 보급하는 병참 문제에서 여러 차례 좌절을 겪으면서 참을성을 잃었다. 나폴레옹의 나날의 여정을 보면 기질적으로 한 가지 목표에 집중할 수 없고, 환경 때문에 집중에 방해를 받았던 인간의 갈팡질팡 행보를 드러냈다. 1803년 6월 파드칼레의 항구들을 순회한 뒤에는 곧바로 벨기에를 여행했다. 나폴레옹은 1803년 11월 불로뉴로 돌아와 보름 동안 머물렀으며 1804년 1월에 다시 두 주를 체류했다. 앙기앵 공작 사건과 황제 대관식이 그해의 대부분을 잡아먹었으나, 7월에 나폴레옹은 한 달간 영국 해협의 항구들을 둘러보았고, 이어 9월 초에 엑스라샤펠에서 두 주를 머문 뒤 후반 두 주 동안 라인란트를 순회했다. 대관식과 이후의 일들 때문에 불가피하게 오랫동안 파리에 머물러야 했지만, 1805년 4월 황제는 다시 길을 나섰다. 이번에는 밀라노에서 대관식을 거행하기 위한 14주간의 이탈리아 여행이었다. 나폴레옹은 생클루 성에 머무는 경우는 드물었고 영국 침공 시도가 절정에 이른 1805년 8월에 다시 불로뉴를 찾았다.

1798년과 1801년에 영국 습격을 예상하고 준비했던 포함과 범선이 모두 파손되거나 낡아서 쓸 수가 없었기에, 나폴레옹은 처음부터 다시 시작해야 했다. 전열함이 영국이 보유한 52척에 턱없이 못 미치는 13척뿐인데도 기가 꺾이지 않은 나폴레옹은 1801년 8월과 9월에 넬슨이 불로뉴를 습격했을 때에도 대담하게 용기를 내 병사들을 내보냈다. 그때 프랑스 해군 병사들은 많은 사상자를 내면서도 항구를 습격한 영국 특공대를 격퇴했다. 이제 나폴레옹은 됭케르크와 셰르부르에서 동시에 비밀리에 함대를 건설해 최종적으로 불로뉴에 집결시키는 정교한 계획을 구상했다. 황제는 불로뉴를 영국 침공의 가장 적절한 발판으로 결정했다. 병력은 마지막 순간에 불로뉴에 집결할 것이며, 위메뢰와 앙블르퇴즈에 작은 기지도 마련할 것이었다. 위트레흐트, 브뤼허, 생토메르, 몽트뢰유에 각각 포대를 갖춘 4개의 주요 군단이 적으로 하여금 어디에서 공격군이 출발할지 모르도록 마지막 순간까지 숨어 있고 다섯 번째 군단은 아일랜드 침공이 실제 계획인 듯 브레스트에서 대기할 예정이었다.

셰르부르 전단이 범선 20척과 포함 80척으로 구성될 예정이었던 반면, 됭케르크의 훨씬 더 큰 전단은 범선 100척과 포함 320척으로 이루어질 것이었다. 다양한 선박이 이용되었으나, 기본적으로 이물에서 고물까지 30미터에 선폭이 7미터인 거룻배 프람(prame)에 코르벳함처럼 삭구를 장착하고 24파운드 포 12문을 장착해 사용했다. 24파운드 포 3문과 8인치(20센티미터) 곡사포 1문으로 무장하고 쌍돛 범선처럼 삭구를 장착한 포함 샬루프 카노니에(chaloupe canonnière)는 작은 형태의 프람이라고 할 수 있다. 말과 탄약, 포를 수송하는 데는 돛 3개짜리 포함 바토 카노니에(bateaux canonnière)를 썼다. 소형 고깃배와 비슷한 이 포함은 선창에 마구간이 있고 뱃머리에는 24파운드 포 1문, 고물에는 곡사포 1문을 장착했다. 큰 거룻배인 페니슈 (péniche)도 있었다. 갑판을 대지 않은, 길이 18미터에 너비 3미터의 페니슈는 원래 상선이나 소형 어선으로 쓰던 배를 개조해 만들었다. 마지막으로 러그세일(사각형 모양의 돛)과 노로 추진력을 얻어 오로지 병력 수송에만 쓰는 18미터짜리 범선이 있었다.

나폴레옹은 영국을 침공할 생각으로 행복감에 부풀었던 초기에 세부 계획에 놀랄 만큼 큰 관심을 보였다. 아무리 작은 일이라도 나폴레옹의 눈을 피하지는 못했던 것 같으며, 생토메르에서 술트 원수는 페니슈를 조종하는 병사들이 쓸 실질적인 훈련 교범을 받고는 깜짝 놀랐다. 키잡이에게나 일어날 법한 일들을 세세하게 다루었기 때문이다. 나폴레옹은 동맹국인 네덜란드, 에스파냐, 포르투갈을 압박해 침공 비용을 마련했는데도 막대한 자금을 대기에 충분하지 않자 결국 15퍼센트라는 엄청나게 비싼 이자로 공채를 발행했다. 당시 선주들이 받은 운임에서 어느 정도 비용을 유추할 수 있다. 선박 한 척을 쓰는 비용은 프람은 7만 프랑이었고, 샬루프 카노니에는 3만 5천 프랑, 바토 카노니에는 1만 8천 프랑에서 2만 3천 프랑, 페니슈는 1만 2천 프랑에서 1만 5천 프랑이었다.

여전히 확신에 찬 나폴레옹은 자신의 군대를 '영국 방면군(Armée de l'Angleterre)'*이라 칭했고, 캉바세레스에게 자신이 맑은 날 앙블르퇴즈에서 바다 건너 영국 해변을 살펴보았으며 영국 해협은 "누구라도 배짱만 있으면 즉시 건널 수 있는 도랑"이라고 썼다. 한 주 뒤 나폴레옹은 툴롱의 강톰 제독에게 편지를 보냈다. "날씨만 좋다면 야밤에 여덟 시간이면 세상의 운명을 결정할 수 있을 것이다." 1803년 10월 해군장관 데크레는 함대가 온갖 종류의 선박 1,367척을 보유했다고 보고했다. 주요 출항 항구는 수심을 깊게 해 개선했고, 불로뉴

─────────────
* 다른 이름은 대양 방면군(Armée des côtes de l'Océan)이었다.

15장 아우스터리츠 전투 ・

에서 단 한 번의 조수에 공격 부대를 출발시키는 문제는 방파제와 보를 건설해 해결했다. 1745년과 1759년, 1798년에는 이 문제로 프랑스의 침공 기도가 힘들었다.*

그러나 이 단계에서도 나폴레옹은 결국은 자신의 거대한 계획들을 실패로 몰아갈 근본적인 문제를 매듭짓지 못했다. 한마디로 말해 그는 해군은 육군이 군사 훈련이나 실제 작전에서 하듯이 전쟁의 한 무대에서 다른 무대로 쉽게 이동할 수 없다는 교훈을(직업 해군에게는 진부한 사실이다) 이해하지 못했던 것이다. 황제는 바람과 파도의 효과를 전혀 몰랐으며, 페니슈가 대서양의 큰 파도를 견디지 못한다는 사실은 어렴풋이나마 이해했지만 프람도 거친 바다에 맞설 능력이 없다는 것은 깨닫지 못했다. 강톰에게 보낸 편지에서 그럴싸하게 언급한 여덟 시간은 영국 해군의 부재와 연못처럼 잔잔한 영국 해협이라는, 도무지 있을 법하지 않은 조합을 전제로 한 것이었다. 이 계획은 어두운 겨울의 몇 달 동안에는 더욱 불가능했다.

나중에 교정하기는 했지만 나폴레옹이 초기에 저지른 또다른 실수는 지상군 15만 명과 5만 명의 해군과 보조군을 수용한 공격 함대 2천 척이 호위 함대 없이 영국 해협을 건너 상륙할 수 있다고 가정한 것이었다. 나폴레옹은 이 문제에 대해 질문을 받았을 때 자신만만하게 안개 속에 바다를 건너겠다고 했으나, 함대가 서로 볼 수 없는 상황에서 상호 협조 없이 난관을 극복하려다 보면 어떠한 혼란과 재앙이 뒤따를지 뚜렷이 인식하지 못했다. 반대에는 근거가 충분했으나 나폴레옹은 혁명의 열정과 애국심으로 억누르려 했다. 노동자 5만 명이 투입되어 영국 해협의 항구들에 계류장을 건설했고 그 과정에서 사실상 앙블르퇴즈에 새로운 항구를 만들었지만, 공격 함대의 사령관 브뤼 제독은 황제에게 열정은 훌륭하나 그렇다고 해서 문제들이 해

* 1745년의 침공은 찰스 에드워드 스튜어트가 주도한 제임스 복위파의 1745년 반란을 말하며, 1759년의 침공은 7년 전쟁 중 키브롱 만 전투에서 패해 중단된 사건을 말한다.

결되지는 않는다고 신경질적으로 지적했다.

영국은 나폴레옹이 매우 진지하다는 사실을 알았기에 의용군을 모집했고 봉화대와 마르텔로 망루*를 세웠으며, 만일의 사태에는 함대로 대처하려 했다. 넬슨이 툴롱을 포위하는 동시에 콘월리스 제독*은 브레스트를 봉쇄했다. 그동안 황제는 과거의 성공적인 영국 침공을 상기시키는 바이외 태피스트리*를 준비해 가지고 다니며 다시 한번 선전의 귀재임을 입증했다. 그러나 선전과 허위 정보라면 얕볼 수 없는 실력을 지녔던 영국은 1804년에 영리하게도 전염병 바이러스가 들어 있는 솜뭉치를 불로뉴 주변 해안에 던졌다는 소문을 퍼뜨려 그곳의 프랑스군을 공포에 빠뜨렸다. 1803년 가을 신경전의 승패는 영국 쪽으로 기우는 듯했다. 프랑스를 지지하는 로버트 에밋*의 더블린 쿠데타가 실패로 돌아갔다는 소식이 전해지면서, 브레스트에 모인 군단이 아일랜드로 갈 것 같지 않았기 때문이다.

그해 말 나폴레옹은 환상에서 깨어났다. 참모진의 작업은 모조리 음울한 결론을 가리켰다. 공격 함대는 겨울에 영국 해협을 건널 수 있을 만큼 맞바람을 뚫을 수 없었고, 날씨와 영국 해군의 방해로 항구들에서 집결 지역으로 이동하기가 매우 어려웠으며, 바람과 조류를 계산해보니 효과를 예측할 수 없는 요소들이 너무도 많았다. 그 중에는 바람이 잦아들어 함대가 바다 한가운데서 사흘 동안 옴짝달싹 못하거나 함대 전체가 불로뉴를 벗어나는 데 엿새나 걸리는 악

마르텔로 망루 나폴레옹 전쟁 때부터 대영제국 여러 나라에 건설된 작은 방어용 보루. 높이 약 12미터에 벽체를 두껍게 한 원형 구조물. 대포를 견딜 수 있었으나 19세기 후반에 강선을 갖춘 포가 등장하면서 무용지물이 되었다. 원래 제노바가 코르시카의 모르텔라곶에 방어 체계의 일환으로 1565년에 완공한 요새를 1794년에 이곳을 공격한 영국이 모방했다. 그 과정에서 이탈리아어로 망치를 뜻하는 '모르텔라'를 '마르텔로'로 잘못 옮겼다.
콘월리스(Charles Cornwallis, 1738~1805) 영국의 군인, 정치가. 미국 독립 전쟁에서 활약했다.
바이외(Bayeux) **태피스트리** 폭 50센티미터에 길이 70미터의 수를 놓은 직물. 노르망디 바이외의 박물관에 전시되어 있다. 노르만의 잉글랜드 정복 이야기를 전한다.
에밋(Robert Emmet, 1778~1803) 아일랜드 민족 지도자. 1803년에 반란에 실패한 뒤 체포되어 대역죄로 재판을 받고 처형되었다.

몽 같은 시나리오도 있었다. 1804년 1월 나폴레옹은 피할 수 없는 상황에 굴복했고 계획을 보류하라고 명령했다. 자신이 타고 영국 해협을 건널 배('르프랭스드갈Le Prince de Galles함'*)까지 선정해놓았던 나폴레옹에게는 몹시 실망스러운 일이었다. 그러나 나폴레옹은 자신의 명령이 취소가 아니라 연기일 뿐이라는 점을 강조했다. 1804년 나폴레옹은 이스탄불 주재 프랑스 대사에게 이렇게 써 보냈다. "유럽의 현 상황에서 나의 관심은 오로지 영국을 향해 있소. …… 12만 병력과 3천 척의 선박이…… 런던탑에 제국의 독수리 깃발을 꽂고자 순풍을 기다리고 있소." 나폴레옹은 불길한 징조를 믿는 사람이었지만 1월에 자신이 탄 말이 줄에 걸려 넘어지는 바람에 자신이 바다에 빠진 사건을 가볍게 여겼다. 나폴레옹은 내심 분명히 당황했을 텐데도 웃어넘기며 이렇게 말했다. "아무것도 아니야. 그저 목욕 한 번 했을 뿐이지."

1804년 7월 나폴레옹은 다시 침공 계획을 진지하게 생각하면서 우선 이전 계획이 터무니없었다는 점을 인정했다. 프랑스 함대로 영국 해군을 어떻게든 저지해야 했으며 여름에 좋은 날씨에 침공해야 했다는 것이다. 그러나 7월 20일에 일어난 놀라운 사건으로 나폴레옹이 자연이 제기하는 문제들을 아직도 완전하게 이해하지 못했음이 드러났다. 그날 강풍이 일더니 폭풍으로 바뀔 것만 같았다. 나폴레옹이 경솔하게도 예정된 관함식을 진행하라고 고집하자 브뤼 제독이 거세게 항의했다. 항의를 멈추지 않은 브뤼는 그 자리에서 해임되었다. 후임자 마공 제독(Charles René Magon de Médine, 1763~1805)은 감히 황제의 진노를 거스르지 못하고 출항 명령을 내렸다. 폭풍이 휘몰아치면서 선박들이 난파해 2천 명이 넘는 병사들이 익사했다. 황제는 격분해 해변을 활보했지만 자신의 어리석음 때문에 많은 생명이

르프랭스드갈(Le Prince de Galles) 영어로 Prince of Wales로 영국의 왕세자를 말한다.

희생된 데 양심의 가책은 내비치지 않았다.

　1804년 나폴레옹은 영국 해군과의 전략 싸움에서 승리하기 위해 두 가지 주요 전략에 몰두했다. 그러면서 자주 공표했던 견해를 입증하려고 노력했다. "여섯 시간 동안 도버 해협의 주인이 되자. 그러면 세계의 주인이 될 것이다." 첫 번째 계획의 성패는 당시 브레스트를 봉쇄하고 있던 콘월리스 제독 휘하의 영국 해군을 유인해낼 수 있는가에 달려 있었다. 강톰 제독이 콘월리스 제독을 브레스트 외곽에 묶어 둔 채 아일랜드를 향해 출항하는 동시에, 해군 원수이자 그때까지 나폴레옹 휘하의 최고 해군 지휘관이었던 라투슈트레빌이 툴롱에서 전열함 11척을 이끌고 올라와 카디스 근해에서 로슈포르 전단(이때는 빌뇌브 제독이 다른 군함 5척과 함께 지휘하고 있었다)과 합세한 뒤 대서양으로 크게 돌아가 콘월리스의 북쪽에서 서부 해역*으로 호를 그리며 들어갈 예정이었다. 라투슈트레빌은 그다음 도버 해협으로 진행해 불로뉴에서 바다를 건너는 함대를 호위할 것이었다. 이 계획은 이론적으로는 독창적이었지만, 툴롱 함대가 어떻게 안전하게 나와 넬슨의 봉쇄 함대를 피할 수 있을지는 설명하지 못했다. 라투슈트레빌은 당연히 빠져나오려 했지만 넬슨에게 밀렸다. 이 유능한 프랑스 제독이 두 달 후에 죽자 계획도 더불어 무산되었다. 빌뇌브를 탐탁지 않게 생각했던 나폴레옹은 그렇게 복잡한 계획을 이행하는 것은 자신이 마지못해 원수로 승진시킨 사람의 능력을 넘어선다고 생각했다.

　1804년 9월 나폴레옹은 다시 시도했다. 계획은 한층 더 정교했고, 전략적 상상력에는 환상적이고 프로메테우스 같은 자기 기만의 요소들도 감지된다. 전 세계를 포괄할 가능성이 충분했기 때문이다. 이 계획에서 중심은 아일랜드 침공이었으나, 이번에는 그때까지 존 불의 다른 섬*에 상륙했던 어떤 군대보다 큰 규모의 군대로 시도해야

서부 해역(Western Approaches) 브리튼 섬 서부의 직사각형 해역.

했다. 오주로 원수가 1만 6천 병력을 이끄는 사령관에 임명되었고, 강톰은 이 병력을 로크 스윌리* 주변으로 수송하라는 명령을 받았다. 황제는 어떤 경로를 따라야 할지 상세하게 일러주기까지 했다. 대서양으로 크게 돌아 들어가 서쪽에서 섬의 북쪽으로 접근해 성공리에 상륙한다는 계획이었다. 오주로의 부대가 해변에 닿으면, 강톰은 왔던 길을 되돌아와 셰르부르로 가서 영국 해협의 상황을 확인할 예정이었다. 불로뉴에서 준비가 완료되고 그랑다르메의 도하를 도울 순풍이 불면, 강톰은 불로뉴를 봉쇄하고 있는 영국 함대를 습격할 것이었다. 이 작전이 가능하지 않은 경우, 강톰은 B계획으로 전환해 도버해협을 지나 텍셀*로 가서 7척의 네덜란드 전열함에 합류한 뒤 수송선과 2만 5천 명의 추가 병력을 로크 스윌리로 이끌기로 예정되어 있었다. 이 작전은 엄청난 규모로 이루어질 프랑스의 아일랜드 침공에서 두 번째 습격이 될 터였다.

황제는 자신이 세운 계획이 수학적으로 확실하게 설득력이 있다고 기뻐했다. 그러나 이 계획들 중 하나는 접어야 했다. 무슨 뜻인가 하면, 영국과 아일랜드에 동시에 군대를 상륙시키거나, 아일랜드에 4만 명 이상을(아일랜드를 영국의 지배에서 영구적으로 빼앗아 올 싸움에 꼭 필요한 군대) 상륙시키거나 둘 중 하나만 실행해야 한다는 얘기였다. 그러나 이 원대한 전략의 갓돌에는 "푸딩에 달걀을 너무 많이 넣은" 듯한 요소가 있었다. 이는 낭만주의자가 고전주의자를 정복하고 시인이 수학자를 배반한 또 다른 사례였다. 나폴레옹은 강톰에게 내린 명령이 충분히 복잡하지 않았다는 듯이 이제는 빌뇌브가 지휘하는 툴롱 함대와 빌뇌브가 지휘했던 로슈포르 전단(이제는 미시에시 제

존 불의 다른 섬(John Bull's Other Island) 아일랜드를 뜻한다. '존 불'은 영국을 사람에 빗대 말한 것으로, 위 표현은 조지 버나드 쇼가 1904년에 발표한 희극의 제목이다.
로크 스윌리(Lough Swilly) 아일랜드 북쪽 도니골(Donegal) 주의 이니쇼웬(Inishowen) 반도 서쪽과 파나드(Fanad) 반도 사이에 놓인 협만 같은 수역.
텍셀(Texel) 네덜란드 노르트홀란트 주의 섬. 서(西)프리지아 제도에서 가장 큰 섬이다.

독*이 지휘한다)에 각각 서인도제도로 분함대를 파견하라고 명령했다. 툴롱 함대는 수리남과 네덜란드 식민지를 되찾아야 했고 여전히 크리스토프와 싸우고 있던 생도밍그로 증원군을 보내야 했으며, 이에 더해 선박 몇 척에 병력 1,500명으로 소규모 분견대를 보내 세인트헬레나를 점령하고(극적 아이러니다!) 동인도제도 교역로를 차단해야 했다. 그동안 로슈포르 전단은 도미니카와 세인트루시아를 점령하고 마르티니크와 과들루프의 프랑스 진지를 보강한 뒤 자메이카와 영국령 서인도제도를 공격할 예정이었다. 빌뇌브와 미시에시는 화룡점정으로 전략을 완성하듯 서인도제도에서 합류해 함께 유럽으로 돌아와 에스파냐 갈리시아 지방의 항구 도시 페롤과 코루냐에서 영국 해군의 봉쇄를 풀기로 했다.

웅대하나 다소 터무니없는 이 계획에서 나폴레옹의 아킬레스건이 뚜렷하게 드러난다. 단 하나의 명료한 목적에 집중하고 나머지는 배제해야 했는데 그러지 못했던 것이다. 애초 생각은 빌뇌브와 미시에시가 콘월리스를 서인도제도로 유인해(영국이 카리브해에 닥칠 위협에 대처하려고 분명 병력을 돌릴 것이기 때문이다) 강톰에게 자유롭게 다각적인 임무를 수행하게 한다는 것이었다. 페롤과 코루냐에 관한 명령은 에스파냐에 보내는, 영국에 전쟁을 선포하라는 마지막 재촉이었다. 에스파냐는 여러 달 동안 영국과 교전에 들어가야 할지 망설이고 있었다. 그러나 모든 구상이 지나치게 난해했고 계획의 각 부분이 다른 모든 부분과 연결된 까닭에 일이 잘못될 가능성이 급격하게 커지면서 계획에도 문제가 드러났다.

놀라운 사실은 나폴레옹이 계획을 거의 성사시켰으며 오로지 자연

미시에시(Édouard Jacques Burgues de Missiessy, 1756~1837) 미국 독립 전쟁 시기에 프랑스 함대를 이끌고 영국 해군과 싸운 데스탱 제독의 함대에서 복무하였다. 1793년 1월에 해군 소장에 임명되었으나, 혁명이 급진화되면서 반혁명 혐의자로 체포되기도 했다. 나폴레옹의 아이티 원정에 참여했다.

의 힘 때문에 좌절했다는 것이다. 모든 것이 이 웅대한 계획에 불리했다. 아무도 툴롱을 봉쇄하고 있는 넬슨을 끌어낼 방법을 생각하지 못했으며, 보안에는 거의 즉시 구멍이 났고, 영국 첩자들이 손쉽게 전략을 눈치 챈 까닭에 몇몇 학자들은 나폴레옹이 일찌감치 영국 침공의 희망을 포기했으며 적에게 거짓 정보를 흘리고 있다고 결론지었다. 그렇지만 1805년 1월 11일 또다시 모든 난관을 무릅쓰고 미시에시와 로슈포르 전단이 바람에 발이 묶여 움직이지 못하는 적의 봉쇄를 뚫었다. 넬슨의 군함들이 사르데냐에서 물을 공급받던 중에 빌뇌브가 툴롱을 탈출했다는 사실은 더욱 믿을 수 없는 일이었다. 넬슨은 군함들이 바다 위에 떼 지어 모여 있는데도 빌뇌브를 따라잡기는커녕 어디에 있는지도 확인할 수 없었고, 영국의 위대한 뱃사람은 처음으로 진정한 공포를 느꼈다.

그러나 빌뇌브는 순간적으로 영국의 허를 찔러 빠져나오기는 했지만 날씨에 패했다. 리옹 만에서 호되게 당한 빌뇌브는 기가 죽어 안전한 툴롱으로 몰래 되돌아갔다. 나폴레옹은 제독의 굴욕적인 실패 소식을 듣고 분노를 터뜨렸는데, 그 모습이 볼 만했다. 화산처럼 분출한 분노는 2월에 쓴 편지에서도 뚜렷하게 보인다. "처음 입은 손실에 투지가 꺾여 서둘러 귀항하기로 결정한 제독들을 어떻게 처리해야 하는가? …… 중간 돛대 몇 개가 날아가고 강풍에 약간의 사상자가 발생하는 것은 늘 벌어지는 일이다. 이틀만 날씨가 좋으면 수병들은 틀림없이 기운을 회복할 것이고 모든 일이 바로잡힐 것이다. 그러나 우리 해군의 가장 큰 고질병은 지휘관들이 지휘권에 따르는 모든 위험에 익숙하지 않다는 사실이다." 듣는 사람의 기를 죽이는 황제의 경멸은 정당했다. 빌뇌브는 제 잇속을 차리고자 변명했지만, 똑같은 폭풍을 맞고도 넬슨은 군함들이 큰 해를 입지 않고 이겨냈다는 사실 때문에 할 말이 없었다.

영국이 나폴레옹의 다음 조치를 그저 기다리지만은 않았다는 점을

영국 해군의 영웅 넬슨 제독. 1798년 나일 강의 프랑스 함대를 격침해 나폴레옹 군대를 이집트에 고립시켰던 넬슨은 1803년부터 2년간 툴롱을 봉쇄해 나폴레옹의 영국 침공을 막았다.

강조해야 한다. 영국은 나름대로 중대한 공격을 여러 차례 감행했으며, 그런 습격의 하나로 프랑스 공격 함대가 심각한 손상을 입어 계획 전체가 취소될 위험이 늘 있었다. 1803년 9월 영국 해군은 해상에서 디에프와 칼레를 포격했으나 만족스러운 결과를 얻지는 못했다. 이어 1804년 3~4월에 불로뉴 항구 입구에서 몇 척의 선박에 돌을 가득 실은 뒤 바닥에 구멍을 내 침몰시켜 항구를 봉쇄하려 했다. 그러나 이 시도는 부적절한 계획과 불리한 날씨 탓에 두통거리가 되었고 결국 상호 비난이 빗발치는 가운데 포기되었다. 10월과 11월에 불로뉴는 로켓포 공격을 받았고, 기뢰와 어뢰까지 썼는데도 성과가 없었다. 그러나 영국은 결코 포기하지 않았고, 프랑스의 침공 위협이 완전히 사라진 1805년 11월까지도 그와 같은 헛된 공격 기도를 멈추지 않았다. 영국에는 특공대와 해병대의 수륙 합동 공격을 강조한 자들이 있었지만, 7년 전쟁의 경험은 그러한 전술이 불가함을 입증했다. 오스텐더 운하를 파괴하려 했던 무익한 시도에서 1,400명을 잃었던 1798년의 경험을 생각하면 더욱 할 수 없는 일이었다. 불로뉴와 영국 해협의 다른 항구들에서 프랑스의 방어는 대단히 강력했고, 특히 일기가 나쁠 때 병력을 상륙시켰다가 다시 배에 태우는 것은 받아들일 수 없는 일로 여겨졌다.

1805년 나폴레옹은 그랑다르메가 영국 해협을 건널 수 있도록 바다에서 일시적으로 결정적 우위를 차지하기 위한 마지막 시도를 했다. 이는 여러 면에서 매우 결연한 시도였다. 그러나 나폴레옹의 전략은 이번에도 지상군 지휘에는 익숙하나 해전의 세세한 일에는 무지한, 데카르트식 선험주의자요 수학자의 작품이었다. 이때 나폴레옹이 손에 쥔 의심스러운 카드로 에스파냐 해군이 있었다. 이 카드는 1804년에는 쓸 수 없었으나, 1804년 12월 에스파냐가 결국 참전했다. 그러나 황제가 프랑스-에스파냐의 대등한 병력으로 영국 해군과 대결하려 했다는 것은 병참과 상호 협조 문제들이 뒤섞여 복잡해졌음을 의미했을 뿐이다. 대함대로 추정되는 연합군은 이제 항구 여섯 곳으로 흩어졌다. 프랑스는 툴롱과 로슈포르, 브레스트, 페롤을 맡고 에스파냐는 카디스와 카르타헤나를 맡았다.

1805년 3월 2일 나폴레옹은 그해의 야심 찬 해군 전략을 설계하는 비망록을 작성했다. 빌뇌브는 다시 툴롱의 봉쇄를 뚫을 방법을 찾고 임무를 완수할 때까지 돌아오지 말라는 명령을 받았다. 빌뇌브는 카디스와 카르타헤나에서 에스파냐 해군을 이끌고 마르티니크로 가서 미시에시와 로슈포르 전단(전함 5척과 프리깃함 3척)에 합류할 예정이었다. 빌뇌브가 전함 11척, 프리깃함 6척, 코르벳함 2척을 보유했고 에스파냐 제독 그라비나(Don Federico Carlos Gravina y Nápoli, 1756~1806)에게 전함 7척, 프리깃함 1척이 있었으니, 합류하는 시점이면 강력한 프랑스 함대가 존재할 것이었다. 그러나 나폴레옹의 생각은 역사상 최대의 프랑스-에스파냐 함대가 마르티니크에 모여야 한다는 것이었다. 강톰 제독에게도 전열함 21척으로 브레스트를 탈출해 페롤을 봉쇄하고 있는 적의 함대를 격파하고 그곳의 프랑스 군함들과 에스파냐 군함들을 마르티니크로 데려가라고 명령했다. 군함이 모두 40척이 넘는 대규모 함대는 이어 육지와 해로를 멀리하며 유럽으로 이동하기로 되어 있었다. 영국은 프랑스의 여러 전단들이 어디에 있는지 알 수 없고 마르티니크에서 합류한다는 사실은 더욱 모를 것이므로, 우에상*과 서부 해역에는 소규모 병력만 남아 형식적으로 지키고 있을 것이었다. 프랑스-에스파냐 함대는 이를 가볍게 해치운 뒤 전속력으로 불로뉴로 향해 공격 함대를 엄호할 예정이었다.

나폴레옹은 이 드라마의 마지막 장을 6월 10일과 7월 10일 사이로 예상했다. 전쟁사에서는 희망사항에 불과한 예측의 사례를 많이 찾아볼 수 있는데, 당시 나폴레옹의 예측은 가장 중대한 사례에 속한다. 그는 폭풍이나 높은 파고는 없을 것이며 영국 해군은 정확히 예측한 대로 움직일 것이고 넬슨은 프랑스-에스파냐 연합함대가 영국 해협에 진입할 때 후방 먼 곳에서 분투하고 있으리라고 추정했다. 또한 지난해의 경험을 무시하고 빌뇌브와 강통이 각각 항구에서 적군의 봉쇄를 돌파하는 데 아무런 문제가 없으리라고 추정했다. 압권은 항해의 기본 요소들을 무시했다는 점이었다. 적군이 도시 안의 프랑스군 부대를 포위하고 있다면, 당연히 구원군을 보내 봉쇄를 깨뜨릴 수 있다. 나폴레옹은 바다에서도 그러한 전술이 유효할 것이라 추정했으나, 자신의 전략이 망상이었음을 깨달아야 했다. 봉쇄를 풀러 오는 구원 함대가 서쪽에서 들어올 수 있도록 순풍이 분다면, 동시에 서쪽으로 탈출할 봉쇄된 함대에도 순풍이 불 수는 없는 일이었다.

1805년 3월 26~28일에 강통이 그야말로 분투를 했는데도 브레스트에서 벗어나는 데 실패한 것은 재앙이 임박했음을 알리는 전조였다. 그때 프랑스 제독은 항구를 봉쇄한 콜더(Sir Robert Calder,

---

우에상(Ouessant) 프랑스 서북단을 표시하는 영국 해협의 섬. 브레스트에서 16킬로미터 떨어져 있으며 어션트(Ushant)라는 영어 이름도 있다.

1745~1818) 함대와 교전을 피해야 한다는 황제의 명령에 달리 어쩔 도리가 없었다. 영국군이 한 치의 틈도 없이 봉쇄한 까닭에 4월에 한 번 더 감행했던 탈출 시도는 무산되었다. 그러나 빌뇌브는 온갖 난관을 극복하고 탈출해 카디스에서 성공리에 에스파냐 군과 합류해 4월 9일에 마르티니크로 직행했다. 카디스 근해에 정박해 있던 존 오드(Sir John Orde, 1751~1824)는 적절한 조치를 취하지 못했다. 넬슨은 적군에 대한 확실한 정보를 전달받지 못했다. 1804년에 빌뇌브가 처음 봉쇄를 뚫었을 때처럼 이번에도 넬슨의 추측은 틀렸다(1804년에 넬슨은 프랑스의 목표가 이집트라고 생각했다). 툴롱 함대의 목적이 아일랜드 침공에 앞서 브레스트의 강톰을 구출하는 데 있다고 보았던 것이다.

한편 미시에시는 1804년 전략에서 명령받은 대로 서인도제도 전역에서 습격을 감행했다. 나폴레옹은 뒤늦게 새로운 전략에서 미시에시에게 역할을 주지 않았다는 사실을 문득 깨닫고 급신을 보냈다. 마르티니크에서 빌뇌브를 기다리고 6월 말까지는 카리브해를 떠나지 말라는 명령을 내리려는 것이었다. 그러나 너무 늦었다. 명령을 전하러 간 선박이 미시에시와 엇갈렸다. 미시에시는 빌뇌브가 마르티니크에 보이지 않자 나폴레옹의 의도를 짐작으로 알아맞히려 했고 유럽으로 돌아가기로 결정했다. 사실을 말하자면 미시에시는 명백히 명령을 어겼다. 빌뇌브와 합류하라는 명령에 덧붙은 지시에는 대기 시한이 정해져 있었는데, 미시에시가 그날이 되기 전에 유럽으로 출항했기 때문이다. 미시에시가 이 일로 해임된 것은 정당했지만, 황제도 혼란에 공동 책임이 있었다.

희극 같은 실수는 계속되었다. 5월 20일 미시에시는 로슈포르에 도착해 빌뇌브가 서인도제도에서 자신과 합류하려 한다는 사실을 알았다. 엿새 전 빌뇌브는 여전히 마데이라에 있었던 넬슨보다 훨씬 앞서 마르티니크에 도착해 로슈포르 전단이 유럽으로 돌아간 것을 알게 되었다. 빌뇌브는 마르티니크에서 5주 동안 강톰을 기다리라는 명령을 받았다. 그러나 6월 4일 빌뇌브는 넬슨이 맹렬히 추격해 바베이도스에 도착했다는 사실을 알고는 즉시 유럽을 향해 떠났다. 넬슨은 점차 황제의 마음속에 감춰진 복잡한 의도를 이해했고 6월 13일에 유럽으로 출발했다. 이제 프랑스의 전략이 무엇인지는 뚜렷해졌다.

그동안 나폴레옹은 이탈리아에 있었는데 어리석게도 부하들에게 넬슨이 몹시 파손된 선박들과 지친 수병들을 데리고 아직 유럽에 있다고 큰소리를 쳤다. 태연자약함이 어느 정도였는가 하면 영국 침공으로써 의중에 두었던 세계적 전략을 밀라노와 제노바에서 통제하려는 중대한 실수를 저질렀다. 이 시도는 나폴레옹이 파리에 있었어도 능력을 넘어서는 것이었으나 정보가 도착하면 이미 쓸모가 없어지는 이탈리아에서는 공상의 세계나 마찬가지였다. 황제는 영국 침공을 파트타임 일거리로 바꾸어버려 침공에 따르는 다양한 문제들에 자멸하듯 대응한 것이나 다름없었다. 어쨌든 나폴레옹은 적을 터무니없이 얕보았다. 영국군은 넉 달 동안 빌뇌브의 소재를 파악하지 못했지만 적 해군이 보여준 몇 가지 투명한 움직임의 배후에 놓인 의도를 미루어 짐작했고 우에상에서 서부 해역에 대한 감시를 강화했다. 나폴레옹은 아무리 정교하게 속임수를 꾸며 적을 현혹하려 한다 해도 영국 해군이 영국 해협에 대한 지배력을 결코 늦추지 않으리라는 점을 조금도 깨닫지 못했다.

나폴레옹은 한동안 환상의 세계에서 지냈다. 나폴레옹은 넬슨을 유인하는 데 성공했다고 믿고 영국의 몰락이 몇 달이 아니라 몇 주면 가능하리라고 확신했다. 1805년 6월 9일 나폴레옹은 만족감에 젖어 이렇게 썼다.

만일 영국이 자기들이 지금 얼마나 중대한 게임을 하고 있는지 안다면 브레스트 봉쇄를 거둘 것이다. 그러나 어떤 예방책이 영국을 그 끔찍한 모험에서 보호할 수 있는지 나는 진실로 알지 못한다. 어떤 나라가 방어 요새도 육군도 없는 상황에서 10만 명의 경험 많은 정예부대가 해변에 상륙하는 것을 지켜보고 있어야 한다면 이는 매우 바보 같은 일이다. 이것은 전단의 걸작이다. 비용은 매우 많이 들지만, 우리가 여섯 시간 동안 바다의 주인이 되는 데 꼭 필요하다. 그리고 영국은 사라질 것이다.

그때 실제 상황을 알리는 소식이 전해졌다. 계획이 무산된 데 분노하고 좌절한 황제는 난파의 잔해로부터 무엇이라도 건지려 했다. 빌뇌브가 유럽으로 돌아오고 있다는 소식을 들은 나폴레옹은 급사를 보내 브레스트의 봉쇄를 푼 뒤 영국 해협으로 이동하라고 명령했다 (이번에도 해상 봉쇄가 육상 포위 공격과 같다고 가정했다). 나폴레옹은 아직도 봉쇄 상태에 있는 강톰에게 8월 초까지 불로뉴에서 자신과 합류하라고 명령해 어리석음을 배가했다. 나폴레옹은 어떻게 봉쇄를 풀고 자신과 합류할 수 있는지 방법을 일러주지도 않았다.

7월 19일 빌뇌브는 피니스테레 곶 앞바다에서 맹렬한 폭풍을 무릅쓰고 항해하고 있었다. 이튿날 폭풍은 지나갔으나 짙은 안개가 사방을 뒤덮어 적의 기동을 알 수 없었다. 시계만 확보되었다면 빌뇌브는 로버트 콜더의 대서양 함대를 목격했을 것이다. 콜더의 함대는 콘월리스의 브레스트 봉쇄를 깨뜨리려고 다가오는 프랑스 함대가 있으면 한판 붙으려고 기동하던 중이었다. 7월 22일 두 함대는 서로 볼 수 있는 거리 안으로 접근했다. 빌뇌브와 그라비나는 콜더와 교전에 들어갔고 4시간 반 동안 맹렬한 포격전이 이어졌다. 양쪽 다 승리했다고 주장했지만 끝을 보지 못한 충돌이었으며, 전략적 차원의 결과도 분명하지 않았다. 한편으로 빌뇌브와 그라비나는 페롤 함대와 만나 전력을 전열함 29척으로 늘렸다. 반면 콜더는 콘월리스와 합류해 브레스트 주변에서 올가미를 더욱 조였다.

그 순간 프랑스 제독 중에 천재가 있었다면 결정적인 조치를 취했을 것이다. 빌뇌브가 즉시 우에상으로 되돌아갔다면 영국 해군을 양쪽에서 협공할 수 있었을 것이다. 그렇게 되면 영국은 브레스트 봉쇄를 포기하거나 프랑스군의 영국 해협 진입을 허용할 수밖에 없었을 것이다. 콘월리스가 어느 순간에 실수를 저질러 프랑스군의 영국 해협 진입을 저지할 군함이 17척밖에 남지 않았기에 사태는 특히 위급했다. 그러나 빌뇌브는 페롤에서 어찌할 바를 몰랐고, 쓸데없이 배에 칠이나 다시 하면서 아무나 붙들고 프랑스 해군의 전술이 구식이라고 불평했다. 반면 넬슨은 7월 20일에 지브롤터에 도착했고 즉시 북쪽으로 방향을 돌려 콜더와 콘월리스에게 합류했다. 이제 36척의 군함이 영국 해협을 가로막았다. 나폴레옹이 세운 매우 복잡하게 뒤얽힌 계책의 최종 결과는 영국 해군이 정확히 나폴레옹의 침공 계획을 파괴할 지점에 완벽한 전력으로 나타났다는 사실이었다.

8월 13일 빌뇌브는 적군이 새로이 집결했음을 알고 절망에 빠져 카디스로 남진해 그곳에서 겨우 3척밖에 없는 콜링우드 제독(Cuthbert Collingwood, 1748~1810)에게 봉쇄되었다. 이 사건은 영국 해군이 프랑스 해군보다 정신적으로나 심리적으로 우위에 있음을 눈부시게 증명했다. 이런 사태의 진전을 전혀 모르는 나폴레옹은 침공 개시까지 24시간도 남지 않았다고 생각하며 8월 3일에 불로뉴에 도착했다. 그러나 퐁드브리그의 사령부에 도착했을 때 불로뉴 전대까지도 형편이 좋지 않다는 사실을 알고는 놀랐다.

수송에는 문제가 없었다. 불로뉴에 보트 1,200척이 대기했고 인근 항구들에도 1,100척이 준비를 마쳤다. 해군 위임관들은 실제로 임무를 매우 잘 수행해 병사들이 타고도 남을 만큼 배를 마련했다. 당장 이동할 준비가 된 병력은 기대했던 15만 명 중 9만 명뿐이었고, 기병대의 말은 9천 마리를 예상했으나 3천 마리뿐이었다. 그리고 문제를 해결할 시간이 2년이나 있었는데도 나폴레옹의 해군 공병들은 아직까지도 한 번의 조수에 전대를 바다로 내보낼 방법을 찾지 못했다. 함대가 영국 해협의 넓은 바다로 나가려면 여전히 세 번의 조수가 필요했으며, 따라서 영국 해군의 파괴적인 공격에 취약한 상태에 놓이는 시간이 길어졌다. 병사들은 병영과 숙영지에 2년간 갇혀 지내며 결코 오지 않을 신호를 기다린 터라 사기가 떨어질 수밖에 없었다. 지루한 생활을 견디다 못해 날뛰는 병사들과 지역 주민들 사이에 여러 차례 실랑이가 벌어졌고, 군대를 따라다니던 여인들과 현지 여인들이 1805년에 맞붙어 싸운 사건은 유명하다.《톰 존스》*에 나오는 촌락 소동 같았던 이 싸움으로 50명 넘게 죽거나 다쳤다.

　　그러나 나폴레옹의 당당한 자신감은 어떤 일에도 영향을 받지 않았다. 콩스탕은 나폴레옹이 제노바의 아름답고 매력적인 고급 창부와 즐겼다고 기록한다. 나폴레옹은 8월 23일 아침까지도 런던탑 위로 바람에 나부끼는 삼색기를 상상한다고 썼다. 그때 전령이 도착해 빌뇌브가 카디스로 퇴각했다가 봉쇄당했다는 소식을 전했다. 이번에 나폴레옹은 완전히 자제력을 잃고 미친 사람처럼 입에 거품을 물었다. 모든 사람이 다 이같이 전했다. 나폴레옹은 전례 없이 격한 분노를 토해냈고, 수하들은 뇌졸중 발작으로 이어질지도 모른다고 생각했다. 나폴레옹은 그날 밤 울화가 치밀어 몇 차례 좌절감을 토로했다. "대체 뭐하는 해군인가! 그토록 희생을 치르고도 아무것도 얻지 못했단 말인가! 빌뇌브, 영국 해협으로 들어가지 않고 카디스로 피신하다니. 이제 끝이야."

　　1805년 8월 23일 이후 나폴레옹에게 영국 침공은 결코 유효한 선택이 아니었다. 빌뇌브에게 실패의 책임을 돌린 나폴레옹은 9월 18일에 로실리 제독(François Étienne de Rosily-Mesros, 1748~1832)을 새로운 사령관으로 임명하고 빌뇌브의 해임장을 들려 카디스로 보냈다.

《톰 존스》 영국의 극작가이자 소설가인 헨리 필딩(Henry Fielding)이 1749년에 발표한 희극 소설.

영국 해군 역사에 가장 영광스러운 전투로 기록된 트라팔가르 해전. 그림은 터너의 1806년 작품.

이는 나폴레옹의 또 다른 심리적 실수로 판명되었다. 이 첩보를 접한 빌뇌브가 해임당하는 치욕을 막으려고 프랑스-에스파냐 함대를 카디스에서 끌고 나와 넬슨이 강력한 함대를 집결해놓은 지브롤터 해협의 대서양 쪽으로 이동해 사지로 들어갔던 것이다.

10월 21일에 벌어져 빌뇌브의 대패로 이어진 트라팔가르 전투는 영국 해군 역사에서 가장 영광스러운 장면에 속한다. 트라팔가르 전투는 영국과 허레이쇼 넬슨의 역사와 전설에서 지극히 중요하지만, 나폴레옹의 이야기에서는 단순한 각주에 불과하다. 트라팔가르 전투가 벌어지기 두 달 전에 영국 침공 계획을 중지했기 때문이다. 그러나 나폴레옹은 트라팔가르 전투를 떨쳐버리지 못했다. 나폴레옹은 1805년 이후 좀처럼 전함을 위험으로 내몰지 않았다. 트라팔가르 전투가 끝나고 두 주가 지난 후 전열함 4척이 더 나포되었고, 1806년 2월에는 생도밍그 외해에서 5척을 탈취당했으며, 1809년 4월에 바스크 정박지*에서 화공선의 공격을 받아 5척이 파괴되고, 같은 해 10월 지중해에서 2척이 파괴되었다. 영국과 해전을 벌이려던 황제의 불운한 시도는 이것으로 끝났다.

이러한 사례들은 영국 해군에는 드문 기회였다. 나폴레옹이 트라팔가르 해전 이후 함대를 항구에 일종의 영구적 위협으로 틀어박아놓았기 때문이다(나폴레옹이 주력함 수를 계속 늘렸기에 영국은 이를 가볍게 여기지 않았다). 신경전이 전개되는 중에 황제는 침공 소문을, 특히 아일랜드나 식민지를 침공한다는 소문을 부단히 퍼뜨렸다. 나폴레옹은 사략선들에 영국 화물을 약탈하라고 부추겼고 유럽의 중립국 함대를 확보하려 했다. 전함들을 완벽한 준비 상태로 항구에 유지시킨 나폴레옹의 현명한 정책 때문에 영국 해군은 긴장을 늦출 수 없었고 상시 경계 태세를 갖추어야만 했다. 이 일에는 천문학적 비용이 들어갔기에 더욱 의미가 깊었다. 영국은 또한 1807년에 코펜하겐에서 드러났듯이* 중립국 선박에 불법적으로 간섭할 수밖에 없는 상황에 빠져들어 외교적으로도 난처한 상황에 놓였다.

1803년에서 1805년까지 진행된 불운했던 영국 침공 시도는 본질적으로 나폴레옹이 바다와 수병들이 직면한 문제를 제대로 이해하지 못했기 때문에 실패했다. 나폴레옹은 바람과 파도를 고려하지 않고 제독들이 육상의 장군들처럼 움직이기를 기대했으며 기대를 충족시키지 못하면 용서하지 않았다. 나폴레옹은 어느 정도는 운이 없었다고 말할 수 있다. '프랑스의 넬슨'이었던 라투슈트레빌이 급작스럽게 사망해 평범한 인간들만 남았기 때문이다. 브뤼와 미시에시도 나폴

바스크 정박지(Basque Roads) 샤랑트마리팀 도에 있는 만. 서쪽에는 올레롱 섬, 북쪽에는 레 섬이 있어 감추어진 곳이다. 북동쪽 끝에 라로셸 항이 있고, 남쪽 샤랑트 강 어귀에 로슈포르가 있다.

* 1807년 프랑스와 러시아가 틸지트 조약을 체결하면서 동맹국이 되자, 위기감을 느낀 영국은 중립국이었던 덴마크에 해상 지원을 요청했다. 덴마크가 요구를 거부하자 영국은 1807년 9월 코펜하겐에 집중 포격을 퍼부어 항복을 받아냈다. 당시 영국은 나포할 수 없는 덴마크 함정들을 불태웠는데, 이에 분노한 덴마크인들은 1814년까지 발트해에서 영국 함선에 맞서 게릴라전을 펼쳤다.

레옹의 진노를 느꼈으나 빌뇌브만큼은 아니었다. 트라팔가르에서 뷔상토르함(Le Bucentaure)이 깃발을 내릴 수밖에 없게 된 후 포로가 된 빌뇌브는 1806년 4월까지 영국에 억류되어 있었다. 빌뇌브는 프랑스로 돌아왔으나 여전히 황제의 눈 밖에 나 있음을 알고는 마흔세 살에 렌에서 칼로 자결했다.

얄궂게도 나폴레옹에게 성공적인 영국 습격에 잠재적으로 가장 좋은 기회를 제공한 사람은 빌뇌브였다. 1805년 3월 엿새 동안 빌뇌브가 넬슨을 유인해 카리브해로 끌고 갔을 때, 불로뉴 반대편의 영국해협은 사실상 무방비 상태였다. 그러나 그때 나폴레옹은 함대의 호위 없이는 해협을 건널 수 없다고 확신했다. 어쨌든 나폴레옹은 3월에 불로뉴에 없었고, 황제의 침공 계획에 내재한 가장 중대한 결함은 명백히 이 점이었다. 침공 계획은 24시간 내내 한 가지에만 미친 듯 집중해야 하는 일인데도, 나폴레옹의 마음은 자주 다른 곳에 있었다. 나폴레옹이 늘 주의를 집중해야 했던 적은 영국이었다. 그러나 나폴레옹은 여러 가지 다른 사업에 머리를 썼다. 이탈리아의 왕이 되어야 했고, 신성로마제국 황제를 쓰러뜨려야 했으며, 라인연방을 창설해야 했다. 또 폴란드를 되살려야 했고, 일리리아를 제국에 병합해야 했으며, 동쪽에서는 러시아와 대결해야 했다. 나폴레옹은 영국이 가장 중요한 문제이며 영국을 무찌르려면 있는 자원을 모조리 투입해야 한다는 점을 이해했어야 했다. 예를 들면, 해군에는 대륙의 전쟁에 펑펑 썼던 비용의 10분의 1도 쓰지 않은 이유는 무엇인가? 나폴레옹은 언제나 영국 문제를 낮게 평가하고 영국을 '무대 뒤의 소음'으로 치부해 격파해야 할 대상 중에서 가장 중대한 적으로 보는 대신 계획을 가로막는 장애물 정도로 여긴 것 같다. 그러나 영국에 집중하려면 파비우스* 같은 다른 성격이 필요했다. 나폴레옹의 영웅 한니발도 로마에 맞서면서 15년간의 소모전을 기꺼이 받아들였다. 그러나 나폴레옹은 기질적으로 참을성이 없었다. 나폴레옹은 언제나 눈부신 결과를 원했고 그것도 당장 얻고자 했다.

이런 집중력 부족과 1803~1805년의 침공 계획이 가망 없이 실패로 돌아간 일 때문에 몇몇 역사가는 영국 침공이 대륙에 품은 야심을 감추려는 뜻에서 위장 공격한 것이라는 견해를 제시했다. 이런 견해에 따르면, 불로뉴에 집결한 엄청난 군대는 실제로 오스트리아와 러시아와 싸울 때 투입되었으며, 따라서 이것이 내내 황제의 의도였음이 틀림없다. 게다가 나폴레옹은 이탈리아에 대한 욕심을 결코 포기하지 않았으며 영국 문제에 집중해야 할 시점에 적극적으로 그 목표를 추구했다. 나폴레옹이 진정으로 영국을 침공하려 했다면, 실제로 오스트리아와 러시아를 도발해, 프랑스가 영국 해협을 건넜을 경우, 방비 없는 측면으로 공격을 유도했겠는가? 나아가 나폴레옹의 침공 계획을 연구한 에두아르 데브리에르는 불로뉴의 세세한 계획과 전체 전략에서 실로 기이한 모순과 실수를 수없이 찾아냈고, 결국 나폴레옹의 의도가 진지했는지 의심했다.

'위장 공격'이라는 견해는 나폴레옹이 황제 시절에 무적(無敵)과 무오류의 이미지를 선전하는 방편의 하나로 늘 조장한 것이었다. 나폴레옹은 1803~1805년에 불로뉴에서 통탄할 정도로 실패했기에, 영국 침공을 진지하게 생각한 적이 없는 척하는 것이 유리했다. 그러나 나폴레옹은 결국 세인트헬레나에서 진실을 인정했다. 나폴레옹은 매우 진지했지만 서투르게 일을 망쳐버렸다. 관련된 모든 정황 증거는 이를 증명한다. 설령 나폴레옹이 사용되지 않을 것임을 알면서도 침공 선박 2,500척에 기꺼이 수백만 프랑을 쓰려 했다고 치더라도, 함대의 작전을 엄호할 일로 고민한 것은 어떻게 설명해야 하나? 유럽 열

파비우스(Quintus Fabius Maximus Verrucosus Cunctator, **기원전 280년경~기원전 203년**) 집정관을 다섯 차례, 독재관을 두 차례 지낸 로마의 정치인. 쿵크타토르(Cunctator)라는 별명은 '늦추는 자'라는 뜻인데, 제2차 포에니 전쟁에서 한니발이 이끄는 카르타고 군대의 우세를 알고 시간을 끄는 소모전으로 상대를 지치게 하는 전술을 쓴 데서 비롯했다. 이후로 소모전 혹은 지구전법을 가리켜 '파비우스 전략'이라고 부르게 되었다.

강을 속이려는 위장 공격이었다면 빌뇌브와 강톰을 비롯한 제독들에게 영국의 방어 전단들을 서인도제도로 유인하라고 명령하지 않고도 완벽한 효과를 낼 수 있었을 것이다. 나폴레옹이 단순히 속일 생각이었다면, 그는 역사상 가장 훌륭한 배우였음에 틀림없다. 그리고 빌뇌브가 카디스로 퇴각했다는 소식을 듣고 무섭게 화를 낸 것은 배우이자 떠돌이 약장수의 저급한 속임수였을 것이다. 게다가 공격을 가장했다면 나폴레옹은 분명 불장난을 한 셈이다. 넬슨이 아직 대서양 먼 곳에 있을 때 강톰과 빌뇌브가 협력해 영국 해협으로 진입하는 것은 분명히 가능한 일이었다. 그렇게 되었더라면, 불로뉴의 '허세'는 진실로 화려하게 공개되었을 것이다.

그러나 전반적인 정치적·군사적 위기라는 관점에서 볼 때(1805년에 나폴레옹이 어떤 한 가지 목표가 다른 목표를 배제하지 않는 분산적 외교 정책을 편 결과로 직면했던 위기이다) 불로뉴에 집결한 거대한 병력이 우연히 얻은 행운이었다는 점은 분명한 사실이다. 나폴레옹은 불로뉴에 그랑다르메를 집결했을 때에도 이따금 오스만튀르크 제국을 공격하기 위한 발판으로 이탈리아의 항구 타란토와 오트란토, 브린디시를 점령할 생각을 하곤 했다. 이것은 천재의 프로메테우스적 정신이었는가, 아니면 단순히 합리적인 목표(영국 침공)와 '오리엔트 콤플렉스'에 압도된 것인가?

1805년 유럽 열강은 나폴레옹에게 인내심을 잃었고, 영국의 금이 열강들이 전쟁에 돌입하는 데 필요한 추동력을 제공했다. 그렇더라도 제3차 대프랑스 동맹의 탄생 과정은 복잡했다. 오스트리아와 러시아가 서로 매우 다른 동기로 움직였기 때문이다. 오스트리아는 나폴레옹이 제노바와 피에몬테, 엘바 섬을 병합하고 치살피나 공화국을 왕국으로 전환한 일(자신이 왕이 되었다), 그리고 나폴리를 점령하고 1805년 5월에 도발적으로 샤를마뉴 대제를 흉내 내어 밀라노 성당에서 롬바르디아 왕관으로 이탈리아 황제에 오른 일에 크게 분노했다. 이 모든 일은 뤼네빌 조약에 위배될 뿐만 아니라 새로운 땅을 병합할 때마다 영토 욕심은 이번이 마지막이라는 보증이 빈말이었음을 드러냈다. 나폴레옹의 이른바 스위스 문제 '중재'도 화를 돋우었으며, 프랑스 황제가 독일 재건에 착수했을 때 분노는 충격으로 바뀌었다. 나폴레옹은 신성로마제국을 350개의 소군주국에서 39개로 줄여버리고 스스로 이 하찮은 잔여 국가의 보증인이 되었다.

탈레랑은 오스트리아가 독일과 이탈리아에서 동시에 자국의 세력권이 그토록 심하게 침식되는 것을 한가롭게 지켜보지만은 않을 것이라고 나폴레옹에게 한 번 더 경고했다. 탈레랑은 황제가 오스트리아와의 화친을 외교 정책의 지렛대로 삼아야 한다고 주장했다. 그러지 않으면 프랑스는 결코 멈추지 않을 유럽의 전쟁에 빠져들게 되리라는 얘기였다. 탈레랑은 오스트리아에 도나우 강 어귀의 몰다비아와 왈라키아를 주겠다고 제안해 이탈리아에서 입은 손해를 받아들이게 하자고 했다. 이 제안은 이중 효과를 기대할 수 있었다. 오스트리아는 러시아에서 떨어지고 프랑스와 연합해 오스만튀르크 제국과 오리엔트를 공격하게 될 터였다. 그러나 나폴레옹은 어느 것도 원하지 않았다.

1805년에 프랑스를 향한 러시아의 감정은 여러 겹으로 훨씬 더 복잡했다. 이론적으로 보자면 러시아와 영국은 지정학적 이유로 치고받아야 마땅했다. 러시아는 발트 국가들을 탐했고 지중해에서 세력권을 얻어 숙적인 오스만튀르크 제국을 공격하고자 했다. 러시아가 몰타를 점령하도록 내버려 두어야 한다는 요구가 끊이지 않았는데, 이는 나폴레옹이 부추긴 것이었다. 그러나 영국은 해군에게 중요했던 발트 지방의 목재와 타르, 삼이 러시아의 손에 들어가는 것을 원하지 않았고, '유럽의 환자'*를 지원하는 것은 영국 외교정책의 전통이었다. 게다가 영국 무역업자들은 너무도 완강해 몰타를 포기할 수 없었다.

그밖에 차르 알렉산드르 1세는 1801년에 즉위하자마자 영국 숭배 문화를 장려했고, 유럽 외교의 주역이 되려는 러시아의 오랜 욕망을 실현하려는 뜻을 분명히 했다. 어떤 이들은 알렉산드르 1세가 유럽에 대한 극심한 열등 콤플렉스를 물려받았다고 말했다. 1804년 앙기앵 공작의 처형으로 마침내 추는 나폴레옹에게 불리하게 기울었다. 유럽 왕들의 지도자요 대변인을 자임한 알렉산드르 1세가 그 사건을 개인적인 모독으로 여겼기 때문이다. 영국은 간교하게도 차르를 부추겨 관심을 지중해에서 이탈리아와 레반트, 현대의 유고슬라비아로 이끌었다. 그 지역들은 나폴레옹이 자신의 세력권으로 생각해 결코 양보하지 않을 곳이었다. 마지막에는 돈이 효과를 보았다. 알렉산드르 1세는 영국과 체결한 금융 거래를 마다할 수 없었다. 러시아는 전장에 투입하는 병사 10만 명당 연간 125만 파운드를 받았다.

제3차 대프랑스 동맹으로 사실상 러시아는 1815년까지 유럽에서 가장 중요한 중재자로 떠올랐고 또 나폴레옹은 종종 히틀러 같은 부류로 취급되므로 이 모든 일의 지정학을 숙고하고 사실과 선전을 구분할 필요가 있다. 1805년 탈레랑은 황제의 미련스럽게 타협할 줄 모르는 성격과 온갖 일에 간섭하려는 욕망을 제대로 비난했다. 그 결말이 어떨지 내다보았던 것이다. 그러나 제3차 대프랑스 동맹의 협잡과 위선도 알아야만 한다. 영국은 어째서 '자연 국경'이라는 프랑스의 단순한 요구는 수용할 수 없다고 생각하면서 러시아가 지중해 문제에서 중재를 맡는 것은 정당하다고 보았는가? 전쟁 도발 행위를 포착하는 데 언제나 열성이었던 영국의 한 신문은 어째서 러시아가 몰타 지배를 위한 마지막 수단으로 케르키라를 점령한 것을 전쟁 도발

유럽의 환자(Sick Man of Europe) 19세기부터 20세기 초까지 서구 열강의 틈바구니에서 점차 쇠퇴하던 오스만제국을 가리키는 말로 쓰였다. 오늘날에는 유럽에서 경제적으로 심각한 문제를 겪는 나라를 가리키는 말로 쓰인다.

로 설명하지 않았는가? 영국은 1945년에 소련이 유럽의 강국으로 등장했을 때 공포심을 드러냈지만, 1805~1815년에는 미래를 만족스럽게 전망했다. 영국이 1805년 이후 러시아의 팽창주의를 옹호했을 때만큼 특별 변론이 그토록 좋은 효과를 본 적은 없었다.

러시아는 동부 지중해에 관한 영국 정부의 의도에 의심을 품었지만 1805년 4월이면 영국의 외교가 이를 불식시켰고, 피트(1804년에 다시 총리에 복귀했다)와 노보실체프* 사이에 극도로 어려운 협상이 이어진 뒤 4월 11일 상트페테르부르크에서 영국-러시아 동맹이 체결되었다. 오스트리아는 처음에는 프로이센이 중립을 지킬 경우 대프랑스 동맹에 합류하기를 주저했으나 나폴레옹이 밀라노에서 대관식을 치른 후 피트의 거미줄에 걸려들었다. 마크 폰 라이버리히 장군*을 포함해 많은 오스트리아인은 새로이 전쟁이 터진다면 프랑스를 격파할 수 있다고 자신했으며, 그래서 6월에 빈의 제국추밀원(Reichshofrat)은 피트에게 제안을 시작했다. 1805년 8월 오스트리아는 공식적으로 나폴레옹의 사보이아 강탈에 항의했고, 피트와 알렉산드르 1세와 동맹 조약을 체결했다. 탈레랑은 프로이센이 계속 중립을 지키게 하는 의미 있는 활약을 펼쳤는데, 하노버를 넘겨주어 일을 성사시켰다. 제3차 대프랑스 동맹은 그렇게 탄생했다. 제3차 대프랑스 동맹은 버거운 동맹이었다. 참여한 세 나라는 모두 서로 다른 '국가 이성'으로 움직였으며, 사적 감정도 한몫을 했다. 피트는 반(反)보나파르트 십자군에 말려들었으며, 차르 알렉산드르 1세는 과대망상증과 나폴레옹에 대한 질시로 움직였고, 오스트리아 귀족들은 갑자기 나타난 제국과 가짜 귀족들에 대한 혐오로 움직였다.

노보실체프(Nikolay Nikolayevich Novosiltsev, 1768~1838) 차르 알렉산드르 1세의 최측근이었다.
마크 폰 라이버리히(Karl Mack von Leiberich, 1752~1828) 오스트리아의 군인. 1805년 10월 울름에서 나폴레옹에게 패했다.

곧 스웨덴과 나폴리 왕국이 추가로 참여한 제3차 대프랑스 동맹의 공공연한 목적은 프랑스를 하노버와 홀란트, 북독일에서 쫓아내고 스위스와 북부 이탈리아, 나폴리에서도 몰아내는 것이 되었다. 반면 동맹 조약의 비밀 조항들에 담긴 숨은 목적은 '자연 국경'이라는 프랑스의 요구를 거부하고 1791년의 국경을 고수하는 것이었다. 궁극적인 목적은 물론 유럽을 1789년 이전 세계의 구체제로 되돌리는 것이었다. 나폴레옹은 명목상 엄청난 강적들과 대결했다. 오스트리아 군대가 25만 명이요, 러시아 군대가 추가로 20만 명을 투입할 것으로 예상되었고, 스웨덴과 나폴리, 영국이 부차적 역할을 떠맡을 예정이었는데 이 나라들이 추가로 제공하는 병력은 도합 5만 명은 될 것이었다.

나폴레옹은 이러한 열세에도 전혀 기죽지 않고 새로운 전투가 벌어질 가능성에 매우 기뻐했다. 8월 25일 나폴레옹은 뮈라에게 은밀히 정찰 임무를 맡겨 독일로 보냈고 같은 날 탈레랑에게 이렇게 써 보냈다. "주사위는 던져졌다. 작전은 시작되었다. 9월 17일에 나는 20만 병력과 함께 독일에 있을 것이다." 그러나 나폴레옹은 성급했다. 간과한 요인들이 있었던 것이다. 유럽의 전면전은 프랑스은행을 위기로 내몰았다. 나폴레옹이 출정할 때 은행 금고를 비웠다는 소문이 무성했다. 이미 재무부의 분별없는 멕시코 피아스터* 투자로 피해를 입은 은행은 이 소문에 뒤따른 공포로 더욱 곤란해졌다. 1804년에 세입이 적었던 탓에 국가는 그랑다르메의 적극적인 참전에 많은 자금을 지출할 수 없었다. 게다가 1806년에 프랑스 경제가 불황에 접어들었는데 전쟁에 그 책임이 돌아갔다. 유럽 대륙에서 대규모 전쟁을 다시 수행하는 인기 없는 정책이 전반적인 신뢰 위기를 불러왔다는 이야기였다(영국과 2년간 치른 전쟁은 프랑스 편에서는 종종 '가짜 전쟁phoney

---

피아스터(piastra, piaster) 프랑스령 인도차이나, 오스만튀르크 제국, 그란콜롬비아(Gran Colombia)에서 쓰인 화폐.

war' 같았다).

 나폴레옹은 딜레마에 빠졌다. 대중의 신뢰를 회복하려면 신속히 군사적 승리를 거두어야 하는데 한편으론 전쟁을 시작하기 전에 경제를 적절한 궤도에 올려놓으려면 파리로 돌아가야 했다. 나폴레옹은 징병에서도 기술적인 문제를 떠안고 있었다. 법정 징집 연령인 20세 미만으로 8만 명을 소집하려 했기 때문이다. 9월 3일에 불로뉴를 떠난 나폴레옹은 이틀 뒤 파리에 도착했고 군사 계획을 완성시킬 긴급조치들을 통과시키느라 3주를 머물러야 했다. 나폴레옹의 징병 제안은 대중에게나 입법부에나 똑같이 인기가 없었고, 따라서 황제는 원하는 것을 얻으려면 원로원의 결의로 필요한 법률을 제정해야 했다.

 나폴레옹은 이제 전쟁을 벌일 준비가 되었다. 그는 러시아가 합류하기 전에 오스트리아 군대를 강력하게 타격하기로 계획을 세웠고, 이를 위해 21만 병력을 최대한 빠르게 도나우 강까지 보내야 했다. 투입할 예정인 7개 군단은 각각 2개에서 4개의 보병사단, 여단이나 사단 규모의 기병대, 대포 약 40문, 공병대, 지원대로 구성되었다. 나폴레옹은 7개 군단에 더해 흉갑기병 2개 사단과 기마용기병 4개 사단, 용기병과 경기병 1개 사단씩으로 구성된 예비 기병대를 배치했다. 예비 기병대는 모두 합하면 기병 2만 2천 명이었고, 예비 포병대가 지원했다. 그밖에 제국근위대와 다양한 정예 척탄병의 분견대로 이루어진 대예비군(Grand Reserve)이 있었다. 1805년 그랑다르메의 전력은 제2선 병력까지 합하면 총 35만 명은 되었을 것이다.

 이러한 규모는 영국 침공을 위해 불로뉴에서 병력을 증강한 결과 운 좋게 빚어진 우연이었다. 오스트리아는 이것만으로도 경계해야 했지만 여러 증거가 분명하게 가리키는데도 다가올 전쟁의 주된 무대는 이탈리아가 될 것이라고 생각했다. 오스트리아는 1796년과 1800년에 나폴레옹이 이탈리아에서 싸운 이유가 순전히 상황 탓이었다는 사실을 간과하거나 잊은 듯이 이탈리아가 나폴레옹이 선택한 싸움터라고 짐작하는 듯했다. 그때는 라인 강-도나우 강 전역에 모로 같은 경쟁자들이 있었지만, 1805년에는 경쟁자라 할 장군들이 없었으며 명백히 황제의 독무대였다. 나폴레옹은 오스트리아의 공격이 북부 이탈리아 침공이나 도나우 강에서 알자스를 공격하는 형태로 이루어지리라고 예상했다. 나폴레옹은 선제공격을 가해 러시아 군대가 출현하기 전에 도나우 강에서 위험을 제거하기로 벌써 결정했다.

오스트리아가 바이에른을 침공하자 나폴레옹은 체면을 잃지 않고도 불로뉴에서 철수할 완벽한 핑계를 얻었다. 나폴레옹은 브륀에게 불로뉴의 병영을 맡겨놓고 떠났으며 그랑다르메에 9월 24일에서 25일에 라인 강을 건너라고 명령했다. 나폴레옹도 24일에 파리를 떠나 낭시를 거쳐 26일에는 스트라스부르에 있었다. 7개 군단은 각각 베르나도트, 마르몽, 다부, 술트, 란, 네, 오주로가 지휘했고 기병대는 뮈라가 지휘했다. 전군은 한 달 전 뮈라가 비밀 임무를 띠고 답사했던 여정을 따라 라인 강으로 진격했다. 오스트리아는 여전히 프랑스의 주된 공격이 이탈리아에서 벌어질 것으로 추정하고 러시아가 합류하는 데 걸릴 시간을 잘못 계산함으로써 나폴레옹을 이롭게 했다. 나폴레옹의 최신식 군대는 효율적이었던 반면, 동맹군의 지휘 계통은 어설펐다. 러시아군 사령관 쿠투조프*는 차르로부터 오스트리아 장군들이 아니라 황제 프란츠 2세로부터 명령을 받으라는 지시를 받았다. 오스트리아 군대 내부에서도 지휘 계통은 불분명했다. 프란츠 2세가 최종 결정권이 마크 장군에게 있는지 페르디난트 대공*에게 있는지 명확히 하지 않았기 때문이다.

쿠투조프(Mikhail Illarionovich Golenishchev-Kutuzov, 1745~1813) 러시아의 육군 원수. 1774년 튀르크와 벌인 전쟁에서 오른쪽 눈을 잃었다. 1805년 러시아-오스트리아 연합군의 지휘관으로서 아우스터리츠 전투에 참가하였으며, 1812년에는 러시아를 침공한 프랑스의 그랑다르메를 격퇴해 대승을 거두었다.
페르디난트 대공(Ferdinand III. Joseph Johann Baptist, Großherzog der Toskana, 1769~1824) 황제 레오폴트 2세의 아들, 프란츠 2세의 동생이다.

러시아의 미하일 쿠투조프 장군. 1805년 아우스터리츠 전투에 이어 1812년에 러시아를 침공한 나폴레옹과 다시 한 번 맞붙는다.

　그동안 나폴레옹의 계획은 모든 것이 시계태엽처럼 정확히 움직였다. 나폴레옹의 전략은 남쪽으로 선회해 마크 장군의 부대를 포위한 뒤 방향을 틀어 러시아군과 대적하는 것이었다. 마세나가 이탈리아에서 일단의 병력을 유지하기로 했고, 나폴리와 불로뉴에 소규모 부대가 남아 동맹군이 습격하면 대처하기로 했다. 그러나 전쟁의 압권은 전격적인 도나우 강 진격이 될 터였다. 전쟁사에서 이와 같은 시도는 이전에는 없었음을 강조해야만 한다. 17세기 프랑스의 위대한 명장 튀렌 자작(Henri de la Tour d'Auvergne, Vicomte de Turenne, 1611~1675)은 전략적 대기동이 가능한 병력 규모는 최대 5만 명이라는 원칙을 세웠고, 1704년 말버러가 도나우 강으로 돌진한 유명한 기동*에서도 병력은 4만 명을 넘지 않았다. 나폴레옹의 착상에 담긴 독창성은 대규모 병력으로 기동전을 시도한다는 데 있었다. 나폴레옹

1704년 말버러의 도나우 강 기동 말버러 공작 1세 존 처칠(John Churchill, 1st Duke of Marlborough, 1650~1722)은 영국의 유명한 군인이자 정치가로서 에스파냐 왕위 계승 전쟁에서 사실상 동맹군의 사령관이 되어 여러 차례 승리를 거두었다. 이 경우는 저지대국가에서 도나우 강까지 약 400킬로미터를 5주 만에 주파했던 블렌하임 전투를 말한다.

이 21만 병력을 7개의 독립적인 군단으로 나눈 것은 이러한 난제를 해결하기 위함이었다.

그랑다르메의 좌익은 하노버와 위트레흐트에서 빠져나와 집결지인 뷔르템베르크로 이동했고, 중군과 우익은 영국 해협의 항구들에서 출발해 라인 강 중류 지역인 만하임과 스트라스부르에 모였다. 엄청난 대군은 서로 다른 부대들과 그에 따른 색의 향연으로 멋진 광경을 연출했다. 창기병은 약 45센티미터 길이의 흰색 깃털을 단 붉은 우샨카*를 썼고, 추격병은 녹색과 주홍색 깃털을 꽂은 칼팍*을 썼으며, 경기병은 샤코*에 깃털을 장식했다. 또 용기병은 호피 무늬 터번을 둘렀고, 흉갑기병은 구리로 만든 볏과 말총 갈기를 단 강철모를 썼으며, 총기병은 고전적 형태의 눈부시게 흰 철모를 썼다. 선임근위대*의 척탄병은 긴 청색 코트를 입고 분을 바른 두건에 북실북실한 검은 털가죽 모자를 쓰고 귀걸이를 해 유달리 인상적이었다. 그랑다르메는 술과 단추, 견장, 브레이드, 줄무늬, 가죽, 털 장식의 뒤범벅으로 주홍색과 자주색, 노란색, 파란색, 황금색, 은색 등 온갖 색채가 어우러진 만화경이었다.

전군이 라인 강을 건넜다. 그리고 뮈라의 기병대가 마크 장군을 현혹할 양동작전을 펴기 위해 슈바르츠발트로 향하는 동안 7개 군단이 독일을 휩쓸었다. 오스트리아군 병참선을 차단하고 도나우 강에서 합류하는 것이 목표였다. 각 군단은 별개의 진격선을 따라 이동했기에 혼잡과 식량 공급의 압박을 피할 수 있었다. 나폴레옹 체제에서

우샨카(ushanka) 모자 위에서 귀 덮개를 묶을 수 있는 러시아 털모자. 샵카(shapka)라고도 한다.
칼팍(Qalpaq) 펠트나 양가죽으로 만든 춤이 높은 모자. 터키와 이란, 중앙아시아, 카프카스 등지에서 쓴다.
샤코(shako) 원통형, 원추형 또는 역원추형의 춤이 높은 군모. 보통 챙이 달렸으며 때로 꼭대기에 테이프를 감는다.
선임근위대 제국근위대는 종군 기간과 원정 경험에 따라 선임근위대(Vieille Garde), 중견근위대(Moyenne Garde), 청년근위대(Jeune Garde)로 나뉘었다.

늘 그랬듯이, 군단들은 서로 하루에서 이틀 정도의 행군 거리를 유지했다. 나폴레옹은 매일 말을 타고 시찰 여행에 나서기를 좋아했는데, 참모장 베르티에와 마사(馬事)대감 콜랭쿠르, 측량국장 바클레르 달브(Bacler d'Albe, 1761~1824)를 대동했다. 다른 최측근으로는 당직원 수와 부관 2명, 전령장교 2명, 마사관, 시동(황제의 망원경을 들고 다녔다), 지도와 나침반이 든 가방을 들고 다니는 병사가 있었다. 루스탐과 통역관도 따라다녔다. 본진 바로 앞에 전령 2명과 한 무리의 기병을 지휘하는 장교가 선행했다. 수행원들 뒤로는 1킬로미터 떨어져 근위대의 4개 기병대대로 구성된 호위 부대가 조용히 움직였다.

사기는 처음에는 높았지만 나중에 날씨가 급변하면서 꺾였다. 그랑다르메는 오전 4시나 5시에 출발해 보통 정오까지 그날의 여정을 마쳐 경이로운 행군을 보여주었다. 오후부터 초저녁까지는 말에게 꼴을 먹였다. 프랑스군 참모부의 활동은 훌륭했고, 적군은 자신들의 궁극적인 표적이 될 군단들이 왜 분산된 기동을 하는지 이해할 수 없었기에 혼란스러웠다. 진격 속도와 은밀함이 어느 정도였는가 하면 그랑다르메는 20일 안에 마인츠에 도착해 아무런 저항에 부딪히지 않고 도나우 강을 건넜다. 나폴레옹은 마인 강 유역을 관통하고 도나우 강변의 도나우뵈르트를 거쳐 마크 장군의 퇴각을 차단했다. 마크 장군은 10월 14일에 엘힝겐에서 패하고 몇 차례 더 격렬한 교전을 치른 뒤 전면 퇴각했으나 자신이 덫에 걸렸고 러시아의 구원을 기대할 수 없음을 너무 늦게 깨달았다. 마크 장군은 트라팔가르 전투 전날인 10월 20일에 울름에서 병사 5만 명과 함께 항복했다.

나폴레옹은 단번에 사기를 회복하고 파리 실업계의 신뢰도 되찾을 수 있었다. 군사 작전을 설명하고 그 정당성을 밝힌 나폴레옹의 공보는 그랑다르메를 전설적인 존재로 바꾸었고, 배우와 교사, 사제, 관리들이 읽어주는 그랑다르메의 위업에 청중은 넋을 잃었다. 국민군의 신화가 탄생했지만, 그랑다르메는 언제나 황제 개인의 도구였다. 전쟁도 보나파르트파의 선전에서 보이는 해석처럼 간단하지 않았다. 병참선은 잘 유지되었고 신병도 충분했으며 급여도 신속히 지급되었으나, 11월이면 8천 명이 환자 명부에 올랐고 진격 속도 탓에 말들이 죽어 나갔다. 병사들은 지쳤고, 나폴레옹은 조제핀에게 보낸 10월 19일자 편지에 그토록 피로했던 적이 없다고 고백했다. 더욱 걱정스러운 것은 군대 안에 만연한 절도와 기강 해이였다. 11월 25일 황제는 즉결 권한을 지닌 군사위원회를 설립할 수밖에 없는 지경에 이르렀다.

나폴레옹의 다음 목표는 쿠투조프와 러시아 군대였다. 나폴레옹은 빈을 위협해 동맹국들이 그곳으로 집결하게 하려 했다. 그러나 쿠투조프는 속지 않았다. 오스트리아 수도를 방어하면 나폴레옹에게 주도권을 넘겨줄 것임을 알았기에 퇴각했고, 페르디난트 대공은 함께 갈 수밖에 없었다. 잘 짜인 나폴레옹의 계획이 처음으로 뒤틀렸다. 명예 사냥꾼 뮈라는 빈에 첫 번째로 입성하고자 쿠투조프를 괴롭히는 대신 기병대를 이끌고 출발했고 분노한 황제로부터 심한 질책을 받았다. 베르나도트는 무능함인지 의도적인 배반인지 모르겠으나 군단을 이끌고 하루 늦게 도나우 강을 건너 쿠투조프를 포위하려는 황제의 멋진 계획을 망쳐버렸다. 프랑스의 명예는 모르티에가 되찾았다. 모르티에는 뒤퐁 장군과 함께 병력 수에서 우세한 러시아 군대를 뒤렌슈타인에서 싸워 막아냈다. 그러나 프랑스와 러시아가 대결한 모든 전투에서 그랬듯이 이 전투도 엄청난 사상자를 냈다. 프랑스군에서 3천 명, 러시아군에서 4천 명의 사상자가 나왔다.

11월 12일 뮈라와 기병대가 빈에 도착했다. 오스트리아가 빈을 비무장도시로 선언했기에 저항은 없었다. 그랑다르메가 대포 500문과 머스킷 10만 정, 은닉된 엄청난 탄약을 입수하는 동안, 11월 15일에 도착한 황제는 오스트리아의 어느 미인과 즐기며 그날 밤을 보냈다. 여인은 프랑스어를 전혀 몰랐고 나폴레옹은 독일어를 몰랐기 때문에, 두 사람은 사랑의 언어로 대화했다. 그러나 11월 23일 황제는 그랑다르메를 쉬게 해줄 수밖에 없었다. 8주 동안 쉬지 않고 움직인 병사들은 지쳐 맥을 못 추는 상태였다. 이제 전체적인 전략적 기동은 임계점에 다다랐다. 프랑스군의 병참선은 길게 늘어졌고 러시아군이 조금 더 퇴각한다면 더는 견딜 수 없을 것 같았다. 반면 카를 대공이 이탈리아 전선에서 나와 도나우 강변의 러시아군과 연합할 위험성이 상존했다. 프로이센이 동맹국 편으로 참전하려 한다는 두려움도 있었는데, 프랑스군이 후퇴한다면 이는 전략적 후퇴일 가능성은 없으니 패배로 해석될 수 있고 따라서 프로이센에 최후의 신호를 줄 수 있었다. 나폴레옹은 적군을 포위할 자원이 부족했기에 거짓으로 약한 모습을 보여 적군의 공격을 유도해야만 했다.

　　나폴레옹은 쿠투조프가 북쪽의 올뮈츠(올로모우츠)로 퇴각해 북스게브덴 장군(Fyodor Fyodorovich Booksgevden, 1750~1811)이 지휘하는 다른 러시아군 부대에 합류했다는 소식을 듣고 술트와 란, 뮈라에게 군대의 3분의 1을 떼어주어 보헤미아(뵈멘. 현재 체코의 체히)의 브륀(브르노) 동쪽에 있는 아우스터리츠와 인근의 프라첸(프라체) 고지를 점령하게 했다. 나폴레옹은 자신의 병력을 5만 3천 명으로 줄였기에(8만 9천 명의 동맹군에게는 유혹적인 표적이었다) 증원군 2만 2천 명(다부와 베르나도트가 지휘했다)을 신속히 도착시키는 계획을 세웠다. 강행군을 하면 예정된 전투 현장에 도착할 수 있을 것이었다. 나폴레옹은 온갖 약점을 드러내는 신호와 무리하게 많이 전진했다는 표시를 냈다. 11월 27일 신성로마제국 황제 프란츠 2세가 휴전을 제의했을 때, 나폴레옹은 이를 간절히 바라던 것처럼 보였다. 협상하려고 오스트리아 진영으로 들어갔던 프랑스 사절은 황제 프란츠 2세와 쿠투조프는 신중하지만 차르와 오스트리아 장군 대부분은 공격하기를 원해 동맹국 진영이 심각하게 분열되어 있다고 보고했다.

　　11월 28일 나폴레옹은 술트에게 아우스터리츠와 프라첸 고원에서 나오라고 명령해 동맹국이 유혹에 저항할 수 없게 만들었다. 다음으로 황제는 러시아 사절 돌고루코프(Mikhail Petrovich Dolgorukov) 백작과 면담하기로 동의했고(11월 29일) 면담에서 혼란스럽고 불안하며 두려움을 서투르게 숨긴 것처럼 가장했다. 나폴레옹은 적을 솜씨 좋게 가지고 놀았고 자신의 우세를 확신해 실제로 이미 11월 21일에 싸움터를 정해놓은 뒤였다. 나폴레옹은 적을 포위할 병력이 모자랐기에, 그가 마지막으로 흘린 역정보는 적을 속여 그 후위를 무방비 상태로 드러내게 하는 것과 관련되었다. 나폴레옹은 프라첸 고원에서 철수함으로써 자신의 퇴각로를 노출하면 동맹군도 후위를 드러낼 것이라고 도박을 했다. 나폴레옹은 기분이 매우 좋았고 지독한 눈과 우박에도 기죽지 않았다. 나폴레옹의 시종장 알렉상드르 티아르(Alexandre Thiard)는 저녁 식사 때 이집트 원정에 관해 열띤 대화가 벌어졌다고 기록했다.

승리의 냄새를 맡은 동맹국들은 브륀을 향해 남서쪽으로 진격했고 12월 1일 아무런 방해도 없이 프라첸 고원을 점령했다. 그날 밤 양쪽 군대는 보세니츠 강과 골드바흐 강 강변에 서로 보이는 거리 안에서 숙영했다. 베르나도트의 1군단은 12월 1일에 동맹국에 들키지 않고 도착했으며, 동시에 다부의 3군단에서 선도 사단이 빈에서 72시간 만에 약 100킬로미터를 주파해 그날 밤 타격 거리 안에 도달했다. 나폴레옹은 적군이 이 증원군의 도착을 눈치채지 못하도록 기병대를 차단벽으로 썼다. 나폴레옹은 동맹군이 유인에 걸려들어 자신의 우익을 치게끔 부대를 정렬했다. 나폴레옹은 병력 대부분을 좌익과 중앙에 배치하고 란의 5군단을 선봉에 두었으며 그 뒤에 베르나도트의 군단을 감추었다. 이곳의 다른 부대들로는 뮈라의 기병대와 우디노의 척탄병, 방담 장군*과 생틸레르 장군*이 지휘하는 술트의 4군단 일부가 있었다. 우익에는 르그랑 장군(Claude Just Alexandre Louis Legrand, 1762~1815)이 이끄는 술트의 3사단이 매우 긴 대형으로 포진했다. 있을 것 같지 않았던 다부의 부대가 우익 엄호를 맡았다. 미끼임이 너무나 확연했지만, 동맹군은 미끼를 물었다.

12월 1일에서 2일로 넘어가는 밤은 어둡고 춥고 길었다. 거의 아무도 자지 못했고, 나폴레옹의 병사들은 황제의 즉위 1주년을 기념하는 횃불 행진을 벌여 지루함을 달래며 기다렸다. 티아르는 어둠이 짙어가는 오후 5시에 황제가 저녁 식탁에 앉아 나눈 대화가 자신이 목격한 것 중 가장 활기찼다고 기록했다. 프라첸에서는 동맹군이 마지막 회의를 했다. 초로의 쿠투조프는 참여하지 않고 내내 졸았다. 신중한 황제 프란츠 2세는 늙은 러시아 장군의 지원을 받지 못하자 스물여덟 살 된 차르 알렉산드르 1세와 오스트리아 장군 바이로터(Franz von Weyrother, 1755~1806)가 이끄는 강경파에 맞설 수 없었다. 북스게브덴이 4만 5천 병력으로 프랑스군의 약한 우익에 전면 공격을 가하기로 결정되었고, 이를 위해 동맹군의 중군과 우익에서 병력을 차출하기로 했다. 프랑스가 빈으로 퇴각하지 못하도록 차단하자는 의도였다. 러시아 장군 바그라티온*은 산톤 언덕의 방어 진지에서 란의 5군단을 붙들어놓는 부차적인 임무를 받았다. 그렇게 적군은 나폴레옹의 덫에 걸렸다. 오스트리아-러시아 연합군은 프랑스의 우익이 예상보다 강하다는 사실을 알게 될 것이었고, 자신들의 중앙을 노출시

방담 장군(Dominique-Joseph René Vandamme, 1770~1830) 1786년에 프랑스군에 입대한 뒤 능력을 인정받아 빠른 승진을 거듭했다. 그러나 불복종과 약탈 행위 때문에 군법회의에 회부되어 처벌받는 등 잔인하고 난폭한 인물로 유명했다. 1805년 아우스터리츠 전투에서 활약했다.

생틸레르 장군(Louis Charles Vincent Le Blond de Saint-Hilaire, 1766~1809) 나폴레옹의 이탈리아 작전 때 이탈리아 방면군 준장이었고 1799년에 소장이 되었다. 아우스터리츠 전투에서 4군단 1사단장을 맡았다. 프로이센과 폴란드 전역에 참여했고 1809년 5월 아스페른-에슬링 전투에서 부상을 입고 사망했다.

바그라티온(Pyotr Ivanovich Bagration, 1765~1812) 조지아 왕가의 후손이었으며, 러시아군 장교였던 아버지를 따라 1782년에 러시아군에 들어갔다. 1805년 12월 아우스터리츠 전투에서 뮈라와 장 란이 이끄는 프랑스군과 대치했으며 이후에도 아일라우 전투, 프리틀란트 전투 등에서 활약했다. 1812년 9월 보로디노 전투에서 러시아군 좌익을 맡아 프랑스군과 싸웠으나 치명상을 입어 사망했다.

켰다.

12월 2일 새벽, 사방이 짙은 안개에 휩싸였다. 나폴레옹은 자신의 아라비아산 말에 올라타 모든 부대는 참모진이 쓸 것을 대비해 말 다섯 필을 여분으로 남겨 두라고 명령했다. 날씨 탓에 모든 전언을 사람이 말을 타고 직접 전달해야 했다. 보통의 날씨에서는 수기 신호로 한 시간에 약 200킬로미터의 속도로 정보를 전달했다. 러시아군은 오전 4시에 거대한 포위 기동을 시작했으며, 안개 속에서 약간의 혼란이 있었지만 조콜니츠(소콜니체)와 텔니츠(텔니체) 마을을 점령해 원래 목적을 달성했다. 오전 8시 다부 휘하의 기습 부대 7천 명이 반격에 나섰고, 당황한 북스게브덴은 프라첸 고원의 아군에게 증원을 요청했다. 이에 나폴레옹은 우디노의 척탄병들에게 우익을 더 보강하라고 명령한 뒤 란과 베르나도트가 좌익에서 버티고 있는지 점검했다. 성과에 만족한 나폴레옹은 뮈라의 기병대를 풀어 러시아 기병대를 공격했다. 기병 1만 명이 말려든 대규모 교전에서 뮈라가 승리했다.

이제 술트의 2개 사단(여전히 안개 속에 가려 있었다)을 프라첸으로 진격시킬 때가 온 듯했으나, 나폴레옹은 탁월한 타이밍 감각과 터무니없는 자신감으로 출발을 잠시 미루었다. 나폴레옹이 술트에게 물었다. "고지로 돌격하는 데 얼마나 걸리겠나?" 술트 원수가 대답했다. "20분입니다." 황제가 말했다. "아주 좋아. 15분만 더 기다리지." 나폴레옹의 군사적 재능이 이때만큼 뚜렷이 드러난 적은 없다. 나폴레옹은 프라첸 고지에서 동맹군이 술트의 임무를 쉽게 해줄 만큼 충분히 빠지되 이렇게 고지를 벗어난 병력이 심한 압박을 받고 있는 프랑스군 우익을 압도할 만큼은 아닌 정확한 평형점을 직관적으로 알았다.

마침내 오전 9시에 나폴레옹은 신호를 보냈다. 해가 나왔고 안개 속에서 나폴레옹이 숨겨둔 비장의 부대가 총검을 휘두르며 튀어나왔

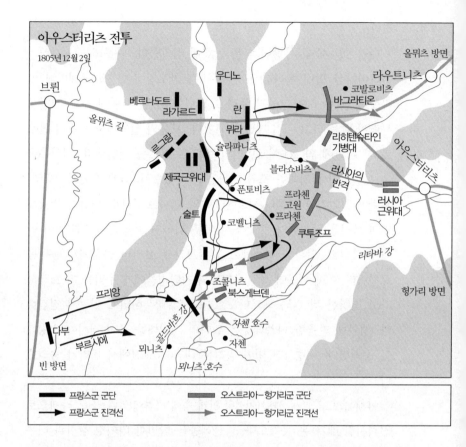

아우스터리츠 전투

1805년 12월 2일

브륀

올뮈츠 방면

라우트니츠

우디노

베르나도트
라가르드

란

코발로비츠
바그라티온

올뮈츠 길

뮈라

르그랑

슐라파니츠

리히텐슈타인
기병대

아우스터리츠

제국근위대

블라쇼비츠

러시아의
반격

푼토비츠

프라첸
고원
프라첸

러시아
근위대

술트

코벨니츠

쿠투조프

프리앙

리타바 강

헝가리 방면

조콜니츠
북스게브덴

다부

부르시에

골드바흐 강

자첸 호수

뫼니츠

자첸

빈 방면

뫼니츠 호수

| ▬ 프랑스군 군단 | ▬ 오스트리아—헝가리군 군단 |
| ➜ 프랑스군 진격선 | ➜ 오스트리아—헝가리군 진격선 |

다. 쿠투조프는 무슨 일이 벌어질지 깨달았으나 너무 늦었다. 쿠투조프는 미친 듯이 좌익으로 빠지던 병사들을 되불렀다. 나폴레옹은 문제가 발생하지 않도록 확실하게 조치하고자 좌익에서 베르나도트를 불러 술트의 뒤를 따르게 했다. 격렬한 전투 끝에 프랑스군은 정오에 다시 고지를 차지했으며, 10시 30분경부터 시작된 러시아군의 격한 공격을 연이어 물리쳤다. 쿠투조프는 정예 부대에 마지막으로 한 번만 더 해보자고 필사적으로 요청했다. 오후 1시 러시아 근위군단(Gvardeyskiy Korpus) 소속 1천 명이 고지로 몰려들었다. 러시아군은 처음에는 고지를 차지했으나 곧 베시에르의 제국근위대 기병대와 베르나도트 군단의 1개 사단에 측면을 포위당했다. 짓밟힌 러시아군은

고지 아래로 허둥지둥 도주했고, 나폴레옹이 프라첸과 전장의 주인이 되었다. 나폴레옹은 사실상 적군을 둘로 갈랐다.

저녁이 되어 겨울의 응달이 땅을 덮으면서 승리는 궤멸로 이어졌다. 나폴레옹은 근위대를 프라첸 고지로 이동시키고 술트의 부대를 남쪽의 고지 가장자리로 돌렸다. 나폴레옹은 이어 대포를 끌어 왔고 3시 30분부터 프라첸 주변의 얼어붙은 호수에 구멍을 내기 시작했다. 커다란 물의 분화구가 여럿 생겼는데, 러시아군이 공포에 사로잡혀 도망치면서 북스게브덴의 병사들이 많이 빠져 죽었다. 바그라티온은 프랑스군의 좌익을 공격하다가 굴욕적으로 퇴각했고, 동맹국의 거물들은 낙담하고 당황해 싸움터를 떠났다.

아우스터리츠 전투는 나폴레옹이 거둔 가장 완벽한 승리였다. 나폴레옹에게 아우스터리츠는 알렉산드로스의 가우가멜라, 한니발의 칸나이, 율리우스 카이사르의 알레시아와 같았다. 프랑스군은 전사자 1,305명에 부상자 1,940명이었고, 러시아군에서는 1만 1천 명, 오스트리아군에서는 4천 명의 사상자가 나왔다. 또 프랑스군은 군기 40개와 대포 180문을 노획했다. 포로 숫자도 프랑스군 573명에 동맹군 1만 2천 명으로 큰 차이가 났다. 미신을 믿는 나폴레옹은 이후 12월 2일을 행운의 날로 여겼다. 그러나 나폴레옹이 좀 더 일찍 전투를 시작해 대관식 기념일을 승리로써 축하할 수도 있었을 텐데 의식적으로든 무의식적으로든 그가 싸움을 지연시켰다고 말하는 이들도 있다. '아우스터리츠의 태양'도 나폴레옹의 미신 목록에 올랐다. 나폴레옹은 대관식 날에 안개를 뚫고 해가 비쳤듯이 자신의 군사들이 프라첸 고원 위로 쇄도할 때 해가 나온 사실에 의미를 두었다.

아우스터리츠 전투는 나폴레옹이 진정으로 위대한 지도자임을 확실히 증명했다. 아우스터리츠 전투 이전에는 나폴레옹이 평범한 이류 인물들과 맞붙었다고 주장할 수도 있을 것이기 때문이다. 나폴레옹이 5년 반 전 마렝고 전투 이후로는 전투에 참여한 적이 없었기에 나폴레옹의 전투 재능은 분명 천부적인 것이며 끊임없는 연습은 필요하지 않았다는 사실도 잊어서는 안 된다. 전투가 끝나고 그 이튿날 나폴레옹은 조제핀에게 편지를 쓰면서 자신의 업적에 관해 겸손한 태도를 보였다. "어제 나는 러시아군과 오스트리아군을 격파했소. 조금 피곤하오. 몹시 추운 밤에 밖에서 여덟 시간 동안 야영을 했소." 나폴레옹은 눈에 다래끼가 나 깨끗한 물에 뜨거운 장미 향수를 섞어 씻는 중이라고 불평했다.

러시아군은 패배 후 황급히 폴란드로 퇴각했다. 전투 다음 날 차르 알렉산드르 1세는 르네 사바리에게 이렇게 써 보냈다. "그대의 주군에게 내가 떠난다고 말하시오. 어제는 기적 같은 일을 해냈다고, 전투로 인해 내가 전부터 지녔던 존경심이 더욱 커졌다고, 황제는 하늘이 내린 사람이라고, 나의 군대가 황제의 군대와 호각지세를 이루려면 백 년은 지나야 할 거라고 말하시오." 나폴레옹은 이런 발언을 러시아와 완전히 화해할 수 있다는 뜻으로 해석했으나, 탈레랑은 황제의 큰 야심과 이에 따르는 지정학적 논리를 알기에 늘 의심을 품었다.

오스트리아의 프란츠 2세는 나폴레옹에게 면담을 청했고 조건을 제시하라고 간청했다. 일방적이었던 프레스부르크 평화조약(1805년 12월 26일에 체결되었다)은 가혹했다. 오스트리아는 베네치아와 이스트리아, 달마치야를 이탈리아 왕국에 양도했고, 슈바벤과 티롤 지방은 뷔르템베르크 선제후와 바이에른 선제후에게 내주었다. 또 배상금 3200만 프랑은 환어음으로, 800만 프랑은 현금으로 지불하기로 약속했다. 독일이 맞은 결과는 한층 더 심각했다. 나폴레옹은 뮈라에게 베르크(Berg) 대공국을 주고 베르티에에게 뇌샤텔을 주어 원수들에게 포상했다. 뮈라에게 상을 준 것은 1805년 8~9월에 보몽 대령(Colonel de Beaumont)이라는 가명으로 적합한 지세를 수색한 공을 인정한 것이지 쿠투조프를 막지 못한 실패를 치하한 것은 아니었다.

1805년 12월 2일 아우스터리츠 전투의 나폴레옹. 프랑수아 제라르의 1810년 작품 중 일부.

쓸모없고 반역을 일삼던 베르나도트도 언제나 그랬듯이 포상을 받았다. 베르나도트가 비록 하루 늦게 도나우 강을 건넜고 아우스터리츠 전투가 벌어진 날 저녁에 적군을 추적할 힘이 없어 결과적으로 다부가 황제에 심하게 불평하는 일이 벌어졌지만, 나폴레옹은 베르나도트를 더 높은 지위로 승진시키는 것이 적당하다고 보았다. 그래서 안스바흐 총독이자 시칠리아와 가에타 사이에 있는 두 시칠리아 왕국의 자그마한 요지 폰테코르보의 군주로 삼았다. 이러한 증여로 베르나도트가 20만 프랑을 한 번에 받고 연간 30만 프랑이라는 소득을 올렸는데도, 나폴레옹은 앙주 거리에 있는 모로의 집까지 구입해 선물로 주었다. 모로와 함께 음모를 꾸며 나폴레옹을 해치려 했던 이 가스코뉴인은 아무런 양심의 가책도 없이 자신이 무너뜨리고 싶었던 사람에게서 옛 협력자의 집을 받아들였다.

그러나 원수들이 받은 특전은 나폴레옹이 독일 지도를 다시 그린 방식의 아주 작은 부분이었다. 나폴레옹은 바이에른 선제후와 뷔르템베르크 선제후에게 왕관을 주었고, 새로운 왕국들과 헤센다름슈타트, 남부 독일과 서부 독일의 모든 공국들을 명백히 프랑스의 속국으로 삼을 의도에서 라인연방으로 통합했다. 프랑크푸르트를 중심으로 한 라인연방은 외교와 군사 문제는 나폴레옹에게 넘겼다. 그리하여 나폴레옹은 프랑스와 중부 유럽 사이에 완충지대를 둔다는 프랑스 외교정책의 오랜 목표를 달성했다. 이 새로운 조정의 즉각적인 결과는 당연하게도 신성로마제국의 해체였다. 오스트리아와 프로이센, 소수의 북부 국가들만 남았기 때문이다. 1806년 8월 6일 프란츠 2세가 독일 황제 지위를 거부하면서 신성로마제국은 공식적으로 더는 존재하지 않았다. 프란츠 2세는 1804년에 취한 오스트리아 황제(Kaiser von Österreich) 지위를 프란츠 1세로서 계속 유지했다.

아우스터리츠 전투는 유럽 다른 곳에서도 새로운 시작을 가져오는 결과를 낳았다. 나폴리 왕국의 부르봉 왕실은 줄을 잘못 선 까닭에 축출당해 처벌을 받았다. 나폴레옹은 1806년 3월 31일의 간단한 법령으로 형 조제프를 왕에 임명했다. 그 전달에 조제프와 마세나가 4만 병력을 이끌고 나폴리로 진격해 페르디난도 4세를 시칠리아로 내몰았다. 나폴리 주민들은 정권이 바뀐 데 무감했다. 1806년 2월 15일 '왕' 조제프는 나폴리로 개선했다. 한편으로 나폴레옹은 바타비아 공화국을 홀란트 왕국으로 승격시켰고 6월에 루이를 새로운 왕에 앉혔다. 친족 등용으로 탄생한 이 새로운 왕국들은 삐걱거리는 소리를 냈다. 자신이 갖지 못한 특권은 무엇이든 차지하려 애썼던 뮈라는 나폴레옹에게 지나치다고 경고했으나, 황제는 그의 동기를 파악하고 있었기에 경고를 무시했다. 뮈라는 이에 대한 보복으로 푸셰와 탈레랑과 함께 음모를 꾸미기 시작했다.

나폴레옹은 새해 첫 3주간을 뮌헨과 슈투트가르트에서 보내고 1월 26일에야 파리로 돌아왔다. 나폴레옹은 위대한 승리와 그에 따른 평화에 뿌듯해진 파리 시민들로부터 열렬히 환영을 받았다. 나폴레옹은 평화가 지속되리라고 확신했는데 그럴 만한 합당한 이유가 있었다. 특히 하노버를 넘겨주어 프로이센을 달래놓았기 때문이었다. 나폴레옹과 화해할 수 없는 숙적이었던 영국 총리 피트는 죽었다. 전해진 바에 따르면, 피트는 아우스터리츠 전투 소식을 듣고 이렇게 말했다고 한다. "그 유럽 지도를 말아서 치워버려라. 한 10년은 필요 없을 것이다." 피트가 자신의 숙적이 유럽의 주인이 된 것을 보고 절망해서 죽었다고 주장하는 사람도 있다. 피트를 대신한 폭스는 프랑스에 호의적으로 널리 알려진 사람이었다. 그러나 총리라면 재정을 튼튼하게 만드는 것이 임무이기에, 오래지 않아 폭스가 프랑스의 시칠리아 종주권을 인정할 수 없다고 말했다는 이야기가 들려왔다. 러시아에서도 잠시 다툼이 있은 후 프랑스에 우호적인 정파가 다시 우위를 차지했다. 탈레랑이 옳았던 것처럼 보였고, 외국 통치자들의 개인적인 공감이 어떠했든 간에 힘의 정치라는 기본적인 원리가 언제나 유효했다.

아우스터리츠 전투는 그랑다르메가 처음으로 완전한 형태로 등장한 때였다. 그랑다르메는 약 63만 명이 동원된 1812년까지 계속 확대되나, 1805년 말에 나폴레옹의 군사 제도는 본질적으로 그대로 남게 된다. 나폴레옹이 거둔 승리의 주된 특징은 기습과 기동성, 주도권 장악과 유지, 그리고 특히 군단 제도(the corps system)의 유연성이었다. 1만 7천 명에서 3만 명 규모로 이루어진 사실상 작은 군(army)이었던 군단은 현지에서 식량을 조달하고 우월한 적군과 맞붙어 싸울 수 있었다. 물론 황제의 성격이 가장 중요했다. 전쟁을 위해 살아간 이 남자는 1806년 2월 9일에 조제핀에게 쓴 편지에서, 군대의 명부를 읽는 것이 가장 좋아하는 일이며 피로할 때 가장 큰 기쁨을 준다고 말했다. 그러나 군사적 천재도 훌륭한 계획을 실행에 옮기려면 잘 움직이는 기계와 의욕이 가득한 병사들이 필요하다.

사기 문제가 결정적이다. 어떤 역사가들은 이 점을 과장해 혁명의 열정으로 부패한 구체제의 썩어빠진 군대를 일소하는 시민군이라는 그림을 만들어냈다. 그러나 진부한 표현에는 일말의 진실이 담겨 있다. 혁명기의 중요한 특징인 사회적 이동이 나폴레옹 시절에 사라졌다는 점은 인정해야 한다. 공화국 시절에는 새로운 장군 직책이 한 해에 170개 생겼지만, 나폴레옹 시절에는 가장 많을 때가 37개였다. 다른 한편으로 나폴레옹 자신과 쥐노와 프리앙(Louis Friant, 1758~1829), 방담, 몽브룅(Louis-Pierre Montbrun, 1770~1812), 들라보르드(Henri François Delaborde, 1764~1833) 같은 18명의 원수들과 장군들은 1789년 이전 체제에서 주목을 받지 못해 얼굴을 붉힌 자들에 속했다. 1805년에 장군의 절반은 1789년 이후에 장교로 임관한 자들이었다. 물론 앞서 인정했듯이 이것은 전혀 나폴레옹에게 돌아갈 공이 아니다.

프랑스 혁명이 그랑다르메의 기량과 재능 수준에 끼친 영향은 결코 부정할 수 없다. 프랑스 장군들이 적국 장군들보다 훨씬 더 젊었다는 것이 중요하다. 1805년 오스트리아군 장군들의 평균 나이는 예순세 살이었고, 1806년 프랑스가 프로이센과 전쟁을 벌일 때 프로이센 장군 142명 중 79명이 예순 살을 넘겼으며, 쉰 살 아래는 13명뿐이었다. 게다가 프랑스 장교들은 능력을 인정받아 그곳에 왔지만, 적군 장교들은 사병부터 기를 쓰고 진급한 늙고 가난한 자들이거나 귀족 출신의 젊은 '멍청이'인 경우가 많았다. 사병도 대조적이었다. 그랑다르메 병사들은 대부분 적어도 한 해 동안은 명예롭게 복무했다. 이들은 현지에서 식량을 조달하는 데 뛰어났고, 스스로 무적이라고 생각했던 데다 프랑스 혁명의 이념을 흡수해 구체제 군대의 몽매한 병사들보다 우월하다고 여겨 사기가 높았다.

그랑다르메가 거둔 성공의 또 다른 측면은 고도의 훈련을 받아 상대편 척후병들을 제외하면 누구에게도 쉽게 당하지 않는 척후병을 이용한 것이었다. 척후병들은 돌격 부대였고 '저항력을 줄이는' 전투 초기 단계에서 적에게 큰 피해를 입혔지만, 구체제의 군대는 척후병들이 지나치게 독립적이고 생각이 자유로워 규율에 편견을 지녔으며 늘 탈영의 유혹을 받는다고 생각했기에 쉽사리 척후병을 쓰지 않았다. 귀족주의 정권들은 1808년 에스파냐의 경험 전까지는 나폴레옹과의 전쟁에서 대중을 무장시키기를 두려워했다. 하층계급은 똑같으니 자국의 과두 집권자들에게 총부리를 돌릴까 걱정했던 것이다.

나폴레옹의 군사 조직은 더 많은 논쟁을 유발했다. 어떤 이는 나폴레옹의 군사 조직을 참모 활동의 모범으로 보았고, 다른 이들은 결점이 많고 지나치게 정교하며 쓸데없이 복잡하고 오류와 실패, 태만, 과도한 중복을 낳는다고 보았다. 나폴레옹의 민간 계급 제도와 군사 계급 제도의 모든 면에서 그랬듯이 악마는 세부적인 곳에 있었다. 다른 문제는 모든 관료제의 영원한 문제였던 자기 증식이었다. 제국사령부는 1805년에 장교 400명과 사병 5천 명으로 시작해서 1812년에는 장교 3,500명과 사병 1만 명으로 불어났다. 사령부에는 병참부 인원을 제외하고도 황제의 개인 참모진과 하인들, 그랑다르메 참모부가 입주해 있었다.

핵심 인사 3명은 육군장관이자 그랑다르메 참모장인 알렉상드르 베르티에와 궁정대원수로서 황실과 가족, 하인들을 책임지고 부수적으로 황제를 위해 미인을 조달한 크리스토프 뒤로크, 마사대감으로서 마사와 시동, 전령 업무, 황제 호위를 담당한 훗날의 비첸차 공작 아르망 드 콜랭쿠르 장군이었다. 뒤로크에게 보고할 책임이 있는 자들은 콩스탕과 다른 시종들, 즉 맘루크 경호원 루스탐과 궁정지사(Prefet du Palais, 역시 뒤로크의 부관이었다)에 시종관들, 의사들, 마관들, 시동들, 주고酒庫지기들, 하인들이 있었다. 나폴레옹은 뒤로크를 존경하고 또 좋아했다. 뒤로크는 황제의 개인 참모진과 기획참모부 사이의 연결도 담당했다. 그러나 뒤로크는 1796년부터 1802년까지 부리엔이 수장으로 있던 나폴레옹의 개인 비서실(황제와 장관들을 연결하는 통로)을 감독하지는 않았다. 부리엔이 공금 횡령과 절도로 해임된 뒤에는 메느발*이 대신했다. 훨씬 더 오랫동안 나폴레옹 곁을 지킨 사람은 1796년부터 1813년까지 측량국장으로 일한 바클레르 달브였다. 달브는 나폴레옹의 군사 지도를 전부 책임졌는데 다양한 채색 핀으로 전투 위치를 표시했다. 바클레르 달브는 황제가 전투를 지휘하거나 개별 부대를 시찰하고자 말에 올라 고지로 갈 때 언제나 동행했다.

참모부가 복잡한 그림을 보여 군단 제도의 큰 성공과 대비가 되었다면, 제국근위대는 대체로 알려지지 않았다. 나폴레옹이 근위대의 전투 투입을 계속해서 거부했기 때문이다. 심지어는 근위대를 투입하면 승리를 얻을 가능성이 높았을 때에도 그랬다. 1805년에는 아직 '선임근위대'밖에 없었다. 당시 선임근위대는 척탄보병, 추격보병, 기마척탄병, 용기병, 창기병, 맘루크 기병대(Escadron de Mamalukes), 정예기병대(Legion de Gendarmerie d'Elite), 추격기병으로 구성되었는데 주로 척탄병과 정예기병대였고 합해서 1만 2천 명 정도였다. 근위대는 그 자체로 성장하는 산업이었다. 정찰대(Guide)로 알려진 호위부대의 핵심에 총재정부 근위대와 입법부 근위대, 통령 근위대가 더해져 재구성된 1804년 12월의 제국근위대에는 척탄병 5천 명과 기병 2천 명이 있었다(여기에 포 24문에 포병이 총 8천 명이 더 있다). 1805년 중반까지 숫자는 50퍼센트 증가했고, 1812년이 되면 근위대원 수는 56,169명에 이른다. 1806년 2개 수발총병 연대로 구성된 중견근위대로 보강되었고, 1812~1813년에 명사수로만 구성된 측면병(側面兵, Flanqueurs) 연대가 2개 추가되었다. 세 번째 조직인 청년근위대는 1809년에 신병들을 선별해 특별병과 저격병(Tirailleur)으로 최고의 경보병 연대를 만들었다.

1814년이면 제국근위대의 세 부분은 모두 합해 11만 2,482명이라

메느발(Claude François de Méneval, 1778~1850) 1802년부터 1813년까지 나폴레옹의 가장 가까운 협력자였다. 나폴레옹에 관한 책을 비롯해 회고록을 남겼다.

는 믿기 힘든 숫자에 이르렀다. 전속에 필요한 최소 조건은 5년을 근무하며 2개 전쟁에 참여하는 것이었다. 근위대원들은 차등 급여를 받았다. 병졸은 보통의 하사 월급을, 상병은 상사 월급을 받는 식이었다. 특별한 배급량과 장비, 음식은 정예 부대에 소속되었다는 의식을 완성했다. 황제는 이 뛰어난 부대를 1813년까지는 전투에 투입하려 하지 않았고, 투입할 때에도 애지중지한 선임근위대는 남겨 두었다. 어떤 이들은 나폴레옹이 그렇게 함으로써 근위대의 전투 역량을 무디게 만들었고 그 결과 근위대는 정작 작전 수행을 요청받았을 때 무기력했다고 말한다. 다른 이들은 실제 전투를 수행하는 연대들이 최상의 전력을 소모할 때 지나치게 많은 병력의 거대한 부대를 상시 예비군으로 유지한 것은 어리석었다고 불평했다.

아우스터리츠에서 승리를 거둔 그랑다르메는 이와 같았다. 많은 나폴레옹 연구자들은 나폴레옹이 외교 정책의 판단 실수로 군대의 용맹이 결국 헛수고가 될 바로 그 시점에 군대를 그 정도 수준으로 완성해야 했다는 사실을 더할 나위 없는 역설로 여긴다. 나폴레옹이 뤼네빌과 아미앵에서 잘못된 길로 들어서기 시작했다고 생각한 사람들이 있었다면 아우스터리츠가 전환점이라고, 프랑스의 전통적인 외교정책이 순전히 나폴레옹 개인의 정책이 되는 순간이라고 생각한 사람은 더 많았다. 주된 실수는 라인연방 건설이었다. 이 일은 프랑스가 오스트리아와 프로이센과 장기적인 화해를 결코 이룰 수 없음을 뜻했다. 차르 알렉산드르 1세가 자신의 위치를 어떻게 판단했는지 본다면, 조만간 프로이센과 오스트리아, 러시아가 결속할 가능성이 높았으며, 그럴 경우 아무리 나폴레옹이라도 세 나라의 동맹에 맞서기는 어려웠다. 따라서 우리는 피터르 헤일이 한 말에 담긴 진실을 인정할 수 있다. "나폴레옹의 전쟁은 끝을 모르는 권력욕 때문에 피할 수 없었던 나폴레옹 자신의 전쟁이었다. 이 전쟁은 프랑스의 이익에 결코 도움이 되지 않았으며, 인내심이 지나치게 강한 국민은 속아

넘어가 자식들의 피로써, 또 종국에는 공화국이 얻었던 영토로 그 대
가를 치렀다."

유럽 제패

'말을 탄 세계 정신'

프랑스가 다시 재정 위기에 직면했다는 소식이 들리면서 아우스터리츠 전투의 즐거운 기억도 무너져 내렸다. 이때의 위기가 일반적인 의미의 경제 위기가 아니라 재정 위기였다는 점을 강조해야 한다. 수백만 프랑의 국채가 재무부에서 사라져 수천 명의 투자자들이 몰락했다는 사실이 알려지면서 은행들이 잇따라 파산했다. 1806년 1월 말에 황제가 프랑스로 돌아온 후에야 소동은 가라앉았다. 나폴레옹은 철저한 조사 끝에 횡령 혐의로 재무장관 바르베-마르부아(François Barbé-Marbois, 1745~1837)의 직무를 정지시켰다.

나폴레옹은 1806년 9월까지 파리에 머물며 성가신 국내 문제와 원수직을 둘러싼 분란을 다루었다. 나폴레옹은 처음 다룬 문제들 중 하나는 나폴리가 눈엣가시처럼 성가신 존재가 될 수 있다는 경고였을 것이다. 구비옹 생시르(Laurent de Gouvion Saint-Cyr, 1764~1830)는 청렴하고 재능이 뛰어난 장군으로서 평생 프리메이슨을 증오했으며 드제의 초기 부하였다. 뛰어난 조직가였던 구비옹 생시르는 주르당과 모로를 싫어해 나폴레옹의 호감을 샀으나, 1804년 원수 후보자 명부에 올랐지만 보나파르트의 황제 등극을 축하하는 선언문에 서명하기를 거부해 기회를 날려버렸다. 나폴리에서는 뮈라와 마세나와 충돌해 볼만한 구경거리를 제공했으며, 마세나에게 넌더리가 나 1806년 1월에 사임하고 파리로 떠났다. 구비옹 생시르는 나폴레옹이 돌아오지 않으면 총살집행반 앞에 세우겠다고 위협하자 돌아왔다.

생시르 사건은 부관들이 나폴레옹을 제대로 보필하지 못했다는 일반명제를 증명하는 사례이다. 황제는 시인 루이 드 퐁탄에게 책임을 맡겨 제국대학교(L'Université impériale)를 설립했다. 추정컨대 프랑스 전역의 교육을 총괄하는 기구였을 것이다. 제국대학교가 교육을 독점하고 평의회와 장학국이 총장을 지원한다는 구상이었다. 그러나 퐁탄은 대학교와 리세(lycée)를 가톨릭의 교황권 지상주의자들로 채움으로써 제국의 엘리트를 양성한다는 의도를 무산시켰다. 그리하여 보나파르트 체제의 교육은 구체제 못지않게 경건함과 종교적 교화를 포함하는 기괴한 결과를 낳았다.

제국대학교의 큰 실패는 가톨릭교회와의 더 포괄적인 권력 투쟁의 일부였다. 나폴레옹은 1806년 초에 잔인하게 진압된 파르마 폭동* 배후에 교황이 있다고 의심했다. 피우스 7세는 나폴레옹의 동생 제롬이 미국에서 치른 결혼을 무효로 하지 않았고 조제프를 나폴리 왕으로 인정하지 않았으며 정치적으로 중립을 지킴으로써 나폴레옹을 짜증스럽게 했다. 제3차 대프랑스 동맹 전쟁 중 교황은 안코나 방어를 거부하여 이탈리아에서 영국이 나폴레옹의 측면을 공격하게 했다. 나폴레옹은 제3차 대프랑스 동맹을 격파한 뒤에 돌아와 교황령에 묵은 원한을 갚으려 했다. 나폴레옹은 로마가 영국 첩보 활동의 온상이라고 불평하면서 교황이 영국에 단호하게 맞서야 한다고 주장했다. 나폴리와 폭넓게 조약을 체결해 이탈리아를 방어하고 영국 교역에 대해 교황령의 모든 항구를 봉쇄해야 한다는 주장이었다.

교황이 이의를 제기하면서 문제는 신뢰 문제로 바뀌었다. 분노한

파르마 폭동 증세와 징병에 대한 주민들의 분노가 커지면서 결국 카스텔산조반니의 농민들이 폭동을 일으켰다.

나폴레옹은 페슈 추기경에게 이렇게 써 보냈다. "교황에게 나는 샤를 마뉴 대제와 같습니다. …… 그러니 나는 그런 관점에서 대접받고 싶습니다. 그 사람들이 잘 처신한다면 변할 것은 없습니다. 그러나 그러지 않는다면 교황을 평범한 로마 주교로 만들어버릴 생각입니다." 나폴레옹은 피우스 7세에게도 직접 편지를 보내 장황하게 불만을 토로했다. "교황 성하께서는 로마의 주권자이시지만, 나는 로마의 황제입니다. 나의 모든 적들은 성하께도 적이어야만 합니다." 교황은 퉁명스럽게 짧은 답장을 보냈다. "로마에는 황제가 없습니다." 나폴레옹은 한동안 긴급 현안들 때문에 어쩔 수 없었지만, 유럽이 좀 더 안정되면 반드시 교황과 최후의 담판을 짓겠다고 맹세했다.

황제는 교황을 경멸한다는 점을 보여주려고 자신의 말에 고분고분한 교황 대사 추기경 카프라라를 시켜 프랑스의 모든 가톨릭교도가 황제에게 절대적으로 충성할 것을 규정한 새로운 교리문답서 출판을 승인하게 했다. 카프라라는 황제가 아무런 조건 없이 자기 이름으로 볼로냐에 대저택을 구입해주자 기꺼이 분부에 따랐다. 새 교리문답서는 얼핏 보면 세속의 통치자에게 복종하라는 가톨릭교회의 오래된 의무를 강조하는 듯하지만 제7과에 황제는 이름으로 언급된다.

　"우리는 특히 황제 나폴레옹 1세에게 사랑과 존경, 복종, 충성, 병역 의무, 그리고 제국과 제위를 지키고 보존하기 위한 세금을 바쳐야 한다. 우리는 또 황제의 안전과 나라의 세속적, 영적 번영을 위해 열심히 기도해야 한다."
　우리가 황제에게 이 모든 의무를 다해야 하는 이유는 무엇인가?
　"우선 신께서…… 평화를 위해서든 전쟁을 위해서든 우리 황제에게 풍족하게 재능을 주시고 땅 위에서 자신의 권능과 형상을 지닌 대리자로 삼으셨기 때문이다. ……"
　우리가 황제이신 나폴레옹 1세를 한층 더 깊이 사모해야만 하는 특별한 이유가 있지는 않은가?

"있다. 신께서 황제에게 어려운 상황에서 예배와 조상의 경건한 믿음을 다시 세우도록, 그 보호자가 되도록 중책을 맡기셨기 때문이다. 황제는 멈추지 않는 큰 지혜로써 공공질서를 회복하고 유지했으며, 강력한 힘으로 나라를 지켰고, 보편교회의 수장인 주권자 교황으로부터 축성받아 주님의 기름부음 받은 자가 되었다."

우리 황제에게 의무를 다하지 못한 자들은 어떻게 생각해야 하는가?

"사도 바울로에 따르면 그런 자들은 신께서 세운 기존 질서에 저항하는 것이며 영원한 천벌을 받아 마땅하다."

아우스터리츠 전투 이후 생긴 오만인가, 냉혹한 전제주의가 영혼 속으로 들어온 것인가? 1806년에는 확실히 더 가혹한 나폴레옹의 모습이 많이 보였다. 나폴레옹은 어떤 반대도 허용하지 않았으며 이견을 대하는 태도는 20세기 독재 정치를 미리 보는 것 같았다. 나폴레옹은 파리에서 베르크 대공이 된 뮈라에게 이렇게 써 보냈다. "클레베(클레이프)의 명사들이 그대에게 충성을 맹세하지 않아 깜짝 놀랐소. 그자들로부터 24시간 안에 서약을 받으시오. 만약 서약하지 않으면 체포하여 재판에 회부하고 재산을 몰수하시오." 헤센에는 한층 더 가혹한 조치를 취했다. 헤센은 군사 통치를 받던 중 거의 형식적인 미미한 반란을 일으켰다가 새로운 베스트팔렌 왕국*에 흡수되었다. 지휘권을 맡은 장군은 본보기로 한 명만 처형하면 프랑스의 위신을 세우는 데 충분하다고 판단했지만, 나폴레옹은 반란이 시작된 마을을 완전히 불태우고 30명의 주모자를 총살하여 겁을 주어야 한다

베스트팔렌 왕국 틸지트 조약으로 탄생한 프랑스의 속국. 나폴레옹의 동생 제롬이 통치했다. 베스트팔렌이란 이름과 달리 베스트팔렌 지역과 일치하지 않으며 1807년부터 1813년까지 존속했다.

프로이센 국왕 프리드리히 빌헬름 3세.

고 고집했다. 장군이 이의를 제기하자 나폴레옹은 숫자를 60명으로, 마지막에는 200명으로 늘렸다.

탈레랑이 예언했듯이 황제가 라인연방을 수립하고 스스로 독일의 조정자가 된 것은 문제와 위기가 뒤얽힌 끝없는 혼란 속으로 빠져든 격이었다. 그해 말 중립을 지키던 프로이센을 적으로 돌린 과정을 추적해보면 놀랍다. 프로이센의 프리드리히 빌헬름 3세(Friedrich Wilhelm III, 1770~1840, 재위 1797~1840년)는 유럽 군주들 중 보나파르트를 가장 덜 적대시하는 인물이었다. 부르봉 왕실을 싫어했던 프리드리히 빌헬름 3세는 나폴레옹이 제1통령이 되었을 때 전혀 놀라지 않았다. 다만 분란을 피하면서 1795년 이래로 고수해 온 중립을 유지할 수 있기를 바랐다. 그러나 나폴레옹은 되풀이해 그를 모욕했다. 1805년 그랑다르메는 프랑스가 얼마 전에 했던 약속을 깨고 프로이센 영토인 안스바흐의 중립을 노골적으로 침해했다. 동맹국들이 아우스터리츠에서 승리했다면, 프로이센은 분명 동맹국편으로 참전했을 것이다.

아우스터리츠 전투 이후 프로이센은 궁지에 몰렸다. 나폴레옹은 프리드리히 빌헬름 3세가 우발 사태에 대비해 군대를 동원할 계획을 세운 것을 알고는 프로이센 왕을 위협하기로 결정했다. 나폴레옹은 프로이센에 받아들이거나 거부하거나 둘 중 하나인 평화 조건을 제시했다. 제시된 조건에 따르면, 프로이센은 몇 개의 공국으로 재편되어 베르티에와 다른 원수들 차지가 될 것이고, 모든 조약은 프랑스와 맺은 포괄적인 협정으로 대체될 것이었다. 또 나폴레옹이 제안한 반(反)영국 경제 조치를 수용하겠다고 약속해야 했다. 이 조건을 수용한다면 일종의 은전으로 하노버를 받을 것이었다. 프리드리히 빌헬름 3세는 무력하게 수용하여 유럽에서 웃음거리가 되었다. 그리고 라인연방 탄생과 신성로마제국 몰락이라는 이중의 재난이 닥쳤다.

바로 이때 나폴레옹은 파리-빈 추축을 이루어 유럽을 지배하고 러시아를 막자는 탈레랑의 계획을 채택했어야 했다. 시기는 좋았다. 재신임된 카를 대공이 동쪽에서 팽창 정책을 펼쳐 오스만튀르크 제국을 침으로써 독일과 이탈리아를 보나파르트의 세력권으로 남겨 두었기 때문이다. 그러나 황제는 자신이 무찌른 자들에게 굴욕을 주는 것이 좋다고 생각했지 화해의 효용은 믿지 않았다. 나폴레옹은 오만하게 처신해 오스트리아에 복수심이 살아남도록 확실하게 조치한 뒤 세 가지 심히 무신경한 행동으로 프로이센을 프랑스에서 계속 멀어지게 만들었다.

첫째, 나폴레옹은 프로이센에 영국을 경제적으로 봉쇄하라고 강요해 영국과 전쟁을 하도록 만들었다. 독일 선박 700척이 즉시 영국 항구들에 압류된 채 발이 묶였고, 상인 계층이 타격을 입었다. 둘째, 나폴레옹은 갓 돋아난 독일 민족주의의 싹을 잘라내고자 단호하게 덤벼들었다. 나폴레옹은 베르티에에게 중립 지대를 급습하여 위험 인물인 프로이센의 서적상 팔름을 체포하라고 명령했다. 팔름은 프랑스 제국의 이익을 침해하는 민족주의 책자를 배포했다는 혐의로 납치되어 총살당했다. 마치 앙기앵 공작 사건의 판박이 같았다. 셋째,

나폴레옹은 하노버를 되돌려준다는 제안으로 영국과 협정을 맺으려는 마지막 시도를 했다. 영국은 냉랭하게 거절했으나 곧 소문이 새어나갔고, 프로이센은 나폴레옹이 자신들을 실컷 이용하고는 배반할 생각이었다는 사실을 알고 크게 분노했다. 나폴레옹이 직접 챙긴 외교는 언제나 그랬듯이 서툴렀고 결국 두 세계에서 가장 나쁜 성과를 냈을 따름이다. 영국과 프로이센 양쪽에서 증오와 경멸을 받았던 것이다.

만만찮은 인물인 왕비 루이제가 이끄는 매파는 보나파르트에게 저항할 의지가 없는 프리드리히 빌헬름 3세 탓에 국가와 군대의 위신이 손상된 데 놀라 베를린에서 권력을 장악했고, 망설이는 국왕을 다그쳐 전쟁을 선포하도록 했다. 하노버를 둘러싼 큰 실수는 참을 수 없는 모욕이었던 것이다. 프로이센군은 8월 9일부터 병력을 동원해 8월 26일에 최후통첩을 보냈다. 나폴레옹은 10월 8일까지 라인 강 건너편으로 철군하거나 전쟁을 하거나 선택해야 했다. 그렇지만 전쟁을 벌이기로 한 결정은 프로이센에게는 재난과도 같았다. 프로이센은 1년 전이었다면 오스트리아와 러시아와 함께 짝을 이루어 거의 무적이었겠지만 이제는 홀로 싸웠다. 프로이센 군대는 프리드리히 대왕 시절의 방식에 머물러 있어 마치 박물관 전시품 같았으며, 늙고 쓸모없는 장군들과 지나친 파벌주의, 무용지물인 참모 활동이 귀신처럼 들러붙어 있었다. 바로 이런 군대가 병력과 장비, 효율, 사기 면에서 절정의 전투력을 과시하고 있는 나폴레옹의 그랑다르메를 덮치려 했다.

프로이센 지도부는 세 가지 전략 중에서 결정을 내리지 못해 안절부절못했는데 이 점에서도 약간 우스운 요소가 있었다. 프로이센은 러시아를 기다리지 않아 자신들의 과오를 더 악화시켰다. 러시아는 프로이센의 최후통첩 소식을 듣고는 다시 프랑스와 전쟁에 돌입한 참이었다. 프로이센의 무능은 깜짝 놀랄 정도여서 나폴레옹은 베를린의 프로이센 정부가 틀림없이 어떤 종합적인 계획을 숨겨 두었으리라 가정하고 대응 전략을 마련하는 데 거의 한 달을 허비했다. 마침내 나폴레옹은 프로이센의 행태가 거드름 피우기에 지나지 않으며 오스트리아는 개입하지 않으리라고 확신하고 9월 24일 마인츠를 향해 출발했다. 조제핀과 탈레랑이 동행했다.

나폴레옹의 목표는 러시아군이 도착하기 전에 프로이센군을 격파하는 것이었다. 나폴레옹은 적군을 전투로 끌어들이려고 베를린으로 진격하기로 결정했다. 먼저 밤베르크-바이로이트 지역에 군대를 집결한 뒤 프로이센의 수도를 계속 주시하면서 프랑켄 숲을 지나 북쪽의 라이프치히와 드레스덴으로 휘몰아칠 예정이었다. 나폴레옹은 병사들에게 프로이센의 배반으로 계획이 변경되었을 때 자기들은 이미 파리에서 열릴 승리의 축제에 소환되었다고 말하며 전투 열기를 독려했다.

나폴레옹은 늘 지키던 원칙에 따라 예견할 수 없는 것을 내다보고 예상할 수 없는 일을 기대하려 했다. 나폴레옹은 영국이 영국 해협의 프랑스 해안을 습격할 것에 대비해 브륀에게 불로뉴에서 경계 태세를 빈틈없이 유지하게 했고, 오스트리아가 참전할 것에 대비해 외젠 드 보아르네가 이끄는 이탈리아군에 전시 편제를 갖추게 했다. 10월 2일 도착한 프로이센의 최후 통첩은 최종 시한을 꼭 24시간 앞두고 프랑스에 전달되었고, 그 덕에 보나파르트는 프로이센이 전쟁을 도발했다고 여론을 몰아갈 수 있었다. 그런 다음 나폴레옹은 마지막 준비를 했다. 프로이센은 하나씩 습격을 받아 괴멸될 수 있는 세 개의 독립된 군대로 바이에른을 위협함으로써 전쟁의 모든 규범을 거스르는 듯 보였다. 브라운슈바이크 공작*과 프리드리히 빌헬름 3세가 프로이센군 6만 명을 지휘했고, 호엔로에 공(Friedrich Ludwig Hohenlohe-Ingelfingen, 1746~1818)이 프로이센과 작센 혼성 부대 5만 명을 지휘했으며, 뤼헬 장군(Ernst Wilhelm Friedrich Philipp von Rüchel, 1754~1823)이 3만 명의 또 다른 부대를 이끌었다. 나폴레옹은 세 군대가 합세하기 전에 하나씩 공격하기로 했다. 나폴레옹은 먼저 10월 2일에 어느 방향에서 공격이 들어오더라도 상대할 수 있도록 18만 병력을 방진 대형으로 정렬해 프랑켄 숲을 가로질렀다.

10월 8일이면 나폴레옹은 라이프치히 인근 엘베 강변에서 교전을 예상하고 있었다. 그러나 나폴레옹이 숲을 빠져나와 작센을 가로질러 라이프치히를 향했을 때 프로이센 본대가 서쪽의 에르푸르트에 있다는 첩보가 들어왔다. 나폴레옹은 속으로 행군 시간을 계산한 뒤 16일에 전투가 벌어질 것으로 예측하고 군대를 돌려 잘레 강(Saale. 엘베 강의 왼쪽 지류)으로 향했다. 10월 13일 선봉대를 지휘하는 란으로부터 프로이센군이 잘레 강변의 예나에 집결해 있다는 보고가 들어왔다. 10월 13일에서 14일로 넘어가는 밤에 나폴레옹은 12만 병력에 예나로 모이라고 명령했고, 동시에 베르나도트가 지휘하는 1군단과 다부가 지휘하는 3군단에게 북쪽의 아우어슈테트로 진격해 프로이센군이 엘베 강으로 퇴각하지 못하게 차단하라고 지시했다.

베르나도트는 또다시 명령을 거부하고 다부에게서 떨어져 도른부르크로 진군했다. 그러나 예나에서 프로이센군 본대가 호엔로에 공을 남겨두어 퇴각을 엄호하게 한 채 북쪽으로 벗어나면서(바이마르에서 뤼헬이 지원했다) 혼돈이 더해졌다. 그동안 나폴레옹은 적군 본대와 교전할 것을 기대하면서 13일 저녁에 란을 따라잡았고 이튿날 아침 예상된 싸움터로 5만 병력을 보내고 추가로 7만 명이 신속히 뒤따르게 했다. 오전 6시경부터 란과 술트, 오주로가 프로이센군 선봉대를 격퇴해 잘레 강 서안에 교두보를 마련하고 확대했다. 그런 뒤에 프랑스군은 한숨 돌리며 새로운 진형을 갖추었다. 나폴레옹은 네의

브라운슈바이크 공작 나폴레옹 전쟁 시기에 브라운슈바이크 공국의 군주이자 프로이센의 육군 원수였던 카를 빌헬름 페르디난트(Karl Wilhelm Ferdinand, 1735~1806)를 가리킨다. 1806년 예나-아우어슈테트 전투에서 프랑스의 다부에게 크게 패했고 치명상을 입어 사망했다.

6군단이 도착하자마자 란의 군단과 함께 프로이센군을 공격하게 했다. 숫자에서 열세였던 호엔로에는 맹렬하게 저항하며 증원군을 요청했다. 말릴 수 없는 인간이었던 네는 사납게 몰아치다가 란과 오주로의 부대와 떨어졌다(오전 10시경). 나폴레옹은 네를 구출하러 밀집 포대를 이끌고 직접 개입해야 했다.

정오가 되었을 때 오주로와 술트는 잘레 강둑의 적당한 곳에 자리를 잡았다. 노출된 위치에 있던 프로이센 보병들이 난도질을 당하면서 한 시간 동안 학살극이 벌어졌다. 나폴레옹은 오후 1시에 전면 진격을 명령했다. 프로이센군은 퇴각했고, 퇴각은 곧 패주로 이어졌다. 오후 3시쯤 사상자는 프랑스군 5천 명에 프로이센군 2만 5천 명이었다(포로 만 5천 명 포함). 양측은 대포 숫자에서는 대체로 대등했지만 병력은 상대가 되지 않았다. 프랑스군이 9만 6천 명을 투입했던 반면 호엔로에와 뤼헬의 병력은 5만 3천 명이었기 때문이다. 나폴레옹은 다부와 베르나도트가 아폴다에 도착해 적군의 퇴각을 차단했다고 확신하고 만족했다.

나폴레옹은 해질 무렵 사령부에 도착해 자신이 적의 본대와 싸운 것이 아니라는 청천벽력 같은 소식을 들었다. 적의 본대와 교전할 일은 약 16킬로미터 떨어진 아우어슈테트의 다부에게 떨어졌다. 믿기지 않는 일이지만 다부는 겨우 2만 7천 병력과 대포 40문을 가지고 230문의 대포를 갖춘 프리드리히 빌헬름 3세와 브라운슈바이크 공작 휘하의 6만 3천 병력에 참패를 안겼다. 다부는 잘레 강과 쾨젠 고개를 지나면서 브라운슈바이크의 측면 부대와 충돌했다. 다부 군단의 방담 사단과 귀댕(Charles-Étienne Gudin de La Sablonnière, 1768~1812) 사단은 프로이센군 보병과 기병이 속속 현장에 도착할 때 경이로운 전투를 수행했지만, 브라운슈바이크 공작이 부상을 당해 지휘 계통이 혼란에 빠지지 않았다면 일이 훨씬 더 어려웠을 것이다. 다부는 2대 1의 열세에 직면했으나 침착하고 대담했으며, 프로이센군은 한층

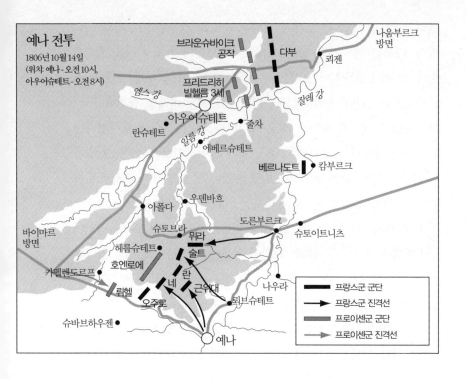

예나 전투
1806년 10월 14일
(위차: 예나 - 오전 10시,
아우어슈테트 - 오전 8시)

브라운슈바이크 공작
다부
나움부르크 방면
쾨젠
프리드리히 빌헬름 3세
엘스 강
잘레 강
아우어슈테트
란슈테트
줄차
일름 강
에베르슈테트
베르나도트
캄부르크
아폴다
우덴바흐
도른부르크
슈토브라
슈토이트니츠
뮈라
바이마르 방면
헤름슈테트
술트
호엔로에
란
근위대
나우라
카펠렌도르프
네
카펠렌도르프
뢰브슈테트
뤼헬
오주로
슈바브하우젠
예나

▬	프랑스군 군단
→	프랑스군 진격선
▬	프로이센군 군단
→	프로이센군 진격선

더 주춤거렸다. 마침내 프리드리히 빌헬름 3세는 나폴레옹과 맞닥뜨릴지 모른다는 생각에 공황에 빠졌다. 오후 4시, 프리드리히 빌헬름 3세는 퇴각을 명령했고 이는 패주로 이어졌다. 적군이 철수하는 신호가 보이자마자 다부가 반격에 나섰기 때문이다.

다부가 아우어슈테트에서 거둔 놀라운 승리는 황제가 예나에서 거둔 승리보다 훨씬 더 힘겹게 얻은 것이었다. 다부는 7,700명을 잃고 자신도 다쳤지만 프로이센군 1만 명을 죽이고 7천 명을 포로로 잡았다(사상자는 도합 2만 1천 명이다). 나폴레옹은 처음에는 자신이 실수한 것을 인정하기 어려워 공보에 작게 다루었다. 개인적으로 나폴레옹은 기적 같은 위업이 모두 다부의 공이라고 인정했지만 다부에게 아우어슈테트 공작령을 몇 년 뒤에야 수여함으로써 질시하는 기색을 약간 비쳤다. 그러나 나폴레옹이 다부에게 다소 부정적인 감정을 느

16장 유럽 제패
·
583

껐다고 해도, 베르나도트에게 토해낸 분노에 견주면 아무것도 아니었다. 다부는 전투가 한창일 때 베르나도트에게 거듭 지원을 요청했으나 그 가스코뉴인이 요청을 무시했다고 나폴레옹에게 알렸다. 베르나도트는 실제로 어떤 싸움터에도 가지 않는 비책을 발견했다. 베르나도트가 애초에 예정된 대로 세 시간 일찍 아폴다에 도착했다면 예나의 전장에서 도망친 적들을 궁지에 몰아넣었을 것이며 그 결과는 칸나이 전투 같은 섬멸전이 되었을 것이다. 그렇지만 실제로 벌어진 일을 보아도 예나-아우어슈테트는 커다란 승리였다.

군대 안에서는 베르나도트가 이번에는 도가 지나쳤으며 틀림없이 군법회의에 회부될 것이라는 의견이 우세했다. 그랑다르메가 두 곳에서 녹초가 되도록 전투를 벌이고 있는데도 베르나도트가 이끄는 1군단 병사들은 단 한 명도 교전에 참여하지 않았다. 이유는 무능이나 악의 중 하나일 수밖에 없었다. 가장 그럴듯한 설명은 보나파르트를 비상식적으로 질투한 베르나도트가 일부러 방해했다는 것이다. 나폴레옹도 확실히 그렇게 생각했고 베르나도트를 군법회의에 회부하라는 명령서에 서명했다. 다부는 매우 만족해했다. 그러나 나폴레옹은 곧바로 명령서를 찢어 모두를 당황스럽게 했다. 황제가 아직도 데지레 클라리에게 마음을 쓰고 있다는 사실을 원수들이 어떻게 알 수 있었겠는가?

베르나도트는 평판을 회복할 마지막 기회를 얻었다. 베르나도트와 란, 뮈라가 도주하는 프로이센군을 추적했으며, 그 가스코뉴인은 이번에는 마음을 단단히 먹었다. 2만 2천 병력을 거느린 블뤼허*는 병사들을 배에 태우고 영국으로 갈 수 있기를 바라는 마음에서 뤼베크로 향했다. 그러나 베르나도트가 이례적으로 있는 힘을 다해 추적

블뤼허(Gebhard Leberecht von Blücher, Fürst von Wahlstadt, 1742~1819) 프로이센의 육군 원수. 1813년 독일 해방 전쟁 때 슐레지엔군 사령관으로서 라이프치히 전투를 승리로 이끌었으며, 1815년 워털루 전투에서 영국의 웰링턴과 함께 싸웠다.

해 발트 지역에서 블뤼허를 따라잡았다. 그동안 프랑스군은 할레에서 한 번 더 승리를 얻고 엘베 강을 건넜다. 전체적으로 기강이 해이해져 술에 취해 약탈하는 병사들 때문에 약간 지체하긴 했지만, 그랑다르메는 결국 10월 25일에 베를린에 입성했다. 나폴레옹은 33일 만에 적군 5만 5천 명에 사상을 입혔고 4만 명의 항복을 받았으며 대포 2천 문을 노획했다. 나폴레옹은 많은 출정을 암중모색으로 보냈으나, 마침내 훌륭한 직관과 정확한 두뇌가 또 한 번의 잊지 못할 승리를 엮어냈다. 그랑다르메에도 좋은 결과였다. 네와 베르나도트가 영락했다고 해도 다부와 란이 훌륭히 임무를 수행했기 때문이다.

나폴레옹이 예나 전투 후 제시한 조건은 가혹했다. 프로이센은 라인 강과 엘베 강 사이의 영토를 죄다 양도해야 했는데, 이는 브라운슈바이크 공작과 오라녀 공, 헤센-카셀 선제후에게는 파멸을 뜻했다. 1억 5942만 5천 프랑이라는 막대한 배상금을 물어야 했고(아우스터리츠 전투 후 오스트리아는 겨우 4천만 프랑을 배상했다), 프로이센은 사실상 프랑스의 위성국가로 전락했다. 나폴레옹은 작센-바이마르와 고타, 메닝겐, 힐드부르크하우젠, 코부르크와 함께 라인연방에 참여한다는 조건으로 작센을 용서했다. 군대가 산산이 박살나고 포로 15만 명이 프랑스 수중에 있었으며 베를린을 포함해 프로이센의 4분의 3이 점령되었는데도, 왕비 루이제는 싸움은 계속될 것이라고 선언했고 러시아군에 합류하러 동쪽으로 달아난 프로이센 유격대의 수장에 올랐다. 나폴레옹은 예나-아우어슈테트의 승리가 아우스터리츠의 승리처럼 되거나 통렬한 일격이 되지 않을 것이라는 점을 깨닫고 실망했다.

황제는 출정하면서 마인츠에 두고 온 조제핀에게 편지를 보내 프로이센 왕비에 대해 불평의 말을 늘어놓았다. "아내가 국사에 간섭하도록 허용하는 군주들은 얼마나 불행할까?" 조제핀은 이를 여성 전체에 대한 공격으로 여기고 항의하듯 답장했다. 나폴레옹은 조제핀의 생각을 바로잡으려 애썼다. "여성을 나쁘게 말한 것이 불쾌했나 보오. 내가 교활한 여인들을 혐오하는 것은 사실이오. 나는 온순하고 상냥하며 매혹적인 여인들에 익숙하오. 잘못은 당신에게 있소. 다른 여자들을 열망하도록 만든 사람이 당신이니까." 이 편지의 취지는 그해 겨울 조제핀에게 보낸 모든 서한과 일치한다. 나폴레옹은 친절하게, 때로 하루에 두 번씩 편지를 보냈으며, 늘 "당신을 사랑하고 갈망하오." 같은 관용구로 끝맺었다. 편지의 분위기는 대체로 결혼한 지 오래된 부부 같았다. 황제는 하루에 말을 타고 100킬로미터를 달리는데도 몸무게가 는다고 불평했다.

나폴레옹이 이탈리아 전쟁 중에 편지에서 조제핀을 원한다고 한 것은 말 그대로 진실이었다. 그러나 이제 그런 다정함은 형식적인 존중의 표현일 따름이었다. 황제가 다른 곳에서 욕정을 채웠기 때문이다. 그런 경우가 10월 23일 베를린으로 가는 도중에도 있었는데, 황제는 우박을 동반한 폭풍을 만나 사냥용 오두막으로 피했다가 이집트 원정에서 돌아온 어느 장교의 젊은 미망인을 희롱했다. 나폴레옹은 포츠담의 상수시 궁*에서 우상으로 여겼던 프리드리히 대왕의 묘를 방문하고 하룻밤을 보낸 뒤 10월 27일에 베를린에 들어갔다. 나폴레옹은 모르티에가 단치히(그단스크) 항구를 성공리에 점령했다는 소식을 듣고 며칠 안에 폴란드로 떠나겠다고 써 보냈다. 나폴레옹은 오데르(오드라) 강과 비스와 강 사이의 땅을 영구히 점령해볼까 고심했으며, 이를 위해 푸셰에게 타데우시 코시치우슈코*와 다른 폴란드 독립운동 지도자들을 자신에게 보내라고 요구했다.

11월 8일 마그데부르크가 항복했고, 뮈라는 의기양양해서 이렇게 썼다. "폐하, 전쟁은 전투원이 부족하여 끝났습니다." 그러나 뮈라는

상수시 궁(Schloss Sanssouci) 프로이센의 프리드리히 대왕이 여름 궁전으로 썼던 곳.
코시치우슈코(Andrzej Tadeusz Bonawentura Kościuszko, 1746~1817) 폴란드 출신의 군인이자 정치가. 1794년에 러시아와 프로이센에 맞서 봉기를 일으켰던 민족 영웅.

1806년 10월 27일 베를린에 입성하는 나폴레옹 군대. 나폴레옹은 베를린에서 11월 21일에 베를린 칙령을 발표하여 영국 봉쇄를 선언했다.

성급했다. 역설적이지만 나폴레옹은 군사적으로 대승한 후 수세에 몰렸다. 나폴레옹이 알았듯이 러시아가 반격하는 것과 동시에 영국이 유럽 어느 곳에 상륙할 수 있으며, 영국의 자금이라면 오스트리아를 설득해 나폴레옹의 남쪽을 치게 할 수 있었다. 최악의 소식은 파리에서 들려왔다. 프랑스 국민은 아우스터리츠의 승리를 환영한 반면 예나의 승전 소식에는 우울하게 반응했다. 프랑스 국민은 러시아와 장기전을 치르는 것이 아니라 평화를 원했다. 그러나 나폴레옹은 여론에 굴복하지 않았다. 원로원이 강화 체결을 촉구하고자 베를린으로 대표단을 보내자 나폴레옹은 냉랭하게 맞이하며 만약 러시아가 영국과의 전지구적 싸움에 합세할 때에만 강화조약을 체결하겠다고 말했다.

　나폴레옹은 주도권을 확실하게 틀어쥐려고 강경한 조치를 취했다. 당근과 채찍을 적절히 섞어 오스트리아의 입을 막았고, 그 결과 남쪽의 잠재적 위협은 1807년 전쟁 중에는 결코 실현되지 않았다. 나폴레옹은 1806년 11월 21일 베를린 칙령*으로 경제 봉쇄를 선언해 영국을 공격했다. 또한 군 내부의 분란을 피하고자 병사들에게 특별 수당을 지급하고, 위임관 자리를 2배로 늘리고, 새 군복과 신발 여러 켤레를 지급하라고 지시했다. 나폴레옹이 군사 문제와 정치 문제에서 냉정하고 완고해질수록 조제핀에게 보내는 편지는 더욱 철학적이고 초연해진 것 같았다. 편지에 쓴 말은 보상의 전형이었다. "이 세상의 모든 것은 끝나기 마련이오. 재치도 감정도 태양까지도. 그러나 내가 그대와 함께 지내며 알게 된 행복은 끝나지 않을 것이오. 상냥하고 사랑스러운 영원한 나의 조제핀."

나폴레옹이 분석한 러시아군은 매우 잡다한 무리였다. 무학에 급여를 받지 않는 농민으로 구성된 보병은 대체로 무장과 훈련, 장비가 부족했지만 궁지에 몰리면 매우 악착같이 싸울 수 있었다. 사병들이 강인하고 용맹했다면, 장교들은 자질이 낮고 군사 전문가가 아니거나 유일한 전문 기술이 도박인 경우가 많았다. 그리고 어느 정도의 역량을 지닌 장군은 거의 없었다. 러시아군은 관료제 탓에 굳어버리고 형식주의에 질식해 전투원을 적절하게 공급할 수 없었다. 반면 러시아군의 포병은 양에서나 질에서나 우수했으며, 기병대는 프랑스보다 낫지는 않았지만 엇비슷하다고 할 수 있었다. 특히 카자크 기병이 뛰어났다. 나폴레옹은 다가올 전쟁에서 겪을 어려움에 관해 어떤 착각도 하지 않았다.

나폴레옹이 쓸 수 있는 한 가지 방법은 폴란드 독립에 찬성해 폴란드인들의 지원을 얻어내는 것이었다. 나폴레옹은 폴란드 지도자들이 4만 명을 보내준다면 그렇게 선언하겠다고 알렸다. 동시에 나폴레옹은 뒤로크에게 프로이센을 윽박지르거나 구워삶아 자신이 제시한

베를린 칙령(Décret de Berlin) '대륙 봉쇄령'이라고도 불린다. 전문 8조, 본문 11조로 이루어졌으며, 프랑스와 동맹 관계에 있거나 프랑스의 영향력 아래 있는 유럽 내 모든 지역에서 영국과 통상, 통신을 금지하는 내용을 담았다.

강화조약에 서명하게 하는 임무를 맡겨 보냈다. 나폴레옹은 천천히 폴란드를 지나갔다. 나폴레옹은 포젠(포즈난)의 대표들이 폴란드 독립을 선언할 수 있는지 묻자(11월 19일) 확답을 피했으며 뒤로크로부터 소식을 들을 때까지 교묘하게 답변을 늦추었다. 황제는 12월 6일 마침내 뮈라에게 속내를 털어놓았다. 나폴레옹은 매제에게 폴란드인들이 독립을 유지하기 위해 공생할 준비가 되어 있다는 확신을 얻기까지는 그런 선언을 하지 않겠다고 말했다. 다시 말하자면 잘 훈련되고 조직된 병사 4만 명이 말 탄 귀족 지도자의 지휘로 커피하우스에서 모의하는 대신 전투에서 목숨을 희생할 각오를 다져야 한다는 애기였다. 예상할 수 있는 일이었지만 폴란드 독립운동 지도자들은 실망했다. 코시치우슈코는 쓰라린 마음으로 이렇게 썼다. "나폴레옹은 폴란드를 복원하지 않을 것이다. 나폴레옹은 자신만 생각하는 폭군이다. 나폴레옹의 유일한 목적은 사사로운 야심이다." 코시치우슈코가 옳았다. 황제는 군대에 병력을 보충하기 위해 폴란드인의 구세주 행세를 할 수는 있어도 마음속에는 폴란드인들의 민족적 열망에 대한 경멸밖에 없었다.

나폴레옹은 폴란드인들로부터 실질적으로 기대할 것이 없다는 확신이 들자 튀르크인들과 음모를 꾸미기 시작했다. 12월 1일 나폴레옹은 오스만튀르크 제국 술탄 셀림 3세에게 서한을 보내 이슬람의 구적(러시아)을 쳐서 오스만제국의 과거 영광을 재현할 기회가 왔다고 넌지시 알렸다. 이는 러시아의 측면을 공격하기 위해 우회해야 한다는 강박과, 러시아가 전투를 기피한다고 느낀 데서 온 좌절감의 표현으로 읽어야 한다. 강박은 그 시기에 황제가 원수들에게 보낸 편지에 명백하게 드러나며, 좌절감은 황제가 탈레랑과 나눈 편지에서 솔직하게 인정했다. 나폴레옹이 조제핀에게 보낸 몇몇 연애편지에는 불안이 살짝 감추어져 있다. 특히 12월 2일자 편지는 이렇게 말한다. "비가 내리지만 나는 괜찮소. 당신을 사랑하고 갈망하오. 요 며칠 밤은 길고 나는 완전히 혼자요."

　나폴레옹은 러시아의 기선을 제압하고자 러시아를 점령하기로 결심했고 다부에게 부대를 이끌고 러시아에서 만나자는 지시를 내렸다. 황제가 한니발이었다면 러시아 장군 베닉센*은 파비우스처럼 행동해 프랑스의 폴란드 침공에 대적하지 않고 군대를 이끌고 비스와 강의 기슭으로 물러나기로 했다. 바르샤바에 제일 먼저 입성한 공을 치하하는 상은, 그러한 상이 늘 그랬듯이 저돌적인 뮈라에게 돌아갔다. 그러나 나폴레옹은 러시아와 풀어야 할 일이 아직 남았다. 12월 나폴레옹은 러시아군의 배후에 있는 나레프 강에 도달해 러시아군의 병참을 차단하려 했다. 나폴레옹은 첫 번째 조치로 군대를 보내 푸우투스크를 점령하게 했다. 그러나 그곳은 바로 러시아군이 퇴각한 지점이었고, 따라서 나레프 강을 건넌 프랑스군과 맹렬한 싸움이 벌어졌다. 12월 21일부터 시작된 장기전은 12월 26일 승패를 내지 못한 푸우투스크 전투로 끝났다. 나폴레옹은 공보에 이 전투를 승리로 올릴 수 있었는데, 러시아군이 철수해 프랑스군이 푸우투스크를 점령했기 때문이었다. 전투가 차츰 흐지부지된 주된 이유는 러시아군 사령관 베닉센이 결판을 내는 전투를 피했고 다부가 이례적으로 상태가 나빴던 탓에 결정적인 순간에 란을 지원하지 못했기 때문이었다. 12월 26일 다부와 오주로, 그리고 골리친*과 도흐투로프* 사이에 한 차례 더 불분명한 전투가 이어진 뒤 러시아군은 루잔*으로 철수했다. 나폴레옹은 극도로 불리한 날씨 탓에 추격을 그만두고 그랑다르메를 겨울 숙영지로 이끌었다. 12월 29일 나폴레옹은 캉바세레스에게 이

베닉센(Levin August Gottlieb Theophil(Leonty Leontyevich), Count von Bennigsen, 1745~1826) 러시아 제국을 위해 일했던 독일인 장군.

골리친(Dmitry Vladimirovich Golitsyn, 1771~1844) 나폴레옹 전쟁에서 용맹하게 싸운 장군. 러시아의 큰 귀족 가문 출신이었으며 25년간 모스크바를 통치했다.

도흐투로프(Dmitry Sergeyevich Dokhturov, 1756~1816) 러시아 보병 장군. 아우스터리츠, 아일라우, 보로디노 전투 등에 참여했다. 톨스토이의 《전쟁과 평화》에 언급된다.

루잔(Różan) 폴란드 마조비에츠키 주에 있는 도시. 도시 한가운데로 나레프 강이 흐른다.

렇게 썼다. "나는 전쟁이 끝났다고 믿소. 적은 우리에게…… 스텝 지대를 넘겨주었소."

12월 19일 나폴레옹은 바르샤바에 도착했다. 깊이 생각할 일이 많았다. 나폴레옹은 마음속으로는 나레프 출정이 뜻한 대로 잘되지 않았다는 사실을 알았다. 나폴레옹은 군단들을 서로 지원할 수 있는 거리 안쪽으로 유지하는 데 실패했고 그래서 적군을 결정적인 전투로 끌어내지 못했다. 진창이 되어버린 싸움터에서 신속한 기동은 거의 불가능했지만, 그랑다르메 내부의 총체적인 기강 해이와 탈영이 더 걱정스러운 문제였다. 그해 말 장기 이탈 비율이 40퍼센트에 이를 정도였다. 그러나 황제의 도박 중 적어도 한 가지는 성과가 있었다. 12월에 셀림 3세가 곤란을 무릅쓰고 러시아에 전쟁을 선포했고 1월에는 영국에도 유사하게 전쟁을 선포했던 것이다. 언제나 오리엔트의 매력에 이끌렸던 나폴레옹은 이에 용기를 얻어 페르시아에 대(對)러시아 전쟁에 합류하라고 권해보려 했다.

나폴레옹은 동시에 사실상 새로운 군대를 양성하는 과제도 떠안았다. 나이 든 그랑다르메 병사들의 사기는 바닥으로 내려앉았다. 황제와 함께 싸우는 것은 히드라의 머리를 상대하는 것 같았기 때문이다. 승리는 필연적으로 또 다른 출정을 낳았다. 폴란드에서 행군하고 전투할 때 겪은 물리적 조건은 그때까지 경험한 것 중 가장 힘겨웠다. 도로는 비나 눈이 내릴 때면 진흙탕으로 바뀌어 끔찍했다. 기강 해이, 탈영, 약탈은 피할 수 없는 결과였다. 황제가 바르샤바에서 먼저 수행한 과제 하나는 봄에 러시아군과 싸울 가능성에 대비해 군대를 정비할 방안을 찾는 일이었다.

나폴레옹은 우선 1807년 신병을 한 해 일찍 소집했고 이어 3만 5천명을 목표로 잡고 스위스와 홀란트에서 신병 모집을 추진했다. 언제나 정치적 고려보다 군사적 필요를 앞세웠던 나폴레옹은 독일에서 돈을 짜내기 시작했다. 정복지에 물린 벌금 7억 2천만 프랑 중에서

1억 6천만 프랑을 프로이센이 물어야 했고 함부르크도 큰 희생을 감당했다. 발트해 항구들에서 영국 자산을 몰수하면서 총액은 더 늘었다. 나폴레옹은 돈을 거두는 데 만족하지 못하고 물자를 징발했다. 특히 군사용품이었는데, 예를 들면 신발 60만 켤레를 징발했다. 베를린 칙령의 맨 위를 차지한 이러한 조치들 때문에 황제는 독일에서 인기 있는 사람이 되지 못했다.

나폴레옹은 아주 힘든 문제에 직면했을 때 종종 보였던 대로 행동했다. 그는 대수롭지 않다는 듯 처신하고 눈에 띄는 과소비로 근심을 감추었다. 사바리는 회고록에서 1807년 1월에 연주회와 무도회, 파티, 축제, 기타 화려한 구경거리가 끊이지 않았다고 회상했다. 황제는 조제핀에게 쓰는 편지도 대충 써 보냈다. "나는 잘 있소. 날씨가 나쁘오. 진심으로 그대를 사랑하오." 여전히 마인츠에 있던 조제핀은 자신도 데려가라고 남편을 귀찮게 했으나, 나폴레옹은 앞으로 계획이 불분명한데 와야 무슨 소용이냐고 강조했다. 조제핀은 앞일을 보여주는 듯한 꿈에서 나폴레옹이 어떤 여인과 사랑에 빠져 함께 있는 것을 보았다고 썼다. 나폴레옹은 지금 우리가 볼 때는 극적 아이러니 같은 말로 이렇게 답장했다. "당신은 꿈이 질투를 일으키지 않았다고 말하고 있소. …… 그러니 내 생각에 당신은 질투하고 있으며 나는 기쁘오. 어쨌든 당신 생각은 틀렸소. 이 얼어붙은 폴란드의 황무지에서 미인을 생각하다니 가당치 않소. …… 나에게 여인은 단 한 사람뿐이오. 그 여인이 누구인지 아오? 그대를 위해 그 여인의 초상화를 그려줄 수 있지만, 당신을 우쭐하게 만들까 봐 그만두겠소. …… 겨울밤은 길고 쓸쓸하오."

이런 내용을 써 보낸 지 며칠 지나지 않아 나폴레옹은 생애에서 두 번째로 큰 사랑이 될 여인을 만났다. 나폴레옹은 1806년 12월 23일 바르샤바를 떠났다가 한 주 후인 새해 전날에 말 여섯 필이 끄는 마차를 타고 돌아오고 있었다. 바르샤바 직전 마지막 역참인 브워니에에서 황제의 마차는 나폴레옹을 폴란드 독립의 구세주로 믿고 열광하는 폴란드인들에게 둘러싸였다. 시골 소녀처럼 보이는 아리따운 여성이 마차로 다가와 뒤로크에게 자신을 황제에게 소개해 달라고 요청했다. 나폴레옹은 여인의 미모와 정숙함, 프랑스어를 할 줄 아는 능력, 폴란드의 역사적 압제자인 러시아, 오스트리아, 프로이센을 쳐부순 위인을 만나게 되어 뛸 듯이 기뻤던 젊은 여성의 순진한 동경에 큰 감명을 받았다. 나폴레옹은 창문을 내렸을 때 마차로 날아든 꽃다발 중 하나를 여인에게 주었으며 바르샤바로 돌아오는 내내 그 여인을 생각했다. 바르샤바에 도착했을 때 나폴레옹은 뒤로크에게 수단과 방법을 가리지 말고 그 '아름다운 시골 처녀'를 찾으라고 명령했다.

1807년 1월 3일 뒤로크는 드디어 찾았다고 나폴레옹에게 말했다. 그런데 문제가 하나 있었다. 그 '아름다운 시골 처녀'는 초로의 폴란드 민족주의자와 결혼한 열여덟 살의 마리아 발레프스카(Maria Walewska) 백작부인으로 밝혀졌다. 남편은 일흔일곱 살이었지만 백작부인은 남편에게 아들을 낳아준 것으로 추정되었다. 좀 더 조사해 보니 상황이 분명해졌다. 마리아는 열여섯 살에 결혼했고 손자가 이미 25명이나 있었던 지역의 대영주 발레프스키에게 실제로 아들을 낳아주었다. 마리아는 폴란드 가톨릭교회에 충성하도록 엄격하게 양육되었고 훗날 프레데리크 쇼팽의 아버지로 유명해지는 가정교사로부터 교육을 받았다.

나폴레옹은 폴란드 민족주의자들에게 마리아와 만나고 싶은 욕망을 솔직하게 밝혔고 자신을 환영해 무도회를 열어도 어린 백작부인이 참석하지 않으면 가지 않겠다고 직설적으로 말했다. 발레프스키 백작은 늙었는데도 아내를 빼앗길까 봐 순순히 응하지 않았으며, 포니아토프스키 공*이 명예를 드높이는 일이라고 설득해도 처음에는 프랑스 황제에게 아내를 넘겨주기를 거부했다. 그러나 발레프스키는

16
장
유
럽
제
패
·
593

결국 폴란드 민족주의 지도자 집단으로부터 위협을 받았다. 이들은 파리는 언제나 미사를 드릴 가치가 있다고* 설득했다. 그렇지만 마리아는 이 일에서 남편의 명령을 받아들일 준비가 되어 있지 않았으며 처음에는 완강히 거부했다. 마리아는 자신에게 들어온 요청에 소스라치게 놀랐으며 폴란드를 위해 치르기에는 지나치게 큰 대가라고 생각했다. 남성 '애국자들'은 대의를 위해 무엇을 포기했는가? 마리아는 훗날 애국자 대표단이 자신의 침실 밖에서, 그리고 남편이 허용하자 내실까지 들어와 폴란드 독립을 위해 이와 같은 희생을 치르라고 어떻게 열변을 토하며 강권했는지 얘기했다. 결국 구약의 영웅 에스더는 민족에게 자유를 주고자 페르시아 왕 아하수에로(크세르크세스 1세)에게 자신을 내주지 않았는가?

마리아는 일종의 준법 투쟁을 벌여 대응했다. 마리아는 귀부인이 아니라 수녀처럼 입고 무도회에 갔다. 얇은 비단으로 몸을 감싸고 보석은 걸치지 않았으며 일부러 깃을 깊이 파지 않은 드레스를 골랐다. 나폴레옹은 마리아에게 이렇게 말했다. "흰색에 흰색을 덧입는 법은 없소, 부인." 이 수수께끼 같은 발언은 여자가 자신의 마음에 들지 않는 옷을 입었을 때 황제가 습관적으로 내뱉은 경멸적 언사로 읽힐 때가 있지만, 때로는 그런 차림으로 나타난 여인의 속내를 꿰뚫었다는 뜻으로 여겨진다. 그러나 나폴레옹이 마리아에게 말을 건넸다는 사실은 아주 미묘한 의미에도 민감하게 반응하는 신하들에게 정

포니아토프스키(Józef Antoni Poniatowski, 1763~1813) 폴란드 왕족 출신의 군인. 폴란드의 마지막 국왕 스타니스와프 아우구스트의 조카였다. 오스트리아군에서 군인으로서 경력을 시작했고, 폴란드를 침공한 러시아에 맞서 싸웠지만 폴란드 왕실이 러시아에 항복하면서 조국을 떠나야 했다. 1806년 조아생 뮈라의 권유를 받아들여 프랑스군에 들어갔으며 곧 뛰어난 전공을 세워 나폴레옹의 눈에 띄었다. 나폴레옹이 임명한 스물여섯 명의 원수 중 한 명이 되었으며, 그랑다르메에서 폴란드 군대를 이끌었다.

* 1593년 7월 25일 프랑스 왕 앙리 4세가 프로테스탄트를 버리고 로마가톨릭으로 개종하며 했다고 전해지는 말. 앙리 4세는 이로써 위그노의 미움을 샀으나 국민 대다수의 충성을 확보했다. 이에 견줄 만한 중요한 결정이라는 뜻으로 인용한 듯하다.

나폴레옹이 바르샤바에서 만나 사랑에
빠진 마리아 발레프스카.

신을 바짝 차리게 했다. 마리아는 분명 새로이 총애를 받을 여인이었
다. 곧 아첨꾼들이 마리아 곁에 몰려들었다. 마리아는 춤추기를 거부
했는데, 장교 두 사람이 마리아를 희롱하다가 황제의 심기를 불편하
게 만들었고 춥고 먼 곳에 있는 전초 기지로 파견되었다.

무도회가 끝난 뒤 나폴레옹은 마리아의 애정을 끈덕지게 요구했
다. 나폴레옹은 편지로 시작했다. "내 눈에는 그대만 보이오. 나는
오직 그대만 사모하고 갈망하오. 즉시 답장을 보내 N의 참을성 없는
열정을 달래주오." 마리아는 전혀 감동받지 않았고 답장을 기다리
던 시종에게 말했다. "답장은 없습니다." 나폴레옹은 구애를 계속했
으며 날마다 열정적인 편지를 썼지만 마리아는 무시했다. 나폴레옹
은 붉은색 가죽 상자에 보석을 담아 보내기도 했으나 마리아는 황제
가 자기를 매춘부로 여기는 것이 틀림없다고 고함을 지르며 경멸하
듯 바닥에 내동댕이쳤다. 나폴레옹은 계속해서 마리아에게 편지 세
례를 퍼부었는데, 그중 하나는 표리부동함으로 가히 상을 받을 만했
다. "내게 오시오. 당신의 모든 바람이 충족될 것이오. 그대가 나의

불행한 마음을 가엾게 여길 때 당신의 나라는 내게 더욱 소중한 존재가 될 것이오. …… 나는 불가능한 일이나 얻기 힘든 것이 있을 때마다 그것을 한층 더 간절히 원했소. 그 어떤 것도 나를 단념하게 하지 못하오. …… 나는 욕구를 충족시키는 데 익숙하오. 그대의 저항에 격정이 가라앉는 것 같소. 나는 그대가 나를 사랑하도록 만들 것이오. 진정 그렇게 할 것이오. 마리아, 나는 그대 나라의 이름을 되살렸소. 그보다 더 많은 일을 하려고 하오."

마리아는 마침내 항복했다. 엄청난 힘을 지닌 프랑스 황제의 끈질긴 유혹을 받는 동시에 애국자 무리가, 심지어 남편까지 불합리한 윤리관을 내던지라고 재촉하는 통에 버틸 수 없었다. 마리아는 어느 날 밤 나폴레옹의 거처로 갔으나 나폴레옹이 애무할 때 마음이 바뀌었고, 황제는 격하게 분노를 폭발시켰다. 나폴레옹은 마리아에게 자신을 거부하면 조국과 더불어 짓밟힐 것이라고 말했다. 나폴레옹은 마룻바닥에 시계를 내던져 박살냈다. 그다음 벌어진 일은 반은 강간이요 반은 농락이었다. 세인트헬레나에서 나폴레옹은 마리아가 그저 형식적으로만 저항했다고 말했으나, 여러 해 뒤 마리아는 회고록에서 자신은 완전히 기절했고 깨어보니 자신을 갖고 제멋대로 하고 있었다고 주장했다. 어쨌든 첫 번째 관계 이후 마리아는 눈물을 터뜨렸다. 나폴레옹은 자신이 한 약속을 모두 지키겠다고 단언해 마리아를 위로했다.

마리아는 점차 나폴레옹의 세심한 배려와 매력, 친절에 따뜻하게 반응하며 사랑에 빠진 자신을 발견했다(나폴레옹은 무엇인가 할 마음이 생겼을 때 과장되게 행동하는 경향이 있었다). 나폴레옹은 어땠는가 하면, 조제핀 이후로 여성에게 도취된 것이 처음이었다. 마리아는 조제핀처럼 전통적인 여성스러움을 지녔고 온화하고 유순하며 상대하기 쉬웠다. 그러나 이제 나폴레옹은 조제핀 문제를 해결해야 했다. 뒤로크에게서 신비로운 여인을 찾아냈다는 보고를 들은 이후 나폴레옹은 조제핀에게 바르샤바로 오지 말라고 애써 설득했다. 1월 3일과 7일, 8일에 쓴 편지를 보면, 길이 나쁘고 시골은 안전하지 않으니 황후가 선택할 수 있는 최선의 방법은 당장 파리로 돌아가는 것이라며 내내 같은 얘기를 하고 있다. 마리아와 원하는 관계에 이르면서 나폴레옹은 속마음을 숨긴 채 조제핀에게 편지를 썼다. "파리가 그대를 원하고 있소. 나의 바람이기도 하고. '긴 겨울밤'을 여기서 당신과 함께 보냈으면 더 좋았을 것이오." 1월 말이면 '긴 겨울밤'과 '갈 수 없는 길'이라는 진부한 표현은 의미 없는 중언부언이 되고 말았다. 조제핀은 남편 앞에서 군사적 과제에 관해 몇 마디 의심 섞인 발언을 내뱉는 것으로 만족한 채 마지못해 파리까지 먼 길을 천천히 돌아갔다.

한편 베닉센과 러시아군이 공격을 시작했다는 소식에 나폴레옹은 바르샤바에서 마리아 발레프스카와 누리던 목가적 즐거움을 끝내야 했다. 일이 그렇게 된 이유는 이러했다. 네는 폴란드의 호수 지대로 허가 없이 약탈 원정대를 보내 겨울 숙영지의 러시아군을 끌어냈다.(네는 식량이 부족하다는 이유를 내세웠다.) 이 일로 베닉센은 한동안 다지고 있던 결심을 굳혔다. 베닉센은 프랑스군 좌익을 공격해 비스와 강까지 돌파하고 봄 전투를 시작해 그랑다르메를 오데르 강까지 밀어내려 했다. 나폴레옹은 베닉센이 서쪽으로 이동할 때 러시아군 좌익을 공격해 반격하기로 결정했다. 나폴레옹은 러시아군을 함정에 빠뜨리고자 북쪽의 프랑스군에게 물러서라고 명령했다. 결국 러시아군의 중앙을 쳐서 둘로 가르려는 의도였다.

계획은 훌륭했으나 프랑스군 연락장교 한 명이 길을 잃어 러시아군이 황제의 전투 계획 사본을 입수하면서 실패했다. 이 불운한 사건으로 나폴레옹의 겨울 전략 전체가 못쓰게 되었다. 베닉센은 살얼음판 위를 걷고 있었다는 사실을 깨닫고 몸서리쳤으며 작전을 중단하고 재고에 들어갔다. 러시아군이 진격을 멈추자 나폴레옹은 적군이 왜 그러는지 혼란스러웠고 2월 3일이 되어서야 적이 틀림없이 자신의 의도를 간파했다고 생각했다. 나폴레옹의 문제는 신병 8만 명을 징집했지만 당장에 쓸 병력은 충분하지 않다는 데 있었다. 나폴레옹은 부족한 병력으로 전진해 렐코보에서 러시아군과 교전했으나(2월 3일), 프랑스군의 종대형이 유리한 위치를 차지하기 전에 날이 저물면서 전투는 결론 없이 끝났다. 경고의 징후는 이미 그곳에서 드러났다. 동프로이센의 지형은 그랑다르메의 전투 방식에 적합하지 않았고, 따라서 신속한 기동전은 실행에 옮길 수 없었다. 추위와 비, 눈, 유사(流砂), 불충분한 보급, 프로이센 유격대의 게릴라 공격은 모두 나폴레옹에게 불리했고, 베닉센이 퇴각하며 초토화 작전을 펼쳐 식량 보급 상황은 한층 더 위태로워졌다.

그러나 2월 4일 오주로의 7군단과 근위대가 도착하자 나폴레옹은 이튿날 러시아군을 타격할 수 있을 것으로 확신했다. 그렇지만 나폴레옹이 포위를 끝마치기 전에 베닉센은 한 번 더 퇴각해 덫을 빠져나갔다. 이번에도 황제를 좌절시킨 것은 어둠이었다. 나폴레옹이 모든 부대를 투입하기 전에 황혼이 내렸고(그 위도에서는 그해에 유달리 이른 황혼이었다), 이 때문에 나폴레옹은 간발의 차이로 자신이 원하던 결정적 승리를 놓쳤다. 나폴레옹은 도주하는 러시아군을 서둘러 추격하라고 원수들을 재촉했고, 1807년 2월 6일 베닉센이 결국 방향을 바꾸어 대적하기로 한 것은 그 쇠파리들이 물고 찌르며 괴롭혔기 때문이다. 나폴레옹은 러시아군을 기습하려 했지만 오히려 기습을 당했고, 그것도 열악한 위치에서 당했다.

아일라우(Eylau, 오늘날 러시아의 바그라티오노프스크)의 무시무시한 전투는 전초 간 소규모 충돌로 시작되었다. 나폴레옹이 선택한 상황이 아니었다. 나폴레옹은 병력에서 열세였고(처음에는 4만 5천 명 대 6만 5천 명) 대포 숫자에서도 뒤졌기에(대포가 200문뿐이었다) 자신의 군대가 모두 도착할 때까지 기다렸다가 전투에 들어갈 생각이었다. 그러나 초기의 우발적 교전이 곧 피비린내 나는 전면 충돌로 비화했다.

2월 7일 오후 2시에 시작된 전투는 오후 10시까지 사납게 휘몰아쳤다. 대포의 섬광이 밤하늘을 뒤덮었다. 양측은 각각 약 4천 명의 사상자를 냈으나 밤이 되자 기온이 영하 30도로 급락했기에 부상자가 생존할 가능성은 희박했다. 양국 군대는 야외에서 소름 끼치는 밤을 보낸 뒤 새벽을 맞았으나 눈보라가 계속 얼굴을 때렸다. 프랑스군은 하얀 지옥을 못 본 듯 무시하며 러시아군과 전투를 벌일 준비를 했다. 베닉센은 여전히 대포에서 한창 우위에 있었다. 늘 또 다른 칸나이 전투를 꿈꾸던 나폴레옹은 다부와 네가 적의 측면을 돌아가는 동안 술트에게 적을 '붙잡아 두는' 작전을 시도하라고 명령했다. 오주로와 뮈라는 결정적인 공격을 위해 기다리게 했으며, 근위대는 예비로 남겨두었다.

러시아군이 오전 8시에 발포를 시작했고, 곧 전면적인 포격전이 맹위를 떨쳤다. 오전 8시 30분 나폴레옹은 술트에게 러시아군 우익을 공격하라고 명령했다. 목적은 결정타를 가할 좌익에서 다른 쪽으로 주의를 돌리게 하는 것이었다. 그러나 먼저 공격한 것은 러시아군이었다. 러시아군은 오전 9시경 얼어붙은 호수와 습지를 가로질러 신속하게 술트를 타격해 아일라우로 밀어냈고 그곳에서 필사적인 전투가 시작되었다. 그때 러시아군이 한층 더 위협적으로 프랑스군 좌익을 습격했다. 나폴레옹은 이러한 공격도, 술트가 그렇게 빠른 속도로 밀려날 줄도 예상하지 못했다. 나폴레옹은 오주로에게 생틸레르 장군과 함께 러시아군 좌익을 저지하라고 명령해 예비 부대를 내보내는 수밖에 달리 선택의 여지가 없었다. 다부가 아직 싸움터에 있었기 때문에 이 방법은 위험하고 시기상조였다. 그러나 나폴레옹은 최후의 수단이 준비되기에 앞서 전투 상황을 안정적으로 장악하기를 원했다.

심한 폭풍설 속에 전진한 오주로의 군단은 종대가 아닌 산개 대형으로 진격했다. 오주로의 부대는 시야를 가리는 눈보라 때문에 곧바로 표적을 놓쳤으며 러시아군의 70밀리미터 대포의 사로(射路)로 곧 장 들어가는 큰 실수를 범했다. 오주로의 군단은 직사정 거리에서 궤 멸당했다. 생틸레르의 사단은 어찌해서 공격 대상에 도달했으나 예 정과 달리 오주로 군단의 동료들이 없었으므로 돌파를 실행하지 못 했다. 오전 10시 30분경 전투는 패배로 끝난 듯했다. 술트는 밀려났 으며 오주로의 군단은 궤멸했고 생틸레르 사단은 멈춰 섰다. 프랑 스군 전선 중앙에 불길한 틈이 생겼고, 베닉센이 완벽히 지배한 것 이 분명했다. 오주로 군단의 잔여 병력이 학살당하는 동안에도, 러시 아군 6천 명이 아일라우로 침입했다. 나폴레옹은 종루를 관측점으로 이용했으므로 호위대의 영웅적 행위가 없었다면 틀림없이 죽거나 포 로가 되었을 것이다. 호위대는 근위대의 2개 대대가 도착할 때까지 전선을 사수했다.

나폴레옹은 상황이 지극히 위험하다는 점을 납득했고, 그래서 원 래는 최종 돌파에서 선봉을 맡기로 되어 있던 예비 부대의 절반에 시 급한 일을 대신 하라고 명령했다. 오전 11시 30분경 뮈라의 기병대 가 러시아군 중앙으로 돌진하면서 역사상 가장 유명한 기병대 돌격 이 펼쳐졌다. 뮈라의 기병들은 오주로 군단을 전멸시킨 대포들을 박 살내고 탈취했다. 뮈라는 1,500명을 잃으면서 단번에 오주로와 술트, 생틸레르를 구출해 프랑스군을 구했다. 베닉센은 승리를 눈앞에 두 었다고 생각했던 터라 당황했으며 프랑스군 중앙의 힘을 과소평가했 다고 느꼈다. 주춤거리는 사이 정오가 되었고 베닉센은 승리할 기회 를 영영 잃었다.

나폴레옹에게 다음 계책은 분명 뮈라가 적 중앙에 만들어놓은 틈 으로 근위대를 투입하는 것이었다. 유별나게도 근위대 투입을 꺼렸 던 나폴레옹은 이번에도 마찬가지였다. 나중에 나폴레옹은 레스토크 장군(Anton Wilhelm von L'Estocq, 1738~1815)이 지휘하는 프로이센 사단이 전장에 출현할까 두려웠다는 핑계를 댔다. 그리하여 나폴레옹은 전 부대에(술트 부대와 오주로 군단의 잔여 병력은 물론 뭐라의 부대까지도) 참호를 파고 다부가 포위를 완료할 때까지 지키라고 명령했다. 오후 1시쯤 다부는 준비를 마쳤다. 다부와 생틸레르는 이제 러시아군의 남쪽 측면을 U자 모양이 될 때까지 밀어냈다. 그러나 승리가 거의 손에 잡힐 것 같았을 때 나폴레옹이 가장 두려워했던 일이 일어났다. 오후 3시 20분경 레스토크가 네의 추격을 피해 전장에 도착했던 것이다. 네 원수는 나중에 자신은 바람과 눈발이 윙윙거려 아무런 소리도(대포 소리도 행군하는 병사들의 발자국 소리도) 듣지 못했다고 말해 결백을 증명했다.

오후 4시경 레스토크는 다부 부대의 노출된 측면을 급습해 러시아군이 받던 압박을 덜어주었다. 다부의 영웅들은 힘들여 차지했던 땅을 조금씩 포기해야 했다. 나폴레옹은 일진일퇴의 이 전투에서 러시아군 쪽으로 무게중심이 이동하고 있음을 간파하고 네에게 모든 희망을 걸었다. 네만이 흐름을 바꿀 수 있었기 때문이다. 나폴레옹에게는 다행스럽게도 오후 7시쯤 네의 6군단이 러시아군 우측에 나타나 1만 5천 명의 새로운 병력을 전투에 투입했다. 보강된 프랑스군은 러시아군과 싸웠고 오후 10시에 전투가 중단되었다. 본질적으로 황제가 베닉센보다 냉정을 잘 유지했다. 베닉센은 전략 회의에서 전투를 셋째 날까지 확대하자는 장군들의 의견을 물리치고 자정부터 카자크 기병대로 엄호한 채 싸움터를 벗어났다. 지친 프랑스군은 추격할 처지가 못 되었다.

14시간 후 시체 수만 구가 전장에 널렸다. 하얗게 쌓인 눈은 피로 얼룩지고 이리저리 줄이 생겼다. 프랑스군은 2만 5천 명의 사상자를 냈다. 셋에 한 명꼴이었다. 러시아군은 1만 5천 명을 잃었다.(이 수치에는 논란의 여지가 있으며, 어떤 전거들은 이 수치를 거꾸로 언급한다.) 나폴레옹은 선전 조직을 최대한 가동해 재앙의 규모를 위장해야 했다. 나폴레옹은 전장을 점유하고 있었기에 승리를 주장할 수 있다는

1807년 2월 8일에 러시아군과 맞선 아일라우 전투에서 나폴레옹은 처참한 실패를 맛보았다. 그러나 그로는 이 그림에서 사실을 묘사하기보다 전장을 돌아보고 병사들을 위로하는 나폴레옹을 부각하였다.

점을 활용했다. 사상자 규모에 관해 나폴레옹은 뻔뻔스럽게도 전사 1,900명에 부상 5,700명만 인정했다. 러시아군이 이튿날 전투를 재개하지 않기로 결정해 내심 기뻤던 나폴레옹은 희생양을 찾았다. 결과는 기대 이상이었다. 믿을 수 없는 일이지만 베르나도트가 또 명령을 따르지 않았던 것이다. 황제는 가스코뉴인 원수에게 오트풀 장군(Jean-Joseph Ange d'Hautpoul, 1754~1807)을 보내 군단을 이끌고 아일라우로 오라는 긴급 명령을 하달했었다. 베르나도트는 그런 명령을 전달받은 적 없다고 주장했고, 오트풀이 전사하면서 베르나도트의 새빨간 거짓말을 들춰낼 방법은 사라졌다.

　이튿날 나폴레옹은 말을 타고 전장을 돌아다니며 산처럼 쌓인 시체들을 우울하게 둘러보았다. 훗날 나폴레옹은 조제핀에게 이렇게 썼다. "시골이 온통 전사자와 부상자로 뒤덮였소. 이것이 전쟁의 가장 유쾌한 부분은 아니오. 누군가는 고통을 당하고, 그토록 많은 희생자를 보아야만 하는 나는 마음이 무겁소." 이 글은 절제해 표현한 것이다. 그랑다르메의 군의였던 페르시(Pierre-François Percy, 1754~1825)는 좀 더 생생하게 묘사했다.

그토록 좁은 공간이 그렇게 많은 시체로 뒤덮인 적은 없었다. 사방에서 눈은 피로 얼룩졌다. 쌓인 눈 위에 계속 눈이 내려 지나가는 사람들의 비통한 시선에서 시체들을 가렸다. 러시아군이 싸울 때 엄폐물로 사용한 작은 전나무가 있는 곳이면 어디에나 시체들이 쌓여 있다. 총, 군모, 흉갑 수천 개가 길과 싸움터에 널려 있다. 적군이 분명히 몸을 숨기려고 선택했을 언덕 비탈에는 피투성이 시신이 백 구 넘게 있고, 다리는 잘렸으나 숨은 끊어지지 않은 말들이 시체 더미 위에 굶주린 채 차례를 기다리고 있다. 싸움터 한 곳을 지나면 온통 시신으로 뒤덮인 다른 싸움터를 만나게 된다.

나폴레옹은 사상자 수에 경악하고 전사자를 매장하는 엄청나게 고된 일에 짓눌려 우울했으며 신경과민에 시달렸다. 그는 결국 군사 작전을 중단하고 2월 23일에 완전히 지친 군대를 이끌고 겨울 숙영지로 물러났다. 러시아군은 신중하게 전진해 얼어붙은 시체 더미로 음산한 아일라우의 싸움터를 되찾았다. 황제에게 가장 심각한 문제는 곤두박질친 그랑다르메의 사기였다. 분위기는 전반적으로 크게 혼란스러웠는데, 병사들의 약탈과 이로 인해 적의에 불탔던 폴란드 농민, 얼어붙은 강물이 녹으면서 대양의 파도처럼 요동치고 사방을 끈적거리는 진흙으로 뒤덮은 결과 나타난 지형의 파열로 더욱 복잡해졌다. 특히 나폴레옹은 어떻게든 위신의 실추를 만회해야 했으며, 독일로 팽창하는 데 숨은 위험을 경고했던 탈레랑의 목소리 "제가 그럴 것이라고 말하지 않았습니까?"를 잠재워야 했다. 예나는 큰 승리였지만 프로이센을 완전히 파괴하지 못했으며, 아일라우는 막다른 길처럼 보였다. 아일라우 전투는 판돈을 두 곱절로 늘려서는 안 된다는 점을 분명하게 알려주는 교훈이었다.

아일라우 전투에서 나폴레옹의 군사 지도자다운 면모는 좀처럼 훌륭하게 드러나지 않았으며, 나폴레옹의 무적이라는 신화는 말 그대로 신화라는 점을 명백히 보여주었다. 아일라우 전투가 가져온 재앙으로 우선 들 수 있는 것은 프랑스의 군사 조직이 붕괴했다는 증거라고 할 수 있다. 아일라우 전투에서 프랑스군은 부적절하게 행동했다. 원수들은 명령에 복종하지 않았으며, 사병들은 약탈을 자행하고 규율을 무시하거나 탈영했다. 그러나 나폴레옹은 모든 잘못을 협력자들과 부하들의 결점 탓으로만 돌릴 수 없었다. 나폴레옹은 군단들이 언제나 서로 하루나 이틀 행군 거리 안에 있어야 한다는 자신의 원칙을 깨뜨렸으며, 네의 군대에 명령을 하달하는 데 지나치게 꾸물거렸다. 네는 8일 아침이 아니라 7일 저녁에 지시를 받았어야 했다. 그밖에도 나폴레옹은 예상에 없던 전투에 돌입하는 실수를 저질렀으며 8일 아침에는 병사가 부족한 바람에 스스로 재앙을 불러들였다. 나폴레옹은 뮈라의 돌격이라는 도박이 행운을 가져와 패배의 구렁텅이에서 간신히 빠져나왔다. 뮈라의 돌격이 실패했다면 나폴레옹 군의 중앙은 틀림없이 무너졌을 것이다.

진실은 이렇다. 아일라우에서 나폴레옹은 자신의 능력이 아니라 적의 실수 덕에 구원을 받았다. 베닉센의 주된 실수는 술트를 격퇴할 때 더 압박하지 않고 주저한 것이었다. 다부가 나타나자 베닉센은 술트에 대한 공격을 중단했지만 우익을 제대로 활용하지 못했다. 또 네가 출현하기 세 시간 전인 오후 4시경에 지친 프랑스군을 단호하게 공격했더라면 분명히 승리를 거두었을 것이다. 아일라우 전투 이전에 나폴레옹이 전장에서 실수한 적은 드물었다. 아일라우 전투 후 드물게 뛰어난 예외가 몇 차례 있기는 했지만 나폴레옹의 일 처리에는 확실성이 크게 줄어들었다. 나폴레옹은 근심스러운 마음으로 마리아 발레프스카의 품으로 돌아왔다.

나폴레옹은 동프로이센의 화려한 핀켄슈타인 성*으로 사령부를 옮기고, 마리아가 그곳에 합류해 아일라우 전투로 중단되었던 목가적 생활을 재개했다. 마리아는 나폴레옹을 깊이 사랑했지만 나폴레옹이 여성을 상냥하게 대하는 기간이 길지 않다는 것을 알고 있었기에 두 사람의 연애가 오래 지속되지 않을까 두려웠다. 나폴레옹이 마리아를 다른 정부들보다 훨씬 더 좋게 본 것은 분명하다. 마리아는 조제핀이 지닌 모든 장점에 그녀만의 특별한 미덕을 더한 듯했다. 조제핀은 어리석고 경박하며 씀씀이가 헤펐지만, 마리아는 진중하고 책을 좋아했으며 검소했다. 나폴레옹은 마리아에게 아낌없이 선물 공세를 펼쳤지만 마리아는 그때마다 거절해 연인을 당황하게 했다. 마리아는 확실히 나폴레옹에게 좋은 영향을 끼쳤다. 나폴레옹은 핀켄슈타인 성에 머무는 동안 제국의 모든 일에 세세하게 주의를 기울이는 믿기 힘든 에너지를 보여주었다. 새로운 활력과 자신감은 분명 마리아와 맺은 부적절한 관계가 절정에 이르렀을 때 솟구쳤는데, 이것은 우연일 수가 없었다.

나폴레옹이 세심하게 살핀 일 중에는 파리에 있는 조제핀의 일상도 있었다. 모든 사단이 흔적도 없이 진창 속에 가라앉고 유사가 포대를 삼켜버렸다는 전장의 참사 소문이 퍼지면서 파리의 사기도 무너졌다. 조제핀은 무너진 사기를 떠받치고자 원로원과 입법부, 외교단, 심지어 교회를 위해서도 수없이 많은 연회를 개최했으며, 공식 만찬과 야간 축연을 열었다. 프로이센에 있는 황제는 조제핀의 일정을 가장 작은 일까지 감독했고, 나아가 생클루 성에 있어야 하는 날과 말메종에서 휴식해도 되는 날까지 구체적으로 적시했다. 조제핀은 남편의 오랜 부재와 아들딸이 사실상 추방된 상황에 우울했다. 외젠은 이탈리아 부왕으로 나가 있었고, 루이의 아내 오르탕스는 남편

핀켄슈타인 성 오늘날 폴란드의 카미에니에츠에 있는 바로크 양식의 궁.

이 새로운 홀란트 왕국의 왕이 되면서 떠나 있었다.

마리아를 둘러싼 소문은 점차 조제핀 귀에도 들어갔다. 조제핀은 나폴레옹이 '길고 외로운 겨울밤'에 관한 의례적 애가(哀歌)를 그쳤다는 단순한 사실에서 이미 무엇인가 있다고 의심했는지도 모른다. 조제핀은 특히 나폴레옹이 4월 1일부터 6월 6일까지 핀켄슈타인 성을 떠나지 않았기에 그곳에서 무엇인가 일을 벌이고 있는 것은 아닌지 궁금해했으며 편지에서 걱정을 드러냈다. 황제의 답장은 오래된 보나파르트식 속임수였다. "나를 둘러싼 여인들이라니 무슨 말인지 모르겠소. 나는 나의 귀여운 조제핀만, 친절하지만 자주 부루퉁하고 변덕스러우며, 무슨 일을 할 때든 그렇지만 품위 있게 싸움을 걸 줄 아는 조제핀만 사랑하오. 조제핀은 질투할 때, 악마로 변할 때만 아니면 언제나 사랑스럽기 때문이오. …… 그렇지만 그 여인들 얘기로 돌아갑시다. 내가 주변 여인들 중 한 사람을 바쁘게 상대해야 한다면, 그 여인이 작은 연분홍 젖꼭지를 가졌기를 바란다는 점을 당신에게 보장하오. 이것이 그대가 내게 말한 여인들에게도 해당되는 얘기요?"

조제핀은 약이 올랐지만 남편을 실망시키지 않았고 멀리 떨어진 곳에서 황후 역할을 당당히 수행했다. 조제핀은 총재정부의 환락가로 돌아가거나 평판이 나쁜 과거 테르미도르파 친구들과 다시 가까이 지내고 싶다는 유혹에 굴복하지 않았다. 그러나 나폴레옹은 조제핀을 과소평가했고 이전의 쾌락주의자 친구들에 관해 여러 차례 분명한 경고를 보냈다. 테레자 탈리앵에 관해서는 특히 화를 잘 냈다. 이제 시메 공작부인이 된 테레자 탈리앵은 이미 남편 네 명에게서 자녀 열 명을 보았는데(시메에게서 얻은 네 명을 포함해), 이 때문에 나폴레옹은 테레자를 들판의 마소와 같은 수준으로 여겼다. 나폴레옹은 조제핀에게 이렇게 써 보냈다. "테레자를 만나서는 안 되오. 사생아만 여덟인 여자와 결혼하다니 그 남편도 참 가련하지. 테레자는 그 어느 때보다도 비열하오. 테레자는 매우 훌륭한 매춘부이며, 끔찍하게 수치스러운 여자가 되었소." 여기에서 나폴레옹이 임신할 수 없는 조제핀과 명백하게 대조되는 탈리앵의 생산력을 약간 다른 방식으로 부러워했음을 간파하기는 어렵지 않다.

핀켄슈타인에서 보낸 편지들을 보건대 황제는 바보로 여긴 자들을 기꺼이 내버려둘 생각이 없었다. 나폴레옹은 푸셰가 강화가 필요하다며 잔소리를 하자 짜증내며 되받아쳤다. "끊임없이 평화를 말하는 것은 평화를 얻는 좋은 방법이 아니오." 오르탕스가 아들 샤를-나폴레옹이 후두염으로 죽었다고 슬픔에 젖은 편지를 보냈을 때, 나폴레옹은 '지나친' 비탄을 호되게 나무랐다. 나폴레옹은 그렇게 하면 죽음에 승리를 안겨주는 것이나 다름없다고 꾸짖었다. 나폴레옹은 군인으로서 죽음이 그렇게 대단한 적수가 아니라는 것을 잘 알고 있었다. 놀랄 일도 아니지만 오르탕스는 이 차갑고 매정한 '애도'에 답장을 보내지 않았고, 나폴레옹은 엄하되 자애로운 가장의 말투로 이렇게 써 보냈다. "나의 딸…… 한 자 써 보내지도 않다니 넌 모조리 잊었구나. 듣기로는 이제 누구도 사랑하지 않고 모든 것에 냉담하다며. 너의 침묵이 그렇게 말하고 있다. 오르탕스, 잘하는 일이 아니다. …… 말메종에 있었다면 너의 고통을 함께 나누었을 텐데."

1807년 6월 초 나폴레옹은 다시 러시아군을 겨냥해 작전을 시작할 준비를 마쳤다. 그랑다르메의 전력은 초인적인 노력으로 5월까지 60만 명으로 증가했다(나폴리와 달마치아에서 온 부대와 프랑스와 홀란트 해안을 지키던 부대도 포함된다). 이탈리아와 독일, 폴란드에서 각각 둘씩 여섯 개의 새로운 사단이 조직되었다. 1807년 초의 두드러진 특징은 주로 작센과 바덴에서 모집한 10만 명 규모의 그랑다르메 독일군(Grande Armée d'Allemagne)이 출현한 것이다. 독일이 배후에서 일어나 대항하지 못하도록, 그리고 오스트리아가 갑자기 전쟁에 돌입하는 일이 없도록 확실하게 조치하기 위해 조직한 그랑다르메 독일군은 프로이센에 자리를 잡고 있었다. 제롬이 슐레지엔에서 우익을 지휘했고, 브륀이 중앙을, 모르티에가 포메른에서 좌익을 지휘했다. 황제는 바르샤바를 확실하게 장악하고자 이탈리아에서 마세나를 불러들였다(마세나에게는 유감스러운 일이었다).

6월이면 나폴레옹은 폴란드에 22만 명을 보유했고 병력 수에서 러시아군을 두 배로 능가했다. 아일라우 전투의 두 영웅인 다부와 뮈라가 함께 있었으며, 르페브르는 란과 우디노의 도움을 받아 두 번째 단치히 포위 공격을 막 성공리에 완료했다. 단치히의 넘치는 군수 물자 덕에 프랑스는 1806년에서 1807년으로 넘어가는 겨울에 시급했던 보급 문제를 해결할 수 있었고, 이 경험을 하고 나자 나폴레옹은 단치히와 같은 군사적 보고인 쾨니히스베르크(오늘날 러시아의 칼리닌그라드)를 부러운 눈으로 쳐다보게 되었다. 그랑다르메에 드리운 유일한 구름은 아일라우 전투 후 유지될 수 없었던 오주로의 7군단이 소멸한 것이다. 잔여 병력은 다른 군단들로 재배치되었다. 나폴레옹은 이제 베닉센이 러시아군의 주요 창고와 무기 저장고가 있는 쾨니히스베르크의 기지로 가지 못하게 막을 수 있다고 확신했다.

그러나 황제의 첫 번째 노력은 또 다른 아일라우 전투를 예감하게 했다. 나폴레옹은 6월 10일 하일스베르크(오늘날 폴란드의 리즈바르크 바르민스키)에서 러시아군과 교전했는데, 더디게 진행된 전투는 한여름 밤까지 이어지다가 결론 없이 끝났다. 납득할 수 없게도 나폴레옹은 방어 태세가 좋은 진지를 정면에서 공격해 1만에서 1만 1천 명가량 잃는 결과를 초래했다(러시아군의 손실은 약 8천 명이었다). 양측 모두에게 무의미한 살육이었다. 나폴레옹은 날이 밝으면 러시아군이 철수하지 않을까 기대했으나 그의 기대는 어긋났다. 결국 나폴레옹은 11일 아침이 되자 전투를 개시하는 대신 러시아의 병참을 위협하는 기동을 벌여 베닉센이 언덕 비탈의 강력한 방어 진지에서 퇴각하게 만들었다. 나폴레옹은 아일라우에서 그랬듯이 전장을 차지했고, 역시 아일라우의 경우와 마찬가지로 하일스베르크 전투를 공보에 승리로 기록했다.

러시아군의 의도를 파악하려던 나폴레옹은 베닉센이 알레 강*을 훨씬 더 아래쪽의 좌안에 있는 프리틀란트(오늘날 러시아의 프라브딘스크)에서 건너리라고 추정했다. 그러나 베닉센의 계획은 훨씬 더 야심찼다. 베닉센은 란의 군단이 프리틀란트로 진군하고 있으며 위험스럽게도 다른 프랑스 군대와 떨어져 고립되어 있다는 사실을 알았다. 이에 그는 강을 건너 란의 부대를 쓸어버리고자 배다리를 놓으라고 명령했다. 베닉센에게는 불행하게도, 먼저 보낸 1만 명이 강 건너편에 도달했을 때(6월 13일) 란에게는 이미 증원 병력이 도착해 있었다. 증원군은 그루시가 지휘하는 대규모 기병대가 핵심이었다.

베닉센은 6월 14일 동트기 직전 집중 포격을 퍼부으며 전투를 시작했지만 국지적으로 훨씬 우세하면서도 적을 밀어붙이지 못했다. 납득할 수 없는 일이었다. 오전 9시경 프랑스군은 여전히 보병 9천 명에 기병 8천 명밖에 없었고, 강 건너편에는 4만 5천 명 규모의 러시아군이 있었다. 나폴레옹은 란에게 러시아군을 강 건너로 유인해 발을 묶어 두라고 명령하는 동시에 나머지 그랑다르메를 투입했다. 베닉센이 망설이는 동안 란은 점점 더 많은 증원군을 받았다. 9시 30분 베르티에가 도착하면서 란의 병력은 3만 5천 명으로 불어났고, 한 시간 뒤에는 5천 명이 더 보강되었다.

설명할 수 없는 일이지만, 베닉센은 군사를 움직이지 않았다. 정오 직후 나폴레옹이 현장에 도착해 지휘하기 시작했다. 참모진은 이튿날까지 기다리는 것이 최선의 계획이라는 데 의견이 일치했다. 그때까지는 뮈라와 다부가 도착할 테고 프랑스군은 숫자에서 압도적인 우위를 차지할 것이기 때문이었다. 황제는 이의를 제기했다. 나폴

알레 강 오늘날 폴란드와 러시아를 흐르는 강. 폴란드어로 위나(Łyna), 러시아어로 라바 (Lava) 강이다. 러시아의 프레골랴(Pregolya) 강의 지류이다.

레옹은 두 요인을 중요하게 생각했다. 언제나 미신에 좌우된 나폴레옹은 12월 2일 아우스터리츠 전투가 한 해 전 그날의 대관식을 어떻게 반영했는지 회상하며, 마렝고 전투에서 승리했던 6월 14일이 행운의 날이니 꼭 전투를 해야 한다고 결정했다. 좀 더 실제적인 이유를 들자면 나폴레옹은 베닉센이 강을 뒤에 두어 배수진을 치는 터무니없는 실수를 저질렀음을 단번에 알아보았다. 게다가 러시아군 전선은 물방아용 도랑과 호수 때문에 양분되어 좌우익이 서로 지원하기가 매우 어려운 상황이었다. 오후 4시, 8만 명을 적절한 위치에 투입한 나폴레옹은 다시 오지 않을 호기를 맞았다고 확신했다.

　나폴레옹의 전략은 아주 단순했다. 나폴레옹은 알레 강이 만든 직각 지형 안의 러시아군을 공격하기로 했다. 그곳의 러시아군은 물방아용 도랑으로 둘로 나뉘어 있었다. 나폴레옹은 이 공격을 추가 포격 없이 신속하게 수행할 예정이었다. 알레 강에 놓인 교량을 두 개만 파괴하면, 남은 러시아군을 다부와 뮈라가 지키고 있는 북쪽으로 밀어낼 수 있었다. 오후 5시 나폴레옹은 네의 군단에 맹공을 명령했다. 공격은 결코 너무 이르지 않았다. 나폴레옹의 대단한 직관은 이번에도 옳았다. 이튿날이었다면 오지 않았을 단 한 번의 기회였다. 이제 베닉센은 위험을 알아챘고 네가 공격해 올 때 막 퇴각 명령을 내리는 중이었다. 베닉센은 프랑스군의 갑작스런 습격에 대처하고자 신속히 대응 명령을 내려야 했다.

　베닉센은 우선 기병대로 반격에 나섰으나 격렬한 전투 끝에 격퇴당했다. 베닉센은 도박을 했다. 프랑스군이 대규모 기병 공격을 더 감행할 수 없을 것으로 판단하고 정예 기병대를 다시 투입했던 것이다. 그러나 기병대는 빅토르의 1군단에게 측면을 공격당했다. 러시아군 기병대가 퇴각하다 아군 보병 부대와 충돌하면서 대혼란이 일어났고, 당황하고 공포에 질려 욕설을 내뱉으며 몸부림치던 병사들은 프랑스군 포병들에게는 놓칠 수 없는 표적이었다. 아우어슈테트의

1807년 6월 14일 프리틀란트 전투에 나선 나폴레옹(오라스 베르네의 그림). 이 전투에서 나폴레옹은 재앙과도 같았던 아일라우 전투의 부진을 털어버리고 러시아군에게 대승을 거두었다.

다부만큼이나 프리틀란트의 영웅이었던 빅토르는 기회를 포착했고 대포 30문을 끌어왔다. 프랑스군은 약 550미터에서 시작해 약 275미터, 약 137미터 사거리까지 차례로 포격해 러시아군 횡대형에 큰 구멍을 냈다. 직사(直射) 거리에서 산탄은 가공할 파괴력을 지녔으며, 몇 분 안에 러시아군 수백 명이 쓰러져 죽었다.

　베닉센은 고르차코프(Aleksey Ivanovich Gorchakov, 1769~1817)에게 예비 부대를 주어 란과 모르티에, 그루시의 핵심 군단에 맞서게 함으로써 좌익을 살육 현장에서 구하려 했다. 절망에 빠진 베닉센은 네의 우익에 집중해 총검 돌격을 명령했지만 이조차 실패로 돌아갔고, 러시아군 수천 명이 프랑스군과 붙어보지도 못한 채 알레 강에 빠져 죽었다. 그런 뒤에 뒤퐁 장군이 물방아용 도랑의 북쪽 둑으로

건너가 지친 러시아군의 측면과 후방을 공격했다. 네가 이미 프리틀란트 외곽에 도착한 상황에서 베닉센은 러시아 제국근위대를 투입하는 마지막 남은 수단을 썼으나, 네와 뒤퐁의 병사들에게 곧 '먹히고' 말았다.

오후 8시 30분경 나폴레옹은 프리틀란트를 장악했다. 도시를 파괴하는 러시아군의 전술은 불꽃이 배다리에 옮겨 붙어 더 많은 러시아군 병사들의 길을 막음으로써 완전히 빗나갔다. 베닉센은 물방아용 도랑의 북쪽에서 러시아군이 필사적으로 가한 일련의 공격이 우디노와 베르디에 군단에 격퇴당하는 것을 본 후 부대를 구출하든지 아니면 총체적인 재앙에 용감히 맞서야 했다. 교량 네 개 중 세 개가 파괴되었기에 한동안 위험천만이었지만 러시아군은 결국 도주로로 쓸 만한 여울목을 발견했다. 때는 바로 나폴레옹이 완벽한 승리를 얻으려면 좌익 맨 끝에 있던 40개의 기병 대대를 풀어놓아야 할 시점이었다. 불운한 그루시는 뮈라가 아니었고 기회를 놓쳤다. 그렇지만 밤이 찾아왔어도 프랑스군은 추격을 늦추지 않았다. 오후 11시가 한참 지날 때까지 프랑스군은 계속 추격했다.

나폴레옹은 8천 명의 사상자를 내고 결정적 승리를 거두었다. 러시아군에 2만 명의 사상자를 안기고 대포 80문을 빼앗았다. 여섯 달 동안 모질게 난전을 치르며 거둔 승리였으며, 프랑스 황제는 결국 원하던 결과를 얻었다. 이 승리는 아우스터리츠 전투 말고는 어느 전투에도 뒤지지 않는 위대한 업적이었다. 나폴레옹은 조제핀에게 편지를 보내며 이런 말을 했는데, 여기에는 어느 정도 정당한 이유가 있었다. "나의 사랑, 정말 피곤해서 한마디밖에 쓸 수가 없소. …… 나의 병사들은 마렝고 전투를 훌륭하게 기념해주었소. 프리틀란트 전투는 마렝고만큼 길이 빛날 것이며 나의 국민들에게 그만큼 영광스러운 일로 기억될 것이오. …… 프리틀란트 전투는 마렝고 전투와 아우스터리츠 전투, 예나 전투에 비해 손색없는 훌륭한 전투로 남을 것이오."

다른 한편으로는 나폴레옹은 이 전투를 시작한 사람이 아니었다. 나폴레옹은 베닉센의 움직임에 대응했을 뿐이었다. 베닉센은 1807년 6월 14일에 큰 실수를 여럿 저질렀는데, 특히 두 가지가 두드러진다. 베닉센은 군대가 다리가 놓이지 않은 강 때문에 양분되지 않도록 했어야 했고, 러시아군이 퇴각할 경우 알레 강에는 교량이 하나밖에 남지 않을 가능성이 높다는 점을 이해했어야 했다.

프리틀란트 전투는 여러 면에서 그랑다르메의 절정이었다. 원수들은 그때만큼은 나폴레옹의 기대에 부응했다. 빅토르 장군은 뛰어난 전투 수행을 보여준 뒤 열아홉 번째 원수로서 지휘봉을 받았고, 네는 그 전투에서 최고의 시간을 보냈다. 보나파르트의 측근에서 가장 화려하게 떠오르는 별이었던 우디노는 공적의 대가로 연간 3만 3천 프랑의 연금을 받았으며 황제로부터 '주목해야 할 인물'이라는 평가를 받았다.

그러나 좀 더 사려 깊은 군사평론가들에게는 몇 가지 걱정스러운 조짐이 보였다. 말을 잘 못 타기로 유명했던 황제가 프리틀란트 전투 중에 세 번 넘게 낙마했다는 사실 때문만은 아니었다. 나폴레옹이 늘 공격을 지나치게 강조했다는 것은 분명하다. 예나-아우어슈테트 전투에서 프랑스군과 싸웠던 프로이센의 탁월한 군사 이론가 클라우제비츠는 훗날 공세는 전진한다는 사실 때문에 늘 약해질 수 있다고 경고했다. 1807년에 나폴레옹은 전략이 제대로 효과를 낼 수 있을 만큼 숫자에서 우세했으나, 병력이 열세인 경우에는 어떤 일이 일어날 것인가? 황제가 자신의 군사적 재능에 딸린 탁상공론 같은 측면에 점점 더 심하게 안달했음을 생각하면, 이는 매우 타당한 질문이다. 나폴레옹은 아일라우에서 지형에 익숙하지 않은데도 사전에 정찰을 하지 않아 자리를 잘못 잡았으며, 기후와 지리의 요소를 무시해 빙판과 눈, 진창을 고려하지 않고 오데르 강을 건넜다. 황제의 측근

중 좀 더 신중한 자들은 이집트와 생도밍그에서 이와 비슷하게 기후와 지리를 무시한 결과 참사를 겪은 것을 기억하고는 나폴레옹이 자신들을 큰 재난으로 끌어들이는 데 얼마나 걸릴까 생각했다.

그러나 나폴레옹은 당장은 무적인 듯했다. 실제로 그러했을 뿐 아니라 이론상으로도 그러했다. 차르 알렉산드르 1세는 자신만만했다가 기가 죽었다가 하면서 갈피를 잡지 못했는데 프리틀란트 전투 이후 남은 것은 협상뿐이라고 마음을 다잡았다. 나폴레옹은 알렉산드르 1세가 평화 협상을 타진해 오자 내심 안도하며 받아들였다. 점점 다루기 힘들어지는 오스트리아가 참전의 유혹을 느끼기 전에 전쟁을 끝내고 싶었던 것이다. 황제는 오스만제국이 비장의 카드가 될 것이라고 기대했으나, 5월 27일에 이스탄불에서 혁명이 일어나 셀림 3세 정권이 무너졌다. 그리고 나폴레옹은 파리에서 너무 멀리 떨어져 있다는 점도 인식하고 있었다. 조제핀이 제국의 독수리 깃발*을 과시하는 데 뛰어나다고는 해도, 푸셰와 탈레랑이 꾸미는 음모는 누가 처리할 것인가?

프랑스와 러시아는 곧 휴전에 합의했고, 두 황제가 틸지트* 인근 네만(니멘) 강 한가운데 급조한 수상 구조물 위에서 만나기로 했다. 이 유명한 만남은 흥미로운 이야기를 남겼다. 틸지트는 나폴레옹이 정복한 영토에 있었고 네만 강은 러시아의 서쪽 국경이었다. 알렉산드르 1세는 프랑스가 장악한 땅 안으로 발을 들이려 하지 않았고 나폴레옹은 그 반대였으므로 참으로 기묘한 타협안이 도출되었다. 나폴레옹은 거룻배처럼 생긴 커다란 뗏목을 만들라고 명령하고, 그 위에 양쪽의 전실로 이어지는 문이 달린 방을 세워 장식하라고 했다. 밖으로 난 두 문의 꼭대기는 두 나라의 독수리로 장식했다. 6월 25일 정오 무렵 두 주권자는 강 양쪽 둑에 동시에 나타나 배를 탔다. 능숙한

독수리 깃발(Aigle de drapeau) 그랑다르메가 전투 때 들고 다니던 깃발.
틸지트 오늘날 러시아 칼리닌그라드 주의 소베츠크.

1807년 6월 25일, 틸지트 인근 네만 강에 세워진 임시 구조물에서 나폴레옹이 회담 상대인 러시아의 차르 알렉산드르 1세를 맞이하고 있다.

사공 덕분에 나폴레옹이 알렉산드르 1세보다 먼저 뗏목에 도착했고, 홀로 올라 방을 지나 반대편 전실로 들어가 바깥으로 난 문을 열었다. 그리고 기술이 부족한 차르의 사공들이 힘들게 노를 저어 도착할 때까지 참을성 있게 기다렸다.

정오 직후에 시작된 논의는 한 시간 반 동안 우호적인 분위기 속에서 이어졌다. 출발은 순조로웠다. 알렉산드르 1세는 나폴레옹을 이런 말로 환영했다고 한다. "폐하, 저는 폐하 못지않게 영국을 증오합니다." 나폴레옹이 대답했다. "그렇다면 강화는 체결된 것이나 다름없습니다." 서른여덟 살 황제와 서른 살 차르는 처음부터 편안한 마음으로 시작했고, 회담을 마칠 때에는 우정 비슷한 감정을 나누었다. 두 사람은 다른 이유는 그렇다치고 신체적으로 호감을 느꼈다. 알렉산드르 1세는 나폴레옹의 카리스마에 완전히 사로잡혔고, 나폴레옹은 훗날 인정했듯이 차르의 아름다운 용모에 감명을 받아 알렉산드르 1세를 아폴론으로 묘사했다. 알렉산드르 1세는 키가 크고 푸른 눈과 금발 곱슬머리를 지닌 미남이었다.

나폴레옹은 또한 알렉산드르 1세가 매우 영리하다고 생각했으나, 마음속에서 들리는 어떤 목소리가 걸렸다. 나폴레옹은 훗날 이렇게 말했다. "무엇인가 놓친 것이 있었는데, 그것이 무엇인지 도통 알 수가 없었다. …… 비잔티움 제국의 타락한 인간인지. …… 북쪽의 탈마*인지." 나폴레옹은 좋아하는 배우를 언급해 실제로 차르보다는 자신에 관해 더 많은 것을 드러냈다. 알렉산드르 1세의 문제는 연극적이라는 게 아니라 심리적인 것이었다. 알렉산드르 1세의 정확한 정신 상태를 둘러싸고 논란이 심했다. 어떤 이들은 조현병이라고 했고, 다른 이들은 '조울증'이라고 했다. 알렉산드르 1세는 기분이 자주 오락가락했기에 다중 인격 유형의 '조기 치매'라고 단정한 사람들도 있다. 아무리 줄여 말하더라도 알렉산드르 1세는 신경증 환자였고 주변 사람들을 교란시켰다. 그는 자신을 군인이라고 생각하기를 좋아했으나, 이것은 허풍이었다. 알렉산드르 1세는 실제로는 겁쟁이였다. 그는 아우스터리츠에서는 교전 현장에서 멀리 떨어져 있었고, 나폴레옹이 러시아를 침공한 1812년의 소란스러운 시기에도 다시 그런 모습을 보인다.

이튿날인 6월 26일 두 주권자는 12시 30분에 만나 오후 9시까지 함께 시간을 보냈다. 이후 조약 입안에 능숙한 양국 신하들이 '평등주의적' 일정을 정교하게 세웠다. 27일 나폴레옹이 차르를 방문해 원안을 검토하고 만찬을 나누었으며 이튿날에는 주인 입장에서 알렉산드르 1세를 접대했다. 이날은 나폴레옹이 공들인 '오스만' 위장 작전을 쓰기로 한 날이었다. 프랑스와 러시아가 합의에 이르는 데 명백한 장애 요인이 하나 있었다. 바로 나폴레옹이 오스만제국을 전쟁에 나

탈마(François Joseph Talma, 1763~1826) 용모가 뛰어나고 힘 있는 미성을 지닌 프랑스의 배우. 나폴레옹의 친한 친구였다.

서도록 선동한 일이었는데, 러시아 입장에서는 튀르크인들 때문에라도 프랑스와 전쟁을 벌여야 했다. 그러나 때마침 5월 28일에 일어난 쿠데타로 셀림 3세가 제거되었으며, 나폴레옹은 이 일로 그럴듯한 핑계를 얻었다. 나폴레옹은 이제 셀림 3세와 맺은 협정이 순전히 사사로운 것이었으며 술탄이 바뀌었으므로 무효가 된 듯이 꾸밀 수 있었다. 나폴레옹은 이스탄불 소식을 이미 입수했는데도(알렉산드르 1세도 마찬가지였다) 자신의 정보부가 태만해 이제 막 쿠데타 소식을 들은 척했다. 6월 28일 오후 4시경 나폴레옹이 차르와 함께 앉아 있을 때, 신하 한 명이 '긴급' 공문서를 가지고 도착했다. 나폴레옹은 문서를 개봉해 읽고는 깜짝 놀란 척하며 벌떡 일어섰다. 나폴레옹은 흥분해 알렉산드르 1세에게 셀림 3세가 물러났으니 이제 오스만제국에 진 빚은 없다고 말했다. "이는 하늘이 내린 일이오. 오스만제국은 이제 존재할 수 없다는 점을 말하고 있소." 알렉산드르 1세는 경솔하게도 이를 곧이곧대로 받아들였고 한마디도 놓치지 않고 귀담아 들었다고 한다.

외교관들이 조약 초안을 담은 작은 인쇄물을 차분히 다루는 동안, 두 통치자 사이의 만찬과 회합은 7월 5일까지 지겹도록 되풀이되었다. 그때 프로이센 왕비 루이제가 도착했다.* 명민함과 미모, 품위를 두루 갖춘 루이제는 자신의 매력을 동원해 때로 호소하고 때로는 회유하며 강화조약 초안의 가혹한 조항들을 고치도록 끈기 있게 노력했지만, 나폴레옹은 예나 전투 이후 루이제가 보인 완고함을 용서할

---

* 틸지트 조약은 프랑스, 러시아, 프로이센 3자간에 맺어진 조약이다. 1807년 2월에 먼저 프랑스와 러시아가 조약을 체결했고 7월에 프랑스와 프로이센의 조약이 체결되었다. 회담 초기에 나폴레옹은 프로이센을 배제했는데 러시아의 알렉산드르 1세가 주선하여 프로이센의 프리드리히 빌헬름 3세도 참여할 수 있게 되었다. 하지만 나폴레옹은 프로이센을 오스트리아나 러시아와는 다른 2류 국가로 보았기 때문에 내내 빌헬름 3세를 냉대했고 프로이센은 영토를 절반 가까이 잃을 상황에 놓았다. 위기 상황에서 빌헬름 3세는 아내인 루이제 왕비에게 도움을 요청했고 루이제 왕비는 나폴레옹을 설득하기 위해 틸지트로 찾아왔다.

수 없었다. 그 때문에 너무 많은 피를 흘리고 너무 많은 보물을 잃었기 때문이었다. 나폴레옹은 조제핀에게 이렇게 써 보냈다. "프로이센의 왕비는 정말로 매력적이오. 나를 유혹하려고 어찌나 노력하던지. 그렇지만 질투하지는 마시오. 나는 아무런 감동도 없으니 말이오. 친절한 척하느라 아주 애먹었소." 마침내 틸지트의 합의안이 마련되어 7월 7일 서명을 기다렸다. 조약은 이틀 후 재가되었고, 7월 9일에 나폴레옹은 흥미를 유발하는 수수께끼 같은 인물인 알렉산드르 1세에게 작별을 고했다. 7월 9일에 프로이센과 체결한 상당히 다른 조약은 12일에 재가되었다.

틸지트 조약 덕분에 차르는 유럽 터키(동부 트라키아)와 핀란드를 자유롭게 칠 수 있었다. 러시아는 나폴레옹의 영국 봉쇄(대륙 봉쇄 체제)에 합류하기로 했고, 러시아 해군은 프랑스의 지브롤터 해협 장악을 지원하기로 했다. 차르는 비밀조약에서 나폴레옹이 에스파냐와 포르투갈에 간섭하는 데 이의를 제기하지 않겠다고 약속했다. 그렇지만 이 비밀조약이 훗날의 추정과는 달리 알렉산드르 1세가 이베리아 반도에서 부르봉 왕실을 축출하고 대신 나폴레옹의 형제들을 왕위에 앉히는 것을 정식으로 묵인했다는 보나파르트파의 주장을 입증하지는 않는다. 또 알렉산드르 1세는 인도의 영국 세력을 겨냥한 프랑스-러시아의 합동 계획에 우선 5만 명 규모의 병력을 페르시아로 파견해 협력하겠다고 비공식적으로 동의했다(조약 최종안에 정식으로 포함되지는 않았다). 여기서 나폴레옹의 이중성을 강조해야만 한다. 나폴레옹은 프리틀란트 이전에는 페르시아에 자국과 연합해 러시아에 빼앗긴 그루지야 지역을 되찾으라고 권고했기 때문이다. 나폴레옹은 러시아와 오스만제국 사이에 분쟁이 벌어질 때 중재하기로 했고, 새로운 술탄이 중재를 거부하면 동유럽에 있는 오스만제국 속주들을 러시아와 나눠 갖기로 했다. 알렉산드르 1세는 그 대가로 프랑스와 영국이 전쟁을 할 경우 중재에 나서기로 했다. 영국이 거부하면 알렉산드르 1세는 덴마크와 스웨덴, 포르투갈의 궁정에 영국의 생산물을 들이지 못하게 항구를 봉쇄하도록 압력을 가하기로 했다.

프랑스와 체결한 조약은 호엔촐레른 왕가에는 굴욕이었다. 프로이센은 1772년 국경으로 줄어들었고, 프랑스는 마그데부르크 요새를 계속 보유했다. 엘베 강 서쪽의 프로이센 영토 전부와 하노버의 일부는 나폴레옹의 동생 제롬이 왕으로 즉위한 새로운 베스트팔렌 왕국에 통합되었다. 폴란드에 있는 프로이센의 모든 주는 바르샤바 대공국에 흡수되어 작센 국왕*의 통치를 받게 되었다. 바르샤바 대공국과 베스트팔렌 왕국은 프로이센과 오스트리아를 뺀 독일 전체를 집어삼킨 라인연방의 일부가 되었다. 단치히는 자유도시가 되었지만 프랑스군 수비대가 점령했다. 프로이센은 막대한 전쟁 배상금도 물어야 했으며, 배상금을 완납할 때까지 프랑스 군대가 프로이센 땅에 주둔하기로 했다. 마지막으로 프로이센은 대륙 봉쇄 체제에 합류하고 베스트팔렌 왕국과 홀란트 왕국, 나폴리 왕국, 라인연방을 승인하기로 동의했다.

나폴레옹은 틸지트 조약으로 유럽에서 완전한 승리에 가깝게 다가갔다. 틸지트 조약은 특히 영국에 타격을 주었는데, 발트해가 영국 해군에게는 주된 군수품 기지였기 때문이다. 돛에 쓰는 최상급 목재와 갑판에 쓰는 최고급 전나무는 러시아산이었고, 삼도 90퍼센트는 러시아에서 나왔으며, 물에 잠기는 선체에 대는 널은 발트 지역 오크가 최고였다. 러시아는 그밖에 영국이 쓰는 쇠기름 대부분과 아마(亞麻) 씨 절반, 역청 절반, 타르, 철도 공급했다. 나머지는 스웨덴

---

* 작센 왕 프리드리히 아우구스트 1세(Friedrich August I, 1750~1827)를 가리킨다. 그는 작센 왕(재위 1805~1827)이자 작센의 선제후 프리드리히 아우구스투스 3세(재위 1763~1806)였으며, 바르샤바 대공 프리데리크 아우구스트 1세(재위 1807~1813)였다. 1806년 프로이센 편에서 프랑스와 전쟁에 나섰으나 예나-아우어슈테트 전투에서 패배해 나폴레옹과 평화 협정을 맺었다. 나폴레옹에게 작센 왕의 칭호를 받고 1807년에 바르샤바 대공국을 얻었다. 나폴레옹이 러시아 원정에 실패한 뒤에도 그의 동맹자로 남았다. 나폴레옹 실각 후 1815년 빈 회의에서 프로이센에게 국토의 60퍼센트를 잃었다.

에서 얻었는데, 스웨덴은 러시아가 세력권 안에 확고히 잡고 있었다. 1807~1808년에 영국이 발트해에 열중하고 러시아 해군과 덴마크 해군에게 각별히 두려움을 품은 것은 당연한 일이었다. 영국 해군은 바다가 얼지 않는 여름 몇 달 동안 발트해에 대규모 함대를 유지했으며, 1808년 이후로는 전함 20척과 프리깃함 38척을 상주시켰다. 영국 해군은 1807년에 덴마크 해군의 군함 69척(전함 17척과 프리깃함 10척을 포함해)을 나포해 눈부신 성공을 거두었지만, 그해 영국은 부에노스아이레스와 이집트, 다르다넬스 해협에서 재앙에 가까운 큰 실수를 저지르기도 했다. 놀랄 것도 없는 일이지만, 틸지트 조약 이후 조지 3세와 외무장관 캐닝(George Canning, 1770~1827) 둘 다 나폴레옹과 화해하는 데 찬성했다. 나폴레옹은 오랫동안 망설인 끝에, 1808년 에스파냐 침공을 시작하기 직전에 영국의 이 제안을 거절했다.

틸지트 조약은 또 탈레랑이 나폴레옹에게서 영영 멀어지는 계기가 되었다. 이 점에 관해서는 두 가지 견해가 있다. 하나는, 믿을 수 없는 사람인 데다 돈을 밝히는 탈레랑이 이제는 오스트리아에 고용되어 나폴레옹의 계획을 무산시키는 데 적극 가담했다고 보는 견해다. 탈레랑은 은밀히 알렉산드르 1세에게 '유럽 전체를 위해' 나폴레옹에게 저항하라고 강권했으며 프랑스의 명사들은 자연 국경에 만족하며 황제가 독일에서 벌인 모험을 전혀 원하지 않는다고 조언했다. 다른 견해는, 탈레랑이 '자연 국경'조차도 평화를 방해하는 극복할 수 없는 장애물이며 1792년 국경으로 돌아가는 길만이 유럽의 안정을 보장할 것이라고 오랫동안 주장했음에 주목한다. 탈레랑의 주장에 따르면 어쨌든 오스트리아와 프로이센을 약하게 만드는 것은 러시아를 견제하는 유럽의 자연 보루를 파괴하는 것이기에 잘못된 일이었다. 그리고 알렉산드르 1세의 행동이 단순히 시간을 벌기 위한 것임은 명백했다.

틸지트 조약 이후 나폴레옹은 여유로운 파리 귀환 여정에 올랐다.

7월 19일 드레스덴에서 새로운 바르샤바 대공국의 폴란드인 대표들이 황제를 알현했을 때, 나폴레옹은 새로운 정부의 헌법을 제정하라고 명령했다. 나폴레옹은 드레스덴에 머물 때 잠시 시간을 내 샤를로테 폰 킬만세크와 사랑을 나누었다. 한 주 뒤 나폴레옹은 생클루 성에 돌아왔는데, 푸셰와 탈레랑은 황제가 많이 달라졌다고 생각했다. 탈레랑은 황제가 틸지트 조약 이후 목소리마저 달라졌다고 기록했다. 1807년 7월 이후 황제는 군대든 비밀경찰이든 아니면 정부 검열이든 문제가 닥치면 반사적으로 가혹한 수단에 의존했다. 나폴레옹 성격의 냉혹한 면이 앞으로 나온 것이 분명했다. 푸셰는 황제가 최근에 군사·외교적으로 성공을 거두었는데도 파리 시민들은 점차 나폴레옹 체제에 피로를 느낀다고 기록했다. 두 사람은 러시아와 치른 전쟁이 박빙의 승부였음을 이해했으며, 프랑스 사회가 영구적인 전시상태에 놓일 경우 사회·경제적으로 어떤 결과가 올지 걱정했다. 푸셰는 실제로 황제가 나쁜 소식을 이성적으로 처리할 능력을 잃었다고 결론 내렸다. 확실히 뒤늦은 깨달음이기는 했지만, 황제가 틸지트에서 보이지 않는 루비콘 강을 건넜다는 견해가 프랑스에서는 일반적으로 받아들여졌다. 나폴레옹은 유럽의 헤게모니를 장악했다고 생각했지만 이제 막 미끄러운 비탈에서 미끄러질 일만 남았고, 그 끝은 재앙이 될 터였다.

17장

에스파냐 개입

자만의 수렁에 빠지다

나폴레옹은 1807년 7월 27일에 파리로 돌아왔다. 이후 6주 동안 황제의 승리주의와 과시적 소비가 정점에 달했다. 우선 8월 15일 황제의 서른여덟 번째 생일을 위한 준비가 사치스럽게 진행되었다. 황제는 자신의 생일을 구체제가 끝난 뒤 열린 축제로는 가장 화려한 축제로 기념했다. 그런 뒤에 나폴레옹은 의회에서 자기 만족에 찬 몇 차례의 연설을 통해 유럽에서 영국의 영향력은 지난 일이 되었다고, 신의를 저버린 앨비언(영국의 애칭)은 최소한 대륙 봉쇄 체제에 억눌려 항복할 때까지는 섬의 요새에 틀어박히게 될 것이라고 동포를 안심시켰다. 마지막으로 8월 말에 휘황찬란한 축하가 이어졌는데, 이번에는 베스트팔렌 왕국의 왕이 된 제롬과 뷔르템베르크 왕의 딸 카타리나 공주(Friederike Katharina von Württemberg, 1783~1835)의 결혼을 위한 것이었다.

나폴레옹이 틸지트에서 귀환하자마자 관심을 기울인 사람들은 좁은 의미에서 가족에 해당하는 사람들이었다. 나폴레옹은 후계자가 필요했고 따라서 자식을 낳지 못하는 조제핀과 이혼해야 한다고 결심했다. 두 요인이 나폴레옹에게 중요했던 것으로 보인다. 첫 번째는 엘레오노르 드뉘엘의 아들이었다. 비록 나폴레옹은 첩자들에게서 정보를 들어 그 아이가 뮈라의 아들일 가능성이 있다는 것은 알고 있었지만, 엘레오노르의 아들은 나폴레옹이 자식을 낳는 데 아무 문제가 없음을 암시하는 듯했다. 두 번째 요인은 틸지트 회담 자체의 영향이었다. 나폴레옹은 알렉산드르 1세와 양국의 동맹을 공고히 하기 위해 자신과 차르의 누이의 결혼 가능성을 논의했다. 조제핀의 시절은 다한 것처럼 보였다.

나폴레옹은 파리로 돌아오자마자 탈레랑과 푸셰에게 압력을 받았는데, 특히 푸셰가 심했다. 두 늙은 경쟁자는 조제핀을 제거할 필요성이 있다는 점에서 손을 잡았으나 조제핀 대신에 누구를 들여야 할지를 두고는 견해가 달랐다. 은밀히 오스트리아의 돈을 받고 일하는 탈레랑은 합스부르크 가문 출신의 황후를 원했지만, 푸셰는 강하게 반대하며 러시아와 동맹하기를 원했다. 한편으로는 보나파르트의 쓸모없는 형제들이 제관을 이어받지 못하도록 막고자 함이요, 다른 한편으로는 부르봉 왕실의 복귀를 막고자 함이었다. 황제의 식탁에서 대화를 나눈 후 푸셰는 자신이 이 문제를 해결하는 전권을 위임받았다고 확신했고, 어느 일요일 퐁텐블로에서 미사를 올린 후 조제핀을 불러 프랑스와 왕실을 위해 이혼에 동의해야만 한다고 넌지시 말을 건넸다. 조제핀은 그런 말을 황제가 직접 한 것이 아니지 않으냐고 푸셰를 위협했고, 푸셰가 이를 인정하자 남편에게 달려와 푸셰와 나눈 대화를 전했다. 나폴레옹은 푸셰의 열의가 지나쳤다면서 그 일을 가볍게 무시하고는, 아내에게 '순전히 논의를 위해서 하는 말'인데 그런 제안에 어떻게 대응하겠냐고 물었다. 조제핀은 어떤 카드를 써야 할지 잘 알고 있었다. 자신이 떠나면 나폴레옹에게서 행운이 모두 떠날 것 같아 두렵다고 말한 것이다. 미신에 좌우되었던 보나파르트는 조제핀의 주장에 영향을 받아 이혼 문제는 그만 생각하기로 했다.

조제핀이 좀 더 영리했더라면 푸셰가 주인의 암묵적인 지지 없이 그토록 '무례하게' 나오지는 않았으리라는 점을 깨달았을지도 모른

정보가 곧 권력임을 알았던 정치적 인간 조제프 푸셰. 혁명기부터 왕정 복고 시기까지 배신과 음모를 통해 권력의 중심에 있었다.

다. 치안장관의 어쭙잖은 개입은 곧바로 영원한 헌신을 맹세하는 황제라는 눈물 어린 속편으로 이어졌지만, 예리한 관찰자들은 황후를 내치는 것은 시간 문제일 뿐이라고 결론 내렸다. 오스트리아의 새로운 대사 클레멘스 메테르니히 백작*은 나폴레옹이 조제핀에게 냉랭하고 쌀쌀하게 대한다고 본국에 보고했지만, 진실은 훨씬 더 복잡했다. 황제는 이혼 문제에 관하여 우유부단하여 측근 조언자들을 화나게 만들었으나 실제로는 괴로웠다. 왕가의 결혼과 후계자 출산 문제가 시급한 정치적 문제라는 것은 알고 있었지만, 정서적으로는 조제핀에게 애착하고 있었고 조제핀이 진정으로 행운을 가져왔다고 믿었던 것이다. 나폴레옹은 조제핀과 떨어져 있을 때는 침착하게 이혼을 계획했지만, 같이 있을 때는 이상하리만큼 우유부단해졌다. 더는 조

메테르니히(Klemens Wenzel Lothar von Metternich, 1773~1859) 오스트리아의 정치가. 나폴레옹 시기에 프랑스 주재 대사(1801~1806)를 지냈으며 1809년에 오스트리아 총리가 되었다. 1813년 이후 러시아, 프로이센과 함께 대프랑스 동맹을 맺어 나폴레옹을 굴복시켰다. 나폴레옹 이후 유럽 질서를 재편하기 위한 빈 회의(1814~1815)를 주도하였으며 열강들 간의 세력 균형과 프랑스 혁명 이전으로 복귀를 주장했다.

제핀의 성적 매력에 취하지 않았어도 조제핀을 지나치게 좋아했다. 훗날 베르트랑에게 한 말은 조제핀에 대한 양가 감정을 보여준다. "조제핀을 존경하지는 않았지만 진심으로 사랑했지. 조제핀은 거짓말쟁이고 씀씀이가 엄청나게 헤프지만, 못 견디게 매혹적인 무엇인가를 확실하게 지니고 있었어. 조제핀은 털끝까지 철저한 여자였어."

두 사람의 부부 관계는 이따금 있는 감상적인 희롱을 제외하면 확실히 끝난 듯했다. 대신 나폴레옹은 정부들에 관한 세세한 이야기로 조제핀을 즐겁게 해주었다. 정부들이 침대에서 어땠는지 설명했으며, 심지어 특정한 관계를 지속해야 할지 말아야 할지 조제핀에게 조언을 구하기도 했다. 조제핀은 1807년 9월에 퐁텐블로에서 황제와 바랄 백작부인 사이에 있었던 짧은 외도 같은 일은 눈감아줄 줄 알았다. 조제핀은 남편의 간통을 묵인하는 여유가 있었다. 남편에게 어울리는 왕가의 신부를 찾게 되면 더 큰 위험이 찾아올 것을 알았기 때문이다. 조제핀은 이 일에 탈레랑과 자신의 오랜 협력자인 푸셰, 뮈라 부부가 적극 관여하고 있음을 알았다.

탈레랑은 그렇게 행동함으로써 자신도 모르는 사이에 조제핀의 입지를 강화했다. 조제핀이 특히 카롤린 뮈라의 음모를 두려워했기 때문이다. 뮈라 부부의 광기 어린 야심은 한계를 몰랐으나, 이때 이들이 꾸몄다는 음모들은 때로 신빙성이 없다. 카롤린은 권력과 영향력을 쥔 남자들과 수없이 정사를 벌였는데, 1806~1807년에는 쥐노 장군과 열렬한 연애를 즐겼다. 오빠를 내쫓고 남편을 황제 자리에 앉히고자 계획한 쿠데타를 실행에 옮길 경우 쥐노의 지지를 확보하는 게 카롤린의 동기였다(쥐노는 파리의 군사총독이었다). 쥐노는 카롤린에게 흠뻑 빠져 뮈라를 제거하고자 결투를 신청하려 했으나 나폴레옹이 방해했다. 불륜 관계가 끝나자 상심한 쥐노는 카롤린을 또 하나의 메살리나*라고 불렀다.

자신도 걸핏하면 부정을 저질렀던 뮈라는 아내와 쥐노의 관계를 무심하게 바라보았다. 아내가 감정적으로 완전히 몰입하지 않았다는 사실을 알았기 때문이다. 그러나 카롤린의 다음 상대는 매우 다른 문제여서 뮈라를 분노하고 질투하게 만들었다. 이번 상대는 오스트리아 대사 메테르니히였다. 탈레랑은 메테르니히에게서 자신과 비슷하지만 성욕이 한층 더 왕성한 인간을 보았다. 메테르니히는 카롤린을 손쉽게 유혹했고, 카롤린은 순식간에 그에게 빠져들었다. 메테르니히는 나폴레옹의 의사 결정의 핵심에 이르는 도관 하나를 손에 넣은데 만족하지 않고, 로르 아브랑테스 쥐노를 유혹해 제2전선을 열어놓았다. 카롤린은 소스라치게 놀라 망연자실했다. 분노에 정신을 잃은 카롤린은 어느 가면무도회에서 쥐노에게 신분을 밝히지 않은 채 정보를 흘렸다. 카롤린과 마찬가지로 질투심에 불이 붙은 쥐노는 아내 로르에게 간통을 저질렀다고 책망했고, 만족할 만한 답변을 듣지 못하자 칼로 찔러 거의 죽일 뻔했다. 놀랍게도 이 부부는 나중에 화해했다.

메테르니히와는 관계 없이, 뮈라 부부는 서로 상대방의 부정을 용서했다. 두 사람은 얼토당토않은 큰 야망으로 뭉쳐 있었기 때문이다. 1807년에 뮈라 부부는 특별히 복수심에 불탔다. 조아생 뮈라가 폴란드 왕이 되지 못하고 심지어 바르샤바 대공도 되지 못한 것을 곱씹으며 분개했던 것이다. 두 사람은 1806년 3월 이후에 라인 강 우안의 작은 위요지인 베르크-클레베의 대공과 대공비가 되었다. 뮈라는 수도 뒤셀도르프에서 통치 선서를 한 후 구체제에서 유명한 기사단이었던 에스파냐의 황금양모기사단* 기사가 되었으나, 부부는 만족하지 못했다. 왕국을 갖지 못한 두 사람은 카밀로와 폴린 보르게세에게

메살리나(Valerius Messalina, 17/20~48) 로마제국 클라우디우스 황제의 세 번째 황후. 네로 황제의 고종사촌이며 칼리굴라 황제의 6촌이다. 상대를 가리지 않는 난잡한 성생활로 유명했는데 남편을 겨냥해 음모를 꾸몄다가 발각되어 처형당했다.
황금양모기사단(Orden del Toisón de Oro) 1430년 부르고뉴 공작 필리프 3세가 포르투갈 공주와 자신의 결혼을 축하하고자 브뤼허에 세운 기사단.

우선순위를 양보해야 했다.

　매일같이 카롤린 뮈라가 자신에게 가할 위해를 두려워했던 조제핀은 딸 오르탕스를 통해 나폴레옹에 대한 자신의 위치를 지키려 했다. 나폴레옹이 돌아왔을 때 오르탕스는 여전히 나폴레옹-샤를의 죽음으로 비탄에 젖어 있었다. 짜증이 난 나폴레옹은 슬픔의 장막을 거두기 위해 자신이 해줄 일이 있는지 물었고, 기회를 놓치지 않은 오르탕스는 둘째 아들인 나폴레옹-루이를 법정 후계자로 입양해줄 것을 제안했다. 황제는 그렇게 되면 죽은 나폴레옹-샤를이 정말로 자신의 아들이라는 상스러운 소문을 인정하는 꼴이 될 것이라고 대답했다. 위신이 오르탕스의 제안을 방해했다. 조제핀은 자신이 살얼음판 위를 걷고 있다는 사실을 점점 더 분명하게 알았지만, 분란을 일으키면 역효과만 날 것이라고 판단했다. 11월에 나폴레옹이 이탈리아로 여행을 떠나며 동행을 청하지 않았을 때, 조제핀은 아들 외젠과 재회할 기회를 빼앗겼는데도 아무런 이의를 제기하지 않았다. 심지어 나폴레옹이 이탈리아에서 옛 연인 카를로타 가차니의 팔에 안겨 위로를 받았다는 소식을 들었을 때에도 눈에 띄는 반응을 보이지 않았다.

　나폴레옹의 이탈리아 여행은 신부가 될 수도 있는 여인, 즉 바이에른 공주 아우구스타(Augusta von Bayern)의 여동생인 카롤리네(Karoline von Bayern) 공주를 볼 기회가 있을까 하여 시작되었다. 1807년 11월 16일 파리를 떠난 나폴레옹은 리옹과 샹베리를 지나 몽스니 고개에서 끔찍한 폭풍을 만났고 이어 이탈리아 평원으로 내려가 11월 20일에 밀라노에 도착했다. 그러나 곤혹스럽게도 카롤리네 공주는 박색이었고 나폴레옹은 바이에른 왕에게 서둘러 핑계를 대야 했다. 나폴레옹은 밀라노에 온 이유가 베네치아 여행 때문이라고, 돌아가는 길에 몬차, 브레시아, 비첸차를 둘러볼 생각이라고 변명했다. 나폴레옹은 베네치아로 가는 길에 여전히 사이가 좋지 않은 동생 뤼시앵을 만났다. 뤼시앵은 피우스 7세에게 돈을 빌려준 덕에 교황으로

나폴레옹
·
628

나폴레옹의 여동생 엘리자 보나파르트. 자매들과 달리 황제가 하사한 작은 영지들을 직접 통치했고 정치가로서 재능을 보였다.

부터 카니노를 봉토로 받고 대공 직함을 받아 뛸 듯이 기뻐했다. 나폴레옹은 뤼시앵에게 두 번째 아내를 포기한다면 왕위를 주겠노라고 한 번 더 제안했지만, 뤼시앵은 거부했다. 11월 29일 베네치아에 도착한 황제는 대운하(Canal Grande)로 의기양양하게 들어갔고 도제의 궁에서 12월 8일까지 머물렀다. 나폴레옹은 북부 이탈리아를 거쳐 밀라노까지 여유로운 일정으로 돌아가려 했으나 성탄절 전야에 길을 바꿔 토리노와 몽스니, 리옹, 마콩, 샬롱을 거쳐 귀환하는 고된 여정을 택했다. 나폴레옹은 1808년 1월 초에 파리에 도착했다.

나폴레옹이 가족과 불편한 일을 겪은 것은 뤼시앵의 경우뿐만이 아니었다. 형제들은 하나같이 나폴레옹을 실망시켰다. 사이는 가장 멀어도 근심을 가장 덜 끼친 인물은 엘리자였다. 바이올린의 거장 파가니니와 밀통한 일까지도 다른 자매들과 비교하면 신중한 처신이었다. 엘리자는 오빠가 준 작은 땅들을 훌륭하게 관리한 뒤(엘리자는 루카를 자랑거리로 만들었고 카라라의 대리석 채석장을 되살렸다) 1809년 3월 나폴레옹이 세운 토스카나 대공국의 통치자 즉 토스카나 대공

(Grande-duchesse de Toscane)이 되어 보상을 받았다. 엘리자는 뛰어난 관리자요 빈틈없는 정치인으로서 황제를 다루는 방법을 정확하게 알았다. 그런데도 나폴레옹 마음에 들지 못했고 무슨 일을 해도 나폴레옹을 기쁘게 할 수 없었다는 사실은 엘리자의 불운이었다.

루이 보나파르트는 1806년 전쟁에서 형편없는 성과를 보여 총애를 거의 잃었으며, 나폴레옹은 넌더리를 내며 루이를 귀국시켰다. 나폴레옹은 '가족의 명예'를 위해, 동생이 건강이 나빠 물러날 수밖에 없으며 회복되면 안트베르펀과 암스테르담의 부대를 '시찰'할 것이라고 발표했다. 홀란트 왕으로서 루이는 영국을 겨냥한 대륙 봉쇄 체제를 이행하지 않아 네덜란드에서 큰 인기를 얻었고, 형으로 하여금 프랑스 주둔군을 철수하게 하고 '애국자'에 대한 사형선고를 감형했다. 이 모든 일이 나폴레옹을 더욱 격분시켰다. 그러나 루이는 신경증과 우울증, 심기증을 계속 앓았으며, 아내 오르탕스를 향한 증오가 날마다 커져 가는 것 같았다. 오르탕스는 결혼 생활이 사실상 파탄 나고 두 아들이 흉조를 보였지만(하나는 죽고 다른 하나는 아파서 일찍 죽을 운명이었다) 1808년에 셋째 아들을 출산했다. 셋째 아들인 루이 보나파르트는 아버지가 진정 루이인가 하는 의심을 자아내기는 했지만 훗날 루이 나폴레옹, 즉 나폴레옹 3세가 된다.

나폴레옹은 뤼시앵과 루이를 다룰 때는 언제나 가혹했던 반면, 조제프와 제롬에게는 터무니없이 관대했다. 1805년 말 황제가 아우스터리츠에서 대승을 거둘 때, 조제프는 플랑드르와 라인란트에서 호사스러운 만찬을 열면서 빈둥거렸다. 나폴리 왕에 임명되자 곧 얼빠진 망상의 먹이가 되었다. 나폴리의 엘리트 계층에게 적당히 인기가 있었던 조제프는 자신을 '인민의 왕'이라고 상상했다. 조제프는 자신이 전적으로 동생의 군대에 의존하고 있다는 사실을 깨닫지 못했다. 그리하여 그는 나폴리 원주민보다 더 나폴리 사람답게 변신하려 했고, 나폴레옹이 부과한 전쟁 분담금 3천만 프랑을 보란 듯이 거부했으며, 현지 여성인 마리아 줄리아 콜론나를 정부로 삼았다. 조제프는 자신을 둘러싼 아첨꾼들의 거짓말을 곧이곧대로 믿어 스스로 에스파냐의 펠리페 2세 같다고 생각했고, 오랜 시간을 공문서와 씨름했다.

1806년에 일어난 굵직한 사건들도 조제프가 공상의 세계에서 완전히 벗어나는 데 도움이 되지 못했다. 그해 7월 영국의 원정대가 칼라브리아에 상륙해 마이다에서 규모가 더 큰 프랑스군을 격파했다. 이 전투는 때때로 횡대 진형과 종대 진형이 맞붙은 대결의 고전으로 제시된다. 영국군은 곧 시칠리아로 철수했지만, 국왕 조제프를 충격으로 몰아넣을 만큼 잔인한 게릴라전이 남부 이탈리아를 뒤덮었다. 조제프는 공황에 빠져 동생에게 증원군을 요청하는 편지를 보냈다. 프랑스군은 반란을 가차 없이 진압해 1807년 2월까지 소멸시켰으나, 나폴리는 강제로 자금을 제공하고 왕령지를 매각해야 했으며, 귀족의 봉건적 특권이 폐지되고 계엄령이 발효되었다. 무기력한 조제프는 수도에 머무르며 프랑스 점령군 5만 명이 제멋대로 행동하도록 방치했는데, 그러면서도 여전히 나폴리 역사에서 가장 인기가 많은 군주로 자처했다.

베스트팔렌 왕국(헤센, 브라운슈바이크, 나사우, 하노버, 엘베 강 동쪽의 프로이센에서 인위적으로 땅을 잘라내 만든 나라)의 왕 제롬은 훨씬 더 터무니없는 인간이었다. 첫 번째 결혼으로 일으킨 물의와 해군 경력의 큰 실패는 뷔르템베르크 공주 카타리나와 호화롭게 결혼하는 데 아무런 장애가 되지 않았다. 그러나 제롬은 결혼식을 올리고 몇 달 만에 스테파니 보아르네에게 추파를 던지느라 카타리나를 소홀히 대했고, 나폴레옹은 제롬을 불로뉴로 보내버렸다. 제롬은 1807년 말 왕국을 관리하러 파리를 떠날 때 산더미 같은 부채(파리에만 200만 프랑)를 남겼다. 황제는 신용과 '가족의 명예'를 위해 이를 갚아야만 했다.

베스트팔렌에서 제롬의 통치는 재앙이었는데, 이는 충분히 예견할 수 있는 일이었다. 제롬은 엄청난 세금과 프랑스군 주둔 비용으로 나

나폴레옹의 막내 동생 제롬 보나파르트. 나폴레옹에 의해 베스트팔렌의 왕이 되었으나 통치자로서 무능했다.

라를 가난하게 만들었다. 제롬 왕의 통치는 기괴한 사치와 아낌없는 소비에 네로처럼 무대에 서기를 좋아하는 성향*이 더해져 더욱 악화되었다. 불행한 카타리나를 배신하고 걸핏하면 부정을 저질렀던 제롬은 음란증의 모든 증상을 골고루 보여주었다. 여자라면 아무하고나 동침했으며 격분한 남편들과 남자친구들에게 돈 자루를 주어 내쫓았다. 또 제롬은 세 살 된 아들을 빼앗으려고 첫 번째 아내 베치를 속여 영국에서 독일로 건너오게 했다. 그러나 제롬보다 더 똑똑한 베치는 제롬에게 말려드는 대신 명성을 의식하는 황제한테서 보상금을 받아냈다. 나폴레옹은 제롬이 그토록 어리석고 무능한데도 늘 용서했다. 한편으로는 '사랑하는 뱅자맹'이었기 때문이고, 다른 한편으로는 루이와 달리 제롬은 진짜로 꼭두각시 통치자였기 때문이었다. 제롬은 자신의 영토에서 프랑스의 징병하사관들과 강제 징병대가 마음

* 로마 황제 네로는 공개석상에서 노래를 하거나 연기를 했다고 한다.

대로 활동할 수 있게 허용했다.

그러나 보나파르트 가족 중에서 여러 모로 가장 지나친 사람은 폴린이었다. 남자 관계가 복잡하고 충동적이고 변덕스럽고 거만한 폴린은 나폴레옹한테서 받은 파르마 인근의 작은 공국 구아스탈라(Guastalla)를 600만 프랑을 받고 이탈리아 왕국에 매각해 오빠의 작은 선물을 경멸했다. 그렇지만 나폴레옹은 폴린을 좋아했고 남편인 카밀로 보르게세가 프리틀란트에서 보인 성과에 기뻐했다. 나폴레옹은 카밀로에게 파리에 승전 소식을 전하는 영예도 주었으나, 황제의 공식 전령이 카밀로에게 공문서 사본을 주어 명예를 가로챘다. 그 뒤 카밀로는 토리노 총독에 임명되었고 나폴레옹은 폴린에게 남편 곁으로 가라고 명령했다. 그러나 폴린은 이탈리아로 가지 않으려고 여기저기 아프다는 핑계를 댔다.

폴린이 앓았다는 질병에는 신체적인 원인이 있을 수 있다. 이 시기를 전후해 폴린의 몸이 쇠약해지고 있다는 징후들이 나타났기 때문이다. 폴린은 결국 이 문제로 마흔다섯 살이라는 이른 나이에 사망한다. 폴린은 스물여덟 살 때부터 발병과 쇠약한 상태가 반복되었다. 원인을 보는 의학적 소견은 여러 갈래로 나뉜다. 어떤 이들은 폴린이 임질 때문에 난관염을 앓았고 그래서 늘 통증과 피로, 우울증에 시달렸다고 한다.

폴린에게는 연인들이 끊이지 않았다. 먼저 음악가 블란지니(Felice Blangini, 1781~1841)가 있었고, 1810년에는 카누빌 대위라는 악명 높은 스무 살짜리 호색한이 있었다. 그 전 해에 폴린의 공식 용돈을 연간 100만 프랑으로 늘려주었던 나폴레옹은 카누빌과 폴린의 관계를 불쾌해했다. 심지어 폴린은 나폴레옹이 특별한 애정의 징표로 준 최고급 모피들을 카누빌에게 주었다. 그 모피들은 틸지트에서 알렉산드르 1세가 황제에게 선물한 것이었다. 나폴레옹은 카누빌을 에스파냐로 내쫓았는데, 카누빌이 세 번이나 다시 폴린에게 돌아왔다가 매번 다시 내쫓기는 희가극 같은 사건이 벌어졌다. 결국 나폴레옹은 1812년에 카누빌을 러시아 전선으로 보내 문제를 해결했다.

나폴레옹의 형제들이 저지른 비행과 과오들은 대체로는 해결할 수 있는 것들이었다. 조제핀 문제는 늘 더 어려웠다. 나폴레옹이 두 방향으로 이끌렸기 때문이다. 개인으로서 그는 아늑하고 다정다감한 가정을 원했고, 왕실의 이익을 생각하면 황후와 갈라서야 했다. 이때문에 나폴레옹은 자주 기분이 동요했고, 황제의 측근들은 이를 몹시 두려워했다. 무도회나 만찬에서 나폴레옹은 여성들의 결점, 특히 의복에 관해 신랄하게 비판하기를 좋아했다.

생클루 성에서 가장 큰 두려움은 황제가 저녁 식사 후 황실(Yellow Salon)에 나타나는 것이었다. 나폴레옹이 일찍 저녁을 들고 장군들이나 총신들과 당구를 치기로 할 때면 사람들 머리가 빠르게 돌아갔다. 황제는 솜씨가 형편없지만 게임에서 지면 부루퉁해진다고 알려졌기 때문이다. 천재 사령관 나폴레옹이 실은 서투른 사수요, 말도 잘 못 타고, 무도회나 카드 게임에서 솜씨가 평범했다는 사실은 굴욕의 원천이었다. 나폴레옹은 황실에서 게임이 끝나면 조제핀과 다정한 시간을 보내며 책을 읽어 달라고 청하기도 했으나, 보통은 잠자리에 들거나 서재로 일하러 갔다. 나폴레옹이 어느 정도로 쉼 없이 활동했는가 하면 종종 밤에도 잠을 자지 않고 따뜻한 증기 온욕(연중 계속된 일이었다)을 한 뒤 비서 메느발을 불러 명령을 내렸다.

그러나 때때로 조울증과 매우 유사했던 급격한 감정의 동요를 정면에서 받아낸 사람은 조제핀이었다. 조제핀의 낭비벽에 관해서는 여전히 다툼이 있었지만 대체로 형식적이었다. 나폴레옹은 마음 깊은 곳에서 돈 문제에서는 어쩔 수 없는 것이 진정 여성적인 모습이라고 생각했기 때문이다. 어쨌든 나폴레옹은 아내의 낭비벽을 제어할 효과적인 조치를 취하지 못했고, 그래서 조제핀은 이전과 같은 행태를 계속 보였다. 나폴레옹이 까다롭게 간섭한 문제는 조제핀의 옷이었다. 나폴레옹은 확고한 의견이 있었고 종종 조제핀에게 옷을 바꿔 입으라고 요구했다. 한번은 조제핀이 분홍색과 은색이 섞인 가운을 입었는데, 나폴레옹은 조제핀이 다시는 그 옷을 입지 못하게 잉크를 부어버렸다. 나폴레옹은 조제핀이 데콜테 드레스(어깨와 목이 많이 드러난 옷)를 입으면 특별히 좋아했고, 숄이 가슴을 너무 많이 가리면 찢어 불 속에 던졌다. 의복에 대한 나폴레옹의 태도는 전체적으로 별스러웠다. 재킷이 꽉 끼거나 옷깃에 목이 쓸리면 화를 내며 옷을 찢어 바닥에 내동댕이치는 것이 본능적인 반응이었다.

조제핀이 우위를 차지했던 1790년대 말과 비교할 때 부부 간의 힘의 균형은 더없이 분명하게 역전되었다. 이제 나폴레옹은 조제핀의 작은 반항도 그냥 넘어가지 않았다. 1807년 11월에서 12월까지 나폴레옹이 이탈리아에 있는 동안, 조제핀은 제롬의 결혼식에 참석하러 파리에 온 서른 살 된 메클렌부르크 공작 프리드리히 루트비히(Friedrich Ludwig zu Mecklenburg, 1778~1819)와 잠시 밀통했는데, 푸셰가 이를 황제에게 알렸다. 나폴레옹은 조제핀이 신분을 숨긴 채 공작과 '저급한 극장'에 갔다는 말을 듣고는 조제핀의 행동이 마리 앙투아네트의 행동만큼이나 파렴치하다고 경고했고, 즉각 조치를 취해 프리드리히 루트비히를 프랑스에서 내쫓았다. 그러나 이런 일이 있더라도 나폴레옹은 조제핀에게 등을 돌리지 않았다. 나폴레옹이 탈레랑에게 보낸 편지에 밝혔듯이, 조제핀은 여러 모로 완벽한 아내였고 이혼은 가볍게 생각할 일이 아니었다. "나는 조제핀이 나의 사생활에 불어넣어준 모든 매력을 잃게 될 것이오. …… 조제핀은 자신의 습관을 나의 습관에 맞추고, 또 나를 더할 나위 없이 완벽하게 이해하오. …… 그 여인이 내게 베푼 모든 은혜를 저버리게 될 거요."

그렇지만 황후의 성적 매력은 더는 예전처럼 힘을 발휘하지 못했다. 나폴레옹은 이탈리아에서 돌아오자마자 마리아 발레프스카를 파리로 불러들였다. 발레프스카 백작 부부의 별거가 준비되었고, 마리아는 바르샤바를 떠나 1808년 1월 말에 파리에 도착해 볼테르 거리에 거처를 정했다. 핀켄슈타인 성에서 누렸던 목가적 즐거움이 재개되었다. 나폴레옹이 좋아한 소일거리 하나는 헨리 5세를 흉내 내어 야간 잠행에 나서, 상인들과 '그 악마 같은 보나파르트'에 관해 활기차게 대화를 나누는 것이었다. 나폴레옹과 마리아는 이러한 습관의 변형된 형태로서 변장하고 시골 여인숙에 들어 밤새 사랑을 나누기를 좋아했다. 조제핀은 이 관계가 다시 시작되자 몹시 놀랐고, 둘 사이를 방해하려고 매력적인 시녀 기유보(Guillebeau)를 남편에게 보냈다.

처음에는 마리아 발레프스카가 나폴레옹으로 하여금 이혼을 선택하게 만드는 기폭제가 될 것 같았다. 3월에 탈레랑은 레뮈자 부인에게 황제가 확실히 조제핀을 버릴 생각이라고 말했다. 그러나 조제핀은 한 번 더 재기했다. 어느 날 밤 황제는 튈르리 궁에서 거대한 만찬을 준비하다 극심한 복통을 일으켰다. 무도회 복장으로 정장을 하고 보석이 박힌 관을 쓴 조제핀은 서둘러 나폴레옹의 머리맡으로 가 위로했고, 마음이 움직인 황제는 감상적인 기분에 빠졌다. 나폴레옹은 조제핀을 침대로 끌어당기며 이렇게 외쳤다. "가엾은 조제핀. 당신을 떠날 수는 없소." 나폴레옹이 회복되자 두 사람은 사랑을 나누었고 함께 밤을 보냈다. 조제핀은 한 번 더 집행유예를 받은 격이 되었으며, 탈레랑과 푸셰는 격분했다. 탈레랑은 노발대발했다. "그처럼 대단한 사람이 어째서 마음을 정하지 못하는가?" 푸셰는 황후가 죽는 것이 차라리 낫겠다고 말했으나 자기도 모르는 사이에 형의 유예에 도움을 주었다. 징병을 반대하는 목소리가 크며 징집병의 10분의 1이 탈영했다고 푸셰가 보고했을 때, 나폴레옹은 이혼하기에 좋은 때가 아니라는 결론을 내렸다.

나폴레옹은 1808년 4월 2일에 에스파냐로 떠나기로 결정했고 마리아 발레프스카를 폴란드로 돌려보내기로 했다. 이 일은 군사적 관심사와 국내 문제가 맞물려 있었다는 점을 생생하게 보여준다. 나폴레옹은 자신이 세운 영국 봉쇄의 논리에 점점 더 휘말려 들어가면서 이베리아 반도 문제에 집착하기 시작했다. 결국 파멸로 끝날 긴 여정의 시작은 1807년 10월 쥐노에게 내린 포르투갈 침공 명령이었지만, 나폴레옹은 일찍이 7월에 탈레랑에게 포르투갈 항구들을 폐쇄하지 못한다면 대륙 봉쇄령은 효과가 없을 것이라고 말했다. 나폴레옹에게 문제는 간단했다. "영국인들은 바다에서 중립국을 존중하지 않겠다고 말하지만, 나는 땅 위에서 중립국을 인정하지 않겠다."

이때가 바로 나폴레옹이 유럽의 주인으로서 영국 문제의 군사적 해결에 온 힘을 쏟았어야 하는 시점이었다. 경제적으로 영국의 목을 조른다는 나폴레옹의 계획은 실패할 수밖에 없었다. 황제가 그 안에 내포된 전 지구적 함의를 충분히 고려하지 못했기 때문이다. 봉쇄의 논리가 영국을 미국과 전쟁하게 만든다는 앞선 바람과 어떻게 엇갈렸는지는 매우 좋은 사례이다. 1807년 7월 2일 제퍼슨 대통령은 미국 영해에서 영국 군함들을 몰아냈지만, 그 후 9월 18일 나폴레옹이 사략선들에 공해상에서 상선을 나포해 영국에서 수출되는 상품은 무엇이든 빼앗아도 좋다고 허락해 일을 망쳐버렸다. 그런 상황에서 제퍼슨은 사태를 관망하기로 결정하고 통상금지법이 의회에서 통과되도록 하여(1807년 12월 22일) 미국 상업에 관여하는 모든 선박을 미국 항구에 붙들어 두었다.

러시아, 오스트리아, 프로이센, 덴마크가 영국과 교역하지 못하는 상황에서 나폴레옹은 영국이 포르투갈을 무역에 이용하지 못하도록 함으로써 올가미를 바짝 조였다. 나폴레옹은 먼저 1807년 7월에 포르투갈에 항구들을 폐쇄하라고 요구했고 이어 그다음 달에 영국에 전쟁을 선포하라고 강요했다. 포르투갈은 곤란한 처지에 놓였다. 영국과 전쟁을 하면 식민지와 포르투갈 대외 무역을 잃을 것이고, 프랑스와 전쟁을 하면 군사적으로 점령당할 것이기 때문이었다. 9월에 나폴레옹은 포르투갈의 패배를 가정하고 에스파냐와 포르투갈 분할을 위한 조약을 준비하는 동시에 에스파냐 국경의 바욘으로 쥐노와 완전 편제의 군단을 보냈다.

프랑스는 에스파냐와 포르투갈과 동시에 협상을 진행했으나 난관에 부딪쳤다. 10월 쥐노의 군대는 에스파냐 진입을 허가받았는데, 그때 마드리드의 총리 마누엘 고도이(Manuel de Godoy y Álvarez de Faria, 1767~1851)는 타호 강 이남의 포르투갈 영토를 개인 봉토로 받기로 하고 프랑스군의 에스파냐 영토 통과를 허용하기로 했다. 프랑스는 리스본과 북부 포르투갈을 보유하기로 했는데, 나폴레옹은 이를 누이 엘리자가 토스카나를 받는 대가로 에트루리아 가문*에 넘기는 이상한 교환을 했다. 포르투갈에서는 병약한 어머니를 대신한 섭정 주앙*이 항구를 폐쇄하고 영국에 전쟁을 선포하고 영국 국민을 체포하는 데 동의했으나 몰수한 재산은 프랑스에 넘기지 않으려 했다. 나폴레옹은 인내심을 잃었고 10월 12일 쥐노에게 포르투갈을 침공하라고 명령했다.

포르투갈은 여러 달 동안 망설이다가 갑자기 행동에 돌입해 결국 항구를 폐쇄했다. 11월 5일 포르투갈의 포대가 영국 해군의 프리깃함을 포격했다. 그러나 막후의 이야기는 달랐다. 10월 22일 포르투갈 대사는 영국에 우호적인 협정에 서명했고 포르투갈 왕실과 함대가 포르투갈의 식민지인 브라질로 피하겠다고 약속했다. 영국은 포르투갈을 신뢰하지 않았고 협약을 발효시키기 위해 스미스 제독과 전함 9척을 타호 강으로 보냈다. 스미스는 리스본을 공격했고 보급을 막았다.

평소 인내심이 부족한 나폴레옹이 포르투갈의 우유부단함을 충분

에트루리아 가문 1801년부터 1807년까지 토스카나의 큰 부분을 포괄하며 존재했던 에트루리아 왕국(Regno di Etruria).

주앙(João VI, 1767~1826) 브라간사 왕가 포르투갈의 섭정 왕자. 페드루 3세와 공동 통치자였던 여왕 마리아 1세의 셋째 아들로서 정신질환을 앓는 어머니를 대신해 1799년에 섭정이 되었으며 1816년에 어머니가 사망하며 주앙 6세로 즉위했다.

히 봐줬다고 판단하고 브라간사 가문을 끝장내겠다고 선언하면서 상황은 위기로 치달았다. 결국 섭정 주앙은 행동에 나설 수밖에 없었다. 왕실과 함대의 대부분은 브라질로 출발했다. 그동안 쥐노의 군단은 이베리아 반도의 험한 지형과 열악한 도로 사정 때문에 매우 천천히 전진하고 있었다. 쥐노는 11월 12일에 살라망카에 있었으나 리스본에는 11월 30일에야 도착했다. 쥐노가 도착하니 항해가 불가능한 전열함 한 척만 닻을 내리고 있을 뿐 포르투갈 함대 전체가 사라진 뒤였다. 영국은 성탄절 전야에 마데이라를 점령함으로써 두뇌 싸움의 승리를 완성했다. 한편 쥐노가 거둔 성과는 초라했다. 포르투갈의 자유주의적 부르주아와 동맹을 구축하고 계몽주의적 개혁을 도입하는 데 실패했다. 너무나 엄청난 실수여서 쥐노는 직접 포르투갈 왕이 되려 한다는 의심을 받았다.

나폴레옹은 이처럼 포르투갈 문제를 졸속으로 처리한 뒤 에스파냐로 관심을 돌렸다. 나폴레옹이 이베리아 반도 전체를 프랑스의 보호 아래 두려 했다는 것은 1808년 1월에 행동에 나설 때부터 매우 분명했다. 나폴레옹은 우선 왕자 페르난도(Fernando VII de Borbón, 1784~1833, 재위 1808, 1813~1833)와 뤼시앵의 딸인 조카 루이즈의 결혼을 방해하는 음모를 꾸몄다는 이유로 카를로스 4세(Carlos IV de Borbón, 1748~1819, 재위 1788~1808)를 비난했다. 그런 뒤에 카를로스 4세에게 아들이 왕위를 찬탈하려 한다고 알렸고, 카를로스 4세는 페르난도를 반역 혐의로 체포했다. 부르봉(보르본) 왕실의 부자가 서로 칼을 겨누게 만든 나폴레옹은 최후의 일격을 준비했다. 1808년 2월 16일 나폴레옹은 에스파냐에 3개 군단(18만 명)을 투입해 팜플로나에서 피게라스에 이르는 길을 따라 바르셀로나를 포함하여 에스파냐의 모든 도시를 점령했다.

이렇게 의외의 조치를 취하며 나폴레옹은 무엇을 생각하고 있었을까? 나폴레옹은 기본적으로 부르봉 왕실 사람들을 경멸했으며, 프랑스와 이탈리아에서 모조리 축출한 뒤로는 자신의 왕조를 위협할 구심점으로 여겼을 수 있다. 어떤 역사가들은 나폴레옹의 결정을 단순한 '관료적 반사작용'으로 본다. 부르봉 왕실이 나폴레옹의 목적을 위해 필요한 인력과 자금을 공급하는 데 꾸물거리자 나폴레옹이 그일을 제대로 수행할 보나파르트 행정부를 두고자 했다는 얘기다. 어쩌면 나폴레옹은 단지 루이 14세를 모방하려 했는지도 모른다. 루이 14세 시대에 프랑스는 사실상 에스파냐를 지배했다. 형제들에게 나누어줄 왕국이 더 필요했는지도 모른다. 아니면 에스파냐의 황금 전설에 홀렸거나 서인도제도의 풍요에 관한 전승과 숙적 영국에 맞서 대함대를 파견했던 에스파냐의 역사에 현혹되었을 수도 있다. 이 모든 요인이 영향을 끼쳤겠지만, 나폴레옹의 에스파냐 정책을 결정한 주요 요인은 두 가지였다.

나폴레옹을 움직인 동인 한 가지는 편의주의였다. 외교관들의 보고를 들은 나폴레옹은 에스파냐가 쇠락의 끝에 도달했으며 자신을 구원자로 환영할 것이라고 확신했다. 1788년에 즉위한 카를로스 4세는 과거 위대한 상업 제국이었던 나라의 몰락을 주재하고 있었다. 에스파냐는 경제에서나 이데올로기에서나 분열되어 있었다. 경제적으로는 카디스와 바르셀로나 같은 항구의 새로운 부르주아가 나폴레옹의 경제 봉쇄가 있기 전까지는 승리자였으며, 안달루시아와 갈리시아의 농민은 패배자였다. 이데올로기로 보자면 전통적인 교황권 지상주의자인 가톨릭교도와 계몽사상 지지자로 나뉘었다. 나폴레옹에게 에스파냐는 수확할 때가 된 잘 익은 과실처럼 보였으며, 에스파냐를 지배한다면 라틴아메리카의 부도 장악할 수 있을 것 같았다. 나폴레옹이 라틴아메리카 전선에 관해 입수한 정보는 크게 잘못되었다. 금과 은, 귀금속이 가득한 갈레온선의 위대한 시절은 사라진 지 오래였다. 게다가 라틴아메리카는 나폴레옹이 통제한다고 해도 영국 해군에겐 손쉬운 먹잇감이었다.

둘째, 에스파냐 점령은 영국을 모든 해외 영토에서 쫓아내 브리튼 섬에 가둔다는 나폴레옹의 거대한 전략 구도에 꼭 들어맞았다. 1808년 처음 몇 달 동안 나폴레옹은 마치 프로메테우스가 했던 것과 같은 일로 씨름하고 있었다. 러시아-프랑스 연합군이 이스탄불을 점령하고 인도로 이어지는 영국의 생명줄을 끊는 동시에 프랑스의 함대가 희망봉과 동인도제도까지 전쟁을 확대한다는 계획이었으니 누군가는 굉장하다고 했을지 모르겠다. 그리고 시칠리아가 등장한다. 1808년 1월 24일 나폴레옹은 조제프에게 상세한 시칠리아 침공 계획을 보냈다. 2년 전 폐위된 부르봉 왕실의 나폴리 군주 부부(페르디난도 4세와 마리아 카롤리나)가 그곳으로 도주했을 때 나폴레옹은 군대를 파견해 두 사람을 추적하려 했으나, 영국이 칼라브리아에 개입하고 뒤이어 반란이 일어나 계획이 무산되었다. 이제 때가 무르익었다. 마지막으로 프랑스 군대는 에스파냐를 관통해 지브롤터 해협을 장악하고 바버리* 해안의 왕국들을 격파해 영국이 들어오지 못하도록 지중해를 닫아버릴 예정이었다. 그렇게 되면 영국을 유럽 대륙뿐만 아니라 지중해와 아프리카, 레반트, 오리엔트, 라틴아메리카에서 몰아낼 수 있을 것이었다.

나폴레옹은 이번에도 깊은 통찰력을 보여주지 못했다. 에스파냐를 좀 더 면밀히 연구했다면 불길한 징조를 몇 가지 포착했을 것이다. 이론상 에스파냐는 1796년부터 프랑스의 충성스러운 동맹국이었고 영국의 간섭을 막고자 포르투갈로 군대를 파견하기도 했다. 그러나 나폴레옹의 정책은 연이어 전쟁을 불러왔기에 에스파냐의 이익에 어긋났다. 나폴레옹은 카디스의 라틴아메리카 상인들이 아미앵 조약을 환영했던 사실에서 이런 점을 추론할 수도 있었다. 식민지 교역이 오랫동안 중단되자 라틴아메리카 상인들은 파산 직전에 내몰렸고 에

바버리(Barbary) 북아프리카의 지중해 연안에 있는 리비아, 튀니지, 알제리, 모로코를 통틀어 이르는 말.

스파냐는 가난해졌으며 지폐 가치는 70퍼센트나 하락했다. 1803년에 전쟁이 재개되었을 때 에스파냐 총리 마누엘 고도이는 전쟁에 말려들지 않으려 했으나, 나폴레옹은 카를로스 4세를 압박해 참전하게 했다. 첫 번째 결과는 트라팔가르 전투에서 에스파냐 함대가 전멸한 것이다.

고도이는 기본적으로 나폴레옹에게 늘 적대적이었으며, 트라팔가르 전투 소식에 프랑스 황제의 운이 다했다고 보고 누군지 알려지지 않은 적과 상대하기 위해(프랑스가 분명하다) 에스파냐 군대를 동원했다. 아우스터리츠 전투로 모든 것이 바뀌었지만, 나폴레옹은 고도이가 배반을 기도했음을 알고 뛰어난 기억에 확실히 새겨 두었다. 고도이는 1806년에 다시 속내를 드러냈다. 나폴레옹에게 반대한다는 사실을 분명히 했고 그해 전쟁에서 프로이센이 승리하기를 바랐던 것이다. 예나 전투 후 고도이는 재빨리 태도를 바꾸었고 심지어 발트해로 에스파냐 군대를 파견하기도 했으나, 황제는 속지 않았다. 그리하여 카를로스 4세는 프랑스와 계속 동맹을 유지할 수밖에 없었다. 에스파냐는 포르투갈의 교역상 가치에 의심을 품었고 포르투갈 점령이 영국을 자극해 브라질을 습격하고 에스파냐에 대적하게 만들 뿐이라고 주장했지만 포르투갈을 대륙 봉쇄 체제의 우산 아래 두려는 나폴레옹의 책략에 협조해야 했다. 고도이는 주군이 펠리페 2세*를 모방해 포르투갈을 병합할 수 있기를 바라며 나폴레옹의 강경책에 따랐다. 그러므로 포르투갈을 분할한 1807년 10월의 퐁텐블로 조약에 고도이는 무척 실망했다.

나폴레옹은 에스파냐에서 실수를 여러 차례 저질렀지만 최소한 고

펠리페 2세(Felipe II, 1527~1598) 에스파냐의 황금 시대를 이끈 왕. 1578년에 포르투갈 국왕 세바스티앙 1세(Sebastião I)가 이슬람 타도를 위해 모로코와 벌인 전쟁에 나섰다가 알카세르키비르 전투에서 자녀 없이 사망하자 포르투갈에 계승 분쟁이 일어났고, 이에 펠리페 2세는 포르투갈을 침공하여 1581년에 필리프 1세(Filipe I)로 즉위했다.

도이의 성격만큼은 올바로 읽어냈다. 왕의 총신이자 왕비의 연인이라는 소문이 돌던 고도이는 그 시대의 라스푸틴*이자 프랑코*였다. 라스푸틴의 해로운 영향력과 프랑코의 독재 권력을 모두 지녔던 것이다. 고도이는 카를로스 4세의 호위대에서 승진해 25살 때인 1792년에 에스파냐의 총리가 된 자로서, 피트에 필적할 만한 인물이었다. 고도이는 앞선 총리들의 두드러진 실패, 특히 프랑스 혁명에 적의를 보인 플로리다블랑카(José Moñino y Redondo, conde de Floridablanca, 1728~1808)와 파산한 중립정책의 아란다(Pedro Pablo Abarca de Bolea, Conde de Aranda, 1718~1798)가 보여준 실패를 딛고 에스파냐를 부활시키리라는 큰 기대를 받았다. 그러나 고도이는 정치가로서 역량이 부족했고 국제 관계를 순전히 궁정 내부의 적들을 물리치는 방편으로만 인식했다. 나폴레옹은 고도이를 경멸했고 옳게 꿰뚫어보았기에 언제라도 그러한 약점을 이용할 준비가 되어 있었다. 나폴레옹은 왕자 페르난도와 함께 고도이를 무너뜨릴 계략을 꾸몄고, 이어 젊은 협력자가 반역죄로 체포되도록 일을 꾸며 간섭할 핑계를 얻었다.

　1808년 고도이는 도처에서 평판이 나빴고 에스파냐의 몰락을 상징하는 모든 것의 책임을 뒤집어썼다. 경제 침체, 인플레이션, 비싼 빵 가격, 미국 시장 상실, 경제 위기를 재촉한 인기 없는 대(對)영국 전쟁, 특히 왕비가 '태생이 미천한' 이 사기꾼을 연인으로 받아들여 왕실이 수치스러운 불명예를 떠안은 것으로 비난을 받아야 했다. 에스파냐의 울분은 마침내 1808년 3월 17일 아란후에스에서 터졌다. 군인, 농민, 궁정 하인들로 이루어진 봉기 군중이 카를로스 4세를 압박

그리고리 라스푸틴(Grigory Yefimovich Rasputin, 1872~1916) 러시아의 신비주의자. 차르 니콜라이 2세와 황후 알렉산드라, 황태자 알렉세이에게 큰 영향력을 행사했다.

프란시스코 프랑코(Francisco Franco Bahamonde, 1892~1975) 에스파냐의 군인, 정치가. 1936년 7월 '인민전선 정부' 수립에 반대해 반(反)정부 쿠데타를 일으켰다. 2년 반에 걸친 에스파냐 내전에서 승리하여 1당 독재국가를 수립했다. 이후 1975년에 사망할 때까지 국가원수이자 섭정으로 에스파냐를 통치했다.

해 고도이를 해임하게 했다. 고도이는 둘둘 말린 카펫 속에 숨어 있다 발각되었다. 이틀 후 국왕은 강압에 떠밀려 퇴위했고 아들인 아스투리아스 대공이 왕이 되어 잠시 동안 페르난도 7세로 재위했다(3월 19일에서 5월 6일까지). 나폴레옹은 '반란'을 핑계 삼아 뮈라에게 대군을 주어 마드리드로 보냈다. 군대는 3월 23일에 마드리드에 도착했다.

이른바 '아란후에스의 반란'은 자유주의 세력의 작품이 아니라 불만을 품은 귀족들이 궁정 내부의 아스투리아스 대공 세력과 동맹해 일으킨 것이다(군대와 폭도를 수단으로 삼았다). 역사가들은 이 사건을 이달고(hidalgo, 에스파냐의 귀족을 가리키는 말) 전통의 표현으로 보았다. 귀족들은 관료들의 통치는 참아도 고도이처럼 벼락출세한 궁정 총신의 통치는 참을 수 없었다. 페르난도 7세와 고도이 사이에는 특별한 증오가 존재했다. 왕자는 고도이가 자신을 왕좌에서 내몰려고 섭정을 계획하고 있다고 믿었고, 고도이는 왕자가 자신을 해하려고 프랑스 대사를 통해 나폴레옹과 음모를 꾸민다는 사실을 알았다. 고도이는 아란후에스의 반란이 자발적인 인민 봉기가 아니라 대중이 권력에 이용당한 것임을 알 만큼은 똑똑했다. 19세기 에스파냐에서 군대와 폭도의 동맹은 연이어 정치력을 시위함으로써 일상적으로 국왕들과 장관들의 운명을 결정했는데, 돌이켜보면 아란후에스의 반란도 그런 경우에 해당한다.

에스파냐 역사에는 뜻밖의 결말이 많았는데 고도이의 몰락이 가장 터무니없었다. 고도이는 나폴레옹이 에스파냐를 장악하기 전에 막아야 한다고 결정했고 이를 위해 국왕을 세비야로 피신시키기로 했다(역설적이게도 이 조치가 '폭동'을 촉발했다). 페르난도는 이 국면에서 사실상 보나파르트의 앞잡이였고, 페르난도를 꼭두각시 왕으로 앉힌 것은 그때까지 보나파르트가 보여준 가장 현명한 방법이었다. 그러나 나폴레옹은 자멸적인 행동의 첫 번째 징후들을 드러내며 4월에 매우 다른 생각을 품고 바욘으로 출발했다. 투르와 푸아티에, 앙굴

에스파냐 국왕 카를로스 4세 때 총리
를 지낸 마누엘 고도이.

렘을 신속히 지나친 나폴레옹은 보르도에 머물러 유람하고 환영회에
참석하며 열흘을 보냈다. 4월 14일 나폴레옹은 바욘에 도착했고 마
라크 성에서 석 달을 머물며 에스파냐 정책을 마무리할 준비를 했다.

나폴레옹이 바욘에서 맨 먼저 한 일은 결코 원숙한 정치인의 행보
가 아니었다. 4월 17일 바욘 법령은 유럽 항구에 입항하는 모든 미국
선박은 합법적인 상(賞)이라고 선포했다. 나폴레옹은 미국이 자국 선
박의 출항을 금지했기 때문에 북아메리카에서 온다는 선박들은 분명
서류를 위조해 위장한 영국 상선일 것이라고 주장했다. 대륙 봉쇄 체
제에 뚫린 또 하나의 구멍을 막으려는 이 시도는 미국과 불필요한 마
찰을 가중시켰을 뿐이었다. 그러나 이 조치는 다음에 이어질 큰 실수
에 견주면 하찮았다.

4월 18일 나폴레옹은 아버지와 아들을 중재하겠다고 제안하며 카
를로스 4세와 페르난도에게 만나자고 했다(고도이까지). 예상된 일이
지만 폐위된 카를로스 4세는 나폴레옹을 후원자로 얻고 싶었다. 그
러나 페르난도는 이번 여행이 현명한 일인지 확신이 서지 않았다. 나

17
장
에
스
파
냐
개
입
·
645

폴레옹은 페르난도가 결심을 굳히도록 총애하는 해결사 사바리를 보내 그럴듯한 약속으로 페르난도를 유인해 바욘으로 데려오게 했다. 잔인한 사바리는 젊은 군주들을 파멸시킬 운명을 타고난 듯했는데(사바리는 앙기앵 공작의 처형에 앞장선 주요 인물이었다), 언젠가 나폴레옹은 이렇게 말했다. "사바리는 내가 자기 아내와 자식을 살해하라고 명령하면 조금도 주저하지 않고 명령을 실행에 옮길 것이다." 페르난도는 바로 그런 인간의 감언이설에 넘어갈 정도로 어리석었다. 페르난도는 4월 20일에 아버지보다 열흘 앞서 바욘에 도착했다.

나폴레옹이 부르봉 왕실의 부자를 굴복시키는 데는 한 주가 걸렸다. 5월 5일 격한 소동이 벌어졌는데, 나폴레옹이 아버지를 위해 퇴위하지 않으면 그 자리에서 죽이겠다고 페르난도를 위협하면서 소동이 끝났다. 이미 바보로 판명된 왕자는 겁쟁이이기도 했다. 페르난도는 보나파르트의 위협이 허세인지 확인해볼 생각도 없이 항복했고 아버지를 왕으로 인정했다. 그러자 카를로스 4세는 즉각 왕위를 나폴레옹에게 넘겼고, 나폴레옹은 형 조제프에게 에스파냐 왕위를 주었다. 이미 바욘에 소집되어 있던 친(親)프랑스 에스파냐인들의 훈타*가 합의를 인준했다. 페르난도와 동생들은 프랑스에 가택연금으로 억류되었고, 카를로스 4세와 고도이는 콩피에뉴로 추방되었다. 뛰어난 풍자 감각을 지닌 나폴레옹은 탈레랑에게 발랑세에 있는 자신의 영지에 페르난도를 모시는 '영예'를 주었다. 이것이 풍자인 이유는 탈레랑이 에스파냐의 모험이 전체적으로 오류투성이인 나폴레옹의 외교정책에서도 최악이었다고 생각했기 때문이다. 어떤 이들은 이 일을 두고 황제가 여우 같은 외무장관에게 한 방 먹였다고 주장했다. 탈레랑은 나폴레옹을 부추겨 에스파냐라는 진흙탕에 빠뜨리고는 자신은

훈타(junta) 본래 '회의, 위원회'라는 뜻을 지닌 말이다. 여기서는 이베리아 반도 전쟁 중 프랑스에 의해 정부가 무너지자 지역민들이 정부의 대안으로 결성한 기구들을 가리킨다. 당시 훈타들의 성향은 반프랑스 훈타, 반군주제 훈타, 혁명적 훈타 등 다양했다.

공공연히 발을 빼 교활한 게임을 하고 있었으나, 한 수 위인 보나파르트가 드러내놓고 페르난도의 퇴위와 탈레랑을 결합해 그의 명예를 실추시켰다는 뜻이었다.

1808년 4월과 5월에 바욘에서 일어난 기괴한 사건들은 더 설명할 필요가 있다. 협상이 진행되던 중에 에스파냐 전역에서 민중 봉기가 일어났다. 회담이 뜻하는 국가적 굴욕 때문이었다. 나폴레옹은 아란후에스의 반란에 관여한 세력과 맞서야 했다. 나폴레옹이 페르난도를 들러리로 세우지 않은 이유는 여전히 불가사의하다. 새로운 왕위를 찾아 형제들에게 주고 싶은 마음만으로는 설명할 수 없다. 나폴레옹은 페르난도가 자신의 대의에 열정을 보였는데도 결코 그를 신뢰하지 않았던 것 같다. 황제는 페르난도의 재능이 형편없다고 보았기에 그가 믿을 만한 협력자가 아니라 프랑스에 꼭 우호적이라고는 할 수 없을 궁정 도당의 노리개가 될까 봐 두려웠다.

바욘의 계략은 재앙이었다. 나폴레옹은 결국 이 때문에 이베리아반도에서 5년간 피비린내 나는 싸움에 말려들었다. 나폴레옹은 에스파냐의 자존심을 이중으로 욕보였다. 회담은 프랑스가 아니라 에스파냐 땅에서 열려야 했으며(마드리드였다면 좋았을 것이다), 나폴레옹은 페르난도를 왕으로 승인했어야 했다. 황제에게 호의적인 자들도 에스파냐 정책이 나폴레옹이 저지른 큰 실수라고 인정한다. 그것은 적절하게도 '매복 공격'이라고 묘사되었으며, 티베리우스의 범죄에 비견되기도 했다. 나폴레옹은 훗날 세인트헬레나에서 실수를 인정했고 뮈라 때문에 에스파냐 주민의 진정한 여론을 오해했다고 편지로 밝혀 역사를 다시 쓰려 했다. 당시에도 나폴레옹은 적들에게 보여준 선전 재능을 의식하고 있었다. "나의 행동이 어떤 관점에서 보면 옳지 않다는 것을 알고 있다. 그러나 나의 정책은 내 왕조에 적대적인 왕조를 파리에서 그토록 가까운 후방에 남겨 두지 말 것을 요구한다." 세인트헬레나에서는 좀 더 솔직했다. "에스파냐 문제에 관여한 것은 매우 나빴다고 인정한다. 분명하게 부도덕했고 심히 정의롭지 못했다."

또한 나폴레옹이 에스파냐 문제에 쓴 '해결책'은 결함이 많았으며, 문제를 다루는 방식도 당혹스러웠다. 나폴레옹은 조제프에게 왕위를 주기 전에 루이에게 먼저 제안했으나, 홀란트 왕이던 루이는 매우 강하게 반대했다. 조제프는 임무를 맡기를 주저했고 처음에는 나폴리 왕이 될 수 있다는 조건에서만 수용했다. 나폴레옹은 조제프에게 에스파냐 왕위를 선택하도록 압력을 넣었으나, 조제프는 나폴리를 늘 갈망했으며 항상 자신이 실수했다고 생각했다.

한층 더 기이한 것은 결정을 임의로 바꿔버리는 나폴레옹의 성향이었다. 에스파냐 왕위의 확실한 후보자는 뮈라였다. 뮈라는 공공연히 에스파냐 왕위를 탐냈고 이미 결론이 났다는 듯이 마드리드에 만반의 준비를 갖추어놓기까지 했다. 뮈라는 에스파냐 왕위에 대한 위로의 상금으로 포르투갈 왕좌를 수용할 준비가 되어 있었지만, 나폴레옹은 그가 이탈리아 정책에 꼭 필요한 인물이라고 이야기했다. 뮈라는 처음에는 노발대발했다. 뮈라는 정말 마지못해 조제프의 오랜 역할이었던 나폴리 왕위를 넘겨받았다. 어쨌든 나폴레옹이 이미 무용지물로 입증된 사람들을 참아낸 이유는 무엇이었을까? 형제들은 자신과 피를 나눈 피붙이니까 '분명히' 재능을 지녔을 것이고, 그 재능을 발휘하기만 하면 된다고 생각했을까? 아니면 그저 코르시카 가족애의 소산이었을까? 뮈라의 사람됨은 완전히 드러났기에 나폴레옹이 뮈라를 행정관으로서 높게 평가했을 리 없지만, 위험이 가득한 자리에, 그리고 거만하고 야심 많은 인간에겐 무수히 많은 유혹이 도사린 자리에 뮈라를 앉혔다. 그 너머에서 빤히 보이는 명백한 사실은 전체 봉신 왕 체계가 해소할 수 없는 모순을 안고 있다는 점이었다. 신뢰할 수 있는 군주는 자신이 통치하는 백성과 국가와 일체감을 느껴야 하나, 나폴레옹은 왕으로 세운 형제들에게 다른 모든 것에 앞서

황제의 사소한 바람까지도 내다볼 수 있는 충성스러운 프랑스인이
되라고 역설했다.

　나폴레옹은 에스파냐에 말려들면서 자만심과 오만함, 부족한 상
상력이라는 문제를 드러냈다. 아무도 자신의 뜻을 거스를 수 없다고
생각해 자만했고, 무장 반군이 일어나더라도 군사적으로 낙승해 진
압할 수 있다고 보았던 점에서 오만했으며, 다른 나라 국민들도 프
랑스인만큼이나 국민적 자부심으로 움직일 수 있다는 점을 이해하지
못했다는 점에서 상상력이 부족했다. 나폴레옹은 눈앞에 도사린 위
험을 감지하지 못했고 무장한 인민 1200만 명이 지닌 역동성을 간파
하지 못했다. 아무리 상상력을 펼쳐도 에스파냐의 모험적 사건은 프
랑스의 국익에 부합하지 않았다. 그것은 '자연 국경' 개념을 멀리 날
려버렸으며, 프랑스의 진정한 국가적 요구와 보나파르트 일가의 순
전히 왕조적인 야망 사이의 간극을 뚜렷하게 보여주었다. 경제적으
로도 에스파냐 출격은 약탈 기회를 얻은 것 말고는 아무런 의미가
없었다. 소수의 사업가들은 이베리아 반도의 양모와 라틴아메리카
의 은을 강탈할 수 있겠다는 기대를 품었으나, 이러한 바람까지도 망
상이었음이 드러났다. 프랑스는 1805~1807년 전쟁 때에는 마지못해
나폴레옹을 지지했지만 피레네 산맥 남쪽의 약탈에는 거의 누구나
반대했다. 특히 보르도와 남서부 프랑스에서 반대가 두드러졌다. 에
스파냐 문제는 특히 나폴레옹과 명사들, 즉 나폴레옹의 통치를 뒷받
침한 부르주아들과의 관계를 멀어지게 만들었다.

　1808년 5월부터 황제는 최후의 재앙을 향해 걷잡을 수 없이 미끄
러졌다. 5월 2일, 마드리드에서 봉기가 일어났다. 뮈라가 잔인하게
진압한 이 봉기는 고야의 그림 〈1808년 5월 3일〉로 불멸의 생명을 얻
었다. 그러나 마드리드 봉기는 여러 봉기 중 첫 번째일 뿐이었다. 5월
20일 프랑스에 우호적인 바다호스 총독이 폭도에게 살해되었고, 이

틀 후 카르타헤나 총독도 같은 운명을 맞았다. 5월 23일 발렌시아 주에서 봉기가 일어났고, 24일에는 아스투리아스, 27일에는 세비야에서 봉기가 발생했다. 24일에는 오비에도에서 반란이 일어났으며 25일에는 사라고사, 30일에는 갈리시아, 6월 7일에는 카탈루냐에서 반란이 일어났다. 일련의 연쇄작용처럼 작은 봉기들이 연이어 일어나 대학살을 초래했다. 나폴레옹은 에스파냐 내부 정서의 힘을 깨닫고 손해를 줄였어야 했으나, 자신의 목적이 무엇인지 잊어버리고 오히려 더 거세게 밀어붙였다. 뮈라는 에스파냐에서 반란이 들불처럼 빠르게 번진 이유가 황제의 태도 때문이라고 주장했다. 뮈라가 보급품을 얻기 어렵다고 불평하자 나폴레옹은 참지 못하고 현지에서 알아서 해결하라고, 원하는 것이 무엇이든 강제로 빼앗으라고 통고했다. 나폴레옹은 "병력 5만 명을 지휘하면서 물자를 강탈하는 대신 요구하는" 장군에게 짜증이 났다. 뮈라는 그 편지를 읽었을 때 머리에 돌을 맞은 것처럼 어안이 벙벙했다고 주장했다.

그렇다면 에스파냐의 혁명가들은 누구이고 그들의 목적은 무엇이었을까? 처음에 일어난 봉기들은 서로 연결되어 있지 않았다. 바욘 사건과 5월 2일 마드리드 학살에 대한 분노가 도화선이 되어 좌절한 지방주의가 표출된 것이었다. 지역의 불만과 기대, 실망이 격렬한 외국 혐오증으로 터져 나왔고 페르난도를 '엘데세아도(El Deseado, 원하는 왕)'로 묘사하는 반(反)프랑스 선전에서 정당성을 인정받았다. 초기에 저항한 자들은 지역 명사들과 군 지휘관들이었다. 페르난도가 마드리드의 훈타에 어떤 희생을 치르더라도 프랑스와 우호 관계를 유지하라고 지시했기 때문이었다. 페르난도는 한참 뒤 봉기가 전면적으로 펼쳐졌을 때에야 명령을 취소했다.

역사가들은 에스파냐 봉기의 성격을 두고 견해가 갈린다. 어떤 이들은 고도이에게 반대하는 음모에 연루된 자들이 반란을 이끌었기에 아란후에스 반란의 연장선 위에 있었다고 본다. 다른 이들은 아란

고야의 〈1808년 5월 3일〉. 1808년 5월 2일에 마드리드에서 프랑스의 침략에 저항하는 봉기가 일어났다. 그림은 봉기에 참여한 것으로 의심되는 사람들을 프랑스군이 체포해 처형하는 장면이다.

후에스 반란과 봉기는 별개라고 주장한다. 봉기는 광적인 외국 혐오 증이 무분별하게 폭발한 것이며, 교단 성직자들, 특히 수도사와 탁발수사들이 지도했다는 것이다. 나폴레옹은 바로 이 해석을 조장했다. 이유는 분명 선전에 있었다. 봉기를 개혁과 계몽주의에 반대하는 미개한 반응으로 설명하고 바욘에서 저지른 큰 실수를 가리려는 의도였다. 그러나 그렇다고 해서 이 해석이 잘못된 것은 아니다.

한 가지는 확실하다. 봉기 초기에 에스파냐는 고도이 시절만큼이나 분열되어 있었다. 중간계급과 상층계급은 신중했다. 프랑스를 격퇴하면 인민에게 권력을 쥐어주는 격이 되리라는 점을 분명히 알았기 때문이다. 이 계급들은 프랑스 혁명을 주시했으므로 자신들이 다음 차례가 될 것임을 실감했다. 또한 카를로스 4세와 페르난도 7세가 합법적으로 퇴위했다는 사실은 이들을 곤경에 빠뜨렸다. 조제프의 즉위에 직접 이의를 제기하는 유일한 방법은 인민 주권에 호소하

는 것이었는데 이 방법 역시 무서운 결과를 낳을 것이었기 때문이다. 그러므로 판사와 지사, 관리들은 침략자와 협력하는 수밖에 달리 선택의 여지가 없었다. 침략군은 합법적으로 즉위한 군주의 군대였다.

에스파냐의 점령 지역 유산계급들은 프랑스에 협력했으나, 점령당하지 않은 지역에서는 봉기한 민중이 우유부단한 현지 관료들을 포함해 모조리 휩쓸어버렸다. 농민과 학생, 수도사들이 병기고를 습격하고 교수대를 세워 공포정치를 시행했으며, 그 결과 유산자들은 생명에 위협을 느껴 공포에 사로잡힌 채 프랑스에 선전포고를 하고 참전했다. 거리를 둔 채 사태를 관망하고 있다간 농민들의 무정부 상태가 이어질 수 있다고 본 지역의 명사들과 군 장교들은 '혁명'을 장악하기 위해 '혁명'에 참여했다. 그동안 어리석게도 나폴레옹은 마음을 놓은 채 유산계급이 폭도가 무서워 자신을 지지할 수밖에 없으며 자신이 해야 할 유일하게 중요한 임무는 지역의 사령관들을 설득하는 것이라는 환상에 빠져 있었다.

이 일은 점점 더 많은 사고를 일으키는 황제가 에스파냐에서 저지른 여러 실수 가운데 하나일 뿐이었다. 나폴레옹은 이베리아 반도의 부르주아를 평정한 뒤 완전히 뜻밖에도 교회와 농민, 도시 프롤레타리아의 반대에 직면했다는 점에서 어느 정도 불운했다. 이러한 반대는 애국심이 아니라(종종 애국심으로 그럴듯하게 설명된다) 나폴레옹의 대륙 봉쇄 체제에서 기인한 불경기에 따른 대응이자 (특히 교회와 지주 편에서 볼 때) 프랑스에 우호적인 파당이 원했던 사회경제적 변화에 맞서는 저항이었다. 바욘의 일격은 종종 봉기의 유일한 원인으로 인용되지만 반란의 깊은 동력이라기보다는 계기였다. 나폴레옹이 상상력이 부족했다는 것은 매우 분명해 보인다. 나폴레옹은 권력 장악을 열망하는 신생 부르주아가 있으니 1808년 에스파냐에서 1789년의 프랑스를 재현할 수 있다고 추정했던 것 같다. 나폴레옹이 사회를 조금만 깊이 분석해보았다면 에스파냐 부르주아의 계몽 세력이 국가권력의 사회적 토대가 되기에는 너무 작았다는 사실을 알았을 것이다.

에스파냐를 편견 없이 살피고자 했다면 다가올 사태의 불길한 징조를 뚜렷이 보았을 것이다. 6월 초 봉기를 일으킨 지역의 위원회들이 연이어 영국에 지원을 요청하면서 영국이 개입하기로 결정한 것이다. 영국의 목적은 반란이 군벌로 분열하지 않도록 하는 것이었으므로, 영국 정부는 호베야노스*가 주도하는 중앙최고훈타(Junta Suprema Central) 결성을 지원했다. 이 훈타는 세비야와 카디스에서 성명서를 발표하고 페르난도 7세의 이름으로 프랑스에 전쟁을 선포했다. 영국도 얼마간 머뭇거리다가 아서 웰즐리 장군(훗날의 웰링턴 경)에게 병력 9천 명을 주어 이베리아 반도로 보냈고, 지브롤터 해협을 통해 혁명적 훈타들에 물자를 보급하게 했다.

나폴레옹은 곧 에스파냐 평정을 단순한 치안 활동으로 생각한 것이 잘못임을 깨달았다. 베시에르가 7월 14일 갈리시아의 메디나델캄포에서 반군에 승리를 거두어 조제프는 마드리드에 입성할 수 있었으나, 새 왕은 냉랭한 대접에 당황했고 이 일을 동생에게 일종의 경고 삼아 편지로 알렸다. 그러나 프랑스군은 아라곤에서 사라고사를 점령하는 데 실패했고, 카탈루냐에서는 뒤엠 장군(Guillaume Philibert Duhesme, 1766~1815)이 바르셀로나에 갇혔으며, 남동부에서는 몽세가 발렌시아에서 오카나까지 밀려나 황제를 격노하게 했다.

이후 더 나쁜 일들이 이어졌다. 나폴레옹은 뒤퐁 장군에게 일개 군단의 징집병을 주어 안달루시아 점령 임무를 맡겼다. 뒤퐁은 카디스를 목표로 삼아 톨레도를 출발해 남쪽으로 이동하며 코르도바를 약

호베야노스(Gaspar Melchor de Jovellanos, 1744~1811) 에스파냐의 정치가, 철학자. 1797년부터 1799년까지 법무장관을 지냈다. 계몽 사상가로서 행정 조직을 정비하고 화폐를 개혁하는 등 에스파냐에 여러 개혁 정책을 도입하려 했다. 사직한 뒤에 고향 아스투리아스에서 농업 개혁을 꾀했으나 고도이에 의해 투옥되었다(1801~1808). 반(反)나폴레옹 운동이 일어났을 때 지도자 역할을 했으며, 1811년 프랑스군에 쫓겨 달아나다 아스투리아스에서 사망했다.

탈했다. 그러나 그때 모든 것이 엇나갔다. 1만 9천 명의 군대는 보급선이 끊긴 후 굶주린 데다 숫자에서 크게 열세였고 뒤퐁의 '끔찍한 지휘'(나폴레옹이 한 말이다)로 고생한 탓에 7월 22일 시에라모레나 산맥 발치의 바일렌에서 카스타뇨스*가 지휘하는 훈타 군대에 항복했다. 바일렌의 항복은 황제의 군대가 개활지에서 처음 당한 패배였으나 에스파냐인들이 상상하듯 아우스터리츠의 정예군이 패한 것은 결코 아니었다. 당황한 조제프는 마드리드를 떠나 프랑스 국경 쪽으로 후퇴했다.

전쟁은 야만적으로 진행되어 인간이 인간에게 저지른 잔학행위의 기록에서 악명을 떨치게 된다. 바일렌 전투 후 에스파냐는 전원 프랑스 송환이라는 항복 조건을 어기고 수많은 프랑스 병사를 살해했으며 병사 1만 명을 불모의 섬에 내버렸다. 에스파냐가 내세운 이유는 '도적떼의 두목'과 상대하면서 전쟁의 규칙을 준수할 이유는 없다는 것이었다. 사라고사는 요새가 허술했지만 대규모 포위 부대에 맞서 두 달 반 동안 버틴 후 피비린내 나는 시가전의 현장이 되었다. 프랑스군 정찰대는 매복 공격을 받아 한 사람도 남김없이 죽었다. 이것은 운이 좋았을 때의 얘기이고, 운이 나쁘면 참혹한 죽음을 당했다. 수족이 잘리거나 십자가에 매달렸으며 나무에 묶여 못질을 당하고 끓는 기름 솥에 던져지거나 물에 빠져 죽거나 생매장을 당했다. 훈타들의 미친 듯한 외국인 혐오는 포악한 만행이라는 비난을 피할 수 없다. 1809년 7월 7일 발렌시아 훈타는 선동적인 성명서에서 프랑스군에 관해 이렇게 썼다. "프랑스군은 호텐토트족 무리보다 더 나쁘게 행동했다. 우리 성당들을 더럽히고 우리의 종교를 모욕했으며 우리 여인들을 유린했다."

프랑스가 받은 만큼 되갚았다는 점도 인정해야 한다. 뒤퐁은 코르

카스타뇨스(Francisco Javier Castaños, 1758~1852) 에스파냐 장군. 바일렌 전투에서 눈부신 승리를 거둔 장군으로 유명하다. 이후 웰링턴 밑에서 여러 전투에 참여했다.

도바를 약탈했고 다른 곳에서도 나폴레옹 병사들의 약탈이 자행되었다. 군사 징발로 현지에서 식량을 조달한다는 이성적인 시스템은 없어지고 무차별 약탈과 강간이 난무했다. 프랑스군은 집단 처형의 신봉자들로서 보통 재판도 없이 처형했다. 총살집행대 수백 명을 파견했으며 사람들의 목을 매달고 약탈하고 강간을 즐겼다. 진압과 반격, 잔학 행위와 뒤이은 복수의 잔학 행위로 나라는 야만스러운 지옥으로 퇴보했다. 모든 사회 질서가 무너진 것은 예견된 결과였다. 에스파냐는 곧 기근의 언저리를 맴돌았다. 프랑스 작가 조르주 상드(George Sand, 1804~1876)는 1808년 어릴 때 아버지 손에 이끌려 에스파냐를 여행하며 목격한 소름 끼치는 광경을 생생하게 기억했다. 상드는 병사들과 마찬가지로 익히지 않은 양파와 해바라기 씨앗, 덜 익은 레몬, 이것저것을 모아 끓인 수프로 끼니를 때웠다. 상드는 자신이 탄 마차가 도로 위에 널린 시신들의 뼈를 짓이기며 지나가는 소리를 기억했으며, 어느 기병의 소매를 붙잡았다가 팔이 없는 것을 본 기억을 회상했다.

이베리아 반도의 저항은 포르투갈까지 확산되었다. 포르투에 상륙한 웰즐리의 군대는 곧 1만 6천 명으로 불어났다. 충동적인 쥐노는 열등한 병력으로 공격에 나섰다가 비메이루에서 웰즐리에게 패배했다. 그러나 곧 신트라 협정이 맺어지면서 프랑스 군대는 영국 배에 장비와 약탈 물품을 모조리 싣고 본국으로 돌아갈 수 있었고, 에스파냐는 분노했다. 웰즐리는 그처럼 관대한 조건에 반대했으나, 마지막 순간에 버러드 장군(Harry Burrard, 1755~1813)으로 교체되어(런던의 내분을 반영한다) 비메이루를 떠났다. 신트라 협정으로 프랑스군을 곤경에서 구해준 이는 버러드였다. 불만을 품은 웰즐리는 잠시 런던으로 돌아가 아일랜드 장관직을 맡았다. 이후 영국군은 갈리시아로 진격했고 지역민들의 열렬한 환영을 받았다. 비메이루의 승리는 런던의 신문에 크게 났는데, 나폴레옹이 직접 패했다는 주장이었다.

황제는 손쉽게 기회를 잡으려다가 그랑다르메를 큰 혼란에 빠뜨렸다. 나폴레옹은 어느 정도 자신이 저지른 실수의 즉각적인 귀결을 피할 수 있었다. 바일렌의 패배 소식을 생클루 성에 거의 도착했을 때에야 들었기 때문이다. 나폴레옹은 7월 21일 바욘을 떠난 뒤 최고로 여유롭게 파리로 돌아왔다. 마치 19세기 여행가 중에서도 가장 천천히 걸었던 사람처럼 툴루즈와 몽토방, 아쟁, 보르도, 로슈포르, 니오르, 낭트, 투르, 블루아를 들렀다. 그러나 바일렌의 소식이 그를 나른한 상태에서 깨웠다. 그 즉시 에스파냐에서 지독한 싸움에 뛰어들었다는 사실을 깨달았기 때문이다. 바일렌에서 날아온 충격적인 소식에 독일에 있는 나폴레옹의 적들은 새로운 용기를 얻었고, 프로이센과 오스트리아는 필시 복수의 의지를 다졌을 것이다.

나폴레옹은 필요하면 그랑다르메 군단들을 에스파냐로 돌릴 수 있도록 오스트리아의 준동을 막으려는 데 골몰했기에 즉시 차르 알렉산드르 1세와 또 다른 회담을 준비했다. 동시에 나폴레옹은 네와 빅토르, 모르티에 휘하의 1만 명을 엘베 강에서 이베리아 반도로 재배치하는 비상 대책을 마련했다. 이어 유럽에서 가장 강력한 두 사람의 재회를 최대한 빨리 성사시키기 위한 맹렬한 외교 활동이 펼쳐졌고, 프랑스가 잠시 보유했던 튀링겐의 위요지 에르푸르트에서 회담을 열기로 합의했다. 나폴레옹은 자신의 매력으로 압도했다고 생각한 남자와 다시 만나러 9월 22일 생클루 성을 출발했다. 나폴레옹의 목적은 두 가지였다. 오스트리아와 싸울 때 후방의 안전을 도모하고, 차르의 누이와 왕조 간의 결혼을 얻어내는 것이었다.

에르푸르트 회담은 성공하지 못할 운명이었다. 두 가지 주된 이유가 있었다. 우선 두 당사자는 틸지트에서 서로에게 정직하지 않았고, 그때 이후 임시변통으로 만들어진 관계 위로 먹구름이 드리웠다. 나폴레옹과 알렉산드르 1세 둘 다 틸지트 조약을 시간을 버는 방편으로 여겼다. 1808년 1월 29일 나폴레옹이 상트페테르부르크 주재 프랑스 대사에게 보낸 냉소적인 편지에는 그의 입장이 더할 나위 없이 분명하게 진술되어 있다. 그러나 나폴레옹은 차르를 기분 좋게 만들 필요성을 느꼈고, 나흘 뒤(2월 2일) 알렉산드르 1세에게 긴 편지를 보내 해체된 오스만제국을 자신과 나누자고 제안했다. 나폴레옹은 두 주일 뒤에 동생 루이에게 보낸 편지에서 설명했듯이, 조지 3세가 전쟁을 계속하겠다는 결의를 분명히 밝힌 1808년 초 의회 개원 연설에 큰 영향을 받았다. 영국의 비타협적 태도에 분노한 나폴레옹은 틸지트에서 알렉산드르 1세와 함께 세웠던 계획, 즉 프랑스와 러시아가 인도에서 협공 작전을 벌인다는 계획을 더욱 강하게 다지려고 노력했다.

그러나 두 당사자의 성의 없는 태도는 논외로 치더라도 이미 틸지트 이후로 많은 사건들이 일어났다. 차르는 미봉책이었던 틸지트 협약도 나폴레옹에게 일방적으로 유리했다고 점점 더 굳게 믿었다. 차르는 사사롭게는 황제를 좋아했으나 러시아 정부는 이런 애정을 보이지 않았다. 차르는 틸지트에서 귀국했을 때 조약에 대한 감정이 극단적인 데 당황했다. 자신을 내쫓고 프랑스에 더 적대적인 통치자를 세우려는 쿠데타가 일어날 것이라는 풍문이 돌기도 했다. 똑같은 이유로 궁정 신하들에게 배반당한 아버지 파벨 1세의 운명을 떠올린 알렉산드르 1세는 틸지트 조약을 위반하기 시작했다.

상트페테르부르크의 반(反)프랑스 당파가 프랑스와 협정을 맺는 것이 러시아의 이익에 어긋난다고 주장한 데에는 확실히 합당한 논거가 있었다. 발트 지역에서 프랑스가 헤게모니를 쥐면 러시아가 핀란드로 팽창하는 데 방해가 되었다. 러시아의 '세력권' 안에 있는 프랑스의 속국 바르샤바 대공국은 각별히 짜증스러운 존재였다. 프랑스는 1808년 10월 1일까지 프로이센에서 철군하기로 동의했으나 단계적으로 철군하는 징후는 전혀 보이지 않았다. 나폴레옹은 실제로 철군 전에 전쟁 배상금을 마지막 한 푼까지 다 받아내야 한다는 이유로 철수를 미루고 있었다. 그리고 나폴레옹은 오스만제국의 분할에 동의하고 종종 그 얘기를 했지만 이스탄불을 누가 지배할 것인가라는 핵심 문제를 두고는 말을 둘러대며 명확하게 답변을 하지 않았다.

러시아에 가장 크게 손해를 안긴 것은 틸지트에서 합의한 경제 의정서였다. 영국으로 갈 곡물과 삼, 목재는 대륙 봉쇄 체제 때문에 수출이 금지되었다. 게다가 프랑스는 아무런 보상도 하지 않았고 러시아와 교역하며 수출 초과를 달성한 반면, 러시아에서는 삼과 목재, 수지(獸脂), 역청, 칼륨, 가죽, 철이 공급 과잉이었다. 기록상 1809년에 러시아 항구에서 출항한 선박 338척 중 한 척만이 보르도로 향했고, 프랑스는 러시아에 진정 필요했던 물품 대신 독주와 향수, 자기, 보석류 같은 사치품을 수출했다.

나폴레옹은 에르푸르트 회담에 앞서 호의를 보여줄 필요가 있었기에 프로이센이 먼저 1억 4천만 프랑의 배상금을 완납하고 군대를 4만 2천 명으로 줄인다는 데 동의하면 즉각 철군하겠다고 선언했다. 그러나 이러한 양보로도 파리와 상트페테르부르크의 냉랭한 관계는 풀리지 않은 것 같다. 나폴레옹은 탈레랑에게 비밀 지시를 내려 영국을 더욱 세게 압박하고 러시아를 사실상 오스트리아의 간수로 만들며 에스파냐에서는 자신이 마음대로 할 수 있게 하는 조약을 확보하라고 했다. 겉과 속이 달랐던 탈레랑은 이미 나폴레옹에게 해로운 방향으로 움직였으므로 이러한 지시는 무의미했으나, 황제는 두 가지 조항을 고집해 외무장관이 속임수를 쓸 여지를 줄였다. 하나는 알렉산드르 1세가 아닌 자신이 러시아가 오스트리아와 전쟁에 돌입하는 기준을 결정해야 한다는 것이었고, 다른 하나는 러시아 군대가 즉각 오스트리아 국경에 대규모 병력을 배치해야 한다는 것이었다.

나폴레옹은 9월 27일 에르푸르트에 도착해 차르를 환영했고 그날 남은 시간을 차르와 함께 보냈다. 회담은 10월 14일까지 이어졌다. 나폴레옹은 알렉산드르 1세에게 프랑스의 힘을 각인시키려고 엄청난 노력을 기울였는데, 탈레랑에게 지시를 내렸던 최초의 편지에서 이렇게 설명했다. "나는 회담 시작 전에 알렉산드르 1세가 나의 화려한 권력에 감탄하기를 원했소. …… 차르가 이해하는 말을 쓰시오. 우리의 동맹이 인류에 가져다줄 이익에 신의 원대한 계획이 뚜렷이 나타나 있다고 말하시오." 나폴레옹은 프랑스의 힘을 과시하기 위해 바이에른과 작센, 뷔르템베르크의 모든 속국 왕들과 라인연방의 공작들과 대공들을 에르푸르트로 소집했다. 알렉산드르 1세와 수행원들이 자유롭게 쓰도록 배분한 호화로운 방들은 프랑스에서 가져온 그림, 조각, 태피스트리로 장식해 박물관의 전시품 사이를 지나는 느낌이 나도록 했다. 프랑스 요리사들이 푸짐한 음식으로 연회를 준비했고, 사냥 모임을 열었으며, 날마다 환영회나 무도회, 축연이 벌어졌고, 나폴레옹이 총애하는 배우 탈마가 파리에서 코메디 프랑세즈를 이끌고 와 공연했다.

연이은 사교 모임의 효과는 대단했다. 10월 7일 나폴레옹은 알렉산드르 1세를 데리고 예나의 전장을 돌았으며 그곳에서 했던 군사 기동을 낱낱이 얘기해주었다. 그런 뒤 전장에서 산토끼와 자고새를 '사냥'했다(실제로는 대량 살육이었다). 그 전날의 행로는 나폴레옹이 조제핀에게 보낸 6일자 편지에서 알 수 있다. "차르 알렉산드르는 춤을 추었지만 나는 추지 않았소. 어쨌든 마흔 살은 마흔 살이니까."

성공적이었던 사교 모임과 달리 회담은 나폴레옹에게 몹시 실망스러웠다. 그다지 놀랍지 않은 일인데, 왜냐하면 탈레랑이 날마다 방해 공작을 꾸몄기 때문이다. 탈레랑은 나폴레옹으로부터 간단히 지시를 듣고 직접 차르를 알현하라는 권고를 받은 후 알렉산드르 1세를 방문해 나폴레옹의 패를 모조리 폭로할 생각이었다. 탈레랑은 차르를 처음 만난 자리에서 황제의 요구에 온 힘을 다해 저항하라고 간청했다. 이유인즉 나폴레옹의 외교정책이 더는 프랑스의 국익에 부합

프랑스 혁명기부터 나폴레옹 시대를 거쳐 왕정 복고 후까지 활동했던 외교관이자 정치인 탈레랑.

하지 않는다는 얘기였다. 탈레랑은 알렉산드르 1세에게 나폴레옹과 명사들 사이의 암묵적인 사회적 동맹이 끝났으며 명사들은 단지 '자연 국경'만 원할 뿐 나폴레옹이 독일에서 보인 팽창 정책이나 비현실적인 에스파냐 침략을 지극히 불안한 마음으로 보고 있다고 말했다. 그 결과 차르는 나폴레옹이 요구한 특별조항 두 가지를 수용하지 않았다. 10월 12일 서명된 조약의 최종 원안은 매우 만족스럽지 못했으며 주변적인 문제들만 다루었다.

나폴레옹이 에르푸르트에서 돌파구를 찾으려면 알렉산드르 1세가 폴란드에서 마음대로 할 수 있도록 허용해야 했고, 특히 오스만제국을 넘겨주어야 했다. 그렇지만 나폴레옹은 그렇게 하지 못했다. 이유는 설명되지 않았지만 거의 틀림없이 '오리엔트 콤플렉스'였을 것이다. 그러한 완고함에는 합리적 토대가 없기 때문이다. 나폴레옹은 차르에게 핀란드와 루마니아 지방인 몰다비아와 왈라키아를 양보했지만, 이것이 에르푸르트 조약에서 유일하게 중요한 내용이었다. 모든 양보는 나폴레옹 측이 했다. 프로이센의 전쟁 배상금을 2천만 프랑으로 삭감했고, 러시아와 오스만제국 사이에 분쟁이 일 경우 개입하지 않겠다고 약속했으며, 영국과 프랑스가 맞붙은 싸움을 '중재'하겠다는 러시아의 의미 없는 제안을 받아들였다. 제10조에서 차르는 오스트리아가 프랑스를 공격하면 전쟁에 들어가겠다고 약속했으나, 그 조항은 문구가 모호해 알렉산드르 1세에게는 빠져나갈 구멍이 많았다. 나폴레옹이 복수의 시도를 예방하려고 오스트리아 황제에게 협박 편지를 보냈을 때, 알렉산드르 1세는 공동으로 서명하기를 거부했다.

나폴레옹이 에르푸르트에서 저지른 가장 두드러진 실수는 왕실 간 결혼을 확보하려는 터무니없는 시도였다. 탈레랑은 이를 위해 열심히 노력하는 척했으나 내내 주인의 계획을 방해했다. 나폴레옹이 차르가 회피한다고 불평할 때마다 탈레랑은 알렉산드르 1세는 언제나 그렇듯이 황제를 좋아한다고 안심시켰다. 탈레랑은 그런 뒤에 차르와 차를 마시러 가곤 했고, 두 사람은 함께 나폴레옹을 혼란스럽게 만들 이야깃거리를 꾸며냈다. 알렉산드르 1세는 황제와 마주 앉아 나폴레옹과 누이의 결혼을 열렬히 지지하나 다만 황태후*의 동의가 필요하다고 주장했다. 나폴레옹은 알렉산드르 1세의 발뺌에 실망한 나머지 극도로 흥분한 상태에서 탈레랑과 밤늦은 시간까지 깨어 있었다. "차르에게 가서 말하시오. 오스만제국을 어떻게 분할하든지 차르의 계획에 동의한다고…… 어떤 말을 해도 좋소. 그대가 나의 이혼을 좋아한다는 사실을 알고 있소. 조제핀도 이혼을 원하오."

나폴레옹이 예카테리나*와 결혼하기를 진정으로 원했다는 데에는 의심할 여지가 없다. 나폴레옹은 콜랭쿠르에게 그 결합이 차르의 호의를 시험하는 시금석이라고 써 보냈다. "내게는 진정한 희생이 될

황태후 마리아 표도로브나(1759~1828)를 가리킨다. 파벨 1세의 둘째 부인으로서 차르 알렉산드르 1세와 니콜라이 1세의 어머니이다.
예카테리나(Ekaterina Pavlovna, 1788~1819) 파벨 1세의 넷째 딸. 1816년 남편이 뷔르템베르크 왕 빌헬름 1세로 즉위하며 왕비가 된다.

거야. 나는 조제핀을 사랑해. 그 누구와도 더 행복하게 지낼 수는 없어. 그렇지만 가족과 탈레랑, 푸셰, 모든 정치인들이 프랑스의 이름으로 이 결혼을 원하지." 10월 14일 두 전제 군주가 이 문제에 합의하지 못한 채, 실로 가치 있는 합의는 아무것도 없이 헤어졌을 때, 나폴레옹은 낙담하는 모습이 역력했다. 10월 13일 조제프에게 보낸 편지의 간결한 문장 뒤에는 우울함이 느껴진다. "러시아 차르와는 더 볼일이 없다." 이튿날 차르가 떠난 뒤 사바리는 황제가 슬픔과 시름에 잠겼다고 확인했다.

이보다 더 극적인 실패는 없었다. 차르는 한 달 뒤 누이 예카테리나가 올덴부르크 대공과 결혼한다고 선언했다. 마치 '친구'의 따귀를 갈긴 것과 같았다. 알렉산드르 1세의 다른 누이 안나*는 열네 살밖에 되지 않았기에 러시아가 프랑스와 왕실 간 결혼의 가능성을 닫아버렸다는 사실은 분명했다. 재앙은 이것으로 끝이 아니었다. 이미 오스트리아에 고용된 탈레랑이 빈에 조약 내용을 누설했고 더불어 오스트리아와 프랑스가 전쟁을 할 경우 알렉산드르 1세가 나폴레옹을 지원하지 않을 것이라는 정보도 전했다. 오스트리아는 즉시 비밀리에 봄 공세를 결정했다.

나폴레옹은 파리에서 며칠간 머물다가 10월 29일 에스파냐로 떠났다. 나폴레옹은 란, 술트, 네, 빅토르, 르페브르, 모르티에, 구비옹 생시르 휘하의 7개 군단, 16만 명의 병력을 이끌고 갔다. 나폴레옹은 제국근위대와 함께 앙굴렘과 보르도를 거쳐 빠른 속도로 남진해 11월 3일 바욘에 도착했다. 이튿날 에스파냐 국경을 넘었을 때 톨로사에서 카푸친 수도회 대표단을 만났다. 에스파냐의 반란에서 수도회 성직자들이 했던 역할에 분노한 나폴레옹은 강력하게 경고했다. "그대 수도사들이 파렴치하게도 군사 문제에 간섭하려 든다면 맹세컨대 귀를

안나(Anna Pavlovna, 1795~1865) 파벨 1세의 딸로 네덜란드 왕비가 된다.

잘라버릴 것이다."

　나폴레옹은 비토리아에서 나흘을 머문 뒤 11월 9일 자신의 전쟁을 시작했다. 에스파냐군이 조제프의 군대를 포위하려 했기에, 황제는 적군의 양익을 차례로 타격해 형세를 역전시키기로 했다. 나폴레옹은 군대를 셋으로 나누어, 고립된 에스파냐 군대의 양익을 두 부대로 공격하는 동시에 남은 한 부대는 마드리드로 맹렬히 진격시키기로 했다. 이 에스파냐 전쟁에서 실망스러웠던 여러 일 가운데 첫 번째는 원수들이 거둔 보잘것없는 성과였다. 르페브르와 빅토르는 서로 질투하다 갈리시아에 있던 에스파냐 군대의 탈출을 막지 못했다. 르페브르는 빅토르와 효과적으로 협력하지 못했고 조급하게 굴어 일을 그르쳤다. 그 결과 에스파냐 군대는 위험에 처했다는 경고를 받아 퇴각할 수 있었다. 란과 네도 올가미를 제때 씌우지 못해 에스파냐의 다른 군대가 완전히 위험을 벗어났다. 그러나 이 계획은, 다시 말해 란이 정면을 공격하고 네가 배후로 돌아 카스타뇨스의 군대를 포위한다는 계획은 논란이 되었다. 나폴레옹은 네가 사흘 늦게 현장에 도착했다며 비난을 퍼부었지만, 수정주의 군사학자들은 행군 거리를 옳게 계산하지 못한 황제에게 책임을 돌린다.

　11월 11일 나폴레옹이 부르고스에 도달했을 때면 아우스터리츠나 예나의 영광이 되풀이되지 않으리라는 점은 분명했다. 나폴레옹은 규율이 엉망이고 복종심이 떨어지는 병사들을 단속하느라 부르고스에서 12일을 보내야 했다. 나폴레옹은 본보기 삼아 몇 사람을 교수형에 처했고 그밖에 가혹한 처벌을 내렸다. 그랑다르메는 아란다데두에로에서 한 주 더 준비를 한 뒤 마침내 마드리드 진격을 개시했다. 11월 30일 소모시에라 고개에서 피비린내 나는 교전이 벌어졌다. 훗날 논평가들은 이 싸움을 황제가 통제력을 잃고 있었다는 점을 보여주는 또 다른 징후로 제시했다. 에스파냐 군대가 고개에서 용맹하게 저항하자 실망하고 초조해진 나폴레옹은 폴란드경기병연대* 3대대에 에스파냐 포대를 정면 공격하라고 명령했다. 이 공격은 50년쯤 뒤에 벌어진 경기병 여단의 돌격*을 미리 보는 것 같았으며, 학살도 그만큼 끔찍했다. 폴란드인들은 완전편성 인원 전체 88명 중 사상자 60명을 낸 채 공격 목표에 도달하는 데 실패했다. 나폴레옹은 이어 끈질기고도 조직적이며 조화로운 공격으로 에스파냐 군대를 격파하는 데 나섰다. 분명 앞서 펼쳤어야만 했던 전술이었다.

12월 1일 그랑다르메 선봉대는 마드리드 교외에 있었고, 마드리드의 저항은 4일까지 분쇄되었다. 나폴레옹은 그 후 마드리드에서 복위한 조제프 왕의 직무를 침해하며 2주를 보냈다. 그해 초에 조제프의 즉위를 승인하고자 바욘에 모였던 귀족들의 훈타는 고문과 귀족의 상속권(majorat)을 폐지했으나 부르봉 왕조의 여러 제도는 손대지 않았다. 이제 나폴레옹은 그보다 훨씬 더 많이 나아가 봉건제의 모든 잔재와 종교재판소, 부르봉 왕조의 오래된 세제를 일소했다. 빠르게 겨울이 찾아오면서 나폴레옹은 다시 군대를 개편해 전혀 다른 성격의 전쟁을 준비했다. 나폴레옹은 연설을 통해 에스파냐의 낙후성과 자신의 해방자 역할을 과장하는 바람에 마드리드 시민들과 더 멀어졌다. 이런 말은 그런 연설의 좋은 사례이다. "당신들의 손자 손녀들은 나를 구세주로 찬미할 것이오. 내가 그대들 가운데 나타난 날을 그 아이들은 가장 잊지 못할 날로 생각할 것이며, 그날부터 에스파냐의 번영이 시작될 것이오." 나폴레옹은 마드리드에서 자주 여인들을 요구했다. "나는 여자를 원해! 여자를 데려와, 당장!" 그러나 나폴레옹의 고도로 발달한 후각이 때때로 쾌락을 방해했다. 육감적인 열여섯 살 여배우는 향수 냄새 때문에 집으로 돌아가야 했다.

폴란드경기병연대 제국근위대 1경기병연대(1er Régiment des chevaux-légers [polonais] de la Garde Impériale)

경기병 여단의 돌격(Charge of the Light Brigade) 크림 전쟁 중인 1854년 10월 25일 발라클라바 전투에서 카디건 경(Lord Cardigan)이 영국군 기병대로 러시아군을 공격한 사건. 앨프리드 테니슨이 이를 제목으로 시를 써서 가장 용감하고 비극적인 전쟁의 상징으로 표현했다.

남쪽으로 진격해 에스파냐 군대와 결정적 대결을 펼쳐야 할 시점이었으나, 나폴레옹은 대신 영국군을 격파하기로 했다. 나폴레옹은 존 무어*가 사아군(Sahagun)에 홀로 떨어진 술트 휘하의 우익을 공격하려 한다는 소식을 듣자, 직접 북쪽으로 행군해 무어를 배후에서 타격하고 리스본으로 퇴각하지 못하도록 차단하려 했다. 술트가 무어를 '붙들어 둔' 동안 황제는 고전적인 후방 공격을 실행해 무어의 부대를 괴멸하려 했다. 그러나 나폴레옹은 먼저 겨울에 시에라데과다라마 산맥을 횡단해야 했다. 이 일은 1800년 마렝고 전투 중에 알프스를 넘을 때보다 훨씬 더 엄청난 위업으로 판명되었다.

12월 22일 그랑다르메는 엄청나게 쏟아지는 눈과 침묵의 얼음을 헤치며 시에라데과다라마 산맥에 올랐다. 신중한 사람이었다면 물러섰을 테지만, 나폴레옹은 역전의 용사들에게 불가능한 일을 성취하라고 독려했다. 이 일은 황제의 전투 계획에서는 단순한 '횡단'이었지만 실제로는 흰 지옥에서 벌이는 사투였다. 벼랑에서 미끄러지고 넘어지는 악몽 같은 상황이 계속되었다. 이 행군에서 그랑다르메는 폭동 직전 상황까지 갔다. 이전, 이후 그 어느 때보다 심각했다. 병사들은 집으로 돌아갈 수 있도록 누군가 배짱이 두둑한 자가 황제를 쏘아 죽였으면 좋겠다고 말했다. 나폴레옹은 어쩌다 그 말을 들었지만 사병들의 사기가 심하게 떨어져 있었기에 죄인들을 잡아 처벌하지 못하고 못 들은 척했다.

마침내 악몽이 끝나 그랑다르메는 고개를 넘었다. 그러나 크레바스와 눈사태를 무릅쓰고 행군하느라 이틀을 더 소비해 모든 것이 달라졌다. 무어는 멋지게 탈출해 황제보다 먼저 아스토르가에 도착했다. 아스토르가는 나폴레옹이 무어의 부대를 포위하려 계획했던 곳이었다. 완벽하게 만족스러운 결과를 얻기 힘들었기에 나폴레옹은

존 **무어**(Sir John Moore, 1761~1809) 영국 장군. 군사 훈련을 개혁했으며, 이베리아 반도 전쟁 중 코루냐 전투에서 술트가 지휘하는 프랑스군을 격파하고 전사했다.

추격 임무를 술트와 네에게 넘겼고, 그에 앞서 추격군 규모를 줄이고 빼낸 병력을 곤경에 처한 마드리드의 조제프를 지원하라고 보냈다. 무어는 해군의 지원을 받아 코루냐의 병력을 철수하기로 결정했으나, 철수가 완료되기 전에 술트와 네가 도착했다. 무어는 뒤돌아 추격군과 대결할 수밖에 없었다. 1809년 1월 16일 격렬한 교전이 벌어졌고, 무어는 술트와 네를 격퇴했다. 사상자는 영국군 800명에 프랑스군 1,500명이었다. 무어는 포탄에 전사했으나 나머지 영국군은 안전하게 출발했고 대기하던 수송선에 올랐다.

1809년 1월 6일 나폴레옹은 아스토르가를 떠나 바야돌리드로 향했다. 나폴레옹은 그곳에서 11일간 머물며 군사적으로나 행정적으로 조제프와 원수들에게 에스파냐의 권력을 인계할 준비를 마쳤다. 나폴레옹이 치명적인 실수를 저지른 곳이 바로 바야돌리드였다. 나폴레옹은 서로 다투는 원수들을 명목상으로는 조제프의 종주권 아래 있지만 사실상 반쯤 자율적인 지휘권을 지닌 군사령관으로 만들었다. 이 조치는 점차 인기를 잃어 가는 반도 전쟁의 상황을 고려한 것이었고 원수들에게 뜯어먹을 뼈다귀를 던져준 것이었으나, 장기적으로는 마드리드의 중앙 통제를 해치고 에스파냐 유격대와 나중에는 웰즐리 휘하의 영국군의 계략에 빠지는 효과만 가져왔다.

보나파르트의 선전 기구는 다시 전속력으로 움직여 1808~1809년 황제의 짧았던 에스파냐 원정을 순전히 황제 개인의 승리로 포장했다. 나폴레옹이 저지른 실수는 그럴싸하게 얼버무리고, 나폴레옹이 세 차례 승리를 거두고 에스파냐의 또 다른 군대를 추격했다는 명백한 사실만 돋보이게 했다. 그러나 1808~1809년의 군사적 상황에서 진정으로 중요했던 것은 무어의 양동작전이었다. 무어는 나폴레옹을 마드리드 북쪽으로 끌어내 황제가 의도한 남쪽 공격을 막았다. 황제가 뜻대로 남쪽에서 소탕 작전을 펼쳤다면 전쟁은 단번에 끝났을 것이다. 실제는 이와 달랐다. 무어의 전투로 포르투갈과 남부 에스파냐는 한

해 동안 휴식을 얻었으며, '에스파냐 궤양'은 계속 곪아 갔다.

나폴레옹은 1809년 1월 17일 바야돌리드를 떠나 23일에 파리에 도착했다. 뒤로크, 사바리, 근위대의 호위 부대와 함께한 나폴레옹은 빠른 속도로 말을 달려 바야돌리드와 부르고스 사이의 120킬로미터 거리를 다섯 시간 만에 주파했다. 훗날 사바리는 군주가 말을 달린 사례로는 그때 나폴레옹의 질주가 가장 빨랐다고 주장했다. 황제 일행은 부르고스에서 서둘러 톨로사로 향했고 19일 새벽에 바욘에 도착했다. 바야돌리드를 떠난 지 겨우 45시간 만이었다. 황제는 이어 보르도와 푸아티에를 거쳐 1월 23일 오전 8시에 수도에 당도했다. 황제가 서두른 이유는 두 가지였다. 우선 오스트리아가 봄 전쟁을 준비하려고 동원에 들어갔다는 확실한 정보를 바야돌리드에서 입수했다. 그 후 황제의 마음을 한층 더 어지럽히는 소식이 여러 경로로 들어왔다. 파리에서 푸셰와 탈레랑이 자신을 몰아내고 뮈라를 제위에 앉히려는 음모를 꾸몄다는 것이었다. 허비할 시간이 없었다.

18장

오스트리아 바그람 전투

흔들리는 무적 신화

조제프 푸셰는 황제가 진정으로 두려워한 유일한 인물이었던 듯하다. 거기에는 이유가 있었다. 그 시대의 에드거 후버*였던 경찰국장은 모든 이들에 관한 자료를 보관했으며, 언제라도 당장 남의 이목을 끌 수 있는 보나파르트 집안의 비밀을 한보따리 풀어놓을 수 있었다. 그래서 나폴레옹은 푸셰와 정면으로 맞서기를 피하고 상대적으로 쉬운 상대인 탈레랑을 공격했다. 1809년 1월 28일 나폴레옹은 절름발이 시종장*을 불러 세 시간 동안 세워 둔 채 잔인하게 맹공을 퍼부었다. 나폴레옹이 되풀이해 퍼부은 악담은 탈레랑이 배은망덕하고 돈만 밝히는 자이며 황제가 후하게 하사한 엄청난 부를 나쁜 조언(앙기앵 공작의 참사를 언급했다)과 배신으로 되갚았다는 것이었다. 미라보가 탈레랑을 빈정대며 했던 말("페리고르 신부는 돈이라면 영혼이라도 팔 인간이다.")을 확실히 기억했던 나폴레옹은 모욕적인 말을 내던졌다. 유명한 말이다. "그대는 비단 양말 속의 똥일 뿐이다."

에드거 후버(John Edgar Hoover, 1895~1972) 미국 연방수사국(FBI) 초대 국장. 정적과 정치 활동가를 괴롭히고 불법으로 정치 지도자들의 자료를 수집했다는 비판을 받았다.
시종장 이 직위(Grand chambellan de France)는 구체제에 게메네 공 앙리루이마리 드 로망(Henri Louis Marie de Rohan)을 마지막으로 사라졌으나 나폴레옹이 1804년 7월 11일에 탈레랑에게 주었다.

탈레랑은 아무 답변도 하지 않았고, 세 시간에 걸친 장황한 비난이 마침내 잦아들자 곧장 오스트리아 대사관으로 가서 신임 대사 클레멘스 메테르니히에게 100만 프랑을 받고 기밀을 팔았다. 은화 서른 냥에 해당하는 이 많지 않은 액수는 후한 편이었던 것으로 보인다. 이튿날 시종장 직위에서 해임되어 황제의 최측근에서 축출되었으니 말이다. 게다가 메테르니히는 탈레랑이 말한 내용을 이미 알고 있었다. 프랑스 엘리트 계층 내부에 불만이 번지고 있었을까? 확실히 그랬던 것 같다. 그렇지 않다면 탈레랑이 오스트리아 대사관에 갈 이유가 있겠는가?

오스트리아는 복수전을 결정했을 때 이미 이 요인을 고려했다. 오스트리아가 이번에는 나폴레옹을 쳐부술 수 있다는 용기를 얻은 배경에는 네 가지 주된 고려 사항이 있었다. 첫째, 프랑스는 이미 에스파냐 문제로 충분히 부담스러운 상황이었고 타격 부대들이 이베리아반도에 있었으므로 오스트리아와 교전을 주저할 것이었다. 둘째, 러시아의 알렉산드르 1세가 에르푸르트 조약과 상관없이 나폴레옹을 지원하지 않으리라는 강력한 암시를 주었다. 프랑스가, 오스트리아에 공동으로 항의하고 전쟁 선포 위협으로 이를 뒷받침하자고 러시아에 제안했을 때, 알렉산드르 1세는 관여하기를 거부했다. 셋째, 오스트리아는 탈레랑이 확인해주기 전에 이미 프랑스가 전쟁으로 피폐해졌으며 큰 전쟁을 치르는 데 필요한 도덕적 헌신이 부족하다는 사실을 알고 있었다. 이는 다시 마지막 고려 사항과 연관된다. 독일과 오스트리아에 새로운 민족주의 기운이 솟아났다.

예나 전투 후 피히테*, 아른트*, 슐레겔* 같은 프로이센 지식인들은

피히테(Johann Gottlieb Fichte, 1762~1814) 독일 철학자. 독일 관념주의 철학 운동의 창시자의 한 사람으로서 독일 민족주의의 선구자이다.

아른트(Ernst Moritz Arndt, 1769~1860) 독일의 민족주의 시인. 초기에는 봉건제 폐지를 위해 싸웠고 후기에는 나폴레옹의 독일 지배에 맞서 싸웠다.

나폴레옹을 무찌를 방법의 하나로 독일 통일 운동을 벌이고 있었다. 정부 안에서는 프리드리히 슈타인* 같은 개혁가들이 2년 동안 우세했다. 이들은 농노를 해방하고 대학교를 세웠으며 옛 관료기구를 개혁했다. 통합된 육군부와 군사조직위원회를 갖추어 군대를 개혁한 일은 특히 불길했다. 이 기구들이 새로운 국토방위대*(1813년에 마침내 소집된다)와 그 트로이 목마, 즉 속성 군사 훈련을 통한 크륌퍼 제도*를 감독했다. 슈타인은 결국 나폴레옹 제국의 힘은 나폴레옹과 유럽의 구 엘리트 사이의 동맹이 좌우함을 증명했다. 지주 융커들은 자신들이 슈타인 개혁의 최종적인 표적이라고 두려워했기에 프랑스에 슈타인의 야심을 폭로했다. 나폴레옹은 신속히 대응했다. 에스파냐에 있던 나폴레옹은 프로이센에 슈타인 추방 명령을 포함한 새로운 협정을 강요했다. 나폴레옹은 슈타인을 프랑스와 라인연방의 적으로 선포하는 황제의 칙령을 발해 이 조치를 보강했다.

프로이센 중간계급들은 처음에는 프랑스 혁명을 환영했지만 예나의 상흔 때문에 국내에서는 자유주의적 개혁가요 외교에서는 맹렬한 프랑스 반대자인 기묘한 잡종으로 바뀌었다. 민족혼을 찾던 프로이센 사람들은 거듭 같은 질문을 던졌다. 1806년 말에 식량이 충분했던 대규모 수비대들이 총 한 번 쏘지 않고 나폴레옹에게 항복한 이유는 무엇인가? 독일 군주들은 어째서 자부심이 없는가? 프로이센의 빌헬름 2세는 하잘것없는 겁쟁이로 드러났고, 작센 왕은 프랑스의 꼭

슐레겔(Friedrich von Schlegel, 1772~1829) 독일의 평론가로서 낭만주의의 이론적 지도자이며 인도학 연구의 개척자이다. 저서에 《고대 인도인의 언어와 지혜에 대하여》가 있다.

슈타인(Heinrich Friedrich Karl Reichsfreiherr vom und zum Stein, 1757~1831) 프로이센의 정치가로서 개혁을 시행해 독일 통일의 길을 닦았다.

국토방위대(Landwehr) 1813년 3월 국왕 칙령으로써 정규군에 속하지 않은 자들로 지역의 방어를 위해 편성된 군대. 1815년 강화조약 후 프로이센군에 통합된다.

크륌퍼 제도(Krümper system) 크륌퍼는 본래 동부 프로이센 방언에서 갓 징집된 병사를 가리키는 말로 쓰였다. 특히 1809년부터 1813년까지 프로이센에서 군사 규모 확충을 위해 단기간 훈련을 시행하고 부대에 배속한 징집병을 가리킨다. '속성병'이라고 번역된다.

두각시로 자신을 비하했다. 나폴레옹은 드레스덴에 있는 작센 왕의 성을 공관으로 썼다. 반면 오스트리아 황제 프란츠 1세는 과자를 만들거나 빈 양피지에 엄청나게 많이 모아 둔 인장들을 찍어대며 시간을 보내는 애처로운 인물이었다.

독일식 리소르지멘토(risorgimento, 부흥) 정신이라 할 수 있는 것은 오스트리아에서도 확연히 나타났다. 재정 기반이 취약했고 황제 프란츠 1세는 '자코뱅주의'를 연상시키는 것은 무엇이든 싫어했지만, 제국추밀원보다 더 우월한 권력을 지닌 총사령관에 임명된 카를 대공은 군대를 개혁했다. 카를 대공의 방법은 대체로 나폴레옹 개혁을 모방한 것이었다. 이를테면 군단 제도, 저격수와 전초병, 혹독한 훈련, 포병대와 병참 기반 개선 따위를 들 수 있다. 1809년 초가 되면 오스트리아 지휘관들은 전쟁이 하고 싶어 몸이 근질거렸다.

신중했던 황제 프란츠 1세는 확신하지 못했다. 매파는 영국이 병력과 지원금으로 도울 것이며 프로이센과 러시아가 참전할 가능성도 높다고 주장했지만, 황제는 차르 알렉산드르 1세가 중립을 깨뜨릴 의사가 없다는 점을 분명히 했다고 답변했다. 영국은 언제나 그랬듯이 자국의 이익만 차릴 것이었다. 황제와 황제의 조언자들은 나폴레옹과 싸우는 데 지원금을 보내는 문제에 관해 영국과 협의해 유리한 결과를 얻으려 노력했으나 지나치게 많이 요구했다. 오스트리아는 동원에 필요한 첫 지원액으로 250만 파운드와 이후 자국 군대가 전쟁하는 동안 매년 500만 파운드를 요구했으나, 영국은 이 엄청난 요구를 한마디로 거부했다. 프란츠 1세는 더 늦추면 나폴레옹의 대륙 봉쇄 체제가 효력을 나타낼 것이며 그러면 영국의 지원을 받을 수 없다는 말을 듣자 결국 1809년 2월에 전쟁에 '뛰어들었다'.

오스트리아가 전쟁을 선포한 결과 나폴레옹은 마렝고 전투 이후 가장 어려운 군사적 과제에 직면했다. 오스트리아 군대는 1805년보다 상태가 훨씬 좋았지만, 그랑다르메는 훨씬 나빴다. 배후에서 에스파냐가 반란을 일으켰고 포르투갈에 영국군이 주둔했으며, 앞에는 무장한 독일이 쉼 없이 움직이고 있었다. 고국의 본부인 파리는 변덕스럽고 불확실했으며 푸셰와 탈레랑 같은 인간들이 호시탐탐 기회를 엿보고 있어 방심할 수 없었다. 그러나 나폴레옹이 전혀 준비가 안 된 것은 아니었다. 나폴레옹은 내심 오랫동안 이런 타격이 있으리라고 예상했으며 위협에 대처할 병력을 미리 징집해놓았다. 1808년 원로원 결의로 1806년과 1807년, 1808년, 1809년 입영 대상자에서 8만 명을 추가로 더 소집했고, 1808년 12월에 1810년 입영 대상자 8만 명이 2년 앞서 징집되었다. 그리고 에스파냐에서 예상 밖으로 손실을 입었기에 1810년 대상자 중 11만 명을 1809년에 소집했다.

오스트리아의 원래 계획은 라인 강으로 기습하는 것이었다. 혹시 라인연방에서 반란을 촉발해 프로이센을 분쟁에 끌어들일 수 있을까 하는 바람이 있었던 까닭이다. 그러나 카를 대공은 결국 좀 더 전통적인 전략으로 돌아갔다. 삼면으로 공격을 전개해, 주력 부대는 바이에른을 관통하고 요한 대공은 이탈리아를 침공하고 페르디난트 대공은 후방에서 바르샤바 대공국을 끌어낼 예정이었다. 삼면 공격은 오스트리아의 첫 번째 실수였다. 두 번째 실수는 나폴레옹이 에스파냐에서 전쟁을 계속하면서 세 전선에서 동시에 싸울 병력을 갖추지는 못했으리라고 가정한 것이었다.

아마도 보나파르트는 1809년 초 네로 황제나 지녔을 법한 비현실적 태도로 그릇된 낙관론을 심어주었을 것이다. 2월 11일 뢰데레는 황제와 나눈 대화를 기록에 남겼다. "내게는 열망하는 것도 연인도 오직 하나, 프랑스뿐이다. 나는 프랑스와 함께 잤으며, 프랑스는 결코 나를 저버리지 않았고 피와 보물을 쏟아냈다. 내가 50만 명이 필요하면 프랑스는 내게 그만큼 준다."

이 말은 허풍스러운 자기 기만이었다. 나폴레옹의 원래 목적은 전쟁이 발발할 때까지 독일에 26만 명, 이탈리아에 15만 명을 주둔시키는 것이었으나, 실상 두 전역의 병력은 합쳐서 간신히 27만 5천 명을 채웠다. 이미 프랑스군 징집병의 10분의 1이 탈영해 산악 지대로 숨어들었다. 어쨌거나 그랑다르메의 절반가량은 벨기에인과 이탈리아인, 네덜란드인, 독일인, 그리고 훗날의 프랑스 외인 부대와 유사한 특수 혼성 부대로 구성되었기에 프랑스인이 아니었다. 1809년 나폴레옹 군대에서는 스위스인과 폴란드인, 크로아티아인, 알바니아인, 그리스인, 포르투갈인, 에스파냐인, 리투아니아인, 네덜란드인, 아일랜드인을 찾아볼 수 있었고 심지어 흑인 부대도 있었다. 클라우제비츠에게는 실례가 되겠지만, 프랑스군은 이제 시민군이나 국민군이 아니었다. 프랑스 국민이나 주된 충원 계급(농민)의 이익과는 별개의 이익에 따라 움직이는 직업적인 군대였을 뿐이다. 징집된 시민들이 돈으로 대리인을 살 수 있게 되자, 그랑다르메는 사회의 쓰레기들로 가득 찼고 구체제의 전통적인 부랑자 무리를 닮아 갔다. 나폴레옹이 마키아벨리의 책을 꼼꼼하게 읽었다면 위험을 간파했을지도 모른다. 과거와 확실하게 연결된 요소가 하나 있다면 그것은 근위대였는데, 근위대는 대부분 1809년 봄 에스파냐에서 철수했다.

나폴레옹은 1809년 전쟁을 시작하면서 세 가지 잘못을 저질렀다. 나폴레옹은 오스트리아가 이전처럼 이탈리아로 대군을 보내 그곳에서 주된 노력을 기울이리라고 추정했다. 나폴레옹은 베르티에를 총사령관에 임명하고 바로 아래 다부와 마세나, 우디노를 두었고 자신은 파리에 머물렀다. 이 이상한 결정은 오스트리아가 공격해 왔을 때 이를 프랑스 국민에게 전혀 예상치 못한 기습으로 제시함으로써 선전의 이점을 최대한 뽑아내려는 바람에서 비롯되었으리라고 흔히 해석된다. 그러나 베르티에는 야전 사령관으로서는 재앙과도 같은 선택이었다. 그는 황제가 쏟아내는 명령을 따라가는 것만으로도 힘이 부쳤다. 그렇지만 나폴레옹이 저지른 최악의 실수는 이번에도 그의 군사적 아킬레스건을 드러냈다. 날씨를 고려하지 못한 것이다. 도나우 강변에서 가을과 겨울에 전쟁을 수행했던 나폴레옹은 봄과 여름에 같은 장소에서 전투를 벌이는 데 전혀 대비하지 못했다.

4월 9일 오스트리아는 공식적인 선전포고 없이 바이에른 침공을 개시했다. 나폴레옹의 예상보다 6일 빨랐다. 먼저 카를 대공과 12만 명의 군대가 파죽지세로 적군을 휩쓸었다. 프랑스군은 베르티에의 무능함 탓에 속절없이 무너졌고 참사가 다가오는 듯했다. 폭우가 쏟아지고 병참이 제대로 이루어지지 않아 오스트리아군이 진군을 멈춘 것이 그나마 다행이었다. 덕분에 나폴레옹은 급히 전선으로 가서 직접 지휘할 수 있었다. 나폴레옹은 4월 13일 오전 4시에 파리를 떠나 멀리 스트라스부르까지 가서 조제핀을 데리고 17일에 도나우뵈르트에 도착했고, 군대를 한곳에 집결한 대가로 라티스본(레겐스부르크)을 포기해야 한다는 점을 곧 깨달았다. 나폴레옹은 닷새를 계속 싸우며 주도권을 되찾으려 했다.

나폴레옹은 다부에게 라티스본과 잉골슈타트로부터 빠져나오는 퇴각 전투를 명령해 오스트리아군의 추격을 유인함으로써 반격을 시작했고, 동시에 마세나와 우디노가 적군의 좌측을 돌아 동쪽을 타격하고 빈과 도나우 강으로 이어지는 연락선을 차단했다. 탠, 아벤스베르크, 란츠후트, 에크뮐, 라티스본의 전투들(4월 17~23일)에서 카를 대공은 격퇴되었고 오스트리아 군대는 심하게 난타당했다. 그러나 나폴레옹은 4월 20일에서 22일까지 아벤스베르크와 에크뮐에서 이어진 전투의 절정에서 결코 최상의 상태가 아니었다. 그때 오스트리아 군이 다부를 궁지로 몰아넣었다. 나폴레옹은 한참을 망설인 끝에 결국 카를 대공을 포위하는 대신 전군을 동원해 공격하기로 결정했다. 나폴레옹은 마세나에게 측면 공격을 멈추고 카를 대공이 우세한 병력으로 다부를 괴멸하기 전에 란과 함께 오스트리아군의 좌익을 공격하라고 명령했다(란츠후트에서 북쪽으로 공격하라는 명령).

에크뮐은 그로세 라버 강변의 작은 마을이었는데 바로크식의 거대한 물방아가 있었다. 나폴레옹은 라버 강의 범람원을 가로질러 정면으로 공격하라고 명령했고 그 결과 적군은 퇴각해야 했다. 그러나 황혼이 지고 사병들이 전반적으로 피로해 라티스본까지 적군을 추격하지 못했고, 이튿날 라티스본까지 진격했을 때는 카를 대공의 후위 부대가 완강히 방어하고 있었다. 나폴레옹은 전투 중에 단 한 번 부상을 당했는데 바로 이때였다. 오스트리아군의 진지를 빼앗으려는 헛된 시도 중에 힘 빠진 유탄에 오른발을 맞았다. 마침내 란의 사단이 라티스본을 점령했지만, 카를 대공은 멋지게 탈출한 뒤였다.

카를 대공이 바이에른에서 뵈멘(보헤미아)으로 후퇴하기는 했지만, 나폴레옹은 승리의 월계관을 쓰지 못했다. 포위 대신 정면 공격을 택한 것과 에크뮐에서 추격을 강행하지 않기로 결정한 것은 둘 다 나폴레옹 자신의 군사 규범에 어긋났다. 1800년이나 1805년, 1806년처럼 신속히 결정타를 날릴 기회는 사라졌다. 어떤 이들은 에크뮐 전투가 나폴레옹이 위대한 지휘관으로서 내리막길로 접어든 시점이었다고 한층 더 정확하게 지적했다. 분명 나폴레옹은 여러 번의 판단 착오와 불합리한 추정을 드러냈다. 혹자는 평소 행태에서 많이 벗어난 것에 근거해 심리적 이유를 제시하고픈 유혹을 느끼기도 한다. 그러나 나폴레옹 옹호자들은 20일에 잘레 강 만곡부로 마세나를 보낸 것이 진짜 실책이며 한 주간 전투의 전술적 처리는 기발했고 빈으로 이어지는 길은 열려 있었다고(최정예 부대를 에스파냐에 둔 상황에서 무시할 수 없는 업적이었다) 주장했다. 특히 카를 대공이 3만 명의 사상자를 내고 줄달음치듯 퇴각하는 바람에 작센과 바이에른, 뷔르템베르크에서 독일 민족주의의 이름으로 라인연방의 멍에를 내던지려는 모든 유혹이 제거되었다.

나폴레옹은 카를 대공이 정확히 어디로 갔는지는 확신하지 못했으나 빈과 모라비아 사이 어디라고 추측하고 도나우 강 우안을 따라 조심스럽게 전진했다. 강물이 홍수처럼 쏟아져 흐르는 봄철에 적군이 다리를 모조리 파괴했기에 나폴레옹은 기분이 언짢았다. 마침내 카를 대공이 뵈멘에 있다는 사실을 알아낸 황제는 추격하는 대신 빈으로 향해 협상으로 평화조약을 얻고자 했다. 그러나 시간은 나폴레옹의 편이 아니었다. 힐러 장군(Johann Freiherr von Hiller, 1754~1819)이 지휘하는 오스트리아 군단은 여러 차례 후위 전투로 프랑스군의 진격을 지연시켰고 빈이 적절하게 방어 준비를 할 시간을 벌어주었다. 나폴레옹은 벨스와 에버스베르크에서 완강한 저항에 맞닥뜨린 데다가 범람한 도나우 강 지류들을 건너느라 지체했다는 사실을 알았다. 설상가상 이탈리아에서 외젠 드 보아르네가 패배했다는 소식도 들어왔다.

빈은 포격 위협을 받자 5월 13일에 항복했으나 수비대는 도나우 강 북쪽 둑으로 철수하고 강을 건너는 다리 네 개를 모두 파괴했다. 나폴레옹은 오스트리아의 수도에 입성했으나 얼음처럼 차가운 대접을 받았다. 도나우 강의 교량 문제는 늘 나폴레옹을 괴롭혔다. 나폴레옹은 이렇게 썼다. "지리에 밝고 주민의 동정을 받는 군대를 앞에 두고 도나우 강 같은 곳을 건너는 것은 상상할 수 있는 가장 어려운 군사 작전이다." 게다가 나폴레옹은 병력에서도 열세였다. 5월 16일 카를 대공이 힐러의 부대와 합류해 오스트리아군은 총 11만 5천 명이었던 반면 나폴레옹의 병력은 8만 2천 명이었다. 게다가 프랑스 군대는 흩어져 있었다. 3만 5천 병력의 다부 부대는 빈 서쪽으로 약 65킬로미터 떨어진 곳에서 지역의 봉기를 진압하고 있었고, 르페브르의 7군단은 잘츠부르크에 있었다. 문제는 이러했다. 봄철의 큰물이 도나우 강을 세차게 흐르는 상황에서 강 북쪽 둑에 있는 카를 대공을 어떻게 신속히 타격할 것인가?

나폴레옹은 또 실수를 저질렀다. 나폴레옹은 빈 남쪽으로 10킬로미터 떨어진 알베른에서 도나우 강을 건너기로 결정했다. 그곳에서 강의 물길은 섬들 때문에 셋으로 갈라졌다. 무인도인 로바우 섬은 강폭의 3분의 2를 차지하고 있고 거대한 포플러 나무들이 우거진 섬이었다. 나폴레옹은 로바우 섬을 출발점으로 삼을 생각이었으나, 그러한 조건에서 배다리를 가설하는 일이 어렵다는 점을 고려하지 못했다. 프랑스군 공병대는 세찬 폭우에다 오스트리아 특공대의 습격, 맹렬한 폭풍과 적의 화공까지 받아내면서 배다리용 거룻배 68척과 뗏목 9개로 강 우안에서 로바우 섬까지 750미터에 이르는 배다리를 한 주에 걸쳐 설치했다. 5월 20일에 첫 번째 부대가 로바우 섬에 도착했으며, 강 좌안으로 이어지는 훨씬 더 짧은 배다리가 완성된 후 마세나의 군단과 란의 군단이 북쪽의 강둑으로 건너가 아스페른과 에슬링 두 마을에 교두보를 확보했다.

　5월 21일 나폴레옹은 도나우 강 북쪽 둑에 붙은 건조하고 황량한 지대인 마르히펠트라는 거대한 개활지에 2만 5천 병력을 배치했다. 그때 카를 대공이 기막히게 때를 맞춰 10만 명이라는 엄청난 병력과 대포 250문으로 공격을 개시해 곧 아스페른과 에슬링에서 다리까지 프랑스군을 몰아냈다. 한 번 더 나폴레옹의 판단에 착오가 있었음이 드러났다. 나폴레옹은 카를 대공이 강 좌안의 교두보를 타격할 수 있는 거리 안에 있음을 알지 못했고, 란과 마세나를 손쉽게 보강할 수 있다고 추정했다. 그러나 강 좌안에서 로바우 섬으로 이어지는 다리가 파괴되었다는 소식이 들어왔다. 처음에는 범람하는 강물에, 그다음에는 오스트리아의 화공선과 공성망치에 부서졌다. 이제 오스트리아군은 강을 따라 거대한 폐선과 통나무를 띄워 보내는 기술을 완벽하게 실행에 옮겼고, 이것들이 배다리를 박살냈다.

　북쪽 강둑에서는 아스페른 주변에서 전투가 점점 더 치열해지고 있었다. 나폴레옹은 보수된 배다리로 때맞춰 병력을 보내 오스트리아군과 싸워 교착 상태를 이루었다. 그러나 프랑스군의 진지는 여전히 위급한 상황이었다. 카를 대공은 쉽게 증원군을 받을 수 있었지만 프랑스군은 그럴 수 없었기 때문이다. 21일 프랑스군 3만 1천 명

오스트리아군에 맞선 에슬링 전투에서 프랑스의 장 란 원수는 포탄에 맞아 다리를 잃었고 결국 회복하지 못했다. 그림은 부티니(Paul-Émile Boutigny)의 작품.

은 대포 260문을 앞세운 오스트리아군 10만 명과 대결해야 했다. 22일 나폴레옹은 임시변통으로 배다리를 보수한 뒤 더 많은 병력을 도하시키는 데 성공했다. 이제 나폴레옹은 보병 5만 명에 기병 1만 2천 명, 대포 144문으로 오스트리아 대군과 대적해야 했다. 22일 오전 아스페른과 에슬링에서 혹독한 시가전이 벌어졌고, 그때 나폴레옹은 오스트리아군 중앙에 강력한 타격을 가하라고 명령했다.

처음에는 란이 파죽지세로 밀고 나가는 듯했으나 결국 오스트리아군의 반격에 탄약 부족이 겹쳐 퇴각해야 했다. 어쨌든 나폴레옹은 다부의 군단을 도하시켜 최후의 일격을 가하려 했으나 배다리가 다시 파괴된 탓에 그럴 수 없었다. 그날 오전 아스페른과 에슬링에서 벌어진 백병전은 날이 어둑해진 저녁에 되풀이되었다. 이렇게 지독했던 전투 중에 생틸레르 장군이 전사했다. 아쉽게도 원수 지휘봉을 받기 직전이었다. 라프 장군(Jean Rapp, 1771~1821)과 청년근위대는 지독한 근접전을 마친 뒤 에슬링을 탈환하는 데 성공했으나 그때 로바우 섬으로 이어진 배다리가 다시 끊어졌다는 소식이 전해졌으며 황제는 섬으로 전면 퇴각하라고 명령했다. 북쪽 강둑에서 벌어진 거의 마지막 전투에서 란 원수는 다리에 포탄을 맞았다. 란은 두 다리를 절단했으나 괴저가 생겼고 끝내 회복하지 못했다. 그는 8일 동안 열에 시달리다 5월 31일에 죽었다. 란의 죽음은 보나파르트의 선전에서 '프랑스와 황제를 위한 영광스러운 죽음'으로 추어올려졌다.

프랑스군은 로바우 섬으로 퇴각해 강 북쪽 땅과 섬의 정박지를 잇는 다리를 잘라 끌어왔다. 나폴레옹은 병력 수에서 상당히 열세였기에 패했다. 이 사실은 나폴레옹의 선전 기구도 감추기 어려웠다. 그러나 오스트리아의 선전도 프랑스 못지않게 거짓 투성이였다. 마치 칸나이 전투 같은 패주에서 프랑스 장군 25명과 나폴레옹이 사망했다는 얘기였다.

란이 영웅적으로 싸웠지만 그랑다르메는 패배했으며 잘못은 황제에게 있었다. 나폴레옹은 큰 실수 두 가지를 저질렀다. 카를 대공의 병력이 어느 정도인지도 모른 채 전투를 시작했고, 먼저 로바우 섬에 전 병력을 집결하지도 못했다. 오스트리아군 사상자는 23,340명이었고, 프랑스군 사상자는 2만 명에서 2만 2천 명 사이였다. 물론 나폴레옹은 사상자가 4,100명이라고 주장하며 거짓말을 했다.

아스페른-에슬링 전투에서 황제는 무적이라는 명성을 잃었다. 나폴레옹은 전투가 끝난 후 36시간 동안 망연자실한 채 아무런 결정도 내리지 못하고 우울하게 침묵에 잠겼다. 다행히도 오스트리아군은 그때나 이후에 로바우 섬을 점령하려는 시도를 하지 않았다. 마치 코르시카의 귀신을 무찌른 행운을 믿지 못한 것 같았다. 5월 24일에 나폴레옹은 다시 정신을 차렸고 이튿날 로바우 섬에서 북쪽 강둑으로 다리를 놓아 48시간 동안 야외에 방치돼 있던 부상자들을 드디어 피신시킬 수 있었다. 나폴레옹은 생애 최악의 위기에 직면했음을 알았다. 대승을 거둬 명성을 되찾지 못한다면 독일이 배후에서 일어설 것이기 때문이었다.

보나파르트가 아스페른-에슬링 전투 직후에는 가라앉아 있었으나 곧 완전히 회복했다는 점은 인정해야 한다. 그릇이 작은 인물이었다면 로바우 섬에서 들은 음울한 소식에 틀림없이 무너졌을 테니 말이다. 이탈리아에서는 프랑스군이 초기에 패한 후 티롤 지방에서 안드레아스 호퍼(Andreas Hofer, 1767~1810)라는 카리스마 있는 인물이 이끈 중대한 반란('티롤 봉기')이 일어났다. 독일에서는 새로운 민족주의 정신에 자극받아 몇 차례 군사적 동요가 있었다. 베스트팔렌에서는 실 소령(Ferdinand vov Schill, 1776~1809)이 게릴라전을 시도하고 있었고, 작센에서는 브라운슈바이크 공작과 '죽음의 경기병들'이 광포하게 날뛰었다. 일명 '검은 군단'*이라고 불린 이들은 드레스덴과 라이프치히, 브라운슈바이크, 하노버, 브레멘을 산산이 파괴했다. 파리에서는 민중의 불평과 음모에 관한 소문이 돌았고, 증권 시장이 붕괴했다는 중대한 소식도 전해졌다. 에스파냐에서는 몇 달 전 황제가 확보했던 군사적 우위가 사라졌다. 원수들이 무능했던 탓인데, 특히 술트는 1809년 포르투를 점령한 뒤 포르투갈 왕으로 선포되리라는 망상에 사로잡혀 아무 일도 하지 않았다. 게으른 술트가 아무런 일도 하지 않고 네를 질시한 탓에 1809년 4월 영국은 아서 웰즐리가 이끄는 대군을 포르투갈에 상륙시킬 수 있었다.

나폴레옹은 강철 같은 담력을 보이며 에스파냐에서 병력을 빼내 군대를 보강하라고 명령했다. 나폴레옹은 오스트리아군이 로바우 섬에 대규모 병력을 상륙시키는 대신 북쪽 강둑에서 계속 형식적인 포격만 하리라고 확신하고 마세나의 군단을 제외한 전군을 철수시킨 뒤 섬을 대포로 가득한 요새로 바꾸었다. 대포 중 100문은 카를 대공

검은 군단 프리드리히 빌헬름(Friedrich Wilhelm von Braunschweig-Wolfenbüttel, 1771~1815)이 이끈 브라운슈바이크 대공 군단(Herzoglich Braunschweigisches Korps). 공작은 검은 대공(Schwarze Herzog), 부대는 검은 군단(Schwarze Legion)이라고 했다.

의 군대를 겨냥했다. 이어 나폴레옹은 도나우 강에 공들여 제대로 된 다리를 놓았다. 오스트리아군에게 점령당하지만 않는다면 무사할 다리였다. 로바우 섬에 고립된 지 한 달이 지난 6월 말 나폴레옹은 로바우 섬으로 이어지는 다리 3개를 포함해 5개의 다리를 도나우 강에 더 놓았고, 화공선이나 통나무, 폐선이 내려오는 걸 막기 위해 상류 쪽 하상(河床)에 말뚝을 박아 방책을 쳤다. 그리고 강에 해군 포함 함대를 주둔시켰다.

운명은 용감한 자를 좋아했다. 6월 14일 외젠 보아르네와 마크도날 장군이 이탈리아군을 이끌고 북상하던 중 라브(Raab)에서 요한 대공을 격파했으며, 이어 로바우 섬으로 구조하러 간다고 소식을 전했다. 7월 초 나폴레옹의 병력은 이들 2만 3천 명에 새로이 호출한 다부와 마르몽 군단의 병력을 합해 16만 명에 달했고 대포는 500문이었다. 오스트리아군은 놀랍게도 이러한 병력 증강에 아랑곳하지 않고 별다른 움직임을 보이지 않았다. 독일에서 널리 봉기가 일어나기를 기다린 것이었으나 봉기는 결코 일어나지 않았다.

7월 4일 황제는 타격 준비를 마쳤다. 나폴레옹은 우선 로바우에서 아스페른과 에슬링으로 이어지는 세 개의 다리 건너편으로 들어갔다. 카를 대공으로 하여금 자신이 6주 전에 벌인 기동을 되풀이하려 한다고 믿게 만들려는 조치였다. 이 거짓 작전으로 나폴레옹이 진짜 노린 수는 카를 대공 군대의 좌측면으로 병력을 투입해 카를 대공과 요한이 지휘하는 오스트리아군 사이에 도달하는 것이었다. 요한 대공의 군대는 라브에서 패배한 뒤 헝가리로 퇴각했다가 다시 접근하는 중이었다. 그래서 나폴레옹은 그로스엔처스도르프에 선봉대를 상륙시켰고 그곳에서 공병대가 로바우 섬으로 이어지는 배다리 일곱 개를 놓았다. 나폴레옹은 왁자지껄 시끄러운 소리를 내며 아스페른과 에슬링으로 이어지는 건널목에 병력을 집결시켰다가 마지막 순간에 그로스엔처도르프로 이어지는 동쪽의 일곱 개 배다리로 방향을 바꾸었다. 7월 4일에서 5일로 넘어가는 밤 프랑스군은 동쪽의 일곱 개 배다리로 빠르게 도나우 강을 건넜다. 병사들은 폭우에 시달렸지만 황제의 기발한 전술에 기운이 솟았다.

나폴레옹의 계획은 정확한 시기 선택과 상호 협조가 필요한 것으로서 더할 나위 없이 훌륭했다. 적의 주의를 빼앗기 위한 양동작전과 도하는 기막힐 만큼 순조롭게 진행되었다. 프랑스군은 한 명의 병력 손실도 없이 북쪽 강기슭의 새로운 위치에 출현해 불시의 기습을 완벽하게 수행했다. 그러나 카를 대공은 상상력이 부족한 덕에 살았다. 나폴레옹은 카를 대공이 프랑스군의 도하를 예측하고 맞서리라고 예상했으나, 카를 대공은 5월 21~22일의 성공을 되풀이하려는 바람에서 군대를 뒤로 물려 아스페른과 에슬링으로 프랑스군을 유인하려 했다. 그 결과 프랑스군은 적의 측면을 포위하려는 기동을 실행할 수 없었다. 그러나 오스트리아군은 사태의 심각성을 깨닫고는 매우 당황해서 아스페른과 에슬링에서 성급히 병력을 철수했다.

7월 5일 오전 9시 다부와 우디노, 마세나가 지휘하는 제1선의 3개 군단은 제2선(외젠 드 보아르네)과 제3선(마르몽 군단, 베시에르 기병대, 근위대)에 길을 내주기 위해 전진하고 있었다.* 정오에 총 진격 신호가 떨어졌다. 나무 한 그루 없는 마르히펠트의 평원에 30만 명 가까운 군사와 대포 900문이 있었으니 곧 전투가 벌어지리라는 사실은 누구나 알았다. 오스트리아군은 13만 6천 명에 대포 400문이었고, 나폴레옹 군대는 15만 6천 명에 대포 500문이었다. 카를 대공은 바그람을 중심으로 아스페른에서 아더클라와 마르크그라프노이지들 마을까지 이어지는 반원 모양으로 병력을 배치했다. 나폴레옹은 병력의

---

* 나폴레옹은 근위대를 지휘했고, 다부는 3군단, 우디노는 2군단, 마세나는 4군단을 지휘했다. 외젠 드 보아르네가 지휘하는 이탈리아군은 마크도날의 5군단과 그르니에의 6군단으로 구성되었고, 베시에르는 예비 기병대를, 베르나도트는 작센군인 9군단, 마르몽은 11군단을 지휘했다.

대부분을(다부, 우디노, 외젠, 베르나도트의 부대로 전부 11만 명이었다) 우측에 배치하고 마세나 휘하의 2만 7천 명만 좌측에 두었다. 근위대 1만 1천 명과 기병대 8천 명은 예비로 남겼다. 이러한 배치는 나폴레옹 작전 계획의 전형으로 '중심점', 즉 적군의 양익이 이어지는 중심을 겨냥했으며, 한쪽에서 다른 쪽 측면으로 적보다 빨리 병력을 옮기려는 준비였다. 그러나 이러한 배치가 교과서적인 진형은 아니었다. 나폴레옹은 도나우 강을 등지고 싸우는 수밖에 달리 선택의 여지가 없었기 때문이다. 황제에게는 세 가지 목적이 있었다. 오스트리아군이 증강되기 전에 그 중앙을 돌파하고, 카를 대공이 탈출하지 못하도록 승리를 거두며, 요한 대공이 구조하러 오기 전에 적군을 분열시키는 것이었다.

5일 오후 5시, 늦은 시간이었는데도 나폴레옹이 공격 명령을 내린 이유는 요한 대공을 염두에 두었기 때문이다. 바그람 전투의 서막은 거의 대패에 가까웠다. 우디노의 군단은 큰 손실을 입은 후 퇴각했고, 외젠의 이탈리아군은 작센 군대를 적군으로 오인해 발포한 뒤 도주했다가 예비 부대로 남아 있던 근위대의 총검에 찔릴 상황에 처하고 나서야 돌아와 적군에 맞섰다. 다부와 베르나도트도 전진하지 못했다. 황제는 어쩔 수 없이 공격을 철회하고 사흘 연속 잠 못 드는 밤을 보냈다.

베르나도트는 또 중대한 전투를 망쳤는데, 이번에는 도가 지나쳤다. 아더클라 마을을 점령하지 못한 실패를 감추려던 베르나도트는 일을 망친 이는 나폴레옹이며 자신이 지휘했다면 총 한 방 쏘지 않고도 카를 대공의 항복을 받아냈을 거라고 허풍을 떨었다. 그런 뒤 베르나도트는 6일 오전 4시에 오른쪽의 외젠과 왼쪽의 마세나와 연결해 자신의 전선을 단축할 필요성이 있다는 이유를 내세우며 아더클라 외곽의 진지를 포기했다. 나폴레옹은 10년 남짓 이 가스코뉴인의 배은망덕과 배반을 참아 왔으나 이 일을 보고받고는 마침내 인내심을 잃었다. 격노한 나폴레옹은 기동을 취소하라는 명령을 내리고 베르나도트와 마세나에게 사상자가 얼마나 생기든 개의치 말고 아더클라 마을을 다시 장악하라고 지시했다.

황제는 급히 현장으로 달려갔다. 이때 베르나도트는 병사들보다 앞서 도망치다가 황제에게 들키고 말았다. 나폴레옹은 화를 벌컥 내며 호통쳤다. "그대가 카를 대공의 무기를 내려놓게 만들겠다는 '유효한 기동'이 바로 이런 것인가?" 나폴레옹은 할 말을 잊은 베르나도트를 바라보며 계속했다. "이로써 그대가 시종일관 형편없이 지휘했던 군단의 사령관직에서 해임하는 바이다. 당장 내 앞에서 사라지고 스물네 시간 안에 그랑다르메를 떠나라." 그러나 오만한 가스코뉴인은 쉽게 사라지지 않았다. 베르나도트는 파리로 떠나기 전에 공보를 게시해 자신의 병사들이 전투에서 '동상'처럼 서 있었다며 찬양했다. 베르나도트 군단과 관련해 거슬리는 단 한 가지는 베르나도트 원수의 파렴치함이었다. 나폴레옹은 어쩔 수 없이 공식적인 비난 성명을 내 그날 베르나도트가 내린 명령은 진실과 정책과 국가의 명예에 어긋난다고 발표했다.

6일 아침 나폴레옹은 다시 시도했다. 나폴레옹의 전술은 마세나가 적을 저지하는 동안 다부와 우디노가 정면으로 공격하는 것이었다. 이탈리아군은 돌파의 순간을 위해 남겨 두었다. 그러나 카를 대공은 프랑스군을 이중으로 포위하고자 먼저 공격에 나섬으로써 황제의 계획을 엉망으로 만들었다. 카를 대공은 좌익이 프랑스군의 우익을 도나우 강까지 격퇴하는 동안 우익으로 아스페른을 점령하고 나폴레옹이 그 구역에서 도나우 강으로 가지 못하도록 차단하게 했다. 그에 따라 오스트리아의 2개 군단은 마세나 부대를 공격했다. 측면으로 돌아 마세나를 포위하고 그 후방의 도나우 강 다리들을 빼앗는 것이 목표였다.

오전 11시 상황은 오스트리아군에게 유리하게 돌아가는 듯했다.

오스트리아군은 우측에서 프랑스군을 아스페른까지 내몰았고 중앙에서는 작센 부대를 퇴각하게 만들었다. 나폴레옹은 마세나의 군단이 맹공을 받아 굴복하기 직전이었고 그 결과 전선에 틈이 생겨 카를 대공이 '중앙 배치' 전략을 역이용할까 두려웠기에 마세나에게 교전을 중단하고 좌익으로 이동하라고 명령했다. 마세나는 기병대의 보호를 받으며 적군의 앞을 지나 남쪽으로 나아갔다. 황제는 압박을 제거하고자 예비 기병대에 돌격을 명했고 다부에게 한층 더 강력하게 공격하라고 명령했다. 마크도날과 기병대는 훌륭하게 싸웠으나 희생자가 많았다. 로바우 섬에 대규모로 집결한 프랑스군 포대가 포위 작전에 투입될 카를 대공의 부대를 표적으로 삼아 정확한 포격으로 쓸어버렸기에 손실은 어느 정도 만회되었다.

나폴레옹은 이어 마세나가 철수하면서 생긴 공간에 집중 포격을 퍼부었다. 100문의 대포가 근사거리에서 오스트리아군을 포격했다. 우디노의 병사들이 교전에 들어가지는 않았지만 바그람에 있는 오스트리아군 중앙을 포격하면서 한동안 전투는 잔인한 소모전으로 바뀌었다. 정오 무렵 마세나는 새로운 진지에 도착했고 반격 태세를 갖추었다. 결정적 순간에 방향을 틀어 다부를 지원할 계획이었다.

한편 다부 군단과 오스트리아군 좌익 사이에 벌어진 엄청난 싸움은 결국 프랑스 쪽에 유리해졌으나 다부의 제1선이 무너진 후였다. 정오 직후 나폴레옹은 작은 망원경으로 마르크그라프노이지들의 교회 탑을 지나는 다부의 사선(射線)을 보았다. 이것은 다부가 오스트리아군 좌익을 돌아 배후에서 바그람을 향해 곡선을 그리려는 찰나에 있음을 알리는 신호였는데 사전에 미리 정해놓은 것이었다. 마크도날과 외젠이 지휘하는 이탈리아군을 내보낼 때가 왔다.

황제는 60문의 포로 맹렬히 포격한 후 우디노와 마세나의 군단과 마크도날의 이탈리아군으로 바그람과 적군의 중앙을 공격했다. 마크도날은 3만 병력으로 속이 빈 거대한 6열 방진을 구축했고 양 측면에는 다른 보병을 종대로 배치하고 후방에는 6천 명의 기병을 포진시켰다. 방진은 오스트리아군의 포탄에 유린당했지만 계속 전진했다. 마크도날의 부대는 마침내 모래구덩이에 참호를 파고 들어앉아 증원군의 도착을 엄호했다. 이제 나폴레옹은 오스트리아군이 다부를 상대하느라 좌익을 보강하면서 중앙에 드러낸 약점을 포착했다. 나폴레옹은 다부에게 이 요점을 타격하라고 명령했고 동시에 마세나가 적군의 우익을 공격했다. 그러나 오스트리아군은 끈질기게 싸웠고, 마크도날의 공격이 다시 힘을 잃는 듯 보였을 때 결국 나폴레옹이 선임근위대의 2개 연대를 제외한 예비 병력 전체를 투입해 교착 상태를 해결했다.

이는 중대한 결정이었다. 마침내 오스트리아군은 무너졌으며, 오후 2시경 프랑스군은 두 구역에서 동시에 대담하게 전진하고 있었다. 오후 2시 30분 직후 카를 대공은 뵈멘으로 전면 퇴각을 명령할 수밖에 없었다.* 나폴레옹 군대도 너무 지쳐 추격할 수 없었다. 오스트리아군은 심한 공격을 받았으나 결코 패주하지는 않았으며 질서정연하게 퇴각해 대포나 군기 하나 남겨놓지 않았다. 바그람 전투는 아우스터리츠나 예나 전투와는 달랐다. 여섯 시간 동안 쉬지 않고 싸운 프랑스군은 인내의 한계에 도달해 적을 추격하라고 재촉할 상황이 아니었다. 어쨌든 나폴레옹은 여전히 요한 대공이 도착할지도 모른다고 우려했다. 그럴 경우 전투를 하루 더 벌여야 할 가능성이 농후했다.

바그람 전투는 나폴레옹이 전장에서 거둔 마지막 대승이었으나 아슬아슬한 승부였으며, 황제가 마지막 남은 예비 부대를 투입한 순간에 요한 대공이 나타났다면 프랑스군은 크게 패했을지 모른다. 실제로 전투 능력이 크게 향상된 오스트리아군은 상태가 좋지 않은 프랑스군과 맞붙어 대등하게 싸웠다. 나폴레옹이 추격 작전에 쓸 기병이

---

* 요한 대공은 오후 4시경 바그람에 도착했으나 카를 대공이 퇴각했음을 알고 곧 퇴각했다.

부족할 지경이었다. 그랑다르메는 지독한 타격전에서 살상 전쟁의 새 시대를 열기라도 하듯 포탄을 7만 1천 발이나 발사해 미국 남북전쟁을 미리 보여주었다. 프랑스군 사상자는 3만 2천 명이었고 오스트리아군 사상자는 3만 5천 명이었다. 나폴레옹은 여느 때처럼 전장을 돌며 시체 더미와 부상자들을 점검했다.

오스트리아군은 7월 10~11일 츠나임에서 작은 전투를 치른 후 갑자기 싸움을 포기하고 강화를 청했다. 휴전은 7월 12일에 이루어졌다. 오스트리아 황제 프란츠 1세는 처음에는 인정하지 않았으나 7월 17일 마지못해 재가했다. 카를 대공은 프란츠 1세와 논쟁을 벌이다가 사임하고 공직을 떠났다. 석 달 동안 팽팽한 절충과 교섭이 이어졌고 언제라도 교전이 재개될 가능성이 있었다. 원인은 두 가지였다. 나폴레옹이 프란츠 1세의 퇴위를 요구한 것이 하나였고, 오스트리아가 가혹한 강화조건을 피하기 위해 영국의 군사적 개입을 기다리며 협상을 지연시킨 것이 다른 하나였다.

영국은 동맹국을 도우려고 몇 가지 시도를 했다. 4월에 오스트리아가 바이에른을 침공했을 때, 영국은 25만 파운드의 지원금을 보냈고 이후 33만 7천 파운드를 더 보냈다. 바그람 전투가 벌어졌을 때 영국은 에스파냐에서 싸우느라 상당한 비용을 썼으면서도 오스트리아에 총 118만 5천 파운드의 지원금을 보냈다. 4월 갬비어 제독(James Gambier, 1756~1833)이 영국 해군을 지휘해 프랑스의 로슈포르 함대를 공격했다. 갬비어의 부관 토머스 코크런 제독(Thomas Cochrane, 1775~1860)은 화공선으로 프랑스 전열함 3척을 불태웠으며, 3척을 임무를 수행할 수 없게 만들고 프리깃함 2척을 파괴했다.(프랑스인들은 코크런에게 '바다의 늑대'라는 별명을 붙여주었다.) 프랑스 함대의 나머지는 좌초해 최후를 기다리고 있었으나, 갬비어가 전함 투입을 거부해 코크런과 프레더릭 매리엇 대령을 포함한 다른 이들이 격노했다. 나폴레옹의 언급은 옳다. "코크런은 지원을 받았더라면 우리 군함을 남김없이 빼앗았을 것이다."

그러나 1809년에 영국이 수행한 위대한 모험은 7월 30일 네덜란드의 스헬더 강 하구에 있는 발혜런 섬을 공격한 것이었다. 이 공격은 필시 오스트리아를 지원하고자 제2전선을 열기 위한 조치였다. 그러나 영국은 발혜런 섬을 공격하면서 근본적으로 자국의 이익을 고려했으며 오랫동안 넘본 벨기에를 염두에 두었다. 오스트리아에 이득이 될 수도 있다는 생각은 여러 공격 동기 목록에서 한참 아래에 있었다. 작전은 그럴듯했는데 오로지 나폴레옹이 병력 대부분을 동쪽으로 보냈기 때문이다. 그래서 상황은 영국이 오스트리아를 도운 것이 아니라 그 반대가 되었다. 어찌됐든 발혜런 섬 상륙은 곧 패주로 바뀌었다. 조금 지연되기는 했다. 영국군이 오스트리아가 교전을 재개하기를 기다리며 12월 23일까지 섬을 떠나지 않았기 때문이다. 나쁜 날씨, 부적절한 계획, 무능한 지휘가 원정을 망쳤다. 영국군이 플리싱언을 점령하는 데 너무 시간을 끈 탓에 프랑스군은 최종 공격 목표였던 안트베르펀에 신속히 증원 부대를 보낼 수 있었다. 침공 계획을 마지막으로 끝낸 것은 '발혜런 열(Walcheren fever)'이었다. 이 열병 때문에 영국군 4천 명이 사망하고 1만 9천 명이 병상에 누웠다.

영국이 발혜런을 급습하면서 끈질긴 베르나도트가 일시적으로 돌아올 수 있었다. 안트베르펀에서 군대의 지휘를 맡아 결국 오지 않은 영국의 공격을 기다리던 베르나도트는 자신의 '1만 5천 병사들'이 모든 공격군에 맞서 도시를 사수할 수 있었다고 자랑하는 일일명령을 내보냈다. 나폴레옹은 이러한 사실을 알고는 격분했다. 나폴레옹은 발혜런에는 1만 5천 명이 아니라 6만 명이 주둔했으며, 얼마가 되었든 베르나도트가 적군에 병력 숫자를 알린 것은 직업적 무능의 소치라고 지적했다. 나폴레옹은 오만한 가스코뉴인을 해임하는 명령서를 보냈다. "이제 더는 폰테 코르보 공의 손에 지휘권을 남겨 두지 않을 생각이다. 지금 그자는 이전과 마찬가지로 파리의 음모가들과 연결되어 있으며, 어느 모로 보나 더는 신뢰할 수 있는 인간이다. ……
장군은 지나친 허영으로 직무에 맡겨진 책임을 저버린 첫 번째 사례
가 될 것이다.”

한편 오스트리아는 평화협상을 오래 끌었다. 오스트리아는 영국이
큰 성공을 거두거나 이제 나폴레옹과는 견해가 일치하지 않는다고
널리 알려진 차르가 개입하기를 바라고 있었다. 그러나 러시아는 아
직 프랑스와 관계를 끊을 준비가 되지 않았다고 통고했다. 폴란드에
서는 페르디난트 대공이 초기에 승리했으나 명민한 포니아토프스키
공이 곧 오스트리아가 얻은 모든 소득을 물거품으로 만들었다. 오스
트리아에 유일하게 전망이 좋은 장소는 티롤이었다. 티롤에서는 4월
부터 격렬한 전투가 벌어지고 있었다. 주요 전투는 두 차례였고, 나
폴레옹의 동맹국 바이에른은 티롤 '해방군'에게 쫓겨 그 지역에서 두
번 내몰렸다. 최근에는 8월 13일에 일어난 일이었다.

나폴레옹은 오스트리아와 확실히 평화조약을 체결하지 못하면 파
리로 돌아가지 않겠다고 결심했고, 그래서 1809년 여름에 오스트리
아의 쇤브룬에서 제국을 다스렸다. 여기서 나폴레옹은 마리아 발레
프스카와 다시 사랑을 나누었으나, 2년 전의 크나큰 열정은 찾아볼
수 없었다. 마리아 발레프스카에게 보낸 초대장의 말투에서 이런 변
화를 어느 정도 알아차릴 수 있다. “마리아. 그대에 대한 기억은 언
제나 내게 기쁨을 안겨주오. 그런 마음으로 그대의 편지를 읽었소.
…… 그래요, 빈으로 오시오. 내가 그대에게 얼마나 따뜻한 우정을
느끼는지 더욱 확실히 증명하겠소.” 황제의 시종 콩스탕의 일기에 따
르면 나폴레옹과 마리아는 날마다 오후를 함께 보냈으나, 나폴레옹
이 오로지 마리아만 배려했을 리는 없다. 8월 나폴레옹은 의사 란프
랑크 교수와 그다지 좋지 않은 건강을 의논하고자 빈으로 갔을 때
(나폴레옹은 8월 26일 조제핀에게 몇 년간 건강이 좋지 않았다고 썼다) 열
아홉 살 난 에바 크라우스(Eva Kraus)와 잠시 관계를 맺었다. 크라우

스는 나폴레옹의 아들을 낳았다고 한다. 분명한 사실은 9월에 나폴레옹의 진짜 정부 마리아 발레프스카가 임신했다고 알린 것이다. 황제가 자식을 볼 능력이 있다는 점이 입증되자 소식에 밝은 관찰자들은 조제핀의 시절이 얼마 남지 않았다고 수군거렸다.

마침내 10월에 오스트리아는 더 버틸 수 없다는 사실을 받아들였고 10월 14일에 쇤브룬 조약에 서명했다. 나폴레옹은 1809년 위기의 충격을 완화하고자 가혹한 조건을 강요했다. 프란츠 1세는 케른텐(카린티아), 크라인(크라인스카), 피우메(리예카), 이스트리아, 트리에스테를 포함한 크로아티아의 대부분을 양도할 수밖에 없었다. 바이에른은 잘츠부르크와 인 강 상류 유역을 받았고, 바르샤바 대공국은 갈리치아 북부와 크라쿠프, 루블린을 획득했다. 내내 이중 게임을 벌였던 차르 알렉산드르 1세는 결국 동부 갈리치아를 얻었다. 오스트리아는 그밖에 8500만 프랑의 전쟁 배상금을 물고, 대륙 봉쇄 체제에 따르며, 병력을 15만 명으로 감축하고, 조제프를 에스파냐 왕으로 인정하기로 동의했다.

굴욕을 당한 오스트리아의 국가적 자부심은 오스트리아 민족주의의 어두운 측면에서 드러났다. 조약 체결 이틀 전 쇤브룬에서 열린 열병식에서 작센의 청년 프리드리히 슈탑스(Friedrich Staps, 1792~1809)가 겉으로는 청원을 하는 척하며 나폴레옹을 암살하려 했다. 암살자의 단도를 피할 수 있었던 것은 라프 장군의 우발적인 행동 덕분이었다. 나폴레옹은 슈탑스가 필시 엄격한 루터파 목사인 아버지의 보호 아래 어린 시절을 보내면서 정신착란을 일으켰으리라고 확신했으나, 슈탑스는 집행유예를 받을 수 있는 기회를 거부했으며 자신의 행위가 온당하다고 주장했다. 나폴레옹이 물었다. "그렇다면 그대에게는 범죄가 아무것도 아니란 말인가?" 슈탑스는 도전적인 태도로 답변했다. "당신을 죽이는 것은 범죄가 아니오. 그것은 의무요!" 슈탑스는 며칠 후 처형되었고 이렇게 외치며 최후를 맞이했다.

"독일 만세. 폭군에게 죽음을!"

아무리 뜻밖의 사건이라도 자신에게 유리하게 이용할 수 있는 인간이었던 나폴레옹은 마리아 발레프스카에게 배 속의 아기가 충격을 받을까 염려되니 폴란드로 돌아가는 것이 어떻겠냐고 말했다. 나폴레옹은 조약이 체결되고 이틀이 지난 10월 16일에 파리로 떠났다. 그러나 나폴레옹은 슈탑스 사건으로 마음이 흔들렸고, 만일 바그람에서 패했다면 독일이 반란에 휩싸였을 것이라고 확신했다. 나폴레옹은 슈탑스를 막았던 라프 장군에게 이렇게 썼다. "이 사건은 독일을 감염시킨 비밀결사들이 만든 결과이다. 그럴듯한 원리와 이성의 빛이 만들어낸 효과이다. 그것들이 젊은이들을 암살자로 만든다. 그러니 어찌하겠나? …… 비밀 조직을 포탄으로 파괴할 수는 없는 노릇이 아닌가."

나폴레옹은 다시 한 번 어려운 상황에서 벗어났다. 오스트리아가 항복하자 티롤의 봉기도 활력을 잃었다. 10월 25일 바이에른은 인스브루크를 세 번째 점령했는데 이는 티롤의 반란이 실패했다는 신호였다. 안드레아스 호퍼를 추적해 잡기까지는 시간이 약간 더 걸렸다. 호퍼는 1810년 2월 20일에 가서야 처형된다. 나폴레옹이 이 '순교자'를 처리한 방식은 슈탑스의 경우만큼이나 냉정했다. 나폴레옹이 이탈리아 부왕으로 복귀한 외젠 보아르네에게 보낸 명령에는 차가운 무자비함이 묻어났다. "아들아, 나는 앞서 호퍼를 파리로 보내라고 명령했다. 그러나 네가 호퍼를 만토바에 잡고 있으니 그곳에서 군사위원회를 세워 재판하라고 즉시 명령을 내려라. 스물네 시간 안에 일을 끝내도록 조처하라."

나폴레옹은 10월 26일 퐁텐블로에 도착했는데 귀환 여정 중에 1809년 전쟁의 교훈이 무엇인지 곰곰이 생각해보았다. 나폴레옹은 압박을 받는 가운데에도(특히 베르티에의 실수를 교정해야 했을 때 압박이 심했다) 쉽게 기운을 회복했으며, 바그람에서는 예리한 전술적 안목을 보여주었다. 반면 큰 실수도 많았다. 나폴레옹은 우선 베르티에를 임명하지 말았어야 했으며, 4월 19~25일의 전투와 그 이후 시기에도 자신의 군사적 원칙을 위반했다. 특히 도나우 강 북쪽에서 적군을 찾아 괴멸하는 대신 상징적 목표인 빈으로 밀어 닥친 것이 실수였을 것이다. 5월에 준비 없이 비현실적으로 도나우 강을 건너려 했을 때 그 이름난 임기응변은 그저 어리석은 행위에 지나지 않았으며, 황제는 대체로 이전에 비해 원기와 총명함이 부족한 듯했다. 무기력과 우울증이 시시때때로 발작처럼 찾아왔고 명령은 모호했다. 심지어 나폴레옹이 자신의 군사적 능력에 대한 믿음을 잃기 시작했다는 증거도 있다. 바그람 전투 후 나폴레옹은 이렇게 썼다. "전투는 다른 행운을 바랄 처지가 아닐 때만 해야 한다. 본질적으로 전투의 운명은 언제나 불확실하기 때문이다."

군대의 전투 역량 쇠퇴도 마찬가지로 걱정스러웠다. 특히 동맹국 파견 부대의 전투력 감퇴가 심했다. 바그람 전투 첫날 작센 부대의 도주는 나쁜 조짐이었다. 장교의 사상자 비율은 걱정스러울 정도로 높았으며, 사병들의 기강은 나폴레옹이 군법회의를 다섯 번이나 세워야 할 정도로 심각하게 해이해졌다. 베르나도트를 제거한 것을 빼고 유일하게 희망적이었던 것은 원수들이 보여준 출중한 성과였다. 마크도날과 마르몽, 우디노는 고된 전쟁에서 공적을 세워 지휘봉을 받았다. 바그람에서 결정적 공을 세운 우디노는 원수로 승진했으며 연간 6만 프랑의 추가 수입과 자체로 연간 3만 6천 프랑의 소득을 가져온 레조 공국을 받았다. 그러나 오스트리아는 평정되었지만 '에스파냐 궤양'은 여전했다.

19장

나폴레옹 제국의 해부
'공화주의자 황제'의 시대

1808년에 나폴레옹은 80만 병력과 러시아 국경에서 대서양까지 뻗은 제국을 지배했다. 이론상 나폴레옹의 군함들은 발트해와 북해, 지중해, 에게해까지 출입할 수 있었다. 그때 이후로 나폴레옹 제국은 세 부분으로 구분하는 것이 일반적이었다. 첫 번째는 '자연 국경' 안의 영토로 이른바 통합된 국가(pays réunis)였고, 두 번째는 나폴레옹의 가족과 핵심 측근들로 이루어진 보나파르트 집단의 다른 이들이 통치하는 국가들인 피정복 국가(pays conquis), 세 번째는 명목상 독립적인 위성국가 즉 동맹국(pay alliés)이었다.

이렇게 깔끔한 구분은 여러 곳의 거친 모서리를 감추고 있다. 우선 나폴레옹이 병합해 본국 프랑스에서 직접 통치한 많은 나라들이 자연 국경 안에 있지 않았다. 나폴레옹은 1803년에 벨기에와 니스, 사보이아, 피에몬테, 라인 강 좌안을 손에 넣었지만(대혁명이 정한 정책의 논리를 따른 것이다) 2년 후에는 여기에 제노바와 파르마, 피아첸차, 구아스탈라, 토스카나를 더했다. 1808년 나폴레옹은 로마를 획득했으며, 1809년에는 홀란트와 발레, 하노버와 베스트팔렌의 일부, 한자 동맹 도시들(함부르크, 브레멘, 뤼베크)을 얻었다. 1810년에는 올덴부르크가, 1812년에는 카탈루냐가 더해졌다. 언제나 중앙집권을 추구했던 나폴레옹은 1803년에 108개 도(département)에 인구 3300만 명의 엄격히 관리된 영토를 1811년에 130개 도에 인구 4400만 명으로 확장하는 데 성공했다.

보나파르트 집단의 다른 이들이 통치하는 국가로는 베르티에 원수가 통치하는 스위스의 뇌샤텔, 엘리자 보나파르트가 통치하는 토스카나, 황제의 의붓아들이자 부왕인 외젠 보아르네가 관리하는 이탈리아, 명목상 조제프가 통치하는 에스파냐, 루이 보나파르트의 자비로운 통치를 받은 홀란트, 1807년에 헤센-카셀과 브라운슈바이크, 하노버와 프로이센의 일부를 떼어 만든 잡종 왕국이었으며 불운하게도 제롬 보나파르트가 왕위에 올랐던 베스트팔렌이 있었다. 그러나 정식 병합은 피했지만 나폴레옹이 직접 통치하거나 군사적으로 지배한 영토도 있었다. 포르투갈과 이오니아 제도, 슬로베니아, 달마치야, 크로아티아와 독일의 일부(베르크가 좋은 예이다)가 그런 경우였다.

가장 중요한 위성국가는 나폴레옹이 옛 신성로마제국을 대신해 세운 국가들의 연맹인 라인연방이었다. 라인연방의 핵심은 오스트리아와 프로이센을 제외한 독일 전체였다. 베스트팔렌은 물론 바덴과 뷔르템베르크, 바이에른도 포함했다. 이 독일 위성국가들은 베스트팔렌과 베르크를 제외하면 기회주의적으로 나폴레옹에게 자신의 운명을 건 과거의 정통 왕조 출신 군주들이 통치했다.

다른 중요한 위성국가는 스위스와 바르샤바 대공국이었다. 스위스는 형식적으로는 중립국이었으나, 1803년 나폴레옹이 중재법에 따라 개입해 나라 이름을 헬베티아 연방(스위스 연방)으로 바꾸고 새로운 헌법을 제정했다. 1807년에 프로이센이 틸지트 조약으로 넘긴 폴란드 땅에 세워진 완충국가인 바르샤바 대공국은 훨씬 더 복잡한 제도의 통치를 받았다. 바르샤바 대공국은 이론상으로는 작센 왕이 대공으로서 통치했지만(프리드리히 아우구스트 1세는 자신의 공국을 방문하는 수고를 단 한 번도 하지 않았다) 이른바 독립 정부와 강력한 프랑스 총독의 '양두(兩頭) 정치'를 겪었다.

나폴레옹 제국은 당혹스러울 정도로 이질적이었다. 그러나 보나파르트 아래에서 유럽의 통합을 상징하는 나폴레옹 법전과 파리의 중앙집권적 노력이 제국 전체에 통일성을 부여해줄 것으로 여겨졌다. 나폴레옹은 행정의 중심은 튈르리 궁에, 입법부는 부르봉 궁에, 원로원은 뤽상부르 궁에 두어 이론적으로 삼권 분립을 이루었지만, 여기에는 다원주의라는 겉모습 뒤에 독재를 숨기는 즐겨 쓰던 방식과 사람들을 현혹하던 방식이 분명히 드러나 있다. 1804년 나폴레옹은 수도를 리옹에 두기를 원한다고 주장했으나, 이는 명백히 파리 밖 사람들의 환심을 사려는 발언이었다. 수도를 옮기려는 진지한 시도는 없었다.

황제는 제국의 수도가 정치적으로나 행정적으로, 문화적으로, 심지어 종교적으로도 거대 도시(megalopolis)가 되기를, 궁전과 공공 기념물로 가득한 웅장한 도시가 되기를 바랐다. 나폴레옹은 파리를 미래를 내다보는 대단한 도시로 만들려는 포부를 품었다. 세인트헬레나에서 나폴레옹은 라스 카즈에게 말했다. "나는 파리가 우리 시대에 알려지지 않은 200만, 300만, 400만 인구의 거대 도시가 되기를 바랐소." 이를 방해한 것은 환경이었다. 제국 시기에 프랑스 수도의 인구는 50만 명에서 70만 명으로 증가했지만, 냉정하게 판단하건대 나폴레옹은 새 도시를 만들었다기보다는 옛 도시를 무너뜨렸다고 해야옳다. 나폴레옹은 특별히 대혁명을 떠올리는 건축물을 표적으로 삼은 듯하다. 나폴레옹은 1789~1794년의 '유적' 중에 국민의회 회합 장소였던 승마연습장(Salle du Manège)과 루이 16세와 가족이 투옥되었던 르마레 구역(Le Marais)의 요새 탕플 탑을 파괴하라고 명령했다. 여기에 더해 자코뱅과 다른 클럽들이 회합을 열었던 여러 곳의 옛 수도원 건물들이 잡석 더미로 변했다.

하수도와 배수 체계, 상수 공급은 상당히 개선되었다. 그러나 파리의 전체 외관은 크게 바뀌지 않았다. 1810년에 건축가 공두앵(Jacques Gondouin, 1737~1818)이 완성하고 기둥 꼭대기에 쇼데(Antoine-Denis Chaudet, 1763~1810)가 제작한 황제의 조상을 얹은 방돔 광장의 새로운 기둥, 카루젤 광장의 개선문, 나폴레옹의 위대한 첫 승리를 기념해 리볼리 거리로 이름 붙여진 아케이드 거리, 마들렌 성당이 있었다. 그러나 그밖에 재너두*나 샹그릴라*에나 있을 법한 궁전과 기념물과 분수가 솟는 도시를 짓겠다는 꿈은 실현되지 않았다. 에투알 광장에 세우기로 한 개선문은 1814년까지도 나무로 만든 대용품일 뿐이었다.

아마도 이것이 더 중요할 텐데, 그랑다르메를 신속하게 위급한 지점으로 보내기 위해 센 강에 다리를 두 개 더 놓았고, 파리에서 나선형으로 뻗어나가는 간선도로를 14개나 닦았다. 14개 간선도로 중 2번 도로는 브뤼셀과 안트베르펀을 거쳐 암스테르담으로 내달렸고, 3번 도로는 리에주와 브레멘을 거쳐 함부르크에 닿았으며, 4번 도로는 마옌을 경유해 프로이센으로 이어졌다. 남쪽의 간선도로는 11번 도로(파리-바욘)가 에스파냐로 가는 길이었고, 생플롱 고개와 밀라노, 세벤을 거쳐 로마로 이어지며 몽스니 고개를 거쳐 토리노로 이어지는 6번 도로는 이탈리아를 제국과 연결했다. 황제는 여러 점에서 로마의 선조들을 흉내 내려 했는데 그중 하나가 도로 건설이었다. 1805년에 알프스를 넘는 눈부신 생플롱 길이 열리고 1810년에 몽스니 고갯길이 열린 것은 나폴레옹이 힘쓴 결과였다. 그렇지만 새로운 도로들은 상태가 좋지 않았다. 파리에서 보르도까지 역마차로 여행하는 데 120시간이 걸렸고, 대부분의 사람들이 장거리 여행은 도보로 했다는 사

재너두(Xanadu) 서양에서 에덴동산이나 무릉도원 같은 이상향의 이미지로 등장하는 가상의 장소. 14세기 초 마르코 폴로가 《동방견문록》에서 언급한 중국의 이상향이다. 실제로 폴로가 원나라의 여름 수도인 상도(上都)를 보고 묘사했다고 한다. 유럽에서는 영국의 낭만파 시인 콜리지(Samuel Taylor Coleridge)의 시 〈쿠빌라이 칸(Kubla Khan)〉으로 널리 알려졌다.
샹그릴라 영국 작가 제임스 힐튼(James Hilton)이 1933년에 발표한 소설 《잃어버린 지평선(Lost Horizon)》에 나오는 가상의 이상향.

실은 그랑다르메가 보여준 지구력의 한 가지 요인을 짐작하게 해준다.

경제적으로 보자면 파리는 대혁명기와 나폴레옹 시대에 막대한 이득을 보았다. 대륙 봉쇄 체제로 영국은 경쟁에서 밀려났고 인구 8천만 명의 내부 시장이 확보되었다. 특별히 혜택을 입은 부문은 면직물 산업과 화학공업, 기계공업이었는데, 이런 부문에서는 전쟁의 충격이 새로운 기술 개발을 자극하기도 했다. 이 시기에 파리로 많은 외국인이 유입되어 사치품 생산도 촉진되었다. 상대적으로 덜 환대를 받았지만 연간 4만 명의 계절노동자도 들어왔는데, 이들 상당수는 일이 없는 계절에도 파리에 머물러 19세기 프랑스 문학의 한 단면이었던 '위험한 계급'의 핵을 이루었다. 경제 호황이 낳은 이러한 측면에 고용주들과 당국은 우려했다. 과밀과 기근, 질병, 실업, 폭동이 유발될까 두려워 노동자들이 수도에 몰려드는 것을 원치 않았기 때문이다.

나폴레옹이 문화에 끼친 영향이 과장되었다는 것은 사실이다. 파리를 문화의 수도로 만들겠다는 그의 야심을 실현하는 데는 뚜렷한 걸림돌이 있었다. 바로 나폴레옹 자신이 만든 검열 정책과 그가 지닌 전반적인 속물 근성이 예술의 번영을 가로막았던 것이다. 어쨌거나 대혁명기에는 앙드레 셰니에(André Marie Chénier, 1762~1794)가 처형되었지만 제정기에는 문학에 이바지한 일로 처형된 사람은 없었다. 오노레 드 발자크, 빅토르 위고, 알프레도 뮈세, 알프레도 비니가 제정기에 '틀'을 갖추었다는 점을 기억해야 하겠지만, 이 시기의 일급 문인은 둘 다 반대파에 속했던 스탈 부인과 샤토브리앙뿐이었다. 나폴레옹 시대는 문학에 좋은 시절이 아니었다. 황제는 슬픈 듯이 이렇게 말했다. "2류 문학은 나를 찬양하고 위대한 문학은 나를 반대한다." 제국 시기에 독자가 엄청나게 늘었다는 얘기가 종종 언급되나, '트리클다운 효과'*를 진지하게 고려하지 않는다면 쓸데없다. 식자층에는 고딕 소설과 초자연적 이야기를 원하는 욕구가 있었지만, 어

떤 이가 호러스 월폴이나 앤 래드클리프, 몽크 루이스가 쓴 책의 번역
본을 읽었다고 해서 루소나 앙투안 프레보데그질의 작품을 일부라
도 읽게 될지는 매우 의심스럽다.

나폴레옹 시대에 성과를 올린 분야는 시각 예술이었다. 뛰어난 독
재자는 모두 시각 매체가 선전에서 지니는 중요성을 알았다. 레닌은
영화의 잠재력을 제일 먼저 알아본 사람에 들었다. 이와 비슷하게 나
폴레옹도 편향적이거나 잠재된 '메시지'를 담은 뛰어난 미술 작품을
통해 승리주의적 제국 문화 전체를 주입하는 방법을 예리하게 포착
했다. 나폴레옹은 늘 천재적인 선전가였다. 공화국의 덕목인 자기 희
생과 스파르타식의 엄격함, 시민적 덕(virtu)을 전파하기 위한 것이었
던 1790년대 고전의 부활을 자신의 업적을 찬양하는 노래로 바꾸어
버린 것이 하나의 증거이다.

표준은 자크루이 다비드의 경력이었다. 초기 자코뱅이었던 다비드
는 루이 16세의 처형에 찬성표를 던졌으며 1794년 테르미도르 반동
이후 가까스로 기요틴을 피했다. 다비드는 자신의 혁명 시기에 고대
역사와 전설에서 모범을 취했다. 다비드는 공화국에 대한 헌신은 형
제자매와 부모, 자식에 대한 사랑까지도 초월해야 한다는 윤리를 이
해시키고자 준(準)신화적 인물인 호라티우스와 루키우스 브루투스를
합쳤다.** 그러나 많은 개심한 자코뱅들과 마찬가지로 다비드도 나
폴레옹의 이상으로 '전향'했을 때 엄청난 돈 욕심을 품었다. 그래서
뻔뻔스럽게도 나폴레옹으로부터 선전 임무를 위임받아 제1통령(나중
에는 황제)과 고대 그리스·로마의 위대한 지도자들 사이에 연속성이
있음을 강조했다. 예를 들면 〈생베르나르 고개로 알프스를 넘는 나폴
레옹〉은 명백히 한니발과 나폴레옹의 유사성을 강조하고 있다. 그리

트리클다운 효과(trickle-down effect) 소비재에 영향을 끼치는 마케팅 현상. 어떤 상품이 초기
에는 매우 비싸 부유한 자만이 구매할 수 있지만, 시간이 지나면 가격이 하락해 일반 대
중도 구입할 수 있게 되는 것을 말한다.

자크루이 다비드의 〈서재에 있는 나폴레옹〉(1805년 그림). 나폴레옹이 특히 좋아한 그림이다. 나폴레옹은 정치 선전에서 시각 매체의 중요성을 누구보다 잘 이해했고 잘 활용했다. 나폴레옹 시대에 다비드, 그로, 앵그르가 그린 그림은 나폴레옹 신화에 이바지했다.

고 역사적 인물 나폴레옹은 1800년 마렝고 전투 때 노새를 타고 알프스를 넘어갔지만(얼음으로 뒤덮인 고갯길을 뚫고 넘어가는 유일한 방법이었다), 다비드의 그림에 나타난 신화적 인물은 앞다리를 들고 곧추선 말에 올라타 의기양양하다.

다비드의 그림 중 나폴레옹이 가장 좋아한 작품은 〈서재에 있는 나폴레옹〉이었다. 의자에는 검이 한 자루 있고, 책상 위에 나폴레옹 법전이 있으며, 시계는 오전 4시 13분을 가리키고 있다. 선전의 의도는 명백하다. 제1통령이 국민이 모두 잠들어 있을 시간에 국민을 위해 노예처럼 고되게 일하고 있다는 것이다. 그러나 나폴레옹은 이 작품과 또 유명한 1804년의 〈대관식〉 그림에 매우 기뻐했으면서도 다비드에게 완전히 만족하지 못했다. 나폴레옹은 다비드가 그린 고대인의 초상을 싫어했다. 고전 시대의 영웅들이 작금의 무기를 들기에는 지나치게 나약하고 가냘프게 보인다는 것이 겉으로 드러난 이유였다. 그렇지만 실제로 근심의 원인은 스파르타의 금욕, 공화주의 덕목, 대(大) 카토가 보여준 로마의 엄격함, 브루투스의 자기 희생 같은 다비드가 표현한 주제가 깊이 들어가면 부지불식 간에 제국의 기풍을 전복한다는 데 있었다.

이런 이유 때문에 나폴레옹은 언제나 다비드의 제자들, 특히 프랑

** 〈호라티우스 형제의 맹세〉(1784)와 〈브루투스에게 그 아들들의 시신을 가져오는 호위병들〉(1789). 〈호라티우스 형제의 맹세〉는 로마 역사가 리비우스의 《로마 건국사》에 나오는 이야기를 그린 것이다. 툴루스 호스틸리우스(Tullus Hostilius, 재위 기원전 672~642) 치세에 로마와 이웃한 알바 사이에 국경 분쟁이 일어났다. 두 나라는 각각 대표를 뽑아 싸우기로 했는데, 로마에서는 호라티우스 집안의 세 아들이, 알바에서는 쿠리아티우스 집안의 삼형제가 나왔다. 결투에서 호라티우스 집안의 푸블리우스만 살아남고 모두 죽었다. 그림에서 세 형제는 아버지 앞에서 로마에 충성할 것을 맹세하고 있고, 아버지 뒤로 어머니와 두 여인이 슬퍼하고 있다. 한 사람은 형제의 누이로서 쿠리아티우스 집안 사람과 약혼했으며 다른 이는 쿠리아티우스 집안 사람으로 호라티우스 형제의 한 사람과 결혼했다. 〈브루투스에게 그 아들들의 시신을 가져오는 호위병들〉은 로마 공화정 창시자요 기원전 509년 초대 콘술(consul, 집정관)의 한 사람으로 알려진 루키우스 유니우스 브루투스의 이야기를 소재로 삼았다. 아들들이 공화정을 무너뜨리고 왕정 회복을 꾀하자 브루투스는 공화국을 수호하고자 자식들을 죽이라고 명령한다.

수아 제라르와 앙투안장 그로, 장오귀스트 앵그르의 작품을 더 좋아했다. 제라르는 나폴레옹이 좋아했던 작가 제임스 맥퍼슨이 쓴 논란이 많은 '서사시'의 영웅 오이신의 위업을 보여주는 그림과 전투 장면, 그리스와 로마 신화의 주제들을 전문적으로 그렸다. 그로는 철저히 선전을 위한 화가였다. 그로의 〈아르콜레 다리에 선 나폴레옹〉은 1796~1797년 이탈리아 전쟁 당시 격렬했던 전투를 초인(超人)이 손쉽게 거둔 승리라는 이미지로 바꾸는 데 도움이 되었으며, 1799년 시리아에서 벌어진 유명한 사건을 축하하는 〈야파의 페스트 환자들을 찾은 나폴레옹〉은 보나파르트를 그리스도 같은 인물로 바꾸었다. 역사 왜곡은 그로가 그린 〈아일라우 전투〉에서 절정에 이른다. 사실 그대로 말하자면 나폴레옹은 1807년 아일라우의 눈보라 속에서 러시아군과 지독하게 싸우고도 아무런 결말을 보지 못하면서 엄청난 사상자를 냈으며 최고의 지도력을 보여주지 못했다. 그러나 그로는 죽어가는 자들을 위로하는 황제를 훗날의 플로렌스 나이팅게일처럼 묘사했다. 그로의 작품 〈제1통령 나폴레옹〉은 보나파르트가 근본적으로 시민의 한 명이며 위급한 조국을 구하고자 어쩔 수 없이 정치에 관여하게 된 킹킨나투스라고 암시한다. 앵그르가 그린 〈황제좌에 앉은 나폴레옹〉은 완전히 도를 넘어 제우스와 아우구스투스, 샤를마뉴 대제를 합친 인물로 황제를 묘사했다.

프랑스 회화에 넘치는 황제에 열광하는 태도는 1810년을 전후해 절정에 도달했을 것이다. 다비드의 〈독수리 군기의 분배〉, 제라르의 〈아우스터리츠 전투〉, 지로데트리오종의 〈카이로의 반란〉, 그로의 〈피라미드 전투의 나폴레옹〉 같은 작품들이 1810년 파리의 살롱을 도배했다. 게다가 이때쯤이면 나폴레옹은 낭만파 화가 피에르 폴 프뤼동과 베네치아의 조각가 안토니오 카노바를 궁정 총신으로서 보호했다. 프뤼동은 나폴레옹이 매우 좋아하는 관능적이고 은유적인 그림을 그렸으며 황제를 위해 파리에서 열린 대규모 축제의 미술감독을 맡았다. 카노바가 제작한 폴린 보나파르트의 반라 조각상은 많은 남성을 사로잡은 음탕한 매력을 세상에 처음으로 선보였다.

조각, 건축, 실내장식, 패션에서도 주로 고대 미술과 오리엔트 미술에서 영감을 받은 신고전주의의 '제국 양식'이 발전했다. 복식도 같은 유행을 따랐다. 색조는 어둡고 옷감은 무거워졌다. 한편으로는 화려한 인상을 주기 위해서였고, 또 냉소적인 이들에 따르면 직물산업에 더 많은 일거리를 주기 위함이었다. 남성복은 대혁명의 영향을 여전히 간직한 반면에 프록코트와 연미복, 스트레이트 조끼는 군복 같은 느낌을 주었다. 군대가 의복에 끼친 영향은 어떻게 보면 여성복에서 한층 더 뚜렷했다. 머리는 샤코 모자처럼 높이 땋아 올리고, 치마는 칼집처럼 스트레이트로 잘랐으며, 부츠를 신고, 어깨장식을 붙이고, 어깨에 탄띠처럼 띠를 둘렀다.

나폴레옹의 취향은 로마의 웅대함을 의식적으로 모방하는 기념비적이고 고전적인 것이었으나, 제국 시대의 미술은 이렇게 간단한 개요에 드러나듯 획일적이지 않았다. 가장 두드러진 예외는 제리코의 '낭만주의' 작품이었지만, 다른 사례도 있었다. 어쨌든 나폴레옹이 지닌 제국 개념이 매우 혼란스러웠던 만큼 '정치적으로 올바른' 미술을 단언하기는 어려운 일이었다. 로마의 황제처럼 되려 했던 나폴레옹의 욕망은 비합리적이고 불완전한 충동의 긴 목록 가운데 하나였을 뿐이며 관습적 명칭인 '콤플렉스'를 붙이지 않을 이유가 없다. 나폴레옹은 어머니와 형, 아내, 오리엔트 '콤플렉스'에 더해 제국에 대해서도 여러 차원에서 불합리한 태도를 지녔다.

나폴레옹은 과거의 위대한 정복자들에게 매혹되었지만 그중 어떤 이를 본받을지 결정할 수 없었다. 나폴레옹은 제국의 엘리트와 구체제의 엘리트를 융합했다는 점에서는 알렉산드로스 대왕이었고, 알프스를 넘을 때는 한니발이었으며, 가족을 호되게 꾸짖을 때는 칭기즈 칸이었다. 나폴레옹의 태도는 율리우스-클라우디우스 가문과 신성로마제국 사이에 걸려 있었기에 로마 황제로서도 혼란스러움이 있었다. 그래서 1796~1797년의 이탈리아 전쟁은 스스로도 인식했듯이 최고 권력자 지위에 오르는 서곡으로서 카이사르의 갈리아 원정과 유사했으나, 권력을 장악한 뒤에 일하는 방식은 샤를마뉴 대제의 행동과 전통을 따랐다. 나폴레옹은 1804년 9월 프랑크 제국 황제의 옛 수도 엑스라샤펠을 방문하고 샤를마뉴 대제가 했던 것과 똑같이 프랑스의 제관에 롬바르디아의 철제 왕관을 더함으로써(이번에는 장소가 밀라노 성당이었지만 또 제 손으로 관을 썼다) 이 점을 분명히 했다. 신성로마제국을 폐지한 것도 정치적으로 절박한 이유가 무엇이었건 의식적으로든 무의식적으로든 샤를마뉴 대제를 능가하려는 열망이었다고 볼 수 있다.

나폴레옹의 제국 개념을 비판하는 견해들은 전부 황제가 위대함이라는 망상에 빠졌으며 훨씬 더 누추한 일상의 현실을 합리화했다는 점에 매달리는 경향이 있다. 샤를마뉴 대제와 콘스탄티누스는 기독교를 체제의 핵심으로 삼았지만 나폴레옹은 그러지 않았다. 냉소적인 평자라면 나폴레옹이 샤를마뉴 대제와 디오클레티아누스, 콘스탄티누스라는 이름을 자주 인용한 것은 단순히 기본적인 권력욕을 위장하기 위해 내뱉은 것이었다고 말할 수도 있다. 어쨌든 나폴레옹의 사고의 중심에는 근본적인 혼란이 있었다. 로마 황제가 되기를 갈망하는 사람이 비록 입에 발린 말이라고 해도 어떻게 평등이나 인권 같은 이념에 찬동할 수 있는가? 나폴레옹이 본보기로 삼은 황제들은 이런 개념들에 화들짝 놀라지 않았겠는가?

게다가 어떤 로마 제국을 선택하든지 프랑스와 로마의 유비는 타당하지 않다. 서로마제국이나 훗날의 비잔티움 제국이나 자신의 야망에 한계를 둔 자들이 통치했다. 두 제국은 트라야누스의 다키아 정복이나 유스티니아누스의 이집트 침공 같은 예외적인 시기를 빼고는 신중하게 설정한 국경 안에서 방어에 전념했다. 두 제국의 통치자들은 내부 파열과 반달족, 훈족, 사라센, 튀르크가 가한 외부 압력에 무너질 때까지 신중한 목표를 추구했다. 특히 제국과 세계 지배를 아주 분명하게 구분했다. 이와 반대로 나폴레옹은 명백한 목적이 없었고, 여러 목표(때로 모순된 목표)를 동시에 추구했으며 그 사이에서 머뭇거렸다. 나폴레옹은 이미 1812년에 유럽의 동쪽으로는 서로마제국보다 훨씬 더 멀리 팽창한 제국을 보유했다. 1812년에 성공했더라면, 나폴레옹은 러시아를 아시아의 강국으로 만들고 이스탄불을 점령하고 인도로 밀고 들어가며 페르시아를 점령하고 에스파냐를 정복해 라틴아메리카의 식민지를 빼앗고 결국 영국에 최후의 일격을 가했을 것이다.

그러나 1808년의 프랑스 황제는 이 모든 것을 보지 못했으며 계속 '로마'라는 환상의 세계 속에 있었다. 제국의 전진에서 그다음에 취할 분명한 조치는 속국의 왕들을 결혼으로 옭아매는 것이었고, 나폴레옹은 이를 실행에 옮겼다. 논리적으로 보면 나폴레옹은 뒤이어 파리를 '새로운' 로마로 만들기 위해 로마의 지위를 강등해야 했다. 그러므로 나폴레옹이 1809년에 영원한 도시(로마)를 병합할 핑계를 찾은 것은 놀랍지 않다. 다음 조치는 비틀거리는 오스만제국을 파괴하고 이스탄불을 손에 넣는 것이 될 터였다. 어떤 이들은 1812년 사건들의 배후에 숨은 은밀한 추동력도 바로 이런 목적이었다고 추정한다. 나폴레옹의 제국 관념처럼 제대로 소화하지 못한 '콤플렉스'는 그것이 비합리적이라는 사실뿐만 아니라 다른 콤플렉스와 충돌한 방식에서도 문제점을 드러낸다. 그래서 세계 제국을 건설하기 위해 영국과 전 세계를 무대로 삼아 싸운다는 합리적인 목적에 '자연 국경'이라는 물려받은 정언명령과 형제자매에게 줄 왕좌를 찾게 만들었던 보나파르트 가족 콤플렉스, 오리엔트 콤플렉스, 로마 황제 콤플렉스가 더해졌다. 이러한 혼란 속에서 나온 외교 정책이 큰 실패로 끝난 것은 전혀 놀랍지 않다.

나폴레옹의 팽창주의가 이를테면 히틀러의 생활권(Lebensraum)보다 훨씬 더 복잡한 문제였다는 점이 갈수록 분명해진다. 나폴레옹은 동기가 비합리적이었던 까닭에 부득이 스스로도 통제할 수 없는 그랑다르메라는 괴물을 창조했다. 나폴레옹은 마치 주인처럼 그랑다르메의 행군을 지시할 수 있었고 나아가 고집 센 원수들의 머릿속에 판단력을 주입할 수도 있었지만 재정이라는 냉혹한 요인은 지배할 수 없었다. 일단 여러 복합적인 동기들 때문에 국외에서 모험적인 사업에 착수한 이후, 나폴레옹은 사태를 돌이킬 수 없었다. 나폴레옹의 야망은 다른 강대국들의 큰 목표와 충돌했다. 영국은 프랑스의 자연 국경을 묵인할 수 없었다. 자연 국경은 벨기에와 라인 지방을 프랑스에 안겨주었기 때문이다. 프로이센은 라인연방을 감내할 수 없었으며, 오스트리아는 이탈리아를 빼앗긴 데 복수하기를 갈망했고, 차르 알렉산드르 1세는 나폴레옹이 하던 역할을 대신하고 싶어 했기에 같은 공간을 두고 경쟁했다. 그러므로 나폴레옹은 내키지 않았겠지만 냉정하게 선택해야 했다. 군대를 해산하고 1792년 국경으로 돌아가거나(이것은 사실상 자신이 한 일을 무효화하는 일이었고 자신의 정체성을 부정하는 길이었다) 아니면 적들의 반격이 두려워 그랑다르메를 유지해야 했다.

그랑다르메를 유지하는 일은 대외 문제와 국내 문제 사이에서 곡예를 하는 것을 뜻했다. 나폴레옹은 한편으로는 프랑스의 부르주아와 농민을 만족시키고 자코뱅을 격퇴하며 군대의 쿠데타를 예방해야 했고, 다른 한편으로는 대혁명으로부터 파산한 재정을 물려받은 탓에 그랑다르메를 유지하는 막대한 비용이 프랑스 납세자에게 돌아가지 않도록 확실히 조치해야 했다. 한편, 그는 믿을 사람이라곤 가족뿐이라고 느꼈는데 가족 구성원들의 질투와 과도한 권력욕을 알았기에 왕위와 수입을 주어 달래야 했다. 따라서 나폴레옹 제국은 나폴레옹의 상상속에서는 로마식으로 존재했지만 실제로는 거대한 원조 체제로 존재했다. 달리 말하자면 황제가 되려는 자는 적절한 권력 기반을 갖추지 못한 뿌리 없는 모험가여서는 안 된다는 말이다.

조심스럽게 일을 진척시키거나 적들에게 진정으로 양보하는 것은 나폴레옹의 성격에 맞지 않았다. 한 가지 목표에 집중할 수 없었던 나폴레옹은 여전히 당장에 전부를 원했다. 나폴레옹은 차르가 폴란드를 갖도록 내버려둘 수 없었고 폴란드의 독립을 선언할 수도 없었다. 나폴레옹은 '신뢰'를 얻으려 했지만 정확히 정반대의 평판, 즉 상대하거나 거래할 수 없는 인간이라는 평판을 얻었다. 수학자와 작가 지망생 사이의 현저한 차이를 다시 한 번 보게 된다. 마치 논리적인 능력은 모조리 수단에 쓰고 신비적인 능력은 모두 목적에 쓴 것 같다.

나폴레옹이 1808년 자신의 제국을 점검했을 때 보았듯이, 그의 첫 번째 임무는 가톨릭교회를 단호하게 처리하는 것이었다. 피우스 7세가 자신은 '자녀들' 간의 세속적 분쟁에 초연해야 한다는 이유로 교황령에서 대륙 봉쇄령 이행을 거부하면서 정교협약이 곧 무너졌다. 이때쯤이면 콘살비는 피우스 7세가 의지하는 사람이 아니었으며, 교황은 점차 반동적인 추기경 파카(Bartolomeo Pacca, 1756~1844)의 말을 들었다. 나폴레옹은 대응 조치로 1808년 1월에 미올리스 장군(Sextius Alexandre François de Miollis, 1759~1828)에게 교황령을 점령하라고 명령했다. 1년 뒤 오스트리아와 전쟁을 하던 중 나폴레옹은 교황령을 병합하라고 명령했다. 미올리스는 바티칸의 군대를 휘하 부대로 통합하고 교황령의 행정을 인수하라는 지시를 받았다. 교황에게는 고용인으로 여기고 급여를 지급하기만 하라고 했다. 피우스 7세는 오스트리아가 전쟁에서 이길 것이라고 믿고 나폴레옹을 파문하는 교서를 내렸다. 이에 황제는 퀴리날레 궁으로 병력을 투입하고 교황에게 세속 통치권을 포기하라고 요구했다. 교황은 이를 거부하고 체포되었다(1809년 7월 6일).

나폴레옹은 곧잘 부하들의 행위로부터 거리를 두곤 했는데, 이는 부하들이 어떤 중대한 순간에 자신의 허락 없이 행동한 듯 핑계를 대역사적 기록을 흐릿하게 만들려는 의도였다. 1809년 7월 18일 나폴레옹이 푸셰에게 이렇게 써 보낸 것도 그런 이유 때문이었다. "교황을 체포한 것은 잘못이오. 매우 어리석었소. 파카 추기경을 체포하고 교황은 로마에 조용히 내버려 두어야 했소."

이런 언급이 새빨간 거짓말이라는 사실은 한 해 전에 뮈라에게 보낸 편지에서 찾아볼 수 있다. "로마의 일을 단호하게 처리해야 한다는 것, 어떤 저항도 우리 길을 방해하도록 허용해서는 안 된다는 것이 나의 뜻임을 이미 그대에게 알렸소. …… 교황이 만일 교황의 직무와 복음의 정신에 어긋나게 반란을 설파하고 거소의 특권을 오용해 회장을 인쇄한다면 체포하시오. …… 필리프는 보니파키우스 8세를 체포했고 카를 5세는 클레멘스 7세를 오랫동안 감금했지만, 지금에 비하면 두 교황은 그런 일을 당할 만한 짓을 하지 않았소."*

그러나 나폴레옹은 뻔뻔스럽게도 실제로 교황을 체포하라는 명령을 내리지 않았다고 주장했으며, 자신의 서명이 든 모든 정책 문서가 모호하고 불분명한 문체로 표현되었다고 확인했다. 이런 방식은 논란이 되는 분야의 기록을 모호하게 만드는 나폴레옹의 일반적인 경향에 속했다. 나폴레옹은 그러한 '신비화'를 이용해 앙기앵 공작 사건의 책임을 사바리에게 돌렸으며, 엉망으로 뒤얽힌 에스파냐의 일은 뮈라의 책임으로 돌렸고, 교황 체포 문제는 미올리스를 탓했다. 이 경우에 푸셰는 황제가 교황에게 간단히 로마로 돌아오라고 명령했으면 되는 문제였는데 왜 그러지 않았냐고 반박했다. 사실 나폴레옹은 교황에게 피렌체로 가라고 명령했다. 이유인즉 프랑스 군대

---

* 프랑스 왕 필리프 4세는 프랑스 성직자에게 과세하는 문제로 교황과 다투었고 싸움에서 승리했다. 클레멘스 7세는 신성로마제국에 대항하기 위해 프랑스와 코냐크 동맹을 맺어 연합했다가 로마 약탈(1527년) 중에 카를 5세의 군대에 붙잡혀 몸값을 지불하고 풀려났다.

와 교황령 군대 사이에 긴장이 최고조에 이르렀다는 것이었다. 나폴레옹은 만일 긴장이 무력 충돌로 발전하면 교황 성하께서 유탄에라도 맞아 승하하실까 두려우니 그런 위험까지 감수하고 싶지는 않다고 말했다. 진짜 이유는 편지의 다른 부분에 나타난다. "교황을 로마로 돌려보내면 이미 벌어진 일보다도 한층 더 곤란한 결과를 초래하지 않을 수 없소. 바그람 전투가 임박해 있소."

나폴레옹이 교황을 어떻게 처리할지 몰라 우왕좌왕하는 사이 교황은 먼저 피렌체로 끌려갔다가 이어 그르노블과 아비뇽, 니스를 거쳐 마지막으로 사보나로 돌아왔다. 황제가 맨 처음 교황에게 세속 권력을 주었던 샤를마뉴 대제의 후계자로서 교황령에 대한 바티칸의 통치권을 폐지하고 교황령의 프랑스 제국 병합을 선언한 1809년 법령이 1810년 2월 17일 원로원 결의로 비준되었다. 1811년 6월까지 사보나에서 가택연금 상태에 있었던 피우스 7세는 황제와 장기전을 치를 준비를 했다. 피우스 7세는 먼저 자신은 포로이므로 더는 교황 직무를 수행할 수 없다면서 나폴레옹이 바티칸 주교구에 지명한 주교들의 축성을 거부했다. 이로써 정교협약에 남은 것은 모조리 절름발이가 되었다. 황제가 주교들을 지명하면 교황이 교회법에 따른 '성직 임명'을 주재한다는 것이 정교협약의 핵심 조항이었기 때문이다.

나폴레옹은 우선 피우스 7세를 회유하려 했다. 나폴레옹은 교황에게 자신의 후계자를 로마 왕으로 임명해 로마에 궁정을 두게 하는 대신 연중 일부 기간을 파리에서 자신과 함께 보내자고 타협안을 제시했다. 비용은 제국에서 대기로 했다. 그러나 1810년 나폴레옹에게 협력하지 말라는 내용으로 교황이 성당참사회 의원들에게 보내는 편지가 사보나에서 외부로 몰래 옮겨지던 중 나폴레옹의 경찰에 걸리면서 나폴레옹은 이 분쟁을 우호적으로 해결할 수 있다는 믿음을 버렸다. 이 일로 임시교구장이라는 비정규 수단으로 자리가 빈 주교구의 주교 지명을 합법화하려던(피우스 7세가 꼭 집어 금지한 바로 그 조치였

다) 나폴레옹의 두 번째 방어선이 무너졌다.*

　나폴레옹은 협력하지 않는 참사회 의원들에게 무기 징역을 선고하고 사보나에 억류된 피우스 7세를 더욱 고생스럽게 만듦으로써 이에 대응했다. 이제 분열이 임박했으며 헨리 8세의 영국 국교회와 유사하게 프랑스 국교회가 성립하리라는 점이 분명해졌다. 프랑스 주교 대표단이 이를 막고자 황제의 허락을 받아 사보나로 가서 타협을 얻어내려 했다. 교황은 몇 가지 양보를 했고 주교들은 이것을 기록했으나, 교황은 주교들이 돌아간 뒤 마음을 바꾸어 철회 서한을 내렸다. 나폴레옹에게 충성하는 주교들이 파리에 소집한 공의회에서 사태는 악화일로로 치달았다. 공의회를 소집한 목적은 교황이 '성직 임명'을 거부할 경우 프랑스의 대주교들에게 이를 대신하도록 허용하는 법령을 확보하는 것이었지만, 공의회에 모인 성직자들은 교황이 사보나 합의의 합법성을 부정한 데 힘입어 결의를 다지고 이례적으로 용기를 내 순순히 따르기를 거부했다.

　양측은 이제 자리를 잡고 긴 소모전에 들어갔다. 1811년 사보나에서 열린 공의회에서 페슈 추기경이 나폴레옹이 원하는 바를 확보하고자 마지막 시도에 들어갔으나 성공하지 못했다. 격노한 황제는 교황을 퐁텐블로로 쫓아냈다. 그렇지만 싸움의 본질을 보자면 나폴레옹이 패배했다. 프랑스 여론은 처음에는 이 갈등에 무관심했으나, 많은 사람들에게 사보나 공의회의 실패는 궁극적으로 내전의 전조로 보였다. 광포한 반교권주의는 나폴레옹 체제의 새로운 이데올로기적 태도였으나, 이 때문에 황제의 지지 기반인 명사들의 핵심 세력은 교회와 국가 사이에서 하나를 선택해야 하는 엄정한 현실에 직면해 난처했다. 이들은 사회가 또 불안정해지고 자코뱅이 다시 등장하며 과거의 방데 지역에서 무장 반란이 일어날까 두려워했고, 특히 교황이

---

* 성당참사회가 하는 기능에는 주교가 공석일 때 임무를 대행할 임시교구장을 선출하는 것도 포함된다.

교회 재산 매각의 합법성을 인정한 결정적인 조항을 포함해 정교협
약을 통째로 부인할까 염려했다. 성직자들 중 교황권 지상주의에 더
치우친 자들은 피우스 7세에게 이미 정교협약 철회를 강권하고 있었
다. 교회 재산과 성직록(聖織祿)의 손실 때문에 엘리트 계급의 자녀들
이 사제직 입문을 단념한다는 것이 이유였다.

　교황과 사사로이 다툰 일을 제쳐 두면, 나폴레옹은 가톨릭에 양가
적 태도를 보였다. 나폴레옹은 사제들이 강단에서 자신이 거둔 군사
적 승리를 신이 하신 일이라고 설명하는 국가 교회를 마음속으로 열
망했고, 일부 유순한 성직자들로부터는 실제로 그러한 반응을 이끌
어냈다. 그러나 나폴레옹은 가톨릭교회가 공포를 가라앉히고 교육받
지 못한 자들에게 희망을 주며 무서운 세상을 이해하게 해주는 우주
론을 농민에게 제공할 수 있음을 알았기에 교회를 그냥 내버려 두는
데 대체로 만족했다. 나폴레옹은 전반적으로 총독들에게 독실한 가
톨릭 국가들의 종교적 감수성을 거스르지 말라고 권고하는 정책을
폈다. 반교권주의나 신성모독 행위는 자코뱅적 신념의 강도에 따라
사람마다 달랐다.

　이만큼 세심하게 따져본 것은 아니지만 유대인을 대하는 태도에도
양가 감정이 엿보인다. 한편으로 유대인 공동체는 구체제가 집어넣
은 감옥 같은 게토에서 공식적으로 해방되었다. 예를 들어 1806년 이
후 프랑크푸르트의 악명 높은 게토 ‘유덴가세(Judengasse)’는 유대인
이 여전히 특별세를 납부했고 커피 하우스에 드나들거나 도시의 광
장들을 걸어 지날 수 없었지만 이제 더는 거대한 마셜시*를 닮지 않
았다. 다른 한편으로 나폴레옹은 1807년 4월 유대 지도자들의 대(大)
산헤드린*을 소집했을 때 보여주었듯이 사사롭게는 반유대주의자였
다. 나폴레옹 황제의 프랑스에서 유대인은 국가의 감독을 받아야 예

마셜시(Marshalsea) 런던 템스 강 남쪽 둑에 있던 감옥. 찰스 디킨스의 소설 《리틀 도리트》
로 널리 알려졌다. 1849년에 폐쇄되었다.

배를 드릴 수 있었으며, 별개의 민족으로 인정받지 못했고, 3분의 1은 반드시 유대인이 아닌 사람과 결혼해야 하는 등 여러 차별 조치들이 제정되었다. 유대인 공동체의 운명은 대체로 지역 통치자나 총독의 태도에 달려 있었지만, 추정컨대 이 법률들은 확장된 제국 전역에서 효력을 발휘했을 것이다. 홀란트와 이탈리아에서 유대인은 고되게 살았지만, 베스트팔렌에서는 유대인에게 호의적이기로 이름난 제롬이 유대인에게 완전한 시민권을 부여했으며, 이웃의 베르크에서는 유대인을 겨냥한 규제가 대부분 철폐되었다. 그러나 유대인의 운명은 전반적으로 가혹했다. 유대인은 강도질과 사기를 당했으며 빌려준 돈을 돌려받을 수 없었고, 홀란트에서는 루이가 가난한 집과 고아원에서 유대 소년들을 강제로 차출해 유대인 부대를 만들어 악명을 드높였다.

　나폴레옹 제국의 통치자들은 몇몇 예외가 있기는 했지만 평범한 인물이었다. 가장 돋보이는 무능력자는 나폴리의 뮈라 부부였다. 조제프는 나폴리 왕일 때 미요와 뢰데레, 살리체티 같은 뛰어난 장관들의 지원을 받아 출발이 좋았다. 조제프는 산적을 소탕하고자 병력 4만 명을 배치하고, 내무부를 설립하고, 프랑스의 지사 제도를 모범으로 삼아 도지사 제도를 수립하고, 재산세를 부과하고, 교회 재산의 매각을 감독하고, 재정 체계를 개편했다. 뮈라 부부는 한층 더 유능하다는 평가를 받은 사람들을 휘하에 두고 있었으면서도 잘해놓은 일들을 대부분 망쳤으며 자신들의 지위를 유지하느라 프랑스의 인력

---

* 본래 '산헤드린'은 고대 유대 사회에서 최고 재판권을 지닌 정치적, 종교적 자치 조직이었다. 특히 '대(大) 산헤드린'은 오늘날의 대법원에 해당하는 유대교 판관들의 모임이었다. 여기서 결정된 의견은 전체 유대 민족을 대표했다. 1806년에 나폴레옹은 프랑스 내유대인 문제를 해결하기 위해 오래전에 사라진 '대 산헤드린'을 부활시키기로 했다. 나폴레옹은 1807년 4월에 '대 산헤드린'에 12가지 질문을 던져 주로 프랑스와 비유대인에 대한 유대인들의 태도를 확인하려 했다. 산헤드린은 프랑스의 유대인들이 프랑스를 사랑하며 프랑스를 위해 충성을 다할 것이라는 답변을 내놓았다. 그러나 1808년 3월에 나폴레옹은 유대인들의 지위를 규제하는 몇 가지 칙령을 공표했다.

나폴레옹의 의붓아들 외젠 드 보아르네. 나폴레옹은 조제핀과의 관계에 상관없이 외젠을 아꼈고 외젠도 나폴레옹에게 끝까지 충성을 바쳤다.

과 경비를 투입해 달라고 늘 요구했다. 뮈라는 거만하게도 나폴레옹과 완전히 대등한 독립 군주로 자처했기에 군대가 자신이 아니라 황제의 명령에 복종한다는 사실을 알고는 굴욕감을 느꼈다. 뮈라는 간교한 아내 카롤린이 날이 갈수록 혐오스러워 신경과민 상태에서 일했는데, 여자들과 놀 때가 아니면 경찰 보고서를 읽으며 밤을 새울 정도였다. 뮈라는 미국 선박들이 나폴리로 영국 제품을 밀수하도록 허용함으로써 대륙 봉쇄 체제를 노골적으로 위반해 황제를 따돌렸다. 뮈라는 1810년 가을 마침내 나폴레옹의 묵인 하에 시칠리아를 침공했으나, 충분히 예상할 수 있었듯이 참혹한 실패로 끝났다.

　뮈라의 흐리멍덩한 일처리는 프랑스령 이탈리아 부왕 외젠 드 보아르네가 전반적으로 좋은 실적을 거두면서 더욱 두드러졌다. 외젠은 밀라노에서 24개 도로 나뉜 지역을 관장했다. 북부 이탈리아에서 나폴레옹이 행한 혁신(나폴레옹은 세인트헬레나에서 이러한 혁신이 이탈리아 통일이라는 자신의 목표에 토대가 되었다고 주장했다)은 오스트리아인들이 해놓은 일들을 기반으로 삼아 이루어졌다. 북부 이탈리아에서 보나파르트에 대한 반대는 거의 없었고, 대지주들은 새 행정부의 직책들을 받아들였으며, 이탈리아를 양가죽과 쌀, 옥수수, 면, 설탕의 공급지이자 프랑스 공산품의 시장으로, 다시 말해 프랑스의 농업 기지로 쓰려는 황제의 계획을 진척시킬 수 있어서 행복했다. 진정한 반대는 나폴레옹이 필수적인 사회 부문을 모조리 소외시킨 로마에서 나왔다. 나폴레옹은 교황을 납치했을 뿐만 아니라 이혼제도를 도입해 성직자들을 당황하게 했고, 피우스 7세를 가혹하게 다루고 바티칸을 파리로 옮길 계획을 세워 귀족의 분노를 샀다. 또한 광범위한 지역에서 징병해 일반인들의 애정을 얻는 데 실패했고, 주교법정을 폐지해 부르주아, 특히 변호사들과 소원해졌다. 어쨌든 이 신생 중간계급은 교회와 옛 귀족에 너무 많이 의존했기에 그들과 관계를 단절할 수 없었다.

나폴레옹은 비록 로마에서는 아닐지언정 북부 이탈리아에서는 인기가 매우 높았는데 이것은 알프스와 관련된 문제로 보였다. 인기가 없던 헬베티아 공화국을 쓸어버리고 헬베티아 연방(스위스 연방)을 보호한 인물로서 스위스에서도 최고의 평가를 받았기 때문이다. 1803년의 중재법은 스위스 시민들 간에 거친 형태로나마 사회적 평등을 유지하게 해주고 주(canton)의 자치를 보존했다고 널리 인식되었다. 여기에 덧붙여 동맹조약을 통해 스위스 연방은 제국 내에서 적절한 지위를 부여받았다. 그러나 다른 곳과 마찬가지로 이곳에서도 황제는 대륙 봉쇄 체제 때문에 친구였던 사람들을 잃었다. 보나파르트에 반대하는 계층은 원래 오스트리아 편을 들었던 귀족에 국한되었으나 1807년 이후에는 대륙 봉쇄 체제의 영향으로 고통을 겪은 상인과 생산업자가 가세했다. 1810년에 프랑스가 발레 주를 병합하고 티치노 주를 점령하자 스위스인들은 프랑스와 더욱 멀어졌다. 게다가 알프스 문제가 있었다. 나폴레옹은 파리에서 토리노를 거쳐 제노바에 이르는 길의 축으로서 생플롱 고개보다 몽스니 고갯길을 더 좋아했다. 그래서 1807~1808년에 몽스니 고갯길을 지나는 교통량은 생플롱 고개의 교통량보다 4배가 많았다. 1810년 발레 주가 병합되어 세리의 업무가 단순해지면서 생플롱 길은 한층 더 중요해졌다. 스위스는 일리리아 병합 이후에야 알프스 통행량에서 자신들의 몫을 회복했다. 레반트 면화의 교역으로 몽스니 길이 곧 정체를 빚을 것이 명백했기에, 황제는 1811년 4월 12일 법령을 발해 교통량을 두 길로 분산시켰고 생플롱 고개에도 몽스니 고갯길과 동일한 권리를 부여했다.

나폴레옹 제국에서 또 다른 성공 이야기는 벨기에의 9개 도가 처한 운명이었다. 이전에 오스트리아 제국에 속했던 이 지역은 현대 벨기에의 핵심이 되었다. 국유재산 매각으로 형성된 자본은 나폴레옹의 거대한 내부 시장에 자극을 받아 벨기에의 공업화를 촉발했다. 특히 조선, 탄광, 면직물 산업이 두드러졌다. 부르주아가 나폴레옹에게 계속 충성한 것은 국유재산 매각과 그 결과 덕이었다. 기묘하게도 벨기에 농민 역시 보나파르트에게 우호적이었는데, 이것은 상당한 역사적 수수께끼이다. 지독한 교권주의자였던 농민들은 계속 교회에 충성했고 몰수된 교회 재산을 구입하지 않았으며 따라서 보나파르트파의 경제적 유대에 포함되지 않았기 때문이다.

홀란트는 사정이 달랐다. 나폴레옹의 동생 루이가 통치하던 홀란트 왕국은 벨기에가 나폴레옹에게 찬성했던 것만큼이나 나폴레옹에게 반대했다. 1810년 루이가 퇴위하게 된 데는 다음 세 가지 일이 특히 관련이 있었다. 우선 루이는 나폴레옹 법전을 현지 법률과 관습에 맞도록 조정하려 했는데, 애쓴 보람도 없이 나폴레옹으로부터 심한 질책을 당했다. 나폴레옹은 준엄하게 써 보냈다. "인구 180만 명의 국민이 별개의 법률을 가질 필요는 없다. 로마는 동맹국에 자국의 법을 주었다. 홀란트가 프랑스의 법을 채택하면 안 되는 이유가 무엇인가?" 루이가 네덜란드 교역을 망치지 않으려고 밀수를 묵인하고 그로써 홀란트를 대륙 봉쇄 체제의 약한 고리로 만들면서 일은 더욱 심각해졌다. 그러나 나폴레옹을 특별히 격노케 한 것은 루이가 1809년 7월 결국 실패로 끝난 영국군의 발헤런 침공에 제대로 대처하지 못한 것이었다. 1810년 3월 나폴레옹은 루이에게 라인 강 남쪽의 땅을 모두 제국의 직접 통치에 넘기라고 명령했다. 루이는 그러한 굴욕을 참을 수 없었기에 7월 1일 사임하여 선수를 쳤다.

루이를 처리한 방식을 보면 나폴레옹은 겉으로는 유럽 통합이라는 명분을 내세웠지만 근본적으로는 강압으로 자신의 의지를 실현할 수 있다고 믿었던 듯하다. 나폴레옹의 서신은 정당한 비난을 담고 있을 때조차 경멸을 내뿜었다. 황제는 온건한 통치를 주장하는 루이의 의견에 화를 냈고, 진정한 통치자는 신민을 힘으로 복종시켜야 한다고 주장했다. 한번은 루이가 명예와 정의, 품위라는 이상에 호소하자 나폴레옹은 이렇게 받아쳤다. "내게 꼭 너의 원칙들을 이렇게 훌륭하게 과시해야만 되겠어?" 나폴레옹은 잔인한 행동이라고 비난받은 것이 장기적으로는 여러 생명을 구했다고 반박하며 머뭇거리는 국민을 위협하는 데는 언제나 강경한 조치들이 효과적이라고 믿었으며, 나아가 조금이라도 피를 흘리는 것이 정치 체제에 유익하다고 암시하기도 했다. 1808년 초 형에게 보낸 편지에도 나폴레옹의 속내가 잘 드러난다. 당시 조제프는 아직 나폴리의 왕이었다. "나폴리가 봉기를 시도하기를 바랍니다. 일벌백계의 본보기를 보여주지 못한다면, 형은 그자들의 주인이 되지 못할 겁니다. 정복된 땅에서는 어디서나 봉기가 일어나야 합니다."

나폴레옹이 보인 권위주의적 태도는 부분적으로는 세상을 바라보는 타고난 시각의 반영이었으나, 가족이 자신과 의논하지 않고는 아무 일도 할 수 없도록 확실하게 조치하려는 것이기도 했다. 황제는 형제자매에게 공문서를 수십 통 보냈는데 그 서신들은 그럴싸하게 꾸미기는 했지만 어쨌든 잔소리였다. 조제프가 2년 동안 나폴리 왕으로 있을 때 나폴레옹은 왕국을 통치하는 방법을 자주 충고했다. 1806

년에 보낸 이 편지가 전형적인 예이다. "변화를 주어야 한다면 그렇게 하세요. 그렇지만 어쨌거나 나폴레옹 법전을 시행해야 합니다. 나폴레옹 법전은 형의 권력을 굳게 다질 것이며 일단 발효되면 권력을 기다리는 강력한 가문은 다 사라지고 형이 가신으로 삼고자 선택한 가문만 남을 겁니다. 내가 일이 그렇게 되도록 살피려고 늘…… 그토록 철저했던 것도 바로 이 때문입니다."

나폴레옹은 베스트팔렌의 왕이었던 제롬에게 이렇게 상세하게 지시를 내렸다.

인민은 복종에 익숙하니 네가 베푸는 은혜를 감사하는 마음으로 받아들일 것이라고 하는 자들의 말을 경청하지 마라. 베스트팔렌 왕국은 네가 듣는 것보다는 더 많이 계몽되어 있으며, 오직 인민의 신뢰와 애정만이 너의 왕위를 확고히 세울 것이다. 특히 독일에서는 귀족은 아니지만 재능이 있는 자들에게 관직에 오를 권리를 똑같이 부여하고 봉건제의 흔적과 주권자와 하층계급 사이의 장벽을 모조리 제거하는 것이 바람직하다. 너의 왕국은 나폴레옹 법전과 공개 법정의 소송 절차, 배심의 혜택으로 돋보여야 한다. …… 너의 인민은 독일의 다른 지역에서는 모르는 자유와 평등, 번영을 누려야만 한다.

그러나 1809년에 제롬에 대한 나폴레옹의 인내심은 점점 더 줄었고 냉혹한 태도가 뚜렷해졌다. "베스트팔렌 주민이 동의하지 않는다고 말하다니 참으로 우습구나. …… 자신들의 복지에 도움이 되는 것을 거부하는 자들은 무정부주의의 죄를 저지른 것이며, 군주의 첫번째 임무는 그들을 처벌하는 것이다."

나폴레옹 제국이 던져준 수많은 문제들 중에서 핵심적인 것으로 네 가지를 고를 수 있다. 제국은 황제가 자랑했듯이 동질적 원칙들에

의해 운영되었는가? 제국은 대혁명의 이상 또는 평등주의의 이상에 찬동했는가? 제국에 찬성한 사람들은 누구이고 반대한 사람들은 누구인가? 제국은 유럽 통합의 시험 버전이었는가, 아니면 거대한 전리품 분배 체제였는가?

모든 나폴레옹 신화 중에서 가장 매력적인 것은 나폴레옹이 직접 조장한 것으로서 모든 국가가 평화롭게 연합하는 범유럽동맹이라는 고귀한 이상이 자신의 목적이라는 것이었다. 나폴레옹은 쌍둥이 악마, 즉 반동적인 군주국들의 증오와 "비천한 물질주의적 동인에 의해서만 움직이는 해적"인 영국의 질투가 이 기획을 망쳤다고 주장했다. 사실 나폴레옹의 유럽과 진정한 연방주의 사이에는 아무런 공통점도 없었다. 나폴레옹의 유럽은, 언제나 프랑스의 이익에 종속된 위성국가들의 집합체였다. 이것이 제국을 괴롭힌 모든 위기와 형제자매들 사이에서 일어난 모든 싸움을 설명하는 핵심 '모순'이었다. 나폴레옹의 형제자매들 중에는 통치자로서 신민의 이익을 대변하려 한 이들이 있었으나, 나폴레옹은 이들이 언제나 프랑스를 우선시하리라는 매우 다른 생각에서 왕위를 나누어주었기에 그런 기대를 꺾었다.

나폴레옹 제국의 이질성은 황제를 실망시킨 왕들, 위성국가들 내에서 보나파르트 지지자들의 이익과 감정을 해치지 말아야 할 필요성, 강력한 지역 문화와 풍속에 대한 존중, 황제 자신의 군사적 규범 등 여러 가지가 얽힌 결과였다. 조화와 통합의 정도는 통합된 국가(pays réunis)에서 가장 높았고 동맹국(pays alliés)에서 가장 낮았다. 피정복 국가(pays conquis)들은 뒤죽박죽으로 고르지 못한 모습을 보였다. 이론상 제국은 나폴레옹 법전과 계몽주의 개혁으로 통합되어 있으리라는 기대를 받았다. 나폴레옹이 임명한 몇몇 지사들이 새로운 영농 기술, 새로운 작물, 품종 개량된 가축을 도입하고 습지 개간 사업을 벌이고 홍수 방지용 제방을 건설하는 등 개혁을 실행한 것은 사실이다. 예를 들면 로마에서는 투르농 백작(Camille de Tournon-

Simiane, 1778~1833)이 로마 지사로서(1809년 9월 6일부터 1814년 1월 19일까지 재직했다) 감옥과 병원을 개혁했고 면공업을 장려했으며 폰티노 습지 일부를 개간했다.

그러나 프랑스가 제국의 행정에 끼친 영향은 표면적이었다. 위성 국가들은 도(道)와 지사 제도를 도입해 프랑스의 모범을 따랐으며, 세습 지위가 아니라 토지 재산을 정치 권력의 기반으로 하는 '명사' 제도도 모방했다. 그러나 대체로 현지 부르주아는 나폴레옹 법전의 완전한 이행에 반대했다. 이에 대해 프랑스 관료들은 대부분 현지 세력에 굴복했으며 위반 행위를 묵인했다. 베스트팔렌에서 제롬은 가신들에게 귀족을 회유하도록 허용했으나 나폴레옹에게 쫓겨날 때에도 관료들을 바꾸지 않았다. 나폴리에서는 프랑스의 이익과 현지 부르주아의 이익이 충돌한 까닭에 나폴레옹 법전이 부분적으로만 도입되었다. 이른바 단일세율 과세 제도는 현지 부르주아가 그 이외에 다른 어떤 것도 용인하지 않으려 했기에 필연적으로 그렇게 될 수밖에 없었다. 루이는 좀 더 누진적인 형태로 세금을 거두려 했으나 유산계급의 반대 때문에 곧 계획을 보류해야 했다.

일반적으로 제시된 '통합' 방법은 나폴레옹 법전과 여타 통일 구호에 말로만 찬성하고 지역적 해결책을 모색하는 것이었다. 이런 방식은 때로 옛것과 새것이 뒤섞이는 결과를 낳았다. 예를 들면 아라곤에서는 부지사가 코레히도르*라는 옛 직함을 보유했다. 좀 더 자주 쓰인 해결책은 20세기 라틴아메리카의 경험에 익숙한 것으로서 정교한 공식 헌법이었는데, 이는 체계적으로 무시당했다. 황제는 서로 다른 많은 헌법들에 의해 탄생한 선출 의회들이 그저 잡담을 나누는 곳이 되도록 했을 뿐이다.

동질성과 통합에 대한 나폴레옹의 태도에는 교조적 독단론과 융

코레히도르(corregidor) 지방의 행정과 사법을 담당한 관리. 14세기에 카스티야에서 처음 임명되었으며 1833년에 완전히 폐지되었다.

통성이 기묘하게 뒤섞여 있었다. 나폴레옹은 언제나 문화적 차이를 참지 못했으며, 시간이 흐르면서 나폴레옹 법전과 기타 획일적 개혁들을 더욱 단호하게 강요하려 했다. 예를 들어 일리리아는 종교적으로 매우 신실한 국가로서 본질적으로 여전히 중세에 머물렀으나, 황제는 성직자의 도움을 받지 않고, 심지어 성직자의 반대를 무릅쓰고 일리리아를 통치하려 했다. 10년 전에 뢰데레에게 다음과 같이 자신이 얼마나 융통성 있는 인물인지 말했던 그 사람은 1810년 무렵이면 전혀 찾아볼 수 없었다. "내가 방데에서 전쟁을 끝낸 것은 가톨릭교회를 내 편으로 만들었기 때문이며, 이집트에서 안정되게 자리를 잡은 것은 무슬림을 내 편으로 만든 덕분이었고, 이탈리아인들의 마음을 얻은 것은 교황권 지상주의자들을 내 편으로 만든 덕이었다."

그러나 나폴레옹은 군사적 이해관계가 걸린 문제에서는 언제나 유연하게 처신할 준비가 되어 있었다. 명백한 사례는 폴란드에서 볼 수 있다. 전통적 엘리트의 지지가 필요했던 나폴레옹은 봉건적 특권을 폐지하려는 시도조차 보이지 않았다. 에스파냐에서 개혁과 군사적으로 절박한 사정이 충돌했을 때 승리한 것은 언제나 후자였다. 개혁 자체가 어차피 군사적 고려에서 탄생했다고 주장할 수도 있다. 나폴레옹의 목적은 구체제 적들보다 더 빠르게 전비를 마련하는 것이었다. 적들은 교회와 귀족, 자치도시, 기타 여러 단체에 세금과 의무를 면하게 해준 규제 때문에 구속을 받았다. 나폴레옹 제국에서 개혁은 나폴레옹의 군사적 목적에 들어맞거나 부르주아의 동의를 받을 때만 실현되었다. 부르주아는 경제적 이해관계가 수반되지 않은 경우에도 종종 개혁에 동의했다.

통합의 논리는 통합된 국가(pays réunis)와 피정복 국가(pays conquis)에서 나폴레옹을 병합 쪽으로 이끌었다. 나폴레옹은 점령한 영토를 지사들을 통해 직접 통치할 수 없었기 때문에 형제자매를 왕이나 통치자로 앉혀 통제하려 했다. 나아가 프랑스의 충성스러운 관리들로 가족의 궁정을 구속했다. 나폴리에는 뢰데레가, 베르크에는 뵈뇨가, 베스트팔렌에는 시메온이 있었다. 황제는 특히 나폴리의 뒤마와 베스트팔렌의 데브처럼 총애하는 장군을 육군장관으로 붙여주기를 좋아했다. 다른 책략은 원수들을 사실상의 총독으로 쓰는 것이었다. 다부는 폴란드, 수셰는 아라곤, 마르몽은 일리리아에서 바로 그런 역할을 수행했다.

동맹국(위성국가) 문제는 다루기가 더 힘들었다. 대사들을 통해 압력을 가하는 방법 이외에 달리 할 수 있는 일이 없었기 때문이다. 이 점에서 두드러진 인물은 프랑크푸르트의 에두빌, 드레스덴의 부르주앵, 바르샤바의 비뇽이었다. 작센의 프리드리히 아우구스투스는 나폴레옹 체제에 '취사선택'의 태도를 취해 각별히 독립성을 과시했다. 프리드리히 아우구스투스는 국가의 힘을 키우고자 중앙 집권을 지지했으나, 허울뿐인 의회와 대의제 원리는 대체로 받아들이지 못했다. 작센은 또한 독일의 다른 곳에 지사/도(道) 제도의 요소가 도입되었는데도 구체제의 제도들을 유지했다. 독일 문제에서 진짜 암초는 나폴레옹에게 현지 엘리트의 지지가 필요했기에 그들의 반대를 무릅쓰고 개혁을 진척시킬 수 없다는 것이었다.

영국 중심적인 시각에서 쓰인 역사를 보면 나폴레옹이 주력 부대로 제국을 억눌렀으며 종속국이나 위성국가에서 협력자를 찾지 못했다는 인상을 때때로 받는다. 이보다 더 진실에서 먼 얘기는 없다. 확대된 제국에는 보나파르트파 지지자들이 확실히 폭넓게 존재했다. 우선 옛 엘리트 계층은 나폴레옹이 자신들의 권력을 보존해줄 것으로 기대했다. 이들이 프랑스에 맞서 '인민의 전쟁' 같은 비현실적인 일을 일으키려 했다면, 그들의 특권은 회오리바람에 사라지듯 눈 깜짝할 사이에 제거되었을 것이다. 심지어 에스파냐에서도 보나파르트파는 지지를 받았고 고관들이 조제프를 후원했는데 그 이유도 여기에 있다. 많은 이달고와 아프란세사도* 부르주아는 봉기가 나폴레옹에 대한 공격인 동시에 계몽사상에 대한 공격이라고 생각했다. 나폴레옹과 옛 엘리트 계층 사이에는 일종의 이데올로기적 조화도 존재했다. 나폴레옹 제국이 군주제적 절대주의와 중앙집권으로의 회귀, 나아가 교회에 대한 공격을 대표했기 때문이다. 절대주의에 찬동하는 정치인들과 관료들은 위성국가의 행정부에서 만족스럽게 일했다. 나폴레옹은 특히 알렉산드로스 대왕의 방식처럼 옛 엘리트와 새로운 엘리트를 융합하려는 계획을 진전시키는 협력을 환영했다.

그러나 지적인 중간계급이 나폴레옹을 지지한 곳이 에스파냐만은 아니었다. 바이에른의 영향력 있는 관료들과 부르주아 중에는 거세지는 독일 민족주의의 물결은 특권을 되찾으려는 귀족의 음모일 뿐이라는 견해를 지닌 이들이 있었다. 특히 막시밀리안 폰 몬트겔라스* 가 두드러졌다. 통일된 이탈리아를 원했던 자들처럼 독립 국가를 갈망했던 폴란드 민족주의자들도 나폴레옹을 지지했다. 헝가리가 오스트리아에서 독립해야 한다고 선동하는 사람들과 나폴레옹 사이에는 긴밀하게 유대가 있었으며, 그리스와 루마니아에서는 나폴레옹이 오스만제국에서 벗어나려는 독립 투쟁을 지지해서 영웅 대접을 받았다. 어떤 이탈리아인 장교는 이른바 협력을 통한 해방을 이렇게 잘 요약했다. "누구의 야심을 채워주든 무슨 상관인가? 전쟁하는 법을 배우는 것이 큰 목표여야 한다. 그것만이 우리를 자유롭게 해줄 기술이다."

나폴레옹은 신흥 자본가 계급에게도 매우 유용한 협력자로 여겨졌다. 부르주아 기업가들에게 제국은 최대한의 기회와 최소한의 위험이 결합한 금광이었다. 급격한 변화의 시대와 국유재산 매각 덕분에 무

아프란세사도(Afrancesado) 에스파냐어로 '친프랑스파' 정도의 뜻. 에스파냐와 포르투갈에서 계몽사상과 자유주의, 프랑스 혁명을 옹호하는 자들을 지칭하는 말. 이들은 프랑스의 이베리아 반도 점령과 프랑스 제1제정을 지지했다.
막시밀리안 폰 몬트겔라스(Maximilian Josef Garnerin von Montgelas, 1759~1838) 사보이아 귀족 가문 출신의 바이에른 정치가. 1799년에서 1817년까지 바이에른 총리를 지냈다.

수한 사업 기회가 만들어졌을 뿐 아니라, 나폴레옹 전쟁에서는 무기부터 군량 공급까지 온갖 부문에서 막대한 부를 쌓을 수 있었다. 중앙에 집중된 행정과 효율적인 경찰이 결합해 투자자들이 전통적으로 좋아하는 확실성과 예측 가능성을 제공했다. 나폴레옹 군대에 많았던 자코뱅과 자유사상가들(freethinker)은 신흥 자본가 계급의 이데올로기인 프리메이슨주의를 유럽 전역에 급속히 퍼뜨렸다.

그렇지만 '누구도 만족시키지 못한 제국'이라는 전통적 해석에는 오해의 소지가 있긴 하지만 일말의 진실이 담겨 있다. 저항과 불만을 드러내는 행위는 성격상 적극적이거나 수동적인 동의보다 더 큰 충격을 가하게 마련이다. 그러나 무장 저항의 수준은 낮았다. 에스파냐를 제외하면 프랑스의 권위에 심각하게 도전한 반란은 겨우 두 차례뿐이었는데 칼라브리아와 티롤 지방에서 일어났다. 두 지역에 군사 동원과 국민방위대의 오랜 전통이 있음을 눈여겨보아야 한다. 결국 뮈라가 가혹한 조치를 쓰지 않을 수 없도록 만들었던 칼라브리아의 반란은 산적 무리의 외국인 혐오와 시칠리아를 기반으로 활동하는 영국군의 선동이 뒤섞인 결과였다. 나폴레옹의 오랜 적 시드니 스미스가 이 일에 관여했다. 티롤 지방의 반란은 농민 반란처럼 보였으나 경제 문제로 일어난 폭동을 넘어서는 것으로 드러났다. 티롤의 반란은 가톨릭 세계이자 외국인 혐오와 반유대주의의 세계였던 이른바 티롤의 황금기를 되찾는 독립 운동을 지향했다. 한마디로 말해 고전적인 반혁명 운동이었던 것이다. 시드니 스미스가 칼라브리아에서 맡았던 선동가 역할을 이곳에서는 오스트리아의 요한 대공이 차지했다. 그러나 요한 대공은 티롤의 독립을 수용할 의사가 눈곱만큼도 없었다.

다른 곳에서는 불만이 강도 행각이나 탈영, 무단 이탈의 형태를 띠거나 더 낮은 수준으로 불평과 따돌림, 폭동의 형태로 나타났다. 나폴레옹의 공식 신민이나 비공식 신민이 제국에 불만을 품을 이유는 매우 많았다. 끝을 모르는 인력 요구가 필시 가장 중요한 불만의 씨 앗이었을 것이다. 인력 요구는 강압적인 징병 정책으로 이어졌기 때문 이다. 나폴레옹은 통치 초기에 인구 변동이 자기편이라고 자랑했다. 1789년에 2800만 프랑스 주민 중 4분의 3이 마흔 살 아래였고, 따라서 징집할 수 있는 남성의 숫자에 한계가 없었기 때문이다. 프랑스에서 는 남성 인구의 7퍼센트만 징집되었으나(1914~1918년의 36퍼센트와 대 조된다) 이 수치도 인민의 인식 속에서는 보편적인 소집과 같았다.

제국의 다른 곳에서는 그 비율이 더 높았다. 모든 동맹국은 인구 비례에 따라 그랑다르메에 분견대를 제공할 의무가 있었으나, 1808 년에서 1812년 사이에 나폴레옹은 점점 더 많은 병력을 요구했다. 베 스트팔렌이 제공한 병력의 수치가 좋은 사례이다. 1808년에 보병 16 개 대대, 기병 12개 대대, 포병 3개 중대를 파견했는데, 1812년에는 각 각 29개, 28개, 6개였다. 제국의 다른 곳도 동일한 추세를 보여준다. 바르샤바 대공국은 1808년에 보병 36개 대대, 기병 26개 대대, 포병 12개 중대를 제공했으며, 이 수치는 1812년에 각각 60개, 70개, 12개 로 증가했다. 뷔르템베르크에서는 이에 대응하는 숫자가 1808년 12, 12, 3에서 1812년 20, 23, 6으로 늘어났다. 제국은 정규군에 더해 의용 군과 국민방위대를 징집해 공급해야 했다. 나폴레옹 전쟁이 절정에 이른 1812년에 제국에서 공급한 정규군은 이탈리아 12만 1천 명, 바 이에른 11만 명(애초에 약속된 숫자는 3만 명이었다), 바르샤바 대공국 8 만 9천 명, 작센 6만 6천 명, 베스트팔렌 5만 2천 명, 베르크 13,200명 이었다. 그랑다르메에 복무하던 외국인 징집병 숫자는(꼭 같은 시기는 아니다) 최소 72만 명이었고, 몇몇 전문가는 거의 100만 명에 달했을 것으로 믿는다.

이 엄청난 징병 수준에 개인과 집단이 모두 분개했다. 사람들은 군 복무자의 생존 가능성이 크지 않다는 점을 깨달았다. 5만 2천 명 의 베스트팔렌 군대에서 겨우 1만 8천 명이 살아남았고, 2만 9천 명

규모의 바덴 출신 분견대에서는 1만 7천 명만 생존했다. 또한 징집된 남자들의 아내와 가족은 생활고에 시달렸다. 아버지가 징집되면서 가난 때문에 범죄자가 된 청년들이 처벌의 일환으로 강제로 사병으로 복무하게 되는 악순환이 이어졌다. 집단적으로는 제국의 각 지역이 군대를 유지하는 막대한 비용을 감당해야 했다. 나폴레옹은 전비를 전쟁 자체에서 충당하겠노라고 프랑스에 약속했지만 위성국가들에는 그 약속을 하지 않았고, 어쨌든 자금을 자체로 조달하는 전쟁이라는 나폴레옹의 전술이 언제나 유효하지는 않았다. 특히 에스파냐와 러시아에서 그런 현상이 두드러졌다. 1807년 전쟁 후 점령당한 포르투갈은 배상금 1억 프랑을 물어야 했으나 700만 프랑밖에 지불하지 못했다.

　나폴레옹은 군대를 유지하기 위해 적자 재정을 감행할 수밖에 없었다. 군비 지출은 1806년에 프랑스 총예산의 40퍼센트까지 올라갔고 1813년에는 58퍼센트까지 올라갔다. 나폴레옹이 원칙적으로 국채에 반대하고 경화 사용을 엄격히 강요한 경제에서, 전쟁은 심각한 통화 수축 현상을 불러오게 되어 있었다. 1805~1807년과 1811~1814년에 닥친 경제 위기의 밑바탕에는 이런 이유가 깊이 숨어 있었다. 1805년 나폴레옹은 예견되는 내부 불만을 누그러뜨리고자 특별기금을 설치했다. 기금은 점령국 재무관 다뤼의 책임 아래 라부이예리가 관리했다. 이 기금은 1805년에서 1809년 사이 7억 3400만 프랑을 거두었다는 주장이 있다. 1810년 나폴레옹은 전쟁에 더 많은 돈이 필요해지자 특별기금을 공식화하여, 1월 30일 원로원의 결의로 특별전용기금을 설치했다. 이 기금은 황제만 쓸 수 있었고 법령으로써 그랑다르메비용을 보조하는 데만 써야 했다. 충격을 줄이고자 특별전용기금을 군대와 행정관서의 업적을 포상하고 공공사업과 예술을 장려하는 데에도 쓸 수 있다고 공표했다.

　군비 지출이 총예산의 80퍼센트라는 아찔한 수준에 이른 위성국가들은 재정 상황이 더 열악했다. 나폴레옹은 총예산이 3400만 프랑 밖에 되지 않는 베스트팔렌 왕국에 군대에 쓸 비용으로 분담금 3100만 프랑과 유지비 1150만 프랑을 부과했다. 재정 합리화와 그 결과 얻은 세입 증대가 단순히 군대에 허비되었다는 것은 역설이 아닐 수 없다. 나폴레옹의 과도한 조세 요구는 토지 등기와 징수 방법, 회계 기법의 효율성 제고와 나란히 진행되었다. 조세 수입은 베르크에서 1808년에서 1813년 사이에 3배로 늘었고, 나폴리에서는 뮈라가 즉위한 뒤 3년 동안 50퍼센트가 증가했다. 이 모든 일이 대륙 봉쇄 체제가 현지 경제를 잠식하는 시기에 일어났다. 홀란트에서는 1805년에 3천만 플로린이었던 조세 수입이 1809년에는 5천만 플로린으로 증가했고, 그밖에도 1807년에는 별도의 공채 매입이 강요되었다. 나폴레옹은 1810년 홀란트를 병합했을 때 국가 채무의 3분의 2를 청산함으로써 강요에 못 이겨 공채를 매입했던 부르주아를 무일푼으로 만들어 버렸다.

마지못해 징집된 자국 출신 군대에 필요한 총비용에 이어 프랑스 바깥에 주둔하는 프랑스 부대의 비용까지 대야 하는 상황은 위성국가들을 파산으로 몰고갔다. 이탈리아 왕국의 채무는 1805년에서 1811년 사이에 100만 리라에서 500만 리라로 늘어났고, 바르샤바 대공국의 채무는 1807년에서 1811년 사이에 세 곱절로 뛰었다. 1811년 11월 3만 5천 명의 프랑스군 주둔 비용까지 대는 '특권'을 추가로 누린 불운한 베스트팔렌 왕국의 채무는 6천만 프랑에서 2억 프랑 이상으로 급증했다. 나폴레옹에게 강탈당했을 뿐만 아니라 동생인 제롬 왕이 미친 듯이 돈을 낭비했기 때문이다.

나폴레옹이 몇몇 '편애'하는 동맹국들에만 그토록 가혹한 재정적 형벌을 내린 것은 아니다. 나폴레옹에 맞서 싸운 나라들은 전쟁 배상금으로 터무니없는 액수를 지불했다. 오스트리아는 1805년과 1809년에 잘못 판단한 전쟁 때문에 3억 5천만 프랑을 빼앗겼고, 프로이센은 예나의 재앙 같은 실수로 5억 1500만 프랑을 토해내야 했으며, 프로이센의 속령 하노버는 5천만 프랑을 지불해야 했다. 1808년 이후 에스파냐에서 자금을 뽑아내는 일은 큰 사업이었다. 1810년 서부 카스티야는 여섯 달 만에 분담금 800만 프랑을 납부했다. 또한 점령된 지역들은 중요한 물적 자원도 빼앗겼다. 1806년에 프로이센은 말 4만필을 잃었고, 작센은 대포와 탄약, 비축한 군수품을 죄다 포기해야 했다.

징병과 조세라는 쌍둥이 악마는 여기서 멈추지 않았다. 외국 영토에 주둔한 프랑스 병사들은 현지에서 자급자족했는데, 이는 대규모 약탈을 완곡하게 표현한 것일 뿐이었다. 프랑스 군대의 주둔 비용은 너무나 막대해 많은 시민이 차라리 집을 버리고 떠났다. 프랑스 병사들의 상당수가 징역형 대신 군 복무를 선택한 강간범과 살인범이었는데 현지 여성들을 마음대로 골라 유린했다. 순전한 강간이 있었고, 성매매가 있었으며, 농촌 소녀들과 여타 여성들이 장교들과 함께 사라져 부대의 꼬리*가 되는 현상이 나타났다. 어느 프랑스군 병사는 이렇게 기록했다. "그 사람들은 우리가 지난 20년 동안 자신들의 눈 앞에서 아내와 딸을 능욕한 일을 용서할 수 없을 것이다."

징병, 세금, 추가 부담금, 보나파르트 가족이 왕으로서 늘린 국가채무, 일반 병사들의 약탈, 경제의 붕괴와 혼란, 반교권적 프리메이슨 병사들이 촉발한 가톨릭의 반격, 원초적인 민족주의를 태동시킨 현지의 문화와 전통, 민속에 대한 모욕…… 불만의 원천을 나열한 이 긴 목록으로도 나폴레옹 제국의 소외 효과를 다 논하지는 못한다. 나폴레옹은 자신의 이른바 통합된 유럽을 거대한 전리품 분배 체제로 관리했는데, 이것이 결정적이었다. 심한 압박을 받는 위성국가들의 빈약한 세입 기반은 황제로부터 은전을 받는 자들을 위해 챙겨

부대의 꼬리 상인, 수공업자, 마부, 군인의 아내와 첩, 아이들, 매춘부 등 전쟁에서 부대를 따라 다니던 사람들.

둔 재산 때문에 더욱 위축되었다.

　나폴레옹이 원수들에게 할당한 직함과 은전은 위성국가나 병합된 국가에만 있었지 프랑스 내부에는 없었다. 한편으로는 프랑스 납세자들과의 관계를 신중히 고려했기 때문이었고, 다른 한편으로는 장군들에게 '자연 국경' 너머에서 싸울 강력한 동기를 부여하려는 조치였다. 황제는 다음과 같이 노골적으로 자랑했다. "내가 왕국들을 정복한 이유는…… 프랑스의 이익에 봉사하기 위함이요 프랑스를 위해 일하는 나를 돕기 위함이었다." 나폴레옹이 위성국가들을 뻔뻔하게 착취했음은 한 가지 명백한 사실에서 드러난다. 모든 국가 세입의 첫 번째 몫은 원수들과 은전을 받는 자들의 수입으로 들어갔다.

　나폴레옹이 제국을 사적으로 운영하려 했다는 사실도 분명하다. 가신들과 은전 체계를 직접 통제했기 때문이다. 나폴레옹은 책상 모퉁이에 이름과 액수가 적힌 회계장부 두 권을 두었다. 부리엔과 메느발에 이어 황제의 비서가 된 팽 남작*은 회고록에서, 제국의 착취 체제에서 어떻게 자기 몫을 챙겼는지 말한다. 나폴레옹은 장부 내용을 훑어보며 누가 무엇을 차지했는지 쉽게 떠올렸다. 그리고 어느 항목에서 멈춰 뚫어지게 쳐다보았다. "이런, 자네 몫을 찾았어. 여기 있군! 포메라니아에서 1만 프랑! 내가 비서들을 잊었다는 말은 듣지 않도록 하게."

　1814년이면 나폴레옹은 연간 4,994명에게 3천만 프랑에 가까운 하사금을 내렸다. 액수의 절반은 장군 824명에게 돌아갔다. 운 좋은 연금 수령자들 중에도 특전을 누린 수혜자들이 있었다. 폴린, 다부, 네, 베르티에와 486명의 총신(전체의 10퍼센트)은 2400만 프랑, 즉 총액의 80퍼센트를 받았던 것이다. 예를 들어 베르티에는 뇌샤텔 공이 되었는데, 그곳을 한 번도 방문한 적이 없는데도 1806년에서 1813년까지

팽 남작(Agathon Jean François Fain, 1778~1837) 프랑스 역사가. 책과 회고록으로 나폴레옹 시대에 관한 귀중한 자료를 남겼다.

7년 동안 공국의 총수입 중 절반을 가져갔다. 베르티에는 1809년 오스트리아와 결정적 전투를 치른 후 바그람 공이 되어 25만 프랑을 더 받아 연간 총수입이 130만 프랑이 되었다.

원수들의 탐욕은 그래도 만족을 몰랐다. 최악의 범죄자들은 오주로, 술트, 마세나, 빅토르였다. 오주로는 한번은 이탈리아의 어느 전당포로 성큼성큼 들어가 주머니를 보석으로 가득 채웠다. 나폴레옹은 이런 이야기를 보고받았을 때, 제기된 비판들을 냉소적으로 무시해버렸다. "돈 밝히는 장군들 얘기는 그만두게나. 내가 아일라우 전투에서 승리한 것은 그 사람들 덕이니까. 네는 돈을 더 많이 챙기려고 엘빙*까지 가려 했지."

나폴레옹은 원수들의 기강을 잡기를 거부했고, 그 결과는 뻔했다. 이집트에서 에스파냐에 이르는 광대한 지역에서 미술품들이 약탈당했다. 그림 일부는 루브르 박물관으로 들어갔지만, 대부분은 개인 소장품이 되었다. 술트는 150만 프랑에 해당하는 그림들을 착복했고, 나폴레옹은 조제핀이 고를 수 있도록 많은 품목을 숨겨 두었으며, 귀중한 유물 수백 점이 국가 경매에서 팔려나갔다. 약탈자들은 상습적으로 황제에게 거짓말을 했다. 1806년 12월 헤센다름슈타트의 프랑스 군사 총독 라그랑주 장군(Joseph Lagrange, 1763~1836)은 프로이센을 후원하는 실수를 저지른 헤센 백작의 보물을 발견했다. 이름난 구두쇠였던 백작이 수년 동안 힘들게 모은 물품은 모두 1900만 프랑어치였다. 라그랑주는 헤센 백작으로부터 100만 프랑의 뇌물을 받고는, 800만 프랑에 해당하는 물품만 발견되었다고 보고서를 날조했다. 채권과 어음, 현금 상환권, 저당권 서류 등 나머지 1천만 프랑은 망명한 헤센 백작이 몰래 반출해 썼다.

나폴레옹은 수하들의 개인적 부패가 대륙 봉쇄 체제를 위험에 빠

엘빙(Elbing) 한때 프로이센 땅이었던 폴란드의 엘블롱크.

뜨릴 때에만 단호히 대처했다. 함부르크의 프랑스 공사 부리엔은 1807년 8월에서 1810년 12월까지 불법으로 수입된 상품의 수출 허가서 15만 건을 물품 가격의 0.25퍼센트와 0.5퍼센트에 팔아먹었다. 부리엔은 이 사기 행각으로 100만 프랑이 넘는 돈을 챙겼는데, 이는 연간 6천만 프랑에서 1억 2천만 프랑에 해당하는 물품이 수출되었음을 뜻했다. 1810년의 법령이 발포된 이후에도 독일과 스위스, 오스트리아에서 식민지의 면, 설탕, 커피가 파리보다 낮은 가격으로 유통된다는 사실은 대단히 놀라운 일이었다. 비열한 부리엔은 독직 행위로 소환되어 벌금을 물자, 이미 한 차례 횡령을 용서받은 사실을 잊은 채 황제의 '배은망덕'에 불평을 했고 부르봉 왕실의 비밀 첩자가 되었다.

많은 평자들은 제국이 바위처럼 견고해 보이던 바로 그 순간에 나폴레옹이 오만하게도 에스파냐에서 모험에 착수한 것을 두고 한마디씩 했다. 반면 그 그림의 객관적인 측면은 그만큼 주목받지 못했다. 나폴레옹은 그때까지 자신에게 유리하게 돌아가던 경제적, 인구적, 심리적 요인들이 역전되고 있던 바로 그 순간에 새로이 비현실적인 모험에 착수했던 것이다. 그랑다르메의 에토스는 혁명적 덕성에서 개인의 이익과 출세로 바뀌어 사기와 단결심이 바닥에 떨어지는 결과를 낳았다. 한때 장엄했던 군대는 1807년 이후 장비가 부족하고 장교의 지휘가 엉망이고 기강이 무너졌다. 원수 대부분이 군사적으로 무능하다는 사실이 점점 더 명확해졌다. 나폴레옹은 훌륭했던 드제를 잃은 것을 자주 한탄했다. 인력은 고갈되었고, 1807년 이후 전투의 승패는 이제 프랑스에 유리하지 않았다. 1807년 이후 징집된 병사들은 경험이 부족하고 사기가 낮았는데(가장 단순하게 보자면 프랑스에서 멀리 떨어진 곳에서 국민의 이익과 무관해 보이는 전쟁을 해야만 했던 결과였다) 이것은 군대가 1796~1805년처럼 강력한 무기가 아님을 뜻했다. 그 결과 포화 세례를 받으며 작전을 수행하는 것은 가능하지 않았고 따라서 전상자도 더 많았다.

특히 자금 문제가 황제를 괴롭혔다. 1806년 10월 1일에서 1808년 10월 15일까지 나폴레옹의 장부를 검토해보면 재정 상태는 건전했다. 특별세로 3억 1166만 2천 프랑, 재산세로 7966만 7천 프랑, 국고의 저당권 소멸로 1617만 2천 프랑의 수입을 올렸다. 게다가 프로이센으로부터 기병 4만 명과 다른 보급품과 함께 6억 프랑의 막대한 전쟁배상금을 받았다. 같은 기간 그랑다르메의 지출은 2억 1287만 9,335 프랑이었다. 그러므로 프로이센과 폴란드에서 오래 끈 전쟁 비용으로 프랑스 납세자는 한 푼도 내지 않았다. 그러나 복수가 시작되면서 상황이 바뀔 시간이 다가오고 있었다. 1809년 초 나폴레옹 제국은 여전히 안전해 보였으나, 돌이켜보면 나폴레옹은 이미 벼랑 끝에 서 있었다.

나폴레옹은 무의식적으로는 이러한 사태를 깨달았을지도 모른다. 운명이 내리막길을 걷기 전에 건강이 먼저 쇠했기 때문이다. 그 시점은 1808년으로 잡을 수 있다. 안색이 거칠어지고 몸이 비대해지고 배가 나오고 얼굴에서 기민함이 사라졌으며 목소리는 당당함을 잃었다. 1808년 바욘에서 겪은 위경련과 1809년 5월 빈에서 앓은 습진은 병약한 말년을 가리키는 표지였다. 마치 거인이 일생의 역작이 헝클어질 것을 예상하며 무너지기 시작하는 것 같았다.

20장

이베리아 반도 전쟁
게릴라와 웰링턴의 협공

나폴레옹은 에스파냐를 떠날 때 오스트리아인들을 처리하는 즉시 돌아오겠다고 조제프를 안심시켰다. 그뿐 아니라 입법원에 이렇게 호언장담했다. "내가 피레네 산맥 너머에 나타나면 겁먹은 표범(영국)은 수치와 패배와 죽음을 모면하려고 대서양으로 빠져나가려 할 것이다. 나의 군대가 거두는 승리는 선한 정신이 악한 정신을 이기는 승리가 될 것이다." 그러나 나폴레옹은 에스파냐로 돌아가지 않았고 군사적 상황이 나빠지는데도 합당한 이유 없이 2년 넘게 프랑스에 머물렀다. 어떻게 설명해야 할까?

흔히 제시되는 설명은 나폴레옹이 에스파냐를 부차적 무대로 여겼고 아무 때라도 돌아가기만 하면 승리는 따놓은 당상이라고 생각했다는 것이다. 역시 표면적으로 본 것이지만, 1809년 봄 에스파냐의 상황은 매우 조짐이 좋아 보였다. 영국은 쫓겨났으며, 마드리드를 되찾았고, 사라고사 포위 공격도 방어군에 4만 명의 사상자를 안기며 성공리에 완수했다. 그러나 나폴레옹이 에스파냐로 돌아가지 않은 진정한 이유는 나폴레옹 자신의 위신에 있다고 믿을 만한 근거가 충분하다. 적어도 나폴레옹은 에스파냐에 주둔한 군대의 문제점들을 모르지는 않았을 것이다. 그렇지만 어떻게 자기 위신의 추락을 감수하면서 병력을 당장 철수할 수 있었겠는가?

에스파냐를 굴복시키려면 엄청난 대군이 필요했지만 그런 군대는 현지에서 기식할 수도 없었고 피레네 산맥을 넘는 도로의 상태가 몹시 열악해서 물자를 보급할 수도 없었다. 나폴레옹의 문제는 바로 여기에 있었다. 설사 어찌어찌 해서 물자를 보급한다 해도 프랑스 재정이 고갈되는 것은 받아들일 수 없었다. 그때까지 나폴레옹은 차근차근 성공을 쌓아올릴 수 있었다. 기습 공격에 마구잡이 약탈이 뒤를 이었고, 이는 다시 더 많은 군대와 더 많은 기습전, 더 많은 약탈에 필요한 비용을 댔고, 이러한 순환이 계속되었다. 그러나 에스파냐에서 프랑스군은 전투에서 승리할 때마다 2억 5천만 프랑을 획득하기는커녕 피와 재산을 쏟아부었고 아무것도 얻지 못했다. 아우스터리츠의 가능성은 없었다. 나폴레옹은 이 모든 것을 명확하게 보았으나 자존심과 위신을 지키느라 철수할 수 없었고 1795년 방데와 1798년 이집트에서 그랬듯이 그저 전장에서 멀리 떨어져 있었다. 위신이 이유였다는 것은 원칙적으로 승리할 수 없는 전쟁의 책임을 원수들이 떠맡아야 함을 뜻했다.

그러나 나폴레옹에게 에스파냐로 돌아올 의사가 없었다고 해도, 영국은 확실히 돌아오고자 했다. 웰즐리는 1809년 4월에 포르투갈을 다시 찾아 5월 11일 포르투에서 술트를 쳐부수기 시작했다. 7월 27일과 28일에 벌어진 격렬한 탈라베라 전투에서 웰즐리는 빅토르를 무찔렀으나 희생이 없지는 않았다. 프랑스군 사상자는 7천 명, 영국군 사상자는 5천 명이었다. 웰즐리가 술트의 다른 공격을 막으러 포르투갈로 돌아갔을 때, 동맹국 에스파냐는 몇 년 전 무어가 그랬듯이 이번에도 영국이 자신들을 저버렸다고 한탄했다. 그러나 영국 정부는 웰즐리를 지지했고 탈라베라의 승리를 치하해 웰링턴 자작에 봉했다(이하 웰링턴). 에스파냐는 내키지 않았지만 웰링턴을 동맹군의 비공식 사령관으로 인정해야 했다. 1809년 가을 나폴레옹은 웰링턴과 에스파냐 정규군, 늘어나는 게릴라의 삼중 위협에 대처하고자 이베리아 반도에 병력 35만 명을 투입했다.

반도 전쟁은 때로 나폴레옹의 대륙 봉쇄령과 그가 어쩌다가 실수로 에스파냐를 침공한 일에 대한 영국의 불가피한 대응처럼 서술되었다. 영국이 이베리아 반도에 개입하기로 한 것은 실제로는 중요하지 않은 결정이었다. 이베리아 반도는 이를테면 발트 지역과는 달리 영국의 이해관계에서 사활이 걸린 곳이 아니었기 때문이다. 에스파냐 원정에 반대한 사람들은 그 지역이 침공 위협을 가하지 않았으며 필수 수입품 공급처가 아니고 다른 강국들과 연결되는 지휘 계통의 고리도 아니며 프랑스가 중동과 극동에서 공격할 경우 장벽이 되지도 못한다고 다양한 주장을 펼쳤다. 다른 이들은 경제적으로 중요한 이득이 있을 수 있으며 나폴레옹이 북부 유럽에서 적을 매수하거나 교사해도 영국은 남쪽에서 계속 싸울 수 있다고, 요컨대 반도 출정으로 영국은 동맹국에서 자유로워질 수 있다고 주장했다.

처음에는 기회주의가 자극제가 되었다. 영국이 출정을 하면 트라팔가르 전투 후 카디스와 비고에 대충 모여 있던 프랑스-에스파냐의 전열함 6척과 포르투갈의 모든 군함을 유인할 수 있었기에 프랑스 해군을 타격할 수 있는 기회였다. 영국 해군은 또한 대서양의 항구 리스본과 포르투 사용권도 얻을 수 있었다. 그렇지만 영국은 에스파냐 개입의 다른 함의를 점점 더 명확하게 인식했다. 이로써 영국은 프랑스의 라틴아메리카 교역을 방해할 수 있었고(이 시기에 영국이 라틴아메리카의 독립을 지원하는 것에서 에스파냐에 충성하는 식민지들을 유지하는 쪽으로 정책을 전환한 이유도 여기에 있다) 나폴레옹을 에스파냐에 묶어 둠으로써 캐나다와 인도를 겨냥해 조치를 취하지 못하도록 예방할 수 있었다. 짐작에 그쳤던 경제적 이익은 실현되었다. 영국 상품의 대 에스파냐 수출은 1807년 170만 파운드에서 1809년에 670만 파운드를 넘었으며, 1812년이 되면 영국 수출품의 5분의 1을 에스파냐가 가져간다. 라틴아메리카도 풍요의 땅으로 판명되었다. 1810년 주앙 6세와 통상조약을 체결해 브라질 시장이 열렸고 그 결과 영국의 대 남아메리카 수출은 1807년 120만 파운드에서 1812년에 270만 파운드로 증가했다.

특히 영국은 1813년까지 대륙의 다른 곳에서는 나폴레옹에 맞서 독립적인 조치를 취할 수 없었으나 에스파냐에서는 그럴 수 있었다. 그 덕에 영국은 자국의 배후에서 나폴레옹과 전쟁을 벌일까 두려워했던 러시아의 의심을 가라앉힐 수 있었으며 1812년에 러시아가, 1813년에 오스트리아가 제기한 군사 원조 요청을 떨쳐버릴 수 있었다. 우연찮게도 웰링턴은 에스파냐에서 명성을 얻고 출세했다. 특히 1812년에 정식으로 총사령관 직함을 받은 후에 그렇게 되었는데, 1815년 이전에 북부 유럽에서 영국의 동맹국들과 함께 전쟁을 수행했다면 그저 평범한 장군에 그쳤을 것이다. 이베리아 반도 전쟁으로 영국은 훗날 평화회담에서 독립적인 목소리를 낼 수 있었다. 영국이 북부 유럽에 군대를 투입했다면 영국의 의견은 아마도 러시아와 오스트리아의 주장에 묻혀버렸을 것이다.

영국이 늘 다른 전장보다 에스파냐에 더 후하게 보조금을 지급한 이유는 이로써 설명된다. 영국은 우선 5개의 주요 훈타에 110만 파운드를 주며 최고 훈타가 설립되면 더 많은 자금을 지원하겠다고 약속했다. 1808년 9월 훈타의 전국 조직인 중앙최고훈타가 수립되자, 은 65만 파운드를 지닌 영국 특사가 라틴아메리카를 포괄하는 통상조약 체결 협상을 벌이라는 지시를 받고 파견되었다. 1808년에 에스파냐에 지원된 액수는 무기와 자금을 합쳐 총 250만 파운드에 달했고, 이 때문에 영국에는 정화가 부족했다. 영국이 1809년 나폴레옹과 오스트리아 사이에서 일어난 분쟁을 최대한 이용할 수 없었던 주된 이유도 이 때문이었다.

영국이 전면적으로 참전하면서 프랑스는 에스파냐 전체를 제압한

이베리아 반도 전쟁에서 활약해 명성을 얻은 영국의 아서 웰즐리(웰링턴 공). 훗날 워털루 전투에서 처음이자 마지막으로 나폴레옹과 직접 맞서 싸우게 된다.

다는 방침을 유지할 수 없게 되었다. 프랑스군은 웰링턴, 에스파냐 군대, 게릴라까지 삼중의 적과 싸워야 했기에, 그렇게 수가 많았는데도 가장 위험한 곳에 최대 10만 명도 배치할 수 없었다. 수셰는 아라곤과 카스티야에서 8만 명을 지휘했으며, 마드리드의 조제프 군단은 1만 4천 명을 헤아렸고, 피레네 산맥의 고갯길을 지키고 마드리드와 살라망카로 가는 길을 보호하기 위해 6만 명을 남겨 두었다. 술트 휘하의 6만 명은 1810년 안달루시아에 진입했고 쓸데없이 카디스를 포위 공격하다 수렁에 빠졌다.

프랑스는 3개의 별개 적군과 대결했고, 이베리아 반도 전쟁에는 이 대결과 대체로 상응하는 3개의 국면이 명확히 존재했다. 1808년 에스파냐 군대는 전국에서 일어난 자발적 봉기의 결과로 바일렌에서 큰 승리를 맛보았다. 대략 1809년에서 1812년에 이르는 전쟁의 두 번째 국면에서 전투는 웰링턴과 영국 원정군이 참여한 정규전과 게릴라전이 혼재된 양상을 보였다. 실제로 웰링턴은 에스파냐 정규군 지휘관들보다 게릴라 수장들과 테러리스트들, 산적들에게서 더 많은 협조를 받았다. 정규군 지휘관들은 돈과 공짜 무기와 탄약을 제외하면 영국군에게 냉담하게 관심을 보이지 않았다. 웰링턴은 전쟁의 마지막 국면인 1812~1813년에 가서야 세 세력을 연합하여 게릴라들을 조화로운 전략에 쓸 수 있었다.

프랑스군의 문제는 웰링턴이나 게릴라나 홀로 있을 때는 격파할 수 있지만 한꺼번에 둘을 무찌르지는 못한다는 데 있었다. 150년 뒤 미국은 베트남에서 똑같이 잔인한 교훈을 배운다. 넓은 지역에서 활동하는 게릴라와 적대적인 주민이 결합하면 큰 나라를 군사적으로 점령하기란 불가능하다. 프랑스군이 직면한 현실은 웰링턴과 게릴라의 결합이었고, 핵심 요소는 게릴라였다. 반도 전쟁을 오로지 웰링턴과 나폴레옹의 원수들 사이에 오간 일련의 군사 전략으로 다루는 영국 역사가들은 이 점을 간과했다.

프랑스군은 주요 도시와 전략적 중심지들을 충분히 점령할 수 있을 정도로 강했다. 웰링턴과 싸워야만 하는 상황에 놓이지 않았더라면 게릴라를 제압할 수 있었을 것이다. 그러나 영국군은 프랑스의 패배에 단지 필요조건이었을 뿐이고, 충분조건은 바로 게릴라들이었다. 좀 더 똑똑한 프랑스 지휘관들은 적대적인 국가에서 군사 점령에 필요한 조건들은 적극적인 군사 행동에 필요한 조건들과 모순된다는 점을 이해했다. 1811년 지친 베르시에는 이렇게 썼다. "2만 명을 집결한다면 병참선은 모조리 끊기고 반란자들이 큰 성공을 거둘 것이다. 우리는 너무 넓은 영토를 점령하고 있다." 주르당은 에스파냐를 군사적으로 점령하는 것이 불가능하며 프랑스가 군사 전략으로 몇 차례 승리를 거두더라도 아무런 의미가 없다고 동의했다. 유일한 해결책은 마드리드 북쪽에서 전선을 긋고 버티는 것이었다.

게릴라전은 그렇지 않아도 빈약한 보급선을 끊임없이 위협하여 굶주림의 우려를 안겼다. 마세나는 프랑스 부르봉 왕조의 시조인 앙리 4세가 했다는 오래된 격언을 즐겨 인용했다. "에스파냐는 작은 군대가 들어가면 패배하고 큰 군대가 들어가면 굶주리는 나라이다." 1812년에 다른 원수 마르몽은 낙담해 이렇게 썼다. "영국군은 제때에 급여를 받았지만 프랑스군은 한 푼도 못 받았다. 영국군은 탄약을 다량 보유했으며 병사들이 직접 식량을 찾으러 돌아다닐 필요도 없었다. 반면 프랑스군은 병사들의 노력이 없으면 목숨을 부지하지 못했다. ⋯⋯ 영국군은 군량 수송에만 노새 6천 마리를 썼지만, 프랑스군은 아무런 운송 수단이 없어 병사들이 짊어져야만 했다."

웰링턴이 거둔 최종 승리는 뛰어난 군사적 재능 덕분으로만 묘사되는 경향이 있는데, 배후에는 이러한 숨은 이유가 있었다. 영국 해군이 바다로 물자를 보급한 덕에 웰링턴은 에스파냐에서 원하는 시간과 장소에 기동할 수 있었지만, 프랑스군은 정규 보급을 받지 못했으며 현지에서 기식하기에는 숫자가 너무 많았다. 징발대는 여단 규모가 아니면 게릴라에게 괴멸되기 십상이었고, 프랑스에서 물품을 보급하려고 노력을 기울인다면 유럽의 다른 곳에서 벌일 모험에 쓸 자원이 남지 않을 것이었다.

게릴라는 나폴레옹의 에스파냐 모험을 좌초시킨 암초였으므로 역사가들로부터 지금까지 받은 것보다는 더 많은 관심을 받을 만하다. 게릴라는 어떤 이들이었으며, 목적은 무엇이었고, 어떻게 성공했는가? 유감스럽게도 에스파냐 비정규군을 보는 시각은 역사가들마다 거의 모든 면에서 다르다. 어떤 이들은 게릴라들이 5만 명이었다고 하고, 다른 이들은 많아야 3만 명 정도였을 것이라고 한다. 비교하자면 영국군은 4만 명이었고 에스파냐 정규군은 2만 5천 명이었다. 게릴라가 초래한 사상자 숫자에서도 의견이 갈린다. 조제프 왕이 1808년에서 1813년 사이에 사망한 프랑스군 24만 명 중 게릴라 때문에 발생한 사망자를 18만 명으로 잡은 것을 두고 터무니없는 수치라고 무시할지 모르지만, 어떤 학자들은 14만 5천 명까지 높게 추산하기도 한다. 부상과 질병으로 죽은 사람들 상당수가 게릴라 때문이라며 사망자를 7만 6천 명으로 잡는 학자들도 있다. 그러나 게릴라는 가장 적게 계산하더라도 프랑스군을 하루에 서른 명은 족히 죽였을 것이다.

다른 문제는 에스파냐 게릴라들이 자유의 투사처럼 완전히 낭만적으로 묘사되었다는 사실이다. 게릴라 중에는 이상주의자도 더러 있었지만 대부분은 구식 산적 두목들로서 '엘데세아도' 페르난도 7세를 위한 투쟁으로 활동의 정당성을 인정받았다. 에스파냐의 게릴라전은 압도적으로 농촌의 일이었으며 저류에는 부자들에 맞선 가난한 자들의 사회 전쟁이라는 성격이 있었으나, 언제나 조세에 저항하는 산적 행위로 변해 가는 경향이 있었다. 에스파냐 게릴라전은 거의 모든 면에서 역행하는 반동적 현상으로서 유격전의 기풍과 지도자 숭배, 외국인 혐오증, 분별없는 증오와 잔학함은 에스파냐에 치명적인 유산을 남겼다. 어떤 이들은 이 유산이 결국 1936~1939년의 에스파냐 내전에서 나타났다고 말한다. 게릴라전이 사회 규범의 무시를 조장한 탓에 에스파냐인들은 법을 어겼고 권력은 총구에서 나온다고 믿게 되었다. 게릴라전은 혁명을 낭만적으로 묘사하고 반항을 찬미하며 폭력과 잔학 행위를 신성시하여 후대 에스파냐 역사에 일어날 분란의 토대를 놓았다.

에스파냐의 '게릴라 애국자들'이라는 전설을 시인하는 것이 역사에 충실한 것은 아니다. 그러나 게릴라가 지닌 소모시키는 힘에 관해서는 의심이 있을 수 없다. 게릴라들은 계획적인 전쟁에서 전략적으로 쓰기는 어려웠지만 프랑스군이 압도적 전력으로 등장하는 것을 막는 데는 매우 유용했다. 프랑스군이 효과적으로 점령하지 못한 영토는 유격대의 수중에 떨어졌다. 그래서 프랑스군은 부족한 병력과 불완전한 지도를 갖고 그런 지역을 '평정'해야 했다. 게릴라들은 숫자에서 크게 우세할 때만 정규군을 공격했으며 대체로 적이 철수한 지역을 점령하는 데 활동을 국한했다. 그러나 게릴라들은 프랑스군 병사들과 친프랑스파(아프란세사도스)를 모두 공포에 몰아넣었다. 게릴라들은 포로를 잡아 두지 않았다고 하는데 십자가형, 형틀을 이용한 교살, 끓는 기름에 집어넣기, 말뚝에 묶어 불태우기 따위 기술을 열정적으로 시행했다. 프랑스군 10만 명과 이들에 협력했다는 혐의를 받은 에스파냐인 3만 명이 잔인한 방법으로 죽임을 당했다. 때로는 마을 전체가 파괴되었다.

에스파냐의 지리 자체가 유격대에게 유리하고 프랑스군에게 불리하게 작용했다. 주요 산맥인 피레네 산맥과 칸타브리아 산맥, 과다라마 산맥, 과달루페 산맥, 몬테스데톨레도 산맥, 시에라모레나 산맥이 동서로 이어지고, 에브로 강, 도우로 강, 타호 강, 과디아나 강, 과달키비르 강도 동에서 서로 흐른다. 그 점에서 게릴라들의 이동은 쉬웠으나, 프랑스군은 남북으로 이어진 병참선을 잘 유지할 필요가 있었다. 게릴라 지도자들은 산속 요새에서 수십 명에서 8천 명(프란시스코 에스포스 이 미나*의 경우)에 이르는 전사 집단을 지휘했다. 나바라에서 활동한 가장 유명한 게릴라 에스포스 이 미나는 최악의 잔학 행위 여러 건에 책임이 있는 권위주의적인 농민이었다.

프랑스군 지휘관의 귀에 익숙한 다른 이름들로는 '엘메디코(El Medico, 의사)' 후안 팔라레아(Juan Palarea y Blanes, 1780~1842), '엘엠페시나도(El Empecinado, 불굴의 용사)' 후안 디에스(Juan Martín Díez, 1775~1825), 후안 디아스 포를리에르(Juan Díaz Porlier, 1788~1815)가 있다. 후안 팔라레아는 라만차에서 톨레도에 이르는 광대한 지역에서 활동하며 종종 마드리드 외곽까지 위협했고, 후안 디에스는 카스티야(아란다, 세고비아, 과달라하라)에서 활동하며 교전 중 단 한 명도 잃지 않았다고 자랑했다. 후안 디아스 포를리에르는 1811년에 4천 명

프란시스코 에스포스 이 미나(Francisco Espoz y Mina, 1781~1836) 1808년 나폴레옹이 에스파냐를 침공하자 입대한 뒤 조카 프란시스코 하비에르 미나가 지휘하는 게릴라단에 들어갔다. 1810년 3월 하비에르가 프랑스군에 붙잡히자 후임자로 추대되었으며 4월 1일 아라곤 훈타가 나바라 게릴라의 지휘관으로 임명했다. 전략가로서 큰 능력을 보였고, 1813~1814년에는 웰링턴 밑에서 싸우면서 공을 세웠다.

프랑스의 침략에 맞선 게릴라 지도자 '불굴의 용사' 후안 디에스. 고야가 그 린 초상화이다. 에스파냐 게릴라들은 이베리아 반도에서 나폴레옹의 모험을 좌초시킨 암초였다.

을 지휘했으며 갈리시아와 아스투리아스와 특별히 제휴했던 것으로 추정된다. 피에 굶주린 것처럼 무자비하고 잔인했던 이들은 프랑스 군 희생자들이 부족할 때면 상어처럼 서로 물어뜯기를 서슴지 않았 다. 에스포스 이 미나는 1810년 다른 산적 지도자 에체베리아와 싸웠 다. 거만하고 기강이 해이했던 이들은 코르테스나 훈타, 웰링턴이 내 린 명령도 자신들의 이익과 충돌하면 무시했고, 그래서 에스파냐에 있는 나폴레옹의 원수들과 철저하게 똑같은 인물들이었다.

프랑스군이 적대적인 주민과 필사적인 적들과 맞닥뜨리고도 그토 록 오래 버틴 것은 대체로 현지의 매국노, 즉 아프란세사도스의 지지 를 받은 덕분이었다. 역사가들은 프랑스에 우호적이었던 이 협력자 들을 두고 게릴라만큼이나 크게 의견이 갈린다. 어떤 이들은 협력자 들을 순진한 이상주의자로 본다. 조제프에게 협력하는 것이 에스파 냐의 독립을 유지하면서 나폴레옹에게 합병되는 길이라고 믿었거나, 또는 나폴레옹이 진정 개혁과 계몽사상을 가져올 것이라고 생각했다 는 것이다. 다른 이들은 좀 더 편향되게 판단해 아프란세사도스를 적어도 1812년까지는 나폴레옹이 무적이라고 생각했던 기회주의자들이었다고 보거나, 급여와 지위, 특권이라는 단순한 욕망에 사로잡힌 냉소주의와 무기력의 혼합물로 본다. 프랑스의 협력자가 될 것인가 되지 않을 것인가라는 문제는 여러 경우에 영토를 지배하는 자가 종교를 결정한다는 오랜 원칙(cuius regio, eius religio)*에 따라 결정되었다. 이 원칙은 1808년과 1936년의 내전을 잇는 또 하나의 고리였다.

나폴레옹이 때때로 에스파냐의 큰 혼란에서 벗어나려 했다는 증거가 몇 가지 있으나, 나폴레옹이 머뭇거릴 때마다 상황은 불리하게 돌아갔다. 1809년 말 나폴레옹은 조제프를 에스파냐 왕으로 앉힌 것이 실수였으며 페르난도 7세가 공동 전선을 펼쳐 영국에 맞서기로 동의한다는 전제에서 그의 복위가 최선의 전략이라고 확신한 듯했다. 조제프가 개혁과 부드럽고 관대한 통치, 황제로부터의 독립이라는 암시를 주어 에스파냐인을 달랠 수 있다는 환상으로 스스로 기운을 북돋는 동안, 나폴레옹은 조제프에게 압력을 넣기로 결심했다.

1810년 2월 8일 포고된 황제의 칙령은 다른 병합의 서곡처럼 보였다. 나폴레옹은 칙령으로써 조제프의 영토에서 북부 에스파냐의 광대한 지역을 도려냈고 카탈루냐, 아라곤, 나바라, 기푸스코아에서 4개의 독립적인 군사 정부를 조직해 프랑스의 직접 통치를 받게 했다. 당연히 감정이 상한 조제프는 퇴위를 언급했고, 이는 정확히 동생이 원하는 바였다. 그러나 조제프는 결국 퇴위하지 않기로 결정해 나폴레옹은 조제프를 해임하거나 그대로 두거나 분명하게 선택해야 했다. 황제가 보나파르트 집안의 장남을 에스파냐에서 빼낼 유일한 방법은 이전에 왕으로 있던 나폴리 왕국으로 보내는 것이었지만, 그러려면 뮈라 부부를 내쫓아야 하므로 정치적으로 불가능했다.

1810년 4월 나폴레옹은 포르투갈군* 지휘권을 마세나에게 주었으

---

* 1555년 아우크스부르크 화의 때 루터파에 한해 종교의 자유를 인정한 원칙.

나, 마세나 원수는 그해 9월에 가서야 7만 병력을 이끌고 리스본으로 행군에 나섰고 길도 에둘러 갔다. 이때 웰링턴은 요새 수비와 다른 임무 때문에 전장에 투입할 수 있는 병력이 전체의 3분의 2밖에 되지 않았지만 5만 명을 거느리고 있었다. 웰링턴은 전투가 소강 상태에 접어들었을 때 토레스베드라스 방어선(linhas de Torres Vedras)을 계획하고 건설해 그 시간을 유용하게 썼다. 대서양에서 테주(타호) 강까지 이어진 일련의 요새인 토레스베드라스 방어선은 리스본 주변의 지협에 퍼져 있었다. 첫 번째 선은 길이 약 46킬로미터로 해안에서 테주 강변의 알란드라까지 이어졌고, 난공불락이라는 소문이 돈 두 번째 선은 남쪽으로 13킬로미터 떨어진 해안부터 테주 강까지 약 39킬로미터 길이로 첫 번째 선과 대체로 나란히 이어졌다. 이 방어선들은 방어 거점과 포진지, 참호, 방어용 보루, 해자, 울타리가 뒤섞인 것이었다. 방어선 앞의 땅에서는 모든 엄폐물을 제거했고, 두 번째 선의 끝에 설치된 일련의 방어 보루는 강에 정박한 버클리 제독*의 포함들과 협력해 십자포화를 날릴 수 있었다. 테주 강어귀에는 실패할 경우 군대가 안전히 출항할 수 있도록 세 번째 요새 선도 건설되었다.

1810년 9월 마세나는 포르투갈로 밀어닥쳤고 초기에 약간의 성공을 거두었다. 웰링턴은 처음에는 후퇴했다가 9월 25일 코임브라 인근 부사쿠에서 맞섰다. 초인적인 노력으로 병력을 5만 명까지 증강한 웰링턴은 군대를 산마루에 배치한 뒤 숫자를 속여 마세나의 공격을 유도했다. 프랑스군은 세 시간에 걸쳐 산마루를 정면 공격했으나 크게 패했다. 웰링턴의 사상자는 1,200명(전사 200명), 프랑스군 사상자는 4,600명(전사 1천 명)이었다. 10월 웰링턴은 토레스베드라스 방

포르투갈군(Armée du Portugal) 이베리아 반도 전쟁에서 싸운 프랑스군. 1807년 12월 1군단 (지롱드정찰대)이 이 이름을 얻은 후 1810년 4월 포르투갈을 침공한 군대 전체가 포르투갈군으로 재편되었다.

버클리 제독(George Cranfield Berkeley, 1753~1818) 미국 독립 전쟁과 프랑스 혁명 전쟁, 나폴레옹 전쟁에서 활약한 노련한 해군 장교로 당대 영국에서 인기가 많았다.

어선 배후로 철수했다. 뒤따라간 마세나는 면밀히 조사한 뒤 방어선을 공격하는 것은 자살 행위라고 결론 내렸다.

이후 1811년까지 교착 상태가 유지되었고 마세나 군대는 질병과 굶주림에 쇠약해졌다. 영국군이 '초토화' 정책을 시행한 탓에 식량의 징발은 불가능했으며, 군대에 다시 식량을 공급하려다가는 에스파냐와 포르투갈 양쪽의 게릴라들로부터 시련을 당해야 했다. 마세나는 결국 전투도 못 하고 죽은 수천 명을 남겨두고(질병과 굶주림으로 사망한 숫자가 2만 5천이라는 주장도 있다) 필사적으로 포르투갈에서 빠져나왔다. 마세나는 쓸데없이 포르투갈로 다시 진입하려 했으나 하급 원수 두 명의 반대에 꺾였다. 마세나를 증오했던 술트는 세비야와 바다호스에서 협공 작전을 수행하기로 되어 있었으나 그러지 못했다. 마세나는 네와 몹시 다투었고(네는 군단을 이끌고 보급 없이 포르투갈로 들어가라는 명령을 거부했다) 눈 밖에 난 네를 프랑스로 돌려보냈다. 그리하여 마세나가 살라망카 주변에 열중해 있는 동안, 웰링턴은 알메이다에 나타나 포위 공격을 시작했다.

원수들 몇몇은 나폴레옹의 1810년 칙령으로 사실상 독립적인 군사령관이 되었는데, 이들 사이에 벌어진 파벌 싸움은 프랑스군에게 게릴라만큼이나 큰 골칫거리로 드러나고 있었다. 술트의 협조를 단념한 마세나는 북부군*의 사령관이 된 베시에르에게 접근해 알메이다를 구할 증원군을 요청했다. 냉소적인 베시에르는 겨우 1,500명을 보냈다. 대담무쌍한 마세나는 사정이 그런데도 맹렬히 공격했고 웰링턴이 푸엔테스데오뇨로에 있는 것을 알고 놀랐지만 가까스로 형세를 역전시키는 데 성공했다. 웰링턴은 격렬한 전투를 치른 뒤 승리했으나 이렇게 인정하지 않을 수 없었다. "보니*가 그곳에 있었다면 우

북부군 1811년 1월 에스파냐 북부에서 게릴라와 싸우고 프랑스로 이어지는 도로를 지키기 위해 편성된 군대.
보니(Boney) 영국인이 나폴레옹 보나파르트를 가볍게 일컫는 말.

리는 지독히 난타당했을 것이다." 마세나는 시우다드로드리고로 물러났고 승리했다고 주장했다. 그러나 나폴레옹은 속지 않았고 한 주 뒤에 마세나를 프랑스로 소환하고 대신 마르몽을 지휘관으로 임명했다.

그렇지만 나폴레옹은 1808년 9월 퐁텐블로의 사냥 모임에서 일어난 사건 이후 마세나에게 빚을 졌다. 서투른 사수로 이름난 황제는 새를 맞히려다가 마세나의 얼굴에 총탄을 쏘았고 이 때문에 마세나는 왼쪽 눈을 실명했다. 마세나는 에스파냐에서 최선을 다했고, 웰링턴은 외눈박이 원수가 전장에 있는 동안 결코 편히 쉬지 못했다고 증언했다. 마르몽을 투입했지만 상황은 그다지 개선되지 않았다. 반도 전쟁에 투입된 원수들 중 필시 가장 성공적이지 못한 선택인 마르몽은 군사적 재능을 갖추지 못한 자였으며 오로지 나폴레옹의 총애 덕에 원수로 승진했으나 은혜를 배신으로 갚았다. 반도 전쟁에서 가장 뛰어난 원수 두 명은 수셰와 모르티에였다. 모르티에는 그러한 부류의 인간으로는 유일하게 그럭저럭 술트와 잘 지냈다. 이는 탐욕스러운 술트 밑에서 일하기를 거의 거부했던 다른 원수 빅토르와 뚜렷한 대조를 이룬다. 그렇지만 빅토르는 친구 란이 죽은 후 황제가 아닌 다른 사람의 명령은 따르지 않았다는 점에서 원수다운 원수의 전형이었다.

웰링턴과 마르몽이 한판 붙기 전에, 술트가 마침내 남쪽에서 무심코 행동을 개시했다. 술트는 베리스퍼드 장군(William Carr Beresford, 1768~1856)에게 포위되어 공격을 받고 있던 바다호스를 구원하러 갔고, 영국군 지휘관은 어쩔 수 없이 포위 공격을 그만두고 배후를 위협하는 적을 상대했다. 이어진 전투인 5월 15일의 라알부에라 전투는 반도 전쟁에서 가장 잔혹한 전투가 되었으며 양쪽 지휘관 모두 부대를 제어하지 못했다. 영국군 보병이 상대적으로 냉정을 유지했고, 그래서 결국 전투를 중단하고 벗어난 쪽은 술트였다. 사상자는 지독히 많았다. 영국군은 사상자 7,600명 중 사망자가 4천 명이었고, 에스파냐와 포르투갈의 희생은 2,400명이 넘었다. 프랑스군은 총 7천 명의 사상자를 냈다. 전투를 시작할 때 베리스퍼드의 병력이 3만 2천 명, 술트의 병력이 2만 3천 명이었으므로 대승을 거두었다는 영국의 주장은 정직하지 않다. 기껏해야 피로스의 승리*였다.

웰링턴의 전략은 에스파냐로 안전하게 진격하기 위해 요새 도시 바다호스와 시우다드로드리고를 점령하는 것이었으나, 마르몽 군대와 술트 군대가 연합하자 어쩔 수 없이 바다호스 포위를 풀어야 했다. 양측이 서로를 주시하면서 다시 교착 상태가 지속되었다. 6만 명의 프랑스군은 5만 명의 웰링턴 부대를 공격할 자신이 없었다. 익히 알려진 원수들 간의 질시와 분열 경향이 부정적 효과를 내면서 프랑스군의 통합 지휘부는 곧 해체되었다. 술트는 세비야로 떠나버렸고 마르몽은 테주 강 유역으로 물러났다. 마르몽과 웰링턴은 계속 서로를 불시에 습격했다. 영국군 지휘관은 다시 살라망카를 위협하러 나갔고, 마르몽은 북부군에서 4개 사단을 소환해 다시 6만 명을 채웠다. 이에 웰링턴은 또 다시 포르투갈의 산악 지대로 철수했다.

1811년은 이베리아 반도에서 운이 엇갈린 해였다. 한편으로는 웰링턴이 프랑스군의 밀집 종대형을 어떻게 격파할 수 있는지 보여주어 프랑스군 지휘관들보다 군사적으로 우위에 있음을 확실하게 알렸다. 웰링턴이 즐겨 쓴 계책은 군대의 대부분을 적의 포 공격과 전초병들이 닿지 못하는 뒤쪽 사면에 숨기는 것이었다. 이런 전략은 적이 방어하는 산마루에 도달할 때까지 종대형을 유지하는 프랑스군 지휘관들의 계산을 엉망으로 만들었다. 그때가 되면 병력을 전개하기는

피로스의 승리 기원전 279년 에페이로스 왕 피로스는 남부 이탈리아의 그리스 식민지 타렌툼(지금의 타란토)이 로마에 전쟁을 선포하고 지원을 요청하자 이에 응해 아스쿨룸(지금의 아스콜리)에서 로마 군대를 격파했으나 큰 손실을 입었다. 이를 빗대어 손해가 큰 승리를 '피로스의 승리'라고 부른다.

너무 늦기 때문이다. 영국군은 때로 삼면에서 동시에 사격을 퍼부어 종대형의 선두를 쓸어버리고 생존자들을 혼란에 빠뜨렸다. 나폴레옹이 원수들에게 무능하다고 악담을 퍼붓는 대신 에스파냐에서 벌어진 전투들을 면밀히 연구했다면, 10년간 적들을 거듭 무찌른 프랑스군 종대형의 가변성과 속도, 기동성, 단순한 공격이 힘을 잃고 있으며 전투 전술을 재고해야 한다는 점을 깨달았을 것이다.

그동안 웰링턴은, 지지자들의 주장처럼 군사 천재는 결코 아니었으나, 급속도로 강력해졌다. 웰링턴은 적의 방법을 철저히 꿰뚫었기에 프랑스군 원수들과 대결한 동맹국의 여러 지휘관들과 달리 심리적으로 흔들리거나 시작하기도 전에 기진맥진하는 일이 전혀 없었다. 웰링턴의 놀랍도록 효과적인 방식은 사실상 나폴레옹의 방법만큼이나 평범한 것이었다. 모든 것은 지형을 보는 안목과 싸움터를 선택하는 현명함에 달려 있었다. 웰링턴이 배후 사면에 병력을 숨기고 소총수로 중간 지대를 지배하는 방법을 즐겨 쓴 것도 그런 능력 덕이었다. 이베리아 반도의 프랑스 원수들은 산마루까지 병력을 올려 보내는 덫에 거듭 빠졌다. 그 결과 '긴 붉은 장벽'*의 집중 사격을 받은 후 큰 두려움의 대상이었던 영국군의 총검 돌격에 당했다.

웰링턴이 전투 지휘관으로서 평범했다면, 그가 세계적으로 유명한 군사 지휘관이 될 수 있었던 이유는 병참에 통달했다는 점에서 찾아야 한다. 웰링턴은 포르투갈과 에스파냐 사이의 5개 침투로를 지속적인 병참이 가능하도록 훌륭하게 조직했다. 웰링턴의 삼중 보급선(거룻배로 리스본에서 중간 병참부까지, 황소가 끄는 짐마차 수송대로 전진 병참부까지, 그다음 사단과 연대의 노새 행렬로 전선의 개별 부대까지)은 군사 원정 조직의 좋은 사례였다. 반도 전쟁을 연구한 영국의 역사가 존 포티스큐(John William Fortescue)는 이렇게 말했다. "웰링턴의 군

긴 붉은 장벽 영국군 군복이 붉은색이었다.

수품은 언제나 그 군대를 찾아낸 반면, 조제프의 군대는 늘 군수품을 찾아 헤맸다."

웰링턴이 뛰어난 재능을 지녔다고는 해도 에스파냐에서 영국군의 위치는 전혀 안전하지 않았다. 1810년 말 영국 정부는 이베리아 반도에 대규모 병력을 유지하는 문제에 관해 점차 비관적으로 전망했고 카디스를 또 하나의 지브롤터로 바꾸는 것은 어떨지 고민하고 있었다. 카디스를 요지 요새로 만들고 많은 병력으로 지켜 라틴아메리카 교역을 장악한다는 생각이었다. 문제는 돈이었다. 영국 정부는 비축한 파운드를 신속한 승리에 전부 내걸었으나 도박은 실패했고, 이후 어떻게 웰링턴에게 정화를 얻어줄 수 있는가라는 문제가 불쑥 등장했다. 웰링턴은 우호적인 나라에 있었고 그래서 현지에서 비용을 충당할 수 없었기에 현금이 필요했다. 그러나 때는 바야흐로 영국은행의 경화 보유고가 고갈되던 시기였다. 1808년에 640만 파운드였던 보유고는 1814년에 220만 파운드로 감소했다. 영국은 인도와 중국, 멕시코에서 금괴를 얻고자 점점 더 필사적 조치를 취해야 했다.

경제를 이해하지 못한 웰링턴은 자국 정부에 '사보타주'하는 것이 아니냐고 불평했고 과대망상 환자처럼 의도적인 배반을 얘기했다. 불평은 1811년에 절정에 이르렀다. 그러나 웰링턴은 문제의 심각성을 파악하지 못했다. 국외에 군대를 주둔시키는 것은 영국 정부로서는 비용이 가장 많은 드는 선택이었다. 해군은 비용이 훨씬 적게 들었다. 해군 병사들은 나무로 만든 그들만의 세계에서는 사실상 전쟁 포로나 다름없었고 영국 항구에서 배를 떠날 때에야 급여를 받았다. 군대를 유지하는 데는 영국보다 에스파냐에서 3배나 더 많은 비용이 들었다. 영국에서는 군수품 공급자들이 금괴로 지불하라고 요구하지 않았으며 병사들에게 지폐로 급여를 지급할 수 있었기 때문이다.

반도 전쟁으로 인한 재정 소모는 여기서 끝나지 않았다. 1811년 미국에서 수입한 곡물의 60퍼센트가 이베리아 반도로 갔다. 영국은 웰링턴 군대의 식량을 최대한 자국에서 공급하려 했다. 1808년 쇠고기 440만 파운드, 돼지고기 250만 파운드, 밀가루 330만 파운드, 빵 770만 파운드, 독주 150만 리터를 이베리아 반도로 보냈다. 1813년이면 웰링턴 군대의 일일 평균 소비량은 비스킷 10만 파운드, 사료용 곡물 20만 파운드, 소 300마리였다. 리스본에는 언제나 일곱 달치 식량이 있었다. 그러나 영국은 현지에서 드는 경비와 은으로 받겠다는 에스파냐의 요구를 충족시키기 위해 주요 무기 판매업자가 되었다. 1811년 머스킷 33만 6천 정, 탄약포 6천만 개, 대포 348문, 검 10만 자루, 권총 1만 2천 정이 에스파냐로 수출되었고, 1813년이 되면 영국은 러시아와 프로이센, 오스트리아, 스웨덴으로 시장을 다변화했다.

그랬는데도 웰링턴 원정군의 재정적 운명은 한동안 매우 불안했다. 1812년 영국 정부는 웰링턴이 요청한 비용을 지불하지 못했다. 병사 급여는 다섯 달치가 밀렸고, 노새몰이꾼 급여는 열세 달치가 밀렸다. 그 결과 약탈이 일어나 현지 주민과 사이가 나빠졌다. 영국은 부득이 몰타와 이탈리아의 수상쩍은 은행가들에게 정부가 발행한 어음을 터무니없는 고리대로 교환해 현금을 차입하는 수밖에 없었다. 1812년 로트실트(로스차일드) 가문이 돌파구를 열었다. 먼저 야콥 로트실트*가 여러 장의 어음을 헐값에 구입해 런던으로 가져오면 형 나탄*이 영국 은행에서 막대한 차익을 남기며 현금화했다. 그런 뒤 나탄이 동인도회사에서 금 80만 파운드를 얻어 웰링턴이 쓸 수 있도록 영국 정부에 매각했고 심지어 포르투갈로 가져갈 방법까지 고안했다.

그러나 행운이 균형을 이룬 바로 그 순간에, 심지어 영국 정부가

야콥 로트실트(Jacob 'James' Rothschild, 1792~1868) 역사상 가장 성공적인 사업가 가문의 하나인 로스차일드 금융가의 설립자 마이어 암셸 로트실트(Mayer Amschel Rothschild, 1744~1812)의 막내.
나탄 로트실트(Nathan Mayer Rothschild, 1777~1836) 마이어 로트실트의 셋째 아들. 1798년 아버지가 직물 수입업에서 이익을 늘리려고 런던으로 보냈는데, 1804년에 귀화해 영국 시민이 되었으며 런던에 은행을 설립했다. 영어권 '로스차일드' 가문의 시조이다.

낙담하고 있다는 증거도 있던 그때에 이베리아 반도 전쟁을 영국의 승리로 만든 것은 다름 아닌 나폴레옹이었다. 분별없이 에스파냐 일에 개입해 재앙을 초래했던 나폴레옹은 마르몽에게 발렌시아와 카탈루냐에 있는 수세의 군대에 1만 명을 배속하라고 명령했다. 그래서 게릴라단 규모가 점점 커지던 시기에 살라망카의 마르몽 군대는 웰링턴 군대보다 숫자에서 열세가 되었다. 1811년 말 웰링턴과 맞설 프랑스군의 병력은 7만 명이 넘지 않았다. 영국군이 공세를 취하고 그곳에 계속 남을 수 있었던 이유는 결국 이 때문이었다.

나폴레옹이 에스파냐에서 저지른 실수는 수없이 많다. 좀 더 현명했더라면 저항의 강도를 느끼자마자 발을 빼거나 최소한 마드리드 북쪽에 방어선을 구축했을 것이다. 그랬다면 지중해에서 대서양까지 이어지는 카탈루냐/갈리시아 축이 중심이 되었을 것이다. 실제로 황제는 이베리아 반도에서 수행하는 군사 작전의 진정한 문제들에 지독히도 무지한 듯했다. 나폴레옹은 이곳을 완전히 평정하기에는 불충분한 자원을 제공했고(이베리아 반도를 완전히 평정하려면 그랑다르메의 대부분을 이 전역에 투입해야 했을지 모른다), 진실에 눈과 귀를 막았고, 어리석게도 웰링턴과 영국군을 계속 저평가했다(나폴레옹은 워털루에서도 웰링턴을 '세포이 장군'일 뿐이라고 생각했다). 또 에스파냐의 정치와 문화를 면밀히 연구하기를 거부했는데 이 역시 고의에 가까웠다. 나폴레옹은 1812년까지 파리에서 작전을 지휘했고 변함없이 그릇된 결정을 내렸다.

나폴레옹이 저지른 가장 큰 실수는 1812년까지 에스파냐의 총사령관을 임명하지 못한 것이었다. 네 곳의 '전담 지역'을 떼어내 원수들에게 준 재앙 같은 결정(에스파냐 원정의 나쁜 평판을 누그러뜨리려고 냉소적으로 내린 일시적 결정) 때문에 서로 다투던 원수들은 사실상 자율적인 군사령관이 되었고, 그 결과 마드리드의 중앙 통제가 약해져 웰링턴과 게릴라들에게 이로운 상황을 만들었다. 그래서 에스파냐는 어느 목격자가 말한 대로 원수들에게는 '불복종의 훈련장'이 되었다. 나폴레옹이 마침내 조제프를 에스파냐 총사령관으로 임명하여 할 일을 하자, 군벌 같은 원수 네 명은 조제프의 지시를 간단히 무시했다. 황제는 다른 곳에서는 원수들의 다툼으로 군사적 효율성이 방해를 받거나 작전이 위험에 처하는 것을 결코 용인하지 않았으나, 에스파냐에서는 질투심 많고 간섭을 싫어하는 원수들이 종종 협력하기를 거부해도 눈감아주었다.

나폴레옹은 가장 탐욕스러운 원수 몇 명을 에스파냐로 보내고 제멋대로 하도록 내버려 둠으로써 실수를 더 악화시켰다. 카탈루냐의 수셰는 성공담에 속했으나, 이것은 수셰가 탐욕이 없었기 때문이었다. 전리품과 부당한 이득을 미친 듯이 추구하는 술트와 마세나가 도처에서 약탈을 일삼을 때(술트는 실로 에스파냐 왕위를 원하는 야심을 숨기지 않았고 곧 반역할 것만 같았다), 수셰는 카탈루냐를 자비롭게 통치했으며 약탈을 막았고 지역을 단순한 돈줄로 쓰지 않았다. 그 결과 수셰는 카탈루냐 지방에서 상당한 애정과 지지를 받았으며 전투에서 패한 적이 없었다. 나폴레옹은 카탈루냐를 그냥 내버려 두었으면 좋았을 것을 공연히 긁어 부스럼을 만들었다. 수셰에게 발렌시아를 점령하라고 명령해 아라곤을 더욱 공고히 장악하지 못하게 방해한 것이다. 수셰는 1811년에 발렌시아 점령을 완수한 뒤 원수의 지휘봉을 받았지만, 이 또한 수셰의 옹호자 뒤로크가 궁정에서 몇 차례의 패배는 전부 조제프가 무능했던 탓이라고 설명한 뒤에야 가능했다.

그러나 나폴레옹이 에스파냐에서 저지른 가장 큰 잘못은 조제프에게 신의를 지킨 일이었다. 나폴레옹이 마침내 조제프의 퇴위와 페르난도 7세의 복위가 에스파냐 문제의 해결책이라는 점을 깨달았을 때에도, 황제의 형은 에둘러 말을 건넸다. '에스파냐의 왕'이 프랑스로 들어와 오래 면담하면서 자신의 처지를 항변한 것이다. 프레데리크 마송이 볼 때 나폴레옹은 다른 곳보다 특히 에스파냐에서 '가족을 이해하는 마음이나 코르시카인 기질, 장자 상속의 희생양'이 되었다. 다른 이들은 조제프와 관련된 경우에 나폴레옹을 터무니없이 약하게 만들었던 '형제 콤플렉스'를 이야기하는데, 여기에도 확실히 근거가 있다. 세인트헬레나에서 라스 카즈에게 이렇게 말할 때 나폴레옹은 진실이 무엇인지 알았다. "조제프를 기꺼이 희생시킬 수 있었다면 성공했으리라고 믿는다."

나폴레옹이 에스파냐에 관여한 일에 대한 다른 평가를 언급하지 않고 그곳에서 저지른 실수가 어떻다고 결론 내리는 것은 공정하지 않다. 다른 평가란 나폴레옹이 겉보기보다 더 많이 알고 있었으나 상상력의 '도미노 효과'에 사로잡혔다는 말이다. 나폴레옹을 마치 퍼즐 맞추기 그림처럼 보는 이런 견해에 따르면, 에스파냐에서 나폴레옹의 위신은 좀 더 체계적 의미에서 위험에 처했다. 나폴레옹은 실제로 X라는 나라를 침공하려 할 때 언제나 Y라는 나라를 염두에 두었다. 예를 들면 벨기에를 확보하려고 홀란트를 침공하고 라인 지방을 확보하려고 독일을 침공하며 피에몬테와 롬바르디아를 보호하려고 나폴리와 로마를 침공하는 식이었다. 이런 견해에 따르면 에스파냐 침공은 오스트리아를 위협하려는 조치였으나, 1809년 오스트리아가 겁먹지 않았다는 것이 밝혀지자 나폴레옹은 유럽 어느 곳에서든 자신에게 저항하는 것은 불가능하다는 점을 보여주기 '두 배로 따거나 전부 잃거나' 게임에 들어갔다.

이런 견해를 조금 변형하면 나폴레옹은 유럽 어디에선가 물러날 경우 다른 곳에서도 철수 압력을 받으리라는 얘기가 된다. 그러므로 나폴레옹이 에스파냐에서 손을 떼면 폴란드에서도 떠나라는 외침이 들려올 것이며, 폴란드를 떠나면 다음은 프로이센에서, 이어 홀란트와 벨기에에서도 나가라는 압력이 거세질 것이다. 결국 나폴레옹은 1792년의 국경으로 돌아가게 될 것이었다. 이런 발상은 독창적이나 오컴의 면도날 원리에 위배된다. 간명한 진실을 말하자면 이렇다. 나폴레옹은 이베리아 반도에서 낙승을 거두어 영국을 겨냥한 대륙 봉쇄 체제의 마지막 열린 문을 닫을 수 있다고 생각했고, 이것이 착각이었음이 판명되었을 때는 빠져나오는 데 필요한 정신의 집중을 보여주지 못했다. 가장 좋은 시절에 조제프를 욕보이고 원수들의 기강을 잡으며 이길 수 없는 원정의 군사적 논리를 받아들이라는 것은 터무니없는 요구였을 것이다. 1810년 이래로 나폴레옹의 마음에서 에스파냐는 주요 지역이 아니었다. 새로운 관심거리를 발견했기 때문이다.

21장

대륙 봉쇄 체제
무너지는 권력의 토대

나폴레옹은 1809년 10월 마지막 주에 쇤브룬에서 퐁텐블로로 서둘러 돌아오면서 조제핀과 이혼해야만 하는, 오랫동안 염려했던 순간이 가까이 왔음을 깨달았다. 마리아 발레프스카가 임신하면서 모든 것이 바뀌었다. 그러나 마리아는 황제가 여인을 임신시킬 능력이 있음을 증명한 대가로 어둠 속으로 내던져질 운명에 처했다. 마리아는 고분고분한 폴란드의 남편 발레프스키 백작에게 돌아갔고, 1810년에 태어난 아들 알렉상드르*는 백작의 성을 따랐다. 한 입으로 두말하는 나폴레옹의 태도는 마리아의 임신을 대하는 반응에서 가장 두드러졌다. 나폴레옹은 "바그람의 아이는 언젠가 폴란드 왕이 될 것이다."라고 폭탄선언을 했으면서도 내심 차르 알렉산드르 1세의 누이 안나와 결혼하기를 바랐고 그 대가로 차르가 마리아의 나라인 폴란드에서 자유롭게 행동할 수 있도록 하겠다는 내용의 편지를 보냈다.

앙기앵 공작 살해든 교황 억류든 과감한 조치에 대해서는 결코 완

알렉상드르 콜로나발레프스키(Alexandre Florian Joseph Colonna-Walewski, 1810~1868) 바르샤바 인근 발레비체에서 태어나 14세에 러시아군 입대를 거부하고 런던을 거쳐 파리로 피했다. 루이 필리프가 폴란드로 돌려보냈으나 폴란드 봉기가 실패한 후 귀화해 프랑스군에 입대했다. 알제리에서 근무하다 1837년에 퇴역하고 글을 썼다. 루이 나폴레옹이 권력을 잡은 후 외교관으로 활동했다.

전한 책임을 떠맡지 않는 것이 나폴레옹의 특징이었다. 그러므로 나폴레옹은 실제 행동으로 보여주는 것과 다르게 자신이 조제핀을 계속 헌신적으로 사랑한다는 점을 증명하기 위해 공식 서한을 기록으로 남기도록 허용했다. 나폴레옹은 자신이 먼저 도착할 것을 알면서 조제핀을 퐁텐블로로 호출해 당황하게 만들었다. 10월 26일 저녁 조제핀이 도착했을 때 나폴레옹은 쌀쌀맞게 놀란 듯한 반응을 보일 수 있었다. 이어 조제핀은 자기 방과 황제 방 사이의 문이 밀폐되어 있는 것을 발견했다. 조제핀은 3주 동안 1분도 나폴레옹과 단 둘이 지내지 못했다. 나폴레옹이 식사 때마다 가족을 초대하자고 고집을 부렸기 때문이다. 앙심을 품은 폴린은 매일 저녁 오빠를 위해 파티를 열고 이탈리아 미인들을 안겼지만 보란 듯이 조제핀은 초대하지 않았다. 나폴레옹은 이혼하기로 결정하자 죄의식을 느꼈고 따라서 어떤 의미에서는 자신이 처한 곤란한 입장이 조제핀 책임이라고 생각했는데, 이런 마음의 반영이었는지 조제핀에게 속내를 말하지는 않았지만 조제핀의 면전에서는 냉랭하게 분노를 표출했다. 나폴레옹은 여가 시간을 온전히 사냥에 쏟았고(조제핀은 사냥을 몹시 싫어했다고 한다) 말 못하는 짐승들을 죽이는 환상을 즐겼다. 한번은 나폴레옹과 한패를 이룬 사냥광들이 로마식 경기장 안에서 멧돼지 80마리를 학살했다.

　나폴레옹은 속으로야 어땠는지 모르나 겉으로는 일단 조제핀에게 결심을 밝히고 나면 틀림없이 뒤따를 감정을 견딜 수 없을 것처럼 보였는데, 가까운 사람들이 그 환영받지 못할 소식을 조제핀에게 누설하도록 만들고자 했다. 처음에는 오르탕스, 다음에는 외젠, 나아가 캉바세레스의 도움을 얻으려 했으나 모두 임무를 거절했다. 나폴레옹은 결국 파리로 돌아간 뒤 11월 30일 저녁 식사 후 퉁명스럽게 이혼 결정을 알려 오랜 난국을 타개했다. 궁정지사 보세 남작은 훗날 그 잊지 못할 저녁의 사건을 얘기했다. 보세 남작은 황제의 응접실에서 나는 비명소리를 듣고 불려 갔다가 카펫 위에 쓰러져 비명을 질러 대는 조제핀을 발견했다. 남작은 곧이어 황제를 도와 기진맥진한 조제핀을 방에 눕혔다.

조제핀은 빠르게 회복했고 경탄할 만한 냉철함을 과시했다. 황후 자리를 떠나는 것만큼 조제핀에게 어울리지 않는 것도 없었다. 조제 핀은 보름 동안 아무 일 없다는 듯 공식 환영회와 만찬에 참석했고 마지막 천둥소리가 울리기를 기다렸다. 나폴레옹은 돌이킬 수 없는 조치를 취한 뒤 조제핀에 대한 애틋한 감정이 다시 솟았고, 측근들은 종종 후회의 눈물에 젖은 나폴레옹을 보았다. 특히 오르탕스와 외젠 이 황실의 안락함을 거부하고 어머니를 따라 국내 유배에 동행하기 로 결정했을 때 나폴레옹의 회한이 심했다. 나폴레옹은 즐겨 쓰던 환 상, 다시 말해 환경의 희생양이요 운명의 노리개가 되었다는 환상에 다시 한 번 빠졌다. 자신의 모든 결정은 언제나 헤겔식 필연성의 양 상을 띠어야 했기에 나폴레옹은 이른바 '필연'이 단순히 자신이 스스 로 결정한 것임을 결코 인정할 수 없었다. 그러나 나폴레옹은 조제핀 에게 보상과 특권을 퍼부어 충격을 줄이려 했다. 황후 직함과 말메종 의 성, 보석, 연간 금화 300만 프랑의 소득을 유지하게 하고 '나바라 공작부인'이라는 명예 직위를 주겠다고 약속했다.

12월 15일 혼인 해소 선언이 정식으로 공개되었다. 튈르리 궁의 제 관실(帝冠室)에서 나폴레옹은 궁정 신하들에게 프랑스의 최선의 이익 을 위해 마음의 명령을 어기고 있다고 말했다. 이는 화려한 황실 행 사로 연출되었다. 나폴레옹은 조제핀에게 잊지 못할 13년을 함께해 준 데 고마움을 표한 뒤 눈물을 흘렸다. 조제핀은 마지막까지 헌신의 증거를 보여줄 수 있어 자랑스럽다는 말로 답했으나 이어 정신없이 울며 말을 잇지 못했다. 조제핀의 나머지 성명서는 시종이 대독했다. 조제핀을 좋아하지 않는 많은 신하들은 악어의 눈물을 흘렸으나, 보 나파르트 일족은 기쁨을 감추지 않았다. 상심한 오르탕스는 이 광경을 가리켜 '고소해했다'는 낱말을 썼다. 다른 감정도 있었다. 외젠은 제관실을 나가자마자 실신했고, 조제핀은 그날 밤 미친 사람처럼 나폴레옹의 방에 난입해 난폭하게 키스를 퍼부었다. 흐느낌과 눈물이 이어졌고, 나폴레옹이 언제나까지 보호해주겠다고 약속했는데도 눈물이 그치지 않았다.

과장된 감정에 시달린 나폴레옹은 이튿날 조제핀 일행이 말메종으로 떠날 때 조제핀과 단 둘이 있지 않도록 조치했다. 나폴레옹은 겉으로는 냉담한 척했으나 이튿날 말메종으로 조제핀을 방문했고 폭우 속에 손을 맞잡고 정원을 걸었다. 나폴레옹은 한 주 동안 비슷한 만남을 위해 방문했지만 조제핀과 포옹하거나 성 안으로 들어가지는 않았다. 두 사람은 계속 편지를 주고받았다. 나폴레옹은 전처가 새로운 환경에 최대한 고통 없이 적응하는 데 진정으로 관심을 기울였던 것 같다. 나폴레옹은 베르사유로 돌아오면 승리한 듯 의기양양한 보나파르트 자매들을 격하게 닦아세웠고 폴린이 새로 데려온 이탈리아인 정부에게 이유 없이 무뚝뚝하게 굴었다.

그러나 나폴레옹의 생각은 곧 조제핀의 후임자에게 쏠렸다. 러시아 공주 안나와 결혼하려던 희망은 차르의 거부로 꺾였다. 차르 알렉산드르 1세는 누이가 열여섯 살도 안 되어 결혼하기에는 이르다는 핑계를 댔다. 세련된 퇴짜라고는 할 수 없었다. 그러나 나폴레옹의 청혼에 공식적인 거부는 아직 없었다. 바람이 좌절된 나폴레옹은 오스트리아 왕실과 혼사를 치른다는 두 번째 대안으로 돌아가야 했다. 결심을 굳힌 나폴레옹은 의외의 방식으로 움직였다. 나폴레옹은 외젠 드 보아르네를 오스트리아 대사관으로 보내 황제 프란츠 1세(신성로마제국 황제 프란츠 2세)의 열아홉 살 된 딸 마리아(마리 루이즈)와 혼인하겠다고 청했다. 조건은 청혼을 즉각 받아들여야 하며 이튿날 약혼에 서명해야 한다는 것이었다. 오스트리아 정부와 상의할 시간도 없었다. 오스트리아 대사는 얼버무려 넘기려다가 제안을 수용할 수밖에 없었다. 약자를 을러대는 요령없는 행동과 조제핀의 아들에게 어머니를 대신할 신부를 찾는 임무를 맡긴 것은 똑같이 타인의 기분을 헤아리지 못하는 둔감한 처사였다.

청혼이 받아들여지자 나폴레옹은 차르에게 급전을 두 차례 보냈다. 첫 번째 급신에서는 알렉산드르 1세의 누이에게 한 청혼을 정식으로 철회했고, 다른 급신에서는 마리 루이즈와 약혼한다고 알렸다. 이는 양쪽 다 체면이 걸린 문제였다. 그래서 훗날 나폴레옹의 급전이 행낭에서 차르의 공식적인 청혼 거절 서한과 '교차'했다는 설화가 만들어졌다. 차르의 냉대를 자극한 요인은 여러 가지다. 러시아 조정과 황태후는 나폴레옹을 점점 더 증오했고, 대륙 봉쇄 체제의 논리를 따라가면 조만간 두 나라가 충돌하리라 인식하고 있었다. 또 조제핀이 조장했다고 알려졌지만 나폴레옹이 발기불능이라는 소문도 돌았다. 그러나 실패한 청혼은 그 자체로 반(反)사실적 가정을 끌어들였다. 황제가 러시아 공주와 결혼했어도 1812년 원정이 진행되었을까? 냉철한 이성에 따르자면 답은 '그렇다'이다. 마리 루이즈와 결혼했어도 오스트리아와 전쟁을 했기 때문이다.

1810년 초 이 결혼 협상에서 나폴레옹은 거만하고 공격적으로 나와 더할 나위 없이 서투른 행보를 보였다. 나폴레옹은 이 중대한 시점에 외교적으로 뛰어난 기량을 거의 발휘하지 못했다. 마리 루이즈와 결혼하는 것은 여러 전선에서 실수였기 때문이다. 결혼은 프랑스 국민에게 혁명 원리를 포기하는 것으로 비쳤다. 다시 오스트리아 왕실과 결혼하면 미움을 받고 많은 욕을 먹은 불운한 왕비 마리 앙투아네트가 분명히 떠오를 텐데 이보다 더 노골적인 행태가 있을 수 있겠는가? 게다가 루이 16세와 왕비의 죽음에 찬성표를 던졌던 이들이 모조리 추방될 것이라는 소문도 떠돌았다. 한편 나폴레옹은 어리석게도 구체제의 큰 가문과 혼인으로 맺어지면 유럽 군주들과 프랑스의 옛 지배자들이 자신을 받아들일 것이고 그 결과 프랑스의 옛 엘리트와 새로운 엘리트를 통합한다는 자신의 목표가 완성되리라고 생각했다. 사실 나폴레옹은 조제핀을 버리면서 보아르네를 '우리 중 한 사람'으로 여겼던 옛 혁명가들 다수가 소외감을 느끼게 만들었으며 그렇다고 옛 귀족이나 돌아온 망명자들을 한편으로 만들지도 못했다.

나아가 많은 프랑스인은 나폴레옹이 감당할 수 없는 자리에 스스로 들어갔다고 비관적으로 예언했다. 나폴레옹은 오스트리아든 러시아든 왕실 간 결혼으로 연결되지 않은 나라와 2년 안에 반드시 전쟁을 치를 것이기 때문이었다. 나폴레옹은 어리석게도 이후 오스트리아가 정치적으로 자신을 지지할 것이며 그렇게 되면 러시아는 어쩔 수 없이 세 황제의 동맹에 합류하리라고 생각했다. 이제 외무장관이 된 메테르니히는 황제 프란츠 1세에게 딸을 희생해 숨 돌릴 여유를 찾으라고 조언했으나, 자신의 후임인 파리 주재 오스트리아 대사에게 보낸 편지에서는 이렇게 속내를 드러냈다. "해방되는 날까지는 계속해서 움직이고 모든 군사 행동을 피하며 아첨해야 합니다."

캐슬레이 자작*은 미노타우로스에게는 때로 처녀를 제물로 바쳐야 한다고 냉소적으로 말했다. 어린 마리 루이즈도 나폴레옹을 괴물로 인식했다. 태어날 때부터 신랄한 반(反)보나파르트 선전을 귀가 먹먹하도록 들어온 터에 달리 어떻게 생각하겠는가? 그러나 마리 루이즈는 부친을 경외하고 의무감이 강한 젊은 여성이었기에 조국을 구하는 일이라면 기꺼이 노력하겠다고 공언했다. 나폴레옹은 외교가 아닌 개인적인 차원에서는 좋은 선택을 했다. 어떤 평자들은 마리 루이즈가 얼굴빛이 붉고, 눈이 튀어나오고, 합스부르크 집안의 흉한 입술을 지녀 곱지 않다고 말했지만, 마리 루이즈는 사실 매력 없는 여인이 아니었다. 단점을 보상하기라도 하듯 풍성한 금발에 키가 컸으며 가슴도 멋지고 안색은 복사꽃 빛깔이었다. 꽤 영리했던 마리 루이즈

캐슬레이(Robert Stewart Castlereagh, 1769~1822) 1812년부터 영국 외무장관을 맡아 나폴레옹을 무너뜨린 동맹에서 중추적 역할을 했다. 1822년에 자살했다.

는 유화로 풍경화와 초상화를 그렸으며, 책을 많이 읽었고(샤토브리앙을 좋아했다), 재능 있는 아마추어 연주자였다. 마리 루이즈는 피아노와 하프를 연주했으며, 모차르트와 베토벤의 작품을 알았다. 나폴레옹은 마리 루이즈를 직접 만나기 전에는 그녀를 그저 '걸어 다니는 자궁'으로 생각했는데, 이런 나폴레옹에게 가장 적절한 조건은 마리 루이즈가 어떤 남자와도 단 둘이 시간을 보낸 적이 없는 처녀라는 사실이었다.

오스트리아는 여전히 마리 루이즈가 나폴레옹과, 신이 보시기에 정당한 결혼을 하지 못할까 봐 염려했다. 나폴레옹과 조제핀의 결혼이 완전히 파기되지 않았기 때문이다. 그렇게 할 수 있는 유일한 사람인 교황은 나폴레옹의 포로였을 뿐만 아니라 나폴레옹을 파문했다. 해결책을 찾고자 종교 문제의 '해결사' 페슈 추기경을 데려왔다. 페슈는 발 빠르게 조제핀의 결혼식에 교구 사제와 법정 증인이 참석하지 않았다는 편리한 문제를 제기했고, 나폴레옹은 종교결혼식에 자유의사로 동의한 적이 없고 대관식 전날 국가적 창피를 피하고자 조제핀의 '부추김'에 어쩔 수 없이 그렇게 했다는 새로운 주장을 덧붙였다. 이 소설 같은 편리한 이야기가 완전한 결혼을 막는 마지막 장애물을 제거한 것으로 받아들여졌다.

이제 프랑스는 오스트리아 공주를 맞이할 준비에 나섰다. 신부를 맞이하기로 한 콩피에뉴 성을 개장하는 데는 엄청난 돈이 들었다. 카롤린 뮈라가 마리 루이즈의 혼수를 마련하는 일로 빈으로 파견되었다. 이 또한 부적절한 선택이었다. 뮈라 부부가 나폴리에서 합스부르크 왕가를 쫓아냈을 뿐 아니라, 카롤린은 어떤 여인도 자신에 우선해 오빠의 선택을 받는 꼴을 참지 못했기 때문이다. 그 여인이 후계자를 생산해, 훗날 제위에 오를 수도 있으리라는 뮈라 부부의 무모한 꿈을 깨뜨린다면 더욱 참을 수 없었다. 놀랄 일도 아니지만 마리 루이즈와 카롤린은 뮌헨에서 만났을 때 서로 몹시 싫어했다. 두 여성 중 오스트리아 공주가 더 영리했다. 공주는 보나파르트 가문의 여인을 제대로 간파했으나 카롤린은 상대를 얕보았기 때문이다.

마리 루이즈는 3월 11일 빈에서 대리인을 세워 결혼했고 카롤린을 '보호자'로 대동해 콩피에뉴로 행진을 시작했다. 마리 루이즈를 보호할 책임을 맡은 카롤린은 공주의 수행원들과 심지어 기르던 개까지 빈으로 돌려보내 공주를 못살게 굴었다. 그러나 카롤린은 오빠가 마리 루이즈에게 끝없는 연모로 가득한 편지를 날마다 보내자 당황했다. 콩피에뉴에서 나폴레옹은 사랑하는 아내가 도착하기를 손꼽아 기다리며 새신랑처럼 조바심을 냈다. 나폴레옹은 빈에서 대리인으로 치른 결혼(신부의 숙부인 카를 대공이 나폴레옹 역을 맡았다)이 유효하다는 사실을 페슈로부터 전해 들은 후 최대한 빨리 신방에 들기로 결심했다. 그렇지만 나폴레옹은 신부를 만나러 떠나기 전날 밤까지도 이탈리아인 정부를 머무르게 했다.

3월 27일 밤 나폴레옹은 신부를 태운 마차가 콩피에뉴에서 얼마 떨어지지 않은 길 위에 있다는 얘기를 듣고 억수같이 퍼붓는 비를 뚫고 마중을 나갔다. 나폴레옹은 마리 루이즈 일행을 가로막고 마차로 뛰어들어 신부를 얼싸안았다. 헨리 8세가 안나 폰 클레베를 맞아들였을 때처럼 미리 보지 못한 신부에게 실망하는 일은 있을 수 없었다.* 나폴레옹은 콩피에뉴 성에 들어서자마자 퉁명스럽게 하객 무리를 내쫓고는 카롤린만 참석을 허용한 채 저녁 식사를 마친 후 마리 루이즈를 침대로 이끌었다. 어떤 이들은 이 같은 행태가 불안해하는 어린 여성을 대하는 방식으로 전혀 적절하지 않으며 나폴레옹의 근본적인 여성 혐오증을 강조했다고 할지 모르겠다. 그러나 마리 루이

---

* 잉글랜드 왕 헨리 8세는 1540년 1월 6일 독일 귀족 집안의 안나 폰 클레베(Anna von Kleve)와 결혼했는데 첫날밤을 보낸 뒤 혼인을 강력히 권했던 재상 토머스 크롬웰에게 동침하지 않았음을 실토하며 이렇게 말했다고 한다. "이전에도 그다지 좋아하지 않았지만 이제 더 싫어졌소."

1810년 4월 2일 교황이 주재하는 가운데 나폴레옹과 오스트리아의 공주 마리 루이즈의 종교결혼식이 치러졌다.

즈는 즉시 자연스러운 성욕을 지닌 여성임을 드러냈다. 나폴레옹이 세인트헬레나에서 설명한 신혼 생활 이야기는 유명한데 충분히 그럴 만하다. "마리 루이즈는 내게 한 번 더 하자고 요구했다." 여성 혐오증을 지닌 이 남자가 성욕이 강한 여성들로 둘러싸였다는 사실은 아마도 운명의 장난일 것이다. 정부들뿐만 아니라 누이 폴린과 두 아내가 모두 그러했다.

　한 주 뒤 4월 1~2일 이틀에 걸친 의식에서 생클루에서 민사결혼이, 튈르리 궁에서 종교결혼이 거행되었다. 눈치 없는 나폴레옹은 루이 16세와 마리 앙투아네트의 결혼식을 세세한 부분까지 따르기로 결정했다. 생클루의 민사결혼식을 구경한 자들은 신부가 신랑보다 키가 크다는 인상을 받았지만, 파리를 관통한 화려한 마차 행렬의 매력과 종교결혼식은 흠잡을 데가 없었다. 나폴레옹은 흰색 공단 옷을 입고 마리 루이즈는 은으로 수놓은 흰색 튈(비단이나 면으로 망사처럼 짠 천)을 입었다. 황제는 이번에도 주저하는 여성들에게 압력을 가해 일을 시켰다. 카롤린 뮈라, 바덴 대공비 스테파니-나폴레옹, 이탈리아 부왕의 아내 아우구스타 아말리아가 불 켜진 초와 기장이 새겨진 술 달린 방석을 들고 앞서 걸었다. 마리 루이즈의 행렬을 수행한 여인들은 보나파르트 집안의 며느리들인 에스파냐와 홀란트, 베스트팔렌의 왕비들과 토스카나 대공 엘리자, 폴린 보르게세였다. 폴린은 6년 전 대관식 때처럼 그 임무가 자신의 위엄을 손상시킨다고 불평했고 '아프다'는 핑계로 하지 않으려 했다.

황제의 결혼을 축하하기 위해 파리 전역에서 화려한 축연이 펼쳐졌는데, 오스트리아 대사 슈바르첸베르크 공(Karl Philipp Fürst zu Schwarzenberg, 1771~1820)은 자기 집 정원에서 연회를 열었다. 슈바르첸베르크 공은 사교계의 호평을 얻을 생각으로 정원에 거대한 무도장을 세웠으나, 무도회 도중 얇은 천으로 된 휘장에 불이 붙어 집 전체가 지옥이 되어버렸다. 나폴레옹과 마리 루이즈는 쉽게 피신했으나 불길에 여러 명이 사망했다. 사망자 중에는 대사의 형제의 아내도 있었다. 미신을 믿는 나폴레옹은 이 사건을 아주 나쁜 징조로 해석했고 1770년 샹젤리제에서 2천 명이 사망했던 루이 16세와 마리 앙투아네트의 결혼식 축연을 떠올렸다. 나폴레옹의 조언자들은 사건이 황제가 아니라 슈바르첸베르크 공을 가리키는 전조라며 가볍게 지나치려 했고, 나폴레옹은 이에 다시 용기를 얻었다. 1813년 드레스덴 전투 이후 나폴레옹은 슈바르첸베르크 공이 죽었다는 보고를 받았으나, 죽은 자가 오랫동안 적이었던 모로 장군이라는 사실이 밝혀지자 곧 우울해졌다.

흉조들이 있었지만 결혼은 초기에 예상 외로 성공적임이 드러났다. 프랑스가 극심한 경제 위기를 겪고 있고 에스파냐에서 주도권을 상실했는데도 마리 루이즈와 나폴레옹은 신혼 분위기에서 석 달을 보냈다. 황제는 확실히 제국에 관심을 보이지 않았고 누구나 이 점을 인지했다. 황제는 각의에 자주 늦고 에스파냐로 떠나기로 한 약속을 자꾸 미루었다. 실제로 나폴레옹은 1811년에 들어서도 계속해서 애처가요, 상사병에 걸린 사람 같았다. 평계를 찾아 무도회와 축연을 열고, 오페라를 관람하고, 사냥을 다니고, 새 황후를 옆에 두고 오랜 시간 연회를 즐기며 행복을 만끽했다. 냉소적인 메테르니히조차 프란츠 1세에게 부부가 진정 사랑한다고 보고할 수밖에 없었다. 나폴레옹은 나아가 아내를 경외하는 것처럼 보이기도 했다. 마리 루이즈가 메테르니히에게 이렇게 털어놓을 정도였다. "나는 나폴레옹이 무섭지 않아요. 그렇지만 나폴레옹이 나를 무서워한다는 생각이 들어요." 황제가 황후를 딱 한 번 비판한 것은 먹을 것을 너무 좋아한다는 점이었다(나폴레옹은 이를 '여성적이지 못한' 속성으로 보았다). 황후로서 마리 루이즈가 지닌 한 가지 결점은 프랑스인들을 결코 편하게 대하지 못했다는 점이었다. 황후는 공공 행사에서 불편해 보였는데 아마도 프랑스인들이 고모할머니(마리 앙투아네트)를 죽였다는 사실을 잊을 수 없었기 때문일 것이다. 마리 루이즈는 특히 잡담과 사교적 수다를 싫어해서 냉랭하고 거만하게 비쳤다. 조제핀은 파리 시민의 마음을 얻는 데 성공했으나 새로운 황후는 결코 그런 기술을 습득하지 못했다.

결혼은 나폴레옹과 교회의 관계를 더 악화시키기도 했다. 추기경 13명이 결혼식에 참석하라는 황제의 긴급 소환을 거부했다. 이른바 '검은 추기경들'(보나파르트에게 우호적인 '붉은 추기경들'과 구분하는 표현이다)은 폐슈의 징계를 받았는데도 비타협적인 태도를 고수해 투옥되었다. 직무 부담에서 벗어날 필요가 있던 황제는 화려한 '순행(循行)'을 떠나기로 결정했다. 1810년 4월 27일 나폴레옹과 마리 루이즈는 한 달간 벨기에와 북부 프랑스를 둘러보는 여행길에 올라 생캉탱, 캉브레, 안트베르펀, 브레다, 베르헌옵좀, 미델뷔르흐, 헨트, 브뤼허, 오스텐더, 됭케르크, 불로뉴, 디에프, 르아브르, 루앙을 방문했다. 제후들과 꼭두각시 왕들을 태운 마차 35대가 황제 부부를 수행했다.

마리 루이즈는 오랜 여행에 따르는 피로와 빈번한 의전 때문에 벌어진 사생활 침해, 배고프다는 말이라도 하면 짜증을 내는 남편의 반응을 일기에 기록했다.

6월 1일 파리로 돌아온 나폴레옹은 말메종으로 조제핀을 방문하기로 했다(6월 13일). 조제핀은 나폴레옹과 마리 루이즈의 결혼식이 거행되는 동안 신중하게도 한 달간 나바라의 성에 가 있다가 막 돌아온 참이었다. 나폴레옹과 전 부인 사이는 여전히 따뜻했고, 마리 루이즈가 황제가 조제핀을 배려한다는 사실에 화를 내곤 했는데도 두 사람은 계속 편지를 주고받았다. 마리 루이즈가 내뱉은 말이다. "황제는 어째서 그 늙은 부인이 보고 싶은가? 태생이 천한 여자가 아닌가!" 조제핀은 말메종에서 동물 키우기에 빠졌다. 특히 조류가 유명세를 치렀는데 백조와 타조도 있었다. 조제핀은 여전히 엄청난 빚을 늘려 검약한 마리 루이즈와 대비되었는데, 나폴레옹은 죄책감에서 이를 너그럽게 용서했다.

1810년은 나폴레옹이 베르나도트를 마지막으로 본 해이기도 하다. 베르나도트는 아우어슈테트와 바그람에서 무능함을 드러냈는데도 여전히 군법회의에 회부되지 않았고 자리에서 물러나지도 않았다. 베르나도트는 발헤런의 큰 실패 이후에도 아무것도 배우거나 잊지도 못한 채 계속 음모를 꾸몄고 황제의 적으로 알려진 레카미에 부인 같은 자들의 살롱을 들락거렸다. 그러나 베르나도트는 "그자는 행운아인가?"라는 나폴레옹이 흔히 하던 말의 참됨을 증명한 인물이었다.

1810년 스웨덴에서는 왕세자 칼 아우구스트*가 사망하며 헌정 위

칼 아우구스트(Karl August, 1768~1810) 원래 덴마크 귀족 프레드리크 아우구스텐보르그(Fredrik Kristian August av Augustenborg)였다. 1809년 6월 6일 스웨덴 국왕 구스타브 4세가 미성년일 때 섭정을 한 스몰란드 공작 칼 구스타브가 조카인 국왕을 내쫓고 칼 13세로 즉위한 뒤 칼 아우구스트를 양자로 들여 왕세자로 삼았으나 칼은 얼마 지나지 않은 1810년 5월 28일에 사망했다. 칼 13세는 즉위할 때 이미 60세가 넘었고 노쇠한 상태였으므로 칼 아우구스트의 죽음은 곧 심각한 정치 문제가 되었다.

기가 발생했다. 스웨덴 국민은 한 해 전에 폐한 구스타브 4세의 복위나 그 아들의 즉위를 단호히 거부했다. 스웨덴 국민들은 나폴레옹이 지배하는 세계에서 프랑스인을 왕으로 추대할 만하다고 주장하며 외젠 드 보아르네와 교섭했다. 그러나 외젠은 열렬한 가톨릭교도였으므로 국왕이 되려면 루터교로 개종해야 한다는 요구를 거부했다.

그러자 스웨덴은 베르나도트와 접촉했다. 야심에 불타는 베르나도트는 6월 25일 나폴레옹을 찾아 반응을 떠보았다. 황제는 그 가스코뉴인이 과거에 저지른 배신 행위들을 기억하고 해임해야 마땅했으나 어설프게 동의했으며 터무니없게도 수백만 프랑의 작별 선물까지 안겨주었다. 그 덕에 베르나도트는 스웨덴에서 왕에 걸맞게 호화롭게 등장할 수 있었다. 결국 나폴레옹은 무시 못 할 군대를 지닌 스웨덴 왕을 강력한 적으로 두게 되었다. 나폴레옹은 도대체 무엇에 사로잡혔기에 그토록 어리석은 일을 했을까? 흔한 설명에 따르자면, 베르나도트에 관해서는 늘 그랬듯이 데지레에게 느끼는 애틋한 감정이 베르나도트에 대한 악감정보다 컸다. 만일 이것이 사실이라면(그렇게 보인다) 나폴레옹을 여성 혐오자로 보는 판단은 여성을 대하는 태도의 감상적인 측면이 실현되었다는 점을 들어 조정해야만 한다. 그러나 당연한 얘기지만 나폴레옹이 조제핀과 데지레에게 각별히 친절했던 데에는 심리적 충동이 깊이 숨어 있음을 잊지 말아야 한다.

외젠 드 보아르네와 베르나도트를 견주는 수고는 할 필요가 없다. 외젠은 언제나 강직하고 충성스러웠으며 도덕적으로 원칙주의자였던 반면, 베르나도트는 아무 때라도 옷을 바꿔 입듯 종교와 정치적 신조를 내던질 수 있는 인간이었다. 새로운 왕세자*는 자코뱅 출신으로서 일찍이 '세상 모든 왕들에게 죽음을'이라는 문신을 팔에 새겨

---

* 베르나도트는 1810년 8월 21일 왕세자로 임명되었고 11월 2일 스톡홀름에 입성해 5일에 칼 13세의 양자가 되었다. 1818년부터 죽을 때까지 스웨덴 왕 칼 14세 요한으로, 노르웨이 왕 칼 3세 요한으로 재위한다.

넣은 자였다. 충분히 예상할 수 있는 일이지만 훗날 베르나도트가 스웨덴 왕세자로서 믿음을 저버리자 나폴레옹은 베르나도트를 총살할 기회가 세 번 있었으나 매번 데지레 때문에 살려 두었다고 후회하듯 회상했다. 이 배은망덕한 인간이 왕위를 차지하게 내버려 둔 일을 나폴레옹은 이렇게 설명했다. "프랑스 원수가 왕이 되고 내가 마음을 쓰는 여인이 왕비가 되며 나의 대자(代子)가 왕자가 되는 것을 지켜보는 영광에 눈이 멀었다."

그러나 베르나도트는 보나파르트 확대가족의 핵심을 이룬 무능한 음모자들의 무리에서 가장 두드러진 실망 사례였을 뿐이다. 뤼시앵은 여전히 아내를 버리라는 온갖 압력을 물리쳤고 결국 미국에서 새로운 생활을 하기로 결정했다. 뤼시앵 가족은 프랑스를 떠나자마자 영국 군함에 잡혀 영국으로 끌려갔다. 영국의 통치 엘리트들은 순전히 선전의 이점을 보고 뤼시앵을 떠받들었다. 동생의 도주보다 보나파르트의 폭정을 더 잘 보여주는 훌륭한 증거가 어디 있겠는가? 뤼시앵은 1814년까지 우스터셔의 러들로와 손그로브에서 가택 연금 상태에 있었으나 매우 안락하게 지냈다. 선전의 관점에서 볼 때 가택 연금은 당연히 영국의 엘리트들에게는 완전한 부조리였다. 뤼시앵이 진정 엄청난 폭정을 피해 달아난 망명자라라고 생각했다면 유럽에서 말썽을 일으키도록 풀어주었을 것이기 때문이다.

루이 보나파르트의 공적 생애는 나폴레옹이 홀란트를 병합하면서 굴욕적으로 끝났다. 루이는 퇴위할 수밖에 없었지만 수입과 명예 직함은 유지했다. 이는 오르탕스 드 보아르네에게는 바라던 기회였다. 왕비 직함을 빼앗겼으므로 성적으로 특이한 남편을 더는 참을 필요가 없었기 때문이다. 오르탕스는 1810년 늦여름 어머니 조제핀과 함께 느긋하게 사보이아를 여행했고 플라오 백작(Charles Joseph de Flahaut, 1785~1870)을 연인으로 삼았다.

베스트팔렌의 무익한 인간 제롬은 바람 앞의 등불처럼 불안했으나 자신을 내칠 타격이 형에게서 올지 신민에게서 올지 확신하지 못했다. 제롬이 인기가 없었다는 것은 의심할 바 없다. 제롬이 다스리는 베스트팔렌 왕국의 신민들은 세금 때문에 허리가 휠 지경이었고, 퇴폐적인 궁정과 그곳을 휩쓸고 다니는 방자한 난봉꾼들과 모험가들, 그 위에 군주로 앉은 코르시카의 한량을 한결같이 혐오했다. 제롬은 성급히 왕국에서 도망쳐야 할 때를 대비해 안장 얹은 말 세 마리를 궁정 뜰에 대기시켰고 예비로 세 마리를 더 준비해놓았다. 그러면서도 희가극 같은 방탕한 생활을 멈추지 않았다. 진탕 마시다 만취해 거리에서 왕을 알아보지 못한 경찰에 체포된 적도 있었다.

나폴레옹은 형제들을 멸시하며 대할 수 있었으나, 뮈라 부부는 훨씬 더 위험한 상대였다. 루이가 몰락한 뒤 뮈라는 황제의 명부에서 자신이 다음 차례라고 의심했고 최선의 방어로 공격을 선택했다. 뮈라의 장관 마젤라는 뮈라에게 이탈리아 통일의 투사로 가장할 것과 나폴레옹이 왕위를 박탈하려 할 경우 지지해줄 세력을 구축하라고 조언했다. 뮈라는 보나파르트에 반대하는 이탈리아 민족주의자들과 은밀히 연락하는 동시에 프랑스인 관료들을 규합해 프랑스와 황제에 앞서 자신과 나폴리에 충성하도록 만들려 했으며, 이들 모두에게 나폴리 귀화 서류를 제출하도록 하는 계획을 떠올렸다. 머리 좋은 나폴레옹은 나폴리가 프랑스 제국의 일부이므로 모든 프랑스 시민은 나폴리 시민도 된다는 칙령을 발해 이 시도를 좌절시켰다.

음모를 일삼던 파렴치한 보나파르트 일가는 1810년 가을 마리 루이즈가 임신했다는 소식에 기세가 꺾였다. 나폴레옹의 후계자가 태어난다면 제국의 부와 권력을 물려받는다는 막연한 희망이 물거품이 될 터였다. 그러나 1811년 3월 20일 나폴레옹 아들의 출생은 박빙의 승부였다. 당시의 관행대로 왕손 출생은 일종의 공적 사건으로 확대가족과 궁정 신하들, 각국 대사들이 모두 침실에 들어와 지켜봤다. 난산이었기에 마리 루이즈는 고통스러운 비명을 질러댔고 이에 나폴레옹은 몹시 걱정했다. 산과 의사는 나폴레옹에게 아이가 거꾸로 들어앉아 어려운 분만이 될 것이며 산모와 태아 모두 위험하다고 말했다. 태아를 죽이고 산모를 살리거나 그 반대의 경우도 가능하다고 했다. 마리 루이즈와 결혼한 이유는 후계자를 보기 위함이었으니 반대로 하라고 해야 했을까? 나폴레옹은 주저 없이 대답했다. "산모를 살리시오."

마리 루이즈는 마지막으로 20분간 산통을 겪은 후 겸자 분만에 성공했다. 눈 하나 깜짝 않고 태연히 전장의 살육을 지켜보았던 남자가 출산의 피와 고통을 감당하지 못해 막판에는 욕실로 물러갔다. 아이는 태어나 몇 분 동안 생명의 징후가 없어 보였다. 나폴레옹은 아들을 내려다보며 죽었음을 납득했다. 그때 돌연 아이가 힘차게 울음을 터뜨렸다. 의사가 아기가 살 것이라고 안심시키자 나폴레옹은 아이를 두 팔로 안았다. 곧이어 미리 준비된 축포를 울려 탄생을 알렸다. 여자아이면 스물한 발, 사내아이면 백 발이었다. 스물두 번째 축포가 터지자 파리의 군중은 열광했다. 술에 취한 군중이 만들어낸 장관을 바라보는 나폴레옹의 뺨에 눈물이 흘러내렸다. 나폴레옹의 아들은 '로마 왕' 직함을 받았고, 태어난 지 석 달이 지난 1811년 6월 9일 노트르담 성당에서 장엄하게 세례를 받았다. 그러나 출산 직후 주변 사람들은 마리 루이즈를 대하는 황제의 태도가 변했음을 알아차렸다. '걸어 다니는 자궁'이 생물학적 기능을 완수하자 본래의 냉소주의가 다시 나타난 까닭인지, 아니면 유혈 낭자한 출산 장면을 보고 아내에 대한 욕정이 잦아든 까닭인지 알 길이 없으나, 나폴레옹은 즉시 조제핀과 지내던 시절로 돌아간 듯했다. 나폴레옹은 5월 22일부터 6월 5일까지 2주간 노르망디(캉, 셰르부르, 생로, 알랑송, 샤르트르)를 여행하고 돌아와 홀로 식사했고 하루의 대부분을 집무실에서 보냈다. 심지어는 다른 여인들과도 관계를 재개하고, 마리아 발레프스카와 아들을 파리로 데려와 끊어졌다 이어지는 관계를 또 한 차례

황후 마리 루이즈와 아들 '로마 왕'. 아들의 이름은 '나폴레옹 프랑수아 조제프 샤를
보나파르트(Napoléon François Joseph Charles Bonaparte)'였다.

시작했다.

　마리 루이즈는 자신의 처지에 점차 환멸을 느꼈다. 특히 보나파르
트 패거리가 조제핀을 싫어할 때보다 훨씬 더 격하게 생짜를 부리자
환멸이 더욱 심해졌다. 마리 루이즈는 점차 혼자 은둔하는 경향을 보
였고 시녀 몬테벨로 부인(Louise Antoinette Lannes, 1782~1856)만 신
뢰했다. 이 여인은 나폴레옹이 자신도 모르게 끌어안았던 독사 같은
인간들 중 하나였다. 스물아홉 살 난 몬테벨로 공작부인 루이즈는
황제를 증오한다는 점에서 여자 베르나도트 같은 인물이었기 때문이
다. 맹렬한 반(反)보나파르트 신념을 지닌 브르타뉴 자코뱅 몬테벨로
부인은 마리 루이즈가 차츰 남편에게 악감정을 품게 만들었다.

그러므로 나폴레옹은 자신의 육친에게도 많은 것을 기대할 수 없었다. 장기적으로 볼 때 더 걱정스러운 점은, 1810~1811년 나폴레옹과 부르주아, 그리고 나폴레옹과 명사들 사이에 맺어진 사회적 동맹이 붕괴의 길에 접어들었다는 사실이었다. 겉으로 볼 때 이러한 현상은 나폴레옹이 한층 더 전제적이고 지나치게 많은 것을 요구하는 듯 보였고 그에 따라 자신의 권력 기반을 소외시켰기 때문인 것 같았다. 이는 완전히 무시할 수 없는 요인이었지만, 이런 식의 분석을 적용할 때는 신중해야 한다. 나폴레옹은 보통 경찰국가를 최초로 도입했다는 비난을 받았고, 새 경찰 총수 사바리의 강압적인 방식이 부르주아를 심히 격분케 했음도 사실이다. 난폭하기로 이름난 사바리는 결국 1810년에 사악한 밀정 우두머리였던 푸셰가 한 가지 술책에 과도하게 빠진 후 그 자리를 대신했다. 푸셰는 영국에 평화사절단을 파견해 미국 재정복을 지원할 테니 에스파냐를 포기하라고 제안했다. 황제는 이 비현실적인 제안이 자신이 알지도 못하고 동의하지도 않은 가운데 제시되었기에 현실적으로 푸셰를 해임하는 것 말고는 다른 대안이 없었다. 나폴레옹을 폭군으로 보는 이론가들은 나폴레옹이 특히 자신을 배반한 사람들과 관계를 끊는 데 왜 늘 터무니없이 긴 시간이 걸렸는지 설명할 필요가 있다. 베르나도트와 푸셰, 탈레랑, 뮈라는 모두 같은 길을 따랐다.

그렇지만 경찰국가를 들여왔다는 폭넓은 관점의 고발에는 나폴레옹을 변호할 여지가 많다. 총재정부 시기에 감옥에 수감된 사람은 6만 명이었지만, 나폴레옹은 자신의 시대에는 최고로 많을 때 여섯 나라의 감옥에 243명뿐이었다고 자랑했다. 어쨌거나 대혁명의 혼란과 프랑스 인구(4천 만 명)를 고려할 때 이는 경이로운 숫자였다. 나폴레옹의 수감자 처우에서 현대의 독재자를 찾아볼 수는 없다. 브뤼메르 18일에 투옥된 9천 명은 대부분 석방되었으며, 남은 정치범은 사형을 선고받았으나 형 집행이 유예된 올빼미당원과 영국의 간첩, 불법적으로 귀국한 왕당파, 일반사면의 조건을 위반하고 음모를 꾸며 경찰의 감시에 걸린 망명귀족들뿐이었다. 나폴레옹이 교황과 충돌한 뒤수감된 소수의 사제들을 빼면 감방에 갇힌 이들은 대체로 조직범죄와 관련된 비정한 범죄자들이었다. 나폴레옹은 그런 자들을 실제 임의로(몇몇 사람에 대해서는 정당했다고 할 수 있다) 구금했다. 지역의 배심원단이 보복을 우려해 선고를 내리지 못했기 때문이었다. 게다가나폴레옹의 경찰은 전체주의 정권과는 달리 임의 구금 권한이 없었던 반면, 제국의 변호사들은 국가참사원의 결정으로 투옥된 경우가아니면 어떤 수감자라도 석방할 권한을 지녔다. 제국 경찰과 노사조정위원회가 노동자에게 편파적으로 기울었다고 주장한다면 터무니없는 말이겠지만, 이 기구들은 진정 공정하게 보이려 했고 고용주들이 최종 상소법원이 되는 일은 없도록 했다.

부르주아가 보나파르트 '독재'의 다른 표현에 특별히 당황한 것도아니었다. 나폴레옹은 1811년에 그때까지 독립적이었던 가톨릭 학교들이 루이 드 퐁탄과 제국대학교의 감독을 받아야 한다는 칙령을 발해 국민 교육을 강하게 통제하려 했으나 이 조치는 그다지 성공을 거두지 못했다. 주교들은 퐁탄과 장학사들과 공모해 칙령을 무시했다.나폴레옹과 교황의 불화, 그리고 나폴레옹의 명백하고 강경한 반(反)가톨릭 자세에서 놀라운 사실은 변화가 거의 없었다는 점이다. 나폴레옹 체제의 교육은 대체로 황제가 구체제 때 직접 배운 종교 의식과계율을 반복해 주입하는 과정이었다. 교황의 파문 효과는 하찮았다.프랑스 주교들은 파문 이후에도 1809년 오스트리아와 체결한 평화조약을 위해 그리고 황제와 마리 루이즈의 유효한 종교결혼식을 위해테데움 미사를 올릴 수 있었다.

1811년 파리의 모든 독립적인 신문을 몰수한 조치는 부르주아를좀 더 자극했을 수 있다. 이로써 완전히 정부 손에 들어간 신문은 싱겁고 무미건조했다. 어떤 이들은 나폴레옹이 독립적인 신문들이 제시한 초라한 제국의 이미지를, 그리고 체제의 저속한 허식과 조직폭력단과 유사한 행태를 강조하는 수치스러운 이야기를 염려했다고 한다. 메테르니히가 카롤린 뮈라와 로르 쥐노와 동시에 불륜 관계를 유지한 것은 가장 유명한 추문이었다. 질투심 많은 카롤린이 쥐노에게 부인의 부정을 몰래 알렸고, 카롤린의 안내에 따라 유죄 증거를 발견한 쥐노는 가위로 아내를 공격해 절반쯤 죽여놓았고 메테르니히에게 결투를 신청했으며 황제에게 오스트리아에 전쟁을 선포해야 한다고 역설했다. 신문에서 추문을 접한 독자들은 사실인지 아닌지 알 수 없으나 쥐노가 메테르니히 부인에게 '설교'했을 때 부인이 응수했다는 이야기에 특별히 즐거워했다. "오셀로 역은 당신에게 전혀 어울리지 않아요."

명사들도 나폴레옹이 능력주의로써 자신들의 특권을 위협하지 않았다고 인정했다. 새로운 행정 엘리트들은 명사층에서 충원되었다. 연간 소득이 6천 프랑을 넘어야 하는 조건이 있었지만 장관과 원로원 의원, 국가참사원 의원, 장군, 지사의 아들과 사위만이 국가참사원 회계감사관과 판사, 징세관으로 뽑힐 자격을 갖추었으며, 이들만이 어쨌든 급여가 좋지 않은 직책을 감당할 여유가 있었다. 나폴레옹 체제의 엘리트주의적 성격은 파벌주의와 계급적 사고방식이 만연한 군대와 1808년에 설립된 제국대학교와 그랑제콜에 의해서 증명되었다. 제국대학교와 그랑제콜은 수준 높은 교육은 오로지 부모의 부를 통해서만 가능하다는 것을 확실히 보여주었다.

행정부의 엘리트는 한마디로 말해 옛 귀족이나 대혁명의 전리품에서 이익을 챙긴 새로운 부호의 영역이었다. 놀랄 만큼 많은 지주들이 1789~1794년의 모진 비바람을 견디고 제국에서 주요 부동산 소유주로 등장했다. 동시에 국유재산 매각은 중단되었고, 약탈을 제외하면 유일한 사업 기회는 식민지 생산품에 투자하는 것이었다. 무시할 만한 수준이었던 사회 이동의 현실은 뮈라처럼 개천에서 용 난 격인 소수의 경력을 늘 강조한 나폴레옹의 선전으로 흐려지고 '신비화'되었다.

나폴레옹 시대에 농민은 군 복무로써 토지에 속박된 처지를 벗어던졌다는 것이 전통적인 견해이나, 이는 대체로 신화일 따름이다. 보통 농민이 입대한 뒤 사병부터 차근차근 진급하는 것이 가능하기는 했지만 그야말로 간신히 진급했다. 모든 병사는 이론상 자신의 군장에 원수의 지휘봉을 휴대할 수 있었지만, 실제로는 아무리 재능이 뛰어나도 농민이 초급 장교 위의 계급으로 진급하기는 거의 불가능했다. 바랄 수 있는 최선은 레지옹 도뇌르에 따르는 급여였다. 유럽 정복에서 얻은 전리품의 경우와 마찬가지로 기득권을 지닌 자들만 실제로 혜택을 보는 것이 현실이었다. 장군, 고위 관료, 귀족은 하사금과 특전을 받았고, 제조업자와 상인은 상업상의 이익을 얻었다.

나폴레옹 시대의 프랑스가 일견 명사들의 천국처럼 보였다면, 이들이 1810~1811년에 체제에 그토록 환멸을 느낀 이유는 무엇일까? 명사들은 나폴레옹의 국외 모험주의를 싫어했으며 '자연 국경'에 만족했을 것이다. 이들은 새로운 제국 귀족(noblesse de l'empire)의 창설과 황제가 오스트리아 공주와 결혼한 것을 의심스럽게 바라보았다. 둘 다 옛 귀족에 대한 애호를 보여주는 듯했기 때문이다. 그리고 명사들은 에스파냐 전쟁에서 아무런 의미도 찾지 못했다. 에스파냐 전쟁은 그저 조제프에게 왕위를 마련해주려는 조잡한 시도 이상으로 보이지 않았다. 그러나 명사들은 황제의 대륙 봉쇄령 때문에 1810~1811년에 겪어야 했던 극심한 불황만 아니었다면 분명 이 모든 일과 '동거'하는 방법을 발견했을 것이다. 그러고 보면 명사들에게 진정한 걸림돌은 대륙 봉쇄령이었다.

나폴레옹은 예나에서 승리한 직후인 1806년 11월 21일 베를린 칙령을 공포하면서 본격적으로 영국에 맞서 경제 전쟁을 시작했다. '대륙 봉쇄'란 표현은 1806년 10월 30일 〈르 모니퇴르〉에 처음 등장했지만, 그 아이디어를 고안한 사람은 나폴레옹이 아니었다. 1793년 국민공회가 영국 상품 배척을 선언했으므로 대륙 봉쇄라는 생각은 나폴레옹이 대혁명으로부터 물려받은 것이었다. 미요 드 멜리토에 따르면, 제1통령은 1803년 5월 1일 연설에서 다가오는 전쟁에서 영국이 눈물을 흘리게 만들겠노라고 맹세했고 멀리 하노버까지 영국 해협의 항구들을 봉쇄해 영국의 상업을 막으려 했다. 그러나 트라팔가르 전투 이후 사태는 역전된 것 같았다. 1806년 5월 16일 영국 정부는 프랑스 해안 봉쇄를 선언하고* 미국 선박 수색에 나섰다.

　나폴레옹은 여러 이유로 경제 전쟁이란 발상에 매력을 느꼈으나, 나폴레옹이 지폐의 가치 없음에 깊은 인상을 받았다고 생각할 이유가 몇 가지 있다. 나폴레옹은 대혁명 시기의 아시냐에서 지폐의 무가치함을 직접 보았고 전적으로 논리적이지는 않지만 보나파르트 가족의 금전적 고투와 지폐의 무가치함을 연결했다. 1803년 전쟁이 시작될 때 영국의 국채가 5억 파운드를 넘었기에 영국 지도자들은 지폐를 발행할 수밖에 없었다. 그래서 나폴레옹은 영국의 수출 무역을 단호히 공격하면 영국 경제가 붕괴하리라고 생각했다. 이는 두 가지 효과를 기대할 수 있었다. 영국은 대륙의 동맹국들에 지원금을 보낼 수 없을 것이고, 국내에서 혁명이 일어나 평화협상에 응하는 길이 아니면 달리 방도가 없을 것이었다. 1807년 황제는 "영국 배들이 쓸모없는 부를 싣고 공해를 떠돌아다니며 유일한 승리자로서 지배한다고 주장하나, 플리머스 해협에서 다르다넬스 해협까지 항구를 열어 자신들을 받아줄 곳을 아무런 보람도 없이 찾아 헤맬" 것이라고 흡족한 듯 이야기했다.

　베를린 칙령으로 설정된 봉쇄는 추상적이었다. "칙령이 발효된 뒤 영국 항구에서 직접 오거나 영국 항구에 정박했던 선박은 유럽 대륙

---

* 영국 해군이 브레스트에서 엘베 강까지 항구들을 봉쇄한 이른바 '여우 봉쇄(fox blockade)'를 가리킨다.

항구의 이용을 금지하며, 그런 선박이 거짓 신고를 하면 압수한다. 모든 상품은 '원산지 증명서'를 첨부해야 하며 영국에서 왔거나 영국인이 소유한 상품은 어디서든 발견되면 몰수한다." 영국은 처음에는 쉽사리 믿지 않고 무시하는 척했다. 대륙 봉쇄령은 혜성을 적대한 교황의 교서와 비교되었으며,* 런던 신문들은 달을 봉쇄하는 나폴레옹을 그린 만평을 실었다. 일반적인 의견은 봉쇄 효과가 없을 것이며 설령 효과가 나타나더라도 미국과 라틴아메리카, 식민지로 교역을 전환할 수 있다는 것이었다. 이 지역들은 이미 영국의 수출에서 3분의 2를 차지했다.

상황이 그러했는데도 1807년 1월 영국 정부가 반포한 첫 번째 추밀원 훈령*에는 분명 어느 정도 근심이 서려 있었다. 훈령은 "프랑스와 그 동맹국이 영유하거나 지배권을 강탈한 나라들의 항구와 영국항구 사이"의 교역을 금했다. 나폴레옹은 오스만제국과 오스트리아, 덴마크까지 봉쇄를 확대해 되받아쳤고, 이에 영국 외무장관 조지 캐닝은 덴마크 선단을 겨냥해 상응하는 조치를 취했다. 1807년 7월은 영국에는 중대한 시기였다. 나폴레옹과 차르 알렉산드르 1세가 틸지트에서 강화를 체결했을 때 영국이 경솔하게 미국의 프리깃함 체사피크(USS Chesapeake)에 승선해 조사한 일 때문에 미국과 전쟁이 벌어질 불길한 조짐이 일었기 때문이다. 북유럽과 미국이 영국의 무역을 차단한다면, 영국의 수출은 파국을 맞을 수 있었다.

그러므로 1807년 11월과 12월 영국 정부는 중요한 추밀원 훈령을 발해 나폴레옹이 지배하는 유럽으로 들어가는 상품은 모두 영국 항구를 거쳐 전체 거래액의 25퍼센트에 해당하는 통과세를 지불한 후

---

* 근거 없는 이야기이나, 교황 칼릭스투스 3세가 1456년 출현한 핼리 혜성을 파문했다고 한다. 당시 오스만제국 군대의 공성에 맞서 베오그라드를 지키던 기독교도에게 불길한 징조로 보였다는 것이 이유였다. 1456년 6월 29일 교황의 교서는 혜성을 언급하지 않았다.
추밀원 훈령(Order-in-Council) 추밀원(Privy Council)이 국왕의 이름으로 행하는 일종의 입법.

허가를 받아야 한다고 규정했다. 만약 이 절차를 준수하지 않으면 영국 해군이 적법한 나포물로 간주해 압수할 것이었다. 이런 보복 전쟁의 결말은 뻔했다. 나폴레옹은 1807년 11월 23일과 12월 17일의 밀라노 칙령에서 영국 항구에 입항하고 추밀원 훈령을 지키는 선박은 모조리 나포하라고 명령했다. 해도 욕을 먹고 하지 않아도 욕을 먹는 곤경에 빠진 미국과 다른 중립국들은 영국 해군이 허용한 유일한 무역이 바로 나폴레옹이 금지한 것이라고 불평했다. 제퍼슨 대통령은 1807년 12월의 출항금지법(Embargo Act)으로 이 난제에 대처하려 했다. 법은 미국과 유럽 사이의 교역과 영국 공산품의 수입을 금지했다. 출항금지법은 교전국들을 압박하기는커녕 미국의 경제적 이익에 해가 될 뿐이어서 1809년 3월 폐지되었고, 약간 차이가 있는 통상금지법(Non-Intercourse Act)으로 대체되었다.

대륙 봉쇄령이 나폴레옹 제국에 끼친 영향은 시간과 공간을 초월해 매우 다양하게 나타났다. 다소 위험한 일반화로 단서가 붙기는 했지만, 프랑스 내에서 일반적으로 북부와 동부는 이득을 본 반면 남부와 서부는 고생했다고 결론을 내릴 수 있다. 이는 경제가 구조적으로 대서양 연안에서 유럽 대륙의 내륙 시장으로 옮겨 가는 전체적인 과정의 일부였다. 해안 지역이나 식민지와 거래하는 교역은 큰 타격을 입었다. 식민지 시장이 폐쇄되고 군함이 예비 상태나 건선거(乾船渠)에 들어가 밧줄과 범포 수요가 줄어들자 아마와 삼 제품이 급격하게 감소했다.

1806년에서 1811년까지 북부 도(道)들에서는 보나파르트를 지지하는 분위기가 두드러졌다. 산적이 줄었고 시민의 사기가 높아졌으며 장기간 근무 이탈이나 탈영이 낮은 수준으로 떨어졌다. 릴, 아미앵, 발랑시엔 같은 도시들은 점차 나아졌다. 동쪽에서는 알자스가 나폴레옹 시절에 회복되었으며, 오랭 지역은 봉쇄 덕을 보았다. 라인 강 좌안의 4개 도가 특히 번창해 주목을 받았는데, 십일조 세금과 영주권이 소멸해 농업이 활발해졌고 영국과 경쟁이 사라져 현지 직물업과 야금업이 이득을 본 덕이었다. 전체적으로 보아 라인 지역의 공업과 상업의 성장은 보나파르트에게 강력히 찬성하는 상업 부르주아를 창출했다. 라인 강의 수상 교통은 성격이 급변했다. 홀란트에서 하류로 내려가는 식민지 물품이 봉쇄 탓에 공급되지 못하면서 라인 강 분지에서 상류로 올라가는 원료의 물동량보다 줄었다.

프랑스 서부에서는 그림이 매우 달랐다. 영국 해군이 항구들을 봉쇄함에 따라 경제적 불만이 커졌다. 방데 반란과 올빼미당 전통이 여전히 살아 있는 서부는 나폴레옹 제국에서는 늘 약한 고리였다. 왕당파 파벌들과 영국 간첩들이 계속 연락망을 구축했고 산적들이 활개 쳤다. 나폴레옹 시절 서부의 산적 문제는 많이 논의되었는데, 정교협약에 반대한 교회 세력인 작은 교회(petit église), 지사의 관대한 행태, 만성적인 무장 경관 부족, 반(反)보나파르트 전통 등 여러 기원이 있는 듯하다. 산적들은 옛 올빼미당 출신들, 탈영병, 반역한 징집병, 자신의 범죄를 그럴듯하게 정치적으로 덧칠한 일반 범죄자가 뒤섞인 잡탕이었다. 나폴레옹은 공연히 말썽을 일으킬 필요 없이 그냥 내버려 두는 것이 최선이라고 생각했고, 옛 방데 지역을 살살 다루었다. 징병 수준을 낮추었고 내전 중에 가옥이 파괴된 이들에게 1812년까지 건물을 다시 세운다는 조건으로 15년간(1808년 기준) 세금을 면제해주었다. 이런 유연한 조치들은 대체로 효험이 있었고 1810년에는 무장 경관 수를 줄일 수 있었다.

중부 프랑스에도 불경기에 시달리는 지역이 많았다. 오베르뉴가 전형적인 곳이었는데, 이곳에선 대륙 봉쇄령보다 봉건제 붕괴가 주된 문제였다. 과거 가축들의 안식처였던 구체제의 공동 방목지와 삼림이 해체되면서 생태학적 재앙이 뒤따랐다. 오베르뉴는 1789년 이전에는 지사의 엄격한 금지령으로 그럴 가능성이 없었지만 이제는 거대한 염소 보호구역이 되었다. 수만 명이 오베르뉴에서 파리로 이주해 실업자와 저고용 인구가 팽창했다. 굴뚝 청소부와 부랑아 무리가 특히 두드러졌다.

그러나 대륙 봉쇄령이 최악의 영향을 남긴 곳은 해안 지역이었다. 이전에는 호황을 구가했던 도시 라로셸과 보르도는 대서양 항구들이 중립국 선박들을 빼앗기면서 사실상 유령 도시로 변했다. 한 가지 통계만 보더라도 충분히 알 수 있다. 1807년에 보르도에 입항한 미국 선박은 121척이었는데 이듬해에는 겨우 6척뿐이었다. 해안 지역 상인은 살아남으려면 제당이나 제지, 담배 제조처럼 육지 관련 산업으로 사업을 다각화해야 했다. 영국 해군은 이에르의 정박지에 종종 무사히 닻을 내렸기에 지중해 연안은 영국의 해군력이 최고로 거만한 모습을 뽐내는 곳이 되었다. 툴롱과 마르세유는 해양 도시로는 최악의 타격을 입었다. 카르카손의 공장주들과 님의 비단 산업 소유주들, 마르세유의 비누 제조업자들은 아시아 시장을 잃었다. 지중해에 면한 도들의 근본 문제는 상품을 팔아야만 곡물을 수입할 수 있는데 판로가 막혔다는 데 있었다. 사기는 곤두박질쳤고 영국을 지지하는 음모가 유행했다. 그랬는데도 북부 유럽과 중부 유럽에 비할 때 지중해의 쇠락은 대서양 연안만큼 파멸적이지는 않았다.

언제나 그렇듯이 패자가 있으면 승자도 있는 법이다. 리옹은 알프스, 특히 몽스니 터널을 지나는 새로운 교통로 덕에 교역이 급증했다. 리옹은 이 길을 통해 도서와 직물을 수출하고 일리리아와 레반트의 면과 피에몬테의 쌀을 받았다. 그러나 전반적인 추세는 공업의 피해와 농업의 이득이었다. 엄청난 양의 토지('국유'재산이 아니다)가 시장에 쏟아져 나와 기업가들은 군대에 식량을 공급해 막대한 이윤을 남길 수 있었다. 토지 투자가 공업보다 더 안전해 보였으므로, 명사들 중 지주 세력만 더 강해졌다.

제국의 더 넓은 영역에서도 경제의 일부 영역은 성장하고 나머지는 추락해 전체적으로 동일한 과정이 되풀이되었다. 항구에 생계를 의존하는 사람들이나 식민지 무역에 종사하는 사람들은 어려운 시절을 보냈다. 바르셀로나, 카디스, 함부르크, 리스본, 보르도, 낭트, 안트베르펀, 암스테르담 같은 큰 항구에 재산을 둔 사람들은 누구나 파산과 도산을 면치 못했다. 봉쇄의 직접적인 효과보다는 식민지 교역의 쇠퇴 때문이었다. 식민지 교역의 쇠퇴는 밧줄 제조, 아마포 제조, 조선, 제당, 위스키, 식량 공급, 나아가 면과 담배처럼 다른 곳에서 번성하는 산업에도 해로운 영향을 끼쳤다. 나폴레옹 시대에 이런 항구 도시들의 옛 엘리트 계층은 영구히 사회적 권력을 잃었다. 1815년 이후에도 이 도시들 대부분은 한때 누렸던 국제 무역항 지위를 빼앗기고 그저 번영하는 지역 중심지로 남았다.

원래는 영국의 목을 죄려고 계획되었던 경제 봉쇄가 자체의 동력을 얻었고 나폴레옹 제국을 기반으로 하는 유럽 경제권을 탄생시켰다는 것은 분명하다. 바로 그런 까닭으로 몇몇 역사가들은 영국의 수출을 겨냥한 대륙 봉쇄령을, 유럽의 경제 통합에서 비록 우연이지만 긍정적 역할을 했던 한층 더 일반적 개념의 대륙 봉쇄 체제와 구분하기를 좋아한다. 대륙 봉쇄 체제는 영국과의 경쟁을 막아 프랑스의 생산과 (정도는 조금 덜했지만) 위성국가들의 생산을 보호했다. 대륙 봉쇄 체제의 상이한 효과는 나폴레옹 시대의 경제적 승자와 패자가 어째서 지역적으로 구분될 뿐만 아니라 사회 계층까지 가르는지 설명해준다.

1812년까지 농민은 일반적으로 적당히 만족한 상태였다. 제국 초기 징병 요구는 종종 십일조 세금과 봉건적 권리 폐지, 귀족의 옛 권리 폐지, 망명귀족 재산의 미래에 대한 보장으로 상쇄되고도 남았다. 그러나 대륙 봉쇄 체제는 상층 농민과 중간층과 하층 농민을 이간했다. 대농은 가격 상승과 판로 확대에서 이득을 보았지만, 소농은 옥수수 같은 주곡 가격의 상승을 웃도는 지대 때문에 고통을 당했다. 농민의 10분의 9는 소작농이었고, 시장에 내다 팔 수 있는 잉여 생산물이 양이 많지 않아 대륙 봉쇄 체제의 규모의 경제에서 이득을 볼 수 없었다.

나폴레옹 시대에 음식으로 측정한 생활 수준은 시골에서나 도시에서나 개선되었다는 데에 크게 이견이 없다. 당대에 사회학적으로 진기한 한 가지 현상은 도시 프롤레타리아 사이에서 황제의 인기가 매우 높았다는 사실이다. 도시 프롤레타리아는 황제의 권력 구조에서 필수 요소가 아니었고, 많은 도시 노동자들은 특별히 행복한 것 같지 않았기 때문이다. 기대 수명은 여전히 50세였고 자살은 흔했다. 보통의 파리 노동자는 연간 900프랑을 벌었는데, 국가참사원 의원 연봉 2만 5천 프랑에 비하면 많지 않았다. 게다가 몇 가지 지표로 보자면 노동자의 법적 지위는 더 나빠졌다. 노동조합과 노동자 단체는 모조리 금지되었으며, 나폴레옹은 노동허가서, 즉 경찰에 노동자를 통제하고 감독할 수 있게 한 구체제의 노동수첩(livret d'ouvrier) 제도로 돌아갔다. 그랬는데도 파업이 비정치적이었고 특정한 불만을 겨냥했다는 점은 주목할 만하다. 황제는 노동자로부터 점수를 얻었다. 때로 경찰이 황제가 신중히 계획한 균형 맞추기의 일환으로 고용주들의 임금 인하를 막았기 때문이다. 황제가 벌인 전쟁도 노동자의 마음을 사로잡았다. 한편으로는 총알받이보다 공장 노동자가 낫다는 것이 일반적인 생각이었고, 다른 한편으로는 징집으로 노동자가 부족해져 임금이 오를 수밖에 없었기 때문이었다.

대륙 봉쇄 체제를 제대로 이해했다면 두 가지 목적이 보인다. 유럽 대륙의 시장에서 영국 상품을 배제하고 프랑스 제국에 역동적인 경제를 제공하는 것이다. 첫 번째 목적은 실패로 돌아갔고 두 번째 목적만 부분적으로 성공했다. 이 정책의 당연한 결과로서 프랑스 경제에서 국가가 차지하는 역할은 급속하게 커질 수밖에 없었다. 나폴레옹은 종종 히틀러와 비교되지만, 흔히 강조되지 않는 비교의 논점 중 하나는 산업과 상업과 국가의 경제적 협력 관계에서 보이는 유사성이다.

어떤 이들은 영국을 겨냥한 나폴레옹의 경제 봉쇄가 애초부터 실패할 운명이었다고 주장한다. 경제 제재가 실질적 영향을 끼치려면 여러 세대가 필요하다는 것이 역사의 명백한 교훈이라는 얘기다. 그러나 나폴레옹의 경우 봉쇄가 성공하지 못한 데는 한층 더 특별하고 구체적인 이유가 있었다. 가장 눈에 띄는 이유 세 가지를 들면 이렇다. 영국은 해군력이 강하기에 목을 조이기가 불가능했으며, 성공에 필수적인 여러 요인은 프랑스가 통제할 수 없는 것들이었고, 영국 상품의 금수 조치는 봉쇄하는 쪽의 이익에 반하는 것이어서 어떤 의미에서는 인간 본성에 위배된다는 점이었다.

프랑스는 바다를 지배하지 못한다면 언제나 영국을 내쫓기는커녕 오히려 갇히기 십상이었다. 영국은 해상 패권을 장악함으로써 1808~1809년 이베리아 반도나 발헤런의 경우처럼 유럽 땅 어디라도 원정대를 상륙시킬 수 있었고, 그것이 아니라도 세 가지 명백한 경제적 이점을 누렸다. 첫째, 영국은 보통 프랑스나 네덜란드의 식민지를 새로운 영토로 점령해 대체 시장과 원료 공급지를 확보할 수 있었다. 영국은 1808년 이후 같은 수단에 의지해 라틴아메리카 교역을 지배할 수 있었다. 둘째, 영국은 추밀원 훈령을 통해 실제 자신들 편의 봉쇄를 실행에 옮길 수 있었으며 모리셔스에서처럼 프랑스 사략선의 은신처를 치워버리는 것이 손쉬움을 알게 되었다. 통계는 이 점을 생생하게 보여준다. 1801년에 프랑스의 원양 항해 상선은 1,500척이 넘었지만 1812년에는 179척에 불과했다. 셋째, 금수 조치로 생긴 사업상의 결함을 메우려고 불가피하게 밀수가 성행하면서 섬들을 통제한 영국은 나폴레옹 제국으로 계속 식민지 산물을 들여보낼 수 있었다.

영국 경제가 나폴레옹의 공격을 견딜 수 있었던 것은 밀수 덕이었다. 1807년 9월 영국이 점령한 북해의 헬골란트 섬은 이듬해 4월부터 독일과 공모해 교역하는 무역 중심지가 되었다. 독일은 공산품과 대륙의 산물을 주고 식량과 곡물을 받았다. 1809년 어느 때 7일 동안 30만 파운드에 값하는 물품이 선적되어 유럽 대륙의 목적지로 출발했으며, 1813년 4월에는 250만 파운드의 설탕과 커피가 독일 항구들로 향했다. 발트 지역에서 교역은 상황에 따라 편리한 대로 스웨덴이나 덴마크 깃발을 내걸고 정상을 가장해 이루어졌다. 지중해에서는 트리에스테와 지브롤터, 테살로니키, 시칠리아, 특히 몰타가 밀거래의 중심지였다. 영국을 기민하게 지중해 정책을 추구했다. 영국은 1807년 오스만제국을 프랑스 진영으로부터 떼어놓으려는 목적에서 이집트 원정을 계획했으나 적절하지 못했던 원정을 포기한 후 몰타섬과 시칠리아를 지키고 그곳에서 동부 에스파냐를 위협하는 데 목표를 한정했다.

그렇지만 영국의 몇몇 맹목적 애국주의 역사가들처럼 은근히 영국해군이 아무런 희생 없이 승리했다고 쓴다면 잘못이다. 공해상에서 우세를 유지한다는 것은 사실상 높은 파도에 맞서 싸운다는 얘기나 다름없다. 1803년에서 1815년 사이에 영국 해군이 잃은 317척 중 223척은 바다의 재난이나 변덕스러운 파도 때문에 난파하거나 침수되었다. 최악의 폭풍우가 끔찍한 피해를 주기도 했다. 1810년 3월, 허리케인의 강도와 맞먹는 강풍에 에스파냐와 포르투갈의 전열함 다섯 척을 비롯해 선박 스무 척이 가라앉았다. 1805년 12월에는 독일로 병력을 태우고 가던 수송선 8척이 공해상에서 침몰해 664명이 익사했고 1,552명은 프랑스 해안으로 떠밀려 가 포로가 되었다. 1811년 12월 영국 해군 군함 세 척이 북해에서 폭풍을 만나 2천 명 이상이 사망했다. 이는 영국군이 트라팔가르에서 낸 사망자와 부상자의 총 숫자(1,690)보다 많다.

프랑스가 거의 지배하지 못했거나 전혀 지배하지 못한 요소로는 부패 수준과 동맹국과 그 주민이 보여준 지역적 저항 수준, 전쟁이 중립국에 미친 영향을 들 수 있다. 홀란트는 루이가 왕으로 있을 때 나폴레옹에게 아픈 곳이었다. 루이가 영국과 밀거래하는 것을 묵인해 신민의 비위를 맞추었기 때문이다. 영국과 홀란트의 밀거래 액수는 1807~1809년에 450만 파운드였으나, 황제가 루이를 쫓아내고 더 엄격히 통제하자 푹 떨어져 1810~1812년에 100만 파운드로 추산되었다. 루이가 홀란트에서 유연한 정책을 펼쳐 영국을 이롭게 했다면, 1807년 영국 외무장관 캐닝의 공격적 외교 정책은 나폴레옹을 경제적으로 이롭게 했다. 영국이 노르웨이와 덴마크의 선단을 나포하기 전 두 나라와 거래한 무역의 가치는 500만 파운드에 달했는데 한 해 뒤에는 2만 1천 파운드로 급락했기 때문이다.

나폴레옹 제국 내에서 지역 경제들이 지닌 이질적 성격 탓에 일정한 경제 정책이 불균등한 결과를 낳을 수 있었다. 대륙 봉쇄 체제의 보호주의가 가져온 예기치 않은 결과로 독일과 프로이센, 오스트리아의 상품이 몇몇 영역에서 프랑스 상품과 본격적으로 경쟁했다. 반대로 베르크 같은 나라는 경제가 영국 경제처럼 직물에 집중해 프랑스의 보호관세에 특별히 취약했다. 직물에 매겨진 관세가 세 배였으므로 파산한 베르크는 곧 관세를 피하려고 제국의 중심인 프랑스에 병합되기를 간청하는 처지에 놓였다. 다른 문제는 나폴레옹이 체제의 규칙을 계속 바꾸었다는 데 있었다. 바이에른은 처음에는 영국 봉쇄 조치로 수혜를 입었고 바이에른의 생산품(사탕무, 담배, 광학유리, 직물, 옥양목, 도기, 핀, 바늘)을 찾는 수요가 많았으나, 나폴레옹이 대륙 봉쇄령을 이탈리아까지 확대하자 곧 이점이 줄어들었다.

요컨대 봉쇄는 정상적인 교역의 흐름을 왜곡했고, 유럽 전역에서 경제 수준을 떨어뜨렸으며, 자본을 산업 투자에서 상업과 밀수로 돌렸고, 프랑스와 위성국가들의 관계를 위험에 빠뜨렸다. 해안과 내륙의 국경을 따라 관세 장벽이 처지면서 프랑스의 치안 자원은 혹사당했고 고압적이고 불법적인 행동의 유혹을 받았으며 프랑스와 동맹국의 관계는 더욱 나빠졌다. 제국 세관원의 증가와 전횡, 몸수색은 특별한 분노를 일으켰다. 1791년에는 세관원이 1만 2천 명 있었으나

1810년에는 3만 5천 명으로 늘었다. 최고로 터무니없었던 일은 이 늘어난 징세관들이 관세에서 거두는 세입이 줄어들고 있었다는 사실이다. 전례 없이 자체적으로 비용을 대지 못하던 에스파냐 전쟁에 자금이 필요한 바로 그 순간에 말이다.

그러나 나폴레옹이 영국을 효과적으로 봉쇄하는 데 실패한 가장 큰 이유는, 나폴레옹의 군사적 이해관계가 제국 내의 소비자들과 기업가들의 이해관계와 일치하지 않았다는 데 있었다. 커피, 차, 설탕, 코코아, 향료의 부족과 가죽과 면 가격의 상승, 양모와 아마, 커피의 높은 가격, 관의 상품 검사, 세관원의 부패에 분개한 사람들은 모두 대륙 봉쇄 체제에 반대하는 저항 정신으로 비공식적으로 단결했다. 영국에서는 물품이 넘쳐나는데 프랑스는 동일한 물품, 특히 원료와 식민지 산물의 부족으로 고통을 당하고 효과적인 수입 대체 방법을 찾아낼 수도 없는 상황은 불합리해 보였다. 반면 1806년 이전에 곡물, 과일, 양모, 목재, 포도주를 영국에 판매할 수 있었던 농민들은 이제 잉여 생산물을 수출하지 못해 큰 타격을 입었다. 특히 1808년 대풍이 든 이후 타격이 극심했다.

기업가, 농장주, 선주, 농민, 소비자가 모두 봉쇄 때문에 고통당하는 상황에서 인간 본성이 발현되지 않았다면 그것이 도리어 이상한 일이었을 것이다. 커피, 설탕, 면 투기는 높은 가격과 이윤 증대, 증권거래소의 도박 열풍으로 이어졌고 그 결과 부패와 냉소주의가 만연했다. 심지어는 나폴레옹의 최고참 부관들도 봉쇄를 교묘히 어겼다. 하급 부관들은 뇌물을 받고 암시장에서 거래했으며, 보나파르트파의 고관들은 극악한 수준의 독직에 탐닉했다. 마세나는 이탈리아 상인들에게 영국과 교역할 수 있는 비공식 허가증을 판매해 이미 엄청났던 재산을 더 불렸다. 1806~1807년에 프랑스의 함부르크 공사였던 부리엔은 겨울에 러시아와 싸울 전쟁을 위해 그랑다르메가 쓸 방한 외투와 망토 5만 벌을 구하라는 명령을 받았다. 부리엔은 대륙 봉쇄 체제를 지키다가는 군대가 얼어 죽을 것이라고 주장하며 비밀리에 영국으로부터 옷감과 가죽을 구입했다. 사실 영국 제조품은 그런 식으로 계속 유입되어 1812년 전쟁에서 그랑다르메 병사들은 노샘프턴에서 만든 군화를 신고 랭커셔와 요크셔의 천으로 만든 방한 외투를 입었다.

그러나 대륙 봉쇄 체제가 한창일 때 가장 크게 성장한 산업은 의심할 여지 없이 밀무역이었다. 지역의 수요와 부패한 관리들, 느슨한 감시, 영국의 지원이 결합해 밀무역이 성행했다. 나폴레옹 시대에 원수가 아니라면 재산을 불릴 방법은 오직 세 가지였다. 군수품을 공급하거나 국유재산에 투기하거나 밀수를 하는 것이었다. 앞의 두 가지 기회가 급속히 줄어들었던 반면 밀무역은 엘도라도로 가는 희망의 길처럼 매력적으로 보였다.

밀수로 벌어들일 수 있었던 부정 수입은 실로 대단했다. 로트실트(로스차일드) 가문은 금융가의 설립자 마이어 암셸의 개척 노력에 뒤이어 유명해지고 있었는데 불법 교역에 자금을 공급해 막대한 재산을 모았으며 1810년 이후에는 영국과 프랑스의 허가 제도를 동시에 조종해 한층 더 많은 부를 긁어모았다. 고두아(Gaudoit)라는 캉의 레이스 상인은 1801년에서 1808년 사이에 런던에서 암스테르담, 프랑크푸르트, 파리, 보르도를 잇는 에움길을 통해 75만 프랑어치의 영국 상품을 불법 수입했다. 라인 강 유역 농업 노동자의 일당이 1~1.5 프랑이던 시절에 밀수꾼은 하룻밤에 12~14프랑을 번다고 알려졌다. 피레네 산맥에서는 일당이 3프랑, 밀수 수익이 10프랑으로 계산되었다. 함부르크에서는 매일 6천 명에서 1만 명 정도가 커피, 설탕, 기타 식료품을 밀수한 것으로 추정되는데, 몰수된 양은 많아 봐야 5퍼센트에 지나지 않았다. 나폴레옹은 이따금 본보기로 처벌하기도 했다. 로트실트 집안의 고향 프랑크푸르트는 제재의 중심지였는데, 1810년 11월 그곳에서 프랑스 군대는 120만 파운드에 이르는 밀수품을 공개리에 불태웠다. 그러나 그런 경우는 드물었다. 프랑스 총독들은 밀수를 적발했을 때에도 보통은 뇌물을 받고 입을 닫거나 단속하는 시늉만 했다.

이런 사정에 비추어볼 때 영국이 대륙 봉쇄령을 그토록 걱정했다는 사실은 놀랍다. 대륙 봉쇄 체제가 영국 경제에 미친 충격을 두고 많은 논의가 이루어졌는데, 어떤 지표를 보면 거의 아무런 영향도 미치지 못한 것 같다. 1802년에 13,446척이던 영국 상선은 17,346척으로 늘었고, 실업률 증가는 1801년에 1584만 6천 명이었던 인구가 1811년에 1804만 4천 명으로 늘었으므로 인구 증가의 함수로 설명할 수 있으며, 산업 부문의 초라한 이윤은 고의적인 조세 회피로 해석할 수 있다. 그러나 다른 그림을 보여주는 수치들도 있다. 이 점에서는 특히 1808년까지 봉쇄 초기 국면이 두드러진다. 1809년에 절정에 이르렀던 수출은(5030만 파운드) 평화 시기인 1802년의 수출액에서 겨우 900만 파운드밖에 증가하지 않았다. 1802년에 2250만 파운드에 달했던 유럽 본토 교역은 1808년에 절반으로 떨어졌다. 영국의 식민지 산물 재수출 가액은 1802년에 1441만 9천 파운드였으나 1808년에 786만 2천 파운드로 하락했고 1811년에도 827만 8천 파운드에 그쳤다. 1798년에 1헌드레드웨이트(50.8킬로그램)에 73실링을 받았던 설탕 가격은 1807년이면 32실링으로 떨어졌고 1813년까지 50실링을 넘지 않았다. 시장에서 식민지 산물의 판매가 부진한 데다 영국 제조업자들의 위기가 겹쳤다. 맨체스터의 기업가들은 면 재고를 팔 수 없었고, 아마포 가격은 상승했으며, 모직물 산업에는 심각한 위기가 닥쳤다.

1808년 초 상황은 심각한 국면에 접어들었다. 1807년 후반 여섯 달과 1808년 전반 여섯 달 동안 수출이 급격히 하락했다. 유럽 본토 수출은 이전 열두 달의 1950만 파운드에서 1500만 파운드로 하락했다. 제퍼슨의 출항금지법과 나폴레옹의 봉쇄가 결합된 효과가 나타났으며, 1808년 5월과 6월에 랭커셔와 요크셔에서 심각한 폭동이 일어났다. 영국에서 공황 상태에 빠지기 시작한 사람 중에는 전임 총리 그렌빌도 있었다. 나폴레옹이 에스파냐에 개입해 재앙과 파멸을 자초한 것이 바로 그때였다. 겉보기에 나폴레옹은 영국 물품에 아직도 개방되어 있는 문을 닫으려고 움직였지만, 에스파냐가 프랑스 공산품 시장으로 남을 가능성을 단번에 파괴하는 동시에 영국에 라틴 아메리카와 교역할 문을 열어주었다. 경제학자 디베르누아는 나폴레옹이 영국을 유럽 시장에서 차단하려는 강력한 조치를 취하면서 동시에 영국에 남아메리카 시장을 열어주는 한층 더 강력한 조치를 취하지 않았더라면 황제의 봉쇄가 실제보다 더 큰 효과를 낼 수 있었을 것이라고 말했는데, 이는 타당한 역설이다.

'에스파냐 궤양'은 프랑스의 생명과 재산은 빼내 갔지만 영국 경제를 구했다. 1809년 이후 에스파냐의 항구들과 더 중요하게는 라틴 아메리카의 항구들이 영국에 개방되었다. 1809~1811년에 그랑다르메가 점차 독일에서 에스파냐로 이동해 북부 유럽에서 밀무역이 한층 쉬워지자, 영국은 더 빠르게 회복되었다. 1809년 영국의 수출은 5030만 파운드에 이르렀는데 이것은 나폴레옹 시대 동안 최고점이었다. 수출액은 1810~1812년의 '전반적인 위기' 때 다시 하락했지만 1807~1808년 수준까지 떨어지지는 않았다. 1810~1812년에 영국 해군이 북해에서 활동하기가 극히 어려워지자 영국은 밀무역 노력의 중심을 발칸 국가들과 아드리아해, 일리리아로 옮겼다. 도나우 강이 라인 강을 대신해 식민지 물품의 통로가 되었다.

대륙 봉쇄령이 실패였다면, 좀 더 넓은 의미의 대륙 봉쇄 체제는 완벽한 참사는 아니었다. 1806년에서 1810년까지 프랑스 산업은 특히 면, 화학, 군비의 세 부문에서 자신만만하게 팽창하고 있었다. 산업 지도자들은 상당한 명망을 누렸고 권력과 지위에서 원수와 국가 참사원 의원에 버금갔다. 면직물 산업은(파리와 노르망디, 플랑드르, 피카르디, 알자스, 벨기에, 라인란트가 중심지였다) 대단한 성공작이었는데 프랑스가 기술적으로 영국에 뒤지지 않은 유일한 분야였다. 영국이 기술적으로 확실하게 선도한 다른 영역에서는 봉쇄 탓에 영국 발명품을 모방해 프랑스에서 개량하기가 어려웠다. 다른 성공 사례인 견직물 산업은 리옹과 생테티엔에서 두드러졌고, 모직물 산업은 베르비에, 랭스, 아헨, 스당, 라인란트, 노르망디에서 성장했다. 농업은 설탕과 담배 부문이 쇠퇴해 썩 좋은 성과를 내지 못했지만, 포도 재배는 괜찮았다.

현지에서 기식하는 나폴레옹 군대가 수많은 생업 경제를 파괴해서 나폴레옹이 10년 동안 유럽 경제를 후퇴시켰다는 주장이 종종 나온다. 그러나 반대 관점을 지지하는 논거도 강력히 제시할 수 있다. 이런 시각에 따르면 황제는 프랑스 자본주의를 촉진한 필수 동력이었다. 옛 길드들을 억압했다는 하찮은 의미에서 그런 것만은 아니다. 몇몇 경제사가는 쇄도하는 영국 기업 때문에 궁지에 몰린 유럽을 대륙 봉쇄 체제가 구했으며 따라서 유럽의 산업혁명이 일어날 기반을 마련했다고 강력히 주장한다. 그리하여 어떤 이들은 1800년경 유럽 대륙이 19세기에 인도가 처했던 가혹한 운명을 맞을 위험에 놓여 있었다고, 다시 말해 어쩔 수 없이 목축 시대로 돌아갈 처지에 몰렸다고까지 말한다. 카탈루냐 면직물 공업은 대륙 봉쇄 체제가 어떻게 작동했는지 보여주는 교과서 같은 사례였다. 1808년까지 호황을 누리던 카탈루냐 면직물 공업은 나폴레옹의 쿠데타와 6년에 걸친 전쟁, 영국의 라틴아메리카 접수로 완전히 파괴되었다.

요약하자면 나폴레옹의 대륙 봉쇄 체제가 끼친 영향을 폭넓게 평가할 때, 유럽의 산업혁명이 황제 시대에 시작되지 않았다고 해도 그 토대를 놓은 것은 나폴레옹의 정책과 특히 부르주아의 등용이었다고 말할 수 있다. 한마디로 유럽은 숨 쉴 공간을 얻어 산업 사회의 미래를 확보하고, 귀족 지배의 뿌리를 뽑았으며, 봉건적 길드를 해체하고, 항구와 해상 무역에 있던 무게 중심이 북부와 동부의 중공업과 북동부 프랑스와 벨기에의 석탄과 철로 이동했다. 이러한 결과가 의도하지 않았던 것임은 강조해야만 한다. 당시 누구도 국제 무역과 자본의 이동이 어떻게 이루어지는지 확실히 알지 못했으며, 나폴레옹도 경제학에 관해서는 낡은 생각을 지녀—긴축 정책, 지폐에 대한 의구심, 신용 제한, 균형 예산—그러한 정책들이 가져올 연쇄 효과를 이해하지 못했다.

그러나 나폴레옹의 머릿속에는 언제나 대륙 봉쇄 체제가 아니라 대륙 봉쇄령이 있었다. 1810년 초 영국 해군이 네덜란드로부터 케이프타운과 자바, 과들루프, 모리셔스를 빼앗고 조제프에게서 라틴아메리카를 떼어냈기에 영국의 생존 가능성은 어느 때보다 낙관적이었다. 나폴레옹이 밀무역에 대응할 유일한 길은 동맹국을 정치적으로나 군사적으로 더욱 엄격히 통제하는 것이었고, 이는 곧 병합을 의미했다. 이미 안코나, 피아첸차, 파르마, 토스카나, 교황령, 일리리아(트리에스테 포함)가 들어 있던 긴 목록에 홀란트도 추가되었고, 곧 베스트팔렌의 대부분과 테신(티치노), 스위스의 발레(발리스), 한자동맹의 도시 함부르크와 뤼베크, 브레멘이 뒤를 이었다. 황제에게는 유감스럽게도 이와 같은 가혹한 병합 정책은 적과 비판자 수를 늘리기만 했다. 몇몇 비판자는 나폴레옹의 정신과 판단력에 문제가 있는 것은 아닌지 의심했다. 특히 차르는 이러한 병합에 분노했으며, 프랑스 안에서는 자연 국경에 만족하는 것이 바람직한지 다시 논의가 촉발되었다. 나폴레옹은 자신을 향한 비판을 누그러뜨리고자 새로운 경제 계획을 생각했으나 이는 오히려 문제를 악화시켰을 따름이다.

1810년은 프랑스의 경제 상황이 크게 나빠진 때였다. 나폴레옹은 영국 상품이 들어오지 못하도록 유럽 해안을 폐쇄하는 것이 불가능하며 식민지 원료의 높은 가격이 프랑스의 산업 생산을 망친다는 사실을 깨닫고 새로운 방침으로 전환하기로 결심했다. 생클루 칙령, 트리아농 칙령, 퐁텐블로 칙령(1810년 7월 3일, 8월 1일, 10월 10일과 18일)

으로 새로운 유형의 봉쇄가 시작되었는데 이는 여러 면에서 앞선 대륙 봉쇄 체제와 모순되었다. 7월 칙령으로 프랑스는 영국과 교역할 수 있게 되었지만 동맹국과 영국의 교역은 금지되었다. 8월의 첫 번째 칙령으로 나폴레옹은 제국의 해상 무역 전체를 직접 지휘했고, 나폴레옹이 서명한 허가증 없이는 어떤 선박도 대륙의 항구에서 외국 항구로 출항할 수 없었다. 8월의 두 번째 칙령은 식민지 산물에 관세를 물려 소비자가 이전의 밀무역 체제 때와 동일한 값을 치르게 했다. 다만 이제는 밀수업자가 아니라 프랑스 재무부가 이윤을 가져갔다. 10월의 칙령들은 프랑스를 제외한 제국 전역에서 식민지 산물의 거래 중단을 명령했다. 식민지 무역이이 프랑스 무역과 경쟁하기 때문이었다.

생클루 칙령과 트리아농 칙령, 퐁텐블로 칙령은 세 가지 목적을 지녔다. 영국 상품의 불법 거래를 엄격히 단속해 영국 정부로 하여금 경제 전쟁에서 결코 승리할 수 없다는 점을 깨닫게 하고, 제국과 이탈리아의 관세율을 높여 프랑스 제조업의 특권적 지위를 강화하고 그럼으로써 프랑스 산업에 공업 생산과 식민지 산물 유통의 독점권을 주어 지원하며, 필수 원료의 수출입에 허가증을 발행해 밀수의 요체를 파괴하는 것이었다. 나폴레옹은 자신이 멈추게 할 수 없었던 무역에 직면하자 사실상 스스로 밀수꾼이 되었다. 프랑스와 영국의 교역은 40퍼센트에서 50퍼센트에 이르는 높은 관세를 부과해 사실상 합법화되었다. 그런 관세율은 이전에 밀수업자들이 가져간 이윤과 비슷했다.

진짜 문제는 따로 있었다. 영국의 제조업자들이 배제된 상황에서 영국에서 프랑스로 식민지 산물의 유입을 허용한다고 해서 과연 대륙 봉쇄 체제의 결함이 시정될 것인가? 그러나 허약한 봉쇄를 개혁하려는 나폴레옹의 시도는 만사를 더욱 악화시킬 뿐이었다. 독일 무역상들은 단박에 파산했고 그들 사이에서 증오와 복수의 기운이 꿈틀거리기 시작했다. 나폴레옹은 독점을 지키고자 독일과 홀란트, 이탈리아에서 엄청난 양의 밀수품을 압수해 파괴했고 그 나라들의 국민 감정을 자극했다. 홀란트에서 압수한 물품과 더불어 사략선과 해적선이 강탈한 물품을 판매하도록 허가한 것은 단기적으로 프랑스 제조업자들의 시장을 위축시켰다. 허가제는 특히 영국 해군의 검색과 나포에 대한 미국의 분노를 키워 결국 미국과 영국이 분쟁에 휘말릴 것이라는 기대를 품게 했는데 실제로는 기근 때 절실히 필요했던 밀을 미국이 공급해 영국을 이롭게 했다. 영국과 미국의 전쟁은 1812년에 너무 늦게 일어난다. 한편 1810년 칙령들은 프랑스에서 중대한 경제 위기를 촉발했다. 밀수에 대처하는 허가증의 효험을 말하자면 1810년 칙령들의 주된 효과는 밀무역을 동쪽으로 훨씬 더 먼 곳까지, 즉 라인 강 대신 도나우 강까지 밀어낸 것이었다.

1811년에서 1813년까지 지속된 프랑스의 경제 위기는 뚜렷한 세 요인, 즉 투기에 따른 과잉 생산과 무역의 출구를 상실해 초래된 과잉 생산, 흉작이 결합한 결과였다. 앞의 두 요인은 서로 긴밀히 뒤얽혔으며 나폴레옹 칙령의 직접적인 결과였다. 많은 사람들이 식민지 물자에 투기했기 때문에, 프랑스 상인들이 새로운 수입품 때문에 힘을 잃고 외국 상인들이 재고를 빼앗기자 전반적인 파멸이 닥쳤다. 투기가 극심해지고 프랑스 내 재고가 쌓이면서 파산과 금융 긴축의 파고가 잇따랐고 그 결과 공업과 금융업, 무역이 극심한 악영향을 받았다. 특히 공업이 큰 타격을 입었는데, 많은 제조업자들이 전반적인 가격 하락에 따라 생존을 위해 많은 빚을 져야 했다.

나폴레옹은 자신의 칙령들이 원래의 대륙 봉쇄 체제가 가져온 경제 통합의 성과를 모조리 망쳐버렸다는 사실을 이해하지 못했다. 독일 회사들이 자산을 빼앗기자 이들에게 돈을 빌려주었던 사람은 아무도 돌려받을 수 없게 되었다. 암스테르담과 바젤, 함부르크의 회사들에 대부해준 프랑스 수입업자들은 재산을 만회하지 못했으며, 아시냐에서 식민지 물자로 투자를 옮겨 위험을 피했던 사람들도 모조리 파산했다. 1810년 9월 뤼베크의 회사 로데(Rodde)가 파산하면서 파리의 은행 라피트(Laffite)와 풀드(Fould), 투르통(Tourton)을 무너뜨렸다. 이는 다시 파리에서, 결국에는 프랑스의 다른 지역에서도 추가 파산을 촉발했다.

1811년 리옹의 견직물 산업이 침체되었다. 움직이는 베틀의 수가 절반으로 줄었다. 곧 투르와 님, 이탈리아가 불경기에 빠졌으며, 대성공의 역사를 쓰던 면직 공업이 뒤를 이었다. 면직 부문의 위축은 극적이었다. 루앙의 작업장들은 원료를 1810년의 3분의 1밖에 소비하지 못했다. 다음으로 타격을 입은 부문은 모직물 산업이었다. 전국 모직물 상인의 4분의 1이 지불을 중단했다. 제조업의 불경기가 덜 심각했다고는 해도 오랭에서 피레네 산맥까지 나라 전체가 곤경에 처했다. 1811년 5월 파리 노동자 5만 명 중 2만 명이 실업자였다. 나폴레옹은 공공사업을 시행하고 기업에 대출을 해주는 방식으로 대응할 수밖에 없었다. 1811년 여름이 끝날 무렵 흉작이 위기를 악화시키면서 최후의 일격이 떨어졌다. 남부는 기근으로 마비되었고 파리 분지에서는 맹렬한 폭풍우에 작물 대부분이 못쓰게 되었다.

나폴레옹은 파리의 식량 부족이 나라 전체에 혁명을 유발할 수 있다고 생각하는 사람이었기에 즉각 비상 태세에 들어갔다. 나폴레옹의 견해는 잘 알려져 있다. "파리의 빵 가격이 다른 곳보다 낮게 유지되어야 한다는 것은 부당하다. 그러나 파리에는 정부가 있고, 병사들은 등에 아이를 업고 절규하며 빵가게로 몰려드는 여인들에게 총을 쏘는 것을 좋아하지 않는다." 그러나 많은 절대군주처럼 나폴레옹도 경제가 독재자의 바람대로 움직이지 않는다는 사실을 알게 되었다. 파리의 빵 가격은 치솟아 14수에서 16수로 올랐고, 1812년 3월에는 18수까지 올랐으며, 오전 몇 시간이 지나면 그 돈을 주고도 살 빵 덩어리가 없었다. 나폴레옹은 빵과 곡물 가격의 상한선을 정해 분노를 누그러뜨리려 했으나, 결과는 다른 일반적인 경우와 같았다. 농민들이 축장(蓄藏)으로 대응했던 것이다. 시장의 자유로운 작동이 허용된 마르세유에서만 빵 부족 사태가 없었다.

상황은 잠재적으로 폭발 직전이었지만, 파리 시민은 반란을 일으키지 않았다. 아마도 '착취' 가격을 지불하면 어쨌거나 빵을 구할 수 있었기 때문이거나 빵 한 덩이 가격이 20수를 넘지는 않았기 때문일 수도 있고, 나폴레옹이 무료 급식소로 문제의 심각성을 완화했기 때문일 수도 있다. 빵이 부족하거나 빵 가격이 지나치게 높은 지방에서는 얘기가 달랐다. 사망률이 높아졌고 병원과 자선시설이 붐볐으며 프랑스 일부 지역에서는 주민의 3분의 1이 무료 급식소의 도움만으로 생존했다. 결과는 식량 폭동에서 구걸, 러다이트, 노골적인 산적 행위까지 다양했다. 많은 산적들이 박해받는 가톨릭교회를 언급하며 자신들의 정당성을 주장하려 했다. 노르망디에서는 중대한 반란이 일어났는데, 특히 캉과 리지외, 셰르부르가 중심지였다. 감정이 격화되었고, 축장 의심을 받은 명사들과 부르주아, 상층 농민은 난폭하게 위협을 당했다. 나폴레옹은 이 사람들이 자신의 사회적 지지층에서 핵심이었기에 강경한 조치를 취할 수밖에 없었다. 나폴레옹은 캉으로 그랑다르메를 파견해 여성 두 명을 포함한 '주모자' 여섯 명을 처형했다.

가혹한 조치와 풍작의 행운이 결합해 흐름이 바뀌었다. 1813년에는 굉장한 수확에 뒤이어 내부 상황이 정상으로 되돌아가고 있었다. 그해에 다시 프랑스가 농업 공황을 겪은 것은 황제가 군사적으로 실패했기 때문이었다. 그러나 1810년은 나폴레옹과 지지 기반인 명사층 사이가 명확하게 갈라지는 해였다. 3년간 어려운 시절을 겪으면서 사업상 확신이 사라졌으며, 특히 1812년 이후 부르주아는 어마어마한 손실을 낳는 황제의 모험적 사업에 투자하기를 원치 않았다. 황제의 군사적 목표와 사회의 권력 기반인 지지자들의 욕구 사이에는 늘 모순이 잠복해 있었다. 자본가들은 모험에 익숙했지만, '두 배로 따거나 모두 잃거나' 게임 식으로 쌓은 나폴레옹의 군사적 업적은 지나치게 큰 도박이었다. 반면 농민들은 전쟁에 계속 인력을 공급하는 데 지쳤다. 전쟁은 이제 1789년처럼 이득을 보장하는 것과는 무관했으며, 그저 한 인간의 야심에 관계된 문제였다.

그러나 1811년의 경제 위기가 프랑스만 강타한 것은 아니었다. 나폴레옹이 수많은 내부의 골칫거리와 씨름할 때 그 어느 때보다도 궁극의 승리에 더 가까웠으리라는 것은 얄궂은 역설이다. 영국은 유럽 대륙에 있는 보나파르트의 적들을 지원하느라 위험한 상황에 처해 있었다. 1810년 영국은 네 가지 위기에 봉착했다. 재정상 총체적인 긴급 사태에 직면했고, 라틴아메리카 시장에서 뼈아픈 실망을 맛보았으며, 대륙 봉쇄 체제 탓에 수출이 감소했고, 곡물 가격이 상승했다. 무역은 3분의 1로 줄고 국채에 투자한 사람들 상당수가 파산했다. 위기의 원인은 여러 가지였다. 스웨덴이 강압에 못 이겨 대륙 봉쇄 체제에 합류했고, 나폴레옹은 식민지 교역을 방해하려고 단호하게 나왔으며, 미국은 교역 금지를 더욱 단단히 조였고, 라틴아메리카에서 혁명이 잇따르며 혼란이 야기되었다. 또 1809년과 1810년에 흉작으로 말미암아 밀의 수입이 불가피했으며 그에 따라 인플레이션이 발생했다.

경제적 신뢰에서 가장 심각한 위기는 남아메리카 고객들이 영국 상인들에게 현금을 지불하지 못하면서 시작되었다. 영국 상인들은 라틴아메리카 지역의 채무 변제 능력을 적절히 평가하지 않은 채 여유 있게 신용 한도를 확대했다. 영국 기업가들은 새로운 시장이 제공하는 엘도라도에 의기양양하여 무리하게 움직였으며 옛 에스파냐 식민지들에 수출품을 쏟아부었다. 부에노스아이레스가 남극 위도에 있다고 믿고 스케이트화를 보낸 런던의 어느 회사 이야기가 가장 유명하다. 뒤이어 라틴아메리카는 유럽에 이미 차고 넘치는 식민지 산물로만 채무를 갚을 수 있다는 사실이 명백해졌다. 즉각 연쇄 효과가 나타났다. 1810년에 맨체스터의 상사 다섯 곳이 파산했고, 은행과 공업도 압박을 받았다. 불확실성은 파운드화에 영향을 미쳤고, 영국 파운드 가치는 함부르크 외환시장에서 20퍼센트 하락했다.

1811년에 경기 악순환이 이어졌다. 잇달아 은행들이 파산하고 경제의 신뢰도는 전반적으로 추락했다. 파산 속도도 두 곱절로 빨라졌다. 야금업, 면직업, 조선업의 수출가액이 현저히 하락했다. 1811년에는 임금 삭감과 실업에 흉작까지 겹쳤다. 모직, 메리야스, 면직, 철 부문이 가장 심한 타격을 입었다. 버밍엄에서는 9천 명이, 맨체스터에서는 1만 2천 명이 실직했고, 수직공들이 거리로 쏟아져 나왔으며, 랭커셔의 공장들은 많은 수가 일 주일에 사흘만 가동했다. 프랑스에서 발작적으로 벌어진 사건들이 곧 영국 해협 건너편에서 그대로 재현되었다. 1811년 노팅엄에서 기계에 반대하는 폭동이 일어났으며, 랭커셔와 요크셔에서는 근대 기술에 증오를 품은 러다이트가 대중의 불만을 상징적으로 표출했다. 정치 엘리트의 관심이 온통 1812년 전쟁으로 이어진 영국과 미국 사이의 정치적 위기에 쏠려 있던 바로 그 시기에, 실업과 빵 가격 상승은 전반적인 사회 붕괴의 전조처럼 보였다.

평화를 원하는 사람들이 점점 더 많아진 것은 나폴레옹과 싸우는 것이 더는 아무런 가치도 없다는 일반적인 정서의 반영이었다. 추밀원 훈령의 나쁜 평판은 1811년에 절정에 달했으며, 이듬해 7월 리버풀 경이 이끄는 정부는 부득이 훈령을 포기해야 했다. 그렇지만 미국과 전쟁을 피하기에는 너무 늦었다. 1812년 대륙 봉쇄 체제는 두 번째로 효력을 발휘하기 시작했다. 기근이 오래 지속되었다면 러다이트 운동이 대성공을 거두어 이루 헤아릴 수 없는 결과를 낳았을지도 모른다. 단기적으로 볼 때 영국을 기근에서 구한 것은 신뢰할 수 없는 '앨비언'에 곡물 수출을 허용한 나폴레옹의 수출허가제였다. 이것이 첫 번째 역설이었다. 또 다른 역설은, 장기적으로 보았을 때 러시아를 침공하기로 한 나폴레옹의 결정이 1812년에 영국을 구했다는 사실이다. 마치 1808년에 에스파냐 침략이 영국을 구했던 것과 같았다. 세 번째 역설은 나폴레옹이 수출허가제를 러시아 원정 비용을 마련하는 데 썼다는 사실이다. 황제가 차르와 묵은 원한을 청산하려고 준비할 때, 영국의 운명은 몹시 불안한 상태였다. 나폴레옹이 모스크바에서 승리한다면 분명 가장 소중한 염원을 달성해 런던에서 테데움 미사를 드리려 할 것이기 때문이었다.

22장

러시아 원정
유령 도시와의 전쟁

날카로운 관찰자들에게는 1811년 초부터 프랑스와 러시아가 충돌로 치닫는 것이 분명히 보였다. 어떤 이들은 그 과정의 시작 시점을 더 일찍 잡아 1810년 초 나폴레옹이 러시아 공주와 결혼하려던 계획에 실패하고 마리 루이즈와 결합한 일이 눈에 보이지 않는 루비콘 강이었다고 주장했다. 그러나 훨씬 더 거슬러 올라가 1808년 10월 에르푸르트의 실망스러운 회담이 첫 번째 불길한 조짐이었다는 주장도 가능하다. 나폴레옹과 러시아 공주의 결혼 실패는 양국 관계가 점진적으로 악화된 원인이라기보다는 한 계기였다.

차르는 나폴레옹과 협정을 맺으면서 정치적, 경제적 불만을 품었다. 정치적인 불만은 황제가 알렉산드르 1세에게 오스만제국에서 마음대로 하도록 허용하지 않았고 오스만제국의 분할을 약속했으면서도 러시아가 이스탄불을 차지하면 지중해의 강국으로 부상하리라는 이유에서 계속 분할을 미룬 것이었다. 또 나폴레옹은 바르샤바 대공국을 확대하고 폴란드 민족주의자들과 위험한 불장난을 벌이며 폴란드를 다시 독립시키겠다고 위협해 차르를 초조하게 했다. 러시아로서는 절대로 받아들일 수 없는 일이었다. 두 사례에서 나폴레옹은 이기적이고 심술궂게 행동했다. 러시아의 지원 없이 나폴레옹은 생존

가능한 폴란드 왕국을 볼 수도 없었고 오스만제국을 무찌를 수도 없었으나, 알렉산드르 1세와 협력해 합리적인 해결책을 찾기를 거부했다. 1810년에 정치적으로 러시아의 분노를 자극한 또 다른 사건은 프랑스가 한자동맹 도시들과 올덴부르크 공국을 병합하고 베르나도트가 스웨덴 왕세자로 임명된 일이었다. 차르의 매제가 올덴부르크 공국의 법정 상속인이었고,* 알렉산드르 1세는 베르나도트의 스웨덴 왕세자 임명을 프랑스가 러시아의 북쪽에서 군사력을 강화하려는 것으로 오해했다.

이 모든 일이 평화를 사랑하는 결백한 차르 알렉산드르 1세가 코르시카 괴물의 팽창주의 때문에 마지못해 전쟁에 휘말렸다는 암시가 되지 않도록, 차르가 나폴레옹과 거래할 때 계획적으로 이중적 태도를 취했으며 자신만의 독창적인 큰 목표가 있었음을 강조할 필요가 있다. 알렉산드르 1세는 황제에게 경탄했다고 고백했지만 차르가 나폴레옹에게서 단 한 가지 의미 있는 감화를 받아 모방한 것은 억압 기구 현대화와 비밀경찰 도입이었다. 알렉산드르 1세는 불행히도 바보인 동시에 악당이었다. 황태후에 맞설 수 없었고 자신이 아버지에게 선사한 운명이 자신에게도 닥칠까 두려웠던** 겁쟁이 차르는 본질적으로 총명함을 가장한 어리석은 인간이었다. 알렉산드르 1세는 마지막까지 참다가 말하는 사람의 의견에 동의했다는 점에서 우유부단한 전제군주가 빠지기 쉬운 결함을 드러냈다. 탈레랑이 알렉산드르 1세를 마음대로 조종할 수 있었던 이유도 여기에 있다. 그러나 알렉산드르 1세의 본질적인 어리석음에는 다른 차원도 있었다. 알렉산드르 1세는 종교적으로 광신도였으며 후대의 차르들과 마찬가지로 사기

---

* 차르의 누이 예카테리나 파블로브나의 첫 번째 남편 페터 프리드리히 게오르크(Peter Friedrich Georg von Oldenburg, 1784~1812)를 말한다.
** 차르 알렉산드르 1세가 아버지 살해에서 어떤 역할을 했는지는 아직도 논란거리다. 음모자들의 비밀을 미리 알았고 기꺼이 제위를 차지하려 했다는 이야기가 있다.

꾼이나 협잡꾼, 구루(guru), '완벽한 스승'에게 손쉬운 먹잇감이었다.

알렉산드르 1세는 어쨌든 자기 집의 주인이 아니었다. 황태후 주변의 적의에 찬 반(反)보나파르트 패거리가 가하는 압박뿐만 아니라, 군 최고사령부의 나폴레옹에 대한 적대감과 재계의 물질적 이해관계에 맞서야 했기 때문이다. 프랑스의 발트 지역 영향력 확대와 대륙봉쇄 체제는 둘 다 러시아의 경제적 이익을 위협했다. 영국 봉쇄는 러시아의 곡물, 삼, 목재, 수지(獸脂), 송진, 칼륨, 가죽, 철의 수출을 무너뜨렸다. 반면 프랑스는 다른 출구를 제공하지도 않았고 러시아에 필요한 물품을 공급하지도 않았다. 대신 프랑스는 독주, 향수, 도자기, 보석 같은 사치품을 보냈다. 좀 더 기본적인 생필품을 교역하는 프랑스인들은 이탈리아와 독일에서 시장을 찾는 것이 비용이 더 적게 들고 좀 더 예측이 가능하다는 사실을 알았다. 그곳에서는 그랑다르메의 힘에 의존할 수 있었기 때문이다. 1810년 12월 높은 관세를 부과해 프랑스 사치품 수입을 효과적으로 차단하고 중립국 선박에 항구를 개방한 차르의 칙령에는 이런 배경이 있었다.

1811년 초 차르와 황제 사이에는 긴장감이 감돌았다. 나폴레옹의 충실한 폴란드인 지휘관 포니아토프스키 공은 알렉산드르 1세가 엘베 강 동쪽에 남아 있던 그랑다르메의 작은 부대를 선제공격할 것이라고 경고했다. 정보는 옳았다. 알렉산드르 1세는 조언자 아담 차르토리스키*에게 폴란드를 자기편으로 매수할 가능성이 있는지 타진했으나, 차르토리스키는 폴란드를 독립시켜야만 가능하리라고 대답했다. 알렉산드르 1세는 시험 삼아 오스트리아와 프로이센, 스웨덴에 제안했으나 아무런 효과를 보지 못하자 '관망' 정책을 취하기로 결정했다. 나폴레옹과는 신중하게 서신을 교환했다. 1811년 2월 28일 황

차르토리스키(Prince Adam Jerzy Czartoryski, 1770~1861) 폴란드의 귀족, 정치가. 러시아에서 파벨 1세 시기와 알렉산드르 1세 때 외무장관을 지냈다. 훗날 폴란드 독립과 재건을 위한 11월 봉기(1830~1831)에 참여했으나 러시아에 의해 봉기가 실패한 뒤 프랑스로 망명했다.

제는 겉으로는 즐겁고 우호적이나 속에 가시를 품은 편지를 보냈다. 나폴레옹은 알렉산드르 1세가 사실상 대륙 봉쇄 체제를 포기했음을 언급하며 영국과 가까워지려 한다면 끔찍한 결과를 볼 것이라고 경고했다. 3월 25일 알렉산드르 1세는 확실한 입장을 밝히지 않은 채 자신의 칙령은 러시아 해상 무역의 위기와 루블화의 환율 하락 때문이라고 변명하는 답신을 보냈다.

나폴레옹은 러시아와 전쟁을 하는 길만이 유일한 해결책이라고 결정했다. 때로 프랑스 황제는 싸울 뜻이 없었으나 알렉산드르 1세의 표리부동함과 음모, 팽창주의로 분쟁이 발생했다는 얘기가 나온다. 그러나 차르의 성격이 비열했다 해도 실제 역사에서 이런 견해를 뒷받침할 근거는 없다. 진실을 말하자면 나폴레옹은 다가오는 무력 충돌을 환영했다. 1811년 초부터 군수 관련 부처, 특히 바클레르 달브의 측량국은 서부 러시아 지형의 최신 지도를 제공하느라 분주했다. 단치히는 동부 프랑스와 라인란트에서 출발한 엄청난 양의 전쟁 물자가 모이는 중심지가 되었다. 황제는 1811년 8월 15일 튈르리 궁에서 러시아 대사 쿠라킨(Aleksander Borisovich Kurakin, 1752~1818)을 공개리에 비난하면서 자신의 마음이 어떤지 드러냈다. 이는 마치 1803년 휘트워스 경을 대할 때의 험악한 장면과 같았다. 계기는 바르샤바 대공국의 일부를 받아야겠다는 알렉산드르 1세의 제안이었다. 나폴레옹은 고함을 질렀다. "내가 80만 명의 군대를 갖고 있다는 사실을 모르는가! 동맹국에 기댈 생각인가 본데 동맹국은 어디에 있는가?"

여기에는 황제가 허세를 부려 너무 강하게 항의했다는 느낌도 엿보인다. 나폴레옹이 이전에 보지 못한 어두운 암실로 들어가는 문을 열고 있다고 느꼈다는 증거가 적지 않다. 밀정들은 탈레랑이 러시아와 전쟁하면 프랑스가 패하리라고 공공연히 예언하고 있다고 황제에 알렸다. 나폴레옹의 통계 전문가 르클레르 대위는 러시아에서 싸우

군인이자 외교관이었던 아르망 드 콜랭쿠르. 러시아 침공이 재앙이 될 것임을 거듭 경고했으나 나폴레옹은 그의 말을 귀담아 듣지 않았다.

는 위험성을 경고했으며 러시아를 침공했다가 1709년 폴타바에서 괴멸한 스웨덴 국왕 칼 12세의 불운을 상기시켰다.* 러시아 주재 프랑스 대사 콜랭쿠르는 나폴레옹에게 러시아 땅에서 러시아군과 싸운다면 중대한 실수를 저지르는 것이라고 강한 어조로 여러 번 경고했고, 에스파냐에서 웰링턴이 썼던 지연 전술을 러시아군이 이용할 것이라고 정확히 추측했다. 성마른 황제는 카산드라*의 예언처럼 쏟아지는 콜랭쿠르의 경고에 지쳐 결국 1811년 6월에 콜랭쿠르를 소환했다.

불굴의 콜랭쿠르는 1812년의 무용담에서 무결점의 훌륭한 인물로 등장하는 몇 안 되는 사람인데 주인인 황제와 충돌할 것을 알면서도 틸지트 협약을 유지하려고 최대한 노력을 기울였다. 1812년 6월 콜랭쿠르는 러시아에서 파리로 돌아온 뒤 다섯 시간에 걸쳐 행한 팽팽한

폴타바 전투 1709년 7월 8일 오늘날 우크라이나의 폴타바에서 표트르 대제가 지휘하는 5만 3천 명의 러시아군이 칼 12세의 부상 이후 지휘권을 넘겨받은 육군 원수 칼 구스타브 렌쉴드의 스웨덴군 1만 9천 명을 격파했다. 이후 '폴타바의 스웨덴'은 러시아에서 '처절한 패배'를 당했다는 의미로 쓰였다.

카산드라 그리스 신화에 나오는 트로이 왕 프리아모스의 딸. 미모를 높이 산 아폴론이 예언 능력을 주었는데, 트로이의 목마와 아가멤논의 죽음을 미리 보았다고 한다.

'이임' 보고에서 줄곧 알렉산드르 1세가 평화를 원한다고 주장했고, 이에 황제는 자신의 특사에 대한 인내심을 잃었다. 콜랭쿠르의 조언은 모두 현명한 것이었으나, 주인은 들으려 하지 않았다. 콜랭쿠르는 러시아의 겨울이 어떨지 무서울 만큼 정확하게 예측했으며 차르의 확신에 찬 자랑을 거듭 이야기했다. 전쟁이 일어나면 러시아는 단기적으로는 패하겠지만 장기적으로는 승리할 것이었다. 초원 지대의 전사들을 굴복시키는 데는 2년이라는 시간이 필요하지만 보나파르트는 그렇게 오랫동안 프랑스를 비울 수 없었기 때문이다. 나폴레옹은 이 모든 반대를 무시하고 전쟁 준비를 계속했다.

그러나 나폴레옹이 1811년 8월 말부터 11월 중순까지 계획 중인 전쟁의 모든 의미를 곰곰이 숙고하느라 전쟁 준비에 중대한 차질이 생겼다. 나폴레옹은 우선 콩피에뉴로 여행해 3주를 머물렀다. 그런 뒤 9월 18일에 그때쯤은 익숙해진 여정인 비메뢰, 앙블르퇴즈, 칼레, 됭케르크, 오스텐더, 플리싱언, 안트베르펀, 호린험을 거쳐 위트레흐트와 암스테르담으로 갔다. 루이를 쫓아낸 나라를 직접 확인하고 싶었던 나폴레옹은 암스테르담에 2주 동안 체류한 뒤 10월 24일에 귀로에 올랐다. 돌아갈 때는 헤이그, 로테르담, 로(Loo) 성(城), 네이메헌, 아른험을 방문한 뒤 독일로 건너가 뒤셀도르프와 본, 리에주, 메지에르에 잠깐씩 머무른 뒤 11월 11일에 생클루로 돌아왔다. 이제 나폴레옹은 결심을 굳혔다. 대륙 봉쇄 체제는 계속되어야 하며, 러시아와 전쟁을 하는 것은 그 논리적 표현이었다.

나폴레옹이 그토록 위험으로 가득하고 자신의 미래에 치명적 영향을 끼칠 일련의 행동에 착수한 이유는 무엇일까? 히틀러조차 두 전선에서 실질적인 전쟁을 치르는 실수는 범하지 않았다. 1941년 히틀러가 러시아를 침공했을 때 서유럽에서는 전쟁을 벌이지 않은 것이다. 그러나 나폴레옹은 이미 에스파냐의 큰 전쟁에서 패하고 있었는데도 러시아 내지의 광활한 열린 공간으로 돌진했다. 나폴레옹의 결정에는 합리적인 요소가 있었지만, 안이한 생각과 환상, 자기 파괴적 충동 등 온갖 편린에 압도당했던 듯하다.

　나폴레옹은 이성적일 때는 러시아 출정이 위신을 유지하고 영국의 희망을 꺾어버리기 위해 필요하다고 주장했다. 첫째, 러시아가 대륙 봉쇄 체제를 조롱하도록 내버려 둔다면 곧이어 다른 나라들도 전례를 따를 것이고 영국을 쳐부수는 전략 전체가 무너질 것이었다. 둘째, 영국은 여전히 유럽 대륙에서 또 다른 대프랑스 동맹을 결성한다는 희망을 버리지 않았다. 프로이센과 오스트리아가 겁먹은 상황에서 유일한 잠재적 파트너는 러시아였다. 러시아를 군사적으로 굴복시키면 영국은 어쩔 수 없이 나폴레옹이 무적이라는 점을 납득하고 강화를 청하리라는 결론이 나온다. 셋째, 폴란드를 강국으로 만들고 국경을 맞댄 러시아를 약하게 만들 필요가 있었다. 그래야만 프랑스 제국은 나폴레옹이 죽은 후에도 동쪽으로부터는 위협을 받지 않을 수 있었다.

　많은 관찰자들은 언뜻 합리적으로 보이는 이런 태도 속에도 부차적인 비합리성이 잠복해 있다고 확신했다. 상황이 불리하게 전개되는 마당에 판돈을 곱절로 올리는 것은 자살 행위나 마찬가지 아닌가? 대륙 봉쇄령은 제대로 작동하지 않았고 앞으로 작동할 것 같지도 않았다. 영국을 봉쇄하려는 시도는 에스파냐에서 예기치 않은 실패를 낳았다. 러시아 침공이 또 그런 결과를 낳지는 않을까? 이 때문에 몇몇 역사가들은 나폴레옹이 또다시 '두 배로 따거나 전부 잃거나' 게임에 나섰다고 주장했다. 이 견해에 따르면 프랑스 내에서 나폴레옹의 권력 기반은 점차 흔들리고 있었다. 나폴레옹은 명사들과 다투었으며, 경제 위기와 에스파냐 전쟁 때문에 인기를 많이 잃었기에 프랑스 국민의 주의를 바깥으로 돌리고 황제를 중심으로 결속하려면 또 다른 전쟁이 필요했다.

　그러나 훨씬 더 깊이 들여다보면 비합리성과 자멸적 행태의 증거가 보인다. 이렇게 통치 후기에 '오리엔트 콤플렉스'의 재출현을 보는 것은 뜻밖이지만 1812년 초 나르본 백작에게 했던 별스러운 이야기 속에서는 확실히 오리엔트 콤플렉스가 드러난다. 이는 나르본 백작 자신이 기이한 인물이었기 때문에 납득이 가는 괴상한 행위였다. 대귀족으로 루이 15세의 사생아라는 소문이 돌았으며 한때(1792) 루이 16세의 육군장관이었던 나르본 백작은 보나파르트의 주문에 걸렸다. 나폴레옹의 말은 이렇다.

이 길의 끝은 인도이다. 알렉산드로스 대왕은 갠지스 강으로 진군할 때 모스크바만큼이나 먼 곳으로 떠났다. 나는 생장다크르(아크레) 공성 이래로 늘 이 점을 말했다. …… 상상해보라. 모스크바를 점령하고, 러시아를 격파하며, 차르가 궁정의 음모로 양위하거나 암살당하는 것을. …… 그때 내게 말해보라. 프랑스군과 동맹국의 대군이 트빌리시를 떠나 갠지스 강에 도달하는 것은 불가능하다고. 우리에게 반드시 필요한 것은 오리엔트에 있는 영국의 상업 조직 전체가 붕괴하도록 프랑스의 무력을 신속하게 휘두르는 것뿐이다.

나르본은 나폴레옹의 말에 개인적으로 이렇게 평했다. "대단한 인간! 대단한 발상! 대단한 꿈! 이 천재의 자리는 어디인가! 베들럼*과 팡테옹의 중간이다."

'오리엔트 콤플렉스'는 압박받는 핵심 인격(core-personality)을 보여주는 여러 파편들 중 하나일 뿐으로 사정이 나빠지고 있으며 나폴레옹의 중심이 유지될 수 없음을 암시했을 것이다. 1812년 직전의 나폴레옹의 정신 상태를 두고 많은 심리적 해석들이 제시되었다. 나폴레옹을 운명에 도전하고 정해진 것은 아무것도 없다고 선언하는 실

베들럼(Bedlam) 런던의 병원. 정신질환자를 전문으로 다룬 최초의 시설이다.

존주의자로 보는 이들은 나폴레옹이 행동으로써 그리고 불가능한 모험에 도전함으로써 자신의 정체성을 강화했다고 강조했다. 이는 있을 법한 얘기다. 나폴레옹 스스로 친숙한 '붉은 인간'이 찾아와 러시아를 침공하지 말라고 경고했다고 인정했기 때문이다. '붉은 인간'을 거역한다면 황제는 결정론의 철칙에 구속되기를 거부하는 프로메테우스로 드러날 것이다.

어떤 이들은 나폴레옹을 정복자인 척하면서 자신에 대한 최악의 두려움이 진실이 아님을 증명하려 애쓰는, 자기 회의에 빠진 신경증 환자로 본다. 비슷한 관점에서 프로이트는 조제핀을 내친 것에 죄의식을 느낀 보나파르트가 자신의 몰락을 계획한 최후의 자멸적 행위가 1812년이라고 주장했다. 미신을 믿는 황제는 조제핀과 이혼한 일로 자신의 행운이 다했음을 의식했고 무의식적으로 처벌을 받아야 한다고 생각했다는 얘기다. 이런 주장을 공상으로 치부하고 싶은 유혹이 일지만 한 가지 이상한 일이 있다. 2년 동안 조제핀을 찾지 않았던 나폴레옹이 출정 며칠 전인 1812년 6월 30일 갑자기 말메종을 방문한 것이다. 뢰데레가 인용한 다음 이야기로 볼 때 정황상 우울함을 떨치려 했다는 테제는 확실히 유효하다.

생클루 성이나 튈르리 궁은 상관하지 않는다. 불에 타 없어져도 내겐 중요하지 않다. 집들도 여인들도 아무것도 아니며 아들도 그다지 중요하지 않다. 한 곳을 떠나면 다른 곳으로 가면 그만이다. 나는 생클루를 떠나 모스크바로 간다. 좋아서도 아니고 욕망을 채우기 위해서도 아니다. 단지 냉정한 타산의 결과이다.

러시아와 전쟁을 한다는 재앙 같은 결정이 어떤 의미에서 나폴레옹의 심리적 안녕이 쇠퇴하는 징후였다면, 나폴레옹의 육체 건강도 나빠지고 있었다. "어쨌든 마흔은 마흔이다."는 분명히 황제가 했던 말인데 조기에 빠른 속도로 쇠해 가는 건강에 약간의 불안감을 드러내고 있다. 1812년에 나폴레옹과 가까이 지낸 사람들은 나폴레옹이 걱정스러울 정도로 건강이 나빴으며 날마다 네 가지 요리가 나오는 식사를 한 탓에 뚱뚱해졌다고 전한다. 메느발은 상체가 비대해졌다고 말했다. 머리가 크고 어깨가 육중하지만 팔이 짧고 목이 보이지 않았으며 올챙이배가 확연히 드러났다. 하체는 몸통을 지탱하기에는 너무 가냘팠다. 황제의 건강 악화는 1812년 전쟁의 성공을 방해한 숨은 요인 가운데 하나였다. 마차를 떠나기 싫어했던 나폴레옹은 마차에서 옷을 벗고 있는 적이 많았고, 결정적인 전투가 벌어지기 직전에만 나왔는데 감기를 앓고 배뇨 장애가 있었다. 나폴레옹은 9월 내내 말에 탄 해골 같았다. 발열과 끝없는 기침, 호흡 곤란, 부정맥을 다스려야 했으며 배뇨에 극심한 통증을 느꼈다.

1812년 초부터 전쟁은 불가피한 흐름이 되었다. 이번에는 군대가 현지에서 물자를 조달할 수 없다는 사실을 깨달은 나폴레옹은 1월 13일 육군장관 라퀴에(Jean-Girard Lacuée, 1752~1841)에게 40만 병력이 50일 동안 먹을 군량을 준비하라고 명령했다. 기본 식량은 빵과 쌀로 각각 2천만 개의 군용 휴대식량이었고, 여기에 더해 말이나 황소가 끄는 6천 대의 마차에 20만 명이 두 달간 먹을 수 있는 밀가루를 가져갈 계획이었으며, 말 사료로는 귀리 7200만 리터를 공급할 예정이었다. 말할 필요도 없는 얘기지만 황제는 그렇게 막대한 식량을 봄 출정에 맞춰 어떻게 구할지는 알려주지 않았다. 마치 허공에서 자원을 불러낼 수 있다고 믿었던 것 같다.

한편 다가오는 전쟁을 위해 그랑다르메를 배정했다. 정예 대대는 다부, 우디노, 네가 지휘하는 제1, 제2, 제3군단에 배속되었다. 여기에 근위대와 뮈라의 기병대가 더해져 25만 명 규모의 제1군이 되었다. 제2군과 제3군은(각각 15만 명과 16만 5천 명) 국경과 병참선을 보호하고 증원군을 제공하기로 했다. 외젠 드 보아르네의 제4군단은 이탈리아군을 기본으로 삼고 여기에 프랑스와 에스파냐의 연대들을 보강했다. 충성스러운 포니아토프스키는 제5군단으로 폴란드인들을 이끌었고, 레니에르는 작센인으로 이루어진 제7군단을 지휘했다. 제6군단의 지휘권은 구비옹 생시르에게 돌아갔다. 구비옹 생시르는 에스파냐에서 불명예를 안았으나 1812년에 훌륭하게 복귀했으며 결국 원수 지휘봉을 받았다. 프랑스인과 독일인, 폴란드인의 대대가 뒤섞인 제9군단 지휘관 빅토르도 에스파냐에서 만족스럽지 못한 성과를 보인 뒤 일시적으로 처벌이 유예된 경우였다. 오주로의 제11군단도 혼성군(프랑스인, 이탈리아인, 독일인)이었다. 제8군단의 베스트팔렌과 헤센 병사들은 방담이 지휘했다. 이것으로 러시아에서 싸울 부대를 다 열거한 것은 아니다. 4개의 기병 부대가 있었다. 둘은 뮈라가 지휘했고 둘은 제롬의 지원군 휘하에 있었다. 마지막으로 나폴레옹이 직접 선임근위대와 청년근위대의 '불사신' 5만 명을 이끌 예정이었다. 군단들의 병력은 차이가 많았다. 우디노의 군단은 3만 7천 명이었던 반면, 다부의 군단은 7만 2천 명으로 거의 곱절이나 많았다.

이렇게 엄청난 규모로 전쟁 준비를 하는 동안 복잡한 외교 게임이 이어졌는데, 알렉산드르 1세가 매번 판정승을 거두었다. 1812년 2월 26일 나폴레옹은 차르의 특사 첸체프에게 협박 메시지를 들려 러시아로 돌려보낸 뒤 경찰을 보내 첸체프의 아파트를 급습하게 했는데, 러시아가 그동안 나폴레옹 정책 결정의 심장부에서 내내 안전하게 비밀 공작을 해 왔다는 충격적인 정보가 입수되었다. 프랑스군 병력과 부대 이동에 관한 중요한 정보가 모두 드러났던 것이다. 사태가 이렇게 전개되자 어떻게든 타협으로 평화를 이끌어내려 했던 콜랭쿠르의 용감한 시도는 타격을 받았다. 나폴레옹과 알렉산드르 1세의 강력한 자아 사이에 낀 콜랭쿠르는 1812년의 진정한 칭송받지 못한 영웅이었다.

러시아의 차르 알렉산드르 1세. 1807년
틸지트 조약 체결 당시 차르와 나폴레
옹이 직접 만나 우호 관계를 맺는 듯
했으나, 1811년 이후 러시아와 프랑스
는 충돌로 치달았다.

어쨌든 차르는 4월 27일자 답변에서 뜻을 굽히지 않았다. 차르는
러시아가 대륙 봉쇄 체제로 복귀하기 위한 조건으로 터무니없이 무
리한 요구를 내걸었다. 프랑스는 프로이센에서 철수하고 올덴부르
크 공국 상실을 보상하며 두 강국 진영 사이에 중립적인 완충 지대를
설정해야 했다. 나폴레옹은 이 답변을 진지한 외교라기보다는 모욕
으로 받아들였다. 몇몇 역사가는 알렉산드르 1세가 프랑스산 사치품
의 수입 금지를 취소하고 영국 선박에 대한 봉쇄를 다시 부과하며 올
덴부르크 공국에 관한 항의를 철회할 준비가 되어 있었기에 나폴레
옹이 이 외교 문서를 전쟁 개시의 이유로 여긴 것은 정당하지 않다고
주장했으나, 이는 순진한 생각이다. 알렉산드르 1세는 이길 수 있다
고 생각했기에 전쟁에 대해 불안한 마음이 조금도 없었다.

이제 프로이센과 오스트리아에 러시아 전선에서 싸울 병력을 제공
하라는 압력이 가해졌다. 두 나라는 마지못해 프랑스의 요구에 따랐
고, 실제로 메테르니히가 오스트리아 황제에게 요구에 응하는 수밖
에 선택의 여지가 없다고 조언한 후 슈바르첸베르크 공이 3만 명의
오스트리아군을 이끌고 참전했다. 프로이센의 프리드리히 빌헬름 3

세는 병력 2만 명과 막대한 양의 비축품을 보내야 했다. 그러지 않으면 프랑스군의 베를린 점령을 바라보아야 했을 것이다. 그러나 오스트리아와 프로이센은 알렉산드르 1세에게 자신들은 단지 강압에 응하는 시늉만 했을 뿐이고 러시아와 동맹했음을 선포할 때를 기다리고 있다고 비밀리에 통지했다.

나폴레옹이 영국에 제시한 제안도 쓸데없는 일이 되었다. 나폴레옹은 조제프가 에스파냐 왕으로 남는 조건으로 포르투갈을 브라간사 왕가에 되돌려주고 시칠리아를 나폴리의 전임 왕 페르디난도에게 주겠다며 에스파냐에서 강화를 체결하자고 제안했다. 영국은 이미 포르투갈과 시칠리아를 장악했기에 이를 두고 거래하자는 나폴레옹의 제안을 이해할 수 없었으며 협상 개시 조건으로 페르난도 7세가 즉시 에스파냐 왕으로 복위해야 한다고 단호하게 답변했다. 진실을 말하자면 이랬다. 영국은 여하튼 이베리아 반도 전쟁을 승리로 이끌 수 있다고 확신하게 되었다. 나폴레옹이 러시아에서 분주하다면 승리할 가능성은 더욱 분명했다.

1812년 전반에 다른 외교 상황도 똑같이 프랑스에는 불길했다. 대륙 봉쇄 체제에 안달이 난 데다 1812년 1월 프랑스의 스웨덴령 포메라니아 점령에 모욕당한 스웨덴 귀족들은 새 왕세자를 압박했다. 베르나도트가 왕세자가 된 상황에서 이는 개종자에게 개종을 설교하는 것과 마찬가지였다. 베르나도트는 마침내 여러 차례 자신을 욕보인 사람에게 복수할 기회를 얻었다. 베르나도트는 기막히게도 1812년 4월 러시아로부터 노르웨이 정복을 지원한다는 약속을 받아내고는 편을 바꾸었다. 러시아와 오스만제국이 강화를 체결한 1812년 5월의 부쿠레슈티 조약은 나폴레옹에게 또 다른 큰 타격이었다. 한 달 만에 알렉산드르 1세는 북측과 남측의 안전을 확보했고 중앙부의 나폴레옹에 맞서 전력을 집중할 수 있게 되었다.

1812년 5월 9일 나폴레옹은 마리 루이즈와 함께 생클루 성을 떠나

드레스덴으로 향했다. 마차 300대가 동행해 순회 궁정을 옮겼다. 나폴레옹은 샬롱쉬르마른과 메스를 거쳐 5월 12일에 마인츠에 도착했고 이어 뷔르츠부르크, 바이로이트, 프라이베르크를 경유해 5월 16일 한밤중에 작센 왕이 제공한 호위대와 함께 개선 행렬로 드레스덴에 당도했다. 시인 하인리히 하이네는 황제의 행렬이 독일 땅을 지나는 모습을 목격했고 보나파르트에 대한 첫인상을 이렇게 적었다. "나폴레옹은 그들을 러시아로 보내고 있었다. 선임근위대의 척탄병들은 나폴레옹을 경외심 가득한 헌신으로, 찬동하는 진지함으로, 죽음의 긍지로써 우러러보았다. '그대, 황제여, 곧 죽을 자들이 경례를 올리오.'*"

나폴레옹이 2주간 드레스덴에 머무는 동안 특사 나르본 백작은 빌뉴스에서 차르의 전권대사와 무익한 협상을 벌였다. 나폴레옹은 훗날 세인트헬레나에서 드레스덴에 머물렀던 보름의 시간을 일생에서 가장 행복했던 순간으로 묘사했다. 차르와 조지 3세, 오스만제국 술탄을 제외한 유럽의 모든 통치자들이 그곳에 모여 자신에게 경의를 표했기 때문이다. 나폴레옹은 로코코 양식으로 건축된 작센 왕의 궁을 넘겨받아 파리에서 가져온 프랑스산 태피스트리와 포도주, 자기, 중국 도자기, 유리, 가구로 가득 찬 마차 행렬로 채웠다. 프랑스인 요리사 수백 명이 마리 루이즈와 제국 귀족의 즐거움을 위해 제국 전역에서 선별한 진수성찬을 만들었다. 구체제 명문 귀족인 튀렌 집안, 몽테스키외 집안, 노아유 집안의 자손들이 드레스덴에 모였으니 겉보기에는 최종 재가의 인장을 찍는 것 같았다.

황제는 5월 29일 드레스덴을 떠난 후 포젠과 토룬을 거쳐 6월 7일 저녁 주 기지인 단치히에 도착했다. 처음으로 마주친 사람은 근래에

---

* Te, Caesar, morituri te salutant. 수에토니우스(Suetonius)가 쓴 열두 황제의 이야기인 《황제들의 삶(De Vita Caesarum)》에 인용된 유명한 라틴어 어구 'Ave, Imperator, morituri te salutant'의 변형된 형태이다.

본 일이 없는 뮈라였다. 황제는 뮈라가 1809년에 꾸민 음모를 잊지 않았고 종종 뮈라를 나폴리 왕 자리에서 내쫓으려는 생각을 했다. 언젠가 나폴레옹은 뮈라를 폐위하려고 소환했으나, 밀정(푸셰?)으로부터 경고를 받은 뮈라가 대면을 피해 이탈리아로 도주했다. 전갈이 서로 어긋났다는 서투른 변명을 들었을 때 나폴레옹은 마음이 다른 데가 있었고 뮈라 문제는 일시 유보되었다. 그러나 이제 불충한 매제를 다시 만난 황제는 차갑게 대했다. 황제는 먼저 엄숙한 표정으로 신랄한 말을 내뱉었고 이어 가까운 친구에게 크게 실망한 사람처럼 어조를 바꾸었다가 마지막에는 매우 부드럽고 애절하게 말했다. 뮈라는 크게 감동했고 눈물을 흘릴 뻔했다. 나폴레옹 보나파르트가 이따금 과도하게 가혹할 때가 있지만 매우 인간적이며 관대한 사람이라는 사실은 다시 한 번 강조할 필요가 있다. 누군가는 이렇게 말할지도 모르겠다. 자신의 이익을 위해서라면 지나치게 관대했다고.

나폴레옹은 러시아 원정 전야에 단치히에서 상황을 판단했다. 병력은 예비군과 병참부, 수비대를 포함해 약 67만 5천 명이 전쟁 준비를 마쳤다. 프랑스군 이외에 이탈리아인이 4만 명, 포르투갈인이 3만 명, 에스파냐인, 스위스인, 네덜란드인, 일리리아인, 크로아티아인, 리투아니아인이 있었고 특히 독일인이 많았다. 한 군단은 폴란드인으로만 구성되었고, 작센인과 오스트리아인도 각각 하나의 군단을 형성했다. 베스트팔렌과 헤센이 하나의 군단을 제공했으며, 한 군단은 대다수가 프로이센군으로 이루어졌다. 여러 언어를 쓰는 사람들이 뒤섞인 군대였다. 병사들의 사기는 높았으며, 허락 없이 임의로 휴가를 떠난 자들이 가혹한 처벌을 받았기 때문이기도 하지만 탈영은 적었다. 그러나 정작 대가를 치른 것은 현지 주민들이었다. 프랑스군은 프로이센과 폴란드에서 현지 경제의 어려움은 고려하지 않은 채 물자를 빼앗고 징발하며 오만하게 행동했고, 무엇을 가져가든 값을 치르지 않았다. 세세한 일에 무관심한 것은 1812년 내내 나폴레옹이 보인 특징적 면모였다. 나폴레옹은 이러한 도를 넘는 행위들을 전혀 제어하지 않았다.

나폴레옹은 러시아 국경을 넘기 전에 단치히에서 다시 보름을 지체했다. 그 보름 동안 황제는 이유는 알 수 없지만 마리엔부르크(말보르크)와 쾨니히스베르크로 여행했고 이어서 굼비넨(구세프)과 빌로프스키로 갔다. 이는 나폴레옹이 1812년에 스스로 허용한 여러 번의 까닭 모를 지연 중 첫 번째였고, 나폴레옹 연구자들은 이유를 알 수 없어 당혹스러웠다. 가장 그럴듯한 추정은 나폴레옹이 6월까지 침공을 연기했다는 것이다. 먹여야 할 수송용 짐승이 말 11만 마리에 황소 9만 마리였기에 스텝 지역이 초록 빛깔로 물들 때까지 기다려야만 했다는 것이다. 의료 시설 미비 때문이라는 다른 견해도 있다. 나폴레옹은 사상자가 많을 것으로 예상했기에 단치히에서 군위관과 야전 병원, 약품, 붕대, 들것이 모두 부족하다는 사실을 알고는 놀랐다는 얘기다.

이 '가짜 전쟁' 동안 황제의 생각은 종종 마리 루이즈에게 돌아갔다. 냉소적인 나폴레옹이 출정 중에 얼마나 자주 애처가로 변했는지 이상할 정도였다. 아내에게 보낸 편지의 어조가 꼭 1796~1797년 이탈리아를 점령할 때 조제핀과 나누었던 편지를 연상시키기 때문이다. 나폴레옹은 마리 루이즈가 다시 임신하기를 희망했지만 그러지 못했다는 사실을 알고 보낸 편지에는 진정한 슬픔이 엿보였다. 똑같은 감상적 기조의 편지가 많았다. 6월 9일 나폴레옹은 단치히에서 마리 루이즈에게 편지를 보냈다. "내 건강은 아주 좋소. 걱정거리도 있고 피로하기도 하지만 무엇인가 놓친 것이 있다는 느낌이오. ……하루에도 몇 번씩 당신을 보는 유쾌한 습관 말이오."

그러나 이제 러시아와 싸울 전략을 진지하게 생각할 때가 왔다. 나폴레옹의 주된 목적은 북쪽의 바르클라이 데 톨리*의 군대와 남쪽의 바그라티온 공 군대의 합류를 막는 것이었다. 나폴레옹은 '오르샤 육교'로 모스크바를 향해 맹렬히 진격할 작정이었다. 오르샤 육교는 드네프르 강과 드비나 강의 분수령으로서 드네프르 강의 주요 지류 중 하나인 베레지나(뱌레지나) 강으로만 차단될 뿐 러시아의 심장부로 곧장 이어졌다. 나폴레옹은 네만 강의 좁은 전선에서 마크도날이 지휘하는 리가의 군단과 슈바르첸베르크가 지휘하는 민스크의 오스트리아 군단으로 측면을 보호하며 도하하면 이 목적을 달성할 수 있다고 예측했다. 그러면 러시아군이 공세를 취한다고 해도 바그라티온을 고립시킬 수 있다고 보았다.

이 시나리오가 최소 목표였지만, 황제의 마음속에는 최대 목표였던 '최상의 각본'도 있었다. 나폴레옹은 좌익을 전진시키는 동시에 우익으로 배후를 공격해 바르클라이와 교전할 계획을 세웠다. 그러면 짐작컨대 바르클라이는 포위를 피하고자 퇴각해 남쪽으로 이동하겠지만 제롬과 슈바르첸베르크에게 저지당해 바그라티온과 합류하지 못할 터였다. 바그라티온은 보나파르트의 우익을 공격하려고 진격할 수밖에 없을 것이며, 그 순간 더 강력한 프랑스군의 좌익과 중앙군이 선회해 모스크바로 이어지는 병참선을 차단할 것이었다. 양쪽의 러시아 군대는 그로드노 주변의 막다른 골목으로 몰려 '먹힐 것'이고 전쟁은 12일 만에 끝날 것이다.

좋은 계획이었지만 그러려면 시간을 정확히 맞추고 통신을 긴밀히 유지하고 전열이 안전해야 했다. 나폴레옹은 특히 전격전 같은 것을 구상했다. 그러나 나폴레옹의 이전 승리들은 전부 소규모 군대가 협소한 공간에서 작전을 펼쳐 거둔 것이었다. 나폴레옹은 수백 킬로미

바르클라이 데 톨리(Mikhail Bogdanovich Barklay de Tolli, 1761~1818) 러시아의 육군 원수. 17세기 러시아로 이주한 스코틀랜드 가문의 후손으로 1787년 러시아군에 입대했다. 튀르크 전쟁, 스웨덴 전쟁, 폴란드 전쟁에 참전해 명성을 얻었다. 1812년 나폴레옹 군대에 맞선 전쟁에서 후퇴 전술을 써서 비난을 받았고 스몰렌스크에서 패한 뒤 사령관직을 미하일 쿠투조프에게 물려주어야 했다. 그러나 1813년 다시 복귀하였고 1814년 프랑스 침공 작전에 참여하여 전공을 인정받아 육군 원수로 진급했다.

터 거리의 넓은 구역에서 거대한 군대를 조정한 경험이 없었다. 나폴레옹이 에스파냐에서 지속적으로 싸웠다면 이런 실수를 피할 수 있었을 것이다. 많은 일이 잘못될 수 있고(전갈이 전달되지 못하거나 지휘관들이 지시를 엄수하지 못하는 등) 계획과 실행이 조화를 이루지 못할 수 있음이 분명했다. 이 계획은 또한 프랑스군이 국경을 넘자마자 러시아군이 맞서리라고 추정했지만, 차르는 이미 드네프르 강과 드비나 강, 베레지나 강이 그리는 선을 따라 내지(內地)로 약 320킬로미터 들어간 곳에서 싸우기로 결심한 상태였다.

이제 와서 돌이켜보면 러시아 원정은 애초에 치명적인 결점을 안은 채 시작되었고 나폴레옹이 눈앞에 직면한 문제들을 충분히 숙고하지 않았음을 알 수 있다. 가장 확실한 실수는 정치적인 것이었다. 나폴레옹은 우선 알렉산드르 1세가 스웨덴과 오스만제국에서 동시에 자신의 허를 찌르도록 놔두지 않았다면 두 곳에서 적군에 맞설 필요는 없었을 것이다. 나폴레옹은 원정을 자유를 위한 십자군 전쟁으로 전환하기 위해 폴란드에 독립을 허용하고 러시아 농노를 해방했어야 했다. 차르가 화내는 것은 이제 걱정할 필요가 없었으므로 바르샤바 대공국을 독립국 폴란드로 바꾸기를 주저한 것은 더더욱 의외였다. 나폴레옹이 러시아 농노를 해방하지 않는 이유로 제시한 논거는 이치에 맞지 않았다. 농노를 해방하면 보수적인 유럽과 우파가 자신에게 등을 돌릴 것이라는 논거였는데, 이들이 이미 자신에게 반대했다는 분명한 사실을 무시하는 꼴이었다. 또 사납고 어리석은 러시아 농민이 과거의 주인에게 끔찍한 잔학 행위를 저지를 것이라는 논거도 댔는데, 황제가 주저해서 나타난 결과는 농노들이 러시아군이 아닌 프랑스군을 잔인하게 대했다는 사실이다.

그러나 한층 더 중대한 실수는 나폴레옹이 스스로 대가라고 여긴 분야, 즉 전략의 계획과 실행에서 저지른 실수였다. 계획을 세울 때 계절과 자연의 힘을 무시하는 오래된 허물은 그렇다 치고, 황제는 병참에서 특히 결함을 보였다. 나폴레옹의 수학적 재능을 고려하면 당연히 실력을 발휘했어야 하는 분야였다. 단치히에서 한 준비는 인상적이었다. 단치히 항구에는 황제가 바라던 대로 50일 동안 먹을 40만 개의 휴대식량이 마련되었다. 그러나 이러한 군량을 나날이 더 멀어지는 전선으로 운반할 방법은 어느 누구도 찾지 못했다. 지연과 거리라는 요인은 식량 수송대가 전선에 닿더라도 도중에 식량의 3분의 1은 이미 소비될 수 있음을 뜻했다. 말을 먹이는 것도 문제였다. 한 마리가 하루에 9킬로그램을 먹어야 했기 때문이다. 10만 마리가 넘는 기병대 말과 포병대 말을 위해 귀리도 날라야 했다. 익지 않은 호밀밭에서 꼴을 먹이면 몇천 마리가 죽어버렸다.

군대는 보급품 수송대보다 훨씬 더 빨리 이동하므로 늘 병참보다 앞섰다. 프랑스군의 식량 수송 마차는 땅에 난 바퀴 자국이나 다름없는 러시아의 도로에서 달리기에 적합하지 않았으며, 대체할 말이나 수레가 없는 지역에서 곧잘 망가졌다. 그 결과 막대한 군량이 쏟아졌고 제분용 맷돌과 빵 굽는 화덕은 군대를 따라갈 수 없었다. 굶주림이 덮치기까지는 오랜 시간이 걸리지 않았다. 첫 20일치 식량은 기한을 못 채우고 떨어졌다. 한동안은 소를 잡아먹을 수 있었지만, 그런 뒤로는 약탈할 것 하나 없는 땅에서 기식해야 하는 어려운 숙제가 닥쳤다. 황제가 단호히 징계할 기미를 보이지 않은 것도 문제였다. 지나치게 관대했던 황제는 장교들이 하인을 거느리고 사치품을 갖고 가도록 내버려 두었다. 사병들이 상관을 본받아 결과적으로 부대에 딸린 '꼬리'가 어마어마했으며 이들도 군대의 자산을 소모했다. 한 군단이 끌고 가는 수백 마리의 살아 있는 소가 길을 가득 메워 뒤따르는 식량과 탄약 수송대의 전진을 막았다.

나폴레옹이 군대를 절반으로 줄였다면 군사적으로나 병참에서나 훨씬 더 나은 결과를 얻었을 것이다. 그때까지 나폴레옹이 승리한 전쟁에서 이긴 군대는 최대 10만 명이었다. 10만 명 규모의 군대로 확보한 속도와 유연성이 아우스터리츠의 승리를 가져왔다. 나폴레옹은 이전에는 스텝 지역으로 이끌고 간 규모의 군대를 지휘한 적이 없었으며, 경솔하게도 성공률을 여섯 배로 올릴 수 있다고 생각한 것 같은데, 이 점이 의미심장하다. 병력을 여섯 배 늘리면 지휘와 조정에서 생기는 문제가 기하급수적으로 늘어나리라는 생각은 전혀 하지 못한 듯하다. 그런 일은 특히 병참에 해당했다. 간단히 말하자면 그랑다르메는 규모가 너무 커서 러시아의 재원과 기반 시설로는 감당할 수 없었다. 도로와 식량 공급 문제가 너무 컸기 때문에 아주 냉정한 분석가들조차 나폴레옹의 1812년 모험이 처음부터 실패할 운명이었다고 결론 내렸다. 러시아 원정은 실현 불가능한 꿈이었다. 철도와 전신이 출현하기 전에는 실행할 수 없는 것이었다.

시간이 촉박했으므로 나폴레옹은 5월에 네만 강을 건넜어야 했다. 그러지 못했기에 나폴레옹은 문제를 떠안았고 언제나 그랬듯이 이를 그저 불운 탓으로 돌렸다. 뜨거운 여름이 시작되면서 병사들은 병에 걸렸다. 6만 명이 러시아군 병사 한 명도 보지 못하고 총탄 한 발도 쏘지 못한 채 이질과 디프테리아, 발진티푸스에 걸려 죽었다. 나폴레옹은 예감을 믿는 사람이었으니 불길한 전조를 마음에 두었어야 했다. 그러나 6월 23일 늦은 오후 말에서 떨어졌을 때(산토끼 한 마리가 말 발굽들 사이로 뛰어들었다) 과학으로는 설명할 수 없는 어떤 힘이 자신을 겨냥해 음모를 꾸민 것은 아닌지 생각에 잠겼지만 '경고'를 완전히 무시했다. 그렇지만 여전히 전략을 수정하고 체면을 세울 시간은 있었다. 불시에 대규모로 네만 강을 건너고 겨울에 다시 국경으로 돌아오는 것도 한 가지 대안이었다. 그러면 차르는 자신이 굴복할 때까지 해마다 같은 일이 반복되리라고 생각하게 될 것이었다.

6월 23일 그랑다르메의 네만 강 도하와 129년 후 하루 전날 히틀러의 독일 국방군의 러시아 침공을 비교하지 않을 수 없다. 두 경우 모두 독재자들은 적군을 과소평가했고 자신의 전략을 충분히 생각

1812년 6월 러시아 침공에 나선 프랑스군의 네만 강 도하. 나폴레옹 군대의 원정은 여름철 전염병과 심각한 물자 부족 등으로 출발부터 순탄치 않았다.

하지 못했으며 전쟁을 너무 늦게 시작했다. 그러나 유사성은 그것으로 끝이다. 1941년 독일군은 전격전을 펼쳐 초기에 눈부신 성공을 거둔 반면 그랑다르메는 한 달이 넘는 힘든 여정 끝에야 적군과 맞붙었다. 그리고 좀 더 신중한 지휘관이었다면 빌뉴스(빌나)에 이르는 닷새간의 행군에서 종국에는 재앙을 떠안을 가능성이 있음을 깨달았을 것이다. 곳곳에서 경고 신호가 날아들었기 때문이다.

전투 첫날 보병과 기병 13만 명이 배다리 세 개로 네만 강을 건넜다. 나폴레옹은 24일에 도하했으며 코브노(카우나스)에 사령부를 설치하고 빌뉴스로 진격할 채비를 갖추었다. 그러나 군대의 어설픈 편제가 행군 중에 명확히 드러났다. 군대는 기강이 해이했고 나흘치 식량을 첫날에 다 소비한 탓에 빌뉴스에 도착하기 한참 전에 굶주림과 피로에 무너지고 있었다. 신선한 고기가 부족한 데 분노하고 설사로 허약해진 굶주린 병사들은 진흙투성이 길을 따라 오염된 우물과 무너진 다리를 지나다가 하나둘씩 쓰러졌다. 탈영과 자살도 흔했고, 병력 손실이 하루에 5천 내지 6천 명에 이르렀다. 전쟁의 앞날에 한층 더 심각했던 것은 수천 마리씩 죽어 가는 말이었다. 빌뉴스로 가는 길에 1만 내지 2만 마리가 죽었다.

6월 28일 빌뉴스에 도착한 나폴레옹은 한 번 더 이해할 수 없이 길게 체류했다. 바르클라이와 바그라티온의 군대를 하나씩 격파할 수 있을 만큼 러시아 안으로 충분히 침투했다고 생각했던 것 같다. 나폴레옹은 빌뉴스에 입성하자마자 우디노와 네를 보내 바르클라이를 추적하게 했고 제롬을 민스크로 보내 바그라티온을 가로막는 협공작전을 펼치게 했다. 그러나 일교차가 매우 크고 현지에서 얻는 식량이 부족하고 식량 수송대는 거북이걸음을 하고 있는 마당에, 이전처럼 번개 같은 기동을 하기는 불가능했다. 다부는 최선을 다했으나 제롬의 어리석은 처신과 꾸물거림 때문에 바그라티온은 자신을 겨냥한 덫을 빠져나갈 수 있었다. 다부는 '동료'의 무능에 격분했고, 분노한 황제는 7월 4일 막내 동생에게 호된 질책과 함께 앞으로 다부의 지휘를 받으라는 명령이 담긴 편지를 보냈다. 남의 간섭을 싫어하는 어리석은 베스트팔렌 왕은 황제의 명령을 어기고 화를 내며 자기 왕국으로 돌아갔다. 한편 다부는 민스크와 바브루이스크를 지나 바그라티온을 바짝 뒤쫓았으나 따라잡지 못했다.

러시아군은 그랑다르메의 눈앞에서 초토화 작전을 수행하며 퇴각했지만, 이러한 지구전을 일부러 선택했다는 훗날의 주장은 사후의 합리화일 뿐이었다. 분명한 진실을 말하자면, 러시아군은 병력에서 크게 우세한 나폴레옹과 전면 대결을 벌이기가 두려웠다. 나폴레옹은 네만 강 너머로 45만 명을 이끌고 왔지만, 러시아군이 초기에 쓸 수 있었던 병력은 겨우 16만 명이었다. 이를 보아도 나폴레옹의 엄청난 군대는 원정 목적에 견주어 지나치게 컸다. 차르는 먼저 드리사에 참호를 파고 저지하기를 원했으나, 조언자들은 그렇게 하면 보나파르트를 이롭게 해줄 뿐이라고 경고했다. 알렉산드르 1세는 한동안 전투를 바르클라이와 바그라티온에게 맡겨 두었다.

나폴레옹이 빌뉴스에 머무는 동안, 프랑스군은 다음 목표인 비텝스크를 향해 행군했다. 한낮의 작열하는 태양과 밤중의 살을 에는 듯한 추위에 맹렬히 쏟아지는 여름날의 우박이 겹쳐 프랑스군은 또 다른 행군의 악몽에 사로잡혔다. 프랑스군 병사들은 짙은 소나무 숲을 지나고 악취를 내뿜는 습지를 구정물에 허리까지 빠지며 전진했다. 규율이 무너지고 불복종이 만연했다. 빌뉴스와 비텝스크 사이의 고된 행군에서 말 8천 마리가 죽었다. 뮈라의 참모장 벨리아르 장군은 황제에게 직접 보고하며 말이 사료 부족과 극심한 일교차로 죽어간다고 알렸다. 소들도 그토록 힘든 사투에 원기를 잃고 떼로 죽어갔으며, 수송 대열의 마부들은 일이 너무 고되어 종종 고의로 마차를 부쉈다. 그래서 절실히 필요한 식량이 줄어들었다.

황제는 6월 28일부터 7월 16일까지 빌뉴스에 머물며 제롬을 질책할 때와 똑같은 혼란스러운 정신 상태를 보여주었기에 병사들의 사기를 높일 수 없었다. 황제는 어리석게도 알렉산드르 1세가 항복 조건을 보내오기를 날마다 기대했다. 러시아는 이런 망상에 장단을 맞출 준비가 되어 있었다. 무익한 외교 대표단과 가짜 평화사절단이 빌뉴스와 모스크바를 오간 것은 이 때문이다. 황제는 빌뉴스에서 독립을 선포해 달라는 폴란드의 압력을 재차 받았으나 동맹국 오스트리아에 한 말이 있다는 이유로 계속 거부했다. 보나파르트의 표리부동함과 프랑스군의 부당한 요구에 환멸을 느낀 폴란드 애국자들은 불만을 행동으로 표출했다. 프랑스가 기대한 추가 자원병 부대와 게릴라 전사들의 러시아 전선 투입은 실현되지 않았다.

7월 중순 마침내 빌뉴스를 떠난 나폴레옹은 다소 급하게 말을 몰아 느릿느릿 움직이던 군대를 곧 따라잡았다. 바그라티온을 함정에 빠뜨리지 못한 나폴레옹은 이제 바르클라이를 표적으로 삼았다. 7월 25일 뮈라는 러시아군의 후미를 따라잡았고, 비텝스크에서 서쪽으로 몇 킬로미터 떨어진 오스트로브노에서 격렬한 교전이 벌어졌다. 전투에서 뮈라와 외젠 둘 다 인상적으로 임무를 수행했다. 바르클라이는 바그라티온과 늘 관계가 좋지 않았는데, 굳게 지키라고 명령하고 자기는 도망만 다닌다는 바그라티온 대공의 조롱에 감정이 상했다. 그래서 바르클라이는 맞서 싸우기로 결정하고 7월 27일 군대를 전투 대형으로 정렬했다. 나폴레옹은 자신이 두 러시아 군대 사이에 있음을 알면서도 대단히 기뻐하며 손쉬운 승리를 기대했다. 그러나 나폴레옹은 즉각 교전을 미루고 확실한 승리를 얻을 수 있도록 증원군을 기다렸다.

그러나 이튿날 바르클라이는 없었다. 바르클라이는 바그라티온이 지원하러 갈 수 없으니 스몰렌스크에서 두 군대가 합류하자고 제안했음을 알고 야음을 틈타 빠져나갔고, 나폴레옹은 빈손으로 쓸쓸함을 맛보아야 했다. 교전 개시가 24시간 지체된 것은 로디와 마렝고, 예나의 영웅에게는 무척이나 이례적이었는데 프랑스군이 한 달에 두 번이나 적을 함정에 몰아넣는 데 실패했음을 의미했다. 프랑스군은 아무것도 달성하지 못했으며, 바르클라이와 바그라티온은 뜻대로 스몰렌스크에서 합류했다. 그동안 빌뉴스와 비텝스크 사이에서 말 8천 마리가 더 죽었고 병사 10만 명이 질병이나 탈영, 낙오로 부대에서 이탈했다.

나폴레옹은 7월 29일 오전 8시 비텝스크에 들어갔으나 환자와 부상자, 현지의 하층민만 남은 유령 도시를 발견하고 우울해졌다. 나폴레옹은 즉시 작전 회의를 소집했는데, 회의에서 베르티에와 뮈라, 외젠 모두 병력과 물자의 막대한 손실을 고려해 원정을 중단하자고 강력히 권고했다. 나폴레옹은 처음에는 잠자코 받아들일 것 같다가 다시 결정을 미루고 비텝스크에서 2주일을 허비하며 그곳에서 겨울을 날 채비를 한다는 조짐을 보였다. 나폴레옹이 지도를 둘둘 마는 것을 보고 미칠 듯 기뻤던 외젠은 1812년 원정이 끝났다고 선언했다. "우리는 칼 12세의 어리석은 행동을 되풀이하지 않을 것이다."

그러나 이런 분위기는 24시간 만에 사라졌다. 조심스러운 정책은 나폴레옹의 기질에 맞지 않았으며, 나폴레옹은 20일 만에 모스크바에 당도할 수 있는데 비텝스크에서 여덟 달이나 주저앉아 있을 사람이 아니었다. 베르티에와 뒤로크, 콜랭쿠르, 외젠, 그밖의 모든 측근이 비텝스크나 스몰렌스크에서 겨울을 나기로 결정하라고 황제를 압박했으나 모두 허사였다. 나폴레옹은 이들이 나약하고 방자하며 돈과 쾌락, 사냥, 파리 사교 생활의 즐거움만 생각한다고 비난했으며, 그러라고 원수로 세운 것이 아니라고 꾸짖었다. 게다가 나폴레옹은 알렉산드르 1세를 잘 알았고 그가 싸워보지도 않고 스몰렌스크나 모스크바를 포기할 사람이 아니라고 확신했다. "위험이야말로 우리를 모스크바로 몰아댄다. 주사위는 던져졌다. 승리가 우리의 정당함을 입증할 것이다."

8월 11일 그랑다르메는 다시 내키지 않는 행군 길에 올랐다. 황제는 이틀 늦게 출발했다. 이때쯤이면 러시아의 두 군대는 하나로 합쳐졌으나 두 지휘관이 서로 증오하며 '냉전'을 벌이는 바람에 결합의 잠재적 이점은 대체로 사라졌다. 스몰렌스크를 전광석화처럼 타격해 불시에 바르클라이와 바그라티온을 습격할 가능성은 없었다. 이는 곧 군대가 식량 수송대를 한참 앞선다는 뜻이었기 때문이다. 그러나 참을성 없는 황제는 여전히 적의 배후로, 즉 적군과 모스크바 사이로 들어가기를 갈망했다. 그렇게 되면 오랫동안 전투를 기피했던 적군도 어쩔 수 없이 교전에 응하리라는 계산이었다. 한편 계속되는 퇴각에 불만이 쌓인 바그라티온 측은 바르클라이를 겁쟁이라고 비웃으며 행동을 취하라고 압박했다. 8월 초 러시아의 두 군대가 연합해 병력 규모가 12만 5천 명이 되었을 때, 바르클라이는 마침내 비판자들의 압력에 굴복했다. 이때쯤이면 차르도 비판자 대열에 합류했다. 바르클라이는 반격 계획을 세웠다.

흔히 바르클라이에겐 오직 두 가지 합리적인 선택이 가능했다고 지적되어 왔다. 스몰렌스크를 난공불락의 요새로 바꾸거나 오르샤의 협곡으로 전진하는 방법 두 가지뿐이었다는 것이다. 바르클라이는 둘 중 어느 것도 선택하지 않았다. 주된 이유는 바그라티온이 자신을 해치려는 술책을 꾸미며 자칫 실수라도 저지르면 이를 핑계로 불명예를 안길까 두려웠기 때문이었다. 바르클라이는 조심스럽게 전진했다. 8월 8일 스몰렌스크 북서쪽의 인코보에서 돈 카자크 기병대와 프랑스 기병대가 처음으로 무력 충돌을 벌였다.* 그러나 두 지휘관이 한층 더 날카롭게 격돌하면서 바그라티온은 협력을 중단했고, 바르클라이는 영리한 나폴레옹이 역공에 나설 수 있다는 생각에 돌연 겁을 먹고 후퇴했다. 바르클라이를 유인해 함정에 빠뜨리고 싶었던 나폴레옹은 이제 이른바 '스몰렌스크 작전'을 선택했다. 프랑스군의 군단 여럿을 적군의 배후에 배치하는 전략적 포위를 포함하는 작전이었다.

러시아군은 나폴레옹이 민스크-스몰렌스크-모스크바로 이어지는 길을 따라 도시를 지나치며 드네프르 강 북쪽으로 속행하리라고 추정했다. 그러면 스몰렌스크를 공격할 의도가 있을 때에만 드네프르 강을 건널 것이었다. 나폴레옹은 예상과 달리 약 25킬로미터의 전선에서 강을 건넜다. 오르샤에서는 적군이 지키지 않는 다리를, 로사스나에서 배다리 4개를 이용했다. 처음에는 일이 순조로웠다. 뮈라와 네가 스몰렌스크에서 약 48킬로미터 떨어진 크라스니에서 바르클라이가 배치한 러시아군 일개 사단을 일소한 뒤 바르클라이의 배후로 돌아갈 수 있다고 확신하고 스몰렌스크로 진격했다. 8월 14일, 강 남쪽에는 프랑스군 17만 5천 명이 있었다. 프랑스군은 포위에 성공할 수도 있었지만, 바르클라이가 허둥지둥 다시 퇴각하는 바람에 러시아군은 다시 사정거리 밖으로 멀어졌다. 프랑스군은 예상보다 완

---

* 마트베이 플라토프(Matvei Ivanovich Platov, 1757~1818) 장군이 지휘하는 돈 카자크 부대와 세바스티아니의 프랑스 기병대가 맞붙었다.

강한 저항에 직면했다. 스몰렌스크로 접근하자 도시를 방어하던 네 베롭스키(D. P. Neverovsky) 휘하의 병사들(보병 제27사단)이 지독히도 용맹하게 싸웠고, 뮈라는 기병대의 지원 없이 적군의 방어선을 돌파하려고 꼬박 하루를 허비했다. 적군의 저지가 없었다면 프랑스군은 8월 14일 저녁에 스몰렌스크에 도착했을 것이다. 나폴레옹은 뮈라가 실패했다는 소식을 듣고 24시간 공격을 중단하고 부대를 재편하라고 명령했다. 그리하여 프랑스군은 기습이라는 요소를 잃었으며 바르클라이와 바그라티온은 스몰렌스크 요새 뒤로 물러날 수 있었다.

24시간이면 황제가 진지하게 생각하기에 충분한 시간이었다. 그랑다르메는 질병과 탈영으로 하루에 5천에서 6천 명을 잃고 있었으며, 포를 끄는 말들이 편자를 제대로 못 박아 스텝 지역의 조건을 감당하기 힘들었기에 많은 대포가 뒤에 남겨졌다. 프랑스인이 아닌 병사들은 임무를 잘 수행하지 못했다. 전 병력이 장비가 부족했고, 서둘러 병력을 끌어 모으느라 전투에 부적합한 병사들이 매우 많았다. 사병들 중에는 재능을 갖춘 사람이 거의 없었고, 나폴레옹은 '군사적으로 다재다능한' 고참병이 부족함을 개탄했다. 용기병을 서둘러 창병으로 바꾸었지만 정작 이들은 창을 다룰 줄 몰랐다. 군대는 중군 규모가 17만 5천 명까지 줄었고 나날이 축소되는 와중에도 위험스럽게 길게 산개했다. 우디노가 비트겐시테인에게 패배한 폴로츠크*에서 마크도날이 포위해 공격하던 리가까지 나폴레옹 군대의 전선은 약 800킬로미터에 달했다.

게다가 황제가 정직했다면 자신이 이제 더는 1796년이나 1805년의 위대한 지도자가 아니라는 데 생각이 미쳤을 것이다. 24시간은 36시간으로 늘어났다. 프랑스군 전초 부대가 스몰렌스크 외곽에서 정찰

---

* 1812년 8월 17~18일 제1차 폴로츠크 전투. 러시아 육군 원수 표트르 비트겐시테인(Pyotr Khristianovich Vitgenshtein, 1769~1843)이 우디노가 지휘하는 프랑스군을 격파해 상트페테르부르크 진격을 저지했다.

활동을 시작한 때가 8월 16일 한밤중이었기 때문이다. 스몰렌스크는 방어 시설이 좋고 방비도 잘 되어 있는데도 황제는 마침내 정면 공격을 명령했다. 나폴레옹이 한창때였다면 일축했을 정면 공격 명령을 이처럼 쉽게 내렸는데, 이는 1812년 원정의 특징이 된다. 나폴레옹은 드네프르 강을 동쪽에서 건넜다면 러시아군의 반격을 받아 군이 둘로 쪼개졌을 것이라는 이유로 자신의 결정이 옳다고 주장했다.

그래서 8월 16일 나폴레옹은 도시에 맹폭을 퍼부은 뒤 네와 다부, 포니아토프스키의 3개 군단에 스몰렌스크 교외를 장악하라고 명령했다. 프랑스군은 건물을 이 잡듯 뒤지며 냉혹한 백병전을 치른 끝에 근거리까지 점령했으나 눈앞에는 4.5미터 두께의 내성(內城)이 버티고 있었다. 해 질 무렵 러시아군은 아직 구 시가지를 사수하고 있었고, 프랑스군은 교외에 견고하게 자리를 잡았지만 아크레에서 치렀던 것 같은 공성전을 되풀이할 가능성이 높았다. 이튿날 한층 더 치열한 전투가 벌어졌지만 전반적인 상황에는 변화가 없었다. 땅거미가 질 때 러시아군은 여전히 도시를 장악하고 있었다. 이틀간의 전투에서 러시아군은 엄청난 사상자를 냈으며 프랑스군 사상자도 1만 명에 달했다. 나폴레옹의 비판자들은 이 전투가 불필요했으며 나폴레옹이 동쪽으로 한참 더 나아간 지점에서 드네프르 강을 건넜다면 스몰렌스크에서 모스크바로 이어지는 길을 차단할 수 있었다고 강경히 주장했다. 8월 17일에서 18일로 넘어가는 밤에 바그라티온과 바르클라이가 서로 비난을 퍼부어 관계가 회복할 수 없이 악화된 뒤 러시아군이 스몰렌스크에서 철수한 것도 바로 그런 기동 가능성 때문이었다.

이번에도 바그라티온은 바르클라이를 비겁하다고 비난해 격렬한 반감을 불러 일으켰다. 퇴각 명령은 하루 더 지키면서 맹렬히 싸우고자 했던 바그라티온에게 반역이나 다름없었고 스몰렌스크를 사수하다 쓰러져 간 애국자들에게는 모욕이었다. 그러나 바르클라이는 자신의 상대를 더 잘 이해했다. 만일 그가 하루 더 머물며 싸웠다면 틀림없이 포위되었을 것이다. 실제로 러시아군은 빠르게 퇴각하면서도 거의 포위될 뻔했다. 네와 쥐노는 18일 늦게 배후에 도달했으나 쥐노가 공격 강행을 거부하면서 기회를 날려버렸다. 나폴레옹은 이튿날 그 소식을 듣고 격노해 부관에게 말했다. "쥐노 때문에 러시아군이 탈출했다. 쥐노는 나의 전쟁을 실패로 몰아가고 있다." 쥐노는 잃어버린 총애를 되찾지 못했으며, 정신이 불안정해졌고 결국 1813년 7월 창밖으로 스스로 몸을 내던져 죽었다. 아마도 스몰렌스크에서 이미 마음을 정했을 것이다. 쥐노는 툴롱에서 보나파르트와 같이 시작했고 이집트와 아우스터리츠에서 함께했는데도, 그리고 그의 생각으로는 에스파냐에서 '값진' 공적을 쌓아 아브랑테스 공작이 되었는데도, 황제의 최측근 가운데 자기만 원수 지휘봉을 받지 못했다는 사실에 내심 불만을 품었다고 알려졌기 때문이다.

프랑스의 주력군은 18일 동틀 무렵부터 스몰렌스크에 입성했으나 본 것이라고는 연기가 피어오르는 폐허와 송장이 가득한 시체 안치소뿐이었다. 끔찍한 장면에 익숙한 선임병들조차 소름끼치는 시체 더미와 죽어 가는 사람들을 보고 구역질을 했다. 한편 나폴레옹은 아무런 일도 하지 않고 아무런 결정도 내리지 않은 채 또 하루를 보냈다. 이번에는 러시아군이 북쪽으로 퇴각했는지 아니면 동쪽으로 퇴각했는지 단언할 수 없었기에 군대의 주력을 보내기를 주저했다. 나폴레옹은 또다시 무기력함 탓에 적의 두 군대를 찾아내 분열시킬 기회를 놓쳤다. 특히 네와 쥐노와 긴밀히 연락하지 않은 것이 잘못이었다. 그랬다면 두 사람의 소심함을 지배할 수 있었을 것이다. 대신 나폴레옹은 휴식을 취하려고 오후 5시에 전선에서 스몰렌스크로 돌아왔다.

그날 나폴레옹은 복수심에 불탔다. 전투가 휩쓸고 간 스몰렌스크 곳곳에 치솟는 불길을 보며 경박하게도 베수비오 화산이 폭발한 것 같다고 묘사했다. 여전히 불타오르는 지옥 같은 광경을 가리키며 나폴레옹은 콜랭쿠르에게 투덜거렸다. "굉장한 볼거리 아닌가?" 콜랭쿠르가 대답했다. "끔찍합니다, 폐하." 나폴레옹은 무시하는 듯한 몸짓을 보였다. "적군의 시체는 언제나 좋은 냄새를 풍긴다는 로마 황제의 말을 기억하게." 후각이 예민한 황제가 그곳에서 유일하게 시신의 악취와 참화에 영향을 받지 않는 사람처럼 행동했다는 사실은 주목할 만하다. 나폴레옹은 냉소적인 태도로 외무장관 마레에게 편지를 써서 단 한 명의 병력도 잃지 않고 스몰렌스크를 점령했다고 자랑했다. 그러나 냉소적인 인간은 나폴레옹 말고도 또 있었다. 황급히 도망쳤던 러시아군은 상트페테르부르크에서 비텝스크와 스몰렌스크의 '승리'를 축하하는 테데움 미사를 장엄하게 올려 스스로를 기만하는 담대함을 보였다.

나폴레옹은 한 주 더 스몰렌스크에 머물렀다. 겉으로 보기에는 다음에 무엇을 해야 할지 결정하지 못해 머뭇거리는 것처럼 보였으나 '성도(聖都)' 스몰렌스크 점령이 차르로 하여금 자기 상황을 인식하고 타협에 나서게 하기를 바랐던 것은 분명하다. 뮈라가 바르클라이의 뒤를 쫓는 동안, 나폴레옹은 러시아군을 결정적 전투로 유인하려 했던 세 번째 시도가 실패로 돌아간 원인을 곱씹었다. 실수가 잇따랐던 것처럼 보였다. 14일에는 네베롭스키의 방어군을 제대로 정찰하지 않았고, 15일에는 움직이지 않았으며, 스몰렌스크의 방어 시설을 얕잡아보았고(16~17일 전투 중에 예상보다 훨씬 더 강력한 것으로 판명되었다), 모스크바로 이어지는 길을 초기에 차단하지 못했으며, 18일에는 바르클라이의 퇴각을 저지할 지휘관을 잘못 선택해(쥐노) 파견했다.

그렇지만 스몰렌스크에서 지체한 한 주는, 뮈라의 말을 믿는다면, 망설임보다는 자기 만족의 결과였던 것으로 보인다. 뮈라의 회고에 따르면, 황제는 17일에 뮈라에게 필요하다면 모스크바의 문 앞까지 기어코 바르클라이를 추격하겠다고 말했다. 그래서 뮈라는 자살 충동을 느꼈고 그날 저녁 일부러 러시아군의 포화 앞에 몸을 드러냈다.

뮈라 같은 저돌적인 인간도 모스크바로 진격한다는 생각에 멈칫거렸다면, 프랑스군 최고 사령부의 분위기는 훨씬 더했다고 말할 수 있다. 나중에 세인트헬레나에서 나폴레옹은 스몰렌스크에서 겨울을 나는 대신 계속 밀어붙인 것이 일생 최대의 실수였다고 인정했지만, 그 결정에는 흔히 나폴레옹이 지녔다고 여겨진 합리성보다 더 큰 합리성이 숨어 있었다.

시간이 나폴레옹 편이 아니었고(나폴레옹의 마음속에서는 언제나 시간이 문제였다), 그래서 나폴레옹은 위험하다는 사실을 알면서도 그랑다르메를 준비되지 않은 겨울 전쟁에 투입했다. 나폴레옹은 잃을 것보다 얻을 것이 많다고 판단했다. 러시아군은 '패배하지 않은' 군대라는 선전의 이점을 지녔기에 사기가 높아져 1813년이 되면 물질적으로나 심리적으로 더욱 강해질 것이었고, 반면 프랑스군은 더 약해질 것이었다. 6개월을 지체한다면 알렉산드르 1세는 영국으로부터 도움을 받는 것은 물론 몰다비아와 핀란드의 동맹국을 끌어들이고 러시아의 오지에서도 인력을 짜낼 수 있을 터였다. 나폴레옹이 진격을 멈추었다는 소문이 돌면 프로이센과 오스트리아가 새롭게 기운을 얻을 것이고 나아가 다음 전쟁에서는 편을 바꾸기로 결심할 수도 있을 것이었다. 1813년에 러시아군이 넓게 펼쳐진 프랑스군 전선에서 일찍 공세를 취한다면 1807년이 되풀이될 수 있었다. 나폴레옹은 아일라우 전투의 패배를 잊지 않았다.

한편 모스크바까지는 430킬로미터밖에 남지 않았으며, 자신이 진격한다면 주민들은 공포에 떨 것이고, 차르는 스몰렌스크를 위해 싸우지 않았지만 모스크바를 지키기 위해서는 틀림없이 싸울 것이었다. 나폴레옹은 여전히 러시아를 협상장으로 끌어낼 결정적인 군사적 승리를 추구했으며, 자신의 위신과 신용을 생각할 때 모스크바로 진격해야만 했다. 그러지 않으면 과욕을 부려 목적을 달성하지 못했다는 말을 들을 수 있었다. 그러나 나폴레옹이 진격하기로 결정한 가장 중요한 이유는 군사적인 것이라기보다 정치적인 것이었다. 나폴레옹은 파리에서 자신을 반대하는 목소리가 매우 크다는 사실을 알았기에 한 해 넘게 자리를 비울 여유가 없었다. 따라서 명사들이 소금을 뿌린 정치라는 꼬리가 러시아 전선에서 군대라는 개의 몸통을 흔든 격이 되었다.

뮈라와 콜랭쿠르, 그리고 다부 한 사람을 제외한 원수들 전부가 스몰렌스크에서 겨울을 나자고 강권했으나 무위로 끝난 것도 이 때문이었다. 이들의 논거는 다양했다. 전투에 투입할 수 있는 그랑다르메의 병력이 16만 명으로 준 데다 상당수가 사기를 잃고 지쳤으며 진격 도중에 수비대를 남겨 둘 때마다 병력은 더욱 줄어들 것이었다. 식량 공급과 말 문제도 더 심각해질 수밖에 없었다. 나폴레옹은 모스크바 외곽에서 패한다면 필사적으로 도주해야 할 것이고, 승리한다면 상트페테르부르크로 진격할 수 있는 봄이 오기까지 한층 더 빈약해진 병참에 의존하며 모스크바에서 여섯 달 동안 갇혀 지내야 할 것이었다. 그러므로 반드시 스몰렌스크에 둥지를 틀어야 했다. 나폴레옹 군대의 양익은 승리를 거두었고, 키예프와 리가를 점령할 시간이 아직 있었으며, 폴란드에 독립을 약속함으로써 스몰렌스크의 방어막 뒤에서 새로이 병력을 증강할 수 있었다. 그러나 나폴레옹은 전쟁에는 놓쳐서는 안 될 때가 있다고 주장했다. 바르클라이가 동쪽으로 80킬로미터 떨어진 지점에서 맞서 싸울 작정으로 멈췄다는 소식에 흥분한 나폴레옹은 8월 18일 발루티노에서 네와 뮈라가 수행한 작은 전투를 과장했고(결과는 원정 시작 후 프랑스군의 사상자가 6천 명 더 늘어난 것뿐이었다)* 모든 반대를 물리치고 모스크바 진격을 명령했다. 8월 25일 그랑다르메는 스몰렌스크에서 출발했다.

병사들은 이 전진에서 다시 극심한 고통을 겪었다. 먼지에 숨이 막혔고 폭우를 뚫고 지나가야 했으며, 모래 폭풍을 막으려고 임시방편으로 마스크를 썼으며 식수가 부족해 말 오줌으로 갈증을 달랬다.

말이 수천 마리씩 굶주려 죽어 가면서 그러한 임시 수단마저 곧 불확실해졌다. 말을 먹일 초지가 충분하지 않았으며 있다 해도 충분히 먹일 시간이 없었다. 어느 사단은 6월에 네만 강을 건널 때 말 7,500마리가 있었지만 9월 초에는 1천 마리밖에 남지 않았다. 먹이 말고 말들을 괴롭힌 다른 요인은 프랑스군이 채택한 기병 전술이었다. 이 전쟁에서 저돌적인 기병대 지휘관 뮈라가 어처구니없게도 말을 보살피는 일은 전혀 모른다는 사실이 드러났다. 동물은 원거리 이동을 할 때 인간과 대체로 비슷한 체력을 지녔지만 평보와 속보를 번갈아 하며 천천히 끌고 가야 했고 잘 먹여야 했다. 전속력으로 질주할 때 말은 큰 위험을 감수하지 않고는 5킬로미터 이상을 달릴 수 없으며 느린 구보로 달려도 쉬지 않고 8킬로미터를 가면 죽기 십상이었다.

　보통 나폴레옹은 병사들의 사기를 끌어올리는 데 능숙했으나 이번에는 냉담하게 병사들과 거리를 두었고 그들과 고통을 나누지 않았다. 나폴레옹의 개인 행렬은 취사 마차 여덟 대와 의복 마차 한 대, 집사 두 명, 시종 두 명, 요리사 세 명, 하인 네 명, 말 사육 담당 여덟 명으로 이루어졌다. 나폴레옹은 보통 말 여섯 마리가 끄는 마차로 여행했으며 날이 저물었을 때 적당한 집이나 수도원이 없으면 아무 데서나 잤다. 나폴레옹은 하루 종일, 심지어 이동 중에도 일을 했다. 마차에 책상과 등불이 갖춰진 덕분이었다. 황제에게 그 정도 사치는 용납될 수도 있는 일이었지만 황제를 따르는 부하들에게는 거의 참을 수 없는 일이었다. 엄청난 규모의 황제 보좌진을 움직이는 데 마차 52대와 말 650마리, 셀 수 없이 많은 이륜 짐마차가 필요했다.

----

* 네의 기병대와 바르클라이의 후위가 스몰렌스크 인근 발루티노에서 맞붙은 전투. 스몰렌스크 전투 후 프랑스군을 벗어나려고 도주하던 바르클라이는 스트라간 강가에서 방향을 돌려 싸우기로 했다. 네와 뮈라의 공격은 러시아군에게 유리한 자연 지형 때문에 실패로 돌아갔고, 전장 가까운 곳에 있었던 쥐노는 뮈라로부터 공격을 재촉받았으나 움직이지 않아 결정적인 기회를 날려버렸다. 이후 격렬한 전투 끝에 프랑스군이 고지를 점령했으나 바르클라이는 이미 벗어난 후였다. 나폴레옹이 쥐노를 비난하는 앞 내용 참조.

9월 5일 나폴레옹은 러시아군이 새로운 지휘관을 맞아 보로디노 마을을 중심으로 모스크바 강 제방에 참호를 파고 기다리고 있음을 알았다. 마침내 8월 20일에 차르는 바르클라이에게 쏟아지는 원성을 들었고 새 지휘관을 임명했다. 여자를 좋아하고 인생을 즐기는 남자였던 미하일 쿠투조프는 뚱뚱하고 외눈박이인 데다 예순일곱 살 난 늙은이였지만 러시아에서 가장 뛰어난 지휘관이라는 점에는 이견이 없었다. 쿠투조프는 게으르고 늘 졸린 듯 보였으며 매사에 조심스러웠고 부하들을 질시했다. 명령서를 읽거나 명령서에 서명하는 일도 마지못해 했으며 전체적으로 강퍅하고 완고했지만 직관이 뛰어났으며 예민한 본능을 지닌 군인이었다. 알렉산드르 1세는 쿠투조프에게 아우스터리츠의 큰 실패에 대한 책임을 물었고 그를 좋아하지 않았지만, 차르의 군사회의는 다른 인물이 없다고 조언했다. 차르는 마지못해 쿠투조프를 총사령관에 임명했지만 바르클라이가 취했던 지구전을 버리고 프랑스군에 정식으로 맞서라고 명령했다. 쿠투조프는 차르의 명령을 무익한 조언이라고 생각했다. 만약 마음대로 할 수 있었다면 보로디노에서 나폴레옹과 대결하려 하지 않았을 것이다. 그러나 차르가 직접 명령하고 여론이 압박하자 교전하는 수밖에 대안이 없었다.

쿠투조프는 9월 5일과 6일을 전투 진지를 준비하는 데 썼다. 쿠투조프가 선택한 싸움터는 주로 옥수수 수확이 막 끝나 확 트인 밭과 그 주변에 점점이 박힌 전나무와 자작나무 숲이었다. 쿠투조프의 우익(강등된 바르클라이가 지휘했다)은 콜로차 강 뒤에 있었고 좌익은 모스크바와 스몰렌스크를 잇는 옛 역로(驛路)에 걸친 보로디노 마을에 있었다. 중앙에는 큰 대포 18문이 설치된 라옙스키 보루가 있었고 그 주변 농촌에 주력 부대가 배치되었다. 기복이 심한 이 지역은 스몰렌스크에서 모스크바로 이어지는 새 도로로 치닫는 개울과 협곡으로 갈라졌다. 러시아군의 좌중앙은 세메놉스키 협곡의 세 보루(바그라티온 돌각보Bagration fléches) 주위로 포진하고, 바그라티온이 지휘하는 좌익이 우티차 마을을 지켰다. 러시아 병사 12만 명이 포 640문으로 지키는 매우 긴 방어선이었다.

나폴레옹은 서쪽으로 2.5킬로미터 떨어진 셰바르디노 보루(9월 5일에 빼앗았다)에 자리를 잡았다. 나폴레옹의 대포는 587문으로 적군보다 적었으며, 병력은 네만 강을 건넜을 때의 3분의 1인 13만 명으로 줄었다. 상당수가 환자인 병사들은 지쳤으며 식량 수송대보다 앞선 끝없는 행군 탓에 굶주렸다. 나폴레옹은 쿠투조프의 영리한 작전 계획을 극복하려면 갖은 재능을 다 발휘해야 했지만 포니아토프스키에게 우티차의 바그라티온을 맡겨놓은 채 러시아군의 우익과 중앙을 정면으로 공격하기로 결정해 원수들을 놀라게 했다. 다부와 네는 세메놉스키 협곡의 보루를 공격하기로 했고 외젠에겐 중무장한 라옙스키 보루를 공격하는 '불가능한 임무'가 돌아갔다. 이 임무는 거의 자살과도 같았다. 쥐노의 군단과 뮈라의 기병대, 근위대는 예비 부대였다. 극도로 상상력이 결여된 전투 계획을 들은 다부는 4만 명을 이끌고 야음을 틈타 러시아군의 좌익을 치겠다고 간청했다. 냉담한 황제는 들으려고도 하지 않고 다부에게 말했다. "오, 그대는 언제나 적의 측면을 우회하자고 하는군. 너무 위험한 작전이야."

명쾌한 제안에 이처럼 열의 없이 대응한 것에 군사사가들은 늘 당혹스러웠다. 9월 6~7일 황제가 심한 감기와 방광염으로 아팠다는 사실은 잘 알려져 있으며, 보로디노의 불운을 병 탓으로 돌리기도 한다. 어떤 이들은 이때쯤이면 나폴레옹이 기병대의 전투력과 병사들의 사기를 걱정했으며 병력 감소는 대규모 부대를 떼어 파견할 수 없음을 뜻했다고 말한다. 그러나 이미 세 차례나 러시아군이 자신의 그물을 빠져나간 것을 본 나폴레옹이 전투 개시를 간절히 바라고 있었다는 설명이 좀 더 그럴듯하다. 보로디노 전투 직전에 웰링턴이 에스파냐의 살라망카에서 대승을 거두었다는 소식이 들어온 것도 전투 개시 의지를 다지는 요인이 되었을 것이다. 정황 증거는 이 해석에 유리하다. 9월 6일에서 7일로 넘어가는 밤에 황제는 여러 번 침상에서 일어나 러시아군이 아직 그곳에 있으며 야밤에 슬며시 사라지지 않았으리라고 스스로 안심시켰기 때문이다. 오전 2시가 되어서야 나폴레옹은 그 유명한 공보를 발표할 만큼 충분히 확신이 들었다.

9월 7일 오전 6시, 대포의 일제사격을 신호로 전투가 시작되었다. 이어 나폴레옹은 군대에 진격을 명령했다. 네와 다부는 훌륭하게 임무를 수행했으나 평탄하지 않은 지형에서 전진은 느릴 수밖에 없었고 겨우 두 시간 만에 황제는 예비 부대의 쥐노 군단을 투입했다. 포니아토프스키가 바그라티온을 공격했을 때, 쿠투조프는 즉각 우익에서 병력을 이동시켜 돌파를 막으려 했다. 그때 러시아군 사령관은 주도권을 잡아 기병대로 보로디노의 측면을 돌았다. 프랑스군이 이 위협에 주의를 집중하면서 라옙스키 보루 공격은 늦추어졌다. 원수들은 점차 전진을 주저했다. 황제는 군대의 선두에 있지 않았다. 일진일퇴하는 전투의 매 순간을 세밀하게 주시하며 병사들을 독려하는 대신 후방에 머물러 있었던 것이다. 황제는 아팠고 결단을 내리지 못했으며 열의가 없었고 올라오는 보고마다 정확성을 의심했다. 좌절한 네는 분노를 터뜨렸다. "황제는 왜 군대의 후위에 있는가? ……황제가 이제 더는 장군이 아니라면 튈르리 궁으로 돌아가야 한다. 그리고 우리로 하여금 황제를 위해 싸우는 장군이 되게 해야 한다."

프랑스군은 우티차 마을을 점령하면서 처음으로 돌파에 성공했다. 그 와중에 바그라티온이 치명적인 부상을 입었다. 그러나 전투가 잠시 소강 상태에 들어간 덕분에 러시아군은 그곳을 벗어나 미리 준비한 진지에서 전선을 지킬 수 있었다. 하지만 예상했던 대로 전체 전투의 핵심은 라옙스키 보루를 장악하기 위한 격렬한 투쟁이었다. 이 싸움은 오전 7시부터 오후 3시까지 강도의 차이는 있었지만 대체로 치열하게 지속되었다. 외젠은 가까스로 보로디노 마을을 차지했지만 보루 공격은 성과가 없었다. 첫 번째 전면 공격에서는 끔찍한 살육전이 전개되었다. 목격자들에 따르면 포탄과 유탄이 우박처럼 쏟아지고 연기가 짙어 간신히 적을 분간할 정도였다. 격퇴된 프랑스군은 뒤로 물러났고 그날의 첫 번째 대규모 기병전이 전장의 관심을 모았다. 나폴레옹은 전투력 서열상 끝에서 두 번째인 예비 부대를 투입하기로 결정하고 뮈라를 내보냈으나 뮈라는 돌파에 실패했다. 이른 오후가 되어서야 외젠의 두 번째 돌격이 마침내 약간의 진전을 보았다. 흉갑기병 사단이 라옙스키 보루의 배후로 깨고 들어간 것이다. 한 차례 더 대규모 기병전이 벌어진 뒤 프랑스군은 빼앗은 땅을 사수했고, 원래의 러시아군 방어선은 전부 무너졌으나 쿠투조프는 다음 능선으로 퇴각해 다시 진형을 갖추었다.

나폴레옹이 이때 근위대를 내보냈다면 완벽한 승리를 거두었을 것이다. 그러나 나폴레옹은 그렇게 하자는 원수들의 간곡한 요청을 거부했다. 황제가 아팠기 때문에 그랬다는 설명이 일반적이지만 그것이 전부가 아니었다. 징세관이 모르는 곳에 마지막 남은 금을 숨겨놓은 코르시카 농부처럼 나폴레옹은 어떠한 상황에서든 근위대 투입을 좋아하지 않았다. 특히 이 경우에는 다른 고려 사항들이 영향을 끼쳤다. 나폴레옹은 자신이 작전 본부에서 너무 멀리 떨어져 있어서 모험을 할 수 없다고 생각했다. 다부가 제안한 측면 기동을 거부한 이유도 부분적으로는 이 때문이었다. 그리고 황제는 승리한다고 해도 아우스터리츠나 프리틀란트의 승리와는 같지 않으리라는 점을 알았기에 정예 부대를 투입하는 데 주저했다. 적어도 한 차례 더 전투가 벌어지리라고 판단했던 것이다.

황제가 엄청난 학살극을 목격하고 소스라치게 놀랐을 수도 있다. 몇몇 연구자들은 보로디노 전투가 하루에 벌어진 전투로는 역사상 최악이었다고 주장한다. 그랑다르메만 대포 9만 발과 총탄 2백만 발을 발사했다. 러시아군은 전사자와 부상자를 합해 4만 4천 명을 잃었으며 프랑스군은 3만 5천 명을 잃었다. 몇몇 군사사가는 이 수치가 신중한 추산이며 실제로는 하루에 총 10만 명의 사상자가 발생했다고 주장한다. 러시아 전쟁에서 사망자 숫자 추산은 처음에는 언제나 소심해 보이므로 더 높게 잡아도 된다. 현대의 어느 평자가 내놓은 견해에 따르면, 최저치로 계산한다고 해도 탑승객으로 꽉 찬 보잉 747기가 여덟 시간 동안 오 분마다 한 대씩 추락해 생존자가 없어야 나오는 숫자이다. 황제는 쌍안경으로 라옙스키 보루 쪽을 살필 때마다 눈앞의 광경에 낙담했다. 격렬하고도 매우 완고하게 싸우는 러시아군을 두고 황제는 베르티에와 콜랭쿠르에게 말했다. "이 러시아인들은 인간이 아니라 기계인 듯 죽음에 몸을 내맡긴다. 이들은 포로로 잡아서는 안 된다. …… 우리에게 도움이 되지 않는다. 이들은 오로지 포탄으로만 깨부술 수 있는 성채이다."

9월 7일 밤에 러시아군은 제2 방어선에서 몰래 빠져나갔다. 러시아군의 탈출을 막으려는 시도는 없었다. 싸우다 지친 프랑스군이 멈추었기 때문이다. 쿠투조프는 중요한 도시를 빼앗겨도 군대가 있는 한 승리할 수 있다고 주장하며 모스크바를 포기하는 어렵지만 영웅적인 결단을 내렸다. 황제는 7일 동안 아무런 저항 없이 진군해 주민이 25만 명이나 되지만 아직 중세의 외양을 간직한 모스크바의 둥근 지붕과 양파 모양 돔이 보이는 곳에 닿았다. 나폴레옹은 모스크바의 귀족 대표단이 자신을 '기다릴' 것으로 기대했으나 그를 맞이한 것은 또 하나의 유령 도시였다. 섬뜩하게 버려진 도시에는 2만 5천 명만 남아 있었고, 이들은 외국인과 환자, 부상자를 제외하면 쿠투조프가 집단 탈출에서 배제한 범죄자들이었다.

나폴레옹이 모스크바에 입성한 이튿날 큰 화재가 도시를 삼켰고 사흘 동안 화염이 타올랐다. 정확히 말하자면 러시아인 방화자들이 모스크바 군사 총독 로스톱친 백작(Fyodor Vasilyevich Rostopchin, 1763~1826)의 명령에 따라 일곱 군데에서 동시에 불을 질렀다. 백작은 한 무리의 파괴자들에게 폭탄 신관을 나누어주었다. 프랑스군이 화재를 진압하려 했으나 로스톱친이 이미 소방 펌프를 모두 제거하고 소화 장비를 파괴한 뒤였다. 나폴레옹은 러시아인의 이런 행동에 진저리를 쳤다. 자신들의 도시를 불태우는 자들은 분명 야만인들밖에 없으리라. 자신이 파리를 불태워 없애라고 명령하는 모습을 상상이나 할 수 있단 말인가? 그러나 그랑다르메의 사병들은 혼란의 와중에 아무런 처벌도 받지 않고 사흘 동안 약탈과 노략질을 하는 호강을 맛보았다. 그래서 되겠느냐고 누가 물으면 병사들은 '지옥'에서 쓸 만한 물건들을 '구원'하고 있다고 말했다.

9월 18일이 되어서야 황제는 가까스로 약탈을 금하고 규율을 회복했으며 적절하게 식량을 공급했다. 크렘린에 거처를 정한 나폴레옹은 여전히 태평하게도 자신이 가만히 앉아 기다리기만 하면 알렉산드르 1세가 찾아와 평화를 간청하리라고 믿었다. 나폴레옹이 특사를 기다리는 동안, 러시아는 오히려 한 수 위 책략으로 다시 주도권을 잡았다. 쿠투조프는 자신의 카자크 기병대와 프랑스군 기병대의 친목을 권장해 평화가 임박했다는 분위기를 은근히 심어주었다. 그러면서 보로디노에서 이끌고 나온 7만 명에 꾸준히 병력을 더했다. 현지에서 충원된 군사에 2개 부대가 새로이 도착하면서, 즉 핀란드에서 온 비트겐시테인과 남쪽에서 온 토르마소프(Aleksandr Petrovich Tormasov)가 도착하면서 쿠투조프는 21만 5천 명 규모로 전투력을 증강했다. 반면 나폴레옹의 병력은 9만 5천 명으로 줄어들었다.

러시아 특사가 오지 않는 데 실망한 나폴레옹은 콜랭쿠르에게 상트페테르부르크에 사절로 가라고 재촉했으나, 대사는 완고한 알렉산드르 1세에게 그런 제안을 해봐야 쓸데없을 것이라고 말했다. 실제로 차르의 행동의 자유를 제약한 요인은 완고함이 다가 아니었다. 차르는 압박을 받고 있었고 만일 프랑스와 협상했다면 틀림없이 폐위되거나 암살당했을 것이다. 게다가 차르는 프랑스군이 처한 어려움을 잘 알았으며 자신이 모든 패를 쥐고 있음을 깨달았다. 결국 나폴레옹은 로리스통 장군(Jacques Alexandre Law de Lauriston, 1768~1828)을 보내 쿠투조프와 교섭하게 했다. 처음 목적은 상트페테르부르크까지 사절의 안전 통과를 보장받는 것이었다. 쿠투조프는 로리스통의 통행은 허용하지 않았지만 차르에게 평화를 타진하는 보나파르트의 서한은 접수했다. 그렇지만 알렉산드르 1세는 나폴레옹의 서한을 거들떠보지도 않았다.

크렘린의 나폴레옹에게 나쁜 소식이 쇄도했다. 에스파냐의 악몽이 재현되면서 스몰렌스크로 이어지는 병참선이 점점 더 어려운 상황에 놓였고, 반(半)자율적인 농민 게릴라들이 나타났다. 다비도프, 피그네르, 체트베라코프 같은 게릴라 지도자들의 이름이 곧 에스파냐의 산적(bandidos) 이름처럼 유명해졌다. 이들은 1812년 러시아 전쟁을 역사상 손꼽히는 무시무시한 전쟁으로 만들 잔학 행위를 지휘했다. 다비도프의 방식은 과장된 친절로 프랑스군을 환영해 음식과 음료를 제공한 뒤 술 취한 병사들과 잠든 병사들의 목을 베는 것이었다. 시신은 돼지우리나 깊은 숲속에서 불태웠는데, 마을 근처에서 새로 만든 묘지가 발각되면 프랑스군이 바로 보복했기 때문이다. 러시아 농민들이 정찰대와 식량 수송대를 여러 차례 차단하고 매복해 공격했기에, 나폴레옹은 어떤 부대도 1,500명 이하로는 스몰렌스크를 떠나지 말라는 명령을 내렸다.

황제는 포로로 잡히는 것이 전사하는 것보다 더 끔찍한 전쟁만큼 병사들의 사기를 떨어뜨리는 것은 없다는 사실을 에스파냐에서 한 경험으로 잘 알았다. 그래서 쿠투조프로부터 잔학 행위의 중단을 보장받으려 했다. 쿠투조프는 책임을 회피하며 자신은 오직 군대만 통제할 수 있다고 주장했다. 나폴레옹이 공식 서한을 보내 농민에게 행동 규준을 부과해야 한다고 요구하자, 쿠투조프는 겉과 속이 다르게 답변했다. "우리 인민들은 국내에서는 300년 동안이나 전쟁을 알

모스크바에 일어난 대화재(1812년 9월 15~17일)를 지켜보는 나폴레옹. 14일 저녁에 나폴레옹 군대가 모스크바에 입성하자 러시아의 모스크바 군사 총독 로스톱친은 프랑스인들에게 넘겨주느니 도시를 불태우라고 명령했다. 이 화재로 모스크바의 4분의 3이 파괴되었다.

지 못했고 조국을 위해서라면 기꺼이 목숨을 바칠 준비가 되어 있습니다. 또 문명화된 전쟁의 관행과 그렇지 않은 것을 구분하는 데 민감하지 못한데, 이런 인민들을 통제하기란 어렵습니다." 전쟁 범죄에 대한 기발한 변명이 아닐 수 없다.

쿠투조프와 차르 두 사람 모두 교묘하게 발뺌하고 있으며 평화 교섭이 물 건너갔다는 사실이 점차 명확해지면서, 나폴레옹은 갈수록 기분이 오락가락했고 울화가 치밀었다. 알렉산드르 1세의 '불합리한' 태도를 전혀 이해할 수 없었던 나폴레옹은 자기 기만에 매달리고 그릇된 낙관론의 가면을 뒤집어썼으나, 실상은 무기력과 불안 사이를 오갔다. 프랑스의 외교관이자 역사가였던 루이 필리프 드 세귀르(Louis Philippe de Ségur, 1753~1830)는 1812년 전쟁에 관한 매우 중요한 사료인 일기에 이렇게 썼다. "황제는 그때까지 그토록 간단하고 짧게 마치던 식사를 오래 끌었다. 생각하기 싫어서 폭식하는 것처럼 보였다. 온종일 손에 소설책을 들고 거의 누워 지냈다. 마비된 것 같기도 하고 무엇인가를 기다리는 것처럼 보이기도 했다."

나폴레옹은 이전에는 소설을 경멸했는데 크렘린에서 보낸 실망스러운 며칠 동안 종종 소설책을 들었다. 그러나 읽지는 못했다. 마음이 다른 곳에 가 있어서 반 시간이나 책장을 넘기지 못하곤 했다. 때로는 외젠 드 보아르네와 함께 뱅테윙(vingt-et-un, 카드 게임 '블랙잭'의 프랑스식 이름)을 하면서 잊으려고도 했다. 나폴레옹은 점점 더 꿈나라에 가 있는 듯했다. 군대에 동복이 필요하다는 말을 들은 나폴레옹은 제조하라고 명령했지만, 버려진 도시에서 누가 옷을 만들 수 있는가라는 문제는 해결하지 못했다. 나폴레옹은 포병 부대에 말이 부족하다는 보고를 받자마자 말 2만 마리를 새로 사라고 허가했다. 그러나 구입할 말이 없다는 사실은 누구나 알았다. 9월 30일 나폴레옹은 마침내 뮈라, 다부, 네, 외젠, 베르티에가 참석한 작전회의에서 상트페테르부르크로 진격하자고 제안했다. 원수들은 이 터무니없는 발상에 그 자리에서 큰 소리로 반대했다. 나폴레옹의 제안은 완전히 진지한 것은 아니었을지 모르나 최소한 아무 일도 하지 않는 상태에서 벗어나 움직일 가능성은 보여주었다. 이는 황제가 가장 바라던 바였다.

그러나 결국 곤란한 문제를 처리해야만 했다. 그랑다르메는 모스크바에서 겨울을 날 수 있는가, 아니면 실행할 수 있는 다른 전략이 있는가? 점점 더 심한 신경과민에 빠진 나폴레옹의 상태는 이런 딜레마를 반영했다. 나폴레옹은 어떤 길을 선택하든 위험이 따르며 선택이 잘못되었을 때 자신을 용서할 수 없으리라는 점도 알았다. 바로 그렇기 때문에 나폴레옹은 러시아의 한 도시에서 타당한 이유도 없이 귀중한 35일을 지체했다. 9월 15~17일의 대화재가 모스크바를 완전히 파괴했다면 더 좋았을지도 모른다는 뒤틀린 말도 나왔다. 그랬다면 황제가 어쩔 수 없이 물러났으리라는 뜻이었다. 원수들이 작전회의에서 거듭 토의한 대안은 기본적으로 세 가지였다. 여섯 달 동안 모스크바에 머물거나, 쿠투조프와 한 번 더 싸운 뒤 날씨와 풍광이 더 좋은 키예프나 우크라이나 지방으로 남하하는 것, 아니면 스몰렌스크로 퇴각했다가 1813년 봄에 상트페테르부르크로 진격하는 것이었다.

나폴레옹은 쿠투조프에게 결정적인 승리를 거두지 못한 채 퇴각하기는 싫었기에 한 번 더 싸우고 키예프로 이동한다는 두 번째 안이 마음에 들었다. 그러나 스몰렌스크에서 이어지는 보급선도 간신히 유지하는 마당에 예상되는 군사적 문제와 병참과 수송 문제만 고려해도 이 안은 불가능했다. 그러나 나폴레옹은 50일 동안 네만 강으로 위험을 무릅쓰고 퇴각할 생각을 하니 마음이 편치 않았다. 분명 '쉬운' 계절이었을 여름에 입은 손실을 생각할 때 겨울의 여정이 어떻게 평온하겠는가? 콜랭쿠르가 지적했듯이 그랑다르메는 겨울 전투에 필요한 물품이 다 부족했다. 양가죽, 모피로 안을 댄 튼튼한 장갑, 귀 덮개가 붙은 방한모, 따뜻한 양말, 발의 동상을 막아줄 두꺼운 장화, 말발굽에 쓸 동절기용 징, 이 모든 것이 제대로 갖춰지지 않았다. 그러므로 모스크바에 머물 만한 이유가 충분했다. 특히 도시에는 여섯 달 동안 병사들을 먹일 식량이 있었기에 이 방안이 더욱 타당했다.

그러나 나폴레옹은 여전히 불안했다. 모스크바의 군대가 많은 식량을 보유한 것은 사실이지만, 자신이 러시아에서 군사적으로 현상태를 유지하려 한다면 넓은 지역에 퍼져 있는 부대들은 굶주릴 것이었다. 쿠투조프의 군대는 겨울 동안 병력, 자원, 자신감이 모두 증대할 것이다. 그랑다르메가 질병에 시달린다면, 그래서 병력이 더욱 감소한다면 어떻게 될까? 이듬해 봄이 오기 전까지 서쪽에서 증원군이 도착할 가능성은 확실히 없었다. 1806~1807년의 러시아군처럼 쿠투조프가 다시 겨울 전투에 착수하면 무슨 일이 일어날 것인가? 아일라우의 학살과 최근 보로디노의 피바다에 대한 기억이 뒤섞이자 최고로 무모한 도박꾼도 단념할 수밖에 없었다. 그러나 이렇게 유력한 논거들보다 더 중요한 것은 오래된 정치적 규범이었다. 나폴레옹은 파리를 그렇게 오랫동안 비울 여유가 없었다.

마침내 황제는 마음의 동요를 끝내고 10월 17일에 이틀 후 네만 강으로 퇴각한다고 명령했다. 그때 빈코보에 있던 뮈라의 선봉대에 재앙에 가까운 소식이 전해졌다. 뮈라는 3주 동안 카자크 기병대와 직접 대결을 피했고 겨우 한 시간 행군 거리에 쿠투조프의 선봉대가 있는 상황에 익숙해졌기에 차츰 조심성을 잃었다. 반면 쿠투조프는 '한겨울'을 기다려 프랑스군을 끝장내자는 생각을 하고 있었으나 행동에 나서라는 강한 압박을 받아 돌연 기습에 나섰다. 러시아군의 공세로 프랑스군 2,500명이 죽거나 다쳤다. 뮈라 부대는 거의 전멸할 뻔했으나 마지막 순간에 간신히 흐름을 바꾸는 데 성공했다. 그렇지만 나폴레옹은 뮈라가 방비를 허술하게 한 데 격노했고 큰 충격을 받았으며, 출발을 24시간 앞당겨야 한다는 선언에는 당황한 기색이 역력했다. 이후 50일은 보나파르트의 위대함을 확증하거나 그의 권력을 영원히 파괴하게 될 터였다.

23장

동토의 탈출
자기 파괴적 싸움의 끝

　나폴레옹은 스몰렌스크에 주둔하던 3만 7천 명의 9군단에 합류해 그곳의 식량과 무기를 쓴다는 목표를 세우고 모스크바를 떠났다. 그때까지 비참했던 러시아 원정의 마지막에 형편이 괜찮은 것처럼 보이려 했던 것이다. 나폴레옹이 병사들에게 짐을 줄이고 신속하게 이동하라고 명령하지 않은 것은 1812년에 저지른 또 다른 실수였다. 마음 약한 나폴레옹은 병사들에게도 '승리'의 증거가 필요하다며 엄청난 양의 노획물을 가져가도 좋다고 허락했다. 그 결과 병사들의 행렬은 누더기를 걸친 거지 떼 같았다. 루이 필리프 드 세귀르는 자신이 목격한 광경을 이렇게 설명했다. "마치 대상(隊商)이나 유랑 민족, 아니 차라리 적을 크게 유린하고 노예들과 전리품과 함께 돌아오는 고대의 군대 같았다."

　군대는 칼루가를 향해 넓게 종대를 이루어 행군했다. 한때 당당했던 그랑다르메의 진짜 행선지가 어디인지는 연대장들조차 듣지 못했다. 식량과 겨울 의복이 부족했기에 재앙의 씨앗은 이미 뿌려져 있었다. 말에게 먹일 사료는 일 주일치도 채 남지 않았다. 모스크바에 남아 도화선을 설치해 크렘린을 날려버리고 도시를 철저히 파괴할 임무는 35일이라는 체류 기간 동안 '모스크바 총독'에 임명된 모르티에와 청년근위대 8천 명에게 맡겨졌다. 모르티에는 청년근위대의 7분의 1이 모스크바로 행군해 오던 중에 더위와 굶주림, 피로, 탈영에 굴복했다는 데 분노해 황제의 명령을 따르지 않았고 위험한 귀국 행군을 위해 식량을 모으는 데 시간을 썼다. 모르티에는 10월 23일이 되어서야 모스크바를 떠났다. 러시아군 첩보가 부실해 쿠투조프가 22일까지도 프랑스군의 퇴각 사실을 알지 못한 것은 모르티에와 그랑다르메 전체에 다행이었다.

나폴레옹은 원래 전쟁의 참화를 입지 않아 식량이 풍부했던 남부와 서부를 타격할 생각이었다. 그러나 신경의 신호 고장으로 10월 19일 러시아 밖으로 빠져나가는 길(북서쪽으로 스몰렌스크로 이어지는 역로驛路)로 군대를 이끌었다. 그 지역은 러시아군의 초토화 작전에 이어 프랑스군의 진격으로 폐허가 된 곳이었다. 이 불모지에서는 하늘을 나는 까마귀라도 먹이를 갖고 다녀야 했을 것이다. 남서쪽 길에서 벗어나기로 한 결정은 프랑스군의 파멸이 불가피해졌음을 뜻했다. 도대체 무엇 때문에 나폴레옹은 또다시 오판을 했을까? 그리고 이것이 그때까지 저지른 실수 중 최악의 실수였을까?

쿠투조프는 이런저런 일로 방해를 받는 그랑다르메를 신속히 추격해 10월 23일 말로야로슬라베츠의 강나루에서 따라잡았다. 이튿날 도시를 차지하려는 격렬한 쟁탈전이 벌어졌다. 도시는 전투 중에 일곱 번이나 주인이 바뀌었고, 결국 피노 장군*이 지휘하는 이탈리아 사단이 난국을 타개해 러시아군을 내몰았다. 전투는 또 한 번의 보로디노 전투가 될 것처럼 보였기에 양측은 이를 피하고자 물러났다. 그러나 그때 두 지휘관이 모두 망설였다. 쿠투조프는 이탈리아 사단의 눈부신 성과에 겁을 먹었고 상처를 치료하기 위해 전투를 중단했다. 나폴레옹의 정찰병들은 쿠투조프의 군대가 참호를 잘 파고 들어

피노 장군(Domenico Pino, 1760~1826) 이탈리아 공화국 육군장관. 외젠 드 보아르네의 4군단 휘하 15사단을 지휘했다.

앉아 있으며 너무 강력해서 공격하기 힘들다는 보고를 올렸다. 황제는 기가 죽었고 결정을 내리지 못했다. 황제는 슬픔에 잠겨 콜랭쿠르에게 말했다. "나는 늘 러시아군을 쳐부쉈지만 아무것도 해결되지 않은 것 같다." 황제에게는 낙담할 만한 훨씬 더 중대한 이유가 있었다. 오전 4시 카자크 부대의 정찰대에 거의 붙잡힐 뻔했던 것이다. 선임근위대가 알 수 없는 이유로 경계병을 세우지 않았던 것으로 드러났다.

운명이 자신을 저버렸다고 확신한 나폴레옹은 잘 모르는 남서쪽 길이 아니라 아무리 끔찍하다고 해도 이미 아는 길에서 피난처를 찾았다. 도박꾼 본능이 이때만큼 아무런 도움이 되지 못한 적은 없었다. 나폴레옹은 칼루가 길에 정찰병을 내보내지도 못했다. 만약 그랬다면 방해하는 적군이 없다는 사실을 알았을 것이다. 대신 나폴레옹은 10월 25일에 작전회의를 소집해(외젠, 뮈라, 다부, 베시에르, 베르티에가 참석했다) 보롭스크와 모자이스크, 그자트스크, 뱌즈마를 거쳐 스몰렌스크로 이어지는 폐허가 된 북서쪽 길을 따라가기로 결정했다. 황제는 내키지 않는 듯 모스크바로 돌아가자고 제안했으나 반대 목소리에 파묻혔다. 뮈라는 대담하게도 다시 전투를 하는 위험이 따르더라도 칼루가를 거쳐 가자고 했으나, 다른 원수들은 북서쪽으로 퇴각하면 러시아군을 멀찍이 따돌릴 수 있다는 생각에 적극 동의했다. 쿠투조프가 남쪽으로 후퇴할 것처럼 보였기에 이 견해는 더욱 지지를 받았다. 베시에르가 감히 '퇴각'이라는 금기어를 썼을 때 항변한 사람은 없었다.

나폴레옹은 말로야로슬라베츠에서 치열한 교전을 치른 뒤 공황에 빠졌는데(달리 적합한 낱말이 없다), 이는 과거의 위대한 지도자가 이제 사라졌음을 보여준다. 청년 보나파르트였다면 말로야로슬라베츠의 중요성을 간파해 러시아군이 도착하기 전에 그곳을 장악했을 것이다. 게다가 10월 25일에 내린 결정은 극도의 정신적 혼란을 분명하

23
장
동토의
탈출
·
845

게 드러낸다. 모스크바에서 퇴각할 전망이 확연해졌을 때 황제는 군대를 위해 물자를 충분히 모으는 데 온 힘을 기울였어야 했다. 그뿐만 아니라 황제 스스로 주장했듯이 남서 방향의 길을 택하는 목적이 앞길을 가로막는 쿠투조프를 쓸어버리기 위함이었다면, 막상 때가 왔을 때 이를 회피한 이유는 무엇일까? 사상자가 더 생길까 봐 단념한 것이라면, 왜 보로디노 전투 후에는 모스크바 진격을 포기하지 않았나? 실제로 말로야로슬라베츠 전투 후 러시아에서 빠져나가는 여정으로 노선을 바꾼 것은 결과로 볼 때 타당한 이유 없이 한 주를 허비했음을 뜻했다. 이 잃어버린 한 주가 나중에 결정적인 시간이 된다.

나폴레옹은 쿠투조프에게 큰 전략적 승리를 갖다 바친 뒤 간신히 병사들을 달래 이틀 만에(10월 27~28일) 말로야로슬라베츠에서 모자이스크까지 80킬로미터를 주파했다. 이튿날 그랑다르메는 앞서 싸움을 벌였던 곳 주변의 보로디노 마을을 지나갔다. 이는 사기에 재앙 수준의 악영향을 끼쳤다. 병사들은 눈을 가리려 했지만 늑대들이 포식하는 3만 구의 시체와 거대한 무덤이 된 개방된 매장지, 하늘을 맴도는 까마귀 떼, 주검들이 내뿜는 악취를 피할 수 없었다. 10월 30일 오전 2시, 나폴레옹은 콜랭쿠르에게 앞일이 어떻게 전개될지 물었다. 콜랭쿠르는 상황이 더욱 나빠질 수밖에 없다고 대답했다. 날씨는 더 추워지고 러시아군은 더 강해지리라는 이야기였다. 자신을 속였던 황제는 프랑스인의 타고난 지능이 더 뛰어나므로 승리할 수 있다고 주장했으나 힘이 실리지 않은 주장이었다.

쿠투조프가 숫자에서 크게 우세한 군대를 움직여 프랑스군의 목을 조르지 않은 것은 군사사가들에게 늘 수수께끼였다. 한니발과 싸운 재략이 뛰어난 파비우스를 쿠투조프와 견주는 찬미자들이 있지만, 실수만 저지르고 무능하며 느리고 답답하다고 보는 수정주의적 관점도 늘 있었다. 가장 흥미로운 발상은 쿠투조프가 그랑다르메의 파멸이 궁극적으로 러시아보다는 영국에 이로울 것이라 믿고 프랑스에 최후의 일격을 가하지 않았다는 주장이다. 쿠투조프는 영국을 은혜를 모르고 신뢰할 수 없는 위험한 동맹국이라고 의심했기에 프랑스 공격을 참았다는 것이다. 쿠투조프를 옹호하는 사람들은 때때로 쿠투조프가 병사들의 손실을 막으려고 굶주림과 공포, 사기 저하, '동장군'이 대신 임무를 처리해주기를 바랐다는 믿기 어려운 생각을 제시한다.

가장 나쁜 해석은 쿠투조프가 포로를 잡을 뜻이 없었기에 농민 게릴라들이 소름 끼치는 복수를 하도록 내버려 두었다는 것이다. 로리스통이 유격대의 잔학 행위에 관해 불평했을 때 쿠투조프가 태평한 태도를 보였다는 사실이 중요하다. 이후 러시아의 냉소적 태도는 '인민의 전쟁'이라는, 아마도 1942~1944년 티토의 유격대가 독일인에게 가한 인민의 전쟁과 유사한 신화의 형태로 바뀌었다. 역사적으로 볼 때 이보다 더 틀린 얘기는 없을 것이다. 19세기 초 러시아는 계급 간 적대감이 극심하여 귀족은 진정한 인민의 전쟁을 두려워했다. 그들은 프랑스군 다음으로 사선에 설 자들이 자신들임을 알았다. 이는 옳은 판단이었다. 1812년에 모스크바와 상트페테르부르크 과두 지배자들의 간담을 서늘하게 만든 것은 나폴레옹이 농노들의 설득에 따라 농노 해방을 실행할 가능성이었다. 러시아의 엘리트층은 농민을 너무도 두려워한 나머지 농촌 민병대 거의 전부를 쓸모없는 미늘창으로 무장시켰다. 모스크바 인근에서는 프랑스 약탈자들에 맞서 무기를 든 농민들이 폭도로 체포되었다. 이 두려움에는 충분한 근거가 있었다. 1812년 12월 펜자 주의 러시아 의용군 부대에서 중대한 폭동이 일어났기 때문이다.

러시아 농민들이 애국적 열정에서 싸운 것이 아니라 전리품과 자기 방어, 특히 복수를 위해 싸웠음은 더할 나위 없이 분명하다. 나폴레옹에게 이보다 더 나쁜 여정은 없었을 것이다. 이 길에서 러시아 농민들은 활활 타는 뜨거운 분노를 표출했다. 그 지역 농민들은 여러

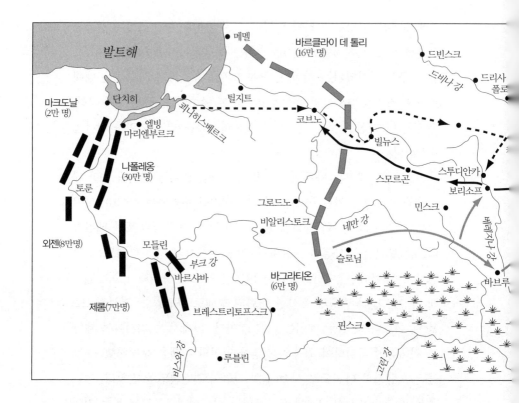

달 동안 군대의 습격을 받아 약탈당했는데 이번이 세 번째였다. 농민들이 선택의 여지가 있을 때는 전쟁에서 한 발 비켜나 있었고 '초토화 작전'을 삼갔다는 점은 주목할 만하다. 어쨌거나 그렇게 하면 가축과 농산물을 아무런 보상도 받지 못하고 잃게 되기 때문이었다. '인민의 전쟁'은 완전히 지어낸 이야기이다. 불타버린 곡물과 독을 탄 우물은 카자크 기병대와 러시아 군대의 작품이었다. 러시아군이 전혀 발을 들이지 않은 지역을 프랑스군이 통과했을 때 모든 것은 원래대로 무사했고 식량도 충분했다.

프랑스군 포로나 낙오병, 부상자를 엄습한 끔찍한 잔학 행위가 러시아 귀족을 향한 살인적 분노를 대신한 표현이었음은 분명하다. 농민들은 죽음의 공포만 아니었다면 자신들의 주인에게 했을 일을 침

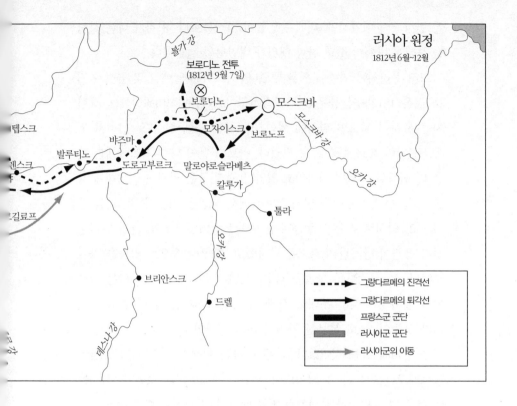

러시아 원정
1812년 6월~12월

볼가 강

보로디노 전투
(1812년 9월 7일)

⊗ 보로디노

모스크바

텝스크

뱌즈마

발루티노

모자이스크

보로노프

모스크바 강

렌스크

도로고부르크

말로야로슬라베츠

오카 강

길료프

칼루가

오카 강

툴라

브리안스크

드렐

데스나 강

┅┅┅▶ 그랑다르메의 진격선
━━━▶ 그랑다르메의 퇴각선
▅▅▅ 프랑스군 군단
▆▆▆ 러시아군 군단
━━▶ 러시아군의 이동

략자에게 하고 있었다. 아무런 처벌도 받지 않을 것이기 때문이었다. 자신들과 같은 부류의 사람들에게 투사된 전위된 격노는 러시아 농민 생활 속의 잔인함이라는 무서운 전통을 잘 설명해준다. 농민들은 간통한 아내를 발가벗겨 죽을 지경이 되도록 매질하거나 마차 꽁무니에 묶어 마을 곳곳으로 끌고 다니고, 말 도둑을 거세하고, 집에 침입한 강도를 뜨거운 인두로 지지고, 가벼운 범죄를 저지른 자들을 낫으로 쳐 죽이는 일 따위를 대수롭지 않게 생각했다. 고골*은 훗날 러시아인, 특히 러시아 농민의 유별난 잔혹함을 언급했다. 이는 부분적으로는 생명 경시 문화의 작용이었고 부분적으로는 거친 환경에 대

고골(Nikolai Vasilievich Gogol, 1809~1852) 우크라이나 태생의 러시아 소설가, 극작가. 대표작으로 《죽은 혼》과 《외투》가 있다.

한 반사 작용이었지만, 대개 농민들이 자신들보다 '처지가 나은 사람들'한테서 받아야 했던 잔학 행위가 내면화된 결과였다.

그러나 러시아 귀족이 씨를 뿌렸다면 그 나쁜 열매를 몇 곱절로 거둔 것은 1812년의 불운했던 프랑스군이었다. 유격대원들에게 잡힌 자들은 운이 좋으면 말뚝에 찔리거나 끓는 물에 산 채로 던져져 고통스럽지만 빠르게 죽을 수 있었다. 이보다 운이 나쁜 자들에게는 한층 더 섬뜩한 종말이 기다리고 있었다. 농민들은 카자크 기병대에 많은 돈을 주고 포로들을 넘겨받아 끔찍한 고문을 가했다. 두 눈을 뽑아냈고, 망치로 손톱을 두들겨 몸속으로 집어넣었으며, 팔과 다리를 잘라 유혈이 낭자한 토르소를 만들었고, 목구멍 속으로 말뚝을 박아넣었다. 농민들은 두 방법을 각별히 즐겨 썼는데, 그중 하나는 희생자를 발가벗겨 젖은 부대로 감싼 뒤 몸통을 베개로 둘러 묶고는 망치와 몽둥이, 돌로 복부를 가격해 내장 기관이 터져 나오게 하되 흔적은 남기지 않는 것이었다. 다른 하나는 희생자의 손과 발을 묶어 도르래로 끌어올린 후 떨어뜨려 척추를 부러뜨리는 것이었는데, 몸이 척추 없는 헐렁한 부대처럼 변할 때까지 이 과정을 반복했다.

붙잡히면 이런 운명이 기다린다는 정보가 그랑다르메 사병들 사이에 퍼져 공포를 불러일으켰다. 병사들은 포로가 되면 자살을 기도했고, 상대적으로 인정 있는 러시아군 장교들은 포로를 즉결 처형해 농민들의 광적인 응대를 피하게 해주었다. 러시아인의 잔학 행위를 하나도 빠뜨리지 않고 전했다는 말을 들으려면, 러시아군에 파견된 영국 연락 장교 로버트 윌슨(Robert Thomas Wilson, 1777~1849)이 기록한 세 가지 사례를 인용할 필요가 있다. 유격대원들은 포로를 잔혹하게 고문한 다음 먼저 프랑스군 병사 약 쉰 명을 산 채로 불태웠으며, 같은 수의 다른 무리를 다시 산 채로 불태웠고, 예순 명쯤 되는 세 번째 무리는 일종의 농민 바쿠스 축제를 벌여 죽였다. 사형 형틀처럼 베어낸 나무에 포로를 묶는데, 그냥 묶는 게 아니고 발가벗겨서 날개를 활짝 펼친 독수리처럼 팔다리를 벌려 묶었다. 그런 다음 농민 남녀가 합창을 하며 뛰어다니면서 포로의 머리를 괭이로 찍고 곤봉으로 내려쳤다.

상당히 많은 부상자들이 붙들려 이처럼 섬뜩한 운명을 맞이한 데에는 무신경한 프랑스 마차꾼들의 잘못이 있었다. 마차가 바퀴자국을 따라 가며 덜컹거릴 때 부상자들은 당연히 극심한 고통으로 비명을 질렀다. 이에 격앙된 마차꾼은 속도를 높이고자 채찍을 휘둘렀고 화물들은 튀어 마차에서 떨어졌다. 운이 좋은 자들은 뒤따르는 마차에 치였고, 운이 나쁜 자들은 늑대의 먹이가 되거나 유격대 손에 떨어져 끔찍한 방식으로 처형되었다. 로버트 윌슨이 묘사한, 공포에 사로잡혀 퇴각하는 프랑스군의 모습은 잘 알려져 있다.

벌거벗은 채 죽은 자와 죽어 가는 자의 무리, 더러는 죽기 전에 식량으로 쓰려고 잘라낸 말들의 토막낸 시체, 굶주림에 울부짖다가 식인자의 무리를 이루기도 하는 자들, 화염과 연무에 뒤덮인 대기, 숲속에서 끝없이 복수의 외침을 토해내는 농민들에게서 벗어나려고 벌거벗은 채 도망치며 기도하는 수백 명의 비참한 모습들, 대포와 화약 마차, 온갖 종류의 비축품의 잔해. 이런 광경은 역사상 어느 때에도 목격하지 못했을 것이다.

윌슨은 그랑다르메가 살인적인 유격대원들이 없었더라도 장비와 말이 부족해서 큰 곤란에 처했을 것이라는 점을 중요하게 강조한다. 프랑스군 병사들은 곧 제복을 벗어던지고 조금이라도 온기를 더해줄 수 있는 것이라면 무엇이든 찾아 걸쳤다. 훔치거나 약탈한 상인들의 겨울 코트든 여자들의 모피든 상관없었고 중국인이나 타타르인의 의복도 입었다. 군대의 외양 자체가 사기 저하에 한몫했다. 돌팔이 약장수들의 거대한 패거리 또는 단테가 그린 유랑 곡예단처럼 보였기 때문이다.

말은 이미 러시아로 가는 행군 도중에 무수히 죽어 나갔는데, 이 퇴각에서 더 많은 말이 쓰러졌다. 처음 며칠간 소나무와 버드나무 껍질로 먹이를 대신한 말들은 진창에서 대포를 끌어내기에는 너무 지쳤고 눈이 내리고 얼음이 얼면 전혀 걷지 못했다. 말들은 동절기용 편자(철제 징을 박은 편자)를 갖추지 못했기에 눈과 얼음 위에서는 속절없이 미끄러졌다. 어쨌든 프랑스군이 거의 마지막까지 기병 돌격을 감행한 것은 기적 같았지만, 말들은 대체로 그 자리에서 쓰러졌다. 수백 킬로미터를 가는 동안 그랑다르메는 주로 말고기를 먹고 연명했다.

한때 거만했던 나폴레옹 군대는 스몰렌스크에 도착하기 전에 이미 절멸 직전이었다. 식량이 떨어지고 폐허가 된 황량한 시골에 먹을 것은 없었다. 모르티에는 그때까지 브랜디와 비스킷만 먹으며 후방에서 청년근위대와 함께 살아남았지만 11월 8일 말의 간을 눈과 함께 집어 삼키는 처지로 전락했다. 점점 더 많은 병사가 약탈품을 포기했으며 무기까지 내던졌다. 나폴레옹이 뱌즈마에 도착했을 때 뒤로는 80킬로미터는 되는 행렬이 무질서하게 퍼져 있었다. 난민 대열 같은 행렬에는 굶주린 부대의 꼬리가 줄지어 따라왔다. 군대가 스몰렌스크에 접근하면서 공격은 더욱 거세졌다. 11월 3일, 1군단은 표도롭스키 근처에서 고립되었으며 4군단이 개입하여 가까스로 구출되었다. 이제 나폴레옹이 가장 두려워하던 '동장군'이 마침내 찾아왔다. 11월 5일 첫 번째 눈보라가 닥쳤고, 11월 7일에는 눈이 펑펑 내렸다.

11월 9일 스몰렌스크에 도착한 나폴레옹은 도시의 안전한 기지에서 겨울을 난다는 희망이 헛된 것임을 깨달았다. 최소한 네 가지 우울한 정보가 한꺼번에 들이닥쳤고, 나폴레옹은 즉각 네만 강으로 퇴각해야 함을 깨달았다. 먼저 스몰렌스크 총독이었던 샤르팡티에 장군(Henri François Marie Charpentier, 1769~1831)이, 빅토르 군단과 우디노 군단이 북쪽으로 떠나며 식량을 대부분 가져가 식량 재고가 기대만큼 많지 않다고 보고했다. 둘째, 밀정들이 올린 보고에 따르면 러시아군이 프랑스군의 탈출을 차단하려고 기동하고 있었다. 쿠투조프가 약간 남쪽에서 프랑스군 행렬과 평행을 이루며 나폴레옹의 뒤를 쫓는 동안, 비트겐시테인은 베레지나 강의 다리를 장악하려고 전진하고 있었고, 동시에 다른 쪽에서는 치차고프(Pavel Vasilyevich Chichagov(Tchichagov), 1767~1849)가 민스크에 임시로 쌓아 둔 프랑스군의 식량을 위협했다. 셋째, 파리에서 말레 장군(Claude François de Malet, 1754~1812)이 쿠데타를 시도했다는 말이 들렸다(황제는 11월 6일에 그 소식을 들었다). 마지막으로, 가장 절박한 문제인데 군대의 사기가 완전히 붕괴했다는 점이 명백했다. 바라게 딜리에르(Louis-Achille Baraguey d'Hilliers) 장군이 이끌던 증원군 1개 사단 전체가 스몰렌스크 남서쪽에서 상대적으로 열등한 군대에 힘없이 항복한 것이다.

나폴레옹은 스몰렌스크에 사흘 동안 머물며 혼란스러운 상황을 정리하려 했으나 헛수고였다. 점점 더 많은 정보가 올라오면서 틀림없이 황제에게는 천상의 모든 힘이 자신을 방해하는 듯 보였을 것이다. 마크도날이 리가 포위 작전을 포기한 채 아무 일도 하지 않으며 빈둥거린다는 사실이 드러났고, 동시에 남쪽에 있던 슈바르첸베르거의 군단도 사라졌다. 그리고 후위대가 스몰렌스크에 진입할 때쯤에는 그 부대를 위해 남겨진 식량은 없었다. 선봉대가 "먼저 먹는 놈이 임자"라는 원칙을 가차 없이 적용해 후위에서 분투하는 동료 전우는 생각하지 않고 다 먹어치웠던 것이다. 병참 장교들은 전표와 배급 수첩을 요구했으나 굶주린 병사들은 이들을 밀치고 원하는 것을 가져 갔으며 예비식량 창고로 난입해 모조리 먹어치웠다.

나폴레옹은 이런 폭도들을 통제할 수 없었기에 총독인 샤르팡티에에게 분노를 터뜨렸고, 샤르팡티에는 상관인 우디노와 빅토르의 명령을 취소할 권한이 없었다고 힘없이 설명했다. 황제는 병사들이 최악의 노골적인 '휴식과 기분 전환'을 즐기는 동안(자신들이 석 달 전에 파괴한 도시의 잡석더미 사이에 임시 숙영지를 마련하고 되는 대로 모여 있었다) 어쩔 수 없이 바라보고만 있어야 했다. 격노한 후위대는 식량이 남지 않은 걸 알고는 절망에 휩싸여 닥치는 대로 약탈했다. 병사들이 쓰러진 동료들의 숯처럼 타버린 살을 먹으면서 식인 행위가 만연했다.

11월 12일 나폴레옹과 선봉대는 오르샤의 드네프르 강 건널목과 보리소프의 베레지나 강 건널목이 이미 적군의 손에 떨어지지는 않았을지 걱정하며 스몰렌스크를 빠져나갔다. 나폴레옹 부대의 전투력은 이제 거의 신뢰할 수 없었다. 말로야로슬라베츠에서 9만 6천 명이던 병력은 뱌즈마를 떠날 때 6만 5천 명으로 줄었고, 스몰렌스크에서는 4만 1천 명이었다. 게다가 생존자들은 밀집한 군대가 아니라 여기저기 흩어져 있었다. 네와 후위는 17일에 가서야 스몰렌스크를 벗어났다.

빙판길로 스몰렌스크를 출발한 그랑다르메는 25킬로미터에 이르는 첫 구간을 22시간에 걸쳐 말 그대로 미끄러지듯 지나갔다. 이제 폭설이 내렸다. 짙은 눈보라에 시야가 몹시 좁아졌고, 지친 병사들의 턱수염은 입김에 얼어붙었으며, 장화를 누르는 눈의 무게 때문에 한 걸음 한 걸음이 고역이었다. 길이 꺼져서 생긴 틈이나 굴에 빠져 다시는 일어나지 못한 병사들도 있었다. 최고 기온이 영하 29도이고 최저 기온이 영하 34.5도인 상황에서 동상은 흔한 일이었다.

나폴레옹은 날마다 14시간씩 행군하도록 명령해 억지로 속도를 높였다. 낮이라고 할 만한 시간은 오전 8시부터 오후 4시까지였기에 대부분의 행군은 어둠 속에서 이루어졌다. 몸을 피할 곳도 없었고 쉴 수도 없었으며 눈에 흠뻑 젖은 의복은 몸에 찰싹 달라붙어 얼어붙었다. 밤에는 사정이 훨씬 더 나빠졌다. 우선 언 솔가지로는 불을 붙이

모스크바에서 퇴각해 프랑스로 귀환하는 나폴레옹. 1812년의 러시아 침공 실패는 나폴레옹 몰락의 시작점이었다.

기 어려웠으며, 불을 지핀다고 해도 불에서 가까운 자리는 값을 가장 많이 부르는 자에게 돌아갔다. 모닥불에서 멀리 떨어져 있으면 얼어 죽거나 밝은 횃불에 이끌린 이리처럼 잔인한 유격대에 붙잡힐 것을 각오해야 했고, 너무 가까우면 다시 추워질 때 사지에 괴저가 생길 위험이 있었다.

먹을 것과 마실 것은 어떤 값을 치러도 구할 수가 없었다. 많은 사람이 갈증을 달래려고 눈을 삼키다 죽었다. 살아 있는 말의 허리에서 살을 떼어냈다. 추위에 마비된 짐승들은 고통을 느끼지 못했으며 상처는 추위에 얼어붙었지만 이후 패혈증으로 죽곤 했다. 새벽이 되면, 옷도 다 해지고 신발도 닳아빠진 병사들은 시체와 대포, 마차가 버려진 숙영지 마을을 뒤로한 채 눈 속을 헤치며 느릿느릿 걷기 시작했다. 말고기로 끼니를 때우고 이글거리는 모닥불 주위에서 가까스로 잠들었던 여러 중대의 병사들은 아침에는 행군 의지를 상실했으며 아무 생각 없이 불가에 앉아 있다가 카자크 기병대나 유격대에 붙잡혔다.

차츰 쇠약해지던 프랑스군은 분투를 계속했으나 11월 17일 갑자기 쿠투조프의 공격을 받았다. 크라스니 동쪽으로 약 10킬로미터 떨어진 곳에서 밀로라도비치(Mikhail Andreyevich Miloradovich, 1771~1825)가 지휘하는 러시아군 2만 명이 나폴레옹의 선봉대와 외젠 드 보아르네 군단 사이의 도로를 차단했다. 외젠은 완강하게 버티며 황제에게 증원군을 요청했다. 나폴레옹은 스몰렌스크에서 출발한 뒤 선봉으로 돌렸던 모르티에와 청년근위대를 보냈다. 청년근위대는 임무를 훌륭하게 수행했고, 러시아군은 교전을 포기하고 물러나야 했다. 그러나 이제 외젠이 안전해졌다면 다부가 위험했다. 나폴레옹은 마침내 1만 6천 명의 '불멸의' 선임근위대를 투입할 수밖에 없었다. 선임근위대는 명성대로 뛰어난 활약상을 보였고, 러시아군은 곧 패주했다. 러시아군 대령 다비도프(Denis Vasilyevich Davydov, 1784~1839)는 선임근위대가 카자크 기병대를 휩쓰는 모습이 "함포 100문을 장착한 군함이 고깃배들을 휘젓는" 것 같았다고 보고했다.

이제 나폴레옹은 후위가 안전하다고 생각했으나 구조된 다부가 네와 연락이 끊겼다고 보고하자 아연실색했다. 네의 군단과 다부의 군단은 어떤 이유에서인지 스몰렌스크에서 함께 떠나지 않고 다른 날에 출발했다. 황제의 명령이 혼란스러웠다는 변명이 있었지만, 나폴레옹은 네가 확실히 전멸했다고 판단하고 그 책임을 다부에게 돌렸다. 다부가 그 후로도 황제를 신뢰하는 마음을 잃지 않았다는 사실은 다부의 정신적 기질을 잘 보여준다. 다부는 이 전쟁을 겪는 동안 제롬과 뮈라와 소원해졌지만 다행스럽게도 뒤로크와 베시에르라는 영향력 있는 인물들을 얻었다. 두 사람은 여전히 다부를 옹호했다.

한편 네는 어떤 역사 소설가의 이야기보다 흥미진진한 모험을 하고 있었다. 네는 17일에 6천 병력으로 스몰렌스크를 떠나 18일에 크라스니로 전진했다. 그런데 선임근위대에 패했으나 여전히 상당한 병력을 유지하고 있는 밀로라도비치 부대가 다른 그랑다르메가 있는 안전한 곳으로 이어지는 도로를 가로막고 있었다. 네는 총 병력 8만 명의 쿠투조프 군대가 전방 어느 곳에 있으리라고 생각했지만 이에 굴하지 않고 공격에 나섰고, 전투에 임할 수 있는 병력이라곤 3천 명밖에 되지 않았지만 러시아군의 제1선을 돌파했다. 네는 적군 제2선의 대포와 러시아군의 숫자 자체가 주는 압박감에 밀려 산골짜기에 참호를 파고 쿠투조프의 대군이 덮칠 때를 기다렸다. 그러나 쿠투조프는 거친 선임근위대와 충돌해 심하게 휘둘렸고 주저하며 공격을 밀어붙이지 못했다. 땅거미가 내려앉았다.

네는 어둠을 틈타 드네프르 강으로 전진했고, 마치 거짓말처럼 강물 위의 얼음장을 징검다리처럼 밟고 뛰어 반대편 둑에 닿았다. 그러나 희생은 컸다. 드네프르 강 건너편에 도달한 병력은 2천 명뿐이었고, 나머지 3천 명의 병사와 4천 명에 이르는 낙오병과 부대의 꼬리(군대를 따라 다니던 비전투원들)는 버려졌다. 이튿날 하루 종일 네의 병사들은 카자크 기병대의 강공을 받으며 강과 강 주변의 숲을 따라 오르샤까지 70킬로미터를 주파했다. 밤이 되면서 네의 병사들은 1,500명까지 줄었으며 카자크 기병대의 습격을 막기 위해 끊임없이 방진(方陣)을 만들어야 했다. 오후 9시, 네는 행군을 재개했고, 오르샤가 여전히 프랑스군의 수중에 있으리라고 확신하고 급사를 보내 지원을 요청했다. 전갈을 받은 사람은 참사가 벌어지는 내내 군사적 평판을 드높인 외젠이었다. 외젠은 구원군의 선두에 서서 출발했고, 이튿날 오전 외젠과 네는 용사로서 포옹했다. 11월 21일 오전 5시, 네는 겨우 900명뿐이지만 생존자들을 이끌고 본대에 합류해 놀라움과 기쁨을 주었다. 나폴레옹은 대단히 기뻐하며 네에게 '용감한 자 중에서 가장 용감한 자(le Brave des Braves)'라는 별명을 붙여주고 칭찬을 덧붙였다. "이런 자를 잃느니 차라리 내 금고에서 3억 프랑을 내주겠다."

네가 모두의 예상을 깨고 돌아오면서 프랑스군의 사기는 일시적으로 고양되었으나 드네프르 강에서 난타당하며 다시 꺾였다. 그랑다르메가 오르샤에 도착했을 때 강에 놓인 교량들은 무사했고 4만 명이 이틀 동안 먹을 식량이 있었지만, 지독히도 나쁜 소식 두 가지가 기다리고 있었다. 첫째는 2백만 개의 휴대식량을 저장해놓은 민스크가 러시아군에 함락되었다는 소식이었다. 두 번째 소식은 한층 더 즉각적인 위협에 관한 것이었다. 베레지나 강 건널목인 보리소프에서 치차고프에게 공격당할 것이 분명해 보였다. 나폴레옹은 콜랭쿠르에게 사태가 심각하다고 속내를 털어놓고는 남은 운송 수단과 병참을 모조리 파괴하라고 명령해 한 차례 더 고된 강행군을 준비했다.

오르샤를 넘어서자, 궁지에 몰렸던 그랑다르메에게 약간의 구원이 찾아왔다. 현지 주민들이 우호적이지는 않았지만 러시아인이 아니었고 학살과 잔학 행위도 저지르지 않았다. 같은 인간으로부터 받은 최악의 시련은 지나갔고, 해빙이 시작되면서 병사들이 밤에 죽음을 두려워하지 않고도 잠들 수 있었기에 자연이 주는 시련도 끝난 것처럼 보였다. 그러나 역설적이게도 해빙은 그랑다르메를 완전히 궤멸할 듯한 위협으로 다가왔다. 단단히 얼어붙었던 극지의 땅 표면이 기후가 바뀌면서 급류로 소용돌이쳤기 때문이다. 보통 11월 말에는 강이 1~2미터 두께로 얼어 있었기에 군대는 어느 지점에서든 강을 건널 수 있었다. 1812년 11월에도 마지막 주가 오기 전까지는 상황이 같았다. 이것은 한편으로 황제가 합당한 이유 없이 도시에서 여러 차례 지체해서 맞은 치명적 결과였다.

11월 22일이면 나폴레옹은 이미 밀정들로부터 보고를 받아 치차고프가 베레지나 강의 교량들을 파괴했음을 알고 있었다. 이는 프랑스군이 사실상 포위되었음을 뜻했다. 전방에는 비트겐시테인의 3만 명과 치차고프의 3만 4천 명이 버티고 있었고 배후에서는 쿠투조프의 8만 명이 다가오고 있었다. 교량들이 파괴되고 부교 장비도 없는 상황에서 전투가 가능한 병력은 4만 9천 명(대포 250문)뿐이었고, 나머지는 군사적으로 무력한 낙오병 4만 명이었다. 프랑스군은 운이 다한 것처럼 보였다. 최악의 결과를 걱정한 나폴레옹은 공문서와 연대들의 삼색기를 모조리 불태우라고 명령했다.

이 절망적인 상황에서 황제를 구한 것은 러시아군의 소심함과 기막힐 정도의 행운이었다. 보로디노와 크라스니의 전투를 마음에 두었던 쿠투조프는 약 50킬로미터의 안전 거리를 두었다. 그때 우디노가 나폴레옹에게 기적 같은 보고를 올렸다. 서쪽의 빌뉴스에서 베레지나 강으로 접근하던 코르비노 장군(Jean-Baptiste Juvénal Corbineau, 1776~1848)이 어느 농부에게 뇌물을 주고 스투디안카 마을 인근에서 눈에 띄지 않는 얕은 여울을 알아냈다는 것이었다. 코르비노는 11월 23일 강을 건넜고 전군의 도하가 가능하다고 보고했다. 그러나 다리는 어떻게 놓을 것인가? 그 시점에서 에블레(Jean-Baptiste Eblé, 1758~1812)라는 장군이 황제가 해야 할 일을 미리 해놓았다는 사실이 드러났다. 에블레는 명령을 어기고 야전 용광로 두 기와 석탄 마차 두 대, 삽 여섯 자루, 배다리 장비를 빼놓았다. 도하를 막는 적군이 없는 스투디안카 인근에 목재가 있다면, 그리고 황제가 강 반대편에서 도하 가능 지점을 전부 지키고 있는 러시아군의 주의를 흐트러뜨릴 수 있다면, 작은 기적을 이룰 가능성은 남아 있었다.

이제 나폴레옹은 1812년 전쟁에서 처음으로 최선의 상태에 엇비슷하게 돌아왔다. 적군을 마주한 상황에서 얼음같이 차가운 강을 전 병력이 건너는 과제를 수행하려면 상상력이 필요했다. 나폴레옹은 적군을 유인하기 위해 여러 차례의 거짓 공격을 명령했다. 11월 25일 보리소프 아래로 몇 킬로미터 떨어진 우촐로디에서 우디노가 수행한 양동 작전이 그중에서 가장 중요했다. 치차고프는 미끼를 물었고 군대를 남쪽으로 이동시켜 보리소프에서 스투디안카 사이의 드네프르 강을 무방비 상태로 남겼다. 치차고프는 이어 베레지나 강의 서쪽에서 빌뉴스로 이어지는 반대편 습지의 방죽길을 파괴하지 않음으로써 실수를 더했다.

나폴레옹은 에블레에게 공병대를 데려가 스투디안카의 집들을 부수어 목재를 확보한 뒤 베레지나 강에 60미터 길이의 다리를 두 개 놓으라고 명령했다. 26일까지 완성해야 했다. 첫 번째 다리가 완성되자마자 네의 군단과 우디노의 군단이 반대편 강둑으로 건너가 방어진을 구성하고 치차고프가 역습을 하면 맞서기로 했다. 다부의 1군단과 빅토르의 9군단이 동쪽 다리 끝 부분을 지키는 동안 그랑다르메의 나머지가 다리를 건너고, 마지막으로 두 군단도 도하할 것이었다. 이 계획에 4만 명의 낙오병은 포함되지 않았다는 사실을 지적해야만 한다.

에블레와 휘하 병사들의 뛰어난 공적이 이어졌다. 이들은 밤새 얼음처럼 차가운 물속에서 가대(架臺)를 세우고 판자를 깔았다. 우디노는 즉시 병력을 이끌고 강을 건너 서쪽을 방어했다. 오후 늦게 훨씬 더 큰 두 번째 다리가 완성되었고, 포병대가 반대편 강둑으로 넘어갔다. 그때까지 러시아군이 움직이는 기미는 없었지만, 두 다리에서 세 곳에 균열이 발견되었고 에블레와 400명의 영웅들은 밤을 새워 수리했다. 27일 이른 오후 근위대와 황제의 참모진도 안전하게 강을 건넜다. 그러나 오후 4시경 포병대가 건너갈 때 가대 세 개가 무너졌다. 아직 강 동쪽에 있던 자들은 겁에 질려 멀쩡히 남아 있는 다리로 몰려들었다. 겨우 질서를 회복했을 때는 수백 명이 밟혀 죽거나 강에 빠져 익사한 뒤였다. 에블레는 무너진 다리를 수리한 뒤 1군단과 후위대의 도하를 위해 작은 다리 위의 시체들 사이로 길을 내야 했다.

러시아군은 27일에 가서야 무슨 일이 일어나고 있는지 깨닫고 다리 양쪽에 공격을 가했다. 우디노와 빅토르의 병사들은 하루 종일 용감하게 싸웠고 적의 공격을 격퇴했다. 그래서 프랑스군은 오후에 큰 다리에서 패주할 때까지 방해받지 않고 다리를 건넜다. 땅거미가 지

1812년 11월 말 베레지나 강의 프랑스군. 러시아의 카자크 병사들이 추격해 오자 급히 얼어붙은 강을 건너려던 프랑스군 낙오병과 비전투원들은 물에 빠지거나 카자크 병사들에게 잡혀 죽임을 당했다.

고 나서야 전투 소음이 잦아들었다. 지친 에블레는 비전투원인 낙오병들에게 어둠을 틈타 서쪽 강둑으로 건너가라고 말했으나, 그날을 지배한 정서는 냉담이었다. 낙오병들은 동쪽 강둑에서 작은 모닥불 둘레에 떼 지어 있었다. 에블레가 더 할 수 있는 일은 없었다. 에블레와 공병 400명은 베레지나 강 전투의 위대한 영웅이었다. 이들 중 살아남은 사람은 거의 없었다. 동상과 저체온증으로 죽지 않은 자들은 사나운 급류에 휩쓸리거나 다리를 보수할 때 적의 포화에 쓰러졌기 때문이다.

그때까지 나폴레옹은 재능과 용기가 낳은 뛰어난 업적으로 자축할 수 있었다. 그러나 11월 27일에서 28일로 넘어가는 밤에 빅토르 군단에서 파르토노 장군(Louis Partouneaux, 1770~1835, 9군단 12사단장)이 지휘하는 사단이 격심한 눈보라 속에서 길을 잃고 러시아군의 전선으로 들어가는 실수를 저지르면서 상황은 불리하게 바뀌었다. 파르토노는 항복하는 것 말고는 달리 선택의 여지가 없었다. 이 손실로 후위에 있던 빅토르의 약한 방어선에 큰 구멍이 뚫렸다. 28일 정오쯤 왠지 불길하게 잠시 폭풍이 잦아든 후 동쪽 강둑의 러시아군이 큰 대포들을 다리에 겨냥하고 전날의 상황을 재연했다. 혼비백산한 병사들은 대포를 옮기려고 세웠던 다리가 두 번째로 붕괴되면서 또다시 차가운 베레지나 강에 빠져 죽었다. 다리는 러시아군의 포격과 도주하는 병사들의 무게를 이기지 못해 무너졌다. 후위는 다시 한 번 경이로운 용기를 보여주었다. 이들의 정확한 포격에 러시아군은 사거리 밖으로 밀려났다. 두 번째 날 후위는 지원 없이 싸웠다. 강 서쪽의 프랑스군 부대들이 그날 생사를 건 혈투에 휘말렸기 때문이다. 우디노와 네는 용맹함을 발휘하여 승리를 얻었다. 우디노는 특유의 카리스마와 용기로 패주를 막았으며, 네는 뒤메르(Jean-Pierre Dumerc)의 용기병 부대를 이끌고 돌격해 러시아군에 2천 명의 사상자를 안겼다. 크라스니 전투의 재판이었다. 치차고프는 앞서 쿠투조프가 그랬듯이 프랑스군의 사나운 반격에 놀라 후퇴했다.

11월 29일 오전 1시 후위가 마침내 강을 건너면서 화려한 작전의 마지막 단계가 완료되었지만, 낙오병들은 여전히 뒤따르기를 거부했다. 포격에 충격을 받아 담력을 상실한 부대의 꼬리는 진정한 의미에서 어둠을 무서워했던 것으로 보인다. 아침이 되면 쿠투조프가 보낸 분견대의 추격을 막기 위해 화약을 폭파시킬 것이므로 이번이 마지막 기회라는 에블레의 경고를 이들은 거듭 무시했다. 이튿날 오전 9시 에블레는 약속대로 두 다리를 폭파했다. 비전투원들은 다리를 향해 내달렸으나 때는 이미 늦었고 지옥 같은 고통에 떨어졌다. 약 1만 명이 사망했다. 일부는 불길에 휩싸였으나 대부분은 다리가 마치 대장장이가 거대한 주괴를 물에 담글 때 나는 것 같은 쉿 소리를 내며 강물 속으로 가라앉으면서 물에 빠졌다. 동쪽 강둑에 남은 3만 명의 생존자들은 카자크 기병대에 난도질당했다.

나폴레옹은 베레지나 강을 건너느라 비전투원뿐만 아니라 전투원 2만 5천 명과 대포 25문을 잃었다. 어떤 기준으로 보더라도 결과는 재앙이었으나, 나폴레옹은 군대의 기적적인 탈출과 러시아군에 2만 명 남짓한 사상자를 안겼다는 사실을 선전하면서 성명을 발표하고 승리를 주장했다. 생존자들은 마침내 유격대의 공격과 러시아군의 추격에서 벗어나 안전을 찾았지만, 진짜 적은 따로 있었다. 바로 '동장군'이었다. 260킬로미터 떨어진 빌뉴스까지 가는 길에 역사상 가장 참혹한 12월을 겪었다. 윌슨은 이렇게 말했다. "면도칼로 살을 에는 것 같은 바람이 살며시 다가와 피부와 근육과 뼈를 뚫고 골수까지 들어왔다. 피부는 마노(瑪瑙)처럼 희게 변했고 사지는 전부 물러졌다."

한 주 뒤 그랑다르메는 유효 병력이 1만 3천 명까지 줄었고, 이후로도 수천 명이 눈 속에서 잠들어 죽었다. 나폴레옹은 고통에 아무런 관심도 드러내지 않았다. 이런 상황에서는 감정 소모일 뿐이라고 생각했음이 틀림없다. 극도의 이기심을 보여주는 사례들이 있었지만 사병들의 기강은 실제로 좋아졌다. 쿠투조프와 유격대가 멀리 떨어져 있었기 때문이었다. 쿠투조프는 베레지나 강에서 추적을 거의 포기하고 카자크 기병대의 대규모 대대를 보내 프랑스군을 괴롭히는 데 그쳤다. 민스크에서 빌뉴스로 이어지는 간선도로가 지나는 말라제치나(몰로데치노)에서 프랑스군의 후위와 카자크 기병대 사이에 격렬한 충돌이 벌어졌다. 나폴레옹은 이를 하찮은 일로 치부했고 12월 3일을 공보 제29호를 작성하는 데 썼다. 전쟁의 개요를 담은 공보는 재앙을 일부 인정했으나 보로디노와 크라스니, 베레지나 강의 전투와 스몰렌스크 이후 네의 방랑, 그밖에 그랑다르메의 모든 위업을 과도하게 선전했다.

이것이 황제가 1812년 전쟁에 기여한 마지막 몫이었다. 12월 5일 오후 10시 스모르곤(스마르혼)에서 황제는 전속력으로 파리로 돌아가야 할 필요가 있다는 핑계를 대며 그랑다르메를 떠났다. 나폴레옹이 군대를 버린 듯한 모양새는 많은 비판을 받았으며 1799년 이집트의 망령이 되살아났다. 나폴레옹의 비판자들이 지적했듯이 실제로 이 비교는 타당하지 않을 것이다. 비판자들은 1799년에는 나폴레옹이 현저한 승리를 거둔 후 군대를 떠났지만 이번에는 참사를 겪은 후 떠났으므로 그때보다 훨씬 더 괘씸하다고 주장했다. 반면 남겨진 군대는 이집트의 경우와 달리 거의 안전했고, 나폴레옹은 자기 방어를 위해 용인된 관행을 들었다. 장군들은 보통 자신의 부대가 하나의 군단으로 축소되면 귀국하라는 명령을 받았다는 것이다. 나폴레옹은 또 폴란드에서 지체하면 오스트리아와 프로이센이 전쟁을 선포하고 자신의 프랑스 귀국을 막을까 봐 걱정했다. 그렇지만 나폴레옹의 출발은 가장 중요하게는 순수한 '국가 이성'에서 비롯되었다. 말레 장군의 쿠데타 이후 다른 폭동이 일어나는 것은 시간 문제일 수도 있었다. 황제는 기껏 잘 귀국해서 부재중에 폐위된 사실만 확인하게 될지도 모를 일이었다.

따라서 나폴레옹은 2,250킬로미터에 이르는 여행을 신속하게 마칠 준비를 했다. 황제 일행은 여전히 적지에 있었기에 신분을 숨긴 채 마차 세 대에 나눠 타고 가는 것이 최선의 방법이라고 결정했다. 황제의 마차에는 콜랭쿠르와 뒤로크, 로보 백작(Georges Mouton, comte de Lobau, 1770~1838), 팽 남작, 맘루크 경호원 루스탐, 폴란드인 통역관이 동승했다. 폴란드인과 나폴리인 기병대의 호위를 받은 나폴레옹은 빌뉴스에 들어가지 않는 것이 최선이라고 생각했지만 콜랭쿠르가 따뜻한 옷을 구하러 나간 동안 성벽 밖에서 빌뉴스 총독 마레를 만났다. 일행의 마차들과 호위대는 이어 코브노를 지나 그라예보 (Grajewo)로 갔고 그곳에서 황제는 마차를 썰매로 바꾸기로 했다.

나폴레옹이 떠나자 프랑스군의 사기는 곤두박질쳤다. 근위대에서도 규율 부재와 탈영이 목격되었다. 날씨에도 감정이 있기나 한 것처럼 나폴레옹이 떠난 다음 날은 기온이 영하 38도까지 내려갔다. 나폴레옹은 뮈라에게 지휘권을 맡겨 어설픈 판단력을 다시 한 번 드러냈다. 뮈라는 다부에게 자기들이 둘 다 괴물을 섬기고 있다고 말해서 황제를 통렬히 비난하는 것으로 일을 시작했다. 뮈라를 경멸했던 다부는 뮈라에게 모든 것이 그 괴물 덕분 아니었냐고 냉정하게 되물었다.

사망자 숫자가 다시 늘어났다. 스마르혼에서 빌뉴스에 이르는 사흘 동안 2만 명이 사라졌다. 혹한의 밤에 불 주위에 몰려든 400명 중 300명이 아침이 되면 깨어나지 못했다. 병사들은 집들에 불을 지르고 타오르는 잔해 주위에 밤새워 머물렀다. 식량이 턱없이 부족해 어떤 이들은 자신의 손가락을 잘라 먹고 자신의 피를 마셨다. 그러나 가장 무서운 살인자는 괴저였다. 얼어붙은 사지를 온기로 녹이려다 얻은 불가피한 결과였다. 그 기온에서는 불에서 90센티미터만 떨어져도 물이 얼기 때문에 화상을 입지 않고는 몸을 따뜻하게 할 수 없었다. 괴저가 온 까닭은 단순했다. 사지에 감각이 없었기에 병사들이 열기에 너무 가까이 다가갔던 것이다. 그해 겨울의 공포에 맞선 자들은 누구라도 무서운 고통을 당했다. 프랑스군 병사들만이 아니었다. 일반적인 믿음과는 달리 추격하던 러시아군도 겨울에 잘 대비하지 못했다. 누구라도 기겁할 만한 그랑다르메 사상자 명부에 가려서 곧잘 잊혀지지만, 전투에서 죽거나 부상당한 사상자 외에 눈 속에서 죽은 러시아군만 10만 명에 이르렀다.

폴란드와 우호적인 땅이 눈앞에 가까이 어른거렸으나, 그랑다르메의 시련은 아직 끝나지 않았다. 12월 8일 영하 32도의 날씨에 빌뉴스에 들어간 군대는 도시에 진입하자마자 오합지졸과 같은 행태를 보였다. 10만 명이 40일간 먹을 고기와 밀가루가 넉넉한 상황에서 병참 준비를 정교하게 마쳤으나, 도시로 들어온 군대는 미친 듯이 날뛰며 약탈하고 노략질했다. 성문에서 발생한 초기 폭동에서 여러 사람이 짓밟혀 죽었다. 어떤 이들은 넘치는 브랜디에 취해 인사불성이 되어 인도에 주저앉았고 차가운 거리에 장시간 방치되었다 사망했다. 경계병을 배치하려는 시도는 전혀 없었다. 그래서 만취한 프랑스군 병사들이 게걸스럽게 배를 채우고 진탕 마셔대는 동안, 카자크 기병대가 말을 달려 도시로 추격해 오는 웃지 못할 상황이 벌어졌다. 뮈라는 소수의 카자크 기병들을 본 것만으로 공포에 휩싸였다. 뮈라는 나폴레옹으로부터 적어도 8일간 빌뉴스를 지키고 병사들을 쉬게 하라는 긴급 명령을 받았지만 도착한 지 겨우 24시간 만에 전면 퇴각을 명령했다. 빌뉴스의 병원들에는 여러 전역에서 도착한 부상자가 2만 명 있었지만, 이들은 다가오는 카자크 기병대의 잔인한 처분에 맡겨졌다. 나폴레옹은 한 줌의 러시아 비정규군을 앞에 두고 수치스럽게 퇴각한 이야기를 듣고는 격노해 얼굴이 벌게졌다.

12월 10일 뮈라와 함께 행군을 재개한 병력은 겨우 1만 명이었다. 이들은 첫 번째 가파른 언덕을 만나자 남은 달구지와 대포, 봉급이 담긴 돈궤까지 내버렸다. 뮈라 일행은 아주 마지못해 연대의 독수리 깃발만 가지고 갔다. 코브노에 도착했을 때 전투가 가능한 병력은 겨우 7천 명이었고, 뮈라는 뒤로 돌아 후위와 합류해 러시아군이 전투를 그만둘 때까지 하루 밤낮을 싸워야 했으며(12월 13~14일) 이후 네만 강을 건널 수 있었다. 프랑스군 중에서 러시아 땅을 마지막으로 벗어난 네는 강을 건넌 뒤 불타는 네만 강의 교량들을 바라보며 1812년 원정이 적어도 자신에게는 개인적인 승리였다며 만족감을 느꼈다.

러시아는 1813년 1월에 폴란드 침공을 개시했다. 뮈라는 포젠으로 후퇴했다가 좀 더 유능한 외젠 드 보아르네에게 군대를 맡기고 나폴리 왕국으로 도망갔다. 외젠은 계부의 명령에 복종해 병력을 엘베 강 뒤로 퇴각시켰다. 러시아에서 살아 돌아온 소수의 생존자는 일단 독일에 들어서자 여러 성채 도시로 흩어졌다. 마크도날은 벌써 폴란드로 퇴각해 있었고 마침내 리가와 틸지트를 통해 쾨니히스베르크로 7천 병력을 되돌려 보냈다. 슈바르첸베르거와 레니에르는 자신들의 군단을 이끌고 오스트리아로 들어갔다. 1813년 정초까지 독일로 돌아온 생존자는 중부집단군에서 2만 5천 명, 외곽 군단에서 6만 8천 명뿐이었던 것으로 추산된다.

　나폴레옹은 그라예보를 떠날 때 위장을 했고 작은 호위대만 대동한 채 썰매에는 길동무 삼아 콜랭쿠르만 태웠다. 짐작컨대 우호적인 땅에 들어섰기 때문이었다. 기온은 영하 32도였고, 온욕과 이글거리는 화롯불을 좋아하기로 유명했던 나폴레옹은 춥다고 불평했다. 콜랭쿠르는 입김이 입술에서 얼어붙었던 것과 코 밑과 눈썹 위, 눈꺼풀 주위에 작은 고드름이 매달렸던 것을 기억했다. 황제는 막 패배한 전쟁의 세세한 내용을 거듭 검토했고, 어느 시점에서 달리 행동했어야 했는지 알고 싶어 했다. 콜랭쿠르가 이따금 '만일 이랬다면'으로 시작하는 장황한 이야기를 끊고, 정권의 나쁜 평판과 높은 세금, 자유 억압, 친족 등용과 정실에 대한 전반적인 반감에 관한 불편한 진실을 얘기했다. 나폴레옹은 비판을 잘 받아들였고 때때로 미소를 띠었으나, 콜랭쿠르가 생각한 바를 강하게 표명할 때는 귀를 잡아당겼고 방한모 밑에서 귀를 찾지 못하면 대신 목과 볼을 꼬집었다.

　12월 10일 황제 일행은 바르샤바에 도착했다. 황제는 이제 위장하지 않아도 될 만큼 안전하다고 생각했다. 황제는 프랑스 대사 프라트 신부(Dominique G. F. Dufour de Pradt, 1759~1837)를 불러 러시아 원정에 대해 또 다른 장광설을 늘어놓았다. 나폴레옹은 약속했던 1만 명의 폴란드 기병은 어떻게 되었냐고 날카로운 질문을 던졌다. 프라트가 돈이 없었다고 답변하자 나폴레옹은 패배주의에 빠졌다며 프라트를 비난했다. 콜랭쿠르에 따르면 나폴레옹은 '고상함과 우스꽝스러움' 사이를 비정상적일 정도로 빈번히 오갔다. 나폴레옹과 콜랭쿠르는 그날 저녁 여행을 계속해 12월 12일 포젠에 도착했다. 이곳은 프랑스와 확실하게 통신이 가능한 첫 번째 도시였기에 나폴레옹은 한 더미의 서한을 읽을 수 있었다. 나폴레옹을 가장 기쁘게 한 것은 아들이 어떻게 크는지 묘사한 마리 루이즈의 편지들이었다. 나폴레옹은 기쁜 얼굴로 콜랭쿠르에게 몇몇 부분을 읽어주면서 이렇게 말했다. "내가 아내는 잘 얻었지?"

나폴레옹은 북부 독일을 가로질러 속력을 내던 12월 13일에 가장 자신답지 않은 모습을 내보였다. 나폴레옹은 길동무와 제3의 인물에 관해 냉정하게 이야기하듯 자신의 생애와 성격을 놓고 토의를 했다. 나폴레옹은 자신의 실패가 얼마나 큰지 모르는 것 같았으며 자기 기만과 미래에 대한 비현실적 계획으로 가득한 것 같았다. 기분은 심하게 요동쳤다. 한번은, 옳은 얘기지만 너무도 많은 사람들이 자신을 이용했다고 불평했다가, 다음 순간에는 자만에 빠져 프로이센이 매복 공격으로 자신들을 사로잡아 영국에 넘겨 런던에서 철창 안에 갇혀 구경거리로 만들 수도 있었다고 박장대소했다. 나폴레옹이 대단한 실존주의자라고 주장하는 사람들은 이 썰매 여행을 즐겨 인용한다. 황제가 어느 것에도 놀라지 않았으며 아무리 일어날 것 같지 않은 일이라도 무슨 일에든 늘 대비하는 인간이었음을 보여준다는 것이다.

황제 일행은 썰매로 작센을 지나 13일 한밤중에 드레스덴에 도착했다. 작센 왕이 오전 3시에 마중해 자신의 안락한 마차를 내주었고, 황제는 14일 오전 7시 이 마차를 타고 떠났다. 황제는 여러 차례 마차를 바꾸며 사흘에 걸쳐 라이프치히와 아우어슈테트, 에르푸르트, 프랑크푸르트, 마인츠를 지나 베르됭에 도착했다. 황제는 모에서 잠시 멈추었다가 12월 18일 자정 15분 전에 파리에 당도했고 곧장 튈르리 궁으로 말을 몰았다. 콜랭쿠르는 14일 동안 잠을 제대로 자지 못했으며 이후 보름 동안 정상적인 수면 행태를 찾을 수 없었다고 한다.

나폴레옹은 파리에 돌아오자마자 몇 차례의 무도회와 축연, 환영회를 열도록 명령하고 자신이 없는 동안 별일 없었다는 듯이 행동했다. 그러나 황제가 파리에 도착하기 이틀 전 〈르 모니퇴르〉에 공보 제29호가 실렸다. 이는 실상을 심하게 조작한 것이었는데도 승리의 필연성과 황제가 무적이라는 믿음에 익숙해 있던 국민들을 당황하게 했다. 패배의 규모가 드러나면서 시치미를 떼고 호화로운 무도회와 사치스러운 만찬으로 '늘 있는' 일인 듯 가장하려던 나폴레옹의 선전 노력은 최고로 아둔한 짓이 되고 말았다. 말레 장군이 한두 달 뒤에 쿠데타를 시도하지 않은 것이 천만다행이었다.

이제 나폴레옹은 1812년 10월 22일에서 23일로 넘어가는 밤에 무슨 일이 일어났는지 상세하게 알게 되었다. 말레는 황제가 에스파냐에 있던 1808~1809년 푸셰와 탈레랑의 음모에 연루된 자였는데 먼저 보나파르트 반대파였던 라오리 장군(Victor Claude Alexandre Fanneau de Lahorie)과 기달 장군(Emmanuel Maximilien Joseph Guidal)을 풀어준 뒤 동료인 부트뢰(Alexandre André Boutreux)와 라토(Jean-Auguset Rateau)와 함께 나폴레옹이 러시아에서 사망했다고 알렸다. 음모자들은 치안장관과 파리 경찰국장을 체포하는 데 성공했지만* 음모에 가담하기를 거부한 파리 수비대 사령관 윌랭 장군(Pierre-Augustin Hullin)과 충돌했다. 윌랭의 지원을 받지 못한 음모자들은 고개를 숙였다. 음모자들과 공범들은 체포되어 10월 28일에 재판을 받고 29일에 총살집행반 앞에서 처형되었다. 앙기앵 공작 사건을 상기시키듯 일사천리로 진행되었다.

치안장관과 경찰국장이 체포되면서 경찰은 극도의 무능함을 드러냈지만, 음모는 보나파르트에게 심각한 위협이 되지 못했다. 푸셰도 탈레랑도 관여하지 않았으며 황제에게는 다행스럽게도 명사들도 가담하지 않았다. 쿠데타는 왕당파와 극단적 공화파가 맺은 임시 협정이었다. 나폴레옹이 없는 상황에서 새로운 의회가 공화국 아니면 부르봉 왕실의 복귀를 결정한다는 계획이었던 것이다. 나폴레옹이 돌아와서 내놓은 대응은 훗날 전쟁으로 자리를 비울 가능성에 대비해 마리 루이즈를 섭정에 임명한 것이다(황족과 고관들로 구성된 자문위원

---

* 당시 치안장관은 사바리였다. 사바리는 잠자리에서 붙잡혀 몇 시간 동안 감옥에 감금되었다. 파리 경찰국장은 니콜라 프로쇼(Nicholas Frochot)였다.

회를 두었다).

　1812년은 나폴레옹에게 종말의 시작이었다. 그토록 큰 실패를 겪고도 머뭇거리는 프랑스 국민을 결집할 수 있었던 것은 기적이었다. 이 전쟁에서 입은 인명 손실은 논란이 되었으며 과소평가된 것이 거의 확실하다. 37만 명의 프랑스군 병사가 전장에서 추위와 저체온증, 질병으로 사망했다. 그밖에 20만 명이 포로가 되거나 버려졌는데 유격대의 잔학 행위에 비추어 볼 때 어떠한 운명에 처해졌을지는 논란의 여지가 없다. 끔찍한 인명 손실은 한 가지 통계만으로도 측정할 수 있다. 4만 7천 병력의 근위대는 가장 격렬한 전투에 참여하지 않았는데도 겨우 1,500명만 살아 돌아왔다. 게다가 프랑스군은 말 20만 마리도 잃었다. 이는 보충할 수 없는 숫자였고 군사적인 파멸을 초래한다. 러시아군은 최소한 15만 명이 전사했고, 여기에 더해 숫자는 알 수 없지만 엄청난 수의 민간인이 사망했다. 역사가들이 러시아 전쟁에서 사상자를 줄여 말하는 경향이 있음을 볼 때(1941~1945년의 '대大조국전쟁'의 총 사망자 수가 수정되어 늘어난 데서 확실히 알 수 있다), 1812년 여섯 달 동안의 전쟁에서 100만 명이 사망했다고 추정할 수 있다.

　돌이켜보면 나폴레옹은 사실상 저지를 수 있는 실수를 전부 저질렀던 것 같다. 스웨덴과 오스만제국을 동맹국으로 삼아 러시아에 대적하게 만들지 못했으며, 5월에 출발하지 못했고, 폴란드의 독립을 허용하지 않았으며, 농노를 해방하지 않았고, 모스크바까지 갈 작정이었다면 8월 초에 당도했어야 하는데 그러지 못했다. 이뿐만이 아니다. 빌뉴스와 비텝스크, 모스크바에서 시간을 허비했고, 보로디노에서 근위대를 내보내지 않았으며, 말로야로슬라베츠에서 냉정을 잃었다. 그러나 최악의 실수는 병참 문제를 충분히 숙고하지 못한 것이었다. 이는 68만 대군에게는 거의 극복할 수 없는 문제였다. 군대의 행군 속도와 도중에 확보할 수 있는 식량의 양, 열악한 도로 상태 등 모든 조건을 과소평가했다. 단치히와 쾨니히스베르크에 식량을 비축해놓았지만 너무 멀었고 진흙 길 때문에 수송대가 오갈 수 없었으며, 민스크와 비텝스크의 비축 식량은 방비가 허술한 탓에 러시아군 수중에 들어갔다. 식량이 절대적으로 부족하지는 않았지만, 필요한 장소로 옮길 적절한 기반이 없었다.

그밖에 나폴레옹은 내기에 실패할 때마다 판돈을 갑절로 올리는 도박사 기질 때문에 원래 계획에서는 전혀 고려하지 않았던 모스크바 입성을 실행했다. 나폴레옹이 러시아를 침공할 예정이었다면(에스파냐에서 헤어나지 못했으므로 이는 중대한 실수였다) 스몰렌스크에서 겨울을 났어야 했다. 나폴레옹은 대신 러시아의 심장부로 너무 깊숙이 들어가, 적국으로 깊이 진격하는 것은 그 자체로 일종의 패배라는 클라우제비츠의 의견이 진실임을 증명했다. 보로디노 전투가 벌어질 때면 황제는 이미 너무 많은 병력을 잃어 결정적 승리를 거둘 만한 자원이 부족했다. 질병과 굶주림 외의 다른 요인도 병력을 앗아갔다. 병참선이 길수록 더 많은 병력을 병참 지부 보호와 내부 보안, 점령한 도시들의 수비, 특사와 수송대 호위 등 부차적인 임무에 파견해야 했다. 모스크바에서 차르의 항복을 기다리며 한 달을 허비한 것은 이해할 수 없는 일이었다. 나폴레옹은 왜 기억하지 못했을까? 1805년에 프랑스가 빈을 점령했어도 오스트리아는 아무런 압박을 받지 않았으며, 1806년 프로이센은 베를린을 잃고도 아무런 부담을 못 느끼지 않았던가?

1812년의 재앙에 대한 나폴레옹의 설명은 유별나게 정직하지 못했다. 나폴레옹이 러시아군을 깔본 것은 정당했다. 시간을 벌기 위해 공간을 내준 쿠투조프의 전략은 많은 칭찬을 받았지만 의도한 것이 아니라 순전히 우연이었기 때문이다. 쿠투조프는 종종 '나폴레옹을 무찌른 자'라고 불리지만 실제로는 보로디노에서나 프랑스군의 퇴각 중에나 인상적인 능력을 발휘하지 못했다. 그렇지만 나폴레옹은 해

명을 하면서 곧 근거 있는 주장에서 순전한 환상으로 넘어갔다. 나폴레옹은 자신의 총 병력이 40만 명이었고 스몰렌스크를 넘어간 병력은 16만 명뿐이었다고 주장했다. 40만 명 중에서 절반은 독일인이나 이탈리아인이었고 이 다언어 군대 중 14만 명만 프랑스어를 썼다는 것이다. 그래서 나폴레옹의 억지 계산에 따르면 1812년에 사망한 프랑스인은 5만 명에 지나지 않았고 러시아군 사상자는 연합군의 네 배에 달했다. 이러한 냉소주의는 황제가 오로지 자기만 생각했다고 주장하는 사람들에게는 강력한 무기가 된다.

1812년에 대한 황제의 다른 '설명'도 역시 거짓이었다. 나폴레옹은 모든 지점에서 러시아군을 격파했으나 '동장군'을 극복하지 못했다고 주장했다. 그러나 겨울은 퇴각의 후기 국면에서나, 특히 베레지나 강을 건넌 이후에나 중요한 요인이었다. 있는 그대로 진실을 말하자면 프랑스군은 퇴각할 때보다 모스크바로 진격할 때 더 많은 병력을 잃었다(굶주림, 피로, 질병, 포로로 붙잡힘, 탈영, 전사). 그랑다르메는 7, 8월의 더위로 더 큰 타격을 입었으며, 1812년 러시아의 겨울은 처음에는 온화했다. 어쨌거나 나폴레옹이 베레지나 강에서 큰 위기에 처했던 것은 해빙 때문이었다. 그러나 황제가 선전한 이기적인 신화(자신은 오직 날씨 때문에 패했다)는 효력을 발휘했고 받아들여졌으며 오늘날까지 통하는 통념이 되었다. 확실히 보나파르트파 선전의 궁극적 승리라고 하겠다.

재앙을 설명할 때 늘 운명을 들고 나온다는 점은 나폴레옹의 성격을 읽는 실마리이다. 해명은 모두 '만일'로 시작한다. 이런 식이다. 만일 모스크바가 불타지 않았더라면 알렉산드르 1세는 강화에 나서지 않을 수 없었을 것이다(어떻게?). 만일 겨울의 추위가 평년보다 보름 일찍 찾아오지 않았더라면, 뮈라가 빌뉴스를 포기하지 않았더라면……. 황제가 러시아 원정의 몇 가지 명백한 귀결을 예측했어야만 했다는 암시는 없다. 나폴레옹은 심지어 11월에는 기온이 영하 6

도 아래로 떨어지리라고 예측할 이유가 없었다고 터무니없는 주장을
했다. 얼어붙은 스텝 지역에서 50만 명의 연합군이 겪은 일은 확실히
악몽이었고, 이는 사실상 기능을 멈춘 정신과 급속히 추락한 상상력
의 산물이었다.

24장

포위된 제국
전 유럽과 맞서다

　나폴레옹이 러시아에서 대실패를 겪고 돌아온 뒤 군사적으로 제일 먼저 관심을 둔 일은 에스파냐 전쟁이었다. 에스파냐에서 들어온 소식들은 혼란스러웠다. 단기적으로는 상황이 만족스러웠지만 장기적 추세는 걱정스러웠다. 마드리드의 에스파냐 왕 조제프는 자금이 부족해 영지에서 돈을 끌어모아야 하는 처지에 내몰렸으나 아직도 명목상 자기 편에 있던 자들을 복종시킬 수 없었다. 나폴레옹이 순금으로 50만 프랑을 보냈을 때, 프랑스군 야전 지휘관 한 사람이 수송대를 가로막고 12만 프랑을 징발해 휘하 병사들의 급여를 지급했다. 1812년은 조제프와 웰링턴이 각각 군대 총사령관에 임명된 해이다. 웰링턴의 임명은 군대의 단결로 이어졌으나, 조제프의 임명은 아무것도 변화시키지 못했다. 원수들이 계속 지역 총독으로 행세하며 원할 때만 자신들의 '왕'에게 주의를 기울였기 때문이다.

　1812년에 웰링턴이 선택한 전략은 마르몽과 포르투갈군을 쳐서 술트로 하여금 남부 에스파냐를 포기하게 만드는 것이었다. 웰링턴의 정보에 따르면 아라곤과 카탈루냐에 6만 명의 병력을 유지했던 수세는 동료 원수들을 지원하는 데 전혀 관심이 없었다. 남부에 있던 술트의 5만 4천 병력은 대부분 카디스 포위 공격에 투입되었다. 마드리드에 주둔한 주베르의 1만 8천 명은 유격대와 적대적인 도시의 주민들을 상대하느라 정신이 없었다. 카파렐리의 북부군은 피레네 산맥의 고갯길들을 지키고 나바라의 게릴라들을 저지하는 데 전념했다. 나폴레옹이 러시아 원정을 위해 3만 명을 빼갔으니 웰링턴 군대는 병력 수에서 각각의 프랑스군보다 우월했다. 웰링턴은 확실하게 다른 원수들로부터 간섭받는 일이 없도록 하려고 남부의 모든 에스파냐 군대에 서로 협력하여 술트에 대적하라고 명령했다. 시칠리아를 떠나 상륙하는 영국-나폴리군이 수세의 주의를 빼앗고, 영국 해군은 해병들을 상륙시켜 비정규전으로 카라펠리와 맞붙을 계획이었다.

웰링턴은 여느 때처럼 조심스럽게 준비한 뒤 4만 2천 병력(영국군 대부분)을 진격시켜 시우다드로드리고를 포위하게 했다. 웰링턴은 이번에는 성공했으나, 병사들이 잔인한 공격으로 도시를 습격한 뒤 광포해져 사방에서 불을 지르고 약탈하고 강간을 자행했다. 포위 공격 후 이튿날 아침이 되어서야 질서가 잡혔지만 런던의 정부는 전쟁 범죄와 잔학 행위에 개의치 않았으며 장군에게 백작 지위와 연간 2천 파운드의 연금을 추가로 수여했다. 3월에 웰링턴은 바다호스를 포위하여 공격했다. 공격은 만만찮은 일이었음이 드러났다. 영국군은 큰 손실을 입었고, 웰링턴은 포위 공격을 막 취소하려던 참에 병사들이 도시 반대편에서 성채를 점령했다는 소식을 들었다. 1812년 4월 6~7일 영국군은 다시 술에 취해서 강간과 약탈을 일삼으며 미친 듯이 날뛰었다. 4월 8일 웰링턴은 교수대를 세우고 질서가 회복되지 않으면 수십 명씩 교수형에 처하겠다고 위협했다.

웰링턴은 많은 사상자를 냈지만(성벽의 주 파열구에서 잃은 1,500명을 포함해 도합 5천 명) 5천 명을 포로로 잡았고 프랑스군을 조금씩 파괴할 수 있음을 만족스럽게 증명했다. 공성은 한 달간 지속되었으나 원수들은 가장 가까운 곳에 있었던 술트를 비롯해 아무도 바다호스를 지원하러 오지 않았다. 전략적으로 유리했던 웰링턴은 이제 에스파냐 심장부를 쳐들어갔다. 웰링턴은 상황을 지배했다. 이는 주로 마르몽의 군대가 황제의 명백한 명령에 복종해 아스투리아스의 오비에도에서 아빌라와 과다라마까지 거대한 궁형으로 산개했기 때문이다.

웰링턴과 마르몽은 처음에는 신중하게 서로를 포위했고, 이어 마르몽이 철수해 영국군이 자유롭게 살라망카를 차지하도록 내버려 두었다. 웰링턴은 프랑스군을 따라 레온으로 들어갔으나, 마르몽이 되돌아와 적군을 살라망카로 되쫓으려 했다. 마르몽의 전략은 분명했다. 적군의 우익을 둥글게 포위해 서쪽으로 밀어냄으로써 웰링턴을 포르투갈로 완전히 돌려보내는 것이었다. 그러나 마르몽은 시우다드로드리고를 향해 남서진하면서 웰링턴의 본진을 군용 행낭을 옮기는 우마대로 오인하고 영국군이 퇴각 중이라고 결론 내렸다. 마르몽은 휘하 사단들을 서쪽으로 보내 포위 기동을 계속했고, 넓게 산개한 부대는 중앙이 약해졌다. 웰링턴은 바로 그곳을 공격했고(7월 22일) 마르몽 군대를 한 개 사단씩 체계적으로 파괴할 수 있었다. 대승이 확실했다. 영국군은 살라망카에서 5천 명을 잃었으나, 포르투갈군의 프랑스 병사 4만 8천 명 중 사상자는 1만 4천 명(부상자 중에는 마르몽과 부사령관 부베Bouvet 장군도 포함된다), 포로가 7천 명이었다. 이번에도 웰링턴은 지독히 운이 좋았다. 유능한 마르몽에게 이런 실수는 흔치 않았기 때문이다. 그렇다 해도 전투는 프랑스군에게 큰 패배였고, 보로디노 전투 직전에 나폴레옹에게 전해진 패배 소식은 러시아에 있는 그랑다르메의 사기에 아무런 도움이 되지 못했다.

포르투갈군은 북쪽으로 퇴각해야만 했다. 먼저 바야돌리드로 갔다가 부르고스로 전진했다. 8월 5일 조제프는 마드리드에서 술트에게 안달루시아를 포기하고 남부군을 중부 에스파냐로 끌고 오라고 명령했다. 웰링턴은 7월 30일에 바야돌리드에 입성했다. 포르투갈까지 길게 뻗은 병참선을 염려한 웰링턴은 마드리드로 진격하기로 결정했다. 조제프는 톨레도로 피신했으며, 웰링턴은 8월 12일 에스파냐의 수도로 진입했다. 이제 웰링턴의 주된 두려움은 프랑스군의 네 개 군대가 마침내 연합하기로 결정할지도 모른다는 것이었다. 남쪽에는 술트의 남부군이 발렌시아로 가는 중이었고, 북쪽에는 마르몽의 후임자 클로젤(Bertrand Clausel, 1772~1842)이 지휘하는 포르투갈군이 있었고, 동쪽의 카탈루냐에는 수세의 카탈루냐군이 있었다. 웰링턴의 염려는 옳았다. 파벌로 분열되었던 프랑스군이 연합한다면 웰링턴의 입장은 극도로 위험해질 것이기 때문이었다. 웰링턴은 먼저 클로젤을 치기로 결정하고 부르고스로 추격해 도시를 공격했으나 공성무기가 적절하지 않음을 깨닫고는 10월 말에 철수했다.

그동안 수세와 조제프는 발렌시아에서 연합해 마드리드로 진격했다. 숫자에서 열세였던 웰링턴은 수도에서 살라망카로 병력을 끌어내 방어진을 치고 술트와 대결할 준비를 했다. 술트는 예상대로 잘 대비하고 있는 영국군과 맞붙기를 주저했고, 영국군의 우익을 타격하여 포르투갈로 쫓아낸다는 진부한 책략을 들고 나왔다. 웰링턴은 그해의 출발점인 시우다드로드리고로 물러갔으나, 이는 군대가 식량 부족에 대한 심한 불평과 기강 해이, 약탈, 낙오, 탈영으로 몇 차례 신경을 건드린 후의 일이었다. 그해 이베리아 반도 전쟁은 시우다드로드리고의 눈과 비 속에서 차츰 사라졌다. 웰링턴은 살라망카에서 세운 공적으로 후작이 되었으나 런던에서는 부르고스를 장악하지 못하고 포르투갈로 퇴각한 일로 비판을 받았다. 그렇지만 나폴레옹은 반도 전쟁에서 싸운 원수들 누구도 이 '세포이 장군'을 무너뜨리지 못했고 웰링턴이 이제 안달루시아에서 술트를 밀어냄으로써 전략적으로 유리해졌다는 사실에 우울했다.

에스파냐 궤양 때문에 속이 쓰린 상황에서 교황령이 골칫거리를 안겼다. 교황과의 갈등은 러시아 원정으로 일시 중단되었으나, 1812년 여름 나폴레옹은 피우스 7세에게 사보나를 떠나 퐁텐블로로 오라고 명했다. 황제는 얼음판의 악몽에서 돌아온 즉시 직접 퐁텐블로로 가서 새로운 정교협약을 놓고 협상을 벌였는데, 강경 노선에서 한 발 물러나 교황이 아무런 방해 없이 추기경들과 만날 수 있도록 허락했다. 그러나 '사악한 추기경들'은 퐁텐블로에 도착하자마자 피우스 7세에게 새로운 정교협약은 실수라는 점을 납득시켰다. 피우스 7세는 나폴레옹에게 거만한 태도로 서명을 철회한다고 알렸다. 배신에 격분한 나폴레옹은 다시 사제들과 신학생들을 체포하고 징집하라고 명령했다. 이러한 행태에 부패한 추기경 페슈까지도 "멈춰, 그만하면 됐어!"라고 소리쳤다. 나폴레옹은 외삼촌과 신랄한 언쟁을 벌인 뒤 그를 파리에서 내쫓아 리옹의 대주교구에 감금했다. 페슈는 리옹 대주교의 관저에서 황제에 맞선 가톨릭교회의 저항을 지원했고 1815년 이후의 반동적인 프랑스 교회의 토대를 놓았다. 그러나 페슈는 페슈였다. 돈과 사치에 대한 사랑은 조금도 식지 않았다.

그렇지만 에스파냐와 교황령은 독일에서 이제 막 펼쳐지던 대단한 드라마의 곁가지였다. 뮈라가 비겁하게 떠난 뒤 외젠 드 보아르네는 최선을 다해 러시아군의 진격을 막았지만 1월 중순이면 러시아군은 비스와 강을 건넜고 2월 7일에는 바르샤바를 점령했다. 러시아군은 숫자만 보더라도 어떤 방어 진지도 측면 기동으로 무너뜨릴 수 있었기에 외젠은 오데르 강에서 엘베 강으로 물러나야 했다. 한층 더 불길했던 것은 1812년 12월 31일 타우로겐(토레게)에서 열린 회의였다. 자신의 군단을 이끌고 프랑스군의 일부로 싸우던 프로이센 장군 요르크 폰 바르텐부르크(Ludwig Yorck von Wartenburg, 1759~1830)가 회의에서 러시아로 편을 바꾸었다. 여기에 동프로이센이 동조했고 슐레지엔과 브란덴부르크까지 합류했다. 1813년 2월 28일 프리드리히 빌헬름 3세는 주저했지만 뜨거운 민족주의적 여론에 떠밀려 차르와 동맹을 체결해 프랑스에 맞서 '성전(聖戰)'을 수행하기로 했다. 카이저는 러시아 대군이 베를린으로 휘몰아치는 상황에서 선택의 여지가 없었다.

1813년 3월 13일 프로이센은 전쟁을 선포했고 8만 병력을 전장에 투입했다. 이 병력을 어디서 모았는지에 관해서는 많은 논의가 있었다. 나폴레옹이 앞서 프로이센 군대의 병력 수를 제한했고 상당수를 러시아로 데리고 갔기 때문이다. 설명은 두 가지로 갈리는 듯하다. 나폴레옹은 부주의하게도 프로이센이 러시아에서 입은 손실을 보충하기에 충분한 병력을 모집할 수 있도록 허용했다. 게다가 프로이센은 여러 해에 걸쳐 상당히 많은 정규군을 전역시키고 대신 다른 이들을 훈련시킴으로써 은밀히 군사력을 늘리고 있었다. 새로운 프로이센 군대는 예나에서 패한 군대보다 훨씬 더 강했다. 시민의 덕과 독일 민족주의라는 동기가 맹목적 복종이라는 낡은 봉건적 태도를 대체했다. 11만 명의 러시아군이 이미 독일에 들어왔으므로, 배신자 베르나도트가 한편이 되어 2만 8천 명의 스웨덴 병사들을 더하기 전인데도 동맹군의 병력은 이미 막강했다. 나폴레옹이 직접 전장에 나타날 즈음 외젠은 거듭 퇴각할 수밖에 없었기에 잘레 강에 강력한 방어 진지를 구축하고 있었다.

나폴레옹이 이 위협적인 군대와 맞붙으려면 프랑스 국민에게 더 많은 희생과 세금, 인력을 요구해야 했다. 1813년은 나폴레옹이 정권의 두 기둥인 명사들과 농민의 지지를 결정적으로 상실한 해였다. 나폴레옹은 더 많은 공유지를 시장에 내놓아 농민의 환심을 사려 했지만, 그즈음의 경기 침체로 농민들에겐 땅을 살 자금이 없었다. 명사들로 말하자면, 제국의 부자 집안과 귀족 집안의 아들들로 의장병을 모집했던 1813년 4월 3일의 원로원 결의가 마지막 결정타였다. 이들은 나폴레옹 군대를 채워야 했으며(모두 합해 10만 명이 될 것으로 예상되었다) 타당한 이유 없이 병역을 기피하는 자는 무거운 세금을 물어야 했다. 반응은 각양각색이었다. 일부 귀족의 아들들은 복무했는가 하면 어떤 이들은 거부했다. 그러나 주된 효과는 명사들과 정규군의 장교단을 모두 분노하게 만든 것이었다. 장교단은 새로운 벼락부자들의 침범을 달가워하지 않았다.

나폴레옹은 러시아군과 프로이센군을 저지하는 데 필요한 병력을 모으려고 필사적으로 노력했는데, 이 조치는 그중 하나였을 뿐이다. 나폴레옹의 문제는 해가 거듭될수록 더 무리한 징병을 요구했다는 사실에 있었다. 1800년에서 1807년까지 소집된 숫자는 7만 8,700명인데, 1808년 2월에서 1809년 1월까지 한 해에만 2만 4천 명이 징집되었다. 이후 1812년까지 39만 6천 명이 징집되어 주로 에스파냐에 투입되었다. 당해 연도의 징집 대상자 이외에 이전에는 제비뽑기로 일부만 선발했던 연령 집단이나 아직 나이가 차지 않은 연령 집단에서 점점 더 많은 인원을 충원했다. 또 병역 기피가 더욱 어려워졌다. 병무 업무가 지역 당국의 관할에서 벗어났고, 대리인을 쓸 수 있는 권리가 제한되었으며, 신장 하한선 기준이 철회되었고, 기혼자의 병역 면제를 없애려는 시도도 있었다.

징집 거부는 1812~1813년에 전례 없이 높은 수준에 달했다. 징집 기피자들은 종종 산 중턱을 떠돌며 작은 범죄를 저지르는 거대한 탈영병 무리에 합류했고, 북부 지방에서는 이러한 무리들이 징집 기피에 정치적 의식을 덧칠하면서 '원초적 반란자들'*로 변모했다. 이 무리들은 흔히 지역에서 사제와 농민으로부터 폭넓은 지지를 받았다. 현지 정서의 파고가 얼마나 높은지 인식하고 있던 지사들은 탈영병들에게 군대 수색대 정보를 지속적으로 제공했다. 병역 기피와 탈영은 몇몇 도에서는 일종의 유행이 되었다. 어느 도에서는 징집된 1,600명 중 1천 명이 탈영했다. 징집을 피하려고 산으로 들어간 사람들의 가족은 무거운 벌금을 물거나 병사들을 집에서 숙박시키는 처벌을 받았고, 13만 9천 명으로 추산되는(1811년) 실종된 징집 대상자들을 찾는 임무를 띠고 시골로 파견되는 병사들이 점점 더 많아졌다.

---

* 에릭 홉스봄(Eric Hobsbawm)이 1956년에 출간한 《원초적 반란자들(Primitive Rebels)》에서 이러한 현상을 사회적 산적(social banditry)라 불렀다.

1813년 징집 대상자들이 보인 태도는 프랑스의 사기가 얼마나 추락했는지를 단적으로 보여준다. 징집에 응한 사람들은 체념한 채 음울한 기분으로 응했지만 소집을 피하려고 몸에 끔찍한 상처를 내는 사람도 많았다. 17살 청년이 90살 노인과 '결혼'해 원하는 지위를 얻는 등 기혼자의 면제 규정이 널리 남용되었다. 또 흠 없는 건강 증명서를 받지 않으려고 온갖 술수가 동원되었다. 이를 뽑기도 하고, 산(酸)을 쓰거나 방향을 씹어 일부러 부식시키기도 했다. 어떤 이들은 몸을 불로 지지고 상처에 물과 비소를 뿌려 치료가 불가능하게 만들었다. 또 다른 이들은 스스로 탈장을 야기하거나 생식기에 부식성 산을 바르기도 했다. 나폴레옹은 1814년 징집 대상자를 한 해 일찍 소집하고 전 해의 징집 기피자들을 체계적으로 수색하고 8만 명의 국민방위대를 군대로 이전해 응수했다. 황제는 또다시 서류상 숫자와 현실의 간극을 발견했다. 국민방위대는 명목상 병력의 5분의 4밖에 되지 않았다.

나폴레옹의 전반적인 목표는 1813년 중반까지 65만 명의 신병을 충원하는 것이었다. 이제 막 훈련을 마친 13만 7천 명의 징집병에 국민방위대에서 이전한 병력을 더해도 전체의 3분의 1에 못 미쳤다. 그래서 나폴레옹은 1813년 2월에 1814년 대상자를 소집했고 독일과 이탈리아에 새로이 병력을 요구했다. 기마경찰대가 기병대로 전환되었으며, 해군 2만 명이 육군으로 재훈련을 받았다. 나폴레옹은 1809년에서 1812년까지의 징집병 10만 명을 소집해 1813년 전쟁을 위한 병력 35만 명을 모았다. 또 4월, 8월, 10월에 다시 소집령을 내려(1815년 대상자도 포함했다) 연말까지 16만 명을 더 확보했다. 그러나 새로운 군대의 역량은 모든 측면에서, 특히 장교진에서 보잘것없었다. 훌륭한 장교는 최전선에서 지휘했기에 그랑다르메 황금기의 일급 장교들은 대부분 사망했다. 그리고 기병대에 쓸 말이 턱없이 부족했다. 러시아에서 20만 마리가 죽었고, 동유럽의 말 사육 지역은 이제 대부분

적군의 수중에 들어갔다. 말이 부족하다는 사실은 나폴레옹이 1813년 전쟁에서 사실상 한 손으로 싸워야 한다는 뜻이었다. 효과적으로 정보를 수집할 수도 없고 패한 적군을 추격할 수도 없었기 때문이다.

나폴레옹이 1813년을 위해 원래 세웠던 계획은 베를린을 되찾고 토르가우, 비텐부르크, 마그데부르크, 함부르크 요새를 축으로 삼아 엘베 강과 오데르 강 사이에서 싸우는 것이었다. 그렇게 하면 비스와 강의 요새 단치히와 토룬, 모들린에 갇힌 프랑스군 15만 명을 구출하고, 프로이센을 전쟁에서 이탈하게 하고 쿠투조프의 측면을 공격할 수 있을 것이었다. 그러나 조제핀의 아들은 운 나쁘게도 늘 측면을 공격당해 황제를 불쾌하게 했다. 특히 함부르크를 포기하고 드레스덴에 노력을 집중했을 때가 최악이었다. 어쨌든 보나파르트가 애초에 세운 계획에는 경험 많은 병사 30만 명이 필요했는데 황제는 이를 확보하지 못했다. 나폴레옹은 위급할 때는 그만한 숫자의 신병을 전장에 투입할 수 있었겠지만, 이들이 어떻게 쿠투조프의 노련한 병사들에 맞서겠는가? 그리고 라인연방은? 작센과 바이에른은 계속 황제에게 충성할 것인가?

독일의 협력국들은 조금 망설이다가 마지못해 프랑스에 운명을 맡겼다. 이 전쟁에서 나폴레옹의 초기 기동은 서툴렀다. 나폴레옹은 외젠에게 함부르크가 드레스덴보다 더 중요하다는 말을 전했고, 그래서 외젠은 드레스덴에서 나와 대신 마그데부르크를 점령하면서 블뤼허 원수가 지휘하는 프로이센군이 드레스덴으로 들어가도록 허용했다. 나폴레옹은 이어 전쟁 계획을 밝혔다. 5월에 공세를 개시해 단치히를 탈환한 뒤 적군을 비스와 강 너머로 몰아내는 것이었다. 그리하여 나폴레옹은 잘레 강가의 15만 명을 얻고자 먼저 외젠과 합류했고, 이어 라이프치히를 거쳐 드레스덴으로 진격해 동맹군의 배후에서 엘베 강 건널목들을 장악하고 동맹군은 베를린과 슐레지엔과 연결되지 못하도록 차단할 생각이었다. 운이 조금이라도 따라주었다면 이런 계획에 따른 전투는 신속한 승리로 끝날 수 있었을 것이다. 계획이 수정되었어도 황제가 북부의 대전략을 망각한 것은 아니었다. 그러나 나폴레옹은 실추된 명성을 되찾고 군대의 사기를 회복하고 라인연방의 동요를 막으려면 남부에서 승리가 필요했다.

나폴레옹은 3월의 대부분을 공들여 전쟁을 준비하고 원수들의 자신감을 북돋우며 보냈다. 원수들이 투덜거리는 소리를 들었기 때문이다. 원수들은 황제가 군사 지휘관으로는 이미 정점을 넘어 내리막길을 걷고 있으며 자신들보다 궁정의 아첨꾼들 말에 더 귀를 기울인다고 불평했다. 또 황제는 이제 전장을 방문하지 않으며 모호하고 이해할 수 없는 명령을 내리고 점점 심해지는 기강 해이와 약탈에 아무런 관심을 보이지 않아 그랑다르메를 노략질의 본보기로 만들었으며 대륙 전역에 걸쳐 지지와는 거리가 멀어지고 있다는 불평이 들려왔다. 나폴레옹은 이런 뜬소문을 듣고는 원수들이 부자가 되고 성공한 것은 모두 자기 덕임을 강조하기로 했다. 예리하게도 나폴레옹은 상상력이 부족한 군단 사령관이라고 부르면 딱 제격인 네에게 모스크바 공이라는 새로운 직함을 주었다. 이 '용감한 자 중에서 가장 용감한 자'는 한 달간의 휴가와 연간 80만 프랑의 연금을 더 지급받았다.

1813년 4월 15일 나폴레옹은 생클루를 떠나 이틀 후 마인츠에 도착했고 한 주일 동안 머물며 전쟁의 세부 계획을 세웠다. 네의 3군단이 4만 5천 명이고 마르몽의 6군단이 2만 5천 명이었는데, 손실이 컸던 베르트랑의 4군단과 우디노의 12군단은 합쳐서 3만 6천 명을 간신히 형성했다. 근위대는 1만 5천 명까지 증강되었다. 그밖에 황제는 다부의 1군단(2만 명)과 2군단(엘베군)을 소환하고 5군단과 8군단, 11군단에서 부대들을 차출했으며 세바스티아니의 기병대 1만 4천 명도 데려왔다.

나폴레옹의 주요한 걱정은 말이 부족해서 실전에 기병대를 쓸 수 없다는 점이었다. 그러나 나폴레옹은 동맹군이 자만해 있기에 필시

1813년 5월 2일 뤼첸 전투에서 군을 지휘하는 나폴레옹. 이 전투에서 나폴레옹은 프로이센-러시아 동맹군을 함정에 빠뜨려 격파했다.

전투로 유인할 수 있으리라는 생각으로 위안을 삼았다. 결국 프랑스 신병들이 상대할 군대는 러시아의 노련한 병사들이 아닌가? 그리하여 나폴레옹은 20만 병력을 이끌고 라이프치히로 출발했고 25일에 에르푸르트에 도착했다. 도착하자마자 시작된 격렬한 전투는 5월 1일 바이센펠트에서 프랑스군의 승리로 끝났다. 이 싸움에서 베시에르 원수가 사망했는데, 이는 황제에게 견디기 힘든 타격이었다. 베시에르는 1796년부터 동료였고 황제의 명령에 복종하는 몇 안 되는 원수였다. 베시에르는 군대 내에서는 보로디노에서 황제에게 근위대를 출전시키지 말라고 설득했다는 이유로 인기가 없었지만, 나폴레옹은 베시에르를 잃은 것이 뼈아팠다.

그러나 바이센펠트 전투는 이튿날 뤼첸에서 벌어진 훨씬 더 야만적인 전투의 서곡이었을 따름이다. 뤼첸 전투에서 나폴레옹은 비트겐시테인이 지휘하는 러시아군 정예 부대에 맞서 새로 결성한 군대의 용기를 시험했다. 전투는 보나파르트 전투의 교과서와도 같았다. 프랑스군이 러시아군의 좌익을 돌파하는 동안 네는 3군단으로 뤼첸을 점령하라는 명령을 받았다. 예상할 수 있는 일이었지만 네는 정찰병을 내보내는 것을 잊었고, 그래서 동맹군 사령관 비트겐시테인은 미끼를 물었다. 앞에 있는 적군을 보병 여단 1개로 생각하고 프로이센군을 앞으로 내보내 적군을 소탕하라고 했던 것이다. 오전 11시 45분경 치열한 전투가 시작되었다. 블뤼허는 네를 완벽하게 기습해 거의 성공할 뻔했다. 그러나 동맹군은 적군의 힘을 심하게 과소평가했다.

그렇지만 오후 2시 30분경 나폴레옹이 전장에 도착했을 때 상황은 나쁘게 돌아가고 있었다. 나폴레옹은 위험을 무릅쓰고 사기가 떨어진 3군단으로 말을 몰았고 병사들을 다시 싸울 수 있는 상태로 돌려놓았다. 그런 뒤 황제는 6군단으로 네의 방어선을 보강했고, 원수들 중에서 모스크바 공의 유일한 친구 마크도날로 하여금 9군단으로 러시아군 우익을 위협하게 했으며, 베르트랑으로 하여금 러시아군의 좌익으로 돌진하게 했다. 비트겐시테인과 요르크(오후에 부상당한 블뤼허를 대신했다)는 둘 다 둔하게 움직였고 나폴레옹의 모든 책략에다 속아 넘어갔다. 요르크는 차르 알렉산드르 1세의 조언을 거부하고 오후 4시에 예비 부대를 투입했다. 러시아군은 초기에 성공을 거두었으나 청년근위대와 기력을 회복한 3군단에 밀려났다. 오후 5시 30분 측면기동을 펼칠 마크도날과 마르몽의 부대가 자리를 잡자 나폴레옹은 총공격 신호를 보냈다. 프랑스군은 70문의 대포를 직사거리 내로 끌고 왔고, 청년근위대와 선임근위대가 진격했다. 마르몽과 베르트랑은 우측에서, 마크도날은 좌측에서 치고 들어갔다. 동맹군 전선은 무너지기 시작했다.

땅거미가 질 무렵 마크도날과 베르트랑은 포위에 필요한 사전 작업을 완료했지만, 밤이 찾아왔고, 기병이 부족하여 결정적인 승리를 거두지 못했다. 이는 프랑스군에 말이 부족했음을 뜻했다. 말이 충분하고 낮이 두 시간만 더 이어졌다면 나폴레옹은 결국 칸나이 전투 같은 승리를 얻었을지도 모른다. 동맹군은 크게 흔들렸고 오데르 강이

나 나아가 비스와 강까지 퇴각해야 한다는 말이 나왔다. 사상자 숫자는 각각 2만 명으로 같았지만, 뤼첸 전투는 황제의 평판을 확실하게 구했다. 나폴레옹은 선견지명으로 적군의 이동을 예상해 최상의 상태에 있음을 입증했다. 러시아 원정과는 대조적으로 나폴레옹의 명령은 명료하고 간결하며 경제적이었다.

그러나 나폴레옹은 곧 진정으로 예전의 강력한 인물이 아님이 드러났다. 나폴레옹은 자신의 재능과 평범한 군단 사령관들 사이의 명백한 차이에 우울해졌다. 그럴 만도 했다. 나폴레옹이 보기에는 군단 사령관들의 결점 탓에 완전한 승리를 거두지 못했던 것이다. 나폴레옹은 초저녁에 근위대를 투입해 마지막 일격을 가했어야 했다는 비판자들에 맞서 한 번 더 자신을 변호했다.

나폴레옹에게 가장 인상적이었던 것은 예상과는 달리 러시아군이 아니라 프로이센군의 자질이었다. 나폴레옹은 말했다. "이 짐승들이 무엇인가를 배웠다." 나폴레옹이 종종 피로에 지쳤고 특히 전투 후에 자주 아팠으며 심지어 결정적인 순간에 잠들기도 했다는 사실도 눈에 띈다. 1813년에 독일에서 벌인 전쟁이 오래 끌었기에 그런 현상이 더 심했을 것이다.

동맹군은 바우첸으로 퇴각했고 그곳에서 바르클라이 데 톨리가 지휘하는 1만 3천 명의 러시아군을 증원받았다. 5월 4일 나폴레옹은 군대를 둘로 나누었다. 절반은 네에게 지휘를 맡겨 북쪽으로 보내 7군단의 작센군과 통합하여 베를린으로 진격하게 했다. 아마도 러시아군을 압박해 단독 강화를 청하게 하려는 의도였을 것이다. 네의 부대 나머지 병력은 비트겐시테인을 추격하기로 했고, 로리스통 장군과 5군단에는 분할된 엘베군 사이에 연락을 유지하는 임무를 맡겼다. 나폴레옹은 메테르니히가 라인연방을 매수하려고 음모를 꾸민다는 사실을 알았고 오스트리아가 곧 세 황제의 동맹에 합류해 자신과 대적할까 두려웠기에 외젠을 이탈리아로 돌려보내 그곳에서 오스트리아의 주의를 빼앗게 했다. 이제 전체적인 계획은 분할된 프랑스군이, 다시 말해 네와 빅토르, 레니에르, 세바스티아니가 이끄는 8만 5천 명의 북쪽 부대가 베를린을 위협하고 나폴레옹이 직접 지휘하는 남쪽 부대가 드레스덴을 겨눔으로써 프로이센을 압박해 러시아의 동맹에서 이탈하게 하는 것이었다. 그렇게 되면 나폴레옹은 적을 차례로 무찌를 수 있을 것이었다.

보나파르트의 계획은 최선이었지만 불운하게도 동맹군은 군대를 나누지 않고 엘베 강을 건너 바우첸으로 퇴각했다. 그곳에서 싸울 생각이었다. 동맹군은 5월 7~8일에 드레스덴을 떠났으나 교량들은 파괴하지 않고 그대로 두고 왔다. 5월 8일 나폴레옹은 드레스덴을 차지했고 이틀 후 강 동쪽에 두 곳의 교두보를 장악했다. 외젠이 이탈리아로 출발하기 전인 5월 5일 콜디츠에서 프로이센 군대의 후위에 타격을 가했다는 반가운 소식이 도착했다. 여러 상황 중에서 가장 고무적인 소식은 작센 왕이 어쩔 수 없이 프랑스군에 새로운 병력을 투입했다는 사실이었다. 이제 나폴레옹은 둘로 나뉜 자신의 군대를 번개처럼 빠르게 결합해 적군을 분쇄할 종합적인 계획을 세우는 데 착수했다.

나폴레옹은 네에게 베를린을 '차폐'하고 병력 일부를 적군이 볼 수 없는 남쪽으로 보내라고 명령한 뒤 엘베 강으로 진격했다. 동맹군은 숫자에서 약간 열세였으나 경험 많은 군인이 더 많고 방어 위치도 슈프레 강을 앞에 두고 있어 유리했다. 나폴레옹은 아우스터리츠에서 거둔 것과 같은 눈부신 승리를 얻고자 적군이 느끼고 있을 자신감을 이용했다. 나폴레옹의 전투 계획은 전략적으로 기원전 331년 알렉산드로스 대왕이 가우가멜라에서 페르시아군의 측면을 포위할 때 썼던 방식을 기본으로 삼았다. 나폴레옹은 우선 중앙에 점점 더 많은 병력을 투입해 적군의 발을 묶어놓을 생각이었다. 그동안 네가 남쪽으로 강행군해 동맹군의 배후로 돌아가 우익을 급습할 계획이었다. 황제는 적의 예비 부대가 모두 정면 공격에 투입되었다는 확신이 들면 곧 측면 기동부대로 공격에 나서 적군이 새로운 위협에 맞서 중앙에서 병력을 빼내게 만든 다음, 프랑스군의 예비 부대로 중앙에서 마지막 일격을 가하려 했다.

계획대로 잘 진행되었다면 바우첸 전투는 프리틀란트와 예나, 마렝고 전투와 함께 팡테옹에 새겨졌을 것이다. 그러나 나폴레옹은 정확하지 않은 말로 명령을 내리는 오래된 잘못 말고도 작전을 수행할 장군들이 없었다는 결점을 지니고 있었다. 이 작전에는 고인이 된 란이나 에스파냐로 돌아간 마세나, 엘베 강 하류에 있던 다부의 노련한 솜씨가 필요했다. 그렇지만 나폴레옹은 술트와 네, 마크도날 같은 형편없는 원수들을 쓸 수밖에 없었다. 네는 이번에도 명령을 따르지 못하는 무능함을 드러냈다. 베를린에 적을 묶어 둘 병력을 남기지 않은 채 전군을 이끌고 남쪽으로 이동했던 것이다. 그 다음으로는 바우첸의 동쪽을 돌아 동맹군의 퇴각을 차단하라는 간명한 명령도 이행하지 못했다.

5월 19일 나폴레옹은 군대를 전투 서열대로 배치했다. 베르트랑은 좌익, 우디노는 우익, 마르몽과 마크도날은 중앙을 맡고, 술트의 군단과 근위대는 예비 부대로 남겼다. 프랑스군의 초기 목표는 호흐키르흐 마을을 장악하고 적의 중군을 지치게 하면서 네가 우측에서 측면 기동을 완수하는 것이었다. 그 다음 베르트랑이 강을 건너 결정타를 날릴 계획이었다. 그러나 네는 19일까지 예정된 위치에 도착할 수 없다고 보고했다. 그래서 나폴레옹은 21일 포위 작전에 앞서 적군을 속일 수 있기를 바라면서 20일에 격렬하게 한판 붙기로 결정했다. 나폴레옹에 대적한 군대는 블뤼허가 지휘하는 프로이센군과 알렉산드르 1세의 러시아군이었다. 동맹군의 전투 계획은 나폴레옹 전략의 복사판이나 다름없었다. 프랑스군의 좌익에 공격을 집중해 그랑다르메의 공격의 예봉이 예비 부대를 집결해놓은 자신들의 좌익으로 향하기를 기대했던 것이다.

5월 20일 전투가 시작되었다. 프랑스군은 포격을 가한 뒤 공병이 슈프레 강에 다리를 놓았다. 3개 군단의 정면 공격은 잘 진행되었다. 우디노 군단은 우익에서 용감히 싸워 동맹군에게 좌익이 진짜 표적이라는 생각을 굳히게 했다. 밤이 되면서 모든 일은 대체로 계획대로 이루어졌고, 프랑스군은 바우첸을 점령했다. 그러나 곧 네가 작전의 일부를 서투르게 처리했다는 사실이 명백해졌다. 나폴레옹은 신속히 임기응변에 나서 네에게 참호를 파고 적군을 기다리라고 명령했고, 로리스통 장군에게 별동대를 맡겨 동맹군의 배후로 돌아가는 네의 원래 임무를 수행하게 했다.

이튿날 아침 황제는 술트의 군대와 근위대를 집결해 결정타를 가하려 했다. 나폴레옹은 이제 원래 계획했던 측면 기동은 단념하고 적군의 좌우 측면을 저지한 채 중앙을 통해 우익을 타격하려 했다. 알렉산드로스가 가우가멜라에서 쓴 전략을 말버러가 블렌하임 전투에서 쓴 전술로 대체한 꼴이 되었다. 20일에 점령에 성공한 우디노의 영웅들은 오른쪽에서 동맹군 좌익의 압박을 받았고 강도는 점점 더 세졌다. 우디노는 병력 증원을 요청했으나, 나폴레옹은 천천히 퇴각하면 적군이 더 많은 부대를 투입할 것이고 그러면 적의 중앙이 약해질 것이라며 오후 3시까지 버티라고 했다.

오후 2시 나폴레옹은 술트 휘하의 4군단 2만 명 병사들에게 적군의 중앙으로 진격해 멋진 솜씨를 보이라고 명령했다. 4군단은 바우첸 고원까지 밀고 나갔으나 거기서부터 공격이 주춤하더니 점차 사그라졌다. 주된 이유는 세 가지였다. 첫째, '새로운 체제'를 갖춘 프로이센군에 뒤지지 않으려고 결의를 다졌던 러시아군이 불굴의 의지로 싸웠다. 둘째, 블뤼허는 위험을 간파하고 우디노를 추격하던 부대의 일부를 다시 불러들였다. 셋째, 나폴레옹은 말이 부족한 탓에 포대를 전진시킬 수 없었다. 오후 늦게 양쪽의 중앙군은 싸우다가 교착 상태에 빠졌고, 우디노는 여전히 강한 압박에 시달렸다. 황제는 지난 시절 종종 자문했고 앞으로도 다시 묻게 될 질문을 떠올렸다. 네는 무엇을 하고 있는가?

네는 오전 11시부터 프라이티츠 마을을 빼앗으려는 의미 없는 전투에서 헤어나지 못하고 있었다. 네는 분명히 황제가 내린 명령의 의도를 이해하지 못했다. 단순히 마을을 '차폐'하고 적진의 배후로 침투했어야 했는데, 그것을 놓쳤던 것이다. 대신 네는 큰 희생을 치르며 방어가 훌륭한 마을을 고집스럽게 공격했고 매번 격퇴당했다. 설상가상 네의 퇴각 병력이 로리스통의 부대와 충돌해, 동맹군의 측면을 돌아 나간다는 작전을 한층 더 어렵게 만들었다. 네는 결국 프라이티츠를 빼앗았지만 블뤼허의 뒤로 돌아가는 대신 정면에서 공격해 프로이센 군대의 퇴각을 강요함으로써 실수를 하나 더 보탰다.

중앙에서는 피비린내 나는 전투가 오래 이어졌고, 나폴레옹은 러시아군과 프로이센군의 열렬한 투지에 다시 기가 꺾였다. 오후 5시쯤 우디노는 오른쪽에서 주도권을 되찾았으나, 우디노와 술트 둘 다 단호한 저항에 부딪쳐 전진이 매우 더뎠다. 중앙에서 지친 러시아군이 탄약이 떨어져서 마침내 와해되기 시작했을 때에도 프로이센군은 어렵지 않게 네를 붙들고 있었다. 나폴레옹은 적군의 힘이 약해진 것을 알아채고 근위대를 내보냈다. 이에 동맹군은 전면 퇴각을 명령했으나 네와 로리스통의 실수 덕에 대포를 다 챙겨서 질서정연하게 철수할 수 있었다. 그날 밤 10시경 맹렬한 폭풍우에 프랑스군의 열의 없는 추격 시도도 끝났다.

양측은 똑같이 2만 명가량 잃었다. 차이가 있다면 동맹군은 손실을 견뎌낼 수 있었고 프랑스군은 그러지 못했다는 사실이다. 여러 점에서 나폴레옹은 또 한 번의 승리를 얻었으나, 더 나은 결과를 얻을 수 있었다고 생각하니 어쩔 수 없이 실망에 빠졌다. 참모진의 무능과 네의 어리석음, 로리스통의 꾸물거림, 부족한 병참, 사병들에게서 보이는 약간의 기강 해이가 실망스러운 결과에 기여했고, 불평분자들은 황제가 아끼는 근위대를 내보냈는데도 미약한 승리밖에 얻지 못했다고 쑥덕거렸다. 그러나 나폴레옹이 아우스터리츠와 같은 승리를 얻지 못한 가장 중요한 요인은 말 부족에 있었다. 말 부족은 나폴레옹이 어떻게 해결할 수 없는 문제였고 이후로도 계속 나폴레옹을 괴롭힌다. 낙담한 나폴레옹은 동맹군 지휘관들이 '그 괴물'이 여전히 힘을 지녔다는 사실을 깨달으면서 자신감을 잃어버렸다는 사실을 알 수 없었다.

5월 22일 그랑다르메가 서서히 추격에 나섰다. 라이헨바흐에서 격렬한 충돌이 벌어졌을 때 상처 입은 적군은 여전히 위험한 존재임을 증명했다. 그때 나폴레옹은 베시에르보다 훨씬 더 가까운 동료를 잃었다. 포탄 하나가 나무 기둥에 맞고 튀어 뒤로크의 배를 강타했다. 복부가 찢어지면서 제복과 말안장 위로 내장이 처참하게 튀어나왔다. 뒤로크는 천막 안으로 옮겨졌지만, 의사들은 곧바로 할 수 있는 일이 없다고 결론 내렸다. 나폴레옹은 죽어 가는 친구를 보러 왔다. 뒤로크는 황제에게 더 모시지 못하게 되어 죄송하다고 사죄하고 자기 딸의 아버지가 되어 달라고 부탁한 뒤 자신이 죽는 순간을 보지 않도록 돌아가라고 간청했다. 친구가 죽었을 때 나폴레옹의 슬픔은 마치 헤파이스티온이 죽었을 때 알렉산드로스 대왕이 느꼈을 슬픔이나 파트로클로스가 죽었을 때 아킬레우스가 느꼈을 슬픔과 같았다. 나폴레옹이 양성애자라고 주장한 리처드 버튼 같은 사람들은 황제와 뒤로크 사이의 강렬한 우정을 터무니없이 부풀렸지만, 나폴레옹이 뒤로크를 잃은 슬픔에서 오랜 시간 헤어나지 못했다는 것은 사실이다.

이때 나폴레옹 마음의 평정이 1813년 전쟁의 전 과정에 영향을 끼쳤을 수도 있다. 슬픔에 잠긴 황제가 추격을 철회해, 흔들리던 동맹군이 슐레지엔으로 허둥지둥 퇴각할 수 있었기 때문이다. 이제 나폴

툴롱 전투(1793년) 때 만나 나폴레옹의 측근이 된 뒤로크. 1813년 5월 22일 바우첸 전투에서 뒤로크가 전사했을 때 나폴레옹은 오랫동안 슬픔에 빠졌다.

레옹은 압도적으로 유리한 입장에 섰다. 특히 다부가 함부르크를 점령한 것이 큰 힘이 되었다. 그런데도 나폴레옹은 중재하겠다는 오스트리아의 제안을 기꺼이 수용했다. 6월 4일 포이슈비츠(오늘날 폴란드의 파쇼비체)에서 체결된 휴전협정으로 물리적 충돌이 두 달간 중단되었다. 메테르니히가 원한을 품고 있음을 알지 못했던 나폴레옹은 순진하게도 마리 루이즈를 섭정으로 임명한 것으로 오스트리아의 중립을 보장했다고 생각했다. 사실 권모술수의 대가인 메테르니히는 기어코 오스트리아를 참전시키려 했다. 다만 낙담한 군부의 협력자들이 기력을 회복할 여유가 필요했을 뿐이었다.

나폴레옹은 휴전을 받아들여 적군의 계략에 빠졌다고 심한 비판을 받아 왔지만, 이런 결정에는 합리적인 근거가 있었다. 나폴레옹 군대는 이미 지쳤고 이 전쟁 전체에서 적군보다 2만 5천 명이나 더 많은 사상자를 냈다. 병상에 누운 병사가 9천 명이었고, 탈영이 만연했다. 게다가 카자크와 독일인 유격대가 병참선을 습격하면서 탄약과 식량도 부족했다. 그렇지만 결정적으로 나폴레옹은 정보망이 부족한 탓

에 동맹군이 절망적인 처지에 빠져 있음을 깨닫지 못했다. 바우첸 전투 후 러시아군과 프로이센군은 서로를 신랄하게 비난했다. 러시아군에서는 비트겐시테인이 사임해 바르클라이 데 톨리로 대체되었는데 바르클라이는 슐레지엔으로 퇴각했다. 나폴레옹이 정찰대와 기병대가 추격하는 데 필요한 말이 충분했다면 벌써 완전한 승리를 거두었을 것이다. 우디노의 베를린 진격이 결국 실패로 돌아갔을 때 이 점은 분명해졌다. 기병이 부족한 탓에 귀찮게 공격해 오는 카자크 기병대를 궁지로 몰아넣을 수 없었기에 실패한 것이다.

양측 모두 오스트리아에 희망을 걸면서 휴전을 전투의 일시적인 소강 상태로 여겼다. 어느 쪽도 합스부르크 가문의 지원 없이는 완벽한 승리를 거둘 수 없다는 점이 분명했다. 모든 것은 오스트리아가 결혼으로 프랑스와 맺은 동맹에 좌우되는가, 아니면 1796년부터 1809년까지 당한 굴욕에 복수하려는 열망으로 움직이는가에 달려 있었다. 이 순간 메테르니히가 몇 가지 조건을 들고 중재에 나섰다. 프로이센은 원상태로 돌아가야 했고, 라인연방은 해체되어야 했으며, 프랑스의 영토는 '자연 국경'으로 제한되어야 했다. 또 나폴레옹은 오스트리아를 정치적, 군사적 의무에서 풀어주어 정직한 중개인이 될 수 있도록 해야 했다. 프로이센과 러시아는 모두 프랑스와 별도로 비밀 강화를 협상할 가능성이 없었으므로 메테르니히를 유일한 대리인으로 임명해야 했다.

나폴레옹은 메테르니히를 중재자로 인정하고 실질적인 문제들을 해결하기 위한 '회담에 관한 회담'을 열기로 동의했다. 6월 26일 드레스덴의 마르콜리니 저택* 중국실(中國室)에서 역사상 가장 유명한 회담의 하나가 열렸다. 나폴레옹은 6월 9일에서 7월 10일까지 그 방을

마르콜리니 저택 작센 선제후이자 폴란드 왕이었던 아우구스트 2세가 1727년에 정부인 뷔르템부르크 공작부인에게 준 땅에 이듬해 세워진 건물로, 1778년 훗날 작센 왕국의 장관이 되는 이탈리아인 카밀로 마르콜리니가 구입했다.

본부로 삼아 머물렀다. 그러나 메테르니히가 그토록 혐오했던 '괴물'과 마주한 드레스덴 회의는 결코 진지한 평화회담이 아니었다. 메테르니히는 냉소로 가득 찬 채 회담에 임했다. 오스트리아가 군사를 동원하고 프로이센과 러시아가 상처에서 회복할 시간을 벌 생각뿐이었다. 메테르니히는 탈레랑을 위시한 밀정들로부터 프랑스 명사들이 자연 국경을 받아들일 것이라는 얘기를 듣고 이를 안심했고 오스트리아가 프랑스가 8월 10일까지 강화 조건을 수용하지 않으면 동맹국 편으로 참전한다고 약속했음을 알았기에 자신이 승기를 잡았다고 자신했다.

이 유명한 회담은 정오 무렵부터 오후 8시 30분까지 계속되었다. 아홉 시간에 걸친 드레스덴 회담에 대해서는 두 가지 해석이 존재한다. 하나는 메테르니히, 다른 하나는 나폴레옹이 본 것이다. 두 사람의 설명은 똑같이 폭풍처럼 사납고 감정적인 회의였음을 보여준다. 이때 나폴레옹은 지친 듯이 오스트리아 왕과 프로이센 왕은 자신에게 스무 번 패하더라도 계속 왕좌를 지키겠지만 자신은 살아남기 위해 끊임없는 승리의 여세가 필요하다는 유명한 말을 남겼다. 메테르니히는 나폴레옹의 말을 이렇게 전했다. "나의 치세는 내가 더는 강력하지 못하여 두려움의 대상이 되기를 멈추는 날 끝날 것이다. …… 나는 어떻게 죽어야 하는지 알고 있다. …… 그러나 나는 한 뼘의 땅도 넘겨주지 않겠다. 왕좌에 앉을 운명을 타고난 그대의 군주들은 큰마음 먹고 스무 번 패해도 되고 언제나 수도로 되돌아올 것이다. 그러나 나는 그럴 수 없다. 나는 나 자신의 힘으로 출세한 군인이기 때문이다."

나폴레옹은 오스트리아가 중립의 탈을 쓰고 적으로 넘어갔다고 비난하며 메테르니히가 서투르게 개입하지 않았더라면 벌써 프로이센과 러시아와 강화를 맺었을 것이라고 주장했다. 이른바 중재는 대륙의 구체제 강국 세 나라가 나폴레옹에 맞서 떼로 덤비기 위한 변명

오스트리아의 정치가 메테르니히. 1813년 이후 러시아, 프로이센과 함께 대프랑스 동맹을 맺어 나폴레옹을 굴복시켰다.

일 뿐이었다. 나폴레옹은 오스트리아가 배신했다고 신랄하게 비난했다. 당연한 얘기지만 그러면서 오스트리아를 매수해 참전하지 못하게 하고 나머지 두 강국을 무찌른 뒤 돌아와 오스트리아에게 자신이 양보한 것을 다시 토해내게 한다는 마키아벨리즘은 드러내지 않았다. 그렇다면 문제는 대가였다. 나폴레옹은 일리리아를 오스트리아에 넘겨줄 생각은 있었다. 그것으로 충분했을까?

메테르니히는 곧 타협할 의사가 없음을 내비쳤다. 메테르니히는 징그러울 정도로 냉혹하게 강화 조건을 제시했다. 오스트리아는 과거 이탈리아에서 지배했던 땅을 전부 돌려받기를 원했고, 러시아는 바르샤바 대공국의 해체를 요구했으며, 프로이센은 라인연방의 종식을 요구했다. 이런 조건은 협상 제안이 아니라 프랑스의 무조건 항복을 요구하는 것이었다. 나폴레옹은 1796년 이래 점령한 영토를 모두 포기하라는 요구를 받고 있었다. 메테르니히가 진정한 중재 제안을 들고 온 것이 아니라 자신의 머리에 총구를 들이대러 왔음을 차츰 깨달으면서 황제의 분노는 더욱 격해졌다. 메테르니히가 자신의 회고록에서 자동적으로 일어났다고 설명한 나폴레옹의 '이성을 잃은' 행동은 바로 이러한 맥락에서 읽어야 한다. 메테르니히의 이야기는 정황상 사실처럼 들리지만 공정하지 않다. 나폴레옹의 감정을 폭발시킨 도발과 배신의 분위기를 빠뜨렸기 때문이다.

나폴레옹은 이제 막 두 차례의 승리를 거두었는데 어떻게 그토록 바보 같은 조건을 수용할 것이라 기대할 수 있는지 물었다. 나폴레옹은 그랑다르메의 군사적 전통을 얘기했다. 메테르니히는 이렇게 대답했다. "폐하의 병사들을 보았습니다. 어린아이들에 불과하더군요." 그때 삼각 모자 사건이 벌어졌다. 메테르니히에 따르면 나폴레옹이 격노해 방구석으로 모자를 내던졌다. 나폴레옹의 말을 빌리자면 모자가 "바닥에 떨어졌는데," 메테르니히가 자신을 낮추어 모자를 주워 나폴레옹에게 가져다주지 않자 나폴레옹은 분노하며 모자를 차버렸다. 나폴레옹은 메테르니히에게 분노를 터뜨렸다. "그대는 군인의 정신이 어떤지 전혀 모르오. 나는 전장에서 성장했소. 나 같은 사람은 백만 명의 목숨도 개의치 않소." 메테르니히는 황제가 방금 무슨 말을 했는지 온 유럽이 다 들을 수 있게 창문과 방문을 모두 열어놓으면 좋겠다고 빈정거렸다. 메테르니히는 러시아 원정을 언급하며 나폴레옹에게 자신의 야망을 위해 프랑스인의 생명을 희생시키고 있다고 조롱했다. 황제는 러시아에서 '고작' 30만 명밖에 잃지 않았으며 그중 프랑스인은 '10분의 1 미만'이라고 응수했다. 나폴레옹은 폴란드인과 독일인을 희생시키며 프랑스인은 아껴 두었던 것이다. 이에 얼음처럼 냉정했던 메테르니히도 평정을 잃었다. "폐하께서는 지금 독일인과 말하고 있다는 사실을 잊은 모양입니다."

회담은 곧 누가 더 저속한 표현을 쓰는지 우열을 가리자는 싸움처럼 변해버렸다. 나폴레옹이 소리쳤다. "나는 제위를 잃을 수는 있겠지만 온 세상을 폐허 속에 묻어버리고 말겠소." 메테르니히는 이렇게 응수하며 기를 꺾으려 했다. "폐하는 타락한 인간이오." 나폴레옹은 방향을 바꾸어 메테르니히에게 유다 노릇을 하는 데 영국으로부터 얼마를 받았느냐고 경멸하듯 물었다. 메테르니히는 침묵했다. 봄에 프로이센과 오스트리아로부터 각각 200만 파운드씩 받은 것 말고도 영국 정부가 오스트리아가 동맹군 편으로 참전하면 주기로 하고 100만 파운드와 59만 파운드어치 식량을 준비해놓았다는 사실을 인정할 수는 없었다. 1813년 3월부터 11월까지 영국의 지원은 1100만 파운드라는 어마어마한 액수에 달했다. 이는 1793년에서 1801년까지 여러 전쟁에서 얻은 차관과 지원금 전체에 해당하는 액수였다. 게다가 1813년에 제공된 200만 파운드어치 무기와 장비, 그리고 덴마크와 네덜란드, 하노버에 지급된 상당한 액수는 여기에서 제외된 것이다.

회담은 성과 없이 끝났다. 나폴레옹은 일리리아는 양보할 수 있지만 이탈리아와 바르샤바 대공국, 라인연방은 양보하지 않겠다는 뜻을 분명히 했다. 메테르니히는 그렇다면 더 할 얘기가 없다고 답변했다. 발끈한 나폴레옹은 메테르니히에게 퉁명스럽게 말했다. "오, 고집을 꺾지 않는군. 여전히 내게 지시할 생각이야. 그렇다면 좋소. 전쟁이오! 빈에서 다시 봅시다!" 메테르니히는 마음대로 하라는 투로 어깨를 으쓱했다. 메테르니히가 회담장을 나설 때 베르티에가 옆에 따라 붙으며 일이 만족스럽게 해결되었냐고 물었다. 메테르니히는 이렇게 대답했다. "그렇소. 황제는 모든 것을 충분히 분명하게 밝혔소. 모든 게 황제에게 달려 있소." 이튿날인 6월 27일 오스트리아는 프로이센과 러시아와 비밀리에 라이헨바흐 조약을 체결해 프랑스가 메테르니히의 조건을 수용하지 않을 경우 동맹국 편으로 참전한다고 합의했다.

드레스덴 회담 직후 나폴레옹은 생각을 다시 했다. 일을 잘못 처리했다고 느낀 나폴레옹은 프라하에서 한 번 더 강화회담을 마련했다. 휴전은 8월 10일까지 연장되었다. 그러나 드레스덴 회담의 즉각적 여파로 에스파냐에서 프랑스 전선이 갑작스레 붕괴했다는 소식이 들려왔다. 1812년의 대실패가 초래한 한 가지 즉각적 결과는 영국이 에스 파냐로 증원군을 보낸 것이었다. 1812년 11월 중앙최고훈타에서 에스 파냐의 총사령관으로 승인받은 웰링턴은 1813년 초가 되면 8만 7천 명을(이중 영국인은 5만 6천 명) 지휘했고, 이 병력은 봄이면 10만 명까 지 늘어난다. 반면 나폴레옹은 에스파냐에 있는 프랑스군을 증강하 기는커녕 1만 5천 명을 빼내 1813년 독일 작전에 투입했다.

단순히 숫자만으로도 조제프는 불리했다. 유격대가 계속 증가하 는 상황에서 마드리드와 피레네 산맥 사이의 도로를 계속 확보하는 데 4개 사단이 필요했고, 마드리드에서 파리로 급보를 전하는 데 6주 가 걸렸다. 술트가 다시 불려가고 오랜 친구였던 주르당이 대신 온 것은 조제프에게 위안이 되었다. 두 사람은 소규모 병력으로 무엇을 이룰 수 있는지 상의했다. 주르당은 에스파냐 남부와 북서부를 포기 하고 카스티야라비에아, 나바라, 피레네 길, 산탄데르, 산세바스티안 에 집중하라고 조언했다. 나폴레옹은 이에 동의했으며, 1813년 3월 조제프에게 마드리드를 포기하고 바야돌리드로 수도를 옮기라고 명 령했다.

조제프는 해마다 반복되는 웰링턴의 침공에 오랫동안 대비해 왔으 나 불행하게도 병력이 부족했다. 조제프는 원래 부르고스 서쪽의 레 온에서 마드리드 남쪽의 라만차로 뻗는 거대한 반원에 군대를 배치 할 계획이었지만, 결국 현실적이었던 것으로 판명된 동생의 명령 덕 분에 최소한 방어전은 수행할 수 있었다. 그렇지만 조제프는 황제에 게 자신이 병력 수에서 웰링턴보다 열세라는 점을 납득시키지 못했 고 수세에게 지원을 받아내지도 못했다. 수세는 카탈루냐와 아라곤 에서 시칠리아로부터 침입한 자들과 싸우느라 여념이 없었다. 조제 프는 주르당과 함께 웰링턴이 시우다드로드리고를 거쳐 에스파냐로 진입한 뒤 살라망카와 바야돌리드를 거쳐 북동진하리라 판단했다.

예상대로 웰링턴은 5월에 살라망카로 진격했다. 웰링턴과 대적하려고 병력을 집결시키던 조제프는 도시를 점령한 군대가 10만 명에 달하는(영국군과 하노버군 8만 명, 에스파냐군 2만 명) 동맹군의 전력이 아니라 훨씬 더 적은 수의 군대라는 사실을 알고 놀랐다. 웰링턴은 주력 부대를 토머스 그레이엄 장군(Thomas Graham)에게 지휘를 맡겨 훨씬 더 북쪽에서 에스파냐로 진입하도록 함으로써 조제프를 속였다. 그레이엄의 6개 사단은 트라주즈몬테스 산맥을 넘어 레온의 평원에 출현했는데, 웰링턴이 미끼로 썼던 부대도 살라망카로부터 강행군해 그곳에서 합류했다. 사모라 주의 토로에 집결한 웰링턴 군대는 계속 북쪽으로 돌아 적군을 우회하고 팔렌시아와 부르고스에서 철수하도록 압박함으로써 마르몽의 오랜 전술을 프랑스군에게 그대로 써먹었다.

지속적으로 측면을 포위당한 조제프는 비토리아 서쪽 평원으로 군대를 끌어냈다. 웰링턴은 그곳에서 승리한다고 해도 에스파냐에서 프랑스군을 몰아낸다는 최종 전략 목표를 달성할 수는 없으며 따라서 서쪽으로 더 나아간 지점에서 싸우는 것이 이상적이라고 깨달았다. 그러나 병참선이 길어진다는 문제가 있었다. 웰링턴은 식량의 일부를 라코루냐에 정박 중인 영국 해군 선박들로부터 공급받고 있었지만, 주요 병참선이 포르투갈로 이어져 도달하는 데 10주나 걸렸기에 5일 동안은 현지에서 기식해야만 했다.

6월 19일 결정적인 충돌이 벌어졌다. 조제프는 적군이 서쪽에서 정면으로 공격해 들어오리라 예상했으나 웰링턴은 북쪽에서부터 두 갈래로 맹공을 가하기로 계획했다. 웰링턴은 조제프가 제1선의 남부군과 제2선의 포르투갈군 사이에 약 8킬로미터의 간격을 두고 병력을 배치해 큰 실수를 저질렀다고 말했다. 웰링턴은 프랑스군을 안심시키려고 라푸에블라 고개를 통해 힐 장군(Rowland Hill)을 비토리아 평원으로 내보냈다. 바로 조제프가 예상한 대로였다. 그때 웰링턴이 주요 공격을 개시했다. 양쪽에서 쏘아대는 포화에 갇힌 프랑스군은 퇴각 전투를 시도했으나 곧 패주했다. 자신들의 배후로 내려와 바욘과 빌바오로 이어지는 도로를 장악하려 하는 영국군을 발견했지만 이미 때는 늦었다. 프랑스군은 팜플로나로 이어진 험한 길을 따라 퇴각할 수밖에 없었고, 공황에 빠진 병사들과 겁먹은 부대의 꼬리, 버려진 마차들이 뒤섞여 큰 혼란이 빚어졌다.

비토리아 전투는 영국군의 눈부신 승리였다. 프랑스군은 산세바스티안과 바욘으로 퇴각해야 했고, 마드리드에서 가져온 그림과 돈, 기타 보물을 포함해 대포(150문)와 식량, 탄약, 장비를 전부 포기해야 했다. 병사들에게 급여로 줄 돈도 빼앗겨 금화 수백만 프랑이 영국과 에스파냐, 포르투갈 병사들의 호주머니로 사라졌다. 조제프의 군대는 사상자를 8천 명 냈고(웰링턴 군대의 사상자는 5천 명) 퇴각하다가 유격대에 수백 명이 더 희생되었다. 웰링턴이 팜플로나 길을 따라 추격하다 폭우가 억수같이 쏟아지고 도로 상태가 열악해 8킬로미터가 지난 뒤 멈춘 것은 프랑스군에 다행이었다. 공포에 사로잡힌 프랑스군은 피레네 산맥의 국경에 다다를 때까지 도주를 멈추지 않았으며, 조제프는 파리로 가 불명예 은퇴했다.

웰링턴은 이제 유럽에서 만인의 주목을 받는 인물이 되었다. 웰링턴은 원수 지휘봉을 받았으며, 베토벤은 웰링턴을 기려 〈웰링턴의 승리(Wellingtons Sieg)〉를 작곡했다. 그러나 웰링턴은 아라곤과 카탈루냐로 밀고 들어가 수셰와 클로젤과 상대하지 못해 실망했다. 한마디로 말해 병사들 기강이 완전히 무너졌기 때문이다. 영국군 사령관이 자기 병사들을 가리켜 '쓰레기 같은 놈들(the scum of the earth)'라고 비난하지 않을 수 없도록 만든 것은 비토리아 전투 후의 광적인 약탈이었다. 조제프가 군대를 재편해 반격할 수 있었다면 영국군 전체가 술에 취해 흥청거리는 장면을 목격했을 것이다. 웰링턴이 교수대와 채찍으로 질서를 회복할 즈음, 클로젤은 팜플로나와 산세바스티안에만 병력을 남겨 둔 채 프랑스로 퇴각했다.

비토리아 전투 소식은 7월 1일에 드레스덴에 전해졌고 동맹국 편에 가담한다는 오스트리아의 결의만 굳게 했다. 오스트리아, 프로이센, 러시아가 나폴레옹과 타협할 의지가 있었다고 해도, 이제는 실제로 선택할 수 있는 대안이 아니었다. 영국이 나폴레옹이 에스파냐로 전군을 돌려 웰링턴과 대결하는 일이 없도록 동맹군에게 전장을 지켜야 한다고 주장하며 지원금에 대한 응분의 대가를 요구했기 때문이다. 나폴레옹은 가고 싶어 하지 않는 술트를 드레스덴에서 바욘으로 보내 비토리아에서 도피한 자들로 새로운 군대를 꾸리게 했다. 술트는 조제프의 체포영장을 받아왔지만 영리하게도 쓰지 않았다. 술트는 이번 한 번만은 분발했다. 에스파냐에서 싸웠던 프랑스군의 잔여 병사들을 재훈련해 팜플로나를 구원한다는 바람으로 8만 병력을 이끌고 국경을 넘어 이베리아 반도로 들어갔던 것이다.

술트는 팜플로나를 포위한 적을 두 방면에서 공격해 웰링턴의 프랑스 침공을 넉 달 지연시키고자 했다. 술트는 웰링턴에게 두 차례 패하고 식량 공급이 줄어드는 상황에서 팜플로나와 산세바스티안의 함락을 가까스로 늦춘 뒤 프랑스로 퇴각했다. 술트는 황제의 최악의 진노를 피할 만큼은 해냈다. 신중한 웰링턴은 점령하지 못한 산세바스티안과 팜플로나를 배후에 두고 프랑스를 침공할 사람이 아니었다. 어쨌든 영국군의 영웅은 나름의 문제를 안고 있었다. 미국이 영국과 전쟁을 하고 있었고, 미국 군함들과 사략선들이 비스케이 만에서 영국 선박을 습격해 심각한 문제를 일으키고 있었던 것이다. 8월 31일 산세바스티안이 마침내 함락되었을 때, 충분히 예상할 수 있는 일이었지만 '쓰레기 같은 놈들'은 강간, 살인, 약탈로 얼룩진 난잡한 축제를 벌였다.

나폴레옹은 드레스덴에서 콜랭쿠르가 특사로 파견된 프라하 회담의 결과를 기다렸다. 역사가들은 이때 나폴레옹의 진심이 무엇이었는지를 두고 의견이 갈린다. 어떤 이들은 나폴레옹이 유럽의 세 강국과 전부 싸워야 할 경우 어떤 결과가 초래될지 내다보고 진정으로 평화를 원했으나 합리적 조건을 제시할 생각이 전혀 없는 적들의 악의에 기가 질렸다고 주장한다. 다른 이들은 나폴레옹이 프랑스가 저자세로 나오지 않고 필요하다면 단호히 끝까지 싸우리라는 점을 동맹국이 깨달으면 생각을 다시 할 것으로 기대하며 성과가 있을 때까지 시간을 벌고 있었을 뿐이라고 주장한다. 언제나 기회주의자였던 나폴레옹은 확실히 기회를 엿보고 있었으나 동맹국을 분열시킬 수 있는 한 가지 양보, 다시 말해 라인연방 포기를 거부했다. 이 문제는 특히 프로이센과 오스트리아에 영향을 끼쳤다. 두 나라는 장기적으로는 러시아가 서유럽에 영구히 머무는 것을 두려워했기 때문이다. 콜랭쿠르는 이 문제에서 뜻을 굽히라고 간청했으나 황제는 분노를 터뜨리고 문을 쾅 닫고 나가버렸다.

프라하에서 콜랭쿠르는 메테르니히와 합의를 보기 위해 황제에게 지시받은 내용을 크게 뛰어넘었다. 몇몇 프랑스 역사가들은 심지어 콜랭쿠르가 배신했다고 비난했으나, 콜랭쿠르의 행동이 황제 때문에 감당해야만 하는 끝없는 분쟁에 관해 분별 있는 프랑스인이 느끼는 절망감의 표현이라는 점은 분명했다. 메테르니히는 8월 10일까지 합의가 이루어지지 않으면 오스트리아는 동맹국 편으로 참전한다는 말만 되풀이해 아무런 도움이 되지 못했다. 콜랭쿠르로부터 이러한 내용을 전해 들은 나폴레옹은 표리부동하게도 끈덕지게 졸라대는 인간에게 익숙한 계략을 시도해 한 번 더 지연 전술을 썼다. 자신에게 더 유리한 조건들을 더 상세히 요구했던 것이다. 메테르니히는 프랑스의 지연 전술에 지친 데다 합의가 없을 것으로 확신했기에 놀랍도록 온건한 조건을 제시해 선전의 이점을 얻기로 했다. 이탈리아에 관해서는 아무런 말이 없었지만, 프로이센은 엘베 강까지 영토를 되찾아야 했고, 바르샤바 대공국은 해체되어야 했다. 함부르크, 트리에스테, 뤼베크는 협상 대상이 아니라고 선언했지만, 프로이센이

1806~1807년에 베스트팔렌 왕국에 빼앗긴 서부 지역을 반환하라는 요구는 없었다. 그러나 메테르니히는 라인연방을 해체해야 한다는 점에서는 강경했다.

콜랭쿠르는 나폴레옹에게 이 조건을 수용하자고 간청했다. 그러나 황제는 라인연방의 완충 국가들은 프랑스가 라인 강의 자연 국경을 지킬 수 있는 유일한 방편이라고 주장했다. 새로운 조건은 6월 26일 드레스덴에서 제시된 것보다 완화된 듯했지만, 프랑스는 1796년이 아니라 1792년으로, 즉 국민공회가 법령으로써 자연 국경이 프랑스 주권의 필수적인 부분이라고 선언하기 이전으로 돌아갈 것을 요구받고 있었다. 나폴레옹은 한 번 더 자신이 '괴물' 신화의 주인공인 분명한 목적을 지닌 정복자가 아니라 역사의 도구요 운명의 노예일 뿐이라는 의식을 은근히 내비쳤다. 나폴레옹은 메테르니히의 최후통첩에 답변하면서 작센 왕을 위해 오스트리아와 프로이센의 영토를 떼어줄 것과 바르샤바 대공국의 분할, 그리고 함부르크와 트리에스테를 보상으로 요구했다. 나폴레옹은 콜랭쿠르에게 이 요구 조건을 고수해야만 한다고 말했다. 메테르니히의 조건을 잠자코 받아들인다면 동맹국은 기가 살아 더 많은 것을 요구하리라는 논리였다. 깊이 환멸을 느낀 콜랭쿠르는 이런 견해를 내놓았다. "우리가 실망하게 된 원인은 시의적절하게 양보하기를 거부한 데 있다. 이로써 우리는 결국 완전히 파멸할 것이다."

8월 11일 오스트리아는 공언한 대로 프랑스에 전쟁을 선포했다. 그 전 달에 베르나도트의 스웨덴이 보나파르트를 증오하는 마음에 이끌려 참전했다. 차르는 베르나도트를 동맹국 편으로 끌어들이려고 집요하게 노력했으며 심지어 나폴레옹에게는 거부했던 바로 그 누이를 주겠다고 제안했다. 얄궂게도 사랑이 한 바퀴 돈 셈이 되었다. 베르나도트가 데지레를 버린다는 조건이 따라붙었음은 물론이다. 동맹군은 막대한 병력을 쓸 수 있었다. 스웨덴군 4만 명을 빼더라도 프로이센이 16만 명, 러시아가 18만 4천 명, 오스트리아가 12만 7천 명을 제공했다. 50만 명이 진격할 채비를 갖추었으며, 추가로 대략 35만 명이 충원되고 있었다. 동맹군은 전체를 네 개의 별개 군대로 편제할 예정이었다. 11만 명의 북부군(스웨덴군과 러시아군)은 베르나도트가 베를린에서 지휘하고, 9만 5천 명 규모의 슐레지엔군은 블뤼허가 브레슬라우(브로츠와프)에서 지휘하고, 러시아군의 이른바 폴란드군은 아일라우의 용장인 베닉센이 새로운 사령관을 맡았으며, 중군으로 23만 명 규모였던 보헤미아군(오스트리아군, 프로이센군, 러시아군)은 오스트리아의 슈바르첸베르크가 엘베 강 상류에서 지휘하기로 했다.

알렉산드르 1세는 가장 확실한 대안이던 프로이센의 블뤼허 대신 오스트리아인(슈바르첸베르크)이 동맹군의 총사령관을 맡아야 한다고 역설했다. 차르는 오스트리아인은 지배할 수 있다고 생각했지만 불같이 뜨거운 프로이센인은 자신을 간단히 무시하리란 사실을 알았다. 동맹군의 세 나라는 승산이 반반인 상황에서 보나파르트와 대결하는 데 부담을 느꼈기에 지구전과 소모전 전략을 쓰기로 합의했다. 나폴레옹이 어느 한 군대를 위협하면, 공격받는 군대는 퇴각하고 동시에 나머지 군대가 기동해 나폴레옹의 병참선을 차단하기로 했다. 동맹군은 공간과 시간 면에서 유리했기 때문에 황제와 대결을 피하고 원수들을 격파하면서 프랑스군을 서서히 약화시키려 했다.

동맹군 80만 명에 대적할 나폴레옹 군대는 엄청나게 노력해 모으면 이론상 최대 68만 명이었다. 대부분이 신병으로 훈련을 제대로 받지 못했지만 90퍼센트가 프랑스인이었고 장교 문제는 해결되고 있었다. 그렇지만 말 부족은 여전히 나폴레옹의 아킬레스건이었다. 재개된 전쟁에 나폴레옹이 마련한 전략은 드레스덴에서 7개 군단의 25만 병력으로 적군을 기다리며 우디노가 지휘하는 12만 명은 베를린으로 진격해 베르나도트의 북부군과 대결하고 다부의 13군단은 함부르크와 엘베 강 상류를 방어하는 것이었다.

　군대를 이처럼 산개한 것은 명백한 실수로 보인다. 병력 집중이라는 원칙을 깨뜨렸을 뿐 아니라, 황제가 원수들의 독립적 판단에 의존해야 한다는 뜻이었기 때문이다. 원수들은 황제의 거대한 전투 계획에서 일부분만 수행하는 데 익숙했다. 게다가 이러한 전술은 동맹군의 소모전 전략에 놀아나기 안성맞춤이었다. 이런 결정을 내린 동기가 무엇이었는지는 이해하기 힘들다. 동맹군이 눈치채지 못하도록 자신의 근본적 약점을 숨기려 했다는 것이 그나마 최선의 짐작이다. 나폴레옹은 드레스덴에서 승리했어도 폴란드까지 적을 추격할 힘은 없었으므로, 북방 전쟁은 전황 발표에서 '승리'를 주장하는 데 필요한 증거를 보여줄 것이었다. 원수들까지도 이 결정에 이의를 제기했다. 마르몽은 이렇게 비관적으로 말했다. "우리가 대승을 거두는 날 황제가 두 곳의 전투에서 패했다는 사실을 알까 무척 두렵다."

　나폴레옹은 1813년 전쟁의 처음 몇 달간은 최상의 상태를 회복했지만 늦여름과 가을에는 1812년의 우유부단한 상태로 돌아갔다. 8월 17일부터 21일까지 나폴레옹은 터무니없이 망설였다. 나폴레옹은 바우첸으로 진격했고 러시아군이 블뤼허를 보강하려 한다는 것을 알고 그 전에 타격하기로 결정했다. 그러나 곧 4만 명 규모의 러시아군을 차단하기로 결정했다가 다시 마음을 바꾸어 브레슬라우의 블뤼허를 공격하기로 했으나 프로이센군은 동맹군의 계획에 따라 철수해 나폴레옹의 눈앞에서 사라진 뒤였다. 나폴레옹이 블뤼허를 묶어 두려 할 동안, 슈바르첸베르크가 프라하에서 진격해 드레스덴을 위협했다. 이제 슈바르첸베르크의 보헤미아군을 취약한 측면에서 공격하는 것이 가능해 보였고, 그래서 나폴레옹은 구비옹 생시르 원수에게 자신이 유리한 진지를 차지할 때까지 드레스덴을 사수하라고 명령했다. 그러나 드레스덴을 더 지킬 수 없다는 말이 돌아왔다. 그래서 황제는 딜레마에 빠졌다. 나폴레옹은 측면 공격을 포기하기가 몹시 싫었으

1813년 6차 대프랑스 동맹군에서 총사령관을 맡은 오스트리아의 슈바르첸베르크 대공.

나 대포와 탄약, 식량을 쌓아 둔 드레스덴을 포기할 수도 없는 노릇이었다.

나폴레옹은 만족스럽지는 않았지만 일종의 타협으로 방담 휘하에 1개 군단만 남겨 슈바르첸베르크의 측면을 괴롭히게 하고는 병력 대부분을 이끌고 드레스덴으로 돌아갔다. 몇몇 군사사가들은 나폴레옹이 이 결정을 뒤집었다면 원하던 승리를 얻었을 것이라고 주장해 왔다. 새로운 프랑스군이 72시간 만에 약 145킬로미터를 주파하는 놀라운 강행군으로 그랑다르메의 위대한 전통을 이어받았음을 증명한 것이다. 나폴레옹은 8월 26일에 드레스덴에 도착했다. 이미 교외에 당도한 비트겐시테인의 러시아군을 격퇴하기에 딱 적절한 시간이었다. 나폴레옹은 자신이 동시에 여러 곳에 있을 수는 없다고 욕설을 퍼부으며 원수들을 경멸했다. 그러나 승리를 빼앗긴 알렉산드르 1세의 진노도 이에 못지않았다. 특히 알렉산드르 1세는 전체 전략에 따라 드레스덴 점령을 최대한 활용해 교전을 멈출 작정이었다. 그때 그곳에서 싸우자고 강력히 주장한 것은 다른 두 황제였다.

8월 26일 오후 내내 동맹군은 드레스덴에 맹공을 가했으나 프랑스군은 굳게 지켰다. 오후 5시 30분 나폴레옹이 반격에 나서 낮 동안 빼앗긴 땅을 전부 되찾았다. 그날 밤 나폴레옹은 병력을 보강했다. 양측은 다음 날의 공격을 검토했다. 동맹군은 양 측면을 약하게 둔 채 중앙에서 대규모 공격을 가할 예정이었으나, 나폴레옹은 좌익에서는 빅토르로, 우익에서는 청년근위대로 적군의 양 측면을 포위할 생각이었다. 나폴레옹은 참호와 대포가 가득한 보루들로 지키는 프랑스군의 중앙은 난공불락이라고 확신했다.

27일 맹렬한 전투가 온종일 지속되었다. 동맹군의 좌우익이 격렬하게 저항했으나, 프랑스군은 측면 공격을 이어갔다. 문제는 중앙에서 터졌다. 프랑스군은 중앙에서 전선을 지키느라 곤경에 빠졌다. 나폴레옹은 세 번째 날의 전투에서 결판을 보기를 기대했으나, 동맹군은 거칠게 당해(사상자는 프랑스군 1만 명, 동맹군 3만 8천 명이었다) 낙담해 있었다. 앞서 신중했던 차르는 작전회의에서 버티자고 주장했으나 헛수고였다. 오스트리아가 예상과 달리 강경하게 차르의 제안을 거부했던 것이다. 그야말로 극적인 역할 전환이었다. 28일 새벽 프랑스군은 전장을 장악한 상태였고 나폴레옹은 또 한 번의 판정승을 거두었다고 주장할 수 있었지만, 이는 근본적으로 아무것도 해결하지 못했다. 게다가 황제의 건강은 다시 걱정의 원인이 되고 있었다. 27일 전투가 절정에 달했을 때 황제는 비에 흠뻑 젖고 열이 올라 몸을 떨면서 드레스덴으로 들어가 누워야만 했다. 음모론자들은 이때 황제를 독살하려는 시도가 있었다고 믿고, 어떤 이들은 나폴레옹이 전장에 있었다면 결정적인 승리를 거두었을 바로 그 시각에 현장을 비웠다고 주장한다.

찰나의 도취가 있었다고 해도 곧 사방에서 나쁜 소식들이 들어와 망쳐버렸다. 우디노는 베를린으로 가는 길에 그로스베렌에서 패했으며, 마크도날은 카츠바흐(카차바)에서 블뤼허에게 패해 병력 1만 5천 명과 대포 100문을 잃었다. 슈바르첸베르크를 괴롭히던 방담의 1군단은 토플리츠에서 오스테르만(Aleksandr Ivanovich Ostermann-Tolstoy)이 지휘하는 러시아군과 클라이스트(Friedrich Graf Kleist von Nollendorf)가 지휘하는 프로이센군에게 대패했다. 순전히 불운 탓이었다. 궁지에 몰렸던 적군이 갑자기 치고 나와 방담의 1군단과 교전할 때 길을 잃은 적군의 다른 부대가 실수로 방담의 배후에 출현했던 것이다. 1군단은 1만 3천 명의 사상자를 내고 전멸하다시피 했다. 이는 동맹군의 전략이 옳았다는 사실과 마르몽이 진정한 예언자였음을 입증했다. 나폴레옹은 군대를 나누지 말았어야 했으며 능력이 떨어지는 원수들에게 이렇게 정교한 작전을 맡기지 말았어야 했다.

드레스덴 전투 후 나폴레옹에게는 두 가지 선택지가 남았다. 프라하로 갈 것인가, 베를린으로 갈 것인가? 나폴레옹은 프로이센의 수도를 선택했지만 동맹군이 드레스덴을 계속 찔러대는 바람에 목적지로 전진할 수 없었다. 먼저 블뤼허가 다시 드레스덴을 위협했다가 보나파르트가 여전히 지휘하고 있다는 얘기를 듣고는 퇴각했다. 이어 슈바르첸베르크가 전진했다가 마찬가지로 나폴레옹이 모습을 드러내자 퇴각했다. 이 모든 일이 벌어지는 동안 네가 데네비츠에서 뷜로(Friedrich Wilhelm Freiherr von Bülow)와 베르나도트에게 패했다는 소식이 전해졌다(9월 6일). 나폴레옹은 어리석게도 네를 우디노의 상관으로 두었고, 단연 더 뛰어난 장군이었던 우디노는 이를 불쾌하게 여겼으며 네의 전술이 잘못되었음을 알아차렸다. 그래서 우디노는 네의 전술을 곧이곧대로 따라 네가 스스로 평판을 실추시키도록 내버려 두었다.

네는 언덕 위에서 지휘해야 할 때에 치열한 전투 속으로 뛰어들었는데, 그날 데네비츠에서 광대짓을 한 사람은 네뿐만이 아니었다. 어리석은 베르나도트는 전투가 거의 끝나 갈 무렵에 간신히 싸움터에 도착해서는 자신이 싸움을 넘겨받겠다면서 뷜로에게 물러나라고 명령했다. 프로이센군은 이 거만함에 격노했다. 잘난 체하는 가스코뉴 인이 전혀 싸우지 않은 군대로 승리를 주장하는 동안 하루 종일 싸운 병사들은 잊힐 운명에 처한 것이다. 나폴레옹에게 스웨덴의 새로운 왕세자가 보여준 수많은 허튼짓을 생각할 여유가 있었다면 동맹군에게 베르나도트로부터 기대할 것이 무엇인지 말해줄 수 있었을 것이다. 그러나 나폴레옹의 마음속엔 더 중대한 문제들이 있었다. 패배 소식이 전해졌을 때 황제는 겉으로 매우 냉정했다. 나폴레옹은 스스로 자랑했듯이 "중국에서 일어난 사건들을 토의할 때나 보여줄 수 있을 냉정함을 유지"하며 전황을 경청했다. 그러나 속으로는 자기 손으로 모스크바 공에 앉힌 바보에게 노발대발했다.

베르나도트와 슈바르첸베르크, 블뤼허가 압박을 유지하면서 '보나파르트 피하기' 게임은 계속되었다. 나폴레옹이 드레스덴에서 동쪽으로 이동해 블뤼허와 대결하려 하면 곧 다른 두 사람이 접근해 뒤로 끌어냈다. 황제는 장군들이 저지른 실수를 만회하려고 끊임없이 이곳저곳 뛰어다니느라 늘 평정을 잃은 상태였다. 나폴레옹을 피하고 원수들을 한 사람씩 상대하는 동맹군의 작전은 눈부신 성공을 거두고 있었다. 나폴레옹은 그런 사태에 이미 화가 날 대로 났는데 베르나도트가 뮈라와 베르티에, 우디노, 마크도날을 매수하려고 이들과 서신을 교환하고 있다는 사실을 우연히 알고는 극도로 분노했다. 불꽃처럼 맹렬한 광분이었다. 나폴레옹은 뮈라를 반역자라고 비난했다. 황제의 감정이 너무 격앙되어 뮈라가 칼자루를 쥘 정도였다. 베르티에가 '프랑스의 군주'로서 평화를 위해 온갖 수단을 강구해야 할 황제의 의무를 말하며 풍파를 가라앉히려 할 때, 나폴레옹은 베르티에를 잔인하게 공격했다. "당신도 마찬가지야. 천치 같은 늙은이. 어딜 함부로 참견하는가? 조용히 있어!"

긴장이 터져 나오고 있었다. 황제는 8월 중순부터 병사 15만 명과 대포 300문을 잃었으며, 추가로 5만 명이 병상에 누워 있었다. 식량은 고갈되고, 작센을 제외한 독일 전체가 적군 손에 넘어갔다. 나폴레옹은 자원을 절약하고자 전선을 축소하기로 결정했고 적군이 전술을 바꾸면 모든 교전을 중단할 것을 심사숙고했다. 동맹군은 드레스덴을 내버려둔 채 라이프치히에 집결해 프랑스군이 라인 강으로 가지 못하도록 길을 막으려 했다. 나폴레옹은 신속하게 움직여 라이프치히 주위에서 자신이 즐겨 썼던 중앙 배치 전략을 취했다. 그 결과 블뤼허와 베르나도트의 연합군(14만 명)이나 슈바르첸베르크와 베닉센의 연합군(18만 명) 어느 쪽으로도 이동해 대적할 수 있었다. 그러나 나폴레옹은 생시르에게 많은 병력의 수비대를 맡겨 드레스덴에 두고 오는 큰 실수를 저질렀다. 병력 집중이라는 원칙을 다시 어긴 것이다. 전쟁의 이 단계에서 드레스덴에 매달린 이유는 유일하게 남은 협력국인 작센 왕국의 수도이기 때문이었는데 정치적으로는 의미가 있었겠지만 군사적으로는 아무런 의미가 없었다. 그러나 신중을 기해야 할 때는 이미 한참 전에 지났다. 황제는 한 차례 남은 마지막 전투를 위해 동원이 가능한 모든 병력을 모아야 했다.

베르나도트와 블뤼허, 마크도날, 나폴레옹이 모두 여러 차례 서로 쫓으면서 3주 동안 군사적 술래잡기 놀이가 계속되었다. 프랑스군은 성과도 없이 전진과 후퇴를 반복해 지쳐 갔다. 나폴레옹의 딜레마는 블뤼허와 베르나도트를 너무 멀리까지 추격하면 라이프치히의 방비가 허술해진다는 데 있었다. 동시에 동맹군이 항상 나폴레옹과 싸우기를 피했기 때문에 나폴레옹은 라이프치히에서 진격해 나오기만 되풀이할 뿐 교전은 벌이지 못했다. 10월 5일 블뤼허와 베르나도트가 합류할 때 단 한 번 기회가 있었다. 스웨덴의 왕세자는 엘베 강 너머로 자주 철수했으나, 블뤼허는 슈바르첸베르크의 보헤미아군과 합세해야 한다고 강경하게 주장했다. 그래서 세 군대가 마침내 라이프치히에 모였다. 10월 10일에서 14일까지 뒤벤에 본부를 두었던 나폴레옹은 다시 극심하게 우울해졌다. 펭은 황제가 멍한 표정으로 책상에 앉아 종이에 낙서를 하곤 했다고 전한다.

프랑스군은 이제 적의 군대를 하나씩 차례로 격파하기는커녕 적의 세 군대 사이에 갇힐 위험에 직면했다. 나폴레옹은 드디어 전군에 라이프치히에 집결하라는 명령을 내렸으나 여전히 드레스덴에 상당한 병력을 남겨 수비하게 했다. 이번에도 결국 동맹군을 설득해 보나파르트와 마지막 대결을 벌이게 한 이는 정력적인 블뤼허였다. 베르나도트와 슈바르첸베르크 둘 다 몹시 불안했던 것이다. 그리하여 16만 명의 프랑스군은 훗날 역사에서 '국가들의 전투'라는 이름을 얻게 되는 사흘간의 대규모 전투에서 곱절 많은 동맹군과 대결하게 되었다.

전투 과정을 결정한 것은 라이프치히의 지리였다. 동맹군은 넓은 전선에서 전투를 치러야 했던 반면 나폴레옹은 라이프치히를 배후에 두고 싸우는 이점을 지녔기에 숫자의 열세를 상쇄할 수 있었다. 라이프치히에서는 4개의 강이 합류했는데, 1813년에 이 강들이 주변 지역을 나침반의 네 방위로 나누었다. 나폴레옹은 교량들을 모조리 파괴했기에 주요 전투가 도시의 동쪽에서 벌어지리라고 확신할 수 있었다. 그곳에는 여러 촌락과 작은 마을을 품은 기복이 심한 능선들이 이어지며 평지를 보호했다. 다시 말하자면 강력한 방어 진지와 기병을 쓸 수 있는 싸움터가 결합된 특이한 형태의 지형이었다. 동맹군이 남쪽의 습지를 돌아올 가능성은 없어 보였다. 따라서 동맹군의 유일한 선택은 서쪽으로 공격하거나 열린 평지인 북쪽을 거쳐 난입하는 것이었다.

나폴레옹의 생각은 북쪽에서 3군단, 4군단, 6군단, 7군단으로 저지하면서 라이프치히 수비대로 린데나우로 이어지는 서쪽 길을 확보하는 것이었다. 결정적인 전투는 동쪽에서 2군단, 5군단, 8군단, 11군단으로 치를 예정이었다. 9군단과 근위대는 예비 부대였다. 동맹군은 처음에는 남쪽 습지를 지나 호를 그리며 돌아갈 계획이었으나 프랑스군에 가로막혀 결국 주요 전투는 남동쪽에서 벌어졌다. 나폴레옹

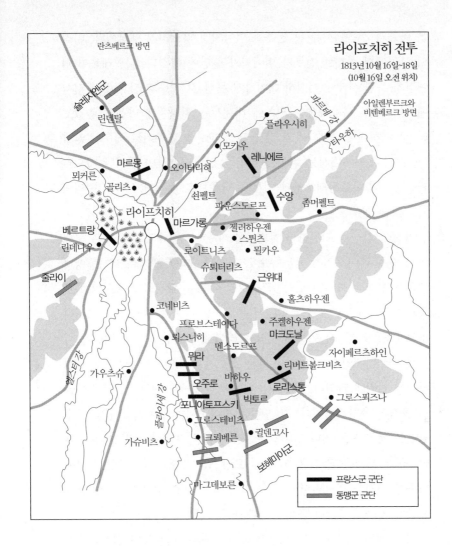

라이프치히 전투
1813년 10월 16일~18일
(10월 16일 오전 위치)

란츠베르크 방면

슐라지엔군
린덴탈

마르몽
뫼커른
골리츠

베르트랑
린데나우

줄라이

플라우시히
모카우
레니에르
쇤펠트
오이터리히
파운스도르프
수앙
좀머펠트
마르가롱
젤러하우젠
스퇸츠
뫼카우
로이트니츠
슈퇴티리츠
근위대
홀츠하우젠
코네비츠
프로브스테이다
주켈하우젠
마크도날
뫼스도르프
뮈라
자이페르츠하인
오주로
바하우
리버트볼크비츠
로리스통
포니아토프스키
빅토르
그로스푀즈나
그로스테비츠
퀼덴고사
가슈비츠
크뢰베른
마그데보른
보헤미아군

파르테 강
타우하
아일렌부르크와
비텐베르크 방면

라이프치히

가우츠슈
플라이세 강
엘스터 강

| ▬ 프랑스군 군단 |
| ▬ 동맹군 군단 |

은 북쪽과 서쪽에서는 큰 전투가 벌어지지 않으리라 예상했다. 따라서 그곳에서 실제로 전투가 벌어지자 불안에 빠졌다. 나폴레옹이 이 예상치 못한 사태에 적절히 대비하지 못한 것은 두 가지 뚜렷한 사실에 기인한다. 나폴레옹은 서쪽에 대해서는 지나치게 마음을 놓았고 라이프치히에서 린데나우로 강을 건널 교량들을 추가로 세우지 않았다. 그리고 북쪽에서는 전투가 이따금 산발적으로만 일어날 것으로 확신했기에 마르몽의 6군단 일부를 남쪽으로 이동시켜 북쪽 구역의 약화를 초래했다.

마침내 적군과 교전이 시작되었을 때 실수를 깨달은 황제는 군대의 주력을 라이프치히 남동쪽으로 집결해 슈바르첸베르크의 동맹군 중군을 묶어 두고 오주로의 9군단으로 우측을 포위하게 했으며 마르몽과 다른 두 군단으로 북쪽에서 블뤼허를 몰아세워야 했다. 그러나 10월 16일 오전 6시 30분에 시작된 라이프치히 전투는 곧 격렬한 학살전으로 바뀌었다. 피비린내 나는 소모전은 오전 9시에서 오전 11시 사이에 절정에 달했다. 나폴레옹이 선택한 싸움터에서 오스트리아군의 공격은 우왕좌왕했다. 잘 훈련된 방어군이었다면 적을 섬멸할 수 있었을 것이다. 그러나 방어하는 프랑스군은 혼란에 빠졌고, 오스트리아군은 위치를 잘 잡은 700문의 프랑스군 대포가 쏟아내는 포탄에 지독한 타격을 받으면서도 계속 압박했다. 오전 중간쯤 프랑스군의 중앙을 치던 동맹군의 공세는 실패가 확실했다.

이 결정적 순간에 나폴레옹은 머뭇거렸다. 마르몽이 블뤼허에게 궤멸되지 않았다는 확신이 들 때까지 오주로의 측면 기동을 명령하고 싶지 않았던 나폴레옹은 대신 150문의 대포를 끌어와 오스트리아군의 중앙을 한 시간 동안 맹폭하여 적군의 힘을 빼앗기로 했다. 정오에 나폴레옹은 핵심 구간에서 반격을 개시했다. 오후 2시 나폴레옹은 최후의 결정타를 가하기로 결심했다. 이후 한 시간 반 동안 프랑스군의 경험 많은 선임병들의 기억 속에 최고로 격렬한 전투가 이어졌다. 오후 2시 30분 뮈라의 1만 기병대가 투입되었다. 나폴레옹은 중앙에서는 모든 것이 안전하다고 생각하고 북쪽으로 주의를 돌렸다.

북쪽에서는 마르몽의 6군단이 남동쪽 전투보다 훨씬 더 처참한 전투에 휘말렸다. 그날 마르몽의 지휘력은 대단했다. 다부가 아우어슈테트에서 프로이센군을 상대할 때와 같은 기적을 거의 연출할 뻔했다. 그러나 두 가지가 마르몽에게 불리했다. 먼저, 네가 더할 나위 없이 백치 같은 행위로 한 번 더 프랑스의 네메시스임을 입증했다. 네는 수앙(Joseph Souham)의 3군단에서 2개 사단을, 마르몽에게 보낼지 린데나우로 보낼지 황제에게 보낼지 결정하지도 않은 채, 계속해서 호출했다. 그 결과 그 2개 사단은 해 떨어지기 30분 전에야 마침내 (남동부) 전투에 참여했다. 마르몽의 기적을 방해한 다른 한 가지는 뷔르템베르크 기병대가 돌격 명령을 받았을 때 이를 거부한 것이었다. 이들은 이틀 후 반역을 실행에 옮겼는데 필시 이때 이미 계획을 세우고 있었을 것이다. 모든 전투에서 그렇듯이 활력이 넘치는 순간은 지나갔다. 어둠이 내리면서 프로이센군은 반격을 개시했고 점차 승리를 거두고 있었다. 어떤 방법으로도 나폴레옹은 북쪽 전투의 실패에 대한 비난을 피할 수 없었다. 그곳에서 격렬한 전투가 벌어지리라고는 전혀 예상하지 않았기 때문이다.

두 구역에서 똑같이 살인적인 전투가 벌어졌기에 병력 수가 중요했다. 나폴레옹은 두 전투에서 완전한 승리를 거두기에는 분명히 일개 군단이 부족했을 것이다. 프랑스군에게는 북쪽 구역에서 방심한 것이 남쪽 구역의 운명에도 결정적이었을 것이다. 보병을 내보내 뮈라의 최후의 일격을 지원해야만 했던 바로 그 순간에 황제는 마르몽 문제에 집중하고 있었기 때문이다. 뮈라를 지원하지 못했기에 러시아 기병대가 반격에 나설 수 있었고, 오후 3시 30분경 중요한 기회는 날아가버렸다. 오후 4시 프랑스군은 꾸준히 전진하고 있었지만 여전히 오스트리아군을 격파하지 못했다. 그때 동맹군의 증원군이 도착해 오스트리아군이 역공에 나섰다. 밤이 되면서 프랑스군은 출발점으로 밀려났다.

운명의 날이었던 10월 16일이 저물었을 때, 프랑스군은 남동쪽에서 미세한 우세를 차지했으나 북쪽에서는 미세하게 열세에 놓였다. 프랑스의 손실(2만 5천 명)과 동맹군의 손실(3만 명)이 거의 비슷했으므로 결과는 무승부로 볼 수 있었다. 그러나 나폴레옹의 사정은 더욱 나빠질 수밖에 없었다. 동맹군 쪽에서는 베르나도트와 베닉센이 추가 병력 4만 명을 이끌고 다가오는 반면 나폴레옹에게는 이렇다 할 증원군이 없었기 때문이다. 이튿날 중대한 결정을 신속하게 내려야 했지만, 나폴레옹은 다시 우울한 기분에 빠져 우유부단하게 하루를 보냈다. 나폴레옹은 먼저 라인 강으로 전면 퇴각을 명령했다가 이를 철회하고 라이프치히에 머물기로 했다. 동맹군이 화려한 승리를 얻기를 바란 것이나 마찬가지였다. 나폴레옹으로서는 승리를 눈앞에서 놓쳤다는 사실을 받아들이기 어려웠던 것 같다. 이것은 사흘 안에 나폴레옹이 저지른 가장 통탄할 만한 실수였다. 동맹군은 증원군이 모두 도착할 때까지 마음 편하게 기다렸다.

나폴레옹의 밀정들은 적군의 규모를 너무 늦게 전했다. 처음에는 동맹군 26만 명 대 프랑스군 20만 명이었는데, 이 숫자는 이제 32만 명 대 16만 명이었다. 18일에 외곽에서 라이프치히를 향해 여섯 차례 공격을 계획한 동맹군은 호두 껍질을 부수듯 나폴레옹을 짓밟아버릴 생각이었던 것 같다.

최후의 순간에 황제는 마침내 분발했고 퇴각할 때를 대비해 린데만 강에 다리를 더 가설하라고 명령했다. 나폴레옹은 이제 2 대 1로 열세라는 사실을 깨닫고 비가 억수같이 쏟아지는 가운데 병사들을 후퇴시켰다.

10월 18일 오전 동맹군은 자신만만하게 진격했다. 다시 한 번 지독한 전투가 벌어졌다. 양측에서 점점 더 많은 사단이 전투에 투입된 오후의 전투가 더 끔찍했다. 베닉센과 베르나도트는 동쪽에서 마크 도날과 세바스티아니를 공격해 중대한 성과를 거두었고, 나폴레옹은 청년근위대와 선임근위대에게 그 구역의 붕괴를 막으라고 명령했다. 프랑스군 쪽으로 행운이 돌아온 바로 그 순간, 레니에르의 7군단 소속인 작센군의 2개 여단과 뷔르템베르크 병사들 일부가(필시 나폴레옹에겐 귀중한 증원군이었을 것이다) 적군으로 탈주해 프랑스군 전선에 구멍이 뚫렸다. 땅거미가 질 무렵 베닉센과 베르나도트는 마르몽 군단과 레니에르 군단을 진지에서 몰아냈고, 북쪽 구역과 동쪽에서도 프랑스군은 라이프치히 교외로 밀려났다. 상황은 돌이킬 수 없었다.

사상자 수가 치솟고 탄약이 고갈되면서 나폴레옹은 라이프치히를 지킬 수 없다는 사실을 받아들여야 했다. 나폴레옹은 단계적 철수를 명령했고, 이는 오전 2시부터 개시되었다. 기병대가 먼저 빠져나오고 보병 부대가 뒤를 이었다. 동맹군은 그날 오전 7시가 되어서야 철군을 간파했으나 우디노의 사나운 후방 전투에 의해 저지당했다. 우디노의 병사들은 프랑스군이 엘스터 강에 놓인 다리 길을 따라 린데나우로 건너갈 때까지 거리마다 집집마다 악착같이 싸웠다. 오전 11시 나폴레옹이 강을 건넜을 때에는 모든 일이 잘 되어 가는 듯했다. 우디노의 병사들이 다리 건너편으로 넘어가면 남은 일은 다리 길을 파괴해 동맹군의 린데나우 추격을 막는 것이었다.

그때 정말 재앙이 닥쳤다. 실제로 폭파 임무를 맡은 장군은 폭약 설치를 몽포르 대령(Joseph Puniet de Monfort)에게 위임했다. 책임 전가의 전형이었다. 이 인물은 시가전이 다가오자 불안해서 도망갔고 최후의 폭파 작업을 어느 하사에게 맡겼다. 신중하게 작성한 일정표를 알지 못했던 하사는 오후 1시에 신관에 불을 붙였는데, 이때는 프랑스군이 아직 다리에 빽빽이 들어차 있고 우디노의 후위가 여전히 도시에 있던 시간이었다. 폭발과 뒤이은 공포와 패주로 프랑스군 병사 수천 명이 사망했고 수천 명이 포로가 되었다. 우디노의 영웅들은 오후 늦게까지 저항하다 항복했으며, 우디노 자신은 물이 불어난 엘스터 강을 헤엄쳐 탈출했다. 다른 이들은 운이 좋지 않았다. 포로 중에 유명인으로 레니에르와 로리스통이 있었다. 최악의 슬픈 운명은 가장 늦게 원수가 된 포니아토프스키 공작에게 찾아왔다. 전날 눈에 띄는 용기로 원수의 지휘봉을 받았던 이 폴란드인은 그 지위를 채 24시간도 누리지 못했다. 포니아토프스키가 피를 흠뻑 빨아먹은 엘스터 강을 건너 말에 박차를 가했을 때, 말은 하상에서 발을 헛디뎌 넘어졌고 주인을 물속에 내던졌다. 포니아토프스키는 익사했다.

라이프치히 전투는 나폴레옹에게 1812년 다음으로 큰 실패였다. 나흘 만에 3만 8천 명의 사상자를 냈으며, 엘스터 강 다리의 대실패로 3만 명이 포로로 잡혔다. 게다가 대포 325문을 잃고, 작센 병사 5천 명이 탈주했다. 동맹군은 같은 기간 5만 4천 명이라는 끔찍한 규모의 사상자를 냈지만 보충할 수 있었던 반면 프랑스군은 그러지 못했다. 나폴레옹은 1812년에 러시아에서 대규모 사상자를 낸 데 더해 1813년 전쟁에서 통틀어 40만 명을 잃었다. 이 숫자에는 단치히에서 드레스덴까지 산재한 수비대에 근무했던 10만 명이 포함된다. 이들은 차례로 항복할 수밖에 없었는데 상당수는 동맹군의 정직하지 못한 약속 때문에 희생되었다. 승자는 나중에 자신들이 한 약속을 인정하지 않았던 것이다. 바이에른과 작센이 동맹국들과 제휴하면서 라인연방은 완전히 죽어버렸다.

사기가 꺾인 프랑스군은 두들겨 맞은 똥개 무리나 누더기를 걸친 거지 떼처럼 에르푸르트에 도착했다. 프랑스군은 침울하게 프랑크푸르트와 마인츠를 거쳐 퇴각했다. 그러나 신중하지 못한 브레데 장군*이 10월 30일 아나우에서 프랑스군에게 철저히 패하면서 쓰라린 경

브레데 장군(Karl Philipp Joseph von Wrede, 1767~1838) 바이에른 육군 원수, 외교관. 라이프치히 전투 직전 오스트리아와 협상해 리트 조약을 체결하고 동맹군 편에서 싸웠다. 라이프치히 전투 후 아나우(Hanau)에서 프랑스군의 퇴각을 저지하려다 패배했다.

라이프치히 전투(1813년 10월 16~18일)에서 나폴레옹 군대에 대승을 거둔 슈바르첸베르크 대공이 동맹국의 세 군주(오스트리아의 프란츠 1세, 프로이센의 프리드리히 빌헬름 3세, 러시아의 알렉산드르 1세)에게 승전을 고하고 있다.

험을 통해 배웠듯이 이 국면에서도 프랑스군은 강력했다. 동맹군은 적당한 거리를 둔 데다 적과 마찬가지로 폭우와 발진 티푸스의 유행으로 방해를 받아 성탄절에야 라인 강 동쪽 둑에 도달했다. 그때쯤이면 프랑스를 제일 먼저 침공하는 영예는 이미 웰링턴에게 넘어갔다. 웰링턴은 10월 7일에 처음으로 프랑스 땅을 밟았다.

나폴레옹이 1813년에 실패한 이유는 여러 가지이다. 병사들의 무능력, 원수들의 흐리멍덩한 행태, 프랑스군 내부의 모든 수준에서 감퇴한 열정. 이 모든 것이 한몫했다. 나폴레옹이 지휘관으로서 보여준 수행 능력은 평범했다. 나폴레옹은 바우첸과 뤼첸에서 시작할 때는 좋았지만 라이프치히에 오면, 특히 적군이 교훈을 얻어 나폴레옹의 모든 속임수를 지각했다는 사실이 명백해졌을 때에는 생각이 바닥난 듯했다. 그렇지만 다른 무엇보다도 나폴레옹의 몰락을 가져온 두 가지는 제대로 싸울 수 없을 만큼 말이 부족했다는 점과 동맹군 측의 병력 규모 자체였다. 황제는 도박사로 살아온 생애 전체에서 러시아,

오스트리아, 프로이센 연합군에 맞서야 했던 적이 없었다. 나폴레옹은 1813년 8월 이후 자신의 기회가 사라졌음을 알았고, 거의 긴장증적인 우울증이 여러 차례 찾아왔다. 그러나 이제 나폴레옹은 자신의 모든 간계와 경험을 저장해놓은 주머니 속으로 손을 뻗어야만 했다. 1813년 말이면 생존 자체가 위태로웠기 때문이다.

25장

파리 함락

배반당한 '프랑스의 영광'

궁지에 몰렸어도 나폴레옹은 대담했다. 동맹국과 싸워 군사적으로 패한 나폴레옹은 파리에서 명사들과 타협하기를 거부해 정치적 싸움에서도 지고 있었다. 나폴레옹은 처음에 원로원과 국가참사원이 입법원과 합동 회의를 해야 한다고 명해 의사를 밝혔으나 자신의 심복을 회의 의장으로 지명해 효과를 해쳤다. 비상시국으로 인한 급여 삭감과 증권시장 붕괴, 동맹국이 리에주 같은 국경 지역 공장들을 차지한 것, 새로운 세금으로 부르주아의 적의는 배가되었다. 황제는 술과 담배, 소금에 물렸던 간접세를 재도입했고 영업세를 두 배로 올렸으며 정상 과세액을 30상팀 인상했다. 마지막으로 프랑스 국민은 1792년 이후 처음으로 프랑스 영토에 밀어닥친 전쟁의 공포를 막 겪을 참이었다.

1814년 초 나폴레옹은 이제 프랑스에서 군대 밖에서는 큰 지지를 받지 못했다. 유산계급은 황제에게 양보한 모든 것이 무익했다는 데 분노했다. 유산계급은 자식들을 전쟁에 내보내야 했으며, 앞선 몇 년간 징집을 피하고자 대리인을 사는 데 쓴 돈이 헛되이 낭비되었음을 보아야 했고, 이제는 사업 몰락에 직면했다. 이들은 또 여러 면에서 물리적 위협을 받고 있었다. 침략해 들어온 동맹군, 토지 재분배를 갈망하는 농민, 나폴레옹이 풀겠다고 위협한 특별위원들(대혁명 시기의 파견 의원과 비슷했다), 실업자와 농촌을 배회하는 탈영병과 징집 기피자와 산적으로 이루어진 자원병 의용대. 이들 모두가 위협이었다.

명사들은 총재정부 시절에 만연했던 무질서가 되돌아온 데 분노했다. 이 꼴을 보자고 황제를 세웠던가? 보나파르트가 저지른 큰 실수들은 명사들이 제국이라는 '제3의 길'을 선택해 피하려 했던 딜레마에 다시 처했음을 뜻했다. 명사들은 부르봉 왕실의 복위를 원하지 않았지만 자코뱅주의와 국민총동원령을 훨씬 더 두려워했다. 그렇지만 1813년 2월 1일 루이 18세가 법령을 발포해 대혁명과 보나파르트의 토지 처분을 수용하고 '국유재산'에 관여하지 않겠다고 선언한 뒤로 부르봉 왕실은 점점 더 매력적인 대안으로 여겨졌다.

그래서 1813년 12월 19일 입법부 전체회의가 열렸을 때는 팽팽한 긴장이 감돌았다. 나폴레옹은 모든 평화 제안에 관해 입법부와 협의하겠다고 약속했고, 동맹국의 제안을 검토할 두 개의 위원회가 수립되었다. 나폴레옹으로서는 명백히 타협적 조치였다. 원로원은 황제를 전폭적으로 지지했으나, 입법원은 전쟁을 지속한 것을 비난했고, 비판 내용을 담은 선언서가 229 대 31로 채택되었다. 이는 분명한 경고였으나 나폴레옹은 이를 존중할 뜻이 없었다. 나폴레옹은 성명서 인쇄를 거부했고 나아가 평화를 진지하게 숙고하지도 않았으며 결국 입법원을 해산했다. "그대들은 국민의 대표가 아니다. 국민의 진정한 대표는 바로 나다. 내가 프랑스를 필요로 하는 것보다 프랑스가 더 나를 필요로 한다." 1814년 정초 나폴레옹은 만일 명사들이 전쟁 수행을 방해한다면 자신이 직접 자코뱅 혁명을 이끌어 프랑스에 존재하는 모든 기득권을 일소하겠다고 넌지시 알려 타협하지 않겠다는 태도를 분명히 했다.

나폴레옹의 처지는 희망이 없어 보였지만, 동맹국들은 라이프치히 전투 후 전혀 의견 일치를 보지 못했다. 1813년 11월 프랑크푸르트에서 회의가 열렸으나 의견 차이를 드러내며 끝이 났다. 장애물은 서유럽 강국들이 러시아군의 서유럽 주둔을 점점 더 불편하게 생각한다는 데 있었다. 스텝 지역에서 선잠 자다 깨어난 거인은 나폴레옹뿐만 아니라 자신들에게도 커다란 위협이 될 수 있었다. 영토를 모두 되찾은 오스트리아는 나폴레옹의 몰락이 오스트리아가 아니라 러시아와 프로이센에 이익이 되리라는 점을 내다보았기에 보나파르트에게 자연 국경을 제공하려 했다. 나폴레옹의 1812년 모스크바 침공에 대한 달콤한 복수로서 파리로 개선하려는 차르의 욕망에 오스트리아가 왜 공모해야 하는가? 영국도 프랑스가 안트베르펀과 스헬더 강을 보유하지 않는다는 조건이 늘 따랐지만 세력 균형이라는 이유에서 오스트리아와 함께 가려는 경향을 보였다. 권모술수에 능한 스웨덴 대표 베르나도트는 프랑스 침공에 반대할 나름의 이유가 있었다. 명사들이 쿠데타로 보나파르트를 쫓아낸 뒤 다음 황제로 호출되기를 내심 바라고 있었던 것이다.

　서로 다투던 동맹국들은 체면을 살리고자 1813년 11월 나폴레옹에게 자연 국경을 제안했다. 황제가 이를 거부하리라 보고 그동안 공동 정책을 도출할 생각이었다. 나폴레옹은 망설이다가 조건을 받아들여 모두를 놀라게 했다. 나폴레옹은 기이하게도 자신이 조건을 수용했다는 사실이 프랑스에서 공표되지 않게 하려 했다. 한편 영국에서는 '자연 국경'이 벨기에의 중립을 고집하는 자국의 의지와 불가피하게 충돌한다는 판단이 서면서 이를 재고하게 되었다. 영국 외무장관 캐슬레이는 다소 걱정스럽게 바젤로 갔고 그곳에서 메테르니히와 제휴할 수 있었다. 메테르니히는 차르에 맞서려면 영국의 지원이 필요하며 오스트리아가 나아갈 길은 전쟁을 계속하는 것뿐이라고 깨달았다. 그리하여 동맹국들은 1814년 초 '자연 국경'은 이제 제안에서 사라졌으며 1792년 이전의 프랑스 국경을 받아들여야 한다고 통보했다. 이 일로 나폴레옹은 동맹국들이 프랑스를 파괴하는 데 몰두해 있는 탐욕스러운 늑대라고 선전할 수 있었다. 동맹국들은 프랑스 국민이 아니라 프랑스 황제와 전쟁을 한다고 주장했으나, 그런 주장은 빈말임이 이제 분명해졌다.

웰링턴이 프랑스의 남단에서 진격하는 상황에서 나폴레옹은 페르난도 7세에게 에스파냐 왕위를 제안해 장기판에서 에스파냐 말을 치우고 반도 전쟁에 참여했던 경험 많은 병사들을 동부전선으로 돌리려는 마지막 시도에 들어갔다. 웰링턴이 프랑스로 들어오는 마당에 이러한 양보는 무의미했지만, 어쨌든 페르난도 7세는 1813년 12월 발랑세 조약으로 이를 수용했다. 에스파냐 문제의 결말이 그처럼 깨끗이 처리되는 것은 나폴레옹의 적들에게는, 외부의 적뿐만 아니라 내부의 적에게도 마음에 드는 일이 아니었다. 페르난도 7세는 1814년 3월까지 발랑세를 떠나 피레네 산맥으로 향할 수 없었다.

나폴레옹은 계속해서 정치적으로 좌절당하자 끝까지 싸우기로 결심했다. 이론상 나폴레옹은 가망이 없었다. 30만 명에다 매주 수만 명이 병사 명부에 추가되는 동맹군과 싸울 병력이라야 1813년의 냉혹한 전쟁에서 살아남은 지친 병사 8만 명뿐이었다. 이탈리아에서는 벌써 오스트리아군이 외젠을 강하게 압박했고, 피레네 산맥에서는 술트가 웰링턴에게 밀려 퇴각하고 있었다. 나폴레옹은 라인연방을 잃었고, 홀란트와 벨기에도 반란 직전이었다. 그러나 나폴레옹은 모르티에와 용맹한 다부처럼 최고로 충성스러운 원수들의 열의에 힘입어 아직 절망하지는 않았다. 다부는 1813년에서 1814년으로 넘어가는 겨울, 전혀 승산이 없었는데도 포위된 함부르크를 훌륭하게 지켜냈다. 나폴레옹은 국민방위대를 선발했으며 경찰과 산림경비대, 세관원에 더하여 나이 든 예비군을 소집했고, 1815년 징병 대상자를 한 해 일찍 복무시켰다. 그러나 인력은 여전히 부족했다. 1808년 이래로 감시망을 빠져나간 탈영병과 징병 기피자들이 이제 100만 명을 넘어섰다. 나폴레옹이 서류상 모을 수 있었던 30만 명 중에서 1814년 전쟁에 투입된 병력은 고작 12만 명이었다.

1814년 1월 병력 부족 외에 다른 두 요인이 황제에게 불리하게 작용했다. 하나는 자금이었는데, 이 점에 비춰볼 때 전쟁을 수행했다는 사실 자체가 기적처럼 보인다. 세제를 개편했지만 국민들이 고의로 회피해서 쓸 만한 성과가 없었다. 군납업자들은 약속어음에 만족해야 했다. 특별전용기금은 재앙과도 같았던 1812년과 1813년 전쟁에서 다 써버렸기 때문에, 나폴레옹은 개인 재산, 이른바 튈르리 금고(Trésor des Tuileries)에 손을 댈 수밖에 없었다. 1월에는 아직 7500만 프랑이 남아 있었지만, 4월이 되면 1천 만 프랑으로 줄어든다. 다른 불리한 상황은 몇몇 훌륭한 예외가 있긴 했지만 원수들의 배반이었다. 빅토르는 새해 벽두부터 스트라스부르와 낭시를 포기하고 동맹군이 자유롭게 모젤 강을 건너 프랑스군 전선 전체를 밀어내도록 허용했다.

이탈리아에서 뮈라 부부가 보여준 배신은 더욱 나빴다. 1814년 1월 뮈라는 아내의 도움을 받아 메테르니히와 조약을 체결해 자신이 외젠 드 보아르네를 상대하는 전쟁을 지원하는 대가로 계속 나폴리 왕으로 남는다는 보장을 받았다. 나폴레옹은 누이의 배반 소식을 들었을 때 이렇게 말했다고 한다. "카롤린! 내 가족은 매춘부 가족인가!" 공식 서한의 냉정한 글귀 속에서도 나폴레옹의 강한 분노가 느껴진다. "나폴리 왕과 왕비의 행태는 입에 담기조차 거북하다. 기필코 오래 살아 나 자신과 프랑스를 위해 그와 같은 능욕과 지독한 배은망덕에 복수하겠다." 외젠 드 보아르네는 진정 명예로운 인간이었음을 한 번 더 입증했다. 외젠은 나폴레옹의 명령에 따라 군대를 이끌고 리옹으로 퇴각했다. 동맹국들이 주인을 버리면 이탈리아 왕위를 주겠다고 제안했지만, 외젠은 이를 거부했다. 외젠은 어머니에게 이렇게 썼다. "황제의 별은 지고 있습니다. 그러나 이는 황제에게 계속 충성해야 할 또 하나의 이유일 뿐입니다."

나폴레옹에게 남은 한 가지 희망은 동맹국들이 봄까지 공세를 연기하는 것이었다. 그러나 1월에 적군이 움직이고 있다는 소식이 전해졌다. 그래서 나폴레옹은 파리를 요새로서 사수하라고 명령했다. 나폴레옹은 조제프를 황후의 섭정위원회 대리인이자 사실상 파리 총독으로 임명했는데, 이는 나폴레옹이 저지른 최악의 실수 중 하나로 꼽을 만하다. 위원회의 다른 구성원이 황제를 좋아할 이유라고는 전혀 없는 캉바세레스와 나폴레옹에게 해를 끼치려고 적극적으로 음모를 꾸미고 있던 탈레랑이었기에, 파리의 고위직 중에서 황제를 진정으로 지지하는 사람은 마리 루이즈가 유일했다. 나폴레옹은 조제핀은 존중한 적이 없지만 마리 루이즈는 존중했다. '거짓말도 없고 빚도 없다'는 말은 나폴레옹이 아내를 어떻게 생각했는지 보여준다. 이 점은 첫 번째 부인과 극적인 대조를 이룬다. 나폴레옹의 '형제 콤플렉스'는 1814년에도 여전히 살아 있었는데, 에스파냐에서 그토록 엄청나게 실패한 사람을 섭정 대리로 삼은 이해하지 못할 결정뿐만 아니라 형에 대한 바보 같은 성적 질시에서도 드러난다. 실제로 나폴레옹은 자신이 전쟁을 치르는 사이에 조제프가 마리 루이즈를 유혹하지 않을까 걱정했다.

동맹국들은 1814년 계획을 다시 4개 군대의 작전으로 구상했다. 프로이센군의 뷜로가 베르나도트의 북부군 절반을 가져가 영국이 보낸 토머스 그레이엄 휘하의 원정대와 함께 홀란트와 벨기에를 점령한 뒤 북부 프랑스로 진입할 예정이었고, 북부군의 나머지 절반은 베르나도트와 베닉센의 지휘로 함부르크와 마그데부르크 포위 공격에 나설 예정이었다. 한편 블뤼허는 슐레지엔군 10만 명을 이끌고 코블렌츠와 만하임 사이의 넓은 전선에서 라인 강을 건너 나폴레옹을 정면 공격해 붙들어 둘 예정이었고, 슈바르첸베르크와 세 명의 황제는 보헤미아군 20만 명을 이끌어 콜마르를 지나 프랑스군의 우익을 습격하고 전진 정도에 따라 이탈리아에서 리옹을 거쳐 진격하는 오스트리아군이나 피레네 산맥을 넘어 전진하는 웰링턴과 만날 예정이었다. 동맹군은 2월까지 프랑스 땅에 40만 명을 진입시킨다는 기대를 품었다.

슈바르첸베르크는 우선 랑그르 고원으로 조심스럽게 진격했고 새로운 평화 제안이 진행 중이라는 소식을 듣고 그곳에서 1월 23일까지 기다렸다. 1월 22일 블뤼허가 뫼즈 강을 건넜고 프랑스 안으로 100킬로미터 가까이 진격했다. 블뤼허의 선봉대는 마른 강에 교두보를 확보했다. 나폴레옹은 파리 구원을 1814년 전쟁의 최우선 목표로 삼았다. 그래서 나폴레옹은 동맹군의 두 군대가 합류하지 못하도록 막아야 했다. 나폴레옹은 블뤼허와 슈바르첸베르크가 이틀 행군 거리밖에 떨어져 있지 않다는 얘기를 듣고 1월 25일에 파리를 출발해 이튿날 샬롱쉬르마른에 자리를 잡고 '중앙' 위치를 차지해 적의 두 군대가 만나지 못하도록 준비했다.

파리 동쪽 지역은 수많은 강과 도로가 교차하는 곳이었는데, 지리에 익숙한 나폴레옹은 지형의 이점을 취해 통상적이지 않은 전투를 계획했다. 나폴레옹은 정정당당하게 싸워 승리할 때 입을 수 있는 사상자조차 감당할 수 없었기에, 그 전투 방식은 정규전과 비정규전의 중간쯤에 해당한다고 하겠다. 그러나 냉담한 농민들이 외국인 침략자들에 맞서 무기를 들라는 간곡한 권유를 무시하면서 나폴레옹은 점차 전통적인 방식의 전투로 빠져들 수밖에 없었다. 여기에서 한번 더 '인민의 전쟁'에 관한 온갖 담론의 요체를 확인할 수 있다. 1812년의 교훈은 농민은 적이 이미 패했거나 전면 퇴각 중일 때에만 무기를 든다는 것이었다. 나폴레옹에게 확실한 해결책은 1793년에 그랬듯이 국민총동원령을 내리는 것이었고, 이는 사실 동맹국들이 가장 두려워하는 바였다. 나폴레옹은 그렇게 해볼까도 생각했지만 결정적으로 지역의 자코뱅 지도자들에게 권력을 넘겨주는 꼴이 될까 봐 그만두었다. 나폴레옹은 이렇게 분명히 의견을 밝혔는데, 이때가 가장 정의

프로이센의 블뤼허 육군 원수. 1813년
라이프치히 전투에 이어 1815년 워털
루 전투에서도 나폴레옹 군대를 격퇴
하는 데 중요한 역할을 한다.

로운 인간이었다. "내가 쓰러진들 혁명가들에게 프랑스를 넘겨주지
는 않을 것이다. 그들의 손에서 내가 프랑스를 구해내지 않았는가!"

선제공격은 모르티에의 몫이었다. 1월 24일 바르쉬르오브에서 모
르티에와 블뤼허가 피 튀기는 전투를 벌였으나 결말을 보지는 못했
다. 황제는 네의 청년근위대와 함께 샬롱쉬르마른의 전투 현장에 도
착했을 때 패주하는 블뤼허의 군대를 알아보고 이들의 발을 묶을 계
획을 세웠으며, 그동안 마르몽이 배후로 돌아가 바르르뒤크에서 공
격을 개시했다. 블뤼허는 때맞춰 함정을 벗어나는 데 성공했지만, 1
월 29일 나폴레옹은 브리엔(나폴레옹이 공부한 학교가 있는 곳) 인근에
서 블뤼허를 따라잡았으며 네와 그루시를 효과적으로 써서 프로이센
군을 박살냈다. 프로이센군의 사상자는 4천 명이었다. 그런 뒤 나폴
레옹은 심한 눈보라를 뚫고 프로이센군의 발자국을 뒤쫓았지만, 블
뤼허는 달아나 슈바르첸베르크 군대의 일부에 합류했다.

2월 1일 나폴레옹과 프랑스군 4만 명은 브리엔으로 이어지는 길가
의 라로티에르에서 동맹군을 기다렸다. 나폴레옹은 정찰대를 내보냈

으나 쓸 만한 정보는 없었다. 눈발이 거세 앞을 분간하기가 어려웠기 때문이다. 적군이 트란에서 북쪽으로 진행한다는 말을 들은 나폴레옹은 블뤼허와 슈바르첸베르크가 만났다는 사실을 모른 채, 따라서 자기 군대의 세 곱절에 이르는 11만 명 규모의 적군과 대적해야 한다는 사실을 모른 채 즉시 교전을 시도했다. 이어진 싸움은 아일라우 전투의 축소판이었다. 사나운 눈보라 속의 전투는 엄청난 탄약을 소모했고 아군과 적군을 구분하기 힘들었다. 밤이 되면서 나폴레옹은 전투를 중단했다. 전술적으로는 패배였고 사상자 6천 명에 대포 50문을 잃었다(동맹군의 손실도 비슷했다). 병력 규모에서 불균형이 심했지만, 나폴레옹은 잘해냈다.

나폴레옹은 트루아로 방향을 틀어 행군 중 탈영으로 4천 명을 잃고 2월 3일에 도착했다. 트루아 주민들은 나폴레옹을 쌀쌀하게 맞이했다. 황제는 쓸데없이 샤티용쉬르센에서 열린 평화회담에 희망을 걸고 몇 시간 동안 곰곰이 생각에 잠겼다. 밀정들의 보고에 따르면 오스트리아는 끝까지 싸울 생각이 없다는 점에서 여전히 프로이센과 러시아에 반대했다. 전쟁이 계속된다면, 이미 연합한 적군과 구체적으로 어떻게 싸울 것인지가 나폴레옹의 문제였다. 게릴라전은 나폴레옹에게는 저주와도 같았기 때문에 다른 길이 없어 보였다. 그런데 밀정들이 좋은 소식을 전해 왔다. 자신만만한 적군이 한 번 더 군대를 나누었다는 것이었다.

블뤼허는 마른 강을 거쳐 진격하기로 했고, 슈바르첸베르크는 센 강을 따라 올라갔다. 그래서 나폴레옹은 원하던 대로 별개의 표적을 상대할 수 있었지만, 우선 동맹군의 두 군대가 강행군으로 신속히 재결합하지 못하도록 양자의 간격을 벌릴 필요가 있었다. 나폴레옹은 마르몽과 우디노가 블뤼허를 저지하는 동안 보헤미아군을 강력히 타격할 생각이었다. 여러 차례의 작은 승리가 이 과정을 앞당겼다. 마르몽은 아르시쉬르오브에서 바이에른 군대를 격파했으며, 그루시의 근위기병대는 트루아에서 러시아 기병대를 타격했고, 비트리와 상스의 전초전도 성공적이었다. 그러나 이 모든 일은 슈바르첸베르크가 남쪽으로 선회하는 동안 블뤼허를 파리로 마구 몰아대는 효과를 냈다. 곧 블뤼허가 프랑스 수도에서 40킬로미터 떨어진 모에 당도했다는 보고가 올라왔다. 나폴레옹의 전략은 이제 소용없었다. 나폴레옹은 기막힌 양동작전으로 슈바르첸베르크를 동쪽으로 보내버리고 파리를 방어하기 위해 돌아왔다.

2월 초 며칠은 나폴레옹의 사기를 호되게 시험했다. 나쁜 소식이 잇달았기 때문이다. 블뤼허의 진격으로 파리는 극도의 공황에 빠졌고, 샤티용쉬르센 회담에 갔던 콜랭쿠르는 동맹국들이 1792년 국경만 제안한다고 보고해 평화로운 해결의 마지막 희망을 앗아갔다. 이탈리아에서 뮈라가 변절한 이야기는 매우 상세히 알려졌으며, 뷜로가 브뤼셀을 점령하고 안트베르펜을 포위 공격하고 있다는 소식이 전해졌다. 나폴레옹은 1812년이나 1813년이었다면 앉아서 곰곰이 생각에 잠겼겠지만, 1814년에는 전성기 이래 볼 수 없었던 힘을 과시하며 파리로 주력군을 투입해 사기를 회복했을 뿐 아니라 겨우 3만 병력으로 블뤼허를 격파한 뒤 남쪽으로 방향을 틀어 슈바르첸베르크를 처리할 계획을 상세하게 수립했다.

나폴레옹은 빙판길과 진창길 때문에 더뎠고 식량 부족으로 힘들었지만 조심스럽게 전진해 블뤼허를 공격할 수 있는 거리에 도달했다. 그때 나폴레옹은 프로이센군의 원수가 부대를 분할했음을 알고 맹렬히 공격했다. 2월 10일 나폴레옹은 네와 마르몽을 샹포베르로 보내 프로이센군의 전초를 공격하게 해 겨우 200명을 희생하며 적군에 4천 명의 사상자를 안겼고, 블뤼허가 바보같이 나눈 요크 군단과 자켄(Fabian Gottlieb von der Osten-Sacken) 군단 사이를 직접 가르고 들어갔다. 블뤼허는 두 부관에게 한 곳으로 집결하라고 명령했지만 너무 늦었다. 나폴레옹은 먼저 자켄을 상대했다. 2월 11일 몽미라유에서 나폴레옹은 교과서처럼 훌륭하게 기동해 자켄의 러시아 부대를 모르티에가 도착해 결정적인 타격을 가할 때까지 포격으로 붙들어 두었다. 완벽하게 기동 시간을 맞춘 나폴레옹은 이어 근위대를 내보내 최후의 일격을 가했다. 몽미라유 전투는 근위대의 영광스러운 순간 중 하나였다. 병력 수에서 적군이 우세했지만(1만 8천 명 대 1만 명) 적에게 2배 더 많은 4천 명의 사상자를 안기고 3천 명을 포로로 붙잡아 특별히 값진 승리였다. 1814년의 나폴레옹이 1796~1797년의 가장 뛰어난 상태의 보나파르트 장군이었다는 주장은 과장이 아니다.

승리에 고무된 나폴레옹은 고비를 넘기고 새로운 삶을 찾은 듯했다. 나폴레옹은 다시 활력이 넘치고 전장의 아주 미세한 의미까지도 놓치지 않는 완벽한 지휘관이 되었다. 2월 12일 나폴레옹은 이런 기분으로 샤토티에리에서 요르크를 공격했다. 프로이센군은 필사적으로 저지하며 북쪽으로 마른 강 너머 수아송으로 탈출했다. 요르크를 지원하러 오던 블뤼허는 황제가 직접 프랑스군을 지휘한다는 소식을 듣고 충돌을 피하려고 방향을 바꾸었으나 후위가 공격을 받았다. 2월 12~13일의 전투에서 프로이센군과 러시아군은 6천 명을 잃었지만 프랑스군 사상자는 600명을 넘지 않았다.

나폴레옹이 적군 추격을 멈춘 것은 이번에도 다른 전선에서 들려온 나쁜 소식 때문이었다. 블뤼허가 포위망을 빠져나가 일찍 파리를 위협하도록 내버려 둔 사람은 빅토르였고, 황제를 낙담케 한 사람도 빅토르였다. 나폴레옹은 보헤미아군과 거리를 유지해야 한다고 확신했는데 이 판단은 합리적이었다. 파리로 들어가는 열쇠는 센 강을 건너는 노장(Nogent) 다리였고 다리를 지킬 수 없는 위급한 경우에 폭파한다는 분명한 계획도 있었다. 그러나 오스트리아군은 서쪽으로 16킬로미터 떨어진 브레에서 다른 다리를 찾아 강을 건넜다. 빅토르는 포위를 피하려고 노장 다리를 포기했고 그로써 파리를 다시 공황에 빠뜨렸다. 슈바르첸베르크는 잠깐 나타났다 사라졌지만 확실한 기회를 잡지 못했다. 나폴레옹 군대와 리옹에서 집결하고 있다는 오주로의 군대 사이에 갇힐까 두려웠던 것이다. 게다가 동맹군의 약탈에 격노한 프랑스 농민들이 마침내 게릴라 정신의 징후를 보이면서 슈바르첸베르크는 결국 유격대와 충돌했다.

블뤼허가 센 강의 소식을 들었을 때 나폴레옹이 수도를 지원하러 갈 수밖에 없고 그 결과 프로이센군이 배후에서 프랑스군을 타격할 기회를 얻을 것이라 생각한 것은 당연했다. 황제는 이러한 생각을 조장하려고 열심이었고 마르몽 군단과 그루시의 기병대, 근위대의 작은 부대를 미끼로 써서 프로이센군을 유인했다. 블뤼허는 덫에 걸렸고 자칫 포위될 뻔했다. 블뤼허는 눈이 녹아 길이 진창이 된 덕에 살아났다. 진창길 때문에 그루시는 프로이센군을 끝장낼 기마포병대를 끌어올 수 없었다. 그렇지만 2월 14일 보상에서 나폴레옹은 겨우 600명을 잃으면서 적군에게 7천 명의 손실을 입혔다.

1814년 2월의 일명 '6일 전투'에서 나폴레옹은 더할 나위 없는 최고의 지휘관으로 돌아와 1796~1797년의 성공을 상기시켰다. 나폴레옹은 센 강 전선에서 들려온 소식으로 문제가 생기지만 않았다면 2월 13일에 블뤼허의 프로이센군을 끝장낼 수 있었을 것이다. 나폴레옹은 동맹군에게 2만 명의 손실을 입혔고 많은 대포를 빼앗았다. 성공의 열쇠는 1796~1797년 이탈리아 전쟁과 마찬가지로 나폴레옹이 소규모 군대를(3만 명) 직접 지휘한 데 있었다. 일반화는 불가피하다. 나폴레옹은 지휘자가 관현악단을 만들어 가듯이 마음대로 주무를 수 있는 작은 군대의 뛰어난 지휘관이었다. 그러나 1812년과 1813년의 거대한 군대는 조금씩 통제를 벗어났다. 어떤 의미에서 나폴레옹은 지위가 올라가면서 무능한 수준으로 떨어졌다고 할 수 있다. '6일 전투'의 역설은 그 모든 훌륭함이 나폴레옹에게 아무런 소용이 없었다는 데 있다. 며칠 안에 블뤼허는 손실을 보상하고도 남을 3만 명의 러시아군을 증원받았다. 마치 나폴레옹이 아무런 승리도 얻지 못한 것 같은 상황이 된 것이다.

　나폴레옹은 블뤼허가 그토록 심한 타격을 입었으니 시간을 두고 상처를 돌보리라고 확신했는데 이는 이치에 맞는 생각이었다. 나폴레옹은 보샹의 수비 진지에 마르몽과 모르티에를 남겨 두고 남동쪽으로 슈바르첸베르크를 추격했다. 그러나 슈바르첸베르크의 기병정찰대는 벌써 믈룅과 퐁텐블로를 조사하고 있었다. 나폴레옹은 36시간 만에 약 75킬로미터를 주파해 이제 6만 명으로 불어난 군대로 오스트리아군을 향해 돌진했다. 모르망과 발주앙에서 벌어진 교전에서 프랑스 장군들은 파죽지세로 나아갔다. 최고로 무익했던 인간 빅토르는 이 전쟁에서 네 번째로 일을 망쳤다. 빅토르는 밤새 행군해 몽테로에서 적을 습격하라는 명령을 받았으나 따르지 않았고, 그 덕에 오스트리아군은 강력한 진지 뒤에서 참호를 파고 버틸 수 있었다. 분노한 나폴레옹은 빅토르를 해임하고 제라르 장군(Étienne Maurice Gérard)으로 대체한 뒤 딱 적당한 순간에 기병대를 투입해 멋진 승리를 거두었다. 사상자는 프랑스군 2,500명, 적군 6천 명이었다.

　2월 21일 메리쉬르센에서 프랑스군이 다시 승리하면서 동맹군은 사기가 떨어지고 혼란에 빠졌다. 8일간 일곱 차례의 전투에서 승리한 나폴레옹은 다시 1792년의 국경을 평화의 원칙으로 수용하라는 제안을 받았으나 연이은 성공에 우쭐해 이를 거절했다. 나폴레옹은 트루아로 슈바르첸베르크를 추격해 그곳에서 자신에 맞서게 할 작정이었으나 블뤼허가 그곳에 합류했다는 사실을 알고 실망했다. 낙담한 나폴레옹은 특사를 보내 1792년의 국경을 수용하겠다는 의사를 전했으나 제안이 철회되었다는 말만 들었다. 그렇더라도 동맹군이 트루아에서 나폴레옹과 대결했다면 7만 명 대 10만 명의 대결에서 나폴레옹이 대승을 거두었을지도 모른다. 그러나 2월 22일 트루아의 작전회의에서 블뤼허와 슈바르첸베르크는 철수에 합의했다. 블뤼허는 북쪽의 마른 강으로 향해 뷜로와 만난 뒤 랑그르로 퇴각할 슈바르첸베르크에게서 프랑스군의 주의를 빼앗기로 했다. 그 결과 나폴레옹은 트루아로 입성했고 앞선 경우보다는 훨씬 따뜻한 환영을 받았다. 시민들이 독일인들에게 당할 만큼 당했던 것이다.

군사적 관점에서 볼 때 2월 말 나폴레옹의 처지는 유망해 보였다. 그러나 겉보기에 분명했던 상황은 여러 문제를 감추고 있었다. 황제의 재능은 끝나 가고 있었고, 군대는 지쳤으며, 신병도 없고, 프랑스 국민은 냉담했으며, 병사들의 사기는 다시 치솟지 못했다. 불길하게도 동맹국들의 정치적 의지는 점점 더 굳세졌다. 영국 외무장관 캐슬레이와 차르, 카이저, 오스트리아 황제가 2월 25일 바르쉬르오브에서, 3월 1일 쇼몽에서 다시 회담을 열고 필요하다면 향후 20년 동안 전쟁을 계속할 수 있도록 영국이 추가로 500만 파운드를 지원한다는 데 합의했다.

2월 마지막 주 블뤼허가 다시 파리로 진격했다. 나폴레옹은 마르몽과 모르티에에게 어떤 희생을 치르더라도 블뤼허의 진격을 막으라고 명령했고, 동시에 우디노와 마크도날, 켈레르만, 제라르를 내보내 슈바르첸베르크를 상대하게 해놓고 프로이센군을 배후에서 공격할 수 있기를 바라며 출발했다. 우디노의 속임수에 오스트리아군 밀정들은 황제가 아직 트루아에 있다고 생각했다. 우디노는 '황제 만세!' 외침으로 가득한 거짓 열병식을 떠들썩하게 벌였다. 그러나 슈바르첸베르크는 갑자기 전면 진격을 명령해 2월 27일에 바르쉬르오브에서 우디노를 격파함으로써 프랑스군을 당혹스럽게 했다.

블뤼허를 습격한다는 나폴레옹의 담대한 계획도 실패했다. 블뤼허는 간발의 차이로 다시 덫을 빠져나갔으며 마른 강의 북쪽 강변으로 건너간 뒤 바짝 추격하는 나폴레옹을 따돌리며 북쪽의 엔으로 철수했다. 수아송의 지휘관이 소심하고 그곳에서 프로이센군을 저지하기로 되어 있던 마르몽과 모르티에가 지체한 탓에 블뤼허는 손쉽게 빠져나갔고 뷜로가 지휘하는 증원군을 만나 추격에서 벗어났다. 이제 병력은 프로이센군과 러시아군 10만 명이었다. 바로 그때 황제는 마크도날이 퇴각해 적군이 트루아를 점령하도록 했다는 소식을 듣고 원수들의 무능에 다시 망연자실했다. 나폴레옹은 그래도 기죽지 않고 블뤼허와 한판 붙고자 서둘렀다. 나폴레옹은 3월 7일 크라온 고원에서 블뤼허를 발견했다.

나폴레옹은 고작 4만 명으로 다시금 희박한 승산에 맞섰다. 특히 전장에는 러시아군 신병 2만 5천 명이 포함되어 있었다. 러시아군은 그루시와 빅토르의 부상을 포함해 프랑스군에 최악의 손실을 입혔지만 결국 라옹으로 퇴각했다. 사상자는 양측에서 대략 5천 명 정도였다. 이렇게 승산이 없긴 했지만 어리석은 네가 대포가 도착하기 전에 때 이르게 공격하지만 않았더라도 나폴레옹은 완벽한 승리를 거두었을 것이다. 정찰에 필요한 기병이 부족한 탓에 나폴레옹은 적군의 철수를 보고 자신이 블뤼허의 후위를 무찔렀다고 결론 내렸지만 3월 9일 라옹에서 적의 중군과 충돌해 깜짝 놀랐다.

3월 10일 냉혹한 전투를 벌였지만 프랑스군은 숫자의 열세를 극복하지 못했고 전진할 수 없었다. 블뤼허는 함정에 빠질까 봐 방어에 중심을 두고 싸웠다. 그날 밤 정찰을 하던 요르크는 증원군으로 오던 마르몽의 6군단이 무방비 상태임을 알게 되었다. 요르크는 기습 공격을 감행해 마르몽 군단에게 참패를 안겼다. 나폴레옹이 쉽게 구할 수 없는 병사 4천 명이 추가로 사라졌다. 나폴레옹은 오전 5시에 나쁜 소식을 듣고는 전술을 고수하기로 결심하고 프로이센군을 자신 쪽으로 유인하려 했다. 이때 블뤼허가 병에 걸려 부관에게 지휘권을 넘긴 것은 황제에게 다행스러운 일이었다. 지휘권을 이어받은 그나이제나우는 코르시카 괴물과 맞서야 한다는 책임감에 무서워 떨었으며, 프랑스군을 끝장내는 데 실패했다. 훌륭한 지휘관이었다면 해낼 수 있는 일이었다. 나폴레옹은 하루 동안 작은 전투를 치른 뒤 병력의 열세를 딛고 성공하기란 불가능하다는 결론을 내리고 엔 강을 건너 수아송으로 퇴각했다. 라옹과 크라온 인근 전투에서 나폴레옹은 6천 명을 잃었다. 동맹국의 사상자는 2천 명이었다.

모든 전장에서 상황은 나폴레옹에게 불리하게 돌아갔다. 콜랭쿠르는 3월 17일까지 1792년 국경 제안이 유효하다는 기간 연장을 얻어 냈지만, 나폴레옹은 여전히 이를 평화의 원칙으로 여기기를 거부했다. 나폴레옹은 한 달 동안 오주로에게 리옹에서 모으기로 한 새로운 군대를 이끌고 싸움터에 나타나라고 재촉했으나 허사였다. 한번은 오주로에게 "56년의 삶은 잊고 카스틸리오네의 위대했던 며칠*만 기억하라"고 간곡히 호소했다. 오주로가 포기했고 새로운 군대는 오지 않을 것이라는 전갈이 왔다. 또 나폴레옹은 마리 루이즈로부터 조제프가 국가참사원과 국민방위대에서 황제에게 평화를 요구하는 제안을 마련하려 한다는 소식을 들었다. 황제의 분노가 폭발했다. 나폴레옹은 형에 대한 내밀한 의심을 명백하게 드러냈다. "모두가 나를 배신했소. 왕으로부터 배반당하는 것이 나의 운명이오? …… 왕을 믿지 마시오. 왕은 여자 문제로 평판이 좋지 않으며 에스파냐에 있을 때부터 야심을 키워 왔소."

황제는 여전히 투지를 불태웠다. 동맹군의 생프리스트 장군(Guillaume Emmanuel Guignard de Saint-Priest)이 신중하지 못하게 중군보다 앞서 랭스를 점령하려다가 나폴레옹의 공격으로 러시아군 6천 명을 잃었다. 프랑스군의 손실은 700명이었다. 그러나 나폴레옹은 여전히 블뤼허와 슈바르첸베르크가 지휘하는 두 군대의 촉수를 떨쳐 버리지 못했다. 나폴레옹은 난국을 타개하기 위한 마지막 시도에 나섰다. 트루아로 진격해 그곳에 슈바르첸베르크를 묶어 두고 스트라스부르로 이어지는 블뤼허의 병참선을 차단해 메스와 베르됭에 주둔한 강력한 프랑스 수비대와 합세한다는 계획이었다. 슈바르첸베르크

---

* 1796년 북부 이탈리아 카스틸리오네델레스티비에레 전투. 나폴레옹이 오스트리아의 다고베르트 폰 부름저를 물리쳤던 이 전투에 오주로도 참여했다.

는 퇴각하는 듯하더니 갑자기 방침을 바꾸어 선봉대를 아르시쉬르오브에 집결시켰다. 3월 20일 이곳에서 양 진영이 충돌했다. 프랑스군은 도시를 점령했으나 적군의 강력한 반격을 받았다.

블뤼허가 마르몽을 격파하고 황제는 필요한 수의 병력을 배치할 수 없게 되면서 아르시쉬르오브의 전투는 실패로 돌아갔다. 나폴레옹은 동맹군 우익의 바이에른군과 싸워 승리했지만 타고 있던 말 바로 앞에서 포탄이 터져 죽을 뻔했다. 어떤 이들은 그 사고를 자살 시도나 죽기를 바라는 마음의 표현으로 설명하지만, 황제는 포탄이 터지려는 것을 보고 말고삐를 당겨 뛰어넘었다. 말은 즉사했으나 나폴레옹은 긁힌 상처 하나 없이 일어났다. 나폴레옹은 이후 여러 차례 아르시쉬르오브의 전장에서 죽지 않은 것을 후회했다.

프랑스군은 슈바르첸베르크의 선봉대와 맞붙은 야간 교전에서는 더 잘 해냈지만, 이튿날 8만 명 규모의 보헤미아군이 모습을 드러냈다. 나폴레옹은 이들에게 대적할 병력이 2만 8천 명밖에 되지 않았기에 우디노에게 엄호를 맡기고 퇴각했다. 21일 오후 3시에서 6시까지 아르시쉬르오브 인근에서 냉혹한 싸움이 이어졌고, 프랑스군의 후위는 거친 타격을 받고 달아났다. 프랑스군은 이번에는 간신히 철수를 완료하고 교량을 폭파했다. 아르시쉬르오브 전투의 손실은 프랑스군 3천 명에 오스트리아군 4천 명이었다. 나폴레옹으로서는 파리로 향하는 것이 당연했으나, 황제는 동맹군의 병참선을 차단할 수 있기를 바라며 불굴의 의지로 생디지에로 향했다.

동맹군은 처음에는 파리로 진격 중인 군대를 끌어들여 이 미끼를 무는 듯했다. 그러나 그때 동맹군은 나폴레옹이 마리 루이즈에게 보내는 편지 한 통을 가로챘다. 탈레랑은 한동안 동맹국들에게 파리에서 황제의 인기가 바닥이며 강력한 왕당파가 존재한다고 조언을 해왔는데, 특히 러시아는 메테르니히가 술수를 부린다고 의심하며 이를 믿지 않았다(탈레랑은 메테르니히의 앞잡이였다). 이제 동맹국들은

937

나폴레옹이 더할 나위 없이 분명히 아내에게 이 일의 진실을 밝히고 부수적으로 자신의 전략을 드러내고 있음을 알게 되었다. "나는 마른 강으로 향해 동맹군의 병참선을 공격할 작정이오. 그래서 동맹군을 파리에서 더 멀리 밀어내고 나의 요새로 더 가까이 끌어들이려 하오. 오늘 저녁 나는 생디지에에 있을 것이오." 편지를 읽은 차르 알렉산드르 1세는 보나파르트의 가장 오랜 적인 포초 디 보르고의 조언에 따라 마음을 바꾸어 파리로 진격하자고 강력히 주장했다.

동맹군은 두 군대를 통합해 18만 병력으로 마른 강을 따라 순조롭게 파리로 진격했다. 마르몽과 모르티에는 길을 막으려 했지만 3월 25일 라페르샹프누아즈에서 일소되었다. 그동안 나폴레옹은 생디지에에서 과감하게 '인민의 전쟁'을 선포할 수 있을지 막연히 생각해보며 바보처럼 나흘을 허비했다. 나폴레옹은 27일 적군이 자신보다 앞서 파리에 들어가리라는 소식을 듣고 환상에서 깨어났다. 마르몽과 모르티에는 3월 30일 몽마르트르 발치에서 마지막 전투를 치렀으며, 몽세는 포르트드클리시에서 용감히 싸웠고, 국민방위대는 벨빌과 샤론 언덕에서 용감하게 방어했고 교외로 진입하는 동맹군에 상당한 손실을 입혔다. 그렇지만 결국 이들은 병력 수에서 우세했던 적군에게 간단히 괴멸되었고, 30일 저녁 마르몽은 파리의 항복 문서에 서명했다.

프랑스의 다른 곳에서도 저항은 무너졌다. 큰 기대를 받았던 리옹은 3월 21일에 함락되어 적의 수중에 떨어진 주요 지방 도시의 긴 명부에 합류했다. 2월 중순 웰링턴은 피레네 산맥에서 진격을 시작했다. 웰링턴은 2월 27일 오르테스에서 술트를 격파했다. 그 결과 보르도가 황제에게 맞서 일어났으며 3월 12일에 영국군에게 성문을 열어주었다. 3월 24일 절망적으로 열세였던 술트는 야전 작전을 포기했고 군대를 툴루즈의 성벽 안으로 이끌었다. 사흘 뒤 웰링턴이 공성을 개시했고 술트는 4월 10일 피비린내 나는 접전을 치른 뒤 퇴각해야

1814년 3월 30일 파리의 관문인 클리시에서 대프랑스 동맹군에 맞선 방어전. 말을 탄 몽세 원수가 국민 방위대 장교에게 지시를 내리고 있다.

했다. 이 타락한 원수는 결국 1814년의 마지막 며칠간 카탈루냐에서 내쫓긴 수세에게 합세하려 하면서 최고의 성과를 보여주었다. 툴루즈가 부르봉 왕실의 복위에 찬성한다고 선언했을 때 술트는 여전히 싸움터에 있었으며, 4월 12일 웰링턴은 툴루즈로 개선했고 이미 열흘도 더 전에 파리가 함락되었다는 놀라운 소식을 들었다.

동맹군이 자신을 앞질렀다는 사실을 안 나폴레옹은 작은 부대를 이끌고 파리 방어를 이끌 수 있기를 바라며 출발했다. 나폴레옹은 퐁텐블로까지 와서 마르몽이 항복했다는 소식을 듣고는 망연자실했다. 조제프가 파리를 방어하기 위한 어떤 시도도 하지 않고 겁을 집어먹고 달아났다는 것이 진정 사실이란 말인가? 슬프게도 이는 사실로 밝혀졌다. 조제프는 나폴레옹이 특별히 요청한 수비 병력을 모으지 않아 뱅상의 포병대에서 싸울 포수도 없었다. 그는 동맹국들로부터 얻어낼 수 있는 최선의 조건이 무엇인지에 관해 탈레랑과 협의하며 대부분의 시간을 허비했다. 나폴레옹은 무기력하게 화만 냈다. "30만 명의 주민이 석 달을 견디지 못했다는 얘기는 처음 들었다." 파리가 단한 시간의 공성도 버티지 못했다는 이해할 수 없는 실패를 말하는 것이었다. 파리가 싸우지 않은 이유로 많은 것이 거론된다. 모든 구(區)에 나폴레옹을 몹시 싫어하는 노동자 계급의 변두리 거주구역이 있었다거나 파리 시민들은 저항할 경우 약탈당하고 파괴당할까 봐 두려워했다거나 조제프가 방어 요새를 구축하지 않았다는 등 많은 얘기가 거론되지만, 이중 어느 것도 추정일 뿐 설득력이 없다.

이번 한 번만은 "우리는 배반당했다(nous sommes trahis)"는 늙은 프랑스인의 외침에 분명한 진실이 담겨 있었다. 나폴레옹을 망친 자들 중 가장 괘씸한 인간은 형 조제프였다. 조제프의 무능함은 너무도 심해 고의로 방해한 것이 아닌지 의심이 갈 정도였다. 영향력 있는 역사가 앙리 우세(Henry Houssaye)는 마르몽을 주된 원흉으로 꼽는다. 파리가 24시간만 더 버텼어도 동맹군은 병참 문제 때문에 퇴각할 수밖에 없었으리라는 것이 근거이다. 그러나 모든 원흉 중에서도 최악이었던 인간은 돈에 매수되어 배반한 탈레랑이었다. 탈레랑은 조제프와 제롬이 루아르로 전속력으로 말을 달릴 때에도 푸셰와 여타 상습적으로 음모를 꾸몄던 자들과 함께 수도에 머물며 동맹군 '구원자들'을 맞이했다. 조제프는 섭정위원회와 궁정이 수도를 떠나 피신해야 한다고 마리 루이즈를 설득했지만, 동맹국이 지명하는 자에게 합법적으로 권력을 이양할 수 있는 자는 누구라도 파리에 남아서는 안 된다는 나폴레옹의 분명한 명령을 무시했다. 탈레랑은 도시를 떠나도 좋다는 허가증을 소지하지 않은 채 성문 앞에 나타나는 단순한 책략으로 파리에 남는 데 성공했다.

그리하여 탈레랑은 센 도의 지사 샤브롤*과 파리 경찰국장 파스키에*와 함께 3월 31일 군대를 이끌고 파리에 입성한 차르와 프로이센

질베르 샤브롤(Gilbert Joseph Gaspard de Chabrol, 1773~1843) 1812년에 나폴레옹에 의해 파리 지사로 임명되어 1833년까지 그 직을 유지했다.

왕을 가까이서 환영할 수 있었다. 그러나 탈레랑은 잘 알려지지도 않은 지역 의회가 성급하게 치고나갔을 때 거의 실패할 뻔했다. 센 도의회는(나폴레옹은 습관적으로 협의 없이 파리 예산을 세워 센 도의회를 무시했다) 의원들의 성명서로 파리 시민들에게 나폴레옹을 거부하고 부르봉 왕실의 복귀를 청원하자고 호소했다. 주동자들은 귀족이 아니라 도의회의 명사들이었다. 탈레랑은 때 이른 선언이 반발을 낳지 않을까 두려웠기에 성명서가 〈르 모니퇴르〉에 실리지 못하도록 막았으며 재빨리 움직여 4월 1일에 임시정부를 구성했다. 이틀 후 탈레랑은 원로원을 설득해 나폴레옹의 폐위를 결정하게 했다. 탈레랑은 악의적으로, 해석하기에 따라 멍텅구리이거나 배반자인 조제프를 앞잡이로 내세워 마리 루이즈와 그 아들을 벌써 쫓아버렸다. 이제 정부의 어느 누구도 섭정위원회에 권력을 이양하자거나 나폴레옹을 퇴위시키고 아들에게 제위를 잇게 하자는 제안을 할 수 없었다.

그렇지만 이는 콜랭쿠르가 차르 알렉산드르 1세와 협상하며 마지막까지 고수했던 대안이었다. 그동안 나폴레옹은 퐁텐블로에 6만 명을 집결시켰고 계속 싸울 준비를 했다. 그러나 4월 4일 네와 몽세, 르페브르가 이끄는 원수들의 대표단이 나폴레옹에게 계속 싸우는 것은 이제 선택할 수 있는 방안이 아니라고 말했다. 네는 말했다. "군대는 전진하지 않을 것입니다." 분개한 나폴레옹은 이렇게 말했다. "군대는 내 명령에만 복종할 것이다." 양보 없는 답변이 이어졌다. "군대는 지휘관들의 말을 따를 것입니다." 네나 베르티에, 르페브르가 원수들의 반란에 가장 큰 책임이 있는 자들인지에 관해서는 의견이 갈린다. 그러나 그때 나폴레옹은 동맹국들이 자신의 아들을 후계자로 인정한다는 조건으로 퇴위에 동의하는 수밖에 달리 방도가 없었다. 콜랭쿠르, 네, 마르몽, 마크도날은 대표단을 구성해 이 제안을(이른바

에티엔드니 파스키에(Étienne-Denis Pasquier, 1767~1862) 1810년에 나폴레옹이 파리 경찰국장으로 임명했다. 왕정 복고 후 국새상서와 법무장관을 지냈다.

'거꾸로 된 브뤼메르') 파리로 가져갔다.

알렉산드르 1세는 로마 왕의 섭정 통치를 받아들이지 않으면 전투
가 재개되지는 않을까 두려웠기에 주저했다. 그러나 탈레랑은 음모
의 거미줄 잣기를 멈추지 않았다. 탈레랑은 속기 쉬운 인간인 마르몽
을 치켜세우며 설득했고 동료들을 배반하도록 공작했다. 콜랭쿠르
와 다른 이들이 나폴레옹 2세에 관해 차르와 힘든 협상을 벌이는 동
안, 알렉산드르 1세에게 극적으로 전갈이 전해졌다. 마르몽이 슈바르
첸베르크와 협정을 체결했으며 마르몽 군단이 그러한 상황에서도 새
로운 협력자인 오스트리아군 병사들과 친교를 맺고 있다는 내용이었
다. 이제 원수들은 나쁜 소식을 들고 황제에게 돌아가 무조건 퇴위를
요구하는 것 말고는 선택의 여지가 없었다. 4월 6일 나폴레옹은 문서
에 서명했고, 같은 날 탈레랑은 원로원을 귀찮게 졸라 자신의 마지막
목적을 이루려 했다. 그것은 부르봉 왕실의 복귀였다.

극적이었던 1814년의 첫 석 달에서 보나파르트 연구자들의 눈에
확 들어오는 것은 세 가지이다. 첫째는 나폴레옹이 보여준 훌륭한 군
사 활동이다. 둘째는 황제를 배반한 반역의 정도가 놀랄 만큼 높다는
사실이다. 셋째는 나폴레옹과 마리 루이즈의 깊은 애정이다. 여기서
첫 번째는 대체로 말이 된다. 웰링턴은 훗날 북쪽의 전쟁을 면밀히
검토한 뒤 이렇게 논평했다. "연구해보니 나폴레옹의 천재성을 다른
어떤 사람보다도 더 잘 이해할 수 있게 되었다. 나폴레옹이 좀 더 오
래 그 체제를 유지했다면, 내 생각이지만, 파리를 구했을 것이다." 두
번째 특징에 관해서는 그 지독한 탈레랑이 여전히 지지자들을 거느
리고 있다는 사실만이 유일하게 놀랄 일이다. 위대한 역사가 피터르
헤일조차 1814년에 탈레랑이 내심 자신의 이익보다 프랑스의 이익을
더 생각했다고 믿는 순진함을 드러냈다. 탈레랑을 변호하는 자들은
나폴레옹의 이익과 프랑스의 이익이 달랐으며 따라서 탈레랑의 이익
과 프랑스의 이익은 동일했다는 그릇된 추론에서 출발한 듯하다.

이 견디기 힘든 석 달 동안 마리 루이즈가 남편을 위해 한 행동과 지원은 흠잡을 데가 없다. 마리 루이즈는 섭정위원회에서 황제를 전폭적으로 지지하고 조제프와 탈레랑의 지속적인 반대에 좌절한 유일한 사람이었다. 마리 루이즈는 동맹군의 점령에 격앙된 파리의 폭도가 마리 앙투아네트가 받았던 고통을 자신에게 안겨줄 위험이 있었는데도 파리에 머물러 싸우고자 했고, 조제프가 2월 8일자 나폴레옹의 편지를 제시하고 나서야 물러섰다. 편지에는 이런 내용이 담겨 있었다. "만일 내가 전투에서 진다면…… 황후와 로마 왕이 랑부예*로 떠나도록 조치하시오. …… 황후와 로마 왕이 절대로 적의 수중에 들어가지 않도록 하시오. …… 내 아들이 죽는 것을 보느니 차라리 빈에서 오스트리아의 왕자로 양육되는 것을 보겠소."

마리 루이즈는 3월 29일 나폴레옹에게 보낸 편지에서 황제의 조언을 좋지 않게 생각한다는 점을 분명히 밝혔다.

그자들은 내가 가야 한다고 고집을 부립니다. …… 나는 더없이 용감하게 여기에 머물러야 합니다. 그리고 저자들이, 특히나 파리 시민들이 스스로를 지키기 위해 저토록 열의를 보여주는 마당에, 나를 파리에 머물지 못하게 하는 데 화가 많이 납니다. …… 그렇지만 저 한 무리의 인간들은 죄다 허둥대고 있습니다. 나만이 제정신입니다. 하루나 이틀이면 당신이 내게 말해주리라고 믿습니다. 수도의 거리들을 결코 지나지 못할 고작 1만 5천 명밖에 되지 않는 기병들 때문에 이곳을 떠날 생각은 없었던 제가 옳았다고. 떠나야만 한다는 것이 정말로 화가 납니다. 그렇게 하는 것은 당신에게 대단히 불리한 일입니다. 그러나 저자들은 내게 내 아들이 위험에 빠졌다고 지적합니다. 바로 그 때문에 당신이 왕[즉 조제프]에게 보낸 편지를 읽은 후로는

랑부예 혁명기에 국유재산이 되었다가 제1제정에서 나폴레옹이 거소로 썼던 랑부예 성.

저들의 말을 감히 반박할 수 없었습니다.

　마리 루이즈는 차후 다른 편지들에서 조제프의 진정한 인물됨을
폭로했다. 조제프는 마리 루이즈에게 중재에 나서 아버지인 오스트
리아 황제에게 프랑스가 굴욕을 당하더라도 보나파르트 가족은 해
를 입지 않도록 보장하게 해 달라고 요청했다.

　그러나 1814년 초 마리 루이즈의 편지는 특히 남편을 깊이 사랑하
는 여인의 모습을 보여준다. 마리 루이즈는 아직 세상 물정에 밝은
여인은 아니었겠지만(나중에 그렇게 될 것이다) 자기 마음에 관해서는
추호의 의심도 없었다. 특히 두 편지는 내면의 영혼을 보여준다. 2월
2일 마리 루이즈는 이렇게 썼다. "당신이 최근에 몇 차례 성공을 거
둔 이후로 매우 용감해지는 나를 느낍니다. 나는 이제 더는 어린아이
로 불리지 않기를 희망합니다. 당신은 떠나기 전에 나를 그렇게 부르
곤 했지요." 그리고 3월 10일에는 1811년 태어난 아들의 생일을 기념
해 이렇게 썼다. "오늘 당신을 아주 많이 생각했습니다. 당신이 사랑
의 증거를 그토록 감동적으로 보여준 지 3년, 그 일을 생각할 때마다
두 눈에 눈물이 고입니다. 그래서 오늘은 내게 매우 소중한 날입니
다." 나폴레옹은 퇴위한 이후 자기 연민과 절망에 빠져 마리 루이즈
에게 답할 수 없었던 것처럼 보이는데, 이는 나폴레옹의 불행이었다.
여러 점에서 나폴레옹은 삶을 단념한 듯했다.

26장

엘바 섬의 군주

죽지 않는 영웅의 꿈

1814년 4월 11일 동맹국들은 보나파르트 가문의 운명을 결정할 퐁텐블로 조약에 서명했다. 나폴레옹은 황제 직함을 인정받았고 엘바 섬의 통치권을 받았다. 그곳에서 나폴레옹은 프랑스 정부로부터 200만 프랑의 연금을 받기로 되어 있었다. 나머지 보나파르트 가족은 연금을 받았고, 마리 루이즈는 파르마 공작령을 받았으며 아들인 로마왕이 계승권을 받았다. 한때 유럽을 호령했던 왕조의 쓸쓸한 종말이었다.

잠정적으로 퇴위가 논의되고 있을 때 콜랭쿠르에게 맨 처음 엘바 섬을 제안한 사람은 차르 알렉산드르 1세였다. 충신이었던 콜랭쿠르는 알렉산드르 1세에게 퇴위가 기정사실이 되었을 때에도 그 제안을 협상장에 내놓아 달라고 끈질기게 요구했다. 다른 동맹국들은 그 제안이 너무 관대하다고 생각했다. 메테르니히는 엘바 섬이 이탈리아에서 너무 가깝다고 보았고, 캐슬레이는 프랑스에서 너무 가깝다고 생각했다. 결국 이들은 부르봉 왕실을 경멸했다고 알려진 차르의 심기를 거스를까 두려워 마지못해 따랐다. 만약 차르가 갑자기 변심해 부르봉 왕실의 복귀를 취소하고 대신 로마 왕을 선택한다면, 유럽은 다시 위기를 맞을 수 있었다.

그러나 엘바 섬은 일군의 다른 후보지들이 퇴짜를 맞은 뒤에야 선택되었다. 푸셰는 동맹국들에게 그 '괴물'을 미국으로 추방해야 한다고 역설했으나, 이는 지나치게 극단적으로 여겨졌다. 코르시카와 사르데냐는 너무 커서 위험하다고 판단했고(나폴레옹이 그 지역을 난공불락의 요새로 만들지도 모를 일이었다), 케르키라(코르푸)는 너무 작고 멀어 나폴레옹이 받아들이기 어려웠다. 황제의 유배지로 제안된 장소들은 대체로 영국령이었다(지브롤터와 세인트헬레나, 심지어 오스트레일리아 대륙의 보터니 만까지 거론되었다). 그러나 토리당의 초선의원들은 보나파르트라는 존재 자체가 그러한 장소들을 더럽힐 것이라고 주장했다. 캐슬레이는 나폴레옹을 스코틀랜드 북부의 뷸리 퍼스 만(灣)에 있는 영국 요새 세인트조지에 일종의 가택연금 형태로 잡아두자는 기발한 생각을 내놓았다. 그러나 내각의 동료들은 나폴레옹이 그곳에 있으면 야당인 휘그당 지도자들이 출정영장을 송달해 정부에 나폴레옹을 풀어주든지 재판에 회부하든지 선택하도록 압박을 가할 수 있다고 반대했다. 그렇다면 무엇에 관한 재판인가? 자연 국경을 유지하기 위한 전쟁 수행은 아무리 상상력을 펼친다 해도 범죄라고 할 수 없었다.

그래서 차르가 선택한 엘바 섬이 남았다. 차르는 한때 잠시나마 나폴레옹을 친구라고 불렀고 호감을 품었는데, 거의 다 사라지고 남은 약간의 호감이 선택에 작용했는지도 모른다. 그렇지만 엘바 섬을 선택한 것은 대체로 보아 순전한 술수였다. 나폴레옹이 엘바 섬에 있으면 오스트리아령 이탈리아는 옆구리에 가시가 박힌 셈이었고, 따라서 알렉산드르 1세가 폴란드에서 마음대로 해도 되는 반면 합스부르크 가문은 계속 신경을 써야 했다. 메테르니히도 캐슬레이도 나폴레옹을 엘바 섬 군주로 세운다는 생각을 좋아하지 않았고 차르의 동기가 무엇인지 어느 정도는 알아차렸다. 결국 캐슬레이는 조약에 서명하기를 거부했다. 그렇지만 메테르니히는 마지못해 서명했다.

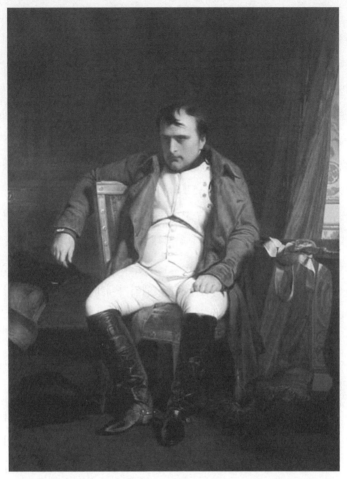

1814년 3월 31일, 퐁텐블로 성에서 동맹군의 파리 입성 소식을 들은 나폴레옹. 폴 들라로슈의 1840년 그림.

퇴위에서 결국 나폴레옹이 서명하게 될 퐁텐블로 조약 초안이 도착할 때까지 6일이 걸렸다. 나폴레옹은 다시 슬픔에 잠겼고 의기소침해 움직이지 못했다. 나폴레옹은 마리 루이즈와 함께 갈 것인지 아니면 혼자 갈 것인지 결정할 수 없었다. 퇴위 후 한 주간 벌어진 사건들에는 무엇인가 본질적으로 불합리한 점이 있었다. 당시 나폴레옹은 퐁텐블로에 있었고 마리 루이즈는 남서쪽으로 약 160킬로미터 떨어진 블루아에 있었다. 마리 루이즈는 아주 일찍부터 남편과 함께하기를 바란다는 것을 노골적으로 암시했다. 마리 루이즈는 이렇게 썼다. "당신의 운명을 함께 나누고 그 모든 좌절을 겪은 당신을 위로한다면 나는 더 용감해지고 더 침착해질 거예요." 그러나 남편의 답장은 금고에서 돈을 꺼내 욕심 많은 가족에게 주라는 다소 무뚝뚝한 지시였다. 어머니와 루이, 제롬, 폴린, 엘리자에게 각각 100만 프랑씩 주라고 했다. 보나파르트 가족은 각자 제 몫의 돈을 받자 황후는 개의치 않은 채 흩어졌다. 그렇지만 황제는 여전히 명확한 언질을 주지 않았다. 4월 8일 나폴레옹은 이렇게 썼다. "남겨준 것이 없어 미안하오. 당신이 가질 것이라곤 나의 불운한 운명뿐이구려."

조제프와 제롬은 블루아에 도착해 마리 루이즈에게 처음 도착하는 오스트리아군 정찰대에 항복하라고 설득하려 했다. 마리 루이즈는 압력에 굴하지 않았으며, 조제프는 금고에서 제 몫을 챙기자마자 스위스로 떠났다. 4월 8일 마리 루이즈는 태도를 분명히 했다. "당신의 지시를 기다리고 있습니다. 간절히 원하건대 나를 불러주세요." 나폴레옹의 답장은 실망스럽게도 생각 없이 아무렇게나 쓴 것이었다. "오고 싶으면 오시오. …… 아니면 그곳에 있어도 되고." 이처럼 일관성도 없고 종잡을 수 없으며 회피하는 듯한 조언에 비추어볼 때 4월 10일에 황후의 비서인 메느발에게 이처럼 써 보낼 수 있었던 것은 기괴하다는 생각이 든다. "황후의 진짜 의도가 무엇인지 캐내어…… 나를 따르는 것과 자신이 받은 땅으로든 아버지의 궁정으로든 내 아들과 함께 물러가는 것 중 어느 쪽을 더 원하는지 알아보라." 질문에 대한 답변은 마리 루이즈가 날마다 보낸 편지에 분명히 드러나 있었다. "사람을 보내 내가 어떻게 해야 하는지 말해주셔야 합니다. …… 당신의 정숙한 아내만큼 당신을 사랑하는 사람은 없습니다."

4월 11일(퐁텐블로 조약이 체결된 날) 나폴레옹은 마리 루이즈가 자신을 따라 엘바 섬으로 가리라고 짐작했던 것 같다. "당신은 최소한 거대한 저택 한 채와 아름다운 나라를 갖게 되겠지만 나의 섬 엘바에 싫증을 낼 것이고 나는 늙었으니 젊은 그대를 따분하게 만들 거요." 이 편지는 토스카나 대공국을 나누어 받을 기대로 아버지와 면담하겠으니 이를 허락해 달라는 마리 루이즈의 편지와 엇갈렸다. 마리 루이즈는 곧바로 아버지를 만나고자 랑부예로 길을 떠났고 중개인 역할을 한 폴란드 장교를 통해 나폴레옹에게 편지를 보냈다. 나폴레옹은 마침내 기운을 내 일단의 기병 부대를 보내 마리 루이즈를 퐁텐블로로 데려오려 했다. 4월 15일 나폴레옹은 다소 만족스러운 듯이 편지를 보냈다. "지금이면 틀림없이 아버지를 만났겠소. 내일 퐁텐블로로 돌아오길 바라오. 그러면 우리는 피난처이자 휴식의 땅을 향해 같이 출발할 수 있소. 그곳에서 나는 행복할 것이오. 당신이 세속의 고귀함을 잊고 나와 동행하기로 마음을 굳힐 수만 있다면 말이오."

너무 늦었다. 마리 루이즈는 남편이 주저하자 나름대로 결정적인 조치를 취할 수밖에 없었다. 그러나 마리 루이즈는 오스트리아 국경을 넘자마자 자신이 이제 더는 자유롭게 행동할 수 있는 사람이 아니라는 사실을 깨달았다. 아버지의 도움을 구했던 것이 중대한 실수였다고 밝힐 때 마리 루이즈는 진정 슬펐다. "저들이 나로 하여금 오를레앙을 떠나게 만들었고 필요하다면 무력을 써서라도 당신과 합류하지 못하도록 막으라는 명령이 내려졌다는 사실을 이제 당신은 알게 될 거예요. 조심하세요, 내 사랑. 우리는 속고 있습니다. 당신이 몹시 걱정되지만, 아버지에겐 강경하게 나갈 거예요. 무조건 당신과 함께할 것이고 무슨 말을 해도 듣지 않겠다고 말하겠어요."

'강경' 노선으론 아무런 결과도 얻지 못했고, 아버지에게 순종해야 한다는 가르침을 받고 자란 마리 루이즈에게 설령 그럴 용기가 있다 해도 뜻을 이룰 가능성은 없었다. 마리 루이즈는 곧 슬픔에 잠겨 나폴레옹에게 편지를 쓰고 있었다. "아버지는 당신과 함께하거나 당신을 만나거나 엘바 섬으로 같이 여행하는 것을 허락하지 않을 거예요. …… 아버지는 먼저 오스트리아에서, 그 다음 파르마에서 두 달을 보내야 하며 그곳에서 당신을 볼 수 있다고 고집하세요." 마리 루이즈는 콩피에뉴로 인도되었고 그곳에서 차르와 카이저를 만났다. 마리 루이즈와 이야기한 자들은 모두 그녀가 남편에 대한 나쁜 말을 전혀 들으려 하지 않으며 나폴레옹의 오랜 동료들이 여러 건의 불륜과 간통을 상세히 설명해도 전혀 흔들리지 않는다는 사실에 깜짝 놀랐다. 억지로 오스트리아에 끌려온 마리 루이즈는 그 단계에서는 엘바 섬의 나폴레옹과 재회하겠다는 의지가 단호했다.

그러나 나폴레옹은 점차 메테르니히의 악독함 때문에 다시는 처자와 만나지 못하리라고 느꼈다. 퐁텐블로를 떠나기 전 프란츠 1세한테서 받은 교활하고 부정직한 편지는 이런 의혹이 옳았음을 입증했다. 프란츠 1세는 이렇게 썼다. "마리 루이즈에게 가족의 품 안에서 몇 달 지내라고 제안하기로 했소. 마리 루이즈가 조용히 휴식을 취해야 한다는 것은 매우 분명하오. 폐하께서도 마리 루이즈를 진정으로 사랑한다는 증거를 많이 보여주었기에 이 문제에 관해 나와 뜻이 같으며 나의 결정에 찬성하리라 믿어 의심치 않소. 마리 루이즈는 건강을 되찾으면 자기 나라의 주권을 취할 것이며, 그로써 자연스럽게 폐하의 거소에 가까이 가게 될 것이오. 마리 루이즈의 아들이 내 가족의 일원으로 받아들여질 것이며 나의 영토에 머무는 동안 늘 엄마의 보살핌을 누릴 것이라는 점을 폐하께 보장할 필요는 없다고 생각하오."

　나폴레옹은 퇴위 직후 한 주 동안 무기력에 빠진 탓에 아내와 재회할 기회를 잃어버렸다. 그러나 나폴레옹은 그 기간 동안 자신의 힘이 미치지 않는 곳에서 급박하게 결정이 내려지고 삶의 의지가 완전히 비틀거리는 상황에서 깊은 생각에 잠겼던 것 같다. 나폴레옹은 아노미 상태에 빠져 있었던 것으로 보인다. 쉽게 떠오르는 진부한 표현(위대한 인간은 어떻게 무너지는가)은 헤겔이 더욱 명쾌하게 제시했다. 헤겔은 예나 전투 후 나폴레옹에 관해 이런 인상을 남겼다. "나는 정찰을 위해 도시에서 말을 타고 나오는 황제를(이 세계 정신을) 보았다. 그런 사람이 이곳에서 단 하나에 정신을 집중한 채 말에 올라타 전 세계로 뻗어나가 세계를 지배하는 것을 보는 것은 실로 굉장한 감동이다. …… 상황을 움직이게 만들 수 있는 것은 오직 하늘, 다시 말해 프랑스 황제의 의지뿐이다." 그러나 헤겔은 나폴레옹이 몰락하자 울적한 마음으로 이렇게 썼다. "위대한 천재가 스스로 파멸하는 과정을 보는 것은 소름끼친다. 그리스 문학에도 이보다 더 비극적인 것은 없다. 평범한 인간들이 한통속이 되어 견딜 수 없는 육중한 무게로 가장 높은 곳에 있는 자를 자신들과 똑같은 수준으로 끌어내리는 데 성공했다."

　의심할 여지 없이 황제의 마음속에도 비슷한 생각이 맴돌았다. 황제는 베르테르 같은 추상적인 방식으로 종종 생각했듯이 자살을 떠올렸다. 그러나 이번에는 한 걸음 더 나아갔나? 4월 7일과, 4월 12일에서 13일로 넘어가는 밤에 독약을 먹으려 했던 것으로 보이나, 이 사건들에 관한 것은 나폴레옹이 썼던 방법과 실패한 이유, 어설픈 자살 시도의 목격자를 포함해 전부 불가사의다. 어떤 종류의 독약이었는지도 입증할 수 없다. 콩스탕과 메느발, 로르 아브랑테스가 한 애기는 공상이거나 떠도는 소문으로 치부해도 좋다. 그러나 일반적으로 의심할 수 없는 출처였던 콜랭쿠르의 설명은 주목할 만하다.

콜랭쿠르의 설명에 따르면 나폴레옹은 1812년 말로야로슬라베츠에서 카자크 기병대에 붙잡힐 뻔했다가 간신히 탈출한 이후로 목에 독약이 든 작은 주머니(검은 호박단琥珀緞으로 된 작은 돈지갑으로 벨라돈나, 화이트 헬레보레, 아편 혼합물이 담겨 있었다)를 걸고 다녔다. 4월 12일 콜랭쿠르가 서명을 받으러 퐁텐블로 조약의 초안을 가져갔을 때, 나폴레옹은 알 듯 모를 듯 이런 말을 했다. "이제 더 필요한 건 없을 거야. 군인 한 명이 죽는 데 넓은 공간이 필요하지는 않지." 콜랭쿠르와 함께 식사를 마친 뒤에는, 1812년에 썰매를 타고 바르샤바로 갈 때처럼 마치 다른 사람 얘기하듯 자신과 자신의 치세를 언급하며 자신을 알았던 모든 이들이 비열하게도 은혜를 모른다고 불평하며 삶을 견딜 수 없다고 말했다.

13일 오전 3시 황제는 콜랭쿠르를 침상으로 호출했다. 나폴레옹은 독약을 삼켰다고 말하며 다정하게 눈물로 작별을 고했다. 콜랭쿠르는 자신만이 주인과 함께했다고 암시했으나, 콩스탕은 자신과 시종 펠라르도 그 자리에 있었다고 주장했다. 누군가 잠든 콜랭쿠르를 깨웠을 것이므로 이 말이 더 그럴듯하다. 그때 나폴레옹이 구토를 시작하며 경련을 일으켰다. 궁정대원수 베르트랑과 군의관 이반 박사가 소환되어 한 알 더 먹여 끝내 달라는 말을 들었다. 전하는 바에 따르면, 이반은 자신이 히포크라테스 선서를 했으며 살인자가 아니라는 말과 함께 요청을 거부했다. 나폴레옹은 네 시간 동안 엄청난 고통을 겪었고, 오전 7시부터 통증이 완화되었다. 이튿날에는 사람들 앞에 모습을 드러낼 정도로 좋아졌다. 독약이 왜 효과가 없었는지에 관해서는 두 가지 설이 있다. 하나는 이반이 말로야로슬라베츠 이후 명령에 따라 독을 두 배로 섞었는데 이것이 황제의 몸이 흡수할 수 없을 정도로 강력해 나폴레옹이 다 게워냈다는 것이다. 다른 설은 독이 만들어지고 나서 2년의 시간이 흐른 뒤라 효력을 잃었다는 것이다.

이 사건 전체에 관한 전통적인 설명에는 무언가 만족스럽지 못한 점이 있다. 이반 박사가 독의 양을 두 배로 준비했다는 얘기는 일단 무시해도 된다. 이야기의 다른 부분과 논리적으로 모순되기 때문이다. 이반이 치명적일 정도로 약을 조제해 놓았다면 히포크라테스 선서를 했다거나 살인자가 아니라는 주장은 할 수 없었을 것이다. 독약이 '효능을 상실'했다는 얘기는 누가 만들었건 지극히 서툴렀다고 결론 내릴 수밖에 없다. 당시에는 비소를 비롯해 치명적인 독약이 많았고 효능은 거의 즉사였기 때문이다. 게다가 대부분의 사람들은 치사량에 근접한 독을 먹으면 이튿날에도 회복하지 못했다.

그렇다면 어떻게 설명해야 하는가? 열쇠는 실패로 돌아간 4월 7일의 첫 번째 시도에 있는 것 같다. 콜랭쿠르는 이를 자세히 언급하지 않았다(이날 그는 퐁텐블로에 있지 않다). 이반은 1812년에 황제를 안심시키려고 위약(僞藥)을 주었을까? 4월 7일 약효가 없는 독약을 먹고 어리둥절했던 황제가 12일에서 13일로 넘어가는 밤에 다시 음독을 시도했다가 우연의 일치로 식중독에 걸렸던 것일까? 누군가가 나폴레옹을 독살하려 했을까? 그것도 아니라면 콜랭쿠르의 설명이 신빙성이 없는 것일까? 학자들은 때때로 콜랭쿠르 회고록의 신빙성을 최소한 일부분이라도 의심했으며, 훗날 다른 사람들이 손을 댔다는 의혹도 제기되었다. 우리가 쓸 수 있는 증거는 대체로 정황 증거이다. 나폴레옹의 마음 상태는 확실히 이 당시 자살을 기도할 만했지만, 나폴레옹은 호된 시련을 견뎌냈으며 이후 훨씬 더 어두운 밤들도 자살을 기도하지 않고 극복한다. 사건에 대한 콜랭쿠르의 설명이 진실일 가능성은 여전하나, 만약 그렇다면 나폴레옹의 성격에 관해서는 역사가들이 기꺼이 제시하려 했던 것보다 좀 더 체계적인 재해석이 요구된다.

당시 나폴레옹의 감정이 무척 혼란스러웠던 것은 분명하다. 4월 6일 퇴위 문서에 서명한 뒤 나폴레옹은 서명을 철회하고 에스파냐식의 국민 해방 전쟁을 이끌거나 탈출해서 아직 항복하지 않은 외젠과 합류할까도 생각해보았다. 외젠은 4월 17일에야 항복한다. 나폴레옹은 처음에는 퐁텐블로 조약에 머리를 숙였지만 서명하지 않기로 결심했다가 결국 굴복했다. 그러나 나폴레옹은 캐슬레이가 곤경에서 벗어나지 못하도록 협상을 어렵게 이끌었다. 나폴레옹은 영국이 조약을 보증해야 한다고 강조했다. 엘바 섬에 도착할 때까지 안전을 보장하고 그곳에 당도한 후에는 몰타나 시칠리아, 바버리 해안의 해적들로부터 인신을 보호해야 한다고 강력히 주장한 것이다. 나폴레옹은 영국의 의도가 진심임을 보여주는 조치로 자신과 함께 엘바 섬에 거주할 주재사무관을 요구했다. 캐슬레이는 자신이 공식 직함을 인정하지 않은 군주의 독립성을 보장해야 하는 어처구니없는 상황에 빠져들었다.

주재사무관으로 선정된 사람은 바우첸에서 싸웠던 스코틀랜드 하일랜드 출신 닐 캠벨(Niel Campbell) 대령이었다. 캠벨은 4월 16일에 퐁텐블로에 도착하자마자 나폴레옹의 첫인상을 이렇게 기록했다. "작지만 의욕이 가득해 보이는 사람이 눈앞에 있다. 마치 작은 우리에 갇힌 야생 동물처럼 자기 방 이곳저곳을 부지런히 오간다. 황금색 견장이 달린 오래된 녹색 군복과 푸른색 긴 바지를 입고 붉은색 긴 장화를 신었다. 수염은 깎지 않았고, 머리는 빗질하지 않았으며, 코 담배 부스러기가 윗입술과 가슴에 많이 떨어져 있다." 나폴레옹은 캠벨과 다른 동맹국 사무관 세 명, 베르트랑, 드루오(Antoine Drouot) 장군이 지휘하는 근위대의 분견대와 함께 엘바 섬으로 여행하기로 되어 있었다.

4월 20일 마차 열네 대로 구성된 호송대가 폴란드 창기병 62명의 호위를 받아 엘바 섬으로 출발했다. 근위대 병사 600명이 결국 섬까지 황제를 따라갔다. 나폴레옹은 퐁텐블로를 떠나기에 앞서 성의 뜰에서 다시는 보지 못할 근위대원들에게 감동적으로 작별을 고했다. 나폴레옹이 감상적인 연설로 눈물바다를 만들었다는 것을 의심할 이

1814년 4월 20일, 제위에서 물러나 엘바 섬으로 떠나는 나폴레옹이 제국근위대 병사들에게 작별 인사를 하고 있다.

유는 없다. 그 순간은 나폴레옹 도상학에서 가장 훌륭한 배경의 하나로서 낭만주의 운동의 시인들과 화가들에게는 유명한 착상의 원천이었으며, 연설은 출처는 의심스럽지만 보나파르트 수사학의 유명한 요소를 모두 동원했다.

선임근위대 병사들이여, 작별을 고하노라. 20년 동안 그대들은 늘 명예와 영광의 길을 걸었다. …… 나는 나의 모든 권리를 희생했고 나의 삶을 희생할 준비가 되어 있다. 프랑스의 행복과 영광이 언제나 유일한 목적이었기 때문이다. …… 만일 내가 계속 살기를 선택했다면 이는 우리가 함께 이룬 위대한 일들에 관해 글을 남기고 후세에 그대들의 위대한 업적을 전하기 위함이다. …… 잘 있거라, 아들들아! 그대들 전부 내 마음에 새기고 싶다. 아니 최소한 그대들의 깃발에 입을 맞추런다.

호송대는 남행길에 올라 느무르, 몽타르지, 브리아르, 느베르, 로안을 거쳐 리옹에 도착했다. 그곳에서 황제 일행은 론 강 유역을 따라 내려갔다. 뒤늦게 알았지만 1815년 이후 프로방스를 휩쓴 백색 테러에 비춰볼 때 이 광적인 왕당파 지역을 지난 것은 경솔한 짓이었다. 일행이 비엔과 오랑주를 지날 때에는 황제의 상을 만들어 목을 매다는 적대적인 시위가 벌어졌으며, 아비뇽에서는 물리적인 폭력이 발생해 폭도가 마차 행렬을 가로막고 나폴레옹을 끌어내 폭행하려는 시도가 있었다. 나폴레옹은 스스로 시인하듯이 비천한 하층계급을 늘 두려워하고 혐오했기에 기가 죽었다. 나폴레옹은 오스트리아 사무관인 콜러 장군에게 말했다. "친애하는 장군, 당신도 알겠지만 내 꼴은 최악이었소."

나폴레옹은 이런 일이 있은 후 변장을 해야 한다고 주장하고 독살 당할까 두려워 현지 여인숙에서 먹기를 거부했다(바로 2주 전에 같은 수단으로 자살하려 했다는 사람치고는 이상한 행동이었다). 캠벨은 나폴레옹의 소심함을 멸시하듯 기록했다. "나폴레옹이 자기 생명에 대한 공격을 무척이나 우려했다는 사실은 퐁텐블로에 머무는 동안과 이후 여정에서 명백히 드러났다. 나폴레옹은 확실히 그와 같은 관록을 지닌 자에게서 기대할 수 있는 것 이상으로 겁이 많음을 보여주었다." 나폴레옹은 르뤼크에서 누이 폴린과 하룻밤을 보낸 뒤 프레쥐스에 도착했다. 나폴레옹은 여전히 변장하고 있었다. 푸른색 하인 옷을 입고 자그마한 둥근 모자를 쓴 나폴레옹은 프랑스 해군 장교들이 자신에게 특별한 원한을 품고 있음을 알았기에 프랑스 군함을 타고 엘바섬으로 건너가기를 단호히 거부했다. 대신 나폴레옹은 4월 29일에 영국 군함 언돈티드함(HMS Undaunted)에 올라탔다.

나폴레옹은 평범한 영국인 접대원, 특히 해군 장교들과 마주칠 때면 늘 강한 인상을 주었다. 언돈티드 함의 함장 어셔도 예외가 아니었다. 함장은 황제의 '무한한 정중함과 겸손'을 늘 기억했다. 5월 3

일 배는 엘바 섬의 포르토페라이오에 닻을 내렸다. 전설에 따르면 나폴레옹은 단 한 시간 만에 적대적인 엘바 주민들을 설득해 자기편으로 만들었다고 한다. 역설 중의 역설이지만 엘바 주민들은 1814년 4월 중순에 아직 파리에서 벌어진 일들을 알지 못한 채 보나파르트의 통치에 반대하는 반란을 일으켰다가 유혈 참사를 남기고 진압되었기에 이는 꼭 필요한 일이었다. 몰타에 전염병이 발생한 탓에 엘바 섬도 거의 같은 시간대에 고립되었고, 그래서 1만 2천 명의 섬 주민들은 황제가 도착하기 하루 전에야 새로운 통치자가 나폴레옹 보나파르트라는 사실을 알게 되었다.

여러 언어를 쓰는 엘바 섬 주민들(토스카나인, 에스파냐인, 나폴리인)은 납 제품이나 화강암 제품 공장, 리오마리나의 철광산에서 일했다. 어업을 제외하면 이런 일들이 섬의 유일한 수입원이었다. 나폴레옹은 이처럼 장래성 없는 기반 위에 예상할 수 있는 온갖 것을 갖춘 장대한 궁정을 세웠다. 나폴레옹은 18세기에 메디치 가문이 총독의 정원사를 위해 지은 평범한 집인 이물리니(I Mulini)에 궁전을 차렸다. 궁정에는 궁정대원수, 군사령관, 출납관, 시종 네 명, 비서 두 명, 의사, 약제사, 집사, 주방장 한 명에 보조 요리사 일곱 명, 종자 두 명, 마관 두 명, 알리라는 맘루크 하인, 의전관 두 명, 하인 여덟 명, 짐꾼, 악단장, 여성 가수 두 명, 청소부, 세탁부가 있었다. 마차 27대와 나폴레옹이 애호하는 말들의 공간인 마사에서는 35명의 남성이 일했다.

처음 몇 달 동안 나폴레옹은 자그마한 왕국의 통치자 놀이를 즐겼다. 나폴레옹은 행정을 개편하고 포도원에 나무를 심었으며 극장을 짓는 일을 시작하기도 했다. 나폴레옹은 섬의 농업에 관해 수확과 관개, 숲, 올리브, 오디, 밤, 감자 등 모든 것을 포괄하는 일련의 법령들을 쏟아냈다(나폴레옹의 관심을 벗어날 하찮은 것은 없었다). 캠벨은 이렇게 전한다. "어떤 상황에서나 그토록 왕성한 활동력과 부단한 끈기를 보여주는 사람은 본 적이 없다." 나폴레옹은 새로운 도로와 새

병원, 새 군사학교를 세운다는 웅대한 포부를 품었다. 그러나 이 모든 계획은 무위로 끝났다. 주된 이유는 두 가지였다. 세금이 인상되고 부역(corvée)으로 강제노동을 시행한다는 소문이 확산되면서, 처음에는 새로운 군주가 미심쩍은 부분이 있어도 선의로 해석했던 엘바 주민들은 냉랭하게 수동적으로만 복종했다. 그리고 부르봉 왕실 정부가 연간 200만 프랑의 보조금을 지급하겠다는 약속을 존중할 의사가 없음이 점차 분명해지면서 이러한 계획을 실행할 자금이 없었다. 이것이 더 적절한 지적이다.

게다가 엘바 섬이 상업으로 번성한 섬이요 두 시칠리아 왕국에서 동쪽으로 가는 선박들의 중요한 중간 기착지라는 콜랭쿠르의 묘사는 사실과 거리가 멀었음이 곧 드러났다. 나폴레옹은 점차 자신의 왕국에 흥미를 잃었고 2층짜리 궁전에서 좀처럼 모습을 드러내지 않아 섬에 몰려든 다수의 관광객과 모험가, 용병, 밀정들을 당혹스럽게 만들었다. 나폴레옹은 궁정의 수준에도 실망해 이내 환영회도 포기했고 최측근들과 뱅테욍과 도미노 게임을 하기를 더 좋아했다. 나폴레옹은 너무 지루해 못된 장난을 치기 시작했다. 한번은 베르트랑의 호주머니에 물고기 한 마리를 살짝 집어넣고는 손수건을 빌려달라고 청했다. 그 결과 물고기가 탁자 위로 떨어졌다.

황제는 과거를 돌아보고 프랑스에서 온 소식을 숙고할 시간이 많았다. 나폴레옹은 밀정들을 통해 계속 파리 소식을 듣고 있었다. 나폴레옹은 분명 자신이 돕고 보호했던 모든 자들로부터 배반당할 운명이었다. 시종 콩스탕과 황제의 문밖에서 자곤 했던 충성스러운 맘루크 하인 루스탐까지도 엘바 섬으로 떠날 때에는 주인을 버렸다. 푸셰와 탈레랑, 뮈라, 베르나도트가 저지른 더 큰 배신도 있었다. 뮈라의 배반은 1814년에 결정적이었다. 만일 뮈라가 계속 충성했더라면 오스트리아의 대군은 이탈리아에서 발이 묶였을 것이고 동맹군은 5월까지는 프랑스 침공에 필요한 병력을 갖출 수 없었을 것이다. 베르나도트로 말하자면 다른 사람이었다면 누구라도 불명예 퇴진을 피할 수 없었을 여러 추문을 견디고 동맹국들로부터 계속 중요한 인물로 받아들여지도록 하는 능력이 놀라웠다. 한 가지 통계만 보더라도 마치 왕이 된 월터 미티* 같았던 베르나도트에 관해 생생히 알 수 있다. 1812년에서 1814년까지 영국이 지급한 보조금 중 프로이센은 208만 8682파운드를 받았고 오스트리아는 163만 9523파운드, 러시아는 236만 6334파운드를 받았다. 이 세 나라의 군대가 그랑다르메의 심장을 도려냈다. 그러나 교전을 피할 핑곗거리만 찾던 군주가 이끈 스웨덴은 같은 기간에 233만 4992파운드를 받았다.

상어가 빨판상어 떼에 둘러싸여 헤엄치듯이, 위대한 인물은 자신을 질시하는 하찮은 인간들에게 둘러싸이기 쉽다. 그렇다면 뮈라와 베르나도트, 푸셰, 탈레랑 같은 자들은 용서할 수는 없어도 어느 정도 이해할 수는 있다. 그러나 형제의 배반과 엘리자와 카롤린 같은 누이의 배반은 견디기가 힘들었다. 형편없이 부도덕했던 폴린은 바로 이런 맥락에서 결국 유리한 상황을 맞았다. 1812~1813년 보나파르트 왕조가 직면한 크나큰 위기에 자신다운 경솔한 처신으로 무관심했던 폴린은 당대 프랑스의 뛰어난 비극 배우인 프랑수아 조제프 탈마의 구애를 물리치고 대신 무명의 군인 앙투안 뒤샤르(Antoine Duchard) 대령을 마지막 연인으로 삼아 엑스레뱅의 환락가에서 빈둥거리고 있었다. 그러나 폴린은 나폴레옹이 엘바 섬으로 유배되자 그곳으로 따라갔고 본토로 돌아가 제위를 되찾으라고 끊임없이 졸라 댔다.

폴린은 봄에 어머니에게 편지를 써 보냈다. "황제를 홀로 내버려 두면 안 돼요. 지금 황제는 행복하지 않으니까 우리가 애정을 보여

월터 미티(Walter Mitty) 제임스 서버(James Thurber, 1894~1961)의 단편 《월터 미티의 은밀한 생활(The Secret Life of Walter Mitty)》에 나오는 가상의 인물. '성공을 꿈꾸는 무능한 몽상가'라는 뜻으로 쓰인다.

줘야 해요." 그래서 어머니 레티치아도 와서 폴린과 함께 앉아 아들과 카드놀이를 했다. 게임을 하면서 황제는 속임수를 썼다. 이들 말고 충성스러웠던 여인은 또 있었다. 마리아 발레프스카는 며칠간의 비밀 방문으로 아들을 엘바 섬으로 데려왔다. 나폴레옹이 마리아를 대한 태도는 언제나 묘했다. 나폴레옹은 그 여인에 대한 감정이 진정 무엇인지 결정할 수 없는 것처럼 늘 변덕스러웠다. 콜랭쿠르는 1812년 러시아에서 빠져나오면서 썰매를 타고 바르샤바로 가던 중에 황제가 발레비체 성으로 길을 돌려 마리아와 하룻밤을 같이 지내볼까 생각했으나 카자크 기병대에 붙잡힐 것이 틀림없다는 자신의 지적에 마음을 돌렸다고 말했다. 마리아에게는 불행하게도 엘바 섬을 방문했을 때 그녀를 향한 나폴레옹의 감정은 마침 하강기였다. 나폴레옹은 마리아와 만났고 얘기도 나누었지만 마리아를 침실로 데려가지는 않았다. 나폴레옹은 마리아를 밤새 기다리게 했고 사람을 보내 부르지도 않았으며 떠난 뒤에야 쓰라리게 후회했다.

추정이긴 하지만 나폴레옹이 마리아 발레프스카를 외면한 한 가지 이유는 마리 루이즈에게 엘바 섬으로 오지 않을 핑계를 주지 않고자 했던 데 있다. 그랬을 수도 있다. 그렇지만 증거를 보면 엘바 섬에서 나폴레옹의 마음은 두 번째 부인에게서 멀어져 다시 조제핀을 향해 있었다. 퐁텐블로를 떠나기 전에도 나폴레옹이 아내도 자식도 없이 홀로 남겨진 몰락의 책임을 마리 루이즈에게 돌린 징후들이 나타난다(이는 부당했다). 나폴레옹은 조제핀에게 이렇게 썼다. "그자들이 나를 배반했소. 그렇소, 그대와 나에게 매우 소중한 사랑하는 외젠만 빼고 모두…… 잘 있으시오, 사랑하는 조제핀. 내가 하듯 운명을 따르시오. 그리고 잊히지 않는 자와 당신을 잊지 않을 자는 절대 잊지 마시오. 추신. 엘바 섬에 도착하면 당신으로부터 소식을 듣기를 기대하오. 건강이 결코 좋지 않소."

조제핀의 재정적 지위는 탈레랑과 새 정부가 보장했다. 심지어 차르 알렉산드르 1세가 말메종을 방문하기도 했는데 차르는 온갖 예의를 갖추어 조제핀을 대했다. 그러나 조제핀은 전남편이 연루된 일에서 배반자가 되기를 거부했다. 1814년 조제핀의 수행원들이 기록한 견해를 있는 그대로 보면 모두 같은 방향을 가리키고 있다. 전형적인 것은 이렇다. "때때로 나는 우울해서 절망감에 죽을 수도 있을 지경이다. 나는 보나파르트의 운명을 견딜 수 없다." 5월 마지막 주 조제핀은 차르와 함께 밖에 나가 말을 달리다가 오한을 느꼈고 폐렴에 걸렸으며 5월 29일에 사망했다. 전하는 바에 따르면 조제핀은 이렇게 마지막 말을 남겼다고 한다. "보나파르트······ 엘바······ 로마 왕." 나폴레옹은 조제핀의 사망 소식을 신문에서 보고 알았으며 큰 충격을 받아 이틀간 방에만 틀어박혔다. 조제핀에 대한 나폴레옹의 마지막 평가는 조제핀이 마치 살아 있는 듯 쓰였다. "단 하루도 그대를 사랑하지 않은 날이 없소. 단 하룻밤도 그대를 내 팔에 끌어안지 않은 적이 없소. ······ 어떤 여인도 그대만큼 큰 헌신과 열정, 자상함으로 사랑하지 않았소. ······ 공감과 사랑, 진정한 감정으로 묶인 우리를 떼어놓을 수 있는 것은 오직 죽음뿐이오."

엘바 섬에서 나폴레옹은 자신이 무엇을 잘못했는지 곰곰이 생각하며 많은 시간을 보냈다. 분명 나폴레옹은 낭만적 민족주의자들이 막 주장하기 시작했듯이 무장한 인민에게 패배하지 않았다. 1813년에 독일 민족주의가 활활 타올랐다는 주장이 있지만 있는 그대로 진실을 말하자면 프로이센 내부에는 징병에 대한 저항이 폭넓게 퍼져 있었다. 아니 진실은 분명 이러했다. 나폴레옹은 인간의 본성을 지나치게 높이 평가했고, 메테르니히와 황제 프란츠 1세에게 기만당했으며, 그래서 어떤 나라도 단독으로 맞서 싸워서는 안 되는 네 강국(영국, 프로이센, 러시아, 오스트리아)의 동맹과 대결해야 했다. 나폴레옹은 전장에서 단순한 숫자의 힘 때문에 패했으나, 이때 나폴레옹의 제국은 내부에서부터 무너졌다. 1799년의 암묵적인 '사회 계약'은 대외 정책이 명사들의 이익을 해쳐서는 절대 안 된다는 것이었다. 이는 나폴레옹이 최소한 가톨릭교회와 갈등을 피하고 생활 수준을 유지하며 과세와 징집을 합리적 수준에서 유지해야 했음을 뜻했다. 나폴레옹은 뒤늦게 깨달아 땅을 치며 후회했지만 세 문제에서 모조리 실패했다.

명사들과 나란히 농민도 소외되었다. 나폴레옹의 제국 정책은 대량 징집을 요구했지만, 농민은 1793년 이전에는 징집을 전혀 알지 못했고 좀처럼 볼 수 없는 열의로 강력히 반대했다. 나폴레옹은 이 문제를 변호할 수가 없었다. 경고의 징후들이 도처에 널려 있어 누구나 알 수 있었기 때문이다. 통령정부 시대에도, 다시 말해 군사적으로 비교적 평온했던 1799년에서 1805년 사이에도 징집 기피자가 대략 25만 명이나 되었다. 어떤 연구에 따르면 나폴레옹의 대관식과 1806년 프로이센 전쟁 사이에 이 한 가지 문제로만 최소한 119번의 폭동이 발생했다. 1813년 이전에 명사들은 징집에서 제외되었지만, 이들도 탈영해 농촌을 배회하며 부르주아의 재산을 약탈하고 신체의 안전을 위협하는 등 범죄자가 된 패거리들에서 징집의 결과를 감지했다.

나폴레옹은 작금의 프랑스 정치 상황을 오랫동안 공들여 숙고했다. 탈레랑과 그를 지지하는 원로원 의원들은 시계가 1789년이 아니라 1791년으로 돌아가리라는 점을 이해한다는 조건에서 루이 18세에게 부르봉 왕실의 복위를 제안했다. 이 제안은 언제나 최후의 수단이었다. 베르나도트를 '구원자'로 환영하는 열의는 없었으며, 오를레앙 공*을 진정으로 지지하는 이들도 없었으며, 마리 루이즈를 내세운 섭정 통치는 나폴레옹이 멀리서 지휘하고 배반자들에게 원한을 갚게 할 가능성이 있었다. 탈레랑과 그 앞잡이들의 걱정은 루이 18세의 조건부 복위 수용 여부였다.

초기 징후들은 순조롭지 못했다. 루이 18세는 4월 29일에 콩피에

오를레앙 공 1830년 7월왕정의 왕이 되는 루이 필리프 1세를 말한다.

뉴에 도착했고 5월 2일 생클루 선언으로 입헌 왕정과 인민 주권을 거부했다. 그러나 루이 18세는 6월 4일의 헌장에서 제헌의회의 지위와 대혁명의 자유들을 보장해 절대왕정으로 돌아가는 일은 없으리라고 확인했다. 마찬가지로 결정적인 것은 루이 18세가 보나파르트 정권이 도입한 재정 제도를 전부 인정해 명사들이 원하는 것을 주었다는 사실이다. 새로운 헌법으로 국왕은 행정권을, 하원과 귀족원은 입법권을 받기로 했다(국왕은 하원을 해산할 수 있고 귀족원 의원을 무제한 임명할 수 있었다).

유럽의 전체적 안정에 관해 말하자면, 1814년 5월 30일의 파리 조약으로 1792년의 국경만 회복되었으며, 따라서 1792년에서 1814년까지 싸운 전쟁들에서 남은 것은 사보이아와 아비뇽, 몽벨리아르뿐이었다. 벨기에는 네덜란드에 병합되었고(1806년에 나폴레옹이 세운 홀란트 왕국은 1810년에 해체되고 이후 네덜란드는 프랑스 제국에 통합되었다가 1813년에 해방되었다), 베네치아와 롬바르디아는 이탈리아에 반환되었으며, 여러 요새 도시들 특히 함부르크와 안트베르펀은 원래의 주인에게 되돌아가 더욱 강한 요새로 바뀌었다. 나머지 유럽의 운명은 빈에서 열릴 총회로 넘어갔다. 나폴레옹은 이런 내용이 프랑스의 자부심에 쓰라린 상처라는 점을 깨달았고, 자신이 정복한 땅을 동맹국들에 전부 내주는 것이 부르봉 왕실을 불러오는 대가라는 점을 프랑스 국민이 이해하면 어떻게 반응할지 궁금해했다. 선전의 측면에서 보면 침략당한 프랑스의 수호자인 나폴레옹 보나파르트와, 외국인의 마차를 타고 돌아와 동맹군의 총칼에 의지해 복위한 루이 18세는 눈부신 대조를 이룬다.

1814년 겨울 나폴레옹은 본토에서 다시 깃발을 들 것을 진지하게 고민하고 있었다. 동맹국들과 싸움을 재개하도록 몰아대는 주된 동기는 재정적인 것이었다. 부르봉 왕실은 퐁텐블로 조약 제3조가 약속한 연금 200만 프랑을 지급하지 않았으며 지급할 기미도 보이지 않았다. 엘바 섬에서는 돈을 얻을 데가 없었다. 나폴레옹 전쟁으로 시장이 포화 상태여서 엘바 섬은 철을 수출할 수 없었다. 새로운 세금을 부과하는 것도 대안은 아니었다. 섬 남쪽 카폴리베리 주민들이 통상적인 세금 납부를 거부했을 때, 황제는 창기병들을 내보내야 했다. 그런 뒤에 주민들은 세금을 납부했지만, 나폴레옹은 거둔 세금으로 충성스러운 폴란드인들에게 상여금을 지급해야 했고 그 결과 사정은 처음과 같아졌다.

부르봉 왕실의 불성실함은 나폴레옹이 본토에 두고 온 160만 프랑 상당의 부동산과 다른 재산을 포기하고 200만 프랑의 '연금 수령권'을 받아들인다고 인정한 이후로 특히나 괘씸했다. 1814년 말이면 나폴레옹이 가져온 400만 프랑은 다 사라졌다. 그래서 나폴레옹은 400명의 선임근위대와 폴란드기병연대에 급여를 지불할 수 없었고 늘 위협적이었던 암살 기도에 훤히 노출되었다. 캠벨은 캐슬레이에게 이렇게 써 보냈다. "나폴레옹이 금전 문제로 한참 더 압박을 받는다면, 생각건대 군대를 이끌고 피옴비노*로 건너가거나 다른 기발한 행동을 할 수 있습니다." 런던의 영국 외무부는 캠벨의 두려움을 무시했으나, 캐슬레이는 루이 18세에게 연금 미지급 문제를 제기했다. 잔뜩 힘이 들어간 부르봉 왕실의 군주는 직접 답변하는 것을 피했지만 나폴레옹을 아소르스 제도*로 추방해야 한다고 제안했다.

아소르스 제도 얘기에 황제는 크게 걱정했다. 향후 유배지로 거론된 장소가 더 있었는데 거기에는 세인트헬레나와 서인도제도도 포함되었다. 유럽의 미래가 빈의 평화회담으로 해결되면, 영국과 러시아, 독일은 자신에게 관심을 잃고 결국 복수심에 불타는 부르봉 왕실이 최종적인 앙갚음을 할 기회를 얻지는 않을까? 엘바 섬에 있는 나폴레

피옴비노 이탈리아 토스카나 지방의 코무네(commune, 일종의 주민 자치 공동체)로 엘바 섬과 마주하고 있다.
아소르스 제도 대서양에 있는 포르투갈령 군도. 리스본에서 약 1,500킬로미터 떨어져 있다.

옹과 유럽의 관계가 베수비오 화산과 나폴리의 관계와 같다던 푸셰가 부르봉 왕실을 몰아대고 있지는 않은가? 보나파르트는 루이 18세의 동생 아르투아 백작이 자신을 지독하게 증오함을 감안할 때 멀리 아소르스 제도까지 간다면 다행으로 여길 수도 있었다. 암살자의 단도나 청부 살인자의 총탄이 가능성 높은 운명일지도 모를 일이었다.

황제가 엘바 섬에서 극도로 좌절한 데에는 다른 이유도 있었다. 나폴레옹은 사건의 전모를 들었을 때 메테르니히가 마리 루이즈를 얼마나 기만했는지 확실히 알게 되었다. 여전히 남편과 재회하기를 바랐던 마리 루이즈는 9월에 엑스레뱅으로 치료 삼아 온천욕을 하러 갔다. 마리 루이즈의 속마음을 알게 된 메테르니히는 부관으로 한 남자를 딸려 보냈는데, 때로 메테르니히의 판박이라고 묘사된 외눈박이 백작 아담 알베르트 폰 나이페르크(Adam Albert von Neipperg)는 메테르니히보다 훨씬 더한 호색한으로 이름이 난 자였다. 조제핀이나 폴린 못지않게 성욕이 강했던 마리 루이즈는 곧 나이페르크 백작의 교묘한 매력에 굴복했다. 샤토브리앙은 나이페르크를 '감히 독수리의 둥지에 알을 낳은 자'로 냉소적으로 묘사했지만, 독수리는 이때 부상을 당해 날지도 못했다. 마리 루이즈는 결국 나이페르크의 아이를 둘 낳았는데 1815년에 첫째가 태어났다. 1815년 신년 공식 하례를 제외하면 나폴레옹은 마리 루이즈로부터 다시는 소식을 받지 못했다.

사사롭게는 돈에 대한 욕구와 복수의 열망이 본토로 돌아가는 강력한 동기였다면, 밀정들로부터 들은 모든 이야기도 나폴레옹을 자극했다. 1815년 2월 랭스 지사를 지냈던 플뢰리 드 샤불롱(Pierre Fleury de Chaboulon)의 방문이 특히 힘이 되었다. 플뢰리 드 샤불롱은 직접 목격하고 받은 인상을 전했으며 이를 확증하는 보나파르트파 전직 장관인 바사노 공작 마레(Hugues-Bernard Maret, Duc de Bassano)의 편지를 가져왔다. 둘 다 동맹국들 내부의 분열과 프랑스 안의 높은 불만 수준을 전했다.

오스트리아와 프랑스, 영국이 러시아와 프로이센의 야심이 두려워 두 나라에 맞서 비밀 협정을 체결했다는 소문이 떠돌았다. 프랑스는 프로이센에 드레스덴을 요구하는 오스트리아를 지지했으나, 오스트리아는 부르봉 왕실의 나폴리 귀환에 동의하지 않아 제대로 보답하지 못했다. 오스트리아를 움직인 것은 한편으로는 부르봉 왕실에 대한 질시요 다른 한편으로는 뮈라에 대한 충성이었다. 뮈라가 1814년 1월에 나폴레옹을 배신한 일은 어떤 점에서는 전쟁 전체에서 군사적으로 가장 중대한 사건이었다. 특히 차르 알렉산드르 1세와 루이 18세는 사사로이 서로에게 상당한 적의를 품고 있었다. 차르는 살찐 부르봉 왕실의 군주가 잘 협조했다고 알려진 다른 군주, 즉 섭정왕자*에게 영국 덕분에 복위할 수 있었다고 말하는 것을 듣고 분노했다. 차르의 생각에 코르시카의 괴물을 무너뜨린 싸움에서 가장 큰 공을 세운 나라는 러시아였고, 이는 옳은 얘기였다. 뼛속 깊이 루이 18세를 싫어했던 알렉산드르 1세는 루이 18세가 국가 연회에서 가장 먼저 음식을 들었을 때 모욕당했다고 느꼈으며 같은 건물에서 밤을 보내기를 거부했다. 알렉산드르 1세는 분개해 이와 같이 말했다고 한다. "사람들은 실제로는 그자가 나를 제위에 앉혔다고 생각할지도 모르겠다."

동맹국들이 루이 18세를 어느 정도까지 지원했는지가 의문이라면, 부르봉 왕실이 프랑스 국민들로부터 기대할 것이 없었다는 점은 매우 분명했다. 사기가 꺾인 병사들은 이미 루이 18세를 싫어했고 황제와 함께 보낸 좋았던 옛 시절을 그리워했다. 포위된 요새들에 갇혔지만 패배를 겪지 않은 수만 명의 용사들은 요새들이 항복한 뒤 배반당했다고 확신하고 집으로 돌아갔다. 귀향 병사들은 불만을 품은 나폴레옹의 장교들과 수만 명의 귀환한 전쟁포로 무리에 합류했다. 이들

섭정왕자 1820년에 즉위하는 조지 4세(1762~1830)는 아버지 조지 3세가 정신이상을 일으킨 탓에 1811년부터 섭정왕자로 통치했다.

은 부르봉 왕실의 관리들이 좋은 것을 전부 차지하면서 자신들 것은 아무것도 남지 않았음을 알게 되었다. 그 결과 군인이었던 자들은 쓸모가 없어져 버려졌지만 뜨거운 복수의 열망을 불태우고 있었다.

명사들도 부르봉 왕실의 새로운 태도를 염려했다. 명사들은 정교협약의 점진적 폐지와 교황권 지상주의자들의 주교구 장악에 분개했다. 가톨릭교회가 국가에서 지배적인 위치를 되찾으면 머지않아 몰수된 교회 재산 문제가 제기될 것이기 때문이었다. 실제로 루이 18세가 국유재산 전반에 관한 약속을 철회하려 한다는 걱정스러운 징후들이 있었다. 다른 계급들도 전부 상처를 입었는데 재능에 걸맞은 출세의 희망이 물거품이 되었기 때문만은 아니었다. 농민은 국유재산을 빼앗기고 봉건적 십일조 세금이 다시 도입될까 두려웠다. 도시 노동자들은 영국 상품이 홍수를 이루면서 실직해 큰 타격을 입었고 나폴레옹의 저렴한 식량 정책을 그리워했다. 한편 프로이센군과 러시아군, 오스트리아군 병사들을 재워주었던 자들은 재산의 소모와 국민적 굴욕에 몹시 분개했다.

나폴레옹은 본토에 상륙해야 하는지 측근들과 협의했다. 드루오 장군은 반대했지만, 폴린과 어머니는 열렬히 찬성했다. 레티치아가 했다는 조언은 이렇다. "아들아, 가서 너의 운명을 실현해라. 너는 이 섬에서 죽으려고 태어나지 않았다." 나폴레옹은 후에 세인트헬레나에서 자신에게 선택의 여지가 없었다고 밝혔다. 프랑스가 부르봉 왕실의 멍에에 짓눌려 혼란스럽고 고통을 당하는 상황에서 엘바 섬에 머물러 있다면, 용사들로부터 비겁하다는 비난을 받을 만했고 이는 당연했다. 루이 18세 정부가 약속한 연금을 지급하지 않는 마당에 나폴레옹의 현실적 대안이 무엇이었는지 찾기란 어려웠다. 샤토브리앙은 1815년의 사건들로 보아 나폴레옹이 프랑스의 고통에 아무런 느낌이 없는 극단적 자기중심주의자였다고 주장했지만, 이는 그럴듯한 해석이 못 된다. 오히려 오스트리아와 영국이 나폴레옹의 귀환을 목표로 공모해 일을 짜 맞추었다는 얘기가 더 그럴듯하다. 두 나라는 나폴레옹을 멀리 떨어진 섬으로 쫓아버리려고 엘바 섬을 제안한 차르에게 보나파르트가 유럽에 있는 한 누구도 편히 쉴 수 없다는 점을 납득시킬 구실이 필요했다.

나폴레옹은 조심스럽게 시기를 선택했다. 2월 16일 캠벨이 피렌체에서 진찰을 받기 위해 보통 때는 섬 주위를 순찰하던 영국 해군의 브릭(쌍돛대가 있는 소형 범선) 파트리지함(HMS Partridge)을 타고 엘바 섬을 떠났다. 이튿날 황제는 브릭선 인콘스턴트함(HMS Inconstant)에 출항 준비를 갖추라고 명령했다. 작은 선박 여섯 척에 병력이 탑승했고 무기와 탄약을 실었다. 2월 26일 나폴레옹은 엘바 섬에 작별을 고했다. 나폴레옹은 근위대 병사 650명과 100명이 조금 넘는 폴란드 창기병, 코르시카와 엘바의 자원병 약간을 데리고 갔다. 지중해를 건너는 여정은 위험했다. 리보르노에서 돌아오는 '파트리지함'이 순풍을 받아 '인콘스턴트함'을 가로막을 수 있는 시간에 도착할 수 있었기 때문이다. 그러나 평소 나폴레옹을 찾아왔던 행운은 바다에서도 유효했다. 적대적인 선박과 조우한 것은 딱 한 번이었는데 프랑스의 브릭선 '제피르함(Zéphyr)'이었다. 두 선박은 서로 인사를 했으나, 제피르호 함장은 호기심이 부족했고 '위대한 인간'이 아직 엘바 섬에 있다는 소식만 무심하게 전해 듣는 데 만족했다.

2월 28일 나폴레옹은 겨우 1,026명의 병력과 말 40마리, 대포 두 문을 이끌고 앙티브 인근 골프쥐앙에 상륙했다. 나폴레옹은 조금도 굴하지 않고 무장한 동료들에게 이렇게 말했다. "나는 총 한 방 쏘지 않고 파리에 들어갈 것이다." 나폴레옹은 더욱 놀라운 예언으로 3월 20일 로마 왕의 생일에 맞춰 모두들 파리에 있을 것이라고 선언했다. 나폴레옹은 프로방스의 백색 테러를 피하기 위해 바스알프를 지나 그르노블로 가자고 제안했다. 이 경로를 따라 가면 그라스를 지난 다음부터는 구불구불한 길을 일렬로 가야 했고 얼어붙은 바닥이

미끄러워 위험했다. 처음 며칠은 암울했다. 나폴레옹의 돈 10분의 1을 지고 가던 노새 두 마리가 절벽 아래로 떨어졌고, 새로 충원된 병사는 네 명뿐이었다. 두 사람은 앙티브 수비대에서 빼내 왔고, 그라스 출신 두 사람은 각각 경찰과 무두장이었다.

3월 2일 그라스를 떠난 소규모 군대는 눈 덮인 험한 산길로 세르몽과 생발리에, 바렘, 디뉴를 지나 48킬로미터를 나아갔다. 엘바 섬에서 꽤나 좋았던 황제의 건강은 이런 시련을 잘 버텨냈다. 3월 4일 선봉대가 시스테롱을 점령했고 3월 5일에는 가프에 도착했다. 이틀 후 진실의 순간이 닥쳤다. 그르노블에서 남쪽으로 약 40킬로미터 떨어진 라프레에서 나폴레옹 군대는 들레사르(Delessart) 소령이 지휘하는 약간 더 작은 규모의 부대와 마주쳤다. 이들은 그르노블 사령관인 장 마르샹(Jean Gabriel Marchand)이 나폴레옹을 막으라고 보낸 부대였다. 영원한 도박사였던 나폴레옹은 대담한 타격을 선택했다. 나폴레옹은 들레사르의 제5연대를 눈앞에서 쓸어버릴 수 있었겠지만 그런 유혈극은 간절히 피하고 싶었다. 나폴레옹은 밀정들부터 보고를 받아 과거 부관이었던 자가 그르노블에서 연대장을 한다는 소식을 들었고, 제5연대에는 아직 제국의 정서가 남아 있을 가능성을 보았다. 모험을 걸어볼 만했다.

나폴레옹은 악단에게 〈라 마르세예즈〉를 연주하라고 말하고 병사들에게 어깨총 자세를 하게 한 뒤 보란 듯이 말을 타고 홀로 드레사르의 보병들을 향해 갔다. 사정거리 안에 도달하자 눈에 익은 회색 방한 외투를 입은 나폴레옹은 말에서 내려 머스킷 수백 정이 겨누고 있는 사선을 향해 걸어갔다. 나폴레옹이 지닌 배우의 재능은 피라미드 앞에서나 퐁텐블로의 안뜰에서나 언제든 최고였다. 나폴레옹은 최상의 연기를 했다. 나폴레옹은 외투를 벗어 안에 입은 흰색 조끼를 내보인 뒤 쩌렁쩌렁한 목소리로 외쳤다. "나는 여기 있다. 원한다면 황제를 죽여라." 그런 뒤에 거짓으로 덧붙였다. "파리에 있는 정부의 최고 우두머리 45명이 나를 엘바 섬에서 불러냈고, 유럽의 최고 강국 세 나라가 나의 복귀를 지지한다." 나폴레옹은 총알 한 방이면 저세 상으로 떨어져 잊힐 터였지만, 날아온 것은 일제 사격이 아니라 우렁 찬 외침이었다. "황제 만세!" 병사들은 감정이 고조되어 황제를 둘러 싸고 영원한 사랑과 지지를 맹세했다.

나폴레옹은 이런 호운을 등에 업고 6일 동안 얼어붙은 산길로 약 386킬로미터를 행군해 3월 8일 그르노블에 당당히 입성했다. 그르노 블 수비대는 발포를 거부하고 성문을 열어 나폴레옹을 맞이했다. 2천 명의 농민이 횃불을 들고 길가에 도열해 '황제 만세!'를 외치며 개선 을 환영했다. 행복감에 젖어든 나폴레옹은 싸움의 첫 장을 쉽게 열었 다고 인정했다. "그르노블에 닿기 전에 나는 모험가였다. 그러나 이 제 그르노블에서 나는 다시 통치하는 왕이 되었다." 3월 9일 북쪽으 로 행군을 계속한 군대는 8천 명 규모에 대포가 30문이었다. 선봉대 는 리브(Rives)와 부르구앵(Bourgoin)을 거쳐 9일 오후 10시에 리옹에 도착했다. 나폴레옹은 3월 10일에 당도해 리옹의 견직물 생산 노동 자들로부터 열광적인 환영을 받았다. 나폴레옹은 루이 18세의 동생 인 아르투아 백작이 저항 세력을 조직하러 리옹에 왔다가 황제를 지 지하는 정서가 너무 강력해 파리로 물러갔다는 소식을 들었다.

3월 13일 나폴레옹은 리옹을 떠나 북서진해 투르뉘와 샬롱, 오툉, 아발롱을 거쳐 오세르로 갔다. 그곳에서 나폴레옹은 앞서 루이 18세 에게 보나파르트를 철장에 가두어 파리로 끌고 오겠다고 호언했던 네 원수와 합세했다. 네는 국왕에게 충성을 맹세했고 생각 없이 변절 하는 인물이 아니었으나, 세 가지 요인이 중요했던 것으로 보인다. 첫째, 부르봉 왕실은 대중의 지지를 받지 못했고, 네는 나폴레옹에 맞서 싸우라고 명령을 내려도 병사들이 이를 따르리라고 확신할 수 없었다. 둘째, 네와 이전에 하녀였다는 네의 아내는 부르봉 왕실의 궁정에서 왕당파 속물들로부터 너무나 자주 냉대를 받았다. 셋째, 네

엘바 섬을 탈출해 프랑스로 돌아온 나폴레옹을 프랑스 병사들이 뜨겁게 환영하고 있다.

는 감정에 좌우되는 불안정한 사람으로서 황제가 리옹에서 보낸 전갈의 우직함에 진정으로 감동했다. 나폴레옹은 네의 충성을 당연하게 여겼다. "모스크바 전투가 끝난 직후 그랬듯이 그대를 받아들일 것이오."

네의 이탈로 망설이던 다른 자들도 기울었다. 나폴레옹은 오세르에서 주아니와 상스, 퐁쉬르욘을 거쳐 3월 20일 오후 9시 파리에 도착했다. 흥분해 거의 미친 것 같은 군중이 나폴레옹의 몸을 들어 튈르리 궁 계단을 올라갔다. 황제는 모든 허세가 진실이었음을 입증했다. 믿을 수 없는 일이었다. 나폴레옹은 아들의 생일에 맞춰 파리에 도착했고, 그러면서 피 한 방울 흘리지 않았다. 어떻게 보더라도 앙티브에서 파리까지 20일간의 행군은 나폴레옹 생애에서 중대한 한때였다. 훗날 발자크는 의심스럽다는 듯 이렇게 썼다. "나폴레옹 이전에 그저 모자만 보여주고 제국을 얻은 이가 있었던가?"

이 놀라운 승리에서 나폴레옹이 저지른 실수는 단 하나였으나 이는 비싼 대가를 치르게 된다. 나폴레옹은 유럽의 장관들과 주권자들이 빈에서 회의를 마치고 흩어질 때까지 기다리지 않고 엘바 섬을 떠나 바다를 건넜다. 그 결과 이들은 나폴레옹이 복귀했다는 소식이 전해졌을 때 여전히 함께 있었다. 캠벨은 엘바 섬으로 돌아온 즉시 제노바에 있는 오스트리아 영사에게 황제의 도주 소식을 전했고, 오스트리아 영사는 다시 빠른 급사를 보내 빈에 알렸다. 3월 7일 오전 7시 메테르니히의 하인이 서한을 들고 왔으나, 오전 3시까지 일했던 장관은 편지를 탁자에 올려놓고 다시 잠을 청했다. 그러나 잠들지 못했던 메테르니히는 봉투를 뜯어보았고 침상에서 벌떡 일어나 오전 8시에 황제 프란츠 1세를 알현했다. 15분 후 메테르니히는 차르와 대화를 나누었고 오전 8시 30분에는 카이저와 얘기했다. 오전 10시 회담에 참석한 전권대사들이 만났고, 동맹군을 동원하기 위해 급사들을 파견했다. 이런 식으로 한 시간도 지나지 않아 전쟁이 선포되었다.

엿새 후 빈 회의는 국제법의 한계를 넘어 보나파르트가 법의 보호를 박탈당했다고 선언했다. 웰링턴은 성명서에 서명했고, 본국의 휘그당은 나폴레옹 암살을 요청한 것이 아니냐고 즉시 웰링턴을 공격했다. 3월 25일 주요 동맹국 네 나라는 '괴물'을 죽이기 위해 당장에 15만 명의 병력을 제공하기로 합의했다. 영국은 적절한 지원금으로 부족한 인력을 보충하기로 했다. 기본 전략은 알프스에서 영국 해협까지 프랑스 둘레로 차단선을 치는 것이었다.

프랑스 안에서는 사건들이 훨씬 더 빠른 속도로 전개되었다. 파리의 정부는 나폴레옹이 3월 5일에 본토에 상륙했다는 사실을 알았다. 육군장관이 된 술트는 우선 보나파르트가 법익을 박탈당한 자라고 선포하고 아르투아 백작을 지휘자로 삼아 방어군을 조직했다. 루이 18세는 입법부와 국민방위대의 지지를 받았고 나폴레옹이 앙티브에서 퇴짜를 맞은 데에서 위안을 얻었다. 원수들은 흔들리지 않는 듯했다. 마르세유의 마세나와 메스의 우디노가 왕당파에 찬동한다고 선언했기 때문이다. 초기에 나타난 유일한 불안의 징후는 국채 가격이 81프랑에서 75프랑으로 하락한 것이었다. 전환점은 네가 오세르에서 변절한 3월 16일이었다. 이 일로 봇물이 터졌고, 그 결과 거의 전군이 즉시 황제에게 넘어간 것으로 보인다. 얄궂게도 루이 18세는 감히 자국에서 군대를 모으지 못하리라는 동맹국들의 조롱에 기분이 상해 6만 명을 동원했고 나폴레옹이 상륙한 바로 그 시간에 출격시켰다. 이러한 우연의 일치로 술트는 공모하고 반역했다는 부당한 비난을 받았다. 3월 19일에서 20일로 넘어가는 밤, 공포에 사로잡힌 루이 18세는 튈르리 궁을 빠져나와 헨트로 도망갔다.

27장

백일 천하

워털루, 신화의 종말

나폴레옹은 프랑스를 전시 체제로 만들기 전에 마지막으로 동맹국들의 타협을 얻어내려 했다. 동맹국들은 나폴레옹이 이제 인류의 적으로서 법의 보호를 박탈당했으며 붙잡히면 유럽에서 영원히 쫓겨날 것이라는 말만 되풀이했다. 이론상 법익을 박탈당했다는 것은 황제가 사로잡히면 즉결 처형에 처해질 수 있음을 뜻했다. 나폴레옹은 파리 조약과 1792년 국경을 인정하고 차르와 오스트리아 황제에게 사절을 보냈으나 소용없었다. 동맹국들은 나폴레옹의 피를 원했고 어떠한 타협도 허용할 생각이 없었다. 사생결단의 싸움이 될 터였다. 그러나 황제는 먼저 집안 단속을 해야 했다.

나폴레옹의 조언자들은 모두 이번 싸움이 끝나면 프랑스를 자유주의적 원리에 따라 통치해야 할 것이라고 경고했다. 따라서 나폴레옹은 이미 리옹에서 헌법을 개정하고 선거인단을 소집하겠다고 천명했다. 그리고 파리에서 행한 첫 번째 인사는 화해의 정신을 숨 쉬게 해준 것 같았다. 제국의 적이었던 카르노가 내무장관에 임명되었으며, 라파예트는 의회에서 '왕당파 야당'의 일원으로 돌아왔고, 심지어 뤼시앵 보나파르트와도 화해했다. 나폴레옹은 왕당파와 자코뱅파 둘 다 안심시키려는 일종의 균형 잡기로 푸셰를 치안장관으로 불러들였는데, 이는 큰 실수였다. 푸셰는 언제나 그랬듯이 동맹국들을 위해 이중간첩 노릇을 했기 때문이다.

나폴레옹이 가장 중히 여긴 사람은 제르맨 드 스탈의 제자이자 레카미에 부인의 찬미자인 마흔일곱 살의 콩스탕*이었을 것이다. 황제가 파리에 도착하기 며칠 전 콩스탕은 이처럼 전형적인 편견을 기록했다. "그자가 다시 나타났다. 우리의 피로 물든 사람이. 나폴레옹은 아틸라요 칭기즈 칸이나, 문명의 자원을 마음대로 처분할 수 있으므로 더욱 무섭고 싫은 인물이다." 그러나 콩스탕은 나폴레옹이 튈르리 궁으로 청해 이전 제국 체제의 오류와 부르봉 왕정의 무도한 짓들을 피할 헌법 초안을 잡아 달라고 청하자 이를 받아들였다.

나폴레옹이 복위한 뒤 처음 한 일은 3월 21일에 법령을 반포해 부르주아를 자기편으로 끌어들이려 한 것이다. 법령에 의해 봉건적 십일조 세금이 폐지되었으며 귀환한 망명귀족들이 다시 추방되었고 그 재산이 몰수되었다. 그러나 이러한 '관대한' 조치들에 대한 반응에 황제는 실망했고, 앞으로 나아갈 수 있는 유일한 방법은 대혁명을 1794년 테르미도르 반동으로 중단되었을 때 나아가고 있던 방향으로 이끌겠다고 약속하는 것임이 점차 분명해졌다. 5월 14일 노동자들과 퇴역군인들의 대규모 시위대가 줄 지어 나폴레옹 앞을 지나가며 모든 압제자들에 맞선 해방 전쟁을 인도하고 1793년의 원칙으로 돌아가자고 촉구했다. 이는 구체제도, 1793년도, 국민총동원령도 분명히 원하지 않았던 부르주아 지지자들뿐만 아니라 나폴레옹 개인으로서도 수용할 수 없는 일이었다. 나폴레옹은 이렇게 선언했다. "자크리(농민 계급)의 왕이 되고 싶지는 않다." 나폴레옹이 1814년에 자신을 저버린 바로 그 파당(부르주아)을 달래려 했던 것은 어리석기 그지없는 자멸 행위였다. 그런 상황에서 이런 발언은 근시안적 태도였다. 나폴레

뱅자맹 콩스탕(Benjamin Constant de Rebecque, 1767~1830) 프랑스의 귀족, 사상가, 정치가. 열렬한 자유주의자로서 왕정 복고에 맞서 싸웠다.

옹은 기회를 잡았어야 했다.

　그 결과 새로운 정권은 자체의 모순 때문에 곧 붕괴할 위험에 처했다. 농민은 전쟁 비용을 대는 것이 제 주머니의 돈을 쓰는 문제였기에 미몽에서 깨어났다. 파리, 리옹, 됭케르크, 낭트, 마르세유 등 도처에서 폭동이 일어났고, 카르노가 지사들을 숙청한 일로 보수파와 성직자들이 반발했다. 나폴레옹은 프랑스 도시들이 스위스 방식에 따른 연방 협정을 준비한다는 사실도 알게 되었다. 도시들은 합법의 장치로 나폴레옹의 이름을 썼지만 진정 어디에 찬성하는지 분명히 밝혔다. 나폴레옹은 낭트와 렌이 체결한 첫 번째 협정에 관해 상세히 들었을 때 한숨을 내쉬며 이렇게 말했다. "나한테는 좋지 않은 일이지만 프랑스에는 좋을 수도 있다."

　콩스탕이 헌법을 개정하려고 4월 22일에 공포한 부가법(Acte Additionel)에 대한 적대감도 엄청났다. 콩스탕은 국가참사원과 보통선거에 입각한 국민투표를 존속시켰고, 시민 기본권과 언론 자유를 보장했으며, 선거인단을 확대했고, 세습직 상원과 제한선거로 구성하는 하원을 포함시켰다. 그러나 5월 부가법을 승인하기 위한 국민투표에서 '찬성'표는 153만 2527표, '반대'표는 4802표였다. 이 결과는 1802년의 370만 찬성표와 1804년의 360만 찬성표보다 매우 적은 수치였다. 하원 선거에서 동맹국과 전쟁을 벌이는 데 완전히 찬성한 사람은 의원 629명 중 겨우 100명 남짓이었다.

　나폴레옹의 헌법 개정은 거의 모든 전선에서 실패했다. 자유주의 원칙을 공언한 통치자가 세습 귀족을 존속시킨 것은 실수였다. 헌법 쇄신을 '부가'법이라고 부른 것도 실수였다. 이전의 인기 없던 제국 체제가 여전히 존재한다는 뜻이었기 때문이다. 국민투표가 남부와 서부, 도시 지역에서는 대규모 기권 현상이 나타나고 동쪽과 북쪽, 농촌 지역에서만 열의가 확연해 과거처럼 절망적으로 분열된 나라를 드러낸 것도 잘못이었다. 특히 개혁은 나폴레옹의 마음이 가 있지 않았기에 잘못되었다. 나폴레옹은 군사적으로 안정되면 어쩔 수 없이 양보했던 자유주의적 조치들을 곧바로 폐기하려 했다고 베르트랑에게 실토했다. 그러나 나폴레옹은 당분간 과거의 잘못에서 무엇인가 배운 사람이라는 새로운 이미지를 이용했다. "나의 체제는 변했다. 이제 전쟁도 정복도 없다. 나처럼 살찐 사람이 야심을 품을 수 있겠는가?"

나폴레옹의 진정한 의도와 겉으로 드러난 의도 사이의 갈등은 '부가법'이 정식으로 채택된 6월 1일 샹드메(Champ de Mai) 축제의 기념식에서 저지른 약간의(분명 의식하지 못한) 실수를 통해 드러났을지도 모르겠다. 시민적, 군사적, 종교적 성격이 혼합된 이 축제는 선거 결과 발표, 연설, 서명, 장엄한 테데움 미사, 군대와 국민방위대에 독수리 깃발을 나누어주는 의식이 한데 얽혔는데, 나폴레옹은 1804년 대관식 때 입었던 벨벳 같은 로마 황제의 예복을 입고 등장했다(이번이 마지막이었다). 6월 7일 나폴레옹은 입법부의 두 원에서 연설하면서 하원이 뤼시앵을 의장으로 여기지 않고 황제에게 충성을 서약하기를 거부하는 행태에 분노해 험악한 말을 내뱉었다. "사방에서 쳐들어온 야만족들이 공성망치로 성문을 부수는 마당에 태평하게 추상적인 문제들을 토의해 후세의 놀림감이 된 로마제국 말기의 사례를 본받지 맙시다."

나폴레옹은 요점을 짚었다. 동맹국들은 자신들이 법의 보호를 박탈한 자가 황제로 남아 있는 한, 보나파르트 내각과 의회가 자유주의나 자코뱅, 왕당파의 어느 신임장을 지닌들 관심이 없었기 때문이다. 그리고 하원의 '자유주의적' 의원들은 어쨌든 간에 프랑스를 부르봉 왕실에 넘겨주려던 푸셰가 냉소적으로 조종하고 있었다. 나폴레옹에게 결정적이었던 문제는 동맹국들이 프랑스에 쏟아 부으려는 수많은 병력과 대결할 군대를 모을 수 있는가 여부였다. 나폴레옹은 우선 국유림을 담보로 감채기금 채권 400만 장을 발행하여 절반 값에 판매함으로써 현금 4천 만 프랑을 확보했다. 나폴레옹은 무기 거치대 25만 개를 주문했고, 프랑스 군수 공장들은 한 달 동안 4만 개의 새로운 화기를 생산하느라 완전 가동에 들어갔으며, 육군부는 황제에게 6월 1일까지 말 4만 6천 마리를 준비하겠다고 장담했다. 3월 28일 군대를 떠났던 하사관이 모두 재소집되었고, 4월 30일까지 4개 군과 3개 정찰대가 준비되었다.

나폴레옹은 1815년 10월까지 80만 명을 완전히 훈련시키고 무장시킬 계획이었다. 그러나 나폴레옹이 그때까지 동맹군을 저지할 수 있었을까? 나폴레옹이 처음 떠올린 생각은 파리와 리옹을 강한 요새로 만드는 것이었다. 적국을 유인해 공성에 나서게 한 뒤 오래 버텨 필요한 시간을 벌려는 의도였다. 4월 8일 나폴레옹은 동원을 명령했으나 3주 동안 징병을 연기했다. 나폴레옹은 역전의 용사들을 다시 군기 아래 불러 모으고 국민방위대를 군대에 통합하며 선원과 경찰, 세관원 등을 징집하는 오래된 방법으로 순식간에 28만 명을 모았다. 그러나 1815년 징집 대상자 15만 명이 준비되려면 가을까지 시간이 필요했고, 징집 기피는 1813~1814년의 높은 수준을 유지했다. 그렇지만 최악의 타격은 5월 중순 방데에서 새로운 반란이 일어나 병력의 상당 부분을 돌려야 했던 일이다.

장교와 장군에 관해서라면, 나폴레옹은 엘바 섬에서 스스로 했던 생각을 따랐더라면 좋았을 것이다. 그때 나폴레옹은 1813~1814년에 원수들을 이용했던 것을 후회했고 승리를 하려면 지휘권을 쥔 유능한 장군들을 승진시켜야 했다고 반성했다. 이는 상당히 설득력 있는 고찰이었다. 계속 충성한 원수들에게는 다시 싸울 열의가 없었기 때문이다. 백일 천하의 모험에 참여할 의지가 가장 높았던 자들은 약탈과 승진, 의미 있는 직업에 매료된 경력 많은 장교들과 그랑다르메의 선임병들이었다. 원수들 중에서 황제를 충실히 지지한 자들은 르페브르와 다부였지만, 나폴레옹은 다부를 육군장관에 임명해 그 뛰어

난 군사적 재능을 낭비했다. 원수들 중 다수가 사망했거나(란, 포니아
토프스키, 베시에르) 변절해 적에게 넘어가(베르나도트, 빅토르, 우디노,
마크도날, 마르몽, 마세나) 몇몇 눈에 띄는 예외를 빼고 나면 황제에겐
쓸모없는 찌꺼기만 남았다(네, 술트, 그루시).

　군사적 인재들을 쓰지 못한 것만큼 백일 천하의 실패할 수밖에 없
었던 운명을 분명하게 보여주는 것도 없다. 다부, 수세, 모르티에는
모두 충성스러웠지만 1815년 6월의 사건들에서 아무런 역할도 하지
못했다. 간접적으로나마 역할을 한 사람은 몹시 불쾌한 인간인 뮈라
였다. 뮈라는 황제가 리옹에 들어왔다는 소식을 듣자마자 이 거인이
다시 이탈리아를 지배할지도 모른다고 두려워했다. 뮈라는 이를 미
연에 방지하고자 이탈리아 통일의 기치를 들고 오스트리아에 맞서기
로 했지만 곧바로 오스트리아군에 패했다. 오스트리아군은 5월 12일
에 나폴리에 입성했다. 앙리 우세에 따르면 마르몽은 1814년의 원흉
이었고 푸셰는 1815년의 원흉이었지만, 나폴레옹은 1814년이나 1815
년이나 자신에게 고통을 가한 적수는 뮈라라고 생각했다. 뮈라는
1814년에 프랑스에 반대하고 1815년에 오스트리아에 반대해 사태를
두 번이나 악화시켰다.

　적들이 군대를 집결하면서(블뤼허가 리에주에 프로이센군 11만 7천 명,
웰링턴이 브뤼셀에 영국-네덜란드 연합군 11만 명, 슈바르첸베르크가 라인
강 상류에 오스트리아군 21만 명, 바르클라이 데 톨리가 라인 강 중류 지역
에 러시아군 15만 명, 프리몬트Johann Frimont가 리비에라 해안에 오스트
리아군 7만 5천 명을 집결시켰다) 나폴레옹은 어떤 전략을 쓸지 결정해
야 했다. 현실적으로 선택할 수 있는 전략은 두 가지였다. 러시아군
과 오스트리아군이 합세하기 전에 프로이센군과 영국-네덜란드 연합
군을 격파해 동맹군의 기선을 제압하거나 방어 태세를 갖추는 것이
었다. 후자가 더 나은 방책으로 보였다. 계획대로 80만 명의 병력을
모을 시간을 벌 수 있기 때문이었다. 동맹군이 여름에 파리로 진격한

다고 해도 나폴레옹은 파리를 지킬 병력으로 20만 명을 유지할 수 있을 것이었다. 1814년에는 겨우 9만 명뿐이었다. 진격하는 적군이 요새를 점령할 때마다 연이어 상당한 병력의 분견대를 남겨 두어야만 하리라는 점도 황제에겐 이로웠다. 불리한 점은 북부 프랑스와 동부 프랑스의 광대한 지역(나폴레옹을 가장 많이 지지하는 지역)을 적군에게 넘겨줘야 한다는 것이었다.

반면 나폴레옹이 선제공격을 시도했다 실패한다면, 동맹군의 파리 습격은 훨씬 빨라질 터였다. 겨우 14만 명으로 22만 4천 명의 적군과 (최신 정보에 따르면 영국-네덜란드 연합군 10만 4천 명과 블뤼허가 지휘하는 프로이센군과 작센군 12만 명이 투입될 것으로 추산되었다) 맞붙으라는 것은 터무니없는 요구였지만, 나폴레옹은 1814년에 불과 4만 명으로 6배나 많은 적군과 싸워 여러 차례 승리를 거두었다는 사실을 위안으로 삼았다. 선제공격이 성공했을 때 주된 이점은 정치적인 이점일 가능성이 높았다. 나폴레옹은 웰링턴이 패할 경우 리버풀 경*의 영국 정부가 무너지고 새로운 휘그당 정부가 강화를 체결하리라 보고 생사를 건 모험에 나섰다. 나폴레옹은 영국과 프로이센이 서로 정치적 목적이 다르고 통합된 군사령부를 두지도 않았음을 알았기에 두 나라를 이간하고 국지적인 병력의 우세로써 두 나라 군대를 무찌를 좋은 기회가 있다고 생각했다. 그렇지만 특히 정치라는 꼬리가 군사라는 몸통을 흔들었다. 나폴레옹은 명사들로부터 인색한 조건부 지원이라도 얻어내기 위해 양보를 해야만 했다. 명사들은 기껏해야 단기간의 전쟁만 지원할 생각이었을 테고, 그 후 나폴레옹이 권력을 유지하기 위해 취할 수 있는 유일한 조치는 1793년의 공포정치일 것이다. 그리하여 나폴레옹은 선제 타격을 가하기로 결심했다.

나폴레옹은 벨기에로 떠나기 전에도 세 가지 판단 오류를 저질렀

리버풀 경(Robert Banks Jenkinson, 1770~1828) 2대 리버풀 백작 로버트 젱킨슨. 1812년에 마흔두 살로 최연소 총리에 임명되어 1827년까지 재임했다.

다. 나폴레옹은 막바지 국면에도 변덕스러운 뮈라를 끌어들여 우익을 지휘하게 할 수 있었을 것이다. 그렇지만 나폴레옹은 뮈라 대신 가장 최근에 원수가 된 그루시를 선택했다. 무능과 상상력 부족으로 라자르 오슈의 1796년 아일랜드 습격을 망쳐버린 그 인물이었다. 나폴레옹은 주요 야전사령관으로 총명한 수셰를 쓸 수 있었는데도 완고하고 믿을 수 없는 인물인 네를 선택했다. 다부는 순전히 행정적 능력만 발휘하며 육군부에서 썩고 있었고 게다가 파리 군사 총독까지 맡았다. 6월 1일 나폴레옹은 다시 일격을 당했다. 비할 데 없는 인물인 참모장 베르티에가 바이에른의 밤베르크 성에서 창밖으로 몸을 내던진 것이다(아니면 밀려 떨어졌나?). 베르티에의 자리는 술트가 대신했지만, 술트가 잘하는 일이라곤 상형문자 전문가에게 해독을 부탁해야 할 정도로 알 듯 모를 듯 명료하지 않은 명령을 내리는 것이었다. 요컨대 나폴레옹은 수셰, 다부, 뮈라, 베르티에로 이루어진 최고의 승리조 대신 원수들 중에서도 가장 무능한 실패작인 술트, 네, 그루시를 부관으로 삼았다.

마리아 발레프스카가 파리로 나폴레옹을 찾아왔다. 연인으로서 두 사람의 마지막 만남이었다. 나폴레옹은 마리아에게 작별을 고하고 북쪽으로 출발했다. 나폴레옹의 건강은 이미 우려할 만했다. 뚱뚱하고, 얼굴이 붓고, 안색이 창백하고, 눈이 어둡고, 걸음이 무거웠다는 것이 모두의 공통된 의견이었다. 나폴레옹은 전성기 때보다 더 많이 자야 했던 것으로 보인다. 아무리 커피를 많이 마셔도 밤에 깨어 있을 수가 없었다. 나폴레옹은 짧은 벨기에 출정 내내 피로하고, 많이 자야 했으며, 무기력하고, 우유부단하고, 전체적으로 쉽게 무력해졌다. 조짐이 좋지 않았다.

황제는 6월 11일에서 12일로 넘어가는 밤 자정에 파리를 떠나 수아송에서 점심을 먹고 라옹에서 숙박한 뒤 13일에 아벤에 도착했다. 이튿날 점호 결과 병력은 12만 2천 명이었다. 6월 15일 나폴레옹이 샤를루아에서 상브르 강을 건너 벨기에로 들어갔을 때, 밀정들은 웰링턴이 영국과 네덜란드, 벨기에, 하노버의 연합군을 이끌고 브뤼셀에 있으며 블뤼허 휘하의 12만 프로이센군은 나뮈르에 주둔해 있다고 알렸다. 그랑다르메는 1814년보다 전투력이 좋았다. 이번에는 신뢰할 만한 기병대와 근위대, 데를롱(Jean Baptiste Drouet, comte d'Erlon)과 레유(Honoré Charles Michel Joseph, comte Reille), 방담, 로보, 제라르(나폴레옹이 아낀 인물 중 한 사람)가 지휘하는 5개 군단을 포함했다. 황제가 전역 다섯 곳, 즉 방데(라마르크 장군), 바르(브륀 원수), 알프스(수셰), 쥐라(르쿠르브), 그리고 또 다른 총신인 라프 장군에게 지휘를 맡겨 라인 강 국경 지대에 병력을 산개해야 했던 것은 매우 불운한 일이었다. 8천 명 규모의 병력을 지닌 이 부대들 중 하나만이라도 벨기에 전쟁에서 쓸 수 있었더라면 상황은 완전히 달라졌을 것이다.

나폴레옹의 전략은 적의 두 군대 사이로 들어가 차례로 격파하는 것이었다. 나폴레옹은 먼저 프로이센군을 공격하기로 했는데, 블뤼허가 끊임없이 움직이고 민첩했던 반면 웰링턴은 신중하고 느렸기 때문이다. 블뤼허가 빨리 이동해 웰링턴을 지원하는 것이 그 반대의 경우보다 가능성이 더 높았다. 한편 나폴레옹은 자신의 계획이 실패할 경우에 대비해 누구든 먼저 나타나는 적을 상대할 준비를 갖추고 양쪽 측면에 '더듬이' 삼아 정찰대를 내보냈다. 나폴레옹은 한쪽을 '묶어놓는' 즉시 직접 중군을 이끌어 최후의 일격을 가할 작정이었다.

웰링턴과 블뤼허 둘 다 황제의 진격 속도에 깜짝 놀랐다. 웰링턴은 황제가 샤를루아로 이동한 것이 몽스 공격을 준비하기 위한 양동 작전이라는 생각에 집착했다. 웰링턴은 내선이 아니라 외선에 병력을 집중해 블뤼허와 자신 사이의 간격을 넓혔다. 군사사가들은 웰링턴이 이처럼 있을 법하지 않은 각본에 매달린 것을 심하게 비판했다. 프랑스군이 열린 측면을 공격하면 동맹군의 두 군대는 한꺼번에 밀려날 것이기 때문이었다. 그래서 나폴레옹은 15일 저녁 성공리에 적의 두 군대 사이에 자리를 잡았다. 웰링턴은 그날 밤 브뤼셀에서 열린 리치먼드 공작부인*의 만찬('역사상 가장 유명한 무도회'라고 회자되었다)에서 돌아오면서 결국 속아 넘어갔음을 깨달았다. "하느님 맙소사, 나폴레옹이 나를 속였다."

그러나 황제의 계획도 틀어지고 있었다. 나폴레옹은 네와 그루시에게 카트르브라의 교차로(남북과 동서의 간선도로가 만나는 중요한 교차점)를 장악하라는 간단한 임무를 맡겼으나, 두 사람은 어김없이 일을 망쳐버렸다. 적이 이미 카트르브라를 점령했다는 것이 핑계였다. 실제는 어땠는가 하면 작센-바이마르 대공 카를 베른하르트(Karl Bernhard von Sachsen-Weimar-Eisenach, 1792~1862)가 지휘하는 고작 4천 명의 병력(주로 네덜란드군이었다)이 자리를 잡고 있었다. 네의 경우처럼 병력 수가 압도적으로 우세한 상황에서 정력적인 지휘관이었다면 소규모 부대를 간단히 격퇴할 수 있었을 것이다. 그러나 네덜란드군이 네의 전초 부대를 격퇴하자, '용감한 자 중에서 가장 용감한 자'는 이에 현혹되어 동맹군 병력이 상당하다고 생각했다. 어깨 높이로 자란 호밀이 네덜란드군의 적은 병력을 감쪽같이 감추었다. 이때 네는 터무니없이 무능했는데 네의 전기를 쓴 몇몇 작가는 당시 네가 도덕적 마비 상태에 있었다고 추정했다. 보나파르트에 대한 충절과 루이 18세에게 했던 충성의 맹세 사이에서 갈등하고 있었다는 얘기다. 네가 다른 경우에 이와 유사한 어리석은 행동을 하지 않았다면 이러한 가설은 더욱 설득력이 있었을 것이다.

이튿날 네는 다소 무모한 모험이 요구되는 경우가 아니라면 언제나 무익한 존재라는 점을 증명했다. 나폴레옹은 16일 오전 2시 카트

리치먼드 공작부인 영국의 군인이자 정치가였던 4대 리치먼드-레녹스 공작 찰스 레녹스(Charles Lennox)의 아내 샬럿 고든(Charlotte Gordon). 영국령 북아메리카 총독을 지냈던 찰스 레녹스는 워털루 전투에서 예비 부대를 지휘했다.

르브라가 여전히 적의 수중에 있다는 사실을 알고 브뤼셀로 밀고 들어가 웰링턴을 공격한다는 계획을 미루어야 했다(나폴레옹은 또다시 마음을 바꾸었다). 나폴레옹은 피할 수 없으니 즐기기로 결심하고 리니에 있는 블뤼허를 공격하기로 했다. 최후의 일격에는 네의 군대를 쓰기로 했다. 그루시가 프로이센군의 좌익과 교전하고 나폴레옹이 대부분의 병력을 중앙에 투입하는 동안, 네는 카트르브라에서 '소탕' 작전을 완료한 뒤 오른쪽의 리니로 선회해 프로이센군의 우익을 맹습하기로 했다.

이 작전이 성공하려면 속도가 필수라는 사실이 분명했을 것이다. 그러나 네는 15일에 꾸물거린 데다 16일에는 무기력하게 대응해 실수를 배가했고, 오후 이른 시간까지 전혀 움직이지 않았다. 오전 10시에 카트르브라에 도착한 웰링턴은 네가 가만히 있는 덕에 약 13킬로미터를 달려 블뤼허와 회의를 할 수 있었다. 웰링턴은 블뤼허에게 나폴레옹이 나타나면 교전하지 말라고 조언했다. 프랑스군의 믿을 수 없는 나태함은 나중에 술트의 혼란스러운 명령 탓으로 돌려졌다. 명령서는 이와 같았다. "폐하의 의도는 그대가 앞에 누가 나타나든 공격해 단호히 격퇴한 뒤 우리와 합세해 이 부대를 포위하는 것이다." 결정적으로 그 명령은 네에게 어떤 경우라도 리니 작전이 우선이며 본 전투에 참여하지 못할 정도로 카트르브라에 매여서는 안 된다는 점을 분명히 하지 못했다. 그러나 훌륭한 장군이었다면 총사령관의 의도를 이해하고 전략을 전체적으로 파악할 수 있었을 것이다. 그 정도의 지적 이해력은 모스크바 공에게 전혀 기대할 수 없었다.

마침내 네는 분발했다. 만일 네가 16일 오후 2시 이전 어느 때라도 공격을 개시했다면 동맹군으로부터 쉽게 교차로를 빼앗았을 것이다. 그때 영국-네덜란드 연합군 8천 명(증원군이 추가되었다)이 프랑스군 4만 명을 저지하는 한 시간 동안, 네는 적군이 은폐된 진지에 여분의 병력을 숨겨 두었을지 모른다며 겁먹고 지나치게 조심스럽게 전진했다. 오후 3시 무렵 방어군이 무너지기 직전에 돌연 영국군의 픽턴 장군(Sir Thomas Picton)이 이끄는 사단 8천 명이 나타났다. 한동안 양쪽 군대는 일진일퇴의 격렬한 공방전을 펼쳤으나, 4시 30분쯤 브라운슈바이크 공작(Herzog von Braunschweig-Wolfenbüttel)이 지휘하는 규모가 한층 더 큰 증원군이 도착해 전세는 동맹군에게 유리하게 기울었다.

눈앞에서 승리를 빼앗긴 네는 분에 못 이겨 자제력을 잃었고 켈레르만의 기병대에 지원도 없는 상태에서 영국 보병 부대로 돌격하라고 명령했다. 오후 5시경 용감한 기병들이 자살 행위와도 같은 임무를 위해 대열을 갖추었다. 이들은 온갖 난관을 극복하고 거의 성공할 뻔했으나, 그때 영국군이 중포를 끌어왔다. 포병대와 밀집한 보병 부대의 결합으로 프랑스의 영웅적인 기병들은 전멸하였다. 오후 6시 30분까지는 카트르브라에 증원군을 보내려는 경쟁에서 웰링턴이 쉽게 승리했다. 3만 6천 명을 확보한 웰링턴은 승산이 있다고 확신하고 대규모 반격을 명령했으며, 밤 9시가 되면 낮에 프랑스군에게 빼앗긴 땅을 전부 되찾았다. 프랑스군 사상자는 4천 명이었고, 동맹군 사상자는 4,800명이었다(절반이 영국군이었다).

리니에서도 프랑스군은 네가 나타나지 않은 탓에 목적을 달성하지 못했다. 16일 오전 나폴레옹은 이렇게 썼다. "세 시간 안에 전쟁의 운명이 결정될 것이다. 네가 명령을 완벽하게 이행한다면 우리 앞의 적군은 단 한 명도 벗어나지 못하고 대포 하나 가져가지 못할 것이다." 전투는 처음에는 계획대로 진행되었다. 프랑스군의 포격이 엄폐하지 않은 프로이센 보병들을 유린했다. 거만한 블뤼허가 지형의 보호를 받는 위치에 자리를 잡으라는 웰링턴의 제안을 거절했기 때문이다. 네가 계획대로 적의 측면에 나타났다면 프랑스군은 결정적 승리를 거두었을 것이다. 네가 왔다는 기미는 보이지 않고 대신 카트르브라에서 거센 저항에 직면했다는 소식이 전해졌을 때, 나폴레옹은 데를롱 장군이 지휘하는 네의 예비 부대를 불러들여 리니에서 통렬한 일격을 가하기로 결정했다. 이어진 전투는 군사사의 대실패로 꼽힌다.

데를롱의 1군단은 6월 16일 카트르브라로 이어진 도로에서 하루를 시작했다. 네는 마지막 순간에 기습적으로 1군단을 투입할 생각이었다. 그러나 나폴레옹은 네가 리니에 오지 않으리라고 깨달았을 때 데를롱에게 리니로 와서 애초에 네가 수행하기로 했던 역할을 대신 하라고 직접 명령했다. 나폴레옹이 급사로 보낸 라베두아예르 장군*은 데를롱 군단이 카트르브라로 힘들게 북진하는 것을 보고 즉시 동쪽의 리니로 진로를 바꾸게 했다. 1군단은 오후 6시경 프로이센군이 아닌 프랑스군의 측면에 출현해 순간적으로 그랑다르메를 충격에 빠뜨렸다. 2만 2천 명의 적군이 측면에 나타난 줄 알았던 것이다. 이 일은 그날 프랑스군을 괴롭힌 여러 오해 중 하나가 낳은 결과였다. 나폴레옹은 막 근위대를 내보내려던 차에 이 소식을 들었고, 혼란을 수습하느라 한 시간 동안 작전을 중단함으로써 중대한 시간을 허비했다. 나폴레옹은 데를롱의 병사들로 최후의 일격을 가해 적군의 숨통을 끊을 수 있으리라는 생각으로 자위하며 데를롱에게 프로이센군의 측면에 도착하도록 진로를 변경하라는 말을 전했다. 그러나 나폴레옹은 1군단이 홀연히 사라졌다는 말을 듣고 망연자실했다.

원흉은 이번에도 네였다. 네는 화만 내다 하루를 허비했다. 황제가 1군단을 리니로 불러들인 사실을 안 네는 평정을 잃고 격노했다. 그때 황제의 부관이 지체 없이 카트르브라를 점령하라는 나폴레옹의 명령을 들고 도착했다. 네는 또 울화통을 터뜨렸다. 네는 황제의 부관에게, 웰링턴의 전군이 그곳에 있고 황제가 정예 부대를 리니로

라베두아예르(Charles-Angélique-François Huchet de la Bedoyère, 1786~1815) 에스파냐와 러시아, 독일에서 싸웠고 1814년에 루이 18세가 7보병연대장에 임명했으나 나폴레옹이 돌아왔을 때 국왕의 깃발을 제일 먼저 황제에게 바치고 중장으로 진급했으며 부관이 되었다. 워털루 전투 후 파리에서 붙잡혀 반역죄로 총살당했다.

빼돌린 마당에 '지체 없이' 카트르브라를 점령하기는 도저히 불가능하다고 황제에게 전하라며 빈정거렸다. 웰링턴이 반격에 나서자 네는 당황했다. 황제에게서 큰 노여움을 살 위험을 무릅쓰고 네는 1군단이 자신의 명령에 따르지 않으면 군법회의에 회부될 범죄를 저지르는 것이라고 따지며 라베두아예르가 데를롱에게 전한 명령을 뒤집었다. 데를롱은 실상 리니가 눈앞에 들어왔을 때 네의 마지막 명령을 받고 되돌아갔다. 결국 2만 2천 명의 프랑스군 정예 부대가 리니에서도 카트르브라에서도 전투에 참여하지 못한 채 두 전장 사이를 쓸데없이 오가며 하루를 허비한 꼴이 되었다.

리니에서 나폴레옹은 압승을 거둘 수도 있었겠지만 이에 크게 못 미치는 결과로 하루를 끝냈다. 저녁 6시 30분에서 7시 30분까지 프로이센군의 반격에 시간을 더 빼앗겼다. 마침내 근위대가 투입되어 프로이센군을 박살낼 때는 비가 억수같이 쏟아지고 빠르게 어두워지고 있었다. 오후 8시 기병으로 밀고 들어왔던 블뤼허의 반격은 쉽게 격퇴되었다. 나폴레옹은 프로이센군의 중앙을 강타했으나, 프로이센군의 우익과 좌익은 어둠의 보호를 받아 상처 없이 벗어났다. 밝은 시간이 두 시간만 더 있었거나 데를롱 군단이 돌아가지만 않았더라면 네 없이도 완전한 승리를 거두었을 것이다. 그랬다면 웰링턴에게 어두운 그림자가 드리웠을 것이고, 전쟁 전체의 형세도 나폴레옹에게 유리하게 바뀌었을지 모른다. 실제로는 나폴레옹이 1만 2천 명의 사상자를 내면서 프로이센군에게 1만 6천 명의 사상을 입히고 대포 21문을 빼앗았다. 프로이센군은 탈영병도 9천 명이나 되었다. 블뤼허 자신은 말에서 떨어져 프랑스 흉갑기병들에게 밟혀 죽을 뻔하다가 간신히 탈출했다.

나폴레옹은 카트르브라와 리니의 전투 경험으로부터 술트와 네를 주요 책임자로 쓰는 한 결코 승리할 수 없다는 사실을 확실하게 깨달아야 했다. 네는 15일에 소심했고 16일 오전에 꾸물거렸으며 리니의 전략을 전체적으로 이해하지 못하고 데를롱을 되불렀다. 술트의 도무지 이해할 수 없는 명령과 술트 참모부의 무능함만이 이에 견줄 수 있었다. 그러나 그런 두 사람을 임명한 최종 책임은 나폴레옹에게 있었다. 두 사람 말고도 쓸 만한 상급자는 있었다. 나폴레옹은 내심 게임이 이미 끝났음을 알았는지도 모른다. 그래서 몸을 무기력하게 만든 병에 걸렸고 프로이센군을 추격하라는 명령을 내리지 않아 그들을 놓쳤으며 결국 재앙 같은 결말을 맞게 된다. 나폴레옹을 연구한 의학사가들은 나폴레옹이 피로와 지나친 낙관을 증상으로 보이는 뇌하수체선 질병인 선단비대증(先端肥大症)을 앓고 있었다고 주장하지만, 과도한 긴장과 극심한 좌절에 대한 심인성 반응이라는 것이 더 그럴듯한 진단이다.

나폴레옹은 이튿날 완전한 승리를 거둘 수 있다고 자신감을 드러냈다. 두 개 군단(데를롱 군단과 로보 군단)이 전혀 전투에 투입되지 않았고 근위대에서도 사상자가 적었기 때문이다. 그러나 17일 나폴레옹은 여전히 심한 감기와 방광 문제로 고통을 겪으며 무기력에 빠졌다. 나폴레옹이 정오까지 아무런 명령도 내리지 않아 리니에서 얻은 이점을 잃어버린 것은 어떤 것으로도 변명이 안 된다. 심지어 몇몇 군사사가들은 16일 오후 9시부터 17일 오전 9시까지 12시간이 결정적 시간이었고 이때 벨기에 전쟁은 실패로 돌아갔다고 주장한다. 네 역시 언제나 그랬듯이 무능함 그 자체였다. 돌이켜보면 네는 17일 오전 카트르브라에서 웰링턴을 공격했더라면 나폴레옹이 프로이센군의 퇴각으로 취약해진 영국-네덜란드 연합군 좌익의 노출된 측면을 돌아가는 동안 틀림없이 웰링턴을 그곳에 붙잡아 둘 수 있었을 것이다.

나폴레옹이 전투 준비를 할 때쯤이면 유리한 순간은 이미 지나간 뒤였다. 카트르브라 전투 후 부상당한 블뤼허로부터 지휘권을 넘겨받은 그나이제나우는 북쪽으로 퇴각하기를 원했으나 블뤼허가 예상보다 빨리 회복되어 이 결정을 뒤집었다. 한편 웰링턴은 카트르브라에서 물러나 앞서 최선의 저지 장소로 골라 둔 몽생장의 준비된 진지로 위험을 무릅쓰고 철수하기로 했다. 17일 오전 상황에 대한 나폴레옹의 예상은 이러했다. 블뤼허는 리에주로 물러나고 네는 카트르브라를 장악하며 웰링턴은 브뤼셀로 가는 길로 서둘러 내달릴 것으로 보았다. 나폴레옹은 실제 벌어진 일을 알고는 전투 계획을 재고해야만 했다.

선택할 수 있는 확실한 방안은 세 가지가 있었다. 바람직한 것부터 말하자면 이렇다. 나폴레옹은 네에게 웰링턴을 맡겨 두고 블뤼허를 추격할 수 있었다. 아니면 그루시에게 최소한의 부대를 주어 블뤼허를 몰래 따라가게 한 뒤 자신은 월등히 많은 병력으로 웰링턴을 습격할 수 있었다. 그도 아니면 군대를 나누어 그루시에게 3만 3천 병력으로 블뤼허를 추격하게 하고 자신은 나머지 병력으로(6만 9천 명) 웰링턴을 공격할 수 있었다. 나폴레옹이 가장 바람직하지 않은 세 번째 대안을 선택한 것은 이 불운한 전쟁을 상징했다. 낮에 다섯 시간이나 아무 일도 하지 않고 허비한 나폴레옹은 그루시를 보내 블뤼허를 추격하게 하고 자신은 웰링턴을 상대하려고 카트르브라로 이동했다.

정오에 웰링턴은 카트르브라에서 워털루 마을 인근 몽생장의 진지로 퇴각하라고 명령했다. 나폴레옹이 최상의 상태였다면 이때가 웰링턴을 잡을 순간이었을 것이다. 웰링턴 공작은 평소에 썼던 전술이 어느 것도 효과를 보지 못할 위치에 있었기 때문이다. 그러나 또 다른 예기치 않은 사건이 개입해 영국-네덜란드 연합군에게 귀중한 시간을 벌어주었다. 오후 1시 나폴레옹은 마침내 카트르브라로 이동하는 중에 네의 군대가 마치 한가롭게 소풍을 나온 듯이 야영하며 점심을 먹는 광경을 목격했다. 분노한 나폴레옹은 이들을 일으켜 세웠으나 본격적으로 웰링턴을 추격하는 데 나섰을 때는 이미 오후 2시였다. 네는 공작의 후위를 열심히 추격해 실추된 명성을 되찾으려 했지만 웰링턴으로 하여금 어쩔 수 없이 뒤돌아 자신에 맞서게 할 정도까지 적군을 괴롭히지는 못했다. 상황이 그랬더라도 프랑스군은 웰링턴을 따라잡을 수 있었을 것이나 오후에 쏟아진 맹렬한 폭우가 땅을 꼼짝할 수 없는 진창으로 만들어 효율적인 추격을 방해했다. 오후 6시 30분경 웰링턴은 몽생장에 도착했다. 나폴레옹은 낮 시간이 두 시간만 더 있었더라면 즉시 공격에 나섰겠지만 낮에 거의 일곱 시간을 허비해 그럴 수 없었던 것에 화가 치밀었다. 나폴레옹은 불운을 저주했으나 이는 공허한 외침이 되고 말았다.

몽생장의 웰링턴은 프로이센군 2개 군단을 증원군으로 받을 수만 있다면 진지를 확실히 지킬 수 있다고 블뤼허에게 전갈을 보냈다. 프로이센군은 그날 저녁 와브르에 집결하고 있었는데, 이는 벨기에 전쟁을 보나파르트에게 불행의 연속으로 만든 또 다른 예기치 못한 사태의 진전이었다. 역설적이게도 리니와 카트르브라의 전투는 동맹군의 두 군대를 더 가깝게 만드는 결과를 가져왔다. 그루시는 블뤼허를 맹렬히 추격하기로 되어 있었지만 동맹군의 두 군대 사이로 들어가지 못했을뿐더러 오후 6시에 와브르 남쪽으로 20킬로미터 떨어진 장블루에서 밤을 지내려고 멈춰 섰다. 그루시 부대가 그날 하루 약 10킬로미터밖에 이동하지 못한 것은 거짓말 같은 얘기였다. 블뤼허가 와브르가 아닌 다른 곳으로 갔다면, 그루시가 아닌 다른 자가 블뤼허를 추격했다면, 위털루의 웰링턴 진지는 이미 가망이 없었을 것이다.

밤 11시 몽생장에서 남쪽으로 3킬로미터 떨어진 라벨알리앙스 근처 농가를 기지로 삼은 나폴레옹은 그루시가 와브르 근처에 없으며 장블루에 마음 편하게 앉아 있다는 청천벽력 같은 소식을 들었다. 그루시 원수는 뻔뻔스럽게도 날이 밝는 즉시 와브르로 진격할 것이니 잃은 것은 아무것도 없다고 안심시키는 전갈을 보내왔다. 급보를 읽고 눈을 의심한 황제는 확인해보고자 했다. 황제는 그 모든 노력에도 불구하고 동맹군의 두 군대가 결합한다면 상황이 불리해질 것임을 알았기에 오전 1시에 궁정대원수 베르트랑만 대동한 채 걸어 나갔다.

억수같이 쏟아지는 비는 잦아들었고, 수아뉴 숲이 야영지 불빛 때문에 불타는 듯이 또렷이 보였다. 오전 2시 30분 비가 다시 세차게 퍼부었다. 나폴레옹은 잠시 눈을 붙였으나 오전 4시에 블뤼허가 와브르에 있다고 확인하는 급보에 잠에서 깼다. 이때 나폴레옹은 그루시에게 급전을 보내 추격을 멈추고 워털루와 와브르 사이에 주둔해 프로이센군이 서쪽으로 이동하지 못하도록 막으라고 명령했어야 했다. 그러나 나폴레옹은 18일 오전 10시까지 이 결정적인 전갈을 보내기를 미루었다. 또 하나의 운명을 가른 결정이었다.

6월 18일 일요일 오전 나폴레옹은 다시 기분이 좋지 않았다. 나폴레옹은 네 시간도 채 못 잤으며 동트기 전에 폭우 속에 말을 타고 전초들을 시찰했다. 이른 아침 엄청난 강수량의 호우는 중대한 결과를 낳게 된다. 땅이 물에 잠겨 적보다 우세한 포병대를 움직일 수 없었을 뿐만 아니라 포탄의 살상 효과도 줄어들었다. 이런 조건에서 둥근 포탄은 튀지 않으므로 대포로 공격해서 밀집한 영국군 방진에 구멍을 내기는 어려웠을 것이다. 시찰을 마친 황제는 다시 피로를 느꼈다. 너무나 피로한 나머지 오전 10시에서 11시까지 브뤼셀 도로가에서 의자에 앉아 잠들었다.

나폴레옹은 워털루 전투를 준비하면서 용케도 온갖 실수를 저질렀다. 그날 긴 목록을 채울 만큼 많은 실수를 저질렀는데도 나폴레옹이 지휘관으로서 위대한 명성을 유지한 것이나 웰링턴이 사실상 차려진 밥상처럼 던져진 기회들을 이용해 그토록 위대한 평판을 얻었다는 것이 놀라울 정도이다. 황제는 웰링턴이 수아뉴 숲을 등져 스스로 퇴각을 어렵게 만들었다는 사실에 기뻐했던 것 같다. 그러나 웰링턴으로 하여금 스스로 선택한 곳에서 싸우도록 허용한 것은 더할 나위 없이 어리석은 짓이었다. 웰링턴이 배후 사면에 병력을 숨겨 두는 즐겨 쓴 책략을 또 한 번 쓸 수 있었던 것은 거의 믿을 수 없는 일이다. 반도 전쟁 이후 프랑스군은 이 오래된 속임수에 물릴 정도로

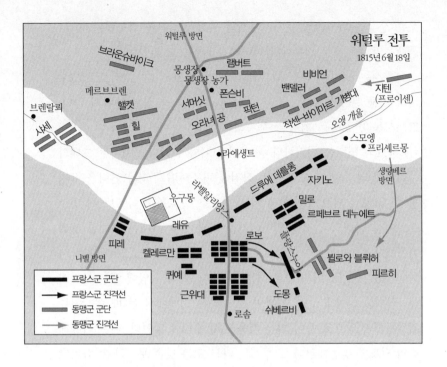

위털루 전투
1815년 6월 18일

위털루 방면

브라운슈바이크

몽생장
몽생장 농가

램버트

비비언
밴델러

지텐
(프로이센)

메르브브렌

브렌랄뢰

핼켓

서머싯

폰슨비

작센-바이마르 기병대

오앙 개울

샤세

힐

오라녜 공

픽턴

스모엥
프리셰르몽

라에생트

생랑베르 방면

우구몽

라벨알리앙스

드루에 데를롱

자키노

밀로
르페브르 데누에트

레유

레유

피레

켈레르만

로보

빌로와 블뤼허

피르히

니벨 방면

퀴예

도몽

근위대

로솜

쉬베르비

■■ 프랑스군 군단
→ 프랑스군 진격선
■■ 동맹군 군단
→ 동맹군 진격선

당했으니 좀 더 민감했어야 하지 않았는가? 술트까지도 영국군 방진의 집중된 화력을 걱정했으나 나폴레옹은 참모장의 경고에 거만하고도 경멸적으로 반응했다. "그대들이 웰링턴을 훌륭한 장군으로 생각하는 이유는 바로 웰링턴에게 패했기 때문이오. 장담하건대 웰링턴은 보잘것없는 장군이며 영국군은 형편없는 군대요. 이 일은 아침 식사를 하는 것이나 다름없소."

나폴레옹이 그날 낮 전투에서 택한 기발한 전술은 상상력이 몹시도 부족한 정면 공격이었다. 나폴레옹의 생각은 웰링턴의 우익이 아니라 좌익을 돌아가는 것이었다. 그쪽이 더 약했던 데다 와브르의 프로이센군에게서 지원을 받는다는 웰링턴 공작의 희망을 잘라버릴 수 있었다. 게다가 나폴레옹은 웰링턴의 우익을 공격할 경우 그루시의 분견대와 연락이 끊길 위험이 있었다. 그러나 (황제가 6월 18일 이 일요일에 대해 거듭 자문하게 될 질문을 미리 꺼내자면) 그루시는 어디에서

무슨 생각을 하고 있었는가? 황제의 마지막 명령은 접수했는가? 나폴레옹의 바람대로 전투에 참여하려고 돌아오고 있었는가?

그루시는 워털루 전투에서 최악의 실패자가 된다. 그러므로 그루시의 허물 문제가 이후 군사사가들의 주목을 끈 것은 놀랍지 않다. 그루시를 변호하는 자들은 불가해한('횡설수설'이라는 말이 더 어울린다) 술트의 명령을 지적한다. 명령서는 이와 같았다. "폐하는 그대가 우리에게 더 가까이 오고 우리 작전에 협조하며 우리와 연락을 유지할 수 있도록 와브르를 향해 이 방향으로 진로를 잡아 그곳에 멈춘 프로이센 군대의 진지를 밀어내기를 바라신다. 그대는 최대한 빨리 이곳에 도달해야 한다." 와브르는 그루시의 북쪽에 있고 황제는 서쪽에 있었으므로, 이 명령은 허튼소리였다. 게다가 앞에 있는 프로이센 군대를 '밀어내기'는 '가까이 오고'라는 맥락에서 볼 때 블뤼허를 워털루의 전장으로 몰아 가는 것을 뜻할 수밖에 없었다. 이는 나폴레옹의 의도와 정반대였다. 그루시는 다른 모든 것은 무시하고 '와브르를 향해'라는 말에 매달려 수수께끼를 풀었다.

황제의 전체적인 의도가 동맹군의 두 군대가 만나지 못하도록 방해하는 것이고 이것이 그루시의 주된 목표였음은 그루시 군단의 초급 장교라도 분명하게 알았을 것이다. 와브르에서 블뤼허는 뷜로를 측면 기동으로 서쪽의 워털루로 보냈다. 그루시가 조금만 머리를 써서 군대의 일부나마 서쪽으로 보냈다면, 이들은 뷜로와 마주쳐 그 구원 임무를 저지했을 것이다. 그러나 그루시의 바보 같은 짓은 여기서 끝나지 않았다. 그루시는 동이 트자마자 와브르로 출발하겠다고 나폴레옹을 안심시키고는 장블루에서 오전 10시까지 출발을 늦추었다. 정오가 지난 뒤 워털루 방면에서 총성이 들렸을 때, 그루시의 선임 장군들은, 특히 제라르는 방향을 돌려 포성이 들리는 쪽으로 가자고 강력히 주장했다. 그루시는 거부했다.

이는 분명히 직무 유기였으며 어떤 변명이나 해명도 있을 수 없었다. 프랑스 원수라면 맹목적으로 명령에 따르는 자동기계가 아니라 창의적이고 지적인 인물이리라는 기대를 받았다. 위대한 드제 장군이 마렝고에서 그랬듯이 전투가 진행되는 쪽으로 가는 것이 그루시의 명백한 의무였다. 블뤼허는 그루시가 결연히 와브르를 향해 무거운 발걸음을 옮기고 있다는 소식을 듣고 뷜로에게 어떤 경우에도 동요하지 말고 임무를 완수하라는 전갈을 보냈다. 나폴레옹은 결국 무능한 부하를 냉혹히 평가했는데 구구절절이 그럴 만했다. "병력 3만 4천 명과 대포 108문을 지닌 그루시 원수가 불가능해 보인 비밀을 발견했다. 18일 낮에 몽생장의 전장에도 와브르의 전장에도 나타나지 않은 것이다. …… 그루시 원수의 행위는 마치 그 부대가 도중에 지진을 만나 모조리 땅속으로 꺼져버린 것만큼이나 예측할 수 없는 일이었다."

워털루의 전장에서 나폴레옹은 한없이 자신만만하게 전투를 시작했다. 병력은 7만 2천 대 6만 8천으로 프랑스군이 영국-네덜란드 연합군보다 우세했다. "9 대 1로 우리에게 승산이 있다." 워털루 전투의 독특함은 싸움터의 협소함에 있었다. 14만의 병사가 약 7.8제곱킬로미터 안에 가득 찼던 것이다. 전선 길이는 아우스터리츠가 10킬로미터였던 데 비해 4킬로미터밖에 되지 않았다. 웰링턴은 몽생장의 4킬로미터 능선에 병력을 배치하고 따로 1만 7천 명을 떼어 서쪽의 할러(Halle) 인근으로 보내 프랑스군의 측면 기동을 막도록 했다. 웰링턴은 주력을 우측에 집결시켰다. 전진하는 프로이센군이 좌측을 보호해줄 것으로 기대했던 것이다. 웰링턴은 라에 마을과 파펠로트 마을, 라에생트로 알려진 좌측에 넓게 펼쳐진 농장, 우측의 우구몽 저택에 강력한 전진 거점을 마련했다.

전투 개시를 알리는 대포의 일제사격이 오전 11시 35분경에 시작되었다. 나폴레옹은 이날 여러 실수를 저지르는데 이때 제롬에게 웰링턴의 우측에 있는 우구몽 저택을 공격하도록 허용한 것도 그중 하나였다. 이 진지는 콜드스트림 근위연대와 3근위보병연대(훗날의 스코틀랜드근위연대) 등이 엄중히 지키고 있었고 나폴레옹의 전체적인 전술에 비추어볼 때 잘못 짚은 곳이었다. 어리석은 제롬은 중포를 끌어와 담장에 구멍을 내야 마땅한 차에 우구몽을 직접 공격하여 보병 부대를(레유 장군의 2군단) 희생시켰다. 우구몽을 둘러싼 백병전이 더욱 격렬해졌는데도, 나폴레옹은 개입해서 중단시키거나 결정적 조치를 취하지 않고 그 무익한 싸움이 프랑스 병사들을 점점 더 많이 빨아들이도록 내버려 두었다. 웰링턴은 우구몽으로 얼마 안 되는 증원군만 보냈을 뿐이나, 프랑스군에서는 최상의 부대가 중요하지 않은 부차적 표적을 위한 치열한 싸움에 곧 묶여버렸다. 우구몽 쟁탈전은 하루 종일 계속되었다. 오후 3시 30분경 화염이 우구몽을 집어삼켰으나 요새가 함락되지는 않았다. 프랑스군은 우구몽의 안뜰로 돌파해 들어가는 데 성공했으나 곧 쫓겨났고, 전투는 그날 밤 9시까지 이어졌다.

나폴레옹은 1시 30분이 되어서야 드디어 80문의 중포로 웰링턴의 중앙에 포격을 가하라고 명령했다. 이 집중 포격은 대체로 무익했다. 웰링턴이 병사들에게 배후 사면에 엎드리라고 명령했고 포탄은 영국군 병사들의 머리 위로 휭 하고 날아가버렸기 때문이다. 벨기에-네덜란드 부대의 소장 빌란트(Willem Frederik van Bylandt)가 지휘하는 여단만이 능선 전면에 있었기에 적지 않은 사상자를 냈다. 그다음 오후 2시경 데를롱의 1군단이 웰링턴의 좌중앙과 교전을 시작했다. 나폴레옹은 이 구역의 전투 지휘를 네에게 맡겼다. 이유는 아주 분명하지는 않다. 어떤 이들은 나폴레옹이 직접 지휘하지 못할 만큼 아팠다고 하며, 다른 이들은 이때 나폴레옹이 프로이센군의 위협에 골몰했다고 말한다. 확실한 것은 오후 1시 30분경 뷜로의 프로이센군이 도착했다는 징후가 포착되었다는 사실이다. 그때 플랑스누아 인근에서 수 킬로미터 떨어진 곳에서 프랑스군의 우측으로 이동하는 종대형의 부대가 발견되었다. 황제는 로보의 6군단과 2개 여단을 파견해야 했다.

1815년 6월 18일 워털루 전투에서 용감하게 돌진하는 영국군 최정예 기병 부대 '스코츠 그레이'.

　네와 데를롱은 마지막 순간에 라에생트를 공격하기 위해 일개 여단을 떼어놓은 뒤 1만 8천 명의 병력으로 전진했다. 라에생트 쟁탈전도 살인적이었고 곧 우구몽 전투의 판박이가 되었다. 그동안 중앙에서는 데를롱 군단의 4개 사단 중 2개 사단이 밀집 대형으로 전진했으나(훨씬 더 서투른 명령의 결과로 보인다) 이는 영국군 포수들에게 놓칠 수 없는 표적이었다. 네가 기병대로 보병 부대를 지원했다면, 동맹군은 불가피하게 방진을 펼칠 수밖에 없었을 것이고 프랑스군 기마포병대의 산탄 포격에 큰 희생을 치렀을 것이다. 데를롱의 병사들은 통렬한 집중 사격에 추풍낙엽처럼 쓰러지면서 계속 전진했고, 곧 동맹군의 최정예 보병 부대인 픽턴(Thomas Picton)의 5사단과 격렬한 교전에 들어갔다. 픽턴은 머스킷 탄을 맞고 사망했으나 병사들은 진지를 사수했고 차츰 프랑스군을 밀어냈다. 데를롱 군단 중에 측면 기동을 펼친 나머지 사단들은 대체로 이미 약해진 빌란트의 여단과 대결했기에 중앙을 공격한 2개 사단보다 잘 해냈으나, 억스브리지 경(Henry William Paget. Earl of Uxbridge)이 기병대에 돌격을 명령하면서 영국군의 반격을 정면에서 받아내야 했다. 서머싯(Robert Edward Henry Somerset)의 왕실기병여단 소속 호위연대와 기마근위연대가 칼로 버터를 자르듯 프랑스군의 좌익을 갈랐고, 동시에 2로열 노스 브리티시 용기병 연대(스코츠 그레이Scots Grey)를 포함하는 폰슨비(William Ponsonby)의 유니언여단이 적의 중앙으로 돌격했다.

스코츠 그레이 연대와 중앙 공격에 가담했던 다른 기병 부대들은 순간의 희열에 도취해 프랑스군의 대포가 기다리고 있는 곳으로 계속 돌격했다. 잠시 동안 전투를 맡았던 나폴레옹은 기다렸다가 창기병으로 반격할 시점을 완벽하게 맞추었다. 자키노(Charles Claude Jacquinot)의 창기병들은 스코츠 그레이의 좌우 측면을 공격해 막대한 손실을 입혔다. 돌격에 나선 기병 2,500명 중 사망자와 부상자가 1천 명을 넘었다. 그러나 데를롱의 1군단을 격퇴해 시간을 번다는 웰링턴의 주된 목적은 달성되었고 동시에 라에생트를 겨냥한 프랑스군의 첫 번째 공격도 실패했다.

오후 3시 프랑스군은 그날 저지른 엄청난 실수들 가운데 또 하나를 저질렀다. 프로이센군에 전념하고 있던 나폴레옹은 블뤼허의 군대가 개입하기 전에 웰링턴의 전초들을 포위해 섬멸할 수 있기를 바라며 우구몽과 라에생트를 새로이 공격하라고 명령했다. 이때 네가 프랑스군 기병대 전체에게 보병의 지원도 없는 상태에서 몽생장의 능선으로 돌격하라고 명령했다. 도무지 납득할 수 없는 일이었다. 짐작컨대 네는 웰링턴 전선의 병력 이동을 전면적인 퇴각으로 오인했거나 몇 대의 환자 수송 마차가 브뤼셀로 물러가는 것을 동맹군이 동요하는 징후로 오해했던 것 같다. 그리하여 네는 한 번의 전투에서 기병의 지원 없이 보병을 내보내고 보병의 지원 없이 기병을 내보내는 실수를 다 저질렀다. 여하튼 이 어리석은 행동의 결과는 뻔했다. 보병의 지원 없이 돌격한 기병들은 영국 방진에서 쏘아댄 유산탄에 난도질을 당했다.

네는 재차 시도했다. 네는 켈레르만 장군의 흉갑기병 사단과 근위대의 중기병 사단 대대들을 소집했다. 프랑스군은 우구몽과 라에생트 사이 1,500미터의 좁은 전선으로 다시 투입되었는데, 용감한 기병들은 계속 돌진했다. 영국군 전선이 마침내 와해될 기미를 보였다. 프랑스군이 이 시점에 보병을 투입했더라면 승리를 얻었을 것이다. 실제로 그랬듯이 웰링턴은 프랑스군을 결정적으로 격퇴하기 위해 보병과 기병의 예비 부대 대부분을 써야 했다. 네의 무모한 공격 때문에 호되게 당하고 살아남은 생존자들은 켈레르만 장군이 매우 힘들게 영국군 방진의 맹공에서 구출했다.

오후 4시경 두 가지 우울한 소식이 전해졌다. 이 때문에 나폴레옹은 앞서 높게 잡았던 승산을 6 대 4로 유리하다고 수정해야 했다. 그루시는 와브르 인근에서 프로이센과 격렬한 전투에 휘말려서 워털루 전투에는 참여할 수 없다는 전갈을 보내왔다. 그리고 뷜로의 구원 부대가 프랑스군의 우익에서 몇 킬로미터 떨어진 숲에 도달했다는 소식이 들렸다. 이곳에서 뷜로는 로보의 군단과 충돌했다. 프랑스군은 3배나 많은 군대에 맞서 훌륭하게 방어해 플랑스누아 마을 주변에서 프로이센군의 전진을 두 시간 동안 저지했다. 프로이센군이 마침내 로보 군단을 밀어냈을 때, 나폴레옹은 이들을 내쫓으려고 청년근위대를 보냈다. 뷜로는 본 전투에서 역할을 하지 못했지만, 결정적 순간에 황제로 하여금 1만 4천 병력을 다른 곳으로 돌리게 해 웰링턴을 도왔다.

이때쯤 나폴레옹은 라에생트 점령을 최우선 과제로 삼았다. 프랑스군은 3개 보병 대대와 약간의 공병으로 공격했다. 농가의 육중한 문은 맹포격을 받았고, 방어하는 부대에서는 탄약이 떨어지고 있었다. 결국 라에생트는 오후 6시가 지난 직후 무너졌다. 처음부터 이곳을 지키던 국왕독일인군단*의 병사 900명 중 생존자는 50명도 안 되었다. 이때 네가 웰링턴의 중앙이 거의 직사거리 안에 들어오는 곳으

워털루 전투 당시 웰링턴 군대의 거점이던 농가 '라에생트'를 두고 살인적인 전투가 벌어졌다.

로 큰 대포들을 끌어와 사정없이 포격했다. 네는 황제에게 이번에는 확실히 적의 동요를 감지했고 최후의 돌파를 시도할 테니 근위대를 보내 달라고 요청했다. 나폴레옹이 신속히 움직였다면 승리를 얻을 수 있었던 또 한 번의 기회였다. 그러나 황제는 여전히 프로이센군에 집착했고 네의 요청에 고함을 질렀다. "병력을 달라고? 내가 어디서 군사를 끌어온다고 생각하나? 나더러 군사를 만들어내기라도 하란 말인가?" 그렇지만 몇몇 군사사가들은 나폴레옹이 네의 요구를 들어 주지 않은 진짜 이유가, 네 원수가 신뢰를 잃었고 '늑대가 나타났다' 고 너무나 자주 외쳤기 때문이라고 보았다.

근위대는 오후 6시 45분이 되어서야 뷜로와 맞선 전선을 안정시켰다. 그때까지 웰링턴은 전투가 잠시 소강 상태에 접어든 틈을 타 마

국왕독일인군단(King's German Legion, KGL) 독일인으로 구성된 부대로 1803년부터 1816년 까지 영국군의 일부로 존속했다. 1803년에 나폴레옹에 의해 하노버 선제후령이 해체되면 서 하노버 군대의 많은 장교와 병사들이 선제후 게오르크가 국왕 조지 3세로 있는 영국으 로 피신했고, 이들이 독일군단을 형성했다.

지막 남은 보병과 기병의 예비부대를 투입해 중앙을 보강했다. 나폴레옹의 자신감이 상승하면서 웰링턴 공작의 자신감은 추락했다. 웰링턴이 이렇게 말하는 소리가 들렸다. "신이여, 밤을 주시든지 블뤼허를 주시든지 하소서." 이어 오후 7시경 나폴레옹은 중견근위대를 투입해 전투를 마무리하기로 결정했다. 나폴레옹이 타격 부대의 11개 대대를 이끌고 전진해 연기가 피어오르는 라에생트의 폐허에서 네에게 병력을 인도하자 프랑스군의 사기가 올랐으며, 네가 열이 70명에서 80명에 이르는 화려한 종대형을 이룬 그랑다르메의 '불사신'들을 재촉하자 사기는 한층 높아져 하늘을 찌를 듯했다. 네는 그날에만 다섯 번째로 자신이 탄 말이 총탄에 맞았는데도 조금도 낙담하지 않았다. 네는 검을 뽑아들고 근위대의 일선에 합류했다.

근위대는 곧 우구몽의 영국 대포가 쏘아대는 포화 속으로 들어갔다. 그러나 근위대는 처음에는 잘 전진했고 몽생장의 전방 사면에서 브라운슈바이크의 여단을 쳐부수고 포대 2개를 빼앗았다. 이어 근위대는 핼켓* 여단의 좌측 방진을 공격해 밀어냈다. 예기치 않게 벨기에인들이 나타나 반격해 능선 마루에 있는 기마포병대로부터 탄막을 제공받으며 포도탄을 쏘고 이어 착검 돌격으로 근위대의 일개 대대를 밀어냈다. 이때까지 프랑스군의 척탄병들이 인도에 파견되었던 웰링턴의 옛 연대인 69보병연대와 33보병연대와 격렬한 전투를 벌였다. 추격병 연대의 2개 대대가 능선 마루를 막 장악할 무렵에 웰링턴은 마지막 남은 수단을 썼다. 웰링턴은 배후 사면에 숨어 있던 1근위보병연대(근위척탄병연대)에 나와서 적을 막으라고 명령했다.

1근위보병연대의 매서운 일제사격에 프랑스 근위대 병사들은 그 자리에서 죽어나갔다. 근위대는 내내 병력의 손실을 보면서 머뭇거리

핼켓 워털루 전투에는 핼켓(Halkett) 가문의 형제 장군이 참전했는데, 형 콜린 핼켓(Colin Halkett)은 3사단에 배속된 5여단을 지휘했고 동생 휴 핼켓(Hugh Halkett)은 2사단의 3하노버여단을 지휘했다.

다가 포화 속에 전개하는 치명적 실수를 저질렀다. 점점 더 많은 영국군 보병에게 측면을 습격당하면서 근위대는 혼란에 휩싸였다. 1근위보병연대는 착검하고 돌진했으며 나폴레옹의 타격 부대를 언덕 아래 우구몽 쪽으로 밀어냈고 그곳에서 여전히 전진하고 있던 근위대의 후위 대열(4추격병연대와, 4척탄병연대의 잔여 병력)과 충돌했다. 1근위보병연대는 능선 발치까지 퇴각했다가 서둘러 돌아서 다시 집결한 근위대에 맞섰다. 프랑스군이 다시 달려들었고 이번에는 상대편을 압도할 것처럼 보였다. 이때 갑자기 존 콜번(John Colborne)이 지휘하는 52보병연대가 프랑스 근위대 좌측의 능선 마루에 나타나 4추격병연대의 밀집 대형에 일제사격을 퍼부었다. 이어 착검하고 돌격하자 프랑스군 추격병들은 동요했고 서서히 퇴각했다. 그랑다르메 병사 누구도 자신들이 듣게 되리라고 생각지 못했던 외침이 허공을 갈랐다. "근위대가 퇴각한다!"

바로 이 순간 마법으로 미리 정해놓은 것처럼 때맞춰 프로이센군이 프랑스군의 우익을 돌파했다. 이로써 3만 3천 명의 새로운 병력이 전장에 쏟아져 들어왔다. 나폴레옹은 오른쪽에 보이는 군사들은 프로이센군이 아니라 3만 3천 명의 그루시 부대라는 빤한 거짓말로 병사들의 사기를 진작하려 했다. 그러나 곧 그 새로 도착한 병사들이 쏜 포탄이 프랑스군 쪽에 떨어졌고 프랑스군은 혼란에 빠졌다. 외침이 들렸다. "배신이다!" "우리는 배반당했다!" 하지만 얼마 지나지 않아 프랑스군 병사들이 끔찍한 진실을 알게 되었을 때 사기가 꺾이고 공포에 사로잡혔다. 일부는 아직도 자신들에게 총을 쏘아대는 프로이센군을 부르봉 왕실에 매수된 그루시의 병사들이라고 생각했다. 그러나 프로이센군으로 생각했든 배반한 프랑스군 병사들로 생각했든 결과는 마찬가지였다. 먼저 사기가 파멸적으로 곤두박질쳤고, 이어 공황에 빠졌고, 마지막으로 패주했다.

프로이센군이 도착한 지 채 10분도 지나지 않아 웰링턴은 몽생장의 능선으로 올라가 모자를 세 번 흔들었다. 미리 정해 둔 총공격 신호였다. 동맹군 전체가 능선에서 급류처럼 쏟아져 나왔다. 나폴레옹은 선임근위대 용사들에게 방진을 이루어 도주하는 병사들을 모으라고 명령했지만, 이들도 난전 속에 일소되었다. 선임근위대의 3개 대대가 라벨알리앙스의 거점을 장악하고 황제와 동료들의 도피를 엄호했다. 지휘관 캉브론 장군(Pierre Jacques Étienne Cambronne)은 항복하라는 말을 들었으나 전하는 바에 따르면 한마디로 거부했다고 한다. "빌어먹을."* 동맹군은 큰 대포들을 끌어와 용맹한 근위대 병사들을 서 있는 자리에서 쓸어버렸다.

이제 군대를 규합할 가능성은 없었다. 패배한 그랑다르메가 남쪽으로 빠져나가면서 극도로 혼란스러운 광경이 목격되었다. 로보의 병사들은 우측 진지에서 프로이센군의 포위를 피해 질서정연하게 퇴각했다. 프로이센군 기병대가 밤까지 패자를 추격하면서 "재주껏 도망쳐라(Sauve qui peut)"가 좌우명이 되었다. 밤 9시 웰링턴은 라벨알리앙스에서 블뤼허를 만났고, 두 사람은 서로를 승자로 치켜세웠다. 블뤼허는 "Quelle affaire(야호)!"라고 말했다(할 줄 아는 유일한 프랑스 말이었다). 시체 더미를 둘러보고 "패배한 전투 다음으로 가장 비참한 것은 승리한 전투"라고 했다는 웰링턴의 말은 유명하다. 전투 다음 날 웰링턴은 이렇게 썼다. "워털루 전투는 내가 관여했던 것 중 가장 지독했다. 어떤 전투에서도 그토록 심한 고생을 한 적이 없으며 그처럼 패배에 가까이 간 적도 없었다. 우리의 희생은 막대했다. 특히 모든 수단 중에서도 최고였던 영국군 보병의 손실이 컸다. 그토록

---

* 캉브론이 영국군의 항복 권유를 거부하며 "Merde"라고 외쳤다는 이야기가 유명한데, 빅토르 위고가 《레미제라블》에서 워털루 전투를 설명할 때에도 나온다. 프랑스어 'merde'는 '똥'이란 의미를 지닌 단어로 프랑스에서 흔히 욕설로 쓰인다. 우리식으로 풀이하면 '제기랄'이나 '빌어먹을', 혹은 '꺼져', '엿 먹어라' 정도가 된다. 한편, 당시 캉브론이 욕설이 아니라 "근위대는 죽어도 항복하지 않는다!(La garde meurt et ne se rend pas!)"라고 말했다는 이야기도 있다.

잘 싸운 보병은 보지 못했다."

워털루 전투에서 프랑스군 사상자는 2만 5천 명이었고 8천여 명이 포로로 붙잡혔다. 웰링턴의 사상자는 1만 5천 명이었고(장교의 절반 이상이 사상자에 포함되었다) 프로이센군 사상자는 7천 명이었다. 6월 16일에서 18일까지 사흘 동안 동맹군은 5만 5천 명을 잃었고 프랑스군은 6만 명을 잃었다. 웰링턴은 이 승리에 힘입어 유명해지고 불후의 명성을 얻었으나, 프로이센군이 개입하지 않았더라면 승리하지 못했을 것이다. 그날 나폴레옹이 저지른 가장 큰 실수가 바로 프로이센군을 막지 못한 것이었다. 영국에 편향되지 않은 공정한 평가를 내리자면, 웰링턴이 뛰어난 군사적 재능으로 승리를 거머쥐었다기보다 나폴레옹이 많은 실수를 저질러 패했다고 하는 것이 맞다. 황제를 열렬히 옹호하는 자들은 패배가 독살 기도 때문이라거나 황제의 계획이 밀정에 의해 영국에 누설되었기 때문이라고 주장하지만, 황제의 질환이 실질적인 영향을 끼쳤는지는 의문이다. 분명한 사실을 말하자면 나폴레옹은 최고의 상태에 훨씬 못 미치는 능력을 보여주었고 나흘간의 맥 빠진 벨기에 작전 중 나폴레옹의 군사적 재능에는 무슨 일인가 일어난 것이 틀림없었다.

나폴레옹은 말을 타고 전장을 빠져나가 샤를루아로 향했다. 뺨에는 눈물이 흘러내렸고 얼굴은 고통과 극도의 피로에 절었다. 이튿날 나폴레옹은 상황을 재평가하면서 어느 정도 기력을 회복했다. 이론상 워털루 전투 후 나폴레옹의 불운은 흔히 제시되는 것처럼 절망적이지 않았다. 그루시가 와브르에서 병력 대부분을 고스란히 데리고 빠져나오면서 황제의 가용 병력은 여전히 11만 7천 명이나 되었다. 이로써 블뤼허와 웰링턴이 지휘하는 거의 동수의 적군에 맞서 파리를 지킬 수 있었다. 7월 1일 나폴레옹은 추가로 12만 명의 병력에 3만 6천 명의 국민방위대, 3만 명의 저격병 부대, 6천 명의 포수와 대포 600문을 확보해 파리를 방어하게 된다. 솜 강을 건널 때 동맹군 병력은 9만 명을 넘지 않았고, 오스트리아군과 러시아군은 7월 15일이나 되어야 마른 강에 도달할 수 있었다. 그때쯤이면 황제는 저격병 8만 명을 배치해 전진하는 적군 대형에 감당하기 어려운 손실을 입힐 수 있을 것으로 생각했다. 나폴레옹이 조제프에게 말했듯이, 이제 필요한 것은 자마 전투 후 카르타고인의 패배 의식이 아니라 칸나이의 패배 뒤에 로마가 유지했던 기백이었다.

있어야 했지만 보이지 않았던 것은 황제 자신의 에너지와 헌신이었다. 프랑스는 황제가 결코 포기하지 않는 전사의 얼굴을 보여주어야만 황제를 위해 싸울 수 있었다. 그러나 나폴레옹은 우울하고 아팠으며 잠이 부족해 지치고 특히 결단력을 잃었다. 황제와 장군들이 협의하는 자리에서 의견은 갈렸다. 다부는 황제에게 파리로 돌아가 원로원과 하원의 기능을 정지시키고 독재자로 서라고 강력히 권고했다. 다른 이들은 헌법상의 세세한 내용과 파리는 무시하고 군대와 함께 야전에 머무르라고 설득했다. 그러나 나폴레옹은 백일 천하에 종종 그랬듯이 이보다 만족스럽지 못한 제3의 대안을 선택했다. 나폴레옹은 파리로 돌아가 헌법의 틀 안에서 움직이기로 결심했다. 이는 나폴레옹이 무의식적으로 스스로를 파멸시키려는 의도가 아니었나 의심스러울 만큼 큰 실수였다. 훗날 나폴레옹은 이 결정이 형편없이 어리석은 짓이었다고 인정했으며 합리적인 이유를 대지 못했다.

파리 상황은 누구나 알고 있듯이 위험했다. 나폴레옹이 야전에 머물러야 한다고 강권했던 지지자들이 거듭 강조한 것과 같았다. 나폴레옹은 백일 천하에 새로운 자유주의적 이미지의 하나로 내각과 양원과 공식적으로 권력을 공유했다. 나폴레옹은 내각과 의회의 제휴를 막고자 전면적인 권력 분립을 명령해 내각과 의회가 접촉하지 못하게 했다. 그러나 나폴레옹이 없는 동안 푸셰는 그랑다르메가 철저히 파괴되었으며 보나파르트가 돌아와 독재자가 되려 한다고 강조하며 온 힘을 다해 파리를 공황 상태에 빠뜨리려 했다. 푸셰는 황제가 군사적으로 패배하는 경우를 대비해 오랫동안 음모를 꾸몄고, 그 때가 오면 마침내 자신의 시대가 도래하리라고 생각했다. 문제는 나폴레옹이 왜 푸셰를 그대로 내버려 두었는가 하는 것이다. 나폴레옹은 벨기에에서 첫 승리를 거둔 후 푸셰를 교수형에 처하겠다고 위협했고 훗날 후회하듯 이렇게 말했다. "탈레랑과 푸셰 두 인간만 목을 매달았다면 나는 지금도 제위에 앉아 있을 것이다." 나폴레옹이 베르나도트와 탈레랑, 푸셰 세 사람의 배반에 직면했을 때마다 허약한 모습을 보인 것은 지워지지 않는 의문이다. 나폴레옹 연구자 중에도 이 점을 만족스럽게 설명하는 사람은 없다.

모든 상황을 고려할 때 나폴레옹이 파리로 돌아와 헌법상의 규칙대로 행동한 것은 어리석었다. 나폴레옹은 다부가 강력히 주장했듯이 파리 수비대와 프랑스 국민의 충성에 의지해 통제력을 장악하고 입법부를 해산했어야 했다. 나폴레옹은 6월 21일 새벽 파리에 도착했을 때 여전히 강력한 수단을 감추고 있었다. 나폴레옹은 충분한 지지를 받았다. 머뭇거리던 장관들이 나폴레옹의 해박한 통계에 넘어가 지지를 보내왔으며, 카르노까지도 뤼시앵과 라베두아예르, 다부에 합세해 즉각 계엄령을 선포하고 고분고분하지 않은 입법부를 투르로 내쫓으라고 간청했다. 이들은 국민이 나폴레옹 편임을 지적했다(엘리제 궁 앞에 모여 나폴레옹을 환영한 군중이 명백한 증거였다). 나폴레옹은 한 번 더 주저했다. 그러나 나폴레옹에게 기력이 부족했던 반면 악마 같은 푸셰는 그렇지 않았다. 6월 21일 푸셰의 선동에 입법부의 양원은 자발적인 의지로 끝내는 경우가 아니면 해산하지 않는다는 무기한 회기를 선포하고 국민방위대에 보호를 요청했다.

나폴레옹은 하원에 무력을 쓰라는 재촉을 거듭 받았지만 이를 거부했다. 피를 보고 싶지 않고 1793년 방식의 혁명을 이끌 뜻이 없다는 것이 거절의 이유였다. 어리석게도 나폴레옹은 '폭도의 황제'는 될 생각이 없다고 선언했고, 국민을 자신의 대의에 이용하면 동맹군이 침공을 시작한 마당에 프랑스를 내전에 빠뜨릴 것이라고 주장했다. 나폴레옹이 자신을 배신한 부르주아의 이익과 원칙에 계속 충실했던 것은 이상한 정도를 넘어 자신의 이익을 초월하는 일종의 음울한, 나아가 병적으로 보일 만큼 심한 정치적 보수주의를 연상시킨다. 나폴레옹은 당황했고 우유부단했으며 비현실적이고 이해가 부족했다. 또한 이러저러한 일이 이미 기정사실인데도 '불가능하다'고 주장해 지지자들을 짜증스럽게 했다. 하이에나들은 사자의 부상을 본능적으로 알아챈 듯했다. 뤼시앵이 의원들을 설득하러 하원에 갔지만 아무런 성과가 없었기 때문이다. 특히 라파예트는 또 다른 브뤼메르 쿠데타의 가능성을 막으려는 동료들의 결의를 굳히는 데 주도적 역할을 했으며, 토론에서 뤼시앵에게 판정승을 거두어 1805년 이래 나폴레옹이 프랑스인 300만 명을 죽게 만들었다는 고발로 열렬한 환영을 받았다. 토론은 황제의 퇴위와 푸셰의 지도로 임시정부를 구성할 것을 분명하게 요구하며 끝났다.

긴장이 고조된 상황에서 크게 보아 누가 먼저 용기를 잃는가가 문제였다. 나폴레옹은 은밀하게는 퇴위 요구가 (적군이 파리의 문 앞에 있는데 그랑다르메를 해체하는 결과를 가져올 것이므로) 특히나 어리석고 패기 없는 짓이라며 콩스탕에게 호통쳤다. 의회가 자신을 원하지 않았다면 자신이 앙티브에서 파리로 전진할 때나 워털루 작전에 나서기 전에 이런 계획을 세웠어야 했다는 것이다. 지금 그러는 것은 프랑스를 적에게 넘겨주는 것이나 매한가지였다. 그러나 나폴레옹은 공개적으로는 머리를 숙였다. 6월 22일 나폴레옹은 아들 로마 왕을 위해 공식적으로 퇴위했다. 정나미가 떨어지고 환멸을 느낀 다부는 자신의 미래를 생각하기 시작했고 큰마음 먹고 푸셰의 교활한 게임에서 앞잡이가 되기로 했다.

푸셰는 6월 24일 다부를 황제에게 보내 유혈 사태를 피하려면 즉시 파리를 떠나라고 재촉했다. 푸셰가 진짜 두려워한 것은 자신의 계획이 황제를 지지하는 자발적인 인민 봉기나 원수들 중 누군가의 친(親)보나파르트 군사 쿠데타로 틀어질 수도 있다는 점이었다. 라옹에서 그루시와 다시 만난 병사들 7만 명이 황제의 퇴위 소식에 분노했다고 알려졌기 때문이다. 소극적이고 무기력했던 나폴레옹은 온순하게 푸셰의 계획에 동의했으며 6월 25일 말메종으로 떠났다. 그러나 그는 떠나기 전에 다부가 푸셰를 위해 더러운 일을 하고 있다고 분노를 터뜨렸다. 황제가 암살 위협 때문에 수도를 떠난다는 빤한 얘기에는 누구도 속지 않았다.

말메종에서 나폴레옹은 의붓딸 오르탕스 드 보아르네의 손님이었다. 조제핀이 사망한 뒤 오르탕스가 말메종을 상속했다. 확대가족과 함께 지낸 것은 다소 위로가 되었다. 마리아 발레프스카는 말메종에서 보나파르트의 초기 정부였던 뒤샤텔 부인과 후기 정부였던 펠라프라 부인*과 함께 그곳에 있었다. 사생아 아들 알렉상드르 발레프스키와 레옹 백작*도 있었다. 의기소침한 황제는 말메종에 오자 자신의 별이 스러졌고 공적 삶이 끝났다고 확신하고 어떤 선택을 할 수 있을지 생각해보았다. 어디로, 무슨 목적으로 가야 하는가? 동맹국들이 자신을 법익 박탈자로 선언한 마당에 항복은 가능하지 않았다. 프로이센은 나폴레옹을 사로잡으면 처형하겠다는 말을 되풀이했고, 오스트리아와 러시아가 그런 형벌을 내릴 것 같지는 않았지만, 이들 나라에도 항복할 생각은 말아야 할 특별한 이유가 있었다. 틸지트에서 알렉산드르 1세에게 선심 쓰는 척했으니 그런 차르에게 고개를 숙이는 것은 자존심이 허락하지 않았고, 황제 프란츠 1세로 말하자면 나폴레옹은 마리 루이즈와 아들에 관해 장인의 배반 행위를 절대로 용서

펠라프라 부인 부유한 은행가 앙리 펠라프라의 아내 프랑수아 마리 르루아(Françoise-Marie LeRoy)를 말한다. 이 여성이 낳은 딸 에밀리 펠라프라(Émilie Pellapra)는 나폴레옹의 딸일 가능성이 있다고 한다.

레옹 백작 엘레노르 드뉘엘이 낳은 샤를 레옹(Charles Léon)을 말한다.

할 수가 없었다.

마침내 나폴레옹은 미국에 거처를 정하기로 했다. 나폴레옹은 마음대로 쓸 프리깃함 2척과 여권, 미국으로 떠날 출항지로 삼은 로슈포르까지 안전 통행을 요구했다. 나폴레옹은 자신의 요구를 말메종의 근위대 사령관 베케르 장군*을 통해 다부를 거쳐 푸셰(새로운 '집행위원회'의 수장)에게 전달했다. 푸셰는 프리깃함은 내주었으나 안전통행증이 도착할 때까지 출항하지 말라고 명령했다. 이는 분명 황제를 동맹국 중 최고 입찰자에게 넘기려고 협상하는 동안 파리 지역에서 내쫓아 로슈포르에 묶어 두려는 속임수였다. 나폴레옹은 무기력하고 쇠약한 상태에서도 푸셰의 의도를 짐작했다. 그래서 로슈포르의 프리깃함 함장들에게 보여주어 즉시 미국으로 출항할 것을 요구할 수 있는 서명된 명령서를 받기까지는 로슈포르로 떠나지 않겠다고 거부해 푸셰의 의도를 좌절시켰다.

말메종에서 나폴레옹은 금전 문제를 정리했다. 나폴레옹은 가족에게 선물을 분배하면서 조제프에게 70만 프랑, 뤼시앵에게 25만 프랑, 제롬에게 10만 프랑을 주었다. 오르탕스에게는 목재 회사 주식으로 100만 프랑을 주었으며, 은행가 자크 라피트(Jacques Laffitte)에게 개인 재산으로 현금 80만 프랑과 금 300만 프랑을 위임했다. 그런 뒤에 나폴레옹은 무장 봉기의 대안을 거부한다는 뜻을 굽히지 않으며 서류를 불태웠다. 석 달 전에 나폴레옹을 아틸라와 칭기즈 칸에 비교했던 콩스탕은 논조를 바꾸어 이렇게 썼다. "20년 동안 무적이었던 군대의 일부와 대중을 흥분시킬 수 있는 이름을 지녀 여전히 강력한 이 사람은 내전의 학살극으로써 권력을 얻으려 다투는 대신 권력을 거절해 인류에 공헌했다."

6월 27일 푸셰는 교묘한 속임수를 중단하고 황제가 원하는 대로

베케르 장군(Nicolas Léonard Beker, 1770~1840) 프랑스 혁명 전쟁과 나폴레옹 전쟁에서 싸운 프랑스 장군. 1815년에 말메종 성에서 엑스 섬(l'île d'Aix)까지 나폴레옹을 수행했다.

갈 수 있게 해주기로 결정했다. 푸셰는 아마도 의회에 부르봉 왕실 복위 동의안이 제출된 동안 나폴레옹이 방해가 되지 않는 곳에 있기를 원했거나 동맹국들이 나폴레옹을 빼앗을까 두려웠던 것 같다. 그러나 푸셰는 이 결정을 내리자마자 특사로부터 동맹국들이 나폴레옹의 정착지를 평화의 선결 조건으로 내세우고 있음을 알았다. 이제 푸셰는 나폴레옹에게 안전통행증을 주지 않은 채 말메종에서 끌어내야만 했다. 그리하여 푸셰는 나폴레옹에게 말메종에 남아 있으면 가택연금 상태에 놓일 것이라고 통고했다. 나폴레옹은 안전통행증이 없으면 로슈포르로 가지 않겠으며 말메종에서 결연히 맞서겠다고 말해푸셰를 다시 좌절시켰다.

프로이센군이 말메종에 접근하자 푸셰는 자신의 교섭 창구가 위험에 처한 것을 보았다. 푸셰는 필요한 명령을 하달해 로슈포르에서 즉각 출항해도 좋다고 허가했다. 나폴레옹은 자존심을 달래며 그저 한 사람의 장군으로서 프랑스 군대를 지휘해 파리를 지키겠다고 제안했다. 푸셰는 분개했고 제안을 거부했다. 그래서 말메종에 마지막 작별을 고할 때가 왔다. 황제는 어머니에게 작별 인사를 하고 조제핀의 방에서 고요한 명상으로 마지막 시간을 보낸 뒤 베케르의 비서 옷차림으로 신분을 숨기고 여행 준비를 했다.

황제 일행은 6월 29일 마차 세 대로 말메종을 출발해 먼저 랑부예와 샤르트르를 지났다. 상대를 속이고자 호위대가 오를레앙과 앙굴렘을 거쳐 이동했다. 샤르트르에서 나폴레옹의 마차는 방돔을 거쳐투르로, 다시 푸아티에를 거쳐 니오르로 갔다. 황제 일행은 7월 3일 로슈포르에 들어갔다. 그동안 황제는 계속 파리에서 돌아오라는 호출이 오기를 기다렸다. 황제는 여행 내내 자신이 옳은 일을 하고 있는지 확신이 서지 않아 고뇌했으며, 낙관주의가 몇 차례 고개를 들기도 했으나 비관적인 무력증의 더 깊은 골로 가라앉았다. 로슈포르에서 나폴레옹은 영국의 소함대가 항구를 봉쇄하고 있음을 알게 되었다. 이런 사태는 전혀 놀랍지 않았다. 6월 25일에 푸셰가 웰링턴에게 황제가 배를 타고 미국으로 가려 한다고 경고했던 것이다.

나폴레옹이 로슈포르에 도착한 바로 그날, 파리는 동맹군에게 항복했으며 푸셰는 부르봉 왕실을 복귀시키기 위한 종합 계획을 마지막으로 손보았다. 7월 3일 유명한 군주 살해자*인 푸셰는 루이 18세를 '알현'하기 위해 탈레랑과 함께 생드니로 갔다. 허위와 위선의 본보기였던 이 장면에 대해 보나파르트의 친구라고 할 수 없는 샤토브리앙까지도《무덤 너머에서 쓴 회고록》에서 이렇게 말한다. "갑자기 문이 열렸다. 그리고 사악한 인간이 범죄자의 팔에 의지해 조용히 들어왔다. 탈레랑이 푸셰에게 의지해 들어왔던 것이다. 지옥 같은 광경이 천천히 내 앞을 지나 왕의 서재로 들어가 사라졌다. 푸셰는 주군에게 신의와 충성을 맹세하러 왔다. 충성스러운 군주 살해자는 무릎을 꿇고 루이 16세의 땅에 머리를 구르게 만들었던 두 손을 순교자 왕의 동생 손 안에 들이밀었다. 변절한 주교는 선서의 보증인이 되었다."

로슈포르의 지사는 푸셰의 비밀 지령에 따라 영국군의 봉쇄를 피하기는 불가능하다는 핑계를 대며 거짓말로 교묘히 시간을 끌었다. 사실 7월 초에 프리깃함 '메뒤즈(Méduse)'와 '살(Saale)'이 봉쇄를 피하는 것은 완벽하게 가능했다. 그 무렵에는 벨레로폰함(HMS Bellerophon)만 정박 중이었기 때문이다. 그러나 푸셰의 배반으로 닷새라는 귀중한 시간을 허비했고 그동안 영국 해군은 항구를 더욱 철저히 단속했다. 그렇지만 나폴레옹 자신도 머뭇거린 잘못이 있다. 나폴레옹은 경험 많은 함장으로부터 작은 배를 많이 띄워 지롱드 지방을 탈출하자는 좋은 제안을 받았다. 배를 많이 내보내 영국 해군이 어느 배를 추격해야 할지 모르게 만든 뒤 코르벳함 바야르데르함(Bayardère)과 앵데파티가블함(Indéfatigable)으로 미국으로 향한다는

---

* 푸셰는 루이 16세의 사형 선고에 찬성표를 던졌다.

계획이었다. 나폴레옹은 어리석게도 '기다려보자'고 했다. 나폴레옹의 사고 작용에 무슨 일이 있었는지 또다시 불가사의로 남았다. 나폴레옹은 속도가 가장 중요하다는 사실을 알아야만 했던 7월 3일에서 8일까지 닷새를 로슈포르에서 기다렸는데, 왜 그랬을까? 어쩌면 안전통행증이 도착할 거라고 생각했거나 군대 내의 대규모 시위로 다시 소환될 수도 있다고 생각했을지 모른다. 조제프는 나폴레옹을 찾아와 클로젤이 지휘하는 지롱드군과 합세하자고 계속 설득했다.

7월 8일 루이 18세는 정확히 100일 떠나 있다가 파리로 돌아와 대혁명의 혜택을 본 자들의 소유권을 보장했다. 한편 나폴레옹은 파리에서 즉시 로슈포르를 떠나야 한다는 전갈이 왔음을 알고 노 젓는 배를 타고 엑스 섬으로 출발했다가 프리깃함 살함에 승선해 밤을 보내기로 했다. 그러나 파리의 집행위원회가 보낸 일련의 새로운 명령이 도착했다. 보나파르트는 즉시 미국으로 출항해야 하며 프랑스 땅에 돌아올 수 없었다. 나폴레옹에게 프랑스 땅으로 돌아오라고 부추기는 자는 누구든 반역죄로 다스릴 것이었다. 나폴레옹에겐 24시간의 시한이 주어졌고, 만일 시한 내에 떠나지 않으면 새로 들어설 부르봉 왕실 정부의 처분에 맡겨질 것이라는 위협이 은근히 이어졌다.

황제는 엑스 섬으로 돌아와 어떤 길을 택해야 할지 심사숙고했다. 바다로 나가면 붙잡힐 것이 거의 확실하니 이를 제외하면 대안은 돌아가서 군대의 진두에 서서 혁명을 이끌거나 영국에 항복해 기회를 엿보는 것 두 가지뿐이었다. 7월 10일 여전히 결정을 내리지 못한 나폴레옹은 부관 사바리와 라스 카즈를 벨레로폰함에 보내 함장 메이틀랜드(Frederick Lewis Maitland)와 협상해 어떤 조건을 확보할 수 있는지 알아보려 했다. 두 사람은 영국이 황제에게 안전통행을 보장할 것인지 아니면 미국으로 가는 길을 단호히 막을 것인지 묻는 베르트랑의 서한을 가져갔다. 메이틀랜드는 런던에서 어떤 바람이 불지 알았으나 이처럼 값진 상을 손에 넣을 기회를 마다할 수 없었다. 그리하여 속마음을 숨기고 분명한 언질을 주지 않은 채 영국에 망명할 수 있으리라는 견해를 넌지시 내비쳤다. 메이틀랜드는 해군본부의 훈령을 받을 때까지 시간을 끌었다. 예상한 대로 훈령은 비타협적이었다. 그래서 메이틀랜드는 영국 정부가 최종 결정을 내리는 동안(메이틀랜드는 이미 명령을 받았다는 사실을 숨겼다) 나폴레옹의 측근들에게 망명 문제를 신중히 고려해보라고 제안했다. 순전히 야심 많은 한 인간의 술책이었다.

7월 10일 늦은 시간부터 나폴레옹은 회의를 소집해 어떻게 해야 할지 논의했다. 베르트랑, 라스 카즈, 구르고, 사바리는 영국에 망명을 요청하자고 주장했고, 몽톨롱(Charles Tristan de Montholon)과 랄망(François Antoine ‘Charles’ Lallemand)은 군대로 되돌아가자고 강력히 주장했다. 민주주의를 결코 신뢰하지 않았던 황제지만 이번에는 다수 의견에 동의했다. 그것이 자신의 은밀한 원망에 부합했기 때문이었다. 나폴레옹은 자신이 프랑스에서 단 한 발이라도 대포를 발사하게 하는 원인이 되고 싶지 않다는 말을 여러 번 되풀이했다. 그러나 결국 봉쇄를 뚫는다는 무모한 선택이 불가능해지면서 문제는 매듭이 지어졌다. 메뒤즈함 함장은 벨레로폰함과 근접전으로 교전할 준비가 되었다고 전갈을 보내 왔다. 물론 영국 해군의 군함이 승리하겠지만, 그동안 살함은 미국으로 떠날 수 있을 것이었다. 나폴레옹은 이 계획에 처음에는 흥분했지만, 메뒤즈함 함장 포네(Ponée)의 상관이자 살함 함장인 필리베르(Pierre-Henri Philibert)는 차후 부르봉 왕실로부터 받을 보복이 두려워 참여하기를 거부했다.

필리베르의 태도에 분노한 나폴레옹은 다시 살함에서 나와 엑스섬에 내렸다. 여기서 새로운 생각이 나왔다. 여섯 명의 해군 장교가 나폴레옹과 함께 구명보트를 타고 바다로 나가 공해상에서 처음 만나는 상선을 불러 세워 전세를 내 미국으로 간다는 방안이었다. 황제에게 이 계획은 무리로 보였지만, 황제를 지롱드의 항구에서 빼내

주겠다고 제안했던 선장 보댕이 신하들은 빼고 황제만 데려가겠다는 말로 추가 제안을 거부해 바다에서 쓸 수 있는 대안들은 바닥나고 있었다. 실망한 신하들은 부르봉 왕실의 복수가 두려워 나폴레옹에게 자신들을 버리지 말라고 간청했다. 그리하여 나폴레옹은 보댕의 생각을 버렸고 조제프의 마지막 요청도 버렸다. 조제프는 7월 13일 아침 엑스 섬에 도착해 나폴레옹에게 돌아가서 군대를 이끌라고 간청했다. 조제프는 동생과 나눈 최후의 대화에서 미국으로 도망가라고 설득하고 바다에서 안전할 때까지 자신으로 변장하라고 제안해 진정 형제의 역할을 다했다.

7월 13일 자정 나폴레옹은 마침내 영국에 망명을 청하기로 결심했다. 이튿날 나폴레옹의 특사가 다시 벨레로폰함에 올랐다. 메이틀랜드는 기꺼이 나폴레옹을 영국으로 안내하겠지만 그곳에서 벌어질 일에 대해서는 책임질 수 없다고 말했다. 그렇지만 메이틀랜드는 이 엄청난 사람을 데려가는 영예를 반드시 잡고야 말겠다는 의지가 강했기에 특사에게 넌지시 모든 일이 다 잘되리라는 투로 말했다. 황제가 영국에 몸을 의탁하기로 결정한 것은 특사가 가져온 매우 유리한 보고서를 읽은 뒤였다. 이후 메이틀랜드는 정직하지 못하게 특사가 아무런 전제 조건 없는 정식 항복 제안을 들고 왔다고 주장했다.

황제의 결정을 승인하기 위한 마지막 회의가 열렸다. 황제는 이때 더할 나위 없이 경솔했다. 메이틀랜드의 감언이설에 속아 넘어간 수하들도 '괴물'을 향한 영국의 깊은 원한을 심각하게 과소평가했고 '환대의 신성한 법'의 보호를 받으리라고 생각했다. 영국 정부가 보는 상황은 매우 달랐다. 영국은 유럽을 무장시켜 나폴레옹을 상대하게 하느라 파산할 지경까지 국채를 발행해야 했다. 그런 나폴레옹이 오고 있었다. 백일 천하에 영국이 동맹군에 쓴 비용은 하늘을 찌를 듯 치솟았다. 동맹군에 쓴 순비용이 500만 파운드였고 러시아군을 서쪽으로 끌어오는 데 100만 파운드가 들었으며 오스트리아를 설득해 이탈리아 전쟁에 참여하게 하는 데 28만 파운드가 들어갔다. 영국은 나흘간의 전쟁으로 끝난 일에 모두 700만 파운드를 지출했다. 병력 대비 비용으로 보자면 턱없이 비싼 대가를 치른 셈이었다.

7월 13일 나폴레옹은 섭정왕자(훗날의 조지 4세)에게 유명한 편지를 보낸다. 편지에서 나폴레옹은 아무리 나빠도 영국 민법의 지배는 받지 않겠냐는 순진한 희망을 표명했다.

전하,

내 나라를 혼란에 빠뜨린 파벌 싸움과 유럽 강국들의 적의에 직면하여 나는 정치적 생애를 끝냈으며 마치 테미스토클레스*처럼 영국 국민의 환대에 의지하러 갑니다. 나는 영국 법의 보호를 받고자 합니다. 나의 적들 중에서 가장 강력하고 가장 변함없으며 가장 관대한 전하께 이를 청원합니다.

나폴레옹

7월 15일 황제는 브릭선 에페르비에함(Épervier)을 타고 벨레로폰함으로 갔다. 영국까지 가는 7일간의 여행 중에 메이틀랜드는 나폴레옹을 매우 정중하게 존경을 다해 대했고 영국 정부의 진정한 태도가 매우 가혹하고 단호하다는 사실을 알고 있었지만 이를 결코 드러내지 않았다. 나폴레옹은 벨레로폰함에서나 메이틀랜드의 상관인 하텀(Hotham) 제독이 지휘하는 기함 수퍼브함(HMS Superb)에서나 왕으로서 예우를 받았다. 승무원들은 엄청난 수면 욕구에 대해서는 말들이 많았지만 나폴레옹을 존경과 호의로 대했다. 7월 23일 나폴레

테미스토클레스(Themistocles, 기원전 528?~기원전 462?) 고대 그리스 아테네의 장군이자 정치가. 집정관으로서 군항 건설과 해군력 증강에 힘썼고 기원전 480년 살라미스 해전에서 직접 아테네 함대를 지휘하여 페르시아군을 격파하였다. 그러나 점차 세력을 잃어 도편 추방을 당했는데, 추방 중 페르시아 왕과 내통한다는 모함을 받아 사형 선고를 받자 탈출하여 페르시아의 아르타크세르크세스 1세에게 여생을 의탁했다.

벨레로폰함의 나폴레옹. 1815년 7월 13일 나폴레옹은 영국 망명을 결정하고 15일에 영국 군함 벨레로폰에 올랐다. 그러나 명예로운 대우를 받을 수 있으리라는 기대와 달리 영국 정부는 나폴레옹을 전쟁 포로로 취급하여 세인트헬레나 섬에 유배했다.

옹은 우에상 앞바다를 벗어나며 유럽 본토를 마지막으로 보았고, 새벽부터 정오까지 일곱 시간 동안 고물 갑판에 앉아 쌍안경으로 지형의 특징을 관찰했다.

벨레로폰함이 토베이에 닻을 내리자 감격적인 순간을 놓치지 않으려는 구경꾼들이 엄청나게 몰려들었다. 나폴레옹은 환영에 고무되었으나, 구적 삼총사가 자신을 위해 어떤 운명을 준비하고 있는지 알았더라면 크게 낙담했을 것이다. 나폴레옹의 미래를 결정한 세 사람은 섭정왕자와 총리 리버풀 경, 전쟁장관 겸 식민장관 배서스트 경 (Henry Bathurst, 1762~1834)이었다. 세 사람 모두 나폴레옹으로 인한 엄청난 국고 손실과 공포 때문에, 그리고 나폴레옹이 거의 승리할 뻔했음을 알고 있었기에 나폴레옹을 몹시 증오했다. 리버풀 경의 태도는 7월 15일에 캐슬레이에게 보낸 편지에 매우 분명하게 드러난다. "우리는 이 일을 마무리 짓는 최선의 방법으로 프랑스 왕이 보나파르트를 교수형에 처하거나 총살시키기를 원하오. …… 만일 프랑스 왕이 스스로 나폴레옹을 반역자로 취급할 만큼 강력하지 않다고 느낀다면, 우리는 나폴레옹의 인신을 구금할 준비가 되어 있소."

이 고약한 영국인 삼인조는 프랑스와 영국은 전쟁 상태에 있지 않았고 나폴레옹이 어쨌든 자유로운 신분으로 벨레로폰함에 승선했으므로 포로로 여길 수 없는데도 법률적으로 교활한 술수를 써서 황제를 전쟁 포로라고 선언했다. 리버풀 경의 고분고분한 법률가들은 나폴레옹이 적성 외국인(전쟁 중 상대국에 거류하는 외국인)인지, 아니면 어떤 나라의 법의 보호도 받지 못하는 법익 박탈자요 해적인지 판정할 수 없었으므로 곤혹스러운 처지에 놓였다. 이들의 문제는 나폴레옹이 적성 외국인이 아니라면 전쟁 포로로 억류할 수 없다는 데에 있었다. 그런데 어떤 통치자의 신민도 아닌(프랑스는 나폴레옹을 버렸다) 나폴레옹이 어떻게 적성 외국인이 될 수 있는가? 그리고 영국이 다른 나라와 전쟁을 하고 있지 않은데 어떻게 누군가를 법적으로 적성 외국인으로 취급할 수 있는가? 반면 나폴레옹이 해적이라고 한다면 상황은 분명하다. 나폴레옹은 처형되어야 마땅했다. 나중에 뉘른베르크*에서 채택된 중도적 해결책이었다면 나폴레옹을 전범으로 재판에 회부했을 테지만, '승자의 재판'을 초월하지 못했다는 욕을 먹은 그런 재판에 대한 관념조차 이때에는 아직 존재하지 않았다.

벨레로폰함이 토베이에서 플리머스로 떠날 때 나폴레옹은 생존을 위해 싸워야 한다는 점을 어렴풋이 감지했다. 나폴레옹이 쓸 수 있는 한 가지 무기는 여론과 영국인 지지자들의 법률적 솜씨였다. 모든 것은 나폴레옹을 소환장으로써 상륙시킬 수 있는가 여부와 이런 목적을 위해 고안한 교묘한 책략에 달려 있었다. 서인도제도 출신의 어느 전직 판사는 코크런 제독이 토르톨라 섬 앞바다에서 윌로메 함대를 공격하지 않아 임무에 실패했다고 고발했고** 나폴레옹 보나파르트

뉘른베르크 전범 재판 1945년에서 1946년에 홀로코스트와 기타 전쟁 범죄에 연루된 독일인들을 법정에 세운 국제재판.

에게 증인으로 출석할 것을 요구했다. 나폴레옹에게 11월 10일에 법정에 출두하라는 소환장이 발부되었다.

그러나 벨레로폰함이 플리머스 앞바다에 정박해 있을 때 해협 함대 총사령관인 키스 경이 영국 정부의 답변을 들고 황제에게 왔다. 7월 31일 키스는 나폴레옹에게 세인트헬레나로 유배될 것이며 그곳에서 황제가 아니라 퇴역한 장군으로서 반액 급여*를 받을 것이라고 알렸다. 나폴레옹은 자신이 벨레로폰함에 자유 의사로 승선했으며 영국의 부정직한 처신은 문명 세계에서 평판의 실추를 가져올 것임을 지적하며 이러한 처분에 거세게 항의했다. 나폴레옹은 만일 자신이 포로라면 국제법에서 어떤 근거가 있는지 알아야겠다고 했다. 영국이 나폴레옹을 처리할 법적 권한을 지녔다면 나폴레옹 또한 적절한 법 절차의 도움을 받을 자격이 있었다. 나폴레옹은 정식으로 항의 서한을 썼다. "나는 포로가 아니라 영국의 손님이오. 영국 정부가 벨레로폰함 함장에게 내 수행원과 더불어 나를 영접하라고 명령하면서 오로지 덫을 놓을 생각만 했다면 자국의 명예를 훼손하고 그 깃발을 더럽힌 것이오." 나폴레옹을 그저 '보나파르트 장군'이라고 칭한 모욕에 관해 키스 경은 이렇게 말했다. "그자들이 나를 군대의 수장일 뿐만 아니라 교회의 수장이라는 이유로 대주교라고 부르는 것과 마찬가지요."

그러나 사태는 나폴레옹과 지지자들의 바람과 점점 더 먼 쪽으로 흘러가고 있었다. 8월 2일 동맹국들은 파리 조약에서 영국의 처신을 승인했다. 훗날 면책법이 의회를 통과해 정부는 사실상 나폴레옹을 세인트헬레나에 억류할 법적 근거가 없음을 인정했다. 해군본부는

** 알렉산더 코크런(Alexander Cochrane, 1758~1832)이 프랑스의 윌로메(Jean-Baptiste Philibert Willaumez, 1763~1845) 제독 휘하의 함대와 싸운 1806년의 생도맹그 전투를 말한다.
반액 급여(half pay) 18세기부터 20세기 초반까지 영국 육군과 해군에는 퇴역한 장교나 현역 복무 중인 아닌 장교에게 급여의 절반을 지급하는 제도가 있었다.

보나파르트 지지자들이 소환장을 송달하려 한다는 경고를 받고 메이틀랜드에게 플리머스에서 출항해 스타트포인트(Start Point)로 항해하라고 명령했다. 메이틀랜드는 그곳에서 포로를 세인트헬레나로 데려가는 선박과 합류할 예정이었다. 메이틀랜드는 8월 4일 출항해 사흘 뒤 콕번 제독(George Cockburn, 1772~1853) 휘하의 노섬벌랜드함(HMS Northumberland)에 황제를 인계했다. 8월 9일 그 시대의 프로메테우스는 여생을 사슬에 묶여 지내게 될 외로운 암초로 가는 여행을 시작했다.

28장

세인트헬레나

운명의 사슬에 묶인 프로메테우스

나폴레옹은 자신을 체포한 영국인들 손에 남쪽으로 끌려가는 동안 자신과 동행하기로 결심하고 먼 세인트헬레나 섬에서 자신의 자그마한 왕실을 이룰 잡다한 모험가 승무원들을 찬찬히 평가할 시간이 많았다. 벨레로폰함에 함께 오른 장교 열다섯 명(시종장 한 명 포함) 중 세 명만이 노섬벌랜드함에 오를 수 있었고, 사바리 장군과 랄망 장군은 부르봉 왕실 정부의 '긴급 수배자' 명부에 올랐기에 특별히 배제되었다. 지위가 가장 높은 자는 1807년 이래로 부관이었고 뒤로크에 이어 궁정대원수를 맡았던 앙리 가티엥 베르트랑 장군이었다. 황제보다 네 살 아래였던 베르트랑은 충성스럽게 나폴레옹을 섬겼으나 두 사람의 관계는 주로 베르트랑의 골칫거리 아내 파니 때문에 좋지 않았다. 완고한 왕당파였던 파니는 시간을 지키지 못하고 존경심이 부족해 나폴레옹을 자주 화나게 했는데, 남편이 황제의 유배생활을 함께하겠다고 선언하자 흥분해 발작을 일으키고 벨레로폰함 선창 밖으로 몸을 내던지려 해 진정한 자질을 보여주었다.

첫 번째 당직사관이었던 서른두 살의 가스파르 구르고 장군은 세인트헬레나의 측근 중에서 언제나 나폴레옹이 가장 좋아하는 인물이었지만, 고집 세고 불안정했던 구르고는 오늘날까지 수수께끼로 남아 있다. 어떤 이들은 구르고가 (예수를 배반한) 유다였다고 말하고, 다른 이들은 일시적으로 주인을 부인한 성 베드로였을 뿐이라고 말한다. 구르고는 원래는 짧은 세인트헬레나 동행자 명부에 오르지 않았으나 신경질적으로 질투하는 장면을 연출하자 황제가 친절하게도 애초에 함께 가기로 했던 플라나(Planat) 대령과 바꿔주었다. 시종장으로는 이전에 시종이자 국가참사원의 청원국장이었던 민간인 귀족 에마뉘엘 조제프 드 라스 카즈가 임명되었다. 라스 카즈는 어린 아들 에마뉘엘과 함께 세인트헬레나까지 황제를 수행했다. 라스 카즈는 나폴레옹을 잘 몰랐지만 이후 유배된 황제와 친밀한 관계를 발전시킨다.

논란의 소지가 가장 컸던 임명이자 세인트헬레나에서 일어난 일들에서 여러모로 가장 중요했던 사람은 백일 천하에 서서히 황제의 환심을 사 총애받은 상대적으로 덜 알려진 인사였다. 서른세 살인 샤를 트리스탕 드 몽톨롱 후작은 언제 보아도 보나파르트파 같지 않은 사람이었다. 군인으로서는 결코 출중하지 않았던 몽톨롱은 온갖 병을 핑계 삼아 군무를 상습적으로 회피한 겁쟁이였고 백일 천하 내내 어떻게든 포성을 피하는 데 성공했다. 그러나 몽톨롱에게는 아주 기꺼이 세인트헬레나에서 살겠다는 매력적인 아내가 있었으며, 바로 이 때문에 나폴레옹이 몽톨롱을 가까이 했을 것이다. 나폴레옹은 여성 친구 없이 오랜 기간을 보낼 수 있는 사람이 아니었다. 나폴레옹은 이미 말메종에서 어디든 운명을 함께하겠다는 씩씩하고 충성스러운 마리아 발레프스카의 제안을 거절했다.

나폴레옹은 남대서양으로 하인 열두 명을 데려가도 좋다는 허락을 받았다. 나폴레옹은 하인의 우두머리로 루이 마르샹*이라는 청년을 선택했다. 스물네 살인 마르샹은 생각이 깊고 민첩하며 영리하고 관찰력이 예리했다. 친절하고 상식이 풍부하고 감성이 세련되었으며

루이 마르샹(Louis-Joseph-Narcisse Marchand, 1791~1876) 유언 집행인이기도 했다.

충성스럽고 헌신적이며 겸손하고 청렴했던 마르샹은 "누구도 자기 하인에겐 영웅이 아니다."라는 오래된 속담(몽테뉴가 한 말)이 잘못됐다는 생생한 증거였다. 마르샹에게는 황제가 우상이었다. 마르샹의 조수였던 생드니는 작은 마르샹이었다. 집사 시프리아니도 나폴레옹으로부터 크게 칭찬받은 사람이다. 다른 시종들, 즉 스위스 사람 노베라츠와 막일꾼이자 출납 담당 산티니, 맘루크 경호원 알리, 세 명의 하인(젠틸리니, 아르샹보 형제), 식품 담당(피에롱), 요리사(르파주), 등(燈)지기(루소)가 보나파르트의 나머지 종자였다.

황제의 개인 보좌진을 더 추가한다면 벨레로폰함 의사 배리 오메라 박사(Barry Edward O'Meara)를 들 수 있다. 오메라 박사는 맹고 박사(Maingault)가 세인트헬레나까지 나폴레옹을 수행하기를 거부했을 때 황제의 의사로 임명되었다. 해군본부는 오메라가 황실에서 밀정 노릇을 한다는 조건으로 그 직책을 맡을 수 있도록 허락했다. 그러나 오메라는 곧 '원주민처럼 생활'한 듯하다. 오메라는 기껏해야 이중간첩이었으나, 영국에는 무익한 정보를 제공한 반면 나폴레옹에게는 유익한 조언을 했다. 세인트헬레나의 보나파르트 '궁정' 신하로 인정된 16명 가운데 적어도 7명은, 가치에는 차이가 있지만 회고록을 남겼다(베르트랑, 몽톨롱, 구르고, 라스 카즈, 마르샹, 생드니, 오메라). 영국의 공식 기록은 이 증인들이 세인트헬레나의 총독에게 한 이야기에만 집중해 기술하므로, 세인트헬레나 시절 나폴레옹을 연구하는 역사가들은 상충하는 이들의 설명을 이해하는 것이 부끄럽지 않은 과제가 될 것이다.

노섬벌랜드함은 대서양의 큰 파도를 헤치며 천천히 남진했다. 보통 나폴레옹을 따라다니던 행운은 항해 중에도 따라왔다. 특정 위도에서 폭풍이 예상되었지만 나타나지 않았고 항해는 평온했기 때문이다. 8월 24일에는 마데이라 섬의 푼샬 앞바다를 지났고 사흘 뒤에는 카나리아 제도의 고메라(산세바스티안데라고메라)가 보이는 지점까지

갔다. 나폴레옹은 대부분의 시간을 신하들과 뱅테윙 카드놀이를 하거나 영국인 장교들과 휘스트 카드놀이를 하면서 보냈지만, 어울리기를 좋아했고 9월 12일에는 바다에서 상어를 끌어올리는 일도 한몫 거들었다. 나폴레옹은 음식을 급히 집어삼키고는 곧장 식탁을 뜨는 버릇이 있었는데, 콕번 제독은 이런 나폴레옹에게 화가 났지만 황제가 계급을 불문하고 모든 사람에게 인기가 많았으며 '황제에서 내려와 설명하기보다는 상상하기가 더 쉬운 융통성 있는 생각을 지닌 장군이 되었다'고 인정했다.

콕번 제독은 해군본부의 상관들이 이러한 언급을 자신이 보나파르트의 매력에 빠진 증거로 여기리라 생각했는지 보고서에 '괴물'의 지능과 지성을 낮춰 보는 듯한 언급을 덧붙였다. 빙엄 대령(George Ridout Bingham)은 '보나파르트 장군'이 교양 있는 영국인이라면 인정하기 부끄러워할 심한 무지를 드러내는 질문을 했다고 썼으며, 콕번 제독은 나폴레옹의 무지가 매우 놀라울 정도여서 지적으로 그토록 미개한 상태로 있는 것은 일종의 뒤틀린 천재성이라고 덧붙였다. 비난성 발언의 다른 요점은 황제의 (분명 매우 초라한) 언어적 재능과 영어를 못 배운 무능함이었다. "나폴레옹은 6주 동안 배에 있었지만 결국 우리 이름을 정확하게 발음할 수도 없었다."

노섬벌랜드함은 9월 23일 경도 3도 36분에서 적도를 통과했고, 10월 16일에 현무암 요새인 세인트헬레나에 닻을 내렸다. 남아 있는 것이라곤 사화산이 전부였다. 동인도회사 선박들이 급수 장소로 썼고 영국 해군이 남대서양을 지배할 때 사용한 기지였던 세인트헬레나 섬은 지구상의 온갖 종족, 즉 유럽인, 흑인, 말레이인, 인도인, 중국인이 뒤섞여 살았다. 섬 사회는 '존 컴퍼니'(John Company, 영국동인도회사의 별칭)의 고위 관리와 여전히 노예를 부려 토지를 경작하는 대지주로 구성된 귀족이 통치하는 것이 아니라 지배하고 있었다. 영국 정부는 나폴레옹을 그곳에 붙잡아 두는 데 군인 2,280명과 대포

500문을 책정했고 브릭선 두 척으로 바위 해안을 상시 순찰했다. 엄호 소함대와 거의 3천 명에 달하는 군인과 민간인 주재원을 유지하는 데 든 비용은 연간 40만 파운드로 추산된다.

나폴레옹은 화산섬이 시야에 들어왔을 때 크게 낙담했다. 둘레가 약 45킬로미터밖에 되지 않았고 악마의 섬처럼 탈출 가능성이 없어 보였다. 나폴레옹은 1799년에 이집트에 머물렀더라면 더 좋았을 것이라는 말을 했다고 한다. 나폴레옹은 첫날밤을 제임스타운 항구의 여관에서 보냈다. 동인도회사는 세인트헬레나를 영국 정부에 넘길 때 최상의 집들을 계속 보유하고 있었고, 따라서 적당한 숙박 시설이 몹시 부족했다. 그리하여 황제는 두 달 동안 동인도회사 직원 윌리엄 밸컴(William Balcombe)이 기거하던 집 정원에 있는 '브라이어스(The Briars)'란 이름의 별채에서 지냈다.

브라이어스에서 나폴레옹은 밸컴의 두 딸인 열여섯 살 제인과 열네 살 베치의 반은 희롱이요 반은 농담인 별난 괴롭힘을 즐겼다. 특히 베치를 아주 좋아했는데, 자신이 어리다는 자의식이 없던 베치가 말괄량이의 짓궂은 장난으로 나폴레옹을 같은 또래로 대했고 황제가 카드놀이에서 속임수를 썼다고 순진무구한 사춘기 소녀의 큰 목소리로 지적했기 때문이었다. 1818년 밸컴 가족이 영국으로 돌아가자 나폴레옹은 슬퍼했다. 그때쯤 베치는 번데기에서 다채롭고 아름다운 나비가 나온 듯 말괄량이에서 예쁜 아가씨로 탈바꿈했다. 베치는 나폴레옹을 매우 좋아했으며 크나큰 연모의 정으로 기억했고 여러 해가 흐른 뒤 루이 나폴레옹(나폴레옹 3세로 황제가 되었을 때)과 대화하며 그 시절을 회상했다. 루이 나폴레옹은 베치에게 알제리에 있는 토지를 주어 보답했다.

12월, 나폴레옹은 이전에 부총독이 여름 별장으로 썼으나 실제로 매우 큰 방갈로에 지나지 않았던 롱우드로 옮겨 갔다. 방이 44개라고는 하나 대부분은 비좁은 방이나 헛간이었고, 그렇게 많은 사람이 좁은 곳에서 부대끼는 상황은 문제를 초래했다. 나폴레옹은 개인 용도로 서재와 응접실, 당구장이 붙은 전실, 어두컴컴한 식당, 침실, 욕실을 떼어놓았다. 해발 510미터 고지에 있는 롱우드의 기후는 약 8킬로미터 떨어진 제임스타운보다 건강에 더 좋을 것으로 생각되었다. 그러나 세인트헬레나는 전체적으로 건강에 좋지 않은 장소였다. 기생충이 병원인 아메바 이질이 풍토병이었다. 그 몇 년 동안 섬 수비 임무를 맡은 66보병연대 2대대 630명 중 56명이나 되는 사람이 아메바 이질에 걸렸다. 보나파르트 황실 사람들은 베르트랑만 빼고 모두 한 번씩은 이 질병에 걸렸다. 위생 시설을 제대로 갖추지 못해 문제는 더 심각해졌고, 식수는 약 5킬로미터 떨어진 우물에서 길어 와야 했다. 롱우드의 악명 높은 다른 문제는 쥐가 들끓는다는 것이었다. 쥐들은 너무도 대담해 사람들이 식탁에 앉아 밥을 먹을 때에도 다리 사이로 지나다녔다.

사정이 그랬는데도 나폴레옹은 가망 없는 상황을 되는 대로 최대한 이용했고 20킬로미터에 이르는 지역을 감시받지 않고 말을 타고 다녔다. 베르트랑은 방문객들에게 수십 장의 통행증을 발행했고, 황제는 밸컴 가족이나 노섬벌랜드함 의사인 워든 박사(Warden) 같은 친구들과 자주 소풍을 다녔다. 나폴레옹은 라스 카즈한테서 계속 영어를 배웠는데, 1816년 3월 7일의 다음과 같은 시도가 보여주듯 라스 카즈는 형편없는 언어학자였다.(나폴레옹이 직접 영어 공부에 진전이 없음을 토로한 편지를 써서 라스 카즈에게 주었다.) "라스 카즈 백작, 6주 전부터 영어를 배웠지만 진전이 없다. 6주면 42일이다. 하루에 단어 50개를 배웠다면 2200개를 알고 있을 것이다.(Count Lascasses, Since Sixt wek, y learn the english and y do not any progress. Sixt wek do fourty and two day. If might have learn fivty word, for day, i could knowm it two thousands and two humdred.)" 나폴레옹은 곧 쓸데없는 짓을 그만두기로 결심했고, 1816년 10월 이후로 영어 수업은 사라졌다.

단지 각자의 위치를 분명히 하기 위한 것이었지만 황제는 때로 콕번 제독을 윽박질렀다. 그렇지만 두 사람은 바다에서 두 달 넘게 쌓은 신뢰로 일시적인 난관을 극복했다. 그러나 1816년 4월 14일 배서스트 경의 앞잡이인 허드슨 로(Sir Hudson Lowe, 1769~1844)가 '보나파르트 장군'의 강제 체류에 관한 새로운 지침을 들고 총독으로 부임하면서 평화로운 시절은 끝났다. 직업 장교로서 개인 자산이 없고 불행한 어린 시절을 보낸 로는 편협하고 유머가 없으며 규정에 엄격한 군인이었는데 직업을 성공으로 이끌 만한 사교적 여유와 타고난 자신감을 갖추지 못한 자였다. 이런 직업에는 자신에 대한 신뢰와 폭넓은 인간적 교감이 필요했다. 나폴레옹의 간수로서 이보다 더 불길한 선택은 상상할 수 없었고, 로의 임명은 영국 정부의 동기에 관하여 명확한 질문들을 제기한다. 영국 정부가 그 직책에 귀족이나 고관을 임명하기를 거부했다는 얘기가 있다. 그런 자들은 쉽게 매력에 빠지며 따라서 자칫 보나파르트의 카리스마에 넘어갈 수 있기 때문이었다. 어떤 이들은 로가 여러 해 동안 코르시칸 레인저스*를 지휘해 이탈리아어를 할 줄 알았으므로 적합한 인물로 여겨졌다고 생각한다. 그러나 이를 진지하게 받아들인다면 그 결정은 영국 정부가 깜짝 놀랄 만큼 어리석었음을 보여준다. 코르시칸 레인저스는 나폴레옹을 매우 싫어하는 코르시카인 망명자들, 탈영병들, 왕당파 망명귀족들이었다. 그런 자들의 지휘관이 나폴레옹에게 좋은 인상을 준다는 것은 아르투아 백작이 로베스피에르의 마음에 드는 것만큼이나 불가능한 일이었다.

로는 도착한 지 이틀이 지나 나폴레옹을 보려 했으나, 황제는 콕번 제독이 얼마 전에 '보나파르트 장군'이 롱우드 인근으로 말을 달

코르시칸 레인저스(The Royal Corsican Rangers) 프랑스 혁명 전쟁과 나폴레옹 전쟁에서 활동한 영국군 부대. 주로 망명자들로 구성되었으며 1800년 7월 허드슨 로 대위가 50보병연대를 이끌고 코르시카로 가서 임시 소령으로 이 부대를 지휘했다.

릴 때에는 영국군 장교가 동행해야 한다고 강요한 일로 화가 나 있었다. 그래서 나폴레옹은 두 사람을 함께 만나기를 거부했다. 1816년 4월 17일 로는 면담을 고집했고 콕번과 함께 롱우드에 도착했다. 콕번이 통상적 의전에 따라 로를 나폴레옹에게 소개해야 했기 때문이다. 나폴레옹에게는 50번의 전투에서 발휘된 재간이 여전히 남아 있었다. 나폴레옹은 하인에게 로를 응접실로 들이게 하고는 뒤따르려던 콕번의 면전에서 문을 닫아버렸다. 첫 번째 면담은 로가 복무했던 곳인 코르시카와 이집트에 관한 몇 가지 대수롭지 않은 이야기로 그럭저럭 잘 이루어졌다. 로는 자신의 성과에 만족했고 이런 기분에 도취되어 나폴레옹을 총독 관저로 초대했고 서고를 마음대로 이용하게 했다.

그러나 4월 30일 롱우드의 다음 번 만남에서 상황은 나쁘게 변했다(차후 밝혀졌듯 되돌릴 수 없게 변했다). 첫 번째 만남에 성공했다고 생각하고 대담해진 로가 차분히 업무에 착수해 배서스트가 내린 새로운 훈령을 밝혔다. 나이페르크가 메테르니히의 분신이었듯이 로도 배서스트의 분신이었다. 새로운 훈령은 극단적으로 가혹했다. 남아 있기로 결심한 자들은 무기한 남는다고 약속하는 문서에 서명해야 했다. 새로이 정해진 연간 지출 한도는 8천 프랑이었다. 감시 없이 무제한 말을 달릴 수 있는 권리도 박탈되었다. 포로가 롱우드에 있는지 하루에 두 번 점검해야 했다. 그밖에 많은 것이 이런 식이었다. 영국은 나폴레옹을 납치해 세인트헬레나로 데려왔고, 훈령은 국가가 승인한 그러한 납치에 맞게 순전히 원한을 갚는 보복의 정신으로 충만했다. 나폴레옹 전기를 쓴 (영국인) 작가 중 한 사람은 이렇게 평했다. "영국인으로서 로와 배서스트가 주고받은 편지를 읽고 조국이 부끄럽지 않다면 이상한 일이다."

5월 1일 롱우드에서 또 만남이 있었다. 이때 나폴레옹은 배서스트가 내린 훈령의 의미를 온전히 이해하고 크게 분노했다. 나폴레옹

나폴레옹을 가혹하게 대해 악명을 떨친 세인트헬레나의 영국인 총독 허드슨 로.

은 로가 자신을 박해했으며 콕번과 함께한 여섯 달 동안 겪은 것보다 훨씬 더 심한 두통을 한 달 만에 겪게 했다고 비난했다. 나폴레옹은 로가 작은 권력을 행사하는 데만 관심 있는 소인배이며 그렇게 처신하다가는 추문을 일으켜 결국 로 자신과 자녀들, 그리고 영국 전체의 평판을 해칠 것이라고 말했다. 로는 화를 내며 호통을 쳤다. 나폴레옹은 일찍이 "나는 자유를 원한다. 그것이 아니라면 사형 집행인을 달라."고 선언해 속내를 드러낸 적이 있었는데 이제 그 외침이, 자신이 의도했던 바와는 달랐지만 답변을 얻게 됨을 보았다. 나폴레옹은 라스 카즈에게 말했다. "저자들은 내게 더할 나위 없는 사형 집행인을 보냈다. 로는 사형 집행인이다."

1816년 8월 18일 로와 나폴레옹의 마지막 면담이 있었다. 총독은 자신이 감당해야 할 '참을 수 없는 무례'의 증인으로 맬컴 소장(Pulteney Malcolm)을 데려갔는데, 콕번의 뒤를 이어 세인트헬레나 주변을 상시 순찰할 프리깃함 소함대의 사령관으로 부임한 자였다. 두 사람은 정원에서 분을 못 이겨 씩씩거리는 나폴레옹을 보았다. 로는

비용을 줄여야 할 필요성에 대해 말을 꺼냈으나, 나폴레옹은 맬컴에게만 집중해 코르시칸 레인저스의 흉악한 살인자인 로가 베르트랑 같은 진정한 장군을 어떻게 대우했는지 비난하는 장광설을 늘어놓았다. 로는 자신의 의무를 말하며 끼어들려 했다. 로는 자신이 원한 일이 아니라고 주장했지만, 왜 훈령을 그대로 받아들였는지, 연간 1만 2천 파운드라는 두둑한 액수를 받으면서 롱우드의 일행 전체를 그 액수의 3분의 2로 살아가게 만든 이유는 무엇인지 아무 말도 하지 않았다. 나폴레옹이 흥분해 마치 한 병사가 다른 병사들에게 구걸하듯 영국 수비대에 빵을 구걸했던 일을 털어놓은 것은 놀랄 일이 아니다. 그때 나폴레옹과 로는 배서스트 경의 공과를 두고 격앙된 욕설을 주고받았다. 마침내 황제는 로를 멸시해 기를 죽였다. "나는 어떤 전장에서도 그대를 본 적이 없다. 그대는 암살자를 구할 때나 적합한 인물이다." 로는 다시 평정을 잃고 화를 내며 뛰쳐나갔다.

나폴레옹과 로는 이제 오랜 냉전에 들어갔다. 로는 지독한 배서스트가 보내온 규정을 쓸데없는 것까지 하나도 빼지 않고 자구대로 적용하려 했으며, 나폴레옹은 로의 어리석은 결점을 최대한 이용해 선전에 쓰려 했다. 1816년 10월 로가 몽톨롱에게 프랑스가 제임스타운에 보낸 자금이 고갈되었으니 향후 롱우드 사람들은 식비를 스스로 대야 할 것이라고 알렸을 때, 나폴레옹이 갑자기 찾아왔다. 나폴레옹은 자신의 은 접시를 깨뜨려 제임스타운의 보석상에게 팔아 첫 번째에 250파운드 가까이 받았고, 이후 두 차례에 걸쳐 비슷한 액수를 벌어들였다. 이는 엄청난 선전의 성공이었다. 보석상 기드온 솔로몬(Gideon Solomon)은 대중이 보는 가운데 조각난 은의 무게를 달아 영국으로 출항하던 영국군 장교들이 이를 목격했다.

땔감을 공급하는 문제에서도 비슷한 사건이 있었다. 나폴레옹은 이글거리는 난롯불을 굉장히 좋아했고 어쨌거나 롱우드의 지나친 습기와 싸우고 있었기에 석탄과 땔나무의 인색한 공급량에 불평을 했다. 로는 불의의 습격을 받지 않도록 석탄 공급량을 2배로 늘렸으나 세인트헬레나에는 목재가 귀해 땔나무 공급량을 늘릴 수는 없다고 말했다. 그러자 나폴레옹은 침대 틀과 선반 몇 개를 포함해 가구 일부를 부수어 땔감으로 썼다. 나폴레옹은 그 이야기가 제임스타운의 여관에서 입길에 오를 것으로 확신했다. 그러나 로는 비밀리에 세인트헬레나로 보내진 나폴레옹 아들의 대리석 흉상에 관해 바보 같은 행위를 한 죄가 있었다. 로는 물건이 은밀히 유입되었다는 얘기를 듣고는 대리석 흉상에 비밀 전갈이 들어 있을지 모른다는 터무니없는 근거로 흉상을 압수했다. 오메라는 이중첩자의 자격으로 로에게, 나폴레옹이 흉상에 관해 알고 있으며 빼앗긴 데 격노해 이 일을 선전에 이용하려 한다고 말했다. 사악한 로는 일을 잘못 처리했을 수도 있고 배서스트에게 질책을 받을지도 모른다고 걱정해 흉상을 롱우드로 보냈고, 나폴레옹은 흉상을 침실 안 높은 자리에 두었다.

나폴레옹의 억류 조건과 쥐가 들끓고 이질이 창궐해 부패해 가는 롱우드의 상태, 로와 배서스트의 비열함과 속 좁은 앙갚음, 이 모든 것은 1817년에 영국에서 대중의 야유를 불러일으킨 주제였다. 로가 여러 가지로 경계했지만 수많은 전언과 뉴스가 홀런드 저택의 폭스 집안*과 여타 영국 내 강력한 보나파르트 지지자들에게 닿았다. 1817년 3월 〈더 타임스(The Times)〉에는 영국 정부가 나폴레옹을 빨리 죽게 만들려고 애쓰고 있음을 암시하는 기사들이 실렸다. 상원에서는 비난 동의안이 제출되었는데, 홀런드 경이 토론에서 배서스트를 크게 능가했다. 정부는 상원에서 쉽게 동의안을 좌절시켰지만 반대 여론에 당황했다. 배서스트는 로에게 롱우드의 비용을 원래대로 1만 2천 파운드로 되돌리라고 지시할 수밖에 없었다.

폭스 집안 3대 홀런드 남작으로 휘그당의 주요 정치인이었던 헨리 배설 폭스(Henry Richard Vassall-Fox, 1773~1840) 가문을 말한다. 헨리 배설 폭스는 나폴레옹을 세인트헬레나에 가둔다는 1816년 법안에 반대했다.

또 다른 다툼의 원인은 로가 나폴레옹을 황제로 칭하기를 거부하고 계속해서 '보나파르트 장군'이라는 직함을 쓴 데 있다. 이는 듣는 사람을 화나게 만들려는 속셈에서 나온 작전이었다. 로는 나폴레옹을 농장 저택의 저녁 식사에 초대하고 루던 백작부인을 만나게 해주겠다고 제의했으나 아무런 답변을 듣지 못하자 놀라고 당황했다. 나폴레옹의 마음을 짐작하지 못한 로는 '장군'에게 섭정왕자의 생일을 축하하는 농장 저택의 파티에 참석해 달라고 다시 청해 우둔한 행동을 계속했다. 나폴레옹은 자신이 황제였다는 역사적 사실을 인정하는 것이 로에게는 참을 수 없는 일인 것 같으니 가명으로 가면 문제가 없겠다고 암시를 주었다. 나폴레옹은 아끼는 두 장교의 이름을 따 뮈롱 대령이나 뒤로크 남작이면 어떻겠냐고 제안했다. 로는 가명을 쓰는 것은 군주만의 특권이라며 이를 거부했다. 로가 코르시칸 레인저스 시절에 예명을 들어보지 못한 것은 분명했다.

로는 의심이 들어 망설일 때는 언제나 잘못된 선택을 했다. 보나파르트 찬미자 한 사람이 초청인사 명부에 '임페라토리 나폴레오니(Imperatori Napoleoni)'라고 써서 문제를 해결하려고 했다. 황금 시대의 라틴어로 보자면 이는 '나폴레옹 장군'으로 옮길 수 있다. 그러나 로는 은 시대의 라틴어로는 '나폴레옹 황제'로 읽을 수 있다는 것을 알고 명부를 압류했다.* 로는 전혀 있을 것 같지 않은 곳에도 암호나 부호가 있지는 않은지 의심할 만큼 과대망상증이 심했다. 몽톨롱이 프랑스 정부의 판무관 몽슈뉘에게 정원에 심으라고 흰색과 녹색 콩을 조금 주었을 때, 로는 콩의 다른 색깔에 기호의 의미가 있다고 의심했다. 로는 이보다 더 얼빠진 짓도 했다. 나폴레옹이 구두장이에게 새 신발 한 켤레를 주문했을 때, 로가 끼어들어 신던 신발을 먼저 자신에게 보내라고, 그다음에 자신이 새 신발을 주문하겠다고 말했다.

---

* 라틴 문학의 황금 시대(Golden Age)와 은 시대(Silver Age)는 대략 기원전 1세기와 기원후 1세기에 해당한다.

"옳든 그르든 조국은 조국이다"를 외치며 보나파르트를 혐오했던 몇몇 영국인들은 로가 단지 나폴레옹의 간교한 선전에 순진하게 넘어갔을 뿐이라며 로의 평판을 되살리려 했다. 이런 주장은 불운하게도 지금 존재하는 모든 독립적 증거들에 위배된다. 보나파르트와 관련된 조약이 이행되는지 감독할 임무를 맡은 동맹국들의 판무관 세 사람도 섬에 도착했을 때 로가 지독하게 귀찮게 구는 사람임을 알아차렸다. 몽톨롱에게서 콩을 받은 프랑스 판무관 몽슈뉘 후작이 볼 때 로는 항상 나폴레옹의 잡담이나 악의적인 험담을 검열하려 했다. 로는 심지어 나폴레옹과 베치 밸컴이 연인이라는 말도 안 되는 소문을 퍼뜨리려 했다. 러시아 판무관 발마인(Aleksandr Antonovich Balmain)은 로가 동맹국 참관인들을 아무렇게나 대한다고 느꼈으며, 편집증 환자처럼 섬 생활의 아주 사소한 부분까지 빼놓지 않고 감시하는 정탐 체제의 사례들을 본국에 보고했다. 오스트리아 판무관 스튀르머(Barthélémi de Stürmer)는 한층 더 진솔했다. "이자보다 더 못되고 터무니없으며 비열한 인간을 찾기는 어려울 것이다. …… 이자를 두고 영국인들은 두려워 피하며, 프랑스인들은 조롱하고, 판무관들은 불평한다. 로가 정신이 돌았다는 데 누구나 동의한다." 맬컴 제독은 나폴레옹이 자신과 좋은 관계로 지내고 자신을 신뢰했다는 이유로 비상식적으로 질투한 인간에 대해 좋게 말할 것이 없었다. 워털루 전투 직전에 참모진에서 로를 해임한 웰링턴 공작까지도 로를 '완전한 바보'라고 기록했다.

　오랜 싸움은 두 사람에게 똑같이 대가를 치르게 했다. 로는 지적으로 시종일관 허를 찔리고 판정패를 당했지만 권력을 누리는 것으로 위로를 받았고 막대한 봉급에서 위안을 얻었다. 나폴레옹은 무기력한 지위에서 비롯된 본질적인 긴장과 '신하들' 간의 공멸하는 갈등, 쾌적하지 않은 기후로 인해 쇠약해졌다. 나폴레옹은 독서하고 산책하며 공연히 정원에 손을 대거나 회고록을 구술하고 코르네유, 라신, 몰리에르 작품의 극적인 부분들을 각색하면서 지루한 일상을 보냈다. 안개가 잦고 비가 많이 내리는 화산섬의 기후와 운동 기회를 줄여버린 로의 구속, 늘상 건강을 위협하는 아메바 이질은 따분한 일상을 더욱 지루하게 만들었다. 이 시기 나폴레옹의 대외적 싸움에서는 로가 상대였지만, 내부적 싸움의 상대는 질병과 황실 내 구속을 싫어하는 인간들이었다.

로가 도착한 후부터 나폴레옹은 자주 아팠다. 1816년 5월 나폴레옹은 다리에 힘이 없고 머리가 아프며 빛에 비정상적으로 민감해하고 늘 춥다고 호소했다. 신하들은 나폴레옹이 발음을 또렷하게 못하며 기분이 우울하고 약에 취한 것 같다는 사실을 알아챘다. 7월 나폴레옹은 옆구리가 면도날로 긋는 것처럼 아프다고 불평했다. 같은 해 9월 나폴레옹은 한 주일 동안 아팠는데 증상은 불면증, 열, 두통, 복통, 불쾌감이었다. 이어 10월 1일에서 11월 9일까지 나폴레옹은 그때까지 겪은 것 중 가장 심한 병을 앓았다. 머리가 아프고, 다래끼가 나고, 이가 흔들리고, 기침이 끊이지 않고, 오한이 오고 몸이 떨리고, 지독히 추워하고, 다리가 붓고 힘이 빠졌다. 밤에는 불면증에 시달리고, 낮에는 졸음이 쏟아졌다. 나폴레옹은 오메라에게 영국이 독을 먹인 것 같다고 말했다.

건강이 좋았다가 갑자기 아프기를 반복하는 이상한 순환은 1817년 내내 계속되었다. 나폴레옹은 2, 3월에 동일한 증상으로 앓다가 6주 동안 건강했고 다시 이전의 질병이 재발했다. 7, 8월에는 건강했다가 9월에는 한층 더 병약해졌다. 나폴레옹은 갈증을 자주 느꼈고 항상 레몬주스를 마셨다고 한다. 나폴레옹의 증상은 괴혈병과 일치하지만 비타민C를 섭취했기 때문에 괴혈병은 아니었다. 다른 의학적 관찰자들은 나폴레옹이 아메바 이질에 걸렸거나 간에 농양이 생겨(아메바 이질에 흔히 따르는 결과), 이 농양이 폐와 가슴, 위, 복막으로 침투해 이차적인 문제를 발생시켰다고 단언했다. 그렇다면 몇 가지 증상,

세인트헬레나에서 구르고 장군에게 회고록을 구술하는 나폴레옹.

즉 욱신거리는 통증과 기침, 메스꺼움, 구토는 설명되지만 다른 증상
은 설명되지 않는다. 어떻게 해석하든 1817년 이후 황제의 건강은 점
점 더 나빠졌다.

이유는 달랐지만 롱우드도 삐걱거렸다. 보나파르트 '궁정' 성원들
간에 모진 음모와 질시가 판치는 싸움터였기 때문이다. 앞날을 내다
보고 끈질기게 음모를 꾸몄던 자는 몽톨롱이었다. 그러나 몽톨롱은
처음에는 변덕스러운 구르고에게 무대의 중앙을 내주고 때를 기다렸
다. 세인트헬레나 유배 첫 해, 두말할 필요 없는 황제의 총신은 라스

카즈였기에 구르고는 씩씩거리고 부루퉁했다. 일기에서 나폴레옹을 '그 여인'으로 칭한 것을 보면 구르고가 나폴레옹에게 느끼는 감정에는 확실히 동성애 요소가 있었다. 그러나 라스 카즈는 1816년 11월에 섬 밖으로 은밀히 편지를 내보냈다는 사실이 발각되면서 허드슨 로에게 체포되어 곧 추방되었다. 어떤 이들은 라스 카즈가 유배 생활에 지쳐 자신의 체포를 '꾸몄다'고 의심했다. 로가 처신을 잘한다는 조건으로 롱우드로 돌아오라고 제안했을 때 라스 카즈가 이를 거부한 것은 확실히 인상적이다.

라스 카즈가 떠나면서 롱우드 참모진 축소를 원했던 로의 요구는 어느 정도 충족되었으나, 배서스트가 숫자를 줄이면서 더 떠나보내야 했고, 제일 먼저 떠난 이들 중에 산티니가 포함되었다. 산티니는 런던에 도착하자마자 홀런드 경에게 달려가 롱우드의 생활이 어떤지 온전히 전달했으며 더불어 나폴레옹의 '상소' 사본을 내밀었다. 홀런드는 이를 토대로 삼아 《영국 국민에게 드리는 호소》라는 매우 감동적인 책자를 만들었다. 나폴레옹은 총신 라스 카즈가 떠날 때 유럽에서 자신을 위한 선전 노력이 효과를 볼 것이라고 자위했다.

라스 카즈가 떠나고 베르트랑은 아내와 가족과 지나치게 많은 시간을 보내 나폴레옹을 짜증스럽게 한 상황에서, 몽톨롱이 황실을 책임졌다. 베르트랑은 이 상황이 자신의 권한을 침해한다고 느껴 조용히 생각에 잠겼으나, 구르고는 대단한 투사였다. 이때쯤이면 나폴레옹이 당돌하나 예쁜 알빈 드 몽톨롱을 정부로 삼았고 몽톨롱이 이를 방조했다는 사실이 분명해졌다. 학자들은 때로 이 불륜의 증거가 없다고 이의를 제기했지만, 나폴레옹이 강박적으로 여자를 밝히는 사람이 아니고 섹스 없는 수도사 같은 삶에 만족했다는 점을 아주 진지하게 받아들인다고 해도 롱우드에서는 달리 설명할 길 없는 일이 많이 일어났다. 구르고는 1816년 12월 15일자 일기에서 뜻하지 않게 이 불륜 관계의 명백한 증거를 제시했다. 그리고 구르고는 알빈이 황제를 장악한 데 화가 나 몽톨롱에게 결투를 신청했다. 겁쟁이로 널리 알려진 몽톨롱은 도전을 피했으나 황제에게 구르고가 이성을 잃었다고 불평했다. 몽톨롱은 앞서 라스 카즈에게 했던 것처럼 구르고를 중상해 효과를 보았으나, 동시에 구르고에게 몰래 황제를 비방해 도덕적으로 어리석음을 드러냈다.

1817년 말 나폴레옹은 구르고라면 질색했다. 구르고는 허드슨 로와 좋은 관계를 유지한 데다 늘 몽톨롱과 다투고 질투심에 광분했기에 황제를 인내의 한계까지 몰아댔다. 구르고는 자신의 영웅으로부터 계집애처럼 실쭉거린다는 비난과 질책을 받으면 기록을 남겼다. 나폴레옹은 롱우드의 생활이 어떨지 알았더라면 하인들만 데려왔을 것이라고 말했다. 신경질적인 신하들을 상대하느니 차라리 앵무새에게 말을 거는 편이 낫다는 얘기였다. 나폴레옹은 구르고에게 보통은 숨기고 드러내지 않았던 고뇌를 날카롭게 털어놓았다. "내가 밤에 깨어 있을 때 과거의 내 모습과 현재의 내 모습을 떠올리면서 우울한 시간을 보내지 않는다고 생각하는가?" 그러나 구르고는 도가 지나치게 자주 직무를 그만두겠다고 위협했고, 결국 나폴레옹은 그 말을 곧이곧대로 받아들였다.

런던으로 돌아온 구르고는 대단한 배신자 노릇을 했다. 구르고는 배서스트와 프랑스 대사, 러시아 대사를 만나 빤한 거짓말 세 가지를 퍼뜨렸다. 나폴레옹이 롱우드에 엄청나게 많은 금과 은을 갖고 있으며 언제든 세인트헬레나에서 탈출할 수 있다는 주장이었다. 한발 더 나아가 세인트헬레나의 기후가 쾌적하며 나폴레옹의 병은 순전히 유럽에서 동정을 사려는 술책이 분명하다고 주장했다. 배서스트는 이런 자백을 덥석 물었고 이를 이용해 엑스라샤펠 회의에 모인 동맹국들로 하여금 나폴레옹의 억류 조건이 옳다고 인정하도록 설득했다. 구르고가 훗날 주장을 철회하고 차르와 마리 루이즈에게 황제를 풀어 달라고 과장된 언어로 간청했지만, 피해는 돌이킬 수 없었다. 구르고가 나폴레옹의 유서에 언급되지 않은 것은 놀라운 일이 아니다.

떠나가는 라스 카즈와 구르고의 등을 본 몽톨롱은 이제 자신이 롱우드를 지배하는 데 장애물은 없다고 확신했다. 나폴레옹은 예상과 달리 집사 치프리아니를 신임하는 사람으로 선택했으나, 치프리아니도 돌연 떠나갔다. 치프리아니는 1818년 2월 26일 병명도 알 수 없는 질환으로 고통 속에 죽었다. 며칠 후 역시 알 수 없는 이유로 치프리아니의 시신이 파헤쳐져 사라졌고 다시는 찾지 못했다. 이 사건은 역사가들이 만족스럽게 해결하지 못했고, 치프리아니가 1806년에 카프리 섬에서 허드슨 로를 섬겼으나 당시 살리체티의 이중첩자였다는 사실을 생각하면 각별히 비밀스러운 구석이 있다. 롱우드 세계의 비밀은 캐면 캘수록 발자크나 알렉상드르 뒤마 작품의 모호한 한 장처럼 보인다.

그러나 몽톨롱은 롱우드에서 결코 모든 일을 마음대로 처리할 수 없었다. 이번에는 오메라 박사가 말썽이었다. 오메라는 황제의 오른쪽 옆구리 간이 있는 부위가 불룩 솟아오른 것을 보고 간염을 진단하고 수은으로 치료했다. 그러나 나폴레옹은, 필시 몽톨롱이 부추겼을 텐데, 돌연 치료를 중단하고 오메라가 허드슨 로에게 보고했다고 비난했다. 이는 사실이었지만, 농장 저택의 총독 관저에서는 오메라의 정보가 몽톨롱이 프랑스 판무관 몽슈뉘에게 (돈을 받고) 보고한 정보와 일치하지 않는다는 사실에 걱정이 늘어가고 있었다. 그러나 로는 오메라를 롱우드로 돌려보내면서 그가 계속 보고하는 일은 없을 것이라고 명예를 걸고 약속하고는 오메라에게는 은밀히 계속 보고하라고 강요했다. 나폴레옹은 오메라를 좋아하는 것 같았고 다시 받아들였다.

그러나 로는 곧 오메라를 제거하기로 결심했다. 이유는 두 가지였다. 오메라가 자신을 제치고 해군본부와 직접 서신을 주고받았다는 사실이 로의 촉수에 걸린 것이다. 그리고 유럽으로 돌아간 구르고가 오메라를 황제와 유럽 내 황제 지지자들 사이의 은밀한 통신 경로라고 주장했다. 로와 배서스트는 또다시 비슷한 정신의 소유자임을 증명했다. 로는 오메라의 해임을 요청하는 편지를 썼으나, 배서스트는 이와 상관없이 오메라를 제거해야 한다는 결정을 버리지 않고 있었다. 오메라는 1818년 7월 25일에 세인트헬레나를 떠났다. 그때까지도 나폴레옹과는 따뜻한 관계를 유지했다. 오메라는 영국으로 돌아오자 세인트헬레나의 기후가 나빠 황제의 건강이 악화됐다는 견해를 널리 알렸으나, 애쓴 보람도 없이 군법회의에 회부되어 해군에서 쫓겨났다. 오메라는 호감 가는 악당이었던 것 같지만 그를 동정하기는 어렵다. 오메라는 나폴레옹에게 알리지 않고 롱우드 이야기를 해군본부에 전했고, 해군본부는 다시 섭정왕자와 그 주변의 방탕한 무리에게 이를 유포했다. 동시에 오메라는 로나 해군본부에 알리지 않고 나폴레옹에게서 돈을 받았다. 의사의 자질도 문제 삼을 수 있다. 어떤 이들은 1818년 후반기에 나폴레옹이 건강했던 이유는 이 아일랜드인 돌팔이가 처방한 수은과 감홍(甘汞)을 복용하지 않았기 때문이라고 주장한다.

1818년 배서스트는 엑스라샤펠 회의가 '보나파르트 장군'의 억류 조건을 승인해 지위가 더욱 든든해진 데다 냉혹할 정도로 나빠진 여론을 참을 수 없어 이전에 '필수적'이라고 설명했던 조건을 완화하기로 결정했다. 어쨌든 나폴레옹이 하루에 두 번 당직 장교에게 모습을 보여야 한다는 규정은 황제가 사생활을 침해하는 자는 누구든 총으로 쏴버리겠다고 위협했기에 전혀 시행된 적이 없었다. 이제 배서스트는 그 규정을 정식으로 철회했고 나아가 나폴레옹이 하루에 두 번 모습을 드러낼 의향이 있다면 섬을 자유롭게 돌아다녀도 좋다고 제안했다. 그러나 이때쯤이면 나폴레옹의 건강은 그리 넓지도 않은 섬을 배회하는 데 관심을 둘 정도가 못 되었다. 게다가 나폴레옹은 여전히 타협을 거부한 채 필사적인 싸움에 열중해 있었다.

바로 이런 상황에서 롱우드에 다른 내과의사가 등장했다. '보나파르트 장군'에 대한 1818년 이후의 완화된 정책에 따라 황실을 확대한다는 합의가 이루어졌다. 나폴레옹의 어머니는 세인트헬레나로 보낼 수 있는 믿을 만한 하인들을 찾아 나섰으나, 그동안 나폴레옹은 여섯 달 동안이나 담당 의사 없이 지냈다. 나폴레옹은 이전 증상들이 다시 나타난 1819년 초에야 베르트랑을 허드슨 로에게 보내 1817년에 플램핀 제독(Robert Plampin)과 함께 세인트헬레나로 온 해군 외과의사 존 스토코 박사(John Stokoe)를 데려오도록 허용했다. 플램핀은 참으로 어리석게도 운명의 인질을 데려와 로에게 전임자들보다 부리기 쉬운 인물로 입증되었다. 플램핀은 해군본부의 규정을 어기고 아내가 아닌 젊은 여인을 데려왔다. 플램핀은 이 일 때문에 로에게 매인 몸이 되었다. 총독의 명령에 따르지 않았다면 플램핀은 즉시 소환되었을 것이다.

스토코는 롱우드로 가서 엿새 동안 나폴레옹을 치료했다. 나폴레옹은 환자의 의학적 상태에 관해 허드슨 로에게 보고하지 않겠다는 맹세를 요구했다. 스토코는 동의했지만 즉시 세 개의 속보를 보냈다. 그러나 이는 로를 격노케 했다. 속보로 오메라의 간염 진단이 확인되었기 때문이다. 이는 나폴레옹이 세인트헬레나의 기후를 떠나면 회복될 수 있다는 의미였다. 스토코는 황제의 매력에 빠졌고, 나폴레옹에게 크게 호의를 느껴 그런 증상을 가진 사람은 종종 속담에나 나올 법한 나이까지 장수한다고 말해주었다. 나폴레옹이 즉시 대꾸했다. "열대 지방에서도?" 스토코는 고개를 저었다. 그러자 나폴레옹은 분노해 소리를 질렀다. "이 저주받을 섬에만 오지 않았더라면 여든 살까지는 살 텐데."

1819년 1월 21일 스토코는 롱우드로 와서 황제에게 담당 의사를 계속할 수 없다고 말했다. 스토코는 정치적 명령에 따라 정직하게 간염이라는 진단을 내리는 대신 다른 의미로 '조작'해야 했으며, 이런 상황에서는 일을 계속하기 어렵다고 느꼈다. 은퇴해 연금을 받기까지 아홉 달밖에 남지 않았기에 스토코가 진짜 두려워했던 것은 정치적 과실로 처벌받는 것이었다. 간염 진단의 세세한 내용이 새나갔고, 스토코는 군법회의에 회부되었다. 스토코는 면직되었고 그토록 얻고자 애썼던 연금 수급권을 완전히 상실하고 영국 엘리트 특유의 분노를 드러냈다. 로는 이제 나폴레옹을 '현재 롱우드에 거주하는 사람'으로 부르는 것이 습성이 되었는데, 호칭 문제를 그렇게 해결한 로에게 스토코가 저지른 가장 큰 범죄는 나폴레옹을 '황제'라고 칭한 것이었다. 군법회의의 과장된 어법을 빌리자면 "상기 보고서에서 보나파르트 장군을 고의로 또 기꺼이 그자의 인신을 더 잘 구금하기 위해 법에 명시한 호칭과 다르게" 불렀다는 것이다.

1819년 초 나폴레옹의 건강은 좋았고, 사람들이 섬에서 나갈 때나 섬으로 들어올 때 운동도 많이 했다. 그해 9월 나폴레옹의 어머니가 보낸 추가 수행원들이 도착했다. 하인 두 명은 반길 만했다. 쿠르소(Coursot)는 이전에 뒤로크와 모후를 위해 일했고, 샹들리에(Chandellier)는 튈르리 궁에서 요리사 수업을 받은 후 폴린 보르게세를 위해 일했던 자였다. 신앙심이 점점 더 깊어진 레티치아는 코르시카 사제 두 사람을 보냈는데, 이들은 묘한 한 쌍으로 엄선된 듯했다. 한 사람은 매우 늙은 데다 뇌졸중 후유증으로 말을 거의 못 했고, 다른 사람은 아주 젊었으나 간신히 읽고 쓸 줄 알았다.

페슈가 선택해 보낸 의사에 대해서는 의견이 크게 엇갈렸다. 30대 후반인 프랑수아 앙토마르시는 고집이 세고 촌스러웠으며 나폴레옹의 마음을 전혀 얻지 못했다. 나폴레옹은 앙토마르시를 무식하고 믿을 수 없는 돌팔이라고 기록했다. 앙토마르시는 1819년 9월 21일의 첫 번째 면담 전에 로를 먼저 만나고 롱우드로 올라와 나폴레옹과 충돌했다. 성난 황제는 앙토마르시를 기다리게 한 뒤 영국인들에게 은밀한 의학적 소견을 누설하지 않겠다는 약속을 하게 했다. 이후 우호적인 기간이 이어졌으나 나폴레옹은 다시 앙토마르시를 참지 못했다. 앙토마르시는 로에게 가서 본국 송환을 요청했고 총독은 이를 허가했다. 짧은 기간이었지만 사이가 좋았을 때 나폴레옹은 앙토마르시에게 20만 프랑을 남겨주기로 유언장에 약속했으나, 그때 상속은 취소되었다. 앙토마르시는 잘난 체하며 기괴한 짓을 하곤 했는데 이런 행동에는 연극 같고 우스꽝스러운 면이 엿보이기에 세간에는 앙토마르시가 '실력 없는 의사'였다고 결론 내리는 경향이 있다. 이는 증거 없는 불합리한 추론이다. 앙토마르시는 내과의로 수련받은 적이 없지만 시신 해부 경험이 풍부한 능숙한 해부학자였다. 사후 절차에 관해서는 세인트헬레나의 모든 내과의를 모아놓아도 앙토마르시의 지식을 따라갈 수 없었다.

1819년 후반 몇 달간(남반구에서는 봄이었다) 나폴레옹은 일시적으로 정원 가꾸기에 몰두했고 롱우드를 식물원으로 바꿔놓으려는 욕망으로 동이 트자마자 옛 하인이든 새로 들어온 하인이든 억지로 깨워 밖으로 내보내곤 했다. 그러나 이 열병은 건강이 악화되면서 곧 사라졌다. 1820년이면 보나파르트 영혼의 어두운 측면을 드러내는 증거가 많이 나타나는데, 이는 1819년 7월 1일 알빈 드 몽톨롱이 떠나면서 촉발되었던 것 같다. 알빈은 한 해 전(1818년 1월 26일) 딸을 낳았는데, 아버지가 누구인지 의심스러웠다. 알빈은 남편과 나폴레옹과 동침했을 뿐 아니라 영국인 장교도 연인으로 두었다. 나폴레옹이 알빈과 잠자리에서 나누었던 롱우드 얘기를 허드슨 로에게 전한 잭슨이라는 소령이었다. 그때까지 알빈은 자신의 매력으로 황제를 지배했기에 세인트헬레나를 떠날 때 현금 20만 프랑과 2만 프랑의 연금 수급권, 나폴레옹의 초상이 들어가고 둘레에 커다란 다이아몬드가 박힌 황금 코담뱃갑을 받아 챙겼다. 알빈이 떠난 이유는 공식적으로는 '건강 악화'였지만 이 설명에는 만족스럽지 못한 점이 있다. 특히 아내에게 헌신적이었던 남편이 동행하지 않았기에 더욱 그렇다.

1819년 말에서 1820년 초 나폴레옹은 강한 여성 혐오증을 품고 있었다. 알빈이 떠나 성적 만족을 줄 사람이 없어져서였을 수도 있고, 잭슨 소령에 관해 무엇인가 알게 되어서였을 수도 있으며, 곰곰 생각해본 결과 알빈에게 속았다는 생각이 들어서였을 수도 있다. 9월 29일 나폴레옹과 파니 베르트랑 사이에 당혹스러운 일이 있었다. 어떤 이들은 나폴레옹이 파니를 유혹했기 때문이라고 했다. 황제가 퇴짜를 맞은 것은 분명하다. 이후 황제가 베르트랑 부인을 분노의 표적으로 삼았기 때문이다. 나폴레옹은 파니를 "매춘부, 집 앞을 지나가는 모든 영국군 장교와 동침한 창녀…… 가장 저속한 여자"라고 했다. 나폴레옹은 심지어 베르트랑에게 이 문제를 제기했으며 파니를 창부로 거리에 내보내야 할 것이라고 말했다.

어떤 이들은 나폴레옹이 자신에게 충실했던 마리아 발레프스카가 1816년에 재혼했음을 알고 여성에게 환멸을 느끼게 되었다고 말한다. 불합리하지만 나폴레옹은 마리아 발레프스카의 결혼 소식에 극도로 화를 냈고 마리아가 출산 후유증을 이기지 못하고 1817년에 사망했다는 소식을 듣고도 조금도 슬퍼하지 않았다. 그러나 나폴레옹을 좀먹은 것은 단순한 성적 욕구불만이었다는 징후가 있다. 1820년 3월 나폴레옹은 샌디베이(Sandy Bay)를 걷다가 허드슨 로의 아내를 만났는데 그 여인이 매우 예쁘다는 사실을 알고 놀랐다(나폴레옹은 아직 여성의 아름다움에 흥미를 잃지 않았다). 나폴레옹은 아름다운 여성에 대한 '보상'으로 총독을 미워하는 마음을 버렸다. 로 부인의 딸이 롱우드를 방문하도록 허용할 정도였다.

나폴레옹은 롱우드의 참을 수 없는 환경을 금욕적으로 감내하면서 여러 면에서 존경스러운 상태에 있었다. 나폴레옹은 바위섬의 종신형에서 벗어날 길이 없다는 사실을 점차 마음에 새겼다. 나폴레옹은 오랫동안 영국의 정권 교체나 유럽 내 여론의 압력으로 석방되리라는 기대를 품고 있었다. 나폴레옹의 가족들은 나폴레옹을 위해 부지런히 로비를 했다. 외젠 드 보아르네는 차르에게 부탁했고, 제롬과 어머니는 섭정왕자에게 감동적인 편지를 보냈다. 덕망 높은 교황 피우스 7세는 나폴레옹의 모든 잘못을 용서해 이제 나폴레옹을 잔혹한 운명에서 풀어줄 때가 되었다고 말해 구원하는 용서의 걸작을 보여주었다. 이 편지도 혐오스러운 '프리니Prinnie(섭정왕자)'에게 날아갔으나, 그 살찐 쾌락주의자는 나폴레옹을 불쌍히 여기라는 모든 편지에 대해 앞서 했던 대로 했다. 답장을 거부했던 것이다.

나폴레옹은 흄의 《잉글랜드사》*를 읽고 자신을 체포한 자들에 대한 새로운 통찰력을 얻었다. 나폴레옹은 영국 군인들의 용맹함과 오랫동안 존속한 의회를 칭찬했지만 영국인을 '사나운 종족'이라고 이해했다. 어쨌거나 이 국민은 나폴레옹 전쟁 중에 7만 8천 명의 동족을 오스트레일리아로 추방했다. 그중 대다수는 정치적 급진주의를 추상적으로 옹호한 죄밖에 없었다. 나폴레옹은 프랑스 대 영국을 어느 정도 문명 대 야만으로 비교했고 이런 인식을 결코 버리지 않았다. 나폴레옹은 여성 혐오증을 지녔지만 여전히 여성을 배려하고 다정하게 대했는데, 영국 문화에는 이런 존중의 태도가 없다고 생각했다. 저녁 식사 후 여성들을 내쫓고 남자들만 포도주를 들이키는 관행은 도대체 어떤 도덕관에서 나온 것인가? 앤 불린을 참수한 다음 날 제인 시모어와 결혼한 헨리 8세의 엄청난 무감각은 야만스러운 만행이라는 점에서 네로 황제를 능가했다. 이런 이유로 나폴레옹은 영국에서 새로운 배가 도착할 때마다 온 정신을 쏟으면서도 기대보다는 희망을 먹고 살았다. 영국 지배 계급의 무자비하고 용서를 모르는 잔인한 성격을 아는 나폴레옹은 언젠가 헛된 희망을 품지 말라고 신하들을 질책했다. "우리는 애어른처럼 행동하고 있고, 나는 양식 있는 사람의 모범을 보여야 하는데도 그대들과 마찬가지로 틀렸다. 우리

────────────────

《잉글랜드사(The History of England)》 데이비드 흄(1711~1776) 이 쓴 여섯 권짜리 책으로 부제가 '율리우스 카이사르의 침공에서 1688년 혁명까지'이다.

는 사상누각을 짓고 있다."

　바깥세상에서 들려오는 소식은 희망을 불러일으키기는커녕 우울한 것뿐이었고, 나폴레옹은 제정신인 사람이 의지할 것은 염세주의뿐이라고 결론 내렸다. 1816년은 특히 나쁜 한 해였다. 그해 나폴레옹은 지난해 유럽에서 들어온 소식들을 전부 끼워 맞췄다. 프랑스에서 네가 처형되고 이탈리아에서 뮈라가 처형된 일 말고도 조국은 굴욕을 당했다. 승리한 동맹국들은 훈족이나 반달족처럼 프랑스 곳곳에서 날뛰었다. 착검하고 튈르리 궁의 보물을 약탈했으며 지방에 점령군 백만 명을 숙박시키고 전쟁 배상금으로 1천만 프랑을 부과했다. 런던을 방문하며 유일하게 보인 반응이, '프랑스를 약탈하려니 얼마나 즐거운가'라는 말이었던 블뤼허가 독일군의 파리 점령을 이끌었다. 파리는 역사상 여러 차례 점령을 경험했는데 이것이 최초였다. 강제 숙박의 명령을 대신할 유일하게 적절한 표현은 착취였다. 각 가정은 명령에 따라 최소 열 명의 군인을 받아들여야 했고, 병사마다 침대와 베개, 매트리스, 담요, 시트 두 장을 제공해야 했으며, 하루치 식량으로 고기 1파운드와 빵 2파운드, 버터, 쌀, 포도주 한 병, 브랜디, 담배를 제공해야 했다.

　외견상 나폴레옹은 운명의 여신이 내민 손을 체념하고 받아들이는 것 같았지만, 허드슨 로를 대하는 태도에 드러난 분노는 자신을 괴롭히는 복수의 여신들을 향한 것이기도 했다. 나폴레옹은 탈출을 생각했는가? 미국으로 가려는 다양한 계획이 논의되었고, 미국에서는 몇 가지 납치 기도가 진지하게 궁리되었다. 상륙을 시도할 만한 해안이 몇 군데 되지 않는 데다 영국 해군의 소함대가 섬 주위를 끊임없이 순찰하고 있어서 탈출 희망은 모두 망상이라는 얘기가 때로 있었다. 그러나 다수의 미국 사략선이 야음을 틈타 전력으로 공격하면 성공하지 못하리라는 법은 없었다. 주된 장애물은 나폴레옹 자신이었다. 나폴레옹은 언제나 그런 시도를 지지하지 않았는데, 1820년 11월

1일자로 몽톨롱에게 구술해 쓰게 한 편지에서 이유를 설명했다. "미국에 가도 여섯 달을 못 살고 아르투아 백작이 보낸 청부 살인자에게 암살당할 것이오. 미국에서는 암살당하지 않으면 잊힐 것이오. 세인트헬레나에서 지내는 것이 더 행복하오."

1820년 7월, 18개월간의 건강과 새로이 찾은 활력은 끝이 났다. 다시 아픈 시절이 찾아온 것이다. 나폴레옹은 다시 두통과 구역질, 발열, 오한 발작, 성가신 마른기침, 신트림, 간 통증, 호흡 곤란으로 고생했고 다리와 발이 부었다. 얼마쯤 회복하는 듯하더니 9월이 되자 다시 나빠졌고 이후 다섯 달 동안 극도의 피로와 다리 냉증을 호소하며 병약한 상태에 머물렀다. 이 시기에 나폴레옹은 외부 세계와 진짜 마지막으로 대면한다. 9월 20일 나폴레옹은 리버풀 경에게 편지를 보내 영국이나 유럽 다른 곳의 온천에서 회복기를 갖고 싶다고 청했다. 이 요청 때문에 나폴레옹은 무자비한 인간이었던 허드슨 로와 다시 충돌했다. 10월 4일 나폴레옹은 마지막으로 롱우드 밖으로 과감히 나와 이웃인 윌리엄 더브턴(William Doveton)과 야외에서 점심을 같이 했다. 나폴레옹은 롱우드에서 지내는 동안 어두워진 뒤에는 밖에 나간 적이 없었다. 로가 밤에 세워놓아야 한다고 고집한 초병들을 보고 싶지 않았기 때문이다.

1821년 3월 17일, 황제의 상태가 심각하게 악화되었다. 나폴레옹은 끝이 왔다는 두려움에 베르트랑에게 영국이 자신을 웨스트민스터 대수도원에 묻어 전리품으로 전시하는 일이 없기를 바란다고 말했다. 나폴레옹은 세인트헬레나에서 많은 시간을 종교와 종교심리학에 묻혀 보냈지만 베르트랑에게 마지막 순간이 왔을 때 가톨릭교회의 거짓 위로는 원하지 않는다고 말했다. "종교가 없어 천만다행이다. 나는 정체불명의 공포 때문에 괴롭지는 않다." 나폴레옹이 품은 두려움은 성격이 다른 것 같았다. 4월 15일 나폴레옹은 유산 목록에 새로운 내용을 추가했고 마지막 유언장에 서명했다. 유언장의 5조는 이랬다.

"나의 죽음은 너무 이르다. 나는 영국의 과두지배자들과 그들이 고용한 살인자의 손에 암살당했다. 영국인들은 내게 복수하는 데 오래 걸리지 않을 것이다."

1821년 4월 나폴레옹의 병이 어떻게 진행되었는지 간략하게 훑어볼 수 있다. 4월 4일 기록된 증상은 급격하게 올랐다 떨어지는 체온, 다한증, 기침, 맥박 저하, 피가 섞인 구토, 천공을 암시하는 복부 팽창 따위였다. 4월 6일에서 11일까지 닷새 동안 증상이 완화되었다가 다시 구토와 메스꺼움, 땀, 야간의 고열이 심해졌다. 4월 25일 의료 수행원들은 기침과 함께 튀어나온 물질에 마치 커피 찌꺼기에 피가 섞인 것처럼 검은 반점이 보였다고 기록했다. 4월 1일, 앙토마르시를 전혀 신뢰하지 않았던 나폴레옹은 영국군 외과의사 아치볼드 아넛(Archibald Arnott)의 진찰을 받기로 동의했다. 아넛은 로가 늘 지시했듯이 보나파르트의 질병 진단이 영국의 수치가 되어서는 안 된다는 점을 염두에 두었고 오메라와 스토코의 운명을 기억했기에, 나폴레옹이 꾀병을 부린다고 보고했다. 4월 23일에 가서야 아넛은 이렇게 보고했다. "회복이 어렵고 시간이 많이 필요하지만 위험한 상태는 아닙니다."

4월 27일, 나폴레옹은 펄펄 끓는 체온과 오한 발작, 경련성 딸꾹질로 정신이 혼미해졌다. 나폴레옹은 치료로 이미 너무 많은 고통을 받았다면서 진찰을 거부했다. 29일에는 침상 곁의 사람들을 알아보지 못해, 베르트랑이 옆에 서 있는데도 불러 달라고 했다. 베르트랑은 일기에 이렇게 적었다. "그토록 두려웠던 사람, 그토록 당당하게 단호히 명령을 내렸던 사람이 커피 한 모금을 부탁하며 마시게 해 달라고 간청하는 것을 보니 눈물이 고였다. 나폴레옹은 요청한 것을 얻지 못했고 거듭 부탁했다. 성공하지 못했으나 기분 나빠하지도 않았다. 병환 중 다른 때에 나폴레옹은 의사들을 쫓아버렸고 의사의 지시를 무시했으며 하고 싶은 대로 했다. 이제 나폴레옹은 어린아이처럼 다루기 쉬웠다." 베르트랑도 코르시카 사제 2명과 격론을 벌이고 있었다. 사제들이 황제에게 마지막 의식을 치르려 했기 때문이다. 베르트랑은 종교의 틀에 얽매이지 않은 자유사상가인 황제가 '카푸치노 수도회 수사'처럼 죽을 수는 없다고 강경하게 나왔으나, 젊은 성직자 비날리(Vignali)는 황제와 사전에 합의한 것인지 아니면 본인이 주도적으로 나선 것이지 5월 2일 병자성사를 집행했다.

5월 3일, 확실히 끝이 머지않아 보였다. 이제 황제는 기억을 완전히 잃은 것 같았고, 정신이 혼미했으며 말이 어지러웠다. 몽톨롱은 허드슨 로에게 나폴레옹의 죽음이 가깝다고 알렸으며, 시종일관 '보나파르트 장군'이 꾀병을 부린다고 주장했던 로는 섬에서 가장 선임인 제독 참모부의 의무장교 두 사람에게 롱우드로 가라고 명령했다. 군의 쇼트(Thomas Shortt)와 미첼(Charles Mitchell)은 나폴레옹의 침상에 도착해 배변을 시키려고 감홍 복용을 권했다. 아녓은 하급자였기에 이의를 제기하지 않았으나, 앙토마르시는 엿새 동안 아무것도 먹지 않은 사람에게는 위험할 수 있다며 반대했다. 그러나 몽톨롱의 권위에 눌렸다. 오후 5시 30분 마르샹이 극도로 주저하며 감홍 0.6그램을 복용시켰다. 마르샹은 이것만이 주인의 목숨을 구할 유일한 방법이라는 의사들의 말을 듣고 음료에 감홍을 섞었다. 나폴레옹은 무엇인가 잘못되었음을 눈치채고 마르샹에게 중얼거렸다. "너마저도 나를 속이는구나."

이 조제약이 배변에 실패하자 영국인 의사들은 감홍 투입량을 10그램으로 늘리기로 결정했다. 앙토마르시는 그렇게 하면 분명 환자가 죽을 것이라며 격하게 항의했으나, 이번에도 몽톨롱은 영국인들을 편들었다. 오후 11시 30분, 황제는 '매우 많은 변'을 배출했다. 그러나 이 물질은 실제로는 대량 위출혈의 결과였다. 이튿날 나폴레옹은 네 차례 더 '많은 변'을 보았고 여덟 차례나 연속해서 기절하기도 했다. 나폴레옹은 정신이 오락가락했고, 한번은 베르트랑에게 로마

왕의 이름이 무엇이냐고 물었다. 베르트랑이 대답했다. "나폴레옹입니다." 오후 8시 황제는 다섯 번째로 배설했다. 감흥은 분명 격렬한 출혈을 초래했다. 이후 5월 5일 오전 2시 황제는 마지막 말을 했다. "프랑스, 군대, 군대의 수장, 조제핀."

이튿날 내내 롱우드의 황실에서는 아이들을 포함한 모든 사람이 침상 주변에 모여 의식을 잃은 황제가 서서히 떠나가는 모습을 지켜보았다. 오후 5시 49분 나폴레옹은 마지막 3분 동안 큰 숨을 세 번쉰 뒤 마지막 숨을 거두었다. 베르트랑은 일기에 이렇게 적었다. "위독한 순간 눈동자가 미세하게 흔들렸다. 입과 턱에서 눈썹까지 불규칙하게 움직였다. 마치 시계처럼." 오후 5시 51분 앙토마르시가 공식적으로 사망을 선언했다. 영국군 의사 다섯 명이 입회한 자리에서 앙토마르시가 수행한 부검으로 나폴레옹의 질환이 '위암'이었다는 공식 사후 보고서가 작성되었다. 앙토마르시는 화가 나서 검시 보고서에 서명하기를 거부했다. 이어 나폴레옹은 제라늄 밸리(Geranium Valley)의 이름 없는 무덤에 정식 군장(軍葬)으로 매장되었다. 이름을 밝히지 않은 이유는 허드슨 로가 황제의 사후에도 작은 시비를 멈추지 않았기 때문이었다. 로와 몽톨롱이 묘비의 명문을 두고 언쟁을 벌인 결과 '타협책'으로 아무 내용도 새기지 않기로 했다.

나폴레옹이 암으로 죽었다는 견해는 부검의 형식적인 성격과 부검을 시행했던 자들의 일치하지 않는 의견, 병력에 비추어보아 부검 결과를 받아들이기 어렵다는 점, 로와 영국 정부의 관점에서 사망 원인에 대한 판단이 아주 유리했다는 점을 모르는 이들에게 여전히 널리 받아들여지고 있다. 일반적인 것에서 특수한 것으로 좁혀 가면 가장 두드러진 사실은 검시 보고서에 서명한 다섯 명의 영국군 외과의사, 즉 쇼트와 아넛, 미첼, 리빙스턴(Matthew Livingstone), 버튼(Francis Burton)이 모두 극심한 정치적 속박을 받고 있었다는 것이다. 이들

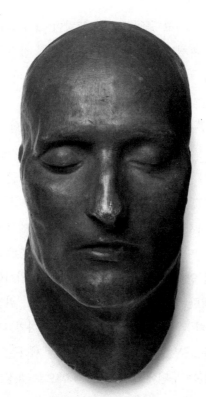

나폴레옹 보나파르트의 데스마스크.

은 오메라와 스토코에게 무슨 일이 일어났는지 잘 알았으며, 나폴레옹의 사망이 영국 정부의 무관심과 냉담, 아니면 건강에 해로운 세인트헬레나의 기후 때문임을 의미하는 견해를 기록할 경우 자신들에게 무슨 일이 일어날지도 알았다. 암은 로와 로의 상관들에게 더할 나위 없이 만족스러울 유일한 진단이었고, 나폴레옹의 아버지가 암으로 사망했기에 겉보기에는 그럴듯했다. 인정할 수 없는 단 하나의 진단은 간염이었다. 간염 진단이 나오면 즉시 섬에 창궐한 아메바 이질과 결부될 수 있기 때문이었다. 그러므로 암으로 사망했다는 평결이 내려진 것은 놀랄 일이 아니다.

앙토마르시의 소수 의견 보고서에 담긴 부검 결과는 더 자세히 살펴볼 필요가 있다. 그리고 앙토마르시가 시체 해부와 부검에서 다른 입회인들이 따라올 수 없을 만큼 경험이 많았다는 사실을 기억하자. 앙토마르시는 나폴레옹의 간이 비정상적으로 비대하다는 점과(간염이나 중독을 가리킨다) 간과 위에서 유착 현상이 나타났음을 발견했다. 쇼트는 앙토마르시의 소견에 동의했으며 간에 이상이 없다는 동료들의 견해에 강력히 이의를 제기했다. 쇼트는 커진 간과 유착에 관한 상세한 내용이 허드슨 로의 명시적 명령에 따라 다수 의견 보고서에서 누락되었다는 사실을 수기에 기록했다. 그러므로 앙토마르시의 해로운 소견을 처리하는 가장 좋은 방법은 솜씨가 아니라 사람 자체를 공격하는 것이었다. 바로 그때 이후로 아주 많은 역사가들이 했던 일이다.

다른 영국군 의사들의 자격은 어떠한가? 부검 당시 유력한 인물은 부함의(副艦醫) 월터 헨리(Walter Henry)였다. 헨리는 부검을 지켜보았고 보고서를 작성해 다른 이들의 서명을 받았다. 헨리는 선임자의 권한이 없었기 때문에 문서에 헨리의 서명은 없다. 헨리는 나폴레옹의 생식기가 비정상적으로 작았다는 얘기를(1823년 허드슨 로에게 보낸 은밀한 보고서에서) 처음으로 밝힌 사람이었고, 이러한 관념은 조악한 보상 관념 개념(위대한 인간, 작은 손발 따위)에 부합했기에 그 이후로 놀랍도록 널리 퍼졌다. 그러나 헨리는 나폴레옹에게 강한 적의를 품고 있었으며 어쨌거나 이상하게도 나폴레옹의 모든 기관(손, 발, 방광, 심장)이 작은 것을 발견했다. 영국군 의사들이 서명한 것이 바로 이 사람의 보고서였으므로, 간이 비대하다는 언급이 없는 것은 놀랍지 않다.

후대의 많은 작가들은 헨리의 '관찰'을 토대로 삼아 상상의 나래를 펼쳤고 성기 발육부전과 뇌하수체 기능부전, 그밖에 많은 것들의 증거를 찾아냈다. 그러나 히틀러의 홑고환증과는 달리 이 문제에서 소문과 실제가 부합할 가능성은 없다. 나폴레옹은 자신을 거칠지만 준비된 군인으로 묘사하기를 좋아한 남자로서 병사들 앞에 여러 차례 벌거벗은 채 나타났다. 마지막은 1814년 전쟁 때였다. 외설스러운 애기를 자주 했다는 점과 성생활의 면면을 볼 때 나폴레옹을 숨길 만한 부끄러운 비밀을 간직한 사람으로 보기는 어렵다. 구르고는 1817년 10월 26일자 일기에 나폴레옹이 이렇게 말했다고 적었다. "만일 오메라가 일기를 쓴다면 그 일기는 매우 흥미로울 거야. 내 거시기의 길이를 얘기한다면 더 흥미롭겠지." 이는 후대가 자신을 비웃을지도 모른다고 걱정한 남자의 말로는 들리지 않는다. 실제로 오메라는 일기를 썼고 이 '깜짝 놀랄 만한 계시'를 이용하지 않았다. 게다가 우리가 여자를 강박적으로 밝히는 자로서(나폴레옹이 그런 사람이었다) 능력이 크게 모자란 남자를 상상할 수 있다고 해도, 나폴레옹과 섹스를 나눈 여자들이 남자의 신체에서 그처럼 흥미로운 부분을 말하지 않았을 리 없다. 조제핀과 나폴레옹의 정부들은 때로 나폴레옹의 성적 능력을 불평했지만, 이는 나폴레옹이 행위를 그토록 놀라운 속도로, 일반적인 완곡어법을 쓰자면 신속하게 끝낼 것을 고집했기 때문이다.

영국인 군의들의 관찰이 정치적 편의에 따라 왜곡되었거나 제약을 받았기 때문에, 암으로 사망했다는 소견은 신뢰할 수 없다. 나폴레옹의 병력은 어떤가? 여기서 나폴레옹의 비만은 암 사망설을 주장하는 자들에게 큰 장애물이다. 위암 환자들이 죽기 전에 거의 반드시 극도로 여윈다는 것은 잘 알려진 사실이기 때문이다. 그러나 사후 검시 보고서는 둘 다(앙토마르시의 보고서와 영국 군의들이 서명한 보고서) 지방층이 몸 전체를, 특히 가슴과 심장 둘레를 두껍게 덮었다고 말하고 있다. 이는 다른 의학적 관찰자들에게는 나폴레옹의 질병과 사망에 관해 매우 다른 설명을 제시했다.

나폴레옹의 몸이 통통하게 살찌고 가슴이 여자처럼 튀어나오고 손이 작고 섬세한 것을 두고, 어떤 이들은 나폴레옹이 뇌하수체 기능항

진증을 앓았다고 추정했다. 뇌하수체선이 과도하게 분비되는 이 질병은 중년의 조기 '소진'을, 다시 말해 지나친 피로감과 무기력, 비만, 나아가 1808년 이후의 성격 변화까지 설명해줄 수 있다. 다른 이들은 '성선(性腺) 기능저하증'이라는 개념을 제시한다. 이는 남성 500명 중 1명꼴로 걸리는 선천성 질환인데 보통의 XY(남성)와 XX(여성) 염색체 조성 대신 XXY 사례가 발생해 Y 염색체가 XX 염색체와 경쟁하는 것이다. 이 견해에 따르면 비만과 1815년 이후 일부 질환은 나폴레옹을 죽인(죽였다고 추정할 수 있는) 간염과 연결해서는 안 된다. 그렇다면 논란의 여지가 있다. 간 기능부전이 아메바 이질의 결과인가, 아니면 세인트헬레나에 오기 전부터 있었던 만성적 간 기능부전이 여성형 유방증, 변비, 소화불량과 결합해 보로디노와 드레스덴, 워털루의 병약한 황제를 만들어낸 것인가?

나폴레옹의 만성 질환과 사망의 원인으로 지목되는 것에는 주혈흡충병도 있다. 1798~1799년에 이집트에서 걸렸다는 얘기인데, 이 병은 방광 기능부전, 뇌하수체(내분비기관)의 기능 결함에 원인이 있는 바빈스키-프뢸리히 병, 즉 지방성기성 이영양증, 이질, 괴혈병, 충수염, 간질, 말라리아, 결핵, 위궤양을 설명해줄 수 있다. 이런 견해들은 대체로 암으로 사망했다는 공식 소견보다 설득력이 커 보이지는 않지만 사망 당시의 여성형 비만은 설명해주며 암 사망설로는 설명되지 않는 나폴레옹 질병의 주기성을 뒷받침해준다. 그러나 지금까지 나폴레옹의 사망을 가장 납득할 만하게 설명하는 것은 비소 중독이다. 비소 중독설에 따르면 병인학(病因學)과 증상에 관한 모든 수수께끼가 깨끗이 해결됨은 물론 어두운 불가사의로 남을 수밖에 없는 롱우드의 다른 많은 일들도 이해가 된다.

나폴레옹은 비소에 중독된 사람에게서 볼 수 있는 증상을 모조리 보였다. 열거하자면 이렇다. 심계항진(心悸亢進), 약맥(弱脈)과 부정맥, 등과 어깨 통증, 다리에서 엉덩이까지 극심한 냉기, 지속적인 마른기침, 흔들리는 이, 설태(舌苔), 간 통증, 극심한 갈증, 피부 발진, 황달과 눈꺼풀 변색, 오한, 난청, 빛에 대한 민감한 반응, 경련성 근위축, 메스꺼움, 호흡 곤란. 살찌고 반들반들하며(병에 걸리고 몇 달이 지난 후에도 그러했다) 피부에 가는 털이 없는 몸도 한 가지 징후이다. 사람의 몸은 중독되면 독을 막는 일종의 방패로서 지방을 늘리는 경향이 있다. 그러나 비소 중독을 말해주는 가장 유력한 간접적 증거는 1840년 나폴레옹의 시신을 세인트헬레나에서 마지막 안식처인 앵발리드*로 옮기려고 관을 열었을 때 시신이 완벽하리만큼 온전히 보존되었다는 사실이다. 이런 결과는 비소 중독의 또 다른 결과였고 그 현상을 설명하려는 다른 시도들은 이치에 안 맞았기 때문에(진공 봉인을 들었지만 당시에는 그런 기술이 없었다), 암 사망설을 주장한 자들은 또 다른 장애에 부딪쳤다. 코넌 도일(Arthur Ignatius Conan Doyle)의 말을 빌리자면 "불가능한 것들을 제거한 뒤 남은 것은 아무리 있을 법하지 않더라도 진실임에 틀림없다."

　그러나 비소 중독 가설에 있을 법하지 않은 것은 전혀 없다. 비소 중독은 나폴레옹의 모든 증상에 맞을 뿐만 아니라, 과학적 검증에 따라 정당한 주장 이상의 지위를 얻었다. 하인 마르샹과 노베라츠가 보존했으므로 출처가 분명한 나폴레옹의 머리카락을 분석했는데 비소 성분 함량이 비정상적으로 높았다. 나폴레옹의 머리카락 표본 두 가닥에서 발견된 비소는 10.38에서 10.58ppm 사이였는데, 19세기 초(인구가 적었다) 표준은 0.5에서 0.65ppm 사이였을 것이다. 인구가 많은 오늘날에도 0.86ppm이 표준치이다. 하웰 연구소(Harwell Research Centre)에서 수행한 중성자 방사 실험 결과, 황제는 19세기 초 표준량

앵발리드(Les Invalides) 정식 명칭은 국립전상자관(L'Hôtel national des Invalides)이다. 원래의 건립 목적은 전쟁에 참여한 퇴역 군인의 병원과 거소였는데, 이뿐만 아니라 군사에 관련된 기념물을 전시하는 박물관으로도 쓰이며, 나폴레옹 보나파르트를 비롯한 프랑스의 전쟁 영웅들이 안치된 곳이기도 하다.

의 600퍼센트에 이르는 비소를 섭취했다.

나폴레옹이 우연히 비소에 중독되어 사망했다는 설명도 가능하다. 벽지나 헤어크림, 아니면 식욕을 돋우려고 복용한 약물에서 치사량을 흡수했는지도 모른다. 그런 경우 과학적 검증에 들어가면 비소흡수가 정기적이었다는 결과가 나올 것이다. 이 문제에서 돌파구는 1975년에 열렸다. 글래스고 대학 법의학과에서 인간의 몸이 비소를 언제 흡수했는지 밝힐 수 있는 기술을 개발한 것이다. 검사 결과 황제는 서로 다른 시점에 40차례 유독한 분량의 비소를 흡수했고, 흡수주기는 1816년에서 1821년까지의 불규칙적인 발병과(이 부정기성만으로도 암 사망설은 폐기해야 했다) 무서울 정도로 상관이 있었다.

나폴레옹이 비소 중독에 희생되었다면, 그리고 중독이 우연한 사건이 아니라면, 결론은 명백하다. 나폴레옹은 정체불명의 어떤 사람이나 사람들의 손에 암살된 것이다. 서서히 독을 주입할 수단과 기회가 있었던 사람도 단 한 명이요, 나폴레옹이 간헐적으로 발병해 지극히 고통을 당할 때 늘 옆에 있던 사람도 단 한 명이다. 바로 몽톨롱 백작이다. 동기는 오히려 파악하기가 어렵다. 몽톨롱 부부는 나쁜 짓을 서슴지 않는 모험가였기에 단순한 금전적 이유로 움직였을지도 모른다. 1821년 4월 몽톨롱이 황제로 하여금 자기 돈의 대부분을 베르트랑에게 주기로 한 유언장을 파기하게 했다는 것은 잘 알려진 사실이다. 몽톨롱은 베르트랑 부부가 황제를 버리고 유럽으로 떠날 생각이라고 암시하여 유언장을 파기하게 하는 데 성공했으며, 실제로 파니 베르트랑이 아이들을 프랑스로 데려가고 싶어 했던 것도 분명했다. 나폴레옹은 생애 마지막 해에 베르트랑 부부가 점점 더 싫어졌으므로 알빈에게 이미 준 것을 뛰어넘어 몽톨롱에게 200만 프랑을 주도록 유언장을 고쳤다. 베르트랑이 받은 유산은 50만 프랑으로 줄어들어 마르샹이 받은 40만 프랑보다 약간 더 많았다. 원칙대로 하자면 마르샹은 하인이었으므로 궁정대원수가 받는 액수의 3분의 1만 받아야 했다.

돈이라는 요인이 몽톨롱의 마음을 떠난 적이 없다는 것은 분명하다. 비냘리 신부는 나폴레옹의 병자성사를 남몰래 집전했는데, 이것도 몽톨롱이 손을 쓴 것이었다. 몽톨롱은 나폴레옹이 유언장에서 가톨릭교도로 죽는다고 밝혔으니 병자성사를 받지 않으면 유언장이 무효로 선언될 수도 있고 그러면 자신에게 이로운 재무에 관한 조항이 파기될까 봐 두려웠다. 그러나 몽톨롱이 5년 동안 은밀히 비소를 복용시킬 수 있었던 데에는 재산 욕심을 뛰어넘는 다른 이유가 있었다. 숨겨진 동기가 있다는 전제에서 말이 되는 유일한 가설은, 몽톨롱이 부르봉 왕실의 첩자였으며 서서히 독살하는 마술을 연마했다는 것이다. 이 기술은 그 시대의 특징이었으며, 발자크와 알렉상드르 뒤마의 작품을 통해 후대에 전해진다.

몽톨롱은 허드슨 로와 긴밀한 유대를 맺었지만 이 극악무도한 음모에서 영국을 위해 일하지는 않았을 가능성이 높다. 영국 문학에 나타난 독살자에 대한 각별한 혐오는 그렇다고 해도(헨리 8세 치세의 한 법령에는 끓는 물에 집어넣어 죽이라고 규정되어 있다) 영국이 나폴레옹을 살해한다는 것은 이해되지 않는다. 만일 나폴레옹이 의심스러운 정황에서 사망한다면 영국은 비열한 나라가 되고 말 것이다. 로가 자신의 관할권에 있는 의사들에게 사망 원인으로 선언해도 좋은 유일한 병은 암뿐이라고 강경하게 나갔던 이유도 여기 있다. 게다가 영국 외무부는 장기적 안목을 중시하기로 유명했으므로 황제 자리에서 쫓겨난 나폴레옹을 세인트헬레나에 무기한 잡아 두기를 더 좋아했을 것이다. 그렇게 하면 최후에는 괴물을 석방하겠다고 위협하여 고집센 유럽 강국들을 굴복시키는 것이 가능하기 때문이었다.

그렇다면 부르봉 왕실이 가장 그럴듯한 암살범으로 남는다. 몽톨롱을 돈으로 매수한 것으로 추정되는 아르투아 백작의 명령을 전달한 자는 프랑스 판무관 몽슈뉘였다. 몽슈뉘는 말을 더듬는 백치인 척했지만 실제로는 그렇지 않았을 것이다. 부르봉 왕실의 동기는 나폴레옹이 잘 알았듯이 복수였지만, 왕가가 겪은 전체적인 굴욕뿐만 아니라 앙기앵 공작 살해에 대한 복수이기도 했다. 역겨운 탈레랑의 관련 여부는 불가능하다고는 할 수 없을 것이다. 나폴레옹의 건강이 급격히 나빠질 때마다 몽톨롱이 롱우드에 있었다는 사실을 입증한다면 몽톨롱에게 죄를 씌울 정황 증거를 모을 수 있다. 몽톨롱은 부르봉 왕실의 첩자처럼 보이는데 만일 이것이 사실이라면, 비소 중독의 주기성과 프랑스 내 사건들 사이에 연관성이 있다는 주장은 납득이 간다. 1819~1820년의 중독 중단은 프랑스 내의 불확실한 정세를 반영했을 수 있다. 그때는 리슐리외*와 비엘*의 반동적 정권들 사이에 드카즈(Élie Decazes, 1780~1860) 행정부가 자유주의 정권을 세운 시절이었다. 1820년에 보나파르트 지지자가 부르봉 왕실의 계승권자인 베리 공작*을 살해한 사건은 몽톨롱에게 마지막 명령을 하달하도록 촉발한 요인이었을 수 있다. 이어진 폭동은 숨어 있는 보나파르트 지지자들의 엄청난 힘을 드러내 보였다.

몽톨롱의 경우 가장 설득력이 있는 부분은 여러 건의 이상한 사건들이다. 이 사건들은 이런 맥락에서 보지 않는다면 단순한, 때로 (몽톨롱에게) 매우 다행스러운 우연의 일치로 치부해야 할 것이다. 가장 눈에 띄는 사건은 1818년 치프리아니의 갑작스러운 죽음과 시신이 사라진 일이다. 며칠 후 날마다 치프리아니를 도우러 왔던 하녀와 어린아이도 같은 증상으로 돌연 사망했다. 두 사람도 독살자가 치프리아니를 위해 준비한 무엇인가를 먹거나 마신 게 아닐까? 이전에 교

리슐리외(Armand Emmanuel du Plessis de Richelieu, 1766~1822) 부르봉 왕정 복고 시대에 총리를 두 차례 지낸 유명한 정치가.
비엘(Jean-Baptiste Joseph de Villèle, 1773~1854) 여러 차례 총리를 지낸 프랑스 정치가. 왕정 복고 시대에 과격한 왕당파 지도자였다.
베리 공작(Charles Ferdinand d'Artois, Duke of Berry, 1778~1820) 샤를 10세의 아들. 1820년 2월 13일 칼에 찔려 치명상을 입고 이튿날 사망했다.

묘한 조작과 로와 쌓은 친분으로 라스 카즈, 구르고, 오메라, 스토코를 제거하는 데 성공한 몽톨롱은 1821년에 다시 황제의 실질적인 야간 간호자로 들어앉았다. 1821년 3월 24일 스위스인 하인 노베라츠가 극심한 통증으로 쓰러져 6주 동안 움직이지 못했다. 앙토마르시가 거만하게 점잔을 빼며 노베라츠의 자리를 대신하기를 거부하자, 몽톨롱은 대체로 감시받지 않고 활동할 수 있는 자리를 쉽게 차지했다. 4월 1일에 도착한 아넛은 프랑스어나 이탈리아어를 못했고 몽톨롱이 멋대로 왜곡한(아마도 내용을 빼먹은) 통역을 거치지 않고는 황제가 한 말을 전혀 이해할 수 없었기에 마음대로 주무를 수 있었다.

그러나 암살 음모에서 걸작은 영국 군의들을 조종해 두 가지 상이한 치료를 하게 한 것이다. 즉 한편으로는 갈증을 달래게 하고 다른 한편으로는 변비를 완화하게 한 것이다. 서서히 중독시키는 마술의 가공할 이점은 비소를 희생자를 즉사시키는 데가 아니라 면역 체계를 파괴해 건강을 무너뜨리는 데 썼다는 데 있다. 5월 3일 몽톨롱이 앙토마르시를 눌러 나폴레옹에게 감홍을 복용시켰을 때, 이것은 사형집행 영장에 서명하는 것이나 다름없었다. 의사들은 환자에게 변비를 완화하기 위해 감홍을 먹이고 갈증을 달래기 위해 아몬드 시럽을 먹였으므로 사실상 죽음의 칵테일을 만들었다. 두 약물은 위에서 결합해 사이안화수은이 될 것이었다. 이는 50번의 전투에서 총탄과 총검이 하지 못한 일을 해서 나폴레옹 보나파르트를 끝내버렸을 것이다.

세인트헬레나에서 나폴레옹의 운명은 틀림없이 이랬을 것이다. 몽톨롱의 믿을 만한 자백을 찾지 못한다면(어떤 이들은 자백을 찾았다고 주장했으나 반대자들은 문서가 위조된 것이라고 선언했다), 결코 가능성의 영역을 넘어 절대적인 진실로 전진할 수 없을 것이며, 우리의 판단은 합리적 의심을 뛰어넘는 명제가 아니라 가능성에 입각한 것일 수밖에 없다. 통설(나폴레옹이 암으로 죽었다는 가설)을 옹호하는 사람들은 경쟁 관계에 있는 견해를 지지하는 사람들에게 자신들의 가설도 결코 달성하지 못한 검증 기준을 요구한다는 점을 짚고 넘어가야 하겠다. 그리고 영국 문화는 '음모론'에 대한 타당한 의심인 합리적 회의주의를 '음모는 결코 있을 수 없다'는 독단적인 주장으로 활용했다. 그러나 넓은 의미에서 본다면 나폴레옹 죽음의 정확한 원인을 알아내는 문제는 거의 중요하지 않을 수도 있다. 세인트헬레나의 바위 섬에 묶인 영웅은 한때 유럽 전체를 호령했던 황제의 허깨비였을 뿐이기 때문이다. 나폴레옹 보나파르트여, 편히 잠드소서.

불가능한 것을 향한 야망

세인트헬레나에서 나폴레옹이 죽은 사실은 처음에는 거의 주목을 끌지 못했다. 나폴레옹에게 헌신한 자들은 모두 젊어서 죽었고, 나폴레옹을 배신하거나 저버린 자들은 모두 장수를 누렸다. 원수들 중에서는 1815년 이전에 사망한 자들이나 그해에 죽은 자들(그리고 충성스러운 보나파르트파의 거의 모든 사람들, 즉 베르티에, 베시에르, 포니아토프스키, 란, 네)을 제외하면 믿을 수 있는 인물이었던 다부, 수셰, 모르티에가 젊어서 죽었거나 때 이르게 죽었다. 1815년에 사실상 자멸한 뮈라를 제외하면 나폴레옹을 배반한 원수들은 죄다 거짓말처럼 오래 살았다. 술트는 1851년에야 죽고, 그루시는 1847년, 베르나도트는 1844년, 마르몽은 1852년, 우디노는 1847년, 마크도날은 1844년에 죽었다.

나폴레옹의 가족과 측근에서도 동일한 유형이 발견된다. 나폴레옹이 가장 아꼈던 폴린은 마흔다섯 살에 죽었으며, 엘리자 보나파르트는 마흔세 살, 외젠 드 보아르네도 마흔세 살, 마리아 발레프스카는 스물여덟 살에 사망했다. 나폴레옹의 가계에서 짧은 수명을 결정한 부계의 유전자는 누이들이 물려받은 것 같고 남동생들은 레티치아의 생물학적 인자를 이어받아(레티치아는 여든여섯 살에 사망했다) 장수했는데, 이는 암 사망설을 부정하는 또 하나의 반증이다. 조제프와 제롬은 일흔여섯 살, 뤼시앵은 일흔다섯 살, 루이는 예순여덟 살에 죽었다. 배은망덕한 네 형제가 훌륭한 형이요 동생인 나폴레옹에게 모든 것을 빚지고도 그 후의를 무능과 무시, 배신으로 되갚았다는 사실은 구태여 되풀이할 필요가 없다. 가장 슬픈 운명은 나폴레옹의 아들인 '로마 왕' 차지였다. 로마 왕은 쇤브룬에서 사실상 오스트리아인 외할아버지의 포로로 몇 년을 지낸 뒤 1832년 스물한 살 때 결핵으로 사망했다.

의지가 약한 마리 루이즈는 비록 1814년에 협박을 당하기는 했지만 세인트헬레나에서 사망 소식이 전해졌을 때 마지못해 조의를 바친 것만으로는 나폴레옹에게 진 빚을 다 갚지 못했을 것이다. "어떤 종류의 감정이든 나폴레옹에게 강한 감정을 품은 적은 없지만, 그 사람이 내 아들의 아버지이며 세간에서 대체로 믿는 것처럼 나를 나쁘게 대접하기는커녕 언제나 깊은 관심을 보여주었다는 사실은 잊을 수 없다. 정략결혼에서 그밖에 더 무엇을 기대하겠는가? 그러니 나는 큰 슬픔에 잠겨 있다. 나폴레옹이 그 비참한 생존을 끝냈다는 사실에 기뻐해야겠지만, 내가 전혀 행복한 삶을 살지 못하니 그 사람만이라도 몇 년간 행복한 삶을 누리기를 원했을 수도 있었을 것이다."

나폴레옹의 철천지원수들(웰링턴, 탈레랑, 메테르니히, 베르나도트)이 모두 80대까지 살았음을 생각할 때 나폴레옹이 불운한 인간이었다고 매듭지을 수 있을 것 같다. 그러나 남대서양의 바위섬에서 친구 하나 없이 생을 마감한 이 사람은 죽으면서 최후의 승리를 거머쥐었다. 나폴레옹이 세인트헬레나에서 창조한 신화의 힘은 서거 후 즉시 당대의 위대한 작가들에게, 즉 발자크, 스탕달, 알프레드 비니, 빅토르 위고, 샤토브리앙, 바이런, 해즐릿*, 월터 스콧에게 영향을 주었다. 1840

해즐릿(William Hazlitt, 1778~1830) 인도주의적 시론과 문학 비평으로 유명한 영국의 작가, 철학자. 새뮤얼 존슨과 조지 오웰과 같은 반열에 드는 위대한 평론가로 평가받는다.

년대에 황제의 시신이 파리로 돌아와 앵발리드에 안치되었을 때, 진정 뜨거운 보나파르트 바람이 불었다. 조카인 루이 나폴레옹(루이의 아들)이 제2제정에서 권좌에 오를 수 있었던 가장 중요한 요인도 여기에 있다.

나폴레옹이 신화적 인물이 되었다면, 이는 이번 한 번만은 전체는 부분의 총합보다 크다는 진부한 표현이 옳기 때문이다. 나폴레옹의 생애와 인격의 여러 측면을 하나씩 세밀히 조사하면, 통렬하게 비판할 수 있다. 그러나 전체적으로 남는 것은 그와 같은 환원적 분석을 거부한다. 결코 황제의 친구가 아니었던 탈레랑까지도 보나파르트를 지지하는 홀런드 경에게 이 점을 인정했다. "나폴레옹의 생애는 1천 년 내 가장 비범한 생애였다. …… 나폴레옹은 분명 위대하고 특출한 인물로서 생애만큼이나 자질도 비범했다. …… 나폴레옹은 확실히 내가 본 인간 중에서 가장 대단했고, 우리 세대에 살았던, 아니 여러 세대 동안 살았던 인간 중 가장 놀라운 인물이라고 나는 믿는다." 또 다른 가혹한 비판자였던 샤토브리앙은 "진흙의 인간을 소생시킨 가장 강력한 생명의 숨"이라고 나폴레옹을 평가했다.

나폴레옹의 위대함은 그가 인간의 한계를 초월하려 노력했고 이 점에서 거의 성공했다는 데 있다. 그래서 나폴레옹의 진정 불가사의한 마법은 현실이 아니라 신화의 영역에 속한다. 세속적인 수준에서 보나파르트를 찢어발기기는 쉽다. 유럽연합에 열광하는 자들은 나폴레옹이 세인트헬레나에서 부린 허세를(자신의 일생의 과업이 유럽의 통합을 겨냥했다는 허세) 진지하게 받아들였으나 모르는 것이 있었다. 나폴레옹은 폴란드와 이탈리아, 특히 에스파냐에서 실수를 저지르지 않았다면(스스로 인정한 실수들이다) 국적 문제와 문화적 차이 문제를 해결했을 것이라고 주장했다. "유럽이 그렇게 자유로이 형성되고 내적으로 자유로운 국가들로 나뉘었다면, 국가들 간의 평화는 훨씬 더 쉬워졌을 것이다. …… 나는 유럽 체제, 유럽 법전, 유럽 사법부의 건설을 원한다. 유럽에는 단 하나의 국민만 있을 수도 있었다."

　이는 사후에 교활하게 궁리해낸 합리화이다. 여기에 그랑다르메가 유럽을 강탈하고 아무 짝에도 쓸모없는 보나파르트의 형제자매들을 위해 불법적으로 왕위를 빼앗은 이야기와 타락한 원수들에게 건넨 막대한 기부와 특전, 오로지 프랑스만을 위해 위성국가들을 착취한 (다른 낱말은 어울리지 않는다) 이야기는 전혀 없다. 세인트헬레나에서 나폴레옹은 자신의 독재가 유감스럽지만 일시적으로 불가피한 일이었다고 변호했다. 이는 1917년 러시아에서 공산주의 유토피아가 도래할 때까지는 프롤레타리아 독재를 해야 한다는, 똑같이 '유감스러운' 필요성을 제기했던 일을 아주 강력히 연상시킨다. 레닌에게 그랬듯이 나폴레옹에게도 시기는 무르익지 않았으나 그런 사람들에게 무르익은 때는 결코 오지 않을 것이다. 카리스마적 지도력의 명령은 그런 이들에게 평화와 다원적 민주주의 시대가 왔다고 해서 친절하게 퇴위할 것을 허용하지 않는다. 그렇다고 나폴레옹의 적들이 제기한, 폭군에 맞서 '자유'를 지키고자 싸웠다는 우스운 주장을 인정하는 것은 아니다. 리버풀 경과 캐슬레이, 웰링턴 같은 고약한 정치가는 말할 것도 없고 알렉산드르 1세와 메테르니히, 루이 18세도 나폴레옹과 돈만 밝히는 그 수하들에 맞서 속 좁고 분별없는 광적인 반동 정치를 펼쳤는데, 이를 보고 내놓을 수 있는 이성적인 반응은 오직 하나뿐이다. "피장파장이군!"

　나폴레옹을 정치적 구세주로 보는 전설은 묻어버려도 좋다. 자세히 분석해보면 나폴레옹도 군사 지도자로서는 지금까지 엄청나게 과대평가되었다. '역사상 가장 위대한 지휘관' 따위의 과장된 표현들은 비판적 검토를 거치면 살아남을 수 없다. 나폴레옹은 아우스터리츠와 프리틀란트에서 두 차례 대승했지만 그밖에는 눈에 띄는 성과를 거두지 못했다. 마렝고에서 거둔 승리는 드제 덕이었고 예나-아우스터리츠 전투의 대승은 다부가 없었다면 불가능했다. 바그람에서는 가까스로 승리를 거머쥐었으며, 아일라우와 보로디노에서는 러시아 군에 막혔고, 라이프치히와 워털루에서는 대패했다. 나폴레옹은 작은 군대를 지휘할 때가 최상이었다. 나폴레옹이 전체적으로 가장 잘 싸운 전투가 1796~1797년에 이탈리아, 1798~1799년에 이집트, 1814년에 프랑스에서 벌인 전투라는 사실은 중요하다. 그때 나폴레옹은 병력이 압도적으로 많지 않은 적들과 일련의 작은 전투를 벌였다.

나폴레옹이 군사사에서 높은 지위를 차지한다는 사실은 부정할 수 없지만, 나폴레옹을 유례없이 뛰어난 지휘관으로 꼽기에는 무리가 있다. 알렉산드로스 대왕은 그라니쿠스, 이수스, 가우가멜라, 히다스페스 강 전투에서 무패의 성과를 보여주었고, 한니발은 티키누스 강, 트레비아 강, 트라시메네 호수, 칸나이에서 놀라운 승리로 로마를 무찔렀다. 그러나 나폴레옹에게는 이들과 견줄 만한 업적이 없다. 그렇다고 칭기즈 칸의 수부타이* 같은 장수와 비교할 수도 없다. 수부타이는 몽골과 중국, 페르시아, 러시아, 헝가리에서 보낸 30년간의 전투 이력에서 패배한 적이 없는 장군이었다. 나폴레옹은 전성기에 자신에 필적할 재능을 지닌 다른 지휘관을 만나지 못했다. 티무르*와 비교해보자. 티무르는, 니코폴리스(니코폴)에서 기독교 기병대의 정수와 싸워 이겨 활기가 넘쳤던 술탄 바예지드 1세의 오스만튀르크 제국을 1402년 앙카라에서 완파했다.*

역설적이게도 나폴레옹은 충분히 잔인하지 못해 종종 실패를 맛보았다. 나폴레옹은 국가 이성이 요구하거나 요구하는 것처럼 보일 때에는 거의 괴물처럼 냉혈한이 될 수 있었다. 이를테면 올빼미당 지도

수부타이(速不台, 1176~1248) 칭기즈 칸과 우구데이 칸 밑에서 싸운 몽골의 장군.

티무르(Timur, 1336~1405) 14세기에 서아시아와 남아시아, 중앙아시아를 정복한 티무르 제국의 건설자. 인도 무굴 제국 창시자인 바부르의 고조부.

* 1396년 술탄 바예지드 1세(Bayezid I, 1360~1403)가 오늘날 불가리아의 니코폴에서 헝가리와 프랑스, 성 요한네스 기사단, 베네치아 공화국 등 기독교 연합군을 격파한 이른바 니코폴리스 전투와, 1402년 바예지드 1세가 티무르에게 포로로 잡혔던 앙카라 전투를 말한다.

자 프로테와 '폭탄 사건' 이후 잔인하게 악마의 섬으로 보내진 자코뱅들, 앙기앵 공작, 티롤의 지도자 안드레아스 호프의 경우가 그러했다. 그러나 스탈린이나 히틀러, 심지어 프랑코도 베르나도트나 푸셰, 탈레랑, 뮈라의 음모를 어떻게 처리할지는 5분도 고민하지 않았을 것이다. 나폴레옹은 수하들이 거의 변함없이 지속적으로 보여준 배은망덕 행위를 극도의 자제심으로 넘겨버리거나 인간 본성의 비열함에 대해 장황하게 훈계하는 것으로 끝냈다. 나폴레옹의 역사는 배은망덕한 인간들의 끝없는 색인과도 같다. 가족 전부, 오주로와 네, 베르티에 같은 보나파르트 지지자까지 포함하는 원수들 거의 전부, 콩스탕 같은 시종, 이반 박사 같은 의사들, 맘루크 하인 루스탐까지 여기에 든다.

나폴레옹은 잔인함이나 무자비함보다는 무감각함으로 유죄 판결을 받을 수 있다. 나폴레옹은 전제 군주였으나 전체주의적 독재자는 아니었다. 전체주의적 독재자가 되는 데 꼭 필요한 기술을 갖추지 못했기 때문이었다. 나폴레옹은 결점이 많은 인물이었으나 중국의 마오쩌둥처럼 국민 수백만 명을 굶주려 죽게 하지는 않았으며, 에스파냐의 프랑코처럼 '고통을 통한 구원'이라는 가학적 통치로써 포로 수십만 명을 살해하지도 않았고, 스탈린이 쿨라크를 숙청했듯 농민을 죽여 없애지도 않았으며, 유대인을 대량 학살에 몰아넣지도 않았다. 나폴레옹은 심지어 매수되어 배반한 부하들까지 용서했다. 나폴레옹의 전기에 '긴 칼의 밤'*이나 '대공포'*의 자리는 없다. 나폴레옹은 전쟁이 초래한 인명 손실에 냉정했으나 총신의 죽음이나 추상 개념인 군대에 관해서는 때로 거짓 눈물을 흘렸다.

긴 칼의 밤(Nacht der langen Messer) 1934년 나치 독일에서 히틀러가 에른스트 룀이 수장으로 있던 돌격대(SA)를 숙청한 사건.
대공포(Great Terror) 소련에서 스탈린이 1936년에서 1938년까지 단행한 숙청과 억압과 박해의 통치.

도덕적 잣대로 나폴레옹을 평가할 때는 나폴레옹 전쟁의 엄청난 사상자 숫자를 반드시 고려해야 한다. 역사가들은 항상 이를 과소평가하는 경향이 있으며, 일부 역사가는 나폴레옹 전쟁의 사망자 숫자를 100만 명까지 낮게 잡는다. 이 정도로는 충분하지 않다. 나폴레옹은 1812년 러시아에서 50만 명을 잃었으며, 1813년 독일에서 거의 같은 수의 병력을 잃었고, 이베리아 반도 전쟁에서는 22만 명이었다. 이 전쟁들에서 민간인 사상자 숫자는 알 수 없지만 이루 헤아릴 수 없이 많이 죽고 다쳤음은 분명하다. 생도밍그 전쟁에서 전사한 숫자만 해도 프랑스인 5만 5천 명에 흑인과 물라토가 35만 명이었다. 1796년부터 1815년까지 프랑스가 입은 손실을 전사자 100만 명에 질병, 추위, 굶주림으로 죽은 사망자 200만 명으로 계산하면, 보나파르트의 전쟁으로 죽어 간 사람들의 숫자는 최소한으로 잡아도 400만 명이다. 이 숫자도 크게 줄여 산출되었을 가능성이 높다.

　나폴레옹에 관한 모든 것은 자체의 역설을 낳는다. 한편으로 나폴레옹은 그 전쟁의 혼란스러운 충격으로 한 세대 동안 유럽 경제에 퇴보를 가져온 사람으로 볼 수 있으며, 다른 한편으로 봉건주의에 대한 자본주의의 마지막 승리를 확보하고 막 탄생한 프랑스 산업을 영국의 강력한 경쟁으로부터 보호한 사람으로 볼 수 있다. 나폴레옹은 루이 14세에서 시작해 자신을 거쳐 루이 나폴레옹, 티에르, 클레망소, 푸앵카레, 페탱, 드골에 이르기까지 프랑스 역사에 오점을 남긴 '독재 정치'의 긴 명부에서 가장 큰 거물로 볼 수 있는 반면, 역사적 필연의 노리개나 불가항력인 사회적, 경제적 힘들의 꼭두각시였을 뿐이라고(톨스토이의 《전쟁과 평화》에 나타난 해석) 생각할 수도 있다. 나폴레옹은 자유주의를 증오하고 다원주의적 민주주의에 대한 경건한 믿음을 증오했다는 점에서 우익과 좌익에 공히 감화를 주었다. 나폴레옹은 헤겔과 니체의 영웅이었고, 영국의 지배를 벗어나고자 투쟁하는 아일랜드인들의 후원자였으며, 모든 '반골'의 격려자였다.

이 두 가지 모습은 나폴레옹을 위대하게 만드는 것이 무엇인지를 보여준다. 그것은 프로메테우스 같은 야심과 재능이다. 나폴레옹은 놀랍도록 비범한 인물로서 종종 스탈린과 히틀러에 비교되나 두 사람과는 달리 당 조직이나 대중운동의 지원을 받지 못했다. 자신의 지혜에만 의존해 산 사람이 있다면 보나파르트뿐이다. 나폴레옹은 프랑스 혁명을 혐오했지만 여러 점에서 가장 위대한 자발적 혁명가였다. 이런 의미에서 나폴레옹의 진정한 20세기 계승자는 히틀러와 스탈린이 아니라 마오쩌둥과 카스트로이다. 나폴레옹의 가장 심오한 역설은 운명을 신뢰한다고 고백했던 심히 미신적인 인간이 정해진 것은 아무것도 없다는 점을 입증하기 위해 거듭 노력했다는 사실이다. 나폴레옹은 불가능한 것을 꿈꾸었고, 실현하려 했고, 잠시 그 불가능한 것이 나폴레옹에게 허용되었다.

날 때부터 내성적이었던 나폴레옹은 융이 말한 외향적인 인간으로 변모했다. 융의 견해에 따르면 대상의 세계와 외부 세계만이 진짜 실체이다. 그렇기 때문에 비평가들은 성인 나폴레옹에게는 내적 삶이 전혀 없었다고 말한다. 나폴레옹이 고전주의의 승리를 대표하는가, 아니면 낭만주의의 승리를 대표하는가라는 오래된 논쟁은 이런 견해를 수용한다면 해결할 수 있다. 나폴레옹은, 얼빠진 세상을 지배할 계획을 위해 개인의 자아와 사고, 감정을 고상한 지위로 끌어올린 낭만주의를 경멸했다는 뜻이기 때문이다. 이 점에서 또 다른 해석은 나폴레옹이 파올리와 코르시카와 관계를 끊고 고대 고전 독서에서 끌어낸 역할을 수행해야만 했던 이후로는 낭만주의의 인물이 될 수 없었다는 것이다. 그래서 탄생한 것이 스스로 황제가 되어야겠다는 돌이킬 수 없는 생각이었다. 그러나 톨스토이 가문이라면 고전주의 감성은 인간이 사건을 만드는 것이 아니라 사건이 인간을 만든다는 인식을 포함한다고, 나폴레옹은 기술로써만 달성할 수 있는 것을 의지력으로 달성하려 했다고 응수했을 것이다. 따라서 보나파르트의 경우에 내향적 인간 대 외향적 인간, 고전주의 대 낭만주의의 모순을 해결하는 방법은 없다.

그러나 신화에서 나폴레옹의 역할은 사위일체의 신비로운 힘을 강조하는 융의 우화로 설정할 수 있을 것 같다. 섬(코르시카)에서 태어난 나폴레옹은 다른 섬(엘바)으로 유배되었고 또 다른 섬(세인트헬레나)에서 죽었다. 융이 주장하듯 이 삼위일체의 어두운 측면은 네 번째 섬으로써 완성되어야 한다. 그래서 우리는 네 번째 섬, 즉 영국을 나폴레옹의 응보의 여신이자 (나폴레옹의 시각에서 보면) 끔찍한 종말을 가져오는 섬으로 볼 수 있다. 나폴레옹이 경멸적으로 '소상점주들의 나라'를 얘기했을 때, 실제로 그는 현실의 법칙에 의지해 살며 '가능성의 예술'로써만 정치를 수행하는 모든 사람을 경멸했다. 헤라클레스 같은 전통적인 영웅은 나폴레옹이 1812년에 러시아에서 그랬듯이 지옥을 들쑤신다. 그리고 인간에게 불을 가져다준 프로메테우스는 영원히 바위에 묶여 독수리에게 끝없이 창자를 물어뜯긴다. 세인트헬레나의 바위섬에 갇힌 나폴레옹은 희생양이 되었고 프랑스 문화의 신화에서 다른 누구보다도 강력하게 국민과 영광(la gloire)을 대표했다.

참고문헌

1장 어린 시절

나폴레옹의 초기 생애에 관해 참고할 가장 기본적인 저작은 귀중한 1차 사료를 모아 놓은 F. Masson & G. Piaggi, *Napoléon Inconnu, papiers inédits 1769-1793* (Paris, 1895)이다. 근래에 들어서 코르시카 자료를 폭넓게 훑은 뛰어난 연구서인 Dorothy Carrington, *Napoleon's Parents* (1988)가 이를 보완할 수 있다. H. Larrey, *Madame Mère* (Paris 1892)는 매우 중요한 레티치아의 회상을 다룬다. Joseph Bonaparte, *Mémores et correspondance politique et militaire du Roi Joseph*, ed. A. du Casse, 10 vols (Paris 1855)는 전반적으로 참조하는 데 신중할 필요가 있지만 초기 자료는 신뢰할 수 있다. 앙토마르시와 몽톨롱, 그밖에 나폴레옹과 세인트헬레나 시절을 같이 보낸 이들의 회고록은 나폴레옹이 신화를 만들던 시절의 자료나 다른 사료와 비교하면서 신중하게 이용하면 나폴레옹의 초기 생애에 관해 중요한 내용을 전해준다. 특히 François Antommarchi, *Mémores du docteur F. Antommarchi, ou les derniers moments de Napoléon*, 2 vols (Paris 1825)를 보라.

2차 사료 중에는 A. Chuquet, *La Jeunesse de Napoléon* (Paris 1897-1899)이 탁월하다. 비록 중대한 오류를 범하고 있기는 하지만 참조할 만한 책으로 꼽을 수 있다. T. Nasica, *Mémoires sur l'enfance et la jeunesse de Napoléon* (Paris 1852); P. Bartel, *La Jeunesse Inédite de Napoléon* (Paris 1954); A. Decaux, *Napoleon's Mother* (1962); J. B. Marcaggi, *La Genèse de Napoléon* (1902); M. Mirtil, *Napoléon d'Ajaccio* (1947); T. Iung, *Bonaparte et son temps 1769-1799*, 3 vols (1880-1881).

코르시카에 관해서는 당대의 사료 J. J. Rouseau, *Du Contrat Social* (1762)와 James Boswell, *An Account of Corsica, the Journal of a Tour to that Island and Memoirs of Pascal Paoli* (1769)가 중요하다. Frederick Pottle, *James Boswell, The Earlier Years* (1966)도 참조하라. 코르시카의 복수 관습에 관해서는 G. Feydal, *Mémoires et Coûtumes des Corses* (1799)가 좋다. 일상 생활은 Paul Arrighi, *La vie quotidienne en Corse au 18e siècle* (Paris 1970)에 잘 설명되어 있다. 파올리와 18세기 코르시카의 복잡한 정치에 관해서는 Dorothy Carrington, *Sources de l'Histoire de la Corse au Public Record Office* (London) avec 38 lettres inédits de Pasquale Paole (Ajaccio 1983)가 기본이다. Thad E. Hall, *France and the Eighteenth-Century Corsican Question* (NY 1971)은 유용한 개관을 제공한다. 뒤무리에의 회고록 *La vie et les mémoires du général Dumouriez*, 4 vols (Paris 1823)의 첫 권은 1768년 프랑스의 코르시카 침공을 다루고 있

으며, Christine Roux, *Les Makis de la résistance Corse 1772-1778* (Paris 1984)은 이를 보충하는 좋은 책이다.

나폴레옹에 대한 샤토브리앙의 견해는 *Mémoires d'outre-tome* (Paris 1902)에서, 이 폴리트 텐의 견해는 *Les origines de la France contemporaine* (Paris 1890)에서 볼 수 있다. 특히 1815년 이후 나폴레옹에 대한 부자연스럽고 신화적인 견해는 다음을 보라. J. Deschamps, *Sur la légende de Napoléon* (Paris 1931); J. Lucas-Brereton, *Le Culte de Napoléon 1815-1848* (Paris 1960); A. Guérard, *Reflections on the Napoleonic Legend* (1924); P. Gonnard, *Les Origines de la légende napoléonienne* (Paris 1906); M. Descotes, *La Légende de Napoléon et les écrivains français au XIXe siécle* (Paris 1967); Jean Tulard, *Le Mythe de Napoléon* (Paris 1971).

나폴레옹의 심리 분석과 심층 심리에 관해서는 다음을 보라. C. G. Jung, *Collected Works*, eds Fordham, Adler, McGuire (1979), vols 3, 6, 7, 8, 10, 17, 18; A. Brill, *Fundamental Conceptions of Psychoanalysis* (1922); Wilhelm Reich, *Character Analysis* (1950); Freud to Thomas Mann, 29 November 1936. 나폴레옹과 조제프의 관계에 대한 유용한 설명은 둘째 아들 문제를 전반적으로 다루고 있는 Alfred Alder, *Problems of Neurosis* (1929)에서 얻을 수 있다. 레티치아의 간통 가능성에 관해서는 앞서 언급한 캐링턴(Carrington, 1988)의 책 말고도 다음을 보라. *Revue des Deux Mondes*, 15 September 1952; *Figaro littéraire*, 1 May 1954.

2장 파리왕립군사학교

Jean Colin, *L'Éducation militaire de Napoléon* (Paris 1900)은 훌륭한 입문서이 고 Harold de Fontenay, Napoléon, *Joseph et Lucien Bonaparte au College d'Autun en Bourgogne* (Paris 1869)로 보충할 수 있다. 다음 책에서 다른 정보를 얻을 수 있다. Anatole de Charmmasse, *Les Jésuites au College d'Autun, 1618-1763* (Paris 1884); C. Gaunet, *Le Collège d'Autun sous les Jésuites (1618-1763) et après eux* (Autun 1940); Bernard Nabonne, *Joseph Bonaparte: Le roi philosophe* (Paris 1949).

브리엔의 생활에 관해서는 다음의 책들을 조심스럽게 참고하면 유용할 것이다. A. Assier, *Napoléon à l'école de Brienne* (Paris 1874); A.N. Petit, *Napoléon à Brienne* (Troyes 1839); Albert Babeau, *Le Château de Brienne* (Paris 1877); François Gilbert de Coston, *Biographie des premières années de Napoléon Bonaparte* (Paris 1840); A. Prévost, *Les Minimes de Brienne* (Paris 1915). 나폴레옹의 군사학교 시절에 관 해서는 다음의 두 논문이 훌륭하다. R. Laulan, 'La chère à l'École Militaire au temps de Bonaparte', *Revue de l'Institut Napoléon* (1959) pp. 18~23; General Gambier, 'Napoléon Bonaparte à l'École Royale Militaire de Paris', *Revue de l'Institut Napoléon* (1971) pp. 48~56. 데마지스의 신뢰도에 관해서는 다음을 보라. R. Laulan, *Revue de l'Institut Napoléon* (1956) pp. 54~60.

전반적인 군사적 배경은 Albert Bâteau, *La vie militaire sous l'ancien regime*, 2 vols (Paris 1890)과 Spenser Wilkinson, *The French Army before Napoleon* (1830)에 잘 정

리되어 있다. 나폴레옹의 학생 시절 보나파르트 가문의 부침에 관해서는 L. de Brotonne, *Les Bonaparte et leurs alliances* (Paris 1901)과 François Collaveri, *La franc-maçonnerie des Bonaparte* (Paris 1982)를 보라. 이 주제에 관해서는 다음도 참조하라. J. M. Roberts, *The Mythology of Secret Societies* (1972); J. L. Quoy-Bodin, *L'Armée et la Franc-Maçonnerie: au declin de la monarchie sous la Revolution et L'Empire* (Paris 1987).

호감을 주지 못하는 나폴레옹의 아버지에 관해서 좀 더 상세히 알고 싶으면 Xavier Versini, *M. de Buonaparte ou le livre inachevé* (Paris 1977)를 읽어야 한다. 나폴레옹의 어머니는 더 많은 주목을 받았는데 평가는 매우 다양하다. 앞서 언급한 래리 (Larrey, 1892)의 책 말고도 다음을 참조하라. Clement Shaw, *Letizia Bonaparte* (1928); Augustin Thierry, *Madame Mère* (1939); Gilbert Martineau, *Madame Mère* (Paris 1980); Clara Tschudi, *Napoleon's Mother* (1900); Alain Decaux, *Letizia mère de l' empereur* (Paris 1983); François Duhourcau, *La mère de Napoléon* (Paris 1921); Monica Stirling, *A Pride of Lions* (1961); Lydia Peretii, *Letizia Bonaparte* (Paris 1922). 일치된 견해는 대체로 우호적이지 않은데, 이에 대한 이론은 Marthe Arrighi de Casanova, *Letizia mère de Napoléon a été calomniée* (Brussels 1954)에서 볼 수 있다. 나폴레옹에겐 파멸의 근원이었지만 때로 부지불식간에 형을 구원하기도 했던 뤼시앵은 몇몇 부분에서는 신뢰할 수 있는 회고록을 남겼다. *Mémoires de Lucien Bonaparte, Prince Canino, écrits par lui-même* (Paris 1836). 페슈 추기경에 관해서는 다음을 보라. J. P.F. Lyonnet, *Le Cardinal Fesch*, 2 vols (Paris 1841); Hélène Colombani, *Le Cardinal Fesch* (Paris 1979).

나폴레옹을 형성하는 데 일조한 좀 더 일반적인 문화에 관해서는 다음을 참조하라. Norwood Young, *The Growth of Napoleon, A Study in Environment* (1910); F.G. Healey, *The Literary Culture of Napoleon* (Geneva 1959). 나폴레옹의 인성에 관한 연구는 다음을 보라. J. Holland Rose, *The Personality of Napoleon*; David Chandler, 'Napoleon as Man and Leader', *Consortium on Revolutionary Europe Proceedings* (1989), Ⅰ, pp. 581~606; Harold T. Parker, 'The formation of Napoleon's personality; an exploratory essay', *French Historical Studies* 7 (1971) pp. 6~26. 아들러(Adler)의 견해는 *Social Interest* (1938)에 나타나 있다.

이 시기 나폴레옹의 생애에 관한 첫 번째 연구서이지만 사료로서 신뢰할 수 없는 부분이 많은 회고록을 언급해야 할 때가 온 것 같다. Maxime de Villemarest의 저술에 유령처럼 따라다니는 부리엔의 회고록 *Memoirs of Napoleon Bonaparte* (1923)는 대체로 명백한 엉터리 얘기다. 이 책의 프랑스어 초판이 기폭제가 된 720쪽짜리 Boulay de la Meurthe, *Bourrienne et ses erreurs* (Brussels 1930)는 이에 대한 답변이다. 훗날 아브랑테스 공작부인이 되는 로르 페르몽 쥐노는 신뢰할 수 없다는 점에서 부리엔에 결코 뒤지지 않는다. 아브랑테스 공작부인은 책의 터무니없이 환상적인 성격 때문에 또 자신이 아편 중독자가 되었기에 '어느 아편 중독자의 회고록'이라는 부제가 붙은 *Memoirs* (1929) 덕에 아브라카다브랑테스(Abracadabrantes)라는 별명을 얻었다. Peter Gunn,

Napoleon's Little Pest (1938)는 로르 페르몽 쥐노를 생생하게 설명한다. 반면 Roederer, *Bonaparte me disait* (Paris 1942)는 진정한 회고록으로 평가되며 루소가 나폴레옹에 끼친 영향을 증언한다. 뢰데레(Roederer)의 *Journal* (1909)도 참조하라. Chaptal, *Mes Souvenirs*(Paris 1893)는 1804년 이후 제국 시기는 신뢰할 수 없지만 이 시기에 관해서는 상당히 괜찮다.

3장 혁명의 소용돌이

나폴레옹의 성장기를 다룬 다른 저작으로는 다음을 들 수 있다. Bertram Ratcliffe, *Prelude to Fame, An account of the early life of Napoleon up to the battle of Montenotte* (1981); Spenser Wilkinson, *The Rise of General Bonaparte* (1991); Jean Thiry, *Les années de jeunesse de Napoléon Bonaparte* (Paris 1975); Dimitri Sorokine, *La jeunesse de Napoléon* (Paris 1976); H. D'Estre, *Napoléon, les années obscures* (Paris 1942).

Jean Tulard, *Itinéraire de Napoléon* (Paris 1992)은 코르시카 섬과 본토 사이를 오간 여러 왕래의 정확한 날짜를 확정하는 데 매우 귀중한 자료이다. 1789년에서 1792년까지 나폴레옹이 쓴 열한 통의 편지는 *Revue des Deux Mondes*, 15 December 1931에 실려 있다. 다음도 참조하라. J. Savant, *Napoléon à Auxonne* (Paris 1946); M. Bois, *Napoléon Bonaparte lieutenant d'artillerie à Auxonne* (n. d.). 뒤테유와 맺은 중요한 관계에 관해서는 J. du Teil, *Napoléon Bonaparte et les généraux du Teil* (1897)을 보라. 재정 문제에 관해서는 B. Simiot, *De quoi vivait Bonaparte?* (Paris 1952)를, 루이 16세의 바렌 도주 사건의 충격에 관해서는 Marcel Reinhard, *La chute de la Royauté* (Paris 1969)를 보라.

포병 나폴레옹에게 영향을 미친 주요 저작으로는 다음을 들 수 있다. Jean de Beaumont du Teil, *L'Usage de l'artillerie nouvelle dans la guerre de campagne* (Paris 1778); Jacques de Guibert, *Essai général de tactique* (Paris 1772)와 *Defense du systeme de guerre moderne* (Paris 1778); Pierre Bourcet, *Principes de la guerre des montagnes* (Paris 1786). 이 시기 포병과의 중요성은 다음에서 확인할 수 있다. B. P. Hughes, *Firepower; Weapons' Effectiveness on the Battlefield, 1630-1850* (1974); G. Rouqerol, *L'Artillerie au début des guerres de la Révolution* (Paris 1898); B. P. Hughes, *Open Fire! Artillery Tactics from Marlborough to Wellington* (Chichester 1983).

나폴레옹의 소년기는 *Oevures Littéraires*, ed. Tulard (Paris 1968)에 잘 정리되어 있다. 작가 나폴레옹을 다룬 책으로는 N. Tomiche, *Napoléon Écrivain* (Paris 1952)을 들 수 있다. 루소가 청년 나폴레옹에 미친 영향을 다룬 책으로는 Carol Blum, *Jean-Jacques Rousseau and the Republic of Virtue* (Ithaca, NY, 1986)와 D. Mornet, *Les sentiments de la Nature en France de J-J Rousseau à Bernardin de Saint-Pierre* (Paris 1907)이 있다.

나폴레옹의 형제들과 누이들이 보여준 알 수 없는 행동과 여정은 Desmond Seward,

Napoleon's Family (1986)에서 다룬다. 그러한 설명들에—예를 들면 Theo Aronson, *The Story of the Bonapartes* (1967)—기본적인 사료는 F. Masson, *Napoléon et sa famille*, 13 vols (1897-1919)이다. 다음도 참조하라. J. Valynseele, *Le Sang des Bonaparte* (Paris 1954); Hervé Pinoteau, *Vingt-cinq ans d'études dynastiques* (Paris 1982). 루이에 관해서는 F. Rocquain, *Napoléon I et le Roi Louis* (1875)와 Labarre de Raillecourt, *Louis Bonaparte* (1963)을 보라. 나폴레옹의 첫 성 경험 장소인 팔레 루아얄의 내력은 François de Saint-Paul, *Tableau du Nouveau Palais-Royal*, 2 vols (Paris 1788)과 Robert Isherwood, *Farce and Fantasy: Popular Entertainment in Eighteenth-Century Paris* (Oxford 1986)를 보라. 체라키와 나폴레옹의 관계는 Hilaire Belloc, *Napoleon* (1932)에서 다룬다.

4장 코르시카의 혁명가

이 시기에 관해서는 부리엔의 회고록과 조제프의 회고록이 유용하다. *Napoleon's Memoirs*, ed. S. de Chair (1948)은 코르시카에서 지낼 때 보여준 복잡한 행동들을 이해하는 데 도움이 된다. 뤼시앵 보나파르트의 *Memoirs* (1836)는 나폴레옹의 이야기에서 뤼시앵이 중요한 인물이 된 시점을 보여준다. 뤼시앵에 관해서는 François Pietri, *Lucien Bonaparte* (1939)도 참조하라. 나폴레옹의 증언은 Tular, *Oeuvres littéraires*, op. cit. vol. 2에서도 볼 수 있다.

코르시카의 정치 상황에 관한 사료로는 D. Perelli, *Lettres de Pascal Paoli*, 6 vols (Bastia 1889)가 눈에 띈다. 파올리를 연구한 책으로는 다음도 참조해야 한다. Peter Thrasher, *Pasquale Paoli, an Enlightened Hero, 1725-1807* (1970); Dominique Colonna, *Le Vrai Visage de Pascal Paoli en Engleterre* (Nice 1969); René Emmannuelli, *Vie de Pascal Paoli* (Lumio 1978). 코르시카의 복잡한 정치에 관해서는 다음을 보라. L. Villat, *La Corse de 1768 à 1789* (Paris 1925); F. R. J. de Pommereul, *Historie de l'Île de Corse*, 2 vols (Berne 1779); Jacques-Maurice Gaudin, *Voyage en Corse et vue politique sur l'amélioration de cette isle* (Marseilles 1978); Pierre Antonetti, *Histoire de la Corse* (Paris 1973); François Pomponi, *Histoire de la Corse* (Paris 1979); Jose Colombani, *Aux origines de la Corse française. Politique et institutions* (Ajaccio 1978); Antoine Casanova, *Peuple Corse, révolution et nation français* (Paris 1979). 다음의 두 책이 특히 두드러진다. Thad Hall, *France and the Eighteenth-Century Corsica Question* (NY 1971); Jean Francesci, *La Corse française, 30 novembre 1789-11 juin 1794* (Paris 1980).

나폴레옹의 적 포초 디 보르고를 다룬 다수의 연구서가 있다. P. McErlean, *The Formative Years of a Russian Diplomat* (1967); P. Jollivet, *Paoli, Napoleon, Pozzo di Borgo* (Paris 1982); P. Ordioni, *Pozzo di Borgo* (Pairs 1935), 그리고 Dorothy Carrington의 뛰어난 논문 'Pozzo di Borgo et les Bonaparte', *Problèmes d'Histoire de la Corse* (1971) pp. 101~129. 1792년 부활절 사건에 관한 연구는 F. Chailley-Pompei, 'Troubles de Pâques', *Problèmes d'Histoire de la Corse* (1971) pp. 179~189를 보라.

마달레나 사건에 관해서는 다음을 보라. E. J. Peyrou, *L'Expédition de Sardaigne, Le Lieutenant Bonaparte à la Maddalena* (Paris 1912); G. Godlewski, 'Bonaparte et l'affaire de la Maddalena' *Revue de l'Institut Napoléon* (1964) pp. 1~12; M. Mirtil, *Napoléon d'Ajaccio* (Paris 1947).

소란스러웠던 1792년의 파리 생활에 관해서는 R. B. Rose, *The Making of the Sans-culottes* (Manchester 1983)를 보라. 루이 16세에 관해서는 John Hardmann, *Louis XVI* (1993)을 보라. 1792년 8월 10일 끔찍한 하루는 Marcel Reinhard, *10 Août 1792: La Chute de la Royauté* (Paris 1969)에 가장 잘 설명되어 있다. 그해의 전쟁 발발에 관해서는 T. C. W. Blanning, *The Origins of the French Revolutionary Wars* (1968)를 보라. 나폴레옹의 생애에서 군대는 너무나 큰 존재이기 때문에 프랑스 혁명군과 나폴레옹의 그랑다르메 사이의 연속성(이나 연속성의 결여)에 관해서는 논쟁이 있다. 다음을 참조하라. J. Bertaud, *The Army of the French Revolution: from Citizen Soldiers to Instrument of Power* (Princeton 1988); J. Lynn, 'Towards an Army of Honour: the moral evolution of the French Army, 1789-1815', *French Historical Studies* 16 (1989) pp. 152~182.

1792년을 잊지 못할 한 해로 만든 극심한 경제적 위기는 Florin Aftalion, *L'Économie de la Révolution Française* (Paris 1987)을 보라. S. E. Harris, *The Assignats* (Cambridge, Mass. 1930)은 통화가치 하락을 중점적으로 다룬다. Fritz Baesch, *La Commune de Dix Août, 1792: Étude sur l'Histoire du Paris de 20 juin au 2 décembre 1792* (Paris 1911)는 파리의 정치를 거의 나날이 추적할 수 있는 두꺼운 책이다. 파리를 정확히 여행객의 시각에서 나폴레옹의 눈에 비친 대로 보여줄 이야기로는 J. Moore, *A Journal during a residence in France* (1793)를 들 수 있다.

나폴레옹의 인성에 관한 언급은 심리 분석 문헌들에 골고루 퍼져 있는데 어니스트 존스(Ernest Jones)와 지크문트 프로이트(Sigmund Freud)의 평이 각별히 탁월하다. '에난티오드로미아'에 관한 융의 견해는 CW. 7 pp. 111~113에서 볼 수 있다.

5장 첫 승리, 툴롱 탈환

툴롱의 포위 공격은 나폴레옹의 생애 전체에 가장 중요한 사료인 *Correspondance de Napoléon I*, 32 vols (Paris 1858-1870)의 첫 부분이다. 중요한 1차 사료로는 다음을 보라. F. A. Doppet, *Mémoires* (Paris 1797); *Mémoires du maréchal Marmont, duc de Raguese, de 1792 à 1841*, 9 vols (Paris 1857); Claude-Victor Perrin, *Extraits des Mémoires Inédites de feu* (Paris 1846); J. Barrow, *The Life and Correspondence of Sir Sidney Smith* (1848). 툴롱에서 쥐노의 행적에 관해서는 다음을 보라. Marie-Joseph Emmanuel de las Cases, *Mémorial de Saint-Hélène ou journal où se trouve consigné… tout ce qu'a dit et fait Napoléon… du 20 juin 1815 au 25 novembre 1816*, ed. M. Dunan (Paris 1822).

툴롱의 포위 공격에 관해서는 다음도 참조하라. Paul Cottin, *Toulon et les Anglais* (Paris 1893); C. J. Fox, *Napoleon and the Siege of Toulon* (1902); D. J. M. du Teil, *L'*

École d'Artillerie d'Auxonne et le siege de Toulon (Paris 1897). 우유부단한 사령관에 관해서는 A. Chuquet, *Dugommier* (Paris 1904)를 보라. 나폴레옹이 툴롱에서 만난 자들의 경력은 다음에서 추적할 수 있다. C. H. Barault-Roullon, *Le Maréchal Suchet, duc d' Albufuera* (Paris 1854); François Rousseau, *La Carrière du maréchal Suchet, duc d' Albufuera* (Paris 1898); R. Christophe, *Le maréchal Marmont, Duc de Raguse* (Paris 1968).

툴롱의 포위 공격 직전과 직후의 나폴레옹에 관해서, 그리고 나폴레옹 가족의 역정에 관해서는 다음을 참조하라. Paul Gaffarel, *Les Bonaparte à Marseille, 1793-1797* (Marselles 1905); P. Masson, *Marseille et Napoléon* (Paris 1920); O. Lemoine, *Le Capitaine Bonaparte à Avignon* (1899); O, Connelly, *The Gentle Bonaparte: a Biography of Joseph, Napoleon's Elder Brother* (NY 1968). 조제프와 클라리 가족의 관계는 F. Vérang, *La Famille Clary et Oscar* Ⅱ (Marseilles 1893)을 보라.

이탈리아 전쟁에서 나폴레옹이 쓴 작전 계획은 C. Camon, *La Première Manoeuvre de Napoléon* (Paris 1937)과 L. krebs & H. Moris, *Campagnes dans les Alpes pendant la Révoltuion 1792-1793* (Paris 1893)에 분석되어 있다. J. Godechot, La Grande Nation (Paris 1936)도 참조하라. 파견의원들은 H. Wallon, *Les Représentants du Peuple en Mission* (Paris 1899)에서 설득력 있게 다루어진다. 이 시기 나폴레옹의 사생활은 파악하기가 어렵지만 A. Thierry, 'Un auour inconnu de Napoléon', *Revue des Deux Mondes*, 15 November 1940이 유용하다.

테르미도르 반동과 로베스피에르의 몰락, 두 사건의 귀결은 Richard Bienvenu, *The Ninth of Thermidor; The Fall of Robespierre* (1968)과 Gerard Walter, *La Conjuration du Neuf Thermidor* (Paris 1974)에서 추적할 수 있다. 로베스피에르에 관해서는 그밖에 다음을 참조하라. J. M. Thompson, *Robespierre*, 2 vols (Oxford 1935); George Rudé, *Robespierre: Portrait of a Revolutionary Democrat* (1985); Norman Hampson, *The Life and Opinions of Maximilien Robespierre* (1974). 나폴레옹의 초기 생애에서 주요 인물이었던 카르노는 Marcel Reinhard, *Le Grand Carnot*, 2 vols (Paris 1950-52)에서 흥미롭게 다루어진다.

6장 파리의 수호자

이 시기에 오면 나폴레옹의 생애에 관한 사료는 단순히 많은 것을 뛰어넘어 풍부해진다. 데지레에 관한 사료만으로도 나폴레옹의 편지(예를 들면 *Correspondence* 42, 45, 47)와 Evangeline Bruce, *Napoleon and Josephine* (1995)에 실린 스웨덴국립문서보관소의 편지들, 아브랑테스 부부의 회고록, 나폴레옹이 쓴 *Clisson et Eugénie*(in Tulard, ed. *Œuvres littéraires*, op. cit. ii. pp. 440~453)가 있다. 데지레에 관한 기본적인 저작은 Gabriel Girod del'Ain, *Désirée Clary d'après sa correspondence inédite avec Bonaparte, Bernadotte et sa famille* (Paris 1959)이 볼 만하다.

1794년에서 1795년 나폴레옹이 파리에 있던 시절에 관해서는 회고록이 풍부하다. 앞서 인용한 조제프와 마르몽, 빅토르, 부리엔, 아브랑테스의 회고록 말고도 다음을 참조하라. Victorine de Chastenay, *Mémoires* (Paris 1896); Paul Barras, *Memoires de Barras*, 3 vols (Paris 1895)—이 책은 보나파르트에 반대하는 편견이 매우 강하기 때문이 극도로 조심스럽게 이용해야 한다; G. J. Ouvrard, *Mémoires sur sa vie* (Paris 1826); Louis Amour Bouille, *Souvenirs pour servir aux mémoires de ma vie et mon temps* (Paris 1911); Chancelier Psquier, *Mémoires*, 2 vols (Paris 1894); L.M. de La Révèlliere-Lépaux, *Mémoires* (Paris 1893)—이 책은 바라스 책만큼이나 적대적이다. 가치에는 차이가 있지만 '쇼미에르' 모임의 주요 인물들 대부분에 관해서는 전기가 있다. Jacques Castelnau, *Madame Tallien* (Paris 1937); Princesse de Chimay, *Madame Tallien* (Paris 1936); Fernando Diaz-Plaja, *Térésa Carbarrus* (Barcelona 1943); André Gayot, *Fortunée Hamelin* (Paris n.d.); Françoise Wagener, *Madame Récamier* (Paris 1986).

테르미도르 반동 이후 프랑스에 대한 모범적인 설명은 Jules Michelet, *Histoire du Ⅹ Ⅸ siècle* (Paris 1875)에서 볼 수 있다. 더러는 Georges Lefebvre의 *Les Thermidoriens* (1937)과 *Le Directoire* (1946)에도 '모범적'이라는 수식어를 붙일 수 있다. 1794년에서 1796년의 시기는 다음도 참조하라. A. Mathiez, *La Réaction thermidorienne* (Paris 1929); A. Meynier, *Les Coups d'Etat du Directoire* (Paris 1929); J. Godechot, *La Contre-Révolution* (Paris 1961). 이 시기를 연구한 최근의 뛰어난 저술 중 몇몇은 영어로 출간되었다. Denis Woronoff, *The Thermidorean Regime and the Directory 1794-1799* (1984); Martin Lyons, *France under the Directory* (1975); M. J. Syndenham, *The First French Republic 1792-1804* (1794). 뮈라의 중대한 역할은 A. H. Atteridge, *Joachim Murat, Marshal of France and King of Naples* (1911)과 H. Cole, *The Bertrayers: Joachim and Caroline Murat* (1972)에서 고찰한다. Jean Tulard, *Murat* (Paris 1985)도 참조하라.

조제핀과 맺은 관계는 인간 나폴레옹을 이해하는 데 핵심이다. 나폴레옹이 조제핀에 보낸 편지 모음에는 여러 판본이 있지만 가장 학문적인 것은 Jean Tulard, ed. *Napoléon: Lettres d'amour à Joséphine* (Paris 1981)이다. Hortense de Beauharnais, *Mémoires de la reine Hortense, publiés par le prince Napoléon* (Paris 1928)도 필수적인 1차 사료에 속한다. 조제핀에 관한 문헌은 매우 많은데, 그중 영어로 된 것으로는 Evangeline Bruce (위에 인용했다)의 책이 최고다. 조제핀을 직설적으로 언급하는 제목의 다른 책으로는 다음을 들 수 있다. Louis Hastier, *Le Grand Amour de Joséphine* (Paris 1955); André Gavoty, *Les amoureux de l'impératrice Joséphine* (Paris 1961); André Castelot, *Joséphine* (Pairs 1964). '마더 콤플렉스'에 관한 융의 언급은 CW. 9 ⅰ. pp. 161~162에 나와 있다.

폴 바라스는 나폴레옹 이야기와 조제핀 이야기에 똑같이 가장 중요한 사람이나, 아직까지 바라스의 생애에 관한 일급의 저술은 보이지 않는다. 볼 만한 책으로는 J. P. Garnier, *Barras, roi du Directoire* (Paris 1970)가 있고 바라스의 회고록과 총재정부의 전반적인 역사가 이를 잘 보완한다. 켈레르만과 이탈리아 전선에 관해서는 David Chandler, ed. *Napoleon's Marshals* (1987)를 보라.

나폴레옹의 *Correspondence* 중 첫 세 권은 1796년에서 1797년 사이의 연구에 필수적이다. 이탈리아 전쟁에 매우 귀중한 다른 1차 사료로는 다음을 보라. M. Reinhard, *Avec Bonaparte en Italie d'après les lettres inèdites de son aide de camp Joseph Sulkowski* (Paris 1946); J. B. Marbot, *The Memoirs of Baron Marbot* (1982); General Koch, ed. *Mémoires de Masséna*, 7 vols (Paris 1850).

이탈리아 전쟁은 여러 책에서 자세하게 연구되었다. J. Colin, *Campagne de 1796-1797* (Paris 1898); C. von Clausewitz, *La campagne de 1796 en Italie*, trans J. Colin (Paris 1899); Gabriel Fabry, *La Campagne d'Italie*, 3 vols (Paris 1901); J. Thiry, *Napoléon en Italie* (1973). 나폴레옹의 군사적 데뷔는 Gabriel Defosse, *Montenotte, la première voctoire de Napoléon, 12 avril 1796* (Paris 1986)을 보라. 이탈리아 전쟁에 관한 통상적인 견해는 전쟁이 나폴레옹의 비할 데 없이 훌륭한 군사적 재능을 드러냈다는 것이지만, 이런 견해는 우상파괴적인 Gugliemo Ferrero, *The Gamble* (1939)로부터 강력한 도전을 받았다.

라인 강 전투를 포함하는 오스트리아 쪽 얘기는 다음 책에서 추적할 수 있다. S. Biro, *The German Policy of Revolutionary France 1792-1797* (Harvard 1957); Mallet du Pan, *Correspondence inédite avec la cour de Vienne, 1794-1798* (Paris 1884); G. Rothenberg, *Napoleon's Great Adversaries: the Archduke Charles and the Austrian Army, 1792-1814* (1982).

이탈리아 전쟁에 참여한 주요 인물들의 전기로는 다음을 들 수 있다. G. Derrecagaix, *Le maréchal Berthier, Prince de Wagram et de Neuchâtel*, 2 vols (Paris 1905); Sydney J. Watson, *By Command of the Emperor: A Life of Marshal Berthier* (1957); Z. Zieseniss, *Berthier* (Paris 1985); Charles Thoumas, *Maréchal Lannes* (Paris 1891); Luc Wilette, *Le maréchal Lannes, un d'Artagnan sous l'Empire* (Paris 1979); André Laffargue, *Jean Lannes, maréchal de France* (Paris 1981); Édouard Gachot, *Histoire Militaire de Masséna*, 5 vols (Pairs 1908); James Marshall-Cornwall, *Masséna* (Oxford 1965). 살리체티와 가로는 J. Godechot, *Les Commissaires aux armées sous le Directoire*, 2 vols (Paris 1937)에서 다룬다. 앙리 클라르크는 A. Dry, *Soldats Ambassadeurs sous le Directoire* (Paris 1906)에서 되살아난다.

베르나도트는 진정으로 상세한 전기를 쓸 만한 인물이다. 놀랍게도 베르나도트에 관한 최고의 연구서는 영국 역사가들 손에서 나왔다. 기본적인 책은 Sir D. P. Barton의 세 권짜리 Bernadotte, *The First Phase 1763-99* (1914); *Bernadotte and Napoleon 1799-1810* (1921); *Bernadotte, Prince and King 1810-44* (1925)이다. Lord Russelll, *Marshal of France and King of Sweden* (1981)도 있다. 최신 전기로 가장 좋은 것은 A. Palmer, *Bernadotte: Napoleon's Marshal, Sweden's King* (1990)이다. 이 사람의 가스코뉴인다운 수다에 관한 단상은 John Phlipart, *The Memoirs and Campaigns of Charles John, Prince Royal of Sweden* (1814)에 수집된 서간들과 급보들에서 얻을 수 있다.

나폴레옹과 총재정부, 총재정부의 희생양들 사이의 복잡한 관계는 다음의 책들에 설명되어 있다. R. Guyot, *Le Directoire et la Paix de l'Europe* (Paris 1911); P. Rain, *La Diplomatie Française de Mirabeau à Bonaparte* (Paris 1952); E. Y. Hales, *Revolution and Papacy* (1960); G. MacLellan, *Venice and Bonaparte* (Princeton 1931); P. J. M du Teil, *Rome, Naples et le Directoire* (Paris 1902).

조제핀이 1796년 3월부터 7월까지 나폴레옹 없이 보낸 넉 달간의 생활은 Antoine Arnault, *Souvenirs d'un sexagénaire* (Paris 1933)에 나타나 있다. 셰르벨로니 저택과 몸벨로 저택의 환경은 Comte A. F. Miot de Melito, *Mémoires du Comte Miot de Melito*, 3 vols (Paris 1873)에 잘 묘사되어 있다. 밀라노 시절에 관해서는 마르몽의 회고록이 특히 유익하다. 앙투안 아멜랭의 자서전에 나온 단편들도 참조하라. Antoine Hamelin, *Douze ans de ma vie* in *Revue de Paris*, November 1926, January 1927. 조제핀과 이폴리트 샤를의 장기간의 관계는 Louis Hastier, *Le Grand Amour de Joséphine* (Paris 1955)에서 추적한다. André Gavoty, *Les Amoureux de l'impératrice Joséphine* (1961)과 André Castelot, *Joséphine* (Paris 1964)도 참조하라.

8장 전쟁 천재

나폴레옹의 군사적 재능은 David Chandler, *The Campaignes of Napoleon* (1966)에 상세히 분석되어 있다. 이 책은 나폴레옹을 크게 찬양하며 Owen Connelly, *Blundering to Glory: Napoleon's Military Campaigns* (Wilmington, Delaware 1987)와 비교하면 유익하다. 군사 전략과 전술, 기술에 관해 나온 책들은 차고 넘친다. G. Rothenberg, *The Art of Warfare in the Age of Napoleon* (1977); M. Glver, *Warfare in the Age of Napoleon* (1980); R. Quimby, *The Background to Napoleonic Warfare* (NY 1957); R. Johnson, *Napoleonic Armies: a Wargamer's Campaign Directory, 1805–1815* (1984); O. von Pivka, *Armies of the Napoleonic Era* (Newton Abbott 1979); G. Jeffrey, *Tactics and Grand Tactics of the Napoleonic Wars* (NY 1982).

이탈리아에서 벌어진 약탈에 관해서는 Charles Saunier, *Les Conquêtes artistiques de la Révolution et de l'Empire* (Paris 1902)가 유용하며, F. Boyer, 'Les responsabilités de Napoléon dans le transfert à Pairs des Œuvres d'art de l'étranger', *Revue d'Histoire moderne et contemporaine* (1964) pp. 241~262는 최고다. 이탈리아 연방과 통일에 관한 나폴레옹의 계획에 관해서는 P. Gaffarel, *Bonaparte et les Républiques italiennes 1796-1799* (Paris 1895)와 J. Godechot and G. Bourgin, *L'Italie et Napoléon* (Paris 1936)을 보라. Godechot의 논문 'Les Français et l'unité italienne sous le Directoire', *Revue Politique et constitutionelle* (1952), pp. 96~110, 193~204는 '나폴레옹이 진정 이탈리아의 통일을 원했는가'라는 어려운 주제에 관해 각별히 유익하다. 다른 단행본 중 중요한 것으로는 E. Y. Hales, *Revolution and Papacy* (1960)와 G. MacLellan, *Venice and Bonaparte* (Princeton 1931)가 있다.

나폴레옹과 총재정부의 싸움은 다음 책들에서 다룬다. Albert Sorel, *L'Europe et la Révolution française* (1903), Vol. 5; R. Guyot, *Le Directoire et la paix de l'Europe*,

1795-1799 (Paris 1911); B. Nabonne, *La Diplomatie du Directoire et de Bonaparte* (Paris 1951). 프뤽티도르 쿠데타에 이르는 복잡하게 얽힌 사건들에 관해서는 다음을 보라. Léonce Pingaud, *Le comte d'Antraigues* (Paris 1931); J. Godeshot, *La Contre-Révolution* (Paris 1961); G. Caudrillier, *La Trahison de Pichegru et les Intrigues royalistes dans l'Est avant Fructidor* (Paris 1908); A. Meynier, *Les Coups d'État du Directoire. Vol.* Ⅰ. *le 18 Fructidor an* Ⅴ (Paris 1928).

탈레랑과 스탈 부인은 나폴레옹 이야기에서 중요한 인물이다. 탈레랑의 전기로는 Jean Orieux, *Talleyrand* (Paris 1970); G. Lacour-Gayet, *Talleyrand*, 4 vols (Paris 1934); D. Duff Cooper, *Talleyrand* (1932)이 있으며, 탈레랑의 *Mémoires*, ed. de Broglie (1892)와 *Correspondance*, ed. Pallain (Paris 1891)은 이를 보완해준다. 탈레랑을 낱낱이 파헤친 Michel Poniatowski의 세 권짜리 책은 기존의 모든 전기를 크게 능가한다. 그중 이 시기에 해당하는 것은 *Talleyrand et le Directoire* (Paris 1982)이다. 제르맨 드 스탈도 전기 작가들의 주목을 끌었다. J.C. Herold, *Mistress to an Age: A Life of Madame de Staël* (NY 1958); Henri Guillemin, *Madame de Staël, Benjamin Constant et Napoléon* (Paris 1959).

조제핀의 계속되는 모험담은 여러 사람들의 회고록에서 가장 잘 드러난다. 특히 아브랑테스, 레뮈자, 미요 드 멜리토, 마르몽, 바라스, 부리엔, 그리고 앙투안 아르노의 *Mémoires d'un Sexagenaire* (Paris 1833)가 도움이 된다. 나폴레옹의 침공 계획에 관한 모범적인 저술은 E. Desbrières, *Projets et Tentatives de débarquement aux Îles britanniques, 1793-1805* (Paris 1912)이다. 영국 쪽에서는 Norman Longmate, *Island Fortress, The Defence of Great Britain 1603-1945* (1991)가 이를 보완할 수 있다. 오슈는 Albert Sorel, *Bonaparte et Hoche en 1797* (Paris 1897)에서 다루어진다. 한때 오슈의 동료였던 울프 톤도 여러 전기 작가들의 관심을 받았는데, 그중 가장 최근의 책은 Marianne Elliott, *Wolfe Tone* (1989)이다.

9장 이집트 원정

나폴레옹의 이집트 시절에 관해 쓰려면 C. de la Jonquière의 두꺼운 책 *L'expédition de l'Égypte*, 5 vols (Paris 1900-1907)가 절대적이다. Jean-Joël Bregeon, *L'Égypte française au jour le jour, 1798-1801* (Paris 1991)도 꼭 필요한 책이다. 이집트 모험은 이성적인 면과 비이성적인 면이 뒤섞여 강력한 흡입력을 지녔기에 역사가들이 늘 좋아했던 주제이다. 많은 책들 중에서 다음을 거론할 수 있겠다. Jean Thiry, *Bonaparte en Egypte* (Paris 1973); J. C. Herold, *Bonaparte in Egypt* (9163); Michael Barthorp, *Napoleon's Egyptian Campaigns, 1798-1801* (1978); J. Bainville, *Bonaparte en Egypte* (Paris 1936); F. Charles-Roux, *Bonaparte: Governor of Egypt* (1937).

나폴레옹의 '오리엔트 콤플렉스'에 관해서 꼭 읽어야 할 책들은 다음과 같다. Jacques Benoist-Mechin, *Bonaparte en Egypte et le rêve inassouvi* (Pairs 1966); G. Spillman, *Napoléon et l'Islam* (1969); Henri d'Estre, *Bonaparte, le mirage oriental, L'Egypte* (Paris 1946); Pierre Vendryes, *De la probabilité en histoire, l'exemple de l'expédition d'Égypte* (Paris 1952). *Mauel de politique etrangère*, vol. 2 (Paris 1898)에 나온 Émile Bourgeois의 모범적인 연구도 참조하라. F. Charles-Roux, *Les Origines de l'expédition d'Égypte* (Paris 1910)는 원정의 '이성적인' 동인들을 잘 요약했다.

1798-1799년 이집트 원정의 여러 가지 부수적 귀결과 함의 중에서 티푸 사히브 문제는 Joseph-François Michaud, *Histoire de Mysore sous Hyder-Ali et Tippoo Sahib* (Paris 1899)와 L. B. Bowring, *Haidar Ali and Tipu Sultan* (1899), Saint-Yves, 'La chute de Tipoo', *Revue des Questions historiques* (1910)에서 더할 나위 없이 잘 추적되어 있다. 드제의 삶에 관해서는 A. Sauxet, *Le Sultan juste* (Paris 1954)를 보라. 드제가 쓴 *Journal de Voyage*, ed. Chuquet (Paris 1907)가 이를 보완해준다. Alan Moorhead, *The Blue Nile* (1962)에서는 드제가 상부 이집트에서 벌인 모험에 관한 흥미로운 논의를 볼 수 있다. 클레베르는 Lucas-Dubreton (1937)과 G. Lecomte, *Au chant de la Marseillaise... Merceau et Kléber* (Paris 1929)에서 상세히 다루고 있으며, 클레베르의 '수첩'은 *La Revue d'Egypte* (1895)에 게재되어 있다. 폴린 푸레스의 이야기는 Léonce Deschamp, Pauline Fourès, *Notre Dame de L'Orient* (Paris n.d.)가 전한다. 나폴레옹의 이집트 시절에 중요했던 또 한 사람에 관해서는 E. d'Hauterive, *Le General Alexandre Dumas* (Paris 1897)와 André Maurois, *Les trois Dumas* (Paris 1957)를 보라. 원정 직후의 시기에 관해서는 Robert Anderson & Ibrahim Fawzy, *Egypt in 1800* (1987)을 참조하라.

1798년의 해전에 관해서는 Tom Pocock, *Nelson* (1988)과 Oliver Warner, *The Battle of the Nile* (1960)을 보라. R. Cavaliero, *The Last of the Crusaders: the Knights of St John and Malta in the 18th Century* (1960)는 몰타에서 벌어진 일을 매우 유용하게 요약하고 있지만, 현대의 연구서 중 꼭 읽어야 할 책은 Desmond Gregory, *Malta, Britain and the European Powers, 1793-1815* (1996)이다. 이집트 모험의 넓은 배경에 관해서는 다음을 보라. Thomas Pakenham, *The Year of Liberty* (1969); John Ehrman, *The Younger Pitt: The Consuming Struggle* (1996); Piers Mackesy, *War without Victory: the downfall of Pitt, 1799-1802* (1984). 오스만튀르크 제국 쪽 상황에 관해서는 W. Johnson & C. Bell, *The Ottoman Empire and the Napoleonic Wars* (Leeds 1988)과 S. Shaw, *Between Old and New: the Ottoman Empire under Sultan Selim Ⅲ, 1789-1807* (Cambridge, Mass. 1971)을 보라.

이집트 모험의 폭넓은 문화적 함의에 관해서는 다음을 보라. Peter Clayton, *The Rediscovery of Egypt* (1982); James S. Curl, *The Egyptian Revival* (1982); Ibrahim Ghali, *Vivant Denon, ou la conquête du bonheur* (Cairo 1986); Pierre Lelièvre, *Vivant Denon* (Paris 1993); J. M. Humbert, M. Pantazzi, C. Ziegler, eds., *Egyptomania. Egypt in Western Art, 1730-1930* (Ottawa 1994).

이집트에 관련된 회고록은 많으나 나폴레옹의 '어려운' 의무부대 수장의 회고록인 R. N. Desgenettes, *Souvenirs d'un médicin de l'expédition d'Égypte* (Paris 1893)가 단연 중요하다. 다른 일급의 사료로는 François Bernoyer, *Avec Bonaparte en Egypte et Syrie, 19 lettres inédites*, ed. Tortel (Paris 1976)이 있다. 그 밖의 '최고의' 회고록으로

는 다음을 들 수 있다. J. B. P. Jollois, *Journal d'un ingénieur attaché à l'expédition française, 1798-1802*, ed. Lefèvre-Pontalis (Paris 1904); Geoffroy Saint-Hilaire, *Lettres écrites d'Égypte* (Paris 1901); Alexandre Berthier, *Relation des campagnes du général Bonaparte en Egypte et en Syrie* (Paris 1901); Vivant Denon, *Boyage dans la Basse et la Haute-Egypte* (Paris 1802)이 있다. 이러한 회고록들은 굉장히 중요한 사료를 담고 있기는 하지만 이 시기의 회고록 문헌들이 보여주는 엄청나게 당혹스러운 내용들을 감안하면 극히 일부만 얘기해준다. 오리엔트의 매력에 현혹된 자는 비단 나폴레옹만이 아니었던 것이 분명하다.

10장 브뤼메르 18일의 쿠데타

Albert Vandal, *L'Avènement de Bonaparte* (Paris 1907)는 브뤼메르 18일 연구의 고전이다. 다른 연구들은 다만 상세히 설명할 뿐인데, 예를 들면 다음과 같다. Jacques Bainville, *Le dix-huit Brumaire* (Paris 1925); A. Ollivier, *Le dix-huit Brumaire* (Paris 1959); Guvstave Bord et Louis Bigard, *La Maison du dix-huit Brumaire* (Paris 1930); D. J. Goodspeed, *Bayonets at saint-Cloud* (NY 1965). 가장 최근의 설명은 J. P. Bertaud, *Le Dix-Huit Brumaire* (Paris 1987)이다. 쿠데타의 합법성을 전문적으로 본 연구로는 F. Pietri, *Napoléon et le Parlement* (1955)가 특별히 가치가 있다. 연속성과 변화의 문제에 관해서는 다음을 보라. L. Sciout, *Le Directoire* (Paris 1897); M. Reinhard, *La France du Directoire* (Paris 1956); A. Soboul, *Le Directoire et le Consulat* (Paris 1967); D. Woronoff, *La République bourgeoise* (Paris 1972). 선전이라는 핵심 요소에 관해서는 R. Holtman, *Napoleonic Propaganda* (Baton Rouge 1950)를 보라. 총재정부 쇠락의 군사적 측면에 관해서는 Steven T. Ross, *Quest for Victory: French Military Strategy 1792-1799* (Cranbury, N.J. 1973)를 참조하라.

누구나 예상하겠지만 회고록은 브뤼메르 18일을 연구하는 데 특히 귀중한 문헌이다. 부리엔의 회고록을 제외하면 다음의 증언이 두드러진다. Jérôme Gohier, *Mémoires* (Paris 1824); Peirre-Louis Roederer, *Journal*, ed. Vitrac (Paris 1909); A. C. Thibaudeau, Mémoires *sur le consulat et l'empire de 1799 à 1815* (Paris 1827) and *Mémoires* (Paris 1913); Joseph Fouché, *Mémoires* ed. L. Madelin (Paris 1945)은 신뢰할 수 없다. 그 거짓말의 왕자에게서 기대할 것은 그것뿐이다.

전기상의 상세한 내용은 이 시기에 권력과 지위를 두고 다투었던 일군의 사람들에 관해 매우 중요한 사료이다. Jean-Denis Brédin, *Sieyès, la clé de la Révolution française* (1988)는 나폴레옹이 모스카라면 볼포네(역주-윌리엄 셰익스피어와 동시대인으로 풍자 희곡으로 유명한 잉글랜드 르네상스기 극작가이자 시인인 벤저민 존슨(1572-1673)의 희극 〈볼포네(Volpone)〉에 나오는 등장인물이다. 욕심 많은 베네치아의 향신 볼포네는 자신의 재산을 노리는 자들을 속이기 위해 죽은 행세를 하고 모든 재산을 하인인 모스카에게 물려준 것처럼 일을 꾸몄으나 모스카는 부자가 된 새로운 지위를 포기하려 하지 않는다.) 역할을 했던 자에 관한 가장 최근의 저술이다. P. Bastid, *Sieyès et sa pensée* (Paris 1939)는 시에예스의 헌법 제정자 역할에 집중한다. R. Marquant, *Les Archives*

Sieyès (Paris 1970)도 참조하라. 뤼시앵이 브뤼메르 19일에 수행한 역할에 관해서는 앞서 인용한 책 이외에 F. Pietri, *Lucien Bonaparte* (Paris 1939)가 특별히 유익하다. 많은 주목을 받은 캉바세레스에 관해서는 다음과 같은 책들이 있다. Lamothe-Vangon, *Les après-diners de Cambacérès* (Paris 1946); François Papillard, *Cambacérès* (Paris 1991); Richard Boulind, *Cambacérès and the Bonapartes* (1976); P. Vialles, *L' Archichancelier Cambacérès d'après des documents inédits* (1908). Stefan Zweig, *Fouché* (1930)는 그 역겨운 경찰 총수에 관한 심리학적 연구로는 가장 세세하다. 푸셰의 활동은 다음의 책들에서 더 설명한다. L. Madelin, *Fouché* (Paris 1901); Jean Rigotard, *La police parisienne de Napoléon* (Paris 1990); E. A. Arnold, *Fouché, Napoleon and the General Police* (Washington DC, 1979).

이 시기의 중요한 여인들은 Michel Lacou-Gayet, *Marie-Caroline reine de Naples, une adversaire de Nopoléon* (Paris 1990)과 Henri Guillemin, *Madame de Staël, Benjamin Constant et Napoléon* (Paris 1959)에서 다룬다. 여성 전반에 관해서는 Jean Tulard, *La vie quotidienne des Français sous Napoléon* (Paris 1978)과 Linda Kelly, *Women of the French Revolution* (1987)을 보라. 자코뱅에 관해서는 X. Biagard, *Le Comte Réal, ancien Jacobin* (Paris 1937)과 I. Woloch, *Jacobin Legacy: The Democratic Movement under the Directory* (Princeton 1970)를 보라.

총재정부의 전복은 나폴레옹과 테르미도르파의 관계와 나폴레옹과 프랑스 혁명 일반의 관계 전반에 곤란한 문제를 제기한다. 이 주제는 본문 11장에서 짧게 언급했지만 끝나지 않을 이 논쟁에 관한 가장 적합한 저작들을 꼽는다면 다음과 같다. Joe H. Kirchberger, *The French Revolution and Napoleon* (1989); Stephen Pratt, *The French Revolution and Napoleon* (1992); John Brooman, *Revolution in France, the Era of the French Revolution and Napoleon, 1789-1815* (1992); Martyn Lyons, *Napoleon Bonaparte and the Legacy of the French Revolution* (1994); Owen Connolly, *The French Revolution and Napoleon Era* (Fort Worth, Texas 1991); R. Holtman, *The Napoleonic Revolution* (Philadelphia 1967); L. Bergeron, *France under Napoleon* (Princeton 1981).

11장 제2차 이탈리아 전쟁

1800년 전쟁에 관해서는 다음을 보라. Jean Tranie, *La Deuxième Campagne d'Italie, 1800* (Paris 1991); G. M. J. R. Cugnac, *Campagne de l'armée de Réserve en 1800*, 2 vols (Paris 1901); Édouard Driault, *Napoléon en Italie* (Paris 1906); Édouard Gachot, *La Deuxième Campagne d'Italie* (Paris 1899); E. Gachot, *Le Siège de Gênes* (Paris 1908); André Fugier, *Napoléon et l'Italie* (Paris 1947); R. G. Burton, *Napoleon's Campaigns in Italy* (1912). 마렝고 전투의 세세한 내용에 관해서는 H. de Clairval, *Daumesnil* (Paris 1970)과 David Chandler, 'To lie like a bulletin: an examination of Napoleon's rewriting of the history of the battle of Marengo', *Proceedings of the Annual Meeting of the Western Society for French History* 18(1991) pp. 33~43을 보

라. 라인 강 전선의 전쟁에 관해서는 Jean Picard, *Hohenlinden* (Paris 1909)을, 이집트의 마지막 순간에 관해서는 François Rousseau, *Kléber et Menou en Égypte* (Paris 1900)를 참조하라.

외교 정책과 나폴레옹의 외교적 목적에 관한 문헌은 풍부하다. 앨버트 소렐(Albert Sorel)의 여러 권짜리 대작 *L'Europe et la Révolution française*가 기본서이며 특히 이에 대해서는 제6권(Paris 1903)을 참조하라. 역시 여러 권짜리 대작인 Édouard Driault, *Napoléon et L'Europe*도 중요한 책인데, 이 시기에 해당하는 것은 제2권(Paris 1912)이다. 그 이후의 연구로는 André Fugier, *La Révolution française et l'Empire napoléonien* (Paris 1954)이 있다.

나폴레옹 시대의 외교 정책을 완전히 이해하려면 나폴레옹의 적들을 잘 알아야 한다. 이 점에서 C. Ingrao, *The Habsburg Monarchy, 1618-1815* (Cambridge 1944) 같은 개설서에서 오스트리아가 가장 잘 연구되어 있다. 더 넓은 배경은 다음의 책들을 참조하라. R. A. Kann, *A History of the Hapsburg Empire, 1526-1918* (LA 1974); V. Tapié, *The Rise and Fall of the Hapsburg Monarchy* (1971); C.A. Macartney, *The Hapsburg Empire, 1790-1918* (1969). 영국의 시각에서 본 최고의 연구서는 Piers Mackesy, *War without Victory: the downfall of Pitt, 1799-1802* (Oxford 1984)이다. J. H. Rose, *William Pitt and the Great War* (1911)도 유익하다.

전기는 이 시기에 다시 진가를 발휘한다. K. Roider, *Baron Thugut and Austria's Response to the French Revolution* (Princeton 1987)은 투구트의 비타협적 태도를 보여준다. 피트의 전기로는 에르만(Ehrmann)이 쓴 것이 있고, 애딩턴의 전기는 Philip Ziegler, *A Life of Henry Addington, First Viscount Sidmouth* (1965), 그렌빌의 전기는 P. Jupp, *Lord Grenville, 1759-1834* (Oxford 1985)가 있다. 1800~1801년의 핵심 인물은 차르 파벨 1세인데, 다행히도 다수의 논문이 존재한다. H. Ragsdale, 'A Continental System in 1801: Paul Ⅰ and Bonaparte', *Journal of Modern History* 42(1970) pp. 70~89; 'Russian influence at Lunéville', *French Historical Studies* 5(1968) pp. 274~284; 'The case of Paul Ⅰ: an approach to psycho-biography', *Consortium on Revolutionary Europe Proceedings 1989* pp. 617~624. H. Ragsdale, ed. *Paul Ⅰ. A Reassessment of this Life and Reign* (Pittsburgh 1979)도 참조하라. 가장 최근의 논의는 R. McGrew, *Paul Ⅰ of Russia, 1754-1801* (Oxford 1992)이다.

전쟁의 재개에 관해서는 논쟁이 계속되고 있다. 단기적으로 나폴레옹에 유리한 논거를 (분명 이론의 여지가 없다) 요약하고 있는 것으로는 다음을 보라. A. Lévy, *Napoléon et la Paix* (Paris 1902); P. Cassagnac, *Napoléon pacifiste* (Paris 1932); J. Deschamps, 'La rupture de la paix d'Amiens', *Revue des Études napoléoniennes* (1939) pp. 172~207. 적대적인 주장은 P. Coquelle, *Napoléon et l' Angleterre, 1803-1813* (Paris 1904)을 보라. 외교의 핵심 인물인 탈레랑에 관해서는 앞서 인용한 책들 이외에 다음을 참조하라. Louis Greenbaum, *Talleyrand, Statesman, Priest, the Agent-General of the Clergy* (1970); Michel Poniatowski, *Talleyrand aux États Unis* (Paris 1967); L. Noel, *Talleyrand* (1975); M. Misoffe, *Le Coeur Secret de Talleyrand*. 탈레랑의 계획적인

이중적 행태에 관해서는 E. Dard, *Napoléon et Talleyrand* (Paris 1937)과 L. Madelin, *Talleyrand* (Paris 1944), 네 권짜리 철저한 연구인 G. Lacour-Gayet, *Talleyrand* (Paris 1934)를 보라.

나폴레옹 전쟁의 세계적 맥락에 관해서는 A. Harvey, *Collision of Empire: Britain in Three World Wars* (1992)와 P. Fregosi, *Dreams of Empire: Napoleon and the First World War, 1792-1815* (1989)를 보라. 식민지 문제는 G. Hardy, *Histoire de la Colonisation française* (Paris 1943)과 J. Saintoyant, *La Colonisation française pendant la période napoléonienne* (Paris 1931)에서 다룬다. 아이티의 매혹적인 사건들을 다룬 책들은 다음과 같다. C. L. R. James, *The Black Jacobins* (1949); Hubert Cole, *Christophe, King of Haiti* (1967); Robert Cornevin, *Haiti* (Paris 1982); Martin Ross, *The Black Napoleon and the Battle for Haiti* (1994); Antoine Métral, *Histoire de l' expédition des Français à Saint-Domingue sous le consulat de Napoléon Bonaparte* (Paris 1985). 루이지애나에 관해서는 다음을 보라. Michael Garnier, *Bonaparte et la Louisiane* (Pairs 1992); E. Wilson-Lyon, *Louisiana in French Diplomacy* (1934); I. Murat, *Napoléon et le Rêve américain* (Paris 1976); Villiers du Terrage, *Les Dernières Années de la Louisiana française* (Paris 1904). 나폴레옹의 아메리카 정책 전반에 관해서는 Jacques Godeshot, *L'Europe et l'Amérique a l'époque napoléonienne* (Paris 1967)과 Alexander de Condé, *The Quasi-War: the Politics and Diplomacy of the Undeclared War with France, 1797-1801* (NY 1966)을 보라. 루이지애나 매입에서 제 퍼슨이 한 역할은 Dumas Nalone, *Jefferson the President, The First Term 1801-1805* (Boston 1970)과 Alexander de Condé, *This Affair of Louisiana* (NY 1976)에서 추적한다.

12장 절대 권력자

1800년에서 1804년까지 나폴레옹이 수행한 내정 개혁에 관해서는 회고록이 필수 사료이다. 앞서 언급한 미요(Miot, 1873)와 뢰데레(Roederer, 1942), 티보도(Thibaudeau, 1827)의 회고록 말고도 꼭 읽어야 할 저작은 다음과 같다. Baron Despatys, *Un ami de Fouché d'après les Mémoires de Gaillard* (Paris 1911); Martin Gaudin, *Mémoires* (Paris 1826); Mathienu Molé, *Souvenirs d'un témoin 1791-1803* (Geneva 1943); Pierrre-François Réal, *Mémoires*, ed. Musnier-Desclozeaux (Paris 1935).

국내 질서 정착과 분란 평정에 관해서는 다음이 유용하다. Émile Gaboury, *Les Guerres de Vendée* (Paris 1989); Philippe Roussel, *De Cadoudal à Frotté* (Paris 1962); G. Lewis, *The Second Vendée* (Oxford 1978); Richard Cobb, *The Police and the People: French Popular Protest, 1789-1820* (Oxford 1970). 다음도 참조하라. Clive Emsley, 'Polcing the streets of early nineteenth-century Paris', *French History* I (1987) pp. 257~282; E. Daudet, *La Police et les Chouans* (Paris 1895).

이 시기에 나폴레옹을 겨냥한 음모는 많았는데, 엄청나게 많은 책과 논문이 이를 다룬다. 이를 보여주는 제목을 들자면 다음과 같다. H. Gaubert, *Conspirateurs au temps de Napoléon* Ⅰ (Paris 1962)-개괄; L. de Villefosse & J. Bouissounouse, *L'Opposition à Napoléon* (Paris 1969)-개괄; G. Hue, *Un complot de police sous le Consulat* (Paris 1909)-'단도' 음모; E. Guillon, *Les Complots militaires* (Paris 1894); G. Augusti-Thierry, *La mystérieuse affaire Donnadieu* (Paris 1909); C. Rinn, *Un mystérieux enlèvement*; Ernest d'Hauterive, *L'Enlèvement du Sénateur Clément de Ris* (Paris 1926). 왕당파에 관해서는 다음을 보라. L. Pinguad, *Le Comte d'Antraigues* (Paris 1894); G. Penotre, *L'Affaire Perlet* (Paris 1923); T. H. A. Reiset, *Autour des Bourbons* (Paris 1927); E. d'Hauterive, *Figaro policier* (1928) and *La Contre-Police royaliste en 1800* (Paris 1931); J. Vidalenc, *Les Émigrés français* (Paris 1963); René Castries, *La Vie quotidienne des Émigrés* (Paris 1966).

유달리 광포했던 자코뱅과 왕당파의 여러 음모에 관한 논문들은 다수 있는데, 특히 다음을 참조하라. J. Gaffard, 'L'opposition républicaine sous le Consulat', *Revue française* (1887), pp. 53~50; Frédéric Masson, 'Les complts jacobins au lendemain de Brumaire', *Revue des Études napoléoniennes* (1922) pp. 5~28; Masson, 'La contre-police de Cadoudal', *Revue des Études napoléoniennes* (1923) pp. 97~112.

정교협약에 관한 엄청난 문헌 중에서는 다음을 고를 수 있다. V. Bindel, *Histoire réligieuse de Napoléon* (Paris 1940); A. Latreille, *L'Église catholique et la Révolution française* (Paris 1950); Jean Leflon, *La Crise révolutionnaire* (1949); S. Delacroix, *La Réorganisation de l'Église de France après la Révolution* (Paris 1962); Boulay de la Meurthêe, *Histoire de la Négotiation du Concordat* (Paris 1920); Owen Chadwick, *The Popes and European Revolution* (Oxford 1981); Margaret O'Dwyer, *The Papacy in the Age of Napoleon and the Restoration* (1985). 피우스 7세에 관해서는 Ludwig Pastor, *History of the Popes* (1949)를 보라.

경제 정책에 관해서는 M. Marion, *Histoire financière de la France depuis 1715* (Paris 1925)가 기본서이다. 더 상세한 내용은 René Stourm, *Les Finances du Consulat* (Paris 1902); R. Bigo, *La caisse d'escompte et les débuts de la Banque de France* (Paris 1929)에 나온다. 여기서 중요한 전기는 Fr. La Tour, *Le Grand argentier de Napoléon, Gaudin, duc de Gaète* (Paris 1962)이다. 최근 저작인 Louis Bergeron, *Banquiers, négociants et manufacturiers parisiens du Directoire à l'Empire* (Mouton 1978)과 G. Thuillier, *La Monnaie en France au début du 19e siècle* (Paris 1983)이 가치가 있다.

입법부에서 나폴레옹에 반대한 자들은 다음에서 추적할 수 있다. A. Gobert, *L'Opposition des assemblées pendant le Consulat, 1800-1804* (Paris 1925); F. Pietri, *Napoléon et le Parlement* (Paris 1955); C. Durand, *L'Exercise de la fonction législative de 1800 à 1814* (Paris 1956); L. de Villesfosse et J. Bouissounouse, *L'Opposition à Napoléon* (Paris 1969); J. Vidalenc, 'L'Opposition sous le Consulat et l'Empire', *Annales Histoiriques de la Révolution française* (1968) pp. 472~488; A. Guillois, *Le Salon de Mme Helvétius, Cabanis et les Idéologues* (Paris 1894); Irene Collins, *Napoleon and his Parliaments* (1979).

《나폴레옹 법전》에 관해서는 다음을 참조하라. P. Sganac, *La Législation civile de la Révolution française* (Paris 1898); Andrè-Jean Arnaud, *Les Origines doctrinaires du Code Civil* (1969); R. Martinage-Barange, *Bourjon et le Code Civil* (Paris 1971); R. Savatier, *Bonaparte et le Code Civil* (Paris 1927); R. Garaud, *La Révolution française et la famille* (Paris 1978).

나폴레옹의 행정 중앙집권화에 관한 연구는 지나칠 만큼 많다. 유용한 목록을 추리자면 다음과 같다. A. Edmond-Blanc, *Napoléon Ier. Ses institutions civiles et administratives* (Paris 1880); J. Savant, *Le Préfets de Napoléon* (Paris 1958); C. Durand, *Quelques aspects de l'administration préfectorale sous le Consulat et de l'Empire* (Paris 1962); Noel Whitcomb, 'Napoleon's Prefects', *American Historical Review* 79 ii. (1974) pp. 1089~1118; Jean Tulard, *Paris et son administration* (Paris 1976).

명사들에 관해서는 다음을 보라. L. Bergeron et G. Chussinard Nogaret, *Les 'masses de granit'. Cent mille notables du Premier Empire* (Paris 1979); Jean Tulard, *Napoléon et la noblesse de l'Empire* (Paris 1986); L. Bergeron et G. Chussinard Nogaret, *Grands Notables du Premier Empire* (Paris 1978); R. Foster, 'The French Revolution and the 'new' elite, 1800-1848, *The American and European Revolutions Reconsidered 1776-1848* (Iowa 1980).

이와 연관된 주제인 '국유재산'에 관해서는 다음을 보라. M. Marion, *La Vente des Biens nationaux pendant la Révolution* (Paris 1908); J. C. Perrot and S. J. Woolf, *State and Statistics in France 1789-1815* (1984).

13장 나폴레옹의 내면 세계

평화 시절에 관광객들이 프랑스에 느낀 인상으로는 상당한 양의 문헌이 남아 있다. 예를 들면 다음과 같다. Henry Redhead Yorke, *Paris et la France sous le Consulat* (Paris 1921); Bertie G. Greathead, *An Englishman in Paris*, 1803 (1953); Auguste Kotzebue, *Souvenirs de Paris en 1804*, 2 vols (Paris 1805); Mary Berry, *Voyages de Miss Berry à Paris, 1782-1836*, traduits par Mme la Duchesse de Broglie (Paris 1905); Countess Bessborough, *Letters to Lord Gower*, ed. Castalia Granville (1917); J. F. Reichardt, *Un hiver à Paris sous le Consulat* (Paris 1896); Elizabeth Mavor, *The Grand Tours of Katherine Wilmot: France 1801-03 and Russia 1805-07* (1992); John B. Trotter, *Memoirs of the latter years of C. J. Fox* (1811); Dawson Warren, *The Journal of a British Chaplain in Paris* (1913). 개략적인 설명은 J. G. Alger, *Napoleon's British Visitors and Captives* (1904)를 참조하라.

1803년 전쟁 발발에 관해서는 11장에서 이미 언급했는데, 다음의 저작들이 보완할 수 있다. O. Browning, *England and Napoleon in 1803* (1887); H. C. Deutsch, *The Genesis of Napoleonic Imperialism* (Cambridge, Mass. 1938); P. W. Schroeder, 'Naploeon's foreign policy: a criminal enterprise', *Consortium on Revolutionary*

Europe Proceedings (1989). 피터르 헤일(Peiter Geyl)의 고전 *Napoleon: For and Against*는 1803년의 전쟁 발발을 핵심 주제로 삼는다. 영국 신문이 무례하게 그려 실은 초상에 나폴레옹이 느낀 분노는 무시할 수 없는 주제로 D. George, *English Political Caricatures* (Oxford 1959)와 F. J. McCunn, *The Contemporary English View of Napoleon* (1914)에서 다룬다.

나폴레옹의 형제와 자매에 관해서는 앞서 몇 권을 소개했는데, 이 장에서 추가로 덧붙일 필요가 있다. 목록은 다음과 같다. M. Weiner, *The Parvenue Princesses: Élisa, Pauline and Caroline Bonaparte* (1964); P. Marmottan, *Élisa Bonaparte* (Paris 1898); J. Turquan, *Caroline Murat* (Paris 1899); J. Bertaut, *Le Ménage Murat* (Paris 1958); M. Gobineau, *Pauline Borghese, soeur fidèle* (Paris 1958); B. Nabonne, *La Vénus imperiale* (Paris 1963); Paul Fleuriot de Langles, *Élisa, soeur de Napoléon* Ⅰ (Paris 1947); Bernadine Melchior Bonnet, *Jérome Bonaparte ou l'envers de l'épopée* (Paris 1979); M. A. Fabre, *Jérome Bonaparte, roi de Westphalie* (Paris 1952); J. Bertaut, *Le Roi Jérome* (Paris 1954); G. Girod de l'Ain, *Joseph Bonaparte, le roi malgré lui* (Paris 1970); Owen Connolly, *The Gentle Bonaparte: a Biography of Joseph, Napoleon's Elder Brother* (NY 1968); M. Ross, *The Reluctant King: Joseph Bonaparte, King of the Two Sicilies and Spain* (1976); B. Nabonne, *Le Roi Philosophe* (1949); Paul Marmottan, *Joseph Bonaparte à Mortefontaine* (Paris 1929); F. Rocquain, *Napoléon Iet le Roi Louis* (Paris 1875); Labarre de Raillecourt, *Louis Bonaparte* (Paris 1963); Hubert Cole, *The Betrayers: Joachim and Caroline Murat* (1972); Jean Tulard, *Murat* (Paris 1985); Marcel Dupont, *Murat, cavalier, maréchal de France, prince et roi* (Paris 1890); J. P. Garnier, *Murat, roi de Naples* (Paris 1959).

나폴레옹의 성격을 보여주는 일화들에 관한 주요 사료는 회고록이다. 특히 콩스탕과 메느발의 설명을 종합한 훌륭한 '이중 회고록' Proctor Paterson Jones, ed. *Napoleon: An Intimate Account of the Years of the Supremacy 1800–1814* (San Francisco 1992)를 보라. Frédéric Masson, *Napoléon chez lui* (Paris 1911)는 모범적인 개설서이다. 나폴레옹의 성격을 심리적으로 좀 더 상세히 파헤친 설명은 Jean Raymond Frugier, *Napoléon, assai médico-psychologique* (Paris 1985)와 Frank Richardson, *Napoleon: Bisexual Emperor* (1977)에서 찾아볼 수 있다. 어떤 이들은 나폴레옹의 여러 가지 심리적 변덕을 순전히 신체적인 문제로 설명할 수 있다고 주장하는데, 이 점에서 나폴레옹의 병력과 주치의 장 코르비사르의 생애를 참조할 필요가 있다. 다음을 참조하라. P. Hillemand, *Pathologie de Napoléon* (Paris 1970); J. Kemble, *Napoléon Immortal* (1959); J. Bourguignon, *Covrisart* (Lyons 1937); P. Ganière, *Corvisart* (Paris 1951).

나폴레옹의 미신에 관해서는 G. Mauguin, *Napoléon et la Superstition* (Rodez 1946)을 보라. '붉은 인간(Red Man)'에 관해서는 Sir Walter Scott, *Napoleon* (1827)과 *Paul's Letters to his kinsfolk* (1816)을 보라. 나폴레옹의 '이탈리아인' 성격 문제에 관해서는 Jones to Freud, 30 October 1912 in R. Andrew Paskauskas, ed. *The Complete*

Correspondence of Sigmund Freud and Ernest Jones 1908-1939 (Harvard 1993)을 보라. 나폴레옹의 완벽한 이탈리아인 성격에 관한 티에르와 키네의 견해는 다음을 보라. Adolphe Thiers, *Histoire du Consulat et de l'Empire* (Paris 1862)와 Edgar Quinet, *La Révolution* (Paris 1965).

14장 황제 즉위

앙기앵 사건을 파헤친 최고의 연구는 Maurice Shumann, *Qui a tué le duc d' Enghien?* (Paris 1984)이지만, 이 주제에 관해서는 뛰어난 연구가 많다. Jean-Paul Bertaud, *Bonaparte et le duc d'Enghien* (Paris 1972); Marco de Saint-Hilaire, ed. *Poniatowski, cadoudal, Moreau, et Pichegru* (Paris 1977); J. F. Chiappe, *Cadoudal et la Liberté* (Paris 1971). 그러나 이 유명한 사건을 바라보는 관점은 매우 다양하여 수 많은 논문들이 유익하게 책을 보완할 수 있다. J. Dontenville, 'La Catastrophe du duc d'Enghien', *Revue des Études napoléoniennes* (1925) pp. 43~69; G. Gaudrillier, 'Le Complot de l'an XII', *Revue Historique* 73 (1900) pp. 278~286; 74 (1901) pp. 257~285; 75 (1902) pp. 45~71; J. Durieux, 'L'arrestation de Cadoudal de la Legion d' honneur', *Revue des Études napoléoniennes* (1919) pp. 237~243; 아직까지도 완전히 해명되지 않은 이 미스터리에 관해서는 이밖에도 유용한 글들이 많다. A. Maricourt, *La Mort du duc d'Enghien* (Paris 1931); J. Picard, *Bonaparte et Moreau* (Paris 1905); F. Barbey, *La mort de Pichegru* (Paris 1909); M. Dupont, *Le Tragique Destin du duc d'Enghien* (Paris 1938); H. Lachouque, *Cadoudal et les Chouans* (Paris 1952); B. Melchior-bonnet, *Le duc d'Enghien* (Paris 1954).

통령정부에서 제국으로 넘어가는 과정에 관해서는 두 편의 논문이 흥미롭다. P. Sagnac, 'L'avènement de Bonaparte à l'Empire', *Revue des Études napoléoniennes* (1925) pp. 134~155 and 193~211; G. Mauguin, 'Le plébiscite pour l'hérédité impériale en l'an XII', *Revue de l'Institut Napoléon* (1939) pp. 5~16. 1804년에 관해서는 오르 탕스와 뢰데레의 회고록이 특별히 많은 것을 보여준다. 대관식을 다룬 책으로는 다음을 보라. Frédéric Masson, *Le Sacre et le Couronnement de Napoléon* (Paris 1925); José Cabanis, *Le Sacre de Napoléon* (Paris 1970); Henri Gaubert, *Le Sacre de Napoléon I* (Paris 1964).

외젠 드 보아르네는 이즈음 중요한 인물이 되었다. 외젠의 생애를 추적하는 책으로는 다음을 들 수 있다. Arthur Levy, *Napoléon et Eugène de Beauharnais* (Paris 1926); Carola Oman, *Napoleon's Viceroy: Eugène de Beauharnais* (1966); F. de Bernardy, *Eugène de Beauharnais* (Paris 1973); Jean Hanoteau, *Le Ménage Beauharnais* (Paris 1935). 유능한 외젠과 무용지물인 제롬 보나파르트 사이의 대비는 늘 연구자의 이목을 끈 주제이다. 제롬의 우유부단함은 S. Mitchell, *A Family Lawsuit: The Romantic Story of Elizabeth Patterson and Jérôme Bonaparte* (NY 1958)에서 생생히 묘사되어 있다.

나폴레옹의 원수들에 관한 많은 저작은 모두 그들의 힘에서 나온 것이다. 앞서 인용 한 챈들러(Chandler) 편집의 *Napoleon's Marshals* (1987) 말고도 많은 책들이 있다.

L. Chardigny, *Les maréchaux de Napoléon* (Paris 1977)—사회적 출신에 집중한다; J. Valynseele, *Les maréchaux du Premier Empire, leur famille et leur descendance* (Paris 1957)—원수직의 계보를 다룬다; George Six, *Les Généraux de la Révolution et de l'Empire* (Paris 1947); E. F. Delderfield, *The March of the Twenty-Six* (1962); A. MacDonell, *Napoleon and his Marshals* (1934). 원수들 개인에 관해서는 다음을 보라(7장 부분에서 설명한 책들에 추가하여). John G. Gallagher, *The Iron Marshal: A Biography of Louis N. Davout* (Carbondale, Ill. 1976); H. F. G. L. Hourtoulle, *Davout le terrible* (Paris 1975); John T. Foster, *Napoleon's Marshal: the Life of Michel Ney* (NY 1968); John B. Morton, *Marshal Ney* (NY 1958); H. Bonnal, *La vie militaire du Maréchal Ney*, 3 vols (Paris 1914); S. de Saint-Exupéry & C. de Tourtier, *Les Archives du Maréchal Ney* (Paris 1962); L. Morel, *Le Maréchal Mortier* (Paris 1957); P. Saint-Marc, *Le Maréchal Marmont* (Paris 1957); R. Christophe, *Le Maréchal Marmont* (Paris 1968); R. Lehmann, *Augereau* (Paris 1945).

나폴레옹 이야기에서 중요한 주제인 근위대에 관해서는 Henri Lachouque and Anne S. K. Brown, *The Anatomy of Glory: Napoleon and his Guard* (1961)이 최고의 안내서다. 근위대와 그랑다르메의 전반적인 관계 탐구서로는 다음을 보라. J. R. Elting, *Swords around a Throne: Napoleon's Grand Armée* (NY 1988); George Bond, *La Grande Armée* (Paris 1979); H. C. B. Rogers, *Napoleon's Army* (1974); J. Bertaud, *The Army of the French Revolution: from Citizen Soldiers to Instrument of Power* (Princeton 1988).

나폴레옹의 새로운 귀족에 관해서는 회고록이 중요한데, 특히 다음을 참조하라. Chancelier Pasquier, *Mémoires*, 2 vols (Paris 1894); Louis de Caulaincourt, Duc de Vicence, *Mémoires* (Paris 1933); Mathien Molé, *Souvenirs d'un témoin 1791-1803* (Geneva 1943); Victor, duc de Broglie, *Souvenirs 1785-1870* (Paris 1886); Baron de Frenilly, *Souvenirs du Baron de Frenilly* (Paris 1909). 그리고 앞서 언급한 뢰데레(Roederer, 1942)와 미요 드 멜리토(Miot, 1873)의 회고록을 보라. 2차 사료 중 중요한 것을 꼽으면 다음과 같다. E. Pierson, *Étude de la noblesse de l'Empire crée par Napoleon Ier* (Paris 1910); Emile Campardon, *Liste des membres de la noblesse impériale dressés d'après le régistres de lettres patentes conservées aux Archives nationales* (Paris 1889); Jean Tulard, ed. *Armorial du Premier Empire* (Paris 1974); Labarre de Raillecourt, *Armorial des Cent Jours* (Paris 1961); J. Valynseele, *Les Princes et Ducs du Premier Empire non maréchaux, leur famille et leur descendance* (Paris 1959).

새로운 귀족이 받은 특전과 세습 재산권은 학술지의 몇몇 논문이 가장 잘 다룬다. E. L'Hommède, 'Les sénatoreries', *Revue des études historiques* (1933) pp. 19~40; M. Reinhard, 'Élite et noblesse', *Revue d'Histoire moderne et contemporaine* (1956) pp. 1~37; M. Bruguière, 'Finance et noblesse, l'entrée des financiers dans la noblesse d'' Empire', *Revue d'Histoire Moderne* (1970) pp. 664~679; P. Durye, 'Les Chevaliers dans la noblesse impériale', *Revue d'Histoire Moderne* (1970); E. L'Hommède, 'La question des majorats', *Revue des Étude historiques* (1924) pp. 45~70; G. Senkowska-Gluck, 'Les donataires de Napoleon', *Revue d'Histoire Moderne* (1970) pp. 680~693. 다음도 참조하라. L. de Brotonne, *Les Sénateurs du Consulat et de l' Empire* (Paris 1895); J. Bertaut, *Le Faubourg Saint-Germain* (Paris 1949); G. de Broglie, *Ségur sans ceremonies* (Paris 1977); J. Stalins, *L'ordre impériale de Réunion* (Paris 1959). Philip Mansel, *The Eagle in Splendour: The Court of France 1789-1830* (Cambridge 1988)은 대체로 제국 법정을 다룬다.

15장 아우스터리츠 전투

예상하겠지만 회고록은 1805년 전쟁에서도 제몫을 한다. 영국 침공 계획에 관해서는 특히 오르탕스의 회고록과 A. Bigarré, *Mémoires* (1898)이 의미가 있다. 아우스터리츠 전투에 관해서는 Auxonne Théodore Thiard, *Souvenirs diplomatiques et militaires de 1804 à 1806* (Paris 1900)이 훌륭한 회고록 사료이며, 다음의 회고록이 이를 보완할 수 있다. Paul Thiébault, *Mémoires publiés sous les auspices de sa fille Mlle Claire Thiébault et d'après le manuscrit original par F. Calmettes* (Paris 1910); Capitaine Coignet, *Les cahiers du capitaine coignet, publiés d'après le manuscrit original par Lordéan*, ed. Mistler (Paris 1968); Baron de Marbot, *Mémoires du Général Baron de Marbot*, 3 vols (Paris 1898). 그러나 이것이 1805년에 관한 회고록 문헌의 전부는 결코 아니다. 그랑다르메의 전성기인 이 시기에 관해서는 E. Picard et L. Tuetey, eds. *Correspondance inédite de Napoléon conservée aux Archives de la Guerre 1804-1810* (1913)로 나폴레옹의 *Correspondance*를 보충할 필요가 있다.

1805년 해전을 이해하는 데는 Arthur T. Mahan, *The Influence of Seapower upon the French Revolution and Empire* (1892)가 기본서이다. Mahan의 *Life of Nelson* (1898)도 참조하라. J. S. Corbett, *The Naval campaign of 1805*는 명쾌한 안내서이다. A. Thomazi, *Napoléon et ses marines* (Paris 1950)은 나폴레옹이 처했던 문제들을 강조한다. 앞서 언급했던 Desbrières의 여러 권짜리 책은 나폴레옹의 (변하는) 해전 전략을 이해하는 데 기본서이다. 마찬가지로 Longmate (op. cit.)의 책도 영국의 해전 전략을 이해하는 데 필수적이다. 다음도 참조하라. Peter Lloyd, *The French are coming: The invasion scare of 1805* (1991); Jean-Carlos Carmigniani et Jean Tranié, *Napoléon et l' Angleterre 1793-1815* (Paris 1994); Richard Glover, *Britain at Bay. Defence against Bonaparte, 1803-1814* (1973); Jeremy Black and P. Woodfine, eds. *The British Navy and the Use of Naval Power in the Eighteenth Century* (Leicester 1988); C. N. Parkinson, *Britannia Rules: the Classic Age of Naval History, 1793-1815* (1977). 나폴레옹 얘기에서는 곁가지인 트라팔가르 전투에 관한 책은 지나치게 많다. René Maine, *Trafalgar* (NY 1960); Alan Schom, *Trafalgar* (1990); David Howarth, *Trafalgar: the Nelson Touch* (1969); D. Pope, *England Expects: Trafalgar* (1959)가 영어로 된 것으로는 가장 유명한 책이지만 빙산의 일각일 뿐이다.

3차 대프랑스 동맹을 추적하는 책들은 다음과 같다. J. Holland Rose ed. *Select dispatches from the British Foreign Office Archives relating to the third coalition* (1904); Talleyrand, *Lettres à Napoléon, 1800-1809*, ed. Bertrand (Paris 1889); E. Kraehe, *Napoleon's German Policy: the Contest with Napoleon* (Princeton 1963); Édouard Guillon, *Napoléon et la Suisse* (Paris 1910); M. Dunan, 'Napoléon et les cantons suisses', *Revue des Études napoléoniennes* (1912) pp. 190~218; P. K. Grimsted, *The Foreign Ministers of Alexander I: Political Attitudes and the Conduct of Russian Foreign Policy, 1801-1825* (LA 1969); N. Saul, *Russia and the Mediterranean, 1797-1807* (Chicago 1970). 이때쯤 러시아는 본격적으로 무대에 나서게 되므로 아우스터리츠 전투에 참여한 러시아의 유력한 인물 두 사람을 연구할 필요가 있다. 쿠투조프에 대한 안내서로는 Serge Nabokov, *Koutousov, le vainqueur de Napoléon* (Paris 1990)이 최고다. 알렉산드르 1세에 관한 자료는 풍부하다. J. Hartley, *Alexander I* (1994); M. Dziewanowski, *Alexander I: Russia's Mysterious Tsar* (NY 1990); A. McConnel, *Alexander I: Paternalistic Reformer* (Arlington Heights, Ill. 1970); Alan Palmer, *Alexander I, Tsar of War and Peace* (1974).

아우스터리츠 전투가 많은 관심을 끈 것은 당연하다. 출발점은 여섯 권짜리 Jean Colin & Alombert, *La Campagne de 1805 en Allemagne* (Paris 1902)이다. 그랑다르메가 어떻게 그곳에 갔는지 설명하는 책으로는 다음을 보라. R. G. Burton, *From Boulogne to Austerlitz* (1912); Albert Chatelle, *Napoléon et la Légion d'honneur au camp de Boulogne* (Paris 1956); Henri Bonnal, *De Rossbach à Ulm* (Paris 1903); Colin & Alombert, *Le corps d'armée aux ordres du maréchal Mortier* (Paris 1897). Jean Thiry, *Ulm, Trafalgar, Austerlitz* (1962)는 1805년의 세 차례 큰 전투를 서로 관련지어 잘 설명한다. 나폴레옹을 상세히 살피는 책으로는 다음을 보라. Henri Lochouque, *Napoléon à Austerlitz* (Paris 1960); Claude Manceron, *Austerlitz* (Paris 1960); Jean Vachee, *Napoléon en campagne* (Paris 1913). Christopher Duffy, *Austerlitz 1805* (1977)는 특히 명쾌하며, H. T. Parker, *Three Napoleonic Battles* (Durham, N.C. 1983)는 아우스터리츠 전투를 더 넓은 맥락에서 파악한다. 중요한 논문 몇 가지를 꼽자면 다음과 같다. J. Fufestre, 'La Manoeuvre de Boulogne', *Revue des Études napoléoniennes* (1922) pp. 81~109; P. A. Wimet, 'Napoléon a-t-il dicté à Daru le plan de la campagne de 1805?', *Revue de l'Institut Napoléon* (1971) pp. 173~182.

다음으로 아우스터리츠 전투가 초래한 결과를 보자. 나폴리에 관한 문헌은 매우 풍부하다. 개설서인 A. Fugier, *Napoléon et l'Italie* (Paris 1947)와 여러 가지 조제프 전기를 제외하고도 다음의 책들을 들 수 있다. E. Gachot, *La Troisième campagne d'Italie 1805-1806* (Paris 1911); C. Auriol, *La France, l'Angleterre et Naples de 1803 à 1806* (Paris 1911); J. Rambaud, *Naples sous Joseph Bonaparte* (Paris 1911); R. Johnston, *The Napoleonic Empire in Southern Italy and the Rise of the Secret Societies* (1904). 시칠리아에 끼친 영향은 Dennis Mack Smith, *Modern Sicily after 1713* (1968)에서 탐구한다. 스위스에 가져온 영향은 J. Courvoisier, *Le Maréchal Berthier et sa principauté de Neuchâtel* (Paris 1959)에서 추적할 수 있다.

그러나 그때까지 가장 큰 변화는 독일에 라인연방이 창설되면서 일어났다. 대표적인 연구들은 다음과 같다. M. Dunan, *L'Allemagne de la Révolution et de l'Empire* (Paris 1954); A. Rambaud, *L'Allemagne française sous Napoléon I* (Paris 1897); C. Schmidt, *Le Grand Duché de Berg* (Paris 1905). 다음의 책들에서도 시사점을 얻을 수 있다. H. A. L. Fisher, *Studies in Napoleonic Statesmanship – Germany* (Oxford 1902); J. J. Sheehan, *German History, 1770–1886* (Oxford 1989); H. Kohn, *Prelude to Nation States: the French and German Experience, 1789–1815* (Princeton 1967); H. Schmitt, 'Germany without Prussia: a closer look at the Confederation of the Rhine', *German Studies Review 6* (1983) pp. 9~39. 신성로마제국의 마지막 날들은 J. Gagliardo, *Reich and Nation: the Holy Roman Empire as Idea and Reality, 1763–1806* (Bloomington, Indiana 1980)에서 설명한다.

16장 유럽 제패

1806~1807년에 관한 중요한 사료로 간행된 것은 다음과 같다. Jean François Boulart, *Mémoires militaires* (Paris 1892); Guillaume Lorencez, *Souvenirs militaires* (Paris 1902); Étienne Pasquier, *Mémoires* (Paris 1895); P. G. Levasseur, *Commentaires de Napoléon* (Paris 1851); A. Saint-Chamans, *Mémoires* (Paris 1896); Choderlos de Laclos, *Carnets de marche* (Paris 1912); Louis François Lejeune, *Mémoires* (1895); Pierre François Puffeney, *Souvenirs d'un grognard* (Dole 1891); Jean-Marie Putigny, *Putigny, grognard d'empire* (Paris 1950).

프로이센과 전쟁을 하게 된 것과 예나 전투는 다음에서 광범위하게 다룬다. Jean Tarnie & Jean Carlos Carmigniani, *Napoléon et l'Allemagne: La Prusse 1806* (Paris 1984); P. N. Maude, *The Jéna Campaign 1806* (1909); E. F. Henderson, *Blücher and the Uprising of Prussia against Napoleon, 1806–1815* (1911); F. L. Pètre, *Napoleon's Conquest of Prussia, 1806* (1972); David Chandler, *Jena 1806: Napoleon destroys Prussia* (1993). 배경은 C. E. White, *The Enlightened Soldier, Scharnhorst and the Militarische Gesellschaft in Berlin, 1801–1805* (NY 1989)에 잘 설명되어 있다. 클라우제비츠의 견해는 Michael Howard, *Clausewitz* (Oxford 1938)과 R. Parkinson, *Clausewitz, A Biography* (1971)에 담겨 있으며, 다부가 아우스터리츠에서 보여준 영웅적인 행동은 Daniel Reichel, *Davout et l'art de la guerre* (Paris 1975)에서 잘 분석한다. 다음도 참조하라. Pierre Foucart, *Campagne de Prusse*, 1806, 2 vols (Paris 1890); Henry Houssaye, *Jena* (Paris 1912); Jean Thiry, *Iéna* (Paris 1964); Henri Bonnal, *La Manoeuvre de Jena, 1806* (Paris 1904); Henri Lachouque, *Iéna* (Paris 1964); Alfred Guy, *Le Bataillon de Neuchâtel au service de Napoléon* (Neuchaâtel 1964). 승리하여 의기양양했던 전투 직후에 관해서는 G. Lacour-Gayet, 'Napoléon à Berlin', *Revue des Études napoléoniennes* (1922) pp. 29~48을 보라.

러시아와 싸운 1806–1807년 전쟁도 수많은 연구서를 낳았다. Jean Tranié & Jean-

Carlos Carmigniani, *Napoléon et la Russie. Les années victorieuses 1805-1807* (Paris 1984); F. L. Pètre, *Napoleon's Campaign in Poland, 1806-7* (1901); Pierre Foucart, *La Campagne de Pologne, 1806-1807*, 2 vols (Paris 1882). 두 차례 큰 전투에 관한 견해는 Pierre Grenier, *Les Manoeuvres d'Eylau et de Friedland* (Paris 1901)과 Jean Thiry, *Eylau, Friedland, Tilsit* (Paris 1956)을 참조하라. 군사적 대치에 관해서는 Philip Haythornthwaite, *The Russian Army of the Napoleonic Wars* (1988)와 J. Keep, *Soldiers of the Tsar: Army and Society in Russia, 1462-1874* (Oxford 1985)를 보라. 제롬의 역할에 관해서는 Bernardine Melchior-Bonnet, *Jérôme Bonaparte* (Paris 1979) 를 보라.

핀켄슈타인 성에서 마리아 발레프스카와 보낸 일은 다음을 보라. Christine Sutherland, *Marie Walewska: Napoleon's Great Love* (1979); C. Handelsman, *Napoléon et la Pologne* (Paris 1909); S. Askenazy, *Napoléon et la Pologne* (Paris 1925). 새로이 탄생한 국가들에 관해서는 다음을 참조하라. C. Schmidt, *Le Grand Duché de Berg* (Paris 1905); A. Martinet, *Jérôme Bonaparte, roi de Westphalie* (Paris 1952); A. Fabre, *Jérôme Bonaparte, roi de Westphalie* (Paris 1952); Jules Bertaut, *Le Roi Jérôme* (Paris 1954); Alfred Ernouf, *Les Français en Prusse en 1807 et 1808* (Paris 1875). 바르샤바 대공국에 관해서는 André Bonnefons, *Frédéric-Auguste, premier roi de Saxe et Grand-duc de Varsovie* (Paris 1902)와 P. Wandycz, *The Lands of Partitioned Poland, 1795-1918* (Seattle 1974)을 보라.

오스만튀르크 제국은 1806년에서 1807년에 나폴레옹의 사고에서 중요한 요인이었다. 이 점에 관해서는 B. Mouravieff, *L'Alliance russo-turque au milieu des guerres napoléoniennes* (Paris 1954)와 N. Saul, *Russia and the Mediterranean, 1797-1807* (1970)을 보라. 다음의 두 가지 연구가 특히 중요하다. S. Shaw, *Between Old and New: the Ottoman Empire under Selim III, 1789-1807* (Cambridge, Mass. 1971); W. Johnson & C. Bell, The Ottoman *Empire and the Napoleonic Wars* (Leeds 1988).

틸지트 전투와 그 여파에 관한 연구로 고전적이고 기본적인 책은 Albert Vandal, *Napoléon I et Alexandre* (Paris 1893)이다. 이를 보완할 연구로는 다음을 들 수 있다. Édouard Driault, *Tilsit* (Paris 1917); S. Tatistcheff, *Alexandre I et Napoléon* (Paris 1891); L. I. Strakhovsky, *Alexander I of Russia: the Man who Defeated Napoleon* (1949). 그밖에 알렉산드르 1세의 우유부단한 외교정책을 더 보여주는 저작은 W. H. Zawadzki, *A Man of Honour: Adam Czartorysky as a Statesman of Russia and Poland, 1795-1831* (Oxford 1993)이다. 중요한 인물인 차르토리스키에 관해서는 M. Kukiel, *Czartorysky and European Unity, 1770-1861* (NY 1955)와 다음의 논문들을 보라. W. H. Zawadzki, 'Prince Adam Czartorysky and Napoleonic France, 1801-1805: a study in political attitudes', *Historical Journal* 18 (1975) pp. 245~277; C. Morley, 'Alexander I and Czartorysky: the Polish Question from 1801 to 1813', *Slavonic and East European Review* 25 (1947) pp. 405~426; W. H. Zawadzki, 'Russia and the reopening of the Polish questions, 1801-1814', *International History Review* 7 (1985) pp. 19~44.

17장 에스파냐 개입

회고록 문헌은 프랑스가 에스파냐에 관여했던 오랜 기간(1808-1813)에 관한 것이 나폴레옹의 생애와 통치의 다른 시기에 관한 것보다 더 많다고 해도 과언이 아니다. 전부 앞에서 언급했지만 사바리와 비가레, 탈레랑, 티에보, 미요 드 멜리토, 마르몽, 마세나, 그리고 다른 무엇보다 '조제프 왕' 자신의 회고록 말고도 다음의 회고록이 특히 중요하다. J. B. Jourdan, *Mémoires militaires*, ed. Grouchy (Paris 1899); Martin Pamplona, *Aperçus nouveaux sur les campagnes des francais au Portugal* (Paris 1818); A. de Laborde, *Voyage pittoresque et historique en Espagne* (Paris 1818); Alphonse Beauchamp, Mémoires relatifs aux Révolutions d'Espagne (Paris 1824); Manuel Godoy, *Mémoires du prince de la Paix*, trans. Esmenard (Paris 1836).

에스파냐에 개입했던 초기는 다음 책들이 논의한다. André Fugier, *Napoléon en Espagne, 1799-1808* (Paris 1930); G. de Grandmaison, *L'Espagne et Napoléon* (Paris 1931); G. Grasset, *La Guerre d'Espagne*, 3 vols (Paris 1932); J. Lucas Brereton, *Napoléon devant l'Espagne* (Paris 1946). 이베리아 반도의 혼탁한 상황을 이해하는 데 결정적인 중요한 배경 자료는 다음 책에서 다룬다. John Lynch, *Bourbon Spain, 1700-1808* (Oxford 1989); R. Herr, *The Eighteenth-Century Revolution in Spain* (Princeton 1958); E. J. Hamilton, *War and Prices in Spain 1651-1800* (Cambridge, Mass. 1947); R. Herr, *Rural Change and Royal Finances in Spain at the End of the Eighteenth Century* (LA 1989). 에스파냐의 동기는 J. Harbron, *Trafalgar and the Spanish Navy* (1988)에서 고찰한다. 중요 인물인 마누엘 고도이와 고도이의 이중게임에 관해서는 다음을 보라. D. Hilt, *The Troubled Trinity: Godoy and the Spanish Monarchs* (Tuscaloosa, Ala. 1987); J. Chastenet, *Godoy: Master of Spain, 1792-1808* (1953).

바욘에서 벌어진 사건들과 나폴레옹을 지원하려 했던 친프랑스 귀족 문제는 다음 책에서 다룬다. A. Savine, *L'Abdication de Bayonne* (Paris 1908); P. Conard, *La Constitution de Bayonne* (Paris 1909); M. Artola, *Los Afrancesados* (Madrid 1953); A. Derozier, *Manuel Josef Quintana et la naissance du libéralisme en Espagne* (Paris 1968); M. Defourneaux, *Pablo de Olavide ou l'afrancesado* (Paris 1959); A. Gugier, *La Junte supérieure des Asturies et l'Invasion des Français* (Paris 1930). 봉기의 시작은 Perez de Guzman, *el 2 de Mayo, 1808* (Madrid 1908)에서 추적한다. 교회의 역할은 W. Callahan, *Church, Politics and Society in Spain, 1750-1854* (1985)에서 다룬다.

프랑스가 에스파냐에 개입한 일에 관해서는 논문이 많아 매우 중요한 것만 선별하여 언급할 수밖에 없다. 1808년 위기의 개관으로 매우 훌륭한 연구는 R. Herr, 'Good, evil and Spain's uprising against Napoleon', in R. Herr and H. Parker, eds. *Ideas in History* (Durham, NC. 1965)이다. 에스파냐 왕 조제프를 연구한 논문은 P. Gaffarel, 'Deux années de royauté en Espagne', *Revue des Études napoléoniennes* (1919) pp. 113~145이다. 사바리의 임무는 G. de Grandmaison, 'Savary en Espagne', *Revue des questions historiques* 68 (1909) pp. 188~213을 보라. 페르난도의 음모는 H. Castro Bonez, 'Manejos de Ferdinando Ⅶ contra sus padres y contra Godoy', *Boletin de la Universidad de Madrid* 2 (1930)을 참조하라. 라틴아메리카에서 에스파냐의 지위가 하락하면서 고도이의 정책은 불안정해졌고 그 결과 나폴레옹이 개입하게 되었는데, 이 과정은 John Lynch, 'British Policy and Spanish America, 1783-1808', *Journal of Latin American Studies* Ⅰ (1969) pp. 1~30에서 찾아볼 수 있다. 성직자들의 역할은 W. Callahan, 'The origins of the conservative Church in Spain, 1789-1823', *European Studies Review* 10 (1980) pp. 199~223에서 고찰한다. J. Barbier and H. Klein, 'Revolutionary wars and public finances: the Madrid treasury, 1784-1807', *Journal of European History* 2 (1981)가 다루는 주제는 자명하다.

18장 오스트리아 바그람 전투

나폴레옹 제국이라는 주제를 다룬 책 중에는 빠뜨릴 수 없는 것들이 있다. Stuart Woolf, *Napoleon's Integration of Europe* (1991); G. Ellis, *The Napoleonic Empire* (1991); Owen Connelly, *Napoleon's Satellite Kingdoms* (NY 1965); J. Godechot, *La Grande Nation: L'Expansion révolutionaire de la France dans le monde de 1789 à 1799* (Paris 1983); Charles J. Esdaile, *The Wars of Napoleon* (1995). 이밖에도 제국의 개별 국가들에 관해서는 다음을 참조할 필요가 있다. S. Balau, *La Belgique sous l'Empire* (Paris 1894); Henri Pirenne, *Histoire de la Belgique*, vol. 6 (Paris 1926); P. Verhaegen, *La Belgique sous la domination française*, 5 vols (Paris 1929); Lanzac de Laborie, *La Domination française en Belgique*, vol. 2 (Paris 1895); Simon Schama, *Patriots and Liberators: Revolution in the Netherlands 1780-1813* (1977); J. M. Diefendorf, *Businessmen and Politics in the Rhineland, 1789-1834* (Princeton 1980); A. Pisani, *La Dalmatie de 1797 à 1815* (Paris 1893); M. Pivec-Stelle, *La Vie économique des provinces illyriennes, 1809-1813* (Paris 1931); H. Bjelovic, *The Ragusan Republic: Victim of Napoleon and its own Conservatism* (Leiden 1970); F. W. Carter, *Dubrovnik*(Ragusa): *a Classic City State* (1972); J. Baeyens, *Les Français à Corton* (Paris 1973); J. Savant, *Napoléon et les Grecs* (Paris 1945); Auguste Boppe, *L'Albanie et Napoléon* (Paris 1944).

이탈리아는 진정 폭넓게 다룰 가치가 있다. A. Fugier, *Napoléon et l'Italie* (Paris 1947); Jean Borel, *Gênes sous Napoléon* (Paris 1929); J. Rambaud, *Naples sous Joseph Bonaparte, 1806-1808* (Paris 1911); J. Davis and P. Ginsborg, eds. *Society and Politics in Italy in the Age of the Risorgimento* (Cambridge 1991); W. H. Flayhart, *Counterpoint to Trafalgar: the Anglo-Russian Invasion of Naples, 1805-1806* (Columbia, SC 1992); D. Gregory, *Sicily, the Insecure Base: a history of the British Occupation of Sicily, 1806-1815* (Rutherford, NJ 1988); J. H. Roseli, *Lord William Bentinck and the British Occupation of Sicily, 1811-1814* (Cambridge 1956) and *Lord William Bentinck: the Making of a Liberal Imperialist, 1774-1839* (1974).

교황과 대결한 이야기는 정교협약과 관련해 앞서 언급한 책들에 더하여 다음을 참조하라. Cléron Haussonville, *L'Église et le Premier Empire* (Paris 1870); H. Welschinger, *Le Pape et l'Empereur* (Paris 1905); A. Latrella, *Napoléon et le Saint Siège, 1801-1808, l'Ambassade du Cardinal Fesch à Rome* (Paris 1935); V. Bindel, *Histoire réligieuse de Napoléon* (Paris 1942); Daniel Robert, *Les Églises reformées en France, 1800-1830* (Paris 1961); Maurice Guerrini, *Napoléon devant Dieu* (Paris 1960); H. Auréas, *Miollis* (Paris 1960).

나폴레옹과 유대인에 관해서는 다음을 보라. F. Pietri, *Napoléon et les Israélites* (Paris 1965); R. Anchel, *Napoléon et les Juifs* (Paris 1928); S. Schwarzfuchs, *Napoleon, the Jews and the Sanhedrin* (1979); F. Kobler, *Napoleon and the Jews* (NY 1976); Z. Szajkowski, *Agricultural Credit and Napoleon's Anti-Jewish Decrees* (NY 1953); F. Malino, *The Sephardic Jews of Bordeaux: Assimilation and Emancipation in Revolutionary and Napoleonic France* (Birmingham, Ala. 1978).

나폴레옹 치세의 시각 예술에 관해서는 다음을 보라. Timothy Wilson-Smith, *Napoleon and his Artists* (1996); Albert Boine, *Art in an age of Bonapartism, 1800-1815* (Chicago 1987); J. J. Draper, *The Arts under Napoleon* (NY 1969); Colombe Samoyault-Verlet, *Les arts à l'époque napoléonienne* (Paris 1969). 개별 화가들에 관해서는 다음을 보라. H. Lemmonier, *Gros* (Paris 1904); K. Berger, *Géricault et son oeuvre* (Paris 1968); Anita Brookner, *David* (1980); Antoine Schnapper and Arlette Serullaz, *Jacques-Louis David* (Paris 1989); Étienne Delecluze, *Louis David, son école et son temps* (Paris 1857); Robert Herbert, *David, Voltaire, Brutus and the French Revolution* (NY 1972); Warren Roberts, *David and the Revolution* (Chapel Hill, N.C. 1989). 문학에 관해서는 J. Charpentier, *Napoléon et les hommes de lettres* (Paris 1935)와 Alice Killen, *Le Roman terrifiant* (Paris 1967)이 가장 유익한 책이다.

제국 양식 전반, 좀 더 명백하게 말하자면 동질적인 제국 문화의 확산에서 파리가 수행한 역할에 관해서는 다음 책들을 반드시 참조해야 한다. Louis Bergeron, *France under Napoleon* (Princeton 1981); M. L. Biver, *Le Paris de Napoléon*; Émile Bourgeois, *Le style empire* (Paris 1930); G. Janneau, *L'Empire* (Paris 1965); P. Francastel, *Le style empire* (Paris 1939); Madeleine Deschamps, *Empire* (1944); Alvar Gonzalez-Palacios, *The French Empire Style* (1970); Maurice Guerrini, *Napoleon and Paris* (1970); Le Bourhis, ed. Katell, *Costume in the Age of Napoleon* (NY 1990); Aileen Ribeiro, *The Art of Dress: fashion in England and France, 1750-1820* (1995); Michel Delon & Daniel Baruch, *Paris le jour, Paris la nuit* (Paris 1990). 자극적이지만 그다지 중요하지 않은 두 권의 책도 소개해야겠다. R. Hodges, *The Eagle and the Spade: the Archaeology of Rome during the Napoleonic Era, 1809-1814* (Cambridge 1992); J. K. Burton, *Napoleon and Clio: Historical Writing, Teaching and Thinking during the First Empire* (Durham, NC 1979).

제국 내 주된 불만의 근원이었던 징병에 관해서는 논문 G. Vallée, 'Population et

Conscription de 1789 à 1814', *Revue de l'Institut Napoléon* (1958) pp. 152~159, 212~224 and ibid. (1959) pp. 17~23과 여러 지역 연구를 참조하라. R. Legrand, *Le Recrutement et les Désertions en Picardie* (Paris 1957)와 G. Vallée, *La Conscription dans le département de la Charente, 1798-1807* (Paris 1973)을 예로 들 수 있다. 영어로 된 자료로는 다음을 보라. A. Forrest, *Conscripts and Deserters: the Army and French Society during the Revolution and Empire* (Oxford 1989); G. Lewis and C. Lucas, eds, *Beyond the Terror: Essays in French Regional and Social History, 1794-1815* (Cambridge 1983); I. Woloch, 'Napoleonic Conscription: state power and civil society', *Past and Present* 111 (1986) pp. 101~129; E. A. Arnold, 'Some observation on the French opposition to Napoleonic conscription, 1804-1806', *French Historical Studies* 4 (1966) pp. 453~462. 그랑다르메의 태도에 관해서는 다음을 보라. J. Bertaud, *The Army of the French Revolution: from Citizen Soldiers to Instrument of Power* (Princeton 1988); J. Bertaud, 'Napoleon's Officers', *Past and Present* 112 (1986) pp. 91~111; J. Lynn, 'Towards an army of honour: the moral evolution of the French army, 1789-1815', *French Historical Studies* 16 (1989) pp. 152~182.

19장 나폴레옹 제국의 해부

나폴레옹의 *Correspondence*를 보고 *Lettres inédites de Talleyrand à Bonaparte*, ed. P. Bertrand (Paris 1891)로 이를 보충하라. 1809년에 참여한 주요 인사들은 거의 전부 회고록을 남겼다. 앞서 언급한 외젠 드 보아르네, 제롬 보나파르트, 마세나, 마르몽, 마크도날, 우디노, 탈레랑, 메테르니히의 회고록을 보라. 그밖에 다음 회고록의 설명을 보라. Jean François Boulart, *Mémoires militaires* (Paris 1982); Charles Louis Cadet de Gassicourt, *Voyage en Autriche* (Paris 1818); Jean Roch Coignet, *Les Cahiers du capitaine Coignet, 1797-1815* (Paris 1883); Georges Chevillet, *Ma vie militaire* (Paris 1906); Comeau de Chavry, *Souvenirs de guerres d'Allemagne* (Paris 1900); Capitaine Gervais, *À la conquête de l'Europe* (Paris 1939); Guillaume Lorencez, *Souvenirs militaires* (Paris 1902); Jean Baptiste Marbot, *Memoirs*, 2 vols (1892); Denis Charles Parquin, *Amours de coup de sabre d'un chasseur à cheval: Souvenirs, 1803-1809* (Paris 1910) (1812); Pierre François Percy, *Journal des campagnes* (Paris 1904); François Pils, *Journal de Marche, 1804-1814* (Paris 1895); Jean Rap, *Mémoires* (1823); Théodore Seruzier, *Mémoires militaires 1769-1823* (Paris 1894).

1809년 전쟁에 관한 2차 사료는 가장 최근의 자료에서 가장 오래된 자료까지 방대한데, 그중 다음을 보라. Jean Tranié & Carpigani, *Napoléon et l'Autriche: la campagne de 1809* (Paris 1984); J. R. Arnold, *Crisis on the Danube: Napoleon's Austrian Campaign of 1809* (1990); Marcel Dunan, *Napoléon et l'Allemagne, le système continental et les débuts du royaume de Bavière* (Paris 1942); W. de Fedorowicz, *1809. La Campagne de Plogne* (Paris 1950); Hubert Camon, *La Manoeuvre de Wagram* (Paris 1926); F. L. Petre, *Napoléon and the Archduke Charles: a History of the Franco-Austrian Campaign in the Valley of the Danube in 1809* (1909); G. G. L. Saski, *La Campagne de 1809*, 3 vols (Paris 1900); C. de Renemont, *Campagne de 1809* (Paris 1903); E. Gachot, *Napoléon en Allemagne* (Paris 1913); Edmond Bonnal, *La Manoeuvre de Landshut* (paris 1909); Edomnd Buat, *De Ratisbon à Znaim* (Paris 1909); C. Ferry, *La marche sur Vienne* (Paris 1909).

독일 민족주의의 고조는 좋은 주제이다. W. C. Langsam, *The Napoleonic Wars and German Nationalism in Austria* (NY 1930); J. Droz, *Le Romantisme allemand et l'État* (Paris 1966); S. Musulin, *Vienna in the age of Metternich: from Napoleon to Revolution, 1805-1848* (1975); S. Winters & J. Held, eds, *Intellectual and Social Developments in the Hapsburg Empire from Maria Thresa to World War I* (NY 1975); J. R. Seeley, *Life and Times of Stein* (1878); E. N. Anderson, *Nationalism and the Cultural Crisis in Prussia, 1806-1815* (NY 1939); G. S. Ford, *Stein and the Era of Reform in Prussia, 1807-1815* (Princeton 19220; W. M. Simon, *The Failure of the Prussian Reform Movement, 1807-1819* (NY 1971); M. Gray, *Prussia in Transition: Society and Politics under the Stein Reform Ministry of 1808* (Philadelphia 1986). 독일 사회 내부의 반대 경향을 분석한 저작들은 다음과 같다. R. Berdahl, *The Politics of the Prussian Nobility: the Development of a Conservative Ideology, 1770-1848* (Princeton 1988); F. L. Carsten, *A History of the Prussian Junkers* (Aldershot 1989); C. E. White, *The Enlightened Soldier: Scharnhorst and the Militarische Gesellschaft in Berlin, 1801-5* (NY 1989); W. Shanahan, *Prussian Military Reform, 1807-1815* (Princeton 1966); G. A. Craig, *The Politics of the Prussian Army, 1640-1945* (Oxford 1955).

영국의 1809년 전쟁 개입은 다음의 저작들에서 상세히 다룬다. Gordon Bond, *The Grand Expedition: the British Invasion of Holland in 1809* (Athens, Georgia 1979); Theo Fleischman, *L'expédition anglaise sur le Continent en 1809* (Paris 1973); A. Fischer, *Napoléon et Anvers* (Paris 1933); C. Hall, *British Strategy in the Napoleonic Wars, 1803-15* (Manchester 1992); J. Sherwig, *Guineas and Gunpowder: British Foreign Aid in the Wars with France, 1793-1815* (Cambridge, Mass. 1969)

티롤 반란을 추적한 저작들은 다음과 같다. F. G. Eyck, *Loyal Rebels: Andréas Hofer and the Tyrolean Revolt of 1809* (NY 1986); C. Clair, *André Hofer et l'insurrection du Tyrol en 1809* (Paris 1880); Victor Derrecagaix, *Nos campagnes au Tyrol* (Paris 1910). 프리드리히 슈탑스에 관해서는 Jean Tulard, *Napoléon. 12 Octobre 1809* (Paris 1994)를 꼭 읽어야 한다. E. Gashot, 'Un régicide allemand, Frederic Staps', *Revue des études napoléoniennes* (1922) pp. 181~203도 참조하라.

20장 이베리아 반도 전쟁

앞서 언급했던 프랑스 원수들, 즉 술트와 마세나, 몽세, 마르몽, 수세의 회고록이 기본적인 자료다. 조제프의 치세에 관한 에스파냐의 연구들도 당연히 언급해야 한다. J.

Riba Mercader, *José Bonapaarte, rey de España, 1808-1813: Historia externa del reinado* (Madrid 1971) and *José Bonapaarte, rey de España, 1808-1813: Estructura del estado español bonapartista* (Madrid 1938). 반도 전쟁에 관한 에스파냐의 역사 서술을 영국과 프랑스의 설명과 비교해보면 그 분야의 논쟁에 관한 에스파냐의 기여가 각별히 매력적이라는 사실을 알 수 있다. Sir Willian Napier, *History of the War in the Peninsula and in the south of France from the year 1807 to the year 1814*, 6 vols (1886)를 강조하는 바에 주안점을 두어 다음 책들과 비교하면 유용하다. Maximilien Foy, *Histoire des guerres de la Peninsule sous Napoléon*, 4 vols (Paris 1827); José Gomez de Arteche y Moro, *Guerra de Independencia: Historia militar de España de 1808 a 1814*, 14 vols (Madrid 1903); J.R. Aynes, *La Guerra de la Independencia en España* (Mandchester 1988).

반도 전쟁에 관한 현대의 역사 서술을 더 언급하자면 다음과 같은데, 하나같이 독특한 관점에서 쓰여졌다. Sir Charles Oman, *A History of the Peninsular War*, 7 vols (1930); David Gates, *The Spanish Ulcer: A History of the Peninsular War* (1986); G. Lovett, *Napoleon and the Birth of Modern Spain* (NY 1965); Jean Tranie & J. C. Carmigniani, *Napoléon et la campagne d'Espagne, 1807-1814* (Paris 1978); M. Glover, *Legacy of Glory: the Bonaparte Kingdom of Spain, 1808-1813* (NY 1971); J. Read, *War in the Peninsula* (1977); J. Lucas-Dubreton, *Napoléon devant l'Espagne* (Paris 1946); C. Grasset, *La guerre d'Espagne* (Paris 1932); Jean Thiry, *La Guerre d' Espagne* (Paris 1966).

특별한 사건이나 지역에 관한 귀중한 연구로는 다음을 들 수 있다. Don Alexander, *Rod of Iron: French Counterinsurgency Policy in Aragon during the Peninsular War* (Wilmington, DE 1985); D. D. Horward, *Napoleon and Iberia: the Twin Sieges of Ciudad Rodrigo and Almeida, 1810* (Tallahassee, Fla. 1984)l R. Rudorff, *War to the Death: the sieges of Saragossa, 1808-1809* (1974); P. Conard, *Napoléon et la Catalogne* (Paris 1909).

웰링턴은 당연히도 많은 전기 작가와 역사가의 관심을 끌었는데, 대부분의 책은 성인전의 성격을 띤다. 많은 저술 중 언급해야 하는 것으로는 다음을 들 수 있다. Elizabeth Longford, *Wellington: The Years of the Sword* (1969); Philip Guedalla, *The Duke* (1946); Laurence James, *The Iron Duke: A Military Biography of Wellington* (1992); Arthur Bryant, *The Great Duke* (1971); P. Griffith. ed. *Wellington, Commander: the Iron Duke's Generalship* (Chichester 1986). 웰링턴 군대의 여러 측면을 다룬 책은 다음과 같다. Philip Haythornthwaite, *The Armies of Wellington* (1994); A. Brett-James, *Life in Wellington's Army* (1972); F. Page, *Following the Drum: Women in Wellington's Wars* (1986); C. Oman, *Wellington's Army, 1809-1814* (1913); G. Davies, *Wellington and his Army* (Oxford 1954); N. Glover, *Wellington's Army in the Peninsula, 1808-1814* (Newton Abbot 1977); J. Weller, *Wellington in the Peninsula* (1962). 영국의 전체적인 이베리아 반도 정책은 이와 연관된 주제인데, 웰슬리

가문은 여기에 깊숙이 관련되어 있다. 다음을 보라. J. K. Severn, *A Wellesley Affair: Richard, Marquess Wellesley, and the Conduct of Anglo-Spanish Diplomacy, 1809-1812* (Tallahassee, Fla. 1981); Rory Marir, *Britain and the defeat of Napoleon, 1807-1815* (1996).

프랑스를 지지한 에스파냐인들(아프란세사도스)과 애국자, 게릴라는 널리 연구되지는 않았지만 다음 책들은 쓸 만하다. J. Polt, *Gaspar Melchor de Jovellanos* (NY 1971); A. Demerson, *Don Juan Melendez Valdes et son temps* (Paris 1962); A. Derozier, *Manuel Josef Quintana et la naissance du libéralisme en Espagne* (Paris 1968); M. Defourneaux, *Pablo de Olavide ou l'afrancesado* (Paris 1959); F. Solano Costa, *El guerrillero y su trascendencia* (Zaragoza 1959); C. J. Esdaile, 'Heroes or Villains? The Spanish Guerrillas and the Peninsular War', *History Today* (April 1988); A.D. Berkeley, ed. *New Lights on the Peninsular War* (Lisbon 1991). 1975년 판 *Consortium on Revolutionary Europe Proceedings*도 참조하라.

21장 대륙 봉쇄 체제

조제핀이 쫓겨나고 마리 루이즈가 대신 황후 자리에 들어선 일에 관해서는 Frédéric Masson, *Joséphine Repudiée* (Paris n. d.)와 *L'Impératirce Marie-Louise* (Paris n. d.)를 보라. 결혼 협상에서 메테르니히가 수행한 핵심적인 역할에 관해서는 다음을 보라. R. Metternich, ed. *Memoirs of Prince Metternich, 1773-1815* (1880); E. Corti, *Metternich und die Frauen* (Vienna 1948); C. de Grunwald, 'Le Mariage de Napoléon et de Marie-Louise', *Revue des Deux Mondes* 38 & 41 (1937). 새로운 황후의 심리 상태에 관해서는 Gilbert Martineau, *Marie-Louise* (Paris 1985)와 Geneviève Chastenet, *Marie-Louise: l'impératirce oubliée* (Paris 1938)을 보라. 황제의 아들이자 후계자인 '새끼 독수리'는 Jean Tulard, *Napoléon II* (Paris 1992)에서 포괄적으로 다룬다.

대륙 봉쇄 체제에 가장 기본적인 저작은 F. Crouzet, *L'Économie britannique et le Blocus continental* (Paris 1958)이다. E. F. Hecksher, *The Continental System* (Oxford 1922)는 지금도 영어로 된 책으로는 가장 쉽게 이용할 수 있는 개설서다. Bertrand de Jouvenel, *Napoléon et l'économie dirigée: Le Blocus continental* (Paris 1942)도 참조하라. 대륙 봉쇄 체제의 특정한 측면을 다루는 몇 권의 유명한 단행본으로 이 세 책을 보완해야 한다. G. Ellis, *Napoleon's Continental Blockade: The Case of Alsace* (1981); Marcel Dunan, *Le Systeme Continental et les débuts du royaume de Bavière* (Paris 1943); E. Tarle, *Le Blocus Continental et le royaume d'Italie* (Paris 1928); D. Heils, *Les Rapports économiques franco-danois sous le Directoire, le Consulat et l'Empire* (Paris 1958); M. Cerenville, *Le Système continental et la Suisse, 1803-1813* (Lausanne 1906); F. L. Huillier, *Étude sur le Blocus continental: La mise en oeuvre des décrets de Trianon et de Fontainebleau dans le Grande-Duché de Bade* (Paris 1951); G. Sevières, *L'Allemagne française sous Napoléon* I (Paris 1904).

여기에 더하여 다르게는 알려지지 않을 논문들을 열거할 수 있을 것이다. Roger

Dufraise, 'Régime douanier, Bloucs, Systeme Continental', *Revue d'histoire économique et sociale* (1966) pp. 518~542; M. Dunan, 'Le Systeme Continental, Bulletin d'histoire économique', *Revue dés Études napoléoniennes* (1913); P. Butel, 'Le port de Bordeaux sous le régime des licences, 1808-1815', *Revue d'Histoire Moderne et Contemporaine* 17 (1970); R. Dufraise, 'Blocus et systeme continental. La politique économique de Napoleon', *Revue de l'Institut Napoleon* 99 (1966); F. Crouzet, 'Wars, blockade and economic change in Europe, 1792-1815', *Journal of Economic History* 24 (1964) pp. 567~590; E. Tarle, 'Napoléon et les intérêts économiques de la France', *Revue des Études napoléoniennes* (1926) pp. 117~137; M. Dunan, 'Napoléon et le système continental en 1810', *Revue d'Histoire diplomatique* (1946) pp. 71~98; R. Dufraise, 'La politique douanière de Napoléon', *Revue de l'Institut Napoleon* (1974) pp. 3~25; Jean Tulard, 'La contrebande au Danemark', *Revue de l'Institut Napoleon* (1966) pp. 94~95; F. Ponteil, 'La contrebande sur le Rhine au temps de l'Empire', *Revue Historique* (1935) pp. 257~286; J. Bertrand, 'La contrebande à la frontière du Nord en 1811, 1812 et 1813', *Annales de l'Est* (1951) pp. 276~306; R. dufraise, 'Contrbandiers normands sur les bords du Rhin', *Annales de Normandie* (1961) pp. 209~231.

대륙 봉쇄 체제는 이 시기 프랑스 경제와 영국 경제 간의 진정한 힘겨루기였다. 그런 연유로 개설적인 경제 연구서들이 이 문제를 많이 다루었다. 프랑스의 경우는 다음을 참조하라. P. Crowhurst, *The French War on Trade: Privateering, 1793-1815* (1989); F. E. Melvin, *Napoleon's Navigation System: a study of Trade Control during the Continental Blockade* (1910); S. E. Harris, *The Assignats* (Harvard 1950); M. Marion, *Histoire Finanacière de la France*, vol. 4 (Paris 1925); O. Viennet, *Napoléon et l'industrie française* (Paris 1947); H. See, *Histoire Économique de la France* (Paris 1942); A. Milward & N. Saul, *The Economic Development of Modern Europe, 1780-1870* (1979); P. Boussel, *Napoléon au royaume des vins de France* (Paris 1951); L. Bergeron, *Banquiers, Négociants et Manufacturiers à Paris* (Paris 1975); J. Labasse, *La Commerce des soies à Lyon sous Napoléon et la crise de 1811* (Paris 1957).

대륙 봉쇄 체제의 영국 쪽 상황에 관해서는 다음 책을 참조해야 한다. W. F. Galpin, *The Grain Supply of England during the Napoleonic Period* (NY 1925); M. Olson, *The Economics of Wartime Shortage: a History of British Food Supplies in the Napoleonic Wars and World Wars One and Two* (Durham, N.C. 1963); H. T. Dicknson, ed. *Britain and the French Revolution* (1979); C. N. Parkinson, *The Trade Winds: a Study of British Overseas Trade during the French Wars, 1793-1815* (1948); D. C. M. Platt, *Latin America and British Trade, 1806-1914* (1972); M. Edwards, *The Growth of the British Cotton Trade, 1780-1815* (Manchester 1967); A. Cunningham and J. Lasalle, *British Credit in the last Napoleonic War* (Cambridge 1910); A. Hope Jones, *Income Tax and the Napoleonic Wars* (Cambridge 1939); S.

Cope, *The Goldsmids and the development of the British money market during the Napoleonic Wars* (1942); J. Winter, ed. *War and Economic Development* (Cambridge 1975).

영국과 프랑스의 경제적 싸움이 미국에 영향을 끼치고 결국 1812년 전쟁을 촉발하게 된 일에 관해서는 다음을 보라. Ulande Bonnel, *La France, les États-Unis et la guerre de course 1797-1815* (Paris 1961); P. A. Heath, *Napoleon I and the origins of the Anglo-American War of 1812* (1929).

22장 러시아 원정, 23장 동토의 탈출

1812년에 관해서는 회고록 문헌이 대단히 많은데, 그중 콜랭쿠르의 *Mémoires* (1933) 가 가장 중요하다. 가치가 높은 다른 증언으로는 다음을 들 수 있다. Levin Bennigsen, *Mémoires* (Paris 1908); J. W. Fortescue, ed. & trans., *Mémoires du sergent Bourgogne, 1812-13* (1985); Philippe de Ségur, *Histoire de Napoléon et de la Grande Armée en 1812* (Paris 1824)와 영어판 *Napoleon's Russian Campaign*, ed. J. D. Townsend (1959); Agathon J. F. Fain, *Manuscrit de 1812* (Paris 1827); Sir Robert Wilson, *Journals 1812-14* ed. Brett-James (1864); R. E. P. Fezensac, *Journal de la campagne de Russie en 1812* (Paris 1850); Pion de Loches, *Mes campagnes* (Paris 1889); Chambray, marquis de, *Histoire de l'expédition de Russie* (Paris 1859); D. P. Boutourlin, *Histoire militaire de la campagne de Russie en 1812* (Paris 1824); Georges Bertin, *La campagne de 1812 d'après des témoins oculaires* (Paris 1895); C. de Grunwald, *La Campagne de Russie* (Paris 1963); Louise Fusil, *Souvenir d'une femme sur la retraite de Russie* (Paris 1910); A. Brett-James, ed. *Eewitness Accounts of Napoleon's Invasion of Russia* (1966); N. Milhailovitch, ed. *Alexandre I Correspondance avec sa soeur la grande-duchesse Catherine* (St Petersburg 1910). 직접 목격하고 쓴 역사로는 Antoine H. Jomini, *Précis politique et militaire de campagnes de 1812 à 1814* (Paris 1886)과 A. Chuquet, *Lettres de 1812* (Paris 1911)가 있다. K. von Clausewitz, *The Campaign of Russia in 1812* (1843)도 이에 가깝다고 할 수 있다.

2차 사료는 풍부하다. L. J. Margueron, *Campagne de Russie: Préliminaires, 1810-1812* (Paris 1906); Gabriel Fabry, *Campagne de Russie: Operations*, 5 vols (Paris 1903); Cate Curtis, *The War of the Two Emperors: the Duel Between Napoleon and Alexander; Russia 1812* (NY 1985); George Nafziger, *Napoleon's Invasion of Russia* (1988); Niegel Nicolson, *Napoleon. 1812* (1985); R. Reihn, 1812: *Napoleon's Russian Campaign* (NY 1991); Christopher Duffy, *Borodino and the War of 1812* (1973); E. Tarle, *Napoleon's Invasion of Russia, 1912 (1942)*; Alan Palmer, *Napoleon in Russia (NY 1967)*; Arthur Chuquet, *1812: La guerre en Russie* (Paris 1912); Jean Thiry, *La Campagne de Russie* (Paris 1969); Paul Britten Austin, *Napoleon in Moscow* (1995) and *Napoleon. The Great Retreat* (1996).

이 유명한 전쟁에서 벌어진 특별한 사건들에 관해서는 단행본이 많이 출간되어 있다. B. de Faye, *Smolensk* (Paris 1912); Van Vlijmen, *Vers le Beresina* (Paris 1908); R. Soltyk, *Napoleon en 1812* (Paris 1936)—의학적 관점; T. Fleischmann, *Napoleon au Bivouac* (Brussels 1957). 모스크바에 있을 때에 관해서는 다음의 책들이 가치가 있다. Abbé Surrugues, *Lettres sur la prise de Moscou en 1812* (Paris 1820); F. Pisani, *Con Napoleone nella Campagna di Russia, Memorie inedite di un ufficiale della Grande Armata* (Milan 1942). D. Olivier, *L'Incendie de Moscou* (Paris 1964)도 참조하라.

특정한 인물들을 다룬 책은 다음과 같다. M. A. Fabre, *Jérôme Bonaparte, roi de Westphalie* (Paris 1952); Abel Mansuy, *Jérôme Bonaparte et la Pologne en 1812* (Paris 1931); Michael and Diana Josselson, *The Commander: Barclay de Tolly* (NY 1980); Serge Nabokov, *Koutouzov, le vainqueur de Napoleon* (Paris 1990); F. D. Scott, *Bernadotte and the Fall of Napoleon* (Cambridge, Mass. 1935); E. Dard, *Narbonne* (Paris 1943); M. Jenkins, *Arakcheev: Grand Vizier of the Russian Empire* (1969); M. Josselson, *The Commander: a Life of Barclay de Tolly* (Oxford 1980); Sophie de Ségur, *Rostopchine* (Paris 1873); Roger Parkinson, *The Fox of the North. The Life of Kutusov* (1976).

프랑스인이 아니면서 프랑스군에 편입된 자들의 부대가 수행한 중요한 역할은 다음을 보라. Jean Sauzey, *Les Allemands sous les aigles française* (Paris 1912); Paul Boppe, *Les Espagnols à la Grande Armée* (Paris 1899); M. Holden, *Napoleon in Russia* (1974); Le Gall-Torrance, 'Mémoires russes sur l'époque napoléonienne', *Revue de l'Institut Napoléon* (1979); R. Bilecki, 'L'effort militaire polonai, 1806-1815', *Revue de l'Institut Napoléon* (1976). 이 대목에서 특히 퇴각 시기에 폴란드가 각별히 중요한데, J. Mansuy, *Jérôme Napoléon et la Pologne en 1812* (Paris 1931); B. Dundulis, *Napoléon et la Lithuanie en 1812* (Paris 1940)이 이 주제를 다룬다. Dominique de Pradt, *Histoire de l'ambassade dans le grand-duché de Varsovie* (Paris 1815)도 참조하라.

한층 더 넓은 외교 정책적 함의는 다음 책을 보라. Alan Palmer, *Russia in War and Peace* (1972); A. Lobanov Rostovsky, *Russia and Europe, 1789-1825* (Durham, N.C. 1947); P. K. Grimsted, *The Foreign Ministers of Alexander I: Political Attitudes and the Conduct of Russian Foreign Policy, 1801-1825* (L.A. 1969); V. Puryear, *Napoleon and the Dardanelles* (Berkeley 1951); M. Raeff, *Michael Speransky, Statesman of Imperial Russia, 1772-1839* (The Hague 1957); A. C. Niven, *Napoleon and Alexander I: a Study in Anglo-Russian Relations, 1807-1812* (Washington DC 1978); H. Ragsdale, *Detente in the Napoleonic Era: Bonaparte and the Russians* (Lawrence, Kansas 1980).

참으로 다사다난한 해였던 1812년의 다른 측면에는 나폴레옹의 동기 문제가 포함되는데, 이를 해명해줄 실마리는 나폴레옹이 마리 루이즈에 보낸 편지에서 찾을 수 있다.

프로이트의 기발한 추측은 다음에 게재된 1936년 11월 29일자로 토마스 만에게 보낸 편지에 나타난다. Ernst Freud, *Letters of Sigmund Freud 1873-1939* (1961) p. 430. H. Parker, 'Why did Napoleon invade Russia? A study in motivation, personality and social structure', *Consortium on Revolutionary Europe Proceedings* (1989) pp. 86~96도 참조하라. 영국과 미국의 전쟁은 Harry Coles, *The War of 1812* (Chicago 1965)와 Donald R. Hickey, *The War of 1812: a forgotten conflict* (Urbana, Ill. 1989)에서 다룬다. 말레 장군의 음모는 기이하게도 많은 연구의 주제가 되었지만, 다음 몇 가지 이외에는 볼 필요가 없다. B. Melchior-Bonnet, *La conspiration de Général Malet* (Paris 1963); J. Mistler, *Napoléon et l'Empire* (Paris 1968); G. Artom, *Napoleon is Dead in Russia* (NY 1970).

24장 포위된 제국

1812년에서 1814년까지 에스파냐에서 벌어진 일에 관해서는 몇 가지 매우 흥미로운 단행본 연구서가 있다. Jean Sarramon, *La bataille des Arapiles, 22 juillet 1812* (Paris 1978); Peter Young and J. P. Lawford, *Wellington's Masterpiece: the Battle and Campaign of Salamanca* (1973); Philip J. Haythornthwaite, *Die Hard: Dramatic Action from the Napoleonic Wars* (1996); F. Rousseau, *La Carrière du maréchal Suchet* (Paris 1898); P. Conard, *Napoléon et la Catalogne* (Paris 1910); C. Clerc, *Campagne du Maréchal Soult dans les Pyrénées occidentales en 1813-14* (Paris 1894); L. Batcave, *La Bataille d'Orthez* (Paris 1914); Henri Geschwwind & François Gelis, *La Bataille de Toulouse* (Paris 1914); Jac Weller, *Wellington in the Peninsula* (1962); Michael Glover, *Wellington's Peninsular Victories* (1963).

1813년에 크게 고조된 독일 민족주의에 관해서는 많은 문헌이 나왔다. 대표적인 연구서들을 꼽자면 다음과 같다. G. P. Gooch, *Germany and the French Revolution* (1920); H. Kohn, *The Idea of Nationalism* (NY 1945); C. Langsam, *The Napoleonic Wars and German Nationalism in Austria* (NY 1930); A. Robert, *L'Idée nationale autrichienne et les guerres de Napoléon* (Paris 1933); E. N. Anderson, *Nationalism and the Cultural Crisis in Prussian, 1806-1815* (NY 1939); M. Boucher, *Le Sentiment National en Allemagne* (Paris 1947); G. S. Ford, *Stein and the Era of Reform in Prussian, 1807-1815* (Princeton 1922); J. Droz, *L'Allemagne et la Révolution Française* (Paris 1949); Vidal de la Blanche, *La Regénération de la Prusse après Jéna* (Paris 1910); W. M. Simon, *The Failure of the Prussian Reform Movement, 1807-1819* (NY 1971); G. Cavaignac, *La Formation de la Prusse Contemporaine* (Paris 1891); R. Ergang, *Herder and the Foundations of German Nationalism* (NY 1913); R. Berdahl, *The Politics of the Prussain Nobility: the Development of a Conservative Ideology, 1770-1848* (Princeton 1988); W. Shanahan, *Prussian Military Reforms, 1786-1813* (NY 1945); P. Paret, *Yorck and the Era of Prussian Reform, 1807-1815* (Princeton 1966); H. Kohn, *The Mind of*

Germany (1961).

1813년에 주요 인물은 여러 측면에서 보아 메테르니히다. 메테르니히의 태도는 철저하게 연구되었다. 앞서 언급한 전기 말고도 다음이 유용하다. Henry Kissinger, *A World Restored* (Boston 1957); Bertier de Sauvigny, *Metternich et son Temps* (Paris 1959); E. Kraehe, *Napoleon's German Policy* (Princeton 1963); C. Buckland, *Metternich and the British Government from 1809 to 1813* (1932); E. Gillick, *Europe's classic Balance of Power: a Case History of the Theory and Practice of One of the Great Concepts of European Statecraft* (Ithaca, NY 1955); M. Paléologue, *Romantisme et Diplomatie* (Paris 1924). 드레스덴에서 있었던 유명한 면담은 다수의 1차 사료에서 조각조각 모아야 하는데 내용에서 서로 모순되는 것들이 많다. 예를 들면 다음을 보라. A. J. F. Fain, *Manuscrit de 1813* (Paris 1824); Clemens Metternich, *Memoirs* (1880); J. Grabowski, *Mémoires Militaires* (Paris 1907).

1812년 러시아 원정과 관련하여 열거한 많은 1차 사료들에는 1813년의 패주 이야기도 담겨 있다. 기타 직접적인 설명으로는 다음을 들 수 있다. O. von Odeleben, *A Circumstantial Narrative of the Campaign in Saxony* (1820); A. Brett-James가 모은 증언인 *Europe against Napoleon: the Leipzig Campaign 1813* (1970); Georges Bertin, *La Campagne de 1813 d'après des témoins oculaires* (Paris 1986); Erckman Chatrian, *Un Conscrit de 1813* (Paris 1977); Denis Charles Parquin, *De la Paix de Vienne à Fontainbleau: Souvenirs 1809-1814* (Paris 1911); Planat de la Faye, *Souvenirs* (Paris 1895); Eugène Vitrolles, *Mémoires* (Paris 1883); C. L. M. Lanrezac, *Mémoires: Lutzen* (Paris 1904); A. H. de Jomini, *Précis politique et militaire des campagnes de 1812 à 1814* (Paris 1886); Jacques Norvins, *Le Porte-Feuille de 1813* (Paris 1825). 여기에 훌륭한 2차 사료를 여럿 추가해야 한다. J. Tranié and J.C. Carmigniani, *Napoléon 1813, Campagne d'Allemagne* (Paris 1987); F. L. Petre, *Napoleon's Last Campaign in Germany, 1813* (19120; Marcel Dupont, *Napoléon et la trahison des maréchaux, 1814* (Paris 1970); Frédéric Reboul, *La Campagne de 1813* (Paris 1912); J. Clément, *La Campagne de 1813* (Paris 1904); Lefebvre de Behaine, *Napoléon et les Alliés sur le Rhin* (Paris 1913); Ernest F. Henderson, *Blücher and the uprising of Prussia against Napoleon* (1994).

1813년 전쟁의 네 차례 큰 전투에 대한 개별적인 연구들은 다음을 보라. Paul J. Foucart, *Bautzen, 20-21 Mai, 1813* (Paris 1897); R. Tournes, *La campagne de printemps en 1813: Lützen* (Paris 1931); Jean Thiry, *Lützen et Bautzen* (Paris 1971); George Nafziger, *Napoleon at Dresden* (Chicago 1995); Jean Thiry, *Leipzig* (Paris 1972); George Nafziger, *Napoleon at Leipzig* (Chicago 1996); F. N. Maude, *The Leipzig Campaign, 1813* (1908); Paul Foucart, *La Poursuite* (Paris 1901).

25장 파리 함락

1814년 전쟁에 관한 1차 사료는 나폴레옹이 마리 루이즈에게 보낸 편지를 비롯하여 매우 풍부하다. A. J. F. Fain, *Le Manuscrit de 1814*는 1813년에 관한 상응하는 문서 만큼이나 중요하며, 앞서 언급했던 콜랭쿠르의 회고록이 여기서도 주요 사료가 된다. Madame de Marigny, *Journal* (1907)은 다른 사료에서는 볼 수 없는 세세한 내막을 전해준다. 그밖에 기본적인 사료로는 파리경찰국장 Pasquier의 *Mémoires* (Paris 1893)과 Augustin Belliard, *Mémoires* (Paris 1842), A. G. P. Barante, *Mémoires* (Paris 1901)가 있다. 다음의 책도 1차 사료로 분류된다. K. von Clausewitz, *La Campagne de 1814* (Paris 1900); Georges Bertin, *La Campagne de France d'après les témoins oculaires* (Paris 1897); Baron Vincent, *Le Pays Lorrain* (Paris 1929). 이 시기에 관한 증인으로 샤토브리앙을 얼마나 신뢰할 수 있는가는 논란거리다. 다음을 보라. Beau de Lomenie, *La Carrière politique de Chateaubriand de 1814 à 1830* (Paris 1929); H. Guillemin, *L' Homme des Mémoires d'outre-tombe* (Paris 1964).

1814년의 군사 활동은 철저히 연구되어 지나칠 정도라는 얘기까지 나올 수도 있겠다. 고전적인 설명은 Henry Houssaye, *1814* (Paris 188)이지만 좋은 연구들이 많다. A. Chuquet, *L'Année 1814* (Paris 1914); *Jean Thiry*, La Campagne de France (Paris 1938); F. Ponteuil, *La Chute de Napoleon I* (Paris 1943); F. L. Petre, *Napoleon at Bay 1814* (1914); Marcel Dupont, *Napoléon et la Trahison des Maréchaux* (Paris 1970); F. D. Scott, *Bernadotte and the Fall of Napoleon* (Cambride, Mass. 1935). 배신 가능성을 포함하는 현대적 시각은 David Hamilton-Williams, *The Fall of Napoleon: The Final Betrayal* (1994)와 Jean Tulard, *Napoleon at Bay* (1977)에서 고찰한다. 이 모든 책들은 어느 정도 정치적 분석을 담고 있지만, 군사적인 전문성을 강조하는 것으로는 다음을 보라. J. Tranie & J. C. Carmigniani, *Napoléon 1814: La campagne de France* (Paris 1989); Lefebvre de Béhaine, *La Campagne de France* (Paris 1935); Henry Lachouque, *Napoléon en 1814* (Paris 1960); M. R. Mathieu, *Dernières Victoires, 1814: La Campagne de France aux alentours de Montmirail* (Paris 1964); H. de Mauduit, *Les derniers jours de la Grande Armée* (Paris 1847); Jean Colin, 'La bataille de Montmirail', *Revue des Études napoléoniennes* (1914) pp. 326~358.

동맹군이 침공하던 시기 지방의 경험을 연구한 많은 문헌이 군사적 측면에 대한 서술을 보완할 수 있다. 대표적인 저작을 꼽자면 다음과 같다. François Steenackers, *L' Invasion de 1814 dans la Haute-Marne* (Pairs 1868); P. Gaffarel, *Dijon en 1814-1815* (Paris 1897); A. Chuquet, *L'Alsace en 1814* (Paris 1900); F. Borrey, *La Franche-Comte en 1814* (Paris 1912); P. Fauchille, *Une Chouannerie Flamande 1813-1814* (Paris 1905); R. Perrin, *L'Esprit public dans la Meurthe de 1814-1816* (Paris 1913); J. Vidal de la Blanche, *L'Évacuation de l'Espagne et l'Invasion dand le Midi* (Paris 1914); H. Contamine, *Metz et Moselle de 1814 à 1870* (Paris 1932); A. Voyard, 'Les Anglais à Bordeaux en 1814', *Revue des Études napoléoniennes* (1914) pp. 259~285. 파리의 방어에 관해서는 주요 인물들과 논란거리인 그자들의 역할을 담은 전기를 참조하면 도움이 될 것이다. H. de Clairval, *Daumesnil* (Paris 1970); Duke of Conegliano, *Moncey* (Paris 1901); M. Morcel, *Le Maréchal Mortier* (Paris 1957).

전쟁 수행 노력에 관해서는 다음을 보라. L. Girard, *La Garde nationale* (Paris 1964); Eugène Lomier, *Histoire des Régiments des Gardes d'honneur, 1813-1814* (Paris 1924); J. Vidalenc, *Textes sur l'histoire de la Seine-Inférieure à l'époque napoléonienne* (Paris 1976); J. Durieux, 'Soldats de 1814', *Revue des Études napoléoniennes* (1933) pp. 202~211. 순수하게 1814년 프랑스의 정치적 측면만 다룬 연구서는 다음과 같다. Bertier de Sauvigny, *Le comte Ferdinand de Bertier et l'énigme de la Congrégation* (Paris 1948); F. Berry, *L'esprit public chez les prêtres franc-comtois pendant la crise de 1812-1815* (Paris 1912); Lefebvre de Behaine, *Le Comte d'Artois sur la route de Paris en 1814* (Paris 1921); L. Madelin, *La Contre-Révolution sous la Révolution, 1789-1815* (Paris 1935); E. de Perceval, *Un Adversaire de Napoléon, Laine* (Paris 1926); C. Puthas, *Guizot pendant la Restauration* (Paris 1923); J. Bury, 'The End of the Napoleonic Senate', *Cambridge Historical Journal* (1948) pp. 165~189.

1814년은 나폴레옹 제국이 몰락한 해이기도 하다. 제국의 몰락이 전 세계에 미친 영향을 전기에서 추적할 수는 없지만, 관련 있는 문헌을 언급한다고 해가 될 일은 없다. 대체로 자신을 변명하는 저작들이다. R. Rath, *The Fall of the Napoleonic Kingdom of Italy* (NY 1941); R. M. Johnston, *The Napoleonic Empire in Southern Italy* (1904); H. Weil, *Joachim Murat, roi de Naples: la dernière année du règne* (Paris 1909); J. Rossetti, *Lord W. Bentinck and the British Occupation of Sicily, 1811-1821* (1956); G. Renier, *Great Britain and the Establishment of the Kingdom of Netherlands, 1813-1815* (1930); Caumont de la Force, *L'Architrésorier Lebrun, gouverneur de la Hollande, 1810-1813* (1907); C. Parkinson, *War in the Eastern Seas, 1783-1815* (1954); H. Prentout, *L'Île de France sous Decaen* (Paris 1901); Enrique Gandia, *Napoléon et l'indepéndance de l'Amérique latine* (Paris 1955); C. de Sassenay, *Napoleon I et la fondation de la République Argentine* (Paris 1892). 다음 두 논문도 참조하라. Pardo de Leygonier, 'Napoléon et les libérateurs de l'Amérique latine', *Revue de l'Institut Napoléon* (1962) pp. 29~33; O. Baulny, 'La Naissance de l'Argentine el l'entreprise ibérique de Napoléon', *Revue de l'Institut Napoléon* (1970) pp. 169~180.

26장 엘바 섬의 군주

또 다시 겨우 열두 달의 시간에 관한 1차 사료가 폭포수처럼 쏟아진다. 특히 중요한 것은 탈레랑의 세 권짜리 서간집이다. Gaston Palewski, ed. *Le Miroir de Talleyrand: Lettres inédites à la duchesse de Courlande pendant le Gongrès de Vienne* (Paris 1976); *Talleyrand intime d'après sa correspondance avec la duchesse de Courlande: La Restauration en 1814* (Paris 1891); G. Pallin ed. *Correspondance inédite du Prince de Talleyrand et du Roi XVIII pendant le Congrès de Vienne* (Paris 1881). 다른 유용한 사료로는 다음을 들 수 있다. M. H. Weil, ed. *Les Dessous du Congrès de Vienne d'après des documents originaux des Archives du Ministère impérial et royal de l'intérieur à Vienne*, 2 vols (Paris 1917); Abbé de Pradt, *Récit historique sur la restauration de la royauté en France, le 31 mars 1814* (Paris 1822); John Scott, *A Visit to Paris in 1814* (1816); C. K. Webster, ed. *British Diplomacy, 1813–1815: Select Documents dealing with the Reconstruction of Europe* (1921); Auguste de La Garde-Chambonas, *Souvenirs du Congrès de Vienne, 1814–1815* (Paris 1820); Dorothée de Courlande, *Souvenirs de la duchesse de Dino* (Paris 1908).

동맹국들이 황제의 유배지로 엘바 섬을 선택하는 과정은 다음 연구들에서 다룬다. C. Buckland, *Metternich and the British Government* (1932); Harold Nicolson, *The Congress of Vienna* (1946); Dara Olivier, *Alexandre Ier: Prince des Illusions* (Paris 1973); Francis Ley, *Alexandre Ier et sa Sainte-Alliance, 1811–1825* (Paris 1975); C. K. Webster, *The Foreign Policy of Castlereagh, 1812–1815* (1931); M. Chamberlain, *Lord Aberdeen: a Political Biography* (1983); Antoine d'Arjuzon, *Castlereagh* (Paris 1995); G. Bertier de Sauvigny, *Metternich* (Paris 1986); Wendy Hinde, *Castlereagh* (1981); Philip Ziegler, *The Duchess of Dino* (1962); F. D. Scott, *Bernadotte and the Fall of Napoleon* (Cambridge, Mass. 1935); L. Pingaud, *Bernadotte, Napoléon et les Bourbons* (Paris 1901); Gregor Dallas, *1815: The Roads to Waterloo* (1996); Evelyne Lever, *Louis XVIII* (Paris 1988); Philip Mansel, *The Court of France, 1789–1830* (Cambridge 1988). 이 주제에 관한 논문도 헤아릴 수 없이 많은데, 특히 다음을 참조하라. P. Schroeder, 'An unnatural 'natural alliance': Castlereagh, Metternich and Aberdeen in 1813', *International History Review* 10 (1988) pp. 522~540; F. D. Scott, 'Bernadotte and the Throne of France, 1814', *Journal of Modern History* 5 (1933) pp. 465~478; Philip Mansel, 'Wellington and the French Restoration', *International History Review* 11 (1989) pp. 76~83; Katherine MacDonagh, 'A Sympathetic Ear: Napoleon, Elba and the British', *History Today* (February 1994) pp. 29~35.

퐁텐블로 시기는 L. Madelin, ed. *Lettres inédites de Marie-Louise* (Paris 1960)와 Palmastierna, ed. *Lettres de Marie-Louise à Napoléon* (Paris 1955)이 생생하게 전한다. 이를 보완할 수 있는 것들로는 다음을 보라. C. F. Méneval, *Napoléon et Marie-Louise: souvenirs historiques* (Paris 1845); Frédéric Masson ed. *Private Diaries of Marie-Louise* (1922); J. C. Hobhouse, *The Substance of some Letters written from Paris* (1817). 자살 시도를 했다는 이야기에 관해서는 P. Hillemand, 'Napoléon a-t-il tenté de se suicider à Fontainebleau?', *Revue de l'Institut Napoléon* (1971)을 보라. Hillemand는 이 문제를 나폴레옹이 우연히 아편을 복용한 일까지 추적한다. '자살' 시도와 관련이 있든 없든 암살 기도가 있었을 가능성에 관해서는 Frédéric Masson, *L'Affaire Maubreuil* (Paris 1907)과 M. Gasson, *La tumulteuse existence de Maubreuil* (Paris 1954)를 보라.

엘바 섬에 체류했던 시기에 관해서는 사료가 풍부하다. 필수 사료는 콜랭쿠르의 회고록 말고도 다음을 들 수 있다. Eugène d'Aranuld Vitrolles, *Mémoirs de Vitrolles* (Paris 1951); André Pons de l'Hérault, *Souvenirs et anecdotes de l'Île d'Elbe* (1897); Viscount Ebrington, *Memorandum of two conversations* (1823). Fernand Beaucour의 연구 *Une visite à Napoléon à l'Île d'Elbe d'un membre du Parlement anglais* (Paris 1990)도 이런 부류에 속하다고 할 수 있다. 2차 사료는 가장 최근에 출간된 책들이 훌륭한데 다음을 보라. Fernand Beaucour, *Napoléon à l'île d'Elbe* (Paris 1991); Louise Laflandre-Linden, *Napoléon et l'île d'Elbe* (Paris 1959); G. Godlewski, *Trois Cent Jours d'Exil* (Paris 1961); Neil Campbell, *Napoleon at Fontainbleau and Elba* (1869); P. Gruyer, *Napoléon, roi de l'île d'Elbe* (Paris 1959); N. Young, *Napoleon in Exile: Elba* (1914); E. Foresi, *Napoléon I all'isola dell'Elba* (Florence 1884); M. Pellet, *Napoléon à l'île d'Elbe* (Paris 1888); L. G. Pelissier, *Le registre de l'île d'Elbe* (Paris 1897). 다음 논문은 이 시기를 훌륭하게 개관한다. Jean Tulard, *L'île d'Elbe en l'an Ⅹ*, *Revue de l'Institut Napoléon* (1964) pp. 64~68.

나폴레옹이 엘바를 탈출하기 전의 음모와 파리로 개선해 백일 천하를 시작하는 과정에 관해서도 많은 문헌이 있다. 기본서는 Norman Mackenzie, *The Escape from Elba: the Fall and Flight of Napoleon, 1814-1815* (Oxford 1982)와 Henry Houssaye, *1815: La Première Restauration, le Retour de l'île d'Elbe, les Cent Jours* (Paris 1920)이다. 다음도 참조하라. F. Ponteil, *La Chute de Napoléon* (Paris 1943); Jean Thiry, *La Chute de Napoléon* (Paris 1938); J. H. Rose, *Napoleon's Last Voyages* (1906); C. Shorter, *Napoleon and his Fellow travellers* (1908). 정치와 음모에 관해서는 다음을 참조하라. A. Espitalier, *Deux artisans du retour de l'île d'Elbe* (Paris 1934); A. Ernouf, *Maret, duc de Bassano* (Paris 1878); E. Bonnal, *Les Royalistes contre l'Armée* (Paris 1906). 파리 행군에 관해서는 L. Marchand, *Mémoires* (Paris 1955)와 Alexnadre de Laborde, *Quarante-huit heures de garde au Château des Tuileries pendant les journées de 19 et 20 Mars 1815* (Paris 1816)를 보라. 매우 상세한 설명은 다음에서 찾을 수 있다. Paul Gaffarel, *Les Cent Jours à Marseille* (Paris 1906); L. Pingaud, *La Franche-Comté en 1815* (Paris 1894); G. de Manteyer, *La Fin de l'Empire dans les Alpes* (Paris 1942); Jean Thiry, *Le Vol de l'Aigle* (Paris 1942); A. Chollier, *La Vraie Route Napoléon* (Paris 1946); S & A. Troussier, *La Chevauchée héroique du retour de l'île d'Elbe* (Paris 1965); C. Manceron, *Napoléon reprend Paris* (Paris 1965).

27장 백일 천하

백일 천하에 관해서는 26장에서 설명한 Houssaye의 고전적인 연구서 말고도 좋은 연구서가 많다. Alan Schom, *One Hundred Days: Napoleon's Road to Waterloo* (1993); Émile Le Gallo, *Les Cent Jours* (Paris 1923); G. de Bertier de Sauvigny, *La Restauration* (Paris 1955); C. Manceron, *Which Way to Turn: Napoleon's Last Choice* (1961); F. Sieburg, *Les Cent Jours* (Paris 1957). 방자맹 콩스탕(Benjamin Constant)과 부가법에 관해서는 다음의 저작들을 꼭 읽어야 한다. 콩스탕 자신의 *Journaux Intimes*

(Paris 1952)와 *Mémoires sur les Cent-Jours*, ed. Pozzo di Borgo (Paris 1961), 그리고 *Œuvres*, ed. Alfred Roulin (Paris 1957); L. Radiguet, *L'Acte additionel* (Paris 1911); Denis Wood, *Benjamin Constant: A Biography* (1993); P. Bastid, *Benjamin Constant et sa doctrine* (Paris 1965).

나폴레옹의 귀환이 지닌 정치적인 측면은 다음을 보라. M. Reinhard, *Le Grand Carnot* (Paris 1952); W. Sérieyx, *Drouot et Napoleon* (Paris 1931); H. Malo, *Le Bedau Montrond* (Paris 1926); R. Alexander, *Bonapartism and Revolutionary Tradition in France: the Fedérés of 1815* (1991); Frédéric Bluche, *Le Plebiscite des Cent Jours* (Geneva 1974); M. Bruguière, *La Première Restauration et son Budget* (Paris 1969); X. Gignoux, *La Vie du Baron Louis* (Paris 1928). Houssaye는 푸셰를 1815년 황제의 운명에서 핵심적인 인물로 지목했는데 이는 옳다. 이 시기의 푸셰에 관해서는 다음 네 권의 책에서 가장 잘 설명한다. 푸셰 자신이 쓴 *Mémoires de Joseph Fouché, Duc d'Otrante*, ed. Michel Vovelle (Paris 1992); André Castelot, *Fouché* (Paris 1990); Louis Madelin, *Fouché, 1759-1820*, 2 vols (Paris 1910), 그리고 슈테판 츠바이크(Stefan Zweig)의 고전적인 연구 *Fouché* (Paris 1969)가 있다. 1815년의 정치를 이해하는 데 유용한 논문으로는 H. Kurtz, 'Napoleon in 1815: the second reign', *History Today* (October 1965) pp. 673~687과 R. Alexander, 'The fedérés of Dijon in 1815', *Historical Journal* 30 (1987) pp. 367~390이 있다.

파리를 여행한 사람들의 이야기는 유용한 자료가 많다. Sidney Owenson Morgan, *La France* (1817); John Scott, *Paris Revisited in 1815* (1816); Samuel Romilly, *Life of Sir Samuel Romilly written by himself* (1842); John Hobhouse, *The Substance of Some Letters written by an Englishman Resident at Paris during the last reign of the Emperor Napoleon* (1816). 프랑스의 전반적인 상황과 지방의 반응은 다음을 참조하라. A. Jardin & A. J. Tudesq, *La France des notables, 1815-1848*, 2 vols (Paris 1973); Marc Blancpain, *La vie quotidienne dans la France du Nord sous les occupations (1814-1944)* (paris 1983); Henry Contamine, *Metz et la Moselle de 1814 à 1870* (Paris 1932); J. Vidalenc, *Le Département de l'Eure sous la monarchie constitutionelle* (Paris 1952); P. Leulliot, *La Première Restauration et les cent jours en Alsace* (Paris 1958); G. Lavalley, *Le Duc d'Aumont et les Cent Jours en Normandie* (n.d.); R. Grand, *La Chouannerie de 1815* (Paris 1942); Bertrand Lasserre, *Le Général Lemarque et l'Insurréction royaliste en Vendée* (Paris 1906). E. Romberg and A. Malet, *Louis XVIII et les cent jours à Gard* (Paris 1902)는 우연찮게 이 내용을 흥미롭게 설명하고 지나간다.

워털루 전투에 관해서는 지나치게 많은 글이 쓰였다는 주장이 종종 제기되는데, 만일 그렇다면 이는 1차 사료가 당혹스러울 정도로 풍부하기 때문일 것이다. 앞서 언급한 회고록 중에서는 특히 뤼시앵 보나파르트와 부리엔, 푸셰, 오르탕스, 라파예트, 샤토브리앙, 몰레, 레알, 사바리, 탈레랑, 티보도의 회고록을 지적해야 하겠다. 다음의 회고록도 꼭 필요한 책이다. Emmanuel Marquis de Grouchy, *Fragments Historiques* (Paris 1829) and

Mémoires (Paris 1873); Jean-Claude Beugnot, *Mémoires du comte Beugnot, 1779-1815*, ed. R. Lacour-Gayet (Paris 1959); François Guizot, *Mémoires pour servir à l' histoire de mon temps* Vol. Ⅰ. (Paris 1858); Louis-Philippe d'Orléans, *Mon Journal*, 2 vols (Paris 1849); Cavalie Mercer, *Journal of the Waterloo Campaign, kept throughout the Campaign of 1815*, 2 vols (1870); Jules Michelet, *Ma Jeunesse* (Paris 1884); Eugène d'Arnauld, baron de Vitrolles, *Mémoires de Vitrolles*, ed. P. Farel, 2 vols (Paris 1951). 그러나 1815년에 관한 방대한 회고록 문헌은 이것이 전부가 아니다.

예상할 수 있는 일이지만 리니 전투와 카트르브라 전투, 워털루 전투에 관한 자료는 엄청나게 많다. 우선 언급할 저작은 다음과 같다. Carl von Clausewitz, *La Campagne de 1815* (Paris 1900); Antoine Jomini, *Précis de la Campagne de 1815* (Paris 1939); Jean Charras, *Histoire de la Campagne de 1815* (Paris 1869); L. D. Pontecoulant, *Napoléon à Waterloo* (Paris 1924). 고전적인 연구는 Henry Houssaye,*1815: Waterloo* (Paris 1924)이다. 그 다음으로는 프랑스 사람의 연구를 인용할 때마다 영국인의 연구도 하나씩 덧붙일 수 있다. A. Brett-James, *The Hundred Days: Napoleon's Last Campaign from Eyewitness Accounts* (1965); E. Lénient, *La Solution des Enigmes de Waterloo* (1915); A. F. Becke, *Napoleon and Waterloo* (1936); H. Lachouque, *Le Secret de Waterloo* (Paris 1952); J. Naylor, *Waterloo* (1960); Jean Thiry, *Waterloo* (Paris 1943); J. Weller, *Wellington at Waterloo* (1967); Hector Couvreur, *Le Drame belge de Waterloo* (Brussels 1959); A. Chalfont, ed. *Waterloo: Battle of the Three Armies* (1979); C. Piollet, *La Vérité sur le mot de Cambronne* (Paris 1921); Christopher Hibbert, *Waterloo: Napoleon's Last Campaign* (1967); Henry Houssaye, *La Garde meurt et ne se rend pas* (Paris 1907); David Howarth, *A Near-Run Thing: the Day of Waterloo* (1968). 세 편의 유익한 논문은 다음과 같다. J. Holland Rose, 'Wellington dans la campagne de Wateroo', *Revue des Études napoléoniennes* (1915) pp. 44~55; E. Kraehe, 'Wellington and the Reconstruction of the Allied Armies during the Hundred Days', *International History Review* 11 (1989) pp. 84~97; C. Grouard, 'Les derniers historiens de 1815', *Revue des Études napoléoniennes* (1917) pp. 163~198.

워털루로 이어지는 음울한 결말과 황제의 최종적인 항복에 관해서는 다음을 보라. Henry Houssaye, *1815: La Seconde Abdication, la Terreur Blanche* (Paris 1918); Jean Thiry, *La Seconde Abdication* (Paris 1945); J. Duhamel, *Les Cinquante Jours de Waterloo à Plymouth* (Paris 1963); G. de Bertier de Sauvigny, *La Restauration* (Paris 1955); G. Martineau, *Napoleon Surrenders* (1971). 두 편의 좋은 논문도 있다. J. Gallaher, 'Marshal Davout and the Second Bourbon Restoration', *French Historical Studies* 6 (1970) pp. 350~364; G. Lewis, 'The White Terror of 1815 in the Department of the Gard: counter-revolution, continuity and the individual', *Past and Present* 58 pp. 108~135.

세인트헬레나 섬에서 지낸 시기는 직접 목격한 증언이 특히 풍부하다. 다음은 기본적인 사료이다. Marie-Joseph Emmanuel-Dieudonné de las Cases, *Mémorial de Saint-Hélène ou journal où se trouve consigné… tout ce qu'a dit et fait Napoléon… du 20 juin 1815 au 25 novembre 1816*, ed. M. Dunan, 2 vols (Paris 1822); Barry E. O'Meara, *Napoleon in Exile: or a Voice from St Helena* (1888); François Antommarchi, *Mémoires du docteur J. Antommarchi ou les derniers moments de Napoléon*, 2 vols (Paris 1825); Comte Charles-François-Tristan de Montholon, *Récits de la captivité de l'Empéreur Napoléon à Sainte-Hélène*, 2 vols (Paris 1847); Baron Genenral Gaspar Gourgaud, *Sainte-Hélène, journal inédit de 1815 à 1818*, 2 vols (Paris 1889); Comte Louis-Joseph-Narcisse Marchand, *Mémoires de Marchand, premier valet de chambre et executeur testamentaire de l'empereur*, ed. J. Bourguignon, 2 vols (Paris 1955); Comte Général Henri-Gratien Bertrand, *Général Bertrand… Cahiers de Sainte-Hélène*, 3 vols (Paris 1959). 뛰어난 선집 Jean Tulard, *Napoléon à Sainte-Hélène* (Paris 1981)과 C. Albert-Samuel의 참고문헌 목록 *Revue de l'Institut Napoléon* (1971) pp. 151~157도 보라.

'노섬벌런드함'으로 가는 여정에 관해서는 다음을(27장 부분에서 설명한 Maitland와 Keith의 책에 더하여) 덧붙일 수 있다. J. H. Rose, *Napoleon's Last Voyages* (1906); Gilbert Martineau, *Napoleon's Last Journey* (1976); Clement Shorter, *Napoleon and his Fellow-Travellers* (1908); Félix Coquereau, *Souvenirs du voyage à Sainte-Hélène* (Paris 1841); G. Bordonove, *Vers Sainte-Hélène* (Paris 1977); Arnold Chaplin, *A St Helena Who' Who* (1919); G. Cockburn, *Napoleon's Voyage* (1888).

세인트헬레나 섬 유배에 관해서는 다음의 1차 사료(혹은 사료 선집)를 추가해야 한다. Julian Park, trans. & ed. *Napoleon in Captivity: The Reports of Count Balmain, Russian Commissioner on the island of St Helena 1816-1820* (1928); Lady Pulteney Malcolm, *Diary of St Helena* (1899); J. N. Santini, *An Appeal to the British Nation* (1817); Elizabeth Balcombe Abell, *Recollections of the Emperor Napoleon* (1844); Montholon, *Lettres du comte et comtesse Montholon*, ed. P. Gonnard (Paris 1906); W. Henry, *Events of a Military Life* (1834); W. Warden, *Letters written on board the Northumberland and at St Helena* (1816); James Kemble, *St Helena during Napoleon's Exile* (1969); J. Stockoe, *With Napoleon at St Helena* (1902); Basil Jackson, *Reminiscences of a Staff Officer* (1877); E. Lutyens, *Letters of Captain Engelbert Lutyens* (1915); Henry Meynell, *Conversations with Napoleon at St Helena* (1911); Constance Russell, *Swallowfield and its Owners* (1901); Louis Étienne St-Denis, *From the Tuileries to St Helena. Personal Recollections of Louis Étienne St-Denis* (1922); Firmin Didot, *La Captivité de Sainte-Hélène d'après les rapports du Marquis de Monchenu* (Paris 1894); E. St-Denis, *Souvenirs du Mamelouk Ali sur l'Empéreur Napoléon* (Paris 1926).

엄청나게 많은 2차 사료 중에서는 특별히 다음을 꼽을 수 있다. G. Martineau, *Napoleon's St Helena* (1968); Julia Blackburn, *The Emperor's Last Island* (1991); Jean Thiry, *Sainte-Hélène* (Paris 1976); Earl Rosebery, *Napoleon, the Last Phase* (1900); R. Korngold, *The Last Years of Napoleon* (1960); Octave Aubry, *St Helena* (1947); W. Forsyth, *History of the Captivity of Napoleon at St Helena* (1853); P. Ganière, *Napoléon à St-Hélène* (Paris 1960); Frédéric Masson, *Autour de Sainte-Hélène* (Paris 1935); Mabel Balcombe Brookes, *St Helena Story* (1960); Norwood Young, *Napoleon in Exile: St Helena*. 2 vols (1915); Léon Brice, *Les Espoirs de Napoléon à Sainte-Hélène* (Paris 1938); Ernest d'Hauterive, *Sainte-Hélène au temps de Napoléon et aujourd'hui* (Paris 1933); René Bouvier, *Sainte-Hélène avant Napoléon* (Paris 1938); Philip Gosse, *St Helena, 1502-1938* (Shropshire 1990); J. Mougins-Roquefort, *Napoléon prisonnier par les Anglais* (Paris 1978). 영국과 프랑스에서 일어난 사건 중 황제와 황제의 감금에 직접적인 연관이 있는 것들은 다음을 보라. H. Kurtz, *The Trial of Marshal Ney* (1957); J. P. Garnier, *Charles X* (Paris 1967); E. Tangye Lean, *The Napoleonists* (1970); M. Thornton, *England and the St Helena Decision* (1968); Roger Fulford, *Samuel Whitbread, 1764-1815: A Study in Opposition* (1967); J. Dechamps, 'Les défenseurs de Napoleon en Grande-Bretagne de 1815 á 1830', *Revue de l'Institut Napoléon* (1955) pp. 129~140.

나폴레옹의 죽음에서 우리는 한 번 더 뜨거운 논쟁의 영역으로 들어간다. 앞서 언급한 앙토마르시(Antommarchi, 1825) 등의 기록 이외에 중요한 사료는 Archibald Arnott, *An Account of the late illness, disease and post-mortem examination of Napoleon Bonaparte* (1822)이다. 암으로 사망했다는 신뢰할 수 없는 설은 P. Hillemand, Pathologie de Napoléon (Paris 1970)에 자세히 나온다. 이전에 무능하다고 무시되었던 앙토마르시가 복권된 것은 의미가 있다. J. Poulet, 'Le cas Antommarchi', *Revue de l'Institut Napoléon* (1971) pp. 130~138. 이 논의에 관한 기본서는 다음과 같다. Simon Leys, *The Death of Napoleon* (1991); Ben Weider & Sten Forshufvud, *Assassination at St Helena* (1978); *Assassination at St Helena Revisited* (1995); Sten Forshufvud, *Who Killed Napoleon?* (1961); Ben Weider & David Hapgood, *The Murder of Napoleon* (1938). 이 글들은 몽톨롱을 진짜 살인자로 확인하고 있는데, René Maury, *L'Assassin de Napoléon* (Paris 1944)도 이를 뒷받침한다. 몽톨롱 회고록의 아전인수 격 거짓말에 관해서는 Hélène Michaud, 'Que vaut le témoignage de Nontholon à la lumière de fonds Masson?', *Revue de l'Institut Napoléon* (1971) pp. 113~120을 보라.

나폴레옹의 유언장과 데스마스크는 응당 받아야 할 주목을 끌었다. 유언장에 관해서는 다음을 보라. J. Savant, *Toute l'histoire de Napoléon* (Paris 1951); J. Lemaire, *Le Testament de Napoléon* (Paris 1975); F. Beaucour, *Le Codicille secret du Testament de Napoléon* (Paris 1976). 데스마스크에 관해서는 E. de Veauce, L'Affaire du Masque de Napoléon (Paris 1957)과 J. Jousset, 'L'Affaire du Masque de Napoléon', *Revue de l'Institut Napoléon* (1957) pp. 100~106을 보라. 임종에 관해서는 G. Retif de

참고문헌 · 1115

la Bretonne, *La Vérité sur le Lit de Mort de Napoléon* (Paris 1960)을 보라. 롱우드의 무덤과 1840년 시신의 앵발리드 귀환에 관해서는 다음을 보라. Albert Cahuet, *Après la mort de l'empéreur* (Paris 1913); *Retours de Sainte-Hélène* (Paris 1943); J. Bourguignon, *Le Retour des Cendres* (Paris 1943); Arthur Bertrand, *Lettres sur l'expédition de Sainte-Hélène en 1840* (Paris 1841); George G. Bennett, *The St Helena Reminiscences*, ed. T. Hearl (Cheltenham 1989). 앵발리드의 시신이 진짜 나폴레옹이라는 사실을 의심하는 회의론자들도 있는데, 이에 관해서는 G. Retif de la Bretonne, *Anglais, rendez-nous Napoléon* (Paris 1969); F. Cavanna, *Les Aventures de Napoléon* (Paris 1976)을 보라.

1769년	8월 15일 코르시카 섬의 아작시오에서 카를로 부오나파르테와 마리아 레티치아 라몰리노의 8남매 중 둘째로 태어남. 당시 코르시카는 프랑스의 지배를 받고 있었다.
1779년	1월 프랑스 부르고뉴에 있는 오툉 학교 입학.
	5월 브리엔 군사학교 입학. 이 학교에서 5년을 지내는 동안 나폴레옹은 학업에서 뛰어난 성취를 보였다. 고대사와 수학에 재능이 있었고 지리에도 관심이 많았다. 플루타르코스, 베르길리우스 같은 고대 작가들의 작품을 좋아했으며 카이사르 같은 고대의 군사 지도자를 즐겨 연구했다. 열정적인 코르시카 민족주의와 특이한 억양 때문에 학우들에게 괴롭힘을 당했으나 항상 맞섰다.
1784년	10월 파리 왕립군사학교 입학. 이 시기에 나폴레옹은 특히 장자크 루소와 몽테스키외를 좋아했다.
1785년	2월 24일 아버지 카를로가 39세에 위암으로 사망. 나폴레옹은 경제적 지원을 받을 수 없게 되었고, 형편이 어려워진 가족을 위해 가능한 한 빨리 장교가 되기로 결심했다. 보통 2, 3년 걸릴 공부를 몇 달 만에 끝내고 포병 장교 시험에 합격한다.
	11월 나폴레옹, 16살에 발랑스의 라페르 연대에 포병 소위로 부임.
1786년	9월 발랑스에서 9개월간 근무한 뒤 휴가를 신청해 코르시카로 귀향.
1788년	6월 코르시카를 떠나 오손에 주둔 중인 라페르 연대로 복귀. 이 시기에 나폴레옹은 역사와 코르시카, 포술 이론을 중심으로 한 독서에 몰입했고 진정한 일벌레가 되었다. 새벽 4시에 일어났으며 돈을 아끼려고 오후 3시에 한 끼로 하루를 때웠고 하루 종일 책과 씨름한 뒤 밤 10시에 잠들었다. 발사체와 탄도학 지식에서 그에게 견줄 사람이 없었다.
	8월 성직자, 귀족, 제3신분의 대표가 모이는 신분제 의회 '삼부회' 소집이 포고됨.
1789년	4월 초 나폴레옹, 오손 인근 쇠르에서 일어난 식량 폭동 진압을 명령받고 출동하여 두 달간 쇠르에 체류.
	5월 5일 베르사유에서 삼부회 개회.
	6월 17일 특권층이 개혁을 무마할 것을 우려한 삼부회의 제3신분 대표들이

제3신분회의가 곧 '국민의회'임을 선언함.

7월 9일 귀족과 성직자들까지 참여한 '국민의회'가 스스로 '제헌국민의회'임을 선언.

7월 14일 파리 군중이 전제정의 상징인 바스티유 감옥 습격. 프랑스 혁명 발발.

7월 19일 파리 봉기의 영향으로 오손 주민들이 반란을 일으킴. 나폴레옹은 혁명의 이념에 공감했으나 국가에 충성을 맹세한 군인으로서 반란을 진압했다.

8월 4일 국민의회가 봉건제 폐지 선언.

8월 26일 '인간과 시민의 권리에 관한 선언'(인권선언) 채택.

9월 다시 휴가를 신청해 코르시카 귀향길에 오름(1791년 1월까지 체류). 당시 코르시카는 코르시카 독립과 프랑스 혁명의 이념을 두고 여러 정치 세력이 존재했다. 나폴레옹은 코르시카 민족주의자이자 혁명파로서 형 조제프와 함께 코르시카 정치에 발을 들였다. 코르시카는 대체로 혁명의 대의를 받아들였고 이에 국민의회는 코르시카가 정복지가 아니라 프랑스의 한 부분이라는 결의안을 채택했다.

10월 5일~6일 왕이 '인권선언'의 승인을 거부한 데 분노한 군중이 베르사유 궁으로 행진하여 습격('10월 5일 봉기'). 이튿날 시위 군중의 위협 속에 국왕 일가가 베르사유를 떠나 파리의 튈르리 궁으로 옮겨옴.

1790년	7월 17일 코르시카 독립 투쟁의 영웅이자 나폴레옹이 오랫동안 숭배한 파올리가 오랜 영국 망명을 끝내고 코르시카로 귀환. 파올리가 돌아온 뒤 코르시카에서는 파올리파와 제3신분이 주도권을 잡았으며, 나폴레옹과 조제프는 파올리파의 일원으로서 활동했다.
	7월 제헌의회에서 교회와 성직자들을 국가의 지배 아래 둔다는 내용의 '성직자 민사 기본법' 채택.
1791년	1월 코르시카를 떠나 2월에 오손으로 귀환.
	6월 나폴레옹, 중위로 진급해 발랑스의 제4포병연대로 부임. 발랑스에서 자코뱅 단체인 '헌법의 벗' 협회에 가입.
	6월 20일 루이 16세 탈주 사건. 프랑스를 탈출하려던 국왕 일가가 21일 바렌에서 체포되어 파리로 송환됨.
	7월 17일 '샹드마르스 학살'. 국왕 퇴위를 요구하는 시민들이 샹드마르스 광장에 모여 시위를 벌이던 중 라파예트의 국민방위대가 발포하여 수많은 사상자를 냄.
	9월 3일 프랑스 최초의 헌법(1791년 헌법) 가결.
	9월 나폴레옹, 다시 휴가를 받아 코르시카로 귀향. 8월에 국민의회가 부족

한 병력을 보충하기 위해 각 도(道)에서 의용군 모집을 발표하면서 정규군 장교가 의용군 부대의 지위를 겸직할 수 있게 했는데, 나폴레옹은 이 조치를 통해 코르시카에서 활동할 기회를 찾았다.

10월 1일 입법의회 개회.

1792년　4월 나폴레옹, 코르시카 의용군 대대의 중령으로 선출됨.

4월 8일 코르시카의 아작시오에서 '성직자 민사 기본법' 서약을 거부한 사제들을 중심으로 시위 발생. 나폴레옹은 의용군을 이끌고 아작시오의 무장한 왕당파와 병사들을 상대했다. 결국 코르시카 집정부와 아작시오 시 당국이 타협하여 상황을 종결지었으나 나폴레옹은 도시를 위기에 빠뜨렸다는 이유로 비난받았다.

4월 20일 입법의회가 오스트리아에 선전포고. 혁명 전쟁이 시작됨.

5월 초 나폴레옹이 코르시카를 떠나 파리로 감. 4월 1일까지 모든 정규군 장교는 소속 부대로 귀환하라는 명령을 어기고 코르시카에 머물러 정규군 장교 명단에서 제외되었기 때문이다.

7월 10일 육군부에서 나폴레옹을 제4포병연대 대위로 복직시킨다고 통지.

7월 25일 프로이센의 브라운슈바이크 장군이 루이 16세가 사소한 모욕이라도 당하면 파리를 초토화하겠다고 위협하는 선언 발표.

8월 10일 '8월 봉기'. 왕과 특권층이 외국과 내통했다고 생각한 군중이 튈르리 궁을 습격해 점령함. 이때 파리에 머물던 나폴레옹은 튈르리를 습격한 군중의 잔인한 폭력을 보고 하층민에 대한 혐오와 두려움을 품게 된다.

9월 초 나폴레옹, 여동생 엘리자가 다니던 파리 생시르의 기숙학교가 문을 닫는 바람에 보호자로서 엘리자를 데리고 코르시카 귀향길에 오름.

9월 20일 프랑스 혁명군이 발미 전투에서 당시 유럽 최강으로 꼽히던 프로이센군에게 승리. 프랑스 혁명 전쟁의 첫 번째 승리.

9월 20일~21일 국민공회 소집. 국민공회가 군주제 폐지를 의결. 공화정 제1년 선포.

10월 중순 나폴레옹, 코르시카에 도착. 혁명 프랑스에 환멸을 느끼고 왕당파로 기운 파올리는 자코뱅인 나폴레옹을 신뢰하지 않았고 이에 실망한 나폴레옹은 코르시카의 정치가가 아니라 프랑스 정규군 장교로서 미래를 생각하게 되었다.

1793년　1월 21일 루이 16세 처형. 이 사건으로 혁명 사상의 확산에 두려움을 느낀 유럽의 여러 군주들이 프랑스 혁명 정부를 무너뜨리기 위해 대프랑스 동맹을 결성함. 1차 대프랑스 동맹에 참여한 나라는 오스트리아, 오스트리아령 네덜란드, 영국, 나폴리, 피에몬테, 교황령, 프로이센, 에스파냐, 포르투갈이었다.

2월~3월 국민공회에서 코르시카에 살리체티를 비롯한 3명의 의원을 파견해 파올리를 감시. 특히 3월에 나폴레옹의 동생 뤼시앵이 툴롱의 자코뱅 클럽에서 파올리가 조국을 영국에 팔아넘기려는 반역자라고 비난하면서 사태가 심각해졌다. 나폴레옹은 뤼시앵의 행동을 알지 못했다.

3월 10일 혁명재판소 창설.

3월 10일 방데 반혁명 반란 발생.

4월 6일 국민공회에서 로베스피에르와 당통이 요구한 공안위원회 창설.

4월 국민공회에서 파올리를 소환. 그러나 파올리는 노환을 이유로 들어 소환 명령을 거부했고, 국민공회는 추가로 2명의 의원을 더 파견했다. 이에 파올리는 코르시카 독립을 위해 프랑스 협력자들을 제거하기로 결정했고 파올리파의 선전으로 나폴레옹과 그의 가족은 코르시카의 적이 되었다.

5월 나폴레옹이 파올리파에게 체포되었다가 탈출한 뒤 살리체티와 함께 아작시오를 점거하려 시도했으나 실패. 결국 나폴레옹과 어머니 레티치아를 비롯해 일가가 모두 코르시카를 떠날 수밖에 없었다. 파올리파의 의회는 보나파르트 가족이 '영원히 저주와 치욕 속에 살아야 할 반역자이자 조국의 적'이라고 선언했다.

5월 31일~6월 2일 파리 군중의 봉기로 지롱드파 몰락.

6월 나폴레옹 일가, 툴롱에 도착. 나폴레옹은 니스의 제4포병연대 대위로 복귀.

7월 말 나폴레옹, 자코뱅주의의 정당성을 주장하는 《보케르의 저녁 식사》 집필. 이 글을 본 살리체티는 나폴레옹이 지닌 선전가의 재능을 알아보고 소책자로 발간하도록 권유했다. 살리체티가 이 책자를 공안위원회 지도자인 막시밀리앙 로베스피에르의 동생 오귀스탱에게 전달하면서 새로운 문이 열렸다. 오귀스탱은 얼마 후 직접 나폴레옹을 만나 청년 장교의 명석함에 깊은 인상을 받았다.

9월 국민공회에서 공포정치의 기반이 될 여러 법령을 가결하면서 공포정치 출현.

9월 나폴레옹, 살리체티의 도움으로 툴롱 포위 작전에 참가. 혁명에 반발한 툴롱의 왕당파 주민들이 8월 27일~28일에 영국–에스파냐 함대를 불러들여 프랑스 혁명군이 툴롱을 탈환하려는 작전을 시작했다.

10월 5일 국민공회, 혁명력 채택. 1792년 9월 22일이 공화국 제1년 1일이 됨.

10월 18일 공안위원회가 나폴레옹을 소령으로 진급시킴.

12월 4일 프리메르 법('혁명정부에 관한 법령') 성립으로 공안위원회 권한이 강화됨.

12월 18일 프랑스 혁명군, 툴롱 전투에서 승리. 나폴레옹은 포병대 책임자로서 결정적인 역할을 했고 그 공을 인정받아 준장으로 진급했다. 툴롱 전투는 나폴레옹의 생애에서 중요한 이정표였다. 뒤로크, 쥐노, 마르몽, 수세 같은 평생에 걸쳐 군사적 모험을 함께할 인재들을 이곳에서 만났고, 엘리트 집단에 이름을 알리는 계기가 되었다.

1794년   3월 나폴레옹, 니스에 있는 이탈리아 방면군 포병 사령관으로 부임.

3월~4월 에베르파와 당통파 몰락.

7월 27일 '테르미도르 반동'. 국민공회가 막시밀리앙 로베스피에르, 생쥐스트, 쿠통의 체포를 결의함. 28일에 로베스피에르와 그 일파 처형.

8월 10일 자코뱅이었던 나폴레옹이 로베스피에르파로 몰려서 니스에서 체포됨. 20일에 증거 불충분으로 석방. 이후 이탈리아 방면군으로 복귀했으나 요주의 인물이었기에 중요한 역할을 맡을 수 없었다.

1795년   4월 말 나폴레옹에게 방데 반혁명 반란군과 싸우고 있는 서부군 보병 부대에 합류하라는 명령이 내려옴. 포병대 사령관에서 보병 지휘관으로 좌천된 것이었기에 나폴레옹은 항의하기로 결심했다.

5월 25일 나폴레옹, 파리에 도착해 좌천에 대해 항의. 육군부에서 항변을 들어주지 않자 장교 대기자 명부에 이름을 올리고 사실상 휴직에 들어갔다. 파리에서 가난하고 우울한 나날을 보내던 중 새로운 후원자 폴 바라스를 만나게 된다. 탐욕스러운 기회주의자로 알려진 바라스는 테르미도르파를 대표하는 인물이었다.

9월 15일 방데의 서부군 부임을 계속 거부했다는 이유로 현역 장군 명부에서 삭제되었다는 통보를 받음.

10월 3일~5일 '방데미에르 반란'. 10월 3일(방데미에르 11일)에 파리 7개 구가 국민공회에 맞서 봉기를 선포했다. 선거에서 왕당파가 승리하자 국민공회가 불법적으로 선거를 무효화하는 조치를 취했고 이에 분노한 왕당파가 반란을 일으킨 것이었다. 파리 치안을 담당한 국내군 사령관 바라스는 나폴레옹에게 포병대 지휘권을 주었고 나폴레옹은 파리 시가전에서 대포를 이용해 반란을 진압했다. 이 일로 나폴레옹은 유명 인사가 되었으며, 10월 말에 바라스의 뒤를 이어 국내군 사령관이 되어 부와 명예를 거머쥐었다.

10월 26일 국민공회 해산.

11월 2일 총재정부 수립.

1796년   3월 2일 나폴레옹, 이탈리아 방면군 총사령관으로 임명됨.

3월 9일 여섯 살 연상인 로즈 드 보아르네('조제핀')와 결혼. 데지레 클라리라는 약혼자가 있었으나 나폴레옹은 조제핀을 선택했다. 조제핀은 결혼한 적이 있었고, 그 결혼에서 낳은 아들 외젠과 딸 오르탕스가 있었다. 결혼식이틀 후 나폴레옹은 이탈리아 전쟁을 준비하기 위해 파리를 떠났다. 북부 이탈리아를 장악한 오스트리아를 물리치기 위한 작전이었다.

4월 이탈리아 원정(1차 이탈리아 전쟁) 시작. 나폴레옹은 오스트리아와 그 동맹인 피에몬테군을 상대로 전투를 벌였는데, 4월 12일 몬테노테에서 첫 승리를 거둔 데 이어 밀레시모, 데고 등에서 연달아 승리했다.

5월 10일 로디 전투 승리.

5월 15일 나폴레옹, 밀라노 입성. 나폴레옹은 북부 이탈리아에 공화국을 세울 것을 총재정부에 강력히 권고했고, 1796년 5월에 트란스파다나 공화국, 10월에 치스파나다 공화국을 세웠다.

11월 15일~17일 아르콜레 전투 승리.

1797년　2월 오스트리아군을 물리치고 만토바 점령.

7월 나폴레옹, 트란스파다나 공화국과 치스파다나 공화국을 통합한 치살 피나 공화국 건국을 선언.

9월 4일 '프뤽티도르 18일의 쿠데타'. 총재정부와 의회에서 왕당파 제거. 나폴레옹의 수하인 오주로가 쿠데타를 지원했다.

10월 17일 프랑스와 오스트리아가 캄포포르미오 조약 체결. 나폴레옹의 진격에 위기를 느낀 오스트리아가 프랑스에 화해를 요청했고 6개월에 걸친 협상 끝에 체결되었다. 1차 대프랑스 동맹 해체.

12월 나폴레옹, 파리로 개선. 이탈리아 작전에서 거둔 눈부신 성과 덕분에 나폴레옹은 프랑스의 구원자이자 시민 병사의 이상으로서 영웅 숭배의 대상이 되었다. 또한 나폴레옹은 프랑스학술원의 회원으로 선출되었다. 학술원 회원이 된 것은 지식인으로서 자부심을 지니고 있던 나폴레옹에게 개인적으로 기쁜 일이었으며 당대의 '이데올로그'들과 지식층의 지지를 얻는 데도 중요했다.

1798년　3월 총재정부가 나폴레옹의 이집트 원정 계획을 승인. 나폴레옹은 3월 5일부터 불과 두 달 사이에 원정 준비를 마쳤다. 학술원의 학자들도 원정에 포함되었다. 순수하게 지식을 찾고 미개한 지역에 서구 문명의 빛을 전해주고자 새로운 세계를 찾아 나선다는 명분을 내세워 위험한 전쟁 계획을 합리화하고 국민들을 설득했다.

5월 19일 이집트 원정군, 툴롱 항구에서 출발.

6월 14일 나폴레옹 군대, 몰타 섬 점령.

7월 1일 이집트의 알렉산드리아 해안 상륙.

7월 21일 피라미드 전투. 맘루크 기병을 대파하며 승리.

7월 24일 나폴레옹, 카이로 입성.

8월 1일 이집트 나일 강 입구의 아부키르 만에서 영국의 넬슨 함대가 프랑스 함대를 격파. 이로써 나폴레옹 군대는 이집트에 고립되었다.

9월 9일 오스만튀르크 제국이 프랑스에 선전포고.

10월 21일 카이로 주민들이 프랑스 침략에 맞서 반란을 일으킴.

12월 이집트에서 치명적인 전염병인 선페스트가 발생.

1799년　2월 영국, 오스트리아, 러시아, 오스만튀르크, 나폴리, 포르투갈이 참여한 2차 대프랑스 동맹 결성.

2월 20일 나폴레옹, 시나이 반도 북부의 엘아리시 점령.

2월 25일 가자 점령.

3월 3일 나폴레옹, 야파 점령 후 항복한 병사들과 주민들, 가자에서 잡은 포로들까지 4천여 명을 학살.

3월 이집트의 프랑스군에 선페스트가 확산됨.

3월 19일 아크레 요새를 포위 공격했다가 실패함. 이후 두 달간 여덟 차례에 걸쳐 공격을 시도했으나 결국 실패한다. 나폴레옹의 군사 경력에서 처음으로 나타난 중대한 실패였다. 그 사이에 프랑스군에 선페스트가 다시 확산되어 싸울 수 없는 병사들이 더욱 늘어났다.

5월 20일 나폴레옹, 아크레에서 철수. 이때 가망이 없는 환자들은 아편으로 안락사를 시켰고, 그보다 낫지만 이송하기 어려운 환자들은 남겨 둔 채 떠났다.

6월 14일 나폴레옹, 카이로 재입성.

7월 25일 아부키르 전투에서 오스만튀르크 군대에 대승을 거둠.

8월 23일 나폴레옹, 이집트를 떠나 프랑스로 향함. 후임 사령관에 클레베르를 임명.

11월 9일~10일 '브뤼메르 쿠데타'. 5인 총재정부의 일원이던 시에예스가 나폴레옹을 이용해 정권 장악을 시도했다. 그러나 시에예스는 나폴레옹의 야심과 군사력을 과소평가했다. 결국 나폴레옹이 시에예스를 굴복시키고 권력을 장악한다.

12월 제1통령 나폴레옹과 다른 두 명의 통령(캉바세레스와 르브룅)으로 이루어진 3인 통령정부가 탄생했다. 다른 두 통령은 들러리에 불과했다.

1800년　5월 8일 나폴레옹, 대프랑스 동맹군을 물리치고 이탈리아를 회복하기 위해 눈 덮인 알프스를 넘어 진군(2차 이탈리아 전쟁 시작).

6월 14일 마렝고 전투에서 승리.

12월 1일 모로 장군이 호엔린덴 전투에서 오스트리아군 격파. 결정적 타격을 입은 오스트리아는 전의를 잃었다.

12월 24일 파리에서 나폴레옹 암살 미수 사건 발생.

1801년　2월 9일 프랑스와 오스트리아가 뤼네빌 평화조약 체결. 2차 대프랑스 동맹이 사실상 와해.

3월 러시아 차르 파벨 1세 암살. 새로운 차르로 알렉산드르 1세 즉위.

6월 이집트에서 카이로의 프랑스 주둔군이 영국군에 항복. 이어서 9월에 알렉산드리아에서 항복하면서 프랑스의 이집트 원정은 실패로 끝났다.

7월 16일 나폴레옹, 교황 피우스 7세와 정교협약 체결. 1802년 2월에 공포.

10월 8일 프랑스와 러시아가 평화조약 체결.

1802년　1월 4일 나폴레옹의 남동생 루이와 조제핀의 딸 오르탕스가 결혼.

3월 27일 영국과 아미앵 평화조약 체결.

4월 18일 노트르담 대성당에서 정교협약을 축하하기 위한 미사를 올림.

5월 레지옹 도뇌르 훈장 법안 통과. 2년 후에 공포.

8월 나폴레옹, 국민투표 결과에 따라 종신통령이 됨.

1803년　5월 영국이 아미앵 조약을 일방적으로 파기하고 프랑스에 선전포고. 이에 나폴레옹은 영국 본토 침공을 위해 불로뉴에 군대를 집결하고 선박을 건조하며 침공 준비를 본격화했다. 이때 불로뉴에 모인 영국 침공군이 이후 1815년까지 나폴레옹이 지휘하는 그랑다르메(Grand Armée, 대육군)로 발전한다.

1804년　2월 왕당파 카두달, 피슈그뤼 일파가 꾸민 나폴레옹 암살 계획 발각. 이 음모에 연루되었다는 혐의로 3월 20일 부르봉 왕실의 앙기앵 공작을 프랑스 밖에서 납치해 체포했으며 증거가 없는 상황에서 군법재판을 통해 3월 21일 새벽에 총살형에 처했다.

3월 프랑스 민법전('나폴레옹 법전') 선포. 이 법전은 프랑스 혁명의 자유주의적 성과(법 앞에서 평등, 소유권 보장, 개인의 자유 등등)를 담고 있었으며, 나폴레옹 통치기에 프랑스의 모든 지배 영역에 전파되어 결과적으로 서유럽 자유주의 혁명의 토대가 되었다.

5월 원로원에서 나폴레옹을 황제로 추대하자고 제안. 새로운 헌법 공포.

9월 러시아와 국교 단절.

11월 나폴레옹을 황제로 추인하기 위한 국민투표 결과가 발표됨(찬성 357만 2329표, 반대 2569표).

12월 노트르담 성당에서 황제 대관식.

1805년　3월 나폴레옹, 이탈리아 왕에 즉위.

4월 영국과 러시아가 상트페테르부르크에서 동맹 체결.

8월 3차 대프랑스 동맹 탄생. 영국, 오스트리아, 러시아, 나폴리, 스웨덴 참여.

9월 나폴레옹, 오스트리아-러시아에 맞선 전쟁을 위해 라인 강을 건너다.

10월 20일 울름 전투에서 오스트리아군에 승리.

10월 21일 트라팔가르 해전에서 프랑스-에스파냐 연합 함대가 영국 넬슨 함대에 패배. 넬슨 제독은 이 전투에서 전사.

12월 2일 아우스터리츠 전투에서 나폴레옹이 직접 러시아-오스트리아 동맹군을 상대로 대승을 거둠.

12월 26일 오스트리아와 프레스부르크 평화조약 체결. 오스트리아가 대프랑스 동맹에서 이탈.

1806년 1월 혁명력 폐지, 그레고리력 재사용.

1월 영국의 강경파 피트 총리 사망. 3차 대프랑스 동맹 해체.

3월 형 조제프를 나폴리 왕으로 즉위시킴.

6월 동생 루이를 홀란트 왕국(네덜란드)의 왕으로 즉위시킴.

7월 나폴레옹, 독일 남서부 지역의 공국들을 통합해 '라인연방' 창설.

8월 신성로마제국 해체.

10월 4차 대프랑스 동맹 결성. 프로이센, 러시아, 작센, 스웨덴, 영국 참여.

10월 14일 예나-아우어슈테트 전투에서 프로이센군 격파.

10월 27일 나폴레옹, 베를린 입성.

11월 21일 나폴레옹이 '베를린 칙령' 공포. '대륙 봉쇄령'이라 불리는 이 칙령은 영국의 해상 무역을 막아 영국을 굴복시키기 위한 조치였으며, 프랑스와 동맹 관계에 있거나 중립 상태에 있는 유럽 국가들에 영국과 무역을 금지했다.

12월 19일 나폴레옹, 바르샤바 도착.

1807년 2월 8일 아일라우 전투. 2만여 명의 병력을 잃고 사실상 동맹군에 패전.

6월 14일 프리틀란트 전투에서 러시아-프로이센군 격퇴. 틸지트 점령.

7월 7일 프랑스가 러시아, 프로이센과 틸지트 평화조약 체결. 4차 대프랑스 동맹 해체. 이후 나폴레옹은 틸지트 조약에 따라 프로이센이 프랑스에 넘긴 폴란드 땅에 바르샤바 대공국을 세웠다. 또 북부 독일에 베스트팔렌 왕국을 세우고 막내 동생 제롬을 왕으로 앉혔다.

10월 프랑스와 에스파냐가 포르투갈 분할에 합의하는 퐁텐블로 비밀 조약을 체결. 프랑스군이 에스파냐를 지나 포르투갈로 진군.

1808년 2월 프랑스군이 에스파냐에 진주.

3월 19일 에스파냐의 카를로스 4세가 하야하고 아들 페르난도 7세가 즉위.

3월 23일 프랑스군이 마드리드 점령.

4월 16일 바욘 회담 개시.

5월 2일 마드리드에서 프랑스 침략에 맞선 민중 봉기가 일어남. 프랑스군이 봉기를 무력 진압하고 봉기자들을 처형함.

5월 6일 페르난도 7세가 나폴레옹의 강압으로 왕위를 아버지에게 되돌려주고 하야. 카를로스 4세는 즉시 나폴레옹에게 왕위를 내주었다.

6월 6일 형 조제프를 에스파냐 왕으로 즉위시킴.

6월~7월 에스파냐의 반(反)프랑스 세력이 영국에 지원을 요청함. 영국의 후원을 받은 중앙최고훈타가 페르난도 7세를 왕으로 선언하고 프랑스에 선전포고. 영국은 물자 지원에 군대를 파견하면서 본격적으로 이베리아 반도에 개입하기 시작했다. 이로써 1814년까지 이어지며 나폴레옹 제국의 힘을 갉아먹은 이베리아 반도 전쟁이 시작되었다. 이베리아 반도에서 프랑스군은 영국, 포르투갈, 에스파냐 군대만이 아니라 에스파냐의 게릴라들과 소모적인 전투를 치러야 했다.

10월 12일 나폴레옹이 러시아의 알렉산드르 1세와 에르푸르트 조약 체결.

10월 30일 프랑스군이 포르투갈에서 물러나다.

11월 나폴레옹이 다시 대군을 이끌고 에스파냐에 도착.

12월 4일 나폴레옹, 마드리드 입성. 이후 영국군 총사령관 존 무어의 배후를 공격하기로 결정하고 군대를 이끌고 눈과 얼음이 덮인 시에라데과다라마 산맥을 넘었다(12월 22일). 그러나 파리에서 쿠데타 음모가 있다는 소식을 듣고 휘하 장군들에게 영국군 추격을 맡기고 프랑스로 돌아가기로 한다.

1809년   1월 16일 프랑스군과 교전하던 영국 무어 장군의 군대가 철수를 결정. 코루나에서 벌어진 격렬한 전투 끝에 무어는 전사했으나 나머지 영국군은 무사히 탈출.

1월 23일 나폴레옹, 파리로 귀환.

4월 9일 오스트리아가 라인연방에 속한 바이에른 왕국을 침공. 오스트리아와 영국이 5차 대프랑스 동맹 결성.

4월 19일~23일 나폴레옹이 아벤스베르크, 에크뮐, 란츠후트, 라티스본 전투에서 오스트리아군 격파.

5월 13일 나폴레옹, 빈 입성.

5월 21일~22일 아스페른-에슬링 전투에서 나폴레옹이 오스트리아군에게 패배.

7월 5일~6일 나폴레옹이 바그람 전투에서 승리.

7월 11일 오스트리아가 프랑스에 휴전 제안.

10월 14일 나폴레옹, 오스트리아와 쇤브룬 평화조약 체결. 5차 대프랑스 동맹 해체.

12월 15일 조제핀과 이혼을 공식 선언.

1810년   3월 11일 오스트리아 빈에서 나폴레옹과 오스트리아 공주 마리 루이즈의 대리 결혼식이 진행됨.

4월 1일~2일 생클루와 튈르리에서 이틀에 걸쳐 마리 루이즈와 민사결혼식과 종교결혼식을 올림.

7월 9일 프랑스가 홀란트 왕국(네덜란드)을 병합.

8월 프랑스의 제국 원수였던 베르나도트가 스웨덴 왕세자로 추대됨.

9월 나폴레옹 휘하의 마세나 원수가 포르투갈에서 영국의 웰링턴과 대결.

10월 나폴레옹이 대륙 봉쇄 체제를 강화하기 위해 생클루, 트리아농, 퐁텐블로 칙령 발표.

10월 프랑스군이 영국의 웰링턴이 리스본 북쪽에 구축한 방어선인 토레스 베드라스 선에서 물러남.

12월 러시아, 대륙 봉쇄 파기.

1811년   1월 올덴부르크 공국 병합.

3월 프랑스군이 포르투갈에서 철수.

3월 20일 나폴레옹과 마리 루이즈의 아들 '로마 왕' 출생. 혼외 관계로 낳은 아이들이 있었으나 적자는 '로마 왕'이 유일했다.

4월 영국군, 에스파냐 입성.

1812년   1월 19일 영국군이 에스파냐의 시우다드로드리고 점령.

4월 러시아와 스웨덴이 비밀 조약 체결.

5월 러시아와 오스만튀르크 제국이 부쿠레슈티 조약 체결. 이로써 러시아의 알렉산드르 1세는 남쪽과 북쪽의 안전을 보장받으면서 나폴레옹에게 대적할 조건을 갖추었다.

4월 6일~7일 웰링턴, 에스파냐의 바다호스 점령.

5월 9일 나폴레옹, 러시아 원정 출발.

6월 22일 나폴레옹 군대, 네만 강 도하.

6월 26일 빌뉴스 점령.

7월 20일 비텝스크 점령.

8월 14일~16일 스몰렌스크에서 프랑스군의 맹공격으로 러시아군이 퇴각.

9월 5일~7일 나폴레옹, 러시아군 총사령관 쿠투조프와 대결한 보로디노 전투에서 승리.

9월 14일 러시아인들이 대부분 빠져 나간 모스크바에 입성.

9월 15일~17일 모스크바 대화재. 모스크바 군사 총독 로스톱친이 방화를 명령했으며 이 화재로 모스크바의 4분의 3이 파괴되었다.

10월 19일 모스크바에서 퇴각 개시. 나폴레옹은 알렉산드르 1세가 협상을 요청해 올 것을 기대했으나 아무 연락이 없었고, 프랑스군은 심각한 물자 부족과 다가오는 추위 앞에서 버틸 수가 없었다.

10월 23일 파리에서 말레 장군의 쿠데타 미수 사건 발생. 윌랭 장군이 반역자들을 체포하여 29일에 처형. 나폴레옹은 이 소식을 11월 6일에 전해 듣는다.

10월 23일 나폴레옹이 말로슬로야베츠에서 러시아의 쿠투조프에게 패배.

11월 9일 나폴레옹, 스몰렌스크 도착.

11월 27일 나폴레옹과 프랑스군이 베레지나 강을 건넘.

12월 5일 나폴레옹, 군대를 뒤에 남겨둔 채 측근 몇 명과 함께 귀환 길에 오름. 18일에 파리 도착. 러시아 원정은 참혹한 실패로 끝났다.

1813년   1812년의 러시아 원정을 계기로 러시아와 영국이 주축이 된 6차 대프랑스 동맹 결성. 1813년 3월에 프로이센이 참여하고 8월에 오스트리아, 스웨덴이 참여한다.

1월 16일 러시아군이 비스와 강을 건너다.

2월 7일 러시아군, 바르샤바 입성.

3월 12일 프랑스군 수비대가 함부르크 포기.

3월 13일 프로이센이 프랑스에 선전포고.

3월 27일 대프랑스 동맹군이 작센의 수도 드레스덴 점령.

5월 2일 뤼첸 전투. 나폴레옹이 프로이센-러시아 동맹군을 격파.

5월 20일~21일 나폴레옹, 바우첸 전투 승리.

6월 21일 에스파냐의 비토리아 전투에서 조제프 왕이 웰링턴에게 패배.

7월 스웨덴의 베르나도트가 대프랑스 동맹군에 합류.

8월 11일 오스트리아가 프랑스에 선전포고.

8월 26일 나폴레옹, 드레스덴 전투에서 승리.

10월 16일~19일 라이프치히 전투에서 나폴레옹이 오스트리아-프로이센-러시아-스웨덴 동맹군에 대패. 나폴레옹이 라인 강까지 후퇴하며 독일의 지배권을 포기.

10월 31일 에스파냐의 프랑스군이 팜플로나에서 항복.

1814년   1월 11일 나폴레옹의 여동생 폴린의 남편이자 나폴레옹이 나폴리 왕으로 임명한 뮈라가 배신. 나폴리 왕위를 보장해준다는 조건으로 동맹군에 가담.

1월 22일 프로이센군이 뫼즈 강을 건너 프랑스로 진입.

1월 29일 나폴레옹, 브리엔 전투에서 프로이센군을 물리침.

2월 3일 샤티용쉬르센에서 평화 교섭이 시작됨.

3월 7일 나폴레옹, 크라온 전투에서 패배.

3월 20일 아르시쉬르오브 전투 패배.

3월 30일 파리의 프랑스군이 항복. 동맹국이 파리 점령.

4월 6일 나폴레옹, 퐁텐블로 성에서 황제 퇴위. 이틀 전에 나폴레옹 휘하 장군인 네, 몽세, 르페브르 등이 저항을 멈출 것을 강하게 요구했다.

4월 11일 퐁텐블로 조약 체결. 나폴레옹에게 엘바 섬의 통치권이 주어짐.

4월 17일 술트 원수가 남부 프랑스에서 웰링턴에게 항복. 이베리아 반도 전쟁 종결.

4월 20일 나폴레옹이 엘바 섬으로 가기 위해 퐁텐블로를 떠남. 황후 마리 루이즈와 아들 로마 왕은 마리 루이즈의 조국인 오스트리아의 보호를 받게 되었다. 나폴레옹이 퇴위한 뒤 프랑스에서는 부르봉 왕실의 복귀가 결정되어 루이 18세가 즉위했다.

5월 3일 엘바 섬에 도착.

1815년   2월 26일 나폴레옹, 엘바 섬을 탈출하다.

2월 28일 나폴레옹, 프랑스에 상륙.

3월 7일 오스트리아와 동맹국들에 나폴레옹의 탈출 소식이 전해짐.

3월 15일 뮈라가 나폴레옹의 편에 서서 오스트리아에 선전포고.

3월 20일 루이 18세가 나폴레옹이 돌아왔다는 소식을 듣고 파리에서 도주. 나폴레옹, 파리 입성. 백일 천하 시작. 곧 나폴레옹을 무너뜨리기 위해 영국, 러시아, 오스트리아, 프로이센으로 이루어진 7차 대프랑스 동맹군이 결성되었다.

6월 15일 나폴레옹이 군대를 이끌고 상브르 강을 건너 벨기에로 진입.

6월 16일 카트르브라와 리니에서 전투가 동시에 진행됨.

6월 18일 워털루 전투에서 나폴레옹 패배.

6월 22일 나폴레옹, 두 번째 퇴위.

7월 15일 영국의 벨레로폰함 승선. 영국의 포로가 되다.

10월 15일 유배지인 세인트헬레나 섬에 도착.

1821년   5월 5일 오후 5시 49분, 나폴레옹 사망. 공식 사인은 '위암'으로 기록되었다.

5월 9일 장례식. 섬의 이름 없는 무덤에 묻힘.

1840년   12월 나폴레옹의 유해가 파리 앵발리드로 이장됨.

ㅌ · ㅍ · ㅎ

조행복

서울대학교 서양사학과를 졸업하고 동 대학원 박사 과정을 수료했다. 옮긴 책
으로는 《20세기를 생각한다》《포스트워》《독재자들》 등이 있다.

나폴레옹

2016년 5월 13일 초판 1쇄 발행
2021년 8월 2일 초판 3쇄 발행

- 지은이 ──────── 프랭크 매클린
- 옮긴이 ──────── 조행복
- 펴낸이 ──────── 한예원
- 편집 ──────── 이승희, 윤슬기, 양경아, 유리슬아
- 본문 조판 ──────── 성인기획
- 펴낸곳 **교양인**
  우 04020 서울 마포구 포은로 29 202호
  전화 : 02)2266-2776 팩스 : 02)2266-2771
  e-mail : gyoyangin@naver.com
  출판등록 : 2003년 10월 13일 제2003-0060

ⓒ 교양인, 2016
ISBN 979-11-87064-01-5   03920

이 도서의 국립중앙도서관 출판예정도서목록(CIP)은 서지정보유통지원시스
템 홈페이지(http://seoji.nl.go.kr)와 국가자료공동목록시스템(http://www.
nl.go.kr/kolisnet)에서 이용하실 수 있습니다.(CIP제어번호: CIP2016009171)